संयुक्त राष्ट्रसंघ

UNITED NATIONS ORGANISATION

राधेश्याम चौरसिया

ATLANTIC

एटलांटिक पब्लिशर्स एण्ड डिस्ट्रीब्यूटर्स

प्रकाशक :

एटलांटिक पब्लिशर्स एण्ड डिस्ट्रीब्यूटर्स

बी-2, विशाल एन्क्लेव, राजौरी गार्डन के सामने, नई दिल्ली-110 027

दूरभाष : 5413460, 5429987

विक्रय केन्द्र :

4215/1, अन्सारी रोड, दरियागंज, नई दिल्ली-110 002

दूरभाष : 3273880, 3285873, 3280451

फैक्स सं॰ : 91-11-3285873

e-mail : info@atlanticbooks.com

web site : www.atlanticbooks.com

ISBN 81-269-0048-2

टाईपसैटिंग : ए॰पी॰डी॰ कम्प्यूटर ग्रॉफिक्स, नई दिल्ली

मुद्रक : मेहरा ऑफसैट प्रैस, नई दिल्ली-110051

SANYUKT RASHTRA SANGH (*In Hindi*)

विषय-सूची

प्रस्तावना *iii*

1. **संयुक्त राष्ट्रसंघ की स्थापना** 1-9
अटलांटिक घोषणा-पत्र, संयुक्त राष्ट्रसंघ की घोषणा 1942, प्रस्तावना, विधिक प्रकृति, उद्देश्य, सिद्धांत, सदस्यता, सदस्यता का प्रत्याहरण।

2. **संयुक्त राष्ट्रसंघ के उद्देश्य एवं संगठन** 10-16
इतिहास और मूल सिद्धान्त, सदस्य, उद्देश्य, संगठन, चार्टर, प्रयोजन एवं सिद्धान्त (अनुच्छेद 1 व 2), सदस्यता (अनुच्छेद 1 से 8)।

3. **संयुक्त राष्ट्रसंघ : महासभा या साधारण सभा** 17-21
महासभा या साधारण सभा का परिचय, गठन (अनुच्छेद 9 से 21)।

4. **संयुक्त राष्ट्रसंघ की सदस्यता** 22-37
प्रवेश की पद्धति, साम्यवादी चीन, महासभा का गठन, कार्य, महासभा का बदलता स्वरूप, आलोचना, शांति के लिए एकता प्रस्ताव, सदस्यों की सूची।

5. **सुरक्षा परिषद्** 38-83
रचना, निषेधाधिकार (वीटो), अर्थ व स्वरूप, दोहरा निषेधाधिकार, पृष्ठभूमि तथा आधार, निषेधाधिकार की आलोचना, निषेधाधिकार की अनिवार्यता, निषेधाधिकार व्यवस्था में सुधार के सुझाव, मूल्यांकन, सुरक्षा परिषद् के कार्य (अनुच्छेद 23 से 54), राष्ट्रसंघ कौंसिल व सुरक्षा परिषद् की तुलना।

6. **संयुक्त राष्ट्रसंघ : आर्थिक-सामाजिक परिषद्** 84-111
कार्य, विभिन्न अंग, चार्टर, सामाजिक एवं आर्थिक कार्य, गठन, मतदान-प्रणाली, पदाधिकारी तथा कार्याविधि, आयोग तथा समितियाँ, मूल्यांकन (अनुच्छेद 55 से 74)

7. **संयुक्त राष्ट्रसंघ के विशिष्ट अभिकरण** 112-133
यूनेस्को, अन्तर्राष्ट्रीय खाद्य एवं कृषि संगठन, विश्व स्वास्थ्य संगठन, श्रम संगठन, अन्तर्राष्ट्रीय मुद्रा कोष, पुनर्निर्माण तथा विकास

का अन्तर्राष्ट्रीय बैंक, अन्तर्राष्ट्रीय वित्त निगम, अन्तर्राष्ट्रीय नागरिक उड्डयन संस्था, विश्व डाक संघ, अन्तर्राष्ट्रीय दूर-संचार व्यवस्था संघ, विश्व ऋतु विज्ञान संगठन, अन्तर्राष्ट्रीय अणुशक्ति एजेन्सी, अन्तर्राष्ट्रीय परमाणु ऊर्जा अभिकरण, अन्तर्राष्ट्रीय शरणार्थी संगठन, संयुक्त राष्ट्र विकास कार्यक्रम, अन्तर्राष्ट्रीय शिशु निधि, जनसंख्या गतित्रिधियों की संयुक्त राष्ट्र निधि, संयुक्त राष्ट्र औद्योगिक विकास संगठन, विश्व व्यापार संगठन, विश्ववृद्धि सम्पदा संगठन अन्तर्राष्ट्रीय कृषि विकास निधि, अन्तर्राष्ट्रीय समुद्री संगठन।

8. **अन्तर्राष्ट्रीय न्यायालय** 134-166
परिचय, संगठन, क्षेत्राधिकार, व्यवहार, मूल्यांकन, कुछ महत्वपूर्ण निर्णय, मूल्यांकन, कार्य (अनुच्छेद 92 से 96)।

9. **अन्तर्राष्ट्रीय कानून** 167-182
विकास व प्रभाव, अर्थ, वर्ण्य विषय, मानव अधिकारों की रक्षा के कानून, कमियाँ, व्याख्या, वास्तविक आधार, अन्तर्राष्ट्रीय विधि का संहिताकरण।

10. **सचिवालय** 183-232
प्रमुख विभाग, महासचिव, महासचिव की स्थिति, महत्व व कार्य ट्रिग्वे ली, डॉग हैमरशोल्ड, ऊ थांट, कुर्तवाल्दहीम, जेवियर पेरेज द कुइयार, निष्कर्ष, ट्राइका योजना, न्यास परिषद्, राष्ट्रसंघ संरक्षण प्रणाली।

11. **संयुक्त राष्ट्रसंघ व क्षेत्रवाद** 233-307
अर्थ, परिभाषाएं, प्रादेशिक संगठन, प्रदेशवाद के प्रेरक तत्व, पक्ष तथा विपक्ष के तर्क, पश्चिमी गोलार्द्ध की प्रादेशिक व्यवस्थाएँ, यूरोपीय आर्थिक व्यवस्थाएँ, उत्तर अटलांटिक संधि संगठन (नाटो), वारसा संधि संगठन, कोमिकान, एशियाई प्रदेशवाद, दक्षिण-पूर्व एशियाई संधि संगठन, सार्क, एमनेस्टी इण्टरनेशनल, रेडक्रास, वर्ल्ड काउन्सिल ऑफ चर्चेज, इण्टरपोल, एशियाई विकास बैंक, पैट्रोलियम निर्यातकारी देशों का संगठन, यूरोपीय अन्तरिक्ष अनुसंधान संगठन, अन्तर्राष्ट्रीय हवाई यातायात संघ, अफ्रीकी एकता संगठन, राष्ट्रमण्डल, इस्लामी संगठन, निर्गुट देशों का संगठन, निःशस्त्रीकरण व विश्व शांति, शरणार्थी समस्या, जातीय तनाव व संकट, जेनेवा निःशस्त्रीकरण सम्मेलन, लन्दन सम्मेलन, निःशस्त्रीकरण आयोग, आणविक परीक्षण निषेध सन्धि, परमाणु शस्त्र प्रसार निरोध संधि 1968, मूल्यांकन।

12. संयुक्त राष्ट्रसंघ और शान्तिपूर्ण समाधान की प्रक्रियाएँ 308-458

अर्थ, समाधान के उपाय, वार्ता, सत्सेवा और मध्यस्थता, सौमनस्य, जाँच, पंचनिर्णय, न्यायिक फैसले, बल प्रयोग या प्रतिरोधात्मक कार्यवाही, सामूहिक सुरक्षा–अर्थ, मान्यताएँ, सामाजिक सुरक्षा, सामूहिक सुरक्षा, विश्व सरकार और शक्ति सन्तुलन, सामूहिक और प्रादेशिक संगठन, सामूहिक सुरक्षा और निःशस्त्रीकरण, सामूहिक सुरक्षा एवं राष्ट्रसंघ, सामूहिक सुरक्षा एवं जापान, सामूहिक सुरक्षा एवं इटली-अबीसीनिया युद्ध, राष्ट्रसंघ एवं संयुक्त राष्ट्रसंघ के अन्तर्गत सामूहिक सुरक्षा व्यवस्था, कोरिया विवाद, स्वेज नहर की समस्या, लेबनान की समस्या, गुटनिरपेक्ष आंदोलन, संयुक्त राष्ट्रसंघ के राजनीतिक कार्य, रूस–ईरान विवाद, यूनान विवाद, सीरिया-लेबनान का मामला, बर्लिन प्रश्न, इण्डोनेशिया विवाद, कोर्फू चैनल विवाद, ट्रीस्टे समस्या, दक्षिण अफ्रीका समस्या, हंगरी समस्या, अल्जीरिया समस्या, कांगो समस्या, क्यूबा समस्या, साइप्रस समस्या, दक्षिण रोडेशिया समस्या, कोरिया संकट, वियतनाम समस्या, फिलिस्तीन या अरब-इजराइल समस्या, स्वेज नहर विवाद, कैम्प डेविड समझौता, कश्मीर समस्या, ईरान द्वारा अमेरिकी बन्धक समस्या, ईरान-ईराक युद्ध, कम्पूचिया समस्या, पनामा में अमेरिकी हस्तक्षेप, अफगानिस्तान की समस्या, नामीबिया समस्या, संयुक्त राष्ट्रसंघ की महान सफलताएं, तृतीय विश्व के देशों की सहभागिता एवं भूमिका।

13. संयुक्त राष्ट्रसंघ के राजनीतिक कार्य 459-473

कार्यों का मूल्यांकन, गैर–राजनीतिक कार्य, आर्थिक विकास सम्बन्धी कार्य, विकासशील देशों को सहायता, वैज्ञानिक व तकनीकी सहायता, खाद्य एवं कृषि संगठन, सामाजिक विकास कार्य–शैक्षणिक, गैर-राजनीतिक कार्य, संयुक्त राष्ट्रसंघ गतिविधियों की समीक्षा, संयुक्त राष्ट्रसंघ की वर्तमान स्थिति।

14. संयुक्त राष्ट्रसंघ के रचनात्मक कार्य 474-491

लोकहितकारी कार्य, विश्व बैंक द्वारा कार्य, संयुक्त राष्ट्रसंघ विकास दशक, व्यापार व विकास सम्बन्धी सम्मेलन, विश्व खाद्य कार्यक्रम, औद्योगिक विकास संगठन, संयुक्त राष्ट्र बाल निधि, शरणार्थी उच्च आयोग, नशीली औषधियों पर नियन्त्रण, महिलाओं के विकास अधिकारों में संयुक्त राष्ट्रसंघ का योगदान।

15. संयुक्त राष्ट्रसंघ और मानव अधिकार 492-520

मानव अधिकारों की सार्वजनिक घोषणा, सार्वजनिक घोषणा का प्रभाव, विशेषताएँ, त्रुटियाँ, जातीय भेदभाव या रंगभेद, अल्पसंख्यक जातिगत, धार्मिक तथा नस्लवाद की समस्या, गैर-सरकारी संगठन।

16. राष्ट्रसंघ और संयुक्त राष्ट्रसंघ की तुलना 521-527

ऐतिहासिक समानता, उद्देश्यों में समानता, अन्तर।

17. संयुक्त राष्ट्रसंघ के चार्टर के संशोधन की समस्या 528-542

अनुच्छेद 102 से 111, संशोधन की आवश्यकता, वीटो का अधिकार, वित्तीय समस्या, सदस्यता, न्यास, राष्ट्रों का घरेलू क्षेत्र. कुवैत समस्या।

18. विश्व शान्ति और विश्व सरकार की धारणा 543-547

विश्व शान्ति कार्य, मूल्यांकन।

19. विश्व सरकार 548-552

विश्व सरकार की धारणा, विश्व सरकार के निर्माण में बाधाएँ, निष्कर्ष।

1

संयुक्त राष्ट्रसंघ की स्थापना (Establishment of United Nations Organisation)

राष्ट्रसंघ के निर्माण में सहायक घोषणाएं

राष्ट्रसंघ विश्वशांति स्थापित करने में असफल रहा। द्वितीय विश्व युद्ध सितम्बर 1939 में आरम्भ हो गया और 12 जून, 1941 को हिटलर के विरुद्ध युद्ध करने वाले राष्ट्रों ने एक ऐसे विश्व के निर्माण की घोषणा की जो आक्रमण के भय से मुक्त हो तथा जिसमें सबको आर्थिक व सामाजिक सुरक्षा प्राप्त हो।

अटलांटिक घोषणा-पत्र (Atlantic Charter)–14 अगस्त, 1941 को ब्रिटेन के प्रधानमन्त्री चर्चिल व अमेरिका के राष्ट्रपति रूजवेल्ट ने घोषणा की कि वे किसी अन्य देश की भूमि पर अधिकार नहीं करेंगे, सभी राष्ट्रों की जनता को अपनी राष्ट्र-प्रणाली स्वयं निर्धारित करने का अधिकार देंगे, भय से मुक्ति दिलायेंगे, सबकी आवश्यकताओं की पूर्ति का प्रयास करेंगे तथा अभिव्यक्ति की स्वतन्त्रता देंगे। भय तथा आवश्यकता से मुक्ति और विश्वास तथा धर्म की स्वतन्त्रता मान्य होगी (Freedom from Fear, Want and Freedom of Belief and Worship)।

संयुक्त राष्ट्रसंघ की घोषणा, जनवरी 1942 (U.N.O. Declaration)–1 जनवरी, 1942 को संयुक्त राष्ट्र की घोषणा वाशिंगटन में 26 राष्ट्रों ने की जिसमें अटलांटिक चार्टर का समर्थन किया गया और संयुक्त राष्ट्रसंघ के निर्माण की आशा की गई। 1945 में 47 राष्ट्रों ने इस पर हस्ताक्षर किये। मास्को सम्मेलन 1943 द्वारा एक अन्तर्राष्ट्रीय संस्था के निर्माण का विचार किया गया जिसमें छोटे-बड़े सभी राष्ट्रों की सार्वभौमिक समानता (Sovereign equality) को मान्यता देने की बात की गई। यही संगठन बाद में संयुक्त राष्ट्रसंघ के रूप में विकसित हुआ।

इसके बाद ब्रेटन वुड्स सम्मेलन, जुलाई 1944 व वाशिंगटन में डम्बर्टन-ओक्स सम्मेलन व याल्टा सम्मेलन फरवरी 1945 को हुआ। परन्तु, 25 अप्रैल से 26 जून, 1945 तक के सानफ्रांसिस्को सम्मेलन द्वारा संयुक्त राष्ट्रसंघ का निर्माण किया गया। इसमें विश्व के 51 राष्ट्रों के 850 प्रतिनिधियों ने भाग लिया। 24 अक्तूबर, 1945

को संयुक्त राष्ट्रसंघ की स्थापना हुई तथा संयुक्त राष्ट्रसंघ का चार्टर लागू हुआ। 10 जनवरी, 1946 को लन्दन के वेस्टमिन्स्टर हाल में इसका प्रथम अधिवेशन हुआ और न्यूयार्क (अमेरिका) में इसका प्रधान कार्यालय स्थापित किया गया।

इस प्रकार, उपर्युक्त विवरण से स्पष्ट है कि संयुक्त राष्ट्रसंघ की स्थापना की पृष्ठभूमि में द्वितीय विश्वयुद्धकालीन अनेक अंतर्राष्ट्रीय सम्मेलन आदि प्रमुख थे। इनमें अटलांटिक चार्टर, संयुक्त राष्ट्र घोषणा, मास्को घोषणा, तेहरान सम्मेलन, डम्बर्टन-ओक्स सम्मेलन, याल्टा सम्मेलन और सानफ्रांसिस्को सम्मेलन आदि प्रमुख थे। संयुक्त राष्ट्रसंघ की स्थापना में अमेरिका के राष्ट्रपति रूजवेल्ट, इंग्लैंड के प्रधानमंत्री चर्चिल और रूस के नेता स्टालिन ने महत्वपूर्ण योगदान दिया। उन्होंने युद्ध की अपेक्षा शांति को अधिक महत्व दिया और एक ऐसी अंतर्राष्ट्रीय संस्था की आवश्यकता अनुभव की जो भावी संतति को युद्ध की विभीषिकाओं से मुक्ति प्रदान कर सके। उनका यह स्वप्न 24 अक्तूबर, 1945 को पूरा हो गया जब विश्व में शांति-व्यवस्था कायम करने के लिए एक नए शांति वृक्ष (संयुक्त राष्ट्रसंघ) का पौधा लगाया गया। इसकी शीतल छाया में विश्व मानव शांति व सुरक्षा का अहसास करता है और भविष्य में इससे बड़ी-बड़ी आशाएं हैं। यह 2000 तक विश्व युद्ध रोकने के लिए सफल रहा है।

संयुक्त राष्ट्रसंघ की प्रस्तावना

"संयुक्त राष्ट्रसंघ की प्रस्तावना का मुख्य उद्देश्य विश्व शांति और विश्व कल्याण है।"

किसी भी संविधान या संस्था की प्रस्तावना से उसके मुख्य उद्देश्यों का आभास हो जाता है। अत: संयुक्त राष्ट्रसंघ पर विचार करने से पूर्व उसकी प्रस्तावना पर संक्षिप्त प्रकाश डालना अत्यन्त आवश्यक है। प्रस्तावना के द्वारा ही उस संस्था के उद्देश्यों का ज्ञान होता है।

"संयुक्त राष्ट्रसंघ भावी पीढ़ियों की युद्ध की विभीषिकाओं से रक्षा करने के लिए दृढ़संकल्प है जिसने हम लोगों के जीवनकाल में मानवजाति को दो बार अपार कष्ट पहुंचाया।" प्रस्तावना में कहा गया है कि हम मानव के मौलिक अधिकारों, मानव की प्रतिष्ठा, स्त्रियों और पुरुषों तथा छोटे-बड़े सभी राष्ट्रों के समान अधिकार पर पुन: अपना विश्वास प्रकट करते हैं। हम उन स्थितियों को उत्पन्न करेंगे जिनसे संधियों तथा अंतर्राष्ट्रीय विधि के अन्य स्रोतों से उत्पन्न होने वाले दायित्वों का सम्मानजनक और न्यायपूर्ण पालन किया जाएगा। हम सामाजिक प्रगति, उच्चतर जीवन-स्तर और पर्याप्त स्वतन्त्रता को प्रोत्साहन के लिए दृढ़संकल्प हैं।

यह भी कहा गया है कि उपुर्यक्त उद्देश्यों के लिए हम सहिष्णुता का पालन करेंगे तथा एक-दूसरे के साथ एक अच्छे पड़ोसी की तरह शान्तिपूर्वक रहेंगे। हम

अंतर्राष्ट्रीय शांति-व्यवस्था बनाये रखने के लिए एकजुट होते हैं। हम मानते हैं कि आम हित को छोड़कर सशस्त्र शक्ति का प्रयोग नहीं किया जाएगा तथा लोगों के सामाजिक-आर्थिक विकास को प्रोत्साहन देने के लिए अंतर्राष्ट्रीय संस्थाओं का उपयोग किया जाएगा।

उपुर्यक्त उद्देश्यों के लिए हम संकल्प लेते हैं। इसके अनुसार हमारी सरकारों के जो प्रतिनिधि सानफ्रांसिस्को में एकत्रित हुए हैं, और जिन्होंने अपनी पूरी शक्ति का प्रर्दशन किया है, संयुक्त राष्ट्र के घोषणा-पत्र से सहमत हैं तथा संयुक्त राष्ट्रसंघ नामक एक अन्तर्राष्ट्रीय संगठन की स्थापना करते हैं।

संयुक्त राष्ट्रसंघ की उपर्युक्त प्रस्तावना से चार बातें स्पष्ट होती हैं–

(क) संयुक्त राष्ट्रसंघ भावी पीढ़ियों की युद्ध की विभीषिकाओं से रक्षा करेगा, अर्थात् यह विश्व में शांति-व्यवस्था कायम रखेगा।

(ख) यह मानव के मौलिक अधिकारों, उसकी प्रतिष्ठा तथा पुरुषों और महिलाओं के समान अधिकार तथा छोटे-बड़े राष्ट्रों के समान अधिकार आदि को मान्यता देगा।

(ग) यह ऐसी दशाओं को उत्पन्न करेगा जिनसे संधियों तथा अन्तर्राष्ट्रीय विधि के अन्य स्त्रोतों से उत्पन्न उत्तरदायित्वों का पालन किया जा सके।

(घ) यह सामाजिक उन्नति, विश्व-कल्याण तथा उच्च जीवन-स्तर को प्रोत्साहन देगा।

उपर्युक्त उद्देश्यों की प्राप्ति के लिए सहिष्णुता का व्यवहार तथा शांति से एक-दूसरे के साथ अच्छे पड़ोसियों की भांति रहने, अन्तर्राष्ट्रीय शांति-सुरक्षा स्थापित करने हेतु अपनी शक्ति को संगठित करने, सिद्धान्तों तथा संस्था को ऐसे ढंग से स्वीकार करने का निश्चय किया गया है कि सामान्य हितों के अतिरिक्त कभी शस्त्र का प्रयोग नहीं किया जायेगा तथा लोगों के आर्थिक और सामाजिक कल्याण तथा उत्थान हेतु अंतर्राष्ट्रीय मशीनरी का प्रयोग करने हेतु संयुक्त रूप से प्रयास करने का निश्चय किया गया। संयुक्त राष्ट्रसंघ की प्रस्तावना से यह भी स्पष्ट हो जाता है कि संयुक्त राष्ट्रसंघ का जन्म-विनाशकारी युद्ध के परिणामस्वरूप हुआ तथा इसका परमोद्देश्य भावी पीढ़ी की युद्ध की विभीषिकाओं से रक्षा करना है। इसीलिये प्रस्तावना की यह प्रथम पंक्ति है।

"हम संयुक्त राष्ट्रसंघ के लोग भावी पीढ़ियों की युद्ध-विभीषिकाओं से रक्षा करने के लिए कृतसंकल्प हैं।"

संयुक्त राष्ट्रसंघ की विधिक प्रकृति

साधारणतः संयुक्त राष्ट्रसंघ राज्यों का एक संघ कहा जाता है परन्तु यहां उल्लेखनीय है कि इसका अपना एक विधिक व्यक्तित्व भी है। इसका अपना कार्यालय है, कर्मचारी हैं तथा इसके सदस्य अपने प्रतिनिधि आदि भेजते हैं। संयुक्त राष्ट्रसंघ

के चार्टर के अनुच्छेद 104 के अनुसार अपने कार्यों तथा उद्देश्यों की प्राप्ति हेतु संस्था की प्रत्येक सदस्य के क्षेत्र में आवश्यक विधिक स्थिति होगी। इसी प्रकार संयुक्त राष्ट्रसंघ के प्रतिनिधियों को भी विशेषाधिकार तथा उन्मुक्तियां आदि प्राप्त होंगी।

इस प्रकार से संयुक्त राष्ट्रसंघ को विधिक व्यक्तित्व प्राप्त है तथा यह अन्तर्राष्ट्रीय विधि का विषय है। संयुक्त राष्ट्रसंघ को सम्पत्ति रखने, उसे बेचने, संविदा करने आदि का अधिकार है। इस सम्बन्ध में संयुक्त राष्ट्रसंघ की महासभा ने "संयुक्त राष्ट्रसंघ के विशेषाधिकार तथा उन्मुक्तियों पर अभिसमय" को 1946 में अपनाया। इस अभिसमय में संयुक्त राष्ट्रसंघ के विधिक व्यक्तित्व के विषय में स्पष्ट उल्लेख है। अन्तर्राष्ट्रीय न्यायालय ने संयुक्त राष्ट्रसंघ की सेवा में हुई क्षति के लिए क्षतिपूर्ति नामक वाद से भी संयुक्त राष्ट्रसंघ के विधिक व्यक्तित्व का पता चलता है। अन्तर्राष्ट्रीय न्यायालय ने अपने सलाहकारी मत में कहा है कि संयुक्त राष्ट्रसंघ एक अन्तर्राष्ट्रीय निकाय है जिसको अन्तर्राष्ट्रीय विधि के अन्तर्गत अधिकार तथा कर्त्तव्य प्राप्त हैं तथा वह अपनी सेवा में नियुक्त अधिकारियों को हुई क्षति के लिए क्षतिपूर्ति की मांग कर सकता है। अतः संयुक्त राष्ट्रसंघ को स्पष्ट रूप से विधिक व्यक्तित्व प्राप्त है।

संयुक्त राष्ट्रसंघ के उद्देश्य–संयुक्त राष्ट्रसंघ के उद्देश्य चार्टर के अनुच्छेद में वर्णित हैं। ये उद्देश्य निम्नलिखित हैं–

(1) **अन्तर्राष्ट्रीय शान्ति व सुरक्षा**–चार्टर के अनुच्छेद के अनुसार संयुक्त राष्ट्रसंघ का प्रमुख उद्देश्य अन्तर्राष्ट्रीय शांति व सुरक्षा कायम रखना है तथा इस उद्देश्य की प्राप्ति के लिए शक्ति के खतरे को दूर करने तथा आक्रमण और शांति के उल्लंघन के कार्यों को दबाने के लिए प्रभावशाली सामूहिक कार्यवाही करने तथा अन्तर्राष्ट्रीय विवादों तथा परिस्थितियों को शांतिपूर्ण ढंग से तथा न्याय के सिद्धान्तों तथा अन्तर्राष्ट्रीय विधि के अनुसार हल करने का सुझाव दिया गया है। निःसन्देह संयुक्त राष्ट्रसंघ का सर्वाधिक महत्वपूर्ण उद्देश्य विश्व में शांति व सुरक्षा बनाये रखना है। यह उद्देश्य अत्यन्त महत्वपूर्ण है। प्रो॰ केल्सन ने लिखा है, 'संयुक्त राष्ट्रसंघ का मुख्य उद्देश्य विश्वशांति है।'

(2) **आत्म-निर्णय के सिद्धान्त पर राष्ट्रों के मध्य मित्रतापूर्ण सम्बन्धों का विकास**–संयुक्त राष्ट्रसंघ का दूसरा उद्देश्य है समानता व आत्मनिर्णय के आधार पर राष्ट्रों के बीच मित्रतापूर्ण सम्बन्धों का विकास करना तथा विश्व-शान्ति को सुदृढ़ करने के लिए अन्य उचित कदम उठाना तथा उपाय करना आत्म-निर्णय के सिद्धांत के बारे में विधि-शास्त्रियों में बड़ा मतभेद है। कुछ विधि-शास्त्रियों का कहना है कि आत्म-निर्णय के सिद्धांत का उल्लेख उपनिवेशवाद के संदर्भ के हुआ है तथा यह अन्तर्राष्ट्रीय विधि का सिद्धान्त बन गया है। संयुक्त राष्ट्रसंघ महासभा के कई प्रस्तावों में आत्म-निर्णय के सिद्धांत का उल्लेख किया गया है। इन प्रस्तावों में सबसे महत्वपूर्ण प्रस्ताव उपनिवेशों तथा वहां के लोगों को स्वतंत्रता प्रदान किये जाने की

घोषणा है। दक्षिण-पश्चिमी अफ्रीका (1971) तथा पश्चिमी सहारा (1975) आदि वादों में अन्तर्राष्ट्रीय न्यायालय ने संयुक्त राष्ट्रसंघ महासभा के प्रस्ताव तथा उपनिवेशवाद के संदर्भ में आत्म-निर्णय के सिद्धांत की बंधनकारी प्रकृति को स्वीकार किया है।

(3) **अन्तर्राष्ट्रीय सहयोग की प्राप्ति**–संयुक्त राष्ट्रसंघ का एक अन्य प्रमुख उद्देश्य सामाजिक, आर्थिक, सांस्कृतिक तथा मानवतावादी समस्याओं के निवारण के लिए अन्तर्राष्ट्रीय सहयोग की प्राप्ति है। इसके लिए नस्ल, लिंग, भाषा, जाति अथवा धर्म का भेदभाव नहीं रखा जाएगा तथा यह कहा गया है कि सभी राष्ट्रों के साथ समान व्यवहार किया जाएगा। अन्तर्राष्ट्रीय सहयोग की प्राप्ति इसका लक्ष्य है।

(4) **संयुक्त राष्ट्रसंघ को केन्द्र बनाना**–संयुक्त राष्ट्रसंघ का चौथा तथा अन्तिम उद्देश्य उपर्युक्त सामान्य उद्देश्यों की प्राप्ति तथा राष्ट्रों के कार्यों में समन्वय रखने के लिए संयुक्त राष्ट्रसंघ को विश्व का केन्द्र बनाना है।

नि:सन्देह अनुच्छेद 1 में वर्णित संयुक्त राष्ट्रसंघ के उद्देश्य काफी महत्वपूर्ण हैं। इन्हीं उद्देश्यों की पूर्ति के लिए प्रमुख रूप से संयुक्त राष्ट्रसंघ की स्थापना की गई है। इसके अतिरिक्त जब कभी चार्टर के किसी उपबंध के निर्वचन का प्रश्न उठता है तो न्यायालय वही निर्णय देता है जो उक्त उद्देश्य के अनुसार होता है। अन्तर्राष्ट्रीय न्यायालय ने अपना मत स्पष्ट करते हुए कहा है कि संयुक्त राष्ट्रसंघ कोई भी ऐसा कार्य कर सकता है जिसका इसके चार्टर के किसी प्रावधान में निषेध नहीं है। चार्टर के प्रावधानों का निर्वचन करने में चार्टर में वर्णित उद्देश्यों पर प्राथमिक ध्यान देना चाहिए।

संयुक्त राष्ट्रसंघ के सिद्धान्त–चार्टर के अनुच्छेद 2 के अनुसार यह संस्था तथा इसके सदस्य अनुच्छेद में वर्णित उद्देश्यों की प्राप्ति के लिए निम्नलिखित सिद्धान्तों का अनुपालन करेंगे–

1. **सभी सदस्यों की समानता तथा प्रभुत्व**–समानता का सिद्धान्त सर्वाधिक महत्वपूर्ण है। इस सिद्धान्त के अनुसार संयुक्त राष्ट्रसंघ के सभी छोटे-बड़े राष्ट्र समान हैं। विधि की दृष्टि से सभी समान हैं तथा उनके साथ भेदभाव नहीं किया जा सकता। परन्तु यह स्मरणीय है कि यह एक सम्पूर्ण सिद्धान्त नहीं है तथा स॰ रा॰ के चार्टर में कई ऐसे प्रावधान हैं जो इससे मेल नहीं खाते। उदाहरणास्वरूप संयुक्त राष्ट्रसंघ के चार्टर के अन्तर्गत महाशक्तियों अथवा स्थायी सदस्यों को कुछ विशेष अधिकार प्रदान किये गए हैं। अनुच्छेद 27 के अनुसार सुरक्षा परिषद् में सभी महत्वपूर्ण प्रश्नों पर निर्णय के लिए पांचों स्थायी सदस्यों की सहमति आवश्यक है। स्पष्टतया यह प्रावधान सदस्यों की समानता के सिद्धान्त के अनुसार नहीं है। अत: संयुक्त राष्ट्रसंघ के सभी सदस्य पूर्णतया एक समान नहीं हैं। न्यायमूर्ति फिलिप सी॰ जेसप के मत के अनुसार सभी राज्य वास्तव में समान नहीं हैं, उनकी शक्तियां भिन्न हैं तथा राज्यों की भावनाएं हैं और मनोवैज्ञानिक कारणों की अन्तर्राष्ट्रीय राजनीति से उपेक्षा नहीं की जा सकती। उन्हीं के शब्दों में, "चार्टर के द्वारा संयुक्त राष्ट्रसंघ सभी सदस्यों

के प्रभुत्व-संपन्न समानता के सिद्धांत पर आधारित है। परन्तु इस बात से कोई भी इन्कार नहीं कर सकता कि पूरे संयुक्त राष्ट्रसंघ चार्टर में असमान अधिकारों, विशेषाधिकारों तथा उत्तरदायित्वों को भी मान्यता प्रदान की गई है।"

2. सभी सदस्य संयुक्त राष्ट्रसंघ चार्टर के अन्तर्गत अपने सभी उत्तरदायित्वों को सद्‌भाव में पूरा करेंगे जिससे सभी सदस्य अपनी सदस्यता के फलस्वरूप अपने अधिकारों को प्रयोग कर सकें तथा लाभान्वित हो सकें।

3. सभी सदस्य अपने अन्तर्राष्ट्रीय विवादों को शान्तिपूर्ण ढंग से इस प्रकार हल करेंगे कि अन्तर्राष्ट्रीय शान्ति व सुरक्षा तथा न्याय को खतरा न हो।

4. संयुक्त राष्ट्रसंघ के सदस्य राज्य एक-दूसरे की क्षेत्रीय अखंडता तथा स्वतन्त्रता में हस्तक्षेप नहीं करेंगे। इस सिद्धान्त के प्रति संयुक्त राष्ट्रसंघ महासभा ने 1965 में अपने एक प्रस्ताव में कहा, "किसी राज्य को प्रत्यक्ष या अप्रत्यक्ष रूप से दूसरे राज्य के आन्तरिक अथवा बाह्य मामलों में, किसी कारण के आधार पर भी हस्तक्षेप करने का अधिकार नहीं है।" परन्तु जहाँ तक वास्तविक अभ्यास का सम्बन्ध है, राज्यों द्वारा इस सिद्धान्त का पालन नहीं किया जाता।

5. सभी सदस्य राज्य संयुक्त राष्ट्रसंघ को सामूहिक कार्यवाही हेतु सहायता देंगे। अनुच्छेद 2(v) के अनुसार सभी सदस्य राज्य संयुक्त राष्ट्रसंघ द्वारा चार्टर के अन्तर्गत की गई कार्यवाही में सहायता प्रदान करेंगे तथा उस राज्य की सहायता नहीं करेंगे जिसके विरुद्ध संयुक्त राष्ट्रसंघ सामूहिक कार्यवाही कर रहा है। इस उपबंध के अनुसार सामूहिक कार्यवाही की परिस्थिति में सभी सदस्यों का उत्तरदायित्व है कि वे संयुक्त राष्ट्रसंघ की सहायता करें। परन्तु अनुच्छेद 48 के अनुसार सुरक्षा परिषद् कुछ सदस्यों को इस उत्तरदायित्व से मुक्त कर सकती है।

6. गैर सदस्य राष्ट्र भी अन्तर्राष्ट्रीय शान्ति व सुरक्षा के सम्बन्ध में संयुक्त राष्ट्रसंघ के चार्टर के सिद्धान्तों के अनुसार काम करेंगे। संस्था यह भी देखती है कि जो राज्य संयुक्त राष्ट्रसंघ के सदस्य नहीं हैं, वे भी अन्तर्राष्ट्रीय शान्ति-सुरक्षा को बनाये रखने के लिए संयुक्त राष्ट्रसंघ के चार्टर के सिद्धान्तों के अनुसार कार्य करें।

7. संयुक्त राष्ट्रसंघ राज्यों के घरेलू क्षेत्राधिकार के मामलों में हस्तक्षेप नहीं करेगा। इस सिद्धान्त का एक अपवाद भी है। वह अपवाद यह है कि उपर्युक्त सिद्धान्त चार्टर के अध्याय 7 के अन्तर्गत की गई सामूहिक कार्यवाहियों के प्रति लागू न होगा। अध्याय 7 अन्तर्राष्ट्रीय शान्ति-सुरक्षा बनाये रखने के लिए सामूहिक कार्यवाही से सम्बन्धित है। अतः विश्व-शान्ति व सुरक्षा के लिए सामूहिक कार्यवाही को छोड़कर संयुक्त राष्ट्रसंघ राज्यों के आन्तरिक क्षेत्राधिकार के मामलों में हस्तक्षेप नहीं कर सकता।

घरेलू क्षेत्राधिकार के अर्थ स्पष्ट नहीं है। यह तथ्यों, समय तथा परिस्थितियों पर निर्भर है। कुछ मामले जो संयुक्त राष्ट्रसंघ के लागू होने के समय घरेलू क्षेत्राधिकार

के माने जाते थे, आज अन्तर्राष्ट्रीय माने जाते हैं। अन्तर्राष्ट्रीय समुदाय के विकास तथा राज्यों के एक-दूसरे पर आधारित होने के कारण घरेलू क्षेत्राधिकार का अर्थ दिन प्रतिदिन सीमित होता जा रहा है, तथा यह भी संभव है कि आज जो मामले घरेलू क्षेत्राधिकार के अन्तर्गत आते हैं भविष्य में अन्तर्राष्ट्रीय महत्व के समझे जाएं तथा संयुक्त राष्ट्रसंघ उनमें हस्तक्षेप करने का अधिकार प्राप्त कर ले। प्रो० क्विसी राइट के मत के अनुसार, "किसी मामले को संयुक्त राष्ट्रसंघ के कार्यक्रम में रखना, उस पर विचार तथा अध्ययन करना तथा उस पर सामान्य प्रस्ताव करना, हस्तक्षेप नहीं है।" भारतीय विधिशास्त्री एम० एस० राजन के अनुसार सदस्यों द्वारा अन्तर्राष्ट्रीय ध्येयों की प्राप्ति के लिए महासभा द्वारा पारित प्रस्ताव संयुक्त राष्ट्रसंघ के क्षेत्राधिकार के अन्तर्गत आते हैं।

संयुक्त राष्ट्रसंघ की सदस्यता

संयुक्त राष्ट्रसंघ के चार्टर में संयुक्त राष्ट्रसंघ की सदस्यता का स्पष्ट उल्लेख है। चार्टर के अनुच्छेद 3 में कहा गया है कि संयुक्त राष्ट्रसंघ के मौलिक सदस्य वे हैं जिन्होंने सानफ्रांसिस्को के अन्तर्राष्ट्रीय संगठन के संयुक्त राष्ट्र सम्मेलन में भाग लिया था। 1 जनवरी, 1942 की संयुक्त राष्ट्रसंघ घोषणा पर हस्ताक्षर किये थे और तत्पश्चात् संयुक्त राष्ट्रसंघ के प्रस्ताव पर हस्ताक्षर करके अनुच्छेद 110 के अनुसार उसका अनुसमर्थन कर दिया था। चार्टर अनुच्छेद 4 के अनुसार किसी भी राज्य को सुरक्षा परिषद् की संस्तुति तथा महासभा के दो-तिहाई मत द्वारा संयुक्त राष्ट्रसंघ का सदस्य बनाया जा सकता है। इसमें सुरक्षा परिषद् के 9 सकारात्मक मतों की आवश्यकता है तथा इन मतों में 5 स्थायी सदस्य के सकारात्मक मतों का होना आवश्यक है। इसके अनुच्छेद 4 के अनुसार किसी राज्य को सदस्य बनाने के लिए निम्नलिखित पाँच शर्तें आवश्यक मानी गई हैं–

(क) एक राज्य होना अर्थात् एक स्थायी जनसंख्या, एक निश्चित क्षेत्र, एक सरकार तथा अन्य राष्ट्रों से सम्बन्ध बनाने की क्षमता या संप्रभुता।

(ख) शान्ति प्रेमी होना।

(ग) संयुक्त राष्ट्रसंघ के चार्टर के उत्तरदायित्वों को स्वीकार करना।

(घ) संयुक्त राष्ट्रसंघ के चार्टर के उत्तरदायित्वों का पालन करने की इच्छा, तथा

(ङ) संयुक्त राष्ट्रसंघ के चार्टर में वर्णित उत्तरदायित्वों को पूरा करने की क्षमता होना।

यहाँ यह उल्लेखनीय है कि किसी नए राज्य को संयुक्त राष्ट्रसंघ का सदस्य बनाते समय उपर्युक्त नियमों का अधिकांश अक्षरश: परिपालन नहीं हो पाता है। प्राय: सदस्य, नये राज्य को सदस्य बनाने के सम्बन्ध में मतदान करते समय निजी स्वार्थ को सर्वोपरि महत्व देते हैं। वे इसके लिए अपने निषेधाधिकार का प्रयोग करने से

भी पीछे नहीं रहते तो कभी-कभी अपनी ओर से कुछ शर्तें रखते हैं। उदाहरणस्वरूप इटली और फिनलैंड की सदस्यता के प्रश्न पर रूस ने यह शर्त लगाई कि वह अपना मत इन दोनों देशों को संयुक्त राष्ट्रसंघ का सदस्य बनाने के लिए तभी देगा जब बल्गारिया, हंगरी तथा रूमानिया को भी सदस्य बनाया जाए। अतः संयुक्त राष्ट्रसंघ की महासभा ने इस विषय में अन्तर्राष्ट्रीय न्यायालय से 1948 में सलाहकारी मत देने की प्रार्थना की। महासभा ने अन्तर्राष्ट्रीय न्यायालय के सामने दो प्रश्न रखे-

(क) विधि में संयुक्त राष्ट्रसंघ का कोई सदस्य सुरक्षा परिषद् अथवा महासभा में सदस्यता के प्रार्थना-पत्र पर अपना मत देते समय ऐसी कोई शर्त लगा सकता है जो चार्टर में वर्णित न हो?

(ख) क्या कोई सदस्य अपने सकारात्मक मत के साथ यह अतिरिक्त शर्त भी लगा सकता है कि कुछ दूसरे राज्य भी सदस्य बनाए जाएं?

अन्तर्राष्ट्रीय न्यायालय ने अपने सलाहकारी मत में उपर्युक्त दोनों प्रश्नों का नकारात्मक उत्तर दिया। अन्तर्राष्ट्रीय न्यायालय के अनुसार सुरक्षा परिषद् अथवा महासभा में राज्यों को संयुक्त राष्ट्रसंघ का सदस्य बनाये जाने के प्रश्न पर मतदान करते समय सदस्य ऐसी कोई शर्त नहीं लगा सकते जो संयुक्त राष्ट्रसंघ के चार्टर में वर्णित नहीं है तथा विशेषकर वे यह शर्त नहीं लगा सकते कि कुछ और राज्य भी सदस्य बनाये जायें। अतः अन्तर्राष्ट्रीय न्यायालय के अनुसार चार्टर में वर्णित शर्तों को ध्यान में रखा जाना चाहिए तथा बाह्य तत्वों और राजनीतिक बातों को महत्व नहीं दिया जाना चाहिए। अन्तर्राष्ट्रीय न्यायालय के मत के बावजूद महाशक्तियों के विशेषाधिकार के कारण अनेक राज्यों की सदस्यता के प्रार्थना-पत्र पर सुरक्षा परिषद् अपनी सकारात्मक सहमति देने में असमर्थ रही है। उदाहरणस्वरूप 1950 से चीन का मामला महासभा में प्रत्येक वर्ष उठाया गया। अन्त में 25 अक्तूबर, 1971 को महासभा ने अपने निर्णय में स्वीकार किया कि संयुक्त राष्ट्रसंघ में चीन का प्रतिनिधित्व करने का साम्यवादी सरकार को अधिकार है तथा फारमूसा स्थित राष्ट्रवादी सरकार के प्रतिनिधि अनुचित रूप से चीन का प्रतिनिधित्व करते रहे हैं अतः उन्हें निष्कासित किया जाए। अतः वास्तविक विधिक स्थिति यह है कि 25 अक्तूबर, 1971 के महासभा के निर्णय द्वारा साम्यवादी चीन की सरकार को संयुक्त राष्ट्रसंघ में चीन का प्रतिनिधित्व करने का अधिकार प्रदान किया गया तथा फारमूसा की राष्ट्रवादी सरकार के प्रतिनिधियों को निष्कासित कर दिया गया, क्योंकि वे चीन का प्रतिनिधात्व करने के वैध अधिकारी नहीं थे। अब चीन सुरक्षा परिषद् का भी स्थायी सदस्य है।

संयुक्त राष्ट्रसंघ सदस्यता का प्रत्याहरण-संयुक्त राष्ट्रसंघ चार्टर में सदस्यों द्वारा सदस्यता की वापसी के विषय में कोई प्रावधान नहीं है। सानफ्रांसिस्को सम्मेलन में इस विषय पर बड़ी बहस हुई थी। अन्त में यह निश्चय किया गया कि इस विषय में कोई लिखित प्रावधान न रखा जाये। परन्तु इस विषय में विशेष परिस्थितियों में सदस्य अपनी सदस्यता वापस ले सकते हैं। विधिशास्त्री चार्ल्स फेनविक के अनुसार

संयुक्त राष्ट्रसंघ चार्टर के अन्तर्गत भी सदस्य अपनी सदस्यता को निम्नलिखित दो परिस्थितियों में वापस ले सकते हैं–

(क) यदि यह स्पष्ट हो जाता है कि संस्था शान्ति रखने में असमर्थ है।

(ख) यदि चार्टर के किसी संशोधन पर कोई राज्य सहमति प्रदान नहीं करता है और इसे स्वीकार करने में अपने को असमर्थ पाता है तो ऐसी स्थिति में वह अपनी सदस्यता वापस ले सकता है।

विधिशास्त्री फेनाविक का उपर्युक्त मत सानफ्रांसिस्को सम्मेलन में जारी किये गये विशेष परिस्थितियों के कथन पर आधारित है। संयुक्त राष्ट्रसंघ के अभ्यास में सदस्यता के प्रत्याहरण का प्रश्न केवल एक बार उठा है। जनवरी, 1965 में हिन्देशिया ने सदस्यता त्यागने की घोषणा की। उसने ऐसा इसलिए किया क्योंकि मलेशिया को सुरक्षा परिषद् का अस्थायी सदस्य चुन लिया गया था। हिन्देशिया, मलेशिया के एक क्षेत्र पर अपना दावा करता था। परन्तु 1966 में हिन्देशिया ने संयुक्त राष्ट्रसंघ में अपना स्थान पुनः ग्रहण कर लिया और वह इसका सदस्य है।

संयुक्त राष्ट्रसंघ से सदस्यों का निष्कासन–संयुक्त राष्ट्रसंघ चार्टर के अनुच्छेद 6 के अनुसार यदि कोई सदस्य जानबूझकर तथा लगातार चार्टर में वर्णित सिद्धान्तों का उल्लंघन करता है तो उसे सुरक्षा परिषद् के सुझाव पर महासभा द्वारा संस्था से निष्कासित किया जा सकता है। ऐसे सदस्यों को सुरक्षा परिषद् के सुझाव पर महासभा निलम्बित कर सकती है। अनुच्छेद 5 में यह भी प्रावधान है कि सुरक्षा परिषद् निलम्बित राज्यों के अधिकार तथा विशेषाधिकार पुनःस्थापित कर सकती है। इस पर आगे विस्तृत प्रकाश डाला जायेगा। सारांश में यह कहा जा सकता है कि संयुक्त राष्ट्रसंघ का मुख्य उद्देश्य विश्व शान्ति व विश्व कल्याण है तथा सदस्यों का सहयोग वांछनीय माना जाता है।

❑❑❑

2

संयुक्त राष्ट्रसंघ के उद्देश्य एवं संगठन (United Nations Organisation : Aims and Organisation)

संयुक्त राष्ट्रसंघ का इतिहास और मूल सिद्धान्त

द्वितीय विश्वयुद्ध की समाप्ति के पश्चात् यह अनुभव किया गया कि एक ऐसी संस्था की स्थापना की जानी चाहिए जो विश्वयुद्ध के संकट को दूर कर सके और शान्ति तथा व्यवस्था की स्थापना कर सके। द्वितीय विश्वयुद्ध में जन और धन की जो अपार क्षति हुई थी उसने यह दिखला दिया था कि यदि इसी प्रकार भयानक युद्ध होते रहे तो वह दिन दूर नहीं जब मानवमात्र का नाम ही संसार से उठ जाए। इसलिये यह कोशिश की गई कि किसी न किसी प्रकार युद्ध की विभीषिका से मानवता की रक्षा की जाये। इसके लिए एक ऐसे संगठन की आवश्यकता थी जो युद्ध को निषिद्ध कर सके और अन्तर्राष्ट्रीय विवादों को शान्तिपूर्ण ढंग से निपटा सके तथा विश्व कल्याण के लिये कार्य कर सके तथा मानवता की भावना और विश्व-बन्धुत्व की भावना में सहायक हो सके। इस प्रकार के संगठन की आवश्यकता ने ही संयुक्त राष्ट्रसंघ की स्थापना के विचार को जन्म देकर, साकार रूप दिया।

विश्व में संयुक्त राष्ट्रसंघ की स्थापना का विचार नवीन नहीं था। इससे पहले प्रथम विश्वयुद्ध के पश्चात् राष्ट्रसंघ की स्थापना 1920 में हो चुकी थी। राष्ट्रसंघ की स्थापना करते समय उससे यह आशा की गई थी कि वह अन्तर्राष्ट्रीय अराजकता को दूर करने में सफल हो जाएगा और संसार में शान्ति व व्यवस्था की स्थापना कर सकेगा। इसमें कोई संदेह नहीं कि राष्ट्रसंघ के उद्देश्य महान थे और उसके निर्माताओं ने इस बात का पूरा-पूरा प्रयत्न किया था कि वह अपने दायित्वों का पूर्णतः निर्वाह कर सके। किन्तु अन्तर्राष्ट्रीय जगत में अनेक ऐसी बातें पैदा हो गईं जिन्होंने इसकी सफलता के मार्ग को अवरुद्ध कर दिया। विभिन्न राष्ट्रों ने अपने-अपने हितों की सिद्धि में लगे रहने के कारण इसकी सफलता की कोई गुंजाइश नहीं रह गई थी। राष्ट्र संघ को, प्रत्येक सदस्य राज्य अपने हित का साधन बनाना चाहता था। इंग्लैंड और फ्रांस के पारस्परिक मतभेदों ने राष्ट्रसंघ की सुचारु कार्यवाही को

नितान्त असम्भव बना दिया। राष्ट्रसंघ की असफलता का परिणाम यह निकला कि थोड़े ही समय के बाद 1939 में दूसरे विश्वयुद्ध का सूत्रपात हो गया। राष्ट्रसंघ तो विफल हो गया, किन्तु उसकी विफलता से मनुष्य ने यह भलीभांति जान लिया कि संसार में शांति तभी कायम रह सकती है, जब एक शक्तिशाली अन्तर्राष्ट्रीय संगठन की स्थापना की जाये, जो राज्यों पर अंकुश रख सके।

राष्ट्रसंघ की विफलता पर संयुक्त राष्ट्रसंघ की स्थापना की योजना बनाई गई और इसकी स्थापना करते समय उन दोषों को दूर करने का प्रयत्न किया गया, जिन्होंने इसकी सफलता को असंभव बना दिया था। संयुक्त राष्ट्रसंघ के प्रारूप का निश्चय, वस्तुतः युद्ध के दौरान ही कर लिया गया। इसकी स्थापना के आधार क्या हों ? इस बात पर सबसे पहले एटलांटिक चार्टर (14 अगस्त, 1941) में अमेरिका के राष्ट्रपति रूजवेल्ट व ब्रिटिश प्रधानमंत्री चर्चिल ने विचार किया गया था। इसके पश्चात् राष्ट्रपति रूजवेल्ट, चर्चिल व स्टालिन ने क्रमशः तेहरान सम्मेलन (28 नवम्बर से 1 दिसम्बर, 1943) में संयुक्त राज्य अमेरिका, सोवियत संघ और ग्रेट ब्रिटेन की सरकारों की ओर से वह विज्ञप्ति घोषित की कि वे एक ऐसी संस्था की स्थापना करना चाहते हैं जो युद्ध के कलंक और आतंक को मिटा सके। इस संस्था की निर्माण योजना पर विचार करने के लिए वाशिंगटन के एक भवन डम्बर्टन-ओक्स में सम्मेलन हुआ (21 अगस्त, 1944 से 7 अक्तूबर, 1944)। डम्बर्टन-ओक्स सम्मेलन में संयुक्त राष्ट्रसंघ के अंगों की रूपरेखा, उनकी कार्य-प्रणाली, उनमें मतदान पद्धति आदि के ऊपर पर्याप्त वाद-विवाद हुआ। इसके पश्चात् याल्टा सम्मेलन (4 से 11 फरवरी, 1945) में यह निर्णय किया गया कि 25 अप्रैल, 1945 को सानफ्रांसिस्को में सभी राष्ट्रों का एक सम्मेलन बुलाया जायेगा जिसमें संयुक्त राष्ट्रसंघ की स्थापना की बात निश्चित की जाएगी।

25 अप्रैल, 1945 को उक्त सम्मेलन बुलाया गया और उसके अनुसार संयुक्त राष्ट्रसंघ की स्थापना कर दी गई। अन्तिम रूप से संयुक्त राष्ट्रसंघ 24 अक्तूबर, 1945 को अस्तित्व में आया। इसकी प्रथम सभा का अधिवेशन जनवरी, 1949 में हुआ।

संयुक्त राष्ट्रसंघ के सदस्य

प्रारम्भ में संयुक्त राष्ट्रसंघ की सदस्यता उन राष्ट्रों को प्राप्त हुई जिन्होंने अप्रैल 1945 के सानफ्रांसिस्को सम्मेलन में भाग लिया था और संयुक्त राष्ट्रसंघ के संविधान पर हस्ताक्षर किये थे। इसके पश्चात् संयुक्त राष्ट्रसंघ के चार्टर में नवीन सदस्यों को शामिल करने की भी व्यवस्था की गई। यह कहा गया कि ऐसे प्रत्येक राष्ट्र को संयुक्त राष्ट्रसंघ की सदस्यता प्रदान की जा सकती है जो (1) शांतिप्रिय हो, (2) अन्तर्राष्ट्रीय कर्त्तव्यों के पालन के लिए तत्पर हो, और (3) इन उत्तरदायित्वों को पूरा करने की उसमें क्षमता हो। नवीन सदस्य तभी बन सकता है जब सुरक्षा परिषद् अपने बहुमत (इस बहुमत में पांचों स्थायी सदस्यों का मतैक्य होना आवश्यक

है) से उनकी सिफारिश करे और साधारण सभा अपने 2/3 बहुमत से सदस्यता का प्रस्ताव पास कर दे। संयुक्त राष्ट्रसंघ की सदस्यता प्राप्त करने में कठिनाई महाशक्तियों के पारस्परिक विरोध के कारण उत्पन्न होती रही है। अमेरिका साम्यवादी खेमे के राज्यों को और सोवियत संघ पूंजीवादी खेमे के राज्यों को संयुक्त राष्ट्रसंघ की सदस्यता से वंचित रखना चाहता था। यही कारण है कि संयुक्त राष्ट्रसंघ को किसी देश को सदस्यता प्रदान करते समय अनेक राजनीतिक बातों पर विचार करना पड़ता है। यही कारण था कि चीन को 1971 में बड़ी कठिनाई से सदस्यता प्राप्त हुई।

प्रारम्भ में संयुक्त राष्ट्रसंघ की कुल सदस्या संख्या 50 थी। 1957 तक सदस्यों की संख्या बढ़कर 82 हो गई। 1989 में संख्या 160 थी, किन्तु 1990 में संख्या 159 थी और 2000 में 189 थी।

राष्ट्रसंघ के संविधान में ऐसी व्यवस्था की गई थी कि कोई भी सदस्य 2 वर्ष का नोटिस देकर इसकी सदस्यता को त्याग सकता था, लेकिन संयुक्त राष्ट्रसंघ के संविधान में ऐसी कोई व्यवस्था नहीं की गई। कोई राष्ट्र एक बार इसका सदस्य बन जाने पर सदस्यता को बड़ी कठिनाई से भी छोड़ नहीं सकता तथा इंडोनेशिया, जिसने इसे छोड़ने का प्रयास किया था, उसे फिर सदस्य बनना पड़ा।

संयुक्त राष्ट्रसंघ के उद्देश्य

संयुक्त राष्ट्रसंघ का मुख्य ध्येय संसार में युद्ध की समाप्ति करना और विश्व में शांति तथा व्यवस्था की स्थापना करना है। अन्तर्राष्ट्रीय विवादों को शांतिपूर्ण ढंग से निपटाना और विश्व कल्याण भी इसका अत्यन्त महत्वपूर्ण कार्य है। इसके उद्देश्यों का उल्लेख चार्टर में किया गया है। संक्षेप में इसके उद्देश्य निम्नलिखित हैं–

(1) सदस्य राष्ट्रों में होने वाले पारस्परिक विवादों को शान्तिपूर्ण ढंग से हल करके युद्ध की संभावनाओं को समाप्त करना और संसार में शांति तथा व्यवस्था बनाए रखना। शांति भंग करने वाले प्रत्येक कार्य को दबाना।

(2) संसार के समस्त राज्यों में सहयोग और भाईचारे की भावना को जागृत करना। इस प्रकार के कार्यों को प्रोत्साहन देना जिनसे कि राज्यों में मित्रतापूर्ण व्यवहार बना रहे और आपसी विवादों का निपटारा परस्पर वार्ताओं द्वारा शांतिपूर्वक हो जाये।

(3) विश्व शांति तथा व्यवस्था बनाये रखने के अतिरिक्त आर्थिक, सामाजिक, राजनीतिक, सांस्कृतिक समस्याओं को सुलझाना तथा पिछड़े राष्ट्रों के विकास में सहायता करना भी संयुक्त राष्ट्रसंघ का एक महत्वपूर्ण उद्देश्य है। इसको यह कार्य सौंपा गया है कि मनुष्य के भौतिक अधिकारों की मान्यता में सहायता दे और इस बात को देखे कि धर्म, जाति, भाषा, लिंग आदि के आधार पर मनुष्य–मनुष्य के बीच अनावश्यक भेदभाव न किया जाये। मनुष्य को मनुष्य होने के नाते समान अधिकार प्रदान करना संघ का महत्वपूर्ण कार्य है।

(4) विभिन्न राष्ट्रों को एक सामान्य केन्द्र प्रदान करना, जहाँ पर एकत्रित होकर वे आपसी भेदभावों को निपटा सकें।

संयुक्त राष्ट्रसंघ के मूल सिद्धान्त

उपरोक्त उद्देश्यों की पूर्ति करते समय संयुक्त राष्ट्रसंघ निम्नलिखित मूल सिद्धांतों पर आचरण करेगा–

(1) छोटे-बड़े राष्ट्रों को समानाधिकार प्रदान करना तथा प्रत्येक राज्य के सम्प्रभुत्व का समान आदर करना।

(2) सदस्य राष्ट्र के चार्टर के सिद्धान्तों का पालन करना।

(3) ऐसी व्यवस्था करना कि सभी राष्ट्र अपने विवाद शांतिपूर्ण ढंग से सुलझाएँ।

(4) चार्टर के प्रतिकूल आचरण करने वाले राज्य की कोई सहायता न करना।

(5) संयुक्त राष्ट्रसंघ के उद्देश्यों की अवहेलना न करना।

(6) किसी राज्य के आंतरिक मामलों में हस्तक्षेप न करना।

(7) जो राज्य संघ के सदस्य नहीं हैं उनसे भी शांति तथा व्यवस्था बनाये रखने वाले सिद्धान्तों का पालन कराना।

संयुक्त राष्ट्रसंघ का संगठन

संयुक्त राष्ट्रसंघ अपना कार्य अनेक अंगों के माध्यम से करता है। इसके अंगों के नाम और संगठन की व्यवस्था चार्टर में ही कर दी गई है। कुल मिलाकर संघ के 6 अंग हैं–साधारण सभा, सुरक्षा परिषद्, आर्थिक और सामाजिक परिषद्, न्याय परिषद्, सचिवालय और अन्तर्राष्ट्रीय न्यायालय (General Assembly, Security Council, Economic & Social Council, Trusteeship Council, Secretariate and International Court)।

संयुक्त राष्ट्रसंघ के चार्टर का मूल रूप में हिन्दी अनुवाद

संयुक्त राष्ट्रसंघ का चार्टर

प्रस्तावना–हम संयुक्त राष्ट्र के लोग आने वाली संततियों की युद्ध-विभीषिकाओं से रक्षा के लिये दृढ़संकल्प हैं जिसने हम लोगों के जीवनकाल में मानव-जाति को दो बार अपार कष्ट पहुंचाया है। हम मानव के मौलिक अधिकारों, मानव की प्रतिष्ठा, स्त्रियों और पुरुषों तथा छोटे-बड़े सभी राष्ट्रों के समान अधिकार पर पुनः अपना विश्वास प्रकट करते हैं। हम उन स्थितियों को उत्पन्न करेंगे जिनमें संधियों तथा अन्तर्राष्ट्रीय विधि के अन्य स्रोतों से उत्पन्न होने वाले दायित्वों का सम्मानपूर्ण और न्याय-पूर्ण पालन किया जाये। हम सामाजिक प्रगति, उच्चतर जीवन स्तर और पर्याप्त स्वतन्त्रता आदि के प्रोत्साहन के लिए दृढ़संकल्प हैं।

उपर्युक्त उद्देश्यों के लिए हम सहिष्णुता का पालन करेंगे तथा एक-दूसरे के साथ अच्छे पड़ोसी की तरह शान्तिपूर्वक रहेंगे। हम अन्तर्राष्ट्रीय शान्ति-व्यवस्था बनाए

रखने के लिए एकजुट ही हैं और यह मानते हैं कि आम हित को छोड़कर सशस्त्र शक्ति का उपयोग नहीं किया जाएगा तथा लोगों के सामाजिक व आर्थिक विकास को प्रोत्साहन देने के लिए अन्तर्राष्ट्रीय संस्थाओं का उपयोग किया जाएगा।

उपर्युक्त उद्देश्यों की पूर्ति के लिए हम संकल्प लेते हैं। इसके अनुसार हमारी सरकारों के जो प्रतिनिधि सानफ्रांसिस्को में एकत्रित हुए हैं, जिन्होंने अपनी पूरी इच्छाशक्ति का प्रदर्शन किया है, संयुक्त राष्ट्रसंघ के घोषणा-पत्र से सहमत हैं तथा संयुक्त राष्ट्र नामक एक अन्तर्राष्ट्रीय संगठन की स्थापना करते हैं, जिसका नाम संयुक्त राष्ट्रसंघ होगा।

प्रयोजन एवं सिद्धान्त

अनुच्छेद 1

संयुक्त राष्ट्रसंघ के प्रयोजन निम्नलिखित हैं–

1. अन्तर्राष्ट्रीय शान्ति एवं सुरक्षा बनाए रखना तथा उस उद्देश्य से शान्ति-संकट को रोकने एवं समाप्त करने तथा आक्रामक अथवा शान्ति भंग करने के दूसरे कृत्यों का दमन करने के लिए प्रभावी सामूहिक उपाय करना तथा न्याय एवं अन्तर्राष्ट्रीय विधि के सिद्धान्तों के अनुरूप शान्तिपूर्ण साधनों द्वारा उन अन्तर्राष्ट्रीय विवादों या स्थितियों का निपटारा अथवा समाधान करना, जिनका परिणाम शान्तिभंग करना हो।

2. लोगों के समान अधिकारों तथा आत्म-निर्णय के सिद्धान्त के समादर के आधार पर राष्ट्रों में मैत्री-पूर्ण सम्बन्धों का विकास और सार्वदेशिक शान्ति को दृढ़ बनाने के लिए अन्य समुचित उपायों को करना।

3. आर्थिक, सामाजिक, सांस्कृतिक अथवा मानवीय अन्तर्राष्ट्रीय समस्याओं को हल करने में अन्तर्राष्ट्रीय सहयोग प्राप्त करना, और जाति, भाषा अथवा धर्म के आधार पर भेद किए बिना मानवीय अधिकारों एवं आधारभूत स्वाधीनताओं को संप्रवर्तित करना तथा उन्हें प्रोत्साहन देना, तथा

4. इन सामान्य उद्देश्यों की प्राप्ति के लिए राष्ट्रों के कार्यों में समन्वय स्थापित करने के लिए केन्द्र के रूप में कार्य करना।

अनुच्छेद 2

अनुच्छेद 1 में वर्णित प्रयोजनों की प्राप्ति के लिए राष्ट्रसंघ एवं उसके सदस्य राष्ट्र निम्न सिद्धान्तों के अनुसार काम करेंगे–

1. संयुक्त राष्ट्रसंघ अपने सभी सदस्यों की संप्रभु समानता पर आधारित है।

2. सदस्यता से उद्भूत अधिकारों एवं प्रसुविधाओं को अपने में से सभी के लिए सुनिश्चित करने के उद्देश्य से सब सदस्य वर्तमान चार्टर के अनुसार ग्रहण किए गए अपने दायित्व को सद्भावपूर्वक पूरा करेंगे।

3. सभी सदस्य अपने अन्तर्राष्ट्रीय विवादों का निपटारा शान्तिपूर्ण उपायों से इस प्रकार करेंगे जिससे अन्तर्राष्ट्रीय शांति एवं सुरक्षा तथा न्याय को कोई संकट उत्पन्न न हो।

4. संयुक्त राष्ट्रसंघ के सभी सदस्य अपने अन्तर्राष्ट्रीय सम्बन्धों में किसी राज्य की क्षेत्रीय अखंडता अथवा राजनीतिक स्वाधीनता के विरुद्ध अथवा किसी अन्य ऐसी रीति में जो संयुक्त राष्ट्रसंघ के प्रयोजन से असंगत हो, शक्ति प्रयोग की धमकी देने या शक्ति का प्रयोग करने से विरत रहेंगे।

5. सभी सदस्य संयुक्त राष्ट्रसंघ को उसकी ऐसी कार्यवाही में, जो वर्तमान चार्टर के अनुसार हो, प्रत्येक सम्भव सहायता देंगे और किसी भी ऐसे राज्य को सहायता देने से विरत रहेंगे, जिसके विरुद्ध संयुक्त राष्ट्रसंघ निवारक अथवा प्रवर्तन-कार्यवाही कर रहा हो।

6. अ० रा० संघ यह सुनिश्चित करेगा कि वे राज्य जो संयुक्त राष्ट्रसंघ के सदस्य नहीं हैं, वहाँ तक इन सिद्धांतों के अनुसार ही कार्य करें, जहां तक अन्तर्राष्ट्रीय शांति एवं सुरक्षा के लिए आवश्यक हो।

7. प्रस्तुत चार्टर की कोई बात संयुक्त राष्ट्रसंघ को इस बात के लिए प्राधिकृत नहीं करेगी कि वह उन मामलो में, जो तत्वत: किसी राज्य की आन्तरिक अधिकारिता में आते हों, हस्तक्षेप करे और न सम्बद्ध सदस्यों से अपेक्षा करेगी कि ये ऐसे मामलों को प्रस्तुत चार्टर के अधीन निपटारे के लिए प्रस्तुत करें। किन्तु यह सिद्धांत अध्याय VII के अधीन प्रवर्तन उपायों के लागू किए जाने पर प्रतिकूल प्रभाव नहीं डालेगा।

सदस्यता

अनुच्छेद 3

संयुक्त राष्ट्रसंघ के मूल सदस्य के राज्य होंगे, जिन्होंने सानफ्रांसिस्को में अन्तर्राष्ट्रीय संगठन से संबंधित संयुक्त राष्ट्रसंघ की सभा में भाग लेकर अथवा संयुक्त राष्ट्रसंघ के 1 जनवरी, 1942 ई० के घोषणा-पत्र पर पहले से ही हस्ताक्षर कर वर्तमान चार्टर पर हस्ताक्षर किए हों और अनुच्छेद 110 के अनुसार इसका अनुसमर्थन किया हो।

अनुच्छेद 4

1. संयुक्त राष्ट्रसंघ की सदस्यता उन सभी दूसरे शांतिप्रिय राज्यों के लिए खुली हुई है, जो वर्तमान चार्टर में दिए गए दायित्वों को स्वीकार करते हों और जो संयुक्त राष्ट्रसंघ के मतानुसार इन दायित्वों को पूरा करने की इच्छा एवं योग्यता रखते हों।

2. ऐसे किसी भी राज्य को संयुक्त राष्ट्रसंघ की सदस्यता सुरक्षा परिषद् की सिफारिश पर महासभा के निर्णय के अनुसार ही मिल सकेगी।

अनुच्छेद 5

संयुक्त राष्ट्रसंघ के किसी सदस्य के विरुद्ध सुरक्षा परिषद् द्वारा निवारक अथवा प्रवर्तन कार्यवाही किए जाने पर सुरक्षा परिषद् की सिफारिश पर महासभा उस राज्य के सदस्यता अधिकारों एवं विशेषाधिकारों के प्रयोग को निलंबित कर सकती है। इन अधिकारों और विशेषाधिकारों के प्रयोग की अनुमति सुरक्षा परिषद् द्वारा फिर से दी जा सकती है।

अनुच्छेद 6

संयुक्त राष्ट्रसंघ का कोई भी सदस्य, जिसने वर्तमान चार्टर में समाविष्ट सिद्धान्तों का बार-बार उल्लंघन किया हो, सुरक्षा परिषद् की सिफारिश पर महासभा द्वारा संयुक्त राष्ट्रसंघ से बाहर निकाला जा सकता है।

अनुच्छेद 7

संयुक्त राष्ट्रसंघ के मुख्य अंगों के रूप में निम्न की स्थापना की गई है—महासभा, सुरक्षा परिषद्, आर्थिक एवं सामाजिक परिषद्, न्यास परिषद्, अन्तर्राष्ट्रीय न्यायालय और सचिवालय।

2. ऐसे सहायक अंग, जिनकी आवश्यकता प्रतीत हो, वर्तमान चार्टर के अनुसार स्थापित किए जा सकते हैं।

अनुच्छेद 8

संयुक्त राष्ट्रसंघ अपने मुख्य अथवा सहायक अंगों में किसी भी हैसियत में और समान शर्तों के अनुसार भाग लेने के सम्बन्ध में नर-नारियों की पात्रता पर कोई प्रतिबन्ध नहीं लगाएगा।

□□□

3

संयुक्त राष्ट्रसंघ : महासभा या साधारण सभा
(U.N.O. General Assembly)

संयुक्त राष्ट्रसंघ की महासभा या साधारण सभा का परिचय

साधारण सभा या महासभा संयुक्त राष्ट्रसंघ की सबसे महत्वपूर्ण संस्था है। क्योंकि इसका प्रत्येक राष्ट्र सदस्य है। इसमें सदस्य राष्ट्र को 5 प्रतिनिधि तथा 5 वैकल्पिक प्रतिनिधि भेजने का अधिकार है। लेकिन प्रत्येक राष्ट्र के सदस्य का मत एक ही माना जाता है। साधारण सभा या महासभा हर समय अधिवेशन में नहीं रहती, वरन् वर्ष में इसका केवल एक ही अधिवेशन होता है। किन्तु महामंत्री को सुरक्षा परिषद् अथवा संयुक्त राष्ट्रसंघ के सदस्यों के बहुमत पर साधारण सभा को विशेष अधिवेशन बुलाने का अधिकार होता है। वैसे इसका नियत अधिवेशन दिसम्बर के अन्तिम सप्ताह में प्रारंभ होता है। अक्तूबर 1963 में दक्षिणी अफ्रीका की रंग-भेद नीति पर विचार करने के लिए साधारण सभा का विशेष अधिवेशन बुलाया गया। इससे पहले भी अनेक बार इस प्रकार के विशेष अधिवेशन आमन्त्रित किये जा चुके हैं और निरन्तर बुलाए जाते रहते हैं।

महासभा या साधारण सभा में महत्व के प्रश्नों पर निर्णय सदस्यों के साधारण बहुमत के आधार पर ही कर लिया जाता है, लेकिन विशेष महत्व के विषयों पर निर्णय के लिए सभा के 2/3 बहुमत की आवश्यकता होती है। महत्वपूर्ण विषयों में सुरक्षा परिषद् के अस्थायी सदस्यों का चुनाव, शांति तथा सुरक्षा सम्बन्धी सिफारिशों, संयुक्त राष्ट्रसंघ में नवीन सदस्यों का प्रवेश, न्याय व्यवस्था सम्बन्धी विषय, संयुक्त राष्ट्रसंघ के अन्य अंगों के सदस्यों का चुनाव आदि महत्वपूर्ण विषयों की गणना की जाती है।

महासभा या साधारण सभा के प्रत्येक अधिवेशन में, एक अध्यक्ष चुना जाता है। एक अध्यक्ष के अतिरिक्त उपाध्याक्षों का भी चुनाव किया जाता है।

महासभा अपना कार्य सात समितियों द्वारा करती है। प्रत्येक समिति में सदस्य राज्य का एक प्रतिनिधि भेजता है। इन समितियों के नाम हैं–राजनैतिक और सुरक्षा समिति, प्रशासनात्मक तथा बजट समिति, न्याय समिति, कानूनी समिति और विशेष

राजनीतिक समिति आदि। इन समितियों के कार्यों में सामंजस्य स्थापित करने के लिए एक और समिति की स्थापना की जाती है। इसकी समितियों की संख्या घटती-बढ़ती रहती है पर झुकाव विस्तार की ओर है।

महासभा या साधारण सभा का कार्य-क्षेत्र बहुत व्यापक है। वह अन्तर्राष्ट्रीय शांति और सुरक्षा से सम्बन्धित किसी भी विषय पर विचार कर सकती है लेकिन वह ऐसी किसी समस्या पर विचार नहीं कर सकती जिस पर सुरक्षा परिषद् में विचार हो रहा है। संक्षेप में साधारण सभा इन विषयों पर विचार करती तथा सिफारिश देती है–अन्तर्राष्ट्रीय शान्ति और सुरक्षा सम्बन्धी विषय, निःशस्त्रीकरण, किसी सदस्य राज्य और दूसरे राज्य द्वारा पेश किये विषय, सुरक्षा परिषद् के प्रतिवेदन, बजट आदि। यह सभी कार्य करने में सक्षम है, केवल शांति प्रस्ताव पर तब विचार नहीं कर सकती जब सुरक्षा परिषद् उस पर विचार कर रही हो।

सुरक्षा परिषद् और संयुक्त राष्ट्रसंघ के अन्य अवयव अपनी वार्षिक रिपोर्ट साधारण सभा के सामने ही रखते हैं। वह सभी का निरीक्षण करती है। वह न्यास परिषद् के कामों की देख-रेख करती है, ट्रस्ट क्षेत्रों के निवासियों की शिकायत भी सुनती है और उनका निराकरण भी करती है। इसका ज्ञान प्राप्त करने के लिये इसके मूल लेखों पर विचार करना अत्यन्त आवश्यक है। अतः उस पर आगे वर्णन किया गया है।

संक्षेप में इसके कार्य इस प्रकार हैं–

(1) अन्तर्राष्ट्रीय जगत में सहयोग और भाईचारे की भावनाओं को बढ़ाकर विश्वशांति के मार्ग को निर्विघ्न करना।

(2) आर्थिक, सामाजिक, साँस्कृतिक, शिक्षा और स्वास्थ्य सम्बन्धी क्षेत्रों में सहयोगात्मक प्रवृत्तियों को प्रोत्साहित करना।

(3) मानव मात्र को समान मूल अधिकार प्रदान करना, मनुष्य के बीच धर्म, जाति, लिंग, रंग आदि के आधार पर की जाने वाली असमानताओं को दूर करना।

(4) मनुष्यों के जीवन-स्तर को ऊंचा उठाना तथा उन्हें आर्थिक सुरक्षा प्रदान करना।

(5) संघ के अन्य अंगों की रिपोर्ट प्राप्त करना और उन पर विचार करना।

(6) संघ के अन्य अवयवों के सदस्यों को निर्वाचित करना। महासभा सुरक्षा परिषद् के 10, आर्थिक और सामाजिक परिषद् के लिए 27-27 और 15 अन्तर्राष्ट्रीय न्यायाधीशों का निर्वाचन करती है। वह सुरक्षा परिषद् की सिफारिश पर संघ के महामंत्री को भी नियुक्त करती है।

साधारण सभा का अब सुरक्षा परिषद् की अपेक्षा महत्व अधिक बढ़ता जा रहा है क्योंकि सुरक्षा परिषद् में महाशक्तियों के निषेधाधिकार के कारण कार्य होना मुश्किल

हो जाता है। सुरक्षा परिषद् में उत्पन्न होने वाले गत्यावरोधों के होते हुए भी महासभा के द्वारा संघ का कार्य सुचारु रूप से चल जाता है। 1950 में "शांति के लिए एकता प्रस्ताव" पास हुआ। इस प्रस्ताव के पास हो जाने के बाद से सभा की कार्यवाही और भी महत्वपूर्ण हो जाती है। यह संयुक्त राष्ट्रसंघ का सबसे महत्वपूर्ण अंग है।

संयुक्त राष्ट्रसंघ महासभा के गठन का चार्टर

अनुच्छेद 9 से 21 तक महासभा या साधारण सभा के कार्यों का वर्णन पाया जाता है।

अनुच्छेद 9

1. महासभा संयुक्त राष्ट्रसंघ के सभी सदस्यों के रूप में होगी।

2. महासभा में प्रत्येक सदस्य पाँच प्रतिनिधियों से अधिक न रख सकेगा। परन्तु प्रत्येक देश को केवल एक मत प्राप्त होगा।

अनुच्छेद 10

महासभा वर्तमान संयुक्त राष्ट्रसंघ के चार्टर के अन्तर्गत किसी भी प्रश्न अथवा विषय पर या वर्तमान चार्टर में दिए गए किसी भी अंग के कार्यों एवं अधिकारों से सम्बन्धित प्रश्न अथवा मामले के सम्बन्ध में विचार कर सकती है और अनुच्छेद 12 में यथा उपबन्धित के सिवाय ऐसे प्रश्नों अथवा विषयों पर संयुक्त राष्ट्रसंघ के सदस्यों से अथवा सुरक्षा परिषद् से या दोनों से सिफारिशों कर सकती है।

अनुच्छेद 11

(i) महासभा अन्तर्राष्ट्रीय शान्ति-व्यवस्था बनाए रखने के लिए निःशस्त्रीकरण, शस्त्रास्त्रों के विनियमन सहित सहयोग के सामान्य सिद्धान्तों पर विचार-विमार्श करेगी तथा इन सिद्धान्तों से सम्बन्धित अनुशंसाएं अपने व सुरक्षा परिषद् या दोनों के सदस्यों को देगी।

(ii) महासभा अन्तर्राष्ट्रीय शान्ति-व्यवस्था कायम रखने के लिए संयुक्त राष्ट्रसंघ के किसी सदस्य व सुरक्षा परिषद् व किसी राज्य, जो संयुक्त राष्ट्रसंघ का सदस्य नहीं है के द्वारा लाए गए किसी प्रश्न पर विचार-विमर्श करेगी तथा इसकी अनुशंसाएं सम्बन्धित राज्यों व सुरक्षा परिषद् व दोनों के पास भेजेगी। ऐसे किसी प्रश्न को जिस पर कार्यवाही आवश्यक है, विचार-विमर्श करने के पहले या बाद में महासभा इसे सुरक्षा परिषद् में भेज देगी।

(iii) महासभा अन्तर्राष्ट्रीय शान्ति व्यवस्था भंग होने की संभावना पर सुरक्षा परिषद् का ध्यान आकृष्ट कर सकती है।

(iv) इन अनुच्छेद में वर्णित महासभा की शक्तियां अनुच्छेद 10 के आम क्षेत्र को सीमित नहीं करेंगी।

अनुच्छेद 12

(i) जब सुरक्षा परिषद् किसी विवाद पर विचार कर रही हो या इस पर कोई कार्रवाई कर रही हो तो महासभा इस सम्बन्ध में कोई अनुशंसा नहीं करेगी। यह ऐसा सुरक्षा परिषद् के अनुरोध पर ही करेगी।

(ii) महासचिव सुरक्षा परिषद् की सहमति से महासभा को शान्ति व्यवस्था से सम्बन्धित किसी बात की सूचना देगा। यदि महासभा का अधिवेशन न हो रहा हो तो संयुक्त राष्ट्रसंघ के सदस्यों को इसकी सूचना दी जाएगी।

अनुच्छेद 13

(i) निम्नलिखित उद्देश्यों के लिए महासभा अध्ययन कर अनुशंसा करेगी–

(क) राजनीतिक क्षेत्र में अन्तर्राष्ट्रीय सहयोग को प्रोत्साहन देने, अन्तर्राष्ट्रीय विधि के विकास और इसके संहिताकरण के लिए।

(ख) आर्थिक, सामाजिक, सांस्कृतिक, शैक्षणिक एवं स्वास्थ्य के क्षेत्रों में अन्तर्राष्ट्रीय सहयोग को प्रोत्साहन देना तथा सभी के लिए नस्ल, लिंग, जाति, भाषा व धर्म का बिना भेदभाव किए मानवीय अधिकारों और मौलिक अधिकारों को प्राप्त करना।

अनुच्छेद 14

(i) अन्तर्राष्ट्रीय शान्ति-व्यवस्था को बनाए रखने के लिये सुरक्षा परिषद् द्वारा उठाये गये किसी कदम, रपट या अनुशंसा पर यह महासभा विचार-विमर्श करेगी।

(ii) महासभा संयुक्त राष्ट्रसंघ के अन्य अंगों की रपटों को प्राप्त करेगी और उन पर विचार-विमर्श करेगी।

अनुच्छेद 15

महासभा अध्याय 12 और 13 में दिए गए न्यास पद्धति से सम्बन्धित कार्यों, सामाजिक महत्व के क्षेत्रों को छोड़कर, न्यास से सम्बन्धित समझौतों का अनुमोदन करेगी।

अनुच्छेद 16

(i) महासभा संयुक्त राष्ट्रसंघ के बजट पर विचार करेगी और उसका अनुमोदन करेगी।

(ii) संयुक्त राष्ट्रसंघ का व्यय इसके सदस्य वहन करेंगे। महासभा इसकी रकम निर्धारित करेगी।

(iii) महासभा संयुक्त राष्ट्रसंघ की विशिष्ट एजेंसियों की वित्तीय और बजट सम्बन्धी व्यवस्थाओं का विचार करेगी तथा उन्हें अपनी अनुशंसा भेजेगी।

अनुच्छेद 17

मतदान

(i) महासभा के प्रत्येक सदस्य को एक मत प्राप्त होगा।

(ii) महासभा अपने दो-तिहाई बहुमत से महत्वपूर्ण प्रश्नों पर निर्णय लेगी। इसमें अन्तर्राष्ट्रीय शान्ति-व्यवस्था कायम रखने, सुरक्षा परिषद् के अस्थायी सदस्यों का निर्वाचन, आर्थिक तथा सामाजिक परिषद् के सदस्यों का निर्वाचन, न्यास परिषद् के सदस्यों का निर्वाचन, संयुक्त राष्ट्रसंघ में नये सदस्यों का प्रवेश, सदस्यों के अधिकारों और विशेषाधिकारों का स्थगन, सदस्यों का निष्कासन, न्यास पद्धति के संचालन से सम्बन्धित प्रश्न और बजट सम्बन्धी प्रश्न होंगे।

(iii) अन्य प्रश्नों पर निर्णय उपस्थित सदस्यों के बहुमत से लिया जाएगा।

अनुच्छेद 18

यदि किसी सदस्य की संयुक्त राष्ट्रसंघ में इसकी वित्तीय देन, दो वर्षों से बकाया पड़ जाती है तो इसे महासभा में मतदान के अधिकार से वंचित कर दिया जाएगा। फिर भी महासभा इसे मतदान का अधिकार दे सकती है यदि वह इस निष्कर्ष पर पहुँचती है कि सदस्य बकाया देने में लाचार है।

अनुच्छेद 19

प्रक्रिया

महासभा का नियमित वार्षिक अधिवेशन होगा और आवश्यकता पड़ने पर इसका विशेष अधिवेशन भी बुलाया जा सकेगा। सुरक्षा परिषद् व संयुक्त राष्ट्रसंघ के अधिकांश सदस्यों के अनुरोध पर महासचिव इसका विशेष अधिवेशन बुलाएगा।

अनुच्छेद 20

महासभा अपनी प्रक्रियाओं से सम्बन्धित नियम स्वयं बनाएगी। यह अपने प्रत्येक अधिवेशन के लिए अध्यक्ष का निर्वाचन करेगी।

अनुच्छेद 21

अपने कार्यों के सम्पादन के लिए महासभा अपने आवश्यकतानुसार अंगों की स्थापना करेगी।

□□□

4

संयुक्त राष्ट्रसंघ की सदस्यता
(Membership of U.N.O.)

संयुक्त राष्ट्रसंघ में नये राज्यों के प्रवेश की पद्धति

वर्तमान समय में विश्व के लगभग सभी देश संयुक्त राष्ट्रसंघ के सदस्य हैं। इन सब ने इसके चार्टर पर हस्ताक्षर किए हैं तथा संयुक्त राष्ट्र ने इन्हें अनुसमर्थित किया है। सदस्यता सब अन्य शान्तिप्रिय राज्यों के लिये भी खुली है जो वर्तमान चार्टर में दिये गये कर्त्तव्यों को स्वीकार करें तथा संयुक्त राष्ट्रसंघ के निर्णय में उन कर्त्तव्यों के पालन करने के योग्य तथा इच्छुक भी हों। किसी राज्य का संयुक्त राष्ट्रसंघ की सदस्यता में प्रवेश, सुरक्षा परिषद् की स्वीकृति पर और महासभा में निर्णय होने पर ही किया जाता है। अतः सदस्यता के लिये महासभा व सुरक्षा परिषद् का अनुमोदन आवश्यक है।

संयुक्त राष्ट्रसंघ में प्रवेश चार्टर द्वारा नियन्त्रित है। संयुक्त राष्ट्रसंघ के सदस्य अनुच्छेद 3 के अनुसार मौलिक रूप से इसके स्थायी सदस्य हैं। अनुच्छेद 4 के अन्तर्गत नए अपनाए गये सदस्य आते हैं। इस चार्टर के अनुच्छेद 3 के अन्तर्गत मौलिक सदस्य वे हैं जिन्होंने संयुक्त राष्ट्रसंघ को निर्मित किया था। यह वे राष्ट्र हैं जिन्होंने सन् 1945 में सानफ्रांसिस्को सम्मेलन में भाग लिया था अथवा जिन्होंने 1 जनवरी, 1942 को संयुक्त राष्ट्रसंघ की घोषणा पर हस्ताक्षर किये थे। अनुच्छेद 4 के अन्तर्गत संयुक्त राष्ट्रसंघ के नए सदस्य भी बनाये जाते हैं, किन्तु इसके लिये महासभा का दो-तिहाई बहुमत और सुरक्षा परिषद् की भी स्वीकृति होनी चाहिए। सुरक्षा परिषद् में परिषद् के पन्द्रह सदस्यों का बहुमत और स्थायी सदस्यों की सहमति का होना भी आवश्यक है। इस प्रकार स्थायी सदस्यों के प्रवेश में भी वही नीति अपनाई गई है।

संयुक्त राष्ट्रसंघ के अनुच्छेद 4 में यह व्यवस्था की गई है कि संयुक्त राष्ट्रसंघ की सदस्यता सभी शान्तिप्रिय राज्यों के लिए खुली हुई है; किन्तु उन्हें चार्टर के आभारों को स्वीकार करना होगा और उनको पूरा करने की इच्छा प्रकट करनी होगी। चार्टर में सदस्यता के लिये दूसरा कोई प्रतिबन्ध नहीं है, परन्तु शान्तिप्रिय होना आवश्यक है। सदस्यता को स्वीकार करने का पूर्ण अधिकार महासभा को और मुख्य रूप से

सुरक्षा परिषद् को प्राप्त है। यदि वे इस निष्कर्ष पर पहुंचें कि सदस्यता के लिये अभ्यर्थी राज्य शान्तिप्रिय है और चार्टर के अनुबन्धों को मानने की इच्छा रखता है तो वह नया सदस्य बनाया जा सकता है।

अतः नई सदस्यता के लिये निम्न पांच मुख्य शर्तें हैं–

(1) एक वह राज्य हो, (2) वह शान्तिप्रिय हो, (3) वह चार्टर के आभारों को स्वीकार करता हो, (4) वह संयुक्त राष्ट्रसंघ के निर्णयों के अनुसार उन आभारों को पूरा करने में समर्थ हो, (5) वह संयुक्त राष्ट्रसंघ के निर्णयानुसार उन आभारों को पूरा करने की इच्छा भी रखता हो।

किसी नये राज्य को सदस्य के रूप में स्वीकार करने के लिये महासभा और सुरक्षा परिषद् के स्थायी सदस्यों की सहमति अवश्य होनी चाहिए।

साम्यवादी चीन का प्रवेश

साम्यवादी चीन को सदस्यता को प्रश्न बहुत समय से संयुक्त राष्ट्रसंघ के सामने लटका रहा था। निःसन्देह चीन एक बहुत बड़ा देश है और बहुत शक्तिशाली भी। संघ से चीन के पृथक रहने का अर्थ विश्व के 105 करोड़ लोगों का विश्व संस्था से पृथक रहना था। इसलिये चीन की सदस्यता के सम्बन्ध में उठने वाले प्रश्नों पर यहाँ विचार कर लेना उचित होगा।

चीन का संयुक्त राष्ट्रसंघ में प्रवेश

चीन के संयुक्त राष्ट्रसंघ में प्रवेश का प्रश्न अत्यन्त जटिल था, 15 अक्तूबर, 1971 को अन्तर्राष्ट्रीय क्षेत्र में एक महान् क्रान्तिकारी निर्णय लिया गया और संयुक्त राष्ट्रसंघ की महासभा में साम्यवादी चीन को संयुक्त राष्ट्रसंघ का सदस्य बनाने और इस के स्थान पर बने सदस्य ताइवान के राष्ट्रवादी चीन को संयुक्त राष्ट्रसंघ की सदस्यता से अपदस्थ करने का निर्णय ले लिया। यह प्रश्न पिछले 22 वर्षों से संयुक्त राष्ट्रसंघ की महासभा के विचाराधीन चल रहा था। भारत सरकार ने सर्वप्रथम संयुक्त राष्ट्रसंघ में इस बात का समर्थन किया था कि चीन को संयुक्त राष्ट्रसंघ का सदस्य बनाया जाना अन्तर्राष्ट्रीय हित में तथा संयुक्त राष्ट्रसंघ के चार्टर के उपबन्धों के सर्वथा अनुकूल है। किन्तु इस प्रश्न पर सदैव अमेरिका समर्थक गुट की ओर से विरोध किया गया अतः चीन पर्याप्त समय तक इसकी सदस्यता से वंचित रहा जबकि अमेरिका के संरक्षण में गठित नए राष्ट्र ताइवान को सुरक्षा परिषद् की स्थायी सदस्यता प्राप्त थी। परन्तु 1971 में संयुक्त राष्ट्रसंघ महासभा द्वारा लालचीन को 35 के बदले 76 मतों से संयुक्त राष्ट्रसंघ की सदस्यता प्रदान की गई। तदनुसार इतने ही मतों से ताइवान को संयुक्त राष्ट्रसंघ की सदस्यता से अपदस्थ करने का भी निर्णय लिया गया। मतदान में 17 राष्ट्रों ने तटस्थता व्यक्त की। संयुक्त राष्ट्रसंघ के इस निर्णय ने अमेरिका को आश्चर्यचकित कर दिया और किन्हीं क्षेत्रों से यह ध्वनि आने लगी

कि अमेरिका संयुक्त राष्ट्रसंघ को अपनी ओर से दी जाने वाली आर्थिक सहायता बन्द कर सकता है।

लालचीन जनसंख्या में विश्व का सबसे बड़ा देश है। वह अपनी शक्तियों के विस्तारण में अणुशक्ति के शिविर में भी पहुंच चुका है। उसकी गतिविधियाँ चाहे राष्ट्रवादी हों, साम्राज्यवादी हों या साम्यवादी हों पर वह एशिया के एक बहुत बड़े अंचल को प्रभावित करता है। सोवियत संघ की साम्राज्यवादी व साम्यवादी विचारधारा के प्रति भी चीन की माओवादी विचारधारा ने एक सैद्धान्तिक चुनौती दी है और स्पष्टतः लालचीन अब सोवियत संघ का अन्धानुकरण करने वाला देश नहीं रह गया है। भारत ने संयुक्त राष्ट्रसंघ में एक विशालतम जनसंख्या वाले देश को अन्तर्राष्ट्रीय परिवार में सम्मिलित किये जाने का सदा प्रबलतम समर्थन किया। यही कारण था कि 25 अक्तूबर, 1971 को महासभा द्वारा चीन को सदस्यता प्रदान किये जाने पर भारत ने इस निर्णय का स्वागत किया।

साम्यवादी चीन के सुरक्षा परिषद् में एक स्थायी सदस्य के रूप में पहुंच जाने का अन्तर्राष्ट्रीय क्षेत्र में भी एक महत्वपूर्ण प्रभाव पड़ा। अभी तक विश्व की किसी भी समस्या पर सुरक्षा परिषद् की दो बड़ी शक्तियों–अमेरिका और रूस का ही प्रभुत्व रहा है, शेष सदस्य अधिकांश इन्हीं शक्तियों का रुख देखते रहे हैं। अब चीन सुरक्षा परिषद् का उतना ही महत्वपूर्ण और निषेधाधिकार से युक्त एक सदस्य बन चुका है, जितना कि सुरक्षा परिषद् की अन्य चारों महाशक्तियों को प्राप्त है। चीन सैद्धान्तिक रूप से अमेरिका का विरोधी रहा है, इसी कारण अमरीका ने सदैव चीन की संयुक्त राष्ट्रसंघ की सदस्यता के प्रकरण में बाधा उत्पन्न की है। सोवियत रूस से भी साम्यवादी चीन की सैद्धान्तिक व व्यावहारिक दोनों दृष्टिकोणों से मित्रता प्रस्थापित हो चुकी थी। चीन ने संयुक्त राष्ट्रसंघ की सदस्यता ग्रहण करने के अवसर पर यह उद्घोषित कर दिया है कि अभी तक विश्व निहित स्वार्थों और विश्व की दो बड़ी शक्तियों के निर्णयों के समक्ष सिर झुकाता आया है परन्तु चीन इस परम्परा को यथावत् नहीं रहने देगा। चीन ने इस अवसर पर एक राष्ट्र द्वारा दूसरे राष्ट्र के घरेलू मामलों में हस्तक्षेप करने के रवैये का भी विरोध किया है। परन्तु स्थायी सदस्य बनने के बाद भी चीन की स्थिति वैसी ही रही। किन्तु इन तथ्यों से स्पष्ट है कि अन्तर्राष्ट्रीय रंगमंच पर चीन के संयुक्त राष्ट्रसंघ और सुरक्षा परिषद् में पहुंच जाने पर विश्व की लगभग एक–चौथाई जनता को, जो अभी तक अन्तर्राष्ट्रीय परिवार में शामिल नहीं थी, सदस्यता का अवसर मिल सका है और इससे अन्तर्राष्ट्रीय क्षेत्र में एक नए अध्याय का प्रारम्भ होता नजर आया है। परन्तु कोई विशेष परिवर्तन नहीं हुआ केवल चीन का महत्व बढ़ गया है परन्तु सदस्य संख्या वृद्धि से महासभा के महत्व में वृद्धि हुई है।

"सभी बातों को देखते हुए महासभा, संयुक्त राष्ट्रसंघ के संस्थापकों की आशाओं के विपरीत प्रधान अंग बन गई है। इस प्रवृत्ति का उलटना असम्भव मालूम पड़ता

है।"-(हार्टमैन) क्योंकि महासभा के प्रभाव में निरंतर वृद्धि हो रही है और अब महासभा सुरक्षा परिषद् की अपेक्षा अधिक महत्वपूर्ण बन गई है तथा इस प्रवृत्ति में निरंतर वृद्धि हो रही है।

संयुक्त राष्ट्र महासभा को संयुक्त राष्ट्रसंघ का केन्द्र स्थल माना जाता है। यह संयुक्त राष्ट्रसंघ की सबसे अधिक प्रतिनिधित्व पूर्ण और केन्द्रीय संस्था है तथा इसका सर्वाधिक महत्व है।

महासभा का गठन-महासभा ही अकेली ऐसी संस्था है जिसमें संयुक्त राष्ट्रसंघ के सभी सदस्य राष्ट्रों के प्रतिनिधि होते हैं। प्रत्येक सदस्य राष्ट्र को पांच प्रतिनिधि भेजने का अधिकार है लेकिन उसका एक ही मत माना जाता है। साधारणतया महासभा का अधिवेशन सितम्बर मास में एक बार होता है। आवश्यकता पड़ने पर विशेष अधिवेशन भी बुलाया जा सकता है और बुलाया जाता है। महत्वपूर्ण प्रश्नों का निर्णय दो-तिहाई मतों से किया जाता है तथा अन्य प्रश्नों का निर्णय उपस्थित सदस्यों के साधारण बहुमत से होता है। महासभा अपने अधिवेशन के आरम्भ में ही एक अध्यक्ष तथा सात उपाध्यक्षों को चुनती है जो अधिवेशन समाप्ति तक ही रहते हैं। महासभा का कार्य समितियों द्वारा होता है। वे हैं-राजनीतिक, सांस्कृतिक, आर्थिक, सामाजिक तथा मानवीय, संरक्षण, प्रशासनिक एवं बजट सम्बन्धी तथा कानूनी समितियां।

संयुक्त राष्ट्र चार्टर के अनुसार महासभा के कार्य

संयुक्त राष्ट्रसंघ के चार्टर की धारा 10 से 18 तक महासभा के कार्यों का विवरण है। इसके अनुसार महासभा के कार्य अग्रलिखित हैं-(i) विश्व शांति एवं सुरक्षा सम्बन्धी कार्य-सभा किसी भी समस्या पर जो विश्व शांति एवं सुरक्षा के लिये घातक है, विचार करके अपनी सिफारिश दे सकती है। सुरक्षा की समस्या पर ध्यान देते हुए वह नि:शस्त्रीकरण की दिशा में भी प्रयास कर सकती है। इसके अतिरिक्त वह राष्ट्रों के पारस्परिक सम्बन्धों पर प्रभाव डालने वाली किसी भी स्थिति को शान्तिपूर्ण ढंग से सुलझाने के लिये भी सिफारिश पेश कर सकती है। यद्यपि यह महासभा विश्व की सार्वभौमिक संविधान सभा नहीं है तथापि इसके द्वारा विचार किया हुआ विषय विश्व के जनमत को नैतिक रूप से प्रभावित करने के लिये पर्याप्त होगा। (ii) निर्वाचन संबंधी कार्य-इन कार्यों के अन्तर्गत वह सुरक्षा परिषद् के दस अस्थायी सदस्यों, आर्थिक एवं सामाजिक परिषद् के 54-54 सदस्यों, अन्तर्राष्ट्रीय न्यायालय के 15 न्यायाधीशों का चुनाव करती है। सुरक्षा परिषद् की सिफारिश पर संयुक्त राष्ट्र के महासचिव को नियुक्त करती है तथा उसकी सलाह पर नये राष्ट्रों को सहायता प्रदान करती है। (iii) अन्तर्राष्ट्रीय सहयोग-अन्तर्राष्ट्रीय राजनीतिक सहयोग को प्रोत्साहित करने के लिये अन्तर्राष्ट्रीय विधि के विकास और नियमबद्धीकरण, मानव अधिकारों तथा मौलिक स्वतन्त्रता, आर्थिक, सामाजिक, सांस्कृतिक, शैक्षणिक तथा स्वास्थ्य के क्षेत्रों में आवश्यक कदम उठाना इसी कार्य के अन्तर्गत आते हैं। (iv) अन्य विभागों से रिपोर्ट प्राप्त करना-महासभा, सुरक्षा परिषद् तथा अन्य विभागों

से रिपोर्ट प्राप्त करके उन पर विचार प्रकट करती है और अपना मत देती है तथा उसके बारे में अपना निर्णय देती है जिसका अत्याधिक प्रभाव पड़ता है।

संयुक्त राष्ट्रसंघ महासभा का बदलता हुआ स्वरूप–संयुक्त राष्ट्र की स्थापना के समय निर्माताओं का मुख्य उद्देश्य सुरक्षा परिषद् को शांति एवं सुरक्षा का कार्य सौंपना था। लेकिन समय के अनुसार महासभा की शक्तियों में वृद्धि हुई। 1950 में जब कोरिया का युद्ध आरम्भ हुआ और उत्तरी कोरिया के विरुद्ध किसी प्रकार की कार्यवाही सोवियत वीटो के कारण असम्भव हो गई तो महासभा ने 3 नवम्बर, 1950 को शान्ति के लिये एकता प्रस्ताव पारित किया। इस प्रस्ताव की स्वीकृति हो जाने से यह महान शक्ति महासभा को हस्तान्तरित कर दी गई और अब सुरक्षा परिषद् की तरह ही यह शान्ति स्थापित कर सकती है। उदाहरण के लिये 1956 में जब ब्रिटेन एवं फ्रांस ने मिस्र पर आक्रमण कर दिया तो ब्रिटेन एवं फ्रांस के निषेधाधिकार के कारण सुरक्षा परिषद् कुछ नहीं कर सकी। अन्त में इस प्रश्न को महासभा में ले जाया गया। स्वेज नहर सम्बन्धी अनेक प्रस्ताव स्वीकृत हुए तथा युद्धविराम हो गया। हंगरी के प्रश्न पर रूस की सेनाओं को हटाया गया। महासभा ने ही कांगों में सुरक्षा परिषद् एवं महासचिव के कार्यों का समर्थन करके शान्ति की स्थापना की। अतः महासभा की शक्तियां बढ़ी हैं।

महासभा के शक्तिशाली होने के कारण–महासभा के शक्तिशाली होने के निम्नलिखित मुख्य कारण हैं–(i) सुरक्षा परिषद् के सदस्यों में एकता का अभाव था। उनमें आपस में ही प्रश्नों पर मतभेद था। बड़े राष्ट्रों के हित आपस में ही टकरा गये थे जिससे कोई भी समस्या वहां के प्रयास से हल नहीं हो सकती थी। लेकिन महासभा में कोई भी समस्या दो-तिहाई बहुमत से हल हो सकती है। (ii) छोटी शक्तियां विश्व में शान्ति स्थापना में भाग लेने के लिये अवश्य इच्छुक थीं, एफ्रो-एशियाई देशों के सदस्यों की संख्या बढ़ने लगी और 1990 में 159 तक पहुंच गई। सदस्यों की संख्या में वृद्धि के साथ इसकी शक्ति में भी वृद्धि हुई और इसे महासभा ने अन्तर्राष्ट्रीय समुदाय की चेतना का (Mirror of the World) दर्पण होना आरम्भ कर दिया है। इसके प्रभाव एवं प्रतिष्ठा में पहले से अधिक वृद्धि हो गई। (iii) विश्व जनमत में भी महासभा को शान्ति का कार्य अपने हाथों में लेने पर सहमति को बल दिया गया। सुरक्षा परिषद् के असफल होने पर शांति स्थापना का कार्य भी महासभा के पास आ गया है। (iv) महासभा को चार्टर के अन्तर्गत भी कई अन्य शक्तियाँ प्राप्त हैं। इस पर सामाजिक एवं आर्थिक विकास का भार है तथा सामाजिक व आर्थिक कार्यों का उत्तरदायित्व है जो इसे लोकप्रिय बनाता है।

आलोचना–महासभा के स्थान के विषय में 18 फरवरी, 1956 को महासभा के अधिवेशन की समाप्ति पर विवाद उठ खड़ा हुआ। सोवियत रूस ने इसकी आलोचना करते हुए कहा कि एकता प्रस्ताव के सर्वसम्मति के सिद्धान्त एवं सुरक्षा परिषद्

के शान्ति स्थापना के लिये प्रारम्भिक उत्तरदायित्व को समाप्त कर दिया गया है क्योंकि महासभा शांति स्थापना का कार्य भी करती है।

लेखक एच॰ एफ॰ आर्मस्ट्रांग ने कहा है "कि महासभा के शान्ति एवं सुरक्षा के योग में कार्यों से यह स्पष्ट होता है कि अब पश्चिमी शक्तियों के ऊपर ऐफ्रो-एशियाई गुट का प्रभुत्व है। लेकिन दूसरी ओर छोटी शक्तियाँ सुरक्षा परिषद् को महान शक्तियों द्वारा छोटी शक्तियों के विरुद्ध रचा गया षड्यन्त्र मानती हैं। महासभा ने अपनी शक्ति को क्रियान्वित करने में कठिनाइयां अनुभव की है। महासभा को अपनी शक्तियाँ महासचिव को प्रदत्त करनी पड़ती हैं। काँगों में महासचिव हैमरशोल्ड की भूमिका महत्वपूर्ण थी और इस प्रश्न पर डाग हैमरशोल्ड को अपने जीवन की आहुति भी देनी पड़ी। भारत पाकिस्तान के मध्य कश्मीर प्रश्न पर महासचिव ऊ थांट भारत एवं पाकिस्तान आए एवं स्थिति का निरीक्षण करके शान्ति स्थापना में महत्वपूर्ण भाग लिया।" अत: महासभा और महासचिव की शक्तियों में वृद्धि हुई है। सारांश में यह कहा जा सकता है कि कठिनाइयां होते हुए भी महासभा ने विश्व को युद्ध के खतरे से बचाया है। अब वह केवल वाद-विवाद एवं सिफारिश करने वाली संस्था नहीं रह गई है बल्कि कार्यवाहक संस्था भी है जबकि कार्यवाहक अधिकार सुरक्षा परिषद् को दिये गये थे।

शांति के लिये एकता प्रस्ताव की समीक्षा और उसका प्रभाव

3 नवम्बर, 1950 के शान्ति के लिए एकता प्रस्ताव का महत्व–संयुक्त राष्ट्र चार्टर की संरचना इस अन्तर्निहित विचार के साथ की गई थी कि इससे महान शक्तियों में एकता व सहयोग की स्थापना होगी। वस्तुत: जब यह चार्टर प्रभावकारी हुआ, उस समय यह एकता अस्तित्व में थी, किन्तु बाद में यह स्पष्ट हो गया कि यह एकता स्थायी या अविकसित रह गई है। संयुक्त राष्ट्रसंघ के पुलिस बल का, जिसका कि उपबन्ध इस चार्टर द्वारा किया गया था, सुरक्षा परिषद् के नियन्त्रण में रखे जाने का आशय था जिसमें महाशक्तियाँ अपने निषेधाधिकार को लेकर बैठी हुई हैं। इसलिए यदि महान शक्तियाँ किसी अग्रघर्षण के विरुद्ध नहीं खड़ी होना चाहतीं तो सम्भावना यह थी कि पुलिस की शक्ति द्वारा संयुक्त राष्ट्रसंघ ऐसी स्थिति में शान्ति परिवर्तित नहीं कर सके। इस कठिनाई को दूर करने के लिए अमेरिका ने संयुक्त राष्ट्रसंघ महासभा में एक प्रस्ताव रखा जिसे शान्ति के लिए एकता का नाम दिया गया। 3 नवम्बर, 1950 को महासभा ने इस प्रस्ताव को स्वीकार कर लिया जिसमें निम्नलिखित संकल्प था–

"यदि सुरक्षा परिषद्, स्थायी सदस्यों में एकमत हो सकने के अभाव में किसी ऐसे प्रसंग में अन्तर्राष्ट्रीय शान्ति और सुरक्षा बनाये रखने के लिये अपने प्राथमिक कर्त्तव्य के अनुपालन में विफल हो जाती है जहाँ कि शान्ति के लिये खतरा प्रतीत होता हो या शान्ति भंग होने की स्थिति हो या अग्रघर्षण का कार्य किया गया हो

तो महासभा प्रसंग पर तत्काल विचार करेगी जिससे कि वह सदस्यों के पास सामूहिक उपाय अपनाने की संस्तुति कर सके जिसमें कि प्रसंग में निहित शान्ति के भंग होने या ऐसे अग्रघर्षण के कार्य में जहाँ कि सैनिक बल का प्रयोग आवश्यक हो गया हो, जिससे कि अन्तर्राष्ट्रीय शान्ति को या तो बनाये रखा जा सके या फिर से स्थिर किया जाये। यदि उस समय महासभा सत्र में न हो तो महासभा के सदस्यों द्वारा आपातकाल में इस आशय के निवेदन पर 24 घण्टे के भीतर बैठक बुलाई जा सकती है। इस प्रकार का आपातकालीन विशेष सत्र सुरक्षा परिषद् द्वारा उसके किसी भी सात सदस्यों के बहुमत के आधार पर किये गये निवेदन पर या संयुक्त राष्ट्र के सदस्यों के बहुमत के निवेदन पर किया जा सकेगा।"

इस प्रस्ताव से महासभा की शक्ति में अभूतपूर्व वृद्धि हुई। महासभा ने एक 'सामूहिक उपाय समिति' की भी संरचना की जिसका उत्तरदायित्व यह था कि अग्रघर्षण को रोकने के लिए संयुक्तराष्ट्र की अग्रिम योजना तैयार करे। इसी संगठित होने के संकल्प का संयुक्त समाजवादी सोवियत गणतन्त्र द्वारा इस आधार पर विरोध किया गया कि इससे सुरक्षा परिषद् अशक्त हो जायेगी क्योंकि सुरक्षा परिषद् के शान्ति और सुरक्षा सम्बन्धी पूर्ण दायित्व को उससे छीना जायेगा और संयुक्त राष्ट्र चार्टर के निषेध के आधार पर जिस समरूपता की प्रकल्पना की गई है, वह सिद्धान्त समाप्त हो जायेगा। शान्ति के लिए संगठित होने के संकल्प के अन्तर्गत महासभा को, जो शक्ति प्रदान की गई है, उसके अनुसरण में महासभा का एक विशेष आपातकालीन अधिवेशन नवम्बर, 1956 के प्रथम सप्ताह में आमन्त्रित किया गया था। इस अधिवेशन के लिये विचारणीय प्रश्न अक्तूबर 1956 में मिस्र पर इजराइल-ऐंग्लो फ्रेंच आक्रमण पर उस स्थिति में विचार करना था जबकि सुरक्षा-परिषद् में संयुक्तराज्य अमेरिका के प्रस्ताव पर ब्रिटेन और फ्रांस ने निषेधाधिकार का प्रयोग कर दिया था कि मिस्र में सभी राष्ट्रों से बल प्रयोग या आतंक रोकने का आग्रह किया जाये। बाद में 1960 में कांगो विवाद में जिसमें सुरक्षा परिषद् ने 8 और 2 के अनुपात के बहुमत से संकल्प पारित किया था कि वृहतसभा का विशेष सत्र बुलाया जाये जिसकी वैधता को पोलैंड और संयुक्त समाजवादी सोवियत गणतन्त्र ने चुनौती दी थी। सोवियत रूस की चुनौती का आधार यह था कि शान्ति के लिये संगठित होने का संकल्प संयुक्त राष्ट्रसंघ चार्टर के उन उपबन्धों के प्रतिकूल अंगीकृत हुआ है जिसमें वांछित है कि आपातकालीन बैठक बुलाने के लिये सुरक्षा परिषद् के स्थायी सदस्यों का एकमत होना आवश्यक है। सुरक्षा परिषद् के प्रस्ताव की संवैधानिकता का प्रश्न नहीं उठता, क्योंकि महासभा की सदस्यता चार्टर के अनुच्छेद 11 के पैरा 2 और अनुच्छेद 12 के सम्बन्ध में सीमित है। इसका कारण यह है कि इसके पूर्व दो अवसरों पर सोवियत रूस ने इस आधार पर महासभा के विशेष आपातकालीन अधिवेशन को बुलाने के प्रश्न पर स्वीकृत मतदान का प्रयोग किया गया था क्योंकि सुरक्षा परिषद् का अन्तर्राष्ट्रीय क्षेत्र में शांति और सुरक्षा बनाये रखने से सम्बन्धित

जो प्राथमिक दायित्व है, उसके निर्वहन में सुरक्षा परिषद् के स्थायी सदस्यों के एकमतता के अभाव में बाधा पड़ती थी। वे इस प्रकार थे–

1. अक्तूबर 1956 में इजराइल, फ्रांस और इंग्लैंड ने जब मिस्र पर आक्रमण किया था, उस समय सशस्त्र हस्तक्षेप के सम्बन्ध में, और
2. अगस्त, 1950 में लेबनान और जोर्डन में शांति भंग होने की आशंका के सम्बन्ध में प्रस्तावित संकल्प के प्रसंग में।

1956 में जब सुरक्षा परिषद् में दो स्थायी सदस्यों–फ्रांस और इंग्लैंड ने स्वेज हस्तक्षेप के सम्बन्ध में नकारात्मक मतदान किया था फिर भी इस आपत्ति को बढ़ावा न मिल सका।

संयुक्त राष्ट्र चार्टर के अनुच्छेद 20 के अन्तर्गत विशेष अधिवेशन महासचिव द्वारा सुरक्षा परिषद् के निवेदन पर बुलाये जाने का विधान है। उसके अन्तर्गत ऐसा कोई उपबन्ध नहीं है कि कोई विशेष अधिवेशन संयुक्त राष्ट्रसंघ के ऐसे किसी भी सात और संशोधन के पश्चात् नौ सदस्यों के निवेदन पर बुलाया जा सके जिनका सुरक्षा परिषद् में प्रतिनिधित्व है। चूंकि सोवियत संघ ने महासभा के उत्तरवर्ती में आपातकालीन अधिवेशन को चुनौती नहीं दी थी, अत: मामले को सुलझा हुआ मान लेना चाहिए और महासभा के इस अधिकार को भी स्वीकार कर लेना चाहिए कि विशेष सत्र बुलाने की प्रक्रिया वह स्वयं निर्धारित करे।

पोलैंड की दूसरी आपत्ति इस आधार पर थी कि जहां तक सुरक्षा परिषद् के अंतर्राष्ट्रीय शांति और सुरक्षा के बनाये रखने के दायित्व का प्रश्न है, यह दायित्व पूर्ण तथा अवरुद्ध नहीं हुआ है क्योंकि सुरक्षा परिषद् ने कांगो के प्रसंग में अन्तर्राष्ट्रीय शांति बनाये रखने के उद्देश्य से तीन संकल्पों को अंगीकृत किया है। इसलिए विशेष अधिवेशन बुलाये जाने के लिये जो शर्त वांछित थी, वह पूरी नहीं हुई है। इस आपत्ति के उत्तर में केवल इतना कहा जा सकता है कि इसी तथ्य में सुरक्षा परिषद् ने तीन संकल्पों को अंगीकृत किया है। यह अन्तर्निहित नहीं है कि सदस्य आगे फिर इस आधार पर महासभा का विशेष अधिवेशन बुलाने का आग्रह न कर सकें कि सोवियत संघ द्वारा ऐसे संकल्प पर निषेध, जिसमें कि कांगो की सरकार को संयुक्त राष्ट्रसंघ निधि से निर्णय सहायता प्रदान करने का उपबन्ध सुरक्षा परिषद् को अन्तर्राष्ट्रीय दायित्व के प्रयोग पर बाधक सिद्ध हुआ है। सात मतों की वांछनीयता की शर्त वास्तव में पूरी हो चुकी है।

दिसम्बर 1971 में भारत-पाक युद्ध के समय सोवियत संघ द्वारा निषेधाधिकार का प्रयोग कर देने के कारण सुरक्षा परिषद् में अमेरिका कोई सफलता प्राप्त नहीं कर सका जिससे इस मामले को शांति के लिये 'एकताबद्ध अथवा संगठित होने के प्रस्ताव' के अन्तर्गत महासभा के समक्ष प्रस्तुत किया गया। 6 दिसम्बर, 1971 को अर्जेन्टीना और 31 अन्य राष्ट्रों ने महासभा के समक्ष एक प्रस्ताव प्रस्तुत किया जिसमें तत्काल युद्धविराम की माँग की गई तथा भारत और पाक से अपनी-अपनी

सेनायें अपनी सीमा में वापस करने को कहा गया। यह प्रस्ताव पारित कर दिया गया किन्तु महासभा ने अन्तिम रूप से इस प्रश्न को सुरक्षा परिषद् के ऊपर छोड़ दिया ताकि इस प्रस्ताव के अनुरूप उचित कार्यवाही की जा सके। सुरक्षा परिषद् में पुनः महासभा के उक्त प्रस्ताव को प्रवर्तित करने के सम्बन्ध में सर्वसम्मति से कोई निर्णय नहीं हो पाया। अतः 1971 के भारत-पाक युद्ध में सुरक्षा परिषद् और महासभा दोनों ही असफल रहीं। पर इस बात से इन्कार नहीं किया जा सकता कि शांति के लिए एकता के प्रस्ताव ने महासभा की शक्तियां बहुत बढ़ा दीं। इसके अन्तर्गत इजराइल, पेलेस्टाइन, कोरिया, कश्मीर, कांगो आदि सभी समस्याओं के बारे में विचार-विमर्श किया गया है तथा समस्याओं को सुलझाने का प्रयास भी किया गया है। इस प्रस्ताव ने पाँच महान शक्तियों द्वारा प्रयोग किये गये निषेधाधिकार की प्रखरता को आंशिक रूप से कम कर दिया है तथा संयुक्त राष्ट्रसंघ में छोटे राष्ट्रों का प्रभुत्व स्थापित कर दिया है और यह प्रमुखता इतनी बढ़ गई है कि रूस को अफगानिस्तान से, फ्रांस और इंग्लैंड को मिस्र से व अमेरिका को पनामा से हटने के लिए विवश किया है, तथा इराक को भी कुवैत से हटने के लिये और इजराइल को फिलिस्तीनों को प्रदेश देने को विवश किया गया है।

संयुक्त राष्ट्रसंघ के सदस्यों की सूची प्रवेश वर्ष सहित

क्र.सं.	देश	सदस्यता वर्ष	क्र.सं.	देश	सदस्यता वर्ष
1.	अफगानिस्तान	1946	17.	बोलीविया	1945
2.	अल्वानिया	1955	18.	बोत्स्वाना	1966
3.	अल्जीरिया	1962	19.	ब्राजील	1945
4.	अंगोला	1976	20.	ब्रूनेई दारूस्सलाम	1984
5.	एटिंग्वा व बारबूदा	1981	21.	बल्गारिया	1955
6.	अर्जेन्टीना	1945	22.	बूर्किनाफासो	1960
7.	आस्ट्रेलिया	1945	23.	बर्मा	1946
8.	ऑस्ट्रिया	1955	24.	बरूंडी	1962
9.	बहामास	1973	25.	बाइलोरशिया	1945
10.	बहरीन	1971	26.	केमरून	1960
11.	बांगलादेश	1974	27.	कनाडा	1945
12.	बारबडोस	1966	28.	केप वर्दे	1975
13.	बेल्जियम	1945	29.	केन्द्रीय अफ्रीकी गणतंत्र	1960
14.	बेलाइज	1981	30.	चाड	1960
15.	बेनिन	1960	31.	चिली	1945
16.	भूटान	1971	32.	चीन	1945

क्र.सं.	देश	सदस्यता वर्ष	क्र.सं.	देश	सदस्यता वर्ष
33.	कोलम्बिया	1945	66.	हंगरी	1955
34.	कोमोरोस	1975	67.	आइसलैंड	1946
35.	कांगो	1960	68.	भारत	1945
36.	कोस्टारिका	1945	69.	इंडोनेशिया	1950
37.	क्यूबा	1945	70.	ईरान	1945
38.	साइप्रस	1960	71.	ईराक	1945
39.	चैकोस्लोवाकिया	1945	72.	आयरलैंड	1955
40.	जनवादी कम्पूचिया	1955	73.	इजराइल	1949
41.	डेनमार्क	1945	74.	इटली	1955
42.	जिबौती	1977	75.	आइवरीकोस्ट	1960
43.	डोमीनिका	1978	76.	जमैका	1962
44.	डोमीनिकन गणराज्य	1945	77.	जापान	1956
45.	इक्वेडोर	1945	78.	जोर्डन	1955
46.	मिस्त्र	1945	79.	कीनिया	1963
47.	अल सल्वाडोर	1945	80.	कुवैत	1963
48.	भूमध्यरेखीय गिनी	1968	81.	लाओस जनवादी गणतंत्र	1955
49.	इथियोपिया	1945	82.	लेबनान	1945
50.	फिजी	1970	83.	लेसोथो	1966
51.	फिनलैंड	1955	84.	लाइबीरिया	1945
52.	फ्रांस	1945	85.	लिबियन अरब जम्हूरिया	1955
53.	गैबोन	1960	86.	लक्जमबर्ग	1945
54.	गोम्बिया	1965	87.	मेडागास्कर	1960
55.	जर्मन जनवादी गणतंत्र	1973	88.	मलावी	1964
56.	जर्मन संघीय गणतंत्र	1973	89.	मलयेशिया	1957
57.	घाना	1957	90.	मालदीव	1965
58.	ग्रीस	1945	91.	माली	1960
59.	ग्रेनाडा	1974	92.	माल्टा	1964
60.	ग्वाटामाला	1945	93.	मोरिटानिया	1961
61.	गिनी	1958	94.	मोरिशस	1968
62.	गिनी-बिसाऊ	1974	95.	मेक्सिको	1945
63.	गुयाना	1966	96.	मंगोलिया	1961
64.	हाइती	1945	97.	मोरक्को	1956
65.	होण्डुरास	1945	98.	मोजाम्बीक	1975

क्र.सं.	देश	सदस्यता वर्ष	क्र.सं.	देश	सदस्यता वर्ष
99.	नेपाल	1955	129.	सोमालिया	1960
100.	नीदरलैंड	1945	130.	दक्षिण अफ्रीका	1945
101.	न्यूजीलैंड	1945	131.	स्पेन	1955
102.	निकरागुआ	1945	132.	श्रीलंका	1955
103.	नाइजर	1960	133.	सूडान	1956
104.	नाइजीरिया	1960	134.	सूरीनाम	1975
105.	नार्वे	1945	135.	स्वाजीलैंड	1968
106.	ओमान	1971	136.	स्वीडन	1946
107.	पाकिस्तान	1947	137.	सीरियाई अरब गणराज्य	1945
108.	पनामा	1945	138.	तनजानिया	1961
109.	पापुआ न्यूगिनी	1975	139.	थाईलैंड	1946
110.	पेराग्वे	1945	140.	टोगो	1960
111.	पेरू	1945	141.	ट्रिनिडाड एवं टोबैगो	1962
112.	फिलिपींन	1945	142.	ट्यूनीशिया	1956
113.	पोलैंड	1945	143.	तुर्की	1945
114.	पुर्तगाल	1955	144.	उगांडा	1962
115.	कतर	1971	145.	उक्रेनी सोवियत समाजवादी गणतंत्र	1945
116.	रुमानिया	1955			
117.	रुआंडा	1962	146.	सोवियत संघ	1945
118.	सेंत क्रिस्टोफर तथा नेविस	1983	147.	संयुक्त अरब अमीरात	1971
			148.	यूनाइटेड किंगडम	1945
119.	सेंत लुसिया	1979	149.	संयुक्त राज्य अमेरिका	1945
120.	सेंत विन्सेन्ट तथा ग्रानडाइन्स	1980	150.	उरूग्वे	1945
			151.	वनुआतु	1981
121.	पश्चिमी समोआ	1976	152.	वेनेजुएला	1945
122.	साओतोम तथा प्रिन्सिपी	1975	153.	वियतनाम	1977
123.	सऊदी अरब	1945	154.	यमन अरब गणराज्य	1947
124.	सेनेगल	1960	155.	यमन पी.डी.आर.	1967
125.	सेशल्स	1976	156.	यूगोस्लाविया	1945
126.	सियरालीओन	1961	157.	जायर	1960
127.	सिंगापुर	1965	158.	जाम्बिया	1964
128.	सोलमन द्वीप	1978	159.	जिम्बाब्वे	1980

क्र.सं.	देश	सदस्यता वर्ष	क्र.सं.	देश	सदस्यता वर्ष
160.	अर्मीनिया	1992	175.	लिचेस्टीन	1990
161.	अजरबेजान	1992	176.	लिथूनिया	1991
162.	एन्डोरिया	1993	177.	मार्शल द्वीप	1991
163.	बोस्निया-हर्जगोबिना	1992	178.	मोलडोना	1992
164.	क्रोशिया	1992	179.	मोनाको	1993
165.	चैक रिपब्लिक	1993	180.	नामीबिया	1990
166.	ईरेटेरिया	1993	181.	नौरो	1999
167.	ईस्टोनिया	1991	182.	समोआ	1992
168.	जार्जिया	1992	183.	स्लोवाकिया	1993
169.	कजाकिस्तान	1992	184.	स्लोवानिया	1992
170.	कीरीवाती	1999	185.	तजाकिस्तान	1992
171.	उत्तरी कोरिया	1991	186.	टोंगा	1999
172.	दक्षिणी कोरिया	1991	187.	तुर्कमेनिस्तान	1992
173.	क्रिगिजस्तान	1992	188.	टुबोलो	2000
174.	लटेनिया	1991	189.	उज्बेकिस्तान	1992

इस प्रकार संयुक्त राष्ट्रसंघ में 2000 में सदस्यों की संख्या 189 तक पहुंच गई है। अतः लगभग विश्व के सभी देश इसके सदस्य बन गये हैं। इसके कारण इसके प्रभाव में वृद्धि हुई है। दूसरे महासभा में बड़े देशों का वर्चस्व समाप्त होकर र्निगुट (Non-aligned) देशों का वर्चस्व कायम हो गया है। तीसरे सुरक्षा परिषद् के सदस्यों की संख्या 11 से 15 और आर्थिक व सामाजिक परिषद् की सदस्य संख्या 54 कर दी गई है। चौथे अब तक किसी राष्ट्र के लिये 2/3 बहुमत प्राप्त करना कठिन हो गया है। पांचवें शान्ति के लिये एकता प्रस्ताव से इसकी शान्ति में वृद्धि हुई है और यह एक प्रकार से विश्व की लोक सभा बन गई है।

संयुक्त राष्ट्रसंघ के सदस्यों की बदलती हुई परिस्थितियों में महासभा के कार्य व प्रकृति

कहा जाता है कि–

"शांति के एकता प्रस्ताव के बाद महासभा के अधिकारों में असाधारण वृद्धि हुई है और महासभा में गुटनिरपेक्ष देशों का तीन-चौथाई से अधिक बहुमत होने के कारण उनका वर्चस्व स्थापित हो गया है।"

यह भी कहा जाता है कि–

"संयुक्त राष्ट्रसंघ में सबसे महान परिवर्तन बड़े राष्ट्रों के महत्व की समाप्ति और छोटे राष्ट्रों का वर्चस्व स्थापित हो जाना है।"

प्रथम महायुद्ध के बाद राष्ट्रसंघ की स्थापना विश्व में शांति बनाये रखने के लिए की गई थी। परन्तु विजेता राष्ट्रों ने यथास्थिति बनाये रखने के लिए वर्साय सन्धि को उसका अंग बना दिया था तथा ब्रिटेन और फ्रांस का राष्ट्रसंघ में वर्चस्व रहा। अतएव अमेरिका इसका सदस्य ही नहीं बना। जापान, जर्मनी व इटली को इसकी सदस्यता छोड़नी पड़ी और 1940 में फिनलैंड पर आक्रमण करने पर रूस को निष्कासित कर दिया गया, अतएव इसका पतन हो गया।

संयुक्त राष्ट्रसंघ–द्वितीय महायुद्ध के बाद जब संयुक्त राष्ट्रसंघ की स्थापना की गई तब रूस द्वारा यह भय प्रकट किया गया था कि बहुमत के आधार पर पश्चिमी राष्ट्र निर्णय थोपने का प्रयास करेंगे। अतः सुरक्षा परिषद् को युद्ध रोकने व शांति व्यवस्था बनाए रखने के विशेष अधिकार दिये गये। सुरक्षा परिषद् में भी बड़े राष्ट्रों को निषेधाधिकार (Veto) का विशेष अधिकार दिया गया ताकि बहुमत के कारण उन पर कोई अवांछित निर्णय जबरदस्ती न थोपा जा सके। इसी वीटो (Veto) के कारण कोई निर्णय लिया जाना सम्भव नहीं हो सका।

एकता सन्धि प्रस्ताव–कोरिया युद्ध के अवसर पर रूस के निषेधाधिकार से बचने के लिए यह प्रस्ताव पास किया गया कि जब निषेधाधिकार के कारण सुरक्षा परिषद् युद्ध रोकने की कार्यवाही न कर सके तो महासभा स्वयं इस विषय में युद्ध रोकने के लिए आवश्यक कार्यवाही कर सकती है। इस प्रस्ताव के अन्तर्गत संयुक्त राज्य अमेरिका द्वारा संयुक्त राष्ट्रसंघ के नाम पर सेनाएँ भेजकर युद्ध में भाग लिया गया और कोरिया युद्ध भारत की मध्यस्थता से समाप्त हो गया। इस प्रस्ताव का सबसे अधिक प्रभाव यह पड़ा कि बड़े राष्ट्रों के वीटो (Veto) का महत्व कम हो गया और महासभा का महत्व बढ़ गया।

1956 में ब्रिटेन, फ्रांस व इजराइल ने स्वेज नहर के मामले में मिस्र पर आक्रमण किया तथा युद्ध रोकने के प्रस्ताव पर ब्रिटेन तथा फ्रांस ने सुरक्षा परिषद् में वीटो कर दिया। महासभा ने कार्यवाही की और ब्रिटेन, फ्रांस, तथा इजराइल को सेनाएँ वापिस बुलाने के लिए विवश किया। युद्धविराम के निर्णय को कार्यान्वित करने के लिए संयुक्त राष्ट्रसंघ की सेनायें तैयार की गईं, तथा ब्रिटेन और फ्रांस, जिनका राष्ट्रसंघ में वर्चस्व था, उन्हें वीटो का अधिकार रहते हुए भी सेनाएँ वापस बुलानी पड़ीं, यह साबित करता है कि निषेधाधिकार की ढाल समाप्त हो गई है और महासभा का महत्व बढ़ गया है।

1967 में सुरक्षा परिषद् में वीटो का अरब-इजराइल युद्ध में प्रयोग न होते हुए भी महासभा ने प्रस्ताव पास करके उसमें हस्तक्षेप किया। अतः सुरक्षा

परिषद् के महत्व में और भी कमी आई और महासभा का वर्चस्व स्थापित हो गया।

महासभा के महत्व में इसलिये भी वृद्धि हुई कि उसके सदस्यों की संख्या में निरन्तर वृद्धि होती चली गई और 1990 में 159 तक पहुंच गई। चीन, जिसने अभी तक निषेधाधिकार का प्रयोग नहीं किया है, सुरक्षा परिषद् का स्थायी सदस्य बन गया और चार राष्ट्रों के मतभेदों के कारण निषेधाधिकार महत्वहीन हो गया है। मिस्र के मामले में रूस ने ब्रिटेन व फ्रांस का विरोध किया, आक्रमण की धमकी दी तथा अमेरिका ने भी साथ ही नहीं दिया। अरब-इजराइल संघर्ष में अमेरिका ने इजराइल के पक्ष में वीटो का प्रयोग किया पर अन्य देशों ने अरब देशों का साथ दिया। अमेरिका को इजराइल को मिस्र के जीते हुए प्रदेश लौटाने को विवश करना पड़ा। इसी प्रकार निषेधाधिकार होते हुए भी रूस को महासभा के दबाव के कारण अफगानिस्तान से अपनी सेनाएँ वापिस बुलानी पड़ीं व दक्षिण अफ्रीका को वीटो वाले देश ब्रिटेन का समर्थन प्राप्त होते हुए भी जाम्बिया को स्वतन्त्र करना पड़ा। अतः निषेधाधिकार का अधिकार होते हुए भी सुरक्षा परिषद् की अपेक्षा महासभा का वर्चस्व स्थापित हो गया।

महासभा के अधिकारों व प्रभाव में वृद्धि होने के कारण विभिन्न संस्थाओं की संख्या में भी वृद्धि हुई जैसे सुरक्षा परिषद् में 5 के स्थान पर 10 निर्वाचित सदस्यों व सामाजिक व आर्थिक परिषद् में 54 सदस्यों के हो जाने के कारण महासभा के प्रभाव में वृद्धि हुई क्योंकि इनके निर्वाचन का आधार महासभा ही है।

महासभा का अन्तर्राष्ट्रीय न्यायालय में वर्चस्व कायम है। अन्तर्राष्ट्रीय न्यायालय के अध्यक्ष नगेन्द्र सिंह के होने के कारण वहां भारत का वर्चस्व इतना अधिक था कि अमेरिका जैसे देश को भी बायकाट के लिए विवश होना पड़ा। आज भी भारत का प्रभाव है और कानून के शासन (Rule of Law) के प्रतिपादक स्थायी निषेधाधिकार प्राप्त देश अमेरिका, ब्रिटेन, फ्रांस आदि अन्तर्राष्ट्रीय न्यायालय को भी छोटे देशों के वर्चस्व वाला संस्थान मानते हैं क्योंकि इनको निर्वाचित महासभा द्वारा किया जाता है, जहां 121 निर्गुट देशों का तीन-चौथाई बहुमत है और जो प्रायः विकसित देशों के विरुद्ध मतदान करते हैं।

महासभा, जिसमें छोटे देशों का वर्चस्व है, सामाजिक व आर्थिक परिषद् में तथा उसकी विभिन्न एजेन्सियों और संस्थाओं में अपने वर्चस्व को बनाये रखने में जहाँ तक सफल हुई है कि यूनेस्को (संयुक्त राष्ट्रसंघ शिक्षा, विज्ञान और सांस्कृतिक संगठन) में अमेरिका व ब्रिटेन इसकी सदस्यता तक त्यागना चाहते थे क्योंकि उनका विचार है कि उनका इसमें रहना महत्वहीन हो गया है। उनसे धन लिया जाता है, उनका विरोध तो किया जाता है परन्तु उनकी बात नहीं सुनी जाती।

महासभा के लगभग सभी संस्थानों ने विकसित देशों को अधिक से अधिक धनराशि उपलब्ध कराने, ऋण त्याग देने तथा अपना महत्व समाप्त कर देने की सलाह

दी है परन्तु स्वयं निर्गुट देशों ने संयुक्त राष्ट्रसंघ की किसी बात को मानने से अस्वीकार कर दिया है क्योंकि उनका महासभा में वर्चस्व है, अतः अरब-इजराइल युद्ध, ईराक-ईरान युद्ध व कम्पूचिया समस्या का समाधान नहीं रोका जा सका है।

इजराइल का जन्मदाता संयुक्त राष्ट्रसंघ है परन्तु इजराइल पर निरन्तर आक्रमण होते रहते हैं तथा अरब और कुछ मुस्लिम राष्ट्र तथा भारत स्वयं इस संयुक्त राष्ट्रसंघ द्वारा बनाये हुए देश के अस्तित्व को समाप्त करके संयुक्त राष्ट्रसंघ के सभी शांति-प्रयासों को समाप्त करने के लिये दृढ़प्रतिज्ञ है। यहां अमेरिका को छोड़कर किसी का ध्यान इस ओर नहीं गया कि संयुक्त राष्ट्रसंघ का सदस्य होने के लिये उसके द्वारा निर्मित देश पर आक्रमण रोकना व विश्व-शान्ति बनाये रखना उनका कर्त्तव्य है। अतः अशान्ति और आतंकवाद का तांडव-नृत्य होता रहता है। अरब-इजराइल समस्या उलझी चली आ रही है तथा इजराइल ने जो क्षेत्र विजय द्वारा प्राप्त कर लिया था महासभा द्वारा वापस दिलाया जा सका है। संयुक्त राष्ट्रसंघ ब्रिटेन और फ्रांस को मिस्त्र से तथा रूस को अफगानिस्तान से सेनाएं हटाने में विवश करने में सफल हुआ परन्तु ईराक-ईरान युद्ध बन्द कराने में कुछ नहीं कर सका क्योंकि वह निर्गुट देशों का, जिनका महासभा में बहुमत है, का मामला था और युद्ध तब ही बन्द हुआ जब दोनों देश थक गये। इसी प्रकार अफगानिस्तान व कम्पूचिया में गृहयुद्ध चल रहा है क्योंकि पाकिस्तान, ईरान और वियतनाम जो इनसे प्रत्यक्ष रूप से सम्बन्धित हैं निर्गुट देश हैं और उनका बहुमत संयुक्त राष्ट्रसंघ में है। इसी प्रकार श्रीलंका, निकारागुआ तथा कुर्दों की समस्या अब भी उलझी हुई है। परंतु इजराइल को फिलिस्तीनियों को प्रदेश देना पड़ा तथा ईराक को संयुक्त राष्ट्र संघ का निर्णय स्वीकार करना पड़ा।

सारांश में यह कहा जा सकता है कि संयुक्त राष्ट्रसंघ में सुरक्षा परिषद् के स्थान पर महासभा का तथा बड़े राष्ट्रों के स्थान पर निर्गुट देशों का वर्चस्व कायम हो गया है। संयुक्त राष्ट्रसंघ के विभिन्न अवयवों, संस्थानों व एजेन्सियों व अन्तर्राष्ट्रीय न्यायालय आदि पर भी गुटनिरपेक्ष देशों (Non-aligned Countries) का वर्चस्व है और संयुक्त राष्ट्रसंघ में मतदान सदैव बड़े यानि सुरक्षा परिषद् के स्थायी सदस्यों के विरुद्ध होता है। इस परिवर्तन से विश्वयुद्ध का खतरा टल गया है क्योंकि बड़े राज्यों को मनमानी करने की छूट समाप्त हो गई है। अतः रूस को अफगानिस्तान में, ब्रिटेन और फ्रांस को मिस्र में 1956, में स्वेज नहर के मामले में तथा चीन को कम्पूचिया में हस्तक्षेप समाप्त करना पड़ा और अमेरिका को वियतनाम से सेनायें वापिस बुलानी पड़ीं। बड़े राज्यों का समर्थन प्राप्त होते हुए भी इजराइल को मिस्र का क्षेत्र छोड़ना पड़ा तथा दक्षिणी अफ्रीका को रंगभेद की नीति में कमी करके बाटो स्वशासी प्रदेश की स्थापना करनी पड़ी और नामीबिया को स्वतन्त्र करना पड़ा। यही नहीं रूस जैसे महान शक्तिशाली देश को पूर्वी यूरोप के देशों जैसे हंगरी व चेकोस्लोवाकिया आदि से, जिन पर उसने 1956-68 में आक्रमण करके वर्चस्व स्थापित

किया था, अपना प्रभाव समाप्त करना पड़ा। यही नहीं बल्कि रुमानिया, पोलैंड, बल्गारिया व पूर्वी जर्मनी उसके प्रभाव से मुक्त हो गये हैं क्योंकि महासभा में निर्गुट देशों का वर्चस्व होने से उसके लिये यह सम्भव नहीं था कि वह आक्रमण करे और संयुक्त राष्ट्रसंघ विरोध न करे। 1990 में संयुक्त राज्य अमेरिका द्वारा पनामा में सेना भेजने पर उसे भी निन्दा प्रस्ताव सहन करना पड़ा था तथा यासर अराफात को वीजा न देने पर महासभा का जेनेवा में सम्मेलन हुआ। आज यह कहा जा सकता है कि अब संयुक्त राष्ट्रसंघ में गुटनिरपेक्ष व अविकसित छोटे देशों का वर्चस्व स्थापित हो गया है। अतएव इजराइल को भी फिलिस्तीनों को प्रदेश देना पड़ा तथा ईराक के सद्दाम हुसैन को कुवैत छोड़ना पड़ा था।

□□□

5

सुरक्षा परिषद्
(Security Council)

भूमिका—सुरक्षा परिषद् को संयुक्त राष्ट्रसंघ चार्टर में निर्माताओं ने सबसे अधिक महत्व प्रदान किया था और संयुक्त राष्ट्रसंघ के मुख्य उद्देश्य विश्व शान्ति को बनाये रखने में इसी को मुख्य भूमिका प्रदान की गई है। यह माना गया था कि विश्व शान्ति तभी रह सकती है जब बड़े राष्ट्रों में आम सहमति हो अतः उन्हें वीटो (Veto) निषेधाधिकार प्रदान किया गया है। जैसा कि पहले बताया जा चुका है कि अब महासभा का महत्व बढ़ गया है, फिर भी सुरक्षा परिषद् को संयुक्त राष्ट्रसंघ की सबसे महत्वपूर्ण या महासभा के बाद सबसे महत्वपूर्ण संस्था माना जाता है। अतः उसका विस्तृत ज्ञान आवश्यक है जिसका उल्लेख यहाँ किया जायेगा।

सुरक्षा परिषद् की रचना तथा कार्यों का महत्व

साधारण सभा के बाद सुरक्षा परिषद् संयुक्त राष्ट्रसंघ का सबसे महत्वपूर्ण अवयव है। सुरक्षा परिषद् के सदस्य सभी राष्ट्र नहीं होते, वरन् इसमें केवल 15 सदस्य ही होते हैं। इन 15 सदस्यों में से 10 तो अस्थायी होते हैं जिनका निर्वाचन साधारण सभा अपने 2/3 बहुमत से दो वर्ष के लिए करती है। शेष 5 सदस्य स्थायी हैं। इन पांच सदस्यों में संयुक्त राज्य अमेरिका, ग्रेट ब्रिटेन, फ्रांस, सोवियत संघ और चीन को स्थान दिया गया है। इनको महाशक्तियों के नाम से पुकारा जाता है इनको निषेधाधिकार प्राप्त होने के कारण उनका विशेष महत्व है।

सुरक्षा परिषद् के अस्थायी सदस्यों का निर्वाचन भौगोलिक क्षेत्रों के औचित्य को ध्यान में रखकर किया जाता है। इस बात का ख्याल रखा जाता है कि संसार के अधिकांशतः सभी भौगोलिक क्षेत्रों को प्रतिनिधित्व प्राप्त हो जाये, जिससे विश्व के किसी महत्वपूर्ण भाग को असन्तुष्टि न हो। इसलिये यह व्यवस्था की गई है कि कोई राष्ट्र 2 वर्ष की अवधि समाप्त होने पर पुनः सुरक्षा परिषद् के अस्थायी पद के लिए अभ्यर्थी नहीं हो सकता। संयुक्त राष्ट्रसंघ के प्रत्येक सदस्य को सुरक्षा परिषद् में उस समय, जबकि उससे संबंधित विषय पर विचार हो रहा हो, उपस्थित रहने तथा उसकी कार्यवाही में भाग लेने का अधिकार है। लेकिन ऐसे सदस्य को परिषद् में मतदान का अधिकार नहीं होता।

सुरक्षा परिषद् के अधिवेशनों को नियमित बनाने के लिए यह व्यवस्था की गई है कि इसके सदस्य राष्ट्र का एक प्रतिनिधि सदा न्यूयार्क में, जहाँ संयुक्त राष्ट्रसंघ का कार्यालय है, उपस्थित रहे, जिससे कि आवश्यकता पड़ने के समय सुरक्षा परिषद् तुरन्त काम कर सके और किसी कठिनाई का अनुभव न हो। सुरक्षा परिषद् का कार्य संयुक्त राष्ट्रसंघ के प्रयोजनों और सिद्धान्तों के अनुसार अन्तर्राष्ट्रीय शान्ति और सुरक्षा बनाये रखना, किसी विवाद या स्थिति की जांच करना, विवादों के निर्णय करने के उपायों या समझौते की शर्तों का सुझाव देना, आक्रमण को रोकने या विरोध करने का प्रयास करना, आक्रामक के विरुद्ध सैनिक कार्यवाही करना, नए सदस्यों के प्रवेश की स्वीकृति, अन्तर्राष्ट्रीय न्यायालय के गठन में भाग लेने की शर्तों का सुझाव देना, अन्तर्राष्ट्रीय न्यायालय के न्यायाधीशों का निर्वाचन करना, संयुक्त राष्ट्रसंघ के महासचिव की नियुक्ति में भाग लेना और सभा के साथ अन्तर्राष्ट्रीय न्यायालय के निर्णयों का चुनाव करना। महत्वपूर्ण क्षेत्रों में संयुक्त राष्ट्रसंघ के न्यास कार्यों को करना, महासभा के समक्ष वार्षिक और विशेष रिपोर्ट प्रस्तुत करना।

सुरक्षा परिषद् संयुक्त राष्ट्रसंघ के सभी सदस्यों की ओर से काम करती है तथा अन्तर्राष्ट्रीय शान्ति व सुरक्षा बनाये रखना मुख्य रूप से इसी का उत्तरदायित्व है। सुरक्षा परिषद् का गठन इस प्रकार किया जाता है कि वह निरन्तर कार्य कर सके अतएव इसके सदस्य राष्ट्रों का एक प्रतिनिधि सदैव संयुक्त राष्ट्रसंघ के प्रधान कार्यालय में उपस्थित रहता है। इसका अधिवेशन महीने में दो बार होता है किन्तु संकटकाल में आवश्यकता होने पर 24 घण्टे में इसका विशेष अधिवेशन बुलाया जा सकता है। सुरक्षा परिषद् की सबसे अधिक बैठकें (171) 1948 में हुईं। 1964, 65, 66 व 67 में उसकी क्रमशः 81, 70 व 46 बैठकें हुईं तथा इसी प्रकार बैठकें होती रहती हैं।

परिषद् की अध्यक्षता प्रतिमाह अलग-अलग देश करते हैं। इनकी वरीयता अंग्रेजी के आकारादि क्रम से निर्धारित होती है। चीन, फ्रांस, सोवियत संघ, ब्रिटेन और संयुक्त राज्य अमेरिका इसके स्थायी और अर्जेन्टीना, जापान, पश्चिमी जर्मनी, इटली, जांबिया, डेन्मार्क, मेडागास्कर, थाईलैंड ट्रिनिडाड व टुवैगो 1988 तक के लिये; नेपाल, ब्राजील, अल्जीरिया, सेनेगल व यूगोस्लाविया 1989 तक के लिये सदस्य थे। आज यह कहा जा सकता है कि छोटे से छोटा देश भी इसका अस्थायी सदस्य बन जाता है। परन्तु स्थायी सदस्यों का विशेष महत्व है। जनवरी 1990 में कम्पूचिया के मामले में 5 स्थायी सदस्यों ने पेरिस में अलग बैठक करके संयुक्त राष्ट्रसंघ के तत्वावधान में मतदान कराने का निर्णय लिया। अधिकांश स्थायी सदस्यों द्वारा सर्वसम्मत निर्णय स्वीकार ही कर लिया जाता है क्योंकि निषेधाधिकार (Veto) का अधिकार केवल उन्हीं को प्राप्त है।

निषेधाधिकार (Veto) और उसका प्रभाव

सुरक्षा परिषद् के निर्णयों के मान्य होने के लिए यह आवश्यक होता है कि उन पर पांचों स्थायी सदस्यों तथा कुल सदस्यों के बहुमत की सहमति हो। दूसरे शब्दों में सुरक्षा परिषद् का कोई निर्णय तभी मान्य हो सकता है जब उस पर 9 सदस्य अपनी सहमति दें और इन 9 सदस्यों में पांचों स्थायी सदस्यों की सहमति आवश्यक रूप से सम्मिलित हो।

इस व्यवस्था ने सुरक्षा परिषद् के निषेधाधिकार (Veto) को जन्म दिया है। वीटो शक्ति का इस्तेमाल करके कोई भी महाशक्ति सम्पूर्ण सुरक्षा परिषद् के किसी भी निर्णय को अमान्य कर सकती है। महाशक्तियों ने वीटो शक्ति का खुलकर प्रयोग किया है। सुरक्षा परिषद् का यदि कोई निर्णय किसी भी महाशक्ति की इच्छा के विरुद्ध होता है, तो वह अपनी वीटो शक्ति द्वारा उसको रद्द कर देती है। इस प्रकार सम्पूर्ण सुरक्षा परिषद् का निर्णय केवल एक सदस्य राष्ट्र की असहमति से ही निषिद्ध हो जाता है। सुरक्षा परिषद् में अपनी वीटो शक्ति का प्रयोग संयुक्त राज्य अमेरिका और सोवियत संघ ने एक दूसरे के प्रभाव को निष्क्रिय करने के लिए किया है। परिषद् के शुरू के 7 वर्षों में सोवियत संघ ने 49 बार और संयुक्त राज्य अमेरिका ने 50 बार वीटो शक्ति का प्रयोग किया था, जबकि फ्रांस ने इसका प्रयोग केवल एक ही बार किया। परन्तु अब ब्रिटेन और फ्रांस भी वीटो का खुलकर प्रयोग करने लगे हैं और दक्षिणी अफ्रीका व इजराइल के मामले में इसका प्रयोग किया है, केवल चीन ने नहीं किया है।

वीटो शक्ति अथवा निषेधाधिकार की कुछ विचारकों ने कटु आलोचना की है। यह कहा है कि वीटो से एक राष्ट्र को अन्य सम्पूर्ण राष्ट्रों के बहुमत को निषिद्ध करने का अनुचित अधिकार प्राप्त हो गया है। एक देश के स्वार्थपूर्ण दुराग्रह से सम्पूर्ण विश्व का भाग्य संकट में पड़ सकता है। वीटो की आलोचना करते हुए कैल्सन ने लिखा है, "इसने संसार के पांच राष्ट्रों को विशेषाधिकार प्रदान कर दिये हैं। उनकी स्थिति अन्य राष्ट्रों की तुलना में कहीं अधिक प्रभावपूर्ण हो गयी है। इस प्रकार वीटो शक्ति राष्ट्रों की समानता की विचारधारा का पूर्णरूप से खंडन करती है।"

उपरोक्त तर्कों के आधार पर आलोचकों ने यह निष्कर्ष निकाला है कि निषेधाधिकार की प्रथा को या तो समाप्त कर दिया जाना चाहिए या उसके प्रयोग पर इस प्रकार की सीमाएं लगा दी जानी चाहिए कि महाशक्तियां उसका दुराग्रहपूर्ण प्रयोग न कर सकें।

यद्यपि उपरोक्त आलोचनाओं में सत्य का कुछ अंश है, तथापि वीटो शक्ति की आवश्यकता से इन्कार नहीं किया जा सकता। परन्तु इनमें कोई संदेह नहीं है कि कोई भी निर्णय अन्तर्राष्ट्रीय जगत में तब तक लागू नहीं कराया जा सकता,

जब तक कि उसको महाशक्तियों का समर्थन प्राप्त न हो। विश्व शांति और व्यवस्था बहुत कुछ अंशों में महाशक्तियों के योगदान पर निर्भर करती है। राष्ट्रसंघ की विफलता का सबसे बड़ा कारण यह था कि उसके निर्णयों के विषय में महाशक्तियाँ एकमत नहीं थीं। इसलिए संयुक्त राष्ट्रसंघ के चार्टर में यह व्यवस्था की गई है कि संघ का कोई निर्णय तब तक लिया ही न जाये जब तक कि महाशक्तियां उसको अपनी स्वीकृति न दे दें। इसी भाव को पंडित नेहरू ने इन शब्दों में व्यक्त किया था, "वीटो का विचार विश्व युद्ध की संभावना को हटाना तथा विवादों को सम्मेलनों द्वारा सुलझाना है।"

आलोचकों का यह कहना अतिशयोक्ति ही है कि वीटो शक्ति के कारण सुरक्षा परिषद् की कार्यवाही का संचालन अत्यन्त कठिन हो जाता है। वस्तुतः वीटो शक्ति ने सुरक्षा परिषद् की कार्यवाही पर कोई हानिकारक प्रभाव नहीं डाला है, उल्टे इसके प्रयोग से अन्तर्राष्ट्रीय तनाव कम ही हुआ है। अब तक वीटो शक्ति का प्रयोग अधिकांशतः नवीन राज्यों को सदस्यता प्रदान न करने के विषय पर ही हुआ है जैसे चीन को सदस्य न बनने देने के लिये इनका प्रयोग किया गया है।

कभी-कभी वीटो शक्ति के प्रयोग ने अन्तर्राष्ट्रीय तनाव को कम करने में योग दिया है और ऐसा होने से उसके कारण विश्व में किसी एक गुट की शक्ति अत्यधिक नहीं बढ़ पाई है। उदाहरण के लिये हम कश्मीर का विषय ले सकते हैं। 1957 में जब ब्रिटेन व अमेरिका के गुट ने कश्मीर व पाकिस्तान का पक्ष लेना चाहा तो सोवियत संघ ने वीटो शक्ति का प्रयोग करके उनको ऐसा करने से रोक दिया। इसी प्रकार वीटो शक्ति के कारण पश्चिमी गुट का दुराग्रह कम हो गया, वीटो का उपयोग केवल रूस और अमेरिका को छोड़कर अन्य के लिये अनुपयोगी रहा है जैसे मिस्त्र के मामले में स्वेज पर ब्रिटेन व फ्रांस ने वीटों का प्रयोग किया था पर उन्हें सेनायें वापस बुलानी पड़ीं। अतः वीटो केवल रूस और अमेरिका तथा उनके समर्थक राज्यों के लिए ही उपयोगी रहा है क्योंकि उनको रोकने से विश्व युद्ध की आशंका थी। अतः वीटो ने विश्वशान्ति बनाये रखने में सहायता की है।

सुरक्षा परिषद् के कार्य

सुरक्षा परिषद् के मुख्य-मुख्य कार्यों का अध्ययन निम्न शीर्षकों के अन्तर्गत किया जा सकता है–

(1) सुरक्षा परिषद् अन्तर्राष्ट्रीय शांति के लिए अपनी सैनिक समिति की सहायता से संयुक्त राष्ट्रसंघ के सदस्यों के सामने निःशस्त्रीकरण की योजनाएं रख सकती है।

(2) ऐसे अन्तर्राष्ट्रीय विवाद अथवा संघर्ष की, जिसके कारण विश्व शान्ति को खतरा हो, जांच करना सुरक्षा परिषद् का मुख्य कर्त्तव्य है।

(3) सुरक्षा परिषद् किसी अन्तर्राष्ट्रीय संघर्ष के दौरान, उसके शांतिपूर्ण निपटारे के लिए अपनी सिफारिशें राष्ट्रों के सम्मुख रख सकती है और उनके अनुसार कार्य करने को कह सकती है।

(4) यदि किसी संघर्ष में संलग्न दोनों पक्ष पारस्परिक समझौता करने में असमर्थ हों, तो सुरक्षा परिषद् शांति और और सुरक्षा स्थापित करने के लिए किसी भी प्रकार का कदम उठा सकती है। उसको इसके लिए इंतजार करने की आवश्यकता नहीं है।

(5) अपने निर्णयों को क्रियान्वित करने के लिए वह सैनिक शक्ति के प्रयोग को छोड़ अन्य किसी भी प्रकार का कदम उठा सकती है। संबद्ध राष्ट्रों के साथ आर्थिक सम्बन्धों को पूर्णरूप से, आंशिक रूप से, भंग कर सकती है। संचार साधनों तथा कूटनीतिक सम्बन्धों को तोड़ सकती है तथा अन्य आवश्यक कदम उठा सकती है।

(6) सुरक्षा परिषद् यदि यह अनुभव करे कि उपरोक्त वर्णित सभी व्यवस्थाएं उसके निर्णयों के क्रियान्वीकरण के लिए पर्याप्त नहीं हुईं तो वह अन्तर्राष्ट्रीय बल का प्रयोग कर सकती है। सुरक्षा परिषद् द्वारा शांति भंग करने वाले राष्ट्र के विरुद्ध सैनिक कार्यवाही करने में विलंब को रोकने के लिए यह व्यवस्था की गई है कि संघ के सदस्य राष्ट्र शीघ्रातिशीघ्र अपनी सैनिक एवं वायु शक्ति की टुकड़ियां सुरक्षा परिषद् की सेवा में भेज देंगे जो अपनी सैनिक समिति की सहायता से उनका समुचित प्रयोग करेंगी।

(7) स्थानीय झगड़ों के निबटारे के लिये यह क्षेत्रीय संगठनों के प्रयोग को प्रोत्साहित करेगी तथा संगठनों द्वारा विश्व-शांति एवं सुरक्षा के लिए किये जा रहे सब कार्यों की सूचना प्राप्त करती रहेगी।

(8) कूटनीतिक क्षेत्र में सुरक्षा परिषद् संघ के समस्त अधिकारों का प्रयोग, जिसमें ट्रस्टीशिप समझौतों का निर्धारण और उनमें परिवर्तन तथा संशोधन भी सम्मिलित करेगी। ट्रस्ट क्षेत्रों के राजनीतिक, आर्थिक, सामाजिक एवं शैक्षणिक मामलों के संबंध में संघ की शक्तियों का प्रयोग करने के लिए यह ट्रस्टीशिप परिषद् की सहायता करेगी।

सुरक्षा परिषद् संयुक्त राष्ट्रसंघ की सबसे महत्वपूर्ण और शक्तिशाली संस्था है।

निषेधाधिकार (Veto) का सुरक्षा परिषद् पर प्रभाव

सुरक्षा परिषद् में स्थायी सदस्यों को निषेधाधिकार (वीटो) का अधिकार दिया गया है। और शायद राष्ट्रसंघ के चार्टर के किसी भी उपबंध ने आलोचकों को इतना आकर्षित नहीं किया है, जितना सुरक्षा परिषद् के स्थायी सदस्यों के इस निषेधाधिकार ने। साधारण मनुष्य के अनुसार संयुक्त राष्ट्रसंघ का सुचारू रूप से चलना निषेधाधिकार के प्रयोग या दुरुपयोग पर निर्भर है। जैसा कि हैन्स केल्सन का मत

है, "सामूहिक सुरक्षा संयुक्त राष्ट्रसंघ का प्रधान उद्देश्य है।" इस उद्देश्य की प्राप्ति का भार सुरक्षा परिषद् को सौंपा गया है। इसी कारण सुरक्षा परिषद् को संयुक्त राष्ट्रसंघ की कार्यकारिणी तथा सरकार का भ्रूण एवं विश्व संगठन का विद्युत शक्तिगृह कहा गया है। परन्तु कुछ आलोचकों का मत है कि सुरक्षा परिषद् अपने सामूहिक सुरक्षा के कार्य में असफल हो गई है और इस असफलता का प्रधान कारण महाशक्तियों का निषेधाधिकार है। परिणामस्वरूप निषेधाधिकार की व्यवस्था काफी आलोचना का कारण रही है। प्रसिद्ध लेखक गुडरीच और हैम्ब्रो के अनुसार "चार्टर का कोई भी अनुच्छेद इतना विवादास्पद नहीं है जितना कि 27वां अनुच्छेद।" नार्मन डी॰ पामर और एच॰ सी॰ परकिन्स का मत है "किसी भी बात ने संयुक्त राष्ट्रसंघ के प्रति जनता का विश्वास इतना अधिक नहीं खो दिया है जितना कि सुरक्षा परिषद् के निषेधाधिकार के अधिक प्रयोग और दुरुप्रयोग ने।" डब्ल्यू आर्नल्ड फास्टर का विचार है, "निषेधाधिकार का भय संयुक्त राष्ट्रसंघ की सम्पूर्ण व्यवस्था पर छाया हुआ है। ऐसी व्यवस्था में गड़बड़ करके उसके इंजन को रोका जा सकता है। परिणामस्वरूप निषेधाधिकार की समस्या केवल सुरक्षा परिषद् की समस्या न होकर सम्पूर्ण संयुक्त राष्ट्रसंघ की समस्या बन गई है।" पेज ने लिखा है, "संगठन और नीति की समस्या के रूप में निषेधाधिकार की समस्या संयुक्त राष्ट्रसंघ की सर्वाधिक कठिन समस्या है।" अनेक अर्थों में यदि इसे संघ की सर्वाधिक जानी हुई समस्या कहा जाये तो शायद कोई अतिशोक्ति नहीं होगी।

निषेधाधिकार का अर्थ तथा स्वरूप–संयुक्त राष्ट्रसंघ चार्टर की धारा 27 में सुरक्षा परिषद् की मतदान प्रणाली का वर्णन है। इसमें कहा गया है कि सुरक्षा परिषद् की सदस्यता समान प्रभुता के सिद्धान्त पर आधारित है। परन्तु ऐसा कहा जाता है कि वह केवल दिखावे के लिए है। सुरक्षा संबंधी प्रबंधों की व्यवस्था करते समय महान राष्ट्रों के विशेष अधिकारों को प्रभावशाली शब्दों में स्वीकार किया गया है। जैसा कि धारा 27 में आगे कहा गया है, प्रक्रिया संबंधी विषयों पर निर्णय नौ स्वीकारात्मक मत से लिए जायेंगे। प्रथम संशोधन से पूर्व सात मतों से निर्णय लिए जाने का विधान था। अन्य सभी विषयों पर निर्णय नौ स्वीकारात्मक मतों द्वारा किए जायेंगे जिसमें पाँच स्थायी सदस्यों के स्वीकारात्मक मतों का होना आवश्यक है।

उपर्युक्त धारा से यह स्पष्ट हो जाता है कि मतदान को संयुक्त राष्ट्रसंघ चार्टर की भाषा में प्रक्रिया संबंधी मामला कहा गया है और दूसरा असाधारण जिसे महत्वपूर्ण मामला कहा गया है। साधारणतः सुरक्षा परिषद् के किन्हीं नौ सदस्यों के स्वीकारात्मक मत से प्रस्ताव स्वीकृत समझा जाता है। स्वीकारात्मक मत अनिवार्य है। इस प्रकार महत्वपूर्ण मामलों में कम से कम नौ सदस्यों के स्वीकारात्मक मतों में पांच स्थायी सदस्यों की सहमति अनिवार्य है। इस उपबन्ध के फलस्वरूप कोई भी एक स्थायी राज्य सुरक्षा परिषद् को निर्णय लेने से रोक सकता है अर्थात् प्रत्येक महाशक्ति को

निषेधाधिकार या वीटो प्राप्त हो गया है, हालांकि वीटो शब्द का इस्तेमाल चार्टर में कहीं भी नहीं किया गया है। इसके केवल दो ही अपवाद हैं—प्रथम प्रक्रिया संबंधी मामले तथा द्वितीय वे मामले जिनमें स्वयं विरोध में मत देने वाली महाशक्ति एक पक्ष हो।

यदि कोई महाशक्ति सुरक्षा परिषद् की बैठक में अनुपस्थित हो अथवा अपना मत नहीं दे, तो उसे वीटो नहीं कहा जा सकता। इस प्रश्न की व्याख्या के संबंध में पश्चिमी शक्तियों तथा सोवियत गुट के विचारकों में मौलिक मतभेद सन् 1950 के कोरियाई संकट के समय विशेष गुट से प्रकट हुआ। उन दिनों जनवादी चीन को संयुक्त राष्ट्रसंघ में प्रवेश कराने की समस्या को लेकर सोवियत रूस, सुरक्षा परिषद् का बहिष्कार कर रहा था। फलतः अमेरिका के संकेत पर सुरक्षा परिषद् में उत्तरी कोरिया के विरुद्ध कारगर सैनिक कार्रवाई करने का निर्णय अत्यन्त शीघ्रता से ले लिया गया। बाद में जब सोवियत प्रतिनिधि सुरक्षा परिषद् में वापस आया तो उसने यह दावा किया कि उसकी अनुपस्थिति में की गई सुरक्षा परिषद् की कार्रवाई अवैध है। उसका कहना था कि सैनिक कार्रवाई के प्रयोग के लिए पाँच स्थायी सदस्यों का समर्थन अनिवार्य था, सदस्य उपस्थित हों या अनुपस्थित, कोई फर्क नहीं पड़ता। पश्चिमी शक्तियों का कहना था कि घोषणा-पत्र की धारा 27(3) में विहित "पाँच स्थायी सदस्यों के समर्थन" का अर्थ सुरक्षा परिषद् की बैठक में उपस्थित तथा मतदान करने वाले सदस्यों का समर्थन था। इस प्रकार उन्होंने सोवियत रूस के दावे को अस्वीकार कर दिया और यह निर्णय हुआ कि मतदान नहीं करने का अर्थ निषेधात्मक मत नहीं है और न ही अनुपस्थिति का अर्थ निषेधात्मक मत है। यदि सुरक्षा परिषद् का कोई भी स्थायी या अस्थायी सदस्य प्रस्तुत विवाद से संबंधित हो तो उसे मतदान करने का अधिकार ही नहीं होता है।

दोहरे निषेधाधिकार की व्यवस्था—यह स्पष्ट है कि सुरक्षा परिषद् में मतदान के लिए साधारण और असाधारण विषयों में विभेद किया गया है। परन्तु संयुक्तराष्ट्र संघ के चार्टर में साधारण और असाधारण क्रिया प्रणालियों में अन्तर करने वाली कोई व्यवस्था नहीं दी गई है। यह निर्णय करने का अधिकार भी सुरक्षा परिषद् को ही प्राप्त है। जब यह प्रश्न उठता है कि कोई विषय साधारण या प्रक्रियात्मक मामला माना जाए अथवा असाधारण, तब दोहरे निषेधाधिकार का प्रयोग होता है। सर्वप्रथम निषेधाधिकार के प्रयोग द्वारा किसी प्रश्न को साधारण विषय की कोटि में रखे जाने से रोका जाता है और इसके बाद प्रस्ताव के तत्वों के विरोध में दोबारा मत दिया जाता है। इस प्रकार एक ही प्रश्न पर दो बार निषेधाधिकार के प्रयोग का अवसर प्राप्त हो जाता है। जॉन और एडवर्ड ने इसे स्पष्ट करते हुए कहा है, "जहाँ तक सीमावर्ती मामलों का संबंध है यह प्रारम्भिक प्रश्न है कि क्या विषय साधारण है और स्वतः यह एक निषेधाधिकार का विषय है। वास्तव में इसी नियम ने निषेधाधिकार को दोहरे निषेधाधिकार में बदल दिया है। पहले तो नकारात्मक वोट दिया जाता है,

जिसमें सुरक्षा परिषद् किसी विषय को साधारण नहीं मान ले और इसके बाद दूसरा वोट दिया जाता है ताकि प्रस्ताव का तत्व ही निष्फल हो जाए।" इस दोहरे निषेधाधिकार को असाधारण घोषित करके सुरक्षा परिषद् में उसको पारित होने से रोक सकते हैं। जैसा कि लेखक केल्सन ने कहा है, "साधारण और असाधारण विषयों का कोई निश्चित अर्थ नहीं है। जिस दृष्टिकोण से वे देखे जाते हैं उसी के अनुसार उनका अर्थ बदल जाता है। एक ही विषय एक दृष्टिकोण से साधारण है तो दूसरे दृष्टिकोण से असाधारण।" इस प्रकार संयुक्त राष्ट्रसंघ के चार्टर में साधारण और असाधारण विषयों में भेद संबंध के अभाव के कारण महाशक्तियों को काफी स्वतंत्रता प्राप्त हो गई है।

इस संबंध में महत्वपूर्ण बात यह है कि किसी स्थायी सदस्य का निषेधात्मक मत तभी निषेध अधिकार का प्रयोग होगा जब उसके मत से सुरक्षा परिषद् का कोई निर्णय गिर जाता है, जो अन्यथा स्वीकृत हो जाता। उदाहरणार्थ यदि किसी विषय पर एक से अधिक स्थायी सदस्य निषेध अधिकार का मत प्रदान करते हैं अथवा उनके निषेधात्मक मत के अतिरिक्त उसके विपक्ष में सामान्य सदस्यों का मत प्राप्त होता है तो वह निषेधाधिकार का मामला नहीं समझा जायेगा।

निषेधाधिकार की पृष्ठभूमि तथा उसका आधार

निषेधाधिकार (Veto) की व्यवस्था उचित है या अनुचित? इस प्रश्न पर विचार करने के लिए यह आवश्यक है कि इसकी पृष्ठभूमि पर विचार कर लिया जाए। संयुक्त राष्ट्रसंघ के चार्टर में निषेधाधिकार का समावेश कोई नई बात नहीं है। इसका इतिहास राष्ट्रसंघ के इतिहास से जुड़ा हुआ है। राष्ट्रसंघ के प्रत्येक सदस्य को परिषद् तथा असेम्बली में (कुछ परिस्थितियों को छोड़कर) वीटो का अधिकार प्राप्त था। इसका परिणाम यह होता था कि कौंसिल यानि राष्ट्रसंघ की परिषद् का प्रत्येक सदस्य चाहे छोटा हो अथवा बड़ा अपने नकरात्मक मत से राष्ट्रसंघ की परिषद् के निर्णय को रोक सकता था। इसके चलते राष्ट्रसंघ की कौंसिल कोई प्रभावशाली निर्णय नहीं ले पाती थी।

संयुक्त राष्ट्रसंघ के निर्माताओं के लिए राष्ट्रसंघ की यह व्यवस्था स्वीकार्य नहीं थी। वे एक ऐसे संगठन का निर्माण करना चाहते थे जो प्रभावी तथा शीघ्रतापूर्वक कार्य कर सके। इसलिए उन्होंने नये संगठन में निषेधाधिकार को सुरक्षा परिषद् के पाँच स्थायी एवं महान सदस्यों तक ही सीमित रखा। यह व्यवस्था की गई कि सुरक्षा परिषद् में प्रक्रिया संबंधी विषयों पर निर्णय नौ स्वीकारात्मक मतों से लिए जायेंगे, परन्तु अन्य सभी विषयों पर निर्णय नौ स्वीकारात्मक मतों द्वारा लिए जायेंगे। जिनमें पाँच स्थायी सदस्यों के स्वीकारात्मक मतों का होना आवश्यक है। इस प्रकार सुरक्षा परिषद् के प्रत्येक स्थायी सदस्य–ब्रिटेन, फ्रांस, चीन, रूस व अमेरिका को निषेधाधिकार प्राप्त है।

इस संदर्भ में उल्लेखनीय बात यह है कि द्वितीय महायुद्ध के दरम्यान याल्टा सम्मेलन में पहले पहल अमेरिकी राष्ट्रपति रूजवेल्ट ने निषेधाधिकार संबंधी उपबंधों का प्रस्ताव रखा था। रूस के स्टालिन तथा ब्रिटेन के चर्चिल ने उसे अपना समर्थन प्रदान किया था। राष्ट्रपति रूजवेल्ट का विचार था कि यदि स्थायी शांति की खोज करनी है और संयुक्त राष्ट्रसंघ को सफल बनाना है तो यह कार्य महाशक्तियों के एक साथ सहयोग पूर्वक रहने से ही पूरा हो सकेगा। दूरदर्शी राष्ट्रपति रूजवेल्ट ने यह अनुभव कर लिया था कि सोवियत रूस तथा अमेरिका जैसे बड़े राष्ट्रों के लिए एक ऐसे संगठन में भाग लेना संभव नहीं है, जिसमें अन्य राष्ट्र केवल बहुमत के बल पर ही महाशक्तियों को कोई कार्य करने के लिए बाध्य कर दें, विशेषकर अमेरिकी सीनेट किसी भी कीमत पर ऐसे चार्टर की अभिपुष्टि नहीं करती जिसमें संयुक्त राज्य अमेरिका को उसकी इच्छा के विरुद्ध किसी निर्णय को मानने के लिए बाध्य किए जाने की व्यवस्था होती। सोवियत संघ की भी राष्ट्रसंघ का अप्रिय, कटु एवं अपमानजनक अनुभव था क्योंकि उसकी राष्ट्रसंघ से 1940 में फिनलैंड पर आक्रमण करने पर निष्कासित किया गया था। बिना "वीटो के अधिकार" के वह संयुक्त राष्ट्रसंघ में शामिल नहीं हो सकता था। अतः सभी महाशक्तियों के सम्मिलित होने तथा साहचर्य के लिए निषेधाधिकार आवश्यक था। ऐतिहासिक एवं यथार्थवादी कारणों से भी महान शक्तियों को वीटों का अधिकार प्रदान किया जाना आवश्यक था। राष्ट्रसंघ के अनुभव ने यह स्पष्ट कर दिया था कि किसी भी महाशक्ति की इच्छा के विरुद्ध अन्तर्राष्ट्रीय संगठन द्वारा किसी भी कार्रवाई को प्रभावी नहीं बनाया जा सकता। जापान, इटली, जर्मनी व रूस के विरुद्ध राष्ट्रसंघ प्रभावी कार्यवाही करने में असफल रहा था। अतः यह अनुभव किया गया कि यदि सभी महाशक्तियों की सहमति से निर्णय लिया जाए तो उसकी सफलता बहुत निश्चित होगी। वैसे भी चूंकि शांति और सुरक्षा बनाये रखने का सारा भार महाशक्तियों को ही उठाना था। उन्हें ऐसे कार्य के लिए मजबूर नहीं किया जाना चाहिए था जिससे कि वे सहमत न हों। महाशक्तियों के दायित्वों के अनुकूल विशेषाधिकार की प्राप्ति आवश्यक है।

इन्हीं बातों को सोच विचार कर संयुक्त राज्य अमेरिका ने यह विचार रखा कि वह निषेधाधिकार से सम्पन्न अंतर्राष्ट्रीय संगठन को ही स्वीकार करेगा और इसमें निषेधाधिकार की व्यवस्था नहीं होगी तो उसके लिए ऐसे विश्व संगठन को स्वीकार करना सम्भव नहीं होगा। उसका यह स्पष्ट दृष्टिकोण था कि सुरक्षा परिषद् ऐसे निर्णय कर सकती है जिनके अनुसार उसको अपनी सेना का उपयोग करना पड़े, परन्तु इसके लिए यह आवश्यक है कि वह ऐसा उपयोग अपनी इच्छा से करे न कि अन्य राष्ट्रों द्वारा बाध्य होकर। यदि संयुक्त राज्य अमेरिका ऐसे किसी भी उपयोग से सहमत नहीं है तो इसे इस बात का पूरा अधिकार होना चाहिए कि वह अपनी निषेध शक्ति द्वारा उपयोग के उस प्रस्ताव को रद्द कर दे। अतः याल्टा सम्मेलन में संयुक्त राज्य अमेरिका ने सुरक्षा परिषद् में महाशक्तियों के लिए निषेधाधिकार

की मांग की। सोवियत रूस और ग्रेट ब्रिटेन के प्रतिनिधियों ने इसका पूर्णतया समर्थन किया। परिणामस्वरूप एक ऐसा मिला-जुला प्रस्ताव पेश किया गया जिसके अनुसार महत्वपूर्ण विषयों पर सुरक्षा परिषद् द्वारा सात मतों से निर्णय लिये जाने का विधान था जिसमें सभी महाशक्तियों के मतैक्य की आवश्यकता थी। इस प्रकार परिषद् के प्रत्येक स्थायी सदस्य के लिए निषेधाधिकार की व्यवस्था थी। इसी का नाम 'याल्टा सूत्र' पड़ा।

निषेधाधिकार के प्रश्न पर वास्तविक विवाद सानफ्रांसिस्को सम्मेलन में हुआ। इस सम्मेलन में आए हुए छोटे राज्यों के प्रतिनिधियों ने याल्टा सूत्र की आलोचना की। उन्होंने महान शक्तियों के मतैक्य के उपबन्ध को उचित माना, किन्तु विवादों के शांतिपूर्ण समाधान, सदस्य के प्रवेश तथा चार्टर के संशोधन आदि में वीटो के प्रयोग को सर्वथा अनुपयुक्त माना। उनकी दृष्टि में याल्टा सूत्र कई स्थलों पर अस्पष्ट था। स्पष्टीकरण के लिए छोटे राष्ट्रों ने डॉ० स्वाट के नेतृत्व में एक प्रश्नावली तैयार की। उस प्रश्नावली के जवाब में संयुक्त राज्य अमेरिका, सोवियत रूस तथा चीन ने एक वक्तव्य जारी किया जिसे बाद में फ्रांस ने भी स्वीकार कर लिया। उस वक्तव्य की महत्वपूर्ण बातों का सारांश इस प्रकार है–(क) प्रक्रिया सम्बन्धी विषयों पर सात मतों से निर्णय लिए जायेंगे, (ख) महत्वपूर्ण प्रश्नों पर निर्णय सात मतों से लिए जायेंगे जिनमें पाँच महाशक्तियों का सर्वसम्मत मत आवश्यक है, (ग) सुरक्षा परिषद् का कोई भी सदस्य किसी भी विवाद या परिस्थिति के विचार या विवेचन को रोक नहीं सकता, (च) यह आशा की जाती है कि सुरक्षा परिषद् का कोई भी सदस्य, स्थायी या अस्थायी, जानबूझकर निषेधाधिकार का इस्तेमाल परिषद् की कार्रवाई में व्यवधान डालने के लिए नहीं करेगा, (ङ) यदि इस बात पर निर्णय करना ही हो कि कोई विषय प्रक्रिया सम्बन्धी है अथवा नहीं तो वह प्रश्न स्वयं महत्वपूर्ण हो जायेगा और उस निर्णय के लिए पांच स्थायी सदस्यों का स्वीकारात्मक मत आवश्यक होगा।

बड़े राज्यों की उक्त घोषणा से छोटे राज्य संतुष्ट नहीं हुए और उन्होंने इसकी कटु आलोचना भी की। परन्तु बड़े राज्यों की हठधर्मी के सामने उनकी एक न चली। महाशक्तियों के प्रतिनिधियों ने दृढ़तापूर्वक यह स्पष्ट कर दिया कि उनके बीच एकता के बिना कोई भी महत्वपूर्ण निर्णय लेना अन्तर्राष्ट्रीय राजनीति की वास्तविकताओं से मुंह मोड़ लेना होगा। साथ ही उन्होंने चेतावनी भी दी कि बड़ी शक्तियाँ किसी भी ऐसे संगठन में शामिल नहीं होंगी जहाँ उनको निषेधाधिकार नहीं प्रदान किया गया हो। या तो वे निषेधाधिकार से सम्पन्न संयुक्त राष्ट्रसंघ के चार्टर को स्वीकार करेंगे अथवा किसी भी चार्टर को स्वीकार नहीं करेंगे। उन्होंने यह भी ऐलान किया कि स्थायी सदस्य जानबूझकर और सुरक्षा परिषद् के कार्य में अड़चन लगाने के ध्येय से, निषेधाधिकार का प्रयोग नहीं करेंगे। संयुक्त राष्ट्रसंघ के संगठन में महाशक्तियों का विशेष स्थान है इस कारण उनका यह विशेष उत्तरदायित्व हो जाता है कि वे

निषेधाधिकार का कम से कम बार प्रयोग करें। अन्त में महाशक्तियों की बात ही स्वीकार हुई और बाध्य होकर छोटे राज्यों को निषेधाधिकार से संयुक्त राष्ट्रसंघ के चार्टर को स्वीकार करना पड़ा। न्यूजीलैंड के प्रतिनिधि ने इस अवसर पर कहा था "सानफ्रांसिस्को में पांच बड़ी शक्तियों ने शेष छोटे राज्यों पर अपनी निषेधाधिकार की शक्ति को लाद दिया। इस तरह बन्दूक की नोक पर संयुक्त राष्ट्रसंघ के चार्टर के साथ निषेधाधिकार का गठबंधन कर दिया गया। यदि इस बात को प्रतिनिधियों की स्वतंत्र इच्छा पर छोड़ दिया जाता तो संभवतः उसे कभी स्वीकार नहीं किया जाता।" फिलीपीन के प्रतिनिधि ने भी कहा था, "हम लोगों के समक्ष केवल एक ही विकल्प था या तो हमें निषेधाधिकार से संपन्न संयुक्त राष्ट्रसंघ के चार्टर को स्वीकार करना था अथवा चार्टर से वंचित होना था। परिणाम यह हुआ कि हमें निषेधाधिकार से संपन्न संयुक्त राष्ट्रसंघ के चार्टर को स्वीकार करना पड़ा।" अतः बड़ी शक्तियों की इच्छानुसार उनका निषेधाधिकार छोटी शक्तियों को भी स्वीकार करना पड़ा और वह संयुक्त राष्ट्रसंघ की व्यवस्था का महत्वपूर्ण अंग बन गया।

सुरक्षा परिषद् में स्थायी सदस्यों के निषेधाधिकार का प्रयोग

संयुक्त राष्ट्रसंघ की सफलता के लिए बड़ी शक्तियों का सहयोग आवश्यक था और विश्व संस्था के संस्थापकों का यह पूरा विश्वास था कि संयुक्त राष्ट्रसंघ के अन्तर्गत महान शक्तियां अपने राष्ट्रीय हितों की पूर्ति के लिए सहयोग से काम करेंगी क्योंकि महायुद्ध के समय उन्होंने मेल से काम लिया था। परन्तु शीघ्र ही उनकी आशाओं पर पानी फिर गया। चार्टर के निर्माण के बाद शीघ्र ही निषेधाधिकार का प्रयोग करना आरम्भ कर दिया गया। सुरक्षा परिषद् के स्थापित होने के एक मास के भीतर ही सोवियत रूस ने सीरिया-लेबनान प्रश्न पर प्रथम बार निषेधाधिकार का प्रयोग किया। 16 फरवरी, 1946 को रूस ने निषेधाधिकार का प्रयोग करके सीरिया और लेबनान से विदेशी सेना को हटाने के अमेरिकी प्रस्ताव को रद्द कर दिया। सितम्बर 1946 में सुरक्षा परिषद् में, महासभा की बैठक होने के समय तक, आठ बार इन निषेधाधिकार का प्रयोग खुलकर किया गया। उसमें चार तो सिर्फ स्पेन के प्रश्न पर प्रयुक्त किए गए थे और तीन नए सदस्यों के प्रवेश के प्रश्न पर। 1945 से 47 के बीच के दो वर्षों की अवधि में 23 बार निषेधाधिकार का प्रयोग किया गया। इनका प्रयोग भिन्न-भिन्न उद्देश्यों को ध्यान में रखकर किया गया था। उद्देश्य के दृष्टिकोण से प्रसिद्ध लेखक नार्मन जे० पेडलफोर्ड ने उक्त निषेधाधिकार को निम्नलिखित 6 वर्गों में विभाजित किया है–

(1) एक निषेधाधिकार का प्रयोग सीरिया-लेबनान विवाद के संबंध में किया गया जिसका उद्देश्य एक दुर्बल प्रस्ताव को असफल बनाना था क्योंकि एक अधिक तीव्र प्रस्ताव की आवश्यकता थी।

(2) चार निषेधाधिकारों का प्रयोग अपने समर्थक राज्यों के विरुद्ध अन्य राज्यों द्वारा लगाए गए आरोपों की जाँच के प्रस्ताव को रोकने के लिए किया गया, जैसे चार यूनान के मामले में और एक कर्फू विवाद के सम्बन्ध में।

(3) चार निषेधाधिकारों का प्रयोग शांति एवं सुरक्षा से सम्बन्धित मामलों को महासभा के समक्ष विचारार्थ पेश करने के प्रस्ताव को रोकने के लिए किया गया, जिनमें तीन स्पेन से सम्बद्ध थे और एक यूनान के सम्बन्ध में।

(4) एक निषेधाधिकार का प्रयोग हिन्देशिया के मामले में किया गया जिसका उद्देश्य एक अन्तर्राष्ट्रीय पंच आयोग की नियुक्ति को रोकना था।

(5) दस निषेधाधिकारों का प्रयोग संयुक्त राष्ट्रसंघ में नये सदस्यों के प्रवेश को रोकने के किया गया था।

(6) दो निषेधाधिकारों का प्रयोग प्रक्रिया सम्बन्धी तथा सारभूत प्रश्नों के निर्णय के सम्बन्ध में किया गया था।

उपरोक्त विश्लेषण से यह स्पष्ट हो जाता है कि निषेधाधिकार का प्रयोग भिन्न-भिन्न समय पर भिन्न-भिन्न उद्देश्य से किया गया है और किया जाता है। यह आशा थी कि स्थायी सदस्य निषेधाधिकार का प्रयोग यथासम्भव नहीं करेंगे, परन्तु यह बात गलत साबित हुई। सुरक्षा परिषद् के वैध काम को रोकने का प्रयत्न प्रत्येक महाशक्ति ने किया है। अभी तक सैकड़ों बार इस अधिकार का प्रयोग किया जा चुका है। इसका सबसे अधिक प्रयोग रूस ने किया था। "इस प्रयोग का संगठन पर बहुत प्रभाव पड़ा है। संकटों के समय इस अधिकार के प्रयोग के कारण अनेक बार संयुक्त राष्ट्रसंघ के कार्यों में बाधाएं उत्पन्न हुई हैं।" इस निषेधाधिकार के प्रयोग ने सुरक्षा परिषद् के कार्य के प्रत्येक क्षेत्र को प्रभावित किया है।

पिछले वर्षों में निषेधाधिकार का सबसे अधिक प्रयोग अकेले सोवियत रूस ने किया है। नवम्बर 1968 तक रूस ने 105 बार निषेधाधिकार का प्रयोग किया था। परन्तु चार बार उसने बड़े महत्वपूर्ण अवसरों पर इस अधिकार का प्रयोग किया। पहला सन् 1956 में जब पश्चिमी देशों ने स्वेज नहर का अन्तर्राष्ट्रीयकरण करने का प्रस्ताव रखा तब रूस ने अपने निषेधाधिकार द्वारा इस प्रस्ताव को रद्द कर दिया। दूसरे, जब पश्चिमी देशों ने फरवरी 1957 में जम्मू और कश्मीर में संयुक्त राष्ट्रसंघ सेना को स्थापित करने का सुझाव रखा तो रूस ने अपने इस अधिकार के द्वारा इस प्रस्ताव को रदद् कर दिया। तीसरे 19 दिसम्बर, 1961 को भारतीय सैनिक कार्रवाई के विरुद्ध जब पश्चिमी देशों ने भारतीय सेना को गोआ से हटाने के लिए कहा तब रूस ने निषेधाधिकार का प्रयोग कर इसे रदद् कर दिया। चौथे, 6 दिसम्बर, 1971 को भारत-पाकिस्तान युद्ध को रोकने के लिए आठ देशों ने एक प्रस्ताव रखा जिसमें युद्ध-विराम के अतिरिक्त सेना की वापसी की बात कही गई थी तब सोवियत संघ ने 'वीटो' का प्रयोग करके इस प्रस्ताव को रद्द कर दिया था। रूस ने संयुक्त

राष्ट्रसंघ की सदस्यता के सम्बन्ध में पचास बार से भी अधिक बार इस निषेधाधिकार का प्रयोग किया है। रूस द्वारा निषेधाधिकार के बारम्बार प्रयोग कर अमेरिका तथा ब्रिटेन ने यह आरोप लगाया कि उसने निषेधाध्रिकार का दुरुपयोग किया है। यह भी कहा गया है कि सोवियत रूस ने निषेधाधिकार के प्रयोग से संयुक्त राष्ट्रसंघ की सुरक्षा परिषद् को ही नहीं बल्कि संयुक्त राष्ट्रसंघ को भी पंगु बना दिया है। इसके चलते सुरक्षा परिषद् अर्थहीन हो गयी है। परन्तु ये आलोचनाएँ वास्तविकता से दूर मालूम पड़ती हैं। हमें यह ध्यान रखना चाहिए कि सोवियत संघ द्वारा प्रयुक्त किए गए कुल निषेधाधिकारों में से लगभग आधे का प्रयोग सदस्यता के प्रश्न पर हुआ है। युद्धोत्तर अन्तर्राष्ट्रीय राजनीति में जब शीतयुद्ध का समावेश हुआ तो इसका असर संयुक्त राष्ट्रसंघ पर पड़ना आरम्भ हुआ। यह भी दो भागों में विभाजित हो गया। सुरक्षा परिषद् में सोवियत रूस अपने गुट का एकमात्र प्रतिनिधि था। इस स्थिति का लाभ उठाकर पाश्चात्य शक्तियाँ हर विषय पर सोवियत संघ को तंग करने लगीं। वहां से बराबर ऐसे प्रस्ताव पास होने लगे जो सोवियत गुट के विरुद्ध होते थे। अतएव अपने बचाव के लिए सोवियत संघ 'वीटो' का प्रयोग करने लगा। 'वीटो' की संख्या दिनोंदिन बढ़ने लगी। अमेरिका और उसके पिछलग्गू देशों ने हो-हल्ला मचाना शुरू किया कि यह बहुत बड़ा अन्याय व अभिशाप है।

इस सम्बन्ध में एक दूसरी बात यह है कि केवल रूस ही सुरक्षा परिषद् का अकेला ऐसा स्थायी सदस्य नहीं है जिसने निषेधाधिकार का प्रयोग किया हो। ब्रिटेन, फ्रांस, अमेरिका तथा चीन ने भी कभी-कभी इस अधिकार का प्रयोग किया है। उदाहरणार्थ सन् 1946 तथा 1947 की अवधि में सुरक्षा परिषद् में गैर कार्रवाई विषयों पर 165 बार मतदान हुआ। इसमें 23 बार निषेधाधिकार का प्रयोग किया गया। जिसमें 21 बार सोवियत संघ ने तथा फ्रांस ने इसका 2 बार प्रयोग किया। पर इसी अवधि में संयुक्त राज्य अमेरिका ने 34 बार, ब्रिटेन ने 29 बार, फ्रांस ने 23 बार तथा चीन ने 27 बार इसका प्रयोग किया। इस सम्बन्ध में एक महत्वपूर्ण उदाहरण है। रंगभेद की नीति के प्रश्न पर दक्षिणी अफ्रीका ने जब बार-बार संयुक्त राष्ट्रसंघ के प्रस्तावों की अवहेलना की तो संयुक्त राष्ट्रसंघ की सुरक्षा परिषद् ने 30 अक्तूबर, 1945 को 3 के मुकाबले 10 मतों से दक्षिणी अफ्रीका को संयुक्त राष्ट्रसंघ से निष्कासित करने का प्रस्ताव पारित कर दिया। परन्तु अमेरिका, फ्रांस और ब्रिटेन द्वारा निषेधाधिकार का प्रयोग करने के कारण यह प्रस्ताव पारित कर निरस्त कर दिया गया। संयुक्त राष्ट्रसंघ के इतिहास में यह प्रथम अवसर था जब तीन स्थायी सदस्यों ने सुरक्षा परिषद् द्वारा पारित प्रस्ताव को रद्द करने के लिए निषेधाधिकार का प्रयोग किया। 1975 तक पांच बड़े राष्ट्रों ने 139 बार इस वीटो यानि निषेधाधिकार का प्रयोग किया था। जनवरी, 1980 तक रूस ने इसका 113 बार प्रयोग किया था। पश्चिमी शक्तियों के द्वारा निषेधात्मक मत निषेधाधिकार के अन्तर्गत नहीं आये क्योंकि प्रत्येक विषय पर कई अन्य स्थायी सदस्यों ने भी उनका साथ दिया, सामान्य सदस्यों

ने भी कई बार ऐसा ही किया। इस प्रकार उनके हित के मामले सामान्य मतदान प्रक्रिया के द्वारा ही तय हो जाते हैं जबकि सोवियत संघ को यह सुविधा प्राप्त नहीं थी। अतः उसे निषेधाधिकार का प्रयोग करके अपने मित्रों के हितों की रक्षा करनी पड़ती है। कभी-कभी ऐसा भी देखा गया कि एक विषय पर कई बार मतदान कराकर निषेधाधिकार का हर बार रूस को प्रयोग करने को बाध्य होना पड़ा। उदाहरणार्थ दिसम्बर 1971 में भारत-पाकिस्तान संघर्ष के मामले पर चौबीस घंटे के भीतर ही सोवियत रूस को दो या तीन बार निषेधाधिकार का प्रयोग करने को विवश होना पड़ा। जिसका प्रयोग भारत और रूस की दृष्टि में बांगलादेश को स्वाधीन बनाने के लिये अत्यन्त आवश्यक था। 1990 में पनामा पर आक्रमण की सफलता के लिये अमेरिका ने इसका प्रयोग किया है। यह कहा जाता है कि व्यवहार में निषेधाधिकार की शक्ति का दुरुपयोग हुआ है। इसका प्रयोग उस भांति नहीं हो पाया जिस प्रकार चार्टर के निर्माताओं ने सोचा था। निषेधाधिकार के बल पर स्थायी राष्ट्र अपने स्वार्थ साधन करते हैं। अतः निषेधाधिकार की शक्ति, अनुचित कार्यों के निवारण का साधन न होकर उनके स्वार्थ साधन का माध्यम बन गई है।

निषेधाधिकार के दुरुपयोग का परिणाम

निषेधाधिकार के अधिक प्रयोग और दुरुपयोग ने सुरक्षा परिषद् के सफल सम्पादन में बाधाएं डाली हैं। इसके चलते सुरक्षा परिषद् अधिक प्रभावशाली नहीं है। इसी के कारण अनेक महत्वपूर्ण विषयों पर कोई निर्णय नहीं हो सका और मामले उलझे रहे तथा युद्ध हुए। जैसे अरब-इजराइल युद्ध आदि। इस अधिकार के कारण ही अनेक स्वतन्त्र राज्यों को कई वर्षों तक संयुक्त राष्ट्रसंघ की सदस्यता से वंचित रहना पड़ा और कुछ को तो अभी तक सदस्यता नहीं प्राप्त हो सकी है। शांति और सुरक्षा के क्षेत्र में सुरक्षा परिषद् की असफलता का सर्वाधिक महत्वपूर्ण कारण शायद निषेधाधिकार का अधिक प्रयोग ही रहा है। इसके कारण सुरक्षा परिषद् में जो गतिरोध उत्पन्न होते रहे हैं, उनसे विश्व के राज्यों की सामूहिक सुरक्षा व्यवस्था की आस्था बुरी तरह डगमगा गई है। उनका विश्वास सुरक्षा परिषद् में कम हो गया है। अब केवल पीड़ित राज्य ही अपने विवाद को इसके समक्ष प्रस्तुत करता है। अतः यह कहना असंगत न होगा कि सुरक्षा परिषद् की अकर्मण्यता के कारण ही, महासभा का महत्व बढ़ा है। बल्कान और कोरिया सम्बन्धी आयोग संयुक्त राष्ट्रसंघ की महासभा द्वारा ही स्थापित किये गये। इसी कारण फिलिस्तीन समस्या को ब्रिटिश सरकार ने महासभा के सम्मुख पेश किया। पण्डित जवाहरलाल नेहरू ने भी यह घोषित किया था कि भारत सरकार गोआ-विवाद को सुरक्षा परिषद् के सामने रखने का इरादा नहीं रखती। निषेधाधिकार के प्रयोग के कारण ही अन्तरिम समिति, सामूहिक उपाय समिति, शांति के लिए देख-रेख आयोग आदि की स्थापना की गई। सन् 1950 का "शांति के लिए सहयोग" प्रस्ताव ऐसी ही परिस्थितियों का सामना करने के लिए पारित किया गया था। सन् 1956 के स्वेज नहर और हंगरी तथा चैकोस्लोवाकिया

का पनामा सम्बन्धी संकटों के समय सुरक्षा परिषद् कुछ भी करने में असमर्थ हो गई और महासभा ने ही इन प्रश्नों पर विचार किया। यह सब कुछ निषेधाधिकार से ग्रस्त सुरक्षा परिषद् की निष्क्रियता के कारण ही सम्भव हुआ है। इस प्रकार जैसा कि सर होमी मोदी ने अपने एक वक्तव्य में कहा था कि, "निषेधाधिकार, जिससे सुरक्षा परिषद् के स्थायी सदस्यों को विभूषित किया गया है, ने सुरक्षा परिषद् के प्रभावी कार्यकरण को काफी निर्बल बना दिया है।" पीटर स्टर्सबर्ग के अनुसार, "सोवियत रूस ने अपने निषेधाधिकार से सुरक्षा परिषद् को पंगु बना दिया था" पर महासभा के प्रभाव बढ़ने से अब (Veto) निषेधाधिकार का महत्व समाप्त हो गया है।

निषेधाधिकार व्यवस्था की आलोचना

संयुक्त राष्ट्रसंघ के चार्टर की कोई भी व्यवस्था शायद इतनी आलोचना का विषय नहीं रही है, जितनी सुरक्षा परिषद् की मतदान की व्यवस्था। अन्तर्राष्ट्रीय राजनीति के अनेक लेखकों ने इस व्यवस्था की तीव्र आलोचना की है। जैसा कि पामर और पार्किन्स कहते हैं, "किसी भी बात ने संयुक्त राष्ट्रसंघ में लोकविश्वास को कम करने में उतना योग नहीं दिया है जितना कि सुरक्षा परिषद् में निषेधाधिकार के बार-बार प्रयोग तथा दुरुपयोग ने।" गुडरीच तथा हैम्ब्रो लिखते हैं, "निषेधाधिकार सम्बन्धी विवादों ने शांति संधियों के कार्य को निलंबित किया है और विश्व के युद्ध ध्वस्त क्षेत्रों के पुनर्निर्माण के कार्य को रोक दिया है।" प्रसिद्ध लेखक केल्सन ने भी निषेधाधिकार को एक दोषपूर्ण व्यवस्था माना है। उनके अनुसार निषेधाधिकार राजनीतिक विचारधारा का विरोधी तथा संयुक्त राष्ट्रसंघ की व्यवस्था में रुकावट डालने वाला है। निषेधाधिकार की जिन प्रमुख आधारों पर आलोचना की जाती है उनको हम निम्नलिखित ढंग से व्यक्त कर सकते हैं–

(1) **राज्यों की समानता के सिद्धान्त के विपरीत**–सर्वप्रथम यह कहा जाता है कि निषेधाधिकार की व्यवस्था संयुक्त राष्ट्रसंघ के चार्टर में घोषित सदस्य राज्यों की समानता के सिद्धांत के विरोधी है। इसके चलते सुरक्षा परिषद् में सिर्फ महान तथा स्थायी राज्यों को निषेधाधिकार प्राप्त हो जाता है। लेकिन अन्य सदस्य राज्य इस तरह के अधिकार से वंचित रह जाते हैं। इस प्रकार यह एक अप्रजातान्त्रिक व्यवस्था है। बैटेल ने लिखा है–"एक बोना उसी प्रकार एक आदमी है जिस प्रकार एक लम्बा-चौड़ा व्यक्ति, एक छोटा-सा राज्य भी उसी प्रकार संप्रभु राज्य है जिस प्रकार एक बड़ा शक्तिशाली राज्य।" निषेधाधिकार की व्यवस्था उपर्युक्त विचार के विपरीत है क्योंकि यह छोटी और महान शक्तियों के विभेद पर आधारित है। लेखक सेल्सन ने इसकी आलोचना करते हुए लिखा है, "निषेधाधिकार से युक्त सुरक्षा परिषद् के स्थायी सदस्यों को संयुक्त राष्ट्रसंघ की विधि से ऊपर उठा देता है और इस प्रकार एक स्वेच्छाचारी व्यवस्था की स्थापना करता है।" रैपर्ड के अनुसार "यद्यपि चार्टर राज्यों की समानता के सिद्धान्त की चर्चा करता है परन्तु व्यवहार में यह उस सिद्धान्त की जितनी अवहेलना करता है उतना अन्तर्राष्ट्रीय विधि के क्षेत्र में कभी

पहले नहीं हुआ।" वास्तव में यह पाँच बड़ी शक्तियों को अन्य राज्यों पर लागू होने वाले कानून से ऊपर रखने का प्रयास करता है।

(2) **सुरक्षा परिषद् की असफलता के लिए उत्तरदायी**–संयुक्त राष्ट्रसंघ के चार्टर के द्वारा अन्तर्राष्ट्रीय शांति और सुरक्षा कायम रखने का प्रधान दायित्व सुरक्षा परिषद् को सौंपा गया है परन्तु निषेधाधिकार के कारण वह अपने दायित्व के वहन में असमर्थ रही है। जब कभी भी सुरक्षा परिषद् कोई निर्णय लेने बैठती है, निषेधाधिकार के प्रयोग के द्वारा उसे ऐसा करने से रोक दिया जाता है। विगत वर्षों में इसके समक्ष अनेक महत्वपूर्ण विवाद लाये गये हैं लेकिन उनमें से अधिकांश को यह सुलझाने में अक्षम रही है क्योंकि इसके स्थायी सदस्यों में से कोई न कोई निषेधाधिकार का प्रयोग कर उसे निर्णय लेने में असमर्थ बना देता है। परिणामस्वरूप सुरक्षा परिषद्, जिसकी स्थापना संयुक्त राष्ट्रसंघ के सबसे प्रभावकारी अंग के रूप में की गई थी, सब से अधिक प्रभावहीन हो गयी है। इससे सुरक्षा परिषद् की प्रतिष्ठा में काफी ह्रास हुआ है और इसके सौम्यीकरण तथा कार्यवाही को प्रभावशाली बनाने का कार्य बिल्कुल ठप्प पड़ गया है। चार्टर में निहित सामूहिक सुरक्षा की व्यवस्था साकार नहीं हो सकी है। सुरक्षा परिषद् की इस अकर्मण्यता के कारण महासभा की शक्तियों में काफी वृद्धि हुई है। जैसा कि क्लॉड ने कहा है "महासभा शांति और सुरक्षा के मामले में सुरक्षा परिषद् को आच्छादित करने लगी है।" इस परिवर्तन के लिए निषेध अधिकार की व्यवस्था बहुत हद तक उत्तरदायी है। लेखक गुड्सपीड ने भी सुरक्षा परिषद् की असफलता के लिए निषेधाधिकार को उत्तरदायी माना है। उनके कथनानुसार "इस बात में संदेह नहीं है कि निषेधाधिकार ने सुरक्षा परिषद् को पंगु बना दिया है तथा उसके समक्ष लाये गये मामलों को सुलझाने में उसकी क्षमता को सीमित कर दिया है। अन्तर्राष्ट्रीय शांति और सुव्यवस्था को स्थापित करने के साधन के रूप में इसने परिषद् की क्षमता में लोगों के विश्वास को कम कर दिया है और सुरक्षा परिषद् को अकर्मण्य बना दिया है।"

(3) **स्थायी तथा महान शक्तियों के प्रभाव क्षेत्र को बढ़ाने में सहायक**–निषेधाधिकार के विरुद्ध एक अन्य आलोचना यह भी की जाती है कि इसके द्वारा स्थायी सदस्यों को अपना प्रभाव क्षेत्र बढ़ाने में सहायता मिलती है। स्थायी राज्य अपना तथा अपने मित्र राज्यों के हितों का संरक्षण करने के लिए बार-बार व निरन्तर निषेधाधिकार का प्रयोग करते हैं। अत: उन राज्यों पर उनके हितों के संरक्षण के लिए निषेधाधिकार का प्रयोग किया जाता है, निषेधाधिकार का प्रयोग करने वाले राज्य का प्रभाव बढ़ना स्वाभाविक है। इसीलिए यह कहा जाता है कि निषेधाधिकार की व्यवस्था के द्वारा पृष्ठपोषक राज्यों की न्यूनाधिक खुली राजनीति का जन्म होता है। यह आलोचना निराधार नहीं है। संयुक्त राष्ट्रसंघ के कार्य-करण पर गौर करने से पता चलता है कि सोवियत रूस और अमेरिका अपने प्रभाव क्षेत्र को बढ़ाने के लिए निषेधाधिकार का प्रयोग करते रहे हैं। इस प्रकार निषेधाधिकार

विश्व संगठन में शक्ति राजनीति को बढ़ावा देता है। सन् 1950 तक प्रयुक्त किये गये निषेधाधिकारों के परीक्षण के बाद विद्वान लियोनार्ड इस निष्कर्ष पर पहुंचे हैं कि उनमें से बहुतों का प्रयोग अपने पिठ्ठू राज्यों को संरक्षण प्रदान करने के लिए किया गया था। इस प्रकार सुरक्षा परिषद् में अपने पिछलग्गू राज्यों को संरक्षण प्रदान करने की महान शक्तियों की उदार नीति ने अनेक गैर कानूनी, अमानवीय तथा युद्धसदृश कार्यों को बढ़ावा दिया है। अरब इजराइल युद्ध इसी का परिणाम है।

(4) **प्रादेशिक संगठनों की स्थापना की प्रेरक शक्ति**—सुरक्षा परिषद् में निषेधाधिकार के प्रयोग के चलते जो गतिरोध उत्पन्न होते रहे हैं उनसे सामूहिक व्यवस्था में तथा विश्व के राज्यों की आस्था कम हुई है। राज्य विश्वास करने लगे हैं कि आड़े समय में संयुक्त राष्ट्रसंघ की सामूहिक व्यवस्था पर विश्वास नहीं किया जा सकता। निषेधाधिकार के रोग से ग्रस्त सुरक्षा परिषद् संकटकाल में उन्हें सहायता प्रदान करने में समर्थ नहीं हो सकती। अतः उनके लिए सुरक्षा के अन्य साधनों की खोज करना अनिवार्य था। नाटो जैसे प्रादेशिक संगठनों की स्थापना इसी अनुभूति का परिणाम है। निषेधाधिकार के अत्यधिक प्रयोग से जब वे संयुक्त राष्ट्रसंघ से निराश हो गये तो उन्होंने इन संगठनों का आश्रय लिया और प्रत्युत्तर में वार्सा पैक्ट व अन्य सुरक्षा सन्धियों का निर्माण हुआ।

(5) **संयुक्त राष्ट्र चार्टर की एक महत्वपूर्ण त्रुटि**—अनेक आलोचकों के अनुसार निषेधाधिकार की व्यवस्था संयुक्त राष्ट्रसंघ के चार्टर की एक महत्वपूर्ण दुर्बलता है। इसके होते हुए संयुक्त राष्ट्रसंघ की सामूहिक व्यवस्था विफल हो गई है और उसका स्वरूप विश्वव्यापी होने में अवरोध उत्पन्न हुआ है। निषेधाधिकार के प्रयोग के कारण ही संयुक्त राष्ट्रसंघ अनेक महत्वपूर्ण मामलों में निर्णय लेने में सफल नहीं हो पाया है। आज से लगभग तीस-पैंतीस वर्ष पूर्व फिलीपीन के प्रतिनिधि ने कहा था, "निषेधाधिकार एक ऐसी वस्तु है जो स्वयं की निर्मित और स्वयं के लिए भयंकर सिद्ध हो गयी है, यानि इसने भस्मासुर का रूप धारण कर लिया है। इसके कारण संयुक्त राष्ट्रसंघ ने वास्तविक निर्णय नहीं हो पाते... इसलिए यह मानवजाति को खतरे में डाल देती है, और विश्वशान्ति स्थापित नहीं हो पाती है।" आज भी संयुक्त राष्ट्रसंघ के लिए यह आलोचना शायद कुछ अर्थों में सही है। डी॰ सी॰ कोयले ने लिखा है, "संयुक्त राष्ट्रसंघ वास्तव में शांति को खतरा उपस्थित करने वाले किसी सदस्य राज्य के विरुद्ध कोई कार्यवाही करने में असमर्थ है। यदि कोई स्थायी सदस्य निषेधाधिकार का प्रयोग करता है।"

उपर्युक्त आधारों पर यह कहा जाता है कि निषेधाधिकार की व्यवस्था संयुक्त राष्ट्रसंघ की त्रुटि है। यह राज्यों की समानता के सिद्धान्त के विपरीत है और सुरक्षा परिषद् के किसी भी निर्णय को रोकने में असमर्थ है। यह संयुक्त राष्ट्रसंघ की सामूहिक सुरक्षा की असफलता का बहुत बड़ा कारण है। क्लॉड के अनुसार "यही सुरक्षा परिषद् के सिर पर डेमोकिल्स की तलवार की तरह लटका है। यह मानवता के

लिए खतरा उत्पन्न करता है तथा प्रतिनिधियों को कोई गंभीर कार्य करने में रुकावट डालता है। शांति तथा मेल-मिलाप स्थापित करने वाली संस्था के रूप में संयुक्त राष्ट्रसंघ में अनास्था उत्पन्न करने में इसने सहायता प्रदान की है।" जिस व्यवस्था को सुरक्षा परिषद् के सफल कार्यकरण की गारंटी के रूप में स्वीकार किया गया था, उसने आज संपूर्ण संस्था को ही जकड़ लिया है।

निषेधाधिकार की अनिवार्यता—ऊपर निषेधाधिकार की जो आलोचनाएं हुईं हैं उनमें शायद वास्तविकता का अभाव नहीं है। फिर भी बहुत से लेखक निषेधाधिकार के दूषित परिणाम को स्वीकार नहीं करते। उनका कथन है कि संयुक्त राष्ट्रसंघ की कठिनाइयों का मूल कारण निषेधाधिकार नहीं है। मूल कारण तो महाशक्तियों में एकता का अभाव है जिसके कारण कोई भी निर्णय लेने में कठिनाई होती है। चाहे समस्या क्यूबा की हो अथवा कश्मीर की, चाहे बर्लिन की हो अथवा कोरिया की, चाहे अरब की हो या इजराइल की, अफगानिस्तान की हो या कम्पूचिया की, ईरान-ईराक युद्ध की हो या लेबनान की—उनमें निर्णय नहीं लिए जाने का मूल कारण बड़ी शक्तियों का पारस्परिक मतभेद रहा है। अतः सुरक्षा परिषद् की असफलता के लिए दोषी निषेधाधिकार की व्यवस्था नहीं वरन् बड़ी शक्तियों का आपसी मतभेद है। जैसा कि जोसप ने लिखा है, "ऐसे उदाहरणों पर विचार करते समय, जिनमें निषेधाधिकार ने संयुक्त राष्ट्रसंघ की कार्यवाहियों को रोकने में सफलता प्राप्त की है, यह स्मरण रखना चाहिए कि निषेधाधिकार एक लक्षण है, न कि एक कारण। यह वास्तव में शक्ति की राष्ट्रीय व्यवस्था और राष्ट्रसंघ की विकासमान शक्ति को जोड़ने वाली कड़ी है। यह एक प्रकार का सुरक्षा बाल्व है जो संयुक्त राष्ट्रसंघ को ऐसे राजनीतिक कार्य करने से रोकता है, जिनको पूर्ण करने की उसमें शक्ति नहीं है।" एक अन्य लेखक जॉन मैकलोरिन भी निषेधाधिकार का पक्ष लेते हुए कहता है "संयुक्त राष्ट्रसंघ के किसी भी कार्य के विषय में इतने गलत वक्तव्य नहीं दिये गये हैं जितने कि निषेधाधिकार के प्रयोग के सम्बन्ध में। इनमें से कुछ वक्तव्य अज्ञानता के कारण दिये गये हैं। यह सत्य है कि जब कभी निषेधाधिकार का प्रयोग किया जाता है तो उसका अर्थ यह होता है कि संयुक्त राष्ट्रसंघ विफल रहा है। परन्तु इसमें संयुक्त राष्ट्रसंघ का दोष उतना नहीं है और न ही निषेधाधिकार को हटाकर भी इस परेशानी को दूर किया जा सकता है। निषेधाधिकार खतरे की घण्टी के समान है। जब कभी हमें इसकी कठोर ध्वनि सुनाई देती है तो हमें यह मालूम करना चाहिए कि निषेधाधिकार संयुक्त राष्ट्रसंघ के बहुत थोड़े से कार्यों पर लागू होता है। विशिष्ट अभिकरणों, अन्तर्राष्ट्रीय न्यायालय, न्यासिता परिषद्, आर्थिक और सामाजिक परिषद् और स्वयं महासभा में भी निषेधाधिकार की व्यवस्था नहीं है। यह कहा जाता है कि निषेधाधिकार सीमित हद तक ही संयुक्त राष्ट्रसंघ के निश्चयों में अड़चने लगा सकता है। "वास्तव में हम संयुक्त राष्ट्रसंघ चार्टर के नियमों के साथ कपट करने के लिए निषेधाधिकार के प्रयोग की निन्दा करते हैं परन्तु केवल

इस आधार पर ही यह कहना कि इस नियम को हटा देना चाहिए, वैसा ही होगा जैसे फ्रांसीसी कहते हैं कि स्नान से बचे हुए जल के साथ बच्चे को भी फैंक देना चाहिए।" सारांश यह है कि वे विचारक निषेधाधिकार ही संयुक्त राष्ट्रसंघ की कठिनाइयों का कारण नहीं वरन् उनका लक्षण मानते हैं। अतः उनके अनुसार निषेधाधिकार को समाप्त किया जाना न तो वांछनीय है और न ही व्यावहारिक।

निषेधाधिकार के पक्ष में जो तर्क प्रस्तुत किये जाते हैं उनमें निम्न प्रमुख हैं–

(1) **संयुक्त राष्ट्रसंघ को कायम रखने के लिए आवश्यक**–संयुक्त राष्ट्र संघ को बनाये रखने के लिए निषेधाधिकार एक अनिवार्य व्यवस्था है। सचमुच इनके बिना संयुक्त राष्ट्रसंघ की स्थापना ही नहीं होती। संयुक्त राज्य अमेरिका और सोवियत रूस किसी भी ऐसे संगठन का सदस्य बनने के लिए तैयार नहीं थे जिसमें महाशक्तियों को निषेधाधिकार नहीं प्रदान किया गया हो और आज भी शायद वे निषेधाधिकार के बिना संयुक्त राष्ट्रसंघ में रहने के लिए तैयार नहीं होंगे। यदि निषेधाधिकार की व्यवस्था नहीं भी होती तो भी सुरक्षा परिषद् में गत्यावरोध उत्पन्न करने की दृष्टि से अन्य युक्तियाँ निकाल ली जातीं जिनका उतना ही दुरुपयोग किया जाता जितना कि निषेधाधिकार का और परिणाम वही होता जो राष्ट्रसंघ के साथ हुआ। कुछ सदस्य तो संयुक्त राष्ट्रसंघ से त्याग-पत्र ही दे देते जैसा कि जापान, इटली और जर्मनी ने राष्ट्रसंघ के बारे में किया था और जब पहले की भांति विश्वयुद्ध की संभावना बढ़ जाती और विश्वसंघ मृतप्राय: हो जाता। यह अवस्था निषेधाधिकार से उत्पन्न कठिनाइयों से कहीं अधिक दुर्भाग्यपूर्ण होती। इस प्रकार निषेधाधिकार संयुक्त राष्ट्रसंघ की ऐसी विघटनकारी स्थिति में रक्षा करता है और महाशक्तियों को संयुक्त राष्ट्रसंघ में बनाये रखने में सहायक होता है। सोवियत प्रतिनिधि जेकब मलिक ने कहा था–"निषेधाधिकार खलनायक नहीं है, वह संयुक्त राष्ट्रसंघ का आधार है।" रूस के प्रतिनिधि विशिंस्की के अनुसार "परिषद् में निषेधाधिकार को पृथक् करने की चेष्टा करना बिना अगले पहियों की मोटर गाड़ी चलाना है। निषेधाधिकार तो सुरक्षा परिषद् को गतिशील रखने वाली प्रेरक शक्ति तथा प्रधान स्प्रिंग है।" यह कहने की आवश्यकता नहीं कि निषेधाधिकार विहीन संयुक्त राष्ट्रसंघ बिना पहियों के रथ के समान है। इसके अभाव में संयुक्त राष्ट्रसंघ कब का राष्ट्रसंघ की भांति विघटित हो गया होता।

(2) **संयुक्त राष्ट्रसंघ में संतुलन बनाए रखने में सहायक**–निषेधाधिकार संयुक्त राष्ट्रसंघ में शक्ति सन्तुलन बनाए रखने में भी सहायक है। यदि निषेधाधिकार की व्यवस्था नहीं होती तो पश्चिमी राष्ट्र ब्रिटेन और अमेरिका–जिन्हें संयुक्त राष्ट्रसंघ में बहुमत का समर्थन प्राप्त था, सोवियत रूस को हर मौके पर पराजित करने का प्रयास न करते। इसका परिणाम यह होता कि संयुक्त राष्ट्रसंघ में एक गुट का प्रभाव बढ़ जाता और संघ उस गुट के हाथ में खिलौना बन जाता। निषेधाधिकार पश्चिमी शक्तियों और सोवियत गुट के बीच शक्ति सन्तुलन बनाए रखता है और किसी भी गुट को मनमानी करने से रोकता है। यदि निषेधाधिकार की व्यवस्था नहीं होती तो

सोवियत रूस के लिए संयुक्त राष्ट्रसंघ का सदस्य बने रहना निरर्थक होता और अन्त में बाध्य होकर उसे संघ की सदस्यता त्याग देनी पड़ती। निषेधाधिकार की व्यवस्था के चलते संयुक्त राष्ट्रसंघ में किसी एक गुट की प्रभुता स्थापित नहीं हो पाती है। अब जब संयुक्त राष्ट्रसंघ में छोटे राष्ट्रों का वर्चस्व स्थापित हो गया है तब शायद सभी बड़े राष्ट्रों जैसे रूस, चीन और अमेरिका आदि को संयुक्त राष्ट्रसंघ छोड़ने को विवश होना पड़ता। यही नहीं भारत-इजराइल-वियतनाम आदि को भी ऐसा ही करना पड़ता क्योंकि भारत, गोवा और कश्मीर पर संयुक्त राष्ट्रसंघ के प्रस्ताव को कार्यान्वित करने की अपेक्षा जापान या इटली की भांति सदस्यता का त्याग करना ज्यादा पसन्द करता। इजराइल जीते हुए अरब प्रदेश लौटाने की अपेक्षा ऐसा ही करता और वियतनाम अपनी आक्रमणकारी नीति त्यागने की अपेक्षा ऐसा ही करता। गोवा और कश्मीर पर व वियतनाम प्रश्न पर रूस के वीटो व इजराइल के प्रश्न पर अमेरिका के वीटो ने उनके कार्यों की रक्षा की।

(3) **विशिष्ट अवस्थाओं में लाभकारी**–निषेधाधिकार की व्यवस्था कई अवसरों पर लाभकारी भी साबित हुई है और सम्बद्ध पक्षों को न्यूनतम न्याय दिलाने में भी सहायक रही है। अक्सर देखने को मिलता है कि सुरक्षा परिषद् के सदस्य किसी मामले पर निष्पक्ष विचार करने की बजाए राजनीतिक स्वार्थ में निर्देशित होने लगते हैं। यदि ऐसी स्थिति पर नियन्त्रण का कोई विधान न हो तो परिणाम काफी भयानक हो सकता है। निषेधाधिकार के द्वारा सुरक्षा परिषद् को कोई गलत निर्णय लेने से रोका जा सकता है। ऐसे उदाहरण हैं जब निषेधाधिकार ने सुरक्षा परिषद् को गलत निर्णय लेने से रोका है और उसे न्यायपूर्ण समाधान ढूँढने के लिए बाध्य किया है। जब कश्मीर का प्रश्न सुरक्षा परिषद् के समक्ष था और ब्रिटेन तथा अमेरिका खुलकर पाकिस्तान का साथ दे रहे थे तो सोवियत रूस ने सन् 1957 में दो बार निषेधाधिकार का प्रयोग कर स्थिति को संभालने का प्रयास किया। इसी प्रकार सन् 1962 में गोवा के प्रश्न पर और सन् 1971 में भारत पाकिस्तान के संघर्ष के मामले में अमेरिका तथा चीन के अवांछनीय प्रस्ताव को रोकने के लिए सोवियत रूस को चौबीस घंटे के भीतर दो-तीन बार निषेधाधिकार का प्रयोग करने को विवश होना पड़ा। यदि सोवियत रूस द्वारा निषेधाधिकार का प्रयोग नहीं किया जाता तो शायद बांग्लादेश को न्यूनतम न्याय की प्राप्ति नहीं हो पाती।

(4) **निषेधाधिकार संयुक्त राष्ट्रसंघ की असफलता का कारण नहीं**–बहुत से आलोचकों ने निषेधाधिकार की व्यवस्था को सुरक्षा परिषद् एवं सम्पूर्ण राष्ट्रसंघ की असफलता का एक महत्वपूर्ण कारण बतलाया है, परन्तु गौर से विचार करने से यह आलोचना अत्यन्त अतिरंजित मालूम पड़ती है। यह कहना ठीक नहीं है कि निषेधाधिकार के कारण परिषद् में गतिरोध उत्पन्न होते रहे हैं। वास्तव में गतिरोध इसलिए उत्पन्न होते हैं क्योंकि महान शक्तियों में मतैक्य और सद्भावना का अभाव है। यदि महान राष्ट्रों के बीच मतैक्य होता तो वीटो की आवश्यकता ही नहीं होती।

अतः वीटो असहमति का सूचक है न कि उसका कारण। मैकलोरिन, क्लॉड, जेसप, लियोनार्ड जैसे प्रसिद्ध लेखकों ने उक्त विचार का समर्थन किया है। अग्निशामक की घण्टी बजाने का मतलब यह नहीं कि कहीं पर आग लगी है। खतरे की घण्टी को मिटा देने से आग नहीं बुझ जाएगी। वैसे ही वीटो भी खतरे की घण्टी है। हमारा असल उद्देश्य इस बात का पता लगाने से होना चाहिए कि आग कहां और कैसे लगी है और उसे कैसे बुझाया जाए तथा उसे शान्त कैसे किया जाए?

(5) **निषेधाधिकार प्रभावहीन**–अधिकांश लेखकों ने इस ओर ध्यान नहीं दिया है कि निषेधाधिकार प्रभावहीन भी सिद्ध हुआ है। स्वेज नहर के आक्रमण के अवसर पर ब्रिटेन व फ्रांस ने निषेधाधिकार का प्रयोग किया था परन्तु वह पूर्णतः निष्फल सिद्ध हुआ और ब्रिटेन, फ्रांस तथा इजराइल तीनों को अपनी सेनायें मिस्र से हटानी पड़ीं और संयुक्त राष्ट्रसंघ को आज्ञानुसार कार्य करने के लिए बाध्य होना पड़ा। निषेधाधिकार होते हुए भी रूस को अफगानिस्तान से अपनी सेनाएँ हटानी पड़ीं और रूस के निषेधाधिकार का समर्थन होते हुए भी वियतनाम को कम्पूचिया से सेनाएं हटानी पड़ीं। अतः निषेधाधिकार अब प्रभावहीन होता जा रहा है।

अब खतरा निषेधाधिकार से नहीं बल्कि नवोउद्दण्ड राष्ट्र वियतनाम, क्यूबा, इजराइल-ईरान-ईराक व अन्य नवोदित राष्ट्रों से है जो मनमानी करते हैं। ईरान ने संयुक्त राष्ट्रसंघ की चिन्ता न करते हुए अमेरिकीयों को बन्धक बना लिया था। इराक ने ईरान पर आक्रमण कर दिया और दोनों देशों ने निरन्तर संयुक्त राष्ट्रसंघ की अवहेलना करते हुए युद्ध किया। वियतनाम, कम्पूचिया ने प्रश्न पर संयुक्त राष्ट्रसंघ के तत्वावधान में निर्वाचन करने के 1940 से पांचों स्थायी सदस्यों के प्रस्ताव की अवहेलना कर रहा है। अफगानिस्तान में संयुक्त राष्ट्रसंघ द्वारा समझौता करा दिए जाने पर भी पाकिस्तान व ईरान और रूस समर्थित कठपुतली नजीबुल्ला सरकार में संयुक्त राष्ट्रसंघ की अवहेलना करते हुए युद्ध चल रहा है। फिलिस्तीन छापामार विश्वभर में आतंक मचाये हुए हैं तथा इजराइल उन पर निरन्तर आक्रमण कर रहा है। लेबनान में निरन्तर युद्ध चल रहा है। अतः संयुक्त राष्ट्रसंघ के शान्ति प्रयास निषेधाधिकार के कारण नहीं ऐसे नवोदित राष्ट्रों के कारण असफल हो रहे हैं जो विश्वशान्ति में नहीं बल्कि युद्ध, संघर्ष और हिंसा में विश्वास करते हैं और निरन्तर युद्ध करते रहते हैं।

सुरक्षा परिषद् के कार्यों पर निषेधाधिकार (Veto) का प्रभाव

पांच महाशक्तियों की आम सहमति बनाये रखने के लिए इन शक्तियों को निषेधाधिकार का अधिकार प्रदान किया गया था और आश थी कि इससे विश्व शांति बनाए रखने में सहायता मिलेगी। अतः यह कहा जाता है कि निषेधाधिकार संयुक्त राष्ट्रसंघ की सुरक्षा परिषद् की अनिवार्य विशेषता है। इसकी समाप्ति से सुरक्षा परिषद् की बुराइयां दूर नहीं होंगी वरन् यह नई कठिनाईयों को जन्म देगी। यही नहीं, हो सकता है कि संयुक्त राष्ट्रसंघ में राष्ट्रसंघ जैसी परिस्थितियों उत्पन्न हो जाएं। अतः बुद्धिमत्ता इसी में है कि निषेधाधिकार को कटु सत्य के रूप में स्वीकार किया

जाए। गुडूसपीड ने भी लिखा है "वर्तमान मतदान प्रणाली की समाप्ति अथवा उसमें परिवर्तन से आवश्यक सहयोग की स्थापना नहीं होगी। अतः वीटो आज के विभाजित विश्व का दूर न होने वाला लक्षण है।"

निषेधाधिकार की व्यवस्था में सुधार के सुझाव–निषेधाधिकार के व्यापक प्रयोग तथा उससे उत्पन्न कठिनाइयों के चलते समय-समय पर सुझाव दिए जाते रहे हैं। यह सुझाव दिया गया है कि सब निर्णयों के लिए आठ मत पक्ष में होने चाहिएं, एक अन्य राज्य ने नौ मत का सुझाव दिया है। यह भी सुझाव रखा गया है कि प्रक्रिया सम्बन्धी विषयों के लिए केवल साधारण बहुमत होना चाहिए और सुरक्षा सम्बन्धी विषयों पर 2/3 बहुमत से निश्चय होना चाहिए। फिलीपीन का सुझाव था कि मौलिक निश्चयों के लिए सुरक्षा परिषद् के तीन स्थायी सदस्यों के मत का होना अनिवार्य हो। न्यूजीलैंड का सुझाव था कि जब तक दो स्थायी सदस्य विपक्ष में मत नहीं दें तब तक उसे निषेधाधिकार का प्रयोग नहीं माना जाना चाहिए। कुछ राज्य तो ऐसे भी हैं जो निषेधाधिकार को पूर्णतया समाप्त करने के पक्ष में हैं। उनका सुझाव है कि सब प्रकार के निश्चयों के लिए 7 से लेकर 10 सदस्यों का बहुमत होना चाहिए। यह भी सुझाव रखा गया था कि कुछ विशेष विषयों पर ही निषेधाधिकार का प्रयोग किया जाए। नए सदस्यों के प्रवेश और शान्तिपूर्वक झगड़ों का निपटारा करने के लिए इस अधिकार का प्रयोग अधिकतर नहीं करना चाहिए।

संयुक्त राष्ट्रसंघ की महासभा में भी निषेधाधिकार की कठोरता को कम करने के लिए विचार-विमर्श हुआ है। पहले पहल इस प्रश्न पर महासभा के प्रथम अधिवेशन के दूसरे भाग में विचार किया गया और काफी वाद-विवाद के बाद महासभा ने एक प्रस्ताव द्वारा सुरक्षा परिषद् के स्थायी सदस्य से प्रार्थना की कि वे आपस में और सुरक्षा परिषद् के अन्य सदस्यों से परामर्श करके इस बात का आश्वासन लें कि स्थायी सदस्यों द्वारा निषेधाधिकार का प्रयोग सुरक्षा परिषद् की शीघ्र कार्यवाही में बाधा न डाले। इस प्रस्ताव में सुरक्षा परिषद् से यह भी सिफारिश की गई थी कि वह ऐसी प्रक्रियाओं और प्रथाओं को अपनाए जिससे कि 27वें अनुच्छेद का प्रयोग अधिक न हो और सुरक्षा परिषद् अपने कार्यों को जल्दी और प्रभावपूर्ण ढंग से कर सके। संयुक्त राष्ट्रसंघ ने महासभा के दूसरे अधिवेशन में इस समस्या पर पुनः विचार-विमर्श किया और सुझाव दिया कि निषेधाधिकार को समाप्त करने के लिए संयुक्त राष्ट्रसंघ के सदस्यों का एक सामान्य सम्मेलन आमन्त्रित किया जाए। दूसरे प्रस्ताव में इस बात पर विचार करने की बात भी कही गई थी कि महासभा द्वारा पारित पहला प्रस्ताव कहां तक कार्यान्वित हो पाया है। अन्त में यह मामला अन्तरिम समिति की रिपोर्ट पर महासभा ने सन् 1949 में एक तीसरा प्रस्ताव पारित किया जिसमें सुरक्षा परिषद् से अपील की गई कि वह प्रस्ताव में उल्लिखित विषयों को प्रक्रिया सम्बन्धी विषय माने। परन्तु संयुक्त राष्ट्रसंघ की महासभा के सारे प्रयत्न

विफल रहे हैं क्योंकि उसके प्रयत्नों से निषेधाधिकार के प्रयोगों में न तो कोई सुधार हुआ और न कोई कमी आई है।

फिर भी कुछ व्यावहारिक पग उठाए गए हैं जिनमें निषेधाधिकार की व्यवस्था के प्रभाव को सीमित करने का प्रयास किया गया है। 3 नवम्बर, 1950 को पारित शान्ति के लिए एकता के प्रस्ताव के अनुसार यदि सुरक्षा परिषद् निषेधाधिकार के अधिक प्रयोग के कारण अपना कार्य नहीं कर सके तो स्थिति पर विचार करने के लिए यह विषय महासभा के आपातकालीन विशेष अधिवेशन में तुरन्त ही भेजा जा सकता है। ऐसे अधिवेशन कई अवसरों पर हो चुके हैं। इसके अलावा अन्तरिम समिति, शान्ति की देखभाल करने वाला आयोग तथा सामूहिक उपाय समिति की स्थापना के द्वारा सामूहिक सुरक्षा व्यवस्था को निषेधाधिकार से मुक्त करने के प्रयास भी हुए हैं।

निष्कर्ष–यह कहा जा सकता है कि निषेधाधिकार की व्यवस्था संयुक्त राष्ट्रसंघ की अनिवार्य तथा आवश्यक विशेषता और व्यवस्था है। संवैधानिक दृष्टिकोण से स्थायी राज्यों की सहमति के बिना इसकी समाप्ति सम्भव नहीं है। व्यावहारिक तौर पर उसके उल्लंघन का परिणाम विश्वयुद्ध हो सकता है अथवा ऐसी स्थिति उत्पन्न हो सकती है कि स्थायी सदस्य सहयोग करना समाप्त कर दें और संयुक्त राष्ट्रसंघ शक्तिहीन हो जाये। ऐसी स्थिति में निषेधाधिकार के उन्मूलन की मांगें अव्यावहारिक एवं अवांछनीय मालूम पड़ती हैं। इसीलिए बहुत से विचारक निषेधाधिकार की त्रुटियों को स्वीकार करते हुए भी उसके उन्मूलन के पक्ष में नहीं हैं। संयुक्त राष्ट्रसंघ के भूतपूर्व महासचिव डाग हैमरशोल्ड ने नई दिल्ली में पत्र-प्रतिनिधियों से बातचीत करते हुए स्वीकार किया था कि निषेधाधिकार की व्यवस्था संयुक्त राष्ट्रसंघ का सबसे बदनाम स्थल है फिर भी वे उसके उन्मूलन के पक्ष में नहीं थे। कारण यह है कि, "यह संयुक्त राष्ट्रसंघ के विधान में बहुत गहरे ढंग से पैठा हुआ है।" अतः जब तक चार्टर में कोई महत्वपूर्ण परिवर्तन नहीं हो पाता तब तक बुद्धिमत्ता इसी में है कि निषेधाधिकार को एक कटु सत्य के रूप में स्वीकार किया जाए। यदि न्याय के दृष्टिकोण से सोचा जाए तो स्थायी तथा महान शक्तियों के लिए निषेधाधिकार की व्यवस्था दु:खद है किन्तु केवल विलाप एवं दु:ख प्रकट करने से वास्तविकता में परिवर्तन नहीं हो जाता। वर्तमान समय में शांति प्रयासों में विफलता निषेधाधिकार के कारण नहीं बल्कि नवोदित राष्ट्रों द्वारा विश्व संगठन की अवहेलना के कारण हो रही है। अतः निषेधाधिकार आवश्यक है।

संक्षेप में सुरक्षा परिषद् का मूल्यांकन

सुरक्षा परिषद् संयुक्त राष्ट्रसंघ का अत्यन्त आवश्यक, शक्तिशाली और महत्वपूर्ण निकाय है तथा इसके संगठन और कार्यों के अध्ययन के बाद यह बात पूर्णतया स्पष्ट हो जाती है कि विश्व संस्था के संस्थापकों ने इस विश्व समुदाय की शांति और सुव्यवस्था बनाये रखने का एक प्रभावी साधन बनाना चाहा था। इसलिए संयुक्त

राष्ट्रसंघ के कार्यकारी और सर्वाधिक महत्वपूर्ण अंग के रूप में सुरक्षा परिषद् की रचना की गई थी तथा अन्तर्राष्ट्रीय शांति और सुरक्षा बनाये रखने का मुख्य दायित्व सुरक्षा परिषद् पर ही डाला गया था। यह विश्व शांति के लिए विश्व समुदाय का सजग प्रहरी है। इसके लिए इसे आरक्षी दायित्व से सम्पन्न किया गया है। दुनिया के किसी भी कोने में होने वाला अन्तर्राज्यीय विवाद इसके सामने लाया जा सकता है। इसका सत्र कभी समाप्त नहीं होता। कोई भी अन्तर्राज्यीय विवाद युद्ध का रूप न ले ले और युद्ध शुरू हो जाने पर उसे जल्द से जल्द खत्म कराने हेतु प्रभावी तथा व्यापक निरोधात्मक कार्रवाही करने के इसे अधिकार दिये गये हैं। संयुक्त राष्ट्रसंघ के सभी प्रधान अंगों में सिर्फ इसे ही निर्णय लेने का अधिकार है। पर केवल अधिकार देने से ही कोई संस्था पूर्णतया प्रभावी नहीं हो जाती। यह बहुत कुछ उसके कार्यकरण और आचरण पर निर्भर करता है। सुरक्षा परिषद् के सम्बन्ध में भी यह बात पूर्णतया सत्य है। संयुक्त राष्ट्रसंघ के चार्टर के द्वारा उसके सारे अधिकारों को विभूषित किया गया है किन्तु व्यवहार में वह उन अधिकारों के प्रयोग के पूर्णरूप से सफल नहीं हो पाई है। प्लानों तथा सिरस के अनुसार संयुक्त राष्ट्रसंघ किसी भी अंग तथा अभिकरण में सिद्धान्त और व्यवहार में इतना अन्तर नहीं है जितना सुरक्षा परिषद् में। लगभग सभी राजनीतिज्ञ और नेता यह स्वीकार करते हैं कि सुरक्षा परिषद् अपने निर्माताओं की आशाएं पूरी नहीं कर सकी है। अब प्रश्न उठता है कि सुरक्षा परिषद् अपनी निर्धारित भूमिका के निर्वहन में शिथिल क्यों रही है? इस प्रश्न का उत्तर है, महाशक्तियों की आपसी फूट, उनके पारस्परिक शीतयुद्ध आदि। निषेधाधिकार का अत्यधिक प्रयोग, राजनीतिक कार्यों में विफलता, दंड व्यवस्था की निष्क्रियता, निःशस्त्रीकरण का अभाव तथा नवोदित राष्ट्रों द्वारा अवहेलना आदि इसके मौलिक दोष हैं।

संयुक्त राष्ट्रसंघ में सुरक्षा परिषद् को निरूपित करने के लिए विगत वर्षों में उसके द्वारा संपन्न कार्यों पर गौर करना होगा। पिछले तीन वर्षों में बीसियों अंतर्राज्यीय विवाद सुरक्षा परिषद् के समक्ष लाए गए हैं। उनमें से कुछ तो सुरक्षा परिषद् की विभिन्न कार्रवाहियों के फलस्वरूप सुलझाए जा सके। सुरक्षा परिषद् के प्रयास से ही इंडोनेशिया की समस्या का समाधान सम्भव हो सका। फिलीस्तीन समस्या के प्रारंभिक दिनों में भी सुरक्षा परिषद् को कुछ सफलता मिली थी। कश्मीर में दो बार युद्ध विराम लाने में, कांगो, स्वेज नहर, साइप्रस तथा पश्चिमी एशिया के विवादों में सुरक्षा परिषद् का योगदान महत्वपूर्ण रहा है। अन्तर्राज्यीय विवादों के शांतिपूर्ण समाधान में सुरक्षा परिषद् का सबसे महत्वपूर्ण योगदान यह रहा है कि यह विवादास्पद पक्षों में परस्पर एवं विरोधी संकीर्ण हितों पर अंतर्राष्ट्रीय शांति एवं सुरक्षा के विस्तृत संदर्भ में विचार करने का अवसर प्रदान करती है। 1989 और 1990 में सुरक्षा परिषद् ने अफगानिस्तान से रूसी सेनाओं को हटवाने, ईराक-ईरान युद्ध बन्द कराने व वियतनाम की सेनाओं को हटवाने में व जाम्बिया को स्वतन्त्र कराने व नामीबिया में निष्पक्ष

चुनाव कराने में महत्वपूर्ण भूमिका निभाई है। अत: यह कहा जा सकता है कि शांति और सुव्यवस्था के क्षेत्र में सुरक्षा परिषद् की भूमिका उत्साहवर्द्धक रही है। शक्ति राजनीति के कारण कुछ मामलों में वह कहीं-कहीं पंगु भी साबित हुई है। निषेधाधिकार ने कहीं-कहीं उसे गतिरोध की स्थिति में भी रखा है।

पिछले तीस वर्षों में केवल एक बार कोरिया के संदर्भ में सुरक्षा परिषद् द्वारा सैनिक कार्रवाई की गई थी, वह भी ऐसी विशेष परिस्थिति में जो शायद संयुक्त राष्ट्रसंघ के संस्थापकों की इच्छा से भिन्न थी। उस समय सोवियत रूस की अनुपस्थिति के कारण ही सुरक्षा परिषद् सैनिक हस्तक्षेप का निर्णय ले सकी। परंतु अन्य मामलों में वह कोई कार्रवाई नहीं कर सकी। चैकोस्लोवाकिया विवाद तथा बर्लिन की नाकेबन्दी के मामले में सोवियत संघ द्वारा निषेधाधिकार के प्रयोग के कारण वह कुछ भी नहीं कर सकी। इसी तरह हंगरी तथा कम्पूचिया समस्या के समय भी इसकी भूमिका नगण्य रही। अगस्त, 1968 में चैकोस्लोवाकिया में सोवियत हस्तक्षेप के विरुद्ध जब निंदा प्रस्ताव पेश किया गया तो सोवियत संघ ने उसके विरुद्ध निषेधाधिकार का प्रयोग किया। परिणामस्वरूप निन्दा का प्रस्ताव पारित नहीं हो सका। पनामा में अमेरिका के हस्तक्षेप के समय भी वह कुछ नहीं कर सका और महासभा ने निन्दा प्रस्ताव पास कर लिया। सुरक्षा परिषद् के होते हुए भी पश्चिमी एशिया में तनाव का वातावरण बना रहा है। संयुक्त राष्ट्रसंघ के प्रेक्षकों के बावजूद युद्ध-विराम का उल्लंघन लेबनान में एक आम बात हो गई है। सुरक्षा परिषद् द्वारा पारित प्रस्तावों की इजराइल ने खुले तौर पर अवहेलना की। कश्मीर तथा 4 दिसम्बर, 1971 को बांग्लादेश के प्रश्न पर छिड़ने वाले भारत-पाकिस्तान युद्ध में भी सुरक्षा परिषद् के कीर्तिमान को शायद निन्दनीय ही कहा जा सकता है। सुरक्षा परिषद् के स्थायी सदस्य इस अवसर पर अपने हितों और स्वार्थों से ऊपर नहीं उठ सके। सोवियत संघ ने भारत का समर्थन करने के लिए युद्ध बंद करने के प्रस्ताव पर वीटो का प्रयोग किया परन्तु चीन तथा अमेरिका पाकिस्तान के समर्थन में लगे रहे। कुल मिलाकर यह प्रमाणित हो गया कि युद्ध रोकने अथवा युद्ध होने देने में सुरक्षा परिषद् की क्षमता बहुत सीमित है। अपने लगभग 45 वर्ष के जीवन में संयुक्त राष्ट्रसंघ को कुछ महत्वपूर्ण राजनीतिक कार्यों में विफलता का भी सामना करना पड़ा है–परन्तु अफगानिस्तान से रूसी सेनाओं की वापसी व कम्पूचिया से वियतनामी सेनाओं की वापसी, ईराक-ईरान युद्ध की समाप्ति व जाम्बिया की स्वतन्त्रता और संयुक्त राष्ट्रसंघ के तत्वावधान में निर्वाचन से इसकी प्रतिभा चमक उठी है। परन्तु, कश्मीर अरब-इजराइल व लेबनान आदि के प्रश्न पर यह असफल रही है क्योंकि परिषद् को अनेक सीमाओं के अन्तर्गत कार्य करना पड़ता है, और इसके पास उल्लंघन करने वाले राष्ट्रों के विरुद्ध कार्यवाही करने के लिये उपयुक्त साधन व शक्ति का अभाव है तथा निर्गुट शक्तियों के वर्चस्व के कारण जब निर्गुट देशों में ही आपस में युद्ध हो रहा है तो उसे समाप्त करने के प्रयास में कमी आई है।

(1) सुरक्षा परिषद् निर्गुट देशों तथा महाशक्तियों के विरुद्ध कोई भी कार्रवाई करने में असमर्थ है। न केवल स्थायी सदस्य वरन् उनके पिछलग्गू राज्यों व निर्गुट राज्यों के विरुद्ध भी कोई कार्रवाही नहीं कर सकती, क्योंकि बड़े राष्ट्र अपने निषेधाधिकार द्वारा उसे ऐसा करने से रोक देते हैं और निर्गुट राष्ट्र अपने बहुमत व वर्चस्व के कारण मनमानी करते हैं। निकीलायम ने लिखा है कि सुरक्षा परिषद् की स्थापना अपने पाँच स्थायी सदस्यों को बाध्य करने वाले अभिकरण के रूप में नहीं की गई है। सुरक्षा परिषद् इन स्थायी तथा महान सदस्यों की कृति है। वे इसके हिमायती और महान संरक्षक हैं, अतः अपने महान संरक्षकों के विरुद्ध आदेश देने की शक्ति उसके पास कैसे रहती?

(2) सुरक्षा परिषद् का संगठन दोषपूर्ण है। इसके स्थायी सदस्यों का नामोल्लेख चार्टर में कर दिया गया है। इसका अर्थ है कि वह महान राज्य जो महानता की श्रेणी से नीचे आ गये हों, हमेशा स्थायी सदस्य बने रहेंगे। यह व्यवस्था सुरक्षा परिषद् को प्रतिक्रियावादी तथा गतिहीन संस्था बना देगी। अतः संयुक्त राष्ट्रसंघ चार्टर में ऐसी व्यवस्था होनी चाहिए जिसके आधार पर मान्यताप्राप्त महाशक्तियों की श्रेणी से नीचे आने वाले राज्यों (जैसे ब्रिटेन और फ्रांस) को स्थायी सदस्यता से वंचित कर उनके स्थान पर जनसंख्या, औद्योगिक एवं सामरिक शक्ति के आधार पर भारत जैसे देश, जो महाशक्तियों की श्रेणी में आये हैं, उन्हें स्थायी सदस्यता प्रदान की जाए। न्यूगिनी के विदेशमंत्री बी० एल० लेंसाना ने महासभा के 18वें अधिवेशन में बोलते हुए कहा था कि चार्टर में संशोधन करते समय यह ध्यान रखना चाहिए कि अफ्रीका को सुरक्षा परिषद् में एक स्थायी स्थान प्रदान किया जाये। भारत, वियतनाम व इजराइल आदि शक्तिशाली होने के कारण स्थायी सदस्य बनने पर शक्ति प्रयोग द्वारा शक्ति स्थापित करने में सहायक हो सकते हैं।

(3) संयुक्त राष्ट्रसंघ के घोषणा-पत्र में सभी राज्यों की संप्रभु समानता का उद्घोष किया गया है। परंतु सुरक्षा परिषद् में पाँच राज्यों को निषेधाधिकार के रूप में विशेष दर्जा प्रदान किया गया है। अन्य राज्यों पर वे कार्रवाई कर सकते हैं। पर शेष सभी राज्य मिलकर भी निर्णय करें, तब भी उनमें से एक के विरुद्ध कठिनता से ही कार्रवाई कर सकते हैं। उनकी सहमति के साथ ही उनके विरुद्ध कोई कार्रवाई की जा सकती है। परन्तु कोई भी अपने विरुद्ध स्वयं ही कोई कार्रवाई करने की अनुमत्रि कैसे देगा ? अतः सुरक्षा परिषद् के संगठन में संप्रभु समानता की बात कहां रही ?

(4) सुरक्षा परिषद् में महाशक्तियों को मिली निषेधाधिकार की शक्ति संयुक्त राष्ट्रसंघ द्वारा की जाने वाली सुरक्षा की कार्रवाई के मार्ग में सबसे बड़ी रुकावट है। इसके कारण सुरक्षा परिषद् शांति और सुरक्षा की व्यवस्था के अपने उत्तरदायित्व को पूरा करने में अधिकांशतः असमर्थ हो गई है। जब भी कभी सुरक्षा परिषद् कोई महत्वपूर्ण निर्णय लेने बैठती है, निषेधाधिकार के प्रयोग द्वारा उसे ऐसा करने से रोक

दिया जाता है। इसके सामने अभी तक बीसियों विवाद आये हैं, परन्तु उनमें से अधिकांश को सुलझाने में यह असफल रही है क्योंकि इसके स्थायी सदस्यों में से कोई न कोई निषेधाधिकार का प्रयोग कर देता है। फलस्वरूप सुरक्षा परिषद् की प्रतिष्ठा में काफी ह्रास हुआ है। आज स्थिति ऐसी है कि अंतर्राष्ट्रीय शांति और सुरक्षा का उल्लंघन करने वाला कोई भी राज्य अपने को सुरक्षा परिषद् में नहीं ले जाना चाहता। सर होमी मोदी ने एक बार कहा था, "स्थायी सदस्यों के निषेधाधिकार ने सुरक्षा परिषद् के प्रभावी कार्यकरण को निर्बल बना दिया है।" पीटर स्टर्सबर्ग के शब्दों में "सोवियत रूस ने अपने निषेधाधिकार के निरन्तर प्रयोग द्वारा सुरक्षा परिषद् को पंगु बना दिया है।"

परन्तु बहुत से लेखकों की राय में सुरक्षा परिषद् की असफलता का मुख्य कारण इसके स्थायी सदस्यों के बीच एकता का अभाव रहा है। युद्धोत्तर अन्तर्राष्ट्रीय राजनीति में शीतयुद्ध का समावेश हुआ और दो खेमों में विश्व बंट गया, इसका असर सुरक्षा परिषद् पर भी पड़ना शुरू हो गया है। यह भी दो भागों में विभाजित हो गई। इसका प्रभाव छोटे-बड़े विवादों पर पड़ा है। फलस्वरूप सुरक्षा परिषद् सौम्यीकरण का माध्यम न रहकर महाशक्तियों के विभेदों को प्रकाश में लाने का साधन हो गई है। यह सिर्फ ऐसे संघर्षों का निदान कर सकती है जो शीतयुद्ध से अलग हों। क्लॉड का मत है कि सुरक्षा परिषद् केवल "नो मैंस लैंड व ऑफ दा कोल्ड वार" में ही सफल हो सकती है, वैसे विवादों में नहीं जो शक्ति गुटों के संघर्षों से सम्बद्ध हों।

(5) संयुक्त राष्ट्रसंघ की दंड व्यवस्था भी पूर्णतया दोषमुक्त नहीं है। महाशक्तियों की इच्छा के विरुद्ध न तो इसे लागू किया जा सका है और न उसे सफल ही बनाया जा सकता है। उदाहरणार्थ, सदस्य राज्यों के असहयोग के कारण दक्षिण अफ्रीका के विरुद्ध लगाया गया आर्थिक प्रतिबंध सफल नहीं हो सका। सैनिक प्रतिबन्ध की संभावना तो अब और भी क्षीण हो गई है। चार्टर के अनुसार सुरक्षा परिषद् को सदस्य राज्यों के असहयोग के साथ सैनिक दंड विधान लागू करने के लिए समझौता करने का अधिकार दिया गया है। परन्तु सोवियत संघ एवं पाश्चात्य राज्यों के आपसी मतभेद के कारण सुरक्षा परिषद् के लिए स्थायी व अस्थायी किसी भी तरह की सेना की व्यवस्था नहीं हो सकी है और सैनिक शक्ति के अभाव में यह लेबनान तक में शान्ति स्थापित करने में असफल रही है।

(6) सुरक्षा परिषद् में निषेधाधिकार के बार-बार प्रयोग होने से तथा वर्तमान अंतर्राष्ट्रीय वैमनस्य के परिप्रेक्ष्य में सुरक्षा परिषद् में उत्पन्न होने वाले गतिरोध के कारण सुरक्षा परिषद् की तुलना में महासभा के महत्व एवं प्रभाव में वृद्धि हुई है। शांति के लिए एकता प्रस्ताव ने महासभा की स्थिति को सुरक्षा परिषद् से बहुत अधिक महत्वपूर्ण बना दिया है। इस प्रस्ताव के अनुसार यदि कभी शांति के लिए संकट पैदा हो अथवा शांति भंग हो अथवा आक्रमण हो जाए और सुरक्षा परिषद्

अपने स्थायी सदस्यों द्वारा निषेधाधिकार प्रयोग किये जाने के कारण कोई कार्रवाही न कर सके तो महासभा उस विवाद को अपना संकटकालीन अधिवेशन बुलाकर तुरन्त अपने हाथ में ले सकती है और स्थिति का मुकाबला करने के लिए सामूहिक कार्रवाई का सुझाव दे सकती है जिसमें शांति भंग होने या आक्रमण की स्थिति में सशस्त्र सेना के उपयोग का सुझाव भी शामिल है। इस प्रस्ताव का व्यवहार करके सन् 1956 में परिषद् में गतिरोध उत्पन्न होने पर महासभा द्वारा ही स्वेज नहर के मामले में मध्यपूर्व के लिए सेना की व्यवस्था की गई। सन् 1967 के जून में युद्ध के बाद पश्चिमी एशिया की स्थिति पर विचार करने के लिए महासभा की आपातकालीन बैठक बुलाई गई थी। सन् 1980 में अफगानिस्तान में सोवियत हस्तक्षेप तथा उसी वर्ष जुलाई में फिलीस्तीन के प्रश्न पर विचार करने के लिए महासभा का विशेष अधिवेशन बुलाया गया था। इस प्रकार सुरक्षा परिषद् की अकर्मण्यता से महासभा की शक्तियों में उत्तरोतर वृद्धि हुई है तथा सुरक्षा परिषद् की प्रतिष्ठा में कमी आई है। इसका एक अन्य कारण यह है कि संघ में एशियाई-अफ्रीकी राज्यों की संख्या में तीव्रता से वृद्धि हुई है। ये राज्य महासभा के हिमायती तथा सुरक्षा परिषद् के विरोधी हैं। उनके प्रयास से भी सुरक्षा परिषद् की कीमत पर महासभा के प्रभाव में वृद्धि हुई है। परन्तु वोडरिल राष्ट्रों द्वारा संघर्ष और हिंसा की नीति अपनाये जाने के कारण शांति और सुरक्षा में सुरक्षा परिषद् का कीर्तिमान बिल्कुल उत्साहवर्द्धक नहीं रहा है। कुछ मामलों में प्रभावशाली भूमिका अदा करते हुए भी कुल मिलाकर इसका इतिहास इसके निर्माताओं की आशा के अनुकूल नहीं रहा है। व्यवहार में यह पहले महाशक्तियों के हाथों का और अब उल्लंघन करने वाले राष्ट्रों के हाथों यह खिलौना बनकर रह गयी है। अधिकांश मामलों में उसकी नीति तथा कार्य-प्रणाली बहुरंगी, दुमुही और शिथिल रही है। चाहे कश्मीर का प्रश्न हो या अरब-इजराइल का, चाहे लेबनान का गृहयुद्ध हो या अफगानिस्तान का या हंगरी का, विगत वर्षों में यह अधिकांश समस्यायों के स्थायी समाधान में सफल नहीं रही है। प्रत्येक बड़े संघर्ष के बाद इसने मात्र युद्धविराम कराने की भूमिका ही निभाई है। जुड़वां बच्चों की तरह उलझी हुई वियतनाम तथा अरब-इजराइल व कश्मीर समस्या में यह उस भूमिका को भी नहीं निभा सकी। इसके रहते हुए अनेक अवसरों पर तो दुर्बल पक्ष को निम्नतम न्याय भी नहीं मिल सका है। पाकिस्तानी सैनिक तानाशाही की जड़ के नीचे कराहते हुए बांग्लादेश के मामले में, कम्पूचिया के मामले में परिषद् ने अपने जिस निष्क्रिय अभिनय का परिचय दिया वह अवश्य ही वर्तमान विश्व संस्था के लिए घोर कलंक की बात है।

परंतु सुरक्षा परिषद् की असफलताओं में इसके संगठन या कार्य-प्रणाली का उतना दोष नहीं है जितना वर्तमान अन्तर्राष्ट्रीय आचरण के मानदंडों, निहित स्वार्थों तथा शक्ति राजनीति तथा वोडरिल राष्ट्रों में शस्त्र व अणुशक्ति विस्तार का है। अन्तर्राष्ट्रीय संबंध का प्रत्येक विद्यार्थी यह जानता है कि युद्धोत्तर विश्व शक्ति परस्त

राज्यों के शीतयुद्ध राजनीतिक अभिनय को एक दुर्बल दृष्टा-सी देखती रही है क्योंकि इसके अभिनेता शक्तिशाली राष्ट्र रहे हैं। इसके द्वारा किये गये प्रयत्नों पर शीतयुद्ध व सैनिक शक्ति के अभाव की छाया रही है। अर्थात् शांति और सुरक्षा के मामले में सुरक्षा परिषद् की असफलता का कारण राजनीति तथा राष्ट्रों की स्वार्थनीति रही है न कि उसका संगठनात्मक एवं संरचनात्मक दोष। अतएव अंतर्राष्ट्रीय शांति और सुरक्षा की स्थापना की दिशा में जब तक सभी राष्ट्र इसके गौरव को बनाये रखने के लिए प्रयत्नशील नहीं होंगे तब तक इसका भविष्य उज्ज्वल नहीं रह सकेगा।

संयुक्त राष्ट्रसंघ चार्टर के अनुसार सुरक्षा परिषद् के कार्य

सुरक्षा परिषद् के संगठन के बारे में अनुच्छेद 23 से अनुच्छेद 54 तक का वर्णन किया गया है–

अनुच्छेद 23

(i) सुरक्षा परिषद् में संयुक्त राष्ट्रसंघ के 15 सदस्य होंगे। चीन, फ्रांस, सोवियत संघ, ब्रिटेन एवं संयुक्त राज्य अमेरिका इसके स्थायी सदस्य होंगे। महासभा संयुक्त राष्ट्रसंघ के दस अन्य सदस्यों को सुरक्षा परिषद् के अस्थायी सदस्य निर्वाचित करेगी। इसमें समान भौगोलिक वितरण और राज्यों द्वारा अन्तर्राष्ट्रीय शान्ति-व्यवस्था बनाए रखने में योगदान का ख्याल रखा जायेगा।

(ii) सुरक्षा परिषद् के गैर-स्थायी सदस्य दो वर्ष के लिए चुने जायेंगे। सुरक्षा परिषद् के सदस्यों की संख्या 11 से बढ़ाकर 13 कर दी गई है। इन चार में से दो अतिरिक्त सदस्यों का चुनाव एक वर्ष के लिए किया जाएगा। पर अब सबका चुनाव 2 वर्ष के लिए किया जाता है। अवकाश प्राप्त करने वाला सदस्य तत्काल पुनर्निर्वाचन के लिए योग्य नहीं समझा जायेगा।

(iii) सुरक्षा परिषद् के प्रत्येक सदस्य का एक प्रतिनिधि होगा तथा प्रत्येक का एक मत होगा।

अनुच्छेद 24

सुरक्षा परिषद् के कार्य तथा शक्तियाँ

(i) सुरक्षा परिषद् का अन्तर्राष्ट्रीय शांति और सुरक्षा बनाए रखने का मुख्य दायित्व है तथा संयुक्त राष्ट्रसंघ की ओर से सुरक्षा परिषद् अपना कर्त्तव्य निभायेगी।

(ii) अपने कार्यों के निष्पादन में सुरक्षा परिषद् संयुक्त राष्ट्रसंघ के उद्देश्यों तथा सिद्धान्तों के अनुसार काम करेगी। सुरक्षा परिषद् के कार्यों का उल्लेख अध्याय VI, VII, VIII, XII में है।

(iii) सुरक्षा परिषद् अपनी वार्षिक व विशेष रपटें महासभा में प्रस्तुत करेगी।

अनुच्छेद 25

घोषणा-पत्र के अनुसार संयुक्त राष्ट्रसंघ के सदस्य सुरक्षा परिषद् के निर्णयों को मानने के लिए सहमत हैं।

अनुच्छेद 26

विश्व में शान्ति-व्यवस्था कायम रखने के लिए सुरक्षा परिषद् अपनी सैनिक स्टाफ समिति की सहायता से संयुक्त राष्ट्रसंघ के सदस्यों के पास शस्त्रों को नियमित करने की योजनाएँ रखेगी।

अनुच्छेद 27

मतदान व्यवस्था

(i) सुरक्षा परिषद् के प्रत्येक सदस्य को मतदान का अधिकार होगा।

(ii) प्रक्रिया सम्बन्धी मामलों में सुरक्षा परिषद् अपने 7 सदस्यों के अब 10 स्वीकारात्मक मतदान पर निर्णय लेगी।

(iii) विवाद से सम्बन्धित यदि कोई सदस्य अनुपस्थित रहता है तो सुरक्षा परिषद् के 10 सदस्यों तथा इसके स्थायी सदस्यों के मतदान से निर्णय लिया जाएगा। सम्बद्ध पक्ष मतदान में भाग नहीं लेगा।

अनुच्छेद 28

प्रक्रिया

(i) सुरक्षा परिषद् का गठन इस प्रकार किया जाएगा कि वह लगातार काम कर सके। अतः प्रत्येक सदस्य का यहाँ बराबर एक प्रतिनिधि रहेगा।

(ii) सुरक्षा परिषद् की सार्वधिक बैठकें होती रहेंगी जिनमें प्रत्येक सदस्य राज्य का सरकारी प्रतिनिधि या विशेष मनोनीत प्रतिनिधि भाग लेगा।

(iii) सुरक्षा परिषद् की बैठकें संयुक्त राष्ट्रसंघ के मुख्यालय व अन्य स्थानों में होंगी।

अनुच्छेद 29

अपने कार्य निष्पादन के लिए सुरक्षा परिषद् अन्य सहायक अंगों की स्थापना कर सकती है।

अनुच्छेद 30

सुरक्षा परिषद् अपने अध्यक्ष के चयन सहित प्रक्रिया के लिये अपने नियम स्वयं बना सकती है।

अनुच्छेद 31

संयुक्त राष्ट्रसंघ का कोई भी सदस्य, जो सुरक्षा परिषद् का सदस्य नहीं है, अपने प्रभावित हित की रक्षा के लिए इसकी बैठक में भाग ले सकता है, किन्तु उसे मतदान का अधिकार नहीं होगा।

अनुच्छेद 32

संयुक्त राष्ट्रसंघ का कोई सदस्य, जो सुरक्षा परिषद् का सदस्य नहीं है या कोई राज्य जो संयुक्त राष्ट्रसंघ का सदस्य नहीं है, यदि सुरक्षा परिषद् में उसका कोई विवाद है तो उसे उसमें भाग लेने के लिए आमन्त्रित किया जाएगा, किन्तु उसे विवाद पर मतदान का अधिकार नहीं होगा। सुरक्षा परिषद् ऐसे राज्य के विवाद में भाग लेने की शर्तें भी निर्धारित करेगी।

विवाद का शांतिमय निपटारा

अनुच्छेद 33

(i) यदि किसी विवाद से अंतर्राष्ट्रीय शांति और सुरक्षा को खतरा उत्पन्न होने की आशंका हो तो उसके सम्बद्ध पक्ष सर्वप्रथम वार्ता, जांच, मध्यस्थता, मेल-मिलाप, पंच-फैसला, प्राथमिक निर्णय, क्षेत्रीय संगठन व व्यवस्थाओं के द्वारा अथवा अपनी इच्छानुकूल अन्य शान्तिपूर्ण साधनों से उसे सुलझाने का प्रयास करेंगे।

अनुच्छेद 34

सुरक्षा परिषद् अन्तर्राष्ट्रीय शान्ति-व्यवस्था को खतरा पहुँचने वाले किसी भी विवाद की जांच-पड़ताल करा सकती है।

अनुच्छेद 35

(i) संयुक्त राष्ट्रसंघ का कोई सदस्य अनुच्छेद 34 में उल्लिखित किसी विवाद को सुरक्षा परिषद् व महासभा में पेश कर सकता है।

(ii) कोई राज्य जो संयुक्त राष्ट्रसंघ का सदस्य नहीं है, अपने विवाद को सुरक्षा परिषद् व महासभा में पेश कर सकता है।

(iii) इस अनुच्छेद के अन्तर्गत लाये गये विषयों पर महासभा की कार्यवाही अनुच्छेद 11 और 12 के अनुकूल होगी।

अनुच्छेद 36

(i) अनुच्छेद 33 में उल्लिखित विवाद के किसी चरण में समायोजन के लिये सुरक्षा परिषद् उचित कार्यवाही की अनुशंसा कर सकती है।

(ii) सुरक्षा परिषद् विवाद को तय करने के लिए किसी भी प्रक्रिया पर विचार कर सकती है जो विवाद के पक्षों द्वारा अपनाए गए हैं।

(iii) इस धारा के अन्तर्गत सुरक्षा परिषद् सम्बन्धित पक्षों को अपने किसी विधिक विवाद को अन्तर्राष्ट्रीय न्यायालय में पेश करने की भी अनुशंसा कर सकती है।

अनुच्छेद 37

(i) अनुच्छेद 33 में उल्लिखित शांतिमय तरीकों से विवाद को निपटाने में असफल रहने पर विवाद के पक्षधर इसे सुरक्षा परिषद् में पेश कर सकते हैं।

(ii) यदि सुरक्षा परिषद् ऐसा सोचती है कि किसी विवाद के जारी रहने पर अन्तर्राष्ट्रीय शान्ति-व्यवस्था को खतरा है तो अनुच्छेद 36 के तहत कार्यवाही करने का निर्णय ले सकती है तथा समझौते की शर्तों की अनुशंसा कर सकती है।

अनुच्छेद 38

अनुच्छेद 33 से 37 को प्रभावित किए बिना किसी विवाद से संबंधित पक्षों के अनुरोध पर सुरक्षा परिषद् उन्हें शांतिमय तरीकों से अपने विवादों को निपटाने की अनुशंसा कर सकती है।

शांति की धमकी, शांति-भंग एवं आक्रामक कार्यवाहियों के सम्बन्ध में सुरक्षा परिषद् द्वारा कार्रवाई

सुरक्षा परिषद् शांति की धमकी, शांति-भंग व आक्रमण की स्थिति पर विचार-विमर्श करेगी तथा अन्तर्राष्ट्रीय शांति-व्यवस्था कायम रखने के लिये अनुच्छेद 41 और 42 के अन्तर्गत कदम उठाने की अनुशंसा करेगी।

अनुच्छेद 40

अशांतिमय स्थिति को आगे बढ़ने से रोकने के लिए सुरक्षा परिषद् अनुशंसा करने के पहले या अनुच्छेद 39 के तहत किसी तरह के कदम उठाने के पहले विवाद से, संबंधित पक्षों को अस्थायी तरीकों को मानने के लिये बुला सकती है। ये अस्थायी तरीके पक्षों के अधिकारों, दावों व स्थिति के विपरीत न होंगे। सुरक्षा परिषद् इन अस्थायी तरीकों की असफलता पर विचार करेगी।

अनुच्छेद 41

सुरक्षा परिषद् सशस्त्र सेना के प्रयोग को छोड़कर अपने निर्णयों के मनवाने के उपायों पर निर्णय ले सकती है। वह संयुक्त राष्ट्रसंघ के सदस्यों को इन तरीकों के प्रयोग के लिये कह सकती है। इन तरीकों में पूर्ण व आंशिक रूप से आर्थिक सम्बन्धों का विच्छेद, रेल, समुद्र, वायु, डाक, बेतार, रेडियो एवं संचार के अन्य साधनों तथा राजनयिक सम्बन्ध के विच्छेद शामिल हैं।

अनुच्छेद 42

यदि सुरक्षा परिषद् यह सोचती है कि अनुच्छेद 41 के अन्तर्गत उठाये गये कदम अपर्याप्त हैं व असफल रहे हैं तो वह अन्तर्राष्ट्रीय शांति-व्यवस्था बनाये रखने के लिये वायुसेना, स्थलसेना और नौसेना का प्रयोग कर सकती है। इसमें प्रदर्शन, नाकाबन्दी तथा संयुक्त राष्ट्रसंघ के सदस्यों द्वारा सैनिक कार्रवाई आदि शामिल होगी।

अनुच्छेद 43

(i) अन्तर्राष्ट्रीय शान्ति व्यवस्था बनाये रखने के लिए संयुक्त राष्ट्रसंघ के सदस्य सुरक्षा परिषद् के अनुरोध पर अपनी-अपनी सेना उसे सौंप देंगे तथा विशेष समझौता या समझौतों द्वारा सशस्त्र सैनिकों को अपने सीमा क्षेत्रों से जाने की सुविधा देगें।

(ii) इस तरह के समझौते या समझौतों में सेना की संख्या और प्रकार, उनकी तैयारी और आम स्थिति आदि का उल्लेख रहेगा।

(iii) इस तरह का समझौता या समझौते सुरक्षा परिषद् शीघ्रातिशीघ्र कर लेगी। ये समझौते सुरक्षा परिषद् के बीच होंगे। इन समझौतों की सार्वजनिक सम्पुष्टि भी आवश्यक है।

अनुच्छेद 44

जब सुरक्षा परिषद् बल प्रयोग का निश्चय कर लेती है तो अनुच्छेद 43 के अनुसार वह उस सदस्य को, जिसका इसमें प्रतिनिधित्व नहीं है, सेना भेजने के लिए कहेगी, यदि वह सेना भेजना चाहता है।

अनुच्छेद 45

संयुक्त राष्ट्रसंघ तत्काल सैनिक कार्रवाई कर सके, इसलिए सदस्य अपनी-अपनी वायुसेना को संयुक्त अन्तर्राष्ट्रीय कार्रवाई के लिए सौंप देंगे। अनुच्छेद 43 के अन्तर्गत सैनिक स्टाफ समिति की मदद से सुरक्षा परिषद् भेजी जाने वाली सेना की संख्या और तत्परता निर्धारित करेगी।

अनुच्छेद 46

सैनिक स्टाफ समिति की सहायता से सुरक्षा परिषद् सशस्त्र सैनिकों के प्रयोग की योजनाएं बनायेगी।

अनुच्छेद 47

(i) सुरक्षा परिषद् को सैनिक मामलों में परामर्श देने के लिये एक सैनिक स्टाफ समिति की स्थापना की जायेगी। यह अन्तर्राष्ट्रीय शांति-व्यवस्था कायम करने के लिए सुरक्षा परिषद् की सैनिक आवश्यकताओं, सैनिकों

के नियोजन और कमान, शस्त्रों के विनियमन और निरस्त्रीकरण के बारे में सलाह देगी।

(ii) सैनिक स्टाफ समिति में सुरक्षा परिषद् के स्थायी सदस्य राज्यों के अध्यक्ष या उनके प्रतिनिधि होंगे। संयुक्त राष्ट्रसंघ के किसी सदस्य को, जिसे समिति में प्रतिनिधित्व प्राप्त नहीं है, कुशलतापूर्व इसके कार्य संचालन के लिये उसे इसमें शामिल किया जा सकता है।

(iii) किसी सशस्त्र दल के सामरिक निर्देशन के लिए सैनिक स्टाफ समिति सुरक्षा परिषद् के प्रति उत्तरदायी होगी। इसके पश्चात् ही ऐसे सैनिक कमान के प्रश्न पर विचार किया जायेगा।

(iv) सुरक्षा परिषद् के प्राधिकरण पर सैनिक स्टाफ समिति उचित क्षेत्रीय अभिकरणों से सम्पर्क स्थापित कर, क्षेत्रीय सह-समितियों की स्थापना करेगी।

अनुच्छेद 48

(i) अन्तर्राष्ट्रीय शान्ति-व्यवस्था कायम करने के लिये सुरक्षा परिषद् के निर्णय को संयुक्त राष्ट्रसंघ के सभी या कुछ सदस्यों द्वारा कार्यान्वित किया जायेगा।

(ii) ऐसे निर्णय संयुक्त राष्ट्रसंघ के सदस्यों तथा उनके उचित अन्तर्राष्ट्रीय अभिकरणों द्वारा कार्यान्वित किए जाएंगे।

अनुच्छेद 49

सुरक्षा परिषद् द्वारा निर्णीत तरीकों पर संयुक्त राष्ट्रसंघ के सदस्य पारस्परिक सहयोग प्रदान करेंगे।

अनुच्छेद 50

यदि सुरक्षा परिषद् द्वारा किसी राज्य के विरुद्ध निरोधक कार्रवाई की जाती है, चाहे कोई राज्य जो संयुक्त राष्ट्रसंघ का सदस्य है या नहीं, यदि वह विशेष आर्थिक समस्याओं का सामना करता है तो वह समस्याओं के समाधान के लिए सुरक्षा परिषद् से सम्पर्क स्थापित कर सकता है।

अनुच्छेद 51

अन्तर्राष्ट्रीय शांति-व्यवस्था बनाये रखने के लिये जब तक सुरक्षा परिषद् ने कोई आवश्यक कदम नहीं उठा लिया है, तब तक संयुक्त राष्ट्रसंघ के सदस्य स्वयं अथवा सामूहिक रूप से आत्मरक्षा के लिये सशस्त्र आक्रमण का सामना कर सकते हैं, किन्तु उन्हें इसकी सूचना तत्काल सुरक्षा परिषद् को देनी होगी। उसकी कार्रवाई अन्तर्राष्ट्रीय शांति-व्यवस्था कायम रखने की सुरक्षा परिषद् की सामूहिक कार्रवाई को किसी भी तरह प्रभावित नहीं करेगी।

क्षेत्रीय व्यवस्थाएं

संयुक्त राष्ट्रसंघ के चार्टर में क्षेत्रीय व्यवस्था का भी प्रावधान किया गया है परन्तु इससे सुरक्षा परिषद् के अधिकारों पर कोई प्रभाव न पड़े, ऐसी व्यवस्था की गई है।

अनुच्छेद 52

(i) अन्तर्राष्ट्रीय शांति-व्यवस्था बनाये रखने के लिए प्रादेशिक व्यवस्थाओं तथा अभिकरणों का उपयोग किया जा सकता है, किन्तु उन्हें संयुक्त राष्ट्रसंघ के उद्देश्यों तथा सिद्धान्तों के अनुकूल होना चाहिए।

(ii) संयुक्त राष्ट्रसंघ के सदस्य प्रादेशिक व्यवस्थाओं तथा अभिकरणों का उपयोग स्थानीय विवाद के शांतिमय समाधान के लिये करेंगे। इसके बाद ही वे अपने विवाद को सुरक्षा परिषद् में पेश करेगें।

(iii) सुरक्षा परिषद् स्थानीय विवादों का स्थानीय अभिकरणों द्वारा शांतिपूर्ण समाधान के लिये प्रयास करेगी।

(iv) यह अनुच्छेद 34 और 35 के प्रयोग पर किसी तरह से प्रभावित नहीं है।

अनुच्छेद 53

(i) अपने अधिकार के अन्तर्गत सुरक्षा परिषद् क्षेत्रीय व्यवस्थाओं तथा अभिकरणों का उपयोग करेगी। किन्तु सुरक्षा परिषद् की पूर्वानुमति के बिना कोई कार्रवाही नहीं की जा सकती। किन्तु शत्रु देश के विरुद्ध कार्रवाई की जा सकती है।

(ii) इस धारा के अनुच्छेद में उल्लिखित शत्रु राज्य का अर्थ उस राज्य से है जो द्वितीय विश्वयुद्ध काल में इस घोषणा-पत्र पर हस्ताक्षर करने वाले देशों के शत्रु थे।

अनुच्छेद 54

अन्तर्राष्ट्रीय शांति-व्यवस्था कायम रखने के लिए क्षेत्रीय व्यवस्थाओं तथा अभिकरणों की गतिविधियों की सूचना सर्वदा सुरक्षा परिषद् को दी जाएगी।

इस प्रकार सुरक्षा परिषद् का प्रमुख कार्य विश्व शान्ति बनाये रखना है।

राष्ट्रसंघ कौंसिल की सुरक्षा परिषद् के साथ तुलना

समानता–राष्ट्रसंघ की कौंसिल को संयुक्त राष्ट्रसंघ की सुरक्षा परिषद् का पूर्वगामी कहा जाता है। इसका कारण यह है कि सुरक्षा परिषद् कई बातों में राष्ट्रसंघ की कौंसिल से मिलती-जुलती है। राष्ट्रसंघ की कौंसिल की भांति सुरक्षा परिषद् संयुक्त राष्ट्रसंघ का प्रमुख तथा महत्वपूर्ण अंग है। राष्ट्रसंघ के प्रमुख अंगों के क्रम के अनुसार कौंसिल को द्वितीय स्थान प्राप्त था, संयुक्त राष्ट्रसंघ के चार्टर में भी सुरक्षा

परिषद् को द्वितीय स्थान प्राप्त है। राष्ट्रसंघ के संस्थापकों ने कौंसिल को संघ का सर्वाधिक शक्तिशाली अंग बनाना चाहा था, उसी प्रकार संयुक्त राष्ट्रसंघ के संस्थापकों ने सुरक्षा परिषद् को संयुक्त राष्ट्रसंघ का मेरुदण्ड बनाया है। दोनों संस्थाओं का आकार छोटा है। कौंसिल को राष्ट्रसंघ की कार्यकारिणी परिषद् कहा जाता था, सुरक्षा परिषद् को भी संयुक्त राष्ट्रसंघ की कार्यकारिणी परिषद् कहा जा सकता है। पामर एवं परकिन्स ने लिखा है, "सुरक्षा परिषद् संयुक्त राष्ट्रसंघ की कुन्जी है।"

कौंसिल के समान सुरक्षा परिषद् के प्रत्येक सदस्य को एक मत प्राप्त है। दोनों में मतैक्य को स्वीकार किया गया है। दोनों में गैर सदस्य राज्यों को भी उपस्थित होने का अधिकार प्राप्त है। कौंसिल की भांति सुरक्षा परिषद् में भी गैर सदस्य राज्य को विवाद में उपस्थित रहने तथा ऐसी स्थिति की ओर ध्यान आकर्षित करने का अधिकार है जिससे विश्व-शान्ति भंग होने का खतरा हो। कौंसिल में आमंत्रित गैर सदस्य को मत का अधिकार नहीं था, इसी प्रकार सुरक्षा परिषद् में भी ऐसे आमन्त्रित सदस्यों को मतदान का अधिकार नहीं है।

राष्ट्रसंघ के संविधान की धारा 4 के अनुसार कौंसिल को काफी व्यापक अधिकार प्राप्त थे। वह ऐसे किसी भी विषय पर विचार कर सकती थी जो राष्ट्रसंघ के क्षेत्र के अन्तर्गत आते थे अथवा जिनका सम्बन्ध विश्व-शान्ति से होता था। इससे भिन्न संयुक्त राष्ट्रसंघ की सुरक्षा परिषद् केवल सुरक्षा परिषद् है। उसका कार्यक्षेत्र संयुक्त राष्ट्रसंघ के समक्ष आने वाले राजनीतिक मामलों तक ही सीमित है। अन्य बातों के लिए आर्थिक सामाजिक परिषद् तथा संरक्षण परिषद् की व्यवस्था की गई है। कौंसिल ने अन्तर्राष्ट्रीय शान्ति और सुरक्षा से सम्बन्धित अनेक राजनीतिक विवादों पर विचार किया था। सुरक्षा परिषद् के समक्ष अनेक विवाद आए हैं जिनको सुलझाने का इसने प्रयास किया है और राष्ट्रसंघ की कौंसिल की अपेक्षा अधिक सफल रही है।

(1) **संगठन की दृष्टि से**–राष्ट्रसंघ की कौंसिल और संयुक्त राष्ट्रसंघ की सुरक्षा परिषद् के गठन और सदस्यों की संख्या में काफी भिन्नता है। कौंसिल में मुख्य मित्र तथा सहयोगी राष्ट्रों के प्रतिनिधि तथा राष्ट्रसंघ के चार अन्य सदस्यों के प्रतिनिधि होते थे। इस प्रकार आरम्भ में कौंसिल में अमेरिका, इंग्लैंड, फ्रांस, इटली तथा जापान ही स्थायी सदस्य होते थे परन्तु अमेरिका द्वारा राष्ट्रसंघ की सदस्यता अस्वीकार कर दिए जाने के बाद केवल चार ही महाशक्तियां इसकी स्थायी सदस्य रह गई थीं। बाद में इसके स्थायी सदस्यों की संख्या में वृद्धि हुई। सन् 1926 में जर्मनी तथा सन् 1934 में सोवियत संघ को स्थायी सदस्यता प्राप्त हुई थी। परन्तु मार्च, 1935 में जापान राष्ट्रसंघ से अलग हो गया। उसी वर्ष अक्तूबर में जर्मनी भी राष्ट्रसंघ से अलग हो गया। बाद में सोवियत संघ के निष्कासन और इटली के हट जाने के बाद स्थायी सदस्य केवल दो बच गए थे। सुरक्षा परिषद् में, संयुक्त राष्ट्रसंघ के घोषणा-पत्र के द्वारा पांच स्थायी सदस्यों की व्यवस्था की गई। ये राज्य हैं–संयुक्त राज्य अमेरिका, इंग्लैंड,. सोवियत रूस, फ्रांस और चीन। चार्टर में भी इनका

नामोल्लेख कर दिया गया है। भले ही इन सदस्यों की शक्ति में ह्रास हो जाए और वे महानता के दर्जे से नीचे चली जाएँ परन्तु उन्हें स्थायी सदस्यता से वंचित नहीं किया जा सकता और जब तक संशोधन न हो तब तक नए राष्ट्रों को इसका सदस्य नहीं बनाया जा सकता। अत: यह कहा जा सकता है कि इसके स्थायी सदस्यों की संख्या निश्चित है।

परन्तु कौंसिल की सदस्य संख्या निश्चित नहीं थी। सदस्यों की संख्या घटती-बढ़ती रहती थी। एक बार यह सदस्य संख्या 15 हो गई थी। सदस्य संख्या में वृद्धि का अधिकार असेम्बली को था। कौंसिल यदि सर्वसम्मति से अनुमोदन कर दे, तो स्थायी सदस्यों की संख्या में वृद्धि की जा सकती थी। संयुक्त राष्ट्रसंघ की सुरक्षा परिषद् में इस नमनीयता का अभाव है। चार्टर में संशोधन किए बिना स्थायी सदस्यों की संख्या में वृद्धि नहीं की जा सकती। राष्ट्रसंघ की कौंसिल के अस्थायी सदस्य प्रारम्भ में प्रसंविदा द्वारा ही मनोनीत किए गए थे। इनके असेम्बली द्वारा निर्वाचित होने की व्यवस्था थी। निर्वाचित होने पर उनके कार्यकाल की अवधि तीन साल की होती थी। सुरक्षा परिषद् के अस्थायी सदस्यों की संख्या प्रारम्भ में 7 और सन् 1965 के संशोधन के बाद 10 है। ये महासभा द्वारा दो-तिहाई बहुमत से दो वर्ष के लिए निर्वाचित किए जाते हैं।

राष्ट्रसंघ की कौंसिल में तीन तरह के सदस्य थे–स्थायी, अस्थायी तथा अर्द्धस्थायी। इसके विपरीत सुरक्षा परिषद् में केवल दो ही प्रकार के सदस्य हैं–स्थायी तथा अस्थायी सदस्य। सुरक्षा परिषद् में अस्थायी सदस्य अपनी अवधि की समाप्ति के बाद तुरन्त निर्वाचित नहीं हो सकते परन्तु इस तरह का किसी प्रकार का प्रतिबन्ध राष्ट्रसंघ के संविधान में ही नहीं था।

(2) **अधिवेशन की दृष्टि से**–राष्ट्रसंघ के संविधान में कौंसिल की बैठक वर्ष में एक बार होने का विधान था, वैसे व्यवहार में उसकी बैठक तीन-चार बार होती थी। वर्ष के अधिकतर भाग में इसकी बैठक नहीं होती थी। परिणामस्वरूप संकट की स्थिति में परिषद् की बैठक शीघ्र बुलाने में काफी विलम्ब होता था। चार्टर की धारा 28 के अनुसार सुरक्षा परिषद् का गठन इस दृष्टिकोण से किया गया है कि वह अनवरत रूप से कार्यरत रह सके। इस उद्देश्य की पूर्ति के लिए सुरक्षा परिषद् के सदस्यों के सदा संयुक्त राष्ट्रसंघ के मुख्यालय में उपस्थित रहने की व्यवस्था है। इसका अधिवेशन अनवरत रूप से चालू रहता है। यों तो 15 दिन में इनकी बैठक एक बार अवश्य होती है, किन्तु इसकी बैठक प्रत्येक दिन भी हो सकती है।

(3) **मतदान प्रणाली की दृष्टि से**–राष्ट्रसंघ कौंसिल तथा संयुक्त राष्ट्रसंघ सुरक्षा परिषद् में मौलिक भेद मतदान प्रक्रिया सम्बन्धी है। कौंसिल में प्रभावी निर्णय सर्वसम्मति से किया जाता था। इसका प्रत्यक्ष परिणाम यह था कि उसके प्रत्येक सदस्य को निषेधाधिकार प्राप्त था। इस दृष्टि से उसके स्थायी अथवा अस्थायी सदस्यों

में से कोई भी अपने निषेधाधिकार का प्रयोग कर कौंसिल को निर्णय लेने से रोक सकता था। कई बार इटली ने इसका प्रयोग कर निर्णय अपने पक्ष में कराया। सुरक्षा परिषद् में पांच महाशक्तियों को ही मतदान सम्बन्धी निषेधाधिकार प्राप्त है। सुरक्षा परिषद् के कार्यक्रम को दो भागों में बांटा गया है–साधारण और असाधारण। साधारण बातों में प्रक्रिया सम्बन्धी बातें आती हैं। किन्हीं नौ सदस्यों के स्वीकारात्मक वोट आने से प्रस्ताव स्वीकृत समझा जाता है। अन्य सभी मामलों में कम से कम नौ सदस्यों के स्वीकारात्मक वोटों में पाँच स्थायी सदस्यों के वोट आवश्यक हैं। इन पांच स्थायी सदस्यों में से कोई भी अपनी असहमति प्रकट करे और अपना वोट प्रस्ताव के विरुद्ध दे तो वह प्रस्ताव अस्वीकृत समझा जाएगा। इसी को वीटो या निषेघाधिकार कहते हैं। इस प्रकार कौंसिल में जहां प्रत्येक छोटे बड़े राज्यों को निषेधाधिकार प्राप्त था वहाँ सुरक्षा परिषद् में केवल बड़े तथा स्थायी राज्यों को ही निषेधाधिकार (Veto) प्राप्त है। व्यावहारिक स्तर पर निषेधाधिकार के बावजूद कौंसिल कारगर हो जाती थी किन्तु निषेधाधिकार की व्यवस्था से सुरक्षा परिषद् बहुत कम कारगर हो पाती है। राष्ट्रसंघ कौंसिल द्वारा सुलझाये गए छोटे-बड़े विवादों की सूची लम्बी है परन्तु संयुक्त राष्ट्रसंघ की सुरक्षा परिषद् की उपलब्धियाँ उससे कहीं अधिक हैं।

(4) **अधिकार की दृष्टि से**–राष्ट्रसंघ की कौंसिल और असेम्बली के कार्य अधिकार विभाजन के सिद्धान्त पर आधारित नहीं थे। दोनों को समवर्ती अधिकार क्षेत्र प्रदान किए गए थे। कौंसिल उन विषयों पर भी विचार-विमर्श कर सकती थी जो असेम्बली के अधिकार क्षेत्र में आते थे। इस प्रकार कौंसिल का कार्यक्षेत्र काफी व्यापक हो जाता था। इससे भिन्न संयुक्त राष्ट्रसंघ के चार्टर में विभाजन के सिद्धान्त को स्वीकार किया गया है। यहाँ सुरक्षा परिषद् और महासभा का कार्य विभाजित कर दिया गया है। संयुक्त राष्ट्रसंघ का चार्टर सुरक्षा परिषद् के सदर्भ में उसके अधिकार एवं कर्त्तव्य एकाधिकार समान है। राष्ट्रसंघ के प्रसंविदा में इस विषय में इतनी अनमनीयता नहीं विहित की गई थी। शांति और व्यवस्था, सुरक्षा परिषद् का मुख्य उत्तरदायित्व माना गया है।

राष्ट्रसंघ की कौंसिल को अन्तर्राष्ट्रीय आरक्षी व्यवस्था के अधिकार नहीं प्रदान किये गये थे। धारा 6 खण्ड 2 में सैनिक दंड व्यवस्था का विधान था जिसमें सहयोग देना सभी सदस्यों के लिए आवश्यक नहीं था। इसके लिए परिषद् यह सुझाव देती थी कि संविदा के रक्षार्थ जो सशस्त्र सेनाओं का प्रयोग होगा उसमें विभिन्न राज्यों की थल सेना, नौ सेना तथा वायु सेना का कितना योगदान रहेगा। स्पष्टतौर पर यह व्यवस्था ऐच्छिक थी क्योंकि इसके सम्बन्ध में कौंसिल की सिफारिश की सरलता से अवहेलना की जा सकती थी। संयुक्त राष्ट्रसंघ में इस कमी को दूर करने का प्रयास किया गया है। इसके अन्तर्गत सुरक्षा परिषद् की सैनिक मामलों में परामर्श एवं सहायता देने के लिए सैनिक स्टाफ समिति की व्यवस्था की गई है। संयुक्त

राष्ट्रसंघ चार्टर में इस बात की विस्तृत व्यवस्था की गई है कि सुरक्षा परिषद् आवश्यकता पड़ने पर सैनिक हस्तक्षेप की व्यवस्था कर सके। यदि सुरक्षा परिषद् के सदस्यों में आपसी सहयोग कायम हो जाए तो वह राष्ट्रसंघ कौंसिल की अपेक्षा कहीं अधिक समर्थ संस्था के रूप में कार्य कर सकती है। परन्तु अब भारत, इजराइल, वियतनाम आदि के शक्तिशाली हो जाने के कारण इसकी गरिमा में कमी आई है।

राष्ट्रसंघ की कौंसिल को गैर-राजनीतिक कार्यों तथा अस्वशासित प्रदेशों की समस्याओं के संबंध में कार्यभार सौंपा गया था। कारण यह था कि राष्ट्रसंघ के अंतर्गत संयुक्त राष्ट्रसंघ को आर्थिक व सामाजिक परिषद् जैसी किसी पृथक संस्था की व्यवस्था नहीं थी। उसी तरह राष्ट्रसंघ की न्यास व्यवस्था के संचालन के लिए संयुक्त राष्ट्रसंघ की संरक्षण परिषद् के समान कोई स्वतंत्र अंग नहीं था। फलतः कौंसिल का कार्यक्षेत्र सुरक्षा परिषद् के कार्यक्षेत्र से अधिक विस्तृत तथा व्यापक था। संयुक्त राष्ट्रसंघ के अन्तर्गत जो कार्य सुरक्षा परिषद् के कार्य क्षेत्र में तथा संरक्षण में सौंपे गये हैं वे सारे कार्य राष्ट्रसंघ की कौंसिल में निहित थे। परिणामस्वरूप कौंसिल का काफी समय इन कार्यों में व्यतीत हो जाता था। अपने गैर राजनीतिक कार्यों का सम्पादन करने के लिए कौंसिल, संगठन या समितियों के सदस्यों का मनोनयन करती थी। राष्ट्रसंघ के अन्तर्गत इस तरह की एजेंसियों की संख्या कम नहीं थी। इस स्थिति में कौंसिल को कठिनाई होती थी। कौंसिल के सदस्य राजनीतिज्ञ हुआ करते थे। आर्थिक, सामाजिक एवं मानवीय कार्यों में उनकी रुचि अधिक नहीं होती थी। कौंसिल के पास समय का अभाव होता था। फलतः कौंसिल इन विषयों पर समुचित ध्यान नहीं दे पाती थी। इसके प्रतिवेदनों को बिना विचार-विमर्श किये ही अधिकांशतः स्वीकृत कर लिया जाता था। फिर भी कौंसिल अपना अधिकार छोड़ने के लिए तैयार नहीं थी। संयुक्त राष्ट्रसंघ के संस्थापकों को उक्त कठिनाई का ज्ञान था, अतः उन्होंने आर्थिक-सामाजिक कार्यों के सम्पादन के लिए एक पृथक एवं स्वतन्त्र अंग की व्यवस्था की है जिसे आर्थिक तथा सामाजिक परिषद् कहा जाता है। अतः कौंसिल का अधिकार क्षेत्र अधिक विस्तृत था।

राष्ट्रसंघ की कौंसिल की रचना संघ के एक शक्तिशाली और महत्वपूर्ण अंग के रूप में की गई थी। जिसके पास वैधानिक अधिकारों के अतिरिक्त विश्व राजनीति को प्रभावित करने के भी अनेक मौके थे। फिर भी इसकी स्थिति कभी भी स्पष्ट नहीं रही, इसलिए वह पूर्ण सम्मान का पात्र नहीं बन सकी। यह सदैव शक्ति-राजनीति से प्रभावित रही। महान राज्यों के बीच जो मतभेद था उसका प्रभाव परिषद् के समक्ष लाए गये अन्य विवादों पर भी पड़ता था। एक लेखक के अनुसार सभी छोटे-बड़े राज्य की परस्पर विरोधी नीतियों के कारण कौंसिल को अधिकांश मामलों में महत्वपूर्ण सफलता हाथ नहीं लग सकी। स्पेन, इथियोपिया, चीन आदि समस्याओं के संदर्भ में कौंसिल विफल या निष्क्रिय रही। परिणामस्वरूप थोड़े समय बाद ही वह सभा के समक्ष झुक गई तथा उससे कम प्रभावशाली रह गई।

राष्ट्रसंघ की कौंसिल की भाँति सुरक्षा परिषद् की स्थापना संयुक्त राष्ट्रसंघ के सबसे शक्तिशाली अंग के रूप में की गई है। परन्तु आरम्भ में ही स्थायी सदस्यों के मतैक्य नहीं रहने के कारण किसी समस्या या विवाद के सन्दर्भ में सुरक्षा परिषद् कोई प्रभावी निर्णय नहीं ले पाई। उनकी आपसी प्रतिस्पर्द्धा, ईर्ष्या तथा शंका के कारण छोटी से छोटी अन्तर्राष्ट्रीय समस्या भी शीतयुद्ध का अंग बन गई। फलतः सुरक्षा परिषद् पंगु बन गई है। आज तो अनुभव यही बता रहा है कि महाशक्तियों में ही किसी के विरुद्ध नहीं, वरन् उनके पिछलग्गुओं अथवा संश्रितों में से भी किसी के विरुद्ध कोई कारगर कार्यवाही करने में सुरक्षा परिषद् अक्षम है और यह निषेध अधिकार के कारण था। इसके परिणामस्वरूप कालांतर में सुरक्षा परिषद् का प्रभाव घटा है और महासभा का प्रभाव निरन्तर बढ़ा है। शांति के लिए एकता प्रस्ताव पास होने से संयुक्त राष्ट्र की महासभा को निषेधाधिकार की अड़ंगेबाजी से उत्पन्न गतिरोध की स्थिति में आवश्यक कार्रवाई करने का अवसर मिल गया। क्लॉड ने लिखा है, "महासभा ने एकमात्र राजनीतिक उत्तरदायित्व वहन करने वाली संयुक्त राष्ट्रसंघ की सुरक्षा परिषद् की जगह अपने आपको प्रतिस्थापित कर लिया है, परन्तु महासभा भी निर्गुट राष्ट्रों के वर्चस्व के कारण निर्गुट राष्ट्रों के विरुद्ध विफल रही है। वियतनाम, भारत व इजराइल आदि इतने शक्तिशाली हो गये हैं कि इनको रोकना न सुरक्षा परिषद् के वश की बात रह गई है और न महासभा के बस की।

इस तरह कारण चाहे जो हो कौंसिल तथा सुरक्षा परिषद् के व्यावहारिक कार्यकरण का परित्याग एक-सा ही है। अन्तर केवल यही है कि कौंसिल तथा सुरक्षा परिषद् के अन्तिम दिनों के अधिवेशनों में जिस तरह की निराशा देखने को मिलती थी, संयुक्त राष्ट्रसंघ की सुरक्षा परिषद् के अधिवेशनों में अभी तक वैसी निराशा देखने को नहीं मिली है और सुरक्षा परिषद्, राष्ट्रसंघ की कौंसिल से अधिक सफल रही है।

राष्ट्रसंघ की कौंसिल की शक्तियां कुछ परिस्थितियों में असेम्बली में निहित हो जाती थीं परन्तु संयुक्त राष्ट्रसंघ के घोषणा-पत्र में सुरक्षा परिषद् में निहित शक्तियां किसी भी संदर्भ में महासभा को प्रदान नहीं की गई हैं।

राष्ट्रसंघ की कौंसिल को अन्तर्राष्ट्रीय आरक्षी व्यवस्था अथवा सशस्त्र सेना की व्यवस्था के दायित्व नहीं दिये गये थे, परन्तु सुरक्षा परिषद् को दायित्व दिया गया है और उसका प्रयोग 1956 में ब्रिटेन, फ्रांस व इजराइल की सेना को हटाने व कांगों की समस्या के समाधान व लगभग सभी संवेदनशील समस्याओं को सुलझाने के लिए किया गया है। ईरान-ईराक सीमा, साइप्रस (Cyprus) व कश्मीर आदि सभी संवेदनशील स्थानों पर संयुक्त राष्ट्रसंघ के पर्यवेक्षक तैनात हैं। अतः संयुक्त राष्ट्रसंघ की सुरक्षा परिषद् राष्ट्रसंघ की कौंसिल से कहीं अधिक सफल रही है।

संयुक्त राष्ट्रसंघ की सुरक्षा परिषद् को आरम्भ में ही बड़े राष्ट्रों के मतभेदों व शीतयुद्ध का सामना करना पड़ा, परन्तु सुरक्षा परिषद् में मतभेदों में इतनी तीव्रता

नहीं आई कि वह संयुक्त राष्ट्रसंघ को ही त्याग दे जबकि राष्ट्रसंघ को जापान, जर्मनी व इटली ने त्यागा और 1940 में रूस को निष्कासित किया गया जिसके कारण वह केवल ब्रिटेन और फ्रांस पर आधारित होकर शक्तिहीन व निष्क्रिय हो गई। सुरक्षा परिषद् ने कटु से कटु मतभेदों को भी सुलझाने में अपनी अभूतपूर्व दक्षता व बुद्धिमत्ता का परिचय दिया।

सबसे महत्वपूर्ण बात यह है कि राष्ट्रसंघ की कौंसिल विश्वशान्ति बनाये रखने में असफल रही और 1939 में ही द्वितीय महायुद्ध आरम्भ हो गया जबकि संयुक्त राष्ट्रसंघ की सुरक्षा परिषद् 55 वर्ष यानि अभी तक युद्ध रोकने में सफल रही है। और आशा है कि भविष्य में भी विश्वशान्ति बनाये रखने में सफल होगी। यह इसकी सबसे बड़ी उपलब्धि है। फिर भी इसके सदस्यों की संख्या यदि बढ़ा दी जाये यानि 15 के स्थान पर 21 या 25 या 27 कर दी जाये और कुछ अन्य राष्ट्रों जैसे भारत, जापान, जर्मनी आदि को भी यदि स्थाई सदस्य बना दिया जाये तो इसके प्रतिनिधित्व व शक्ति में वृद्धि हो जायेगी। ऐसे प्रयास किये जा रहे हैं पर अभी तक सर्वसहमति के अभाव में कार्यान्वित नहीं हो पाये हैं। सदस्यता में वृद्धि इसीलिये भी आवश्यक है कि नवोदित कई राष्ट्रों ने अणु शक्ति प्राप्त कर ली है और विश्व शांति के लिये उनका सहयोग अत्यन्त आवश्यक है।

जब राष्ट्रसंघ League of Nations का निर्माण हुआ तब भारत ब्रिटेन के अधीन था। अत: हम सुरक्षा परिषद् और भारत का उल्लेख करेंगे।

सुरक्षा परिषद् और भारत के बीच सम्बन्ध
(Relationship between the Security Council and India)

स्थायी सदस्यता के लिये भारत का दावा (India's Claim for Permanent Membership of the Security Council)–श्री पी॰ वी॰ नरसिंहराव के प्रधानमंत्रित्व काल में, सुंयक्त राष्ट्रसंघ के 49वें सत्र में आम बहस के दौरान भारत ने सुरक्षा परिषद् की स्थायी सदस्यता के लिए अपना दावा पहली बार पेश किया। इसी दौरान भारत ने कंबोडिया, सोमालिया और मोज़ोंबिक में संयुक्त राष्ट्र की सुरक्षा परिषद् को कार्यवाही के लिये सैनिक भेजकर अपना योगदान दिया। जिन्होंने सराहनीय कार्य किये।

भूतपूर्व प्रधानमंत्री इंद्रकुमार गुजराल ने प्रधानमंत्रित्व काल में इस दावे को दोहराते हुए कहा कि, "भारत को सुरक्षा परिषद् का स्थायी सदस्य इसलिए भी बनाया जाना चाहिये क्योंकि वह विकासशील देश है और शान्ति व विकास के लिये काम करने के लिये उसकी पुरानी पहचान है। श्री गुजराल ने विश्वव्यापी शान्ति और खुशहाली की बात तब कही, जब पाकिस्तान केवल कश्मीर की बात कर रहा था और द्विपक्षीय मामले निपटाने के लिये पहले की तरह अन्तर्राष्ट्रीय मंच का दुरुप्रयोग कर रहा था। इससे यह भ्रम टूटा है कि अमेरिका का राष्ट्रसंघ पर वर्चस्व है और चौकीदारी वाली उसकी भूमिका पर दबे ढके ढंग से चाहे जो कुछ कहा जाये, खुलकर कहने वाला

कोई राष्ट्र सोवियत संघ के बाद नहीं बचा है। इतना ही नहीं, राष्ट्रसंघ की पहचान का मुद्दा भारत ने इतनी राजनयिक कुशलता से उठाया कि भारत विरोधी शक्तियां मुंह देखती रह गयीं। अन्तर्राष्ट्रीय स्तर पर भारत की साख के नये तेवर न केवल हमारे लिये महत्वपूर्ण हैं बल्कि अन्तर्राष्ट्रीय स्तर पर भी उसकी नयी पहचान से जुड़े हैं, जो आगे चलकर राष्ट्रसंघ को भी नयी पहचान की ओर ले जाने में सक्षम है। ऐसे में सुरक्षा परिषद् में भारत को स्थायी सीट का मुद्दा केवल भारत का मुद्दा नहीं बल्कि उसकी विशिष्ट पहचान का मुद्दा है। स्थाई सीट 100 करोड़ से अधिक जनसंख्या परमाणु सम्पन्न राष्ट्र के लिए उपयुक्त है।

सुरक्षा परिषद् के पुनर्गठन की माँग (Demand for Reorganisation of the Security Council)–श्री गुजराल ने अपने भाषण में इस पर बल देकर जिस तरह साम्राज्यवादी ताकतों को बगले झांकने पर मजबूर किया, वह भारतीय राजनीति की एक महत्वपूर्ण उपलब्धि थी। उल्लेखनीय है कि अफ्रीकी एशियाई देशों (और कुछ अमीर देशों की ओर से भी) की ओर से विश्व संगठन, विशेषकर सुरक्षा परिषद् के पुनर्गठन की मांग की जा रही है। महासभा 'एक राष्ट्र-एक वोट' के सिद्धान्त पर आधारित है किन्तु सर्वशक्तिमान सुरक्षा परिषद् में द्वितीय विश्व युद्ध (1943-45) के मित्रराष्ट्रों ने अपना सतत् प्रभुत्व सुनिश्चित रखा है। सुरक्षा परिषद् के पांच स्थायी सदस्य–अमेरिका, रूस, ब्रिटेन, फ्रांस और चीन–परिषद् के किसी भी फैसले को वीटो कर सकते हैं। अब 50 वर्ष बाद यह प्रयास किया जा रहा है कि कुछ और स्थायी सदस्य (वीटो अधिकार सम्पन्न) सुरक्षा परिषद् में शामिल किये जायें। जर्मनी और जापान ने हाल ही में सुरक्षा परिषद् में अपने लिये स्थायी सीटों की मांग की है। ये दोनों देश संयुक्त राष्ट्र के 4.1 अरब डालर के कुल बजट का 25 प्रतिशत वहन करते हैं। अमेरिका ने उनके दावे का जबरदस्त समर्थन किया है क्योंकि राष्ट्रसंघ का आधा उठाने वाले देशों में वह भी शामिल है किन्तु, जब अमेरिका और उसके सहयोगी देश सुरक्षा परिषद् में प्रवेश के दरवाजे खोलते हैं, तो भारत सहित अन्य राष्ट्र भी अपना हिस्सा मांगते हैं ताकि विश्व संगठन को सदस्य देशों का सही प्रतिनिधित्व प्रदान किया जा सके। सुरक्षा परिषद् की स्थायी सदस्यता का दावा करने वाले अन्य देशों में लैटिन अमेरिका के लिये ब्राजील और अर्जेन्टीना, अफ्रीका के लिये नाइजीरिया और दक्षिण अफ्रीका व एशिया के लिये भारत, इंडोनेशिया, मलेशिया, इजराइल तथा पाकिस्तान आदि शामिल हैं। अत: यह जटिल समस्या है कि किस देश को स्थायी सदस्य बनाया जाये।

फोर्ट फाउन्डेशन का अध्ययन (Study by Ford Foundation)–सुरक्षा परिषद् की भूमिका के बारे में फोर्ड फाउन्डेशन द्वारा किये गये एक अध्ययन के अनुसार 1989 के बाद से दुनिया में कम से कम 100 सशस्त्र संघर्ष हुए हैं, जिनमें से पांच को छोड़कर सभी आन्तरिक संघर्ष थे। 1993 तक संयुक्त राष्ट्र द्वारा तैनात किये जाने वाले सैनिकों की संख्या में चार गुना, पुलिस में 70 गुना और सिविल कर्मचारियों

की तैनाती में 100 गुना बढ़ोत्तरी हुई। इसी तरह 1987 में इसके वार्षिक खर्च में लगभग 10 गुना वृद्धि हुई। शान्ति सेनाओं पर किया जाने वाला खर्च जो 1991 में 60 करोड़ डालर था, वह 1995 में बढ़कर 3 अरब हो गया। इन परिस्थितियों में विकासशील देशों का यह आरोप सही लगता है कि संयुक्त राष्ट्र गरीब देशों की मदद करने वाले संगठन की बजाए अन्तर्राष्ट्रीय पुलिस मैन अधिक सिद्ध हुआ है। उनका कहना है कि विश्व शान्ति एवं स्थिरता को वास्तविक खतरा गरीबी और विकास के अभाव जैसे मुद्दों से है। दुनिया की 25 प्रतिशत से अधिक आबादी गरीबी की रेखा से नीचे जीवन यापन कर रही है। एक विशेषज्ञ के अनुसार 'आवश्यकता इस बात की है कि सामाजिक-आर्थिक विकास को बढ़ावा दिया जाये, न कि संयुक्त राष्ट्र की नीली वर्दीधारी सैनिकों को।' सोमालिया में दुनिया की सबसे बड़ी शान्ति कार्यवाही के दौरान संयुक्त राष्ट्र को 2 अरब डालर खर्च करने पड़े। इस कार्यवाही में संयुक्त राष्ट्र मानवीय सहायता पहुंचाने में तो सफल रहा लेकिन राजनीतिक संघर्ष का कोई समाधान नहीं कर पाया। अन्ततः उसे 1994 में वहां से हटना पड़ा। इसी प्रकार बोस्निया में संयुक्त राष्ट्र को परस्पर विरोधी जनमत और संसाधनों के अभाव का सामना करना पड़ा तथा लगभग दो वर्ष बाद अपनी विफलता स्वीकार करनी पड़ी। कश्मीर में पिछले 50 वर्षों से आग लगी हुई है, लेकिन यह विश्व संगठन इस भारतीय राज्य के अधिकृत क्षेत्र से हमलावर पाकिस्तान को नहीं हटा पाया और न समस्या का समाधान कर पाया।

दूसरी ओर, महाशक्तियां अपने सामरिक हितों के अनुरूप विश्व संगठन को अद्भूत मोड़ देती रही हैं। इसके चलते अमेरिका ने 'आग बुझाने वाले' के रूप में संयुक्त राष्ट्र की भूमिका को नया रूप देने पर बल दिया, मगर जब अत्यधिक बढ़े हुए खर्चों का विरोध हुआ तो उसके नेतृत्व में कुछ औद्योगिक राष्ट्रों ने विश्व संस्था के प्रमुख निकायों, जैसे यू एन डी पी, डब्ल्यू एच ओ, यू एन सी टी ए डी, आई एल ओ और यू एन आई डी ओ के खर्चों में कटौती का प्रस्ताव किया। उन्होंने अन्तर्राष्ट्रीय सम्मेलनों (जैसा कि एक हाल ही में पेइचिंग में आयोजित किया गया था) को भी कुछ समय के लिये स्थगित करने का सुझाव दिया। भारत जैसे विकासशील देशों को रियायती ब्याज-दर पर दिये जाने वाले ऋणों में कटौती का भी सुझाव दिया। दूसरी ओर, विकासशील और गरीब देश चाहते हैं कि चहुंमुखी विकास इस विश्व संगठन की पहली प्राथमिकता होनी चाहिये और यही सही भी है। एक ऐसी आवाज जिसकी उपेक्षा संभव नहीं है और जब भारत समेत अनेक जागरूक देश इस दिशा में सक्रिय हो रहे हैं। विश्व की लगभग 1/6 जनसंख्या भारत में है तथा यह परमाणु सम्पन्न शक्तिशाली राष्ट्र है अतः इसको स्थाई सदस्यता मिलनी चाहिये।

भारत-पाकिस्तान परमाणु परीक्षणों के बाद (India and Pakistan after Nuclear Tests)–संयुक्त राष्ट्र सुरक्षा परिषद् के स्थायी सदस्यों ने हाल के परमाणु

परीक्षणों के मुद्दे पर भारत और पाकिस्तान से आपसी तनाव कम करने के लिये सीधी बातचीत शुरू करने, परमाणु परीक्षणों की होड़ रोकने, परमाणु हथियारों की तैनाती से दूर रहने तथा व्यापक परमाणु परीक्षण प्रतिबंध संधि (सीटीवीटी) पर बिना शर्त हस्ताक्षर करने की अपील की।

सुरक्षा परिषद् के स्थायी सदस्यों अमेरिका, चीन, फ्रांस, ब्रिटेन और रूस ने इन दक्षिण एशियाई देशों के हाल के परमाणु परीक्षणों पर संयुक्त राष्ट्र के यूरोपीय मुख्यालय में एक आपात बैठक के अंत में जारी संयुक्त वक्तव्य में यह अपील की। बिना किसी विवाद या बदलाव के पारित इस वक्तव्य में दोनों देशों से और परमाणु परीक्षण नहीं करने तथा आपसी मतभेद सीधी बातचीत से सुलझाने को कहा गया।

भूतपूर्व अमेरिकन विदेश मंत्री सुश्री मेडलिन अल्ब्राइट ने इन देशों के विदेश मंत्रियों की बैठक के बाद कहा कि बैठक में मंत्रियों ने खासतौर पर कश्मीर विवाद सुलझाने में भारत और पाक्स्तिान को मदद करने की पेशकश की। उन्होंने कहा–दोनों देश अगर उचित आचरण करें तो हम उन्हें शांति बनाए रखने में मदद करने को तैयार हैं। लेकिन बेहतर होगा कि पहले वे परमाणु परीक्षणों की होड़ रोकें और हमारे संयुक्त वक्तव्य के संदेश को गौर से सुनें।

भारत ने सुरक्षा परिषद् प्रस्ताव ठुकराया (India Refused Security Council Resolution)–भारत ने संयुक्त राष्ट्र सुरक्षा परिषद् के परमाणु परीक्षणों को लेकर भारत और पाकिस्तान की निन्दा करने वाले प्रस्ताव को अंतर्राष्ट्रीय कानूनों और परिषद् के संविधान के विरुद्ध बताते हुए आलोच्य प्रस्ताव से अपने आपको अलग कर लिया। दूसरे शब्दों में उसे अस्वीकार कर दिया तथा C.T.B.T. सन्धि पर हस्ताक्षर नहीं किये।

भारत पहले भी सुरक्षा परिषद् के अनेक प्रस्ताव नामंजूर घोषित कर चुका है। विदेश मंत्रालय के एक वरिष्ठ अधिकारी ने कहा कि सुरक्षा परिषद् ने जिस ढंग से यह प्रस्ताव पारित किया है उसे भारत स्वीकार नहीं कर सकता। वैसे भी हम परमाणु अप्रसार के मामले में सुरक्षा परिषद् की इस तरह की भूमिका को मान्यता नहीं देते जिस भूमिका का उल्लेख उसके घोषणा पत्र में नहीं है अतः भारत स्वीकार नहीं करेगा तथा C.T.B.T. पर हस्ताक्षर नहीं करेगा।

सुरक्षा परिषद् के प्रस्ताव पर अपनी शुरूआती प्रतिक्रिया में भारत ने उसे दमनकारी और गैर मददगार बताया तथा आलोचना की।

विदेश मंत्रालय के अधिकारी ने परमाणु निरस्त्रीकरण, विभिन्न देशों में शांति सेना भेजने तथा संयुक्त राष्ट्र की याद दिलाई और कहा कि सुरक्षा परिषद् ने विश्व जनसंख्या के छठे भाग का प्रतिनिधित्व करने वाले देश को जिस तरह सम्बोधित किया है, उससे हम बहुत आहत महसूस कर रहे हैं, तथा

विदेश मंत्रालय के खेद व्यक्त किया कि सुरक्षा परिषद् ने अपने प्रस्ताव के कार्यान्वयन में प्रगति रिपोर्ट देने के लिये कहकर संयुक्त राष्ट्र महासचिव कोफी अन्नान को भी संकट में डाल दिया क्योंकि हम बार-बार यह स्पष्ट कर चुके हैं कि पाकिस्तान से अपने मतभेदों के मामलें में किसी तीसरे पक्ष की भूमिका स्वीकार नहीं है।

भारत के विदेश मंत्रालय के प्रवक्ता ने परमाणु परीक्षण करके भारत द्वारा इस क्षेत्र में तनाव पैदा कर दिये जाने के आरोप को एकदम गलत बताया और कहा कि परीक्षण केवल देश के सुरक्षात्मक पहलुओं को ध्यान में रखते हुए किए गए हैं और सुरक्षा के लिये आवश्यक है क्योंकि भारत परमाणु शक्ति सम्पन्न चीन व पाकिस्तान से घिरा हुआ है। अतएव सुरक्षा के लिये परमाणु शक्ति आवश्यक है।

संयुक्त राष्ट्रसंघ तथा सुरक्षा परिषद् में भारत की भूमिका

संयुक्त राष्ट्रसंघ में भारत की भूमिका बड़ी ही सार्थक और उपयोगी रही है। भारत की भूमिका का निम्नानुसार रूप में उल्लेख किया जा सकता है।

1. **संघर्षों एवं विवादों का समाधान** (Settlement of Conflicts and Disputes)–भारत ने संयुक्त राष्ट्रसंघ में सदैव संघर्षों और विवादों को हल करने में अपना अविस्मरणीय योगदान सदैव दिया है। भारत ने सदैव अन्तर्राष्ट्रीय विवादों का शान्तिपूर्ण समाधान करने पर बल दिया है। भारत ने इसी नीति के अन्तर्गत कोरिया संकट, कांगो समस्या, स्वेज नहर संकट और क्यूबा संकट को हल करने में सराहनीय भूमिका का निर्वाह किया था।

2. **मानव अधिकारों को प्रश्रय** (Support to Human Rights)–भारत मानव अधिकारों का 'चैम्पियन' है। मानव अधिकारों में भारत का अगाध विश्वास है। भारत ने 1948 की संयुक्त राष्ट्रसंघ की 'मानवाधिकारों की सार्वभौम घोषणा' का पूरी तरह से समर्थन किया है और उसे लागू करने की दिशा में भी अथक् प्रयास किये हैं। भारत ने उन देशों की निन्दा करने का साहस भी प्रदर्शित किया है, जो मानवाधिकारों का उल्लंघन करते हैं तथा अपने देश में मानव अधिकार आयोग स्थापित किया है।

3. **वि-उपनिवेशीकरण** (Re-colonisation)–भारत साम्राज्य और उपनिवेशवाद का कटु आलोचक रहा है। यह साम्राज्यवाद और उपनिवेशवाद को मानवता का कलंक मानता है। भारत ने स्वाधीन होते ही उपनिवेशवाद के विरुद्ध संघर्ष छेड़ दिया। भारत ने उपनिवेशवाद के विरुद्ध सदैव राष्ट्रीय आत्म-निर्णय के सिद्धान्त का समर्थन किया है। यह भारत का ही प्रभाव था कि एशिया अफ्रीका लैटिन अमेरिका के अनेक देश आज स्वतन्त्र हैं। भारत उपनिवेशवाद के विरुद्ध संघर्ष कर रही शक्तियों को समर्थन देने का सदैव पक्षपाती रहा है। इसी नीति के आधार पर उसने अंगोला, मोजम्बिक, नामीबिया के मुक्ति आन्दोलनों व इंडोनेशिया को नैतिक, राजनीतिक तथा सैनिक सहायता भी प्रदान की तथा स्वतन्त्र करने में सहयोग दिया।

4. **शान्ति-निर्वहन** (Peace Maintenance)–भारत सदैव से विश्व-शान्ति का अगुवा रहा है, और इसमें अपना भरपूर योगदान देता आया है। जब-जब भी विश्व-शान्ति को खतरा उपस्थित हुआ, भारत ने अपनी तरफ से पहल करके उस संकट को टालने की भरपूर कोशिश की है। भारत ने इसी दृष्टिकोण को ध्यान में रखकर, कोरिया, कांगो, साइप्रस, और क्यूबा के संकट को हल करने में मदद की है। जब-जब भी संयुक्त राष्ट्रसंघ को शान्ति-सैनिकों की आवश्यकता पड़ी, भारत ने सहर्ष अपने सैनिकों को शान्ति सेना में भेजा। सोमालिया में भी भारतीय सैनिक वहाँ शान्ति सेना के रूप में पहुँचे तथा सराहनीय भूमिका निभाई।

5. **शस्त्र नियन्त्रण व नाभिकीय परिसीमन** (Arms Control and Nuclear Non Proliferation)–भारत सदैव निःशस्त्रीकरण का अगुवा रहा है, और शस्त्रीकरण की प्रक्रियां को मानवता और विश्व-शान्ति के लिये खतरा मानता रहा है। भारत आणविक शक्ति के शान्तिपूर्ण प्रयोग के पक्ष में रहा है। इसी नीति के तहत उसने 1963 की मास्को टैस्ट बेन ट्रीटी पर हस्ताक्षर कर दिये। लेकिन भारत 1968 की परमाणु अप्रसार सन्धि व बाद में व्यापक परमाणु सन्धि के प्रावधानों को अन्यायपूर्ण मानता है। इसके अतिरिक्त भारत ने अभी तक व्यापक परमाणु परीक्षण निषेध सन्धि (सी॰टी॰बी॰टी॰) पर भी संयुक्त राज्य अमेरिका के दबाव की परवाह नहीं करते हुए अभी तक हस्ताक्षर नहीं किये हैं।

सारांश में, भारत की नीति संयुक्त राष्ट्रसंघ को समर्थन देने की रही है। भारत का संयुक्त राष्ट्रसंघ में अगाध विश्वास रहा है और उसने इसे विश्व में शान्ति स्थापित करने तथा कल्याण करने वाली संस्था मानकर सहयोग दिया है।

❑❑❑

6

संयुक्त राष्ट्रसंघ : आर्थिक-सामाजिक परिषद्
(U.N.O. Economic and Social Council)

राष्ट्रसंघ में आर्थिक व सामाजिक कार्य का उत्तरदायित्व राष्ट्रसंघ की कौंसिल और असेम्बली पर छोड़ दिया गया था परन्तु उसके अधिकांश सदस्य राजनीतिक नेता या प्रशासकीय या कूटनीतिक कर्मचारी होते थे, अत: आर्थिक व सामाजिक समस्याओं की ओर कम ध्यान दे पाते थे। फिर भी यह निर्विवाद सत्य है कि राष्ट्रसंघ अपने कल्याणकारी और गैर राजनीतिक कार्यो में अधिक सफल रहा है। राष्ट्रसंघ से सम्बन्धित अन्तर्राष्ट्रीय श्रम संगठन (I.L.O.) था तथा घायलों व पीड़ितों के उपचार के लिये रेडक्रास (Red Cross) आदि संस्थाओं ने उल्लेखनीय कार्य किया तथा मलेरिया की रोकथाम; मादक द्रव्य निषेध व शरणार्थियों की सहायता व अकाल पीड़ितों की सहायता के लिए उल्लेखनीय कदम उठाये गये व प्रशंसनीय कार्य किये गये परन्तु आर्थिक, सामाजिक व कल्याणकारी कार्यों की पूर्ति के लिए व विभिन्न गैर राजनीतिक गतिविधियों के समन्वय के लिए कोई संस्था राष्ट्रसंघ के अंग के रूप में नहीं थी। अत: संयुक्त राष्ट्रसंघ ने इन सब कार्यों के लिए आर्थिक व सामाजिक परिषद् (Economic & Social Council) की स्थापना की है।

इस परिषद् ने तथा इसकी एजेन्सियों व अभिकरणों ने विश्व-कल्याण व अविकसित व विकासशील देशों के लिए अत्यन्त प्रशंसनीय कार्य किये हैं। अत: उनका संक्षिप्त उल्लेख आवश्यक है क्योंकि संयुक्त राष्ट्रसंघ कल्याणकारी कार्यों, विकास व प्रगति के कार्यों व सामाजिक व आर्थिक क्षेत्र में अधिक सफल रहा है और इससे समस्त मानवजाति का उत्थान व कल्याण हुआ है।

आर्थिक एवं सामाजिक परिषद् के कार्य

आर्थिक तथा सामाजिक परिषद् भी संयुक्त राष्ट्रसंघ का एक महत्वपूर्ण अवयव है। इसका कार्य संघ के आर्थिक, सामाजिक, सांस्कृतिक, शैक्षणिक, स्वास्थ्य संबंधी तथा इसी प्रकार के अन्य अनेक उत्तरदायित्वों को पूरा करना है। आर्थिक तथा सामाजिक परिषद् में कुल मिलाकर 54 सदस्य होते हैं जिनका निर्वाचन साधारण सभा अपने 2/3 बहुमत से करती है। परिषद् के 18 सदस्य प्रतिवर्ष महासभा द्वारा 3 वर्ष की अवधि के लिए निर्वाचित होते हैं। किन्तु सदस्यों को निर्वाचन में फिर से खड़े होने

का अधिकार होता है। परिषद् के सभी सदस्यों को 1 मत देने का अधिकार होता है और इसके सभी निर्णय सदस्यों के बहुमत से ही लिये जाते हैं। परिषद् को अपना अध्यक्ष निर्वाचित करने का अधिकार होता है। इसमें सदस्यों का चुनाव, क्षेत्रीय प्रणाली (7 सदस्य एशिया व अफ्रीका से, 1 लैटिन अमेरिका से व 1 पश्चिमी यूरोप व पूर्वी यूरोप के आधार पर होता है।) आदि से चुने जाते हैं। आर्थिक और सामाजिक परिषद् का कार्य इस प्रकार का मानसिक वातावरण तैयार करना है जो विश्व शांति की स्थापना में सहायक हो और शक्ति प्रयोग की कठिनाइयों से अवगत हो। मनुष्य के सर्वांगीण विकास के द्वारा उसको भौतिक रूप से संतुष्ट करना ही परिषद् का लक्ष्य है। कोई भी व्यक्ति पीड़ित न रहे। इस परिषद् को मानव के भौतिक विकास में सहायता प्रदान करने के लिए अनेक विशिष्ट संस्थाओं की व्यवस्था की गई है। आर्थिक व सामाजिक परिषद् का कार्य इन संस्थाओं के बीच सामंजस्य स्थापित करना है, उनको निर्देश प्रदान करना है तथा विशिष्ट अभिकरणों की कार्यवाही का आयोजन करना है।

आर्थिक व सामाजिक परिषद् एक ऐसी संस्था के रूप में कार्य करती है जिसका कार्य विशेष योग्यतानुसार संस्थाओं का संयुक्त राष्ट्रसंघ से संबंध स्थापित करना है। इस संबंध में आर्थिक और सामाजिक परिषद् केवल एक मध्यस्थ का कार्य करती है क्योंकि इन विशेष योग्यतायुक्त संस्थाओं का संबंध सम्पूर्ण संयुक्त राष्ट्रसंघ से है। आर्थिक व सामाजिक परिषद् द्वारा किए गए सभी समझौतों पर महासभा यानि साधारण सभा की स्वीकृति प्राप्त करना आवश्यक होता है। इसलिए यह कहा जा सकता है कि परिषद् केवल मध्यस्थता का कार्य करती है और उसका विशेष योग्यता-युक्त संस्थाओं से कोई स्वतंत्र संबंध नहीं है। परन्तु इसका समन्वय सम्बन्धी कार्य अत्यन्त महत्वपूर्ण है।

(1) आर्थिक व सामाजिक परिषद् का मुख्य कार्य उच्चतर जीवन-स्तर, पूर्ण रोजगार उपलब्ध कराना तथा सामाजिक प्रगति व आर्थिक विकास करना है।

(2) सामाजिक और आर्थिक परिषद् का दूसरा महत्वपूर्ण कार्य सुरक्षा परिषद् की प्रार्थना पर किसी आक्रमणकारी राष्ट्र पर आर्थिक दण्ड लगाने में उसकी सहायता करना है।

(3) विशेष योग्यता-युक्त संस्थाओं के कार्यों में उनसे साधारण सभा से तथा संघ के सदस्यों से परामर्श करके परिषद् उन्हें अपनी सिफारिशें भेजती है और उनमें सामंजस्यपूर्ण सम्बन्ध स्थापित करती है।

(4) अपने कार्यक्षेत्र के अन्तर्गत यह किसी भी मामले की जांच करके उन पर महासभा को अपनी सिफारिशें भेज सकती है।

(5) अपने कार्यक्षेत्र के किसी भी विषय पर अन्तर्राष्ट्रीय सम्मेलन बुला सकती है।

(6) सदस्य राष्ट्रों की प्रार्थना पर उन्हें सहायता तथा तकनीकी परामर्श दे सकती है।

(7) यह साधारण सभा, सुरक्षा परिषद् तथा न्यास परिषद् को उनकी प्रार्थना करने पर किसी प्रकार की सहायता तथा सूचना प्रदान कर सकती है।

(8) मौलिक स्वतंत्रता तथा मानव अधिकारों के विकास तथा प्रसार के लिए भी वह कार्य कर सकती है।

इस प्रकार आर्थिक व सामाजिक परिषद् की शक्तियों का क्षेत्र केवल अध्ययन, खोज तथा सिफारिशों तक ही सीमित है। उसका कार्य ऐच्छिक सहयोग को बनाये रखना है। संयुक्त राष्ट्रसंघ के समस्त सदस्यों ने यह प्रतिज्ञा की है कि वे आर्थिक तथा सामाजिक उन्नति, जीवन-स्तर ऊंचा उठाने, बेकारी के सम्पूर्ण उन्मूलन, सांस्कृतिक एवं शैक्षणिक सहयोग और मानव अधिकारों तथा स्वतंत्रताओं के पालन आदि में संयुक्त तथा पृथक रूप में परिषद् की सिफारिशों के आधार पर ही काम करेंगे।

आर्थिक और सामाजिक परिषद् अपना कार्य आयोगों, समितियों और दूसरी विभिन्न अनुषांगिक संस्थाओं द्वारा करती है। इसमें निम्नलिखित आयोग हैं–

1. अर्कशास्त्री आयोग	15 सदस्य
2. जनसंख्या आयोग	15 "
3. सामाजिक आयोग	18 "
4. मानवीय अधिकार आयोग	18 "
5. स्त्रियों की प्रतिष्ठा सम्बन्धी आयोग	18 "
6. मादक पदार्थों सम्बन्धी आयोग	15 "
7. अन्तर्राष्ट्रीय वस्तु व्यापार आयोग	18 "
8. संचार एवं परिवहन आयोग	15 "

एक उप-आयोग भी है जो सुरक्षा और भेदभाव को मिटाने के सम्बन्ध में है और मानवीय अधिकार आयोग के निर्देशन में कार्य करता है। चार प्रादेशिक आर्थिक आयोग भी हैं जो अपने क्षेत्रीय देशों की आर्थिक समस्याओं का अध्ययन करते हैं और वहाँ की सरकारों को आर्थिक विकास सम्बन्धी मामलों में सुझाव देते हैं जैसे विद्युत शक्ति, अन्तर्देशीय परिवहन और व्यापार प्रोत्साहन। इनके नाम हैं–

यूरोपीय आर्थिक आयोग

एशिया और सुदूरपूर्व आयोग

लैटिन अमेरिका आर्थिक आयोग

अफ्रीका आर्थिक आयोग

इसके साथ ही परिषद् की कई समितियां हैं जैसे भवन निर्माण तथा आयोजन समिति तथा विकास के लिए विज्ञान और शिल्प विज्ञान सलाहकार समिति आदि।

सारांश में संयुक्त राष्ट्रसंघ की महासभा के अधीन अन्तर्राष्ट्रीय आर्थिक व सामाजिक शिक्षा सम्बन्धी, सांस्कृतिक, स्वास्थ्यपरक तथा एतद्सम्बन्धी जितने भी प्रकार्य संयुक्त राष्ट्रसंघ के हैं उन सबको कार्यान्वित करना आर्थिक व सामाजिक परिषद् का उत्तरदायित्व है। इसका विस्तृत वर्णन आगे किया जायेगा।

संयुक्त राष्ट्रसंघ की आर्थिक और सामाजिक परिषद्

राष्ट्रसंघ में अलग से आर्थिक और सामाजिक परिषद् नहीं थी परन्तु संयुक्त राष्ट्रसंघ में इसकी व्यवस्था की गई है क्योंकि संयुक्त राष्ट्रसंघ एक ऐसा अन्तर्राष्ट्रीय संगठन है जिसका स्वरूप राजनीतिक तथा गैर-राजनीतिक दोनों ही हैं। इसकी सैद्धांतिक पृष्ठभूमि में संघर्ष और सहयोग दोनों प्रवृत्तियों का समावेश है। यद्यपि इसका जन्म द्वितीय विश्वयुद्ध के संदर्भ में हुआ, इसलिए संयुक्त राष्ट्रसंघ का सम्बन्ध युद्ध और शांति से होना स्वाभाविक भी था, परन्तु फिर भी इसने आर्थिक, सामाजिक, सांस्कृतिक आदि अनेक गतिविधियों में अधिक रुचि दिखलाई है। क्योंकि राष्ट्रसंघ राजनीतिक गतिविधियों में इतना सफल नहीं हुआ था जितना कि आर्थिक व सामाजिक क्षेत्रों में। वस्तुतः इन गतिविधियों को युद्ध और शांति की समस्याओं से एकदम अलग भी नहीं किया जा सकता। इस बाद से इंकार नहीं किया जा सकता कि अधिकांश तनावों के पीछे आर्थिक और सामाजिक कारण होते हैं। जहाँ आर्थिक और सामाजिक असन्तोष का वातावरण होता है वहां स्थायी शांति और व्यवस्था की स्थापना नहीं की जा सकती। जैसा कि प्रसिद्ध लेखक वेण्डेनवोश तथा होगन ने लिखा है, "आर्थिक संकट तथा सामाजिक असन्तोष निराशा तथा तनाव को जन्म देते हैं जिससे व्यवस्था, स्थायित्व तथा सुरक्षा समाप्त हो जाती है। ऐसी परिस्थिति में केवल शक्ति के आधार पर ही यथास्थिति को बनाए रखकर शांति कायम रखी जा सकती है। परन्तु ऐसी स्थिति अवश्य ही अस्थायी तथा विस्फोटक होगी।" आर्थिक और सामाजिक पहलू की महत्ता को स्वीकार करते हुए भारत के प्रतिनिधि श्री रामास्वामी मुदालियर ने भी कहा था कि "युद्ध के अधिकांश कारण ऐसी ही समस्याओं से अन्तर्निहित होते हैं।" अतः शांति और सुव्यवस्था को स्थायी आधार देना है तो आर्थिक, सामाजिक तथा सांस्कृतिक क्षेत्रों में सहयोग आवश्यक है। 'विभूश्रयकिमि न करोति पापम भूद्ग' मनुष्य कौन-सा पाप नहीं कर सकता अतः सुधा और बेकारी का निवारण स्थायी शान्ति के लिए आवश्यक है।

राष्ट्रसंघ का अनुभव

राष्ट्रसंघ की योजना बनाने वालों का बहुमत आर्थिक और सामाजिक सहयोग के प्रश्न पर एकमत नहीं था। उसने अपना अधिकांश ध्यान राजनीतिक प्रश्नों पर ही केन्द्रित किया था। पेरिस शांति सम्मेलन में अमेरिका के राष्ट्रपति विल्सन ने यह स्पष्ट कर दिया था कि आर्थिक प्रश्नों में उनकी अधिक रुचि नहीं है। जब फ्रांसीसी प्रतिनिधि द्वारा राष्ट्रसंघ के लिए एक पृथक आर्थिक तथा सामाजिक विभाग का प्रस्ताव रखा गया तो राष्ट्रपति विल्सन ने इसका विरोध करते हुए कहा था कि इस प्रस्ताव

में एक खतरनाक सिद्धान्त अन्तर्निहित है। "......राष्ट्रसंघ को ऐसे सिद्धान्तों से सर्वथा अलग रहने की चेष्टा करनी चाहिए।" वह इस बात से सहमत नहीं थे विभाग में आर्थिक और सामाजिक मामलों में महत्वपूर्ण भूमिका अदा कर सकेगा। उसके विरोध के कारण ही राष्ट्रसंघ के विभागों में आर्थिक और सामाजिक मामलों के लिए किसी पृथक विभाग की व्यवस्था नहीं की गयी। परन्तु विद्वानों का मत है कि राष्ट्रसंघ राजनीतिक कार्यों की अपेक्षा कल्याणकारी, आर्थिक और सामाजिक कार्यों में अधिक सफल हुआ था। भयंकर रोगों की रोकथाम, दास-प्रथा का उन्मूलन, स्त्रियों व श्रमिकों की दशा में सुधार, विस्थापितों को सहायता तथा लोकोपकारी कार्यों द्वारा राष्ट्रसंघ ने प्रशंसनीय कार्य किए। परन्तु इन मामलों से सम्बद्ध कार्यों को भी राष्ट्रसंघ की असेम्बली तथा कौंसिल को ही सौंप दिया गया था। इस प्रकार शांति और व्यवस्था के उद्देश्य हेतु राजनीति प्रश्नों के समक्ष आर्थिक तथा सामाजिक प्रश्नों को गौण स्थान प्रदान किया गया। परन्तु शीघ्र ही यह महसूस किया गया कि शांति, सुरक्षा तथा आर्थिक स्थिरता आदि एक दूसरे से बहुत सम्बद्ध हैं इसीलिए राजनीतिक, आर्थिक एवं सांस्कृतिक सभी क्षेत्रों में सहयोग आवश्यक है। द्वितीय विश्वयुद्ध के बाद विश्व की आर्थिक स्थिति काफी डावांडोल थी और इस स्थिति को संभालने के लिए अन्तर्राष्ट्रीय पहल आवश्यक थी। परिणामस्वरूप राष्ट्रसंघ के आर्थिक और सामाजिक कार्यों के संपादन के लिए समितियों तथा आयोगों का गठन किया गया। दोनों विश्वयुद्धों के दौरान आर्थिक, सामाजिक तथा स्वास्थ्य के क्षेत्र में राष्ट्रसंघ द्वारा काफी उपयोगी तथा प्रशंसनीय और सराहनीय कार्य किए गए। जन-कल्याण के क्षेत्र में राष्ट्रसंघ ने बहुत काम किए। राष्ट्रसंघ के अन्तर्गत उक्त क्षेत्रों में गठित संस्थाओं की उपलब्धि की चर्चा करते हुए वाल्टर ने भी स्वीकार किया है कि उनके कार्यों ने परिषद् से भी अधिक जनमत को प्रभावित किया। इन संस्थाओं ने राष्ट्रसंघ तथा सदस्य एवं गैर-सदस्य राज्यों में भी तालमेल स्थापित किया। हिटलर और मुसोलिनी के आक्रामक कार्यों को रोकने में राष्ट्रसंघ की असफलता परिलक्षित हो जाने के बाद भी ये संस्थाएं, आर्थिक, सामाजिक तथा मानव-कल्याणकारी कार्यों के क्षेत्र में उल्लेखनीय सेवाएं तथा कार्य करती रहीं। यही कारण है कि यह कहा जाता है कि राष्ट्रसंघ को असली सफलता गैर-राजनीतिक क्षेत्रों में प्राप्त हुई है। राष्ट्रसंघ के तत्वावधान में आर्थिक और सामाजिक क्षेत्र तथा मानव-कल्याण के अन्तर्राष्ट्रीय सहयोग के नए युग का सूत्रपात हुआ है इसके द्वारा निर्धनता, अशिक्षा, रोग निवारण के लिये सराहनीय कार्य किये गये हैं तथा बंधुआ मजदूरों और महिलाओं की उन्नति व कृषि विकास व समस्त समस्या के समाधान के लिये प्रयास किये गये हैं।

संयुक्त राष्ट्रसंघ का चार्टर तथा सामाजिक एवं आर्थिक कार्य

संयुक्त राष्ट्रसंघ के निर्माताओं के समक्ष राष्ट्रसंघ का उदाहरण था। उन्होंने राष्ट्रसंघ के अनुभव से लाभ उठाया। उन्होंने यह अनुभव किया कि जिस प्रकार राज्य केवल शांति और सुरक्षा का प्रहरी मात्र नहीं है उसी तरह विश्व संस्था का दायरा भी विश्व

समुदाय में शांति और व्यवस्था बनाये रखने तक ही सीमित नहीं रखा जा सकता। उनका विश्वास था कि युद्ध, शांति और आर्थिक स्थिरता एक-दूसरे से बहुत सम्बद्ध हैं और इसीलिए शांति एवं सुरक्षा बनाये रखने के लिए मानवीय, राजनीतिक, आर्थिक तथा सामाजिक क्षेत्रों में सहयोग आवश्यक है। चार्टर के निर्माण के लिए हुए सानफ्रांसिस्को सम्मेलन में आए हुए प्रतिनिधियों ने आर्थिक एवं सामाजिक क्षेत्र में कार्य करने के लिए भावी संघ में एक प्रमुख अंग की व्यवस्था पर काफी जोर दिया ताकि आर्थिक एवं सामाजिक सहयोग का उद्देश्य अन्य उद्देश्यों से कम महत्वपूर्ण न रह जाये। उनके प्रयास के चलते ही चार्टर में विश्व संस्था के लिए पिछड़े लोगों के जीवन-स्तर का उन्नयन, सबको पूर्ण रोजगार की व्यवस्था, मूलभूत मानव अधिकारों की स्वीकृति, विश्व के लोगों की अभाव एवं दरिद्रता से मुक्ति आदि व्यापक उद्देश्य स्वीकृत किए गए। चार्टर में मानव कल्याण के लिए निम्नलिखित संकल्प दोहराये गए–

(1) उच्चतर जीवन-स्तर, पूर्ण रोजगार, आर्थिक-सामाजिक प्रगति एवं उन्नयन।

(2) अन्तर्राष्ट्रीय आर्थिक सामाजिक समस्याओं को दूर करना, विश्व के लोगों को स्वास्थ्य एवं चिकित्सा संबंधी जानकारी एवं सुविधाएं प्रदान करना, शिक्षा एवं संस्कृति के क्षेत्र में सहयोग स्थापित करना आदि।

(3) सभी को समान रूप से मौलिक अधिकारों तथा स्वतन्त्रता को उपलब्ध कराने के लिए चेतना जागृत करना तथा राजनीतिक स्तर पर उनकी प्राप्ति हेतु प्रयास करना।

उपर्युक्त लक्ष्यों की प्राप्ति के लिए संयुक्त राष्ट्र चार्टर में संयुक्त राष्ट्रसंघ के छः प्रमुख अंगों में आर्थिक और सामाजिक परिषद् को प्रमुख स्थान दिया गया। अन्तर्राष्ट्रीय संगठन के क्षेत्र में इसे नया प्रयोग कहा जा सकता है। यह राष्ट्रसंघ की धारणा से भिन्न था चूंकि राष्ट्रसंघ के अन्तर्गत इस प्रकार के कार्यों का उत्तरदायित्व राजनीतिक अंगों को सौंपा गया था जिसका निर्वाचन सहायक आयोगों तथा समितियों के द्वारा किया जाता था। परन्तु संयुक्त राष्ट्रसंघ के चार्टर के अन्तर्गत आर्थिक और सामाजिक परिषद् संघ के आर्थिक, सामाजिक, सांस्कृतिक, शैक्षणिक, स्वास्थ्य संबंधी तथा अन्य उपर्युक्त विषयों का अध्ययन करती है, इन पर रिपोर्ट देती है तथा यदि आवश्यकता पड़े तो विषय के अध्ययन के लिए व्यवस्था भी कर सकती है। यदि सुरक्षा परिषद् का उद्देश्य विश्व की युद्ध की विभीषिका से रक्षा करना है तो आर्थिक और सामाजिक परिषद् का उद्देश्य मानव की गरीबी, दरिद्रता तथा बीमारी से रक्षा करके तथा शैक्षणिक विकास द्वारा युद्ध के मानसिक कारणों का उन्मूलन करना है। अतः मानव-कल्याण उतना ही आवश्यक है जितने कि राजनीतिक कार्य।

आर्थिक और सामाजिक परिषद् का गठन–आर्थिक और सामाजिक परिषद् की अलग व्यवस्था संयुक्त राष्ट्रसंघ की नवीन देन है। संयुक्त राष्ट्रसंघ के चार्टर की धारा 61 में आर्थिक और सामाजिक परिषद् के संगठन का उल्लेख है। मूल

विधान में यह कहा गया था कि परिषद् में 18 सदस्य होंगे। परन्तु बाद में यह अनुभव किया गया कि प्रतिनिधित्व के दृष्टिकोण से परिषद् की सदस्य संख्या अपर्याप्त है। अतः बहुत दिनों तक यह आवाज़ उठाई जा रही थी कि आर्थिक और सामाजिक परिषद् की सदस्यता में वृद्धि की जाए। 1963 में चार्टर में संशोधन स्वीकार कर सदस्यों की संख्या 27 कर दी गई। यह संशोधन सदस्य राज्यों की संतुष्टि के बाद 31 अगस्त, 1965 ई॰ को लागू हुआ। 20 दिसम्बर, 1971 को महासभा ने धारा 61 में संशोधन का एक प्रस्ताव स्वीकार किया, जिसके अनुसार परिषद् की सदस्य संख्या 27 से बढ़ाकर 54 कर दी गई। अतः वर्तमान समय में इस परिषद् में 54 सदस्य हैं।

आर्थिक और सामाजिक परिषद् के सदस्यों का चुनाव महासभा अपने दो-तिहाई बहुमत से करती है। सदस्यों की योग्यता के संबंध में कोई लिखित निर्देश नहीं है। इसमें न तो सुरक्षा परिषद् की तरह स्थायी सदस्यों को जगह दी गई है और न ही महासभा को इसके सदस्यों के चुनाव के संबंध में कोई निर्देश दिया गया है। कारण यह था कि यह प्रतीत किया गया कि गैर सुरक्षात्मक प्रश्न महान राष्ट्रों के हितों के लिए प्रत्यक्ष अथवा शायद स्पष्ट तौर पर चुनौती नहीं साबित हो सकते थे। इसमें खुली सदस्यता की बात छोटे राष्ट्रों के प्रति मित्रता का भाव प्रदर्शित करती है। यह उन छोटे तथा मध्यवर्गीय राज्यों को संतुष्ट करने के लिए आवश्यक था जो सुरक्षा परिषद् में महाशक्तियों को मिली स्थायी जगह मिलने से स्पष्ट रूप से असंतुष्ट थे। जो भी हो, सानफ्रांसिस्को सम्मेलन में कनाडा तथा फ्रांस के प्रतिनिधियों ने यह सुझाव रखा था कि संयुक्त राष्ट्र के चार्टर में इस तरह का विधान किया जाए कि प्रमुख औद्योगिक राज्यों को इस परिषद् की सदस्यता हमेशा प्राप्त होती रहे। परन्तु पुनर्निर्वाचन तथा महत्वपूर्ण देश का विधान रखा गया है। परिणामस्वरूप सुरक्षा परिषद् के पांच महान तथा स्थायी राष्ट्र सदस्य घुमा फिराकर इसमें निर्वाचित होते रहे हैं। हालांकि छोटे और मध्यम श्रेणी के राष्ट्रों को भी प्रतिनिधित्व मिलता रहा है। इस प्रकार पुनर्निर्वाचन की प्रथा के कारण सुरक्षा परिषद् के स्थायी सदस्य सर्वथा चुन लिए जाते हैं। अतः व्यवहार में करीब-करीब वही परिणाम निकले हैं जो औपचारिक रूप में घोषणा के कारण होते। वेण्डेनवोश तथा होगन के अनुसार बड़े तथा औद्योगिक महत्व के देशों के बार-बार चुने जाने के कारण व्यवहार में कुछ राज्य इसके स्थायी सदस्य बन गए थे। परन्तु उनको सुरक्षा परिषद् के निषेधाधिकार की तरह कोई विशेष अधिकार प्राप्त नहीं है और 54 सदस्य हो जाने से वहां छोटे राष्ट्रों का वर्चस्व हो गया है।

वैसे तो संयुक्त राष्ट्रसंघ महासभा अपनी इच्छानुसार किसी भी सदस्य राष्ट्र को आर्थिक व सामाजिक परिषद् का सदस्य चुन सकती है, परन्तु ऐसा देखा गया है कि सदस्यों का चुनाव करते समय वह उनकी भौगोलिक स्थिति, सरकारों की आर्थिक स्थिति एवं उनकी संस्कृति का भी विशेष ध्यान रखती है। 1965 के संशोधन के

अनुसार इस परिषद् में नौ सीटों की वृद्धि हुई है। उसके बंटवारे की व्यवस्था इस प्रकार की गई–सात सीटें अफ्रीकी-एशियाई देशों को, एक लैटिन अमेरिकी देशों को तथा एक पश्चिमी यूरोपीय देशों को।

आर्थिक व सामाजिक परिषद् के सदस्यों का चुनाव तीन वर्ष के लिए होता है। पर व्यवस्था यह है कि प्रत्येक वर्ष इसके एक-तिहाई सदस्य पदमुक्त हो जाते हैं और उनकी जगह नए सदस्यों का चुनाव होता है। इस प्रकार यह परिषद् एक स्थायी संस्था है। जैसा ऊपर कहा गया है कि इस परिषद् के सदस्यों के पुनर्निर्वाचन पर कोई प्रतिबंध नहीं लगाया गया है। जिन सदस्यों की अवधि समाप्त हो जाती है वे अनुच्छेद 61(2) के अनुसार तुरन्त ही फिर चुनाव में खड़े हो सकते हैं। व्यवहार में ऐसा देखा गया है कि बड़ी शक्तियों तथा औद्योगिक महत्व के राज्यों को प्राय: बार-बार चुन लिया जाता है। परन्तु 54 की सदस्य संख्या हो जाने के कारण वहां छोटे राज्यों का अधिक वर्चस्व स्थापित हो गया है। आर्थिक व सामाजिक परिषद् में छोटे राष्ट्रों का वर्चस्व है जबकि सुरक्षा परिषद् में वीटो वाले स्थायी राष्ट्रों का।

मतदान प्रणाली, पदाधिकारी तथा कार्यविधि

आर्थिक और सामाजिक परिषद् में प्रत्येक सदस्य को सिर्फ एक प्रतिनिधि भेजने का अधिकार है। परन्तु प्रत्येक सदस्य राज्य को सिर्फ एक ही मत प्राप्त है। इस परिषद् में निर्णय उपस्थित तथा मतदान करने वाले सदस्यों के साधारण बहुमत से लिया जाता है। यह परिषद् किसी ऐसे गैर सदस्य राज्य को भी अपनी कार्यवाही में भाग लेने के लिए आमन्त्रित कर सकती है जिसका किसी विचारणीय मामले में प्रत्यक्ष सम्बन्ध हो, परन्तु आमन्त्रित सदस्य को मतदान में भाग लेने का अधिकार नहीं होता। इसके अतिरिक्त गैर-सरकारी राष्ट्रीय तथा अन्तर्राष्ट्रीय संगठनों से भी आवश्यकतानुसार परामर्श लेने की व्यवस्था है। किन्तु ये संगठन आर्थिक व सामाजिक परिषद् की बैठकों में भाग नहीं ले सकते। इसके विधान से यह स्पष्ट है कि आर्थिक और सामाजिक परिषद् को विस्तृत स्रोतों से आवश्यक सूचना और परामर्श लेने व उपयोग करने का पूर्ण अधिकार है।

नियम के अनुसार इस परिषद् की बैठकों के वर्ष में तीन बार होने का विधान है, किन्तु समान्यतया दो बार–अप्रैल तथा जुलाई में–बैठकें होती हैं जो चार से छह सप्ताह तक चलती हैं। आवश्यकता पड़ने पर इस परिषद् की विशेष बैठक भी बुलाई जा सकती है। इस तरह की विशेष बैठक इस परिषद् के सदस्यों के बहुमत के अनुरोध पर बुलायी जाती है। संयुक्त राष्ट्रसंघ के चार्टर की धारा 72(2) में कहा गया है–"आर्थिक और सामाजिक परिषद् का अधिवेशन जब आवश्यक हो, उसके अपने नियमों के अनुसार होगा। इन नियमों के अनुसार जब कभी उसके सदस्यों का बहुमत अनुरोध करे तो उसका अधिवेशन बुलाया जाए।" जब तक परिषद् कोई दूसरा निर्णय नहीं करती तब तक उसक अधिवेशन संयुक्त राष्ट्रसंघ के मुख्यालय में ही होता है।

प्रत्येक वर्ष अपनी बैठक के प्रारम्भ में ही आर्थिक व सामाजिक परिषद् एक अध्यक्ष तथा दो उपाध्यक्षों का चुनाव करती है। ये पदाधिकारी केवल एक वर्ष के लिए ही चुने जाते हैं। किन्तु अपनी अवधि समाप्त होने के बाद वे पुनः निर्वाचित भी किये जा सकते हैं। जैसे ही उनके देश की इस परिषद् की सदस्यता समाप्त हो जाती है, उनकी सेवा अवधि भी समाप्त हो जाती है। अध्यक्ष का चुनाव करते समय यह ध्यान रखा जाता है कि वह बड़े राष्ट्रों में न आता हो। अध्यक्ष इस परिषद् के अधिवेशन के आरम्भ और स्थगन की घोषणा करता है। वह इस परिषद् में वाद-विवाद को निर्देशित करता है तथा प्रक्रिया संबंधी नियमों का पालन करवाता है। वह किसी प्रश्न को मतदान के लिए पेश करता है और मतदान के बाद उसके निर्णयों की घोषणा करता है। उसके परामर्श से ही महासचिव कार्यावली का निर्धारण करता है। सचिवालय परिषद् के अधिवेशनों, उसकी समितियों एवं अधीनस्थ निकायों के कार्यों का रिकार्ड रखा जाता है।

आर्थिक व सामाजिक परिषद् केवल प्रस्ताव पारित कर सकती है, निर्णय लेने का उसको अधिकार नहीं है। इसके द्वारा पारित प्रस्तावों को अनुमोदनार्थ सदस्य राज्यों के पास भेजा जाता है। कभी-कभी यह सुरक्षा परिषद् की सहायक संस्था के रूप में भी कार्य करती है। शांति भंग की अवस्था में विवादास्पद राज्य के विरुद्ध आर्थिक प्रतिबंध लगाते समय सुरक्षा परिषद् आर्थिक और सामाजिक परिषद् की बैठक आमंत्रित करती है तथा उससे परामर्श लेती है। ऐसी स्थिति में आर्थिक व सामाजिक परिषद्, सुरक्षा परिषद् की पूरी सहायता करती है। यह अपने सहायक अंगों तथा विशिष्ट अभिकरणों में प्रतिवेदन स्वीकार करती है और उस पर विचार-विमर्श करती है। प्रसिद्ध लेखक गुडस्पीड के अनुसार "परिषद् का अधिकांश समय अपने सहायक अंगों तथा अपने विशिष्ट अभिकरणों के प्रतिवेदनों को सुनने में व्यतीत होता है।" यह उन पर विचार करके निष्कर्ष निकाल लेती है तथा समन्वय को कार्यान्वित करने का प्रयास करती है।

आयोग तथा समितियां

आर्थिक और सामाजिक परिषद् को काफी महत्वपूर्ण और व्यापक उत्तरदायित्व प्रदान किए गए हैं। उनका सम्पादन करने के लिए इस परिषद् को सहायक अंगों की स्थापना करने का अधिकार भी दिया गया है। इस अधिकार के अन्तर्गत आर्थिक व सामाजिक परिषद् ने आयोगों और समितियों की स्थापना की है जो इसके कार्यों का सम्पादन करते हैं। इन आयोगों के सदस्यों का निर्वाचन यह परिषद् स्वयं करती है। कुछ आयोगों के सदस्यों का निर्वाचन सदस्य देश भी करते हैं। महासभा सचिव भी इसे परामर्श देते हैं ताकि प्रत्येक आयोग के अधीन विभिन्न क्षेत्रों का संतुलित प्रतिनिधित्व हो सके। ये आयोग दो प्रकार के होते हैं–

(क) कार्यात्मक आयोग तथा, (ख) प्रादेशिक आयोग।

कार्यात्मक आयोग की श्रेणी में निम्नलिखित मुख्य आयोग आते हैं–(क) यातायात व संचार आयोग (15 सदस्य), (ख) परिगणन आयोग (15 सदस्य), (ग) जनसंख्या आयोग (15 सदस्य), (घ) सामाजिक आयोग (18 सदस्य), (ङ) मानव अधिकार आयोग (18 सदस्य), (च) नारी स्थिति सम्बन्धी आयोग (19 सदस्य), (छ) मादक द्रव्य निषेध आयोग (15 सदस्य), (ज) अन्तर्राष्ट्रीय वस्तु व्यापार (18 सदस्य), (झ) आर्थिक विकास आयोग (18 सदस्य)।

कार्यात्मक आयोग के सदस्य निर्वाचित होते हैं और उनका निर्वाचन आर्थिक एवं सामाजिक परिषद् द्वारा किया जाता है। इनका कार्यकाल तीन या चार साल का होता है, किन्तु इनके अतिरिक्त कार्यकाल पर कोई प्रतिबन्ध नहीं है। आयोग के सदस्य सम्बद्ध सरकारों द्वारा मनोनीत किये जाते हैं। आयोग के सदस्यों के रूप में केवल राज्यों का ही निर्वाचन होता है। फिर सदस्य देश संयुक्त राष्ट्रसंघ महासचिव से परामर्श करके अपने प्रतिनिधियों को नियुक्त करते हैं। इन नियुक्तियों को बाद में आर्थिक व सामाजिक परिषद् अनुमोदित करती है। ऐसे आयोगों की कार्यविधि निम्न होती है–(1) तथ्य एवं आंकड़े एकत्र करना, (2) अध्ययन एवं विश्लेषण, (3) पहले से उन क्षेत्रों में कार्यशील संस्थाओं के साथ सहयोग एवं समायोजन संबंधी अनुशंसा, (4) परिषद् की कार्यवाही हेतु अनुशंसा।

इन आयोगों के कार्यक्षेत्र विश्व के विभिन्न क्षेत्रों में फैले होते हैं। कभी-कभी कोई राष्ट्रीय, क्षेत्रीय या अन्तर्राष्ट्रीय संस्था उनके कार्यक्षेत्र में काम करती रहती है, तब उस आयोग को पूर्ववर्ती संस्था के कार्य को अपने हाथ में लेकर या उसके साथ सहयोग करते हुए अपना काम शुरू करना होता है। यह अपेक्षाकृत अधिक सुविधाजनक होता है। पर अन्य क्षेत्रों में उन्हें कार्यारम्भ ही करना होता है।

कार्यात्मक आयोग का मुख्य उद्देश्य अपने-अपने विषयों के सम्बन्ध में आर्थिक व सामाजिक परिषद् को सुझाव देना है। कार्यों के दृष्टिकोण से इन आयोगों के तीन वर्ग बनाये जा सकते हैं। प्रथम वर्ग में परिगणना आयोग, आबादी आयोग तथा अन्तर्राष्ट्रीय वस्तु व्यापार आयोग को रखा जा सकता है। इन आयोगों का कार्य अपने क्षेत्र में सम्बद्ध विषयों का अध्ययन करना तथा उनके सम्बन्ध में आर्थिक व सामाजिक परिषद् के समक्ष आंकड़े प्रस्तुत करना है। द्वितीय श्रेणी में सामाजिक आयोग, मानव अधिकार आयोग तथा नारी अधिकार आदि आयोग आते हैं। वैसे इन आयोगों के कार्य भी प्रथम कोटि के आयोगों के कार्यों से मिलते-जुलते हैं परन्तु इनकी विशेषता यह है कि ये नीति सम्बन्धी विषयों पर भी परामर्श एवं सुझाव देते हैं। तृतीय श्रेणी में मादक पदार्थ नियन्त्रण आयोग को रखा जाता है। अन्य आयोगों से भिन्न इसे निरीक्षण तथा परामर्शदात्री दोनों अधिकार प्राप्त हैं।

आयोगों की कार्यविधि आर्थिक व सामाजिक परिषद् की कार्यविधि से मिलती-जुलती है। इनमें निर्णय बहुमत से लिया जाता है। आयोगों के अपने अध्यक्ष तथा उपाध्यक्ष होते है। नारी अधिकार संबंधी आयोग, मादक द्रव्य आयोग, मानव

अधिकार आयोग, अन्तर्राष्ट्रीय वस्तु व्यापार आयोग तथा सामाजिक आयोग आदि की बैठक प्रत्येक वर्ष होती है। अन्य आयोगों की बैठक वर्ष में एक बार होती है। आयोगों के सदस्य अपने देश की सरकार के निर्देशानुसार कार्य करते हैं और उनकी कार्य स्वतंत्रता जाती रहती है।

इन आयोगों के अलावा कुछ उप-आयोग भी होते हैं, जैसे सांख्यिकी विश्लेषण, भेदभाव निरोध तथा सूचना एवं प्रेस की स्वतंत्रता से सम्बद्ध आयोग आदि।

कार्यात्मक आयोगों तथा उप-आयोगों के अतिरिक्त आर्थिक व सामाजिक परिषद् द्वारा कुछ क्षेत्रीय आयोगों की स्थापना की जाती है। इस तरह के चार आयोग हैं– (क) यूरोपीय निमित्त आर्थिक आयोग (29 सदस्य, एक देश परामर्शदाता के रूप में भाग लेता है)। (ख़) एशिया व सुदूरपूर्व निमित्त आर्थिक आयोग (23 सदस्य, दो सदस्य सह-सदस्य हैं)। (ग) लैटिन अमेरिका आर्थिक आयोग (24 सदस्य) और (घ) अफ्रीका निमित्त आर्थिक आयोग (15 सदस्य, इसमें 7 सदस्य सह-सदस्य हैं)। इन क्षेत्रीय आयोगों का कार्य विशेष क्षेत्रों तक ही सीमित रहता है। इनके मुख्यालय उन्हीं क्षेत्रों में रहते हैं। इससे स्थानीय अवस्थाओं, समस्याओं तथा उनके समाधान के लिए अनुशंसा करने में सुविधा होती है।

आर्थिक व सामाजिक परिषद् की कुछ स्थायी समितियाँ भी हैं जिनके द्वारा यह अपने कार्यों का संपादन करती है। ये समितियाँ पांच हैं–(क) प्राविधिक सहायता समिति, (ख) अन्तर्राष्ट्रीय संस्थाओं से बात-चीत करने वाली समिति, (ग) गैर सरकारी संगठनों से परामर्श की व्यवस्था करने वाली समिति, (घ) कार्यसूची समिति, (ङ) बैठकों के कार्यक्रम निमित्त अन्तरिम समिति। इन समितियों की बैठक परिषद् के पूर्ण अधिवेशनों के कुछ दिनों पहले होती है। इन समितियों में सर्वाधिक महत्वपूर्ण शायद प्राविधिक सहायता समिति है। इसका मुख्य उद्देश्य दुःख और दरिद्रता से मानव-जाति को छुटकारा दिलाना है। इन स्थायी समितियों के अलावा समय-समय पर कुछ विशिष्ट कार्यों के सम्पादन हेतु तदर्थ समितियों की स्थापना की जाती है जो अस्थायी होते हुए भी प्रशंसनीय कार्य करती हैं।

किसी विशेष क्षेत्र में विशेषता रखने वाले 14 अन्तर-सरकारी संगठन विशेष समझौतों द्वारा संयुक्त राष्ट्रसंघ से सम्बन्धित हैं। इनकी अधिकतर व्यवस्था इसी परिषद् द्वारा की गई है। आर्थिक और सामाजिक परिषद् का एक काम प्रत्येक एजेंसी के काम को दूसरी एजेंसी के काम व संयुक्त राष्ट्रसंघ के कार्यों से सम्बद्ध करना भी है। इन एजेंसियों या अभिकरणों को विशेष एजेंसियां कहते हैं।

उपर्युक्त विवरण के आधार पर यह कहा जा सकता है कि आर्थिक और सामाजिक परिषद् अपने कार्यों का सम्पादन अनेक आयोगों, स्थायी एवं तदर्थ समितियों तथा अनेक विशिष्ट तथा विशेष अभिकरणों की सहायता से करती है। विश्व के लोगों के जीवन-स्तर को ऊंचा उठाने तथा मौलिक, आर्थिक एवं सामाजिक समस्याओं के समाधान के लिए इन आयोगों तथा संगठनों ने काफी सराहनीय कार्य किया है।

परन्तु इन आयोगों तथा संगठनों की बहुलता के कारण आर्थिक व सामाजिक परिषद् का संगठन काफी जटिल हो गया है। फिर भी इसके व्यापक तथा बहुमुखी दायित्वों को ध्यान में रखते हुए इन आयोगों तथा समितियों का रहना अनिवार्य है। जैसा कि वेण्डेनवोश तथा होगन ने लिखा है "आर्थिक और सामाजिक परिषद् ने एक जटिल संगठनात्मक ढाँचे की स्थापना की है......किन्तु इसके क्षेत्र के अन्तर्गत आने वाले बहुमुखी विषयों पर ध्यान देने से ऐसा आवश्यक ही मालूम पड़ता है।" आयोग तथा समितियां अत्यन्त लाभदायक सिद्ध हुए हैं।

कार्य

आर्थिक व सामाजिक परिषद् अत्यन्त उपयोगी सिद्ध हुई है क्योंकि संयुक्त राष्ट्रसंघ का उद्देश्य सिर्फ राजनीतिक विवादों का शान्तिपूर्ण समाधान ही नहीं है वरन् आर्थिक, सामाजिक, स्वास्थ्य तथा संस्कृति व मानवीय क्षेत्रों में भी कार्य तथा कल्याणकारी कार्य करना है। संयुक्त राष्ट्रसंघ के चार्टर के निर्माताओं ने राष्ट्रसंघ के अनुभव से लाभ उठाकर यह महसूस किया था कि विश्वशान्ति और सुव्यवस्था के लिए आर्थिक, सामाजिक तथा उससे सम्बन्धित अन्य क्षेत्रों में भी प्रभावशाली ढंग से कार्य करना होगा। उनका विचार था कि आर्थिक असन्तोष और सामाजिक विषमता तथा उग्र राष्ट्रीयता युद्ध के मानसिक कारणों को जन्म देती है। अतः अन्तर्राष्ट्रीय शान्ति और सुरक्षा को यदि स्थायी आधार देना है तो इन क्षेत्रों में अन्तर्राष्ट्रीय सहयोग के उन्नयन पर अधिक जोर दिया जाना चाहिए। यह अन्तर्राष्ट्रीय सहयोग सदस्य राज्यों में सौहार्द्र सहयोग और दृढ़ता स्थापित करने के लिए आवश्यक है। इसके द्वारा राष्ट्रों में मैत्री एवं शान्तिपूर्ण सम्बन्ध स्थापित होंगे। संयुक्त राष्ट्रसंघ चार्टर की धारा 1 में कहा गया है कि संयुक्त राष्ट्रसंघ का एक महत्वपूर्ण उद्देश्य विश्व की आर्थिक, सामाजिक व मानवतावदी समस्याओं के हल करने में अन्तर्राष्ट्रीय सहयोग प्राप्त करना तथा जाति, लिंग, भाषा तथा धर्म का भेद किए बिना सबके लिए मानव अधिकारों और मौलिक स्वतन्त्रताओं के सम्मान को बढ़ावा देना तथा उसे प्रोत्साहित करना है। संयुक्त राष्ट्रसंघ के चार्टर के नवें अध्याय में इन उद्देश्यों को और भी अधिक व्यापक रूप प्रदान किया गया है। इसमें कहा गया है कि संयुक्त राष्ट्रसंघ का कर्त्तव्य है कि वह निम्नलिखित बातों को प्रोत्साहन दे–

(क) जीवन-स्तर को उच्च बनाना, पूर्ण बेरोजगारी, आर्थिक व सामाजिक उन्नति व विकास की अवस्था को पैदा करना।

(ख) अन्तर्राष्ट्रीय आर्थिक, सामाजिक, स्वास्थ्य सम्बन्धी समस्याओं को हल करना और अन्तर्राष्ट्रीय सांस्कृतिक और शिक्षण आयोग बढ़ाना।

(ग) जाति, लिंग, भाषा और धर्म का भेदभाव किए बिना मानव अधिकारों, मूल स्वतन्त्रताओं को सम्मान देना।

इस प्रकार चार्टर के द्वारा संयुक्त राष्ट्रसंघ पर आर्थिक, सामाजिक, सांस्कृतिक एवं मानवीय क्षेत्रों में कार्य करने का बड़ा महत्वपूर्ण दायित्व सौंपा गया है। यह

दायित्व उतना ही महत्वपूर्ण है जितना शान्ति और सुरक्षा बनाये रखने का दायित्व। जैसा कि चेज ने कहा है : यद्यपि संयुक्त राष्ट्रसंघ के निर्माताओं की दृष्टि में संघ का प्राथमिक उद्देश्य विश्व शान्ति और सुरक्षा को कायम रखना है किन्तु अधिकांश लोगों की दृष्टि में एक दूसरा उद्देश्य भी है जो इसके प्रथम उद्देश्य से कम महत्वपूर्ण नहीं है। यह उद्देश्य है–आर्थिक और सामाजिक हित का विकास करना। यह विश्व कल्याणकारी कार्य मानवता के लिए अत्यन्त हितकर है।

संयुक्त राष्ट्रसंघ के चार्टर में आर्थिक और सामाजिक क्षेत्रों में जिन महान उद्देश्यों की चर्चा की गई है उनके निवर्हन के साधन के रूप में आर्थिक और सामाजिक परिषद् की रचना की गई है। दूसरे शब्दों में, संयुक्त राष्ट्रसंघ के आर्थिक, सामाजिक, सांस्कृतिक तथा उससे सम्बद्ध कार्यों को सम्पादित करने का दायित्व, आर्थिक और सामाजिक परिषद् को सौंपा गया है। स्पष्ट रूप से यह अन्तर्राष्ट्रीय आर्थिक, सामाजिक, सांस्कृतिक, शैक्षणिक तथा स्वास्थ्य सम्बन्धी समस्याओं पर स्वयं या किसी संस्था द्वारा अध्ययन करा सकती है तथा इस प्रकार के किसी भी मामले से सम्बन्धित अपनी सिफारिशें साधारण सभा, संयुक्त राष्ट्रसंघ के सदस्यों तथा तत्सम्बन्धी विशिष्ट एजेन्सियों से कर सकती है। यह मानव अधिकारों एवं सभी के लिए मौलिक स्वतन्त्रताओं के सम्मान एवं पालन को प्रोत्साहन देने के उद्देश्य से भी सिफारिशें कर सकती है। अपने अधिकार क्षेत्र में आने वाले मामलों में यह महासभा के सामने पेश करने के लिए कन्वेंशनों के मसविदे भी तैयार कर सकती है। संयुक्त राष्ट्रसंघ द्वारा निर्धारित नियमों के अनुसार वह अपने अधिकार क्षेत्र में आने वाले मामलों के सम्बन्ध में अन्तर्राष्ट्रीय सम्मेलन बुला सकती है। इस प्रकार आर्थिक तथा सामाजिक परिषद् का कार्यक्षेत्र बड़ा व्यापक तथा विस्तृत है। एक विद्वान के अनुसार "यह जन-सामान्य कल्याण के क्षेत्र में संयुक्त राष्ट्रसंघ के कार्यों का केन्द्रबिन्दु तथा हृदय है।" सारांश में यदि सुरक्षा परिषद् का लक्ष्य विश्व को भय से मुक्त करना है तो आर्थिक तथा सामाजिक परिषद् का लक्ष्य संसार को अभाव (want) से मुक्त करना है। वेण्डेनवोश तथा होगन ने कहा है, "यह बातूनी सुरक्षा परिषद् की चुप्पी साधने वाली जुड़वाँ बहन है।" अध्ययन की सुविधा के लिए आर्थिक तथा सामाजिक परिषद् के कार्यों को हम निम्न श्रेणियों में विभाजित कर सकते हैं–

(1) **अध्ययन एवं प्रतिवेदन**–संयुक्त राष्ट्रसंघ के चार्टर की धारा 62 के अनुसार आर्थिक और सामाजिक परिषद् को आर्थिक, सांस्कृतिक, शिक्षा, स्वास्थ्य तथा उससे सम्बद्ध विषयों में अध्ययन प्रारम्भ करने तथा रिपोर्ट तैयार करने आदि का अधिकार है। परिषद् का यह कार्य अत्यन्त महत्वपूर्ण है। आधारभूत तथ्यों की जानकारी के बिना कोई भी संस्था समस्या का निदान नहीं ढूँढ सकती। राष्ट्रसंघ के संदर्भ में हम आर्थिक व सामाजिक परिषद् के इस कार्य का महत्व समझ सकते हैं। जिस समय राष्ट्रसंघ ने अपना कार्य प्रारम्भ किया था उस समय आर्थिक और सामाजिक परिस्थितियों से सम्बन्धित पर्याप्त परिगणना एवं अन्य सूचनाओं का विश्व में काफी

अभाव था। राष्ट्रसंघ ने इस दिशा में प्रशंसनीय कार्य किया। इसके तत्वावधान में जनसंख्या, परिवर्तन, जल साधनों का नियोजन तथा औद्योगिक एवं कृषि से सम्बद्ध विषयों पर आँकड़ों को संकलित करने आदि का प्रयास किया गया। इससे पूर्व सही अर्थ में विश्व के विभिन्न क्षेत्रों में कभी भी ठीक जनगणना नहीं हो पाई थी। परिणामस्वरूप इस सम्बन्ध में युक्तियुक्त अनुमान लगाना कठिन था। कोई भी राष्ट्र अकेले इन विषयों से सम्बद्ध सूचनाओं को ठीक से संकलित नहीं कर सकता था। या तो ऐसा करना उसकी सामर्थ्य के बाहर था अथवा उसके पास प्रशिक्षित अनुसंधानकर्त्ताओं का अभाव था। कोई अन्तर्राष्ट्रीय संस्था ही तथ्यगत सूचनाओं को संकलित कर सकती थी और सारी दुनिया के लोगों के लिए तुलनात्मक परिगणना तैयार कर सकती थी। राष्ट्रसंघ ने इस दिशा में कार्यों की पहल की परन्तु उसने अपने कार्यक्षेत्र का विस्तार नहीं किया। संयुक्त राष्ट्रसंघ ने व्यापक पैमाने पर इस कार्य को शुरू किया है। जैसा कि वेण्डेनवोश तथा होगान ने कहा है, "राष्ट्रसंघ ने इस कार्य को जहाँ छोड़ा था, संयुक्त राष्ट्रसंघ ने वहीं से प्रारम्भ किया है।"

संयुक्त राष्ट्रसंघ के अन्तर्गत आर्थिक और सामाजिक क्षेत्रों में अध्ययन करना तथा उनके सम्बन्ध में प्रतिवेदन प्रस्तुत करना आर्थिक तथा सामाजिक परिषद् का महत्वपूर्ण कार्य है। परिषद् ने इस कार्य को बड़ी सफलता के साथ निभाया है। वह कई विषयों पर जैसे विस्थापितों की समस्या, विश्व में निवास-गृहों का अभाव, विध्वस्त क्षेत्रों का पुनर्निर्माण तथा महिलाओं के आर्थिक स्तर आदि का अध्ययन करवा चुकी है तथा उनसे सम्बद्ध सूचनाएं उपलब्ध कराने में सफल रही है। संयुक्त राष्ट्रसंघ के सचिवालय के साथ सहयोग कर इस आर्थिक व सामाजिक परिषद् ने एक 'स्टेटिस्टिकल इयर बुक' तैयार करने तथा विश्व की आर्थिक परिस्थितियों का सर्वेक्षण करने की पहल की है। सारभूत तथ्यों की खोज तथा उन्हें एकत्र करना इस परिषद् तथा इसकी अधीनस्थ संस्थाओं का प्रथम कार्य रहा है। उदाहरण के लिए, युद्धकाल में लाखों व्यक्ति लापता हो गए थे जिनकी सम्पत्ति तथा बीमे की अदायगी के सम्बन्ध में अनेक व्यावहारिक समस्याएँ उठ खड़ी हुई हैं। अतः इसके सम्बन्ध में सिफारिश करने के लिए तथ्यों का संकलन आवश्यक था। आर्थिक व सामाजिक परिषद् ने खोये हुए व्यक्तियों के सम्बन्ध में मृत्यु घोषणा का प्रारूप तैयार कर महत्वपूर्ण भूमिका निभाई है। इसने आर्थिक और सामाजिक समस्या के अध्ययन एवं प्रतिवेदनों के द्वारा सामान्य हित के प्रश्नों के बीच एकात्मकता स्थापित करने का प्रयत्न किया है। अन्तर्राष्ट्रीय सहयोग की दिशा में यह काफी महत्वपूर्ण कार्य कहा जा सकता है। यद्यपि आर्थिक तथा सामाजिक परिषद् के इस कार्य में अनेक कठिनाइयां हैं फिर भी इसके तत्वावधान में जो अध्ययन हुआ है और जो प्रतिवेदन प्रस्तुत किए गए हैं, वे सदस्य राष्ट्रों के लिए काफी उपयोगी सिद्ध हुए हैं। आर्थिक तथा सामाजिक परिषद् द्वारा प्रस्तुत प्रतिवेदनों की संख्या काफी अधिक है। पामर तथा पार्किन्स के अनुसार, "जीवन की छोटी अवधि में संयुक्त राष्ट्रसंघ की आर्थिक तथा सामाजिक

परिषद् के तत्वावधान में जितने प्रकाशन हुए हैं वे संयुक्त राष्ट्रसंघ के अन्य सभी प्रकाशनों से काफी अधिक हैं। आज संयुक्त राज्य अमेरिका को छोड़कर यह विश्व का सबसे बड़ा प्रकाशन संस्थान बन गया है।

(2) **विचार-विमर्श तथा सिफारिश**–आर्थिक और सामाजिक परिषद् का दूसरा कार्य अपने क्षेत्र से सम्बद्ध विषयों पर विचार-विमर्श करना तथा उन पर अपना सुझाव देना है। चार्टर की धारा 62(1) में यह कहा गया है कि यह आर्थिक, सामाजिक तथा उससे सम्बद्ध किसी भी विषय के सम्बन्ध में महासभा, संयुक्त राष्ट्रसंघ के सदस्यों तथा संबन्धित विशिष्ट अभिकरणों को सिफारिशें कर सकती है, परन्तु इसकी सिफारिशों के पीछे कोई बाध्यकारी शक्ति नहीं है। उन्हें मानना या न मानना सदस्य राज्यों की इच्छा पर निर्भर है। इसके प्रभाव की महत्ता उसी हद तक है जिस हद तक इसे स्वीकार किया जाता है। ऐसा देखा गया है कि आर्थिक व सामाजिक परिषद् की सिफारिशों पर सदस्य राज्य उतना ध्यान नहीं देते जितना देना चाहिए। निश्चय ही यह स्थिति दुर्भाग्यपूर्ण है। लेकिन आर्थिक व सामाजिक परिषद् द्वारा फिर भी सिफारिशें की जाती हैं और उन पर अमल करने के लिए सदस्य राष्ट्रों से अपील की जाती है। इसका तरीका समझाने-बुझाने का है न कि शक्ति-प्रयोग का, परन्तु प्रगतिशील व कल्याणकारी राज्य इससे सहयोग करते हैं।

आर्थिक व सामाजिक परिषद् ने विचार-विमर्श के क्षेत्र में महत्वपूर्ण कार्य किया है। द्वितीय महायुद्ध के शीघ्र बाद इसने विश्व के खाद्यान्नाभाव की समस्या पर गंभीर विचार करके तथा उसके सम्बन्ध में वैयक्तिक रूप से अथवा खाद्य और कृषि संगठन के सहयोग से, आवश्यक कदम उठाने के निमित्त, अपने सदस्य राज्यों से अपील की। इसी तरह जुलाई, 1967 में परिषद् के 42वें अधिवेशन में प्राकृतिक साधनों के विकास से सम्बन्धित निर्णय एकमत से लिए गए। पांच वर्षों के लिए एक सर्वेक्षण योजना भी बनाई गई। इसने अपने सदस्य राज्यों से पूर्ण रोजगार की नीति अपनाने की सिफारिश की। गृह निर्माण एवं योजना के सम्बन्ध में कदम उठाने के लिए भी आग्रह किया गया। आवास व्यवस्था की कमी से उत्पन्न सामाजिक एवं आर्थिक समस्याओं पर विश्व जनमत का ध्यान आकृष्ट करने के लिए इस परिषद् ने महासचिव से आग्रह किया। उनसे यह भी अनुरोध किया गया कि वे राष्ट्रीय सरकारों की आवास योजना पर और अधिक ध्यान देने के लिए उत्साहित करें। आर्थिक व सामाजिक परिषद् के 43वें अधिवेशन में भी विश्व संगठन, विश्व खाद्य स्थिति, आर्थिक योजना तथा तकनीकी सहायता तथा मानव शक्ति के उपयोग से सम्बन्धित कई निर्णय लिये गये।

संयुक्त राष्ट्रसंघ के चार्टर के अनुच्छेद 62 खंड 3 के अन्तर्गत आर्थिक व सामाजिक परिषद् को अपने अधिकार क्षेत्र में आने वाले सभी विषयों के सम्बन्ध में आमसभा में प्रस्तुत करने के लिए प्रारूप अभिसमय करने का अधिकार है। यह प्रस्तावित समझौते का मूल रूप (Draft) तैयार करती है। यदि कोई देश उसे स्वीकार

कर लेता है तो उसे सिर्फ उस पर हस्ताक्षर कर उसे पारित करना पड़ता है। संयुक्त राष्ट्रसंघ द्वारा निर्धारित नियमों के अनुसार वह अपने अधिकार क्षेत्र में आने वाले विषयों पर अन्तर्राष्ट्रीय सम्मेलन बुला सकती है। यह चार्टर के अनुच्छेद 62 के अन्तर्गत आने वाले किसी भी विषय पर सम्मेलन बुला सकती है। अभी तक इस परिषद् के द्वारा कई सम्मेलन बुलाये जा चुके हैं जैसे, सूचना संबंधी स्वतंत्रता पर 1948 में जेनेवा सम्मेलन, विश्व परिगणना संबंधी 1947 का वाशिंगटन सम्मेलन आदि। एशिया तथा अफ्रीका के लिए आर्थिक आयोग द्वारा आयोजित उद्योग एवं वित्त पर एक सम्मेलन बुलाया गया। इस सम्मेलन में औद्योगिक योजनाओं को लागू करने के तरीकों पर जोर डाला गया तथा अफ्रीका में लागत स्थितियों के लिए उपयुक्त वातावरण तैयार करने को कहा गया। इस सम्बन्ध में ध्यान देने योग्य बात यह है कि यह परिषद् केवल अन्तर-सरकारी सम्मेलन ही बुलाती है। वैसे विषय जो राज्यों के घरेलू क्षेत्राधिकार के अन्तर्गत आते हैं, उनके सम्बन्ध में अभी तक कोई सम्मेलन नहीं बुलाया गया है, क्योंकि घरेलू क्षेत्राधिकार के किसी मामले में हस्तक्षेप का अधिकार इसे नहीं है।

(3) **आर्थिक एवं प्राविधिक सहायता कार्य**–आर्थिक और सामाजिक परिषद् का सर्वाधिक महत्वपूर्ण कार्य संसार के पिछड़े देशों को आर्थिक और प्राविधिक सहायता देना है। विश्व की लगभग दो-तिहाई जनसंख्या अल्पविकसित देशों में निवास करती है, जिनका जीवन-स्तर अत्यन्त निम्न-स्तर का है। आर्थिक दृष्टि से उन लोगों का विकास करके ही उनको सामाजिक रूप से ऊँचा उठाया जा सकता है। अत: संयुक्त राष्ट्रसंघ के अन्तर्गत आर्थिक और प्राविधिक सहायता देने का कार्य आर्थिक और सामाजिक परिषद् को सौंपा गया है। अल्पविकसित देशों के उत्थान के लिए परिषद् का यह कार्य अत्यन्त महत्वपूर्ण है। यह सहायता तकनीकी एवं आवश्यक उपकरणों, यंत्रों, मशीनों आदि को उपलब्ध कराकर दी जाती है। विभिन्न सरकारों को परामर्श देने तथा स्थानीय कर्मचारियों को आर्थिक क्षेत्र में ज्ञान देने व प्रशिक्षित करने के लिए इस परिषद् द्वारा प्राविधिक विशेषज्ञ भेजे जाते हैं। अल्पविकसित देशों के नागरिकों को विदेशों में अध्ययन के लिए छात्रवृत्तियाँ आदि भी दी जाती हैं। प्राविधिक क्षेत्रों में विचारों तथा अनुभव के विनिमय के लिए प्रशिक्षण केन्द्रों तथा विचार-गोष्ठियों का आयोजन किया जाता है तथा प्राविधिक सहायता बोर्ड की स्थापना की गई है। यह अपना प्रतिवेदन तथा कार्यों का लेखा-जोखा आर्थिक व सामाजिक परिषद् की प्राविधिक समिति को प्रस्तुत करता है। यह समिति प्राविधिक सहायता के भावी कार्यक्रम पर विचार करती है। इस समिति का उद्घाटन करते हुए भूतपूर्व अमेरिकी राष्ट्रपति ट्रुमैन ने कहा था "विश्व की आधी से अधिक आबादी दरिद्रता का दु:ख भोग रही है। उसको पर्याप्त भोजन नहीं मिलता। वह बीमारियों का शिकार होती है। उसका आर्थिक संगठन आदिम ढंग का है। उसकी दरिद्रता उसकी उन्नति में बाधक है और समृद्ध देशों के लिए बड़ा संकट है। इतिहास में पहली बार मानव

जाति को जनता के दु:ख दूर करने का ज्ञान प्राप्त हुआ है। अत: हमें वैज्ञानिकों और औद्योगिक उन्नति के लाभों द्वारा कम विकसित प्रदेशों की जनता को उन्नत करने की नई साहसपूर्ण योजनाओं को कार्यान्वित करना चाहिए।" आर्थिक तथा सामाजिक परिषद् उक्त लक्ष्यों को पूरा करती है। इस दिशा में उसके द्वारा किये गये कार्य काफी सराहनीय हैं।

(4) **मानव अधिकारों का विकास**–प्रत्येक देश के लोगों को जाति, धर्म, नस्ल या रंग के आधार पर बिना भेदभाव किये मानव अधिकार तथा मौलिक स्वतंत्रताएं प्राप्त हों, इसके लिये प्रयत्नशील होना विश्व संस्था का प्रथम दायित्व है। यह महत्वपूर्ण कार्य भी आर्थिक व सामाजिक परिषद् को दिया गया है। आर्थिक व सामाजिक परिषद् को यह अधिकार है कि वह इन अधिकारों की रक्षा के लिए योजनाएं बनाए। अपने इस अधिकार के अंतर्गत सन् 1946 में आर्थिक व सामाजिक परिषद् ने मानव अधिकार आयोग की स्थापना की। इस आयोग को निम्न विषयों के सम्बन्ध में अपनी सिफारिश तथा प्रतिवेदन प्रस्तुत करने के लिए कहा गया है–

अन्तर्राष्ट्रीय अधिकार-पत्र, नारियों की स्थिति, अल्पसंख्यकों की रक्षा, जाति-लिंग-धर्म-नस्ल एवं भाषा के आधार पर किए जाने वाले भेदभाव को रोकना आदि।

ध्यातव्य है कि आर्थिक व सामाजिक परिषद् की सिफारिश पर महासभा ने जातिनाश के सम्बन्ध में एक प्रस्ताव पारित किया था। आर्थिक व सामाजिक परिषद् द्वारा नारियों की स्थिति तथा सूचना एवं व्यापार की स्वतंत्रता से सम्बद्ध आयोग आदि का भी निर्माण किया गया है और उनसे सम्बद्ध विषयों के सम्बन्ध में समझौतों और अधिसमयों के प्रारूप तैयार किए गए हैं। जुलाई, 1967 में इस परिषद् के 42वें अधिवेशन में मानव अधिकार तथा दक्षिण अफ्रीका की रंगभेद नीति समाप्त कराने आदि के सम्बन्ध में भी निर्णय लिए गए। 23 मार्च, 1967 को जेनेवा में समाप्त होने वाले पाँच सप्ताह के मानव अधिकार सम्मेलन के 23वें सत्र में भी विभिन्न प्रश्नों पर विचार किया गया है। मुख्यरूप से मानव अधिकार तथा मूल स्वतंत्रताओं से संबंधित प्रश्न दक्षिण अफ्रीकी गणतन्त्र के राजनीतिक बन्दियों के साथ होने वाले दुर्व्यवहार, जातीय भेदभाव और रंगभेद नीति, धार्मिक असहिष्णुता, युद्ध अपराधियों को दण्ड तथा मानव अधिकार के लिए एक हाई कमिश्नर की नियुक्ति पर भी विचार किया गया।

परन्तु इस सम्बन्ध में यह उल्लेखनीय है कि मानव कल्याण एवं अधिकार संबंधी उद्देश्यों की प्राप्ति तभी हो सकती है जब राज्य सरकारों एवं लोक परिषद् के कार्यों में योगदान करें। आर्थिक व सामाजिक परिषद् तो केवल समस्याओं का अध्ययन कर सकती है, उपलब्ध सामग्री के तथ्यों के आधार पर अनुशंसा कर सकती है, उन्हें लागू करने की क्षमता इसमें नहीं है। अत: चार्टर पर हस्ताक्षर करने वाले राज्यों को यह दायित्वबोध होना चाहिए कि नस्ल, वर्ण, लिंग, जाति या धर्म के आधार

पर किसी वर्ग के लोगों को मानव अधिकारों से वंचित करना घोषणा-पत्र का उल्लंघन है। परन्तु सबसे बड़ी कठिनाई यह है कि वह राष्ट्र, जिसके यहां अस्पृश्यता विद्यमान है सबसे अधिक रंगभेद के विरोध का ढोल पीटता है। अत: कथनी और करनी का अन्तर इसकी सफलता में बाधक है।

(5) **सहयोग व समन्वय**–आर्थिक और सामाजिक परिषद् विश्व के आर्थिक और सामाजिक विकास के क्षेत्र में संयुक्त राष्ट्रसंघ की प्रधान संस्था के रूप में कार्य करती है परन्तु इस क्षेत्र में अनेक विशिष्ट अभिकरण तथा गैर-सरकारी संगठन भी कार्य करते है। इन संगठनों के कार्य एक-दूसरे से संबन्धित हैं। अत: उनके कार्यों की पुनरावृत्ति तथा अनावश्यक आर्थिक व्यय रोकने के लिए यह आवश्यक है कि उनके कार्यों के बीच सामंजस्य कायम रखा जाए। यह कार्य इसी आर्थिक व सामाजिक परिषद् के द्वारा सम्पन्न किया जाता है। चार्टर की धारा 6 यह स्पष्ट उल्लेख करती है कि "आर्थिक और सामाजिक परिषद् विशिष्ट अभिकरणों के कार्यकलापों में विचार-विमर्श और सिफारिशों द्वारा समन्वय स्थापित कर सकती है।" इस प्रकार यह परिषद् आर्थिक और सामाजिक सहयोग का प्रधान साधन बन गई है। इसके अतिरिक्त आर्थिक और सामाजिक परिषद् ही विभिन्न विशिष्ट अभिकरणों के साथ सम्बन्ध स्थापित करती है। यह विशिष्ट अभिकरणों से नियमित प्रतिवेदन प्राप्त करने के लिए समुचित पग उठा सकती है। यह अपनी सिफारिशों और महासभा द्वारा उनके अधिकार क्षेत्र के सम्बन्ध में और विषयों पर की गई सिफारिशों को लागू करने के लिए उठाये गये पगों के सम्बन्ध में प्रतिवेदन प्राप्त करने हेतु संयुक्त राष्ट्रसंघ और विशिष्ट अभिकरणों के साथ व्यवस्थाएं कर सकती है। इन प्रतिवेदनों पर अपने विचारों से यह महासभा को भी अवगत करा सकती है।

अभी तक निम्न विशिष्ट अभिकरणों के साथ आर्थिक व सामाजिक परिषद् का समझौता हुआ है–(क) अन्तर्राष्ट्रीय श्रम संगठन (I.L.O.), (ख) संयुक्त राष्ट्र खाद्य एवं कृषि संगठन (F.A.O.), (ग) संयुक्तराष्ट्र शिक्षा, विज्ञान एवं सांस्कृतिक संगठन (UNESCO), (घ) विश्व स्वास्थ्य संगठन (W.H.O.), (ङ) अन्तर्राष्ट्रीय पुनर्निर्माण विकास बैंक (I.D.B.), (च) अन्तर्राष्ट्रीय वित्त निगम (I.F.C.), (छ) अन्तर्राष्ट्रीय नागरिक उड्डयन संगठन (ICAO), (ज) अन्तर्राष्ट्रीय मुद्रा कोष (I.M.F.), (इ) विश्व डाक संघ (IPO) तथा (ई) अन्तर्राष्ट्रीय दूर संचार व्यवस्था। ये विशिष्ट अभिकरण आर्थिक व सामाजिक परिषद् की देख-रेख में कार्य करते हैं तथा यह परिषद् उनके कार्यों पर अधीक्षण रखती है। फलत: जैसा कि निकोलस का कथन है "परिषद् का अधिकांश समय अधीक्षण के कार्यों में ही व्यतीत हो जाता है।"

संक्षेप में संयुक्त राष्ट्रसंघ चार्टर के अन्तर्गत आर्थिक व सामाजिक परिषद् को काफी व्यापक कार्यक्षेत्र प्रदान किया गया है। यह अन्तर्राष्ट्रीय आर्थिक, सामाजिक, सांस्कृतिक, शिक्षा एवं स्वास्थ्य, कृषि, सम्बन्धी विषयों का अध्ययन करती है, इन

पर अपनी रपट प्रस्तुत करती है तथा अपनी सिफारिशें पेश करती है। मानव अधिकारों तथा मौलिक स्वतन्त्रताओं को प्रोत्साहित करना तथा इसके लिए अध्ययन तथा अनुशंसा करना इसका प्रमुख उद्देश्य है। यह अन्तर्राष्ट्रीय सम्मेलनों का आयोजन करती है तथा अपने अधिकार क्षेत्र में आने वाले मामलों के विषय में महासभा में पेश करने के लिए समझौतों का मसविदा तैयार करती है। वह विशिष्ट अभिकरणों के कार्यों में समन्वय व सहयोग स्थापित करती है। परन्तु इसका कार्य केवल सुझाव देना तथा सिफारिशें करने तक ही सीमित है। फेनविक ने कहा है "आर्थिक तथा सामाजिक परिषद् कोई नीति निर्धारक संस्था नहीं है बल्कि वह एक विशिष्ट समिति के समान है जिसका उद्देश्य अन्तर्राष्ट्रीय आर्थिक तथा सामाजिक सहयोग के क्षेत्र में व्यावहारिक काम करना है।" अतः यह उपयोगी कार्य करने में सफल मानी जाती है। इसकी उपलब्धियां प्रशंसनीय हैं।

आर्थिक व सामाजिक परिषद् का मूल्यांकन

आर्थिक तथा सामाजिक परिषद् के उद्देश्य का कार्यक्षेत्र काफी विस्तृत तथा विश्वव्यापी है। मानव के जीवन-स्तर का उन्नयन, उसकी सामाजिक, आर्थिक, सांस्कृतिक प्रगति के लिए कार्यों का समायोजन एवं दिशा-निर्देश आदि निश्चित ही बड़े विस्तृत हैं। इनको देखते हुए यह कहा जा सकता है कि संयुक्त राष्ट्रसंघ ने अपने कार्य को बड़े जोर-शोर से शुरू किया है। किन्तु यह कहना कि यह समस्याओं के निदान में सक्षम है, उचित नहीं मालूम होता। उसके कार्यों की शुरूआत एवं उनके संचालन आदि बातों को ध्यान में रखते हुए उसकी सीमा का पता चलता है। वास्तव में आर्थिक व सामाजिक परिषद् के मार्ग में अनेक कठिनाइयाँ हैं—कुछ संगठनात्मक तथा कुछ परिस्थितिजनित। साधारणतया आर्थिक व सामाजिक परिषद् की निम्न आलोचनाएं की जाती हैं—

(1) आर्थिक-सामाजिक परिषद् के विरोध में सबसे पहले यह कहा जाता है कि यह एक अनावश्यक संस्था है। कारण यह है कि यह महासभा के अधीनस्थ के रूप में कार्य करती है। वास्तव में यह महासभा के कार्यों में सहयोग देने की बजाय उसके द्वारा किये जाने वाले कार्यों की ही पुनरावृत्ति है। महासभा की द्वितीय और तृतीय समिति को वे सारे कार्य और दायित्व सौंपे गए हैं जो आर्थिक और सामाजिक परिषद् को सौंपे गए हैं। अतः जिन कार्यों को आर्थिक व सामाजिक परिषद् सम्पादित करती है, उन्हें आम सभा की द्वितीय तथा तृतीय समिति भी सम्पादित करती है। परिणामस्वरूप एक ही कार्य की पुनरावृत्ति हो जाती है जो अनावश्यक तथा अनुप्रयोगी है। निकोलस का मत है कि 'व्यापक नीति नियोजन संस्था बनने की बजाय महासभा की द्वितीय तथा तृतीय समितियों ने परिषदों के प्रतिद्वन्द्वी के रूप में काम किया है। इसके अलावा संयुक्त राष्ट्र की स्थापना के पहले से चले आने वाले विशिष्ट अभिकरणों के बीच योजनतंतु के रूप में कार्य करने के लिए इस परिषद् की रचना की गई है। चूंकि उन अभिकरणों के अन्तर्गत सारे कार्य समाविष्ट

नहीं हो पाते थे अतः एक होल्ड-आल की भांति शेष बचे हुए आर्थिक और सामाजिक क्षेत्रों के कार्यों पर निगरानी रखने का दायित्व आर्थिक तथा सामाजिक परिषद् पर रखा गया। इस तरह जैसा कि लबड़े का मत है "समन्वयकर्त्ता" तथा "समन्वयकृत" दोनों ही रही हैं। इसे महासभा के अन्दर स्वतंत्र रूप से कार्य करने की छूट नहीं है और न महासभा के निर्देशन पर ही कार्य करने का अवसर दिया गया। फलस्वरूप, महासभा के साथ सम्बन्ध स्थापित करने में कठिनाई उपस्थित हुई। आर्थिक व सामाजिक परिषद् के विषय में कहा भी जाता है कि यह "गाड़ी का पांचवा पहिया है।" अतः इसका अधिक उपयोग नहीं है परन्तु यह मत भ्रमात्मक है।

(2) आर्थिक व सामाजिक परिषद् के विरुद्ध दूसरा आक्षेप यह किया जाता है कि इसके उत्तरदायित्व काफी विस्तृत तथा महान हैं, किन्तु उनको सम्पादित करने की आवश्यक शक्ति का इसमें पूर्ण अभाव है। यह परिषद् केवल समस्याओं का अध्ययन कर सकती है, उपलब्ध सामग्री के तथ्यों के आधार पर अनुशंसा कर सकती है। उन्हें लागू कराने की क्षमता उसमें नहीं है। इसके निर्णय बाध्यकारी नहीं होते। वास्तव में इसकी स्थिति एक परामर्शदात्री संस्था मात्र की है। अपने उद्देश्यों की प्राप्ति के लिए इसे राष्ट्रीय सरकारों, महासभा, सुरक्षा परिषद् तथा विशिष्ट अभिकरणों पर निर्भर रहना पड़ता है। इसके अलावा आर्थिक तथा सामाजिक परिषद् में विचार-विमर्श करने की प्रणाली भी शायद संतोषजनक नहीं है। इसके विभिन्न आयोग सरकारी समस्याओं से ही इतने उलझे रहते हैं कि वे इन समस्याओं पर कुछ भी ध्यान नहीं दे पाते। कुछ गैर सरकारी संगठनों की सक्रिय देन कुछ भी नहीं होती। वे सिर्फ परामर्शदात्री बने रहने में ही अभिरुचि रखते हैं। आयोगों के कार्यों का अनुभव भी अधिक उत्साहवर्द्धक नहीं है। उनके कर्मचारी राष्ट्रीय प्रतिनिधिमंडल के सदस्य होते हैं। उनसे कभी तो अर्थशास्त्री की उम्मीद की जाती है, कभी शिशु कल्याण विशेषज्ञ की, कभी संरक्षण संबंधी जानकार की तो कभी मानव अधिकार की सुरक्षा व्यवस्था के ज्ञाता की। परिणामस्वरूप जिस उद्देश्य से आयोगों की रचना की जाती है वह पूरा नहीं हो पाता है।

आर्थिक तथा सामाजिक परिषद् में अभिकरणों तथा आयोगों के प्रतिवेदनों पर काफी लम्बा वाद-विवाद होता है। इससे विचारों पर तो प्रकाश पड़ता है, परन्तु कभी-कभी व्यर्थ तथा स्वप्नलोकीय बातों से सम्बद्ध हो जाने से गंभीर से गंभीर विचार-विमर्श भी बेकार हो जाते हैं। मानव अधिकार के सम्बन्ध में अभी तक हुए विचार-विमर्श के अध्ययन से यह बात पूर्णतया स्पष्ट हो जाएगी। इस मामले में कोई भी स्थायी सदस्य ब्रिटेन, फ्रांस, रूस, अमेरिका व चीन आदि कोई भी अत्याचारों से अनभिज्ञ है लेकिन सभी सरकारों ने इसकी अवहेलना की है। प्रारम्भ से ही इस पर लम्बे-लम्बे आकर्षक भाषण होते रहे किन्तु परिणाम कुछ भी नहीं निकल पाया है। एमनेस्टी इण्टरनेशनल के अनुसार कुछ स्थायी राष्ट्रों में सबसे अधिक अत्याचार मानव अधिकारों का उल्लंघन करके किये जाते हैं।

सारांश यह है कि कई कारणों के चलते आर्थिक व सामाजिक परिषद् की स्थिति केवल विचार-विमर्श करने वाली संस्था की ही रही है। इस परिषद् की सीमित क्षमता की कई लेखकों द्वारा कटु आलोचना की गई। संयुक्त राज्य अमेरिका के एक परराष्ट्र सचिव ने कहा था "यह अन्तर्राष्ट्रीय संगठन आर्थिक तथा सामाजिक समस्याओं के हल में सहायक हो सकता है परन्तु संप्रभु राज्यों के अधिकारों को कोई आदेश नहीं दे सकता। वह सदस्य राज्यों को कोई आदेश नहीं दे सकता। राज्यों के आन्तरिक मामले उसकी पहुंच से बाहर हैं। उसके साधन और कार्य-पद्धति केवल अध्ययन, विचार-विमर्श, रिपोर्ट एवं सुझाव तक सीमित हैं।" विद्वानों के मतानुसार "आर्थिक और सामाजिक परिषद् को मुश्किल से ही कार्यकारी अंग कहा जा सकता है क्योंकि इसका कार्य सिफारिश करने तथा सुझाव देने तक ही सीमित है।" चेज ने भी इस तरह के विचारों का समर्थन किया है। उनका कथन है कि "आर्थिक व सामाजिक परिषद् तथा आमसभा के पास आर्थिक व सामाजिक मामलों में कोई बाध्यकारी शक्ति नहीं है।"

(3) आर्थिक और सामाजिक परिषद् में राष्ट्रीय प्रतिनिधिमंडल के सदस्य होते हैं। आवश्यक नहीं कि वे विशेषज्ञ ही हों। उनके लिए योग्यता भी निर्धारित नहीं की गई है। परिणामस्वरूप बहुत से प्रतिनिधि इस आर्थिक व सामाजिक परिषद् के जटिल तथा प्राविधिक कार्यों को समझने में असमर्थ होते हैं। इसके अलावा प्रतिनिधि विभिन्न राजनीतिक विचारों के होते हैं। वे अपनी-अपनी सरकारों से निर्देश प्राप्त करते हैं और उसी के अनुसार कार्य करते हैं। उनके कुछ विभेद इतने मौलिक होते हैं कि वे उसे सुलझाने के लिए सहमत नहीं होते। परिणामस्वरूप आर्थिक व सामाजिक परिषद् के निर्णय भी राजनीतिक विचारों से प्रभावित रहते हैं। ई॰ पी॰ चेज ने लिखा है, "परिषद् में विचार-विनिमय उतने ही राजनीतिक वातावरण में सम्पादित होता है जितना राष्ट्रीय विधान मंडल में।" मानव अधिकारों जैसी बातों में भी राजनीति का प्रयोग होता है।

(4) आर्थिक व सामाजिक परिषद् की एक अन्य कठिनाई यह है कि इसका अधिवेशन केवल समय-समय पर ही होता है। अत: दिन-प्रतिदिन के समन्वयात्मक कार्य में यह सम्मिलित नहीं हो पाती। समन्वय की समस्या और भी जटिल इसलिए हो जाती है कि विकेन्द्रीकरण की प्रक्रिया तथा विभिन्न क्षेत्रों में कार्यों के विस्तार के कारण मुख्यालय तथा क्षेत्रीय निकायों की संख्या में अत्यधिक वृद्धि हुई है। नई इकाइयों के बीच कार्यों का परस्पर अतिच्छादन होता है जिससे एक-दूसरे के बीच संघर्ष पैदा होता है। उनके कार्यों के बीच समन्वय स्थापित करना एक उलझनपूर्ण कार्य है। उनके बीच समन्वय का कार्य बहुधा निराशाजनक भी साबित हुआ है। यह सम्भवत: इसलिए भी होता है कि बहुत से अभिकरण तो संयुक्त राष्ट्रसंघ से भी अधिक पुराने हैं और उनको विशेषाधिकार भी प्राप्त हैं। उनकी सदस्यता का

आधार भी समान नहीं हैं क्योंकि गठन अलग-अलग बहुपक्षीय समझौते के आधार पर हुआ है।

(5) यह भी कहा जाता है कि संयुक्त राष्ट्रसंघ के अन्य अभिकरणों की भांति आर्थिक व सामाजिक परिषद् भी अन्तर्राष्ट्रीय जीवन में वर्तमान राजनीतिक तनावों से आक्रान्त है। उसकी कार्य-प्रणाली पर शीतयुद्ध तथा राजनीतिक तनाव आदि की स्पष्ट छाप दृष्टिगोचर होती है। सोवियत संघ ने इस क्षेत्र में नेतृत्व करने में अपनी अभिरुचि नहीं दिखलाई है। संयुक्त राज्य अमेरिका ने अपनी आर्थिक और सामान्य राजनीतिक मर्यादा के कारण महत्वपूर्ण भूमिका अदा की है। परिणामस्वरूप आर्थिक एवं सामाजिक समस्याओं से सम्बद्ध अभिकरण अमेरिकी आर्थिक समर्थन पर आश्रित हो गये हैं। इससे संगठन पर अमेरिकी नियंत्रण भी कड़ा होता है। अनेक अवसरों पर इसने अपने वित्तीय निषेधाधिकार का प्रयोग कर इस परिषद् के कार्यों को अवरुद्ध करने का प्रयास किया है। यह प्रतिबद्ध कन्वेंशन से अलग रहा है। श्रम संगठन द्वारा पारित नियमों को अस्वीकार किया है तथा सम्पूर्ण विश्व के लिए एक ही स्तर की आर्थिक और सामाजिक नीतियों के निर्धारण में असहयोग किया है। तात्पर्य यह है कि अन्तर्राष्ट्रीय जीवन में वर्तमान शक्ति-राजनीति ने इस आर्थिक व सामाजिक परिषद् के कार्यों को बहुत हद तक प्रभावित किया है। लियोनार्ड ने कहा है "आर्थिक तथा सामाजिक परिषद् के कार्य उन राजनीतिक तनावों को प्रतिबिंबित करते हैं जो सम्पूर्ण राष्ट्रसंघ को आच्छादित किए हुए हैं"। अतः यह अत्यन्त उपयोगी है।

आर्थिक व सामाजिक परिषद् की उपलब्धियाँ—आर्थिक व सामाजिक परिषद् की कुछ लेखकों ने कटु आलोचना की है परन्तु उपर्युक्त आलोचनाओं के आधार पर यह निष्कर्ष नहीं निकालना चाहिए कि आर्थिक और सामाजिक परिषद् कम उपयोगी है। वस्तुतः आर्थिक और सामाजिक परिषद् के कार्य अनेक त्रुटियों के बावजूद काफी सराहनीय रहे हैं। अपनी स्थापना के बाद से ही इसने मानव-जाति के उत्थान तथा उसके जीवन-स्तर के उन्नयन की दिशा में अनेक महत्वपूर्ण और उपयोगी कार्य किये हैं। इसके चलते ही आर्थिक और सामाजिक क्षेत्रों में संयुक्त राष्ट्रसंघ को काफी व्यापक सफलता मिली है। मानव के जीवन-स्तर का उन्नयन, उसकी सामाजिक -सांस्कृतिक-आर्थिक प्रगति के कार्यों का समायोजन एवं दिशा निर्देश के कार्यों में परिषद् की विशेष समितियों एवं क्षेत्रीय तथा विशेष कार्यों के आयोग ने महत्वपूर्ण एवं अद्‌भुत सफलता हासिल की है। प्रतिवर्ष इस परिषद् के अनेक कार्यक्रम ऐसे होते हैं जिनका ध्येय आर्थिक विकास, व्यापार-मानव अधिकार, शरणार्थी, महिलाओं व शिशुओं की सुरक्षा, शिक्षा, कृषि, स्वास्थ्य, भवन निर्माण और अन्य अनेक हितकारी विषयों से सम्बन्धित होता है जिनमें सब सदस्यों के सामान्य हित निहित हैं। मानव के व्यक्तिगत जीवन से सामाजिक जीवन, रुचि आदि का शायद ही कोई कोना या वर्ग ऐसा हो, जिनसे संबंधित कोई न कोई संस्था काम नहीं करती है। विशिष्ट उद्देश्यों की पूर्ति के लिए गठित कार्यकारी टीम, अन्तर्राष्ट्रीय विशेषज्ञ की व्यवस्था, विस्तृत

सर्वेक्षण मिशन आदि भावी मानव सभ्यता की दिशा में महत्वपूर्ण कदम कहे जा सकते हैं। इन अभिकरणों का लेखा जोखा लेने से ऐसा लगता है कि उनकी अब तक की उपलब्धियाँ उपयोगी, सारयुक्त एवं महत्वपूर्ण रही हैं, भले ही वे आश्चर्यचकित करने वाली तथा विश्व को झकझोरने वाली न रही हों। यदि इनके द्वारा प्रयास नहीं किये जाते तो मानव जाति की हालत और भी असन्तोषप्रद होती। अतः विश्व संस्था के व्यापक संदर्भ में आर्थिक तथा सामाजिक परिषद् की उपादेयता से इन्कार नहीं किया जा सकता। विश्व को यह स्वीकार करना पड़ेगा कि आर्थिक व सामाजिक परिषद् का कार्य विश्व शांति के लिए सर्वाधिक स्थायी देन है जबकि इसका प्रचार सबसे कम होता है। आर्थिक व सामाजिक परिषद् के प्रथम अध्यक्ष सर रामास्वामी मुदालियर ने अपने प्रारम्भिक भाषण में कहा था कि इस परिषद् के कार्य इसके दायित्व वहन करने के तरीके, दुरुह स्वरूप की आर्थिक समस्याओं को सुलझाने के लिए इसकी सामर्थ्य पर ही भावी विश्व में वास्तविक सुरक्षा एवं शांति प्राप्ति की सम्भावना निर्भर करती है।

ब्रिटेन के भूतपूर्व प्रधानमंत्री एटली ने भी कहा था, "आरक्षी दल सभ्य समाज का अनिवार्य अंग होता है। परन्तु जहाँ आम जनता को जितनी ही अधिक सामाजिक सुरक्षा एवं संतोष प्राप्त होता है वहाँ आरक्षी दल की महत्ता उतनी ही कम हो जाती है। अतः यद्यपि सुरक्षा परिषद् का कार्य महत्वपूर्ण है किन्तु आर्थिक तथा सामाजिक परिषद् को एक प्रभावशाली साधन बनाने का कार्य उससे कम महत्वपूर्ण नहीं है।" लेकिन इसके लिए यह आवश्यक है कि राज्य सरकारें आर्थिक व सामाजिक परिषद् के कार्यों में पूर्ण योगदान करें। घोषणा-पत्र पर हस्ताक्षर करने वाली सभी राज्य सरकारों को यह दायित्व बोध होना चाहिए कि इस परिषद् की सिफारिशों तथा सुझावों को नहीं मानना घोषणा पत्र का उल्लंघन है तथा अपने स्वतः स्वीकृत दायित्व से भागना है। परन्तु अधिकांश राज्यों की कथनी और करनी में अन्तर है। जिन राज्य सरकारों द्वारा सबसे ज्यादा क्रूरताओं और मानव-मानव में भेदभाव की नीति को अपनाया जाता है, वही सबसे अधिक मानव अधिकारों की रक्षा व रंग-भेद की नीति के विरोध का ढोल पीटते हैं। अमेरिका के भूतपूर्व राष्ट्रपति जिमी कार्टर ने मानव अधिकारों के पालन पर सबसे अधिक जोर दिया था, परन्तु सफलता नहीं मिली। एमनेस्टी इन्टरनेशनल निरन्तर विभिन्न देशों में होने वाली क्रूरताओं को इंगित करती है। परन्तु मानव अधिकारों व अत्याचारों में कोई कमी नहीं आई। विश्व अभी क्षुधा, अशिक्षा एवं बीमारी तथा उपचारों व औषधियों के अभाव से पीड़ित है। अतः यह कहा जा सकता है कि आर्थिक व सामाजिक परिषद् को पूर्ण सफलता नहीं मिली है। परन्तु यह निर्विवाद है कि आर्थिक व सामाजिक परिषद् ने अत्यन्त उपयोगी, लाभदायक व कल्याणकारी कार्य किये हैं और निरन्तर कर रही है। इसकी उपलब्धियां सराहनीय हैं और कार्य अत्यन्त प्रशंसनीय हैं।

जब-जब कहीं आपदा या भूकम्प आता है इसके विभिन्न विशिष्ट अभिकरणों द्वारा सहायता दी जाती है। जनवरी-फरवरी 2001 में भारत में गुजरात के भूकम्प के अवसर पर विश्व बैंक (World Bank) ने प्रचुर धनराशि उपलब्ध कराई तथा अन्य विशिष्ट उपकरणों से भी सहायता प्रदान की। अतः यह कहा जा सकता है कि आर्थिक व सामाजिक परिषद् व उसके विशिष्ट उपकरण अत्यन्त उपयोगी व कल्याणकारी कार्य कर रहे हैं।

अन्तर्राष्ट्रीय आर्थिक एवं सामाजिक सहयोग सम्बन्धी संयुक्त राष्ट्रसंघ के अनुच्छेदों का वर्णन

आर्थिक व सामाजिक परिषद् के अनुच्छेद 55 से अनुच्छेद 74 तक वर्णित किये गए हैं।

अनुच्छेद 55

स्थायित्व और सद्भावना का वातावरण तैयार करने, समान अधिकारों तथा आत्म-निर्णय के सिद्धान्तों पर आधारित राष्ट्रों के बीच मैत्रीपूर्ण सम्बन्ध कायम रखने, संयुक्त राष्ट्रसंघ जीवन का उच्चतर स्तर, पूर्ण नियोजन तथा आर्थिक और सामाजिक प्रगति, अन्तर्राष्ट्रीय आर्थिक, सामाजिक, स्वास्थ्य-सफाई से सम्बन्धित समस्याओं का समाधान तथा अन्तर्राष्ट्रीय सांस्कृतिक और शैक्षणिक सहयोग एवं प्रजाति, लिंग, भाषा व धर्म का बिना भेदभाव किए मानव अधिकारों तथा मौलिक अधिकारों की रक्षा करना इसके उद्देश्य हैं।

अनुच्छेद 56

अनुच्छेद 55 में उल्लिखित उद्देश्यों की प्राप्ति के लिए संयुक्त राष्ट्रसंघ के सभी सदस्य संयुक्त और पृथक रूप से कार्यवाही करने की शपथ लेते हैं।

अनुच्छेद 57

(i) अन्तः सरकारी समझौते के द्वारा स्थापित विभिन्न विशिष्ट एजेंसियां जिनके आर्थिक, सामाजिक, सांस्कृतिक, शैक्षणिक, स्वास्थ्य व सफाई सम्बन्धी व्यापक अन्तर्राष्ट्रीय दायित्व हैं, उन्हें अनुच्छेद 63 के प्रावधानों के अनुसार संयुक्त राष्ट्रसंघ के साथ लाया जाएगा।

(ii) संयुक्त राष्ट्रसंघ से सम्बन्धित इन अभिकरणों को विशिष्ट अभिकरण कहा जाएगा।

अनुच्छेद 58

संयुक्त राष्ट्रसंघ विशिष्ट अभिकरणों की नीतियों तथा गतिविधियों के समन्वीकरण के लिए अनुशंसाएँ करेगा।

अनुच्छेद 59

अनुच्छेद 55 में उल्लिखित उद्देश्यों की पूर्ति के लिए संयुक्त राष्ट्रसंघ किसी नए विशिष्ट अभिकरण या एजेंसी के निर्माण के लिए राष्ट्रों से बातचीत करेगा।

अनुच्छेद 60

इस अध्याय में उल्लिखित संयुक्त राष्ट्रसंघ के कार्य महासभा और आर्थिक व सामाजिक परिषद् द्वारा सम्पादित होंगे।

संयुक्त राष्ट्रसंघ की आर्थिक तथा सामाजिक परिषद् (Economic and Social Council)

गठन

अनुच्छेद 61

(i) आर्थिक तथा सामाजिक परिषद् में महासभा द्वारा निर्वाचित संयुक्त राष्ट्रसंघ के 54 सदस्य होंगे।

(ii) कंडिका 3 के प्रावधानों के तहत आर्थिक तथा सामाजिक परिषद् के 18 सदस्य प्रतिवर्ष तीन वर्ष के लिए निर्वाचित होंगे। अवकाश प्राप्त करने वाला कोई भी सदस्य पुनर्निर्वाचन में भाग ले सकता है।

(iii) आर्थिक तथा सामाजिक परिषद् की सदस्यता में 27 से 54 की वृद्धि कर देने पर इसके प्रथम निर्वाचन में 27 सदस्यों का निर्वाचन होगा। इन 27 सदस्यों में 9 सदस्यों की पदावधि दो वर्षों के बाद समाप्त होगी।

(iv) आर्थिक तथा सामाजिक परिषद् के प्रत्येक सदस्य को एक प्रतिनिधित्व प्राप्त होगा।

कार्य तथा अधिकार

अनुच्छेद 62

(i) आर्थिक तथा सामाजिक परिषद् अन्तर्राष्ट्रीय आर्थिक, सामाजिक, सांस्कृतिक, शैक्षणिक, सफाई आदि से सम्बन्धित तथ्यों का अध्ययन करेगी तथा इसकी अनुशंसा महासभा संयुक्त राष्ट्रसंघ के सदस्यों तथा सम्बन्धित विशिष्ट एजेंसियों या अभिकरणों को देगी।

(ii) मानव अधिकारों तथा मौलिक स्वतन्त्रताओं को प्रोत्साहन देने के लिए यह अनुशंसाएं कर सकती है।

(iii) अपने क्षेत्राधिकार से सम्बन्धित बातों के लिए यह समझौते का खाका तैयार करेगी और महासभा के सामने पेश करेगी।

(iv) संयुक्त राष्ट्रसंघ के नियमों के अनुसार यह अपने क्षेत्राधिकार से सम्बन्धित अन्तर्राष्ट्रीय सम्मेलनों का आयोजन कर सकती है।

अनुच्छेद 63

(i) अनुच्छेद 57 में उल्लिखित किसी एजेंसी के साथ सुरक्षा तथा सामाजिक परिषद् समझौता कर सकती है। ऐसे समझौतों का महासभा द्वारा अनुमोदन आवश्यक है।

(ii) यह विशिष्ट अभिकरण की कार्यवाही को अभिकरणों के सम्पर्क और अनुशंसाओं तथा महासभा और संयुक्त राष्ट्रसंघ के सदस्यों की अनुशंसाओं द्वारा समन्वित कर सकती है।

अनुच्छेद 64

आर्थिक तथा सामाजिक परिषद् विशिष्ट अभिकरणों से नियमित रपट प्राप्त करने के लिए आवश्यक कदम उठा सकती है। यह संयुक्त राष्ट्रसंघ के सदस्यों तथा विशिष्ट एजेन्सियों के साथ सम्पर्क स्थापित कर अपनी अनुशंसाओं को लागू करने के बारे में रपट प्राप्त कर सकती है।

अनुच्छेद 65

आर्थिक तथा सामाजिक परिषद् को सुरक्षा परिषद् सूचना भेज सकती है तथा सुरक्षा परिषद् के अनुरोध पर उसकी सहायता कर सकती हैं।

अनुच्छेद 66

(i) आर्थिक तथा सामाजिक परिषद अपने क्षेत्राधिकार से सम्बन्धित कार्यों तथा महासभा की अनुशंसाओं का सम्पादन करेगी।

(ii) संयुक्त राष्ट्रसंघ के सदस्यों तथा विशिष्ट अभिकरणों के अनुरोध पर महासभा के अनुमोदन करने पर यह अपनी सेवाएं दे सकती हैं।

(iii) यह घोषणा-पत्र में उल्लिखित कार्यों व महासभा द्वारा सौंपे गये कार्यों का सम्पादन करेगी।

मतदान

अनुच्छेद 67

(i) आर्थिक तथा सामाजिक परिषद् के प्रत्येक सदस्य को एक मत प्राप्त होगा।

(ii) आर्थिक तथा सामाजिक परिषद् में उपस्थित सदस्यों के बहुमत से निर्णय लिया जाएगा।

प्रक्रिया

अनुच्छेद 68

आर्थिक तथा सामाजिक परिषद् मानव अधिकारों को प्रोत्साहन देने के लिए आर्थिक तथा सामाजिक क्षेत्रों में आयोगों की स्थापना करेगी।

अपने कार्यों के सम्पादन के लिए यह अन्य आयोगों की स्थापना भी कर सकती हैं।

अनुच्छेद 69

आर्थिक तथा सामाजिक परिषद् संयुक्त राष्ट्रसंघ के किसी भी सदस्य को अपनी वार्ता में भाग लेने के लिए बुला सकती है, किन्तु उसे मतदान का अधिकार नहीं होगा।

अनुच्छेद 70

आर्थिक तथा सामाजिक परिषद् विशिष्ट अभिकरणों के प्रतिनिधियों को अपनी वार्ताओं तथा उनके द्वारा स्थापित आयोगों की वार्ताओं में भाग लेने के लिए बुला सकती है, किन्तु उन्हें मतदान का अधिकार नहीं होगा।

अनुच्छेद 71

आर्थिक तथा सामाजिक परिषद् अपने क्षेत्राधिकार में आने वाले विषयों पर गैर-सरकारी संगठनों से सम्पर्क स्थापित करेगी। संयुक्त राष्ट्रसंघ के सदस्यों से मिलकर इस तरह का सम्पर्क अन्तर्राष्ट्रीय संगठन तथा राष्ट्रीय संगठन से किया जा सकता है।

अनुच्छेद 72

(i) आर्थिक तथा सामाजिक परिषद् अपने अध्यक्ष के निर्वाचन सहित अपनी प्रक्रिया के नियमों को बनायेगी।

(ii) आर्थिक तथा सामाजिक परिषद् की बैठक इसके नियम के अनुसार होगी। इसके बहुसंख्यक सदस्यों के अनुरोध पर इसकी बैठक बुलाई जाएगी।

अ-स्वशासित प्रदेशों के बारे में घोषणा

संयुक्त राष्ट्रसंघ के सदस्य, जिन पर उन प्रदेशों के प्रशासन का दायित्व है, जो स्वशासन के योग्य नहीं हैं, वे इस सिद्धान्त को स्वीकार करते हैं कि वे उन प्रदेशों के निवासियों के हित में शासन करेंगे। इस उद्देश्य से–

(क) वे उस क्षेत्र के लोगों की संस्कृति का सम्मान करेंगे तथा उनकी राजनीतिक, आर्थिक, सामाजिक और शैक्षणिक प्रगति, उनके साथ न्यायपूर्ण व्यवहार तथा दोषों से उनकी रक्षा करेंगे।

(ख) वे उस क्षेत्र के स्वशासन के विकास, वहाँ के लोगों की राजनीतिक आकांक्षाओं का ध्यान, वहाँ के लोगों की स्वतंत्र राजनीतिक संस्थाओं का विकास, उनकी परिस्थितियों के अनुकूल करेंगे।

(ग) वे अन्तर्राष्ट्रीय शांति-सुरक्षा को प्रोत्साहन देंगे।

(घ) वे विकास के रचनात्मक उपायों को प्रोत्साहन देंगे। इसके लिए वे शोध को प्रोत्साहन, एक-दूसरे के साथ सहयोग तथा सामाजिक, आर्थिक

एवं वैज्ञानिक प्रगति के लिए विशिष्ट अन्तर्राष्ट्रीय निकायों के साथ सहयोग करेंगे।

(ङ) वे इन प्रदेशों की आर्थिक, सामाजिक और शैक्षणिक स्थितियों के बारे में महासचिव को नियमित रूप से सूचना देंगे।

अनुच्छेद 74

संयुक्त राष्ट्रसंघ के सदस्य सम्पूर्ण विश्व के सामाजिक और आर्थिक विकास के लिए काम करेंगे।

संयुक्त राष्ट्रसंघ की आर्थिक व सामाजिक परिषद् और अभिकरण विश्व कल्याण में सबसे अधिक उपयोगी सिद्ध हुए हैं।

❐❐❐

7

संयुक्त राष्ट्रसंघ के विशिष्ट अभिकरण
(Specialized Agencies of U.N.O.)

संयुक्त राष्ट्रसंघ के चार्टर में यह स्वीकार किया गया है कि उसका मुख्य उत्तरदायित्व विश्व शांति बनाए रखना, विश्व कल्याण व मानव के भौतिक, आर्थिक, सांस्कृतिक व सामाजिक विकास में सहयोग देना है। यह कार्य संयुक्त राष्ट्रसंघ के विशिष्ट अभिकरणों (Specialized Agencies) द्वारा किया जाता है।

संयुक्त राष्ट्रसंघ के विशिष्ट अभिकरण व संस्थाएं हैं जिनकी स्थापना विभिन्न अर्द्धसरकारी समझौतों द्वारा की गई है और जिनका कार्य आर्थिक, सामाजिक, शारीरिक तथा स्वास्थ्य आदि के क्षेत्रों में बहुत विस्तृत एवं उत्तरदायित्वपूर्ण है। इन अभिकरणों के कार्यों में समन्वय व तालमेल बनाये रखना आर्थिक व सामाजिक परिषद् का कार्य है।

लेखक गुडस्पीड के अनुसार इनकी स्थापना के निम्न कारण हैं–

(1) आर्थिक व सामाजिक कार्य तकनीकी प्रकृत्ति के होते हैं। अत: इनको विशिष्ट अभिकरणों को सौंपा जाये।

(2) आर्थिक, सामाजिक, शैक्षणिक व श्रम सम्बन्धी कार्यों को महासभा या सुरक्षा परिषद् पर डाल देने से उन पर बहुत अधिक बोझ बढ़ जायेगा और राजनीतिक कार्यों में लगे रहने के कारण वह उन पर उचित ध्यान नहीं दे पायेगी।

(3) कुछ कार्य राजनीतिक न होकर सहयोगात्मक तथा प्रशासकीय होते हैं जैसे अन्तर्राष्ट्रीय श्रमिक संघ व अतर्राष्ट्रीय डाक संघ आदि।

पामर और पार्किन्स के अनुसार, "यह ऐसे कार्य हैं जो क्षेत्र, उपलब्धि और महत्व की दृष्टि से संयुक्त राष्ट्रसंघ के राजनीतिक व सुरक्षात्मक कार्यों से भी महत्वपूर्ण व उपयोगी हैं।" अत: इनका उल्लेख आवश्यक है।

यूनेस्को (UNESCO) — संयुक्त राष्ट्र शैक्षणिक, वैज्ञानिक और सांस्कृतिक संगठन तथा उनके कार्य

संयुक्त राष्ट्र शैक्षणिक, वैज्ञानिक और सांस्कृतिक संगठन की स्थापना 4 नवम्बर, 1946 को लंदन सम्मेलन के द्वारा हुई थी। इसका उद्देश्य मानव में विर्श्व बन्धुत्व

तथा सहयोग और भावना का विकास करना एवं शिक्षा, संस्कृति व विज्ञान का विकास करना है। इसके पिछले महानिदेशक के समय कुछ मतभेद उत्पन्न हो गये थे और संयुक्त राज्य अमेरिका व ब्रिटेन ने विरोध किया। परन्तु स्पेन के डॉ॰ एद्रोई ग्राड्म के महानिदेशक बन जाने के बाद यह निरतंर विकास के पक्ष पर अग्रसर है तथा विश्व के देशों में शिक्षा का विकास हो रहा है। चीन जैसे देश में भी साक्षरता व्याप्त है। विश्व के प्रगतिशील देशों में शतप्रतिशत या 99 प्रतिशत साक्षरता इसके प्रयासों से पाई जाती है परन्तु इसके अथक प्रयासों के बावजूद भारत में 54 करोड़ से अधिक नागरिक निरक्षर हैं। लेकिन भारत को छोड़कर विश्व के सभी देशों में साक्षरता की वृद्धि में इसने सफलता प्राप्त की है।

संयुक्त राष्ट्रसंघ अनेक शैक्षणिक, वैज्ञानिक व सांस्कृतिक कार्य भी करता है। इन कार्यों के लिए उसने यूनेस्को नामक संगठन बनाया है। यूनेस्को के कार्यों को दो भागों में बाँटा जा सकता है—सामान्य और विशेष। सामान्य कार्यों के अन्तर्गत संगठन के वे कार्य आते हैं जो सभी सदस्य राज्यों से सम्बन्ध रखते हैं और जिन्हें निरन्तर किया जा रहा है। यूनेस्को द्वारा समाशोधन और लेख्य सामग्री से संबन्धित प्रदत्त सेवाएं तथा लेखकों, कलाकारों, वैज्ञानिकों व अन्य बुद्धिजीवियों के मध्य राष्ट्रीय और अन्तर्राष्ट्रीय स्तर पर सहयोग विकसित करना आदि सामान्य कार्यों की श्रेणी में आते हैं। विशेष कार्यों के अन्तर्गत वे कार्य आते हैं जो सदस्य राज्यों की विशेष आवश्यकताओं की पूर्ति के लिए किये जाते हैं, जैसे शिक्षा का विकास, विज्ञान का मानव कल्याण के लिए प्रयोग इत्यादि।

जहाँ तक सामान्य कार्यों का सम्बन्ध है, यूनेस्को अपने कार्यक्रमों से सम्बन्धित विषयों पर सूचना व लेख्य सामग्री एकत्रित, प्रकाशित और वितरित करता है। शिक्षा समाशोधन गृह ने सदस्य राज्यों के शिक्षा प्रतिनिधियों और शिक्षा व्यवहारों से संबन्धित सामग्री का संकलन किया है; संक्षिप्तियां, ग्रन्थ सूचियां, निर्देशिकाएं और प्रतिवेदन आदि तैयार किये हैं तथा उन्हें अनेक प्रकाशकों द्वारा वितरित किया है। यूनेस्को की व्यक्ति-विनियम सेवा ने विदेशों में अध्ययन सम्बन्धी सुविधाओं व अवसरों पर सामग्री एकत्रित करके वितरित की है। प्राकृतिक विज्ञान के क्षेत्र में यूनेस्को द्वारा काहिरा, नई दिल्ली, जकार्ता और मांटीपीडियो आदि में स्थापित क्षेत्रीय विज्ञान सहयोग केन्द्रों में वैज्ञानिक ग्रन्थ सूचियां, निर्देशिकाएं, सर्वेक्षण और प्रतिवेदन संकलित और प्रकाशित करके वितरित किए जाते रहे हैं। सामाजिक विज्ञान के क्षेत्र में समाजशास्त्र, राजनीतिशास्त्र और वार्षिक ग्रन्थ सूचियाँ प्रकाशित की गई हैं जो विशेष अध्ययन और अनुसंधान शोध के लिए बड़ी उपयोगी सिद्ध हुई हैं।

यूनेस्को की प्रेरणा व प्रयासों के फलस्वरूप विश्वविद्यालय संघ, चिकित्साशास्त्र के अन्तर्राष्ट्रीय संघों की परिषद्, अन्तर्राष्ट्रीय राजनीति विज्ञान संघ, दर्शनशास्त्र और मानवीय अध्ययनों की अन्तर्राष्ट्रीय परिषद् जैसे कई अन्तर्राष्ट्रीय संघ स्थापित हुए हैं। यूनेस्को इन संघों को आर्थिक सहायता प्रदान करता है ताकि ये अपने कार्य को

कर सकें। इसके अतिरिक्त यूनेस्को ने अनेक विद्यमान अन्तर्राष्ट्रीय मंचों, जैसे इण्टरनेशनल पेन क्लब, अन्तर्राष्ट्रीय शिल्पकार संघ आदि को भी आर्थिक सहायता प्रदान की है और उनके विकास में सहायता दी है।

कुछ निश्चित क्षेत्रों में एकरूपता बनाये रखने के लिए यूनेस्को ने अनेक अन्तर्राष्ट्रीय समझौते सम्पन्न कराये हैं। अन्तर्राष्ट्रीय कॉपीराइट समझौता–लेखकों, वैज्ञानिकों और कलाकारों आदि के अधिकारों की रक्षा करता है। सांस्कृतिक सम्पत्ति की सुरक्षा संबंधी समझौता और संधि, जिसे सामान्यतः "सांस्कृतिक रेडक्रास" कहा जाता है, युद्ध के समय ऐतिहासिक भवनों, संग्रहालयों, पुस्तकालयों और अन्य कलात्मक व वैज्ञानिक कृतियों की सुरक्षा का दायित्व राष्ट्रों पर डालता है। इस प्रकार के अन्तर्राष्ट्रीय समझौते और प्रशासकीय व्यवस्थाएँ कराकर शिक्षा, विज्ञान और संस्कृति के क्षेत्र में संयुक्त राष्ट्रसंघ ने जो कार्य किया है वह असाधारण रूप से महत्वपूर्ण है। यूनेस्को का कार्यक्षेत्र बहुत विस्तृत और बहुमूल्य है फिर भी यूनेस्को के विशेष कार्यों को हम तीन भागों में बाँटते हैं–शिक्षा, विज्ञान और संस्कृति।

शिक्षा

निरपक्षता का उन्मूलन इसका मुख्य कार्य है। दक्षिण एशिया और प्रशान्त महासागरीय क्षेत्र के 11 करोड़ बच्चों में से 6 करोड़ ऐसे हैं जिन्हें किसी भी प्रकार की शिक्षा नहीं दी गई। सन् 1951 से यह संगठन निरन्तर कोशिश कर रहा है कि इस क्षेत्र में कम से कम 6 वर्ष की अवधि के लिए निःशुल्क और अनिवार्य शिक्षा का हर देश में विकास हो जाये। लैटिन अमेरिकी क्षेत्र में इसे उल्लेखनीय सफलता मिली है जहाँ प्राइमरी स्कूलों की संख्या में वृद्धि हुई है, और शिक्षकों के प्रशिक्षण की समुचित व्यवस्था का प्रबन्ध किया जा सका है। माध्यमिक शिक्षा के क्षेत्र में इसने अन्तर्राष्ट्रीय सद्भावना के विकास के दृष्टिकोण से इतिहास, भूगोल व विदेशी भाषाओं के शिक्षण में सुधार करने की चेष्टा भी की है। उच्च तकनीकी संस्थानों की स्थापना के लिए विकासशील देशों को भी यूनेस्को ने सभी प्रकार की सहायता दी है। परन्तु भारत जैसे देश की उदासीनता के कारण सफलता नहीं मिली और यहां संसार में सबसे अधिक निरक्षर हैं।

प्रौढ़ों को शिक्षित करने की ओर भी इस संगठन ने ध्यान दिया है। पार्टेज कुआरा (मेक्सिको) और सूर्म्र ऐल-लयान (मिस्त्र) में इसने बुनियादी शिक्षा केन्द्र स्थापित किए हैं। प्रौढ़ों के लिए उपयुक्त पठन-सामग्री की व्यवस्था की है तथा प्रौढ़ शिक्षा से सम्बन्धित नई प्राविधियों और पद्धतियों के विषय में सूचनाएँ एकत्रित व वितरित की हैं। प्रौढ़ शिक्षा के विषय में संगठन इस नतीजे पर पहुंचा है कि उन्हें केवल अक्षर ज्ञान करा देने से अधिक लाभ नहीं होता है। उनके लिए जीवन में कुछ साधारण व्यावहारिक बातों का ज्ञान बहुत जरूरी है, जैसे पीने के पानी को उबालना, पाखानों को खोदना, ऊँचे उठे रसोईघर बनाना, स्थानीय सामान से ही अधिक अच्छे घर बनाना,

स्वयं तरकारियाँ उगाना और भोजन में सुधार करना आदि। इस दिशा में भी इसने उल्लेखनीय कार्य किया है।

शिक्षा द्वारा अन्तर्राष्ट्रीय सद्भावना को विकसित करने के लिए संगठन ने सच्चे अर्थों में प्रयत्न किए हैं। इस संगठन ने सदस्य राज्यों से अपील की है कि वे पाठ्य-पुस्तकों से दूसरे राष्ट्रों के प्रति पक्षपातपूर्ण तथ्यों का निराकरण करके उनकी विषय सामग्री सुधारें और बच्चों के मस्तिष्क को मिथ्या राष्ट्रीय अभियान व विदेशियों के प्रति घृणा और पक्षपात की मनोवृत्तियों से मुक्त रखने की चेष्टा करें। इस संगठन ने विद्यालयों के पाठ्यक्रम में संयुक्त राष्ट्रसंघ व उसकी एजेंसियों तथा मानव अधिकारों के सार्वभौम घोषणा-पत्र की शिक्षा को सम्मिलित करने के लिए भी प्रयास किये हैं। परन्तु उग्र राष्ट्रीयता की भावना के कारण इस प्रयास में अधिक सफलता नहीं मिल सकी है तथा प्रत्येक देश में अपने देश का गुण-गान पढ़ाया जाता है जैसे लीबिया में कर्नल गद्दाफी, ईराक में सद्दाम हुसैन व ईरान में अयातुला खुमैनी को ही सर्वोपरि माना जाता है तथा उनका गुणगान कराया जाता है। परन्तु धीरे-धीरे विश्व की ओर समस्त देशों की दिलचस्पी में वृद्धि हो रही है।

विज्ञान

यूनेस्को के प्रयत्नों से अणुसंधान की यूरोपीय परिषद् की स्थापना हुई। यूनेस्को का यह बहुत बड़ा और प्रशंसनीय कार्य है, क्योंकि अणुसंधान के क्षेत्र में कोई भी एक देश स्वतंत्र रूप से संधान के व्यय का पूरा भार वहन नहीं कर सकता है। अन-उपजाऊ या ऊसर जमीन को उर्वर बनाने के लिए विभिन्न राज्यों में जो व्यक्तिगत प्रयोग किये जा रहे थे, उनमें यूनेस्को ने तारतम्य व सहयोग स्थापित करने का कार्य किया है। वर्तमान दशक में अनेक देश अन-उपजाऊ भूमि की समस्या का हल ढूँढ निकालने में सामूहिक रूप से प्रयत्नशील हैं। यूनेस्को द्वारा स्थापित क्षेत्रीय विज्ञान सहयोग केन्द्रों ने भी अपने क्षेत्रों में सूचनाओं, कर्मचारियों और वैज्ञानिक सामग्री के विनिमय तथा शोध कार्य के समन्वय में सहायता पहुंचाई है। यूनेस्को ने ही अणुकेन्द्रीय शोध की यूरोपीय परिषद् की स्थापना में पहल की।

सामाजिक विज्ञान के क्षेत्र में किए जा रहे शोधकार्यों को आगे बढ़ाने में भी यूनेस्को उपयोगी और सहायक सिद्ध हुआ है। उसकी मान्यता है कि इनसे सामाजिक समस्याओं का हल ढूँढ़ निकालने में मदद मिलेगी। संगठन ने स्वयं अन्तर्राष्ट्रीय सद्भावना पर प्रभाव डालने वाले तनावों का अध्ययन किया है और ऐसे अध्ययनों को प्रोत्साहित किया है। 'जाति' पर यूनेस्को द्वारा निर्देशित अध्ययनों से यह बात सिद्ध हो गई है कि एक जाति को दूसरी जाति से उच्च मानने का कोई न्यायोचित, वैज्ञानिक या मनोवैज्ञानिक आधार नहीं है। "विभिन्न देशों में शासन एवं धार्मिक, शैक्षणिक और नागरिक संस्थाओं ने जाति-विभेद का अन्त करने के लिए जो सकारात्मक उपाय किये हैं उनके अध्ययन के सम्बन्ध में भी यूनेस्को ने जोर दिया है। इस तथ्य पर बल देना भी आवश्यक है कि जातीय पक्षपात एवं जातीय विभेद जैसे दोषों को

दूर करने के लिए यूनेस्को जातीयता और युद्ध के विरुद्ध "सुरक्षा गढ़" निर्माण करना चाहता है। राजनीतिक स्तर पर आगे की कार्यवाही राज्यों और संयुक्त राष्ट्रसंघ के द्वारा की जानी आवश्यक है। पर दुःख की बात यह है कि वह कार्यवाही सशक्त न होने से जातीयता की भावना न केवल जीवित है, वरन् दक्षिणी अफ्रीका जैसे देशों में फल-फूल रही है। अब यह अन्य देशों में भी फैल गई है।

इस संगठन ने "औद्योगीकरण और तकनीकी परिवर्तनों" के सामाजिक प्रभाव पर अनुसंधान को भी प्रोत्साहित किया है। भारत सरकार के साथ हुए उसके एक समझौते के अन्तर्गत स्थापित "दक्षिण एशिया में सामाजिक और आर्थिक विकास का शोध केन्द्र" इस कार्य में संलग्न है, जिसमें अनेक एशियाई देशों को लाभ हुआ है और विज्ञान में प्रगति हुई है। संगठन ने मरु प्रदेशों को उपजाऊ बनाने, मरु प्रदेशों को विकास योग्य बनाने व सामुद्रिक सम्पदा को भोजन व खाद्य योग्य बनाने का ज्ञान प्रदान किया है तथा खाद्यान्न में उत्पादन की वृद्धि करके विश्व की बढ़ती जनसंख्या के खाद्यान्न पूर्ति में सहायक बनी है।

संस्कृति

संस्कृति चाहे जहाँ भी हो समस्त मानव-जाति की विरासत है। संयुक्त राष्ट्रसंघ ने मानव जाति की इस सांस्कृतिक विरासत को सुरक्षित रखने के लिए अनेक प्रयत्न किए हैं। जब आसवान बाँध के निर्माण के फलस्वरूप दूबिया के प्राचीन स्मारकों के डूबकर नष्ट हो जाने का खतरा उत्पन्न हो गया था तब उनकी रक्षा के लिए यूनेस्को ने एक अन्तर्राष्ट्रीय अभियान चलाया। भारत, कोलम्बिया और नाईजीरिया आदि में सार्वजनिक पुस्तकालय खोलने की योजनाओं में उसने योग दिया। इनमें सबसे प्राचीन दिल्ली का सार्वजनिक पुस्तकालय है जो यूनेस्को द्वारा भारत को दी गई सहायता का ज्वलंत उदाहरण है। इसने विद्वानों के आदान-प्रदान व सामूहिक ज्ञान को प्रोत्साहन दिया है।

राष्ट्रों और उनकी संस्कृतियों की अन्योन्याश्रिता सिद्ध करने और मानव जाति की सामान्य विरासत में प्रत्येक के अनुदान को प्रदर्शित करने के उद्देश्य से यूनेस्को ने एक महत्वपूर्ण आयोजना आरम्भ की है। यह मानव जाति के वैज्ञानिक और सांस्कृतिक इतिहास का लिखा जाना है। प्रस्तावित इतिहास छः खण्डों में प्रकाशित किया जा रहा है, जिसका प्रथम खण्ड सन् 1963 में प्रकाशित हो चुका है।

इसके अतिरिक्त संगठन ने, भारत सरकार के सुझाव पर, अन्धों के लिए ब्रेल (लिखित वर्णमाला) पद्धति का एक निश्चित स्तर निर्धारित कर दिया है। अमेरिका जैसे कठोर मुद्रा क्षेत्रों से पुस्तकों और शिक्षा सम्बन्धी सामग्री की खरीद में नरम मुद्रा क्षेत्रों के सम्मुख डालरों का अभाव जो कठिनाइयाँ पैदा करता है उसे दूर करने के लिए भी इस संगठन ने कई लाख डालर के कूपन जारी किये हैं जिनसे नरम मुद्रा वाले राज्य, पुस्तकें, शिक्षा सम्बन्धी फिल्में और आवश्यक वैज्ञानिक सामग्री खरीद सकते हैं। संक्षेप में यूनेस्को की सफलताएं प्रभावपूर्ण और उत्साहवर्द्धक हैं।

मूल्यांकन

राजनीतिक समस्याओं को सुलझाने में चाहे संयुक्त राष्ट्रसंघ विशेष सफल न हुआ हो, लेकिन आर्थिक, सामाजिक, सांस्कृतिक एवं मानवीय समस्याओं का समाधान करने में उसे उल्लेखनीय सफलता मिली है। उसने एशिया, अफ्रीका और लैटिन अमेरिका के विकासशील देशों की स्थिति सुधारने में महत्वपूर्ण भूमिका निभाई है। संयुक्त राष्ट्रसंघ से सम्बद्ध कार्यरत गैर-राजनीतिक संगठन और विशिष्ट अभिकरण बड़ी मुस्तैदी से विश्व में व्याप्त निरक्षरता, बेरोजगारी, भुखमरी और दरिद्रता के विरुद्ध संघर्ष में जुटे हुए हैं। विश्व के कई देशों में संयुक्त राष्ट्रसंघ की सहायता से न केवल छोटे उद्योग-धंधों का उद्धार हुआ है, वरन् बड़े-बड़े औद्योगिक प्रतिष्ठानों की स्थापना में भी सहायता मिली है और बहुत से देशों में विकास कार्य सम्पन्न हुआ है।

1960-70 के दशक को संयुक्त राष्ट्रसंघ द्वारा विकास दशक के रूप में मनाया गया। इस दशक में विकासशील देशों के आर्थिक विकास की दर में पाँच प्रतिशत वृद्धि करने का लक्ष्य निर्धारित किया गया और इसके लिए सम्पन्न देशों से अपनी आय का एक प्रतिशत विकासशील देशों को देने का अनुरोध किया गया है। अपने इस उद्देश्य में संयुक्त राष्ट्रसंघ को पर्याप्त सफलता मिली है जिससे उत्साहित होकर अगले दशक को भी इस प्रकार के विकास दशक के रूप में मनाये जाने की योजना बनाई जा रही है। गेसकार्ट के अनुसार यूनेस्कों ने महत्वपूर्ण तथा सराहनीय कार्य किये हैं।

विश्व भर के बच्चों, विकलांगों और नेत्रहीनों के लिए आज संयुक्त राष्ट्रसंघ जो कुछ कर रहा है वह किसी से छुपा नहीं है। संयुक्त राष्ट्रसंघ का राजनैतिक पहलू चाहे अपेक्षित सफलता प्राप्त नहीं कर सका हो परन्तु उसका मानवीय पक्ष सीमित साधनों के बावजूद आंशिक रूप में सफल रहा है। उसके सहयोग के फलस्वरूप ही अनेक देशों में ऐसी बीमारियों का नामोनिशान नहीं रहा है, जिनसे पहले लाखों लोग प्रतिवर्ष असमय ही काल के ग्रास बन जाते थे। यदि अरबों डालर हथियारों पर खर्च करने वाले देश संयुक्त राष्ट्रसंघ के रचनात्मक पक्ष की ओर अधिक ध्यान दें और उसकी सफलता के लिए समुचित साधन जुटायें तो यह संगठन आने वाले वर्षों में मानवता के लिए बहुत कुछ कर सकता है। परन्तु इसमें सबसे बड़ी दुर्बलता यह है कि राष्ट्रों की करनी और कथनी में भेद है। 1990 में विश्व में सबसे अधिक निरक्षर भारत में पाये जाते हैं। यहां निरक्षरता दिवस भी मनाया गया। परन्तु वहाँ धन का व्यय पांच सितारा होटलों व सिनेमा के विकास के लिए किया जा रहा है जिसके कारण पांच सितारा होटलों व सिनेमा फिल्मों के निर्माण में भारत सबसे आगे है परन्तु साक्षरता में सबसे पीछे और 54 करोड़ से अधिक अशिक्षित हैं। अतः भारत में शिक्षा के विकास और शिक्षा व पुस्तकालयों के लिये धन उपलब्ध कराया जाता है।

प्रमुख संस्थाओं का विवरण निम्नलिखित है–

अन्तर्राष्ट्रीय खाद्य व कृषि संगठन (F.A.O.)

इस संगठन की स्थापना मई, 1943 में होस्ट विप्रग्स वर्जीनिया में हुए खाद्य व कृषि संबंधी संयुक्त राष्ट्र सम्मेलन के फलस्वरूप हुई थी। इस सम्मेलन को अमेरिका के राष्ट्रपति रूजवेल्ट ने बुलाया था। 44 राष्ट्रों के प्रतिनिधियों ने इस सम्मेलन में भाग लिया था। इस सम्मेलन के एक अन्तरिम आयोग ने एक स्थायी अन्तर्राष्ट्रीय संगठन का प्रारूप तैयार किया था। कुछ समय बाद जब 20 राष्ट्रों ने इस संगठन में सम्मिलित होने की स्वीकृति दे दी तो यह संगठन स्थापित हो गया। इस संगठन के सम्मेलन का पहला सत्र क्यूबा में अक्तूबर 1945 में हुआ था। द्वितीय विश्वयुद्ध के उपरान्त स्थापित होने वाली यह सबसे पहली विशेष एजेन्सी थी। इस संगठन का उद्देश्य खाद्य समस्या का निदान व पोषण स्तर व जीवन-स्तर को बढ़ाना है। इस संगठन द्वारा खाद्य व कृषि उत्पाद के उत्पादन व वितरण की व्यवस्था करना भी है। इस संगठन का कार्य पोषण खाद्य व कृषि सम्बन्धी सूचना को एकत्रित करना तथा उसका प्रसार करना है।

इस संगठन का यह भी कार्य है कि निम्न विषयों पर राष्ट्रीय व अन्तर्राष्ट्रीय स्तर पर कार्य को प्रोत्साहन दे–पोषण खाद्य व कृषि सम्बन्धी प्रशासन और शिक्षा में सुधार, कृषि उत्पादन के साधनों में सुधार, खाद्य व कृषि उत्पादन में सुधार इत्यादि। इस संगठन का यह भी कार्य है कि सदस्य राज्यों को तकनीकी सहायता उपलब्ध कराए तथा आवश्यकता पड़ने पर उनके क्षेत्रों में विशेषज्ञ व अन्य सहायता व मिशन भेजे। यदि कोई राज्य इस संगठन का सदस्य बन जाता है तो उसे इस संगठन के ध्येयों की पूर्ति के लिए रिपोर्ट और सूचना आदि भेजनी पड़ती है। इसके अतिरिक्त यह संगठन विकसित छात्रवृत्ति कार्यक्रम में भी समन्वय करता है, जिसके अन्तर्गत एक देश के नागरिक दूसरे देश में जाकर अध्ययन करते हैं और उन अनुभवों का प्रयोग अपने देश में आकर करते हैं तथा उत्पादन वृद्धि में सहायक होते हैं।

विश्व स्वास्थ्य संगठन (W.H.O.)

इस संगठन की तकनीकी सेवाओं के अन्तर्गत वैक्सीन और औषधियों के लिए अन्तर्राष्ट्रीय मापदण्ड भी निर्धारित किये जाते हैं। इस संगठन का दूसरा महत्वपूर्ण कार्य हैजा और चेचक इत्यादि बीमारियों की सूचना संसार को देना तथा उनके प्रभाव से अवगत कराना है। यह इनको रोकने के उपाय करता है। इस संगठन की ओर से इस प्रकार की सूचना रेडियो व अन्य प्रसार माध्यमों द्वारा प्रसारित की जाती है। इसी प्रकार प्लेग को फैलने से रोका जाता है। सभी सरकारें इस कार्य में इसे सहयोग देती हैं। इस संगठन के द्वारा इन्फ्ल्यूएन्जा और पौलियोमैलिटिस इत्यादि पर विशेष शोधकार्य कराया जाता है। यह संगठन तकनीकी बुलेटिन और अन्य प्रकाशन भी छापकर विभिन्न देशों में वितरित करता है। इस संस्था के कार्य के सम्बन्ध में ग्राहम

बैकिल ने ठीक ही कहा है, "यह उल्लेखनीय है कि विश्व स्वास्थ्य संगठन, विश्वव्यापी बीमारी संगठन नहीं है। कोई भी संगठन अपनी स्वयं की शक्ति से संसार के दो अरब मनुष्यों की स्वास्थ्य सम्बन्धी आवश्यकताओं की पूर्ति नहीं कर सकता है और विश्व स्वास्थ्य संगठन का यह ध्येय भी नहीं है। यह संगठन तो सब देशों को उस समय सहायता देता है जब वे स्वयं भी एक-दूसरे की सहायता करें। यह संगठन केवल विश्वव्यापी बीमारियों का ही अन्त करने का प्रयत्न नहीं करता, अपितु इसका ध्येय सम्पूर्ण शारीरिक, मानसिक और सामाजिक भलाई को प्रोत्साहन देना है जिसके बिना अन्तर्राष्ट्रीय भलाई सम्भव नहीं है।"

विश्व स्वास्थ्य संगठन (W.H.O.) प्रशंसनीय कार्य कर रहा है परन्तु नये रोग एड्स (Aids) के निवारण में यह सफल नहीं हुआ है परन्तु इसकी रोकथाम में कुछ हद तक सफल अवश्य हुआ है। इसका मुख्यालय जेनेवा में और प्रादेशिक कार्यालय नई दिल्ली में भी है।

मूल्यांकन

संगठन के वित्तीय साधन सीमित हैं। दूसरी समस्या छः क्षेत्रीय समितियों के मध्य समन्वय की है। फिर भी ग्राहम बैकिल के अनुसार, "यह संगठन केवल रोगों का ही अन्त नहीं करता बल्कि इसका ध्येय सम्पूर्ण शारीरिक, मानसिक व सामाजिक विकास व कल्याण को प्रोत्साहन देना है, जो मानव कल्याण और विकास के लिए आवश्यक है।" अतः यह कहा जा सकता है कि बढ़ती हुई जनसंख्या के मध्य सीमित साधन होते हुये भी उसने विश्व कल्याण के लिए अत्यन्त उपयोगी कार्य किये हैं।

अन्तर्राष्ट्रीय श्रम संगठन

अन्तर्राष्ट्रीय श्रम संगठन (I.L.O.) का गठन राष्ट्रसंघ (League of Nations) द्वारा 1919 में किया गया था। यह राष्ट्रसंघ (League of Nations) के भंग हो जाने पर भी कार्य करता रहा और संयुक्त राष्ट्रसंघ की स्थापना होने पर यह उसका अंग बन गया। इसकी रचना राष्ट्रसंघ के एक स्वायत्त अंग के रूप में हुई थी। इसकी संरचना अर्द्ध-सरकारी (Semi-Government) संगठन की भांति है। इसमें तीन पक्षों, सरकारों व नियोजकों व मजदूरों के प्रतिनिधि भाग लेते हैं। 1984 में इसकी सदस्य संख्या 151 यानि संयुक्त राष्ट्रसंघ के सदस्यों के बराबर थी। सन् 1969 में इसे नोबल पुरस्कार मिला। इसका मुख्यालय जेनेवा में है।

भूतपूर्व राष्ट्रपति वी॰ वी॰ गिरि के अनुसार "राष्ट्रसंघ के असफल होते हुये भी यह संस्था सफल रही है और अभी तक कार्य कर रही है।" यह संस्था संयुक्त राष्ट्रसंघ की एक पुरानी विशेष एजेन्सी है। इसकी स्थापना प्रथम विश्वयुद्ध के बाद 1919 में की गई थी। अपनी स्थापना से लेकर इस समय तक इस संस्था ने संसार के मजदूरों के जीवन-स्तर को ऊंचा उठाने का निरंतर प्रयास किया है। इसके कार्य मुख्यरूप से तीन प्रकार के हैं–

(1) अन्तर्राष्ट्रीय श्रम और सामाजिक स्तर की स्थापना करना,
(2) प्राविधिक सहायता द्वारा देशों की सामाजिक उन्नति करना,
(3) सामाजिक और आर्थिक विषयों के सम्बन्ध में सूचना आदि एकत्रित करना और उसको स्थान-स्थान पर भेजना।

सामाजिक समस्याओं को हल करने और अपने ध्येयों की पूर्ति के लिये इस संस्था ने कुछ अन्तर्राष्ट्रीय सिद्धान्त भी निर्धारित किये हैं और ऐसी आशा की जाती है कि इन सिद्धान्तों को सभी सदस्य राज्य मानें। अन्तर्राष्ट्रीय श्रम संगठन की एक महासभा है। यह महासभा अपने दो-तिहाई बहुमत से अन्तर्राष्ट्रीय समझौते और सिफारिशें निश्चित करती हैं। समझौतों और सिफारिशों में जो सिद्धान्त निहित हैं वे सब सदस्य राज्यों को मानने पड़ते हैं। इस संस्था के संविधान के अनुसार सदस्य राज्यों का यह कर्त्तव्य है कि वे प्रत्येक समझौते को अपनी सरकार के सामने रखें। यदि उनकी सरकार किसी समझौते का अनुसमर्थन करती है तो उसका कर्त्तव्य है कि वह प्रत्येक वर्ष इस संस्था को यह बताये कि उसने इस समझौते को कार्यान्वित करने के लिए कौन-कौन से पग उठाये हैं। सिफारिशों के लिए अनुसमर्थन आवश्यक नहीं है। वे समझौते की तरह प्रभावशाली भी नहीं है। पर समय-समय पर सदस्य राज्यों को यह बताना चाहिये कि उन्होंने सिफारिशों में दिये गये सिद्धान्तों को कहां तक अपनाया है तथा किन-किन समझौतों को स्वीकार करने में उन्हें क्या-क्या कठिनाइयां हैं। इस समय तक 100 से अधिक सिफारिशें अन्तर्राष्ट्रीय श्रम संगठन ने स्वीकार की हैं जिन्हें अधिकांश देशों ने माना है।

सब समझौतों और सिफारिशों को मिलाकर अन्तर्राष्ट्रीय श्रम संहिता कहते हैं। ये समझौते और सिफारिशें निम्न प्रश्नों से सम्बन्धित हैं–बेकारी और नौकरी, नौकरी की साधारण शर्तें (वेतन, काम करने का समय, सप्ताह में आराम करने का समय, वार्षिक छुटिट्यां), बच्चों और नवयुवकों की नौकरी की शर्तें, स्वास्थ्य परीक्षा, रात का काम इत्यादि, महिलाओं की नौकरी (प्रसूति की सुविधा, रात का काम, गन्दे वातावरण में कार्य), व्यावसायिक स्वास्थ्य, सामाजिक सुरक्षा, व्यावसायिक सम्बन्ध, श्रमिक निरीक्षण, सामुद्रिक श्रम, प्रवर्जन, अंकशास्त्र व संगठन की स्वतंत्रता इत्यादि। समझौतों और सिफारिशों में दिये गये सिद्धान्त, सदस्य सरकारों की नीति को अधिकांश प्रभावित करते हैं। बहुत से समझौतों व सिफारिशों को सदस्य राज्यों ने सरकारी रूप से स्वीकार नहीं किया है।

दोनों महायुद्धों के बीच के समय में इस अन्तर्राष्ट्रीय श्रम संगठन ने बहुत से देशों को प्राविधिक सहायता प्रदान की है। यह सहायता सलाहकारी शिष्टमण्डलों द्वारा दी गई थी। अब इस संस्था का इस प्रकार का कार्य बहुत बढ़ गया है। संयुक्त राष्ट्रसंघ की प्राविधिक सहायता के विकसित कार्यक्रम के कारण यह कार्य और अधिक बढ़ गया है। इस कार्य को अन्तर्राष्ट्रीय श्रम संगठन क्षेत्रीय निकायों के सहयोग से कर रही है। इस संस्था ने विशेष सलाह दी है। शिक्षण संस्थायें स्थापित की

जाएं और की हैं। इसने प्राविधिक सूचनाएं भी प्रदान की हैं तथा छात्रवृत्तियां भी दी हैं। परामर्श गोष्ठियां की हैं। अन्तर्राष्ट्रीय श्रम संगठन ने व्यावसायिक शिक्षण संस्थाओं को स्थापित करने में विशेष रुचि दिखलायी है। पिछड़े हुए देशों में इस प्रकार की संस्थाओं की विशेष आवश्यकता है। विभिन्न ध्येयों की पूर्ति के लिये म्यानमार, चीन, इण्डोनेशिया, थाईलैंड, पाकिस्तान, मिस्र, भारत, तुर्की, हाटी, यूगोस्लोविया आदि में प्रशिक्षण केन्द्र खोले गये हैं, अन्तर्राष्ट्रीय श्रम संस्था ने श्रम अवस्था, प्रशासन, सामाजिक सुरक्षा, सहकारिता के सम्बन्ध में भी योजनायें तैयार की हैं। प्राविधिक सहायता कार्यक्रम के प्रशासन के सम्बन्ध में अन्तर्राष्ट्रीय श्रम संस्था ने लीमा, इस्तम्बूल, बंगलौर और मैक्सिको शहरों आदि में क्षेत्रीय कार्यालय स्थापित किये हैं।

अन्तर्राष्ट्रीय श्रम संगठन समय-समय पर अमेरिका, एशिया और यूरोप में अपनी क्षेत्रीय बैठकें भी करता है। विश्व के आठ मुख्य व्यवसायों के लिए त्रि-पक्षीय समितियों की बैठकें भी इसी प्रकार की होती हैं। निम्न विषयों पर भी समितियां स्थापित की गई हैं–रोपस्थली, कृषि सहकारिता, सामाजिक सुरक्षा, दुर्घटनाओं की रोक, व्यावसायिक स्वास्थ्य, महिलाओं की नौकरी, अंकशास्त्र और स्थानीय मजदूर वर्ग।

अन्तर्राष्ट्रीय श्रम संगठन ने सदस्य राज्यों की प्रार्थना पर जांच आयोग भी स्थापित किये हैं। बलपूर्वक लिये गये कार्यों और संगठन की स्वतंत्रता की अवहेलना के संबंध में जाँच-पड़ताल करने के लिए भी समितियां स्थापित की गई हैं। अन्तर्राष्ट्रीय श्रम संगठन, श्रम सम्बन्धी समस्याओं के बारे में ज्ञान और तथ्य तथा सूचना एकत्रित करता है। यह संस्था इन सूचनाओं के विभिन्न पहलुओं का अध्ययन करती है और अपने प्रकाशन के रूप में इन्हें प्रकाशित भी करती है। यह संस्था निम्नलिखित आधुनिक समस्याओं पर अधिक बल दे रही है–अणुशक्ति और उसका औद्योगिक उपयोग, स्वयं संचालन की सामाजिक और श्रमिक प्रतिक्रिया और श्रम कर्त्ताओं के बीच सम्बन्ध आदि कुछ इस प्रकार की महत्वपूर्ण समस्याएं हैं, जिन पर यह विशेष ध्यान दे रही है।

श्रम अंकशास्त्र और श्रम निरीक्षण के सम्बन्ध में भारत में इसकी विचारगोष्ठियाँ हो चुकी हैं। उनमें से एक गोष्ठी नई दिल्ली और दूसरी कलकत्ता में हुई थी। पिछले कुछ वर्षों से एशिया में अन्तर्राष्ट्रीय श्रम संगठन ने नौकरी को प्रोत्साहन देने और श्रमिक वर्ग के जीवन-स्तर और अवस्था को सुधारने के लिए बहुत से कदम उठाये हैं। अक्तूबर 1947 में एशिया में प्रथम क्षेत्रीय सम्मेलन नई दिल्ली में किया गया था। इसके उपरान्त 1950 में एक सम्मेलन श्रीलंका में हुआ और दूसरा 1953 में जापान में हुआ। एशिया का प्रथम समुद्री सम्मेलन 1953 में कैण्डी में हुआ तबसे निरन्तर सम्मेलन होते रहे हैं।

अन्तर्राष्ट्रीय श्रम संगठन के सम्पर्क में आकर भारत ने अधिक लाभ उठाया है। भारत की ओर से अन्तर्राष्ट्रीय श्रम समझौतों का अनुसमर्थन आकर्षण नहीं है। परन्तु वह कई ढंग से महत्वपूर्ण है। दक्षिण पूर्वी एशिया के पिछड़े हुए देशों में

भारत ही सबसे बड़ा देश है। अन्तर्राष्ट्रीय श्रम संगठन (I.L.O.) के स्थापित होने के समय से ही भारत इसका सदस्य रहा है। एक प्रमुख व्यावसायिक राष्ट्र होने के कारण भारत इसका आरम्भ से सदस्य रहा है। एक प्रमुख व्यावसायिक राष्ट्र होने के नाते भारत अन्तर्राष्ट्रीय श्रम संगठन की कार्यकारिणी का स्थायी सदस्य भी रहता चला आया है। भारत के श्रम मंत्रालय ने एक विशेष श्रम परिषद् विभाग खोला है, जिसके द्वारा त्रि-दलीय परिषदों और समितियों का गठन किया जाता है। भारत अन्तर्राष्ट्रीय श्रम संगठन के कार्य में सक्रिय भाग लेता रहा है। अन्तर्राष्ट्रीय श्रम संगठन द्वारा स्थापित 9 व्यावसायिक समितियों में से भारत पैट्रोलियम समिति के अलावा सबका सदस्य है। भारत ने 1956 के अंत तक 23 समझौतों का अनुसमर्थन किया था। ये समझौते निम्न विषयों से सम्बन्धित थे–व्यवसाय में कार्य करने का समय, महिलाओं से रात में कार्य करवाना, युवकों द्वारा रात में कार्य करना, संगठन का अधिकार, साप्ताहिक विश्राम, मजदूरों की हानि, पूर्ति। हानि पूर्ति में समानता का व्यवहार, बाहर से आने वाले का निरीक्षण, बलपूर्वक श्रम, दुर्घटनाओं से बचाव, महिलाओं के लिए भूमिगत कार्य, श्रम निरीक्षण इत्यादि। परन्तु इसका अर्थ यह नहीं है कि भारत ने अन्य समझौतों की अवहेलना कर दी है, बहुत-सी कठिनाइयों के कारण भारत अन्य समझौतों का अनुसमर्थन करने में असमर्थ रहा है क्योंकि भारत सरकार का यह मत है कि अन्य समझौते, जो अन्तर्राष्ट्रीय श्रम संगठन ने स्वीकार किए हैं भारत में लागू होने के उपयुक्त नहीं हैं। परन्तु ऐसे समझौते पश्चिम के उद्योगों के विकसित राष्ट्रों के लिये उपयुक्त हैं। परन्तु जिन समझौतों का अनुसमर्थन भारत ने नहीं किया उनकी भी भावनाओं को उसने स्वीकार कर लिया है। भारत सरकार द्वारा बनाए गए बहुत से कानूनों ने अन्तर्राष्ट्रीय श्रम संगठन द्वारा बनाए गए समझौतों से प्रेरणा ली है। 1942 का त्रि-दलीय सम्मेलन अन्तर्राष्ट्रीय श्रम संगठन के इस सिद्धान्त पर आधारित है कि उद्योगों के तीन महत्वपूर्ण हितों–सरकार, श्रमिक वर्ग और नियोजकों को समान प्रतिनिधित्व मिलना चाहिए। अन्तर्राष्ट्रीय श्रम सम्मेलन और स्थायी श्रम समिति तथा अंतर्राष्ट्रीय श्रम संगठन के कार्य के कारण संसार में श्रमिक समस्याओं के सम्बन्ध में जागृति उत्पन्न हुई है तथा श्रमिक वर्ग की अवस्था को सुधारने के लिए निरतंर प्रयत्न किये जा रहे हैं। श्रमिक वर्ग के सम्बन्ध में कानून भी तेजी से बनाये जा रहे हैं। राज्यों ने श्रमिक वर्ग के प्रति कर्त्तव्यों को स्वीकार किया है। एस॰ एन॰ कौल के अनुसार, "अन्तर्राष्ट्रीय श्रम संगठन स्थापित होने के कारण सामाजिक न्याय में अनिश्चित और प्रतिक्रियावादी प्रकृति नहीं रही है। इस संगठन ने विश्व चेतना को जागृत किया है। यह संस्था मानवजाति के जीवन और कार्यों की अवस्थाओं का निरीक्षण करने का महत्वपूर्ण स्थान बन गई है। इस संगठन के कार्यों के फलस्वरूप श्रमिक समस्याओं के बारे में सरकारों का दृष्टिकोण भी बदल गया है। इस संस्था के विधान ने उन शक्तियों को प्रोत्साहन दिया है, जो श्रमिक वर्ग की अवस्था को सुधारने में लगी हुई थीं। इसके कार्यों से विरोधी आवाजें बन्द हो गई हैं। अन्तर्राष्ट्रीय श्रम संगठन ने वे मानदण्ड निर्धारित कर दिये हैं जिनके

द्वारा श्रमिक वर्ग की अवस्था को सुधारा जा सकता है। परन्तु जार्ज जी० गिराल्ड ने इस संस्था को एक नये ढंग की बहुपक्षीय कूटनीति बताया है जो हमारे युग की महत्वपूर्ण विशेषता है। यह एक विश्वव्यापी संस्था बन गई है। आरम्भ में इसमें 29 सदस्य थे और अब लगभग 152 सदस्य हैं। इस संस्था की श्रम संहिता दरिद्रता को दूर करने का मुख्य अस्त्र है। भूतपूर्व राष्ट्रपति श्री वी० वी० गिरी ने कहा था, "राष्ट्रसंघ असफल रहा, परन्तु यह संस्था सफल रही है और अभी तक संसार में अच्छा कार्य कर रही है।" द्वितीय विश्वयुद्ध के उपरान्त इस संस्था द्वारा श्रमिकों के लिए एक नवीन युग का आरम्भ होता है। कुछ वर्ष पहले इस संस्था की 40वीं वर्षगांठ मनाई गई थी। उस शुभ अवसर पर आकाशवाणी से भाषण देते हुए राष्ट्रपति डॉ० राजेन्द्र प्रसाद ने इस संस्था की बड़ी प्रशंसा की थी। उन्होंने कहा था, "संसार की जनता अब इस संस्था से लाभ उठा रही है।" इस संस्था के मुख्य कार्यालय में अब 800 से अधिक व्यक्ति कार्य कर रहे हैं जो भिन्न-भिन्न देशों के वासी हैं। इसका मुख्य कार्यालय जेनेवा में है। डॉ० राजेन्द्र प्रसाद ने कहा था, "इस संस्था के सम्मेलनों ने अभी तक (जनवरी, 1966 तक) लगभग 128 समझौते स्वीकार किये हैं। भारत ने अभी तक (1 जनवरी, 1968 तक) 30 समझौतों का अनुसमर्थन किया है। यह संस्था जनमत, शुभकामनाओं और लाभकारी भावनाओं पर आधारित है। इसी मुख्य देन यह है कि इसने श्रमिक वर्ग की अवस्था में स्थायी सुधार कर दिया है तथा अपने कार्यकाल में सामाजिक न्याय के क्षेत्र को विकसित कर दिया है। इस संस्था की सफलता उन सब मनुष्यों की सफलता है जो अपनी शुभकामनाओं तथा परोपकारी भावनाओं द्वारा मनुष्यमात्र की भलाई करना चाहते हैं।"

अनेक अच्छाइयों के होते हुए भी इस संस्था में अनेक बुराइयाँ भी हैं। कुछ लोगों ने इसके कार्य की आलोचना की है। इस पर आक्षेप लगाया गया है कि यह संस्था पश्चिमी देशों की ओर अधिक ध्यान देती है और एशिया, अफ्रीका व लैटिन अमेरिका के पिछड़े हुए देशों की ओर अधिक ध्यान नहीं देती। कुछ लोगों का कहना है कि यह संस्था इतने अधिक समझौते व सिफारिशें तैयार करती है कि उन्हें स्वीकार करना सम्भव नही होता है। इन दोनों आक्षेपों में कुछ सत्य अवश्य है। पिछले कुछ वर्षों में संयुक्त राष्ट्रसंघ में एशिया और अफ्रीका के बहुत अधिक सदस्य हो गए हैं। इस समय संयुक्त राष्ट्रसंघ में लगभग 120 सदस्य एशिया व अफ्रीका के हैं। यह संख्या संयुक्त राष्ट्रसंघ की सदस्य संख्या की लगभग 2/3 है। इतनी अधिक संख्या ने अन्तर्राष्ट्रीय श्रम संगठन को अवश्य प्रभावित किया है। अब एशिया और अफ्रीका के हितों की अवहेलना नहीं की जा सकती है। एशिया और अफ्रीका के निवासियों की भावनाओं का इसे सम्मान करना पड़ेगा। इस सम्बन्ध में यह भी कहना पड़ेगा कि आरम्भ में इस संस्था को स्थापित करने की प्रेरणा पश्चिम से ही मिली थी। प्रारम्भ में यह एक यूरोपीय संगठन था और यूरोप की आवश्यकताओं को ही पूरा करता था। परन्तु अब स्थिति बदल गई है। 1957 में डेविड एमोर्स ने कहा

था, "संयुक्त राष्ट्रसंघ की सदस्य संख्या बढ़ जाने के कारण इस संस्था की स्थिति में अधिक परिवर्तन हो गया है।" दिसम्बर 1939 में इस संस्था के 57 सदस्य थे। इस समय इसकी सदस्य संख्या 132 है। अधिकतर नए सदस्य एशिया, अफ्रीका और मध्य पूर्व के हैं। ये वे देश हैं जिन्होंने हाल ही में स्वतन्त्रता प्राप्त की है तथा प्रथम बार अन्तर्राष्ट्रीय रंगमंच पर आये हैं। इसलिए यह कहना कि अन्तर्राष्ट्रीय श्रम संगठन एक यूरोपीय संस्था है, ठीक नहीं है। दूसरे आक्षेप के सम्बन्ध में यह कहा जा सकता है कि प्रत्येक देश में व्यवस्थापिका सभा और परिषद् के सदस्यों में यह प्रवृत्ति है कि वे अधिक से अधिक कानून बनाएं। वे समझते हैं कि उनका कर्त्तव्य अधिक कानून बनाना है। कुछ समय बाद वे अनुभव करेंगे कि ऐसा करने में अधिक लाभ नहीं होगा, बल्कि हानि ही होगी। अन्तर्राष्ट्रीय श्रम संगठन के हित में यही है कि काफी सोच-विचार के बाद समझौते किये जायें, तभी उन समझौतों को कार्य में लाया जाए और बिना देरी और कठिनाई के उनका अनुसमर्थन किया जाए। इस संस्था ने श्रमिकों का जीवन-स्तर ऊँचा उठाने, उन्हें सुविधाएं दिलाने, काम के घंटे कम कराने, आवास व विश्राम सुविधा दिलाने और अधिक से अधिक वेतन दिलाने का कार्य किया है। विश्व के विकसित देशों में सप्ताह में 5 दिन या 40 घंटे कार्य दिवस कराने का श्रेय इसे ही प्राप्त है। भारत जैसे विकासशील और भारी जनसंख्या वाले देश ने तो इससे भी अधिक सुविधायें अपने सरकारी कर्मचारियों को उपलब्ध कराई हैं।

श्रम संगठन ने व्यापारिक नाविकों (Merchant sailors) की दशा में व श्रमिकों की स्वास्थ्य रक्षा में उल्लेखनीय कार्य किया तथा राष्ट्रों को प्राविधिक सहायता (Technical assistance) को उपलब्ध कराया है। स्त्रियों और बच्चों के लिए रात में व हानिकारक व खतरनाक कार्यों का निषेध किया है तथा कुछ सीमा तक स्त्री व बच्चों को सुविधा दिलाने में सफल भी हुआ है। परन्तु यह अपने बेकारी दूर करने के उद्देश्य (Prevention of unemployment) में भारत जैसे देश में तो पूर्णतया असफल हुआ है। यहां लगभग 3 करोड़ व्यक्ति बेकार हैं तथा बंधुआ प्रथा व बच्चों से कठोर और अधिक काम लेने व कम वेतन देने की प्रथा समाप्त नहीं हो पायी है। अन्तर्राष्ट्रीय श्रम संगठन को चाहिए कि वह काम के अधिकार को मान्यता दे और सदस्य सरकारों के लिए काम देना या बेकारी भत्ता देना अनिवार्य कर दे। इन आलोचनाओं के होते हुए भी डॉ॰ राजेन्द्र प्रसाद के शब्दों में यह कहा जा सकता है कि संसार की जनता इससे लाभ उठा रही है और इसने श्रमिकों की दशा में स्थायी सुधार कर दिया है।

अन्तर्राष्ट्रीय मुद्रा कोष (I.M.F.)

अन्तर्राष्ट्रीय मौद्रिक सहयोग के क्षेत्र में अन्तर्राष्ट्रीय मुद्रा की स्थापना को एक महत्वपूर्ण घटना कहा जा सकता है। द्वितीय महायुद्ध के पश्चात् यह अनुभव किया गया था कि विभिन्न क्षेत्रों के आर्थिक विकास में समानता लाए बिना और अन्तर्राष्ट्रीय

आर्थिक सहयोग की किसी भी समुचित योजना को कार्यरूप दिए बिना भविष्य में युद्ध की सम्भावना को समाप्त करना असम्भव था। इन परिस्थितियों को देखते हुए 1944 में अमेरिका में ब्रिटनबुड्स नामक स्थान पर सभी राष्ट्रों का एक सम्मेलन बुलाया गया। 44 देशों के प्रतिनिधियों ने इसमें भाग लिया। काफी विचार-विमर्श के पश्चात् अन्तर्राष्ट्रीय आर्थिक क्षेत्र में सहयोग करने के लिए प्रथम अन्तर्राष्ट्रीय मुद्रा कोष और द्वितीय पुनर्निर्माण व विकास बैंक की स्थापना की गई परन्तु वास्तव में मुद्रा कोष ने अपना कार्य 1 मार्च, 1947 से आरम्भ किया।

अन्तर्राष्ट्रीय मुद्रा कोष के उद्देश्य–(1) इस कोष का प्रथम उद्देश्य सदस्य देशों में अन्तर्राष्ट्रीय मौद्रिक सहयोग की स्थापना करना है। इस हेतु यह सदस्य राष्ट्रों को अन्तर्राष्ट्रीय मौद्रिक समस्याओं के समाधान के लिए समय-समय पर विशेषज्ञों के द्वारा परामर्श देता रहा है। (2) यह कोष ऐसे प्रयत्न भी करता है जिसमें विभिन्न सदस्य राष्ट्रों में होने वाला कार्य स्वतन्त्रतापूर्वक सरलता से हो सके। (3) इस कोष का उद्देश्य यह भी है कि जब भी किसी सदस्य राष्ट्र का भुगतान-संतुलन प्रतिकूल हो जाए तो उसे ठीक करने के लिए अल्पकालीन ऋण सहायता किसी भी विदेशी मुद्रा के रूप में देगा। इस आर्थिक सहायता से उस देश की तात्कालिक भुगतान असंतुलन की समस्या दूर हो जाती है तथा स्थिति में सुधार होते ही सदस्य राष्ट्र अपने ऋण का भुगतान करने का प्रयास करता है।

अन्तर्राष्ट्रीय मुद्रा कोष का संगठन--कोई भी राष्ट्र जो अन्तर्राष्ट्रीय मुद्राकोष के समझौता-पत्र के समस्त प्रावधानों का पालन करने को तैयार हो, कोष का सदस्य बन सकता है। वर्तमान में कोष के सदस्यों की संख्या लगभग 125 है परन्तु यह लगातार बढ़ रही है।

अन्तर्राष्ट्रीय मुद्रा कोष की प्रबन्ध व्यवस्था प्रशासक मण्डल और प्रबन्धक मंडल द्वारा की जाती है। इसके अलावा इस मुद्रा कोष के दैनिक कार्यों का संचालन करने के लिए एक प्रबन्ध संचालक भी नियुक्त किया जाता है।

कार्य–(1) प्रारम्भ में अन्तर्राष्ट्रीय मुद्रा कोष सभी सदस्य राष्ट्रों की मुद्राओं की विनिमय दर स्वर्ण और डालर में निश्चित करता था, लेकिन फरवरी 1973 से (डालर के अवमूलन के पश्चात्) मुद्रा कोष अब सदस्य राष्ट्रों की विनिमय दर स्वर्ण तथा विशेष आहरण अधिकारों के अन्तर्गत निश्चित करता है। (2) यह सदस्य राष्ट्रों को उनके भुगतान असन्तुलन को ठीक करने के लिए अल्पकालीन ऋण आदि की सहायता भी प्रदान करता है। यह ऋण मुद्रा सहायता किसी भी विदेशी मुद्रा में प्रदान की जा सकती है। (3) यह सदस्य राष्ट्रों के उच्च पदाधिकारियों को प्रशिक्षण प्रदान करने की सुविधा भी प्रदान करता है। इस हेतु सन् 1964 में अन्तर्राष्ट्रीय मुद्रा-कोष प्रशिक्षणालय भी स्थापित किया गया है। यह प्रशिक्षण आर्थिक विकास, वित्तीय व्यवस्था, भुगतान संतुलन आदि विषयों पर प्रदान किया जाता है। (4) इस कोष के विशेषज्ञ, सदस्य राष्ट्रों को विनिमय नियन्त्रण, मौद्रिक नीति, वित्तीय

नीतियों, आर्थिक नीतियों आदि विषयों पर समय-समय पर परामर्श देने का भी महत्वपूर्ण कार्य करते हैं तथा तकनीकी जानकारी देते हैं।

इस प्रकार यद्यपि यह तो सही है कि मुद्राकोष ने सदस्य राष्ट्रों को समय पर आर्थिक सहायता पहुंचाई है, उनकी भुगतान असंतुलन सम्बन्धी कठिनाइयों को दूर किया है, उनको विभिन्न महत्वपूर्ण नीति सम्बन्धी विषयों पर उचित परामर्श प्रदान किया है, परन्तु अभी भी उसकी प्रगति संतोषप्रद नहीं मानी जा सकती क्योंकि (1) विभिन्न राष्ट्रों की मुद्राओं की विनिमय दरों में स्थायित्व अभी तक नहीं लाया जा सका है। हाल ही का डालर संकट इस तथ्य का यथेष्ठ प्रमाण प्रस्तुत करता है। अमेरिका जैसे राष्ट्र को भी जनवरी 1972 तथा फरवरी 1973 में दो बार अपनी मुद्रा का अवमूल्यन करना पड़ा था। पुनः अगस्त 1971 में अनेक राष्ट्रों ने परिवर्तनशील विनिमय दरों को अपनाया तथा 1989 व 90 में डालर के मूल्य में गिरावट आई। (2) बहुमुखी भुगतान पद्धति की स्थापना करना अभी तक तो एक कल्पनामात्र ही प्रतीत होता है। इस दृष्टि से तो मुद्रा कोष असफल कहा जा सकता है। (3) मुद्रा कोष की सहायता से अन्तर्राष्ट्रीय व्यापार में वृद्धि अवश्य हुई है परन्तु वृद्धि की दर संतोषजनक नहीं कही जा सकती। (4) इससे मुख्य रूप से विकसित देशों (Developed Countries) को ही अधिक लाभ पहुँचा है। फिर भी इसके कार्य से समस्त विश्व लाभान्वित हुआ है। इसने मुद्रा की कठिनाई को दूर करने का उपयोगी कार्य किया है। इसका मुख्यालय वाशिंगटन व शाखा कार्यालय पेरिस व जेनेवा में हैं।

पुनर्निर्माण तथा विकास का अन्तर्राष्ट्रीय बैंक

अंतर्राष्ट्रीय पुनर्निर्माण विकास बैंक की स्थापना जुलाई, 1944 में ब्रिटनबुड्स के आर्थिक सम्मेलन के फलस्वरूप हुई। इस बैंक ने जून 1946 से अपना कार्य आरंभ किया। नवम्बर, 1947 में संयुक्त राष्ट्रसंघ की आम सभा ने इनके समझौते पर अपनी सहमति प्रदान की और तब से यह संस्था संयुक्त राष्ट्रसंघ का विशिष्ट अभिकरण बन गई। इस बैंक को विश्व बैंक भी कहा जाता है। इसका मुख्य कार्यालय वाशिंगटन में है। निर्धन देशों में आर्थिक विकास हेतु धन और तकनीकी सहायता का प्रावधान करना इसका मुख्य उद्देश्य है।

उद्देश्य एवं कार्य–विश्व बैंक का उद्देश्य है उत्पादन सम्बन्धी कार्यों के लिए पूँजी लगाने की सुविधा देकर सदस्य देशों के विकास और पुनर्निर्माण में सहायता देना, युद्ध से ध्वस्त प्रदेशों के पुनर्निर्माण कार्य में सहायता देकर उनकी अर्थ-व्यवस्था को सन्तुलित करना, अल्पविकसित राष्ट्रों को पर्याप्त मात्रा में मौद्रिक एवं औद्योगिक सहायता प्रदान करके उनके तीव्र आर्थिक विकास को संभव बनाना, व्यक्तिगत एवं संस्थागत निवेशकर्ताओं को उनके ऋणों के भुगतान की गारंटी देकर अथवा उनके साथ निवेशकर्ता के रूप में सम्मिलित होकर सदस्य राष्ट्रों में गैर सरकारी विदेशी पूंजी लगाने को प्रोत्साहन देना और अगर गैर सरकारी विदेशी पूंजी उचित शर्तों पर

नहीं प्राप्त हो तो उस पूँजी की कमी को अपने कोष और दूसरे साधनों से उत्पादन कार्यों के लिए ऋण के रूप में देकर पूरा करना। अंतर्राष्ट्रीय व्यापार के सन्तुलित विकास को बढ़ावा देना तथा अन्तर्राष्ट्रीय बैंक के सदस्य राज्यों के उत्पादन, जीवन-स्तर तथा श्रम की स्थिति में सुधार के निमित्त अन्तर्राष्ट्रीय स्तर पर पूँजी लगाने को बढ़ावा देकर अदायगी की स्थिति में सन्तुलन बनाना, अत्यन्त उपयोगी तथा अत्यावश्यक योजनाओं को कार्यान्वित करने के लिए कर्ज देकर अथवा धन की गारण्टी देना आदि इसके सूक्ष्म कार्य हैं। इस प्रकार बैंक का मुख्य उद्देश्य अपने सदस्य राष्ट्रों के उत्पादन, जीवन स्तर तथा स्थिति में सुधार तथा उच्च जीवन-स्तर लाने में सहायता आदि प्रदान करना है।

यह बैंक साधारणतया ऋण देने का कार्य करता है। इस बैंक की सम्पत्ति ऐसे कार्यों में लगाई जाती है जिससे उत्पादन को प्रोत्साहन मिले। यह सदस्य राज्यों को तकनीकी सहायता सेवाएं प्रदान करता है। यह बैंक सरकारों को, सरकारी एजेंसियों को तथा व्यक्तिगत उद्यमों को ऋण दे सकता है। ऋण देने के अतिरिक्त अन्तर्राष्ट्रीय बैंक अपने सदस्यों को महत्वपूर्ण सहायता भी प्रदान करता है। यह सदस्य राज्यों की प्रार्थना पर अलग-अलग कामों के लिए प्रतिनिधि-मंडल भेजता है। विशिष्ट योजनाओं, उद्योगों तथा वित्तीय समस्याओं पर यह सदस्य राज्यों को आवश्यक परामर्श तथा सहायता भी प्रदान करता है।

प्रबन्ध–गवर्नरों का बोर्ड इसका प्रधान अंग है। बोर्ड में हर सदस्य देश द्वारा नियुक्त एक गवर्नर और एक वैकल्पिक गवर्नर होता है। इसे बैंक के पूरे अधिकार प्राप्त होते हैं। इस बैंक के सामान्य कार्यों के संचालन के लिए प्रबंध निदेशक होते हैं। इनकी संख्या 18 हैं। इनमें से पांच की नियुक्ति वे देश करते हैं जिनके सबसे अधिक शेयर होते हैं और शेष का चुनाव बाकी सदस्यों के गवर्नर करते हैं। प्रबंधक निदेशकों द्वारा चुना गया एक प्रधान और इसका अन्तर्राष्ट्रीय स्टाफ होता है। प्रधान गवर्नर अपने पद की हैसियत से प्रबंध निदेशकों का पदेन चेयरमैन और बैंक स्टाफ का अध्यक्ष होता है। प्रबन्ध निदेशकों के निर्णय नीति सम्बन्धी सवालों के बारे में मुख्य हैं। उस पर बैंक के काम-काज और बैंक के अफसरों तथा स्टाफ के संगठन, उनकी नियुक्तियाँ और बर्खास्त आदि करने की भी जिम्मेदारी होती है।

अन्तर्राष्ट्रीय वित्त निगम
(International Finance Corporation — I.F.C.)

इसकी स्थापना जुलाई 1956 में की गई थी। लगभग एक साल बाद से यह संयुक्त राष्ट्रसंघ के विशिष्ट अभिकरण के रूप में कार्य कर रहा है। यह विश्व बैंक से घनिष्ठ रूप से सम्बधित है। इस निगम के द्वारा समस्त विश्व में आर्थिक विकास को प्रोत्साहन दिया जाता है। विकासशील सदस्य राज्यों के निजी व्यवसायों को सहायता दी जाती है। इस संस्था के द्वारा ऐसे उद्योगों में धन लगाया जाता है

जो निजी पूंजी से स्थापित किए गये हों। इस तरह के धन को उद्योग में लगाने के लिए सरकारी गारंटी की आवश्यकता नहीं होती है। गृह एवं वैदेशिक क्षेत्रों में उत्पादन लागत की वृद्धि करने में यह निगम सहायक होता है। साठ विभिन्न देशों द्वारा प्रार्थित पूंजी 9.60 करोड़ डालर है। 30 जून, 1986 को इसकी प्रदत्त पूंजी 60.18 करोड़ डालर थी, जो 125 सदस्य राष्ट्रों ने उपलब्ध कराई थी। इसने 23 करोड़ डालर की राशि अर्जित की है।

अंतर्राष्ट्रीय नागरिक उड्डयन संचालन संस्था
(International Civil Aviation Conference — I.C.A.C.)

अन्तर्राष्ट्रीय उड्डयन संचालन को सरल एवं सुरक्षित बनाने के लिए इसकी स्थापना की गई है। सन् 1944 में शिकागो में अन्तर्राष्ट्रीय सिविल एविएशन सम्मेलन में सदस्य राष्ट्रों द्वारा स्वीकृत इकरारनामे के अनुसार इसकी स्थापना 4 अप्रैल, 1947 को हुई। इसके मुख्य उद्देश्य इस प्रकार हैं–सारे विश्व में अन्तर्राष्ट्रीय नागरिक उड्डयन संचालन की उत्तम व्यवस्था करना, वायुयान निर्माण और संचालन को शांतिपूर्ण कार्यों के लिए प्रयोग में लाना, अन्तर्राष्ट्रीय उड्डयन संचालन के लिए हवाई अड्डों के विकास को प्रोत्साहन देना; सुरक्षित, नियमित और कार्यकुशल हवाई सेवा के लिए मनुष्यों की आवश्यकताओं की पूर्ति करना, अनुचित प्रतियोगिता के दुर्गुणों को दूर करना; सदस्य राज्यों के बीच भेदभाव व मतभेदों को दूर करने का प्रयास करना; अन्तर्राष्ट्रीय वायुसेवा में उत्तमता व सुरक्षा को प्रोत्साहन देना, आदि। इसके कार्य संपादन के लिए सदस्य राष्ट्रों के प्रतिनिधियों द्वारा गठित एक सामान्य समिति होती है जिसकी बैठक वर्ष में एक बार हुआ करती है। इस बैठक में इसका अनुमानित व्यय निश्चित किया जाता है। इस संगठन की एक कार्यकारिणी संस्था होती है, जिसे परिषद् कहते हैं। इसमें 27 सदस्य हैं जो समिति द्वारा चुने जाते हैं। यह परिषद् अन्तर्राष्ट्रीय मानदंडों को निर्धारित करती है और अन्य नियमों की सिफारिश करती है। यह सदस्य राज्यों के बीच पंच निर्णय का कार्य भी करती है। यह ऐसी स्थितियों की जांच करती है जिनके कारण अंतर्राष्ट्रीय वायुसेवा में अड़चन उत्पन्न हो। इसका मुख्यालय मॉण्ट्रियल (Montreal) कनाडा में है।

विश्व डाक संघ
(Universal Postal Union — U.P.U.)

अन्तर्राष्ट्रीय यातायात व संचार साधनों में वृद्धि के कारण पत्रों का आदान-प्रदान बढ़ गया था, अत: अन्तर्राष्ट्रीय डाक की असुविधा को दूर करने तथा डाक सम्बन्धी सुविधाओं का विकास करने हेतु 9 अक्तूबर, 1874 को बर्न में हुए डाक सम्मेलन में स्वीकृत इकरारनामें के आधार पर 1 जुलाई, 1875 को विश्व डाक संघ की स्थापना की गई थी। इसके प्रमुख उद्देश्य निम्नलिखित हैं–

इस संघ में सम्मिलित सभी देशों में डाक सम्बन्धी सुविधाओं का विकास करना, डाक सम्बन्धी कठिनाइयों का निराकरण करना, एक देश की डाक दूसरे देश में भेजने की दर, नियम आदि निश्चित करना आदि। यह डाक सेवाओं को संगठित करता है, उनमें सुधार करता है और डाक सम्बन्धी विषयों में अन्तर्राष्ट्रीय सामंजस्य व सहयोग को प्रोत्साहित करता है। इस संस्था के मुख्य अंग इस प्रकार हैं–

(1) यूनिवर्सल पोस्टल कांग्रेस, (2) एक्जीक्यूटिव और विभाजन कमेटी, और (3) इण्टरनेशनल ब्यूरो।

इस संघ का मुख्य कार्यालय स्विटजरलैंड के नगर बर्न में है। इसके 156 राष्ट्र सदस्य हैं। यह अत्यन्त उपयोगी कार्य कर रहा है।

अंतर्राष्ट्रीय दूरसंचार व्यवस्था संघ
(International Telecommunication Union—I.T.U.)

अन्तर्राष्ट्रीय दूर संचार संघ का मुख्य कार्यालय जेनेवा में है। यह संस्था रेडियो, टेलीफोन और तार संचार के क्षेत्रों के अन्तर्राष्ट्रीय सहयोग को बढ़ावा देती है। इसकी स्थापना सर्वप्रथम 1865 में 'इण्टरनेशनल टेलीग्राफ यूनियन' के नाम से हुई। जनवरी 1934 में यह अस्तित्व में आया। 1947 में इसका पुनर्गठन हुआ। 22 दिसम्बर, 1951 को ब्यूनसआयर्स, दक्षिणी अमेरिका में हुए पूर्ण अधिकार प्राप्त राजदूत सम्मेलन में स्वीकृत अनुबंध के अनुसार जनवरी, 1954 से इसका शासन कार्य चल रहा है। इसके कार्य संचालन के लिए पूर्ण अधिकार प्राप्त राजदूतों का एक संघ है जिसकी बैठक हर पाँचवें वर्ष होती है। इसकी प्रशासकीय परिषद में 18 सदस्य हैं, जिनकी बैठक वर्ष में एक बार होती है। यह बहुत उपयोगी संस्था है।

विश्व ऋतुविज्ञान संस्था (W.M.O.)

इसकी स्थापना 1873 में हुई थी तथा 1947 में वाशिंगटन में इसका पुनर्गठन हुआ। विश्व के ऋतुविज्ञान सम्बन्धी कार्यों को एकरूप करने, मानवीकरण करने, उनमें अनुसंधान व सुधार करने तथा मानवीय कार्यों की सहायतार्थ देशों के बीच अंतरिक्ष विद्या संबंधी सूचना के दक्षतापूर्ण विनिमय के लिए इसका गठन किया गया है जिसके द्वारा शीघ्रता से मौसम संबंधी सूचनाएं मिल जाती हैं। यह संगठन मौसम की देख-रेख के लिए मापदंड भी निर्धारित करता है। यह सबसे नया अन्तरसरकारी अभिकरण है जो संयुक्त राष्ट्रसंघ के अधीन हुआ है। यह अन्तर्राष्ट्रीय अंतरिक्ष विद्या संबंधी संघ का उत्तराधिकारी है जो ऋतु सूचना सेवाओं को अपने सदस्यों के बीच सन् 1878 से वितरित कर रहा था। इसका कार्यालय जेनेवा में है।

अंतर्राष्ट्रीय अणुशक्ति एजेंसी तथा अन्तर्राष्ट्रीय परमाणु ऊर्जा अभिकरण (I.A.E.A.)

इस अतंर्राष्ट्रीय अणुशक्ति एजेंसी की स्थापना 29 जुलाई, 1957 को हुई। इसका ध्येय शांतिपूर्ण कार्यों के लिए अणुशक्ति के उपयोग को प्रोत्साहन देना है। इस

उद्देश्य के लिए यह अणुशक्ति अनुसंधान में सहायता प्रदान करती है और इस ज्ञान के विकास और उसे शांतिपूर्ण काम में लाने में सहयोग देती है। यह प्राविधिक एवं वैज्ञानिक सूचनाओं के आदान-प्रदान में योग देती है और वैज्ञानिकों के प्रशिक्षण एवं आदान-प्रदान आदि को भी प्रोत्साहित करती है। यह विकासशील देशों को तकनीकी सहायता के रूप में विशेष सामान उपलब्ध कराती है और प्रशिक्षण कार्यक्रम तैयार कराती है। यह शक्ति, स्वास्थ्य और सम्पन्नता को भी बढ़ाती है और किसी प्रकार के भी युद्ध सम्बन्धी कार्य व सैनिकवाद को प्रोत्साहन नहीं देती। इसका संयुक्त राष्ट्रसंघ से एक सम्बन्ध समझौता है।

इस एजेंसी का मुख्य कार्यालय ऑस्ट्रिया की राजधानी वियना में है। इनका संगठन इस प्रकार है—एक सामान्य सभा, गवर्नरों का बोर्ड तथा कर्मचारी मंडल जिसका मुखिया महानिदेशक होता है। सामान्य सभा में एजेंसी के समस्त सदस्य होते हैं। यह गवर्नर बोर्ड के सदस्यों को निर्वाचित करती है तथा बोर्ड की वार्षिक रिपोर्ट पर विचार करती है। 1983 में इसकी सदस्य संख्या 112 थी।

राहत एजेंसियां

अन्तर्राष्ट्रीय शरणार्थी संघ (U.N.H.C.R.) व यू॰ एन॰ आर॰ डब्यू॰ ए॰ (U.N.R.W.A.)

इन संगठनों की स्थापना सन् 1948 तथा 1951 में हुई। इनका मुख्य उद्देश्य शरणार्थियों को अन्तर्राष्ट्रीय संरक्षण देना है। यह शरणार्थियों अथवा देशों से निकाले गये व्यक्तियों को अपने मूल देश को अथवा अपने पुराने घरों को लौटाने में सहायता करते हैं तथा सामूहिक पुनर्वास सम्बन्धी योजनाओं को पूर्ण करते हैं जिसके द्वारा प्रत्येक देश अंतर्राष्ट्रीय शरणार्थी संघ के साथ एक स्वीकृति-पत्र भी लिखता है जिसमें शरणार्थी देशान्तरवासी संबंधी ग्रहणीयता की माप, पूर्वासोत्तर दशाएं, विधिक स्थिति तथा वास्तविकता छांटने की प्रक्रियाएं दी रहती हैं। शरणार्थियों के लिए काम धन्धे, न्यास, शिक्षा, धार्मिक स्वतन्त्रता, क्षमता साहाम्य आदि प्राप्त करने के अधिकार इस संस्था द्वारा स्वीकार किए गए हैं। इन संस्थाओं द्वारा मध्यपूर्व में इजराइल राज्य की स्थापना के समय अरब राष्ट्रों के शरणार्थियों की सहायतार्थ सराहनीय कार्य किया गया। 1981 में (U.N.H.C.R.) को नोबल पुरस्कार प्राप्त हुआ था।

संयुक्त राष्ट्र विकास कार्यक्रम (U.N.D.P.)

बहुपक्षीय तकनीकी और पूर्व पूंजी निवेश के सहयोग के लिए शायद यह विश्व का सबसे बड़ा अभिकरण है। संयुक्त राष्ट्रसंघ द्वारा दी जाने वाली अधिकांश तकनीकी सहायता का धन इसी स्रोत से आता है। यह सहायता सरकारी अनुरोध पर ही उपलब्ध कराई जाती है। यह लगभग 150 राज्यों और प्रदेशों के सभी आर्थिक और सामाजिक कार्यक्षेत्रों में कार्यरत है। यह अत्यन्त महत्वपूर्ण कार्य करती है तथा इसके द्वारा अविकसित देशों का विकास हुआ है।

संयुक्त राष्ट्रसंघ अन्तराष्ट्रीय शिशु निधि (U.N.I.C.E.F.)

इसकी स्थापना 1946 में युद्धोपरान्त बच्चों को राहत देने के लिए की गई थी। इसकी गतिविधियों में विकासशील देशों में बच्चों और माताओं के जीवन की गुणवत्ताओं को सुधारने के उद्देश्य से पहुंचाई जाने वाली सहायता है। सन् 1983 में यह लगभग 130 करोड़ आबादी वाले 110 राष्ट्रों में कार्य कर रहा था। इसके कार्यों व सदस्यता में वृद्धि हुई है तथा यह अत्यंत सराहनीय कार्य कर रहा है।

जनसंख्या गतिविधियों की संयुक्त राष्ट्र निधि (U.N.C.P.F.)

इसका उद्देश्य आबादी और परिवार नियोजन की आवश्यकताओं की पूर्ति करने की क्षमता प्रदान करना, आबादी बढ़ने से उत्पन्न होने वाली समस्याओं का ज्ञान कराना आदि है। यह लगभग 150 देशों में कार्यरत है और विकासशील देशों में जनसंख्या वृद्धि को रोकने का कार्य विशेष रूप से करता है परन्तु जनसंख्या बड़ी शीघ्रता से बढ़ रही है और इसे बहुत कम सफलता मिली है। अविकसित व अर्धविकसित देशों व भारत और पाकिस्तान आदि की जनसंख्या में अत्यन्त तीव्रता से वृद्धि हुई है और 2000 में 600 करोड़ से अधिक है।

संयुक्त राष्ट्रसंघ औद्योगिक विकास संगठन (U.N.I.D.O.)

यह औद्योगिक कार्यों में सभी कार्यों का समन्वय करने के लिये बनाया गया अभिकरण है। यह औद्योगिक गतिविधियों के सम्बन्ध में प्रत्येक पहलू पर विकासशील और अविकसित राष्ट्रों को परामर्श सेवा प्रदान करता है। इसका मुख्य कार्यालय वियना (ऑस्ट्रिया) में है। 1985 में इसको संयुक्त राष्ट्रसंघ ने विशिष्ट अभिकरण के रूप में मान्यता दी है।

विश्व व्यापार संगठन (G.A.T.T.)

यह 1947 के विश्व व्यापार समझौते, जो 1948 में लागू हुआ, पर आधारित है। इसी के आधार पर विश्व व्यापार चलता है। 1986 में 93 राज्यों के बीच यह समझौता लागू था और 31 राज्य इसमें हिस्सेदार थे। इसका मुख्यालय लुअसोन स्विटजरलैंड में है। अब इसमें और राज्य भी सम्मिलित हो गये हैं।

विश्ववृद्धि सम्पदा संगठन, अन्तर्राष्ट्रीय कृषि विकास निधि तथा अन्तर्राष्ट्रीय समुद्री संगठन

विश्व वृद्धि सम्पदा संगठन (WIPO) की स्थापना 1964 में स्टाकहोम में 51 देशों के हस्ताक्षर से हुई थी। यह 1970 में लागू हुआ और 1974 में यह संयुक्त राष्ट्रसंघ का विशेष अभिकरण बन गया। इसका मुख्यालय जेनेवा स्विटजरलैंड में है।

अन्तर्राष्ट्रीय कृषि विकास निधि (I.F.A.D.) की स्थापना का प्रचार 1974 में किया गया। 1977 में यह अस्तित्व में आया इसका मुख्यालय रोम में है।

अन्तर्राष्ट्रीय समुद्री संगठन (W.M.O.) को 1982 तक अन्तर्राष्ट्रीय समुद्री परामर्श संगठन कहते थे। 1948 में इसकी स्थापना हुई थी। यह समुद्री मामलों पर परामर्श आदि देता है। इसका मुख्यालय लन्दन में है।

इनके अतिरिक्त और भी अन्तर्राष्ट्रीय संगठन हैं जो उपयोगी कार्य कर रहे हैं। परन्तु यह गैर सरकारी संगठन हैं। यह संगठन हैं–विश्व श्रमिक संघ, (स्वतन्त्र श्रमिक संघों का अन्तर्राष्ट्रीय महासंघ), अन्तर्राष्ट्रीय वाणिज्य सम्मेलन (International Chamber of Commerce), कृषि उत्पादकों का अन्तर्राष्ट्रीय संघ, अन्तर पार्लियामेंटरी यूनियन इत्यादि। इस समय 'अ' श्रेणी में, जो किसी खास क्षेत्र में कार्य करती हैं व परिषद् से सम्बद्ध हो सकता है, लगभग 85 संस्थाएं हैं तथा 'ग' श्रेणी में 100 से अधिक संस्थायें हैं जो संयुक्त राष्ट्रसंघ द्वारा पंजीकृत हैं व इससे सलाह ले सकती हैं।

विश्व के कुछ महत्वपूर्ण संगठन

अन्तर्राष्ट्रीय प्रकृति की छोटी-बड़ी संस्थाओं की संख्या अनगिनत है तथा इनके कार्यक्षेत्र विविध, विस्तृत और व्यापक हैं। जैसे रेडक्रास अत्यन्त विशाल और कल्याणकारी संस्था है। इसका कार्य युद्ध में घायल व पीड़ितों की सहायता करना व प्राथमिक उपचार में सहायता देना है। मानव अधिकारों की रक्षा व अत्याचारों से रक्षा व बर्बरता को कम करने के लिए एमनेस्टी इंटरनेशनल (Amnesty International) अत्यन्त प्रशंसनीय कार्य कर रही है। इसका मुख्यालय लन्दन में है। 150 देशों में इसके 5 लाख से अधिक सदस्य हैं।

विश्वव्यापी प्रकृति निधि (W.W.F.) ने 130 देशों की 4000 से अधिक प्रायोजनाओं को सहयोग प्रदान किया है तथा वनों और वन्य प्राणियों की रक्षा की है तथा कच्छ वगैरह की गीली भूमि से लेकर राजस्थान की सूखी झाड़ियों व महाराष्ट्र के घने बाँस के जंगलों में विकास किया है।

इसके अतिरिक्त पेट्रोलियम निर्यातकारी देशों का संगठन (O.P.E.C.) है तथा मादक द्रव्यों व अन्तर्राष्ट्रीय अपराधों को रोकने के लिए 138 राष्ट्रों का पुलिस आयोग है; जो पुलिस गतिविधियों के समन्वय का कार्य 1923 से कर रहा है। इसके अतिरिक्त एशियाई विकास बैंक (A.D.B.) आदि हैं।

सारांश में यह कहा जा सकता है कि मानव के व्यक्तिगत या सामाजिक जीवन, रुचि, hobby आदि का शायद ही ऐसा कार्य हो जिससे सम्बन्धित कोई न कोई अन्तर्राष्ट्रीय संगठन कार्य न कर रहा हो। विश्व संस्था व विश्व कल्याण की दृष्टि से यह अत्यन्त उपयोगी कार्य कर रहे हैं, परन्तु स्थानाभाव के कारण और संयुक्त राष्ट्रसंघ या उसकी आर्थिक व सामाजिक परिषद् से सम्बन्धित न होने के कारण उनका विस्तृत वर्णन सम्भव नहीं। अतः संकेत या उल्लेख ही पर्याप्त है।

इसके अतिरिक्त खाद्य तथा कृषि संगठन Food and Agricultural Organization (FAO), विश्व स्वास्थ्य संगठन मुख्यालय, स्विटजरलैंड World Health Organization (WHO), अंतराष्ट्रीय मुद्रा कोष International Monetary Fund (I.M.F.), International Bank for Re-construction and Development (IBRD), मुख्यालय वांशिगटन, अंतराष्ट्रीय विकास संघ International Development Association (IDA), जो विश्व बैंक के अंतर्गत विकास के लिये ऋण उपलब्ध कराता है तथा अंतराष्ट्रीय संगठन व International Finance Corporation (I.F.C.), विश्व व्यापार संगठन World Trade Organization (WTO), विश्व बौद्धिक सम्पदा संगठन World Intellectual Property Organization (WIPO), व अंतराष्ट्रीय कृषि विकास फंड International Fund for Agricultural Development (IFAD), आदि संगठन उल्लेखनीय कार्य कर रहे हैं।

अंतराष्ट्रीय सिविल हवाई संगठन International Civil Aviation Organization (ICAO), विश्व डाक संगठन Universal Postal Union (U.P.U.), अंतर्राष्ट्रीय संचार संगठन International Tele Communication Union, विश्व ऋतु विज्ञान संगठन World Meteorological Organization (WMO), आदि उल्लेखनीय कार्य कर रहे हैं। 1993 में मानव अधिकारों के आयुक्त High Commissioner for Human Rights का निर्माण किया गया है इसमें 53 सदस्य हैं तथा आयरलैंड की मेरी रॉबिसन आयुक्त हैं। भारत में भी मानव अधिकार आयोग है।

❑❑❑

8

अन्तर्राष्ट्रीय न्यायालय
(International Court)

अन्तर्राष्ट्रीय न्यायालय (International Court) का परिचय

अन्तर्राष्ट्रीय न्याय के स्थायी न्यायालय (Permanent Court of International Justice) के स्थान पर संयुक्त राष्ट्रसंघ के अन्तर्गत अन्तर्राष्ट्रीय न्यायालय की स्थापना की गई है। अन्तर्राष्ट्रीय न्यायालय संगठन, कार्यपद्धति और अधिकार क्षेत्र के दृष्टिकोण से बहुत कुछ अंशों में अपने न्यायालय से मिलता-जुलता है। अन्तर्राष्ट्रीय न्यायालय का विवेचन संघ के चार्टर की 92 से लेकर 96 धाराओं में किया गया है। अन्तर्राष्ट्रीय न्यायालय में 15 न्यायाधीश होते हैं। उनको साधारण सभा और सुरक्षा परिषद स्वतन्त्र रूप से वोट देकर नियुक्त करती है। न्यायाधीशों का कार्य-काल 9 वर्ष होता है, लेकिन उनको पुन:निर्वाचन के लिए अभ्यर्थी होने का अधिकार होता है। एक देश का एक ही न्यायाधीश चुना जाता है। इन स्थायी न्यायाधीशों के अतिरिक्त संयुक्त राष्ट्रसंघ चार्टर में की गई व्यवस्था के अनुसार कुछ अस्थायी न्यायाधीशों की नियुक्ति भी की जा सकती है। भारत के श्री नगेन्द्रनाथ बहुत समय तक इसके मुख्य न्यायाधीश रहे। बाद में भारत की ओर से भूतपूर्व मुख्य न्यायाधीश श्री आर० एस० पाठक इसके न्यायाधीश रहे।

अस्थायी न्यायाधीश किसी विवाद से सम्बन्धित देशों में से चुने जाते हैं और विवाद की समाप्ति के साथ ही उनका कार्यकाल समाप्त हो जाता है।

न्यायालय का क्षेत्राधिकार

न्यायालय का क्षेत्राधिकार तीन प्रकार का है–

1. परामर्श सम्बन्धी क्षेत्राधिकार
2. ऐच्छिक क्षेत्राधिकार
3. अनिवार्य क्षेत्राधिकार

अन्तर्राष्ट्रीय न्यायालय साधारण सभा, सुरक्षा परिषद् तथा अन्य मान्यता प्राप्त अन्तर्राष्ट्रीय संस्थाओं द्वारा सौंपे गए प्रश्नों पर भी अपना परामर्श दे सकता है। अन्तर्राष्ट्रीय न्यायालय द्वारा दिया गया परामर्श साधारणत: बाध्यकारी नहीं होता, लेकिन यदि

सम्बन्धित पक्षों में पहले इस बात का समझौता हो गया हो कि वे न्यायालय के परामर्श को मानेंगे, तो उसका परामर्श बाध्यकारी ही होता है। संयुक्त राष्ट्रसंघ के विभिन्न अंगों व विशिष्ट अभिकरणों ने इसके परामर्श का उपयोग किया है।

यदि राज्य स्वेच्छा से इस बात को स्वीकार कर लें कि वे न्यायालय के अनिवार्य क्षेत्राधिकार से सहमत हैं तो उनके विषय में न्यायालय का क्षेत्राधिकार अनिवार्य होता है अर्थात् न्यायालय के समक्ष विवाद उन देशों में से किसी भी एक देश के द्वारा लाया जा सकता है। इसके लिए दोनों देशों की सहमति की आवश्यकता नहीं होती। अंतर्राष्ट्रीय न्यायालय के द्वारा उन सभी कानूनी विषयों के सम्बन्ध में अनिवार्य क्षेत्राधिकार का प्रयोग किया जा सकता है जो (1) किसी संधि की व्याख्या, (2) अन्तर्राष्ट्रीय कानून के प्रश्न, (3) किसी ऐसी बात का उठ खड़ा होना, जिसके प्रमाणित होने पर अन्तर्राष्ट्रीय दायित्व के भंग होने की संभावनाएँ हों, (4) किसी अन्तर्राष्ट्रीय दायित्व के भंग होने की स्थिति में मुआवजे के रूप और मात्रा को निश्चित करने वाले विषय से सम्बन्धित हो।

अधिकांशत: अन्तर्राष्ट्रीय न्यायालय का क्षेत्राधिकार ऐच्छिक ही है। स्टेट्यूट के 36वें आर्टिकल में यह स्पष्ट शब्दों में कहा गया है कि न्यायालय के समक्ष कोई विवाद तभी प्रस्तुत किया जा सकता है जब विवाद से सम्बन्धित दोनों पक्ष इस बात के लिए सहमति दे चुके हों। केवल एक पक्ष की इच्छा से कोई विवाद अन्तर्राष्ट्रीय न्यायालय के समक्ष प्रस्तुत नहीं किया जा सकता। केवल राज्य ही उसके वादी और प्रतिवादी हो सकते हैं। परन्तु अब मानव अधिकारों (Human Rights) सम्बन्धी मुकदमों के सम्बन्ध में भी अधिकार देने का प्रयास किया जा रहा है।

अन्तर्राष्ट्रीय न्यायालय की स्थापना राष्ट्रसंघ द्वारा की गई थी, परन्तु द्वितीय महायुद्ध के दौरान जर्मनी द्वारा हालैंड पर आक्रमण कर दिए जाने के कारण स्थायी न्यायालय जो हेग में स्थित था, कार्य में बाधा पड़ी। इस न्यायालय ने दो महायुद्धों के बीच अन्तर्राष्ट्रीय विधि के विकास तथा झगड़ों को शांतिपूर्वक समझौता कराने की अपनी क्षमता के कारण एक नई आशा का संचार किया था। इसके निर्णय इस बात के प्रमाण थे कि इसने अन्तर्राष्ट्रीय विधि के जटिल प्रश्नों की ग्रन्थियों को सुलझाकर अन्तर्राष्ट्रीय तनातनी को कम करने का प्रयास किया है। अन्तर्राष्ट्रीय विधि का स्थायी न्यायालय अन्त में लीग आफ नेशन्स की अन्तिम सभा द्वारा अप्रैल सन् 1946 में विघटित कर दिया गया। इसके पूर्व संयुक्त राष्ट्रसंघ के चार्टर ने अन्तर्राष्ट्रीय न्यायालय को संयुक्त राष्ट्रसंघ के मुख्य अंग के रूप में स्थापित किए जाने की व्यवस्था पहले ही कर ली थी। वर्तमान अन्तर्राष्ट्रीय न्यायालय की बैठक हेग में सर्वप्रथम 3 अप्रैल, 1946 को हुई।

संयुक्त राष्ट्रसंघ के चार्टर के अनुच्छेद 92 में यह विशेष रूप से उपबन्धित है कि अन्तर्राष्ट्रीय न्यायालय संयुक्त राष्ट्रसंघ का मुख्य न्यायिक अंग होगा और

अंतर्राष्ट्रीय विधि के अनुसार कार्य करेगा जो अन्तर्राष्ट्रीय न्याय के स्थायी न्यायालय के व्यवस्थान पर आधारित है।

अन्तर्राष्ट्रीय न्यायालय का संगठन–अन्तर्राष्ट्रीय न्यायालय में राष्ट्रसंघ के अन्तर्राष्ट्रीय न्याय के स्थायी न्यायालय के समान–पन्द्रह न्यायाधीश, एक सभापति तथा उपसभापति के अधीन होते हैं जो न्यायालय के सदस्यों द्वारा उन्हीं में से निर्वाचित किए जाते हैं। न्यायालय के न्यायाधीश संयुक्त राष्ट्रसंघ की सुरक्षा परिषद् तथा महासभा द्वारा उन उम्मीदवारों में से निर्वाचित होते हैं जो पहले निर्वाचन के स्थायी न्यायालय से जातीय वर्गों द्वारा मनोनीत किए गए हों। न्यायाधीश उनकी जातीयता की अपेक्षा किए बिना उन व्यक्तियों में से छाँटे जाते हैं जो विधि का बहुत उच्च ज्ञान-सिद्ध हो तथा जो ऐसे योग्यता रखते हों जो उनके अपने देश में सबसे उच्च न्यायिक पद की नियुक्ति के लिए अपेक्षित हो अथवा जो अन्तर्राष्ट्रीय विधि में मान्यता प्राप्त योग्यता रखने वाले न्याय विशारद हों। किन्तु इस बात का स्पष्ट अनुबन्ध है कि कोई दो न्यायाधीश एक राष्ट्र के नहीं हो सकते। वे न तो कोई राजनीतिक अथवा प्रशासकीय कृत्य कर सकते हैं और न व्यावसायिक रूप से किसी कार्य में लग सकते हैं। अन्तर्राष्ट्रीय न्यायालय के न्यायाधीश 9 वर्ष के लिए निर्वाचित किए जाते हैं और उनका पुनःनिर्वाचन भी हो सकता है। यह अधिकांश राजनीतिक क्षमता के कारण निर्वाचित किए जाते हैं।

अन्तर्राष्ट्रीय न्यायालय का क्षेत्राधिकार–अन्तर्राष्ट्रीय न्यायालय उन राज्यों के ऊपर क्षेत्राधिकार का प्रयोग करता है जो संविधि के पक्षकार हैं तथा उन राज्यों पर जो न्यायालय के रजिस्ट्रार के पास एक घोषणा जमा कर दें जिसमें संयुक्त राष्ट्रसंघ चार्टर के अनुसार न्यायालय के क्षेत्राधिकार की स्वीकृति व्यक्त हो तथा यह प्रतिज्ञा भी की गई हो कि वे न्यायालय के निर्णय का सद्भावनापूर्ण रूप से पालन करेंगे और संयुक्तराष्ट्र चार्टर के अनुच्छेद 15 के अनुसार कर्त्तव्यों को स्वीकृत किया गया हो।

संयुक्त राष्ट्रसंघ के चार्टर का अनुच्छेद 15 इस प्रकार है–

"संयुक्त राष्ट्रसंघ का प्रत्येक सदस्य यह प्रतिज्ञा करता है कि किसी मामले में, जिसमें वह पक्षकार हो, वह अन्तर्राष्ट्रीय न्यायालय के निर्णय का अनुपालन करेगा।"

अन्तर्राष्ट्रीय न्यायालय का क्षेत्राधिकार तीन भागों में विभाजित है–

(1) **ऐच्छिक अधिकार**–न्यायालय की संविधि अनुच्छेद 36 में यह उपबन्धित है कि इसके क्षेत्राधिकार के अन्दर के वे सभी मामले आते हैं जिनकी स्वीकारोक्ति न्यायालय को दोनों पक्षकारों द्वारा की गई हो अथवा केवल एक पक्षकार मामले में निर्दिष्ट करे और दूसरा पक्षकार निर्दिष्ट के लिए अपनी सहमति प्रकट करे।

(2) **अनिवार्य क्षेत्राधिकार**–अनुच्छेद 36 के खण्ड में यह उपबन्धित है कि वे राष्ट्र जो वर्तमान संविधि के पक्षकार हैं किसी भी समय यह घोषणा कर सकते हैं कि वे न्यायालय के क्षेत्राधिकार को अनिवार्य स्वतः सिद्ध तथा उसी कर्त्तव्य को स्वीकार करने वाले किसी अन्य राज्य के सम्बन्ध में किसी विशेष स्वीकारोक्ति बिना निम्नलिखित से सम्बन्धित सब विधिक झगड़ों में स्वीकार करते हैं–

(i) किसी संधि की व्याख्या, (ii) अन्तर्राष्ट्रीय विधि का कोई प्रश्न, (iii) किसी तथ्य का अस्तित्व जिसके सिद्ध होने पर किसी अन्तर्राष्ट्रीय कर्त्तव्य का उल्लंघन न समझा जाए और (iv) किसी अन्तर्राष्ट्रीय कर्त्तव्य के उल्लंघन पर क्षतिपूर्ति का रूप तथा परिमाण। राज्यों द्वारा की गई उपरोक्त घोषणा स्वीकारोक्ति द्वारा अनिवार्य क्षेत्राधिकार की भी व्यवस्था करती है क्योंकि न्यायालय क्षेत्राधिकार का प्रयोग केवल उसी दशा में कर सकता है जब विवाद के दोनों पक्षकारों ने ऐसी घोषणा की हो जैसी कि अनुच्छेद 36 के खण्ड 2 में उपबन्धित है। अन्तर्राष्ट्रीय न्यायालय का अनिवार्य क्षेत्राधिकार भी उसी दशा में लागू होता है जब सम्बन्धित पक्षकार किसी ऐसी प्रतिज्ञा से बद्ध हों जिसके अधीन उन्होंने किसी न्यायाधिकरण को निर्दिष्ट करने के लिए स्वीकृति दी हो जो लीग ऑफ नेशन्स द्वारा बनाया जाने वाला था अथवा अन्तर्राष्ट्रीय न्याय के स्थायी न्यायालय को निर्दिष्ट बनाने के लिए स्वीकृति दी हो। व्यवस्थान अनुच्छेद 37 के अनुसार ऐसे विषय स्वतः अन्तर्राष्ट्रीय न्यायालय को निर्दिष्ट किए जाते हैं। संयुक्त राष्ट्रसंघ चार्टर में विशेष रूप से उपबन्धित विषयों के संबंध में उसके अनुच्छेद 36 के खण्ड 3 में यह उपबन्धित है कि वैधिक व विधि संबंधी झगड़े सामान्यतः पक्षकरों द्वारा अन्तर्राष्ट्रीय न्यायालय को न्यायालय की संविधि के अनुबन्धों के अनुसार निर्दिष्ट किए जाने चाहिए।

(3) **मंत्रणा क्षेत्राधिकार**–न्यायालय सुरक्षा परिषद् अथवा महासभा द्वारा इसको निर्दिष्ट किये गये वैध विषयों में परामर्शदाता का कार्य भी कर सकता है। संयुक्त राष्ट्रसंघ के अन्य अंग तथा विशिष्ट अभिकरण भी सामान्य तथा सशक्त किए जाने पर वैध प्रश्नों पर परामर्शदायक सम्मति की माँग कर सकते हैं। इस विषय पर संयुक्त राष्ट्र चार्टर का अनुच्छेद 96 प्रवर्तित है जो निम्नलिखित है–

(क) महासभा अथवा सुरक्षा परिषद् अन्तर्राष्ट्रीय न्यायालय से किसी वैध प्रश्न पर परामर्शदात्री सम्मति देने के लिए प्रार्थना कर सकती है।

(ख) संयुक्त राष्ट्रसंघ के अन्य अंग तथा विशिष्ट अभिकरण भी महासभा द्वारा इस सम्बन्ध में कभी भी प्राधिकृत किये जाने पर अपने-अपने अधिकार क्षेत्रों के भीतर उत्पन्न होने वाले वैध प्रश्नों पर न्यायालय से परामर्शदात्री सम्मति के लिए प्रार्थना कर सकते हैं।

अन्तर्राष्ट्रीय न्यायालय की ऐसी परामर्श सम्मति पक्षकारों पर बाध्यकारी नहीं है। किन्तु राज्य न्यायालय द्वारा इस प्रकार दी जाने वाली सम्मति सम्बन्ध में अपने

को पहले से ही सन्धि अथवा स्वीकार पत्र द्वारा बाध्य कर सकते हैं। यह उस सन्धि में किया गया है जो संयुक्त राष्ट्रसंघ के विशेषाधिकार तथा उन्मुक्तियों पर सामान्य प्रतिज्ञा के नाम से प्रसिद्ध है जिसकी धारा 30 में यह भी उपबन्धित है कि एक ओर से संयुक्त राष्ट्रसंघ तथा दूसरी ओर से किसी सदस्य के बीच में वर्तमान प्रतिज्ञा की व्याख्या तथा उसके लागू किए जाने के सम्बन्ध में उत्पन्न होने वाले सब मतभेद अन्तर्राष्ट्रीय न्यायालय किसी वैध प्रश्न के सम्बन्ध में परामर्शदात्री सम्मति के लिए निर्दिष्ट किए जाएंगे और अन्तर्राष्ट्रीय न्यायालय द्वारा दी हुई सम्मति पक्षकारों द्वारा निर्णायक मानी जाएगी।

अन्तर्राष्ट्रीय न्यायालय व्यवहार में–अन्तर्राष्ट्रीय न्यायालय के अनेक महत्वपूर्ण विवादों के निपटारे में सहयोग दिया है जैसे कोरफू चैनल विवाद, मोरक्को में अमेरिकी राष्ट्रजनों के अधिकार सम्बन्धी विवाद, पुर्तगाल के भारतीय प्रदेश में से होकर गुजरने के अधिकार से सम्बन्धित विवाद आदि। परन्तु रूस तथा अन्य अनेक साम्यवादी राज्यों का दृष्टिकोण अन्तर्राष्ट्रीय न्यायालय के प्रति अवहेलना और असहयोग का रहा है। इस कारण न्यायालय बहुत अधिक लोकप्रिय या शक्तिशाली और उपयोगी संस्था नहीं बन पाया है।

मूल्यांकन

अन्तर्राष्ट्रीय न्यायालय ने संयुक्त राष्ट्रसंघ के अन्तर्गत अत्यन्त महत्वपूर्ण कार्य किया था, अन्तर्राष्ट्रीय विधि का विकास भी किया था परन्तु संयुक्त राष्ट्रसंघ का अंतर्राष्ट्रीय न्यायालय उपयोगी सिद्ध नहीं हुआ है। अन्तर्राष्ट्रीय विधि के विद्वान क्विन्सी राइट (Quincy Wright) के अनुसार, "The International Court of Justice has been less frequently utilized than was its predecessor in the League of Nations period.... The organs of United Nations have seldom asked for advisory opinion.... Accesssion to the optional clause of the court statute have been less numerous" (p.16). संयुक्त राष्ट्रसंघ के अन्तर्राष्ट्रीय न्यायालय को उसके पूर्ववर्ती राष्ट्रसंघ के न्यायालय की अपेक्षा बहुत कम उपयोग किया गया है। संयुक्त राष्ट्रसंघ के अंगों ने बहुत कम इससे परामर्शदात्री सम्मति माँगी है तथा न्यायालय के ऐच्छिक उपयोग तक को कम राष्ट्रों ने माना है।" उनका यह भी कहना है, "It is not surprising therefore, that the efforts of the United Nations of develop International law, and the judicial settlement of disputes, has lagged" *International Law and the United Nations* (p. 16). उनके अनुसार यह आश्चर्यजनक नहीं है कि संयुक्त राष्ट्रसंघ द्वारा अन्तर्राष्ट्रीय विधि को विकसित करने के प्रयास और झगड़ों का न्यायिक विधियों द्वारा समाधान सफल नहीं हुआ। अतः यह कहा जाता है कि अन्तर्राष्ट्रीय न्यायालय संयुक्त राष्ट्रसंघ का एक ऐसा अंग सिद्ध हुआ है जिसने प्रगति के स्थान पर अवनति की है। इसका मुख्य कारण यह है कि अन्तर्राष्ट्रीय न्यायालय ने अपने कर्त्तव्य का उचित रूप से पालन नहीं

किया और संयुक्त राष्ट्रसंघ द्वारा घोषित मानव अधिकारों की रक्षा के लिए कोई भी उल्लेखनीय कार्य नहीं किया है। इसके न्यायाधीश ऐसे निष्पक्ष और न्यायोचित निर्णय देने में असमर्थ रहे हैं जो जनमत को प्रभावित कर सकें या न्यायालय की निष्पक्षता में विश्वास उत्पन्न कर सकें। अतः अन्तर्राष्ट्रीय विधि और न्याय व्यवस्था के प्रति जो कल्पना विद्वानों ने की थी वह संयुक्त राष्ट्रसंघ के अन्तर्राष्ट्रीय न्यायालय के कार्यकलापों द्वारा मृग-मरीचिका सिद्ध हुई है। फिर भी यह कहा जा सकता है कि है कि उसने तथा पूर्ववर्ती न्यायालय ने 100 से अधिक निर्णयों द्वारा अन्तर्राष्ट्रीय विधि संहिता के विकास में महत्वपूर्ण योगदान दिया है।

अन्तर्राष्ट्रीय न्यायालय अन्तर्राष्ट्रीय कानूनों के अनुसार न्याय करता है। इसका कार्यालय हालैंड के नगर हेग (Hague) में स्थित है। यदि न्यायालय अन्यत्र कहीं भी उचित समझे तो वहां भी बैठक की जा सकती है। न्यायालय का व्यय संयुक्त राष्ट्रसंघ वहन करता है।

भारत के श्री नगेन्द्रसिंह इसके मुख्य न्यायाधीश थे। बाद में भारत के भूतपूर्व मुख्य न्यायाधीश श्री आर० एस० पाठक इसके न्यायाधीश रहे। इस अन्तर्राष्ट्रीय न्यायालय पर भारत का विशेष प्रभाव है। संयुक्त राज्य अमेरिका तक ने खीझकर इसकी आलोचना की है। शायद इसका कारण यह है कि भारतीय न्यायाधीश, जो राज्य की सत्ता के आधार पर निर्णय देने के आदी रहे होते हैं, उसी प्रकार से यहां भी निर्णय देते हैं, जबकि इसका आधार लोकशक्ति है। क्योंकि इसके निर्णयों को कार्यान्वित करने के लिए कोई विश्व सरकार नहीं है जो जबरदस्ती हर प्रकार के निर्णय मनवा सके। सर्वमान्य निर्णय देने में यह अधिकांश असफल रहा है।

अन्तर्राष्ट्रीय न्यायालय के कुछ महत्वपूर्ण निर्णय

यह कहा जाता है कि, "राष्ट्रसंघ की अपेक्षा संयुक्त राष्ट्रसंघ के सभी अंगों की शक्ति और क्षेत्राधिकार में वृद्धि हुई है। परन्तु अन्तर्राष्ट्रीय न्यायालय अधिक उपयोगी और शक्तिशाली संस्था नहीं बन पाया है।" अतः इस पर प्रकाश डालना आवश्यक है।

राष्ट्रसंघ द्वारा सितम्बर 1921 में हालैंड के हेग नगर में स्थायी अन्तर्राष्ट्रीय न्यायालय की स्थापना की गई थी। 1 जनवरी, 1922 में इसकी बैठकें प्रारम्भ हुई और 1940 तक इस न्यायालय ने 65 मुकदमों की जांच की, 32 मुकदमों में निर्णय दिया, 200 आदेश जारी किये तथा 27 परामर्श सम्बन्धी निर्णय दिये। पीटर के अनुसार "स्थायी अन्तर्राष्ट्रीय न्यायालय अपने क्षेत्र में सर्वाधिक सफल संस्था थी। इसके लगभग सभी निर्णय स्वीकार किए गए।" परन्तु संयुक्त राष्ट्रसंघ के अन्तर्राष्ट्रीय न्यायालय ने केवल कुछ ही फैसले दिए, जिनका उल्लेख यहां किया जायेगा। उनमें से भी कुछ को स्वीकार नहीं किया गया और कुछ की कटु आलोचना की गई है। अतः यहां कुछ मुकदमों का उल्लेख आवश्यक है।

अन्तर्राष्ट्रीय न्यायालय के कुछ महत्वपूर्ण निर्णय इस प्रकार हैं–

(1) **आंग्ल नार्वे मत्स्यवाद**–इस मुकदमें में न्यायालय ने यह स्पष्ट किया है कि न्यायालय पहले के व्यवहार तथा पूर्वोक्तियों से बिना बाध्य हुए अन्तर्राष्ट्रीय विधि का विकास करने में स्वतंत्र है। अन्तर्राष्ट्रीय न्यायालय ने यह निर्णय दिया कि नार्वे द्वारा 1935 के अध्यादेश द्वारा मछली पकड़ने के क्षेत्रस्थल को कुछ निश्चित जगहों के अनुसार सीधी आधार रेखा मानकर निश्चित करना अन्तर्राष्ट्रीय विधि के विरुद्ध नहीं है। अतः इस मुकदमे द्वारा किसी राज्य द्वारा अध्यादेश जारी करके मछली पकड़ने के क्षेत्र को निर्धारित करने के विषय में अन्तर्राष्ट्रीय न्यायालय ने अन्तर्राष्ट्रीय विधि को स्पष्ट किया।

(2) **कोर्फू चैनल मुकदमा**–22 अक्तूबर, 1946 को दो ब्रिटिश विध्वंसक अल्बानिया के कोर्फू चैनल से गुजरते समय वहां के विस्फोटक से टकरा गये जिससे जानमाल की बड़ी क्षति हुई। ब्रिटेन ने इस मामले को संयुक्त राष्ट्रसंघ की सुरक्षा परिषद् में पेश किया। बाद में भाग लेने के लिए अल्बानिया को आमंत्रित किया गया। 19 अप्रैल, 1947 को सुरक्षा परिषद् ने अपने एक प्रस्ताव में ब्रिटेन और अल्बानिया को इस मामले को अन्तर्राष्ट्रीय न्यायालय में पेश करने की अनुशंसा की। ब्रिटेन ने 22 मई, 1947 को न्यायालय में अल्बानिया के विरुद्ध मुकदमा पेश किया और क्षतिपूर्ति की मांग की।

2 जुलाई, 1947 को अल्बानिया की सरकार द्वारा अन्तर्राष्ट्रीय न्यायालय के रजिस्ट्रार के नाम एक पत्र में कहा गया कि ब्रिटेन द्वारा कोर्फू चैनल विवाद को अन्तर्राष्ट्रीय न्यायालय में पेश करने के पूर्व अल्बानिया सरकार से वार्ता कर लेनी चाहिए थी। अतः अल्बानिया सरकार इस निष्कर्ष पर पहुंची कि ब्रिटेन ने सुरक्षा परिषद् की सिफारिशों तथा अन्तर्राष्ट्रीय न्यायालय की संविधि के अनुकूल काम नहीं किया है। वह अल्बानिया सरकार ने बिना करार किये अन्तर्राष्ट्रीय न्यायालय के सामने वाद पेश नहीं कर सकता था। फिर भी अल्बानिया की सरकार सुरक्षा परिषद् की सिफारिशों को मानने के लिए तैयार थी।

9 दिसम्बर, 1947 को अल्बानिया की सरकार ने अन्तर्राष्ट्रीय न्यायालय के क्षेत्राधिकार के बारे में प्रारम्भिक आपत्ति पेश की। परन्तु न्यायालय ने बतलाया कि यदि अल्बानिया की सरकार सुरक्षा परिषद् की सिफारिशों को मानने के लिए तैयार है तो इसे न्यायालय के सामने उपस्थित होने में उसे कोई आपत्ति नहीं होनी चाहिए और न्यायालय को वाद सुनने का क्षेत्राधिकार प्राप्त है।

कोर्फू चैनल वाद में अन्तर्राष्ट्रीय न्यायालय ने अपना निर्णय दिया कि ब्रिटेन द्वारा अल्बानिया की बिना सहमति प्राप्त किये उसकी सामुद्रिक पेटी से विस्फोटक पदार्थ हटाना अल्बानिया के आन्तरिक मामलों में हस्तक्षेप है। न्यायालय ने यह भी स्पष्ट किया कि सामुद्रिक पेटी से होकर शान्ति के समय युद्धपोतों को निर्दोष

मार्ग प्राप्त करने का अधिकार है। इस प्रकार अन्तर्राष्ट्रीय न्यायालय ने विदेशी प्रदेश पर आत्मरक्षा के अधिकार, हस्तक्षेप, सामुद्रिक पेटी से निर्दोष मार्ग से सम्बन्धित अन्तर्राष्ट्रीय विधि को स्पष्ट करके उसके क्रमिक विकास में योगदान दिया है।

अन्तर्राष्ट्रीय न्यायालय के निर्णयों के प्रवर्तन का प्रश्न गम्भीर रूप से कभी नहीं उठा क्योंकि कोर्फू चैनल वाद, 1949 के अपवाद को छोड़ और सभी निर्णयों का पालन हुआ है। इस वाद में अल्बानिया द्वारा कोर्फू चैनल में विस्फोटक पदार्थ बिछाने के परिणामस्वरूप मुआवजा देने से इन्कार करने पर इंग्लैंड ने अल्बानिया का अपने देश में धन जब्त कर लिया। परन्तु इसे न्यायालय के निर्णय की प्रतिष्ठा नहीं माना जा सकता।

(3) **ऐंग्लो-ईरानियन तेल कम्पनी**–1 मई, 1951 को ईरान के शाह ने एक कानून द्वारा अपने देश के तेल उद्योग का राष्ट्रीयकरण कर दिया। इसने ऐंग्लो-ईरानियन तेल कम्पनी विवाद को जन्म दिया। ब्रिटिश कम्पनी ने इसे 29 अप्रैल, 1933 को ईरान की सरकार के साथ की गई संविदा के अधिकारों का उल्लंघन बतलाया। इस पर ईरान की सरकार ने कहा कि तेल का राष्ट्रीयकरण कर इसने अपनी संप्रभु शक्ति का उपयोग किया है तथा इस विषय पर ब्रिटेन से कोई समझौता नहीं किया जा सकता, किन्तु क्षतिपूर्ति दी जा सकती है।

इस पर इस कम्पनी ने ब्रिटिश सरकार का ध्यान आकर्षित किया। ब्रिटिश सरकार ने 26 मई, 1951 को ईरान की सरकार के विरुद्ध अन्तर्राष्ट्रीय न्यायालय में मुकदमा पेश किया।

न्यायालय ने ईरान की सरकार को इसकी सूचना दे दी। ईरान की सरकार ने इसमें न्यायालय का क्षेत्राधिकार नहीं बतलाया और 30 जून, 1951 को अन्तर्राष्ट्रीय न्यायालय की बैठक में उपस्थित होने से इन्कार कर दिया। 5 जुलाई, 1951 को इस न्यायालय ने कम्पनी की सम्पत्ति की रक्षा के लिये अस्थायी कदम उठाने का संकेत दिया।

ईरान ने न्यायालय के क्षेत्राधिकार का विरोध किया। ईरान की सरकार ने बतलाया कि 1938 में ब्रिटिश कम्पनी ने ईरान से कोई सन्धि नहीं की थी, यह केवल एक रियायती संविदा थी। न्यायालय इस निष्कर्ष पर पहुँचा कि इस मुकदमे की सुनवाई के लिए इसका कोई क्षेत्राधिकार नहीं है। अतः इस फैसले से स्वयं न्यायालय ने अपने क्षेत्र को कम कर लिया।

(4) **भारतीय क्षेत्र से होकर जाने का अधिकार या पुर्तगाल बनाम भारत**–इस वाद में अन्तर्राष्ट्रीय न्यायालय ने प्रथा-सम्बन्धी यह नियम प्रतिपादित किया कि यदि दो राज्य अभ्यास में किसी व्यवहार को दीर्घकाल तक निरन्तर करते रहते हैं तो इस अभ्यास के परिणामस्वरूप प्रथा स्थापित हो जाती है जो विधि के नियमों की भांति बन्धनकारी होती है। अतः भारत को युद्धकाल में पुर्तगाल की सेनाओं को अपने क्षेत्र में न आने देने का अधिकार है।

(5) **उत्तर सागर महाद्वीपीय तल वाद**–इस वाद में अन्तर्राष्ट्रीय न्यायालय ने जेनेवा अभिसमय 1958 के अनुच्छेद 6 का निर्वचन करते हुए कहा कि दोनों देशों के बीच के महाद्वीपीय समुद्र तल की सीमा निश्चित करने के सम्बन्ध में समान दूरी का सिद्धान्त विद्यमान नियमों की घोषणा नहीं करता है, अत: यह नियम जर्मनी पर बन्धनकारी नहीं होगा, क्योंकि उसने अभिसमय का अनुसमर्थन नहीं किया था। यह मुकदमा जर्मनी, नीदरलैंड तथा डेनमार्क के मध्य उत्तर समुद्र के महाद्वीपीय समुद्रतल के सम्बन्ध में था। न्यायालय ने निर्णय दिया कि जब समुद्रतल दो या दो से अधिक राज्यों के आमने-सामने हो तो उसकी सीमा उनके बीच करार द्वारा निर्धारित होगी। ऐसे करार की अनुपस्थिति में उन आधार रेखाओं से समान दूरी के सिद्धान्त पर विभाजन होगा वहां से सामुद्रिक पेटी लाई जाती है। परन्तु यह नियम उन विशेष परिस्थितियों में लागू नहीं होगा जिनके आधार पर अन्य सीमा रेखा खींचना आवश्यक हो। इसके अतिरिक्त अन्तर्राष्ट्रीय न्यायालय ने महाद्वीपीय तल की अवधारणा को स्पष्ट किया। न्यायालय ने अपने निर्णय में कहा कि महाद्वीपीय तल किसी के भूमिक्षेत्र का प्राकृतिक प्रसार है। इस धारणा ने राज्यों के अभ्यास तथा अन्तर्राष्ट्रीय विधि को प्रभावित किया है।

(6) **मौद्रिक स्वर्ण वाद**–14 जनवरी, 1946 को पेरिस में अन्त: मित्रराष्ट्रीय क्षतिपूर्ति एजेंसी और मौद्रिक स्वर्ण मुद्रा पुनर्स्थापन संधि की गई। इसमें केवल एक अनुच्छेद था जिसके अनुसार जर्मनी या किसी तीसरे देश में पाई गई स्वर्ण-मुद्रा को उन देशों में बांट देना था जिन्हें 12 मार्च, 1938 के बाद जर्मनी ने छीन लिया था और जर्मन प्रदेश में लाया गया था। फ्रांस, ब्रिटेन, संयुक्त राज्य अमेरिका, अल्बानिया आदि देशों ने संधि पर हस्ताक्षर किये थे।

पेरिस समझौता के भाग III के प्रावधानों को लागू करने का भार फ्रांस, ब्रिटेन और संयुक्त राज्य अमेरिका को सौंपा गया। उन्होंने स्वर्ण-मुद्रा वितरण के लिए त्रिकोणात्मक आयोग नियुक्त किया। शीघ्र ही एक समस्या उठ खड़ी हुई। यह एक विधि और तथ्य का प्रश्न था जिसका समाधान नहीं किया जा सका। यह समस्या अल्बानिया के राष्ट्रीय बैंक की स्वर्ण-मुद्रा को लेकर उत्पन्न हुई। 1943 में रोम से अल्बानिया की स्वर्ण-मुद्रा हटा ली गई थी जिस पर पेरिस समझौते के अनुसार इटली और अल्बानिया दोनों दावे पेश कर रहे थे। इन परिस्थितियों में 25 अप्रैल, 1951 को तीनों सरकारों ने वाशिंगटन समझौते पर हस्ताक्षर कर दिये जिसके अनुसार उन्होंने इस मामले को एक विवाचन के सामने पेश करना मान लिया।

20 फरवरी, 1953 को यह निर्णय दिया गया कि 1943 में ये स्वर्ण-मुद्राएँ अल्बानिया की थीं। इस पर इटली ने इस मामले को अन्तर्राष्ट्रीय न्यायालय में पेश किया। न्यायालय ने निर्णय दिया कि इस मामले में उसका कोई क्षेत्राधिकार नहीं है, क्योंकि इस मामले में अल्बानिया ने अपनी कोई सहमति नहीं दी है। अत: इस

मामले की सुनवाई सुनिर्धारित अन्तर्राष्ट्रीय विधि के विपरीत होगी। इस निर्णय से भी न्यायालय के क्षेत्राधिकार में कमी आई।

(7) **शरणवाद**–3 अक्तूबर, 1948 को पेरू में एक सैन्य विद्रोह हो गया, जिसका शीघ्र ही दमन कर दिया गया। यह कहा गया कि इस विद्रोह में अमेरिकी जनक्रांतिकारी संगठन का हाथ था। इसका नेता विक्टर रावल हयाडेला टोरे था। 25 अक्तूबर को उसे कैद करने का आदेश दिया गया और इस संगठन को गैर-कानूनी घोषित किया गया। विक्टर रावल ने भागकर लीमा स्थित कोलम्बिया के दूतावास में शरण ले ली। पेरू की सरकार ने उसके वापस लौटाने की माँग की। उसके नहीं लौटाने पर यह मुकदमा अन्तर्राष्ट्रीय न्यायालय में पेश किया गया।

कोलम्बिया सरकार ने रावल हेयाडेला को शरण देने के अपने कार्य को उचित बतलाया। परन्तु न्यायालय ने उसके तर्क को अस्वीकार कर दिया। इस मुकदमे में अन्तर्राष्ट्रीय न्यायालय ने शरण सम्बन्धी अन्तर्राष्ट्रीय विधि को स्पष्ट किया। न्यायालय ने निर्णय दिया कि यदि किसी देश ने दूसरे देश में स्थित अपने दूतावास में किसी भी अनियमित रूप से शरण दी है तो भी शरण देने वाले देश का उत्तरदायित्व नहीं है कि वह शरण में आये व्यक्ति को सम्बन्धित देश को वापस कर दे।

(8) **फ्रांस द्वारा आणविक परीक्षण से सम्बन्धित विवाद**–यह वाद आस्ट्रेलिया और न्यूजीलैंड ने अन्तर्राष्ट्रीय न्यायालय में पेश किया और न्यायालय से अनुरोध किया कि वह फ्रांस को आणविक परीक्षण बंद करने का आदेश दे, क्योंकि इससे आस्ट्रेलिया और न्यूजीलैंड में रहने वाले लोगों के स्वास्थ्य पर बुरा प्रभाव पड़ता है। अंतर्राष्ट्रीय न्यायालय ने अपने निर्णय में फ्रांस को आणविक परीक्षण रोकने को कहा। न्यायालय ने फ्रांस के इस तर्क को अस्वीकार कर दिया कि आणविक परीक्षण उसकी सुरक्षा हेतु है तथा न्यायालय को उस पर क्षेत्राधिकार नहीं है। न्यायालय के अनुसार किसी राज्य को यह अधिकार नहीं है कि वह अपनी सुरक्षा के लिये ऐसे कार्य करे जो दूसरे राज्यों पर बुरा प्रभाव डालें। फ्रांस ने न्यायालय के निर्णय को मानने से इन्कार कर दिया। इसी प्रकार दक्षिणी पश्चिमी अफ्रीका के निर्णय की कटु आलोचना हुई। अत: अंतराष्ट्रीय न्यायालय के प्रभाव में कमी हुई है।

अन्तर्राष्ट्रीय न्यायालय का मूल्याँकन

संयुक्त राष्ट्रसंघ चार्टर के अनुसार वर्तमान अन्तर्राष्ट्रीय न्यायालय संयुक्त राष्ट्रसंघ का मुख्य न्यायिक अंग है। अन्तर्राष्ट्रीय न्यायालय से यह आशा की गई थी कि अन्तर्राष्ट्रीय क्षितिज पर विधि, न्याय एवं शान्ति के प्रकाश का उदय हुआ है और भविष्य में इसके माध्यम से मानवीय समस्याओं तथा मनुष्य पर मनुष्य तथा राष्ट्रसंघ एवं राष्ट्रों के आपसी सम्बन्धों में विधि एवं न्याय का शासन वस्तुत: स्थापित होगा–

किन्तु अन्तर्राष्ट्रीय न्यायालय अपने आदेशों को लागू करवाने में असफल रहा है। इसके दो कारण हैं–

1. वैधानिक
2. स्वयं अन्तर्राष्ट्रीय न्यायालय के कार्यकलाप।

(1) वैधानिक दोष यह है कि केवल राज्य ही इसके पक्षकार हो सकते हैं। कोई भी व्यक्ति, यहां तक कि अन्तर्राष्ट्रीय संस्था या स्वयं संयुक्त राष्ट्रसंघ, इसका पक्षकार नहीं हो सकता। अत: इसके क्षेत्र को अत्यधिक सीमित कर दिया गया है।

(2) दूसरी बात यह है कि 189 राज्यों में से केवल 39 संप्रभु राज्यों ने इसके विकल्प खंड को स्वीकार किया है, अत: अन्तर्राष्ट्रीय न्यायालय बहुसंख्यक राष्ट्रों का समर्थन पाने में असफल रहा है?

कुछ राज्यों ने ही इस न्यायालय की अनिवार्य अधिकारिता को स्वीकार किया है और जिन्होंने अनिवार्य अधिकारिता को माना है उन्होंने भी इतनी शर्तें लगाई हैं कि अनिवार्य अधिकारिता अर्थहीन हो गई है।

किसी संस्था की लोकप्रियता उसके कार्यकलाप पर भी निर्भर करती है। संयुक्त राज्य अमेरिका के संविधान में वहां के सर्वोच्च न्यायालय को उतने अधिकार नहीं दिये गये थे जितने उसने प्राप्त कर लिये हैं। भारत के संविधान में जनता को सर्वोच्चता दी गई है और संविधान में संशोधन करने का अधिकार संसद व राज्यों की विधान सभाओं को दिया गया था। परन्तु सर्वोच्च न्यायालय के निर्णयों के अनुसार कुछ मौलिक बातों में भारतीय संविधान में संशोधन नहीं किया जा सकता। अत: भारतीय सर्वोच्च न्यायालय जिन्हें मौलिक अधिकार कह दे उनमें संशोधन न जनता कर सकती है, न संसद। राज्यों की विधानसभाओं से मिलकर कर सकती है। अत: भारतीय सर्वोच्च न्यायालय सर्वोच्च हो गया। परन्तु अन्तर्राष्ट्रीय न्यायालय के निर्णयों से इसकी लोकप्रियता कम हुई है।

(i) अन्तर्राष्ट्रीय न्यायालय ने अपने निर्णयों से लोकप्रियता खो दी है। राष्ट्रसंघ के 66 में से 45 राज्यों ने इसके विकल्प प्रखण्ड को स्वीकार किया था जबकि संयुक्त राष्ट्रसंघ के 189 राज्यों में से केवल 39 ने ऐसा किया है और वह भी सशर्त।

(ii) अन्तर्राष्ट्रीय न्यायालय ने अधिकांश निर्णय राजनीति से प्रेरित होकर दिये हैं। अत: न केवल सम्बन्धित राज्यों ने इसके निर्णयों को मानने से इन्कार कर दिया बल्कि इसमें इसकी लोकप्रियता को भी आघात पहुंचा है।

(iii) अन्तर्राष्ट्रीय न्यायालय के कुछ निर्णय जैसे दक्षिणी पूर्व अफ्रीका सम्बन्धी निर्णय को श्वेतों का पक्षपाती बताया गया है।

(iv) अन्तर्राष्ट्रीय न्यायालय के न्यायाधीशों ने निर्णय मानव कल्याण और विश्व बन्धुत्व को दृष्टि में न रखकर राष्ट्रीय हितों को ध्यान में रखकर दिये हैं इससे इसकी ख्याति व लोकप्रियता कम हुई है।

(v) अन्तर्राष्ट्रीय न्यायालय के न्यायाधीश राज्यों से आते हैं जहां उनके सभी निर्णय राज्य की शक्ति द्वारा जबरदस्ती मनवाये जाते हैं परन्तु अन्तर्राष्ट्रीय न्यायालय के वही निर्णय कार्यान्वित किए जा सकते हैं जो विश्व जनमत के अनुकूल हों तथा विधि एवं संयुक्त राष्ट्रसंघ चार्टर के अनुकूल हों। परन्तु अन्तर्राष्ट्रीय न्यायालय के अधिकांश निर्णय राजनीति से प्रेरित होकर दिए गए हैं। अत: जहां संयुक्त राष्ट्रसंघ के सभी अंगों व कार्यों का विस्तार हुआ है वहां अन्तर्राष्ट्रीय न्यायालय की लोकप्रियता में कमी आई है और राज्य इसमें मुकदमा भेजने से भी कतराने लगे हैं। अत: इसने 45 वर्ष के कार्यकाल में केवल 5 या 6 महत्वपूर्ण निर्णय दिए हैं और वह भी या तो कार्यान्वित नहीं किए जा सके या उनकी कटु आलोचना हुई है। परन्तु इन निर्णयों के मानते हुए यह कहा जा सकता है कि अन्तर्राष्ट्रीय न्यायालय ने अन्तर्राष्ट्रीय विधि के विकास और अन्तर्राष्ट्रीय न्याय प्रशासन में महत्वपूर्ण योगदान दिया है क्योंकि इसके क्रियाकलापों और कार्यों से अन्तर्राष्ट्रीय विधि और नियमों का निरन्तर विकास हुआ है। भारत के न्यायमूर्ति नगेन्द्रनाथ इसके बहुत वर्षों तक अध्यक्ष रहे परन्तु उनके कार्यों व निर्णयों की कटु आलोचना हुई। परन्तु उनके निर्णयों ने जो परम्पराएँ कायम की हैं उनसे अन्तर्राष्ट्रीय विधि का विकास हुआ है तथा अन्तर्राष्ट्रीयता को बल मिला है।

उपर्युक्त विवरण से स्पष्ट है कि अन्तर्राष्ट्रीय न्यायालय ने अन्तर्राष्ट्रीय विधि के विकास में महत्वपूर्ण भूमिका निभाई है। न्यायमूर्ति लाटरपैट के अनुसार, "दीर्घकाल में अन्तर्राष्ट्रीय न्यायालय द्वारा अन्तर्राष्ट्रीय विधि का विकास करना उसके सफलतापूर्वक कार्य क्षेत्राधिकार के लिए एक महत्वपूर्ण कार्य है।" परन्तु अन्तर्राष्ट्रीय न्यायालय में कुछ दुर्बलताएं तथा परिसीमाएं हैं। प्रो॰ गुडस्पीड के शब्दों में, "अपनी क्षमता के बावजूद यह न्यायालय एक ऐसे विश्व-समाज का कार्य करता है जो अभी भी इसे महत्वपूर्ण मामले सुपुर्द करने को तैयार नहीं है अथवा वह कार्य भी करने देने के लिए तैयार नहीं है जो चार्टर में इसके लिए निर्देशित हैं।" न्यायमूर्ति फिलिप सी॰ जेसफ ने कहा है, "वास्तव में न्यायालय वैसा है जैसा विश्व के राज्यों ने इसे बनाने के लिए तय किया है।" अपनी दुर्बलताओं तथा परिसीमाओं के बावजूद अन्तर्राष्ट्रीय न्यायालय ने अपना काम बड़ी कुशलता से किया है तथा अन्तर्राष्ट्रीय विधि के विकास में महत्वपूर्ण योगदान दिया है। रोजने के शब्दों में, "यह अन्तर्राष्ट्रीय न्यायालय ही है जिसने संयुक्त राष्ट्रसंघ के किसी अन्य अंग से अधिक आज की अन्तर्राष्ट्रीय विधि में नई गतिशीलता भर दी है।" दोनों न्यायालयों के 100 से अधिक दिए गए निर्णयों और परामर्शों से उत्पन्न न्यायशास्त्र आज अन्तर्राष्ट्रीय विधि निर्धारित करने का महत्वपूर्ण साधन बन गया है। तथापि यह अन्तर्राष्ट्रीय न्यायालय प्रभावशाली संस्था

नहीं बन सका है क्योंकि यह सर्वमान्य विधि विकास तथा सर्वमान्य निर्णय देने में असफल रहा है।

अन्तर्राष्ट्रीय न्यायालय के कार्य

एक चीनी कहावत है 'अंधकार को कोसने की अपेक्षा एक छोटी मोमबत्ती जलाना बेहतर है'। अन्तर्राष्ट्रीय न्यायालय के साथ यह कहावत शत-प्रतिशत लागू होती है। यह अन्तर्राष्ट्रीय न्यायालय राष्ट्रीय न्यायालय की भाँति शक्तिशाली नहीं हैं क्योंकि इसके निर्णयों को जबर्दस्ती लागू करने के लिए कोई सेना या पुलिस नहीं है। अत: राष्ट्रीय विधिक पद्धति में विधि न्यायालय तथा अन्तर्राष्ट्रीय न्यायालय को न्याय का न्यायालय कहा जाता है। राष्ट्रीय न्यायालय के मार्ग-दर्शन के लिए संहिताबद्ध विधियाँ, परम्परागत प्रथाएँ तथा मान्य दृष्टान्त हैं। इसके निर्णयों को लागू करने के लिए सरकारी शक्ति है। किन्तु, अन्तर्राष्ट्रीय न्यायालय के साथ ऐसी कोई बात नहीं है। यह मूलत: संधि की देन है। इसकी संविधि केवल 39 राज्यों पर लागू होती है, जो तदर्थ व स्थायी रूप से इसके सदस्य हैं। यह आशा की जाती है कि अन्तर्राष्ट्रीय न्यायालय अन्तर्राष्ट्रीय विधियाँ, अन्तर्राष्ट्रीय अभिसमयों तथा प्रथाओं के अनुसार न्याय का निष्पादन करेगा, किन्तु अपने निर्णयों को लागू करने के लिए इसके पास कोई सेना या पुलिस नहीं है। अत: इसे पक्षकारों की सदिच्छा पर छोड़ दिया जाता है।

विधि न्यायालय के न्यायाधीश का सम्बन्ध विधिक अधिकारों से है, न्याय से उसका कोई विशेष लगाव नहीं होता। अन्तर्राष्ट्रीय न्यायाधीश को इस मौलिक सिद्धान्त पर ध्यान देना चाहिए कि अन्तर्राष्ट्रीय विधि का प्रमुख काम युद्ध को रोकना और शान्ति को प्रोत्साहन देना है। परन्तु व्यावहारिक रूप से इसके न्यायाधीश अपने-अपने देश के निहित स्वार्थों के अनुसार निर्णय देते हैं तथा पक्षकारों के विधिक अधिकारों की रक्षा करने की अपेक्षा अपने निर्णय द्वारा उन्हें शान्त करने का प्रयास करते हैं।

राष्ट्रीय न्यायालय किसी मामले को यह कहकर टाल नहीं सकता कि इसकी सुनवाई के लिए उसके पास कोई विधि नहीं है। अन्तर्राष्ट्रीय न्यायालय अप्राप्य सिद्धान्त की शरण लेकर किसी मामले को इस आधार पर सुनवाई करने से इन्कार भी कर सकता है कि इसके पास कोई आधार नहीं है।

न्यायाधीश एवं विधिशास्त्री डॉ० नगेन्द्र सिंह के अनुसार, "लोक-व्यवस्था के लिए दो आधार स्तम्भों की आवश्यकता है। उचित विधि का विद्यमान होना तथा उसे लागू करने के लिए संस्था का होना, जिसमें विधि अच्छी तरह से परिभाषित हो तथा उसका अच्छे प्रकार का संहिताकरण हो और एक प्रभावशाली एजेंसी उसे लागू करने के लिए हो"। नि:संदेह विश्व में विधि-शासन द्वारा ही शान्ति-व्यवस्था कायम रखी जा सकती है। इस क्षेत्र में अन्तर्राष्ट्रीय न्यायालय महत्वपूर्ण योगदान दे सकता है। अन्तर्राष्ट्रीय न्यायालय यह आशा पूर्ण नहीं कर सका है और विश्व में विधि व न्याय का शासन अभी मृग-मरीचिका प्रतीत हो रहा है।

संगठन–अन्तर्राष्ट्रीय न्यायालय का पूर्वाधिकारी विवाचन स्थायी न्यायालय था। यह एक संविधि पर आधारित था, जिसे स्थायी अन्तर्राष्ट्रीय न्यायालय की संविधि कहते हैं।

राष्ट्रसंघ की समाप्ति के बाद इसे भी समाप्त कर दिया गया और इसका स्थान अन्तर्राष्ट्रीय न्यायालय ने ले लिया। इसका कार्य उसी शहर, उसी स्थान और उसी हाल में प्रारम्भ हुआ जहाँ पर पुराना न्यायालय अपने उच्च निर्णय दिया करता था। यह स्थायी अन्तर्राष्ट्रीय न्यायालय के समान है तथा लगभग यह संविधि के प्रावधानों पर एक संविधि द्वारा स्थापित किया गया है। संयुक्त राष्ट्रसंघ चार्टर के अनुच्छेद 32 के अनुसार अन्तर्राष्ट्रीय न्यायालय स्थायी अन्तर्राष्ट्रीय न्यायालय की संविधि पर आधारित है।

अनुच्छेद 7 के अनुसार अन्तर्राष्ट्रीय न्यायालय संयुक्त राष्ट्रसंघ का एक प्रमुख अंग है। संयुक्त राष्ट्रसंघ के सभी सदस्य अन्तर्राष्ट्रीय न्यायालय की संविधि के पक्षकार हैं। वह राज्य भी जो संयुक्त राष्ट्रसंघ का सदस्य नहीं है, सुरक्षा परिषद् की सिफारिश पर महासभा द्वारा निर्धारित शर्तों को मानने पर अन्तर्राष्ट्रीय संविधि न्यायालय का पक्षकार हो सकता है।

अन्तर्राष्ट्रीय न्यायालय में 15 न्यायाधीश होते हैं जिनका चुनाव महासभा तथा सुरक्षा परिषद् करती हैं। ये न्यायाधीश 9 वर्ष के लिए निर्वाचित किए जाते हैं तथा अपने कार्यकाल की समाप्ति के बाद पुन: निर्वाचित भी किए जा सकते हैं। न्यायाधीशों का निर्वाचन महासभा तथा सुरक्षा परिषद् अलग-अलग करती हैं। यह प्रथा बन गई है कि पाँच न्यायाधीश सुरक्षा परिषद् के स्थायी सदस्यों के देश के होते हैं। अन्तर्राष्ट्रीय न्यायालय का गठन इस तरह होता है कि लैटिन अमेरिका, यूरोप, अफ्रीका तथा एशिया का उसमें प्रतिनिधित्व रहे जिससे विश्व की प्रमुख सभ्यताओं तथा विधि-प्रणालियों का न्यायालय में प्रतिनिधित्व हो सके। अन्तर्राष्ट्रीय न्यायालय में निर्णय न्यायाधीशों के बहुमत द्वारा लिए जाते हैं। यह न्यायालय अपने सभापति तथा उप सभापति का तीन वर्ष के लिए निर्वाचन करता है। उक्त अवधि की समाप्ति के बाद उनका पुन:निर्वाचन भी हो सकता है। अन्तर्राष्ट्रीय न्यायालय का मुख्यालय हालैंड के नगर हेग में रहेगा परन्तु आवश्यकता पड़ने पर यह अन्य स्थानों में भी अपना कार्य कर सकता है। न्यायालय में किसी वाद की सुनवाई के समय यदि वाद के एक पक्षकार की राष्ट्रीयता वाला न्यायाधीश न्यायालय की बैंच में होता है तो दूसरे पक्षकार को अपनी राष्ट्रीयता का एक तदर्थ न्यायाधीश नियुक्त करने का अधिकार है। संयुक्त राष्ट्रसंघ का प्रत्येक सदस्य न्यायालय के निर्णय को उस वाद में मानेगा तथा पालन करेगा जिसमें वह एक पक्षकार है। यदि कोई राज्य अन्तर्राष्ट्रीय न्यायालय से उत्पन्न उत्तरदायित्वों को पूरा नहीं करता तो दूसरा पक्षकार सुरक्षा परिषद में यह मामला उठा सकता है। सुरक्षा परिषद् इस न्यायालय के निर्णय को मनवाने के सम्बन्ध में निर्णय ले सकती है।

विधि-स्रोत–अन्तर्राष्ट्रीय न्यायालय विवादों का निर्णय निम्नलिखित विधियों के अनुसार करेगा–

(i) अन्तर्राष्ट्रीय अभिसमय,
(ii) अन्तर्राष्ट्रीय प्रथा,
(iii) सभ्य राष्ट्रों द्वारा स्वीकृत विधि के सामान्य नियम,
(iv) न्यायिक निर्णय,
(v) प्रख्यात विधिशास्त्रियों की रचनाएँ।

यदि पक्षकार सहमत हों तो अन्तर्राष्ट्रीय न्यायालय किसी वाद के उपर्युक्त स्रोतों की उपेक्षा करके अन्य आधारों पर भी निर्णय दे सकता है। इसे 'एक्स एवो इट बोनो' कहते हैं।

अन्तर्राष्ट्रीय न्यायालय के निर्णय की बंधनकारी शक्ति केवल किसी वाद के पक्षकारों पर और उसी वाद तक सीमित है। दूसरे शब्दों में यह दृष्टान्त की तरह मान्य नहीं है। न्यायमूर्ति लाटरपेट के अनुसार "विधि सिद्धान्त तथा न्यायालय के पूर्व निर्णय भविष्य के निर्णयों को प्रभावित करते हैं।" किन्तु अन्तर्राष्ट्रीय न्यायालय के साथ यह बात लागू नहीं होती। अत: पिछले निर्णय नजीरों (Precedence) की अहमियत नहीं रखते।

अन्तर्राष्ट्रीय न्यायालय का क्षेत्राधिकार–किसी मुकदमे में बंधनकारी निर्णय शक्ति को क्षेत्राधिकार कहते हैं। अन्तर्राष्ट्रीय न्यायालय को यह बंधनकारी शक्ति राज्यों की सहमति से प्राप्त होती है। न्यायालय की संविधि 34 के अनुसार केवल राज्य ही अपनी समस्याएँ इसके सामने पेश कर सकते हैं, अर्थात् कोई भी व्यक्ति इस न्यायालय में अपनी समस्याओं के निवारण के लिए मुकदमा नहीं ला सकता। राज्य भी कुछ सीमित परिस्थितियों में ही अपनी समस्याओं को इसके सामने पेश कर सकते हैं। राज्यों के अतिरिक्त अन्तर्राष्ट्रीय संस्थाएँ तथा विशिष्ट एजेंसियाँ अन्तर्राष्ट्रीय न्यायालय से सलाहकारी मत प्राप्त कर सकती हैं। महासभा और सुरक्षा परिषद् न्यायालय से किसी विधिक प्रश्न पर सलाहकारी मत के लिए कह सकती हैं। इसके अतिरिक्त संयुक्त राष्ट्रसंघ के दूसरे अंग तथा विशिष्ट एजेंसियाँ भी महासभा द्वारा अधिकार प्रदान करने पर इससे परामर्शदात्री मत प्राप्त कर सकती हैं।

अन्तर्राष्ट्रीय न्यायालय को चार तरह से क्षेत्राधिकार प्रदान किया जा सकता है–

(क) दो या दो से अधिक राज्य विशेष करारों द्वारा किसी मामले में इस न्यायालय को क्षेत्राधिकार प्रदान कर सकते हैं।

(ख) किसी बहुपक्षीय संधि में यह प्रावधान रखकर कि सन्धि के प्रावधानों के निर्वचन के लिए मामला अन्तर्राष्ट्रीय न्यायालय को सौंपा जायेगा।

(ग) किसी द्वि-पक्षीय संधि द्वारा भी किसी विशेष मामले पर इस न्यायालय को क्षेत्राधिकार दिया जा सकता है।

(घ) अन्तर्राष्ट्रीय न्यायालय में कार्यवाही प्रारम्भ हो जाने के उपरान्त न्यायालय को औपचारिक रूप से भी क्षेत्राधिकार प्रदान किया जा सकता है।

अन्तर्राष्ट्रीय न्यायालय के निम्नलिखित क्षेत्राधिकार उल्लेखनीय हैं–

1. **स्वैच्छिक क्षेत्राधिकार**–इसके अन्तर्गत वे सभी वाद आते हैं जिनका व्यक्त रूप से संयुक्त राष्ट्रसंघ के चार्टर तथा संधियों में वर्णन है और जिनको पक्षकार न्यायालय में पेश करते हैं।

यदि बिना किसी करार के कोई पक्षकार न्यायालय में वाद प्रस्तुत करता है तथा दूसरा पक्षकार अपनी सहमति प्रदान करता है, तो न्यायालय को ऐसे मुकदमे के प्रति क्षेत्राधिकार प्राप्त हो जाता है। सम्बन्धित राज्य व पक्षकार की सहमति प्राप्त होने पर न्यायालय मुकदमें की सुनवाई करता है। ऐसे राज्य की अनुपस्थिति में न्यायालय अपना निर्णय नहीं दे सकता है। इस क्षेत्राधिकार के अन्तर्गत केवल राज्य ही पक्षकार हो सकते हैं।

2. **ऐच्छिक क्षेत्राधिकार**–राज्य पक्षकार किसी भी समय घोषणा द्वारा तथा बिना किसी समझौते द्वारा यह घोषणा कर सकते हैं कि किसी दूसरे राज्य के प्रति, जो समान उत्तरदायित्व स्वीकार करता है, अन्तर्राष्ट्रीय न्यायालय को ऐच्छिक क्षेत्राधिकार प्राप्त है। राज्य पक्षकार न्यायालय को निम्नलिखित मामलों में क्षेत्राधिकार प्रदान कर सकते हैं–

(क) किसी संधि का निर्वचन,

(ख) अन्तर्राष्ट्रीय विधि का कोई प्रश्न,

(ग) किसी तथ्य का विद्यमान होना जिसके स्थापित होने पर अन्तर्राष्ट्रीय उत्तरदायित्व का उल्लंघन माना जाएगा, तथा

(घ) अन्तर्राष्ट्रीय उत्तरदायित्व के उल्लंघन में हुई क्षति के लिए क्षतिपूर्ति की प्रकृति तथा सीमा।

3. **अनिवार्य क्षेत्राधिकार**–ऐच्छिक क्षेत्राधिकार के अंतर्गत राज्य अन्तर्राष्ट्रीय न्यायालय को अनिवार्य क्षेत्राधिकार प्रदान कर सकते हैं। यह दो प्रकार से प्रदान किया जा सकता है–

(क) **राज्य**–पक्षकार किसी संधि या अभिसमय में यह प्रावधान रख सकते हैं कि झगड़ा या विवाद होने पर अन्तर्राष्ट्रीय न्यायालय को उस पर निर्णय देने का अनिवार्य अधिकार होगा।

(ख) राज्य पक्षकार बिना किसी विशेष समझौते के किसी भी समय यह घोषणा कर सकता है कि किसी दूसरे राज्य के प्रति, जो समान उत्तरदायित्व स्वीकार करता है, किस मुकदमे के प्रति न्यायालय को अनिवार्य क्षेत्राधिकार होगा। ऐसी घोषणाएँ तीन प्रकार की हो सकती हैं–प्रथम, जो घोषणाएं बिना शर्त की गई होती हैं। द्वितीय,

जिन घोषणाओं में राज्य पक्षकार यह शर्त लगा सकता है कि वह तभी वैध होगी जब दूसरा राज्य या अन्य राज्य भी वैसा ही करें। तृतीय, वह घोषणा जो एक निश्चित समय के लिए हो।

विधि शास्त्री प्रो॰ केल्सन के शब्दों में, "अनुच्छेद 36(2) द्वारा दिया गया क्षेत्राधिकार वास्तव में अनिवार्य क्षेत्राधिकार नहीं है, क्योंकि इस क्षेत्राधिकार के लिए पक्षकरों में पहले से सहमति आवश्यक है।" न्यायाधीश हडसन ने अनिवार्य क्षेत्राधिकार को भ्रमात्मक बतलाया है और प्रो॰ स्वाजनवर्जन ने इसे "सीमित क्षेत्राधिकार" कहा है। न्यायमूर्ति फिलिप सी॰ जेसप के अनुसार "अनिवार्य शब्द आवश्यक है"। एक अन्य विधिशास्त्री कार्बेट के शब्दों में "बिना अनिवार्य क्षेत्राधिकार के कोई भी अन्तर्राष्ट्रीय विधिक व्यवस्था लगभग परस्पर विरोधी है। फिर भी अनिवार्य राज्याधिकार का विशेष महत्व है।"

4. **परामर्श क्षेत्राधिकार**–महासभा और सुरक्षा परिषद् अन्तर्राष्ट्रीय न्यायालय से किसी भी विधिक प्रश्न पर परामर्शदात्री मत देने का अनुरोध कर सकती हैं। महासभा की अनुमति से संयुक्त राष्ट्रसंघ की दूसरी तथा विशिष्ट एजेंसियाँ भी अपने कार्यक्षेत्र के भीतर विधिक प्रश्नों पर परामर्शदात्री मत के लिए इस न्यायालय से प्रार्थना कर सकती हैं। यहाँ यह स्मरण रखना चाहिए कि अन्तर्राष्ट्रीय न्यायालय के सलाहकारी मत बंधनकारी निर्णय नहीं होते हैं, परन्तु उनका महत्व है।

5. **हस्तान्तरित क्षेत्राधिकार**–जिन मामलों में अन्तर्राष्ट्रीय न्यायालय को क्षेत्राधिकार प्राप्त था, वह अन्तर्राष्ट्रीय न्यायालय को प्राप्त होगा। इसके अतिरिक्त अन्तर्राष्ट्रीय न्यायालय की संविधि के अनुच्छेद 37 के अनुसार जहाँ किसी संधि या अभिसमय में यह प्रावधान है कि मामला संयुक्त राष्ट्रसंघ द्वारा स्थापित किसी न्यायालय को सौंपा जाएगा।

किसी मुकदमें में न्यायालय को क्षेत्राधिकार है अथवा नहीं, यह निर्णय वह स्वयं अपनी संविधि के अनुच्छेद 36 (कंडिका 6) के अनुसार कर सकता है।

अन्तरिम अनुतोष–अन्तर्राष्ट्रीय न्यायालय की संविधि के अनुच्छेद 41 के अनुसार अन्तर्राष्ट्रीय न्यायालय को अधिकार है कि वह पक्षकारों के हितों को सुरक्षित रखने हेतु यदि किसी वाद में आवश्यक हो तो अन्तरिम अनुतोष प्रदान कर सकता है। परन्तु इसकी सूचना सुरक्षा परिषद् को देनी आवश्यक है।

प्रारम्भिक आपत्ति–किसी मुकदमे के पक्षकार न्यायालय के सामने प्रारम्भिक आपत्ति रख सकते हैं। उदाहरणस्वरूप प्रतिवादी राज्य यह तर्क पेश कर सकता है कि मामला उसके घरेलू क्षेत्राधिकार के अन्तर्गत आता है। यदि प्रारम्भिक आपत्ति इस प्रकार की है कि उसके लिए विस्तारपूर्वक तथा पूर्णरूप से जाँच की आवश्यकता है तो अन्तर्राष्ट्रीय न्यायालय ऐसी आपत्ति को उसी समय निर्णित न करके अन्तिम निर्णय के साथ निश्चित करेगा।

निर्णयों के परिवर्तन का प्रश्न–चार्टर के अनुच्छेद 94 में संयुक्त राष्ट्रसंघ के सदस्यों ने यह उत्तरदायित्व स्वीकार किया है कि वे जिस मुकदमे में पक्षकार हैं, उसमें अन्तर्राष्ट्रीय न्यायालय द्वारा दिए गए निर्णय का पालन करेंगे। यदि कोई पक्षकार अन्तर्राष्ट्रीय न्यायालय द्वारा दिए गए निर्णय से उत्पन्न उत्तरदायित्वों को पूरा नहीं करता है तो दूसरा पक्षकार इस मामले को सुरक्षा परिषद् में उठा सकता है। आवश्यक समझने पर सुरक्षा परिषद् निर्णय के पालन के लिए अपनाए जाने वाले तरीकों के सम्बन्ध में सिफारिश कर सकती है।

अन्तर्राष्ट्रीय विधि के विकास में योगदान–अन्तर्राष्ट्रीय न्यायालय संयुक्त राष्ट्रसंघ का प्रमुख न्यायिक अंग है। इसने अन्तर्राष्ट्रीय विधि के विकास में महत्वपूर्ण योगदान दिया है। अन्तर्राष्ट्रीय न्यायालय निम्न तरीकों से अन्तर्राष्ट्रीय विधि के विकास में योगदान देता है–

(क) जब कोई संधि या अन्तर्राष्ट्रीय अभिसमय नहीं होता तो विद्यमान वाद पर निर्णय देने के लिए अन्तर्राष्ट्रीय न्यायालय सभ्य राष्ट्रों द्वारा स्वीकृत विधि के सामान्य सिद्धान्तों की सहायता लेता है। इस प्रकार अन्तर्राष्ट्रीय विधि का विकास न्यायालय द्वारा होता है।

(ख) अन्तर्राष्ट्रीय न्यायालय अन्तर्राष्ट्रीय विधि के अस्पष्ट नियमों का स्पष्टीकरण करता है जिससे अन्तर्राष्ट्रीय विधि का विकास होता है।

(ग) अन्तर्राष्ट्रीय न्यायालय अपने भूतकाल के निर्णय को या 'दृष्टान्त के सिद्धान्त' को अमान्य नहीं करता। वे निर्णय अन्तर्राष्ट्रीय विधि के प्रमुख स्रोत होते हैं तथा अन्तर्राष्ट्रीय विधि के क्रमिक विकास में महत्वपूर्ण योगदान देते हैं।

संयुक्त राष्ट्रसंघ चार्टर में अन्तर्राष्ट्रीय न्यायालय सम्बन्धित अनुच्छेद 92 से लेकर अनुच्छेद 96 तक का वर्णन–

अनुच्छेद 92

अनुच्छेद 92 के अनुसार अन्तर्राष्ट्रीय न्यायालय संयुक्त राष्ट्रसंघ का एक प्रधान अंग होगा। यह स्थायी अन्तर्राष्ट्रीय न्यायालय की संविधियों के अनुसार काम करेगा।

अनुच्छेद 93

(i) संयुक्त राष्ट्रसंघ के सभी सदस्य अन्तर्राष्ट्रीय न्यायालय की संविधि के यथातथ्यत: पक्षकार होंगे।

(ii) कोई राज्य जो संयुक्त राष्ट्रसंघ का सदस्य नहीं है, अन्तर्राष्ट्रीय न्यायालय का पक्षकार हो सकता है! सुरक्षा परिषद् की अनुशंसाओं पर महासभा इसकी शर्तें निर्धारित करेगी।

अनुच्छेद 94

(i) संयुक्त राष्ट्रसंघ का प्रत्येक सदस्य जो अन्तर्राष्ट्राय न्यायालय का पक्षकार है, उसके निर्णय का पालन करेगा।

(ii) यदि कोई पक्षकार इसके निर्णय को मानने के लिए तैयार नहीं है तो दूसरा पक्षकार इस मामले को सुरक्षा परिषद् के सामने पेश कर सकता है जो निर्णय को मनवाने के लिए कोई सिफारिश कर सकती है व कोई भी कदम उठा सकती है।

अनुच्छेद 95

संयुक्त राष्ट्रसंघ के सदस्य अपने विवादों को निपटाने के लिए न्यायालय का सहारा ले सकते हैं। वर्तमान चार्टर की कोई बात सदस्यों को अपने मतभेदों के समाधान के लिए पहले से किए गए अथवा भविष्य में किए जाने वाले करारों के आधार पर अन्य अभिकरणों को सौंपने से निर्धारित नहीं करेगी।

अनुच्छेद 96

(i) महासभा अथवा सुरक्षा परिषद् किसी भी विधिक प्रश्न पर अन्तर्राष्ट्रीय न्यायालय से परामर्श ले सकती है।

(ii) संयुक्त राष्ट्रसंघ के अन्य अंग तथा विशिष्ट एजेन्सियाँ भी अन्तर्राष्ट्रीय न्यायालय से अपने किसी विधिक प्रश्न पर परामर्श प्राप्त कर सकते हैं।

अन्तर्राष्ट्रीय न्यायालय की संविधि के हिन्दी अनुवाद

संयुक्त राष्ट्रसंघ ने अन्तर्राष्ट्रीय न्यायालय का अत्यन्त सूक्ष्म वर्णन किया है। अत: उसके विस्तृत नियमों का यहां उल्लेख करेंगे। 1 से लेकर 10 तक अनुच्छेद बनाए गए हैं।

अन्तर्राष्ट्रीय न्यायालय का संगठन

अनुच्छेद 1

संयुक्त राष्ट्रसंघ के घोषण-पत्र द्वारा स्थापित अन्तर्राष्ट्रीय न्यायालय संयुक्त राष्ट्रसंघ का एक प्रधान अंग होगा तथा यह अपनी संविधि के प्रावधानों के अनुसार काम करेगा।

अनुच्छेद 2

अन्तर्राष्ट्रीय न्यायालय के न्यायाधीश चरित्रवान् तथा योग्य होंगे जो अपने देश के सर्वोच्च या अन्तर्राष्ट्रीय विधि के विशेषज्ञ होंगे।

अनुच्छेद 3

(i) अन्तर्राष्ट्रीय न्यायालय में पन्द्रह न्यायाधीश होंगे जिनमें एक ही देश के दो न्यायाधीश नहीं होंगे।

(ii) यदि अन्तर्राष्ट्रीय न्यायालय का कोई न्यायाधीश दोहरी नागरिकता रखता है तो उसे उस देश का नागरिक समझा जाएगा जहां वह प्राय: रहता है तथा नागरिक और राजनीतिक अधिकारों का उपयोग करता है।

अनुच्छेद 4

(i) निम्नलिखित उपबन्धों के अनुसार अन्तर्राष्ट्रीय न्यायालय के न्यायाधीश स्थायी निर्वाचन न्यायालय के राष्ट्रीय समूहों की सूची में से महासभा और सुरक्षा परिषद् द्वारा निर्वाचित होंगे।

(ii) यदि संयुक्त राष्ट्रसंघ के किसी सदस्य को स्थायी निर्वाचन न्यायालय में सदस्यता प्राप्त नहीं थी तो उसके अभ्यर्थियों का मनोनयन राष्ट्रीय समूहों में से होगा।

(iii) कोई राज्य जो संयुक्त राष्ट्रसंघ का सदस्य नहीं है, वह सुरक्षा परिषद् की अनुशंसाओं पर महासभा द्वारा विशेष समझौते के आधार पर न्यायालय के न्यायाधीशों के चुनाव में भाग ले सकता है।

अनुच्छेद 5

(i) निर्वाचन के कम-से-कम तीन महीने पूर्व संयुक्त राष्ट्रसंघ का महासचिव स्थायी निर्वाचन न्यायालय के सदस्यों को, जो वर्तमान संविधि के सदस्य हैं तथा राष्ट्रीय समूहों के सदस्यों में से, अन्तर्राष्ट्रीय न्यायाधीशों का निर्वाचन करने का अनुरोध करेगा।

(ii) कोई समूह चार से अधिक व्यक्तियों का मनोनयन नहीं कर सकता जिनमें दो से अधिक एक ही राष्ट्रीयता के न होंगे। किसी भी हालत में समूह द्वारा मनोनीत सदस्यों की संख्या स्थानों की संख्या से दुगुनी न होगी।

अनुच्छेद 6

सदस्यों के मनोनयन के पूर्व प्रत्येक राष्ट्रीय समूह को यह सिफारिश की जाती है कि वह अपने सर्वोच्च न्यायालय, इसके विधि संकाय, अपनी राष्ट्रीय अकादमी के अपने राष्ट्रीय विभाग से सम्पर्क स्थापित करेगा।

अनुच्छेद 7

(i) महासचिव अंग्रेजी वर्णमाला के अनुसार मनोनीत सदस्यों की एक सूची तैयार करेगा। जैसा कि अनुच्छेद 12 की कंडिका 2 के अनुसार इनमें से केवल एक व्यक्ति चुना जाएगा।

(ii) महासचिव इस सूची को महासभा और सुरक्षा परिषद् के पास भेजेगा।

अनुच्छेद 8

महासभा और सुरक्षा परिषद् एक दूसरे से अलग स्वतंत्र ढंग से अन्तर्राष्ट्रीय न्यायालय के न्यायाधीशों का चुनाव करेंगी।

अनुच्छेद 9

प्रत्येक निर्वाचन में यह ध्यान रखा जाएगा कि जिन व्यक्तियों का निर्वाचन होता है, वे न केवल योग्य हैं, अपितु वे सभ्यता के प्रधान रूपों तथा विश्व की प्रधान विधिक पद्धतियों का भी प्रतिनिधित्व करते हैं।

अनुच्छेद 10

(i) महासभा और सुरक्षा परिषद् में बहुमत प्राप्त होने वाले अभ्यर्थियों को निर्वाचित समझा जाएगा।

(ii) न्यायाधीशों के निर्वाचन या सम्मेलन के सदस्यों की नियुक्ति के लिए सुरक्षा परिषद् के मत की गणना, इसके स्थायी और अस्थायी सदस्यों में बिना भेदभाव के की जाएगी।

(iii) किसी राज्य के एक से अधिक व्यक्ति को सुरक्षा परिषद् और महासभा में पूर्ण बहुमत मिलने पर सबसे वृद्ध या वरिष्ठ उम्मीदवार को निर्वाचित समझा जाएगा।

अनुच्छेद 11

यदि निर्वाचन के लिए बैठक बुलाई जाती है और एक या अधिक स्थानों की पूर्ति रह जाती है तो दूसरी या आवश्यकता पड़ने पर तीसरी बार भी बैठक बुलाई जा सकती है।

अनुच्छेद 12

(i) यदि तीसरी बैठक के बाद भी एक या दो स्थानों की पूर्ति शेष रह जाती है तो महासभा और सुरक्षा परिषद् तीन-तीन व्यक्तियों को मनोनीत करेंगे। महासभा या सुरक्षा परिषद् द्वारा बुलाए गए एक संयुक्त सम्मेलन में उन नामों पर विचार होगा तथा बहुमत से सदस्यों का निर्वाचन होगा।

(ii) यदि संयुक्त सम्मेलन किसी ऐसे व्यक्ति को बहुमत से निर्वाचित कर लेता है, जो आवश्यक योग्यताओं को पूरा करता है, तो वह इसकी सूची में शामिल कर लिया जाएगा।

(iii) यदि संयुक्त सम्मेलन निर्वाचन करने में असमर्थ है तो न्यायालय के वे सदस्य जिनका निर्वाचन हो चुका है, सुरक्षा परिषद् द्वारा निर्धारित समय में रिक्त स्थानों की पूर्ति उन अभ्यर्थियों से में करेंगे जिन्हें महासभा और सुरक्षा परिषद् में समर्थन मिल चुका हो।

(iv) न्यायाधीशों के मतों के समान होने की स्थिति में सबसे वयोवृद्ध न्यायाधीश का मत निर्णायक माना जायेगा।

अनुच्छेद 13

(i) न्यायाधीशों का निर्वाचन 1 वर्ष के लिए होगा, उनका पुनर्निर्वाचन भी हो सकता है। यदि प्रथम सेवाकाल के लिए निर्वाचित पांच न्यायाधीशों की सेवा तीन

वर्ष में समाप्त होती है और पांच अन्य न्यायाधीशों का सेवाकाल 6 वर्षों के लिए होता है।

(ii) जिन न्यायाधीशों का सेवाकाल तीन और छ: वर्षों में समाप्त हो जाता है, प्रथम निर्वाचन के शीघ्र समाप्त होते ही महासचिव द्वारा उन्हें लाट (lot) द्वारा चुन लिया जायेगा।

(iii) न्यायाधीश अपने कार्यकाल तक कार्य करेंगे। पुनर्स्थापित न होने पर भी वे अपने मुकदमे को पूरा कर लेंगे जिन्हें उन्होंने शुरू किया है।

(iv) कोई भी न्यायाधीश अपना त्याग पत्र मुख्य न्यायाधीश के नाम सम्बोधित कर सकता है जो उसे महासचिव के पास भेज देगा।

अनुच्छेद 14

प्रथम निर्वाचन के नियमों के अनुसार ही रिक्तियां भरी जाएंगी। शर्त यह है कि रिक्ति होने के एक महीने के भीतर महासचिव अनुच्छेद 5 के अनुसार आमंत्रण निर्गत करेगा तथा निर्वाचन की तिथि भी निश्चित करेगा।

अनुच्छेद 15

किसी न्यायाधीश के स्थान पर निर्वाचित हुए न्यायाधीश का कार्यकाल उसके पूर्वाधिकारी के सेवाकाल तक बना रहेगा।

अनुच्छेद 16

(i) अन्तर्राष्ट्रीय न्यायालय का कोई भी सदस्य कोई राजनीतिक या प्रशासनिक कार्य या किसी पेशेवर प्रकृति का काम नहीं कर सकता है।

(ii) इस विषय पर कोई भी सन्देह न्यायालय के निर्णय द्वारा तय किया जाएगा।

अनुच्छेद 17

(i) अन्तर्राष्ट्रीय न्यायालय का कोई सदस्य अभिकर्त्ता, परामर्शदाता या अधिवक्ता के रूप में काम नहीं कर सकता है।

(ii) कोई सदस्य उस निर्णय में भाग नहीं ले सकता जिसमें उसके अभिकर्ता, परामर्शदाता या अधिवक्ता के रूप में एक पक्षकार के पक्ष में काम किया हो, या किसी राष्ट्रीय या अन्तर्राष्ट्रीय न्यायालय के सदस्य या जाँच आयोग के सदस्य या अन्य किसी हैसियत से काम कर चुका है।

(iii) इस विषय पर भी कोई सन्देह न्यायालय के निर्णय द्वारा तय किया जाएगा।

अनुच्छेद 18

(i) अन्तर्राष्ट्रीय न्यायालय का कोई सदस्य निलम्बित नहीं किया जा सकता जब तक कि दूसरे सदस्यों की सर्वसम्मति से वह आवश्यक शर्तों को पूरा नहीं करता है।

(ii) न्यायालय का रजिस्ट्रार इसकी औपचारिक अधिसूचना महासचिव को देगा।

(iii) इस अधिसूचना के बाद स्थान रिक्त समझा जाएगा।

अनुच्छेद 19

अन्तर्राष्ट्रीय न्यायालय के न्यायाधीशों को राजनयिक विशेषाधिकार तथा अमुक्तियां प्राप्त होंगी।

अनुच्छेद 20

कार्यभार-ग्रहण करने के पूर्व न्यायालय का प्रत्येक सदस्य खुली अदालत में निष्पक्षतापूर्वक और कर्त्तव्यनिष्ठा से कार्य-निष्पादन की घोषणा करेगा।

अनुच्छेद 21

(i) न्यायालय तीन वर्षों के लिए अपने अध्यक्ष और उपाध्यक्ष का चुनाव करेगा। उनका पुनर्निवाचन भी किया जा सकता है।

(ii) अन्तर्राष्ट्रीय न्यायालय अपना रजिस्ट्रार नियुक्त कर सकता है तथा आवश्यकतानुसार अन्य अधिकारियों की स्वयं नियुक्ति कर सकता है।

अनुच्छेद 22

(i) अन्तर्राष्ट्रीय न्यायालय का मुख्यालय हेग में होगा, किन्तु न्यायालय किसी अन्य स्थान पर अपने कार्यों का निष्पादन कर सकता है।

(ii) अन्तर्राष्ट्रीय न्यायालय का अध्यक्ष और रजिस्ट्रार न्यायालय के मुख्यालय में रहेंगे।

अनुच्छेद 23

(i) न्यायिक छुटिट्यों को छोड़कर न्यायालय की बैठक बराबर होगी। न्यायिक छूट्टियों की तिथि और अवधि स्वयं न्यायालय द्वारा तय की जायेगी।

(ii) अन्तर्राष्ट्रीय न्यायालय के सदस्यों को सावधिक छुट्टी मिलेगी। इसकी तिथि और अवधि न्यायालय द्वारा तय होगी। इस समय हेग से न्यायाधीश के गृह की दूरी का ध्यान रखा जाएगा।

(iii) छुट्टी, बीमारी या अन्य किसी गम्भीर कारण को छोड़कर न्यायालय के सदस्य न्यायालय के कार्य-निष्पादन में लगे रहेंगे।

अनुच्छेद 24

(i) यदि अन्तर्राष्ट्रीय न्यायालय का कोई सदस्य किसी विशेष निर्णय में भाग लेना नहीं चाहता है, तो वह अध्यक्ष को इसकी सूचना दे देगा।

(ii) यदि अध्यक्ष यह सोचता है कि किसी कारणवश न्यायालय के किसी सदस्य को किसी विशेष मामले की सुनवाई नहीं करनी चाहिए तो वह इसकी सूचना उसे दे देगा।

(iii) यदि ऐसे किसी मामले पर न्यायालय के सदस्य और अध्यक्ष में सहमति न हो तो यह मामला स्वयं न्यायालय द्वारा तय किया जाएगा।

अनुच्छेद 25

(i) वर्तमान संविधि में जब तक अन्य था इसका कोई प्रावधान न हो, अन्तर्राष्ट्रीय न्यायालय के सभी न्यायाधीश किसी भी मामले की सुनवाई करेंगे।

(ii) 11 न्यायाधीशों से अन्तर्राष्ट्रीय न्यायालय की कार्यवाही प्रारम्भ की जाएगी।

(iii) इस न्यायालय की गणपूर्ति के लिए 9 न्यायाधीशों का होना आवश्यक है।

अनुच्छेद 26

(i) विशेष श्रेणियों, उदाहरणास्वरूप श्रम तथा पारागमन एवं यातायात के मुकदमों की सुनवाई के लिए, न्यायालय समय-समय पर एक या अधिक बेंच कायम कर सकता है।

(ii) अन्तर्राष्ट्रीय न्यायालय किसी विशेष मामले की सुनवाई के लिए बेंच की स्थापना करेगा। पक्षकारों की स्वीकृति से इसके न्यायाधीशों की संख्या निश्चित की जाएगी।

(iii) पक्षकारों के अनुरोध से बेंच उनके मामलों की सुनवाई करेगा।

अनुच्छेद 27

अनुच्छेद 26 और 29 के अनुसार किसी बेंच द्वारा दिए गए निर्णय को अन्तर्राष्ट्रीय न्यायालय का निर्णय माना जाएगा।

अनुच्छेद 28

पक्षकारों की सहमति से अनुच्छेद 26 और 29 के अनुसार इसकी बेंच हेग को छोड़कर किसी अन्य स्थान पर भी अपने कार्य का निष्पादन कर सकती है।

अनुच्छेद 29

मामलों की शीघ्र सुनवाई के लिए यह न्यायालय प्रतिवर्ष पाँच न्यायाधीशों की बेंच का गठन करेगा जो पक्षकारों के अनुरोध से मामलों का संक्षिप्त निष्पादन करेगी। इसके अतिरिक्त इस उद्देश्य के लिए ही अन्य न्यायाधीशों का चयन किया जाएगा, जो उन न्यायाधीशों की जगह रखे जायेंगे जो मामले की सुनवाई में कठिनाई अनुभव करते हों।

अनुच्छेद 30

(i) अपने कार्यों के सम्पादन के लिए अन्तर्राष्ट्रीय न्यायालय कानून बनाएगा। विशेषकर यह प्रक्रिया सम्बन्धी नियम भी बनायेगा।

(ii) अन्तर्राष्ट्रीय न्यायालय के नियम में सहायकों की नियुक्ति का प्रावधान हो सकता है जो न्यायालय या इसकी बेंच के साथ बैठेंगे परन्तु उन्हें मतदान का अधिकार नहीं होगा।

अनुच्छेद 31

(i) प्रत्येक पक्षकार की राष्ट्रीयता वाले न्यायाधीश को अपने मामले की सुनवाई का अधिकार होगा।

(ii) यदि अन्तर्राष्ट्रीय न्यायालय की किसी बेंच में किसी पक्षकार की राष्ट्रीयता का न्यायाधीश होता है तो दूसरे पक्षकार को किसी भी व्यक्ति को न्यायाधीश के रूप में कार्य करने के लिए चुनने का अधिकार होगा। यह उन व्यक्तियों में होगा जो अनुच्छेद 4 और 5 के अनुसार न्यायाधीश के लिए मनोनीत हो चुका है।

(iii) यदि बेंच में पक्षकारों की राष्ट्रीयता का कोई न्यायाधीश नहीं होता है तो पक्षकारों का अनुच्छेद 2 के अनुसार न्यायाधीश चुनने का अधिकार होगा।

(iv) इस अनुच्छेद के उपबन्ध अनुच्छेद 26 और 29 के मामले में लागू होंगे। इन मामलों में अध्यक्ष एक या आवश्यकता पड़ने पर न्यायालय दोनों सदस्यों को न्यायालय में इन राष्ट्रीय न्यायाधीशों को जगह देने के लिए अनुरोध करेगा। उनकी अनुपस्थिति में पक्षकारों को अपने न्यायाधीश चुनने का अधिकार होगा।

(v) यदि किसी मामले में अनेक पक्षकार हों तो अनुवर्ती अनुबन्धों के अनुसार उन्हें एक ही पक्षकार समझा जाएगा। इस पर कोई सन्देह उत्पन्न होने पर अन्तर्राष्ट्रीय न्यायालय इसका निर्णय करेगा।

(vi) इस अनुच्छेद की कण्डिकाओं 2, 3 और 4 के अनुसार निर्वाचित न्यायाधीश अनुच्छेद 2, 17, 20 और 24 की शर्तें पूरी करेंगे। वे समान स्तर पर अपने अन्य सहयोगियो के साथ निर्णयों में भाग लेंगे।

अनुच्छेद 32

(i) इस न्यायालय के प्रत्येक सदस्य को वार्षिक वेतन मिलेगा।

(ii) अध्यक्ष को विशेष वार्षिक भत्ता मिलेगा।

(iii) उपाध्यक्ष को अध्यक्ष की हैसियत से काम करने पर प्रतिदिन विशेष भत्ता मिलेगा।

(iv) अनुच्छेद 31 के अनुसार निर्वाचित न्यायाधीशों को प्रतिदिन काम करने पर मुआवजा दिया जाएगा।

(v) इन वेतनों, भत्तों तथा मुआवजों को संयुक्त राष्ट्रसंघ महासभा निर्धारित करेगी। सेवाकाल में उनमें कोई कमी न की जाएगी।

(vi) संयुक्त राष्ट्रसंघ की महासभा न्यायालय के प्रस्ताव पर रजिस्ट्रार का वेतन निर्धारित करेगी।

(vii) महासभा द्वारा निर्मित्त विनियमों द्वारा न्यायालय के सदस्यों और रजिस्ट्रार के निवृत्ति-वेतन की शर्तें आदि निर्धारित होंगी।

(viii) उपर्युक्त वेतन, भत्ता और क्षतिपूर्ति पर कोई कर नहीं लगेगा।

अनुच्छेद 33

वर्तमान समय में यह 21,000 डॉलर वार्षिक है।

संयुक्त राष्ट्रसंघ, न्यायालय का संपूर्ण व्यय वहन करेगा।

अन्तर्राष्ट्रीय न्यायालय का क्षेत्राधिकार

अनुच्छेद 34

(i) अन्तर्राष्ट्रीय न्यायालय के मामलों में केवल राज्य पक्षकार हो सकते हैं।

(ii) अन्तर्राष्ट्रीय न्यायालय अपने नियमों के अनुरूप मुकदमों के लिए सार्वजनिक अन्तर्राष्ट्रीय संगठनों तथा अन्य संगठनों से सूचना प्राप्त कर सकता है।

(iii) यदि इस तरह की कोई सूचना अन्तर्राष्ट्रीय न्यायालय को मिलती है तो रजिस्ट्रार सार्वजनिक अन्तर्राष्ट्रीय संगठन की अधिसूचना भेजेगा तथा अपनी लिखित कार्यवाहियों की प्रतियाँ देगा।

अनुच्छेद 35

(i) अन्तर्राष्ट्रीय न्यायालय का द्वार उन राज्यों के लिए खुला है जो वर्तमान संविधि के पक्षकार हैं।

(ii) अन्य राज्यों के लिए भी अन्तर्राष्ट्रीय न्यायालय का द्वार खुला है जिसकी शर्तें सुरक्षा परिषद् निर्धारित करेगी।

(iii) जब कोई राज्य, जो संयुक्त राष्ट्रसंघ का सदस्य नहीं है, अन्तर्राष्ट्रीय न्यायालय के मुकदमे में पक्षकार है, तो न्यायालय यह निश्चित करेगा कि उस मुकदमे की सुनवाई में उसे कितनी रकम देनी है। यह उपबन्ध उस राज्य पर लागू न होगा जो न्यायालय के व्यय का एक हिस्सा वहन कर रहा है।

अनुच्छेद 36

(i) अन्तर्राष्ट्रीय न्यायालय का क्षेत्राधिकार उन सभी मामलों में है जो पक्षकार इसके सामने पेश करते हैं।

(ii) वर्तमान संविधि में जो राज्य पक्षकार हैं वे किसी भी समय घोषणा कर सकते हैं कि वे बिना किसी विशेष समझौते के, किसी अन्य राज्य के बारे में न्यायालय से संबंधित विधिक विवाद के क्षेत्राधिकार के बारे में समान दायित्व रखते हैं जो–

(क) किसी सन्धि की व्याख्या के बारे में हो।

(ख) अन्तर्राष्ट्रीय विधि का कोई प्रश्न।

(ग) किसी तथ्य का अस्तित्व जिसके स्थापित होने पर अन्तर्राष्ट्रीय दायित्व भंग होता हो।

(घ) अन्तर्राष्ट्रीय दायित्व के भंग होने पर क्षतिपूर्ति का स्वरूप और देय रकम।

(iii) उपर्युक्त घोषणाएं बिना शर्त या शर्त सहित रखी जा सकती हैं।

(iv) इन उद्घोषणाओं को संयुक्त राष्ट्रसंघ के महासचिव के सामने रखा जाएगा, जो इसकी प्रतियाँ राज्यों और न्यायालय के रजिस्ट्रार के सामने भेजेगा।

(v) स्थायी अन्तर्राष्ट्रीय न्यायालय की संविधि के अनुच्छेद 36 के तहत उद्घोषणाएँ अन्तर्राष्ट्रीय न्यायालय के अनिवार्य क्षेत्राधिकार में रखी जाएंगी।

(vi) अन्तर्राष्ट्रीय न्यायालय के क्षेत्राधिकार से उत्पन्न विवाद का निपटारा अन्तराष्ट्रीय न्यायालय में ही होगा।

अनुच्छेद 37

जब कभी किसी संधि या समझौते में किसी तथ्य को राष्ट्रसंघ और स्थायी अन्तर्राष्ट्रीय न्यायालय द्वारा स्थापित किसी अदालत में पेश करने की बात हो तो वर्तमान संविधि के पक्षकार उस तथ्य को अन्तर्राष्ट्रीय न्यायालय में रखेंगे।

अनुच्छेद 38

(i) अन्तर्राष्ट्रीय न्यायालय, जो अन्तर्राष्ट्रीय विधि के अनुसार मुकदमों की सुनवाई करेगा, वह–

(क) सामान्य व विशेष अन्तर्राष्ट्रीय समझौतों से सम्बन्धित राज्यों द्वारा मान्य नियमों,

(ख) अन्तर्राष्ट्रीय प्रथाओं,

(ग) सभ्य राज्यों द्वारा मान्य विधि के सामान्य सिद्धान्त, एवं

(घ) न्यायिक निर्णयों का प्रयोग करेगा।

(ii) यदि पक्षकार सहमत हों तो यह अनुच्छेद अन्तर्राष्ट्रीय न्यायालय को किसी मामले के निर्णय में अपने अन्तर्निहित अधिकारों के उपयोग को नहीं रोकेगा।

प्रक्रिया

अनुच्छेद 39

(i) अन्तर्राष्ट्रीय न्यायालय की सरकारी (Official) भाषाएँ फ्रेंच और अंग्रेजी होंगी। यदि पक्षकार मुकदमें की सुनवाई फ्रेंच में चाहें तो मुकदमें का निर्णय फ्रेंच में दिया जाएगा। यदि पक्षकार मुकदमें की सुनवाई अंग्रेजी में चाहें तो मुकदमें का निर्णय अंग्रेजी में ही दिया जाएगा।

(ii) यदि भाषा के व्यवहार के संबंध में पक्षकारों के बीच कोई समझौता नहीं हो पाता है, तो प्रत्येक पक्षकार अपनी इच्छानुसार मामले की सुनवाई में अपनी इच्छित भाषा का प्रयोग कर सकता है।

अन्तर्राष्ट्रीय न्यायालय अपना निर्णय फ्रेंच और अंग्रेजी में देगा। इस मामले में न्यायालय स्वयं ही यह निर्णय करेगा कि दोनों पाठ्यक्रमों में कौन प्रामाणिक होगा।

(iii) किसी पक्षकार के अनुरोध पर न्यायालय फ्रेंच और अंग्रेजी को छोड़कर किसी अन्य भाषा के प्रयोग की अनुमति भी दे सकता है।

अनुच्छेद 40

(i) अन्तर्राष्ट्रीय न्यायालय के सामने मामले किसी विशेष समझौते की अधिसूचना या रजिस्ट्रार के नाम लिखित आवेदन-पत्र के द्वारा पेश किए जा सकते हैं, दोनों मामलों में विवाद का विषय और पक्षकारों के नाम होंगे।

(ii) रजिस्ट्रार तुरन्त इसकी सूचना संबंधित पक्षकारों को देगा।

(iii) वह महासचिव द्वारा संयुक्त राष्ट्रसंघ के सदस्यों को तथा इस मुकदमें से संबंधित किसी राज्य को न्यायालय में उपस्थित होने के लिए सूचना देगा।

अनुच्छेद 41

(i) अन्तर्राष्ट्रीय न्यायालय किसी भी पक्षकार के अधिकारों की सुरक्षा के लिए कोई अन्तरिम कदम उठा सकता है।

(ii) मामले के अन्तिम निर्णय के पूर्व ही अन्तर्राष्ट्रीय न्यायालय अन्तरिम कदम उठाने की सूचना संबंधित पक्षकारों तथा सुरक्षा परिषद् को दे सकता है।

अनुच्छेद 42

(i) पक्षकारों का प्रतिनिधित्व अभिकर्ताओं द्वारा होगा।

(ii) वे न्यायालय के सामने परामर्शदाता या अधिवक्ता की सहायता ले सकते हैं।

(iii) अभिकर्ता, परामर्शदाता तथा अधिवक्ताओं को न्यायालय के सामने स्वतंत्र रूप से कार्य करने के लिए विशेषाधिकार तथा उन्मुक्तियाँ प्राप्त होंगी।

अनुच्छेद 43

(i) प्रक्रिया दो भाग लिखित और मौखिक होंगे।

(ii) लिखित कार्यवाहियों में अन्तर्राष्ट्रीय न्यायालय और पक्षकारों के संवाद, स्मरण-पत्र, परिस्मरण-पत्र तथा आवश्यकता पड़ने पर इसके समर्थन में उत्तर, सभी कागजात और दस्तावेज होंगे।

(iii) अन्तर्राष्ट्रीय न्यायालय द्वारा निर्धारित समय में ये संवाद रजिस्ट्रार द्वारा भेजे जायेंगे।

(iv) एक पक्षकार द्वारा दिये गये हर कागजात की सत्यापित प्रति दूसरे पक्षकार को दी जायेगी।

(v) मौखिक कार्यवाहियों में अन्तर्राष्ट्रीय न्यायालय द्वारा साक्ष्यों, विशेषज्ञों, अभिकर्ताओं, परामर्शदाताओं तथा अधिवक्ताओं आदि की सुनवाई होगी।

अनुच्छेद 44

(i) अन्तर्राष्ट्रीय न्यायालय अभिकर्ताओं, परामर्शदाताओं तथा अधिवक्ताओं को छोड़कर अन्य व्यक्तियों को सूचना प्रत्यक्ष रूप से सरकार से सम्पर्क स्थापित करके देगा।

(ii) यही प्रावधान लागू होगा जिस स्थान से साक्ष्य प्राप्त करना है।

अनुच्छेद 45

मुकदमे की सुनवाई न्यायालय के अध्यक्ष या उपाध्यक्ष अथवा न्यायालय के किसी वरिष्ठ न्यायाधीश की अध्यक्षता में होगी।

अनुच्छेद 46

मुकदमे की सुनवाई खुली अदालत में होगी, किन्तु पक्षकारों के चाहने पर आम लोगों का प्रवेश-निषेध कर दिया जाएगा।

अनुच्छेद 47

प्रत्येक सुनवाई के कार्यवृत्त पर रजिस्ट्रार और न्यायालय के अध्यक्ष के हस्ताक्षर होंगे।

अनुच्छेद 48

मामले की सुनवाई के लिए न्यायालय आदेश देगा तथा प्रत्येक पक्षकार के तर्क की अवधि निश्चित करेगा तथा साक्ष्य लेने का प्रबन्ध करेगा।

अनुच्छेद 49

अन्तर्राष्ट्रीय न्यायालय मामले की सुनवाई के पूर्व भी अभिकर्ताओं को दस्तावेज

पेश करने या किसी भी वाद के स्पष्टीकरण के लिए कह सकता है। नकारात्मकता की स्थिति में औपचारिक टिप्पणी लिखी जा सकती है।

अनुच्छेद 50

अन्तर्राष्ट्रीय न्यायालय किसी भी समय किसी व्यक्ति, निकाय, दफ्तर, आयोग व किसी संगठन को किसी मामले की जाँच के लिए या निपुण सम्मति का कार्यभार सौंप सकता है।

अनुच्छेद 51

अन्तर्राष्ट्रीय न्यायालय द्वारा निर्धारित अनुच्छेद, उनके तहत मामले की सुनवाई के समय गवाहों तथा विशेषज्ञों से केवल तर्कसंगत प्रश्न पूछे जाएँगे।

अनुच्छेद 52

निर्धारित समय पर अन्तर्राष्ट्रीय न्यायालय प्रमाण और साक्ष्य प्राप्त कर लेने के बाद और आगे मौखिक व लिखित साक्ष्य सुनने के लिए अस्वीकार कर सकता है।

अनुच्छेद 53

(i) जब अन्तर्राष्ट्रीय न्यायालय में एक पक्षकार उपस्थित नहीं होता है या अपने मुकद्दमें की पैरवी नहीं करता है तो दूसरा पक्षकार न्यायालय से अपने पक्ष में निर्णय के लिए अनुरोध कर सकता है।

(ii) ऐसा करने के पहले अन्तर्राष्ट्रीय न्यायालय अनुच्छेद 36 और 37 के तहत संतुष्ट हो जाए कि दूसरे पक्षकार का दावा तथ्य और विधि के अनुकूल है।

अनुच्छेद 54

(i) अभिकर्ता, परामर्शदाता और अधिवक्ता जब मुकदमें को पूरा कर लेते हैं, तब अन्तर्राष्ट्रीय न्यायालय का अध्यक्ष उस मुकदमें की समाप्ति की घोषणा करेगा।

(ii) अन्तर्राष्ट्रीय न्यायालय विचार करने के लिए निर्णय को वापस ले सकता है।

(iii) अन्तर्राष्ट्रीय न्यायालय की वार्ता गुप्त रूप से होगी और गुप्त रहेगी।

अनुच्छेद 55

(i) उपस्थित न्यायधीशों के बहुमत द्वारा सभी प्रश्नों पर निर्णय लिया जाएगा।

(ii) मतों के समान होने पर अध्यक्ष और उसके स्थान पर काम करने वाला न्यायाधीश निर्णायक मत देगा।

अनुच्छेद 56

(i) निर्णय के आधार के कारण लिखित दिए जायेंगे।

(ii) निर्णय में भाग लेने वाले न्यायाधीशों के नाम इसमें अंकित रहेंगे।

अनुच्छेद 57

यदि निर्णय पूर्णत: या अंशत: सर्वसम्मति पर आधारित न हो तो कोई भी न्यायाधीश अपना अलग से मत दे सकता है।

अनुच्छेद 58

निर्णय पर अध्यक्ष और रजिस्ट्रार के हस्ताक्षर होंगे। यह खुली अदालत में पढ़ा जाएगा तथा अभिकर्ताओं को इसकी सूचना दे दी जाएगी।

अनुच्छेद 59

अन्तर्राष्ट्रीय न्यायालय का निर्णय उस विशेष मामले में पक्षकारों के बीच मान्य होगा।

अनुच्छेद 60

अन्तर्राष्ट्रीय न्यायालय का निर्णय अन्तिम है। इसके विरुद्ध अपील नहीं की जा सकती। परन्तु निर्णय के अर्थ या क्षेत्र के विषय में विवाद की स्थिति में किसी भी पक्षकार के अनुरोध पर अन्तर्राष्ट्रीय न्यायालय इस पर विचार कर सकता है।

अनुच्छेद 61

(i) निर्णय के बाद किसी नए तथ्य का पता लग जाने पर निर्णय के पुनरीक्षण के लिए आवेदन-पत्र दिया जा सकता है।

(ii) किसी नए तथ्य का पता लग जाने से निर्णय के पुनरीक्षण के लिए अन्तर्राष्ट्रीय न्यायालय की कार्यवाहियां खुली रहेंगी।

(iii) अन्तर्राष्ट्रीय न्यायालय निर्णय के पुनरीक्षण के लिए दृष्टान्त की अपेक्षा कर सकता है।

(iv) नए तथ्य के पता लग जाने के 66 महीने के भीतर निर्णय के पुनरीक्षण की मांग की जा सकती है।

(v) निर्णय के दस वर्ष बाद इसके पुनरीक्षण के लिए कोई आवेदन-पत्र नहीं दिया जा सकता।

अनुच्छेद 62

(i) यदि किसी मामले में किसी राज्य का विधिक हित है और अन्तर्राष्ट्रीय न्यायालय के निर्णय से वह प्रभावित होने वाला है तो वह न्यायालय से इस मामले में हस्तक्षेप करने की अनुमति के लिए अनुरोध कर सकता है।

(ii) अन्तर्राष्ट्रीय न्यायालय इस निर्णय पर विचार करने के लिए स्वतन्त्र है।

अनुच्छेद 63

(i) जब किसी मामले में पक्षकारों के अतिरिक्त अन्य राज्य भी शामिल हों तो रजिस्ट्रार उन राज्यों को शीघ्र सूचना भेजेगा।

(ii) प्रत्येक अधिसूचित राज्य मामले में हस्तक्षेप कर सकता है। ऐसी स्थिति में इस मामले का निर्णय समान रूप से उसके लिए भी मान्य होगा।

अनुच्छेद 64

अन्तर्राष्ट्रीय न्यायालय द्वारा अन्यथा निर्णय न लेने पर पक्षकार अपना व्यय स्वयं वहन करेंगे।

परामर्शदात्री मत (Advisory Opinion)

अनुच्छेद 65

(i) संयुक्त राष्ट्रसंघ द्वारा अधिकृत किसी भी निकाय को न्यायालय किसी भी विधिक प्रश्न पर परामर्श दे सकता है।

(ii) परामर्श लेने वाले प्रश्न को लिखित रूप में अन्तर्राष्ट्रीय न्यायालय के सामने पेश करना होगा। इसके साथ वे दस्तावेज रहेंगे जो प्रश्न पर प्रकाश डालते हैं।

अनुच्छेद 66

(i) परामर्शदात्री मंतव्य के अनुरोध की सूचना शीघ्र ही रजिस्ट्रार इस न्यायालय के सामने उपस्थित होने वाले राज्यों को देगा।

(ii) रजिस्ट्रार अन्तर्राष्ट्रीय न्यायालय के सामने उपस्थित होने के लिए किसी राज्य को सूचना दे सकता है। यदि न्यायालय की बैठक न हो रही हो तो न्यायालय का अध्यक्ष एक निश्चित समय में राज्य के बारे में सूचना भेजने का निर्देश दे सकता है।

(iii) यदि अन्तर्राष्ट्रीय न्यायालय के सामने उपस्थित होने वाले राज्य को ऐसी कोई सूचना नहीं मिल पाती है तो वह सुनवाई के लिए लिखित वक्तव्य दे सकता है।

(iv) जिन राज्यों तथा संगठनों ने मौखिक या लिखित या दोनों तरह का वक्तव्य दिया है, उन्हें दूसरे राज्यों तथा संगठनों द्वारा दिए गए वक्तव्यों पर टिप्पणी करने की अनुमति दी जाएगी। यदि न्यायालय की बैठक न हो रही हो तो प्रत्येक मामले में अध्यक्ष निर्णय करेगा। तदनुरूप रजिस्ट्रार राज्यों तथा संगठनों को लिखित वक्तव्य भेजेगा जिन्होंने इस तरह का वक्तव्य जमा किया है।

अनुच्छेद 67

अन्तर्राष्ट्रीय न्यायालय अपने परामर्शदात्री मंतव्य को खुली अदालत में देगा। इसकी सूचना महासचिव, संयुक्त राष्ट्रसंघ के सदस्य, अन्य राज्यों तथा अन्तर्राष्ट्रीय संगठनों को दे दी जाएगी।

अनुच्छेद 68

अपने परामर्शदात्री कार्यों के संगठन में अन्तर्राष्ट्रीय न्यायालय वर्तमान संविधि के प्रावधानों से निर्देशित होगा।

संशोधन (Amendments)

अनुच्छेद 69

अन्तर्राष्ट्रीय न्यायालय की संविधि के संशोधन उसी प्रक्रिया से होगा जिस प्रक्रिया से संयुक्त राष्ट्रसंघ के घोषणा-पत्र में होता है।

अनुच्छेद 70

अन्तर्राष्ट्रीय न्यायालय अपनी संविधि में संशोधन के लिए लिखित रूप से अन्तर्राष्ट्रीय न्यायालय के महासचिव से अनुरोध कर सकता है।

इस अन्तर्राष्ट्रीय न्यायालय का मुख्य योगदान अन्तर्राष्ट्रीय विधि संहिता का विकास है। कुछ विधिवेत्ता जो विधि द्वारा शान्ति लाने व इसके क्षेत्राधिकार को बढ़ाने के पक्ष में हैं, वह मानव अधिकारों को भी न्यायक्षेत्र में लाने के लिए प्रयत्नशील हैं परन्तु राज्यों की संप्रभुता और घरेलू क्षेत्राधिकार (domestic jurisdiction) की नीति के कारण इसका क्षेत्राधिकार लगभग वैसा ही है जैसा कि ऊपर अन्तर्राष्ट्रीय चार्टर के अनुसार दिया गया है। अन्तर्राष्ट्रीय न्यायालय वैसी ख्याति या लोकप्रियता प्राप्त नहीं कर सका है जैसी कि आशा की जाती थी क्योंकि न्यायधीश जो राज्यों द्वारा भेजे गये हैं। वह सप्रंभु शासकों द्वारा निर्णय कार्यान्वित कराने के आदी थे परन्तु अन्तर्राष्ट्रीय न्यायालय के पास ऐसी शक्ति का अभाव है तथा अंतर्राष्ट्रीय न्यायालय सर्वमान्य या ऐसे निर्णय देने में असमर्थ रहा है जो सर्वमान्य या लोकप्रिया कार्यान्वित किये जाने योग्य हों। वैसे भी भारत को छोड़कर विश्व के अधिकांश देशों में न्यायिक न्यायालय के अधिकारों में कमी आई है।

❑❑❑

9

अन्तर्राष्ट्रीय कानून
(International Law)

अन्तर्राष्ट्रीय कानून का विकास व प्रभाव

आधुनिक युग की वैज्ञानिक प्रगति ने समय और स्थान की दूरी को महत्वहीन कर दिया है, यातायात और संचारवाहन के साधनों में अत्यन्त द्रुतगति से विकास होने के कारण सम्पूर्ण संसार में गमनागमन सम्भव हो गया है। आज संसार के कोने-कोने तक केवल कुछ दिनों में ही जाया जा सकता है। आज के राकेट युग में केवल पृथ्वी ही नहीं वरन् सम्पूर्ण जगत एक हो रहा है। चन्द्रमा पर मानव पहुंच गया है तथा शीघ्र ही अन्य ग्रहों और उपग्रहों पर उसके पहुंचने की संभावनायें बलवती हो रही हैं, यातायात के साधनों में वृद्धि के साथ-साथ मानव सम्पर्क भी बढ़ा है।

ऐसे युग में मनुष्य का सम्बन्ध केवल अपने क्षेत्र के निवासियों, संगठनों और संस्थाओं से ही नहीं रह गया है; वह केवल अपने राज्य से सम्बन्धित नहीं होता वरन् उसका सम्बन्ध सम्पूर्ण संसार से होता है। हम भारत में रहते हुए इंग्लैंड और अमेरिका और जापान में बनी चीजों का इस्तेमाल करते हैं। एक देश का व्यापार दूसरे देशों से चलता है, एक देश में न उत्पन्न होने वाले पदार्थों की कमी को दूसरे देशों से आयात करके पूरा किया जाता है।

इस कथन से स्पष्ट है कि इस प्रकार के अन्तर्राष्ट्रीय आदान-प्रदान वाले युग में कोई भी राष्ट्र पृथक नहीं रह सकता। कोई भी राष्ट्र अथवा राज्य स्वयं ही अपने नागरिकों की समस्त आवश्यकताओं की पूर्ति नहीं कर सकता। इसके लिए उसे संसार के अन्य राज्यों पर ही निर्भर रहना पड़ता है। जैसे-जैसे सभ्यता का विकास होता जाता है, वैसे-वैसे राज्यों की स्वपर्याप्तता का दायरा सीमित होता जाता है और उसको दूसरे राज्यों से व्यापार तथा सम्बन्ध स्थापित करने के लिए बाध्य होना पड़ता है। यही नहीं वर्तमान समय में वायुयान अपहरण व अन्तर्राष्ट्रीय तस्करी व मादक पदार्थों के व्यापार के कारण भी अन्तर्राष्ट्रीय विधि की आवश्यकता है।

जब कोई राज्य दूसरे राज्यों से व्यापार करता है तो उसे उसके साथ अपने सम्बन्ध स्थापित करने पड़ते हैं और ये सम्बन्ध केवल व्यापारिक ही न होकर जीवन के अन्य क्षेत्रों में भी प्रवेश कर जाते हैं। इस प्रकार एक राज्य के दूसरे राज्यों के

साथ आर्थिक, राजनीतिक, सांस्कृतिक, धार्मिक तथा दूसरे तरीकों के सम्बन्ध स्थापित हो जाते हैं। राज्यों के बीच इस प्रकार के सम्बन्धों को विनियमित करने के लिए उसी प्रकार एक अन्तर्राष्ट्रीय कानून की आवश्यकता पड़ती है, जिस प्रकार मनुष्यों के आपसी सम्बन्धों को विनियमित करने के लिए एक राष्ट्रीय कानून की आवश्यकता पड़ती है।

राज्यों के सम्बन्धों को विनियमित करने वाले कानून को सामान्य रूप में अन्तर्राष्ट्रीय कानून अथवा राज्यों का कानून कहा जाता है। अन्तर्राष्ट्रीय कानून इस रूप में कोई भी नवीन वस्तु नहीं है वरन् राज्यों के सम्बन्धों को विनियमित करने वाले कानून के रूप में इसका अस्तित्व बहुत प्राचीन समय से रहा है। प्राचीनकाल और मध्यकाल में भी राजनीतिक संस्थायें विद्यमान थीं और उनमें किसी न किसी प्रकार के अन्तर्राष्ट्रीय सम्बन्ध होते ही थे। इन सम्बन्धों को विनियमित करने के लिए कानून की उपस्थिति से इन्कार नहीं किया जा सकता। इस प्रकार प्राचीन ग्रीक राज्यों का भी एक अन्तर्राष्ट्रीय कानून था। महाभारत में भी युद्ध के नियमों और राज्यों के सम्बन्ध निर्धारित करने वाले नियमों का पता चलता है।

इसके कोई सन्देह नहीं है कि अन्तर्राष्ट्रीय कानून केवल आधुनिक युग की ही विशेषता नहीं है। यह स्थापित सत्य है कि इसका आधुनिक युग में जितना महत्व है, उतना कदाचित् किसी युग में नहीं रहा है। इसका कारण यह है कि वर्तमान समय में राज्यों की अन्योन्याश्रितता बहुत बढ़ गई है। अन्तर्राष्ट्रीय आदान-प्रदान तथा संचारवाहन जितना आज के युग में होता है, उतना इससे पूर्व कभी नहीं हुआ क्योंकि पहले यातायात और संवादवाहन के साधन इतने विकसित नहीं थे। आज जो सम्पूर्ण संसार ही एक राज्य की भांति हो गया है। अनेक अन्तर्राष्ट्रीय संस्थाओं की भी स्थापना हो गई है। इसीलिए आज अन्तर्राष्ट्रीय कानून भी बहुत अधिक महत्वपूर्ण हो गया है।

अन्तर्राष्ट्रीय कानून का अर्थ

जैसा कि हम पहले भी कह चुके हैं, जो सामान्य अर्थ में अन्तर्राष्ट्रीय कानून का आशय कानून की उस शाखा से होता है जो राज्यों के आपसी सम्बन्धों को विनियमित करती है, राज्यों के आपसी सम्बन्धों में शान्तिकालीन और युद्धकालीन दोनों ही सम्बन्ध आ जाते हैं।

किन्तु अन्तर्राष्ट्रीय कानून का विषय बड़ा ही विवादास्पद है और भिन्न-भिन्न विद्वानों ने इसकी भिन्न-भिन्न व्याख्या की है। कुछ मुख्य विद्वानों की अन्तर्राष्ट्रीय कानून की परिभाषाओं को यहां पर लिखा जाता है।

अन्तर्राष्ट्रीय कानून के लेखक प्रो॰ ब्रायरले (Brierly) ने अन्तर्राष्ट्रीय कानून की परिभाषा देते हुए कहा है कि अन्तर्राष्ट्रीय कानून अथवा राष्ट्रों का कानून कार्य के उन सिद्धान्तों और नियमों का समूह है जो सभ्य राज्यों पर, उनके एक दूसरे से सम्बन्धों में बाध्यकारी होते हैं।

ह्वीटन ने कहा है, "कि अन्तर्राष्ट्रीय कानून जैसा सभ्य राष्ट्रों में समझा जाता है, आचरण के उन नियमों से निर्मित होता है, जो न्यायानुकूल होते हैं और जिनका विवेक स्वतंत्र राष्ट्रों के मध्य रहने वाले समाज के स्वरूप से निकलता है। इस कानून में ऐसे आशय और संशोधन भी होते हैं जिनको सामान्य सहमति से किया जाता है।"

अन्तर्राष्ट्रीय कानून के प्रसिद्ध विद्वान ओपनहेम (Oppenheim) के अनुसार "राष्ट्रों का कानून अथवा अन्तर्राष्ट्रीय कानून उन परम्परागत और सन्धिगत नियमों के समूह का नाम है, जो सभ्य राष्ट्रों के एक-दूसरे के आदान-प्रदान में वैधानिक रूप से बाध्यकारी समझे जाते हैं।"

विधि लेखक लारेंस (Lawrence) के अनुसार, "अन्तर्राष्ट्रीय कानून उन नियमों का नाम है जो सभ्य राष्ट्रों की सामान्य संस्था के पारस्परिक व्यवहार को निश्चित करते हैं।"

पिट कार्बेट के अनुसार, "अन्तर्राष्ट्रीय कानून उन नियमों का योग है जो अन्य "राष्ट्रों द्वारा अपने आपसी सम्बन्धों तथा अपने प्रजाजनों के प्रति सम्बन्धों को निश्चित करने वाले तत्वों के रूप में स्वीकार किए जाते हैं।"

उपरोक्त परिभाषाओं में अंग्रेज विधि विचारक लारेंस की परिभाषा सामान्यत: श्रेष्ठ समझी जाती है। विधि विचारक लारेंस का यह कथन है कि अन्तर्राष्ट्रीय कानून सभ्यराष्ट्रों के केवल पारस्परिक व्यवहार को निश्चित करते है, का अर्थ शांतिकालीन व्यवहार से ही नहीं लगाया जाना चाहिए। स्तुत: राष्ट्रों में दो प्रकार के सम्बन्ध होते हैं–शांतिकालीन और युद्धकालीन। इन दोनों अवस्थाओं में सम्बन्धों का निर्णय भिन्न-भिन्न प्रकार के आधारों पर होता है। अन्तर्राष्ट्रीय कानून में शांतिकालीन और युद्ध कालीन दोनों ही प्रकार के सम्बन्धों का विनियमन किया जाता है।

वर्तमान समय में अन्तर्राष्ट्रीय कानून की धारणा में कुछ परिवर्तन आ गया है। उपरोक्त सभी परिभाषाओं में हम एक एकता देखते हैं और वह यह है कि इन सभी के अनुसार अन्तर्राष्ट्रीय कानून को राज्यों के आपसी सम्बन्धों को विनियमित करने वाला नियम ही बताया गया है। किन्तु आजकल इस विचार का प्रभाव बढता जा रहा है कि अन्तर्राष्ट्रीय कानून केवल राज्यों के आपसी सम्बन्धों का ही विनियमन नहीं करता वरन् वह मनुष्यों व मनुष्यों के समूह के सम्बन्धों का विनियमन भी करता है। राज्य अन्ततोगत्वा मनुष्यों के सम्बन्धों से ही संगठित होते हैं अत: अन्तर्राष्ट्रीय कानून भी अन्य कानूनों की भांति मनुष्यों के सम्बन्धों को विनियमित करता है। इसके अतिरिक्त मनुष्य का अन्तर्राष्ट्रीय संस्थाओं के घनिष्ठ सम्बन्ध होता है। अत: अन्तर्राष्ट्रीय संस्थाओं के सम्बन्धों की व्याख्या करते समय अन्तर्राष्ट्रीय कानून का सम्बन्ध निश्चय ही मनुष्यों से होता है। संयुक्त राष्ट्रसंघ द्वारा मानवता के अधिकारों की घोषणा (Declaration of Human Rights) और एमनेस्टी इण्टरनेशनल (Amnesty

International) द्वारा अमानवीय अत्याचारों का विरोध, व्यक्तियों को प्रभावित करता है।

यदि उपरोक्त दृष्टिकोण को ध्यान में रखकर अन्तर्राष्ट्रीय कानून की परिभाषाओं पर दृष्टिपात किया जाए तो यह स्पष्ट हो जायेगा कि ये परिभाषाएं अपूर्ण हैं क्योंकि यह सब उसकी अधूरी ही व्याख्या करती हैं। अन्तर्राष्ट्रीय कानून के इस स्वरूप की व्याख्या हमें अमेरिकी विधि लेखक स्टार्क की परिभाषा में मिलती है। स्टार्क ने लिखा है, "अन्तर्राष्ट्रीय कानून, कानून की उस शाखा का नाम है, जिसका निर्माण अधिकांशतः आचरण के उन सिद्धान्तों और नियमों से होता है, जिनका पालन करने के लिए राज्य अपने आप को बाध्य समझते हैं और इसलिए उनका वे अपने पारस्परिक सम्बन्धों में सामान्यतः पालन करते भी हैं। इस कानून में उन नियमों का भी समावेश होता है जो अन्तर्राष्ट्रीय संस्थाओं और संगठनों के संचालन, उनके परस्पर तथा राज्यों और व्यक्तियों के साथ सम्बन्धों से सम्बन्धित होते हैं। इसमें उन नियमों का भी समावेश होता है जिनका सम्बन्ध व्यक्तियों और गैर-राजनीतिक संस्थाओं से उस सीमा तक होता है, जिस सीमा तक ऐसे व्यक्तियों और गैर-राजनीतिक संस्थाओं के अधिकार और कर्त्तव्य अन्तर्राष्ट्रीय समाज के विषय में होते हैं।"

हमारे विचार से स्टार्क की परिभाषा अन्तर्राष्ट्रीय कानून की व्याख्या शायद सर्वोत्तम रूप में करती है। 20वीं शताब्दी के पिछले तीन चार दशकों से अन्तर्राष्ट्रीय कानून का जिस दिशा में विकास हुआ है, उसकी व्याख्या परम्परागत परिभाषाएं ठीक प्रकार से नहीं करती। परम्परागत परिभाषाओं के अनुसार अन्तर्राष्ट्रीय कानून केवल राज्यों के आपसी सम्बन्धों का ही विनियमन करता है। किन्तु वास्तविक स्थिति इससे कुछ भिन्न होती है। द्वितीय विश्वयुद्ध के बाद अनेक अन्तर्राष्ट्रीय संस्थाओं की स्थापना हो गई है, जिनका अन्तर्राष्ट्रीय वैधानिक अस्तित्व है। इन संस्थाओं के आपसी सम्बन्धों का विनियमन जिस कानून द्वारा होता है वह निश्चय ही अन्तर्राष्ट्रीय कानून है। इसके अतिरिक्त आजकल अन्तर्राष्ट्रीय संगठन व्यक्तियों के अधिकारों और कर्त्तव्यों का भी रक्षण करते हैं। अतः व्यक्ति भी अन्तर्राष्ट्रीय कानून का विषय हो गए हैं। अन्तर्राष्ट्रीय कानून इस स्वरूप की व्याख्या स्टार्क की परिभाषा ही करती है। अतः यही परिभाषा अन्तर्राष्ट्रीय कानून के वर्तमान स्वरूप का सही चित्रण करती है मानव अधिकारों की घोषणा व एमनेस्टी इण्टरनेशनल ने व्यक्तियों व व्यक्तियों के समूह को भी अन्तर्राष्ट्रीय कानून के अन्तर्गत ला दिया है तथा उसका स्वरूप ही बदल दिया है और अब वह व्यक्तियों के अधिकार का हकूक भी बन गया है।

अन्तर्राष्ट्रीय कानून के वर्ण्य विषय

यह तो स्पष्ट है कि अन्तर्राष्ट्रीय कानून राज्यों के आपसी संबंधों का विनियमन करता है और इसीलिए इसको राष्ट्रों का कानून कहा जाता है। लेकिन इसका अर्थ यह नहीं है कि अन्तर्राष्ट्रीय काननू राज्यों के अतिरिक्त अन्य विषयों का विनियमन करता ही नहीं है। वस्तुतः राज्येतर संस्थाओं जैसे संयुक्त राष्ट्रसंघ, अन्तर्राष्ट्रीय श्रम

संघ, अन्तर्राष्ट्रीय कृषि और खाद्य संगठन आदि का विनियमन भी अन्तर्राष्ट्रीय कानून द्वारा ही होता है। अन्तर्राष्ट्रीय कानून का सम्बन्ध व्यक्तियों से भी होता है। उदाहरण के लिये संयुक्त राष्ट्रसंघ द्वारा पास की गई मानव अधिकारों की सार्वभौम घोषणा का संबंध व्यक्तियों से ही है तथा एमनेस्टी इण्टरनेशनल व्यक्तियों के अधिकार की ही रक्षक है।

इस प्रकार अन्तर्राष्ट्रीय कानून को, वर्ण्य विषय के दृष्टिकोण से कई भागों में विभाजित किया जा सकता है। जैसे–(1) शांति के कानून, जो शांतिकाल में राज्यों के संबंधों को विनियमित करते हैं। (2) युद्ध के कानून, जो युद्ध के समय युद्ध में लगे राष्ट्रों और तटस्थ राष्ट्रों के सम्बन्धों को विनियमित करते हैं। (3) अन्तर्राष्ट्रीय संगठन सम्बन्धी कानून, जो अन्तर्राष्ट्रीय संगठनों की रचना, उनके अधिकार और कर्त्तव्यों तथा उनके आपसी सम्बन्धों को विनियमित करते हैं।

मानव अधिकारों की रक्षा के कानून

सार्वजनिक अन्तर्राष्ट्रीय कानून और वैयक्तिक अन्तर्राष्ट्रीय कानून में अन्तर

सार्वजनिक अन्तर्राष्ट्रीय कानून और वैयक्तिक अन्तर्राष्ट्रीय कानूनों के भेद को समझना अत्यन्त आवश्यक है। सामान्यत: अन्तर्राष्ट्रीय कानून का जिस अर्थ में प्रयोग किया जाता है, वह सार्वजनिक अन्तर्राष्ट्रीय कानून ही होता है और यह वैयक्तिक अन्तर्राष्ट्रीय कानून से बिल्कुल भिन्न होता है। वैयक्तिक अन्तर्राष्ट्रीय कानून का सम्बन्ध क्षेत्राधिकार के प्रश्न से होता है। इस कानून द्वारा निश्चित किया जाता है कि किसी विदेशी से सम्बद्ध मुकदमे का विचार कौन-सी विधि के अनुसार होगा। दूसरे शब्दों में वैयक्तिक अन्तर्राष्ट्रीय कानून (Private International Law) यह निश्चित करता है कि विदेशी तथ्यों से सम्बन्धित मुकदमें में कौन-सा देशीय कानून लगेगा। इस प्रकार वैयक्तिक अंतर्राष्ट्रीय कानून का राज्यों के सम्बन्धों के विनियमन से कोई सम्बन्ध नहीं होता। यह व्यक्तियों के ही सम्बन्धों को विनियमित करता है। प्रत्येक राज्य का वैयक्तिक अन्तर्राष्ट्रीय कानून पृथक-पृथक होता है। इसके विपरीत अन्तर्राष्ट्रीय कानून सब देशों के लिए एक ही होता है। वैयक्तिक अन्तर्राष्ट्रीय कानून का सम्बन्ध निश्चय ही देशीय कानून से होता है। परन्तु अब एक ओर संयुक्त राष्ट्रसंघ की मानव अधिकारों की घोषणा और दूसरी ओर अन्तर्राष्ट्रीय तस्करी तथा मादक द्रव्यों की रोकथाम तथा वायुयान की अपहरण की घटनाओं के कारण इस सम्बन्ध में भी अन्तर्राष्ट्रीय कानून की आवश्यकता प्रतीत की जा रही है।

क्या अन्तर्राष्ट्रीय कानून के विषय में अत्यन्त विवादस्पद विषय यह है कि यह वास्तविक कानून है, अथवा नहीं। कुछ विद्वानों के मतानुसार अन्तर्राष्ट्रीय कानून वास्तविक कानून है। इसमें कानून के सभी आवश्यक तत्व पाये जाते हैं। वस्तुत: अन्तर्राष्ट्रीय कानून यथार्थ के कानून हैं या नहीं, इस बात का निर्णय कानून की उस धारणा के ऊपर निर्भर करता है जिसके अनुसार हम कानून की व्याख्या करते

हैं। इस प्रश्न का निर्णय तभी किया जा सकता है जब दोनों पक्षों के तर्कों का सम्यक् और निष्पक्ष अध्ययन किया जाए।

आस्टिन की परिभाषा के अनुसार अन्तर्राष्ट्रीय कानून की व्याख्या

विद्वान् आस्टिन ने कानून की परिभाषा करते हुए कहा है, "कानून सम्प्रभु का आदेश होता है जो किसी भी व्यक्ति या व्यक्तियों को उसके अनुसार कार्य करने को विवश करता है। कानून के पीछे सम्प्रभु की शक्ति होती है और वही उस कानून को वास्तविक रूप देता है। सम्प्रभु के दण्ड के भय से ही कानून का पालन होता है। कानून के पीछे सम्प्रभु की विवशकारी शक्ति ही कानून का उसके अनुसार आवश्यक तत्व है। सम्प्रभु की विवशकारी शक्ति के बिना कानून, कानून नहीं हो सकता। कानून सच्चा कानून तभी हो सकता है जब उसको निर्माण करने वाली सर्वोच्च सम्प्रभु सम्पन्न विधि निर्मातृ संस्था हो और उसको सर्वोच्च शक्ति द्वारा ही लागू भी किया जाये परन्तु अन्तर्राष्ट्रीय जगत में इसका अभाव है।"

कानून की उपरोक्त परिभाषा के अनुसार यदि अन्तर्राष्ट्रीय कानून पर विचार किया जाए तो स्वभावत: यही निष्कर्ष निकलेगा कि अन्तर्राष्ट्रीय कानून वास्तव में कानून नहीं कहा जा सकता है। अन्तर्राष्ट्रीय जगत में कानून बनाने वाली ऐसी कोई सार्वभौम संस्था नहीं है, जिसके आदेश सभी को मान्य हों। इंग्लैंड की संसद के समान अन्तर्राष्ट्रीय कानून को लागू करने के लिए कोई सम्प्रभुता सम्पन्न अन्तर्राष्ट्रीय सम्प्रभु संस्था या कार्यपालिका भी नहीं है। कानून की व्यवस्था का उल्लंघन करने वालों को दंडित करने के लिए कोई सार्वभौम अन्तर्राष्ट्रीय न्यायालय भी नहीं है। संक्षेप में अन्तर्राष्ट्रीय कानून के पीछे सम्प्रभु की विवशकारी शक्ति नहीं है। अत: अन्तर्राष्ट्रीय कानून को कानून कहा ही नहीं जा सकता। राष्ट्रों के मध्य व्यहत होने वाले कानून की मान्यता केवल नैतिकता और मान्यता पर ही निर्भर होती है, और उसका उल्लंघन करने वाले राज्य को कोई निश्चित दंड नहीं दिया जा सकता।

उपरोक्त विचारों के आधार पर जॉन आस्टिन अन्तर्राष्ट्रीय कानून को वास्तविक कानूनों की श्रेणी में नहीं रखता, वह इसको केवल अन्तर्राष्ट्रीय विधेयात्मक नैतिकता कहता है।

प्रसिद्ध विधि लेखक हालैंड ने भी आस्टिन के ही विचारों का अनुसरण करते हुए लिखा था, "अन्तर्राष्ट्रीय कानून यथार्थ में कानून नहीं है। इसको केवल शिष्टाचार के नाते ही कानून कहा जा सकता है।" वास्तविक अर्थों में अन्तर्राष्ट्रीय कानून के लिए 'कानून' शब्द का प्रयोग करना भ्रमात्मक है क्योंकि इसमें कानून के सभी आवश्यक तत्व नहीं पाये जाते, मुख्य रूप से विवशकारी दलों का अभाव है क्योंकि अभी जबरदस्ती बाध्य करने के लिए कोई विश्व सरकार नहीं है।

वैंटल के विचारानुसार "अन्तर्राष्ट्रीय कानून वास्तविक नहीं है। इसका जन्म स्वतंत्र कानून की भांति न होकर प्राकृतिक कानून के साथ होता है और प्राकृतिक कानून के रूप में ही इसको राष्ट्रों के ऊपर लागू किया जाता है।"

लार्ड सैलिसबरी का कहना था, "अन्तर्राष्ट्रीय कानून को किसी न्यायालय द्वारा विवश करके लागू नहीं किया जा सकता इसलिये इसको 'कानून' शब्द से संबोधित करना, एक सीमा तक भ्रममूलक है।

उपरोक्त विद्वानों की धारणायें बल प्रयोग द्वारा कानून को कार्यान्वित करने की शक्ति तथा प्रभुता का विशेष महत्व प्रदान करते हैं।

अन्तर्राष्ट्रीय कानून यथार्थ कानून है

प्रबुद्ध विद्वानों ने आस्टिन के इन विचारों की कटु आलोचना की है और कहा है कि अन्तर्राष्ट्रीय कानून यथार्थ में कानून ही है, वह केवल नैतिकता मात्र ही नहीं है। यह तो ठीक है कि राज्य के कानूनों की भांति अन्तर्राष्ट्रीय कानून के पीछे कोई सार्वभौम विवशकारी शक्ति नहीं होती, फिर भी यह कानून इसलिए है कि इसका पालन दो कारणों से होता है। पहला कारण तो यह है कि यह अच्छा होता है अर्थात् अन्तर्राष्ट्रीय कानून के अनुसार आचरण करना लाभप्रद और सुविधाजनक है। दूसरा कारण यह है कि अन्तर्राष्ट्रीय कानून की भी विशाल जनमत के सामने अवहेलना करना सम्भव नहीं होता है। प्रत्येक राष्ट्र को यह भय रहता है कि यदि उसने अन्तर्राष्ट्रीय कानून की अवहेलना की तो विश्व का जनमत उसके विरुद्ध हो जायेगा। किसी भी राष्ट्र को दूसरे राष्ट्रों तथा विश्व जनमत के विरोध का बड़ा भय रहता है और इस विरोध को दूर रखने के लिए ही वह अन्तर्राष्ट्रीय कानून का पालन करता है।

केवल शक्ति ही कानून का आवश्यक तत्व नहीं है। शक्ति से ही कानून की सृष्टि नहीं हो जाती। एक आतंकवादी या एक डाकू या गुंडा शक्ति द्वारा यदि कोई काम करा लेता हो तो उसे कानून नहीं माना जाता है। अत: कानून का अस्तित्व शक्ति के अतिरिक्त और भी कई बातों से निश्चित होता है। यह तो ठीक है कि अन्तर्राष्ट्रीय कानून के पीछे कोई सम्प्रभु शक्ति इसका पालन करने के लिए नहीं होती, फिर भी इसके पीछे विश्व जनमत की शक्ति रहती है जो कम प्रभावशाली नहीं होती। प्रो० ब्रायरले ने अन्तर्राष्ट्रीय कानून का औचित्य सिद्ध करते हुए कहा है कि पुलिस शक्ति से ही विधि प्रणाली और सशक्त नहीं हो जाती, वरन् यह कानून की ही शक्ति होती है जो पुलिस शक्ति को संगठित करती है। इस बात से विद्वान ब्रायरले ने यह सिद्ध कर दिया है कि स्वयं अपनी शक्ति तथा अन्तर्राष्ट्रीय नैतिकता रूपी जनमत ही अन्तर्राष्ट्रीय कानून का आधार है और जिस प्रकार आतंकवादियों द्वारा कानून के उल्लंघन में सफल होने पर भी राष्ट्रीय कानून को कानून कहा जाता है उसी प्रकार एक या दो राष्ट्रों द्वारा उल्लंघन होने पर भी इसे कानून माना जा सकता है।

अन्तर्राष्ट्रीय कानून के वास्तविक कानून होने से इन्कार केवल आस्टिन और हाब्स की कानून सम्बन्धी धारणाओं को लेकर ही किया जाता है, जो यह मानते हैं कि सम्प्रभु का कानून ही आदेश है। प्रो० ब्रायरले ने कानून की इस धारणा का

उचित क्रम से खंडन किया है। उसने कहा है, "यदि केवल सम्प्रभु के आदेश को ही कानून माना जाए तो वर्तमान राज्यों के कई कानून भी वास्तविक कानून की श्रेणी से निकल जायेंगे। उदाहरण के लिए इंग्लैंड की सामान्य विधि को वास्तविक कानून नहीं कहा जा सकेगा क्योंकि वह सम्प्रभु का आदेश नहीं है और न ही उसका संहिताकरण हुआ है, फिर भी यह सर्वविदित है कि इंग्लैंड के नागरिक जीवन का विनियमन सामान्य विधि के द्वारा ही होता है और वहां के न्यायालय सामान्य विधि को बराबर मान्यता देते हैं। अतः केवल सम्प्रभु के आदेश के आधार पर ही अन्तर्राष्ट्रीय कानून को कानून के वास्तविक तत्व से वंचित करना बहुत अनुचित है।"

सर फ्रैड्रिक पोलक ने अन्तर्राष्ट्रीय कानून के औचित्य को सिद्ध करते हुए लिखा है कि सम्प्रभु के आ़देश का होना कानून का कोई आवश्यक तत्व नहीं है। कानून का आवश्यक तत्व तो यह है कि एक राजनीतिक समाज हो और उस समाज के सदस्यों को सामाजिक जीवन के कतिपय नियमों का ज्ञान हो। अन्तर्राष्ट्रीय कानून इन तत्वों की पूर्ति करता है, अतः वह सच्चा कानून है।

यथार्थ में कानून केवल सम्प्रभु का आदेश नहीं होता। वर्तमान समय में क्रैव, डिग्वी, आदि विचारकों ने कानून की जो व्याख्या की है वह आस्टिन की व्याख्या से कहीं अधिक वैज्ञानिक और युक्तिसंगत प्रतीत होती है। उन्होंने कहा है "कानून सम्प्रभु का आदेश नहीं, वरन् सामाजिक जीवन की आवश्यकता होती है। बिना कानून के किसी प्रकार का सामाजिक जीवन सम्पन्न नहीं हो सकता, इसलिए कानून का पालन किया जाता है। दण्ड का भय कानून के पालन का इतना प्रभावशाली तत्व नहीं है। कानून की सृष्टि सम्प्रभु नहीं करता, वरन् यह तो स्वयं ही परम्पराओं, नियमों और प्रथाओं से उत्पन्न होता है। सम्प्रभु का कार्य तो केवल एक बाहरी तत्व की पूर्ति करना होता है। जैसे हिन्दुओं में एक गौत्र में विवाह नहीं होता था। अब इसे कानून का रूप दे दिया गया। अतः इसका आधार सामाजिक परम्परा है न कि सम्प्रभु का आदेश।"

प्रसिद्ध विद्वान प्रो॰ औपनहेम ने भी कानून की कुछ इसी प्रकार की व्याख्या की है। उन्होंने कहा है, "कानून किसी समाज के अंतर्गत मनुष्य के आचरण के वे नियम होते हैं, जो उस समय की सामान्य सहमति से, किसी बाहरी शक्ति द्वारा लागू किये जाते हैं।"

हमारे विचार से कानून की उपरोक्त व्याख्याएं आस्टिन की व्याख्या की तुलना में कहीं अधिक उचित, श्रेष्ठ और समीचीन हैं और इन व्याख्याओं के आधार पर अन्तर्राष्ट्रीय कानून के औचित्य से इंकार नहीं किया जा सकता। यह तो निःसंदेह है कि राष्ट्रों का एक समाज होता है क्योंकि हम देखते हैं कि विभिन्न राष्ट्रों में आपसी सम्बन्ध चलते हैं। एक दूसरे के बीच आदान-प्रदान भी होता रहता है। राष्ट्रों के इस समाज के जीवन संचालन के कुछ नियम भी होते हैं, जिनका पालन प्रायः

सभी राष्ट्र करते हैं। विभिन्न राष्ट्र परस्पर आदान-प्रदान द्वारा कुछ नियमों को स्वीकार करते हैं और इस प्रकार उनको अपनी सामान्य सहमति प्रदान कर देते हैं। इस प्रकार हम कह सकते हैं कि अन्तर्राष्ट्रीय कानून यथार्थ में कानून होता है।

विधि लेखक स्टार्क ने आस्टिन के विचारों का निम्न आधारों पर खंडन किया है–

(1) विधि शास्त्र के आधुनिक अध्ययन ने आस्टिन के सामान्य विधि सिद्धांत का स्वयंमेव ही खंडन कर दिया है। आधुनिक विधि शास्त्र ने यह बताया है कि अनेक समाजों में प्राचीन समय में व्यवस्थापिका के बिना भी एक सुनिश्चित विधि प्रणाली थी और उन विधियों का उसी प्रकार पूर्णता के साथ पालन होता था जिस पूर्णता के साथ व्यवस्थापिका वाले राज्यों की विधियों का होता है।

(2) आस्टिन के विचार उसके समय में जब राष्ट्रसंघ या संयुक्त राष्ट्रसंघ नहीं था तो कुछ सत्य हो सकते थे, किंतु वर्तमान समय में उनकी सत्यता संदिग्ध ही है। पिछले दो-तीन दशकों में अन्तर्राष्ट्रीय क्षेत्र में अनेक संधियों और अभिसमयों द्वारा पर्याप्त व्यवस्थापन हुआ है और अन्तर्राष्ट्रीय कानून का परम्परावादी रूप बहुत बड़ी सीमा तक कम हो गया है। राष्ट्रसंघ तथा संयुक्त राष्ट्रसंघ का चार्टर तथा अन्तर्राष्ट्रीय न्यायालय का स्टेट्यूट इस बात के उदाहरण हैं।

(3) विभिन्न परराष्ट्र कार्यालयों में अन्तर्राष्ट्रीय व्यवहार के विषय सदैव कानून के विषय समझे जाते हैं और उन पर वैधानिक रूप से ही निर्णय लिए जाते हैं। अनेक अन्तर्राष्ट्रीय संस्थाएँ भी अन्तर्राष्ट्रीय आचरण के विषयों को वैधानिक महत्व देती हैं। वर्तमान समय में मानव अधिकारों को स्वीकार करने के लिए दबाव डाला जाता है तथा एमनेस्टी इन्टरनेशनल द्वारा अमानवीय अत्याचारों का विरोध किया जाता है।

हॉल और लॉरेंस जैसे आधुनिक लेखकों ने भी अन्तर्राष्ट्रीय कानून को वास्तविक अर्थों में कानून माना है। उन्होंने कहा है कि इसमें और दूसरे कानून में कोई मौलिक भेद नहीं है। अन्तर्राष्ट्रीय कानून का पालन स्वाभाविक रूप में एक कानून की तरह ही होता है और इसको दूसरे कानूनों की ही भांति लागू किया जाता है। अन्य कानूनों की भांति अन्तर्राष्ट्रीय कानून के स्रोत की प्रथाएं होती हैं। पिट कॉर्बेट का भी यही विचार है कि अन्तर्राष्ट्रीय कानून, कानून है, न कि नैतिकता इसके नियम ऐच्छिक नहीं वरन् अनिवार्य प्रकृति के होते हैं और अन्ततोगत्वा शक्ति ही उनका आधार होती है, अन्तर्राष्ट्रीय कानून के पीछे जो शक्ति होती है, वे किसी निश्चित संस्था द्वारा नहीं, वरन् समाज के अनियमित कार्यों द्वारा लगाई जाती है। अत: अन्तर्राष्ट्रीय कानून को कानून ही माना जाता है। परन्तु इसमें कुछ कमियां हैं जिनका उल्लेख किया गया है–

अन्तर्राष्ट्रीय कानून की कमियां

यह तो शायद ठीक है कि अन्तर्राष्ट्रीय कानून वास्तविक अर्थों में कानून ही है, नैतिकता मात्र नहीं, किन्तु इसके साथ ही साथ यह भी कहा जा सकता है कि अन्तर्राष्ट्रीय कानून अन्य कानूनों की भांति पूर्ण तथा विवशकारी नहीं है। यह राज्यों के कानून की तुलना में निर्बल और अनिश्चित है। पिट कॉर्बेट के शब्दों में, "दूसरे कानूनों की तुलना में यह निर्बल तो है ही, इसके अतिरिक्त इसमें दूसरे कानूनों की भांति विवशकारी शक्ति भी नहीं होती है।" अतः सबल राष्ट्र कभी-कभी इसका उल्लंघन कर देते हैं, जैसा कि रूस ने अफगानिस्तान में, अमेरिका ने वियतनाम में तथा सन् 1990 में पनामा में सेनाएं भेजकर तथा ईरान ने अमेरिका के राजदूतावास पर आक्रमण करके किया। अन्तर्राष्ट्रीय कानून की व्यवस्थापना के लिए एक सुनिश्चित तथा सार्वभौम अन्तर्राष्ट्रीय व्यवस्थापिका नहीं है, इसलिए इनके नियमों में अनिश्चितता पाई जाती है। इसका पालन कराने के लिए सर्वशक्तिसम्पन्न कार्यपालिका भी नहीं है तथा सुरक्षा परिषद् राष्ट्रों के मतभेदों के कारण प्रभावी कदम नहीं उठा पाती है इसलिए इसकी यदा-कदा अवहेलना भी की जाती है और इसको राज्यों के कानूनों की भांति नहीं माना जाता है। अन्तर्राष्ट्रीय कानून की निर्बलता अन्तर्राष्ट्रीय क्षेत्र में राज्यों के आचरण में अकसर देखने को मिलती है। सन् 1956 में संयुक्त राष्ट्रसंघ द्वारा मिस्त्र से सेनाओं के हटाने का आदेश देने पर इंग्लैंड, फ्रांस और इजराइल ने जिस तरह टालमटोल की थी, वह अन्तर्राष्ट्रीय कानून की निबर्लता का ही परिचायक है। पनामा पर अमेरिका ने 1990 में आक्रमण करके तथा संयुक्त राष्ट्रसंघ के निंदा प्रस्ताव की चिन्ता न करना उसकी निर्बलता का ही परिचायक है। इजराइल द्वारा आदेशों को न मानना तथा दक्षिण अफ्रीका द्वारा निरन्तर अवहेलना इसकी दुर्बलता के परिचायक हैं।

अन्तर्राष्ट्रीय कानून की एक कमी इस बात में भी दृष्टिगत होती है कि यह अन्तर्राष्ट्रीय संगठनों को राज्यों के तथाकथित घरेलू मामलों में हस्तक्षेप करने का कोई अधिकार नहीं देता है। दक्षिणी अफ्रीका की सरकार द्वारा अपनाई जाने वाली रंग-भेद की नीति में संयुक्त राष्ट्रसंघ के हस्तक्षेप के प्रयत्नों की दक्षिण अफ्रीका की सरकार ने सदैव उसके घरेलू मामलों में हस्तक्षेप कहकर अवहेलना की है इसी प्रकार ईरान-ईराक द्वारा कुर्दों पर अत्याचारों को उनका घरेलू मामला मानकर संयुक्त राष्ट्रसंघ मौन रहा है।

इसी प्रकार अन्तर्राष्ट्रीय कानून को लागू करने वाले एकमात्र संगठन अन्तर्राष्ट्रीय न्यायालय के समक्ष विचार के लिए कोई विवाद तभी लाया जा सकता है जब उससे सम्बन्धित दोनों पक्ष इसके लिए सहमत हों। अतः इसका सहमति पर आधारित होना दुर्बलता का परिचायक है परन्तु जनमत के कारण इसका महत्व होता है।

अन्तर्राष्ट्रीय कानून के स्वरूप और उसकी कमियों का सम्यक् विवेचन करने के लिए उपरान्त हम जैत्थरो ब्राउन के शब्दों में इस निष्कर्ष पर पहुंच सकते हैं

"अन्तर्राष्ट्रीय कानून एक ऐसा कानून है जो निर्माण की स्थिति में है और अपने अस्तित्व (तथा विकास) के लिए संघर्ष कर रहा है। यह अपने आपको अन्तर्राष्ट्रीय नैतिकता की तुलना में अधिक श्रेष्ठ बनाने के लिए संघर्ष कर रहा है। वास्तव में अन्तर्राष्ट्रीय कानून एक ऐसा कानून है जो बाध्यकारी शक्ति की अपेक्षा नैतिकता पर अधिक आधारित है।

अन्तर्राष्ट्रीय कानून की व्याख्या

अन्तर्राष्ट्रीय कानून के स्वरूप पर विचार करने के उपरांत इसके आधार पर विचार करना आवश्यक है। अन्तर्राष्ट्रीय कानून के आधार की व्याख्या के विषय में कई विचारधाराएँ प्रचलित हैं उनमें मुख्य हैं, मूल अधिकारों की विचारधारा एवं सहमति की विचारधारा।

मूल अधिकारों की विचारधारा

इस विचारधारा के प्रतिपादकों के मतानुसार राज्यों के कुछ मूल अथवा निहित अधिकार होते हैं। इन निहित मूल अधिकारों की रक्षा के लिए ही अन्तर्राष्ट्रीय कानून का विकास हुआ है। जिस प्रकार मनुष्य राज्य का निर्माण करने से पहले प्राकृतिक अवस्था में रहता था और प्राकृतिक कानूनों द्वारा अनुशासित होता था, उसी प्रकार आजकल राज्य भी एक प्रकार की आरंभिक अवस्था में ही रह रहे हैं क्योंकि उन्होंने अभी तक अपने आपको एक शक्तिशाली विश्वव्यापी संगठन में नहीं बांधा है। इस प्राकृतिक अवस्था में रहते हुए राज्यों के कुछ अधिकार हैं–जैसे सुरक्षा, स्वतंत्रता, समानता, आदान-प्रदान, सम्मान आदि। इन अधिकारों की रक्षा के लिए अन्तर्राष्ट्रीय कानून बना है। अतएव राज्यों के निहित अधिकार तथा परम्पराएँ ही अन्तर्राष्ट्रीय कानून के आधार का निर्माण करते हैं।

प्रो॰ ब्रायरले के सद्रय रूप से इस विचाराधारा की निम्न आधारों पर आलोचना की है–

(1) इस विचारधारा की यह मान्यता है कि व्यक्ति अथवा राज्य अपने साथ कुछ निहित अधिकारों को लाते हैं। ये अधिकार राज्य अथवा किसी वैधानिक प्रणाली की सृष्टि नहीं होते, वरन् ये मनुष्य अथवा राज्य के व्यक्तित्व में ही निहित होते हैं। विधि प्रणाली का विकास बाद में इन अधिकारों की रक्षा के लिए ही होता है। यह विचार शायद गलत है। विधि प्रणाली की अनुपस्थिति में किसी भी प्रकार के अधिकारों की कल्पना नहीं की जा सकती। अधिकारों की सृष्टि सामाजिक जीवन में ही होती है।

(2) राज्यों के परस्पर सम्बन्धों में राज्य के व्यक्तित्व के विचार की व्याख्या करना दोषपूर्ण है क्योंकि अन्तर्राष्ट्रीय जगत में इस बात की आवश्यकता नहीं है कि राज्यों को अधिकतम स्वतंत्रता प्रदान की जाए वरन् आवश्यकता इस बात की है कि राज्यों को एक संगठित और विश्वव्यापी व्याख्या का अंग बनाया जाए।

(3) इस विचार धारा को मान लेने पर अन्तर्राष्ट्रीय सम्बन्धों में विकास की गुंजाइश नहीं रह जाती क्योंकि यह विचारधारा स्वतंत्रता और समानता को राज्य का निहित अधिकार व तत्व मानकर चलती है।

सहमति की विचारधारा

अन्तर्राष्ट्रीय कानून के आधार की व्याख्या करने वाली दूसरी विचारधारा सहमति की है। इस विचारधारा के मुख्य प्रतिपादकों का कहना है कि अन्तर्राष्ट्रीय कानून का विकास राष्ट्रों की परस्पर सहमति के आधार पर हुआ है। अर्थात् राष्ट्रों ने परस्पर इस प्रकार से व्यवहार किया है कि कुछ नियमों को उनकी निहित सहमति प्राप्त हो गयी है। ये नियम ही अन्तर्राष्ट्रीय कानून के रूप में विकसित हो गए हैं। जब राज्य, राष्ट्रों के समाज में प्रवेश करता है तो वह प्रचलित अन्तर्राष्ट्रीय नियमों को अपनी निहित अथवा स्पष्ट स्वीकृति देता है। इस प्रकार सहमति की विचारधारा का आशय यह है कि अन्तर्राष्ट्रीय कानून का आधार राष्ट्रों की उसके लिए परस्पर मान्यता और सहमति है।

राष्ट्र अपनी सहमति से अन्तर्राष्ट्रीय व्यवहार के कुछ नियमों को अपने ऊपर आरोपित कर लेते हैं। ये नियम ही अन्तर्राष्ट्रीय कानून हैं। इस विचारधारा को स्व-आरोपित सीमा सिद्धांत भी कहते हैं। जैसे राजदूतों व राजदूतावासों की सुरक्षा के दायित्व को राष्ट्रों ने स्वीकार किया है।

अन्तर्राष्ट्रीय कानून के आधार की व्याख्या करने वाली विचारधारा के रूप में इस विचारधारा की आलोचना की गई है। इसके विरुद्ध दिए जाने वाले मुख्य तर्क निम्न हैं–

(1) विधि लेखक फैनविक (Fenwick) ने सहमति की विचारधारा की आलोचना करते हुए लिखा है कि यह विचारधारा उन मान्यताओं की व्यवस्था नहीं कर पाती जिन पर अन्तर्राष्ट्रीय कानून के प्रारम्भ से ही सरकारों ने आचरण किया है। सरकारों ने अन्तर्राष्ट्रीय कानून का पालन इसलिए कभी नहीं किया कि वे उसको अपनी सहमति दे चुके हैं, वरन् इसलिए किया है कि वह एक कानून के रूप में बाध्यकारी है। उन्होंने अन्तर्राष्ट्रीय कानून को सदैव एक बाहरी सीमा के रूप में लिया है, स्वआरोपित सीमा के रूप में नहीं।

(2) निहित अथवा स्पष्ट सहमति का सिद्धांत किसी कानून का आधार नहीं है। कानून का पालन उनकी विवशकारी शक्ति के कारण ही होता है इस कारण नहीं कि कानून अधीनस्थों ने उसको अपनी सहमति दी है। परन्तु कैल्सन का मत है कि राज्यों को अपनी इच्छा के विरुद्ध भी अंतर्राष्ट्रीय कानूनों का पालन करना पड़ता है।

(3) सहमति की विचारधारा को यदि स्वीकार कर लिया जाए, तो इसका स्वाभाविक निष्कर्ष यह निकलेगा कि राज्य केवल उन अंतर्राष्ट्रीय कानूनों का ही

पालन करें जिनको वे अपनी निहित अथवा स्पष्ट सहमति दे चुके हैं। जिनको उन्होंने सहमति प्रदान नहीं की है उन कानूनों का पालन करने के लिए वे बाध्य नहीं हैं। किन्तु वास्तविक स्थिति ऐसी नहीं है। प्रत्येक राज्य अन्तर्राष्ट्रीय कानून को मानने के लिए ज्यादातर बाध्य होता है, उसने इसके लिए सहमति दी हो अथवा नहीं। जैसे रूस को अफगानिस्तान से, अमेरिका को वियतनाम से, वियतनाम को कम्पूचिया से तथा क्यूबा को अंगोला से अपनी सेनायें हटानी पड़ीं व दक्षिण अफ्रीका, की नामीबिया को स्वतन्त्र करना पड़ा।

अन्तर्राष्ट्रीय कानून का वास्तविक आधार

अन्तर्राष्ट्रीय कानून के वास्तविक आधार की व्याख्या उपरोक्त दोनों विचारधाराओं में से पूर्णरूप से एक भी नहीं करती। वस्तुतः अन्तर्राष्ट्रीय कानून का आधार न तो राज्य के निहित सिद्धांत ही हैं और न उनकी परस्पर तथा इस आशय के लिए असहमति ही है। राज्य अन्तर्राष्ट्रीय कानून से अनुशासित होने के लिए अपनी निहित अथवा स्पष्ट सहमति नहीं देता। वास्तव में अन्तर्राष्ट्रीय कानून का आधार स्वयं राज्यों की प्रकृति ही है। कोई भी राज्य अन्तर्राष्ट्रीय जगत में एक पृथक इकाई की भाँति नहीं रह सकता और न ही अकेले अपनी रक्षा कर सकता है। जैसे ईरान-ईराक युद्ध में ईरान ने अपने को अकेला पाया और युद्ध बन्द करना पड़ा। उसको दूसरे राज्यों के साथ सम्पर्क में आना आवश्यक था और दूसरे राज्यों से सम्पर्क स्थापित करने में उसको कतिपय नियमों का पालन करना आवश्यक होता है। इस प्रकार राज्य की प्रकृति ही अन्तर्राष्ट्रीय कानून का आधार है।

प्रो० ब्रायरले ने इस भाव को व्यक्त करते हुए लिखा है कि किसी भी कानून के आधार की व्याख्या अन्ततोगत्वा मनुष्य के स्वभाव से ही होती है। मनुष्य का स्वभाव ही व्यवस्था चाहता है, अराजकता नहीं और व्यवस्था कानून से ही स्थापित हो सकती है। इसलिए वह कानून का पालन करता है और यही बात राष्ट्रों पर भी लागू होती है प्रत्येक राष्ट्र को विकास के लिए शांति की आवश्यकता होती है।

अन्तर्राष्ट्रीय कानून के विषय में भी यही कहा जा सकता है। अन्तर्राष्ट्रीय व्यवस्था कायम रखने के लिए, जिससे कि राज्य परस्पर शांतिपूर्ण तथा व्यवस्थापूर्ण सम्बन्ध बनाए रखें, वे अनिवार्य रूप से और साथ ही साथ स्वाभाविक रूप से अन्तर्राष्ट्रीय कानून को स्वीकार करते हैं और अधिकांश पालन करते हैं। जिस प्रकार कुछ आतंकवादी और अराजकतावादी तत्वों के राष्ट्रीय कानून के उल्लंघन में सफल हो जाने पर भी उसे कानून माना जाता है, क्योंकि अधिकांश जनता उसका पालन करती है, उसी प्रकार अन्तर्राष्ट्रीय कानून को कानून माना जाना चाहिए क्योंकि अधिकांश विश्व का जनमत तथा राष्ट्र उसका पालन करते हैं और उसको महत्व प्रदान करते हैं।

वर्तमान समय में अन्तर्राष्ट्रीय न्यायालय इन्हें महत्व देता है तथा निर्णयों द्वारा स्वयं भी अन्तर्राष्ट्रीय विधि संहिता के विकास में सहायता प्रदान करता है।

अन्तर्राष्ट्रीय विधि संहिताकरण

कानून के बिना समाज का अस्तित्व नहीं रह सकता। राष्ट्रों के पारस्परिक संबंध जिन कानूनों द्वारा संचालित होते हैं, उनका विकास विधान निर्माण द्वारा नहीं हुआ, वरन् शताब्दियों की परम्पराओं, रीति-रिवाजों और समझौतों के आधार पर हुआ है। इसलिए प्रत्येक वह कार्य, जो राष्ट्रों के इस विधान को व्यापक बनाने के लिए किया जाता है, शांति-व्यवस्था की नींव को भी सुदृढ़ करता है। लेकिन राष्ट्रीय कानून सदैव स्पष्ट शब्दों में, और स्पष्ट तरीके से आदेश के रूप में, लिखे जाते हैं जबकि अन्तर्राष्ट्रीय कानून पारस्परिक ढंग से लिखे जाते हैं। अन्तर्राष्ट्रीय कानून को निश्चितता प्रदान करना और उसकी भाषा को स्पष्ट बनाना तथा नियमबद्ध (Codification) करना संहिताकरण के अन्तर्गत आता है।

विश्व शांति को प्रोत्साहन देने और राज्यों के मध्य सम्बन्धों को शान्तिमय व मधुर बनाने के लिए यह आवश्यक है कि अन्तर्राष्ट्रीय कानून को संहिताबद्ध किया जाये तथा व्यवस्थित और स्पष्ट शब्दों में लिखा जाये। यदि अन्तर्राष्ट्रीय विधि की भाषा अस्पष्ट होती तो भ्रम उत्पन्न होने और कानून की अवहेलना की सम्भावना बनी रहेगी। यदि किसी विवाद से संबंधित पक्ष अपनी स्थिति को जानते हों और साथ ही अन्तर्राष्ट्रीय विधि से भी भलीभांति परिचित हों तो स्थिति के गम्भीर होने की सम्भावना कम रहती है। कानून अस्पष्ट होगा तो झगड़े की सम्भावना रहती है। लेखक ब्रेकर ने लिखा है, "संहिताकरण का ध्येय कानून को परिवर्तित करना नहीं, वरन् कानून के रूप में सुधार करना है। इसका उद्देश्य तो केवल नियमों को सरल व स्पष्ट बनाना है जिससे उनके अर्थ भली प्रकार समझे जा सकें और उन्हें सरलता से लागू किया जा सके। इसका लक्ष्य अस्पष्टताओं और अव्यवस्थाओं को दूर करके कानून के रूप को सुधारना है।"

संयुक्त राष्ट्रसंघ के चार्टर की 13वीं धारा के अनुसार संयुक्त राष्ट्रसंघ की महासभा का यह दायित्व है कि वह अन्तर्राष्ट्रीय कानून के प्रगतिशील विकास तथा उसकी नियमबद्धता के कार्य को प्रोत्साहित करे। अन्तर्राष्ट्रीय कानूनों को संहिताबद्ध करने में संयुक्त राष्ट्रसंघ की महासभा एवं अन्तर्राष्ट्रीय न्यायालय के निर्णयों ने महत्वपूर्ण योगदान किया है। इसके अतिरिक्त विभिन्न समझौतों और संधियों के मसौदे तैयार करके अन्तर्राष्ट्रीय व्यवहार का नियमन करने में भी उसने उल्लेखनीय भूमिका निभाई है। इस प्रकार का एक समझौता यह है जिसमें "जनसंहार" (Genocide) को गैर-कानूनी घोषित किया गया है। संयुक्त राष्ट्रसंघ महासभा द्वारा प्रस्तुत किए गए इस समझौते में "जनसंहार" को अन्तर्राष्ट्रीय कानून के अनुसार एक अपराध घोषित किया गया है और इस बात की व्यवस्था की गई कि जो कोई भी इस अपराध का दोषी पाया गया उसे निश्चित रूप से दण्ड दिया जाये। चाहे वह किसी राज्य का शासक हो, नागरिक अधिकारी हो या साधारण व्यक्ति हो। परन्तु कानून बन जाने पर भी जनसंहार को घरेलू मामला मानते हैं। अतः इसका पूर्ण पालन नहीं कराया जा सका है और विभिन्न देशों में जन-संहार होता रहता है।

अन्तर्राष्ट्रीय कानून को संहिताबद्ध करने और उसे विकसित करने के कार्य में अन्तर्राष्ट्रीय विधान आयोग द्वारा तैयार किए गए समझौतों से काफी मदद मिली है। इस आयोग की स्थापना महासभा द्वारा नवम्बर 1947 में हुई और उसका पहला अधिवेशन 1949 में हुआ। इसका उद्देश्य अन्तर्राष्ट्रीय कानून और उसके नियमन का विकास करना है। इस आयोग की बैठक प्रतिवर्ष होती है। प्रारम्भ में इस आयोग में 15 सदस्य थे (भारत के राधा विनोद पाल भी उनमें से एक थे)। दिसम्बर 1956 में इसकी सदस्य संख्या बढ़ाकर 21 कर दी गई। आजकल इस आयोग में 25 सदस्य हैं जो 5 वर्ष की अवधि के लिए चुने जाते हैं। इस आयोग ने अन्तर्राष्ट्रीय कानून के कई विषयों पर मसौदे तैयार किए हैं। कुछ विषय आयोग स्वयं चुन लेता है और कुछ संयुक्त राष्ट्रसंघ की महासभा या आर्थिक व सामाजिक परिषद् द्वारा उसके पास भेजे जाते हैं।

इस आयोग ने संहिताकरण के योग्य विषयों पर कुछ प्राथमिक विचार करने के उपरान्त यह उचित समझा कि संधियों की विधि विवाचन प्रक्रिया और महासागर पर नियंत्रण आदि की समस्या को प्राथमिकता दी जाये। 1949 में इसने महासागर के नियमों को संहिताबद्ध करने का कार्य आरम्भ किया। 1956 में यह कार्य पूरा हो गया। महासागर के नियम और क्षेत्रीय समुद्र के नियमों को संहिताबद्ध करने के लिए आयोग ने 73 अनुच्छेदों वाला एक प्रारूप तैयार किया। अप्रैल, 1958 में जनेवा में हुए अन्तर्राष्ट्रीय सम्मेलन में इन अनुच्छेदों को निश्चित रूप प्रदान किया गया और आयोग द्वारा प्रस्तुत समझौतों में से चार समझौतों को स्वीकार कर दिया गया। ये समझौते निम्न हैं–

(1) क्षेत्रीय समुद्र और समीप के क्षेत्रों से सम्बन्धित कन्वेशन,

(2) महासागर के साधारण नियंत्रण के सम्बन्ध में कन्वेशन,

(3) मछली मारने के अधिकारों और संरक्षण कार्रवाहियों से सम्बन्धित कन्वेशन, तथा

(4) महाद्वीप के मग्नतट की खोज (काण्टीनेंटल शैल्प) के सम्बन्ध में कन्वेशन।

इसके उपरान्त अन्तर्राष्ट्रीय विधान आयोग ने सन् 1961 व 1963 से वियना में होने वाले संयुक्त राष्ट्रसंघ सम्मेलन में दो उल्लेखनीय समझौते पेश किये जो राजनयिक और वाणिज्य विषयक सम्बन्धों के व्यापक क्षेत्र से सम्बन्धित थे, उन्हें भी स्वीकार कर लिया गया था। राष्ट्रों के पारस्परिक सम्बन्धों के इन दो महत्वपूर्ण क्षेत्रों से सम्बन्धित अन्तर्राष्ट्रीय कानून को इन समझौतों में विकसित और संहिताबद्ध किया जा चुका है पर उनमें अब भी मतभेद प्राप्त हैं जो ईराक-ईरान युद्ध में खुलकर सामने आये।

1966 में इस आयोग ने संधियों के कानून के विषय में अपना कार्य पूरा कर लिया और संयुक्त राष्ट्रसंघ की महासभा के 21वें अधिवेशन के सामने धाराओं के 50 मसौदे प्रस्तुत किए। आयोग ने यह सिफारिश की कि संधियों के कानून पर

विचार करने के लिए और इस विषय पर समझौता करवाने के लिए एक अन्तर्राष्ट्रीय सम्मेलन का संयोजन किया जाये। संयुक्त राष्ट्रसंघ की महासभा ने यह निश्चय किया था कि यह सम्मेलन दो अधिवेशनों में हो–पहला अधिवेशन 1968 के आरम्भ में और दूसरा 1969 के प्रारम्भ में। महासभा ने धाराओं के उन मसौदों को सम्मेलन के समक्ष विचार करने के मूल प्रस्तावों के रूप में रखा था।

अन्तर्राष्ट्रीय विधि आयोग विशेष मण्डलों के विषय में अपना कार्य पूरा करने में लगा हुआ है और विभिन्न राज्यों तथा अन्तर्राष्ट्रीय संगठनों के बीच सम्बन्धों का परीक्षण कर रहा है तथा राज्य के उत्तरदायित्व और राज्यों तथा सरकारों के कार्यों की परीक्षा कर रहा है तथा कार्यरत है।

फ्रांस के प्रसिद्ध विधिवेत्ता फ्यूरे का विश्वास है कि यदि इसी प्रकार अन्तर्राष्ट्रीय विधि के एक प्रसंग को लेकर संयुक्त राष्ट्रसंघ अन्तर्राष्ट्रीय कानून के संहिताकरण का कार्य करता रहा तो उसे थोड़े समय में पूर्ण सफलता प्राप्त हो जायेगी। लेकिन फेनविक का विचार है "संयुक्त राष्ट्रसंघ के चार्टर के अन्तर्गत संहिताकरण की जो व्यवस्था की गई है वह अधिक उपयोगी नहीं है। इसके अन्तर्गत राज्यों के निम्नकोटि के सम्बन्धों के विषय में ही संहिताकरण सम्भव है। महत्वपूर्ण विषयों में पूर्ण संहिताकरण की सम्भावना तब तक नहीं है जब तक कि सामूहिक सुरक्षा की पद्धति अपना कार्य सफलतापूर्वक न करने लगे। जो मामले राज्यों के राष्ट्रीय हित से सम्बन्धित हैं उनका संहिताकरण कठिन है। लेकिन यदि संसार के विभिन्न राज्य आपस में पारस्परिक विश्वास और सद्भावना उत्पन्न करने का प्रयत्न करें तो अन्तर्राष्ट्रीय विधि का संहिताकरण सरलता से हो सकता है। चूंकि राष्ट्रों में मतभेद व्याप्त हैं, अतः अभी आंशिक सफलता ही प्राप्त हुई है।

अन्तर्राष्ट्रीय विधि के संहिताकरण (Codification) में अभी केवल आंशिक सफलता मिली है, परन्तु मानव अधिकारों का संहिताकरण शायद संयुक्त राष्ट्रसंघ की सबसे बड़ी उपलब्धि है, क्योंकि इसमें राज्यों के अधिकारों पर ध्यान देकर समस्त मानव प्राणियों के अधिकारों पर ध्यान रखा गया है। अतः उसका उल्लेख हम आगे करेंगे।

अन्तर्राष्ट्रीय न्यायालय के निर्णयों व विधि के विद्वानों ने भी अन्तर्राष्ट्रीय कानूनों के विकास में उल्लेखनीय कार्य किया आज न केवल व्यापार बल्कि तस्करी, मादक द्रव्यों के आदान-प्रदान व वायुयानों के अपहरण आदि घटनाओं में वृद्धि को रोकने के लिए भी आंशिक रूप से आपसी सहमति द्वारा अन्तर्राष्ट्रीय विधि का आंशिक संहिताकरण हुआ है। परन्तु इन सबके कारण पूर्णरूप से मान्य संहिताकरण की आवश्यकता है और इस दिशा में निरन्तर प्रयास जारी हैं तथा प्रगति हो रही है।

□□□

10

सचिवालय
(Secretariat)

सचिवालय के प्रमुख विभाग

संयुक्त राष्ट्रसंघ की कार्यवाही का लेखा-जोखा रखने वाले निकाय के रूप में एक सचिवालय की भी व्यवस्था की गई है। सचिवालय में एक महासचिव, सहायक सचिव तथा अन्य कर्मचारी होते हैं। महासचिव या महामंत्री की नियुक्ति सुरक्षा परिषद् की सिफारिश पर महासभा करती है। दोनों का मत एक होना आवश्यक है तथा सभी स्थायी सदस्यों की स्वीकृति होनी चाहिए। महासचिव का काम साधारण सभा, सुरक्षा परिषद्, आर्थिक एवं सामाजिक परिषद् और न्यास परिषदों की बैठकों को बुलाना व उनकी देख-रेख करना होता है। वह इन अंगों द्वारा सौंपे गये अन्य कृत्यों का भी सम्पादन करता है।

कार्य संचालन के लिए सचिवालय के 8 विभाग किए गए हैं और प्रत्येक विभाग के लिए एक सहायक सचिव की व्यवस्था की गई है। सचिवालय के प्रमुख विभाग निम्नलिखित हैं–

(1) सुरक्षा परिषद् से सम्बन्धित कार्यों का विभाग।

(2) प्रशासकीय एवं वित्तीय सेवाएं।

(3) सम्मेलन तथा सामान्य सेवाएं।

(4) अर्थिक विषयों से सम्बन्धित विभाग।

(5) लोक सूचना विभाग।

(6) कानूनी विभाग।

(7) ट्रस्टीशिप तथा गैर स्वशासन प्राप्त क्षेत्रों की सूचना का विभाग।

(8) सामाजिक विषयों का विभाग।

महासचिव (Secretary General)–संयुक्त राष्ट्रसंघ का प्रमुख प्रशासकीय अधिकारी होता है। वह सुरक्षा परिषद् का ध्यान किसी भी ऐसे मामले की ओर आकर्षित कर सकता है जो उसके मतानुसार अन्तर्राष्ट्रीय शक्ति व सुरक्षा के लिए खतरनाक

हो। महासचिव, संयुक्त राष्ट्रसंघ के कार्यों के सम्बन्ध में वार्षिक रिपोर्ट और उसकी दूसरी अनुपूरक रिपोर्ट दे सकता है।

पहले महासचिव नार्वे के ट्रिग्वे ली थे जो 1946 से 1953 तक रहे। उसके बाद स्वीडन के डाग हैमरशोल्ड 1953 से 1961 तक रहे, तीसरे बर्मा के ऊ थांट (U Thant) 1963 से 1971 तक और चौथे आस्ट्रेलिया के कुर्ट बाल्दहीम 1971 से 1981 तक थे। बाद में पेरू (Peru) के जेवियर पेरेंज द कुईयार (Javier Parez de-cuiiar) जनवरी 1982 में चुने गये जो 1990 तक रहें। इन्होंने अफगानिस्तान से रूसी सेनाओं की वापसी तथा ईराक-ईरान युद्ध की समाप्ति में उल्लेखनीय योगदान दिया। उसके बाद मिस्र के बुतरस-बुतरस घाली बने। अब धाना के कोफी अन्नान (Kofe Annan) हैं।

सचिवालय का कार्य इशानी वर्ष के साथ आरंभ होता है और बजट तथा लेखा कार्य अमेरिका की डालर मुद्रा प्रणाली में होता है। 1984-85 का बजट 15.88 करोड़ डालर का था। महासचिव की सहायता के लिए सहायक अवर महासचिव और सहायक सचिव महासचिव होते हैं तथा उनके आधीन महासभा के नियमों के अनुसार विश्व भर से चुनकर नियुक्त किया गया कर्मचारी वर्ग होता है। महासचिव, शरणार्थियों के मामले के उच्चायुक्त तथा निधि के मामले में प्रबन्ध निदेशक की नियुक्ति महासभा द्वारा की जाती है। शेष कर्मचारियों की नियुक्ति भौगोलिक आधार और क्षमता को ध्यान में रखते हुए की जाती है। महासचिव और उसके विभाग के सदस्य संयुक्त राष्ट्रसंघ के बाहर कि किसी भी दूसरी संस्था और दूसरे अधिकारी से न तो निर्देश मांग सकते हैं और न स्वीकार कर सकते हैं। सचिवालय के अन्तर्राष्ट्रीय स्वरूप व कर्मचारियों के अन्तर्राष्ट्रीय उत्तरदायित्व को ध्यान में रखकर उनकी निष्ठा संयुक्त राष्ट्रसंघ के प्रति निर्धारित की गई है।

महासचिव की वर्तमान स्थिति, महत्व तथा कार्य

सचिवालय का सर्वोच्च अधिकारी महासचिव होता है इसका निर्वाचन महासभा, सुरक्षा परिषद् और उसके स्थायी सदस्यों की सहमति से किया जाता है। इसका कार्यक्षेत्र अत्यन्त विस्तृत है और संयुक्त राष्ट्रसंघ के सभी क्रियाकलापों का भार इस पर है।

राजनीतिक कार्य–महासचिव के राजनीतिक कार्य अत्यन्त महत्वपूर्ण हैं। उसे अनेक राजनीतिक शक्तियां भी प्राप्त हैं। उसकी राजनीतिक शक्तियों का स्रोत संयुक्त राष्ट्रसंघ चार्टर की धारा 99 है। उसे भार दिया गया है कि विश्व समुदाय में शान्ति और व्यवस्था बंनी रहे। इसके लिए वह सदैव सतर्क रहे तथा कहीं भी इन पर किसी तरह का खतरा उत्पन्न होने पर सुरक्षा परिषद् का ध्यान उसकी ओर आकृष्ट करे। दुनिया में कहीं भी राजनीतिक, आर्थिक अथवा राज्य सम्बन्धी कोई अन्तर्राज्यीय विवाद, जिससे विश्व शान्ति के लिए खतरा उत्पन्न हो, उठ खड़ा होने पर महासचिव को उसकी ओर विश्व संस्था का ध्यान अविलम्ब आकृष्ट करने व कराने का उत्तरदायित्व

दिया गया है। महासचिव को महासभा की कार्यसूची में कोई अतिरिक्त विषय जोड़ने का भी अधिकार दिया गया है। वह सुरक्षा परिषद् के समक्ष उन आर्थिक और सामाजिक घटनाओं को रख सकता है जिनके राजनीतिक या महत्वपूर्ण परिणाम निकलने की सम्भावना हो। उसे यह अधिकार भी मिल गया है कि वह स्वयं निश्चय करे कि अमुक अन्तर्राष्ट्रीय समस्या को किस समय सुरक्षा परिषद् के सामने रखे। उसे अधिकार है कि सुरक्षा परिषद् के समक्ष मामला पेश करने से पूर्व अनौपचारिक रूप से सविस्तार गुप्त वार्तालाप भी कर ले। गुप्त वार्तालाप की शक्ति के प्रयोग में महासचिव स्वतन्त्र है और इस आधार पर उसकी कोई भी आलोचना किया जाना उचित नहीं है। इन गुप्त वार्ताओं को कभी प्रकाशित नहीं किया जाता और यही उनकी विशेषता गोपनीयता है। वियतनाम और इजराइल की समस्या को सुलझाने के लिए ऊ थांट ने इस प्रकार के ही राजनय का प्रयोग किया था। ऐसा अनुमान है कि अफगानिस्तान, ईरान-ईराक आदि में भी इसी राजनय का प्रयोग किया गया तथा कम्पूचिया और नामीबिया आदि में भी इसका उपयोग हुआ।

महासचिव को अपने कर्त्तव्यों के निवर्हन के लिए आवश्यक घोषणा करने और सुझाव रखने का भी अधिकार है। वह चाहे तो सुरक्षा परिषद् के विचारार्थ प्रारूप प्रस्ताव भी रख सकता है। अनेक ऐसे अवसर आए हैं जब सुरक्षा परिषद् की कार्रवाई के बीच महासचिव ने उसके समक्ष विचारार्थ अपने प्रारूप प्रस्ताव पेश किये हैं। उदाहरणार्थ सन् 1950 में जब कोरिया समस्या पर विचार-विमर्श करने के लिए सुरक्षा परिषद् की बैठक बुलाई गई तो महासचिव ट्रिग्वे ली ने ही समस्या पर सर्वप्रथम प्रकाश डाला था और उत्तरी कोरिया के विरुद्ध सैनिक कार्रवाई करने की अपील की थी, साथ ही इस सैन्य कार्रवाई के लिए सदस्य राज्यों का सहयोग हासिल करने तथा उनमें समन्वय करने की जिम्मेवारी भी उन्होंने अपने ऊपर ही ली। इससे पूर्व उसी वर्ष जब साम्यवादी सरकारों के प्रतिनिधित्व के प्रश्न को लेकर सोवियत रूस ने संयुक्त राष्ट्रसंघ की कार्रवाही के बहिष्कार का निर्णय लिया तो लगता था कि संयुक्त राष्ट्रसंघ विशृंखल हो जाएगा। इस समस्या के समाधान हेतु ट्रिग्वे ली ने प्रमुख राष्ट्रों के प्रधानों के साथ बातचीत के लिए लगभग आधे विश्व की यात्रा की और समझौते की योजना प्रस्तुत की। संयुक्त राष्ट्रसंघ के दूसरे महासचिवों ने भी अनेक ऐसे कदम उठाए जिनका राजनीतिक महत्व था जैसे लेबनान स्थित संघ के पर्यवेक्षक दल को बड़ा बनाने (सन् 1958), लेबनान की समस्या को सुलझाने (सन् 1959) तथा रंगभेद की नीति के समाधान सम्बन्धी निर्णय। कांगो युद्ध के समय उनको बहुत बड़ी जिम्मेवारी का निर्वाह करना पड़ा था। वहां गृहयुद्ध की समाप्ति पर शांति स्थापना हेतु जो सेना भेजी गई, महासचिव हैमरशोल्ड ने स्वयं उस सैनिक कार्रवाई का निर्देशन किया और अपने को शांति स्थापना हेतु बलिदान कर दिया।

1965 में भारत-पाक युद्ध समाप्त कराने के निमित्त महासचिव ऊ थांट के द्वारा अनेक प्रयास किए गए। इसके अतिरिक्त साइप्रस संकट, पश्चिमी एशिया संकट,

वियतनाम समस्या के सम्बन्ध में भी उनकी भूमिका अत्यन्त महत्वपूर्ण रही थी। मध्यपूर्व की समस्या के समाधान के लिए ऊ थांट ने श्री गुन्नार जारिंग को नियुक्त किया था। संयुक्त राष्ट्रसंघ की आपात सेना के मुख्य अधिकारी भी महासचिव द्वारा ही नियुक्त किए गए थे। जब निषेधाधिकार के प्रयोग के कारण सुरक्षा परिषद् किसी विवाद के सम्बन्ध में पंगु हो जाती है तब महासचिव ही उस विवाद को अन्य उपायों से सुलझाने का प्रयास करता है। महासभा के शिष्टमंडलों के बीच जो वार्ता होती है उसमें भी महासचिव बहुत सहायक होते हैं। पेरेज द कुइयार ने ईरान-ईराक युद्ध बन्द कराने तथा अफगानिस्तान से रूसी और कम्पूचिया से वियतनामी सेनाएं हटाने व नामीबिया निर्वाचन में मुख्य भूमिका निभाई।

इस प्रकार धारा 99 के अन्तर्गत, जो महासचिव के राजनीतिक अधिकारों का स्रोत है, महासचिव को विस्तृत एवं व्यापक दायित्व एवं अधिकार क्षेत्र प्रदान किया गया है। इस धारा की आड़ में वह अनेक त्रुटियों से विश्व संस्था को नेतृत्व प्रदान करता है। राष्ट्रसंघ में ऐसी बात देखने को नहीं मिलती थी। सर एरिक ई ड्यूण्ड ने धारा 99 को देखकर कहा था–"काश यह अनुच्छेद मेरे अधिकार में रहता।"

अन्य कार्य–महासचिव को कुछ ऐसे कार्य करने होते हैं जिनका संयुक्त राष्ट्रसंघ से प्रत्यक्ष सम्बन्ध नहीं होता। उदाहरणार्थ, मलेशिया की स्थापना के सम्बन्ध में जब मलेशिया और इण्डोनेशिया के बीच मतभेद पैदा हो गये तो दोनों सरकारों ने महासचिव से प्रार्थना की कि वे सबाह तथा सारावाक की जनता का मत जानने के लिए व्यवस्था करें। महासचिव ने अपनी इच्छानुसार राष्ट्रसंघीय मिशन भेज दिया जिसने निर्णय दिया कि सबाह और सारावाक की जनता मलेशिया की स्थापना के पक्ष में है। उन्होंने कम्बोडिया और थाईलैंड की समस्या को सुलझाने के लिए एक विशेष प्रतिनिधि नियुक्त किया। इसी तरह कच्छ के रन का विवाद जब अन्तर्राष्ट्रीय विवाचन न्यायाधिकरण को सौंपा गया तो अध्यक्ष के सम्बन्ध में मतभेद हो जाने के कारण यह मामला संयुक्त राष्ट्रसंघ के महासचिव को ही सौंपा गया था। महासचिव ने इस न्यायाधिकरण के लिए एक अध्यक्ष मनोनीत कर दिया। इन उदाहरणों से स्पष्ट है कि सदस्य सरकारों की प्रार्थना पर महासचिव कई महत्वपूर्ण कार्यों का सम्पादन करता है जिनके द्वारा अप्रत्यक्ष रूप से विवादों के शान्तिपूर्ण समाधान में सहायता मिलती है। नामीबिया में निर्वाचन, ईराक-ईरान युद्ध की समाप्ति व अफगानिस्तान व कम्पूचिया में भी उन्होंने मुख्य भूमिका अपनाई।

विगत वर्षों में महासचिव के पद पर जो व्यक्ति निर्वाचित होकर आसीन रहे, उन्होंने अपने-अपने इस पद की गरिमा तथा महत्व को बनाये रखने तथा बढ़ाने में योगदान किया है। अतः इन विभिन्न महासचिवों द्वारा निभाई गई भूमिका का ज्ञान अनिवार्य है।

ट्रिग्वे ली–नार्वे के निवासी ट्रिग्वें ली संयुक्त राष्ट्रसंघ के अत्यन्त योग्य प्रथम महासचिव थे। वे नार्वे की लेबर पार्टी के कार्यकारी सचिव थे। उन्होंने अपने देश

में अनेक मंत्रिमंडलीय पदों पर कार्य किया था। उनकी दिनचर्या राजनीतिक नेतृत्व की थी। वे महासचिव पद की मर्यादा बनाये रखने के लिए किसी भी प्रश्न पर स्वतंत्र विचार रखते थे तथा अन्तर्राष्ट्रीय विवादों में भी पहल करते थे। अपने कार्य के प्रारम्भ से ही वे अपनी राजनीतिक शक्ति का प्रदर्शन करने लगे थे। अपने प्रारम्भिक प्रतिवेदनों में उन्होंने राष्ट्रों के विवादों को सुलझाने, शांति संधियां करने, सदस्यों के प्रवेश के संबंध में नीतियों का संशोधन करने तथा समस्याओं को संयुक्त राष्ट्रसंघ के समक्ष रखने का आह्वान किया था। फिलिस्तीन का झगड़ा जब सुरक्षा परिषद् के सामने लाया गया तब ली का तर्क था कि महासभा को राजनीतिक सिफारिशों, जैसे बंटवारे की योजना को सुरक्षा परिषद् कार्यान्वित कर सकती है। कई प्रमुख राष्ट्रों को यह बात अच्छी नहीं लगी। उन्होंने व्यक्तिगत रूप से ब्रिटेन से पैलेस्टाइन के बंटवारे में मदद करने का अनुरोध किया था। सन् 1950 में जब सोवियत संघ, संयुक्त राष्ट्रसंघ का बहिष्कार किए हुए था तो उस कार्य से उत्पन्न संकट को दूर करने के लिए, श्री ली ने प्रमुख राष्ट्रों का भ्रमण किया तथा उनके अध्यक्षों से बात की। अन्त में संयुक्त राष्ट्रसंघ द्वारा शांति कायम रखने के लिए एक बीस-वर्षीय योजना बनाई गई। इस योजना में दस सूत्र थे जिनमें स्थिति में सुधार तथा अविश्वास की समाप्ति पर जोर डाला गया था। इस योजना को 'महान अपील' की भी संज्ञा दी गई थी। कोरिया विवाद में उनका स्पष्ट मत था कि उत्तरी कोरिया के विरुद्ध कार्रवाही अवश्य की जानी चाहिए। इस प्रकार ली ने अपने कार्यकाल में महासचिव के अधिकारों को व्यापक बनाया और समय-समय पर उनका प्रभावशाली ढंग से प्रयोग किया। कोरिया सहित अनेक विवादों पर ट्रिग्वी ली के रवैये के क्षुब्ध होकर सोवियत गुट के राष्ट्रों का विश्वास उसमें नहीं रह गया और पश्चिमी राष्ट्रों से गुट-विवाद का वह प्रमुख कारण बन गया। रूस द्वारा उन्हें साम्राज्यवादियों के हाथ की कठपुतली कहा जाने लगा। अंत में बाध्य होकर श्री ली ने 1952 में त्याग-पत्र दे दिया। परन्तु संयुक्त राष्ट्रसंघ के लिये की गई उनकी सेवाएं अत्यन्त महत्वपूर्ण मानी जाएंगी।

डाग हैमरशोल्ड–ट्रिग्वे ली के बाद काफी समय तक गतिरोध के बाद अप्रैल 1953 में डाग हैमरशोल्ड दूसरे महासचिव नियुक्त किये गए। वे स्वीडन के राज्यमंत्री तथा प्रख्यात लेखक व अंतर्राष्ट्रीयतवादी थे। उनका तरीका शांत कूटनीति का था और विचार-विमर्श पर उनका अधिक ध्यान रहता था। उन्होंने संयुक्त राष्ट्रसंघ के कार्यों में सक्रिय भाग लिया और शांतिपूर्ण राजनय की पद्धति को अपनाया। उन्होंने स्वयं कहा था, 'उनकी कोशिश संयुक्त राष्ट्र चार्टर तथा पारस्पारिक कूटनीति द्वारा की गई शांति और सुरक्षा संबंधी व्यवस्था की खाई भरने की रहेगी।' जुलाई, 1958 में संयुक्त राष्ट्रसंघ के लेबनान स्थित पर्यवेक्षक दल को बड़ा बनाने, 1959 में लेबनान की समस्या को सुलझाने तथा 1960 में रंग-भेद की नीति के संबंध में दक्षिणी अफ्रीकी संगठन के साथ बातचीत करने की बात से यह स्पष्ट हो जाता है कि वे विभिन्न सरकारों से गुप्त बातचीत करके उन पर अपना प्रभाव डालने की नीति

में विश्वास करते थे। उनका वार्षिक प्रतिवेदन संयत किन्तु सकारात्मक प्रस्तावयुक्त होता था। उन्होंने अनेक महत्वपूर्ण विवादों को अपनी मध्यस्थता से सुलझाने का प्रयास किया था। उदाहरणार्थ 1958 के महत्वपूर्ण संकट में इन्होंने मध्यस्थ की सक्रिय भूमिका निभाई। इसी तरह 1958 के फ्रांस-ट्यूनीशिया विवाद में भी उन्होंने मध्यस्थ के रूप में कार्य किया। दो अन्य विवादों में उन्होंने मध्यस्थ का कार्य सम्पन्न करने के लिए अपने व्यक्तिगत प्रतिनिधि को नियुक्त किया। ये विवाद थे–थाईलैंड और कम्बोडिया विवाद तथा सऊदी अरब एवं ब्रिटेन का विवाद। डाग हैमरशोल्ड ने स्वेज नहर के प्रश्न को सुलझाने तथा युद्ध रोकने के लिए अन्तर्राष्ट्रीय सेना गठित करने तथा संयुक्त राष्ट्रसंघ संकटकालीन सेना को निर्देशित करने में अत्यन्त प्रशंसनीय कामयाबी हासिल की। किंतु काँगो समस्या के फलस्वरूप वे बदनाम हो गए। उन पर पश्चिमी राष्ट्रों के समर्थन का आरोप लगाया जाता है। उन्होंने शोम्बे तथा उसके समर्थकों को अधिक मात्रा में सन्तुष्ट करने का प्रयास किया अतः लुमुमब की हत्या हो गई। यदि महासचिव दृढ़ नीति अपनाते तो थोड़े समय में ही कांगों व कटंगा का एकीकरण हो जाता।

सोवियत संघ ने डाग हैमरशोल्ड की नीति की काफी आलोचना की। उन पर अपनी शक्ति का दुरुपयोग करने का मिथ्या आरोप भी लगाया गया। खुश्चेव ने उन पर मिथ्या आरोप लगाया था कि उन्होंने संयुक्त राष्ट्रसंघ के आदेशों के निर्णयों की उपेक्षा कर पूँजीवादी राज्यों की मदद की है। इसीलिए सोवियत प्रधानमंत्री ने महासभा को अपना नया प्रस्ताव दिया जो, 'टोइका योजना' के नाम से विख्यात हुआ। इस योजना के अनुसार संयुक्त राष्ट्रसंघ के तीन महासचिव नियुक्त होने चाहिएं। एक महासचिव पश्चिमी राष्ट्रों से लिया जाए, एक साम्यवादी राष्ट्रों से और एक तटस्थ देशों से। हैमरशोल्ड का विरोध करने के लिए ही यह योजना बनाई गई थी। परन्तु इस योजना में अतर्निहित कठिनाइयों को देख उसे छोटे-बड़े राष्ट्रों का समर्थन नहीं मिल सका। सचिवालय को तीन भागों में बांटना, इसे कार्यकारी अंग बनने से ही रोकना कहा जा सकता था। जिस समय यह विवाद चल रहा था उस समय एक विमान दुर्घटना में 18 सितम्बर, 1961 ई० को डाग हैमरशोल्ड की मृत्यु हो गई। वह विश्वशांति के लिये शहीद हो गए।

ऊ थाँट–हैमरशेल्ड की असामयिक मृत्यु के बाद बर्मा के ऊ थांट को 30 नवम्बर, 1962 को विधिवत् महासचिव नियुक्त किया गया। यह अध्यापक, पत्रकार संयुक्त राष्ट्रसंघ में बर्मा के प्रतिनिधि रहे थे। उन्होंने निष्पक्षता और निष्ठा से अपने पद का भार संभाला। ट्रिग्वे ली तथा डाग हैमरशोल्ड ने राजनीतिक शक्ति अपने पास सीमित रखी थी। डाग हैमरशोल्ड ने अपने अवर सचिवों को राजनीतिक समस्याओं को सुलझाने की छूट दी थी। उदाहरणार्थ राल्फ बंच ने कांगों समस्या को सुलझाने में महत्वपूर्ण भूमिका अदा की थी। पश्चिमी ईरियनी के मामले में अन्तिम परिणाम प्राप्त करने में नरसिंघम की भूमिका को कम महत्वपूर्ण नहीं माना जा सकता। परन्तु इस बात को कहने की आवश्यकता नहीं कि इन मामलों में अन्तिम रूप से जिम्मेदारी

ऊ थाँट की ही थी। उन्होंने कई अंतर्राष्ट्रीय समस्याओं को सुलझाने में डाग हैमरशोल्ड की परम्परा को बनाये रखा। 1952 में नीदरलैंड तथा इण्डोनेशिया के अनुरोध पर पश्चिमी गुएना की समस्या को सुलझाने के लिए अस्थायी कार्यकारिणी संस्था गठित की। अगले वर्ष उन्होंने यमन में संयुक्त राष्ट्रसंघ का निरीक्षक भेजा। साइप्रस की समस्या, भारत-पाकिस्तान विवाद, पश्चिमी एशिया संकट, वियतनाम समस्या आदि के संबंध में भी उनकी भूमिका काफी महत्वपूर्ण रही थी। जहाँ कहीं भी विश्वशांति पर खतरा उपस्थित हुआ, वे स्वयं वहां उसको सुलझाने का अथक प्रयास करते थे। उन्होंने दक्षिण-पश्चिमी अफ्रीका संकट तथा अन्यान्य संकटों को टालने की कोशिश की थी। वे एक दृढ़ प्रकृति के व्यक्ति थे। उन्होंने स्वयं एक बार कहा था, "मैं अपने पद का कार्य एक कठपुतली की भांति नहीं करना चाहता।" 18 मई, 1967 को पेरिस इन टैरिस के दीक्षांत भाषण से यह स्पष्ट हो जाता है कि वे कितने निर्भीक थे। उन्होंने कहा था, "संसार में अनेक दूसरे स्थानों पर भी भय की स्थिति है जहाँ पर खुले संघर्ष की संभावना है या अंतर्राष्ट्रीय शांति और सुरक्षा को गंभीर भय है। मेरे व्यक्तिगत विचार में इन सब संकटों में एक सामान्य अवयव विद्यमान है और यह व्यवहार और सिद्धान्त का अन्तर है। उदाहरणार्थ, जिन पक्षों के बीच ये संघर्ष हुए हैं वे सब संयुक्त राष्ट्रसंघ के सदस्य हैं। उन सबका कर्त्तव्य है कि संयुक्त राष्ट्रसंघ के सिद्धान्तों को मानें। नाममात्र के लिए वे इन सिद्धांतों की ओर श्रद्धा दिखाते रहते हैं परन्तु मुझे यह प्रतीत होता है कि अपने अन्तर्राष्ट्रीय व्यवहार में जब वे यह देखते हैं कि उनके महत्वपूर्ण हितों की किसी प्रकार भी हानि हुई, तो वे स्वयं के मार्ग को अपनाते हैं और संयुक्त राष्ट्र चार्टर में निहित उत्तरादायित्वों और प्रतिबंधों को भूल जाते हैं। पवित्र अन्तर्राष्ट्रीय उत्तरदायित्वों की अवहेलना करना एक भयपूर्ण नीति है। जब वे अपनी अवहेलना को स्वयं स्वीकार कर लेते हैं तब दोगली, धोखे वाली भाषा द्वारा उसे न्यायोचित बताने का प्रयास करते हैं। मैं इस दोगली धोखेबाज नीति को भयपूर्ण समझता हूँ। इसके कारण तीसरे विश्वयुद्ध की संभावना है।"

किसी भी अन्तर्राष्ट्रीय अधिकारी द्वारा इससे अधिक स्पष्ट भाषा में विश्व राजनीति के सम्बन्ध में अपने विचार व्यक्त करना शायद कठिन है। फिर भी अपने कार्यकाल में वे कई तरह की विरोधी चर्चाओं का केन्द्र रहे। 1965 व 1971 में इनकी पाकिस्तान समर्थक नीति तथा कार्रवाईयों से भारत को उनकी निष्पक्षता में सन्देह उत्पन्न हो गया था। उनका कार्यकाल 1971 में समाप्त हुआ परन्तु उनकी संयुक्त राष्ट्रसंघ के प्रति सेवाएं चिरस्मरणीय रहेंगी। उन्होंने बड़े परिश्रम से कार्य किया तथा अपने उत्तरदायित्व का निर्वाह किया।

कुर्त वाल्दहीम–ये संयुक्त राष्ट्रसंघ के चौथे महासचिव थे। इनकी नियुक्ति 22 दिसम्बर, 1971 को सुरक्षा परिषद् की सिफारिश पर महासभा द्वारा की गई। महासचिव नियुक्त होने के पहले ये संयुक्त राष्ट्रसंघ में ऑस्ट्रिया के स्थायी प्रतिनिधि

के रूप योग्यतापूर्वक कार्य कर चुके थे। महासचिव के रूप में उनका उद्देश्य संयुक्त राष्ट्रसंघ में विश्व समुदाय की भावना को बढ़ाना था। वे संयुक्त राष्ट्रसंघ को एक सक्रिय व गत्वर संस्था के रूप में देखना चाहते थे। संयुक्त राष्ट्रसंघ के वित्तीय संकट के विषय में उनका विचार था कि यह केवल एक वित्तीय समस्या नहीं वरन् एक राजनीति समस्या है। वे प्रतिषेधात्मक कूटनीति में विश्वास रखते थे। उनका विचार था कि महासचिव ऐसे अवसरों पर अधिक सक्रिय रहे जब किसी भी समस्या के समाधान के लिए जहाँ तक सम्भव हो सके कूटनीतिक विचार-विमर्श का प्रयोग हो। उस दिशा में पहल भी करने की जरूरत है। वे आशावादी थे। विश्व संस्था की क्षमता में उनको काफी विश्वास था। उनके अनुसार, 'आज के विश्व में वास्तविक विरोध उत्पादक तथा उपभोक्ता राज्यों के बीच है। अतः संयुक्त राष्ट्रसंघ का यह पुनीत कर्त्तव्य है कि वह औद्योगिक राष्ट्रों तथा विकासशील देशों के बीच की दूरी को पाटने का प्रयास करे। उपमहासचिवों की नियुक्ति में उन्होंने पूर्वी गुट तथा तृतीय दुनिया को अपेक्षाकृत उचित प्रतिनिधित्व देकर एक नई परम्परा कायम की थी। उत्तरी वियतनाम के बाँधों पर अमेरिकी बमबारी की खुली आलोचना कर तथा अपने वक्तव्यों पर अड़े रहकर उनको अमेरिकी गुट की आलोचनाओं का शिकार होना पड़ा। उनके पहले कार्यकाल की समाप्ति सन् 1976 में हो गई, परन्तु उन्हें दूसरी बार 5 वर्ष के लिए नियुक्त कर दिया गया। सन् 1981 में उनकी दूसरी कार्यावधि समाप्त हो गई। वह अत्यन्त कुशल व्यक्ति थे। इन्हें संयुक्त राज्य अमेरिका का विरोध सहन करना पड़ा परन्तु इन्होंने पूरी निष्ठा और लगन से अपने दायित्व का निर्वाह किया।

जेवियर पेरेज द कुइयार—सन् 1981 में महासचिव के रूप में कुर्त बाल्दहीम का कार्यकाल समाप्त हो जाने के बाद नए महासचिव की नियुक्ति के सम्बन्ध में महाशक्तियों के बीच अभूतपूर्व खींचातानी हुई। कुछ सदस्य राज्य उन्हें तीसरी कार्यावधि के लिए पुनः नियुक्त करने पक्ष में थे, परन्तु अन्य राज्य इसके खिलाफ थे। अन्ततोगत्वा बड़ी कशमकश के बाद 12 दिसम्बर, 1981 को पेरू (दक्षिण अमेरिका) के जेवियर पेरेज द कुइयार इस पद पर नियुक्त किए गए। वर्तमान महासचिव ने भी महत्वपूर्ण अन्तर्राष्ट्रीय समस्याओं के समाधान में महत्वपूर्ण भूमिका अदा की है। वे ईरान-ईराक विवाद, अफगानिस्तान में सोवियत हस्तक्षेप, हिन्द महासागर में महाशक्तियों की प्रतिस्पर्द्धा से उत्पन्न संकट आदि विविध समस्याओं का समाधान करने में सफल हुए हैं। ईरान-ईराक युद्ध समाप्त हो गया है, रूसी सेनाएं अफगानिस्तान से चली गई हैं। परन्तु अफगानिस्तान, कम्पूचिया में गृहयुद्ध चल रहा है। नामीबिया में उन्होंने संयुक्त राष्ट्रसंघ के तत्वावधान में चुनाव कराकर अभूतपूर्व सफलता प्राप्त की है। इन्होंने अपने कार्यों से संयुक्त राष्ट्रसंघ व महासचिव की प्रतिष्ठा को बढ़ाया है।

निष्कर्ष

बुतरस गाली और कोफी अन्नान (Kofe Annan) के कार्यकाल में सचिवालय ने सराहनीय कार्य किये हैं हम यह कह सकते हैं कि संयुक्त राष्ट्रसंघ के महासचिव

का पद वास्तव में बहुत महत्वपूर्ण है। भले ही राष्ट्रों की संप्रभु एकता के सिद्धान्त के कारण उसकी शक्तियों का क्षेत्र सीमित क्यों न हो गया हो फिर भी यह स्पष्ट है कि उसकी शक्तियाँ बढ़ी हैं और निरन्तर बढ़ती ही जा रही हैं। पिछले तीन दशकों के अनुभव से यह अनुमान लगाना अनुचित नहीं होगा कि जैसे-जैसे शीतयुद्ध की तीक्ष्णता कम होती जाएगी और संयुक्त राष्ट्रसंघ को वित्तीय संकट से मुक्ति मिलती जाएगी, वैसे-वैसे महासचिव का पद अधिक क्रियात्मक, महत्वपूर्ण शक्तिशाली तथा गत्वर होता जाएगा। परन्तु इसके लिए सदस्य राष्ट्रों का सहयोग और विश्वास आवश्यक होगा। इस सन्दर्भ में यह उल्लेखनीय है कि न तो वह हिटलर बन सकता है, न स्टालिन और न नेपोलियन। वह लिंकन, रूजवेल्ट, चर्चिल और लॉयड जार्ज भी शायद नहीं बन सकता। सदस्यों के सहयोग के अनुपात में उसकी शक्ति घट-बढ़ सकती है। उसके अपने व्यक्तित्व पर भी उसकी शक्ति घट-बढ़ सकती है। जैसा लियोनार्ड का मत है, 'महासचिव अपनी अद्वितीय राजनीतिक शक्तियों के लिए महत्वपूर्ण हो सकते हैं। यदि ऐसा नहीं होता तो सदस्य सरकारें महासचिव के अधिकार को सीमित करने की चेष्टा करेंगी और इससे संपूर्ण संगठन की हानि होगी।' "अपनी बुद्धिमत्ता तथा राष्ट्रों के सहयोग से यह केवल सेक्रेटरी ही नहीं रहेगा वरन् एक कारगर जनरल भी बन सकेगा। इसके निमित्त चार्टर में संशोधन की आवश्यकता नहीं है।" महासचिव पद की उभरती हुई प्रवृत्तियों पर टिप्पणी करते हुए वेण्डेनवोश तथा होगन ने लिखा है, "कुछ दशकों के बाद महासचिव की भूमिका तथा प्रवृत्ति क्या होगी, इसका कोई अनुमान नहीं कर सकता। ठीक वैसे ही जैसे कि सन् 1789 में यह नहीं कहा जा सकता था कि संयुक्त राज्य अमेरिका के राष्ट्रपति पद की आगे आने वाले समय में क्या प्रवृत्तियाँ होंगी। परन्तु यह कहा जा सकता है कि संयुक्त राष्ट्रसंघ के महासचिव की शक्ति व महत्व में वृद्धि हुई है और शायद भविष्य में और भी होगी क्योंकि महासचिव संयुक्त राष्ट्रसंघ के कार्यों का केन्द्रबिन्दु व समन्वयकर्ता बन गया है तथा बहुत कुछ इसकी गतिविधियों व कार्यों व व्यक्तित्व का विभिन्न अभिकरणों पर प्रभाव पड़ता है।

महासचिव की वर्तमान स्थिति और संयुक्त राष्ट्रसंघ में उसका महत्व

संयुक्त राष्ट्रसंघ के संविदापत्र की धारा 86 से 101 तक संयुक्त राष्ट्रसंघ के महासचिव की नियुक्ति, स्थिति और उसकी शक्तियों के बारे में आवश्यक प्रावधान किया गया है, परन्तु वर्तमान महासचिव का चित्र वास्तव में वैसा नहीं है जैसा कि संयुक्त राष्ट्रसंघ चार्टर में खींचने का प्रयत्न किया गया था। संसार में राजनीतिक परिस्थितियां गत 45 वर्षों में जितनी तेजी के साथ परिवर्तित हुई हैं उनकी दौड़ में संयुक्त राष्ट्रसंघ के महासचिव की स्थिति और कार्यों में उतनी ही तेजी से बदलाव आया है। यह विकास संयुक्त राष्ट्रसंघ के चार्टर में उसकी शक्तियों से सम्बन्धित किसी संशोधन द्वारा नहीं बल्कि नई परम्पराओं व कार्यों द्वारा सम्भव हो सका है। प्रायः सभी क्षेत्रों में ऐसा समझा जाने लगा है कि इस पद के महत्व का प्रभाव

और उपयोगिता में वृद्धि हुई है। महासचिव के विचार और उसका कार्य संसार में शान्ति और सुरक्षा के लिए अपना विशेष महत्व रखते हैं। उसके प्रयत्न संसार की भयावह स्थिति में एकाएक आशाजनक परिवर्तनों की सम्भावना को चरितार्थ व प्रभावित कर सकते हैं और यदि वह चाहे तो परिस्थितियाँ और भी अधिक गम्भीर हो सकती हैं। क्यूबा और कांगों की समस्याओं को शान्तिपूर्ण ढंग से सुलझाने का श्रेय राष्ट्रसंघ के महासचिव को प्राप्त है और इन्हीं दोनों परिस्थितियों ने उसके महत्व, कार्यपटुता और सम्मान को और अधिक ऊँचा उठाया है, उसकी कर्त्तव्य शक्ति को बढ़ाया और उसके आत्मनिर्णय के क्षेत्र को भी विस्तृत किया है। यदि ऐसा न हो तो जहाँ ट्रिग्वे ली अपने को संयुक्त राष्ट्रसंघ के अतिरिक्त सुरक्षा परिषद् के स्थायी सदस्यों को ही अपना नियुक्ति कर्ता समझते और डाग हैमरशोल्ड ने सोवियत संघ द्वारा रखे गए उन सुझावों को न ठुकरा दिया होता, जिनमें उनके पद-त्याग की बार-बार माँग की गई थी।

संयुक्त राष्ट्रसंघ के गत 45 वर्षों के इतिहास में कुल 6 महासचिव अभी तक नियुक्त किए जा चुके हैं। जिनमें श्री ट्रिग्वे ली का कार्यकाल वह समय था जब संयुक्त राष्ट्रसंघ ने पश्चिमी गुट का बहुमत था। श्री डाग हैमरशोल्ड के समय में विश्व के शान्ति-सन्तुलन में बहुत अधिक परिवर्तन हुआ था तथा चीन एक नई शक्ति के रूप में उदित हो चुका था, पश्चिमी और रूसी गुटों के अलावा तटस्थ देशों की शक्ति विकसित हो चुकी थी और संयुक्त राष्ट्रसंघ में अफ्रीकी देशों का नया प्रभाव स्थापित होने लगा था। 'शान्ति के लिए एकता' प्रस्ताव के पास हो जाने पर संयुक्त राष्ट्रसंघ महासभा केवल निष्क्रिय संस्था ही नहीं रही बल्कि उसमें विश्व जनमत की नैतिक शक्ति को विशेष अवसरों पर प्रभावित करने की क्षमता आ चुकी थी जिसका प्रदर्शन स्वेज नहर के प्रश्न को लेकर मिस्त्र पर किए गए आक्रमण के समय हो चुका था। जिसमें उसने दो स्थायी सदस्यों ब्रिटेन व फ्रांस को मिस्त्र से सेनाएं हटाने को विवश किया।

इस बदली हुई स्थिति में श्री डाग हैमरशोल्ड को अधिक सतर्कता व कूटनीतिक उपायों का सहारा लेना पड़ा और कई बार उन्होंने सुरक्षा परिषद् के अस्पष्ट प्रस्तावों कार्यान्वित करने के लिए गम्भीर परिस्थितियों में अपने विवेक से काम लिया। इन विवेकों द्वारा महासचिव के पद के साथ उन्होंने नई परम्पराओं का एक अध्याय जोड़ दिया। महासचिव श्री ऊ थांट के समय तक राष्ट्रसंघ में एशियाई-अफ्रीकी देशों का बहुमत हो चुका था और पश्चिमी गुट के दक्षिण अमेरिका के देशों में कई समस्याओं में स्वतन्त्र निर्णय लेने का साहस भी पैदा हो चुका है। संयुक्त राष्ट्रसंघ के अधिकतर देश अब गुटबन्दियों के अनुसार मतदान न कर समस्याओं की वास्तविकता के आधार पर मतदान करने लगे थे। अतएव नए महासचिव ऊ थांट का कार्य इस अनिश्चितता में और भी कठिन हो गया था। फिर भी क्यूबा की गम्भीर परिस्थिति में सन् 1962 में श्री ऊ थांट ने जिस साहस और कार्यक्षमता का परिचय दिया,

उससे दुनिया को महासचिव पद की अधिकाधिक उपयोगिता पर विश्वास पैदा होने लगा। बाद में कुर्त वाल्दहीम ने पश्चिम एशिया के संकट को सुलझाने में तत्परता का पूर्ण परिचय दिया। परन्तु सबसे अधिक सफलता पेरेज द कुईयार को मिली। अफगानिस्तान, ईरान-ईराक, कम्पूचिया व नामीबिया समस्याओं को सुलझाने में महत्वपूर्ण योगदान दिया।

प्रत्येक महासचिव ने संयुक्त राष्ट्रसंघ ने सचिवालय में बदली हुई परिस्थितियों के अनुकूल परिवर्तन लाने की चेष्टा की है, जिससे संसार में राष्ट्रों के साथ निष्पक्षता और न्याय हो सके। फिर भी इस दिशा में अभी बहुत कुछ करने को बाकी है। महासचिव के लिए यह एक महत्वपूर्ण समस्या है कि वह सुरक्षा परिषद् के आदेशों को कार्यान्वित करने के लिए तो उत्तरदायी है, पर इस उत्तरदायित्व को निभाने के लिए न तो उसके पास पर्याप्त कार्यकारी शक्ति है, न संयुक्त राष्ट्रसंघ की अपनी सेना है, न ही सुरक्षा परिषद् के आदेशों का स्पष्टीकरण करने के लिए न्यायालय और न ही उसके पास अपनी सरकार है। इन कठिनाइयों के बीच उसे निष्पक्षतापूर्ण कार्यवाहियों द्वारा संयुक्त राष्ट्रसंघ के चार्टर में सन्निहित इच्छा के आधार पर अपने कर्त्तव्यों का पालन करना ही होता है ऐसी परिस्थिति में महासचिव की स्थिति और उसके कर्त्तव्यों का निरूपण अवश्य ही एक कठिन व जटिल विषय हो जाता है।

उपयुक्त विश्लेषण से यह स्पष्ट हो जाता है कि इस प्रकार संयुक्त राष्ट्रसंघ के महासचिव की मुख्य स्थितियाँ हैं-(1) प्रशासकीय, (2) कार्यकारिणी, (3) राजनीतिक, (4) समन्वय सम्बन्धी। इन चारों ही स्थितियों में महासचिव के कर्त्तव्यों और शक्तियों का निरूपण आवश्यक है।

संयुक्त राष्ट्रसंघ के महासचिव की प्रशासकीय स्थिति और उसके महत्वपूर्ण कार्य संयुक्त राष्ट्रसंघ की धारा 97 में उल्लिखित किया गया है कि संयुक्त राष्ट्रसंघ के सचिवालय का प्रधान महासचिव होगा जिसकी नियुक्ति संयुक्त राष्ट्रसंघ की महासभा द्वारा सुरक्षा परिषद् की सिफारिश पर की जाएगी। यही संयुक्त राष्ट्रसंघ का सर्वोच्च प्रशासकीय पदाधिकारी होगा। श्री डाग हैमरशोल्ड ने महासचिव को संयुक्त राष्ट्रसंघ का एक निर्वाचित प्रतिनिधि कहा है। वास्तव में जैसा कि श्री हैमरशोल्ड ने कहा है महासचिव की नियुक्ति उसके निर्वाचन पर ही आधारित है। उसके निर्वाचन की विधि यह है कि सुरक्षा परिषद् के कम से कम सात सदस्यों द्वारा महासचिव पद के लिए प्रस्तावित नाम का समर्थन होना चाहिए। इसके बाद पाँचों स्थायी सदस्यों द्वारा इस नाम का पुन:समर्थन होना चाहिए। यदि कोई भी स्थायी सदस्य अपना समर्थन न दे तो ऐसा प्रस्तावित व्यक्ति महासचिव नहीं हो सकता। पाँचों स्थायी सदस्यों द्वारा समर्थित प्रस्ताव को महासभा के समक्ष रखा जाता है। यदि महासभा चाहे तो सुरक्षा परिषद् के प्रस्ताव को अमान्य कर दे पर ऐसा करने पर वह स्वयं भी उसकी अलग से नियुक्ति नहीं कर सकती क्योंकि उसके लिए सुरक्षा परिषद् की स्वीकृति आवश्यक है। इसका तात्पर्य यह हुआ कि उसकी नियुक्ति वास्तव में सुरक्षा परिषद् के पाँच

बड़े स्थायी राष्ट्रों के प्रभाव से होती है, जिनको सुरक्षा परिषद् में निषेधाधिकार प्राप्त है।

महासचिव के चुनाव की इस प्रक्रिया को व्यावहारिक बनाने के लिये महासचिव पद के लिए किसी ऐसे व्यक्ति का नाम प्रस्तावित किया जाता है जो तटस्थ देशों का हो, पाँचों में से किसी भी राष्ट्र के प्रति उसकी पक्षपात की भावना न हो। साथ ही वह पाँचों स्थायी राष्ट्रों का विश्वासपात्र भी हो। ऐसा व्यक्ति प्रतिष्ठावान और अन्तर्राष्ट्रीय कूटनीति में दक्ष होना चाहिए क्योंकि संयुक्त राष्ट्रसंघ चार्टर की यह शर्त उसकी स्थिति को बहुत उत्तरदायी बना देती है। चार्टर में महासचिव का कार्यकाल भी निश्चित नहीं किया गया है। परन्तु महासभा ने अपने 24 जनवरी, 1946 के प्रस्ताव में उसकी कार्यावधि के बारे में चार बातें निर्धारित की हैं–(1) महासचिव की कार्यावधि इतनी अधिक हो कि प्रतिष्ठावान उच्च योग्यता वाला व्यक्ति उसे स्वीकार कर ले, (2) महासचिव के कार्य की अवधि 5 वर्ष की हो, इसके पश्चात् उसे दुबारा 5 वर्ष के लिए बढ़ाया जा सके, (3) महासभा और सुरक्षा परिषद् को यह अधिकार रहे कि अनुभव के आधार पर इसकी कार्यावधि को घटा या बढ़ा सके, तथा (4) महासचिव सेवाच्युत हो जाने पर किसी भी सदस्य राष्ट्र में किसी भी पद को स्वीकार न करे। परन्तु कुर्त वाल्दहीम ऑस्ट्रिया के प्रधान हैं।

प्रशासकीय स्थिति–संयुक्त राष्ट्रसंघ का महासचिव सचिवालय का प्रधान है, इस स्थिति के कारण उसे काफी प्रशासकीय शक्तियां प्राप्त हैं। सचिवालय का सर्वोच्च पदाधिकारी होने के नाते उसके पाँच प्रकार के प्रशासन सम्बन्धी मुख्य कार्य हैं–(1) वह सदस्य राष्ट्रों तथा संयुक्त राष्ट्रसंघ के विभिन्न विभागों के बीच सम्पर्क की कड़ी है। (2) वह सचिवालय के समस्त पदाधिकारों की नियुक्ति, प्रशिक्षण, वेतन, पदोन्नति और अनुशासन आदि के लिए भी उत्तरदायी है। (3) वह विभागीय कार्यों की प्रगति और सक्षमता के लिए भी उत्तरदायी है। (4) वह तकनीति सहायता उपलब्ध कराता है। विशेष स्थितियों का स्वयं अध्ययन करता है और संयुक्त राष्ट्रसंघ के दूसरे विभागों तथा संयुक्त राष्ट्रसंघ के सदस्यों को विशेषज्ञ की हैसियत से परामर्श देता है तथा मार्गदर्शन करता है, और (5) महासभा द्वारा स्वीकृत स्थायी वित्तीय नियमावली के आधार पर संयुक्त राष्ट्रसंघ की आय-व्यय का अनुमान लगाने का निधि का वितरण करने, अनुदानों की वसूली करने तथा संयुक्त राष्ट्रसंघ की निधि का हिसाब रखने के लिए वह पूर्णरूप से उत्तरदायी है। वह विशेष अभिकरणों के आय-व्यय को महासभा के समक्ष प्रस्तुत करने का भी प्रबन्ध करता है।

1945 से 1990 के बीच संयुक्त राष्ट्रसंघ का प्रत्येक दिशा में बहुत अधिक विकास हुआ है। सन् 1945 में सदस्य राष्ट्रों की संख्या केवल 51 थी जबकि 1990 में इनकी संख्या 160 हो चुकी है। इसी अनुपात में संयुक्त राष्ट्रसंघ के विविध विभागों और विशिष्ट अभिकरणों की बहुत वृद्धि हुई है, कर्मचारियों तथा पदाधिकारियों की संख्या भी बहुत बढ़ाई गई है। इस विकास के साथ-साथ महासचिव के अधिकार

व जिम्मेदारियों में भी वृद्धि हुई है। सचिवालय के समस्त विभागों के पुनर्गठन तथा पदाधिकारियों के कार्य वितरण में हेर-फेर आदि के प्रश्न पर श्री ट्रिग्वे ली के समय से ही अध्ययन किया जा रहा था। इस अध्ययन के बाद सचिवालय को तीन स्थायी विभागों में पहले से ही बाँट दिया गया है–

(1) राजनीतिक और सुरक्षा विभाग, (2) प्रन्यास विभाग, (3) वित्त समाज-सेवा विभाग। इसके अलावा चार उप-विभाग हैं–(1) सम्मेलन सेवा, (2) सामान्य सेवा, (3) सूचना प्रसार सेवा, और (4) जेनेवा आफिस आदि। आरम्भ में प्रशासकीय, वित्तीय व विधि विभागों को कण्ट्रोलर आफिस, विधि और कर्मचारी आफिस में बदल दिया गया है। इस परिवर्तन के कारण महासचिव की दोहरी जिम्मेदारियाँ हो गई हैं– एक सचिवालय के आंतरिक प्रशासन की (जो उसकी प्रधान जिम्मेदारी है) और दूसरी बाह्य जिम्मेदारी (जिसके अन्तर्गत उस पर संयुक्तराष्ट्रसंघ के विविध अंगों से सम्बन्धित कार्यों और उनके बीच सहयोग व तारतम्य बनाने आदि की जिम्मेदारी है))।

आरम्भिक व्यवस्था के अनुसार महासचिव के नीचे सहायक महासचिव और उनके नीचे निदेशक हुआ करते थे। सहायक महासचिव दो स्थितियों में काम करते हैं–(1) अपने से सम्बन्धित सदस्य राष्ट्रसंघ के प्रतिनिधि होते थे और (2) वे अपने विभागों के अध्यक्ष भी होते थे। उन्हें महासचिव सुरक्षा परिषद् के पाँच स्थायी सदस्यों की सहमति से नियुक्त करता था। पर उन्हें वह पदच्युत नहीं कर सकता था। इस स्थिति के कारण महासचिव की स्थिति बहुत अनिश्चित और संकटपूर्ण थी क्योंकि सहायक महासचिव राजनीतिक मामलों में महासचिव को सलाह देने का अधिकारी था और प्रशासकीय कार्यों का तो वह प्रधान था ही। महासचिव को इस कारण निष्पक्ष प्रशासन में बड़ी कठिनाई होती थी।

पुनर्गठन के फलस्वरूप सहायक महासचिव के पद को समाप्त कर दिया गया और उसके स्थान पर अवर सचिवों की नियुक्ति की गई जो प्रशासनिक कार्यों में महासचिव के प्रति उत्तरदायी होते हैं तथा उन्हें महासचिव ही नियुक्त और पदमुक्त कर सकता है। राजनीतिक कार्यों में अब महासचिव पूर्ण स्वतन्त्र होता है। 1955 में श्री हैमरशोल्ड ने दो अवर सचिवों की और नियुक्ति की जिनका कार्य था राजनीतिक स्थितियों का मौके पर जाकर निरीक्षण करना; स्थिति को सम्भालना और महासचिव को रिपोर्ट करना। महासचिव इन्हें अपनी राजनीतिक शक्ति प्रदान कर सकता था। ट्रिग्वे ली और हैमरशोल्ड दोनों ने ही राजनीतिक सत्ता को अपने पास रखा और अवर सचिवों को केवल वस्तुस्थिति का पता लगाने का कार्य सौंपा। श्री ऊ थांट ने इसके विपरीत अपनी बहुत-सी राजनीतिक जिम्मेदारियां अवर सचिवों को प्रदान कर दीं और उन्हें अधिकार दे दिया कि गम्भीर स्थितियों को संभालने के लिए वे अपने विवेक का भी प्रयोग करें। पश्चिमी ईरियन समस्या के हल में श्री नरसिंहम और काँगों में राल्फ बुंच का कार्य पूर्ण जिम्मेदारी का था। परन्तु इस प्रदत्त शक्ति

की अन्तिम जिम्मेदारी महासचिव पर ही होती है और उसी को अन्तिम निर्णय का भी अधिकार होता है।

महासचिव श्री ऊ थांट ने आठ अवर सचिवों की नियुक्ति की जिनकी स्थिति मन्त्रिमण्डल के मन्त्रियों जैसी है। इनमें से दो पश्चिमी गुट, दो रूसी गुट, एक लैटिन अमेरिका, तीन एशिया व अफ्रीका के देशों से हैं। इन आठों की स्थिति महासभा के अवर सचिवों की स्थिति जैसी होती है। इस प्रकार महासचिव का कार्य धीरे-धीरे एक विश्व सचिवालय और उसकी सरकार जैसी संस्था के निर्माण की दशा में अग्रसित होता जा रहा है। तथा श्री कुर्त वाल्दहीम व श्री पेरिज द कुईयार के समय में इसका और अधिक विस्तार हुआ है।

महासचिव की कार्यकारिणी स्थिति और उसके महत्वपूर्ण कार्य–संयुक्त राष्ट्रसंघ के महासचिव की कार्यकारिणी स्थिति से सम्बन्धित कार्यों का सम्पादन उसके महत्वपूर्ण कार्यों का दूसरा महत्वपूर्ण पक्ष है। इस स्थिति में महासचिव उन सभी नीतियों और कार्यक्रमों को कार्यान्वित करने के लिए उत्तरदायी हैं जो समय-समय पर संयुक्त राष्ट्रसंघ के विभिन्न अंगों द्वारा निर्धारित होते हैं। संयुक्त राष्ट्रसंघ चार्टर की धारा 98 तथा महासभा, सुरक्षा परिषद्, आर्थिक व सामाजिक परिषद् और प्रन्यास परिषद् की कार्य-प्रणालियों में इन अंगों से सम्बन्धित महासचिव के कार्यों का वर्णन किया गया है। कार्यकारिणी शक्तियों को मोटे तौर पर दो भागों में बाँटा जा सकता है–वे कार्य और शक्तियां जो संयुक्त राष्ट्रसंघ के विभिन्न अंगों की नीति और कार्यक्रमों के क्रियान्वयन से सम्बन्धित होते हैं और दूसरे वे जिनमें महासचिव के कार्यों की योजना बनाने, रिपोर्ट तैयार करने या अपने विवेक के अनुसार कार्यवाही करने के लिए कहा जाता है। दूसरे प्रकार के कार्यों के सम्पादन में उसे बहुत अधिक राजनीतिक शक्ति और छूट मिल जाती है। इस प्रकार के कार्य ही अधिकांश बहुत महत्वपूर्ण होते हैं जिनके सम्पादन का उसे श्रेय मिलता है और न सम्पादन करने या त्रुटि करने पर गम्भीर उत्तरदायित्व तथा आलोचना का भागी होना पड़ता है। ऐसे कार्यों में महासचिव निम्न अवसरों पर अपना व्यक्तिगत प्रभाव भी डाल सकता है–

(1) **संयुक्त राष्ट्रसंघ के प्रत्येक अंग कार्यक्रम बनाते समय**–(अ) संयुक्त राष्ट्रसंघ की महासभा और प्रन्यास परिषद् की कार्य-प्रणालियों में लिखा है कि इनके कार्यक्रमों में महासचिव उन सभी प्रश्नों को सम्मिलित कर सकता है, जिन्हें निर्णय हेतु, वह सम्मिलित करना उचित समझे। (ब) संयुक्त राष्ट्रसंघ चार्टर की धारा 99 के अनुसार महासचिव को यह अधिकार है कि वह किसी भी समस्या के प्रति सुरक्षा परिषद् का ध्यान आकर्षित करे जिसमें उसे अन्तर्राष्ट्रीय सुरक्षा और शान्ति भंग होने की आशंका हो। (स) दूसरे तीन अंगों के सदस्यों के द्वारा भी वह नए प्रश्नों को जुड़वा सकता है।

(2) संयुक्त राष्ट्रसंघ के विविध अंगों के सामने अपने द्वारा दिए गए मौखिक या लिखित वक्तव्यों को देते समय ऐसा कर सकता है। विविध अंगों की कार्य-प्रणाली

के अनुसार महासचिव के लिए यह आवश्यक है कि वह किसी प्रश्न पर विचार होने से पूर्व उस अंग के सदस्यों के सामने उस प्रश्न से सम्बन्धित बातों पर या तो स्वयं या अपने किसी सहायक द्वारा वक्तव्य दे। महासभा की समितियों और उपसमितियों के सम्मुख महासचिव केाई भी वक्तव्य, जिसे वह उचित समझता हो, दे सकता है, जिसका अधिकांश प्रभाव भी पड़ता है।

(3) अपनी वार्षिक रिपोर्ट लिखते समय संयुक्त राष्ट्रसंघ चार्टर की धारा 98 के अनुसार महासचिव को राष्ट्रसंघ के कार्यों का एक वार्षिक प्रतिवेदन महासभा के सम्मुख प्रस्तुत करने का नियम है। इस प्रतिवेदन में दो भाग होते हैं–एक भाग में गत वर्ष की सफलताओं और विफलताओं का सारांश होता है। दूसरे भाग में मौजूदा वर्ष के लिए सम्भावित कार्यों पर महासचिव की प्रस्तावना और सुझाव होते हैं जिनको करने की वह महासभा के सामने सदस्य राष्ट्रों से सिफारिश करता है।

जहाँ एक ओर महासचिव को संयुक्त राष्ट्रसंघ के कार्यकारिणी सम्बन्धी कार्यों को प्रभावित करने के अनेक अवसर हैं, वहीं दूसरी ओर उसकी शक्तियाँ बड़ी अनिश्चित भी हैं। अभी तक संयुक्त राष्ट्रसंघ में महासचिव की कार्यकारिणी शक्तियों को न तो निश्चित ही किया गया है और न उनकी कोई परिभाषा ही दी गई। फिर भी महासचिव को अपनी शक्तियों का उपयोग करना आवश्यक है। साथ ही यह भी कहा जाता है कि संयुक्त राष्ट्रसंघ का कार्य एक संसदीय सरकार जैसा चले, जिससे महासचिव अपने कार्यों के लिए महासभा के प्रति उत्तरदायी रहे। पर उसके पास न तो सेना है, न संयुक्त राष्ट्रसंघ का दंड-विधान और न ही उसके पास कार्य-प्रणाली की नियमावली ही है। श्री हैमरशोल्ड ने अपने 1960-61 के वार्षिक प्रतिवेदन में ठीक ही कहा था कि उसके पास उत्तरदायित्व तो हैं पर विवश करने या दंड देने की शक्ति नहीं है।

महासचिव की राजनीतिक स्थिति और उसके महत्वपूर्ण राजनीतिक कार्य–महासचिव की सबसे महत्वपूर्ण और सबसे अनिश्चित स्थिति राजनीतिक क्षेत्र में है। राजनीतिक कार्यों के सम्पादन ने ही इस पद के गौरव और उसकी प्रतिष्ठा को इतना अधिक बढ़ाया है। प्रत्येक महासचिव के समय में राजनीतिक कार्यों की अत्याधिक वृद्धि हुई है और साथ ही महासचिव का उत्तरदायित्व भी बहुत अधिक बढ़ा है। संयुक्त राष्ट्रसंघ चार्टर की धारा 99 में यह कहा गया है कि महासचिव किसी भी ऐसे प्रश्न की ओर सुरक्षा परिषद् का ध्यान आकर्षित कर सकता है जिसके कारण अन्तर्राष्ट्रीय शक्ति और सुरक्षा के भंग होने की आशंका हो। यह धारा ही महासचिव की स्थिति को एक प्रधान प्रशासकीय पदाधिकारी की स्थिति से बढ़ाकर अत्यन्त महत्वपूर्ण बना देती है। इस धारा में दी गई शक्ति के विषय को लेकर बहुत अधिक विवाद हो चुका है। सान-फ्रांसिस्को सम्मेलन में कुछ सदस्यों का मत था कि इस धारा में निहित गन्तव्य को महासचिव के लिए अनिवार्य कर दिया जाए अर्थात् 'ध्यान आकर्षित कर सकता है' के स्थान पर 'ध्यान आकर्षित करे' कर दिया

जाए तथा वह न केवल सुरक्षा परिषद् का ध्यान आकर्षित करे बल्कि महासभा का भी ध्यान आकर्षित करे और उन सभी प्रश्नों को भी सुरक्षा परिषद् या महासभा में विचारार्थ प्रस्तुत करे जो संयुक्त राष्ट्रसंघ के सिद्धान्तों और उद्देश्यों का उल्लंघन करते हों। इन प्रस्तावों को यद्यपि अस्वीकार कर दिया गया फिर भी इससे यह स्पष्ट है कि बहुत से सदस्य राष्ट्र महासचिव के स्थान को अत्यन्त शक्तिशाली व प्रभावशाली बनाने के पक्ष में थे।

अत: ज्यों-ज्यों कार्य और अनुभव बढ़ता गया इस धारा के अन्तर्गत महासचिव की निहित शक्तियों का भी विकास होता चला गया। ईरान संकट के समय महासचिव को हस्तक्षेप करना पड़ा और सुरक्षा परिषद् के वाद-विवाद में उसे लिखित और जबानी व वक्तव्य देना आवश्यक हो गया। यूनान की सीमा समस्या में विवाद के बाद यह निर्णय लिया गया कि वास्तविकता का निरीक्षण करने के लिये महासचिव को जाँच करने का पूर्ण अधिकार दिया जाये। सुरक्षा परिषद् की विशेषज्ञ समिति ने यह स्पष्ट कर दिया कि खास विषयों पर महासचिव प्रस्तावों का संयोजन भी कर सकता है तथा मौखिक या लिखित वक्तव्य भी उन मामलों में दे सकता है जो सुरक्षा परिषद् के सम्मुख विचाराधीन हों। बाद में महासभा ने भी महासचिव को अपने यहाँ वाद-विवाद में हस्तक्षेप करने का स्वच्छन्द अधिकार दे दिया जिससे उसकी शक्ति बढ़ी।

मुख्य रूप से सात परिस्थितियों का, जिसमें महासचिव धारा 99 के अनुसार राजनीतिक क्षेत्र में अपने प्रभाव को स्थापित कर सकता है, इस प्रकार वर्णन किया गया है–(1) धारा 99 के आधार पर वह किसी भी मामले पर सुरक्षा परिषद् का ध्यान आकर्षित कर सकता है, जिसे वह अन्तर्राष्ट्रीय शान्ति व सुरक्षा के लिये चुनौती समझे। (2) ऐसा करने के पूर्व उसे परिस्थिति की सही जानकारी होनी चाहिए और इस जांच के लिए उसके पास दो अधिकार अपने आप आ जाते हैं–(क) वास्तविकता का पता लगाने का अधिकार, और (ख) पता लगाने के लिए पर्यवेक्षकों की नियुक्ति पर मौके पर उन्हें भेजने का अधिकार। (3) वह किसी भी प्रश्न को सुरक्षा परिषद् के अस्थायी कार्यक्रम में जोड़ सकता है। इस अनुच्छेद के कारण महासचिव को न केवल राजनीतिक प्रश्नों में बल्कि उन सभी आर्थिक और सामाजिक प्रश्नों में भी हस्तक्षेप का अधिकार मिल गया है, जिनका सम्बन्ध राजनीति से भी हो। (4) वह सुरक्षा परिषद् में कोई भी प्रस्ताव रख सकता है, घोषणाएं कर सकता है और प्रस्तावों तथा संशोधनों का संयोजन कर सकता है। (5) वह विश्व जनमत से अपील कर सकता है। (6) परिस्थितियों की गम्भीरता पर वह सम्बन्धित राष्ट्रों के साथ सीधा सम्पर्क भी स्थापित कर सकता है और समस्याओं को सुलझाने का कोई तात्कालिक हल निकालने का प्रयास कर सकता है। (7) वह संयुक्त राष्ट्रसंघ के निर्देशों को कार्यान्वित करने के साधनों को स्वयं पसन्द कर सकता है। क्योंकि ये निर्देश सामान्य आदेशों या प्रस्तावों के रूप में होते हैं। उदाहरण के लिए स्वेज नहर

के मामले में महासचिव को निर्देश मिला कि "महासचिव कार्यकारी और प्रशासकीय कदम, जिन्हें वे आवश्यक समझें, उठाकर एक आपातकालीन सेना का निर्माण करें और सेना को मिस्र को भेज दें।" कौन-से प्रशासकीय या कार्यकारिणी कदम उठाए जायें इसका निर्णय महासचिव पर छोड़ दिया गया था और इस निर्णय की छूट ही महासचिव की शक्ति का स्रोत था।

इस क्षेत्र में सर्वश्री ट्रिग्वे ली, हैमरशोल्ड व ऊ थांट ने भिन्न-भिन्न तरीकों को अपनाया पर हेमरशोल्ड और ऊ थांट ने अपनी राजनीतिक शक्ति को बढ़ाने में योजनाबद्ध कार्य किया है। उन्होंने एक ऐसी नीति अपनाई है जिसके द्वारा उन्होंने इस भावना का प्रतिकार किया है कि संयुक्त राष्ट्रसंघ केवल मात्र सम्मेलन व बातें करने की निष्क्रिय संस्था है। इन दोनों ने ही संयुक्त राष्ट्रसंघ को अधिक से अधिक सक्रिय बनाने की चेष्टा की है। इस सक्रियता की वृद्धि में इनका स्वयं का महत्व व व्यक्तित्व बढ़ा है और उनकी नैतिक शक्ति ने महासचिव के स्थान को बहुत अधिक महत्वपूर्ण बना दिया है। गम्भीर परिस्थितियों में एक कुशल राजनीतिज्ञ और संयुक्त राष्ट्रसंघ के प्रवक्ता की भांति अन्तर्राष्ट्रीय सम्बन्धों का केन्द्र बनाकर अपने पद की प्रतिष्ठा में उन्होंनें नए अध्याय जोड़े हैं। महासचिव की शक्ति भौतिक या स्थूल या सैनिक नहीं होती, पर उसमें नैतिक शक्ति की असीमता होती है। हैमरशोल्ड का कहना था कि महासचिव बिना सैनिक शक्ति के भी संयुक्त राष्ट्रसंघ की नीतियों के कार्यान्वयन में सेना से भी अधिक अपना प्रभाव डाल सकता है। उनके कथन में सत्य का अंश है।

श्री हैमरशोल्ड ने जिन विभिन्न तरीकों से संयुक्त राष्ट्रसंघ की नीतियों को प्रभावित किया उनमें से कुछ निम्न हैं–

(1) **संयुक्त राष्ट्रसंघ के सामान्य आदेशों का स्पष्टीकरण करके**–स्वेज नहर और कांगो के मामलों में कई बार सुरक्षा परिषद् द्वारा भ्रमात्मक आदेश जारी किए गए, यह आदेश इतने अस्पष्ट और अनिश्चित थे कि उनकी बिना स्पष्ट व्याख्या के आदेश का कार्यान्वयन करना सम्भव नहीं था। उदाहरण के लिए कांगो संकट के समय सुरक्षा परिषद् ने यह प्रस्ताव पास किया कि महासचिव ऐसी स्थिति में आवश्यक कदम उठाएं और कांगो सरकार को उतनी और उतने समय तक सैनिक सहायता भेजें जितनी और जितने समय तक राष्ट्रीय सुरक्षा सेनाओं द्वारा अपना कार्य सम्पादन करने में उनका वहां रहना आवश्यक हो। यह आदेश जितना अस्पष्ट था शायद उतना अस्पष्ट आदेश संयुक्त राष्ट्रसंघ के इतिहास में शायद ही कोई हुआ होगा।

वास्तव में इस आदेश के द्वारा सुरक्षा परिषद् ने अपनी सारी कार्यकारिणी शक्ति को ही महासचिव के नाम लिख दिया था। इन संयुक्त राष्ट्रसंघीय सेनाओं का प्रयोग किन सिद्धान्तों के आधार पर किया जाए, यह बहुत महत्वपूर्ण राजनीतिक प्रश्न था। इसलिए महासचिव को पुनः सुरक्षा परिषद् द्वारा इन सिद्धान्तों को निश्चित कराना

पड़ा। पर कटंगा और दूसरे प्रदेशों के कांगो से अलग हो जाने पर जो नई परिस्थितियाँ पैदा हुईं उनमें इन निश्चित सिद्धान्तों की अपर्याप्ता और अस्पष्टता सिद्ध हो गई। कांगो में अनेक सत्ताएं पैदा हो गई थीं जो अपना आधिपत्य जमाने के लिए आपस में संघर्ष करने लगी थीं। ऐसी स्थिति में संयुक्त राष्ट्रसंघ की सेनाएं किसकी सहायता करें? प्रत्येक सत्ता के पीछे संयुक्त राष्ट्रसंघ के किसी न किसी सदस्य का हाथ था जो स्वयं सुरक्षा परिषद् का भी सदस्य था और अपने विरुद्ध पास हुए प्रस्तावों पर भी अपनी सहमति इतने अस्पष्ट शब्दों में देना चाहता था जिनका अर्थ स्वयं प्रस्ताव की मंशा के प्रतिकूल भी हो सके और इसी प्रतिकूल अर्थ का वह कांगो में पालन भी कर सके।

महासचिव को ऐसी परिस्थितियों में कभी सुरक्षा परिषद् और कभी महासभा का स्पष्टीकरण मांगना पड़ा परन्तु कोई स्पष्टीकरण नहीं दिया जा सका क्योंकि सदस्य राष्ट्रों में मतैक्य नहीं हो सका। ऐसी स्थिति में महासचिव को स्वयं आदेशों का स्पष्टीकरण करके उसके अनुसार कांगो की जटिल परिस्थिति में निर्णय लेना पड़ा और आवश्यक कदम उठाने पड़े। यही नहीं श्री हैमरशोल्ड ने तो यहाँ तक कहा कि ऐसे प्रश्नों में, जिनमें सदस्य राष्ट्र अपने स्वयं के आदेशों में एकमत न हों, महासचिव को अन्तर्राष्ट्रीय परम्पराओं के आधार पर बिना संयुक्त राष्ट्रसंघ के सम्बन्धित अंगों की औपचारिक स्वीकृति के भी, समस्या का हल ढूँढ लेने का अधिकार है। कांगो में संयुक्त राष्ट्रसंघ के महासचिव ने शायद महासचिव से अधिक जनरल का ही काम किया था।

(2) संयुक्त राष्ट्रसंघ के सम्बन्धित अंगों की स्वीकृति या बिना स्वीकृति के ही उन कार्यों का सम्पादन करके, जिन्हें संघर्ष को सुलझाने के लिए उन्होंने आवश्यक समझा–जैसे लाओस की समस्या, चीन द्वारा अमेरिकी बन्दियों की रिहाई तथा इजराइल व जोर्डन के बीच विवाद को सुलझाने में श्री हैमरशोल्ड ने इस प्रकार के अधिकारों का उपयोग किया था और इस प्रकार महासचिव की शक्तियों को बढ़ाया।

(3) **राजनीतिक**–बड़ी शक्तियों के प्रभाव से हीन क्षेत्र में राजनीतिक रिक्तता को भरने के लिये आवश्यक कदम उठाकर लेबनान, में संयुक्त राष्ट्रसंघ की सेना भेजकर व पर्यवेक्षक दल की नियुक्ति करके महासचिव द्वारा पश्चिमी और रूसी गुटों की प्रतिस्पर्द्धा को समाप्त करने का प्रयास किया गया।

(4) संयुक्त राष्ट्रसंघ के चार्टर के सिद्धान्तों के आधार पर तथा इन सिद्धान्तों के लिए आवश्यक कार्यवाही करके ऐसा किया गया। यह ठीक है कि चार्टर की आत्मा के अनुसार संयुक्त राष्ट्रसंघ के अंगों के निश्चित निर्देशन के अनुसार ही महासचिव को कार्य करने का अधिकार है, परन्तु जैसा कि श्री हैमरशोल्ड ने अपने आक्सफोर्ड के वक्तव्य में कहा था, "इन सब औपचारिकताओं की पूर्ति कर लेने के बाद भी महासचिव के लिए अपने स्वयं के विवेक का प्रयोग करने के लिए बहुत कुछ बाकी रहता है।"

इन सारी शक्तियों के बाद भी, जिनका कि निरन्तर विकास हो रहा है, महासचिव की स्थिति बहुत ही संकटपूर्ण उत्तरदायित्व की है। अपनी सभी सन्निहित शक्तियों का प्रयोग उसे संयुक्त राष्ट्रसंघ की आत्मा और संसार की बड़ी शक्तियों के अनुकूल रूप को अपने साथ में लेकर ही करना सम्भव है। रूस ने श्री ट्रिग्वे ली और हैमरशोल्ड दोनों को यह स्पष्ट कर दिया था कि सुरक्षा परिषद् के स्थायी सदस्यों की इच्छा के बिना उसकी अपनी कोई सत्ता नहीं है। अगर बिना इन सदस्य राष्ट्रों के समर्थन के वह कोई भी कार्य करेगा तो उसे सम्बन्धित राष्ट्र के कोप का भाजन बनना पड़ेगा और पदत्याग करना पड़ेगा। श्री हैमरशोल्ड द्वारा तमाम सतर्कताओं के बरतने पर भी रूस की सहानुभूति और सदिच्छा को खोना पड़ा था, क्योंकि रूस कांगो में हैमरशोल्ड के कार्य को चार्टर में दिए अधिकारों का अतिक्रमण मानता था। इस चुनौती का मुकाबला करने के लिए श्री हैमरशोल्ड ने सुझाव दिया था कि महासचिव तब तक अपने पद पर बना रहे जब तक कि उसे संयुक्त राष्ट्रसंघ में कम से कम दो-तिहाई राष्ट्रों का विश्वास प्राप्त रहे, परन्तु ऐसा हो जाने पर सुरक्षा परिषद् के स्थायी सदस्यों का वह अधिकार छिन जाएगा जिसके द्वारा वे किसी भी समय तत्काल महासचिव के कार्य को समाप्त कर सकते हैं, और इसीलिए इस सुझाव पर समर्थन मिलना सहज नहीं है। अतः यह सुझाव स्वीकार नहीं हुआ।

संयुक्त राष्ट्रसंघ की धारा 99 के अनुसार किसी गम्भीर परिस्थिति में सुरक्षा परिषद् का ध्यान आकर्षित करना, महासचिव के लिए एक जटिल समस्या है। यह अधिकार महासचिव की स्वयं की स्थिति के लिए बहुत खतरनाक है। यदि वह ध्यान आकर्षित करता है तो यह समझा जा सकता है कि महासचिव उस समस्या में स्वयं दिलचस्पी रखता है और यदि वह ध्यान आकर्षित नहीं करता है तो विश्व संकट पैदा हो सकता है। अपनी तटस्थता की रक्षा करने के लिए इस धारा के अन्दर दी गई शक्ति का प्रयोग वह बड़ी सावधानी व सतर्कता से करता है।

रूस की ट्राइका योजना

महासचिव की तटस्थ स्थिति ही उसकी परख और ट्राइका–विश्व के वर्तमान परिवर्तनशील शान्ति-सन्तुलन में संयुक्त राष्ट्रसंघ के महासचिव की स्थिति बहुत ही विवादग्रस्त व संकटपूर्ण है। चाहे वह कितनी ही निष्पक्ष प्रवृत्ति और प्रतिष्ठा का व्यक्ति क्यों न हो, परन्तु उसके कार्य सन्देहों से पूर्णतया मुक्त नहीं समझे जा सकते। वह जिन सदस्यों की विचारधारा से सहमत होता है या जिन सदस्यों की राय महासचिव के कार्यों के अनुकूल होती है उन सदस्य राष्ट्रों की सरकारें उसे संयुक्त राष्ट्रसंघ चार्टर का पालन करने वाला, निष्ठावान और बहुत भला व्यक्ति समझती है। पर उसके विचार या कार्य जिन राष्ट्रों की अपनी सूझ से भिन्न होते हैं उनकी सरकारें उसे संयुक्त राष्ट्रसंघ चार्टर का उपेक्षक और वुरा व्यक्ति समझती हैं। संसार जहाँ गुटों में बंटा है उसके प्रत्येक कार्य पांचों स्थायी सदस्यों को और एक साथ 160 सदस्यों को कैसे प्रसन्न रख सकते हैं? विशेषकर ऐसी हालत में जबकि प्रत्येक स्थायी व

छोटा सदस्य भी अन्तर्राष्ट्रीय समस्याओं को अपने राष्ट्रहित की तराजू में तौलकर सुलझाना चाहता है? रूस ने हमेशा यह समझा है कि श्री ट्रिग्वे ली और हैमरशोल्ड दोनों ने ही पश्चिम के साथ पक्षपात किया है, इसलिए उसके प्रतिनिधि ने महासभा के पन्द्रहवें अधिवेशन में महासचिव हैमरशोल्ड के पदत्याग की जोरदार मांग करते हुए संयुक्त राष्ट्रसंघ के कार्यों को निष्पक्ष और सचिवालय को सही प्रतिनिधि संस्था बनाने की गरज से एक योजना प्रस्तुत की थी जो 'ट्राइका' के नाम से प्रसिद्ध है। रूस ने यह तर्क प्रस्तुत किया कि संयुक्त राष्ट्रसंघ का सचिवालय संसार के तीनों प्रधान हितों (पश्चिम, रूसी और तटस्थ) का सही प्रतिनिधित्व नहीं करता है। इसके पदाधिकारियों की गैर-आनुपातिक संख्या में नियुक्ति और एक ही महासचिव होने से एक ऐसा असन्तुलन पैदा हो गया है, जिसके दुरुस्त करने की नितान्त आवश्यकता है, जो तीन महासचिवों की नियुक्ति से दुरुस्त की जा सकती है।

इस 'ट्राइका योजना' के अनुसार यह प्रस्तावित किया गया था कि सचिवालय के कार्यों को त्रिपार्श्वों में इस प्रकार बांट दिया जाए कि तीनों हितों का बराबर का प्रतिनिधित्व हो अर्थात् एक महासचिव के स्थान पर तीन महासचिव नियुक्त हों जिनमें से एक पश्चिमी देशों का, दूसरी रूसी गुट का और तीसरा तटस्थ देशों का प्रतिनिधि हो। इन तीनों प्रतिनिधियों के मतैक्य पर ही संयुक्त राष्ट्रसंघ कोई भी कार्यकारी या राजनीतिक कदम उठाए जिससे वह किसी भी गुट के हित के विरुद्ध न हो। इसके साथ ही रूस ने यह भी प्रस्तावित किया था कि सचिवालय में पद और पदाधिकारियों की संख्या और कार्यों का वितरण भी तीनों गुटों के हितों के अनुपात में बराबर-बराबर हो अर्थात् सचिवालय में भी 'ट्राइका' हो। परन्तु धीरे-धीरे संख्या बढ़ने के साथ संयुक्त राष्ट्रसंघ का वर्चस्व निर्गुट देशों के पास पहुंच गया और इस प्रस्ताव को पास नहीं किया जा सका तथा रूस भी बदलती हुई परिस्थिति के कारण अपनी योजना को पास कराने में अधिक सक्रिय नहीं है। फिर भी यह समस्या अब भी बनी हुई है और लोगों का ध्यान बीच-बीच में आकर्षित करती रहती है। रूस की शिकायत और उसकी योजना में एक सैद्धान्तिक औचित्य तो है ही चाहे भले ही व्यावहारिक दृष्टि से उसे अमान्य कर दिया जाए। ट्राइका योजना प्रस्तुत करने के औचित्य में निम्नलिखित तर्क प्रस्तुत किए जा सकते हैं–

(अ) **महासभा की स्थिति में परिवर्तन**–जब आरंभ में संयुक्त राष्ट्रसंघ का गठन हुआ तो महासभा केवल एक सम्मेलन सभा थी। सुरक्षा परिषद् को अपनी सिफारिशें भेजने के अतिरिक्त उसके पास कोई कार्यकारिणी शक्ति के अधिकार नहीं थे इसलिए महासचिव सुरक्षा परिषद् का ही वास्तविक पदाधिकारी था। इस हैसियत में महासचिव प्रत्येक कार्य के लिए स्थायी सदस्यों के निजी निर्णय पर आश्रित होता था और किसी बड़े राष्ट्र के विरुद्ध संयुक्त राष्ट्रसंघ द्वारा कदम उठाने का कोई प्रश्न नहीं था। कोरिया के प्रश्न पर जब 'शांति के लिए एकता' प्रस्ताव संयुक्त राष्ट्रसंघ में पास हो गया तब से स्थायी सदस्यों का संयुक्त राष्ट्रसंघ से सर्वाधिकार

समाप्त हो गया। अब किसी भी गम्भीर समस्या पर यदि सम्बन्धित स्थायी सुरक्षा परिषद् में अपने निषेधाधिकार का प्रयोग करें तो उसे महासभा में प्रस्तुत किया जा सकता है और महासभा में दो-तिहाई बहुमत प्राप्त हो जाने पर, निषेधाधिकार अपने आप निरस्त हो जाता है। महासभा को इस प्रकार के अधिकार प्राप्त हो गए हैं जिनका कार्यान्वयन महासचिव के द्वारा ही हो सकता है। कोरिया में रूस के विरुद्ध और स्वेज नहर में इंग्लैंड और फ्रांस के विरुद्ध इसी संशोधन के अनुसार कार्यवाही की जा सकी थी। इस बदली हुई परिस्थिति में महासचिव एक प्रकार से विश्व संसद का प्रधानमन्त्री बन गया है और अपनी सम्मिलित शक्तियों के बल पर, जो इसे अस्पष्ट प्रस्ताव द्वारा प्राप्त होती रहती हैं, उसे किसी भी बड़ी शक्ति के विरुद्ध कदम उठाने का अधिकार भी मिल गया है। कांगो में श्री हैमरशोल्ड ने रूस या इंग्लैंड की नाराजगी तथा प्राणों की परवाह न करके भी अपने कर्त्तव्यों का निर्वाह किया था। रूस, संयुक्त राष्ट्रसंघ को इतनी अधिक शक्ति नहीं देना चाहता था कि वह बिना उसकी मंशा के कोई कार्य कर सके या स्थायी सदस्यों को नजरअन्दाज कर सके। परन्तु महासभा के बढ़ते प्रभाव के कारण स्थायी सदस्यों का प्रभाव समाप्त हो गया है।

(ब) **महासभा में मतदान की अनिश्चितता**–1945 से 1954 के बीच संयुक्त राष्ट्रसंघ के सदस्यों की संख्या दुगने से भी अधिक 120 हो गई तथा 1990 में 160 हो गई। संयुक्त राष्ट्रसंघ के इस विकास में ऐफ्रो एशिया ग्रुप की संख्या 120 के लगभग पहुंच गई है जो संयुक्त राष्ट्रसंघ के दो-तिहाई बहुमत से अधिक का काम करता है। अफ्रीकी देशों का उदय संयुक्त राष्ट्रसंघ के लिए बहुत बड़ी घटना है, क्योंकि इससे निर्गुटों देशों का प्रभाव बढ़ गया है, परन्तु मतदान अनिश्चित हो गया। रूस इस अनिश्चितता का शिकार नहीं होना चाहता, क्योंकि निषेधाधिकार की नाकामयाबी पर महासभा के दो-तिहाई बहुमत को अब किसी भी बड़ी शक्ति के लिए अपने पक्ष में रखना नितान्त कठिन हो गया है। अब संयुक्त राष्ट्रसंघ में 160 सदस्यों के हो जाने के कारण बड़े राष्ट्रों का प्रभाव समाप्त होकर निर्गुट देशों का वर्चस्व हो गया है जो अपने-अपने निहित स्वार्थों के अनुसार मतदान करते हैं।

(स) **सचिवालय में पदाधिकारियों की संख्या में असन्तुलन**–सचिवालय में पदाधिकारियों की संख्या पश्चिमी हित के अधिक पक्ष में थी। ऐफ्रो-एशियाई साम्यवादी देशों का प्रतिनिधित्व प्रशासन में सबसे कम था। 1945 में पश्चिमी देशों के 82 प्रतिशत, साम्यवादी देशों के 6 प्रतिशत और अन्य देशों के केवल 11 प्रतिशत पदाधिकारी सचिवालय में थे। 1960 में जब 'ट्राइका योजना' सामने आई तब स्थिति निम्न प्रकार थी, परन्तु कुर्त वाल्दहीम ने ऐफ्रो-एशियाई देशों को प्रोत्साहन दिया और स्थिति बदल दी–

	बजट	पदाधिकारियों की संख्या
पश्चिमी गुट	59.81%	1644
साम्यवादी गुट	21.42%	244
लैटिन अमेरिकी	47.30%	220
ऐफ्रो-एशियाई देश	14.04%	586

रूस इस सन्तुलन को ट्राइका योजना द्वारा ठीक करना चाहता था पर संयुक्त राष्ट्रसंघ में एफ्रो-एशियाई देशों की संख्या बढ़ने के कारण उनका वर्चस्व स्थापित हो गया है।

(द) **संयुक्त राष्ट्रसंघ की जिम्मेदारी में वृद्धि**–श्री खुश्चेव ने अपनी ट्राइका योजना में स्वयं यह तर्क प्रस्तुत किया कि संयुक्त राष्ट्रसंघ नि:शस्त्रीकरण चाहता है और रूसी तथा पश्चिमी दोनों ही गुट–सहअस्तित्व के सिद्धान्त पर कार्य करना चाहते हैं। यदि दोनों ही बातों को व्यावहारिकता प्रदान करनी है, तो संयुक्त राष्ट्रसंघ के कार्यों और उत्तरदायित्वों में बहुत अधिक वृद्धि हो जायेगी क्योंकि तब प्रत्येक देश की सुरक्षा का भार संयुक्त राष्ट्रसंघ पर ही हो जाएगा। इतने बड़े उत्तरदायित्व को निभाने के लिए यदि केवल एक व्यक्ति को कार्यपालिका के सारे अधिकार दे दिए जाते हैं तो ऐसा व्यक्ति विश्व का अधिनायकवादी निरंकुश सम्राट बन जाएगा। श्री खुश्चेव का प्रश्न था कि "तब विश्व की सेना को कौन संचालित करेगा? इसकी क्या गारण्टी है कि इस सैनिक शक्ति का दुरुपयोग नहीं किया जाएगा? रूस के अनुसार 'ट्राइका' योजना इस गारण्टी की मुहर है। पर छोटे राष्ट्रों द्वारा बहुमत के बल पर महासचिव को प्रभावित कर सकने की स्थिति के कारण यह तर्क व्यर्थ हो गया है।

(य) **एकाकी व्यक्ति की तटस्थता पर सन्देह**–रूस का यह तर्क भी उचित प्रतीत होता था कि कोई भी अकेला व्यक्ति, चाहे कितना भी प्रतिष्ठित और निष्पक्ष क्यों न हो, सही रूप में पूर्ण तटस्थ नहीं हो सकता। प्रत्येक व्यक्ति की अपने वैयक्तिक, आदर्श, विचार, सुझाव, हित, पसन्दगी, इच्छाएं और मान्यताएं तो होती हैं और उनका प्रभाव कर्त्तव्य और शक्ति पर पड़े बिना नहीं रह सकता, इसलिए एक के स्थान पर तीन व्यक्ति ऐसे हों जिनका झुकाव किसी एक गुट की विचारधारा में स्पष्ट हो।

रूस की 'ट्राइका' योजना में बड़ी शक्तियों के सर्वोपरि हित को संयुक्त राष्ट्रसंघ में अक्षुण्ण बनाए रखने का उपाय तो सम्मिलित था पर इससे साधारण राष्ट्रों का कोई हित नहीं होता था। यह अटल योजना अव्यावहारिक मानी गई क्योंकि तीन महासचिव, जो अपने गुट की प्रधानता को कायम रखने में कटिबद्ध रहेंगे कभी भी, किसी भी समस्या में एकमत कठिनता से ही हो सकेंगे, और यदि होंगे भी तो उन्हें

सम्बन्धित राष्ट्र, जिसके हित पर कुषाराघात होगा वह उसे इस सेवा से पदच्युत कर देगा। ऐसी स्थिति में संयुक्त राष्ट्रसंघ निष्क्रिय होकर अपने आप समाप्त हो जाएगा। इसलिए संयुक्त राष्ट्रसंघ की सफलता के लिए यह आवश्यक है कि उसका प्रधान केवल एक ही व्यक्ति हो जिस पर उसका ऐसा नियन्त्रण हो कि वह कोई कार्य संयुक्त राष्ट्रसंघ की इच्छा व आज्ञा के विरुद्ध न कर सके। निर्गुट राष्ट्र अपना वर्चस्व कायम रखने के लिए इसके विरुद्ध हैं क्योंकि तीन महासचिव होने पर दो पर पश्चिमी व साम्यवादी गुणों का प्रभाव हो जाता है। अतः इस तटस्थता की सकारता के लिए यह सुझाव दिया गया कि महासचिव का प्रधान कर्त्तव्य प्रशासनिक हो तथा उसके नीचे काम करने वाले कर्मचारी किसी भी राष्ट्र की विचारधारा से प्रभावित न हों। पर शायद ऐसा न हो सके। अतः संयुक्त राष्ट्रसंघ के सभी कर्मचारी और पदाधिकारी भौगोलिक वितरण के अनुसार नियुक्त किए जाएं। इस भौगोलिक समानता के कारण अन्तर्राष्ट्रीय कर्मचारी को एफ्रो-एशियाई गुट के प्रभाव में आ गये हैं और उन्हीं का संयुक्त राष्ट्रसंघ में बहुमत है। अतः सचिवालय पर भी छोटे राष्ट्रों का प्रभाव स्थापित हो गया है।

1950 में गिनी और धाना के प्रतिनिधियों ने एक दूसरी योजना प्रस्तुत की जिसे 'सब-ट्राइका योजना' के नाम से सम्बोधित किया जाता है। इस योजना के अन्तर्गत महासचिव तो एक ही रहे पर उसके तीन सहायक महासचिव ऐसे हों जो तीनों गुटों का प्रतिनिधित्व करें। महासचिव अपने सहायक सचिवों की राय पर ही काम करे। यह योजना भी थोड़े से परिवर्तन के साथ 'ट्राइका' ही थी जो 'ट्राइका' की भांति ही अव्यावहारिक और व्यर्थ सिद्ध हो गई क्योंकि एफ्रो-एशियाई देशों का वर्चस्व स्थापित हो गया। श्री हैमरशोल्ड ने तटस्थता के प्रश्न को हल करने के लिए 13-14 प्रमुख पदाधिकारियों की नियुक्ति का सुझाव दिया था जो कम से कम पांच राजनीतिक दलों को संभालें और जिनका चुनाव भौगोलिक आधार पर महासचिव को सलाह देने के लिए हो।

श्री ऊ थांट ने आठ अवर सचिवों (Under Secretaries) की नियुक्ति की। जिसका विवरण पहले दिया जा चुका है। श्री एस० लाल (भारत) ने यह सुझाव दिया था कि महासभा में तीन व्यक्तियों की एक समिति हो जो अलग-अलग गुटों का प्रतिनिधित्व करते हों। यह समिति राजनीतिक कार्यों में महासचिव का मार्गदर्शन किया करे और महासभा के प्रस्तावों का स्पष्टीकरण किया करे, यदि आवश्यक हो तो सुरक्षा परिषद् के प्रस्तावों का भी स्पष्टीकरण करे। तीन में से किन्हीं दो के एकमत हो जाने पर उन्हीं दो के निर्णय को संयुक्त राष्ट्रसंघ की नीति मान ली जाए और उसे मानने के लिए महासचिव भी बाध्य हो। इस समिति की संख्या में वृद्धि भी की जा सकती है। पर सदस्यों की संख्या जितनी भी कम हो सके, उतना ही अच्छा होगा। श्री एस० लाल के अनुसार इस समिति के दो प्रमुख कार्य होंगे– (1) उलझी हुई समस्याओं में सदस्य राष्ट्रों के विचारों में अधिक से अधिक मतैक्य

प्राप्त करना, (2) विभिन्न राष्ट्रों या गुटट्रों की विभिन्न विचारधाराओं के प्रति महासचिव को अवगत कराते रहना।

इस कार्य को ठीक प्रकार से निभाने के लिए श्री एस॰ लाल के विचारों के अनुसार यह आवश्यक था कि समिति के सदस्य समझौते के लिए चलती हुई वार्ताओं को गुप्त रखें और किसी भी प्रकार का वक्तव्य न दें। उनका कार्य पर्दे के पीछे की कूटनीति होना चाहिए। वक्तव्य देने का अधिकार केवल महासचिव को ही हो। श्री हैमरशोल्ड ने ऐसी समितियों की व्यावहारिकता को स्वीकार किया था, पर वे ऐसी समितियों को पथ-प्रदर्शक तथा परामर्शदात्री ही बनाना चाहते थे। यह सभी सुझाव एफ्रो-एशियाई देशों का वर्चस्व स्थापित हो जाने के कारण अनुपयोगी हो गए क्योंकि अब एक ऐसे महासचिव की आवश्यकता है जो देशों का प्रतिनिधित्व कर सके और विश्व जनमत को प्रभावित कर सके। रूस की योजना पूर्णत्यः विफल रही पर 1998 से एक उपमहासचिव की नियुक्ति कर दी गई है।

उपसंहार

सारांश में यह कहा जा सकता है कि जो भी हो, पिछले कुछ वर्षों से महासचिव के स्थान की उपयोगिता और शक्ति इतनी अधिक हो गई है कि सभी सदस्य राष्ट्र उसकी स्थिति और कार्यों के सही नियन्त्रण का सर्वमान्य हल ढूँढने के लिए गम्भीरता से विचार कर रहे हैं। संयुक्त राष्ट्रसंघ को ज्यों-ज्यों विश्व संसद का रूप देने के लिए विश्व जनमत तैयार होता जा रहा है त्यों-त्यों यह प्रयास किया जा रहा है कि कोई प्रणाली ढूंढ़ निकाले जाए और कार्य-पद्धति को यथासम्भव निश्चित कर दिया जाए। महासभा और सुरक्षा परिषद् के प्रस्तावों का स्पष्टीकरण करने तथा कार्यपालिका शक्ति का पथ-प्रदर्शन करने के लिए एक संहिता का निर्माण होना आवश्यक है जिसका आधार अन्तर्राष्ट्रीय परम्पराएं और संयुक्त राष्ट्रसंघीय अनुभव हो। संयुक्त राष्ट्रसंघ के विकास और संसार की परिस्थितियों में विशेष परिवर्तन होने के कारण महासचिव की शक्तियों की फिर से व्याख्या होनी अपेक्षित है। सचिवालय और संयुक्त राष्ट्रसंघ के विभिन्न अंगों में स्थितियों के अनुसार परिवर्तन होने के साथ महासचिव की स्थिति को विश्व जनमत के अनुरूप भी बनना होगा। इस सबके बाद भी संयुक्त राष्ट्रसंघ महासचिव की स्थिति और उसके कार्य उसके व्यक्तित्व के अनुसार ही अधिक विकसित होंगे। महासचिव के पद को श्री कुर्त बाल्दहीम और पेरेज द कुइयार ने अधिक महत्वपूर्ण और शक्तिशाली बनाया है तथा अपने निष्पक्ष आचरण और प्रशंसनीय कार्यों द्वारा 'ट्राइको' तथा संशोधन योजनाओं को निरर्थक कर दिया है। अतः यह कहा जा सकता है कि संयुक्त राष्ट्रसंघ के महासचिव का पद अत्यन्त महत्वपूर्ण, शक्तिशाली और प्रभावशाली है। अतः 2 जनवरी, 1998 से एक उपसचिव (Deputy Secretary General) का पद बना दिया गया है तथा अन्य स्वतन्त्र पद बढ़ाये गये हैं।

संयुक्त राष्ट्रसंघ के सचिवालय (Secretariat) सम्बन्धी अनुच्छेद

सचिवालय का वर्णन अनुच्छेद 97 से 101 तक किया गया है।

अनुच्छेद 97

सचिवालय में एक महासचिव तथा संयुक्त राष्ट्रसंघ की आवश्यकतानुसार अन्य कर्मचारी होंगे। सुरक्षा परिषद् की अनुशंसा पर महासभा महासचिव की नियुक्ति करेगी। वह संयुक्त राष्ट्रसंघ का मुख्य प्रशासकीय अधिकारी होगा।

अनुच्छेद 98

महासचिव महासभा, सुरक्षा परिषद्, आर्थिक तथा सामाजिक परिषद् और न्याय परिषद् की सभी बैठकों में भाग लेगा। वह इन अंगों द्वारा सौंपे गए अन्य कार्यों का भी निष्पादन करेगा। संयुक्त राष्ट्रसंघ के कार्यों की वार्षिक रपट महासभा में पेश करेगा।

अनुच्छेद 99

महासचिव अन्तर्राष्ट्रीय शांति व व्यवस्था को खतरा पहुंचाने वाले किसी भी तथ्य को सुरक्षा परिषद् में पेश करेगा।

अनुच्छेद 100

(i) महासचिव तथा सचिवालय के कर्मचारी अपने कार्य-सम्पादन में किसी भी सरकार या संगठन के किसी बाह्य अधिकारी द्वारा कोई निर्देश प्राप्त नहीं करेंगे। वे कोई ऐसा काम नहीं करेंगे जिससे उनके अन्तर्राष्ट्रीय अधिकारी होने की प्रतिष्ठा में आंच आए।

(ii) संयुक्त राष्ट्रसंघ का प्रत्येक सदस्य महासचिव के दायित्वों के अन्तर्राष्ट्रीय स्वरूप व पद का सम्मान करेगा।

अनुच्छेद 101

(i) महासचिव, महासभा द्वारा स्थापित विनियमों के अनुसार कर्मचारियों की नियुक्ति करेगा।

(ii) आर्थिक व सामाजिक परिषद्, न्याय परिषद् तथा संयुक्त राष्ट्रसंघ के अन्य अंगों में यथेष्ट कर्मचारी होंगे। ये सभी कर्मचारी सचिवालय के अंग होंगे।

(iii) कर्मचारियों की नियुक्ति में उनकी योग्यता, सक्षमता और चरित्र आदि का ध्यान रखा जाएगा। उनकी नियुक्ति में अधिकाधिक भौगोलिक प्रतिनिधित्व का भी ध्यान रखा जाएगा। अब महासचिव और सचिवालय की स्थिति अत्यन्त महत्वपूर्ण हो गई है तथा सचिवालय में एफ्रो-एशियाई देशों का बहुमत हो गया है।

संयुक्त राष्ट्रसंघ के महासचिव

वर्ष	नाम	देश
1946	ट्रिग्वेली	नार्वे
1953	डाग हैमरशोल्ड	स्वीडन
1961	ऊ थांट	बर्मा (म्यांमार)
1972	कुर्त वाल्दहीम	ऑस्ट्रिया
1982	जेवियर पेरेज द कुइयार	पेरू
1992	डा० बुतरस डी घाली	मिस्र
1997-2001	कोफी अन्नान	घाना

जनवरी 12, 1998 को लुईस फ्रीचेर उपमहासचिव नियुक्त किये गये।

सचिवालय का मुख्यालय–संयुक्त राष्ट्रसंघ प्लाज न्यूयार्क 10.17 संयुक्त राज्य अमेरिका में है।

संयुक्त राष्ट्रसंघ न्यास परिषद् (Trusteeship Council) की रचना, कार्य तथा संगठन

न्यास परिषद् का कार्य क्षेत्रों के शासन की देखभाल करना तथा उन्हें स्वशासन देना है। संघ ने ऐसे प्रदेशों को, जो इतने विकसित नहीं हैं कि स्वशासन कर सकें, विकसित देशों के निर्देशन में शासनाधीन कर दिया है। इस प्रकार से न्यास प्राप्त देशों से यह आशा की गई है कि वे न्यास क्षेत्रों का शासन एक धरोहर के रूप में करेंगे और न्यास प्रदेशों की जनता को स्वशासन की कला में प्रशिक्षित होने का अवसर प्रदान करेंगे।

संयुक्त राष्ट्रसंघ की न्यास-पद्धति राष्ट्रसंघ की संरक्षण व्यवस्था के स्थान पर स्थापित की गई है और इन दोनों में पर्याप्त समानताएं भी हैं। फिर भी न्यास पद्धति प्राचीन संरक्षण व्यवस्था से इस बात में भिन्न है कि संरक्षण व्यवस्था के अन्तर्गत राष्ट्रसंघ को संरक्षित क्षेत्रों की जनता से सम्बन्ध स्थापित करने का अधिकार नहीं था किन्तु संयुक्त राष्ट्रसंघ को इस प्रकार का अधिकार प्राप्त है।

न्यास परिषद् के मुख्य कार्य निम्नलिखित हैं–

(1) न्यास प्रदेशों के शासन की देख-रेख करना और इस बात का निरीक्षण करना कि शासन न्यास की शर्तों के अनुकूल हो रहा है या नहीं। यह न्यास प्रदेशों के शासन की देख-रेख कई तरह से करती है व जांच पड़ताल भी करती है।

(2) सुरक्षा परिषद् एक प्रश्नावली तैयार करती है जिसमें न्यास प्रदेशों के शासन और विकास की बातें रहती हैं। इन प्रश्नों के आधार पर परिषद् न्यास-प्राप्त देशों से शासन सम्बन्धी रिपोर्ट मांगती है।

(3) न्यास प्रदेशों की जनता को भी शासन के विरुद्ध शिकायतें भेजने अथवा अपनी प्रार्थनाएँ भेजने का अधिकार है। न्यास परिषद् इन शिकायतों और प्रार्थनापत्रों पर विचार करती है और उनका निदान करती है।

(4) वर्ष में तीन बार यह स्वयं भी न्यास प्रदेशों का निरीक्षण करती है।

न्यास परिषद् में, संयुक्त राष्ट्रसंघ के प्रशासकीय न्यास उपनिवेशों के सदस्य, सुरक्षा परिषद् के स्थायी सदस्य जो न्यास प्रशासन नहीं करते हैं और पर्याप्त दूसरे सदस्य हैं जिनका निर्वाचन महासभा द्वारा तीन वर्ष के लिये किया जाता था होते थे जिससे न्यास उपनिवेशों का प्रशासन करने वाले देशों और अन्य देशों के बीच समान वितरण रहे। परिषद् के सदस्य अवधि समाप्ति पर फिर चुने जा सकते हैं।

न्यास परिषद् का मुख्य कार्य न्यास उपनिवेशों के प्रशासन का अधीक्षण करना है। मूल न्यास प्रदेशों में दस या तो स्वतन्त्र हो चुके हैं या स्वाधीन राष्ट्रों के साथ शामिल हो गए हैं। केवल प्रशान्त महासागरीय द्वीप समूह (माईक्रोनेशिया) अभी न्यास अन्तर्गत है और संयुक्त राज्य अमेरिका के शासन में हैं। अब केवल अत्यन्त छोटे द्वीपों को छोड़कर न्यास परिषद् के लगभग सभी महत्वपूर्ण देश स्वतन्त्र हो गए हैं।

"संयुक्त राष्ट्रसंघ ने राष्ट्रसंघ की मैंडेट व्यवस्था के स्थान पर न्यास पद्धति को ग्रहण किया और इसके संचालन के लिए एक न्यास परिषद् का निर्माण किया है। मैंडेट की भांति यह व्यवस्था भी विभिन्न शक्तियों में समझौते का परिणाम है।" आज्ञापत्र ने इस व्यवस्था की स्थापना की यह न्यास पद्धति कहलाती है। द्वितीय विश्व युद्ध में जहां राष्ट्रपति रूजवेल्ट पराधीन राज्यों को स्वाधीन बनाने की व्यवस्था के पक्षपाती थे, वहाँ अमेरिका में बैठे कुछ व्यक्ति जापान से छीने गए टापुओं पर सामरिक दृष्टि से अमेरिका का प्रभुत्वा वांछनीय समझते थे। कुछ मैंडेट व्यवस्था को बनाए रखने के पक्ष में थे। अतः सानफ्रांसिस्को सम्मेलन में जब इन समस्याओं पर विचार हुआ तो फ्रॉस, हालैंड और दक्षिणी अफ्रीका ने मैंडेट व्यवस्था में किसी प्रकार का विस्तार करने तथा न्यास पद्धति का विरोध किया। किन्तु न्यूजीलैंड, आस्ट्रेलिया, दक्षिणी अमेरिका तथा चीन आदि ने साम्राज्यवाद और उपनिवेशवाद के उन्मूलन पर बल दिया। अतः इन दोनों के दृष्टिकोण में हुए समझौते का परिणाम संयुक्त राष्ट्रसंघ की न्यास पद्धति है।

न्यास पद्धति का उद्देश्य–इस व्यवस्था का मूल सिद्धान्त यह है कि इस समय कुछ पिछड़े हुए या अविकसित प्रदेशों के निवासी इस योग्य नहीं है कि वे शासन स्वयं कर सके। अतः इन्हें विकसित देशों की सहायता अनिवार्य है। सभ्य देशों का कर्त्तव्य है कि वे इनके हितों की देखभाल उन्हें अमानत (Trustee) समझते हुए करें तथा अपने स्वार्थ के लिए इनका शोषण न करें। राष्ट्रसंघ की मैंडेट व्यवस्था केवल जर्मनी, तुर्को आदि के साम्राज्यवाद से पीड़ित प्रदेशों के लिए थी, किन्तु संयुक्त राष्ट्रसंघ की संरक्षण पद्धति समस्त क्षेत्रों के लिए है। अतः इसका रूप विस्तृत है।

संयुक्त राष्ट्रसंघ के आज्ञा-पत्र के अनुसार इसके चार उद्देश्य थे–(1) अन्तर्राष्ट्रीय शान्ति और सुरक्षा को बढ़ावा देना। (2) लोगों में राजनीतिक, आर्थिक, सामाजिक एवं शिक्षा सम्बन्धी उन्नति में योग देना। (3) जाति, लिंग, भाषा और धर्म का भेदभाव किए बिना सबके लिए मानव अधिकारों और मूल स्वतन्त्रताओं के प्रति आस्था और उनमें वह भाव जगाना कि समस्त संसार के लोगों एक-दूसरे के सहयोगी हैं। (4) सामाजिक आर्थिक और वाणिज्य सम्बन्धी मामलों में संयुक्त राष्ट्रसंघ के सभी सदस्यों के और उनके नागरिकों के प्रति समानता के न्यायोचित व्यवहार को विश्वास दिलाया।

न्यास पद्धति के प्रदेश–संयुक्त राष्ट्रसंघ आज्ञा-पत्र में इस पद्धति में आने वाले दो प्रकार के पराधीन देशों का वर्णन है, जो इस प्रकार हैं–(1) ब्रिटेन, फ्रांस, हॉलैंड आदि पश्चिमी देशों के वंशवर्ती और उनके साम्राज्य के विविध प्रदेश। उन्हें स्वायत्त शासन न करने वाले प्रदेश कहा जाता था। (2) संरक्षण प्रदेश–ये तीन प्रकार के होते हैं–

(i) मैंडेट के आधीन प्रदेश, (ii) द्वितीय विश्व-युद्ध के परिणामस्वरूप शत्रु राज्यों से छीने गए प्रदेश, और (iii) अपनी इच्छा से महाशक्तियों द्वारा संयुक्त राष्ट्रसंघ को सौंपे जाने वाले प्रदेश।

राष्ट्रसंघ के मैंडेट वाले प्रदेशों में दक्षिण अफ्रीका की यूनियन ने दक्षिणी-पश्चिमी अफ्रीका यानि नामीबिया को तीव्र आलोचना के बावजूद संयुक्त राष्ट्रसंघ की न्यास व्यवस्था के अन्तर्गत प्रदान करना स्वीकार नहीं किया। अतः अन्तर्राष्ट्रीय न्यायालय द्वारा दक्षिण अफ्रीका को इसके लिए बाध्य तो नहीं किया जा सकता, किन्तु इस पर मैंडेट विद्यमान रही और उनके उत्तराधिकारी संयुक्त राष्ट्रसंघ को इस पर निरीक्षण करने के राष्ट्रसंघ वाले अधिकार प्राप्त हैं। अतः महासभा ने इससे सम्बन्धित वार्षिक रिपोर्ट की जाँच के लिए एक समिति नियुक्त की, किन्तु दक्षिणी अफ्रीका ने रिपोर्ट भी भेजने से इन्कार कर दिया। 13 अक्तूबर, 1858 ई० को संरक्षण समिति को दक्षिण अफ्रीका सम्बन्धी रिपोर्ट प्रस्तुत होने पर जब यह सुझाव दिया गया कि अन्य मित्रराष्ट्रों के साथ इसका बंटवारा करते हुए मैंडेट स्थापित किया जाए तो भारतीय प्रतिनिधि श्री कृष्णा मेनन ने विरोध करते हुए कहा–"यह दासों की मण्डी नहीं है जहाँ एक दूसरे को कहे कि हम तुम्हें इस प्रदेश का यह ठिकाना देते हैं। इसके बदले में तुम दूसरे हिस्से की और ध्यान नहीं दोगे"। अतः इस प्रकार यह समस्या उलझ गई।

वर्तमान समय में इस पद्धति के अन्तर्गत निम्न प्रदेश हैं–न्यूगिनी पर आस्ट्रेलिया का शासन, रुआण्डा-उरुण्डी पर बेल्जियम, केमरुन व फ्रैंच रोडोलैंड पर फ्रांस का व सामोआ पर न्यूजीलैंड का, टांगानिका पर ब्रिटेन का, ब्रिटिश कैमरुना पर ब्रिटेन का, नोख पर आस्ट्रेलिया का, प्रशान्त महासागर के द्वीपों पर अमेरिका का तथा अफ्रीका में सोमाली लैंड पर इटली का शासन था।

संयुक्त राष्ट्र संरक्षण परिषद्–यह ऐसी परिषद् थी जो शासन की देखभाल के लिए उत्तरदायी थी। इसमें सुरक्षा परिषद् के सभी सदस्य होते थे तथा संयुक्त राष्ट्रसंघ के शासन करने वाले सदस्य तथा महासभा द्वारा तीन वर्ष के लिए चुने गए सदस्य हैं और इसके 14 सदस्य हैं और प्रत्येक को मत देने का अधिकार प्राप्त है, इटली जो 1955 से पहले संयुक्त राष्ट्रसंघ का सदस्य नहीं था, इस परिषद् में इसे मतदान का अधिकार नहीं था। संरक्षण परिषद् का प्रथम अधिवेशन 23 मार्च, 1947 को हुआ था। इसके सदस्य संरक्षण प्रदेशों का शासन करने वाले आस्ट्रेलिया, बेल्जियम, फ्रांस, इटली, ब्रिटेन, अमेरिका, आदि थे। इसकी वर्ष में नियमित रूप से बैठके होती हैं। सभापति सदस्यों द्वारा केवल एक वर्ष के लिए चुना जाता है।

यह न्यास परिषद् इन प्रदेशों की देखभाल तीन प्रकार से करती थी–(1) सुरक्षा परिषद् द्वारा तैयार की गई प्रश्नावली के आधार पर प्रशासन करने वाले देशों की विविध प्रकार की गतिविधियों के सम्बन्ध में विस्तृत रिपोर्ट मंगाई जाती है। (2) इन प्रदेशों के निवासियों के मौखिक अथवा लिखित आवेदन-पत्रों पर यह परिषद् विचार करती है। (3) न्यास परिषद् प्रतिवर्ष निरीक्षण आयोग पूर्वी अफ्रीका, पश्चिमी अफ्रीका, प्रशान्त महासागर आदि विभिन्न देशों में इस प्रकार भेजती थी कि तीन वर्षों में प्रत्येक क्षेत्र का निरीक्षण एक बार हो जाए। अत: ये मिशन न्यास परिषद् के प्रति उत्तरदायी होने के कारण निष्पक्ष तथा स्वतन्त्र अन्वेषण कर सकते हैं। इस प्रकार न्यास परिषद् अपना कार्य सम्पादित करती थी।

राष्ट्रसंघ की मैंडेट प्रणाली की संयुक्त राष्ट्रसंघ की न्यास पद्धति से तुलना

संयुक्त राष्ट्रसंघ के अन्तर्गत संरक्षण पद्धति राष्ट्रसंघ की मैंडेट प्रणाली की अपेक्षा अधिक उत्कृष्ट है। वास्तव में न्यास पद्धति का क्षेत्र मैंडेट प्रणाली से अधिक विस्तृत था इसके कई कारण थे, उनमें से कुछ इस प्रकार हैं–

(1) इसका क्षेत्र बहुत विस्तृत है। जबकि मैंडेट-प्रणाली केवल जर्मनी और तुर्की से छीने गए प्रदेशों तक सीमित थी, किन्तु न्यास पद्धति न केवल शत्रु से छीने गए प्रदेशों के लिए है अपितु स्वशासन न करने वाले सभी क्षेत्रों पर लागू होती है। फील्ड मार्शल स्टम्स के शब्दों में–"यह योजना क्षेत्र की दृष्टि से राष्ट्रसंघ की पुरानी योजना से बहुत भिन्न है। अब यह सिद्धांत सामान्य रूप से लागू किया गया है जो सब पराधीन देशों में परतन्त्र लोगों के लिए लागू होता है। इस सिद्धान्त को दिया गया यह विस्तार बड़ा दूरगामी व महत्वपूर्ण है।" अत: न्यास परिषद् अधिक प्रभावी है।

(2) नियन्त्रण की कठोरता मैंडेट व्यवस्था में स्थायी मैंडेट कमीशन को न तो प्रदेश में जाकर निरीक्षण का अधिकार था और न ही वह किसी प्रकार के प्रार्थना-पत्रों पर ही विचार कर सकता था। इसके विपरीत न्यास परिषद् आवेदन-पत्र सुन सकती

थी तथा वह निरीक्षण-मण्डल को भेज सकती थी तथा उचित कार्यवाही कर सकने का आदेश दे सकती थी।

(3) मैंडेट-प्रणाली विभिन्न प्रदेशों को अपने साम्राज्य में सीधा सम्मिलित करने का आवरण मात्र थी, जबकि न्यास-पद्धति में स्वशासन का सुस्पष्ट विचार है।

(4) यद्यपि मैंडेट की समस्या मैंडेट कमीशन का विषय समझी जाती थी, पर इसकी स्थिति महत्वपूर्ण न होने से इसके कार्यों की ओर बहुत कम ध्यान दिया जाता था, परन्तु अब महासभा में यह विषय आने वाला है जो औपनिवेशिक शक्तियों की तीव्र आलोचना है तथा उन प्रदेशों के हित, चिन्तन व कल्याण से सम्बन्धित है।

(5) न्यास पद्धति के प्रधान अंग कौंसिल की रचना और संगठन स्थायी मैंडेट कमीशन की अपेक्षा अधिक सन्तुलित, स्वतन्त्र और सुसंगठित है।

अतः इन सब कारणों से न्यास-पद्धति अल्प समय में ही न्यास प्रदेशों के निवासियों की दशा सुधारने तथा उन्हें स्वतन्त्रता के पथ पर अग्रसर करने में मैंडेट प्रणाली की अपेक्षा कहीं अधिक और अत्यन्त शीघ्र सफल हुई।

अतः संक्षेप में हम कह सकते हैं कि 1946 में द्वितीय विश्वयुद्ध के पश्चात् मैंडेट प्रणाली का अन्त करके संयुक्त राष्ट्रसंघ में न्यास पद्धति का जो श्रीगणेश हुआ, वह संयुक्त राष्ट्रसंघ की मैंडेट प्रणाली की अपेक्षा अधिक सफलता प्राप्त कर सकी है। संक्षेप में यह कहा जा सकता है कि संयुक्त राष्ट्रसंघ की न्यास पद्धति राष्ट्रसंघ की मैंडेट प्रणाली से उत्कृष्ट है और अधिक सफल रही है।

(6) मैंडेट प्रणाली की तुलना में न्यास परिषद् का कार्य तीव्र व उत्तम है।

(7) न्यास क्षेत्रों के निवासियों को अपनी शिकायतों को सीधे न्यास परिषद् को देने का अधिकार है, परन्तु मैंडेट व्यवस्था के अधीन उन निवासियों को अपना प्रार्थना-पत्र या अध्यादेश मैंडेट शक्ति के द्वारा भेजना होता था। इस पर अध्यादेश शक्ति अपनी टिप्पणी भी लिख देती थी। इससे उस प्रार्थना-पत्र का उद्देश्य ही समाप्त हो जाता था।

इसके सम्बन्ध में कुछ विद्वानों के विचार इस प्रकार हैं–

एक आलोचक डॉ॰ राल्फ बुंच के शब्दों में–"यह नई व्यवस्था प्राचीन व्यवस्था के अनुरूप नहीं है। इसका अधिकार-क्षेत्र पूर्व की व्यवस्था की अपेक्षा अधिक विस्तृत है और इसके अन्तर्गत अन्तर्राष्ट्रीय नियन्त्रण और कठोर है। इसके द्वारा संरक्षण प्रदेशों की स्वायत्त शासन या स्वतन्त्रता की ओर ले जाने की अधिक शक्तिशाली व्यवस्था है। अतः न्यास परिषद् अधिक सफल हुई है और इसके कारण न्यास पद्धति के देश स्वतन्त्र हुए हैं।

आधुनिक यूरोप के औपनिवेशिक विस्तार ने अन्य चीजों के अतिरिक्त मानवीय, विधिक एवं राजनीतिक सिद्धांतों को जन्म दिया। इनमें से शासित लोगों पर शासन

व 'अभिभावकत्व की अवधारणा' प्रमुख है। 15वीं शताब्दी में प्रसिद्ध स्पेनी लेखक प्रो० फ्रांसिस डि विटोरिया ने देशी लोगों के हितों के सर्वोच्चता का सिद्धान्त प्रतिपादन किया। उसका विचार था कि उपनिवेशों के शासित लोगों के हितों पर अवश्य ध्यान देना चाहिए, भले ही वे विधर्मी ही क्यों न हों। उसने यह सुझाव स्पेनी सम्राट को दिया था जिसका शासन वेस्टइंडीज व दक्षिण अमेरिका के देशों में था। अमेरिका के स्वतन्त्रता-संग्राम की ओर संकेत करते हुए राजनीतिज्ञ एडमण्डबर्क ने कहा था, "एक विशाल साम्राज्य और बुद्धि एक साथ नहीं चल सकते। हमें ईश्वर द्वारा प्रदत्त अपने न्यास के प्रति थोड़ा उदार होना चाहिए।" 1885 में बर्लिन में कांगो अधिनियम में न्यास विषय पर प्रकाश डाला गया। महाशक्तियों ने बेल्जियम के राजा लियोपोल्ड द्वितीय को कांगो पर शासन करने का अधिकार इस शर्त पर दिया था कि वहाँ सभी औपनिवेशिक शक्तियों को समान आर्थिक अवसर तथा नौवहन की स्वतंत्रता प्राप्त होगी। किन्तु न तो लियोपोल्ड और न ही अन्य औपनिवेशिक शक्तियों ने कांगोवासियों के हितों पर कोई विशेष ध्यान दिया।

संयुक्त राष्ट्रसंघ के अंतर्गत संरक्षण पद्धति–प्रथम विश्वयुद्ध की समाप्ति के पश्चात् जर्मनी व तुर्की राष्ट्रों से लिए गए उपनिवेशों का प्रश्न उठ खड़ा हुआ। संयुक्त राज्य अमेरिका के राष्ट्रपति विल्सन ने इस सम्बन्ध में 'शामिल नहीं करने' के सिद्धान्त का प्रतिपादन किया था कि वे विजित राष्ट्रों में शामिल नहीं किए जाएंगे। 1919 के पेरिस शांति सम्मेलन में उनके प्रशासन के लिए संरक्षण-प्रणाली (Mandate System) का प्रबन्ध किया गया था यद्यपि तीन अधिराज्य प्रधानमंत्रियों–दक्षिण अफ्रीका के जनरल स्मट्स, आस्ट्रेलिया के ह्यूज और न्यूजीलैंड के मासे ने इसका विरोध किया, क्योंकि वे उपनिवेशों पर अपना पूर्ण नियंत्रण चाहते थे।

जनरल स्मट्स इस शर्त पर संरक्षण-प्रणाली को मानने के लिए तैयार हो गया कि दक्षिण पश्चिम अफ्रीका, दक्षिण अफ्रीका द्वारा अपने एक अभिन्न अंग के रूप में शासित होगा। अमेरिका के राष्ट्रपति विल्सन इसके लिए तैयार न थे किन्तु ब्रिटिश प्रधानमंत्री लायड जार्ज के जोर देने पर तैयार हो गए। विजित देशों का जनमत विजय का फल चखने के पक्ष में था। यह स्पष्ट हो गया कि राष्ट्रपति विल्सन का अतिचर्चित आत्मनिर्णय का सिद्धान्त श्वेतों के लिए था न कि अश्वेतों के लिए। संरक्षण-प्रणाली में तीन प्रकार के राष्ट्र थे। समूह 'क' में ईराक, फिलिस्तीन, ट्रांसजोर्डन थे जो ब्रिटेन के शासनाधीन रखे गए थे। सीरिया और लेबनान फ्रांस के शासनाधीन रखे गए थे। समूह 'ख' में टंगानिका को ब्रिटेन, बेल्जियम को रुआंडा-उरुण्डी तथा कैमरून और टोगोलैंड को ब्रिटेन और फ्रांस के बीच बाँट दिया गया। समूह 'ग' में उत्तर प्रशांत महासागर के द्वीप जापान, दक्षिण-पश्चिम अफ्रीका को दक्षिण अफ्रीका, न्यूगिनी को आस्ट्रेलिया और न्यूजीलैंड को दिए गए थे। समूह 'घ' के क्षेत्र संरक्षण राज्यों के अभिन्न अंग के रूप में शासित किए जा सकते थे। संरक्षित राज्यों की देखभाल के लिए संयुक्त राष्ट्रसंघ ने स्थायी संरक्षण आयोग (Mandate Commission) की

स्थापना की। आयोग ने न तो कभी संरक्षित क्षेत्रों का दौरा किया और न वहाँ अन्वेषण दल ही भेजा।

द्वितीय विश्वयुद्ध का प्रभाव

द्वितीय विश्व युद्ध के फलस्वरूप 'औपनिवेशीकरण' की प्रक्रिया तेज हो गई। संयुक्त राज्य अमेरिका और सोवियत संघ दोनों ने ही उपनिवेशवाद का विरोध किया। फलतः एशिया और अफ्रीका में राष्ट्रीय आन्दोलन तेज हो गए। द्वितीय विश्वयुद्ध के पूर्व ही उपनिवेशों का प्रश्न महत्वपूर्ण बन गया था। कुछ राजनीतिज्ञों का विचार था कि आश्रित लोगों पर अन्तर्राष्ट्रीय पर्यवेक्षण रखा जाए। अमेरिकी राष्ट्रपति रूजवेल्ट और विदेश सचिव कोडल हल ने भी इसका समर्थन किया था। रूजवेल्ट का विचार था कि विश्व शान्ति के लिए साम्राज्यवादी देशों को उभरते हुए राष्ट्रवाद पर गौर करना चाहिए। हिन्द चीन के बारे में उसने कहा, "हिन्द चीन से फ्रांस को हट जाना चाहिए। इसने सौ वर्षों तक इसका शोषण दोहन किया है। हिन्द चीन के लोगों को इससे कुछ अच्छी चीज की आवश्यकता है।" ब्रिटिश प्रधानमन्त्री सर विंस्टन चर्चिल का विचार ठीक इसके विपरीत था। वह कट्टर साम्राज्यवादी था और ब्रिटिश साम्राज्य को अक्षुण्ण रखना चाहता था। यहाँ तक कि मजदूर दल का प्रवक्ता क्रीच जौन भी उपनिवेशों पर अन्तर्राष्ट्रीय नियंत्रण नहीं चाहता था। चर्चिल ने कहा था कि वह ब्रिटिश साम्राज्य की समाप्ति के लिए प्रधानमन्त्री नहीं हैं।

अमेरिकी विदेश सचिव कोडल हल ने ब्रिटिश विदेश सचिव एन्थोनी इडन से कई बार उपनिवेश के प्रश्न पर विचार-विमर्श किया। वह उपनिवेशों के लिए अन्तर्राष्ट्रीय न्यास व्यवस्था तथा शीघ्रतिशीघ्र उपनिवेशों की स्वतंत्रता का समर्थक था। इडन ने उसके प्रस्ताव पर अपनी प्रतिक्रिया व्यक्त करते हुए कहा था, "इससे ब्रिटिश साम्राज्य का सूर्यास्त हो जाएगा।" नवम्बर, 1943 में तीन महान राष्ट्रों के काहिरा सम्मेलन में चर्चिल ने स्टालिन और रूजवेल्ट के इस प्रस्ताव का घोर विरोध किया। फ्रांस के राष्ट्रपति जनरल दगाल ने चर्चिल का समर्थन किया। उन्होंने वाशिंगटन में एक जनसमुदाय को सम्बोधित करते हुए कहा, 'हर कहीं, जहाँ फ्रांसीसी पताका फहराती है, वह फ्रांसीसी संघ का अंग है, और फ्रांस उसका केन्द्र है।' अतः ब्रिटेन व फ्रांस साम्राज्यवाद के समर्थक तथा बाकी सब देश साम्राज्यवाद के विरोधी थे।

औपनिवेशिक शक्तियों के विरोध के बावजूद उपनिवेशों के अन्तर्राष्ट्रीयकरण व उन्हें अन्तर्राष्ट्रीय नियंत्रण में लेने के प्रस्ताव पर विचार-विमर्श होते रहे। 1945 में लन्दन के राष्ट्रकुल सम्मेलन में आस्ट्रेलिया, न्यूजीलैंड और भारत ने अन्तर्राष्ट्रीय न्यास के सिद्धान्त को मानने के लिए ब्रिटेन पर दबाव डाला। परन्तु ब्रिटेन इसे मानने के लिए तैयार न था। इसी तरह संयुक्त राज्य अमेरिका का इरादा भी स्पष्ट नहीं था। वह अन्य साम्राज्यवादी शक्तियों के उपनिवेशों को न्यास पद्धति के अन्तर्गत लाना चाहता था, किन्तु अपने जापानी उपनिवेशों को इसके बाहर रखना चाहता था। 1944 के मध्य प्रशांत युद्ध की संकटकालीन स्थिति में अनेक अमेरिकी विधायकों

ने जापान के संरक्षित द्वीपों को अमेरिका में शामिल कर लेने की मांग की थी। युद्ध सचिव स्टीमसन और नौसेना सचिव फोरेस्टल भी यही चाहते थे। यही कारण था कि डम्बर्टनओक्स सम्मेलन में संयुक्त राज्य अमेरिका ने न्यास सम्बन्धी प्रस्तावों पर बातचीत करने से इन्कार कर दिया था। सोवियत संघ भी सरबालीन और कुरील द्वीपों पर अपना अधिकार कायम रखना चाहता था तथा इन्हें किसी न्यास पद्धति में नहीं रखना चाहता था। रूस का अब भी इन द्वीपों पर अधिकार है।

अप्रैल, 1945 में सानफ्रांसिस्को में संयुक्त राष्ट्र सम्मेलन के लिए प्रतिनिधि एकत्र हुए। यहां पुनः औपनिवेशिक प्रश्न उठाया गया। न्यास के आम सिद्धान्तों पर तो कोई विशेष मतभेद नहीं था। इस सम्बन्ध में आस्ट्रेलियाई प्रारूप और अमेरिकी प्रारूप उल्लेखनीय हैं। आस्ट्रेलियाई प्रारूप में सभी आश्रित प्रदेशों के न्यास का प्रावधान था जिसे अधिकांश प्रतिनिधि मानने के लिए तैयार थे। यही कारण था कि डम्बर्टन ओक्स सम्मेलन में संयुक्त राज्य अमेरिका ने न्यास सम्बन्धी प्रस्तावों पर बातचीत करने से इन्कार कर दिया था। सोवियत संघ भी सरबालीन और कुरील द्वीपों पर अपना अधिकार कायम रखना चाहता था तथा इन्हें उसने किसी न्यास पद्धति में नहीं रखा। अमेरिकी प्रारूप में तीन तरह के प्रदेशों के न्यास का प्रावधान था। प्रथम, राष्ट्रसंघ की संरक्षणप्रणाली के अन्तर्गत के प्रदेश थे। द्वितीय, द्वितीय विश्व युद्ध के फलस्वरूप शत्रु राष्ट्रों से लिए गए प्रदेश थे। तृतीय, वे प्रदेश जो स्वेच्छा से इसमें शामिल होना चाहते हों।

ब्रिटिश और चीनी प्रारूप भी लगभग इसी तरह थे। न्यास समिति में आस्ट्रेलियाई प्रतिनिधि इवाट ने इस सम्बन्ध में न्यास की ऐच्छिक प्रक्रिया को अपर्याप्त बतलाया। इस पर ब्रिटिश प्रतिनिधि ने न्यास की अनिवार्य प्रक्रिया को एक-दूसरे राज्य के आन्तरिक मामलों में हस्तक्षेप बतलाया। फ्रांस और हालैंड ने न्याय-पद्धति की कटु आलोचना की। अंततोगत्वा संयुक्त राष्ट्रसंघ अमेरिका के प्रतिनिधि स्टेसन ने एक कामचलाऊ दस्तावेज तैयार किया जिसमें दो भाग थे–'क' में सभी अ-स्वशासित प्रदेशों की सामान्य नीति और 'ख' में प्रादेशिक न्यास-पद्धति की चर्चा थी। उसके दस्तावेज को पाँच महान शक्तियों का समर्थन प्राप्त था। अतः संयुक्त राष्ट्रसंघ के घोषणा-पत्र ने आश्रित प्रदेशों को दो भागों में बाँट दिया–न्यास प्रदेश और अ-स्वशासित प्रदेश। चीन द्वारा प्रयुक्त शब्दावली अ-स्वशासित प्रदेश को 'आश्रित प्रदेश' से बेहतर समझा गया जिसका अर्थ था उन प्रदेशों के लोग जिनमें स्वशासन की क्षमता नहीं है तथा जो अपने पैरों पर खड़े नहीं हो सकते। इसी तरह 'उपनिवेशी शक्ति' के स्थान पर 'प्रशासकीय प्राधिकार' का प्रयोग बेहतर समझा गया। चीनी प्रारूप में स्वशासित प्रदेशों को 'स्वतंत्रता' देने का सुझाव था। इस पर सोवियत संघ ने 'आत्म-निर्णय' का सुझाव दिया। उपनिवेश-विरोधी राज्यों ने न्यास-पद्धति का अन्तिम उद्देश्य उपनिवेशों की स्वतंत्रता बतलाया। ब्रिटिश प्रतिनिधि लार्ड क्रेनबोर्न को यह बहुत बुरा लगा। समिति के अध्यक्ष न्यूजीलैंड के पीटर फ्रेजर ने स्वशासित और स्वतंत्र राष्ट्रों के बीच भेद को गहरा

बतलाया। मिस्र के प्रतिनिधि ने बतलाया कि संरक्षण-प्रणाली के अन्तर्गत सभी प्रदेशों को न्यास-पद्धति के अन्तर्गत कर देना चाहिए। उसके प्रस्ताव का कड़ा विरोध किया गया। प्रशासकीय प्राधिकार के विषय में भी बड़ा मतभेद था। चीनी प्रतिनिधि ने कहा कि न्यास क्षेत्रों का प्रशासन संयुक्त राष्ट्रसंघ की किसी एजेंसी द्वारा होना चाहिए। उपनिवेशी शक्तियों ने इस प्रस्ताव का विरोध किया। लार्ड क्रेनबोर्न के अनुसार प्रशासकीय प्राधिकार का निर्णय विजयी राष्ट्र करेंगे। काफी वाद-विवाद के पश्चात् यह तय हुआ कि प्रशासनिक पदाधिकारी एक व अनेक राज्य तथा स्वयं संयुक्त राष्ट्रसंघ ही होगा।

न्यास-प्रदेश–दिसम्बर 1949 तक न्यास समझौतों के द्वारा 11 न्यास प्रदेश थे। उनके प्रशासकीय राज्य, जनसंख्या और क्षेत्रफल को पृष्ठ 209 तालिका में प्रदर्शित किया गया है–

संरक्षित प्रदेश	शासक राज्य	जनसंख्या	क्षेत्रफल (वर्ग मील में)
1. टंगानिका	ब्रिटेन	7079557	36288
2. ब्रिटिश टोगोलैंड	ब्रिटेन	382200	13040
3. ब्रिटिश कैमरून	ब्रिटेन	991000	34081
4. नौरू	आस्ट्रेलिया	3162	82
5. न्यूगिनी	आस्ट्रेलिया	1006200	1300
6. रुआंडा-उरुण्डी	बेल्जियम	3718696	20916
7. फ्रैंच कैमरून	फ्रांस	2702500	166797
8. फ्रैंच टोगोलैंड	फ्रांस	94446	21236
9. पश्चिमी समोआ	न्यूजीलैंड	72936	1133
10. प्रशान्त महासागर के द्वीप मार्शेल, मेरियाना और कैरोलिन	संयुक्त राज्य अमेरिका	60000	687
11. सोमालीलैंड	इटली	915000	194000

इस प्रकार न्यास-पद्धति में निम्नलिखित तीन तरह के क्षेत्र रखे गए–

(1) **संरक्षण प्रणाली के प्रदेश**–सर्वप्रथम न्यूजीलैंड ने 1 जनवरी, 1947 को अपने संरक्षित प्रदेश पश्चिमी समोआ को न्यास-पद्धति में रखना मान लिया था। इस पर 17 जनवरी, 1946 को ब्रिटेन ने टंगानिका, कैमरून और टोगोलैंड तथा 18 जनवरी, 1946 को आस्ट्रेलिया ने न्यूगिनी और बाँख को न्यास-पद्धति में रखना मान लिया। इस सम्बन्ध में दक्षिण अफ्रीका का इरादा स्पष्ट नहीं था। इसी तरह टोगोलैंड और कैमरून के बारे में फ्रांस का इरादा साफ नहीं था। भारतीय प्रतिनिधि महाराज सिंह ने टंगानिका को भारत के अधीन न्यास में रखने का सुझाव

दिया, किन्तु उसके विचार को 'असामयिक' कहा गया तथा स्वीकार नहीं किया गया।

(2) **शत्रु राज्यों से लिए गए प्रदेश**–द्वितीय विश्वयुद्ध काल में शत्रु राज्यों से लिए गए कुछ प्रदेशों को भी न्यास पद्धति में रखा गया। इनमें प्रशान्त महासागर में जापान संरक्षित प्रदेश और इटली के उपनिवेश आदि थे। अबीसीनिया के सम्राट हेले सिलासी ने तर्क दिया कि इथोपिया, इरीट्रिया और सोमालीलैंड को इथोपिया के अन्तर्गत रखना चाहिए। सोवियत संघ के प्रतिनिधि मोलोतोव ने ट्रोपोलीतनिया में संयुक्त राज्य, सोवियत संघ और ग्रेट ब्रिटेन के न्यास का सुझाव दिया। मजदूर दल सरकार के ब्रिटिश विदेश सचिव वेविन ने इस प्रस्ताव का विरोध किया। संयुक्त राज्य अमेरिका के प्रतिनिधि ब्रेंस ने कहा कि शत्रु से लिए गए प्रदेश को पुरस्कार समझकर विजितों के बीच हमें बाँटना नहीं है। इस प्रकार न्यास के सम्बन्ध में राष्ट्रों में मतभेद था।

(3) **न्यास-पद्धति में स्वेच्छा से रखे गए प्रदेश**–संयुक्त राष्ट्रसंघ के चार्टर के अनुच्छेद 77 (क) और (ख) में यह प्रावधान था कि न्यास पद्धति में स्वेच्छा से भी प्रदेश रखे जा सकते हैं। परन्तु इसके अन्तर्गत कोई उल्लेखनीय प्रदेश नहीं रखा गया।

इस प्रकार संयुक्त राष्ट्रसंघ की संरक्षण प्रणाली (Mandate System) के स्थान पर संयुक्त राष्ट्रसंघ ने न्यासधारिता (Trusteeship) की स्थापना की। इसका मूल सिद्धान्त यह है कि आधुनिक संसार में कुछ प्रदेश ऐसे हैं जिनके निवासी पिछड़े हुए और अल्पविकसित हैं। वे इस योग्य नहीं थे कि उन्हें अपने देश के शासन-संचालन का दायित्व दिया जा सके। अत: उन्हें विकास के लिये दूसरे सभ्य एवं समुन्नत देशों की आवश्यकता थी। सभ्य देशों का कर्त्तव्य है कि वे उनके विकास में भरसक सहायता प्रदान करें और उस काल तक न्यास समझकर उनके हितों की देखभाल करें जब तक वे स्वयं अपना शासन संभालने के योग्य न हो जाएँ। जिन देशों को यह कार्य सौंपा जाए, उन्हें संयुक्त राष्ट्रसंघ की देख-रेख में उसे सम्पन्न करना चाहिए। राष्ट्रसंघ की संरक्षण-प्रणाली और न्यास परिषद् में मौलिक अन्तर है। संरक्षण प्रणाली केवल जर्मनी, तुर्की आदि पराजित देशों द्वारा शासित प्रदेशों के लिए थी जबकि न्यास परिषद् का क्षेत्र उन सभी प्रश्नों पर लागू होता है जो साम्राज्यवादी देशों द्वारा पराधीन बनाए गए थे। अत: न्यास संरक्षण पद्धति से भिन्न है।

उद्देश्य–न्यास-पद्धति के मुख्य उद्देश्य हैं–(क) अन्तर्राष्ट्रीय शान्ति व सुरक्षा को प्रोत्साहन, (ख) पिछड़े हुए लोगों की राजनीति, आर्थिक, सामाजिक और शिक्षा सम्बन्धी उन्नति में योगदान प्रदान करना तथा उनकी स्वतंत्रता एवं प्रशासन के क्रमिक विकास में सहायता देना, (ग) जाति, लिंग, भाषा और धर्म या नस्ल के भेदभाव के बिना सब लोगों में मानव अधिकारों और मूल स्वतंत्रता के प्रति आस्था बढ़ाना और उनमें यह भाव उत्पन्न करना कि संसार के सभी लोग एक-दूसरे पर आश्रित

हैं, (घ) सामाजिक, आर्थिक तथा वाणिज्य-सम्बन्धी मामलों में संयुक्त राष्ट्रसंघ के सब सदस्यों और उनके नागरिकों के प्रति समानता के व्यवहार का विश्वास दिलाना। अतः न्यास (Trusteeship) उदारवादी विचारों से परिपूर्ण है।

संगठन–न्यास पद्धति के अन्तर्गत मुख्य रूप से तीन प्रकार के प्रदेशों का प्रशासन आता है। प्रथम, वे प्रदेश जो सानफ्रांसिस्को सम्मेलन के समय संरक्षण-प्रणाली के अन्तर्गत शामिल थे। द्वितीय, वे प्रदेश जो द्वितीय विश्वयुद्ध के उपरान्त शत्रु राज्यों से छीन लिए गए थे। तृतीय, वे प्रदेश जो साम्राज्यवादी तथा उपनिवेशवादी देशों द्वारा स्वेच्छा से संयुक्त राष्ट्रसंघ को दे दिए गए थे। अर्थात् न्यासधारिता परिषद् संयुक्त राष्ट्रसंघ का प्रमुख अंग है, तथापि उसे महासभा और सुरक्षा परिषद् के अधीन काम करना होता है।

न्यास परिषद् में अनेक सदस्य हैं। प्रथम, वे सदस्य जो न्यास क्षेत्रों का प्रशासन कर रहे हैं। द्वितीय, सुरक्षा परिषद् के वे स्थायी सदस्य जो न्यास क्षेत्रों का प्रशासन नहीं कर रहे हैं। तृतीय, महासभा उतने सदस्यों का तीन वर्ष की अवधि के लिए निर्वाचन करती है जिससे न्यास क्षेत्रों का प्रशासन करने वाले सदस्यों तथा प्रशासन न करने वाले सदस्यों की संख्या बराबर रहे।

मतदान–न्यास परिषद् के प्रत्येक सदस्य को केवल एक मत देने का अधिकार होता है। इसके निर्णय उपस्थित तथा मतदान करने वाले सदस्यों के बहुमत से लिए जाते हैं। इसके किसी भी सदस्य को निषेधाधिकार प्राप्त नहीं है। सब सदस्यों को समानाधिकार हैं।

न्यास कार्य तथा शक्तियाँ–न्यास परिषद् महासभा के अधीन रहकर अनेक कार्य सम्पादित करती है। यह प्रशासनिक अधिकारी द्वारा प्रेषित रिपोर्ट पर विचार कर सकती है। यह याचिकाएं भी स्वीकार कर सकती है तथा प्रशासनिक अधिकारी के परामर्श से उनका परीक्षण भी कर सकती है। प्रशासनिक अधिकारी के साथ समझौते पर यह समय-समय पर लोगों को न्यास क्षेत्रों के निरीक्षण हेतु भेज सकती है। न्यास समझौतों के अनुसार उपर्युक्त तथा अन्य कार्यवाही कर सकती है। यह न्यास क्षेत्र की राजनीतिक, सामाजिक, आर्थिक तथा शैक्षणिक उन्नति के लिए प्रश्नावली तैयार कर सकती है तथा न्यास क्षेत्र पर प्रशासन करने वाली सत्ता उक्त प्रश्नावली के आधार पर महासभा को रिपोर्ट प्रस्तुत करेगी। यह आर्थिक तथा सामाजिक परिषद् और विशिष्ट एजेंसियों से उनसे सम्बन्धित कार्यों में सहायता प्राप्त कर सकती है। न्यास परिषद्, न्यास क्षेत्रों के प्रशासन की देख-रेख के लिए निम्न साधनों का प्रयोग करती है–

1. **प्रशासनिक अधिकारियों से प्राप्त रिपोर्ट**–संयुक्त राष्ट्रसंघ चार्टर के अनुच्छेद 88 के अनुसार प्रत्येक प्रशासकीय अधिकारी के लिए यह आवश्यक है कि वह अपने अधीन न्यास क्षेत्र की वार्षिक रिपोर्ट न्यास परिषद् के पास भेजे। इन रिपोर्टों को न्यास परिषद् द्वारा भेजी गई प्रश्नावली के आधार पर तैयार किया

जाता है। इस प्रश्नावली के द्वारा परिषद् न्यास क्षेत्रों के प्रशासन से सम्बद्ध हर सूचना को प्राप्त करने का प्रयत्न करती है।

2. **आवेदन-पत्र**–यद्यपि प्रशासकीय रिपोर्टों का महत्व अत्यधिक है तथापि उनमें एक दोष यह है कि उनके द्वारा वे ही सूचनाएँ प्राप्त हो सकती हैं जो प्रशासकीय अधिकारी महासभा को देना चाहें। इसलिए केवल रिपोर्टों के आधार पर वस्तुस्थिति का ठीक प्रकार से पता नहीं लगाया जा सकता। इस दोष के निराकरण के लिए न्यास परिषद् को यह अधिकार सौंपा गया है कि वह न्यास क्षेत्रों की जनता के आवेदन-पत्र स्वीकार करे। ऐसे आवेदन-पत्र सीधे परिषद् के पास इन क्षेत्रों की जनता द्वारा भेजे जा सकते हैं। इस प्रकार संयुक्त राष्ट्रसंघ के अन्तर्गत व्यक्तियों को भी आवेदन का अधिकार प्राप्त हो गया है।

3. **घटना-स्थल पर जाँच**–न्यास परिषद् ने एक ऐसी योजना बनाई है जिसके द्वारा प्रत्येक न्यास क्षेत्र का हर तीसरे वर्ष परिषद् के अधिकारी दौरा करते हैं और वहाँ जाकर इस बात की जाँच करते हैं कि प्रशासकीय अधिकारी संयुक्त राष्ट्रसंघ चार्टर के सिद्धान्तों का पालन कर रहे हैं अथवा नहीं। वे इन अवसरों पर प्रशासकीय अधिकारियों को उनके शासन के दोषों से अवगत कर सकते हैं और उन्हें दूर करने के सम्बन्ध में अपने सुझाव भी दे सकते हैं।

न्यास परिषद् के कार्य–न्यास परिषद् ने बड़ा ही प्रशंसनीय कार्य किया है। संयुक्त राष्ट्रसंघ की स्थापना के पश्चात् न्यास क्षेत्र में रहने वाले लोगों की संख्या प्रतिवर्ष घटती जा रही हैं। यह न्यास परिषद् की कार्यकुशलता का परिणाम है। इसका कार्य शीघ्रता से कम होता जा रहा है। कदाचित् कुछ वर्षों में न्यास परिषद् के पास कार्य नहीं रह जाएगा। संयुक्त राष्ट्रसंघ के प्रमुख अंगों में यही एक अंग है जिसने अपना कार्य अत्यन्त सफलतापूर्वक समाप्त कर लिया है। इसने सभी न्यास क्षेत्रों में सफलता प्राप्त की है। व्योनार्ड के शब्दों में, "1966 के अन्त तक लगभग सभी उपनिवेशों के लोगों ने स्वतंत्रता तथा संयुक्त राष्ट्रसंघ की सदस्यता प्राप्त कर ली है।" मौलिक न्यास क्षेत्रों में अब केवल तीन क्षेत्र ही रह गए हैं। न्यासधारिता परिषद् ने इन क्षेत्रों के स्वायत्त शासन की प्राप्ति के कार्य में अपने मौलिक कार्य को लगभग पूरा कर लिया है। इसने न्यास प्रदेश को स्वतंत्र होने में महत्वपूर्ण योगदान दिया है।

न्यास प्रदेश तथा न्यास परिषद् का उसमें योगदान

संयुक्त राष्ट्रसंघ की न्यास परिषद् की मुख्य विशेषता यह है कि "राष्ट्रसंघ की संरक्षण प्रणाली (Mandate System) से न्यास प्रणाली (Trusteeship) ने अत्यन्त शीघ्रता से न्यास प्रदेशों को स्वाधीनता प्रदान की है।"

संयुक्त राष्ट्रसंघ की न्यास पद्धति के अन्तर्गत जो प्रदेश थे उनको स्वाधीनता प्राप्त कराना संयुक्त राष्ट्रसंघ की महान उपलब्धि है। कुछ महत्वपूर्ण प्रदेशों का हम यहाँ उल्लेख करेंगे।

टोगोलैंड–द्वितीय महायुद्ध के पश्चात् टोगोलैंड को फ्रांस और इंग्लैंड के न्यास में रखा गया। टोगोलैंड के नेता अपने देश के विभाजन पर खुश नहीं थे। वहां 'अखिल आव सम्मेलन' और 'टोगोलैंड को एक करो' ने एकीकरण का आन्दोलन छेड़ दिया। 'अखिल आव सम्मेलन' के नेता सेलवेनस ओलम्पियों ने न्यास परिषद् से टोगोलैंड के एकीकरण का अनुरोध किया। न्यास परिषद् ने वहां के प्रशासकीय देशों (इंग्लैंड और फ्रांस) से इस सम्बन्ध में वार्ता करने को कहा जिन्होंने टोगोलैंड के लिए एक संयुक्त समिति की स्थापना का प्रस्ताव रखा। एकीकरण आन्दोलन के समर्थकों ने इस प्रस्ताव का विरोध किया। इस पर 1951 में संयुक्त राष्ट्रसंघ महासभा ने टोगोलैंड की स्थिति का अध्ययन करने के लिए एक दल भेजने की संस्तुति की। आस्ट्रेलिया के पीवे ने इसका नेतृत्व किया। इसने अपनी रिपोर्ट में एकीकरण प्रश्न को सभी राजनीतिक दलों की 'सर्वोच्च इच्छा' और 'जीवंत राजनीतिक प्रश्न' बतलाया। ओलम्पियों ने महासभा से आव लोगों को आजादी देने का अनुरोध किया। भारत, मिस्र, सोवियत संघ, ब्राजील तथा अनेक उपनिवेश-विरोधियों ने टोगोलैंड के एकीकरण सम्बन्धी प्रस्ताव का समर्थन किया। संयुक्त राज्य अमेरिका, कनाडा, आस्ट्रेलिया और न्यूजीलैंड आदि ने भी इसका समर्थन किया। ब्रिटेन टोगोलैंड को गोल्डकोस्ट के साथ मिलाना चाहता था। 'अखिल आव सम्मेलन' और 'संयुक्त टोगोलैंड कांग्रेस' ने इसका विरोध किया और इस पर जनमत संग्रह की मांग की। महासभा ने स्थिति का अध्ययन करने के लिए एक शिष्टमंडल भेजा जिसने जनमत संग्रह की संस्तुति की। जनमत संग्रह की शर्तें थीं–टोगोलैंड को गोल्डकोस्ट में शामिल करना तथा न्यास-पद्धति को जारी रखना।

न्यास परिषद् ने इन सिफारिशों का स्वागत किया। संयुक्त राष्ट्रसंघ महासभा में ब्रिटेन ने भी इन शर्तों को मान लिया। 9 मई, 1956 को जनमत संग्रह हुआ। बहुमत गोल्डकोस्ट में शामिल करने के पक्ष में था। अत: 1956 में महासभा ने टोगोलैंड के गोल्डकोस्ट में विलय पर अपनी सहमति दे दी। वहां न्यास-व्यवस्था समाप्त हो गई और 6 मार्च, 1957 को ब्रिटिश टोगोलैंड और गोल्डकोस्ट 'धाना' के नाम से स्वतंत्र राज्य हो गया। दो दिनों के बाद यह संयुक्त राष्ट्रसंघ का सदस्य बन गया। घाना अब प्रगतिशील राष्ट्र है।

ब्रिटिश टोगोलैंड में परिवर्तन का फ्रैंच टोगोलैंड पर बड़ा प्रभाव पड़ा। इसकी प्रादेशिक सभा ने जुलाई, 1955 में फ्रांसीसी सरकार और संयुक्त राष्ट्रसंघ से फ्रैंच टोगोलैंड के भविष्य पर विचार करने का अनुरोध किया। फ्रांस ने अपने टोगोलैंड के स्वायत्त गणतंत्र संविधि को कार्यान्वित किया और 28 अक्तूबर, 1926 को जनमत संग्रह कराने का निश्चय किया। जनमत संग्रह की शर्तें थीं–फ्रांस के अधीन स्वायत्त टोगोलैंड गणतंत्र अथवा न्यास व्यवस्था को जारी रखना। 71.51 प्रतिशत जनता ने न्यास की समाप्ति के पक्ष में मतदान दिया। यह मामला महासभा में पेश किया गया। महासभा ने 27 अप्रैल, 1960 को फ्रैंच टोगोलैंड से फ्रांस की न्यास समाप्ति की घोषणा कर दी। इस प्रकार टोगोलैंड स्वतंत्र हो गया। परन्तु यह घाना से पृथक् रहा।

कैमरून–राष्ट्रसंघ की संरक्षण प्रणाली के समय से ही कैमरून के एकीकरण का प्रयास जारी था। 1926 से 1935 तक स्थायी संरक्षण आयोग में इस सम्बन्ध में अनेक आवेदन पेश किये गए थे, किन्तु इनका कोई प्रभाव नहीं हुआ था। 1945 में न्यास परिषद् की स्थापना के समय भी एकीकरण की मांग की गई थी। 1948 में एकीकरण और स्वतंत्रता के लिए एक राजनीतिक दल का गठन किया गया। कैमरून संयुक्त राष्ट्रीय सम्मेलन के नेतृत्व में 1951 में राष्ट्रवादी दलों के सभी प्रतिनिधियों ने एकीकरण की मांग को दुहराया। न्यास परिषद् में एकीकरण से सम्बन्धित निरन्तर आवेदन-पत्र पेश किए जाते रहे। 1952 में कैमरून जनसंगठन के महासचिव यूममेयोब ने कैमरून की एकता और स्वतंत्रता की मांग की। किन्तु कैमरून के समाजवादी नेता ओकाला ने इसका विरोध किया। इस बीच कैमरून का राष्ट्रीय जागरण फ्रांस के लिए चिन्ता का विषय बन गया। यूममियोब के नेतृत्व में राष्ट्रीय एकता का आन्दोलन चल पड़ा। आजादी की मांग उग्रतर होती गई। यूममियोब प्रशासन और कैथोलिक चर्च की आंखों में खटकने लगा। वह परम्परावादी सरदारों को पेरिस का पिट्ठू कहता था। अतएव इस समस्या का समाधान आवश्यक हो गया।

अन्त में 1962 में न्यास परिषद् ने वहाँ एक शिष्टमण्डल भेजा। इसने अपनी रिपोर्ट में बतलाया कि ब्रिटिश कैमरून में एकीकरण आन्दोलन की गति धीमी है और फ्रैंच कैमरून में यह कोई समस्या नहीं है। शिष्टमंडल में भारत, हायती, संयुक्त राज्य अमेरिका और न्यूजीलैंड थे। इसकी चिर-प्रतीक्षित रिपोर्ट से उपनिवेश-विरोधी आतंकवादियों को बड़ा सदमा पहुंचा। महासभा में ब्रिटिश प्रतिनिधि एन्ड्र कोहेन ने दक्षिण ब्रिटिश कैमरून में जनमत-संग्रह की आवश्यकता पर बल दिया। घाना तथा अन्य अफ्रीकी राज्यों के प्रयास के फलस्वरूप यह निश्चित किया गया कि 26 अक्तूबर, 1962 तक न्यास परिषद् का नियन्त्रण कैमरून में बना रहेगा। परन्तु महासभा ने 30 सितम्बर, 1960 को निम्न शर्तों पर जनमत संग्रह कराने का निश्चय किया–

(क) क्या कैमरून नाइजीरिया के स्वतंत्र संघ में शामिल होना चाहता है?

(ख) क्या यह स्वतंत्र नाइजीरिया के संघ में शामिल होकर स्वतंत्रता चाहता है?

जनमत-संग्रह से उसने नाइजीरिया में शामिल होने का निर्णय दिया। कैमरून गणतन्त्र इससे खुश नहीं था। अत: इसने संयुक्त राष्ट्रसंघ से जनमत संग्रह को रद्द करने का अनुरोध किया। किन्तु महासभा ने इस अनुरोध को अस्वीकृत कर दिया और 1 जून, 1961 को नाइजीरिया में इसके विलय को स्वीकृति दे दी गई और न्यास-परिषद् का नियन्त्रण इस पर समाप्त हो गया।

सोमालीलैंड–संयुक्त राष्ट्रसंघ महासभा के प्रस्ताव द्वारा सोमालीलैंड का न्यास इटली को दिया गया था। इटली से कहा गया था कि दस वर्ष के अन्दर सोमालीलैंड को स्वतन्त्रता हासिल करने के योग्य बना देना चाहिये। इसके अतिरिक्त संयुक्त राष्ट्रसंघ द्वारा इसके प्रशासन की देखभाल के लिए एक सलाहकार परिषद् की भी स्थापना

की गई। स्वयं संयुक्त राष्ट्रसंघ इटली द्वारा समय-समय पर लाए गए आर्थिक, शैक्षणिक, प्रशासकीय और राजनीतिक सुधारों की देखभाल करने लगा। प्रशासकीय अधिकारी सलाहकार परिषद् की मदद से शासन करने लगे। 1956 तक सोमालिया ने अपनी व्यवस्थापिक तथा कार्यपालिका संस्थाओं की स्थापना कर ली। 1959 में एक संविधान सभा का भी निर्वाचन कर लिया गया तथा 7 जुलाई, 1960 को स्वतन्त्रता का दिवस निश्चित किया गया। ब्रिटेन ने ब्रिटिश सोमालीलैंड को इटली संरक्षित सोमालीलैंड में शामिल होने की अनुमति दे दी जो उस समय सोमालिया गणतन्त्र था। इसके बाद संयुक्त राष्ट्रसंघ को कुछ समय तक इथियोपिया के साथ सोमालीलैंड की सीमा समस्या का सामना करना पड़ा, परन्तु सोमालीलैंड से न्यास समाप्त हो गया।

टंगानिका–टंगानिका में 23,000 यूरोपीय, 112,000 एशियाई तथा 90,00,000 अफ्रीकी मूल के निवासी थे। दक्षिण अफ्रीका रोडेशिया और कीनिया की तरह यहाँ भी यूरोपीय अल्पसंख्यक सत्ता में थे। देश की अर्थव्यवस्था व प्रशासन में भी उनका बड़ा प्रभाव था। ब्रिटेन टंगानिका के लोगों को प्रशासन में अधिकाधिक हाथ बंटाने का अवसर देने लगा, किन्तु उसने वहाँ स्वायत्त शासन लागू करने में शिथिलता दिखलाई। ब्रिटेन ने घाना, यूगांडा और नाइजीरिया के साथ ऐसी बात नहीं की थी, क्योंकि वहाँ श्वेत प्रवासियों की कोई समस्या नहीं थी। ब्रिटेन का झुकाव श्वेत लोगों के पक्ष में था।

संयुक्त राष्ट्रसंघ की न्यास परिषद् आरम्भ से ही टंगानिका की स्वतन्त्रता के लिए प्रयत्नशील थी। 1957 में वहाँ एक शिष्टमण्डल भेजा गया। टंगानिका अफ्रीकी राष्ट्रीय संगठन के नेता जुलियस न्यरेरे ने न्यास परिषद् से शीघ्रातिशीघ्र स्वतंत्रता की माँग की। ब्रिटेन ने इस पर कोई आपत्ति नहीं की। अत: दिसम्बर, 1959 में गवर्नर सर रिचर्ड टर्नबुल ने टंगानिका को आजादी देने की घोषणा दी। 9 दिसम्बर, 1961 को टंगानिका स्वतन्त्र हो गया। जुलियस न्यरेरे इसके प्रथम राष्ट्रपति बने।

रुआंडा-उरुण्डी–रुआंडा-उरुण्डी बेल्जियम के न्यास में रखा गया था कांगो की भांति बेल्जियम का राजा लियोपोल्ड रुआंडा-उरुण्डी को अपनी पैतृक सम्पत्ति समझता था। वहाँ बेल्जियम प्रशासन असफल रहा था। 1957 में संयुक्त राष्ट्रसंघ के एक शिष्टमण्डल के एक सदस्य ने जब 20 वर्षों के भीतर रुआंडा-उरुण्डी को स्वतन्त्र करने का सुझाव दिया तो कांगो के गवर्नर ने कहा कि वे सौ वर्षों तक भी स्वतन्त्र नहीं हो सकते। फिर भी जनवरी 1959 से बेल्जियम ने कांगो में प्रजातन्त्र स्थापित करने की घोषणा की। किन्तु सत्ता के शीघ्र हस्तांतरण के फलस्वरूप कांगो संकट (1960-1963) उठ खड़ा हुआ, जिसका प्रभाव रुआंडा पर भी पड़ा। कांगो समस्या का उल्लेख अलग किया गया है।

अफ्रीकी राष्ट्रीयता की बेगवती धारा तथा संयुक्त राष्ट्रसंघ के प्रयासों के फलस्वरूप बेल्जियम ने रुआंडा-उरुण्डी में स्वायत्त शासन आरम्भ किया, किन्तु इसके साथ ही वहां अन्त प्रजातीय हिंसा भड़क उठी। बहुत दिनों से अल्पसंख्यक बातूसी

तथा बहुसंख्यक बाहुतु में मनोमालिन्य जारी था। 1 मार्च, 1960 में संयुक्त राष्ट्रसंघ के एक शिष्टमण्डल ने अपनी रिपोर्ट में अल्पसंख्यक बातूसी को प्रभावशाली बतलाया जो अविलम्ब स्वतन्त्रता चाहता था, किन्तु बहुसंख्यक बाहुतु विलम्ब से आजादी चाहता था। संयुक्त राष्ट्रसंघ वहाँ विरोधी राजनीतिक दलों में समझौता कराना चाहता था, किन्तु बाहुतु राजनीतिक नेताओं के असहयोग से समझौता खटाई में पड़ गया। तब बेल्जियम ने वहाँ निर्वाचन कराया जिसमें राजसत्तावादी विरोधी दल को ही बहुमत हासिल हुआ। बाहुतु प्रतिनिधियों की एक अन्तरिम सरकार गठित की गई। बेल्जियम की अनुमति से रुआंडा के पारम्परिक राजा मवामी को अपदस्थ किया गया परन्तु हिंसात्मक उपद्रव जारी रहे।

जुलाई, 1960 में बेल्जियम ने संयुक्त राष्ट्रसंघ से अपने न्यास क्षेत्र (रुआंडा-उरुण्डी) में निर्वाचन के समय पर्यवेक्षक भेजने का अनुरोध किया। संयुक्त राष्ट्रसंघ ने इसे टालने की कोशिश की और मवामी को पुनर्स्थापित करने की संस्तुति की। संयुक्त राष्ट्रसंघ महासभा के इस अनुरोध की उपेक्षा की गई। जनवरी, 1961 में रुआंडा की अन्तरिम सरकार ने एक नया संविधान लागू किया और देश को गणतन्त्र घोषित कर दिया। उरुण्डी ने अलग रहने का निर्णय लिया। रुआंडा और उरुण्डी को संयुक्त रखने के संयुक्त राष्ट्रसंघ आयोग के सारे प्रयास असफल रहे। सितम्बर, 1962 में संयुक्त राष्ट्रसंघ के पर्यवेक्षण में निर्वाचन सम्पन्न हुआ। संयुक्त राष्ट्रसंघ महासभा ने 9 जुलाई, 1962 से उस क्षेत्र में न्यास पद्धति की समाप्ति की घोषणा कर दी, अत: रुआंडा और उरुण्डी दो स्वतन्त्र संप्रभु राज्य बन गए। महासभा बेल्जियम के नापाक इरादे से परिचित थी और रुआंडा-उरुण्डी को दूसरा कांगो बनने देना नहीं चाहती थी। अत: इसने महासचिव को बेल्जियम की सेना हटाने और वहाँ आवश्यक सेवाओं पर 20 लाख डालर खर्च करने का अधिकार दे दिया। इस प्रकार वहाँ की समस्या का समाधान हुआ।

पश्चिमी समोआ–पश्चिमी समोआ न्यूजीलैंड के न्यास में था। वह अपने न्यास प्रदेश के प्रति उदार था। जी० आर० पोल्स वहाँ एक दशक से भी अधिक उच्चायुक्त था। उसने वहाँ उदारतापूर्वक शासन किया। उसके उत्तराधिकारी जी० डब्ल्यू० डेविडसन ने भी उदार नीतियों का परिपालन किया। समोआ के नेता ने न्यूजीलैंड और संयुक्त राष्ट्रसंघ से बड़ा सहयोग दिखलाया। 1946 से 1950 के बीच समोआ के मुखर नेताओं ने अविलम्ब आजादी के लिए आवेदन देना शुरू किया। 1947 और 1950 में संयुक्त राष्ट्रसंघ के शिष्टमण्डल ने उन्हें तब स्वतन्त्रता के योग्य नहीं बतलाया तथा सरकार की कार्यपालिका में अधिकाधिक हिस्सा लेने का परामर्श दिया। मार्च, 1953 में न्यूजीलैंड के प्रधानमंत्री ने एक निर्वाचन द्वारा घारा सभा और उत्तरदायी कार्यपालिका की घोषणा की। इसमें एक संवैधानिक सम्मेलन द्वारा समोआ के लोगों को अपनी इच्छा व्यक्त करने का अवसर दिया गया। 1956, 1957 और 1960 में स्वशासन के लिए अनेक कदम उठाए गए। जनवरी, 1959 में स्वायत्त शासन

समिति नियुक्ति की गई। इसका काम समोआ को आजादी के लिए तैयार करना था। ईराक, भारत, अर्जेण्टीना, मलाया और ब्रिटेन ने भी न्यूजीलैंड से वहाँ संयुक्त राष्ट्रसंघ के पर्यवेक्षण में जनमत संग्रह कराने का अनुरोध किया। समिति ने इस पर अपनी सहमति दे दी और संयुक्त राष्ट्रसंघ महासभा ने भी इसे स्वीकार कर लिया। जनमत संग्रह दो मुद्दों पर लिया गया–

(क) क्या समोआ 1960 के संवैधानिक सम्मेलन को मानता है?

(ख) क्या समोआ को 1 जनवरी, 1962 को स्वतन्त्र हो जाना चाहिए?

86 प्रतिशत मतदाताओं ने जनमत संग्रह में भाग लिया जिनमें 80 प्रतिशत मतदाताओं ने आजादी के पक्ष में मतदान किया। अत: 1962 में समोआ स्वतन्त्र हो गया तथा वहाँ न्यास व्यवस्था समाप्त हो गई।

पापुआ न्यूगिनी–न्यूगिनी को आस्ट्रेलिया के न्यास में रखा गया था। 1949 से 1972 तक वहाँ उदारवादी दल की संविदा सरकार थी। 1949 में न्यूगिनी के लिए एक व्यवस्थापिका परिषद् की स्थापना की गई। इसमें सरकारी बहुमत होने के कारण यह केवल एक सलाहकारी निकायमात्र थी। वस्तुत: आस्ट्रेलिया वहां के स्वायत्त शासन के लिए कोई ठोस कदम नहीं उठना चाहता था तथा वहाँ न्यास कायम रखना चाहता था। किन्तु, अन्तर्राष्ट्रीय स्थिति में परिवर्तन और संयुक्त राष्ट्रसंघ के दबाव के फलस्वरूप आस्ट्रेलिया को अपनी नीति बदलनी पड़ी। संयुक्त राष्ट्रसंघ के शिष्टमण्डल ने न्यूगिनी के दौरे में उस प्रदेश की सर्वांगीण उन्नति पर बार-बार बल दिया। 1956 में इसने इसके विकास के लिए संयुक्त राष्ट्रसंघ की विशिष्ट एजेंसियों से आर्थिक तथा तकनीकी सहायता लेने का भी परामर्श दिया। न्यास परिषद् और संयुक्त राष्ट्रसंघ महासभा में उपनिवेश विरोधियों ने न्यूगिनी में आस्ट्रेलिया की आर्थिक शोषण नीति की कटु आलोचना भी की।

1962 में न्यूगिनी का मामला हल कर दिया गया। इसे हिन्देशिया को वापस कर दिया गया। अत: आस्ट्रेलिया अब दीर्घकाल तक पापुआ हो आजादी देने में विलम्ब नहीं कर सकता था। 1964 में आम चुनाव कराने का प्रबन्ध किया गया। फरवरी, 1969 में पापुआ-न्यूगिनी में पहली बार वयस्क मताधिकार पर आम चुनाव हुआ और स्वायत्त शासन का रास्ता तैयार हो गया। 15 सितम्बर, 1973 को पापुआ-न्यूगिनी स्वतन्त्र हो गया।

नौरू–यह दक्षिण प्रशान्त महासागर में स्थित है। यह आस्ट्रेलिया का न्यास क्षेत्र था जो ब्रिटेन और न्यूजीलैंड के बदले वहां 1921 से शासन कर रहा था। नौरू स्वतन्त्र होना चाहता था। 1962 में संयुक्त राष्ट्रसंघ के एक शिष्टमंडल ने न्यास क्षेत्र का दौरा किया और अपनी रिपोर्ट में बतलाया कि नौरू आस्ट्रेलिया के निकट एक अत्यन्त ही छोटा प्रदेश है और इसे एक संप्रभु राज्य का दर्जा नहीं दिया जा सकता। आस्ट्रेलिया इसे आन्तरिक मामलों में अधिकाधिक स्वायत्तता दे सकता है।

अत: 1965 में वहाँ व्यवस्थापिका और कार्यपालिका परिषदें कायम की गईं, जिससे इसे स्वशासन प्राप्त हो गया।

प्रशान्त द्वीप–प्रशान्त महासागर के द्वीप मार्शल, मेरियाना और कैरोलिन–संयुक्त राज्य अमेरिका के न्यास में रखे गये थे। संयुक्त राज्य अमेरिका वहाँ परमाणु परीक्षण करने लगा। अत: सामरिक क्षेत्र के द्वीपों तथा न्यास परिषद् के कुछ सदस्यों ने इसका विरोध किया। मार्शल द्वीप के लोगों ने परमाणु परीक्षण के दुष्परिणामों की ओर संकेत किया। सोवियत संघ ने इस पर संयुक्त राज्य अमेरिका की आलोचना की। भारत के प्रतिनिधि कृष्णा मेनन ने इस मामले को अन्तर्राष्ट्रीय न्यायालय में पेश करने को कहा, क्योंकि न्यास परिषद् ने संयुक्त राज्य अमेरिका को अपने न्यास क्षेत्र में परमाणु परीक्षण का कोई अधिकार नहीं दिया था।

न्यास परिषद् ने संयुक्त राज्य से परमाणु परीक्षण से प्रभावित लोगों को क्षतिपूर्ति देने तथा न्यास क्षेत्र को स्वायत्त शासन के लिए तैयार करने के लिये कहा। जनवरी, 1965 में माइक्रोनेशिया कांग्रेस के लिए आम चुनाव सम्पन्न हुआ। प्रशान्त महासागर के द्वीप महासभा के क्षेत्राधिकार के बाहर थे तथा न्यास परिषद् में संयुक्त राज्य अमेरिका, ब्रिटेन, फ्रांस, आस्ट्रेलिया, सोवियत संघ और चीन थे। अत: संयुक्त राज्य अमेरिका को अपने न्यास के बारे में कोई चिन्ता न थी। इसी बीच जून, 1975 में वहाँ जनमत संग्रह हुआ। लगभग 78.5% मतदाताओं ने उत्तरी मेरियाना को संयुक्त राज्य अमेरिका में शामिल करने के पक्ष में मत दिया।

इस प्रकार इस न्यास परिषद् ने न्याय क्षेत्रों को आजादी हासिल करने में बड़ी मदद की है। ब्रिटिश टोगोलैंड को 1 मई, 1956 को घाना से मिला दिया गया और 13 सितम्बर को महासभा ने वहाँ न्यास परिषद् के क्षेत्र को समाप्त करना स्वीकार कर लिया। 1960 में पश्चिमी समोआ और सोमालीलैंड में भी मंत्रिमण्डलीय शासन की स्थापना हो गई। 28 दिसम्बर, 1961 को टंगानिका भी स्वतन्त्र कर दिया गया। प्रो॰ गुडरिच के अनुसार, "न्यास परिषद् पराधीनता को स्वाधीनता एवं स्वशासन में लाने की प्रक्रिया में महत्वपूर्ण साधन सिद्ध हुई, अत: न्यास परिषद् का कार्य सराहनीय है।"

दक्षिण-पश्चिम अफ्रीका व नामीबिया की अन्तर्राष्ट्रीय स्थिति, न्यास प्रदेशों से सम्बन्धित यह प्रमुख वाद थे। संयुक्त राष्ट्रसंघ की संरक्षण प्रणाली के अन्तर्गत दक्षिण-पश्चिम अफ्रीका गणतन्त्र को दक्षिण अफ्रीका के प्रशासन तथा विकास हेतु सौंपा गया था। राष्ट्रसंघ के समाप्त होने पर दक्षिण अफ्रीका ने संयुक्त राष्ट्रसंघ की न्यास प्रणाली के नियन्त्रण को मानने से इन्कार कर दिया तथा यह दावा किया कि यह क्षेत्र उसके राज्य का अभिन्न अंग है। अत: संयुक्त राष्ट्रसंघ को न्यास प्रणाली के अन्तर्गत इस क्षेत्र पर कोई अधिकार नहीं है। दिसम्बर, 1949 में संयुक्त राष्ट्रसंघ महासभा ने इस मामले पर अन्तर्राष्ट्रीय न्यायालय से सलाहकारी मत देने की प्रार्थना की। इसने सलाह दी कि दक्षिण अफ्रीका संयुक्त राष्ट्रसंघ की प्रसंविदा के अनुच्छेद

22 तथा संरक्षण प्रणाली के अन्तर्गत दक्षिण अफ्रीका का दक्षिण-पश्चिमी अफ्रीका के क्षेत्र के प्रति अब भी अन्तर्राष्ट्रीय उत्तरदायित्व है। दक्षिणी अफ्रीका, दक्षिण-पश्चिमी अफ्रीका के सम्बन्ध में संयुक्त राष्ट्रसंघ को वार्षिक रिपोर्ट भेजने के लिए भी उत्तरदायी है क्योंकि यह उसका न्यास प्रदेश है। अन्तर्राष्ट्रीय न्यायालय ने यह भी निर्णय दिया कि दक्षिण अफ्रीका को क्षेत्र की अन्तर्राष्ट्रीय स्थिति में परिवर्तन लाने की क्षमता नहीं है। वह ऐसा केवल संयुक्त राष्ट्रसंघ की सहमति से ही कर सकता है। यह सलाहकारी मत अन्तर्राष्ट्रीय न्यायालय ने 11 जुलाई, 1950 को दिया था। अतः 1953 में संयुक्त राष्ट्रसंघ महासभा ने अन्तर्राष्ट्रीय न्यायालय के सलाहकारी मत को कार्यान्वित करने हेतु एक समिति स्थापित की तथा इसे आदेश दिया कि वह यथासम्भव संयुक्त राष्ट्रसंघ की संरक्षण प्रणाली के अनुसार याचिकाओं का परीक्षण करे। इस सम्बन्ध में 1955 में महासभा ने पुनः अन्तर्राष्ट्रीय न्यायालय में इस बात पर सलाहकारी मत देने की प्रार्थना की कि उक्त समिति को याचिकाओं की मौखिक सुनवाई करने का अधिकार है अथवा नहीं। 1956 में न्यायालय ने 5 के विरुद्ध 6 मतों से निर्णय दिया कि उक्त समिति को मौखिक सुनवाई करने का अधिकार है। इस प्रकार अन्तर्राष्ट्रीय न्यायालय ने दक्षिण अफ्रीका के विरुद्ध मत दिया।

उपर्युक्त अन्तर्राष्ट्रीय न्यायालय के सलाहकारी मतों तथा संयुक्त राष्ट्रसंघ महासभा के प्रस्तावों के बावजूद दक्षिण अफ्रीका ने दक्षिण-पश्चिमी अफ्रीका क्षेत्र में कई ऐसे कानून बनाए जो संरक्षण प्रणाली के विरुद्ध थे तथा उस क्षेत्र के निवासियों के हितों के भी विरुद्ध थे। इसने यह तर्क प्रस्तुत किया कि 1946 में राष्ट्रसंघ के विघटन के पश्चात् दक्षिण-पश्चिमी अफ्रीका के क्षेत्र पर अन्तर्राष्ट्रीय निरीक्षण व नियन्त्रण समाप्त हो गया था और दक्षिण-पश्चिमी अफ्रीका, दक्षिण अफ्रीका का भाग बन गया है।

जब अन्तर्राष्ट्रीय न्यायालय तथा संयुक्त राष्ट्रसंघ महासभा के प्रस्तावों का दक्षिण अफ्रीका पर कोई प्रभाव नहीं पड़ा तो 1970 में सुरक्षा परिषद् ने दक्षिण अफ्रीका के विरुद्ध एक प्रस्ताव पारित किया। परन्तु दक्षिण अफ्रीका ने इसकी भी कोई परवाह न की। अतः अन्तर्राष्ट्रीय न्यायालय से पुनः एक बार सलाहकारी मत देने की प्रार्थना की गई। अन्तर्राष्ट्रीय न्यायालय ने अपने सलाहकारी मत में स्पष्ट कहा कि दक्षिण अफ्रीका की दक्षिण-पश्चिम अफ्रीका में निरन्तर उपस्थिति अवैध है तथा शीघ्र वह नामीबिया से अपना नियन्त्रण समाप्त करे। संयुक्त राष्ट्रसंघ के सदस्य राज्यों का यह उत्तरदायित्व है कि वह नामीबिया में दक्षिण अफ्रीका की उपस्थिति को अवैध स्वीकार करें तथा दक्षिण अफ्रीका के साथ संबंध न रखें। गैर-सदस्यों को भी संयुक्त राष्ट्रसंघ द्वारा की गई कार्यवाही में सहायता प्रदान करने के लिए कहा गया अतः संयुक्त राष्ट्रसंघ ने कठोर कदम उसकी सुरक्षा के लिए उठाए।

दक्षिणी अफ्रीका अवैध रूप से नामीबिया पर अपना अधिकार बनाए हुए था। नामीबिया के प्रश्न पर विचार करने के लिए संयुक्त राष्ट्रसंघ महासभा का विशेष

सत्र 24 अप्रैल से 5 मई, 1978 तक हुआ। इस क्षेत्र में महासभा ने यह स्वीकार किया कि दक्षिणी-पश्चिमी अफ्रीका जन कांग्रेस नामीबिया के लोगों की एकमात्र प्रतिनिधि है तथा संयुक्त राष्ट्रसंघ ने नामीबिया के लोगों के आत्म-निर्णय के अधिकार का समर्थन किया। दक्षिणी अफ्रीका को नामीबिया से बिना किसी शर्त के पूर्णरूप से अपना अवैध अधिकार समाप्त करने के लिए कहा गया। अफ्रीकी एकता संगठन तथा यूनेस्को के सहयोग से संयुक्त राष्ट्रसंघ ने दक्षिण अफ्रीका के विरुद्ध अनुशस्तियों का एक अन्तर्राष्ट्रीय सम्मेलन पेरिस में 2 से 27 मई, 1981 तक आयोजित किया। इस सम्मेलन ने इस बात का अनुमोदन किया कि दक्षिण अफ्रीका को संयुक्त राष्ट्रसंघ के निर्णयों का पालन करने के लिए विवश करने हेतु उनके विरुद्ध उपयुक्त अनुशास्तियों की घोषणा की जानी चाहिए। पेरिस सम्मेलन में नामीबिया पर एक विशेष घोषणा स्वीकार की गई जिसमें यह खेद प्रकट किया गया कि नामीबिया पर सुरक्षा परिषद् के निर्णयों के अनुपालन की दिशा में बाधाएँ उत्पन्न की जा रही थीं।

दक्षिण अफ्रीका ने नामीबिया की आजादी का निरन्तर विरोध किया परन्तु संयुक्त राष्ट्रसंघ के कठोर रुख और विश्व जनमत के कारण दक्षिणी अफ्रीका को झुकना पड़ा। अतएव संयुक्त राष्ट्रसंघ के तत्वावधान में वहाँ निर्वाचन कराए गए तथा 1989 को नामीबिया स्वतंत्र हो गया तथा अफ्रीकी आन्दोलनकारी संस्था 'स्वापो' (Swapo) की सरकार बनी। नामीबिया रंगभेद व साम्राज्यवाद का अन्तिम दुर्ग था। इसके बाद अब कोई महत्वपूर्ण व उल्लेखनीय क्षेत्र पराधीन या न्यास क्षेत्र में नहीं रह गया है। अत्यन्त छोटे और निर्जन द्वीपों में ही न्यास पद्धति शेष रह गई है।

मूल्यांकन–सारांश में यह कहा जा सकता है कि संयुक्त राष्ट्रसंघ की न्यास पद्धति द्वारा पिछड़े राष्ट्रों को स्वशासन योग्य बनाना व उन्हें स्वतन्त्रता प्रदान करना अत्यन्त प्रशंसनीय कार्य था तथा इसकी उपलब्धियां सराहनीय हैं।

न्यास पद्धति (Trusteeship System) से सम्बन्धित संयुक्त राष्ट्रसंघ के 75 से 90 अनुच्छेद

अनुच्छेद 75

संयुक्त राष्ट्रसंघ एक अन्तर्राष्ट्रीय न्यास पद्धति की स्थापना करेगा। इसका काम निजी समझौतों द्वारा इसके अधीन रखे गए प्रदेशों का शासन और पर्यवेक्षण करना होगा।

अनुच्छेद 76

घोषणा-पत्र के अनुच्छेद में उल्लिखित संयुक्त राष्ट्रसंघ के उद्देश्यों के अनुसार न्यास पद्धति के निम्नलिखित उद्देश्य होंगे–

(क) यह अन्तर्राष्ट्रीय शांति व सुरक्षा को प्रोत्साहित करेगी।

(ख) यह न्यास प्रदेशों के राजनीतिक, आर्थिक, सामाजिक एवं शैक्षणिक विकास को प्रोत्साहन देगी। उन्हें स्वशासन की शिक्षा देगी तथा स्वशासित प्रदेश बनने में मदद करेगी।

(ग) यह नस्ल, लिंग, रंग, जाति भाषा व धर्म का भेदभाव किए बिना मानव अधिकारों तथा मौलिक स्वतन्त्रता को प्रोत्साहन देगी।

(घ) यह संयुक्त राष्ट्रसंघ के सभी सदस्यों के साथ एकसमान सामाजिक और आर्थिक व्यवहार करेगी।

अनुच्छेद 77

(i) न्यास समझौते द्वारा स्थापित न्यास पद्धति निम्नलिखित प्रदेशों में लागू होगी–

(क) जो प्रदेश राष्ट्रसंघ के संरक्षण में थे।

(ख) द्वितीय विश्वयुद्ध के फलस्वरूप शत्रु राज्यों से लिए गए राज्य तथा प्रदेश।

(ग) राज्यों द्वारा स्वेच्छापूर्वक दिए गए प्रदेश जिनके प्रशासन के लिए यह लागू होगी।

(ii) यह बाद में विचार किया जाएगा कि उपर्युक्त प्रदेश किन शर्तों पर न्यास पद्धति के अन्तर्गत रखे जायेंगे।

अनुच्छेद 78

न्यास पद्धति उन प्रदेशों में लागू नहीं होगी जो संयुक्त राष्ट्रसंघ के सदस्य बन चुके हैं। उनके साथ समान संप्रभु वाले राज्य के सम्बन्ध स्थापित किये जाएंगे।

अनुच्छेद 79

न्यासधारिता की शर्तें, इनमें कोई परिवर्तन व संशोधन इनसे प्रत्यक्ष रूप से सम्बन्धित राष्ट्रों द्वारा लाए जाएँगे। यह बात राष्ट्रसंघ के संरक्षणात्मक राज्यों के साथ भी लागू होती है।

अनुच्छेद 80

(i) अनुच्छेद 77, 79 और 81 के निजी न्यास समझौतों को छोड़कर, न्यास पद्धति के अधीन प्रदेश के अधिकारों में कोई परिवर्तन नहीं लाया जाएगा।

(ii) इस अनुच्छेद की कण्डिका की व्याख्या के विलम्ब या स्थान में नहीं की जाएगी।

अनुच्छेद 81

न्यास समझौते में न्यास के अधीन प्रदेश के प्रशासन की शर्तों तथा प्रशासनिक प्राधिकार प्राप्त राज्य का जिक्र होगा। ऐसे प्रशासनिक प्राधिकार प्राप्त राज्य एक से अधिक भी हो सकते हैं जो संयुक्त राष्ट्रसंघ के सदस्य होंगे।

अनुच्छेद 82

किसी न्यास समझौते में एक या अधिक सामरिक महत्व के क्षेत्र हो सकते हैं।

अनुच्छेद 83

(i) सामरिक महत्व से सम्बन्धित प्रदेशों के कार्य जिनमें न्यास समझौतों की शर्तें उनके परिवर्तन व संशोधन शामिल हैं, सुरक्षा परिषद् द्वारा सम्पादित होंगे।

(ii) अनुच्छेद 76 में उल्लिखित मुख्य उद्देश्य प्रत्येक सामरिक महत्व के क्षेत्र के लोगों पर लागू होंगे।

(iii) सुरक्षा परिषद् न्यास पद्धति के अन्तर्गत न्यास परिषद् की सहायता से सामरिक महत्व के क्षेत्रों में राजनीतिक, आर्थिक, सामाजिक एवं शैक्षणिक मामलों के कार्यों का निष्पादन करेगी।

अनुच्छेद 84

यह प्रशासकीय प्राधिकार का कर्त्तव्य होगा कि न्यास प्रदेश अन्तर्राष्ट्रीय शांति-सुरक्षा कायम रखने में अपना योगदान देगा। इस उद्देश्य से प्रशासकीय प्राधिकार न्यास प्रदेश में स्वयं सेवक दल, सुविधाओं तथा सहायता का उपयोग कर सकता है। वह वहां शांति-व्यवस्था कायम कर सकता है।

अनुच्छेद 85

(i) न्यास समझौतों से सम्बन्धित संयुक्त राष्ट्रसंघ के कार्य संयुक्त राष्ट्रसंघ महासभा द्वारा सम्पादित किए जाएंगे।

(ii) संयुक्त राष्ट्र महासभा के अंतर्गत काम करने वाली न्यास परिषद् इन कार्यों में मदद करेगी।

न्यास परिषद् (Trusteeship Council)

संगठन

अनुच्छेद 86

न्यास परिषद् में संयुक्त राष्ट्रसंघ के निम्न सदस्य होंगे–

(क) न्यास प्रदेशों पर शासन करने वाले सदस्य।

(ख) अनुच्छेद 23 में उल्लिखित वे सदस्य जो न्यास प्रदेशों पर शासन कर रहे हों।

(ग) संयुक्त राष्ट्र महासभा द्वारा आवश्यकतानुसार तीन वर्ष के लिए निर्वाचित सदस्य।

(घ) न्यास परिषद् के प्रत्येक सदस्य का प्रतिनिधित्व विशेष योग्यता रखने वाला व्यक्ति करेगा।

कार्य तथा अधिकार (Rights and Duties)

अनुच्छेद 87

संयुक्त राष्ट्रसंघ महासभा और इसके अधीन न्यास परिषद् निम्न कार्यों का सम्पादन करेगी–

(क) प्रशासकीय प्राधिकार द्वारा भेजी गई रपटों आदि पर विचार करेगी।

(ख) आवेदनों को रख सकती है और प्रशासकीय प्राधिकार से मिलकर इसकी जाँच कर सकती है।

(ग) प्रशासकीय प्राधिकार से मिलकर न्यास प्रदेशों के दौरे पर जा सकती है।

(घ) न्यास समझौते की शर्तों के अनुसार अन्य कार्यों का सम्पादन कर सकती है।

अनुच्छेद 88

न्यास परिषद्, न्यास क्षेत्रों में रहने वाले लोगों की राजनीतिक, आर्थिक, सामाजिक, एवं शैक्षणिक प्रगति के बारे में एक प्रश्नावली प्रस्तुत करेगी। इन प्रश्नावलियों के आधार पर यह संयुक्त राष्ट्र महासभा में वार्षिक रपट प्रस्तुत करेगी।

मतदान

(i) न्यास परिषद् के प्रत्येक सदस्य को मतदान का अधिकार प्राप्त होगा।

(ii) न्यास परिषद् में निर्णय उपस्थित सदस्यों के बहुमत से किया जायेगा।

प्रक्रिया

अनुच्छेद 89

(i) न्यास परिषद् अपने अध्यक्ष के चयन सहित अपनी प्रक्रिया के नियमों को भी बनाएगी।

(ii) न्यास परिषद् की बैठक इसके नियम के अनुसार होगी। इसके बहुसंख्यक सदस्यों के अनुरोध पर इसकी विशेष बैठक भी बुलाई जा सकती है।

अनुच्छेद 90

न्यास परिषद् आवश्यकता पड़ने पर आर्थिक तथा सामाजिक परिषद् तथा विशिष्ट एजेंसियों की सहायता ले सकती है। यह सहायता न्यास प्रदेशों के विकास में सहायक हुई है।

राष्ट्रसंघ की संरक्षण प्रणाली की संयुक्त राष्ट्रसंघ की न्यास-पद्धति से तुलना

20वीं शताब्दी में साम्राज्यवादी व्यवस्था के पैर उखड़ने लगे। अतः प्रथम महायुद्ध के बाद जर्मनी व तुर्की से जीते हुए प्रदेशों में संरक्षण व्यवस्था अपनाई गई और द्वितीय महायुद्ध के बाद न्यास पद्धति अपनाई गई। अतः संक्षेप में दोनों का तुलनात्मक अध्ययन उपयोगी है। इससे दोनों की वस्तुतः स्थिति का ज्ञान होगा–

राष्ट्रसंघ की संरक्षण प्रणाली तथा संयुक्त राष्ट्रसंघ की न्यास पद्धति में अन्तर–राष्ट्रसंघ की संरक्षण प्रणाली में केवल जर्मनी और तुर्की से छीने गए प्रदेश ही शामिल थे। वहाँ संयुक्त राष्ट्रसंघ को न्यास परिषद् में न केवल शत्रु से छीने गये प्रदेश, वरन् पराधीन और उपनिवेशवाद के शिकार हुए देश भी शामिल हैं। संयुक्त राष्ट्रसंघ की न्यास परिषद् का क्षेत्र काफी व्यापक है। संयुक्त राष्ट्रसंघ की न्यास प्रणाली में न्यास क्षेत्रों पर शासन करने वाली शक्तियों पर राष्ट्रसंघ की संरक्षण प्रणाली की अपेक्षा अधिक कड़ा प्रभाव तथा नियन्त्रण है। राष्ट्रसंघ के अन्तर्गत आयोग को संरक्षित प्रदेशों में जाकर न तो निरीक्षण करने का अधिकार था और न वहाँ के निवासियों के किसी भी प्रार्थना-पत्र पर विचार करने का अधिकार था। किन्तु, संयुक्त राष्ट्रसंघ की न्यास प्रणाली के अन्तर्गत न्यास परिषद् आवेदन-पत्र पर विचार कर सकती है तथा न्यास प्रदेशों में निरीक्षक मंडल भी भेज सकती है। संरक्षण प्रणाली का मुख्य उद्देश्य संरक्षित प्रदेशों की भौतिक और नैतिक उन्नति था। किन्तु न्यास पद्धति का मुख्य उद्देश्य न्यास प्रदेशों को स्वशासन के योग्य बनाना तथा उन्हें उन्मुक्त करना है। राष्ट्रसंघ की संरक्षण प्रणाली में संरक्षित प्रदेशों की समस्या, स्थायी संरक्षण आयोग की समस्या समझी जाती थी, किन्तु संयुक्त राष्ट्रसंघ की न्यास प्रणाली का विषय संयुक्त राष्ट्रसंघ महासभा का भी विषय है। ज्ञात हो कि महासभा ने नामीबिया के बारे में कई प्रस्ताव पारित किये थे। राष्ट्रसंघ की न्यास पद्धति के गठन और अधिकार राष्ट्रसंघ की संरक्षण प्रणाली के गठन और अधिकार से व्यापक हैं और उपयोगी व सफल हैं।

निष्कर्षतः यह कहा जा सकता है कि संरक्षण परिषद् की स्थापना विश्व के पिछड़े हुए तथा अविकसित देशों की उन्नति के लिए हुई है। इसका अन्तिम लक्ष्य उन्हें स्वतन्त्रता प्रदान करना है। संयुक्त राष्ट्र चार्टर के अनुसार न्यास प्रणाली के मुख्य उद्देश्य अन्तर्राष्ट्रीय शांति व सुरक्षा को प्रोत्साहन, न्यास क्षेत्रों में रहने वाले लोगों का राजनीतिक, आर्थिक, सामाजिक तथा शैक्षणिक विकास करना है। न्यास प्रदेश धीरे-धीरे स्वतन्त्र हो रहे है। नामीबिया भी दक्षिण अफ्रीका से स्वतन्त्र होकर एक उन्नतिशील राज्य बन गया है। संरक्षण प्रणाली के अन्तर्गत निरन्तर उपद्रव हुए तथा अरब-इजराइल संघर्ष इसी की देन है। न्यास व्यवस्था द्वारा अनेक देशों ने स्वतन्त्रता

प्राप्त की तथा नामीबिया की स्वाधीनता इसका ज्वलन्त उदाहरण है। अतः संयुक्त राष्ट्रसंघ की न्यास पद्धति, राष्ट्रसंघ की संरक्षण परिषद् से अधिक सफल, श्रेष्ठ व प्रभावी सिद्ध हुई है।

□□□

11

संयुक्त राष्ट्रसंघ व क्षेत्रवाद
(U.N.O. and Regionalism)

क्षेत्रवाद

"......सैनिक सन्धियों की पद्धति...... एक गलत पद्धति, एक भयानक पद्धति और एक हानिकारक पद्धति है। वह सभी अनुचित प्रवृत्तियों को गति देती है और उचित प्रवृत्तियों के विकास को रोकती है।...... हमारा विचार है कि वे (सैनिक सन्धियां) विश्व को एक गलत दिशा की ओर धकेलती हैं वे नई परिस्थितियों को मान्यता नहीं देतीं, जो कार्यरत हैं। इन नई परिस्थितियों से लाभ उठाने की अपेक्षा, जो शान्ति, निरस्त्रीकरण और तनाव घटाने की ओर जाती हैं, वे जानबूझकर उन्हें रोकती हैं और दूसरी प्रवृत्तियों को प्रोत्साहित करती हैं जो घृणा, भय और शंका बढ़ाती हैं तथा निरस्त्रीकरण के मार्ग में आती हैं।"

—जवाहरलाल नेहरू 25 मार्च, 1956 को
लोकसभा में दिया गया भाषण।

"क्षेत्रवाद तथा क्षेत्रीय व्यवस्थाओं की ओर प्रवृत्ति अर्वाचीन अन्तर्राष्ट्रीय सम्बन्धों में सबसे अधिक विकासों में से एक है।" *—पामर और पार्किंस*

"प्रदेशवाद द्वितीय महायुद्धोत्तरकालीन अन्तर्राष्ट्रीय राजनीति की एक प्रमुख विशेषता है। इसे संयुक्त राष्ट्रसंघ द्वारा भी स्वीकार किया गया है। द्वितीय महायुद्ध, महाशक्तियों के पारस्परिक अविश्वास, साम्यवाद का प्रसार और संयुक्त राष्ट्रसंघ में पैदा होने वाली राजनीतिक अड़चने प्रदेशवाद की उत्पत्ति और उसके विकास का मुख्य कारण रही हैं। यह शब्द दो या अधिक राज्यों की ऐसी व्यवस्था के लिए प्रयोग किया जाता है जिसमें सदस्य राज्य अन्तर्राष्ट्रीय सन्धि करके यह प्रतिज्ञा करते हैं कि बाह्य राज्य या राज्यों द्वारा की जाने वाली किसी विशेष कार्यवाही के समय वे एक-दूसरे की सहायता करेंगे।" इस प्रतिज्ञा में सहयोग और सैनिक कार्यवाही सदैव निहित होती है। यद्यपि यह आर्थिक, सामाजिक और असैनिक प्रादेशिक संगठन भी हो सकते हैं, तथापि अन्तर्राष्ट्रीय राजनीति के परिप्रेक्ष्य में जिस प्रदेशवाद या प्रादेशिक संगठन की चर्चा की जाती है वह मुख्य रूप से सैनिक संगठन ही होता है।

इसकी आधारभूत भावना और उद्देश्य की सर्वोत्तम अभिव्यक्ति उत्तर अटलांटिक सन्धि संगठन (नाटो) की पांचवीं धारा में हुई है, जिसमें कहा गया है कि–

"सदस्य इस बात में एकमत हैं कि... उनमें से किसी एक अथवा अधिक के विरुद्ध आक्रमण सभी के विरुद्ध माना जायेगा तथा इसलिए वे यह राजीनामा करते हैं कि यदि इस प्रकार का सशस्त्र आक्रमण होता है तो उनमें से प्रत्येक... शीघ्र ही व्यक्तिगत रूप में तथा अन्य सदस्यों के साथ, इस प्रकार से आक्रांत सदस्य अथवा सदस्यों की सहायता करने के लिए, ऐसी कार्यवाही करेगा जैसी वह आवश्यक समझेगा तथा जिसमें सशस्त्र शक्ति का प्रयोग भी शामिल है।"

प्रादेशिक संगठन किसी भी प्रदेश या महाद्वीप या अन्य व्यवस्था की रक्षा के लिए बनाए जाते हैं। ये प्रदेश के हितों से सम्बन्धित होते हैं। ये प्रादेशिक समस्याओं को सुलझाने व प्रादेशिक विकास का प्रयास करते हैं। लेकिन अन्तर्राष्ट्रीय राजनीति में "प्रदेश" की कोई स्पष्ट व्याख्या नहीं की गई है, इसलिए इनका क्षेत्र (प्रदेश) प्राकृतिक व भौगोलिक सीमाओं में बंधा हुआ नहीं होता। प्राय: यह प्राकृतिक सीमाओं को लांघ जाता है। उदाहरण के लिए अटलांटिक संधि संगठन के सदस्य अटलांटिक महासागर के बाहर के भी देश हैं। यूनान और तुर्की अटलांटिक प्रदेश में नहीं आते लेकिन वे "नाटो" के सदस्य हैं। चिली और संयुक्त राज्य अमेरिका भौगोलिक रूप से एक प्रदेश के हो सकते हैं, लेकिन अमेरिका दक्षिण पूर्व एशिया का प्रदेश नहीं हो सकता। विश्व राजनीति में वह दक्षिण-पूर्व एशिया का प्रदेश हो गया है क्योंकि वह दक्षिण पूर्व एशिया संधि संगठन का सदस्य है। इसके अलावा एक देश एक या एक साथ अनेक प्रादेशिक संगठनों का सदस्य हो सकता है। अमेरिका के अलावा ब्रिटेन भी कई संगठनों का सदस्य है। प्रदेशवाद के इस चरित्र ने और प्रदेश की नमनीयता ने "प्रदेशवाद" या "प्रादेशिक व्यवस्था" की परिभाषा को एक अत्यन्त विवादास्पद विषय बना दिया है। इसकी प्रमुख विशेषता यह है कि कुछ राज्यों के कुछ समान हित होते है, जिन्हें प्रदेश-विशेष का हित कहकर, उनकी रक्षा के लिए वे राज्य मिल जाते हैं। यह भी सम्भव है कि प्रदेश का हित गौण हो और वह अन्य किसी राजनीतिक उद्देश्य के लिए मिल गए हों। "सैण्टो" (Cento केन्द्रीय सन्धि संगठन) और "सीटो" (Seato दक्षिण पूर्व एशिया सन्धि संगठन) का मूल उद्देश्य मध्य पूर्व या दक्षिण पूर्व एशिया की रक्षा करना नहीं है वरन् साम्यवाद के बढ़ते हुए प्रसार को रोकना है। "प्रादेशिक व्यवस्था" इस प्रकार तकनीकी अर्थ में प्रादेशिक नहीं होती है। पामर व पार्किंस ने लिखा है–"अन्तर्राष्ट्रीय राजनीति में तीन या अधिक राज्यों की सीमाओं को छूने वाला स्थिर क्षेत्र प्रदेश होता है। ये राज्य समान हितों और भूगोल के बन्धनों में बंधे होते हैं। यह आवश्यक नहीं है कि वे समीप हों अथवा एक ही महाद्वीप में हों।" परन्तु सीमाएँ समीप तथा एक ही महाद्वीप में हों–भौगोलिक समीपता हो तथा ऐतिहासिक सम्बन्ध हों जैसे सार्क (Saarc) जिसमें भारत, पाकिस्तान, श्रीलंका, नेपाल, भूटान, बांगला देश मालदीव शामिल हैं।

परिभाषाएँ–प्रादेशिक सन्धि की सर्वाधिक लोकप्रिय व्याख्या डॉ॰ वान कलेफेंस ने दी है। उनके विचार से "एक प्रादेशिक व्यवस्था या सन्धि ऐसे प्रभुता सम्पन्न राज्यों का स्वैच्छिक समुदाय होता है जो एक निश्चित क्षेत्र के भीतर हों या जिनका उस क्षेत्र में ऐसे समान उद्देश्यों के लिए सम्मिलित हित हो जिनका प्रयोजन उस क्षेत्र के सम्बन्धों में आक्रामक कार्यवाही न हो।" बाल्टर लिपमैन का अनुमान है कि भविष्य में अन्तर्राष्ट्रीय व्यवस्था की इकाई राज्यों के समुदाय होंगे।

पैडलफोर्ड व लिंकन के शब्दों में "किसी प्रकार के स्वैच्छिक समझौते या राज्यों के एक समूह द्वारा संयुक्त कार्यवाही के लिए बनाए गए संगठन को अन्तर्राष्ट्रीय राजनीति में प्रादेशिक व्यवस्था कहा जा सकता है जिसके बनाने वाले उस भौगोलिक क्षेत्र में रुचि रखते हैं जो या तो सामान्यत: एक प्रदेश के रूप में मान्य होता है अथवा समझौते द्वारा निश्चित होता है।"

पामर व पार्किंस के अनुसार–"ऐसी व्यवस्था में सम्प्रभुता सम्पन्न राज्य होने ही चाहिएँ, निश्चित रूप से दो से अधिक, और वे वास्तव में समान साहस में लगे होने चाहिएँ.....एक निश्चित क्षेत्र में अनेक प्रादेशिक व्यवस्थाएँ रह सकती हैं, जैसी कि आज पश्चिमी यूरोप में है। ऐसी व्यवस्थाओं के लिए आवश्यक नहीं है कि उस क्षेत्र से प्रभावित होने वाले सभी राज्य इनमें शामिल हों। राजनीतिक और विचारधारागत कारणों से एक राज्य को छोड़ा जा सकता है (जैसे फ्रांस या स्पेन) या वह अन्तर्राष्ट्रीय झमेलों में पड़ने के भय से अथवा तटस्थ स्थिति खोने के भय से बाहर रह सकता है। जैसे स्विटजरलैंड। यदि सच्चे अर्थों में प्रतिरक्षात्मक सन्धि हो तो एक प्रादेशिक व्यवस्था मुख्य रूप से सैनिक सन्धि भी हो सकती है, लेकिन यह इससे कुछ अधिक होनी चाहिए। इसे दूसरे क्षेत्रों में सहयोग प्रदान करना चाहिए तथा यह आवश्यक नहीं है कि यह सैनिक सन्धि ही हो। उदाहरण के लिए उत्तर अटलांटिक सन्धि संगठन मुख्य रूप से एक सैनिक संगठन है, लेकिन यह पन्द्रह राज्यों के अन्य अनेक उद्देश्यों के लिए भी बनाया गया एक संगठित संघ है। सार्क केवल पड़ोसी देशों के सामान्य हितों की प्रादेशिक व्यवस्था है।

नॉरमन हिल ने लिखा है कि "साधारणत: एक प्रादेशिक सन्धि, व्यवस्था या संगठन दो या दो से अधिक राज्यों के बीच एक बन्धन समझा जाता है। इस कारण एक द्विपक्षीय सन्धि, चाहे उसके करने वाले पड़ोसी ही हों, शायद ही कभी प्रादेशिक सन्धि कहलायेगी। इससे भी अधिक राज्यों के संघ को जिसे हम एक या दूसरे ढंग से प्रादेशिक समझें, स्वैच्छिक होना आवश्यक है। स्वेच्छा का अभाव होने के कारण ही हम सोवियत संघ और उसके उपग्रहों से बने संगठन को प्रादेशिक संगठन न मानकर गुट मानते हैं।" अभी तक रूस और उसके यूरोपीय उपग्रहों–पोलैंड, हंगरी, चैकोस्लोवाकिया, रूमानिया, बुल्गारिया और पूर्वी जर्मनी के बीच अनेक कार्यवाहियाँ इस प्रकार की जाती थीं कि वे बाहर से तो स्वैच्छिक सहयोग का परिणाम लगती

थीं, लेकिन उनकी वार्ताओं, समझौतों और संयुक्त विज्ञप्तियों के पीछे रूस का कठोर हाथ होता था।

"वारसा पैक्ट" की सेनाओं द्वारा 1956 में हंगरी पर व अगस्त, 1968 में चैकोस्लोवाकिया पर की गई कार्यवाही वस्तुत: सोवियत संघ की कार्यवाही थी। इस घटना से नॉरमन हिल के विज्ञान को और भी बल मिलता है। यह कहा जा सकता है कि "वारसा पैक्ट" में कार्यवाही करने का निर्णय चूंकि यथार्थ में सोवियत संघ के हाथ में है, अत: "वारसा पैक्ट" को प्रादेशिक संगठन नहीं मानना चाहिए। लेकिन "प्रदेशवाद संगठन" की सर्वमान्य परिभाषा के अभाव में तथा प्रदेश की धारणा के नमनीय होने के कारण अध्ययन की सुविधा के लिए "वारसा पैक्ट" को प्रादेशिक संगठन के अन्तर्गत शामिल कर लेना उचित होगा। अधिकांश लेखकों ने इस प्रादेशिक संगठन को ही स्वीकार किया है परन्तु अब पूर्वी यूरोपीय देशों और वारसा पैक्ट में 1989-90 से परिवर्तन हो रहा है अत: भविष्य में इसका क्या रूप होगा, कहना कठिन है।

संयुक्त राष्ट्रसंघ और प्रदेशवाद

क्षेत्रीय संगठनों का महत्व इतिहास में आरम्भ काल से रहा है–यूनान के नगर राज्यों ने ईरान के विरुद्ध नगर राज्यों का संगठन किया था। प्रथम महायुद्ध में भूतपूर्व अमरीकी राष्ट्रपति विल्सन का यह मत था कि एक अन्तर्राष्ट्रीय संगठन का निर्माण किया जाना चाहिए और प्रादेशिक संगठनों की स्थापना को निरुत्साहित किया जाना चाहिए क्योंकि वे शान्ति और सुरक्षा स्थापित करने की अपेक्षा युद्ध की प्रवृत्ति को प्रोत्साहित करते हैं। लेकिन राष्ट्रपति विल्सन को बाद में अपना मत बदलना पड़ा और राष्ट्रसंघ के सम्मति-पत्र में प्रादेशिक व्यवस्था को मान्यता प्रदान की गई। राष्ट्रसंघ के प्रपत्र की धारा 21 में कहा गया था कि, "इस सम्मति-पत्र में कोई भी बात ऐसी नहीं होगी जो शान्ति की व्यवस्था की प्राप्ति के अन्तर्राष्ट्रीय समझौतों, जैसे 'मुनरो सिद्धान्त' के समान पंचायती निर्णय सम्बन्धी सन्धियों अथवा प्रादेशिक समझौते, की सत्यता को प्रभावित करने वाली हो।" इस प्रकार प्रादेशिक संगठनों को मान्यता प्राप्त हो गई जो बाद में संयुक्त राष्ट्रसंघ ने भी स्वीकार की।

संयुक्त राज्य अमेरिका को संयुक्त रखने के लिए, जैसा कि कुछ लोग समझते हैं, अथवा प्रादेशिक व्यवस्था के गुणों के कारण, इस धारा को राष्ट्रसंघ के विधान में निहित किया गया हो, लेकिन इस धारा ने दक्षिणी यानि लैटिन अमेरिकी राज्यों के संगठन और राष्ट्रों के ऐसे ही अन्य प्रादेशिक समूहों को, राष्ट्रसंघ की सार्वभौमिकता के साथ-साथ पनपने का बोधक आधार प्रदान किया। दो महायुद्धों के बीच के काल में अनेक महत्वपूर्ण प्रादेशिक संगठन अस्तित्व में आए। प्रथम महायुद्ध के उपरान्त चैकोस्लोवाकिया, रूमानिया और यूगोस्लाविया ने मिलकर "लघु एन्टेन्ट" बनाया। 1934 में "बाल्कन सन्धि" का निर्माण, नाजी जर्मनी से सुरक्षित रहने के उद्देश्य से किया गया। लेकिन 1938 और 1939 के मध्य दोनों ही लुप्त हो गए, क्योंकि जर्मनी

इतना शक्तिशाली बन गया था कि उसकी शक्ति को चुनौती देना इन संगठनों की सामर्थ्य से बाहर था। स्कैंडिनेवियन राष्ट्रों ने भी दो विश्वयुद्धों के मध्य समय-समय पर पारस्परिक सहयोग बढ़ाने के उद्देश्य से कार्यक्रम निर्धारित किया और संगठन बनाने के प्रयास किये। कुछ लोग मानते हैं कि इन्हीं व्यवस्थाओं के कारण राष्ट्रसंघ सामूहिक सुरक्षा की स्थापना में सफल नहीं हो सका और इन राज्यों के विरुद्ध कोई दृढ़ कार्यवाही नहीं कर सका जिन्होंने आक्रमणकारी रूप धारण कर लिया था। अतः प्रादेशिक संगठनों का विरोध हुआ था पर अब उन्हें स्वीकार कर लिया गया है।

संयुक्त राष्ट्रसंघ के अन्तर्गत प्रादेशिक संगठन

1945 के सानफ्रांसिस्को सम्मेलन में विश्व संस्था के सन्दर्भ में प्रादेशिक व्यवस्था की समस्या पर गम्भीरतापूर्वक विचार किया गया। इस विषय में "लैटिन अमेरिकी राज्यों के संगठन" का सदस्य होने के नाते संयुक्त राज्य अमेरिका विशेष दिलचस्पी ले रहा था। परिस्थितियों के परिवर्तित स्वरूप को देखते हुए उसने प्रादेशिक व्यवस्था को विश्व संस्था द्वारा मान्यता दिलाने का प्रयास किया। संयुक्त राष्ट्रसंघ के विधान के अध्याय 8 में प्रादेशिक व्यवस्था को मान्यता दी गई और नियम बना दिया गया कि "अन्तर्राष्ट्रीय शान्ति एवं सुरक्षा की व्यवस्था से सम्बन्धित ऐसे मामलों में, जिनमें प्रादेशिक कार्यवाही उपर्युक्त हो, प्रादेशिक व्यवस्थाओं अथवा एजेंसियों के अस्तित्व को रोकने वाले, वर्तमान विधान में, कोई भी व्यवस्था नहीं, बशर्ते कि इस प्रकार की प्रादेशिक व्यवस्थाएँ तथा चेष्टाएँ संयुक्त राष्ट्रसंघ के उद्देश्यों एवं सिद्धान्तों के अनुकूल हों। "इतना ही नहीं संयुक्त राष्ट्रसंघ ने इस प्रकार की व्यवस्थाओं अथवा प्रादेशिक एजेंसियों का, प्रत्येक स्थानीय मामले को, सुरक्षा परिषद् में भेजने के पूर्व, शान्तिपूर्व ढंग से तय करने का सुझाव भी दिया है तथा यह भी व्यवस्था की कि "सुरक्षा परिषद् इस प्रकार की प्रादेशिक व्यवस्थाओं अथवा सुरक्षा परिषद् के निर्देश पर, स्थानीय झगड़ों के शान्तिपूर्ण समझौते के विकास को उत्साहित करेगी।" उपर्युक्त व्यवस्थाओं के पूरक रूप में तथा संयुक्त राष्ट्रसंघ को सम्बन्धित सूचनाओं से सदैव अवगत किए रखने की दृष्टि से संविधान में एक और धारा 54 जोड़ी गई, जिसमें लिखा गया कि "प्रादेशिक व्यवस्थाओं अथवा प्रादेशिक एजेंसियों द्वारा अन्तर्राष्ट्रीय शान्ति एवं सुरक्षा की व्यवस्था के लिए जो कार्यवाहियाँ की जाएँगी अथवा विचाराधीन होंगी, उन सबकी सूचना, हर समय, सुरक्षा परिषद् को दी जाएगी।"

इस प्रकार "प्रादेशिक व्यवस्था" को संयुक्त राष्ट्रसंघ के सिद्धान्तों और उद्देश्यों के अनुकूल ठहराया गया। लेकिन इतना सब करने पर भी संयुक्त राष्ट्रसंघ ने न तो 'प्रदेश' की कोई व्याख्या की और न यह निश्चित किया कि किस प्रकार की प्रादेशिक व्यवस्था विश्व संस्था को मान्य, अथवा अमान्य होगी। संयुक्त राष्ट्रसंघ के संविधान की इस कमजोरी के फलस्वरूप संयुक्त राष्ट्रसंघ की प्रपत्र की धाराओं का लाभ उठाकर विद्वानों में दो वर्ग हो गए जिनमें से एक ने अस्तित्व में आने वाले प्रादेशिक संगठनों को संयुक्त राष्ट्रसंघ के अनुकूल बताया और दूसरे ने विरुद्ध।

उदाहरण के लिए, सर एरिक बेकटेट के मत के अनुसार 'नाटो' एक प्रादेशिक संगठन नहीं है, लेकिन प्रोफेसर केल्सन के अनुसार है।

संयुक्त राष्ट्रसंघ चार्टर की धाराओं के अनुसार "नाटो" एक प्रादेशिक संगठन है अथवा नहीं इसका निर्णय तो अन्तर्राष्ट्रीय न्यायालय ही कर सकता है। यहाँ इतना लिखना पर्याप्त है कि नाटो को प्रादेशिक संगठन मानना अधिक उचित प्रतीत होता है। अतः यह कहना ठीक होगा कि "प्रदेशवाद" या "प्रादेशिक व्यवस्था" की समुचित परिभाषा के अभाव ने ऐसे आवश्यक संगठनों के निर्माण की स्वाभाविक रूप से अनुमति दे दी है। यह बात दूसरी है कि वे संयुक्त राष्ट्रसंघ के विधान की संवैधानिक वाक्य रचना की कसौटी पर खरे उतरते हैं अथवा नहीं। कई प्रकार से आधुनिक युग में यह अनिवार्य हो गया है और संयुक्त राष्ट्रसंघ ने प्रादेशिक आधार पर आर्थिक और सामाजिक कार्यवाहियाँ करके इनके चरित्र को स्वीकार भी कर लिया है। उदाहरण के लिए खाद्य और कृषि संगठन प्रादेशिक आधार पर कार्य करता है। इसके अलावा अनेक आर्थिक आयोगों, जैसे यूरोप के लिए आर्थिक आयोग, एशिया और सुदूर-पूर्व के लिए आर्थिक आयोग, लैटिन अमेरिका के लिए आर्थिक आयोग और अफ्रीका के लिए आर्थिक आयोग आदि का आधार भी प्रादेशिक है। वर्तमान में प्रादेशिक संगठनों में निरन्तर वृद्धि हो रही है।

प्रदेशवाद के प्रेरक तत्व

राज्यों को प्रादेशिक व्यवस्था अपनाने के लिए कुछ तत्व प्रेरित करते हैं। भौगोलिक निकटता, सांस्कृतिक सम्बन्ध, स्थानीय भेदभाव मिटाने की इच्छा, आर्थिक और राजनीतिक हित, ऐतिहासिक परम्परा, सामाजिक हित, सुरक्षा और प्रबुद्ध राष्ट्रीय हित का सिद्धान्त। इनमें प्रमुख क्षेत्रीय संगठन बनाने के लिए अकेला कोई तत्व प्रेरित नहीं करता उनके साथ अन्य तत्व भी लगे या मिले रहते हैं। सारांश में यह कहा जा सकता है कि राष्ट्र या राष्ट्रों का समूह अपने कुछ उद्देश्यों की प्राप्ति के लिए प्रादेशिक संगठनों का निर्माण करते हैं।

प्रदेशवाद के प्रेरक तत्व निम्नलिखित हैं–

1. **भौगोलिक निकटता**–एक महाद्वीप, उप-महाद्वीप या क्षेत्र में स्थित राज्यों में भौगोलिक निकटता के कारण सहयोग या संगठन की प्रबल इच्छा होती है। इसका कारण यह है कि उस महाद्वीप या भौगोलिक क्षेत्र के लोगों के अनुभव व परम्पराएँ शेष विश्व के लोगों से भिन्न होते हैं। उनकी सामाजिक रीतियों तथा दृष्टिकोण में भी अन्तर होता है। भौगोलिक रूप से प्राकृतिक साधनों का वितरण भी उन्हें अपनी आवश्यकताओं की पूर्ति के लिए एक-दूसरे पर आश्रित बनाता है। अतः उनमें अपने पड़ोसी के साथ मिलकर चलने की इच्छा जोर पकड़ने लगती है। इसके अलावा युद्ध की आधुनिक तकनीकों और हथियारों के क्षेत्र में होने वाली क्रान्ति ने भी उन्हें पड़ोसी राष्ट्रों से मित्रता बढ़ाने की प्रेरणा दी है। मार्च, 1961 में रूस की ओर से

यह सुझाव आया था कि भारत को वर्मा के साथ समझौता करके चलना चाहिए क्योंकि भारतीय उपमहाद्वीप पर बसने वाले इन दोनों राष्ट्रों को चीन से भय है। सार्क का गठन मुख्य रूप से भौगोलिक निकटता के कारण हुआ है। लैटिन अमेरिकी राज्यों को "अमेरिकी राज्य संगठन" (Organisation of American States) और "प्रगति के लिए मैत्री सन्धि" में बंधन की प्रेरणा मूल रूप से भौगोलिक निकटता का परिणाम है।

भौगोलिक निकटता कभी-कभी संगठन की अपेक्षा विभाजन की प्रेरणा भी देती है। उदाहरण के लिए भौगोलिक रूप से भारत और पाकिस्तान एक-दूसरे के बहुत निकट हैं, लेकिन ऐतिहासिक विरोध और धार्मिक भेदभाव ने उन्हें एक दूसरे का शत्रु बना रखा है। सच पूछा जाए तो इसमें भौगोलिक निकटता का कोई दोष नहीं है। दोनों ही राष्ट्रों के प्रबुद्ध नागरिक इस मत के हैं कि भारत और पाकिस्तान को "आपस में युद्ध न करने की सन्धि करके विदेशी आक्रमण के विरुद्ध मोर्चा बनाना चाहिए। महाशक्तियों के स्वार्थ के कारण यह भावना जोर नहीं पकड़ने पाती, अब भारत, पाकिस्तान, बांग्लादेश, नेपाल, भूटान, श्रीलंका व मालदीव निकटता के कारण ही सार्क (SAARC) के सदस्य हैं।

2. **सांस्कृतिक सम्बन्ध**--समान जातीय, सांस्कृतिक और धार्मिक पृष्ठ भूमि भी प्रादेशिक सहयोग के लिए आवश्यक आधार प्रस्तुत करती है। उदाहरण के लिए जाति, बोली और इस्लाम धर्म के बन्धन ने सन् 1945 ई॰ में अरब राज्यों के संघ (अरब लीग) की स्थापना की प्रेरणा दी थी। इसी भाँति लैटिन अमेरिकी राज्यों के प्रादेशिक सहयोग के लिए लैटिन अमेरिकी राज्य (क्यूबा को छोड़कर) राजनीतिक प्रश्नों पर एक-सा रुख अपनाते हैं (कुछ प्रादेशिक व्यवस्था को अन्तर्गत बंधे होने के कारण और कुछ समान पृष्ठ भूमि के कारण)। यूरोपीय राज्य प्रादेशिक व्यवस्था में बंध सके, इसका मुख्य कारण उनमें समान संस्कृति पृष्ठभूमि है। समान संस्कृति के कारण पश्चिमी यूरोप के देश निकट आते चले जा रहे हैं और पूर्वी यूरोप के देश एक होते चले जा रहे हैं। समान संस्कृति के कारण ही पूर्वी और पश्चिमी जर्मनी में एकीकरण की भावना का विकास हो सका है।

3. **स्थानीय भेदभाव मिटाने की इच्छा**--कुछ राज्य अपने स्थानीय व क्षेत्रीय प्रश्नों को बगैर किसी बाहरी हस्तक्षेप के सुलझाने के इच्छुक होते हैं। उनकी यह इच्छा उन्हें प्रादेशिक व्यवस्था के अन्तर्गत बंधने की प्रेरणा देती है। 'अफ्रीकी एकता संगठन' बनाते समय घाना के डॉ॰ एन्क्रुमा, तंजानिया के जुलियस न्यरेरे और जाम्बिया के केनेथ कौंडा में इसी प्रकार की इच्छाएँ कार्य कर रही थीं। पश्चिमी गोलार्द्ध के राज्यों ने इसी इच्छा से प्रेरित होकर 'अमेरिकी राज्य संगठन' का निर्माण किया था और अपने सभी विवादों को सुलझाने के लिए वे अब भी समय-समय पर आपात-कालीन सम्मेलन आयोजित करते हैं तथा पारस्परिक विवादों को सुलझाने का प्रयास करते हैं।

4. **आर्थिक और राजनीतिक हित**–प्रादेशिक व्यवस्था के लिए प्रेरित करने वाले तत्वों में आर्थिक और राजनीतिक हितों का महत्व बहुत अधिक है। आर्थिक और राजनीतिक हित तथा सुरक्षा की भावना ही मुख्य रूप से राष्ट्रों को प्रादेशिक व्यवस्था अपनाने के लिए प्रेरित करती है। आधुनिक युग में पाये जाने वाले सभी प्रादेशिक संगठनों का जन्म मुख्य रूप से उपर्युक्त कारणों से ही हुआ। बेनीलक्स का उद्देश्य बेल्जियम, नीदरलैंड और लक्जमबर्ग के बीच व्यावसायिक दिक्कतों को दूर करना है। यूरोपीय आर्थिक सहयोग संगठन, यूरोपीय बाजार या अदायगी संघ (ईपीसी), यूरोपीय कोयला इस्पात समुदाय (ईसीईसी), यूरोपीय साझा बाजार (ईसीएम), यूरोपीय मुक्त व्यापार संघ (ईएफटीए), यूरोप की परिषद् (काउन्सिल ऑफ यूरोप), अमेरिकी राज्य संगठन आदि का आधार या तो राजनीतिक है अथवा आर्थिक या दोनों।

5. **ऐतिहासिक परम्परा**–पुरानी ऐतिहासिक परम्पराएँ भी देशों को प्रादेशिक संगठन के लिए प्रेरित करती हैं। जैसे ऐतिहासिक परम्पराओं के कारण ही सार्क और ऐशियन संगठन का निर्माण हुआ है।

6. **सुरक्षा**–बाह्य आक्रमण से सुरक्षित रहने के लिए मुख्य रूप से राष्ट्र प्रादेशिक व्यवस्था को अपनाते हैं। यदि किसी देश को विदेशी आक्रमण का भय होता है अथवा उसकी सीमा पर कोई ऐसा शक्तिशाली राष्ट्र स्थित होता है जिससे उसे अपनी सुरक्षा पर संकट दिखाई देता है तो वह राष्ट्र अधिकांश प्रादेशिक संगठनों का सहारा लेता है, ताकि बुरी घड़ी या आक्रमण होने पर उसके मित्र उसकी रक्षा के लिए दौड़े चले आएँ। पाकिस्तान ने अपनी सीमा पर स्थित राष्ट्रों–चीन, रूस और भारत– की शक्ति को देखते हुए ही "सेंटो" और "सीटो" की सदस्यता स्वीकार की थी। रूस और चीन साम्यवादी राष्ट्र हैं, जिनका दर्शन इस्लाम के सिद्धान्तों से मेल नहीं खाता और भारत के साथ उसकी धार्मिक व ऐतिहासिक शत्रुता है। अतः पाकिस्तान की सरकार द्वारा प्रादेशिक संगठनों में बंधने का निर्णय अन्य तत्वों की अपेक्षा शायद सुरक्षा की भावना से अधिक प्रभावित था। इजराइल की स्थापना और उसकी शक्ति से भयभीत 'अरब लीग' व रूस के भय से 'नाटो', "ब्रुसेल्स सन्धि" और "अन्जुस" पैक्ट आदि की रचना की गई है। मुख्यतः सुरक्षा के उद्देश्य से ही प्रादेशिक संगठनों की स्थापना की जाती है और वर्तमान समय में अधिकांश संगठनों का विकास सुरक्षा की भावना से ही हुआ है।

7. **प्रबुद्ध राष्ट्रीय हित**–प्रदेशवाद के पीछे मुख्य रूप से राष्ट्रीय हित होता है। 'प्रादेशिक व्यवस्था' सदस्य राष्ट्रों की कार्य करने की स्वतंत्रता पर कुछ बंधन लगा देती है। जो राष्ट्र इस व्यवस्था को अपनाता है उसे इस प्रकार के बंधन भी मानने पड़ते हैं। राष्ट्रों द्वारा इन बन्धनों को स्वीकार कराने का कारण यह होता है कि प्रादेशिक व्यवस्था के अन्तर्गत मिलने वाले फायदे इन बन्धनों की तुलना में कहीं अधिक होते हैं। विशेष रूप से ये फायदे वे ही होते हैं जिन्हें कोई राष्ट्र अपनी

सुरक्षा और विकास के लिए प्राप्त करने का उत्सुक होता है। अतः प्रबुद्ध राष्ट्रीय हित राष्ट्रों को प्रादेशिक व्यवस्था अपनाने को प्रोत्साहित करते हैं।

प्रदेशवाद के पक्ष में तर्क तथा विपक्ष में तर्क

प्रदेशवाद के विरोधियों का कथन है कि 'प्रादेशिक संगठन विश्व में तनाव बढ़ाते हैं'। —पं० नेहरू

परन्तु संयुक्त राष्ट्र संघ के भूतपूर्व महासचिव ट्रिग्वे ली का कथन है कि "प्रादेशिक व्यवस्थाएं सामूहिक सुरक्षा को बनाये रखने का उपयोगी तत्व हैं।"

प्रो० पॉटर प्रदेशवाद के प्रबल समर्थक थे। उनकी मान्यता है कि आधुनिक युग में सार्वभौमिकता की बात करना व्यर्थ है, क्योंकि सार्वभौमिकता अव्यावहारिक है। "यह जल्दबाजी, बाह्य और भावनात्मक प्रतिक्रियाओं का परिणाम है।" विश्व के 160 से भी अधिक राज्य जाति, धर्म, भाषा, संस्कृत आदि की दृष्टि से एक-दूसरे से बहुत भिन्न हैं। राज्यों की यह भिन्नता प्रभावशाली मित्रता व विश्व-व्यापार सहयोग में बहुत बड़ी बाधा है। यदि ऐसे भिन्न राष्ट्रों का संघ बनाया जाएगा तो वह निश्चित रूप से निर्बल और अस्थायी होगा। अतः सीमित सदस्यता वाले ऐसे संगठन बनाये जाने चाहिएँ जो दृढ़ और स्थायी हों। प्रादेशिक संगठन इस उद्देश्य की पूर्ति करते हैं। समान विचारधारा, हित और नीतियों वाले राष्ट्र ऐसी व्यवस्था के अन्तर्गत मिलकर संगठित हो जाते हैं और पारस्परिक सहयोग से अपनी अनेक समस्याओं को आसानी से सुलझा लेते हैं।

प्रदेशवाद : पक्ष में तर्क

नौरमन हिल का कथन है कि "प्रादेशिक संगठन के लिए मुख्य औचित्य यह है कि इस प्रयास में सम्पूर्ण विश्व को शामिल किया जाए, थोड़े से राष्ट्रों को संगठित करना, उनकी नीतियों में समन्वय स्थापित करना और किसी समस्या के लिए वस्तुतः कुछ करना सरल है। यद्यपि यह सत्य है कि सुरक्षा एक सार्वभौमिक समस्या है जिसका सामना प्रत्येक राज्य को करना पड़ता है, तथापि न तो राष्ट्रसंघ और न संयुक्त राष्ट्रसंघ ही विश्व-व्यापी स्तर पर सामूहिक सुरक्षा पद्धति की स्थापना व उसका प्रयोग सफलतापूर्वक कर सका है। अतः नाटो, सीटो, सैंटो और अन्य संगठनों द्वारा प्रादेशिक आधार पर सुरक्षा की समस्या के समाधान की काफी सम्भावना है।" संयुक्त राष्ट्रसंघ के महासचिव ट्रिग्वे ली ने भी कहा था, "यदि प्रादेशिक व्यवस्थाएँ संयुक्त राष्ट्रसंघ के चार्टर की सर्वोच्चता को मान्यता देते हुए कार्य करें तो संयुक्त राष्ट्रसंघ की सामूहिक सुरक्षा को बनाए रखने का एक उपयोगी तत्व सिद्ध हो सकती हैं।" सुरक्षा परिषद् विश्व शान्ति और सुरक्षा की पूर्ण गारन्टी देने में असमर्थ है। महासभा एक बहुत बड़ी संस्था है जो एकाएक कोई प्रभावशाली कदम नहीं उठा सकती है। यह केवल सिफारिश कर सकती है, आज्ञा नहीं दे सकती। दक्षिण अफ्रीका, हंगरी, सोवियत संघ, पाकिस्तान आदि-आदि राष्ट्र अनेक बार इसकी सिफारिशों को ठुकरा चुके हैं।

ऐसी अवस्था में आन्तरिक और बाह्य सुरक्षा के लिए राज्यों के पास प्रादेशिक व्यवस्था का ही मार्ग शेष रह जाता है।

इसके अलावा आर्थिक व सामाजिक क्षेत्र में अनेक बार ऐसे अवसर आते हैं जब विश्वव्यापी स्तर पर कार्य करना असम्भव होता है। ऐसा प्रादेशिक आधार पर सरलता से किया जा सकता है। उदाहरण के लिए, सम्पूर्ण विश्व के लिए एक सांझा बाजार की स्थापना करना विकट कार्य हैं, क्योंकि अनेक वस्तुओं के सम्बन्ध में राष्ट्रों की नीतियां परस्पर विरोधी हैं, और ऐसा होने पर उनके स्वार्थों में टकराव स्वाभाविक है। परन्तु किसी भी क्षेत्र में छः या आठ राज्य बिना किसी मतभेद के ऐसे साझा बाजार की स्थापना कर सकते हैं और उससे लाभ उठा सकते हैं, जैसा कि यूरोपीय साझा बाजार की योजना से स्पष्ट है।

लेखक पेडल फार्ड व लिंकन ने प्रादेशिक व्यवस्था के निम्न छः गुण बताएँ हैं–

(1) संयुक्त राष्ट्रसंघ की एजेंसियों की तुलना में जो विभिन्न हितों का प्रतिनिधित्व करती हैं, यह व्यवस्था घनिष्ठ पारस्परिक हित रखने वाले राज्यों का परामर्श का एक यंत्र प्रदान करती है।

(2) कूटनीतिक सफलता के लिए सुविधाजनक साधन प्रदान करती है।

(3) राज्यों के आपसी विवादों को, बिना किसी बाह्य दबाव के सहयोगात्मक वातावरण में शान्तिपूर्वक और शान्तिपूर्ण ढंग से निपटाने का अवसर देती है।

(4) सांस्कृतिक और राजनीतिक सम्बन्धों को दृढ़ करती है।

(5) सदस्य राज्यों के बीच आर्थिक सहयोग बनाती व बढ़ाती है।

(6) राष्ट्रों की सुरक्षा में वृद्धि करती है।

प्रदेशवाद सफल सिद्ध हुआ है अतः पं० नेहरू के देश भारत ने भी प्रदेशवाद का पक्ष लेकर (SAARC) का निर्माण किया है।

प्रदेशवाद : विपक्ष में तर्क

कुछ विचारकों के अनुसार प्रादेशिक व्यवस्था में गुण की अपेक्षा दोष अधिक हैं। जब सभी प्रकार की समस्याओं के लिए संयुक्त राष्ट्रसंघ की व्यवस्था है, तब सैनिक चरित्र वाले प्रादेशिक संगठनों का औचित्य समझ में नहीं आता। सामूहिक प्रतिरक्षा के उद्देश्य से बनाये गए प्रादेशिक संगठन एकता लाने की अपेक्षा विश्व में गुट, फूट और घृणा का अधिक प्रसार करते हैं। "वे विश्व को विभाजित करते हैं और संयुक्त राष्ट्रसंघ के एक अधिक योग्य विश्व संगठन के रूप में विकसित होने के विरुद्ध संघर्ष करते हैं। अधिक से अधिक राष्ट्रीय सुरक्षा प्रदान करने वाली प्रादेशिक व्यवस्थाओं में अनेक बुराइयां हैं। सुरक्षा एक विश्वव्यापी समस्या है, जिसका

समाधान प्रादेशिक आधार पर नहीं किया जा सकता।" विश्व शान्ति के लिए विश्वव्यापी संगठन का आधार आवश्यक है।

संयुक्त राष्ट्रसंघ के चार्टर की धारा 52 की मनमानी व्याख्या करके प्रादेशिक व्यवस्थाओं को उचित ठहराने का प्रयास किया जाता है। लेकिन धारा 52 के अन्तर्गत राष्ट्रों की जिस आत्मरक्षा की बात कही गई है उसके सम्बन्ध में केवल इतना ही कहना पर्याप्त होगा कि आत्मरक्षा का प्रश्न उस समय उठता है जब एक देश पर कोई दूसरा देश आक्रमण कर दे। आक्रमण से पहले ही आत्मरक्षा के लिए प्रादेशिक व्यवस्था का सहारा लेकर राष्ट्रों ने शक्ति संतुलन (balance of power) की उस पुरानी पद्धति को लागू करने का प्रयास किया है जिसका संयुक्त राष्ट्रसंघ शुरू से ही विरोधी रहा है। परन्तु प्रादेशिक संगठनों का प्रभाव बढ़ रहा है।

आधुनिक विश्व में शांति और सुरक्षा बनाए रखने का मुख्य उत्तरदायित्व सुरक्षा परिषद् को सौंपा गया है, लेकिन प्रादेशिक संगठन इस मान्यता पर आधारित हैं कि आक्रमण निरोध की कार्रवाई सुरक्षा परिषद् की देख-रेख में न होकर उनके द्वारा भी सम्पादित होनी चाहिए। क्योंकि संयुक्त राष्ट्रसंघ अभी तक सामूहिक सुरक्षा का एक प्रभावशाली साधन नहीं बन सका है अत: राष्ट्र अपनी सुरक्षा के लिए केवल उस पर ही पूरी तरह निर्भर नहीं रह सकते हैं। दूसरे शब्दों में, प्रादेशिक संगठन स्वयं को एक प्रकार से विश्व संस्था का प्रतिद्वन्द्वी बनाने में लगे हुए हैं और आशंका है कि भविष्य में वे संयुक्त राष्ट्रसंघ की असफलता के कारण बन सकते हैं। विचारक हेमिल्टन फिस आर्मस्ट्रांग को भय है कि "प्रादेशिक व्यवस्थाओं की श्रृंखला कुछ समय में संयुक्त राष्ट्र-संघ की विश्वव्यापी प्रकृति और उद्देश्यों को ढक सकती है।" कैल्सन ने भी इस मत का समर्थन करते हुए लिखा है कि "इस प्रकार की व्यवस्थाएं उस राजनीतिक और वैधानिक व्यवस्था का दिवालियापन हैं जिनके लिए संयुक्त राष्ट्रसंघ का निर्माण किया गया है।" "नाटो" की आलोचना करते हुए ग्रेसन किर्क ने लिखा था कि "तुलनात्मक रूप से, इसके (नाटो के) प्रभाव से संयुक्त राष्ट्रसंघ के प्रभाव के कम होने की आशंका है। यदि इसने संयुक्त राज्य अमेरिका और सोवियत संघ के प्रभाव का विश्व के स्तर पर विभाजन कर दिया तो उसके फलस्वरूप संयुक्त राष्ट्रसंघ के विकास की समस्त संभावनाएं नष्ट हो जाएंगी। इससे संयुक्त राष्ट्रसंघ की महासभा में गुट के आधार पर मतदान की प्रणाली को बल मिलने की संभावना है।"

विश्व के राजनेताओं में पं॰ जवाहरलाल नेहरू और श्री कृष्णा मेनन प्रदेशवाद के कट्टर आलोचक रहे हैं। राज्यसभा में बोलते हुए नेहरू जी ने एक बार कहा था–"मेरी विनम्र राय में इनमें से अधिकांश संधियाँ संयुक्त राष्ट्रसंघ के चार्टर के विरुद्ध हैं। यू॰ एन॰ चार्टर में प्रादेशिक संगठनों की व्यवस्था की गई है, परन्तु उस समय के संगठनों की नहीं, जिनका निर्माण हुआ है। प्रदेश की ओर देखिये। मैं अटलांटिक प्रदेश को समझता हूं भूमध्य स्थित देशों का एक सदस्य वहाँ भी घुस

आता है। उससे अटलांटिक सन्धि का विस्तार होता है। तुर्की को अटलांटिक सन्धि से क्या लेना-देना है····मेरा विचार है कि वे (समझौते) चार्टर में मेल नहीं खाते और उसका परिणाम यह है कि अन्त में, जहाँ तक शास्त्रास्त्र का सम्बन्ध है, आपकी सुरक्षा में कोई वृद्धि नहीं मिलती, लेकिन उसके स्थान पर शीतयुद्ध और भय में वृद्धि होती जाती है।"

पं॰ जवाहरलाल नेहरू का विचार था कि इन प्रादेशिक संगठनों से विश्व शांति भंग होने का भय बना रहता है। वे विश्व में तनाव बढ़ाते हैं। उनसे राष्ट्रों में एकता और समन्वय स्थापित नहीं होता है। प्रादेशिक व्यवस्थाएँ हथियारों की होड़ को जन्म देती हैं, जिससे राष्ट्रों के बजट पर प्रतिरक्षा सम्बन्धी अनावश्यक व्यय का भार आ जाता है। शांति के वातावरण को इन्होंने तनाव में बदल दिया है और इनके कारण ही शीतयुद्ध भारत की सीमाओं पर आ गया है। पं॰ जवाहरलाल नेहरू का मत था कि ब्रिटेन और संयुक्त राज्य अमेरिका द्वारा इन संगठनों की सदस्यता स्वीकार करने का कोई वैधानिक आधार नहीं है। इनका (नाटो, सीटो, सैंटो) मुख्य उद्देश्य प्रदेशों के कल्याण और शांति की अभिवृद्धि करना रही है, वरन् ये सोवियत संघ को दो ओर से घेरने के लिए बनाए गए हैं। इन संगठनों ने पहले से ही दो विरोधी गुटों में विभाजित विश्व को और भी अधिक विभाजित कर दिया है। पश्चिम और सोवियत संघ इनका पूरा लाभ उठा रहे हैं तथा इनमें राज्यों के आन्तरिक मामलों में विदेशी हस्तक्षेप की सम्भावना बढ़ी है। परन्तु स्वयं पं॰ जवाहरलाल नेहरू ने निर्गुट देशों (nonaligned countries) के गुट का निर्माण किया था।

कुछ आलोचकों का मत है कि प्रादेशिक संधियाँ, साम्राज्यवादी शक्तियों का अपने भूतपूर्व उपनिवेशों पर अप्रत्यक्ष प्रभुत्व बनाये रखने का साधन हैं। श्रीलंका की भूतपूर्व प्रधानमंत्री श्रीमती सिरिमाओ भण्डारनायके ने कहा था कि "फौजी संधियां, एशिया और अफ्रीका की स्वतंत्रता की नई भावना के विरुद्ध साम्राज्यवादी राष्ट्रों की साजिश का प्रतीक हैं।" श्री कृष्णामेनन ने मार्च, 1957 में लोकसभा में बोलते हुए इन्हें "न्यूनाधिक मात्रा में उपनिवेशवादी शासन की ओर प्रतिगमन" बताया था। एक अन्य अवसर पर सीटो की आलोचना करते हुए उन्होंने कहा था "सीटो एक प्रादेशिक संगठन नहीं है, वरन् एक क्षेत्र के संरक्षण के लिए यह कुछ देशों का संगठन है। यह राज्यों की संरक्षण-प्रणाली का आधुनिक रूप है। यह कुछ साम्राज्यवादी देशों तथा ऐसे देशों का संगठन है जो एक क्षेत्र को संकट में बताकर साथ मिलकर उसके संरक्षण के हामी हैं। हम भी उस क्षेत्र के अंग हैं और हम कहना चाहते हैं कि हमें इस प्रकार के संरक्षण की आवश्यकता नहीं है। एक प्रादेशिक संगठन के रूप में संयुक्त राष्ट्र घोषणा-पत्र के अन्तर्गत इस प्रकार के सैनिक गुट के लिए कोई स्थान नहीं है।" परन्तु स्वयं भारत द्वारा सार्क और निर्गुट आन्दोलन का निर्माण इन तर्कों को निर्बल कर देते हैं। अतः प्रादेशिक व्यवस्थाएं उपयोगी मानी जाती हैं।

पश्चिमी गोलार्द्ध की प्रादेशिक व्यवस्थाएं

द्वितीय विश्वयुद्ध के फलस्वरूप अमेरिकी गणराज्यों में पारस्परिक सहयोग बढ़ाने की भावना को बल मिला। समान प्रतिरक्षा, प्रमुख खनिज पदार्थों का आदान-प्रदान, वित्तीय और सांस्कृतिक सहयोग की आवश्यकता, सभी अमेरिकी राज्यों ने अनुभव की। सन् 1945 में मेक्सिको में, युद्ध और शान्ति की समस्याओं पर विचार करने के लिए बुलाए गए "अन्तर-अमेरिकी सम्मेलन" ने रीओ सन्धि (1947) और अमेरिकी राज्यों के संगठन के संविधान तथा "बोगोटा समझौता" (1948) की प्रमुख विशेषताओं की आधारशिला रखी जिसके द्वारा लैटिन अमेरिकी संगठन का निर्माण हुआ।

रीओ सन्धि–इसके आधार पर लैटिन यानि दक्षिणी अमेरिका के देशों का संगठन हुआ था। "पारस्परिक समझौते की अन्तर-अमेरिकी सन्धि" सितम्बर, 1947 में, ब्राजील की राजधानी रीओ-डि जनेरो में सम्पन्न हुई। रीओ-डि जनेरो में स्वीकृत होने के कारण यह सन्धि 'रीओ-सन्धि' के नाम से विख्यात हुई है। इसका मूल उद्देश्य पश्चिमी गोलार्द्ध में सैनिक आक्रमण होने पर अथवा शान्ति भंग होने का भय होने पर सामूहिक कार्यवाही की व्यवस्था करना है। इस सन्धि में उत्तरी ध्रुव व दक्षिणी ध्रुव तक, अमेरिकी महाद्वीप और ग्रीनलैंड के चारों ओर एक प्रतिरक्षा क्षेत्र निर्मित किया गया है। इस क्षेत्र के अन्दर से अथवा इस पर बाहर से होने वाला कोई भी आक्रमण सब अमेरिकी राज्यों पर आक्रमण समझा जाएगा। सन्धि की तीसरी धारा में, जो ब्रुसेल्स सन्धि की चौथी और नाटो की पांचवीं धारा से मिलती-जुलती है, कहा गया है कि "सन्धिकर्ता सदस्य इस बात से सहमत हैं कि किसी राज्य द्वारा अमेरिकी राज्य पर किया गया आक्रमण सभी अमेरिकी राज्यों पर आक्रमण माना जाएगा। फलस्वरूप, सन्धिकर्ता सदस्यों में से प्रत्येक राष्ट्र चार्टर की 51वीं धारा के अन्तर्गत व्यक्तिगत या सामूहिक आत्मरक्षा के मूल अधिकार के प्रयोग में आक्रमण का मुकाबला करने में सहयोग करने का उत्तरदायित्व लेता है।" आक्रमण का मुकाबला करने के लिए किस प्रकार की कार्यवाही की जाए, इसका निर्णय सदस्य राष्ट्रों के विदेश मंत्रियों की एतदर्थ बुलाई बैठक में दो-तिहाई बहुमत से होगा।

अमेरिकी राज्यों का संगठन
(Organisation of American States — OAS)

अमेरिकी राज्यों को संगठित करने के प्रयत्न सन् 1826 से ही प्रारम्भ हो गए थे। दक्षिण अमेरिका के नेता साइमन बोलीवार ने पनामा में अमेरिकी राज्यों का एक सम्मेलन बुलाया था। लेकिन संयुक्त राज्य ने इस दिशा में सक्रिय कदम सन् 1889-90 में उठाया। इसके ही प्रयत्नों से उस वर्ष वाशिंगटन में अन्तर अमेरिकी कान्फ्रेंस हुई और अखिल अमेरिकनवाद एक वास्तविकता बन गया। अमेरिकी राज्यों को संगठित करने के प्रयास निरन्तर किए जा रहे हैं परन्तु सर्वाधिक ठोस प्रयास 1948 के बोगोटा सम्मेलन में किया गया। इस सम्मेलन में "अमेरिकी राज्यों का संगठन" बनाया गया जो संयुक्त राष्ट्रसंघ के चार्टर के अनुकूल है। अमेरिकी राज्य संगठन के संविधान

में 18 अध्याय और 112 धाराएँ हैं। धारा 1 में विशेष रूप से इस बात का उल्लेख किया गया है कि "अमेरिकी राज्यों का संगठन संयुक्त राष्ट्रसंघ के अन्तर्गत एक प्रादेशिक अभिकरण है।" यह संगठन मुख्य रूप से अमेरिकी देशों की रक्षा हेतु बनाया गया है।

प्रारम्भ में इसकी सदस्य संख्या 21 थी। क्यूबा में साम्यवादी शासन स्थापित होने के उपरान्त उसे इस संगठन से निकाल दिया गया है। 12 जून, 1963 को बोलीविया, लूसी नदी के स्वामित्व के विषय में संगठन की परिषद् के निर्णय से क्षुब्ध होकर, इससे अलग हो गया। कनाडा सहित सभी अमेरिकी राज्य इसकी सदस्यता ग्रहण कर सकते हैं। संगठन छोड़ने वाले राज्य को इसे छोड़ने के लिए दो वर्ष का नोटिस देना आवश्यक है।

इस संगठन के प्रधान अंग हैं–(1) अन्तर अमेरिकी सभा, (2) विदेश मंत्रियों की बैठक, (3) परिषद्, (4) अमेरिकी भ्रातृत्व संगठन, (5) विशिष्ट अभिकरण।

कार्यविधि–अन्तर अमेरिकी सभा इस संगठन की सर्वोच्च संस्था है, जो संगठन की नीति और कार्यक्रम तथा अन्य सभी अंगों के स्वरूप और कार्यों का निर्धारण करती है। विदेश मंत्रियों की बैठक किसी सदस्य राज्य पर सशस्त्र आक्रमण होने की दशा में तथा ऐसे ही किसी अन्य महत्वपूर्ण विषय पर विचार करने के लिए बुलाई जाती है। इसकी सहायता के लिए एक परामर्शदात्री प्रतिरक्षा समिति की भी व्यवस्था है। परिषद् का कार्यालय वाशिंगटन में है। इसमें प्रत्येक सदस्य देश का एक-एक प्रतिनिधि होता है। यह संगठन के विभिन्न अंगों के कार्यों की देखभाल के साथ-साथ शान्ति और सुरक्षा सम्बन्धी कार्य भी करती है। अमेरिकी भातृत्व संगठन अमेरिकी राज्य संगठन की केन्द्रीय और स्थायी संस्था तथा सचिवालय है। महासचिव अमेरिकी भ्रातृत्व संगठन का निदेशक होता है, जो इस वर्ष के लिए निर्वाचित किया जाता है। विशिष्ट अभिकरणों में परामर्शदात्री सुरक्षा समिति, अन्तर अमेरिकी आर्थिक और सामाजिक परिषद्, अन्तर अमेरिकी विधिवेत्ताओं की परिषद् और अन्तर सांस्कृतिक परिषद् आदि प्रमुख हैं।

निष्कर्ष–अमेरिकी राज्यों का संगठन एक प्रभावशाली संस्था है जिसे संयुक्त राष्ट्रसंघ का विश्वास प्राप्त है। अनेक अवसरों पर संयुक्त राष्ट्रसंघ ने इससे सम्बन्धित राष्ट्रों के विवादों को सुलझाने के लिए इसी संस्था को सौंप दिया है। उदाहरण के लिए, 1954 में ग्वाटामाला ने सुरक्षा परिषद् में शिकायत की थी कि उसके पड़ोसी राष्ट्र होंडुरास और निकारागुआ उसके विरुद्ध आक्रामक कार्यवाही कर रहे हैं। सुरक्षा परिषद् ने मामला इसी संगठन को सौंप दिया, क्योंकि सदस्य राष्ट्र इसके भी सदस्य हाइती और डोमीनिकी गणराज्य के विवाद को भी संयुक्त राष्ट्रसंघ ने इसे ही सौंपा था।

इस संगठन के सदस्य राज्यों की कुल जनसंख्या लगभग 50 करोड़ है। इसके सदस्य न केवल सामूहिक रूप से किसी बाह्य आक्रमण का मुकाबला करने के

लिए कृतसंकल्प हैं, वरन् आर्थिक, सामाजिक व सांस्कृति विकास और विवादों के शान्तिपूर्ण समाधान के लिए भी पारस्परिक सहयोग में विश्वास करते हैं। यह संगठन मतभेदों के बावजूद उल्लेखनीय है।

1951 में मध्य अमेरिका के पांच राज्यों–कोस्टारिका, अल सल्विाडोर, ग्वाटामाला, होंडुरास और निकारागुआ ने इस संगठन का निर्माण किया था, आर्थिक, सांस्कृतिक और शैक्षणिक सहयोग के लिए इस संगठन को बनाया गया है, लेकिन मध्य अमेरिका में साम्यवाद के प्रसार को रोकने के लिए यह विशेष सजग रहा है। मोटे तौर पर यह 'अमेरिकी राज्य संगठन' और संयुक्त राष्ट्र के अन्तर्गत कार्य करता है। इसके संविधान में पांचों गणराज्यों का (जो इसके सदस्य हैं) एक ही राष्ट्र का अंग माना गया है। पांचों देशों के राष्ट्रपतियों की सभा इसका सर्वोच्च अंग है जिसके मातहत विदेश मंत्री सभा व अन्य मंत्रियों की सभाएँ कार्य करती हैं। संगठन का सचिवालय अल साल्वाडोर में है। संगठन का लक्ष्य मध्य अमेरिकी राज्यों के बीच एकता के सूत्रों को दृढ़ करना, विवादों को शान्तिमय ढंग से सुलझाने की व्यवस्था करना तथा आर्थिक, सामाजिक, सांस्कृतिक व अन्य क्षेत्रों में प्रगति के लिए सहयोग करना है। इसके संविधान में लिखा है कि संगठन सदस्य राज्यों को वैधानिक समानता की दृष्टि से देखेगा तथा ये राज्य पारस्परिक सीमाओं का सम्मान करेंगे और एक दूसरे के आन्तरिक मामलों में किसी प्रकार का हस्तक्षेप नहीं करेंगे यह संगठन अमेरिकन देशों में सहयोग को प्रोत्साहित करता है परन्तु जब ब्रिटेन और अर्जेन्टीना का युद्ध हुआ तब यह संगठन तटस्थ रहा। अर्जेन्टीना का युद्ध में पराजय से इसका महत्व कम हो गया है परन्तु यह अब भी सफलतापूर्वक कार्य कर रहा है।

कैरीबियन आयोग–सन् 1946 ई० में गठित इस आयोग का उद्देश्य कैरीबियन टापुओं के विकास की योजनाएँ बनाना और उन्हें एकता के सूत्र में बांधना है। ये टापू पश्चिमी राष्ट्रों के प्रभाव में हैं और वे ही इनकी सुरक्षा का उत्तरदायित्व अपने ऊपर लिए हुए हैं। उदाहरण के लिए, जमैका ने स्वतंत्र होने के बाद सेना के विस्तार की कोई योजना नहीं बनाई है उसके पास केवल एक इन्फैट्री बटालियन है, जिसका कार्य केवल यह माना जाता है कि वह आक्रमण होने पर केवल उतनी देर मैदान के डटी रहे जितने में अमेरिका, फ्रांस या ब्रिटेन की सेनाएं उसकी सहायता के लिए पहुँच सकें। जब कैरीबियन में विद्रोह हुआ तो संयुक्त राज्य अमेरिका ने हस्तक्षेप करके शान्ति स्थापित की थी।

यूरोपीय आर्थिक व्यवस्थाएं

ब्रिटेन के भूतपूर्व प्रधानमंत्री लार्ड एटली ने एक बार कहा था "यूरोप को संघ बना लेना चाहिए अन्यथा वह नष्ट हो जायेगा।" प्रथम महायुद्ध के बाद यूरोप के राज्यों की शक्ति कम हो गई अत: इस विचार ने जोर पकड़ा। लेकिन फासीवाद और नाजीवाद के अभ्युदय से यूरोप के एकीकरण की आशाएँ मिट्टी में मिल गईं। द्वितीय महायुद्ध के उपरान्त पुनः यूरोप के संघ के विचार ने जोर पकड़ा और मई,

1948 में हेग में "यूरोपीय कांग्रेस" नामक सम्मेलन आयोजित किया गया जिसमें अपने अध्यक्षीय भाषण में ब्रिटेन के प्रधानमंत्री सर चर्चिल ने "यूरोप के लिए संघ स्थापित करने" की बात कही। परिणामस्वरूप यूरोप में अनेक प्रादेशिक व्यवस्थाओं का जन्म हुआ। पश्चिमी यूरोप से सम्बद्ध व्यवस्थाएँ निम्न हैं–

(1) बेनीलक्स संघ
(2) ब्रूसेल्स सन्धि संगठन और पश्चिमी यूरोपीय संघ
(3) यूरोपीय आर्थिक सहयोग संगठन
(4) यूरोपीय भुगतान या अदायगी संगठन
(5) यूरोप की परिषद्
(6) यूरोपीय कोयला और इस्पात समुदाय
(7) यूरोपीय प्रतिरक्षा समुदाय
(8) यूरोपीय अणुशक्ति समुदाय
(9) यूरोपीय साझा बाजार
(10) यूरोपीय मुक्त व्यापार संघ
(11) यूरोपीय संघ

(1) बेनीलक्स संघ

'बेनीलक्स' शब्द तीन देशों–बेल्जियम, नीदरलैंड और लक्जमबर्ग के प्रारंभिक शब्दों से बना है। इन तीन देशों से मिलकर बने संघ का उद्देश्य मूलतः एक चुंगी (कस्टम) के सम्बन्ध में संघ बनाना था, लेकिन अनेक अन्तर्राष्ट्रीय मामलों पर अब यह एक इकाई के रूप में कार्य करता है। पश्चिमी यूरोप के राज्यों की एकता के लिए किया गया यह प्रथम आधिकाधिक प्रयास था (डंकर्क सन्धि को प्रादेशिक व्यवस्था के अन्तर्गत नहीं रखा जा सकता)। 1944 की बेनीलक्स चुंगी संघ कन्वेंशन और उसके बाद के निर्णयों के आधार पर इस संघ के पांच अंग–केबिनेट मंत्रियों की सभा, आर्थिक सहयोग परिषद्, चुंगी पर प्रशासकीय परिषद्, व्यावसायिक समझौता परिषद् और सामान्य सचिवालाय आदि स्थापित किए गए। चुँगी संघ पिछले अनेक वर्षों से सफलतापूर्वक कार्य कर रहा है। यद्यपि संघ का उद्देश्य मूलतः आर्थिक है, तथापि राजनीतिक, सांस्कृतिक और अन्तर्राष्ट्रीय मामलों में यह सदस्य राज्यों में समान दृष्टिकोण विकसित करने में काफी सीमा तक सफल रहा है। बेनीलक्स देश एक "आर्थिक संघ" भी बनने जा रहे हैं और वह प्रयास सफल रहा है।

(2) ब्रूसेल्स सन्धि संगठन और पश्चिमी यूरोपीय संघ

चैकोस्लोवाकिया की साम्यवादी क्रान्ति ने ब्रिटेन, फ्रांस व बेनीलक्स देशों को आत्मरक्षा व साम्यवाद को रोकने के लिए सामूहिक कदम उठाने को बाध्य किया। मार्च, 1948 में उपर्युक्त देशों के प्रतिनिधि बेल्यिजम के ब्रूसेल्स नगर में एकत्रित

हुए और उन्होंने आर्थिक, सामाजिक व सांस्कृतिक सहयोग तथा सामूहिक सुरक्षा के उद्देश्य से 50 वर्ष के लिए एक सन्धि की, जिस पर बाद में अमेरिकी राष्ट्रपति ट्रूमैन (Truman) ने अपनी सहमति की छाप लगा दी। इस सन्धि में दस अनुच्छेद हैं। चौथे अनुच्छेद के अन्तर्गत सन्धि के उद्देश्य को व्यक्त करते हुए लिखा गया है "यदि हस्ताक्षरकर्ता में से एक पक्ष पर भी यूरोप का सैनिक आक्रमण हो तो सभी हस्ताक्षरकर्ता देश संयुक्त राष्ट्रसंघ की चार्टर की 51वीं धारा के अनुसार आक्रान्त देश को यथाशक्ति सब प्रकार की सैनिक सहायता एवं अन्य सहयोग देंगे।" अन्य उद्देश्यों में मूलभूत अधिकारों में विश्वास की पुष्टि तथा संयुक्त राष्ट्रसंघ के चार्टर में निसित आदेर्शों की पुष्टि, जनतन्त्र व स्वतन्त्रता व स्थायित्व, यूरोपीय आर्थिक सहयोग, युद्ध नीति के विरुद्ध मोर्चा, अन्तर्राष्ट्रीय शान्ति व सुरक्षा में सहयोग आदि मुख्य हैं। अत: इनके कारण संगठन का विकास हुआ है।

इस सन्धि ने आगे चलकर ब्रूसेल्स सन्धि संगठन को जन्म दिया। संगठन के तीन प्रमुख अंग–परामर्शदात्री परिषद् और स्थायी आयोग, सुरक्षा संगठन और आर्थिक व सामाजिक संगठन बनाए गए। इसके अतिरिक्त सामाजिक व सांस्कृतिक विशेषज्ञों की पृथक-पृथक समितियाँ भी बनाई गईं, जिनका उद्देश्य अपने क्षेत्र के सदस्य देशों के मध्य सहयोग स्थापित करना बताया गया था।

ब्रूसेल्स सन्धि संगठन के कार्य यूरोपीय आर्थिक सहयोग संगठन, नाटो और यूरोपीय परिषद् ने संभाल लिए थे और ऐसा प्रतीत होने लगा था कि अब उसकी कोई आवश्यकता नहीं रह जाएगी, लेकिन यूरोपीय प्रतिरक्षा समुदाय के भंग हो जाने के बाद यह जरूरी हो गया है कि 'ब्रूसेल्स सन्धि संगठन' का पुनर्निर्माण किया जाए। अत: 1954 के पेरिस समझौते के अन्तर्गत पश्चिमी जर्मनी और इटली को भी इसमें शामिल कर लिया गया और इसका नया नाम 'पश्चिमी यूरोपीय संघ' रखा गया है। यह निरन्तर प्रगति कर रहा है।

प्रैट के शब्दों में "यह नई व्यवस्था यूरोपीय प्रतिरक्षा समुदाय की भांति एक सावयव संघ न होकर एक गठबन्धन मात्र थी।...... पश्चिमी जर्मनी को अपनी सम्प्रभुता वापस मिल गई तथा उसे पुनर्शस्त्रीकरण की अनुमति दे दी गई, किन्तु उससे किसी भी प्रकार के आणविक, रासायनिक अथवा कीटाणुजनक शस्त्र निर्मित न करने की प्रतिज्ञा भी करवा ली गई थी। बॉन सरकार द्वारा निजी प्रतिरक्षा सेना का गठन कर लेने की अवधि तक पश्चिमी जर्मनी तथा उत्तर अटलांटिक क्षेत्र की सुरक्षा के लिए वहाँ अमेरिका, ब्रिटेन तथा फ्रांसीसी सेनाओं के पड़ाव को जारी रखने की व्यवस्था की गई थी। पश्चिमी जर्मनी की "नाटो" का सदस्य बनने के लिए आमन्त्रित किया गया तथा पश्चिमी यूरोपीय संघ की सभी सशस्त्र सेनाएँ "नाटो" के सर्वोच्च कमांडर (पूर्ण नाम सुप्रीम एलाइड कमांडर यूरोप) के नियंत्रण में रखी जानी भी तय हुई। ......पुनर्शस्त्रीकृत जर्मनी के प्रति फ्रांस के भय को दूर करने के लिए ब्रिटेन ने महाद्वीपीय भूमि पर चार सैनिक डिवीजन तथा एक "निपुण वायु सेना" दल रखने की प्रतिज्ञा

की। अमेरिका के विदेश सचिव डलेस इस बात के लिए तैयार हो गए थे कि वह अमेरिका के राष्ट्रपति से उत्तरी अटलांटिक क्षेत्र की रक्षा के लिए यूरोप में अमेरिकी सेनाओं के पड़ाव को जारी रखने की सिफारिश करेंगे और अमेरिका भी इसमें सम्मिलित हो गया।

ब्रूसेल्स सन्धि संगठन के अंगों को ही विकसित करके पश्चिमी यूरोपीय संघ के पांच अंग–परिषद्, परामर्शदात्री सभा, सचिवालय, शस्त्रनियंत्रण एजेंसी और स्थायी शस्त्रास्त्र समिति आदि बनाये गए हैं। संघ यूरोप की परिषद् के साथ मिलकर कार्य करता है इसके सदस्य यूरोप की परिषद् की परामर्शदात्री सभा के भी सदस्य हैं। इसकी स्थापना के लगभग 16 महीने के बाद तक यह संघ सफलतापूर्वक कार्य करता रहा, लेकिन फरवरी, 1957 में ब्रिटेन की इस घोषणा ने, कि वह पश्चिम जर्मनी स्थिति अपनी सेनाओं में कटौती करने जा रहा है, इस संघ में फूट डाल दी। जनवरी, 1958 में संघ की परिषद् ने ब्रिटेन को यूरोप से अपने 8,500 सैनिक वापस बुलाने की अनुमति दे दी। अव्यवस्था और मतभेदों के बावजूद पश्चिम यूरोपीय संघ अभी तक विद्यमान है और इसका कार्य केवल इतना रह गया है कि यह शस्त्रास्त्र के नियंत्रण की देखभाल करे।

(3) यूरोपीय आर्थिक सहयोग संगठन 1948

(Organısation for European Economic Co-operation — O.E.E.C.)

पहले इस संगठन का उद्देश्य "मार्शल योजना के अन्तर्गत मिलने वाली आर्थिक सहायता को व्यवस्थित व उपयोगी बनाना था। पिछले कुछ वर्षों में प्रभावशाली ढंग से कार्य करते हुए इस संगठन ने पश्चिमी यूरोप के जीवन-स्तर को काफी ऊँचा उठाया। इटली व जर्मनी सहित 18 यूरोपीय राज्य इसके सदस्य थे। कनाडा और संयुक्त राज्य अमेरिका भी इसके सहायक सदस्य थे। अतः इसने निरन्तर प्रगति की।

14 वर्ष तक प्रभावशाली रूप से कार्य करने के उपरान्त 30 सितम्बर, 1961 को इस संगठन का स्थान एक नए संगठन "आर्थिक सहयोग और विकास संगठन" ने ले लिया और अब यह इसी नाम से जाना जाता है। कनाडा और संयुक्त राज्य अमेरिका अब इसके पूर्ण सदस्य मान लिए गए हैं। संगठन के अन्य सदस्य देश हैं–(1) ऑस्ट्रिया, (2) डेनमार्क, (3) फ्रांस, (4) पश्चिमी जर्मनी, (5) यूनान, (6) आइसलैंड, (7) इटली, (8) आयरलैंड, (9) बेनीलक्स देश, (10) नार्वे, (11) पुर्तगाल, (12) स्पेन, (13) स्वीडन, (14) स्विटरजलैंड, (15) तुर्की, (16) ब्रिटेन। इसके विशेष कार्यों में फिनलैंड, यूगोस्लाविया और जापान भी भाग लेते हैं। इस प्रकार अब यह विशुद्ध यूरोपीय संगठन नहीं रहा है।

इस संगठन का मुख्य उद्देश्य "सदस्य देशों में उच्चतम आर्थिक विकास और रोजगार की व्यवस्था करना, जीवन-यापन के स्तर को ऊँचा उठाना, आर्थिक स्थिरता बनाए रखते हुए विश्व की अर्थव्यवस्था के विकास में सहयोग देना, सदस्य देशों

तथा विश्व व्यापार के विस्तार में सहयोग प्रदान करना आदि है।" सन् 1961 में सदस्य देशों की आय में, 10 वर्ष के भीतर 50 प्रतिशत की वृद्धि करना इसका लक्ष्य निर्धारित किया गया था। इसका प्रधान कार्यालय पेरिस में है। यह निरन्तर प्रगति कर रहा है।

(4) यूरोपीय भुगतान या अदायगी संघ (1950)

यह संघ वस्तुतः यूरोपीय आर्थिक सहयोग संगठन की एक शाखा मात्र था। इसका लक्ष्य अन्तः यूरोपीय व्यापार को सुविधाजनक बनाना तथा अपने सदस्य राष्ट्रों में एक देश की आय को दूसरे देशों में उसका ऋण अदा करने के लिए सुलभ बनाने की व्यवस्था करना था। दिसम्बर, 1958 में इसके स्थान पर "यूरोपीय मुद्रा समझौते" की स्थापना की गई और अब सभी पश्चिमी यूरोपीय देशों के लिए मुद्रा स्थापित करने का विचार किया जा रहा है।

(5) यूरोप की परिषद् (5 मई, 1949) अब यूरोपीय संघ

जुलाई, 1948 में फ्रांस के विदेश मंत्री बिदौल ने ब्रूसेल्स संगठन के समक्ष यह प्रस्ताव रखा कि यूरोप की एक असेम्बली बनाई जानी चाहिये जिसमें ब्रूसेल्स संगठन के सदस्यों के अलावा अन्य देश भी भाग ले सकें। भूतपूर्व ब्रिटिश विदेश मंत्री बेबिन को पहले तो यह विचार पसन्द नहीं आया, लेकिन थोड़े दिनों के बाद उन्होंने इसका समर्थन किया। फलस्वरूप एक अन्तर्राष्ट्रीय विशिष्ट समिति की स्थापना की गई जिसने यूरोप की परिषद् की स्थापना की।

मार्च, 1948 में ब्रूसेल्स देशों के अलावा इटली, डेनमार्क, आयरलैंड, नार्वे और स्वीडन के प्रतिनिधि भी लन्दन में इकट्ठे हुए जहाँ उन्होंने यूरोप की परिषद् का संविधान बनाया। परिषद् का उद्देश्य आर्थिक और सामाजिक प्रगति और अपनी सामान्य विरासत के आदर्शों व सिद्धान्तों में, पहले से अधिक एकता लाने का प्रयत्न निश्चित किया गया।

इसका प्रधान कार्यालय स्टर्ट् सबर्ग (जर्मनी) में है। वर्तमान में इसके निम्न सदस्य हैं–

1. ब्रिटेन	7. यूनान	13. आइसलैंड
2. बेल्जियम	8. इटली	14. आयरलैंड
3. हालैंड	9. नार्वे	15. स्वीडन
4. लक्जमबर्ग	10. ऑस्ट्रिया	16. स्विटजरलैंड
5. फ्रांस	11. पुर्तगाल	17. तुर्की
6. डेनमार्क	12. पश्चिमी जर्मनी	18. स्पेन
		19. साइप्रस (ईसाई भाग)

यह विश्व का सबसे व्यापारिक भाग है इसकी जनसंख्या लगभग 32 करोड़ है।

परिषद् के मुख्य दो अंग हैं–(1) विमर्श सभा, (2) मन्त्रियों की समिति।

विमर्श सभा विचारात्मक सदन है। इसकी सदस्य संख्या 125 है। सभा में सदस्य देशों को समान संख्या में प्रतिनिधि भेजने का अधिकार नहीं है। अधिक महत्वपूर्ण देश अधिक और कम महत्वपूर्ण देश कम प्रतिनिधि भेजते हैं। प्रतिनिधियों के चुनाव का तरीका भी निराला है। प्राय: सभी प्रतिनिधि अपने देशों की विधान सभाओं में विद्यमान दलों की आनुपातिक संख्या में चुने जाते हैं। साम्यवादियों को इसमें कोई प्रतिनिधित्व नहीं दिया जाता है। सभा अपनी कार्यवाही खुले तौर पर करती है। सामान्यत: यहाँ मतदान नहीं किया जाता लेकिन यदि किसी महत्वपूर्ण निर्णय के लिए मतदान आवश्यक हो जाये तो प्रस्ताव पारित करने के लिये दो-तिहाई बहुमत अनिवार्य होता है। इसका मुख्यालय ब्रूसेल्स बेल्जियम में है।

इस समिति में सदस्य देशों के मंत्रिमंडलों का एक-एक सदस्य–सामान्यत: विदेश मंत्री होता है। समिति का कार्य सभा का एजेण्डा तैयार करना और सदस्य देशों को विभिन्न विषयों पर सिफारिश करना आदि है। इसके निर्णय सर्वसम्मति से होते हैं और वे तब तक सदस्य राज्यों पर लागू नहीं होते जब तक उन देशों की सरकार भी उन्हें स्वीकार न कर लें।

यूरोप की यह परिषद् आलोचकों के अनुसार संसदीय व्यवस्था का मजाक है, क्योंकि यह अधिकार रहित संस्था है। परिषद् के पास न तो सदस्य देशों की राष्ट्रीय प्रतिरक्षा के प्रश्नों पर विचार करने की शक्ति है और न ही राजनीतिक प्रश्नों पर विचार करने की। आर्थिक प्रश्नों पर निर्णय करने का उसे अधिकार नहीं है। अपनी मर्यादाओं का उल्लंघन करके उसने अतीत में इस प्रकार के अनेक प्रश्नों पर विचार किया है लेकिन उसे अधिक सफलता नहीं मिल सकी है। "यूरोपीय आर्थिक सहयोग और विकास संगठन" तथा "यूरोपीय कोयला और इस्पात समुदाय" से इसका अच्छा सौहाद्रपूर्ण सम्पर्क बना हुआ है। लोगों का विचार है कि यूरोप की एकता को सुदृढ़ बनाने में यह सहायक हो सकती है, परन्तु ऐसा प्रतीत नहीं होता। अधिक से अधिक इसे एक ऐसा मंच कहा जा सकता है जहाँ यूरोप के राजनीतिज्ञ यूरोप की एकता के नारे लगाते हैं और एकता लाने का प्रयास कर रहे हैं जिसमें उन्हें काफी सफलता मिली है।

(6) यूरोपीय कोयला और इस्पात समुदाय (European Coal & Iron Community)

फ्रांस के भूतपूर्व प्रधानमंत्री शूर्मा द्वारा प्रस्तुत की गई योजना के आधार पर इस संस्था का निर्माण 10 अगस्त, 1952 को हुआ। फ्रांस, इटली, पश्चिम जर्मनी तथा बेनीलक्स देश इसके सदस्य हैं। इंग्लैंड ने भी इसकी सदस्यता के लिए आवेदन किया था लेकिन 1963 में फ्रांस के इस समुदाय में मिल जाने के कारण उसके आवेदन को ठुकरा दिया गया परन्तु बाद में ब्रिटेन भी इसका सदस्य बना लिया गया।

इस समुदाय का मूल उद्देश्य कोयला और इस्पात की एक मण्डी बनाना है। इसके संबंध में आयात और निर्यात करों तथा राजकीय सहायता को बन्द करना और इस विषय में अन्य अवांछनीय बातों का विरोध करना, व्यापारिक दिक्कतों का तथा एकाधिकारवादी व भेदभाव करने वाले मूल्यों को हटाकर उच्च सत्ता द्वारा निर्धारित किए गए मूल्यों के अनुसार इनकी बिक्री की व्यवस्था करना आदि है।

इस उद्देश्य की पूर्ति के लिए 9 सदस्यों की उच्चसत्ता तथा 18 सदस्यों की सामान्य सभा बनाई गई है। सामान्य सभा दो-तिहाई बहुमत से निर्णय करती है, उच्च सत्ता की आलोचना करती है और उस पर नियंत्रण भी रखती है। इसके अलावा विभिन्न देशों के मंत्रियों की एक परिषद् की भी व्यवस्था है जिसकी सलाह से ही उच्च सत्ता महत्वपूर्ण विषयों जैसे राष्ट्रीय अर्थव्यवस्था, समान हाट आदि के विषय में निर्णय ले पाती है। इसके सदस्य देशों ने विनियोग, उत्पादन, मूल्य, मजदूरी तथा श्रमिकों पुनर्वास सम्बन्धी अपनी कुछ सर्वोच्च शक्तियां उच्च सत्ता को प्रदान कीं। उच्च सत्ता द्वारा बहुमत से किए गए निर्णय का पालन करना सदस्यों के लिए अनिवार्य है। निर्णयों का उल्लंघन करने वाले सदस्य को दण्डित करने का अधिकार भी उच्च सत्ता के पास है। इस दृष्टि से यह शायद पहला ऐसा अन्तर्राष्ट्रीय संगठन है जिसके आदेशों का पालन करने के लिए सम्प्रभुताधारी सदस्य राज्य बाध्य हैं। यूरोपीय कोयला व इस्पात समुदाय इस दृष्टि से एक असाधारण संस्था मानी जा सकती है।

इस्पात (Steel) उत्पादन में इस समुदाय ने विशेष रूप से उल्लेखनीय प्रगति की है। राजनीतिक क्षेत्र में इसका यह दावा है कि इसने पश्चिमी जर्मनी और फ्रांस की अर्थव्यवस्था को एकीकृत करके उनकी शाश्वत शत्रुता को समाप्त कर दिया है तथा आर्थिक विकास किया है।

(7) यूरोपीय प्रतिरक्षा समुदाय

समान उद्देश्यों, संस्थाओं, सेनाओं और बजट वाले इस अधिराष्ट्रीय समुदाय का उद्देश्य सदस्य देशों को आक्रमण के विरुद्ध सुरक्षा प्रदान करना था। सभी सैनिक सन्धियों की भांति इसमें भी यह शर्त थी कि एक सदस्य पर आक्रमण सभी राज्यों पर आक्रमण माना जायेगा जिसका विरोध करने के लिए सामूहिक प्रयास किया जाएगा। "नाटो" से भी अधिक संगठित अन्तर्राष्ट्रीय सेना वाले समुदाय की स्थापना करना इसका लक्ष्य था, ताकि साम्यवाद के यूरोप में बढ़ते हुये प्रसार को रोका जा सके। इसके सदस्यों में ब्रिटेन व अमेरिका को छोड़कर सभी राज्य शामिल किये जाने निश्चित हुए थे जो "नाटो" में थे। इटली और पश्चिम जर्मनी भी इसके सदस्य बनाए गये। अमेरिका द्वारा जर्मनी का पुनर्शस्त्रीकरण करने की यह एक अनोखी चाल थी।

फरवरी, 1951 में इस समुदाय की स्थापना के लिए वार्ताएं शुरू हुईं और 27 मई, 1952 को छः राष्ट्रों–बेल्जियम, फ्रांस, इटली, लक्जमबर्ग, नीदरलैंड और जर्मन संघीय गणराज्य के विदेश मंत्रियों ने यूरोपीय प्रतिरक्षा समुदाय की सन्धि पर

हस्ताक्षर किए। इसका संगठन यूरोपीय कोयला व इस्पात समुदाय से मिलता-जुलता होना था। यूरोपीय प्रतिरक्षा समुदाय अस्तित्व में नहीं आ सका, क्योंकि संधि में यह शर्त थी कि सदस्य देशों की संसदों द्वारा समर्थित होने पर ही यह सन्धि लागू मानी जाएगी। फ्रांस की राष्ट्रीय सभा ने इसे समर्थन नहीं दिया। अतः यूरोपीय प्रतिरक्षा समुदाय संधि को रद्द कर दिया गया और उसके स्थान पर छः सदस्य राष्ट्रों ने साथ मिलकर 5 मई, 1955 को पश्चिमी यूरोपीय संघ का निर्माण और विकास किया। इसमें ब्रिटेन भी सम्मिलित है।

(8) यूरोपीय अणुशक्ति समुदाय

पश्चिमी यूरोप के छः राष्ट्रों–बेल्यिजम, फ्रांस, जर्मन, संघीय गणराज्य, इटली, लक्जमबर्ग और नीदरलैंड–में व्यापक स्तर पर अणु शक्ति के उत्पादन और उसके विकास के लिए तकनीकी व औद्योगिक दशाओं के निर्माण के उद्देश्य से इस समुदाय की स्थापना 1 जनवरी, 1958 को हुई थी। उसी दिन एक यूरोपीय आर्थिक समुदाय भी स्थापित किया गया। इसमें वही देश हैं जो यूरोपीय साझा बाजार के भी सदस्य हैं। दोनों ही समुदाय 25 मार्च, 1957 को रोम में हुई सन्धि के आधार पर बनाये गये हैं और सफलता प्राप्त कर रहे हैं।

(9) यूरोपीय साझा बाजार
(European Common Market — E.C.M.)

यह अत्यन्त महत्वपूर्ण व उन्नतिशील और अधिक क्षमता से सम्पन्न है। इसी का रूप यूरोपियन आर्थिक समुदाय (E.C.C.) भी है। यूरोपीय साझा बाजार का उद्देश्य सदस्य देशों का आर्थिक एकीकरण करना है। यह संस्था एक प्रकार की सरकार के रूप में कार्य करती है। इसके निम्न चार प्रमुख अंग हैं–

1. आर्थिक आयोग
2. मन्त्रि परिषद्
3. सामान्य सभा
4. न्यायालय

प्रशासन के संचालन का उत्तरदायित्व आर्थिक आयोग का है। मन्त्री परिषद् नीति निर्धारण का कार्य करती है तथा कानून भी बनाती है। सामान्य सभा एक सीमित संसद की भांति है और न्यायालय सदस्य देशों की शिकायतें सुनता है तथा सन्धि से सम्बन्धित वैधानिक विवादों का निपटारा भी करता है।

यूरोपीय साझा बाजार का उद्देश्य आयात और निर्यात की जाने वाली वस्तुओं पर लगाये जाने वाले प्रतिबन्धों और करों की समाप्ति करना, सामान्य तटकर नीति तथा व्यापार नीति को स्वीकार करना, व्यक्तियों, सेवाओं तथा पूँजी के स्वतन्त्र संचरण की बाधाओं को दूर करना, आर्थिक विकास की सुविधा के लिए एक यूरोपीय निधि का निर्माण करना, अन्य देशों के प्रति एक सामान तटकर तथा व्यापार नीति का अनुसरण करना, कृषि एवं परिवहन की सामान्य नीति का अनुसरण करना तथा यूरोप के राजनीतिक एकीकरण का प्रयत्न करना भी है।

छः सदस्य देशों के अलावा अफ्रीका के सोलह देश भी इसके सहायक सदस्य हैं। इसके कारण यूरोप में खुशहाली आई है और फ्रांस तथा जर्मन संघीय गणराज्य की सुरक्षित निधि में वृद्धि हुई है। आर्थिक विकास के अग्रदूत के रूप में यह साम्यवाद के प्रसार में एक बड़ी बाधा बनती जा रही है। यही कारण है कि रूस इसका विरोधी है। ख्रुश्चेव ने इसे 'दो पुरुषों की शादी' तथा 'प्रकृति के विरुद्ध शादी' कहा था। परन्तु इसके सदस्य देशों ने अभूतपूर्व उन्नति की है।

ब्रिटेन पहले यूरोपीय साझा बाजार में शामिल नहीं हुआ था क्योंकि उसे इसकी सफलता में सन्देह था। लेकिन 1961 के आते-आते जब उसका निर्यात व्यापार घट गया और उसकी कृषि की वस्तुओं की मण्डी लगभग समाप्त हो गई तब उसे यह आशंका हुई कि यूरोप के साथ उसका व्यापार सर्वथा समाप्त हो जाएगा। ऐसी स्थिति से बचने के लिए उसने साझा बाजार की सदस्यता प्राप्त करने का निश्चय किया। राष्ट्रमण्डल देशों ने महसूस किया कि ब्रिटेन के साझा बाजार का सदस्य बन जाने से राष्ट्रमण्डल को खतरा बढ़ जाएगा, क्योंकि राष्ट्रमण्डल देशों से ब्रिटेन जाने वाली वस्तुओं पर चुंगी लग जाएगी जिससे राष्ट्रमंडल देशों का ब्रिटेन के साथ व्यापार चौपट हो जायेगा। ब्रिटेन यह चाहता था कि उसे यूरोपीय साझा बाजार की सदस्यता मिल जाए तथा राष्ट्रमण्डल देशों के साथ उसके व्यापारिक सम्बन्ध भी कायम रहें। उसे यूरोपीय साझा बाजार की सदस्यता नहीं मिल सकती। सन् 1967 में ब्रिटेन ने पुनः इस समुदाय की सदस्यता प्राप्त करने के लिए निष्फल प्रयास किया। प्रश्न यह उठा कि ब्रिटेन साझा बाजार में शामिल होने के लिए इतना उत्सुक क्यों है? यद्यपि उसका आर्थिक पहलू स्पष्ट है, तथापि राजनीतिक पहलू भी किसी भी हालत में कम यथार्थ नहीं है। ब्रिटेन की शक्ति दिनोंदिन क्षीण हो रही है, यूरोपीय देश यह भली प्रकार जानते थे। लेकिन उत्तरी अफ्रीका और लाल सागर के इलाके में रूस के बढ़ते प्रभाव को देखते हुए ब्रिटेन को साझा बाजार में प्रवेश मिल गया।

ब्रिटेन किसी-न-किसी रूप में विश्व राजनीति के मंच पर बना रहना चाहता है। वह जानता है कि पहले से ही कमजोर राष्ट्रकुल और भी कमजोर होता जा रहा है। अतः ब्रिटेन को साझा बाजार में प्रवेश लेने के अपने प्रयास में सफलता तो मिल गई है परन्तु यह विश्व की राजनीति में, विशेषकर एशियाई देशों की राजनीति में व राष्ट्रमण्डल में भी दखल बनाए हुए है।

ब्रिटेन के साझा बाजार के प्रवेश से ब्रिटेन के राष्ट्रमण्डल सम्बन्धी उत्तरदायित्व के निर्वाह पर अभी तक कोई प्रतिकूल प्रभाव नहीं पड़ा है। ब्रिटेन अब राष्ट्रमण्डल देशों की भी परवाह करता है और यूरोपीय साझा बाजार का भी सदस्य है, अतः यह दोहरा लाभ उठा रहा है। आजकल यूरोपीय आर्थिक समुदाय विश्व का वृहतम और सबसे समृद्धिशाली व्यापार क्षेत्र हो गया है। इसकी जनसंख्या 36 करोड़ है परन्तु आर्थिक क्षमता सब देशों या संगठनों से अधिक है।

यूरोपीय साझा बाजार का भविष्य उज्ज्वल है। हर्टर के विचार में "साझा बाजार वह केन्द्रक है जिससे यूरोप में एक संघीय शासन का विकास हो सकता है।" इस साझा बाजार के कारण पश्चिमी यूरोप ने अभूतपूर्व उन्नति की है।

(10) यूरोपीय मुक्त व्यापार संघ (3 मई, 1960)

साझा बाजार की अपेक्षा यूरोपीय मुक्त व्यापार संघ शायद एक शिथिल आर्थिक संगठन है। साझा बाजार की स्थापना से यूरोप के अनेक राज्यों को आर्थिक विपत्ति का सामना करना पड़ा। अत: ब्रिटेन की पहल पर छ: यूरोपीय राज्यों-ऑस्ट्रिया, डेनमार्क, नार्वे, पुर्तगाल, स्वीडन और स्विटजरलैंड ने ब्रिटेन के साथ मिलकर इस संघ की रचना कर डाली। इस संघ के अधिकांश सदस्य यूरोप के बाहरी छोर पर स्थिति हैं, अत: उन्हें यूरोपीय साझा बाजार के आन्तरिक छ: देशों की तुलना में बाह्य सात कहा जाता है। फिनलैंड भी इसका सहायक सदस्य है। इसमें सदस्यों राज्यों द्वारा तटकर शनै:शनै: घटाने की व्यवस्था है। 1 जनवरी, 1963 तक इन देशों के माल पर इन्हें चुंगी लगाने का अधिकार था। इस प्रकार ब्रिटेन को राष्ट्रमण्डल के देशों को चुंगी में छूट देने की पूरी स्वतन्त्रता है। इसके अतिरिक्त 564 सदस्यों की यूरोपीय संसद है तथा यूरोपीय अनुसंधान केन्द्र है। सहयोग होते हुये भी सदस्य देशों को विशेष व्यवहार करने की पूरी स्वतन्त्रता है। यह निरन्तर प्रगति कर रहा है।

उत्तर अटलांटिक सन्धि संगठन (नाटो)

प्रादेशिक सैन्य संगठनों में "नाटो" (उत्तर अटलांटिक सन्धि संगठन) सबसे अधिक महत्वपूर्ण है। इसने लगभग सम्पूर्ण पश्चिमी यूरोप को एक मंच पर लाकर खड़ा कर दिया है। इतिहास में पहली बार यूरोप के इतने अधिक राज्य अपनी सेनाओं को एक संगठन की अधीनता में रखने के लिए तैयार हुए हैं। पश्चिमी गोलार्द्ध के दो राज्यों–कनाडा और संयुक्त राज्य अमेरिका का इस संगठन में सम्मिलित होना अन्तर्राष्ट्रीय सम्बन्धों में एक बड़ी क्रान्ति का सूचक है। यह शायद विश्व का सबसे शक्तिशाली और सुसंगठित संगठन है।

उत्तर अटलांटिक सन्धि संगठन
(North Atlantic Treaty Organisation)

निर्माण और उद्देश्य–द्वितीय महायुद्ध के उपरान्त रूस के साम्यवाद की बढ़ती हुई शक्ति और साम्यवाद के प्रसार ने पश्चिमी राष्ट्रों को यह सोचने के लिए विवश कर दिया कि अटलांटिक महासागर और सोवियत क्षेत्र के मध्य के क्षेत्र की रक्षा के लिए "यूरोप की परिषद्" से अधिक प्रभावशाली संगठन की आवश्यकता है जिसमें संयुक्त राज्य अमेरिका का भी शामिल होना जरूरी है। अत: 4 अप्रैल, 1949 को यूरोप के बारह देशों ने वाशिंगटन में एकत्रित होकर "उत्तर अटलांटिक समुदाय" की स्थापना की जो 'उत्तर अटलांटिक सन्धि संगठन' या संक्षेप में 'नाटो' के नाम से विख्यात है। सन्धि के 14 अनुच्छेद हैं जिनमें अनुच्छेद 5, 6 और 13 अधिक

महत्वपूर्ण हैं। इस सन्धि के उद्देश्य को व्यक्त करते हुए पाँचवें अनुच्छेद में व्यवस्था है कि "समुदाय इस बात पर एकमत है कि यूरोप अथवा उत्तर अमेरिका, में उनमें से किसी एक अथवा अधिक राज्यों के विरुद्ध आक्रमण सभी के विरुद्ध आक्रमण माना जाएगा तथा इसीलिए वे यह राजीनामा करते हैं कि यदि इस प्रकार का सशस्त्र आक्रमण होता है तो उनमें प्रत्येक संयुक्त राष्ट्रसंघ के चार्टर के 51वें अनुच्छेद द्वारा प्रदत्त व्यक्तिगत अथवा सामूहिक आत्मरक्षा के अधिकार के अनुसार कार्य करता हुआ, शीघ्र ही व्यक्तिगत रूप में तथा अन्य देशों के साथ, इस प्रकार से आक्रान्त देश अथवा देशों की सहायता करने के लिए, ऐसी कार्रवाई करेगा जैसी वह आवश्यक समझेगा, जिसमें उत्तरी अटलांटिक क्षेत्र में सुरक्षा की पुनर्स्थापना के लिए सशस्त्र शक्ति का प्रयोग आदि भी सम्मिलित है। इस प्रकार के किसी भी सशस्त्र आक्रमण तथा उसके परिणामस्वरूप जो कार्रवाई की जाएगी, उसकी सूचना तुरन्त "सुरक्षा परिषद्" को दी जायेगी। सन्धिकर्ता देशों के लिए एक या एक से अधिक सदस्यों पर "सशस्त्र आक्रमण का अर्थ, यूरोप अथवा उत्तर अमेरिका, फ्रांस के अल्जीरियाई क्षेत्रों, यूरोप में किसी भी देश का कब्जा करने वाली सेनाओं, "ट्रापिक ऑफ केन्सर" के उत्तर में उत्तर अटलांटिक प्रदेशों में स्थित किसी भी सदस्य के अधिकृत द्वीपों अथवा इस प्रदेश में स्थित किसी भी सदस्य के जहाजों या वायुयानों पर आक्रमण होगा।" स्पष्ट है कि "नाटो विश्व की शान्ति एवं सुरक्षा के प्रति अविच्छिन्न सोवियत साम्यवादी आक्रमण के विरुद्ध अमेरिकी सुरक्षा-सन्धियों का एक आधारभूत व अपरिहार्य तत्व है।" पूर्वी यूरोप व मध्य यूरोप में रूस का प्रभाव स्थापित हो जाने के बाद यूरोप के अन्य देशों में रूस तथा साम्यवाद के प्रसार को रोकने में यह सफल रहा है।

संगठन–नाटो के पाँच प्रमुख अंग हैं–

1. **नाटो परिषद्**–यह सर्वोच्च नीति निर्धारक संस्था है। पहले इसमें सदस्य राज्यों के विदेश मन्त्री होते थे, लेकिन अब सुरक्षा और वित्त मन्त्री भी भाग लेते हैं।
2. **स्थायी परिषद्**–इसका प्रधान कार्य प्रतिरक्षात्मक कार्रवाई का संगठन करना है।
3. **सेना समिति**–यह नाटो की सुरक्षा व्यवस्था का संचालन करती है और प्रत्यक्ष रूप से स्थायी परिषद् के अधीन होती है। इसमें सदस्य देशों के सेनाध्यक्ष होते हैं। नाटो के अन्तर्गत सदस्य देशों की एक संयुक्त सेना का गठन भी किया गया है जो "यूरोप में मित्र शक्तियों की सर्वोच्च सैनिक कमान" के अधीन रहती है। इसके प्रथम प्रधान सेनापति जनरल आइजनहावर थे, जो बाद में अमेरिका के राष्ट्रपति बने। एक अन्य कमान "सक्लाण्ट" है जो कनाडा और संयुक्त राज्य अमेरिका की सुरक्षा के लिए जिम्मेदार है। 1990 में यह तय किया गया है कि अमेरिका के 1.52 लाख सैनिक मध्य यूरोप में व 30 हजार अन्यत्र रहेंगे।

4. **वित्त व अर्थ मण्डल, प्रतिरक्षा उत्पादन मण्डल और समुद्रीय आवागमन के लिए अनयोजन मण्डल**–ये मंडल और अन्य अनेक समितियाँ अपने-अपने क्षेत्रों में कार्य करती हुई नाटों के संचालन में सहयोग करती हैं तथा सहायता पहुंचाती हैं।
5. **सचिवालय**–पेरिस में स्थित नाटो के सचिवालय का अध्यक्ष महामन्त्री होता है। सचिवालय का स्वरूप काफी सीमा तक अन्तर्राष्ट्रीय कहा जा सकता है।

इसके अलावा प्रत्येक क्षेत्र की प्रतिरक्षा हेतु योजनाएँ तैयार करने के लिए पाँच प्रादेशिक योजना ग्रुप भी बनाए गए हैं। ये ग्रुप उत्तर यूरोपीय ग्रुप, पश्चिम यूरोपीय ग्रुप, पश्चिम भूमण्डलीय ग्रुप, कनाडा-अमेरिकी ग्रुप और उत्तर अटलांटिक ग्रुप हैं। इन सब अंगों से मिलकर ही नाटो बनता है।

नाटो की विशेषताएँ

उत्तर अटलांतिक सन्धि की कुछ विशेषताएँ हैं। यह सन्धि संयुक्त राष्ट्रसंघ के चार्टर के अन्तर्गत सदस्यों के अधिकारों व उत्तरदायित्वों अथवा अन्तर्राष्ट्रीय शान्ति एवं सुरक्षा को बनाए रखने के सुरक्षा परिषद् के प्रारम्भिक उत्तरदायित्वों को किसी भी प्रकार प्रभावित नहीं करती। इस सन्धि में बंधने वाला राष्ट्र यह प्रतिज्ञा करता है कि वह सन्धि के विरुद्ध कोई अन्तर्राष्ट्रीय समझौता नहीं करेगा। इस सन्धि के दायित्व अस्पष्ट हैं कि आक्रमण की दशा में प्रत्येक सदस्य को अपनी इच्छानुसार कार्य करने की स्वतन्त्रता है। सन्धि के 20 वर्ष तक चालू रहने के उपरान्त कोई भी सदस्य सम्बन्ध विच्छेद की औपचारिक सूचना देने के एक वर्ष के उपरान्त इसकी सदस्यता से पृथक हो सकता है। ध्यान रहे कि 20 वर्ष पूरे हो चुके हैं और अभी तक कोई भी सदस्य इससे पृथक् नहीं हुआ है। फ्रांस ने प्रयास किया था परन्तु नाटो अब भी पहले की भांति प्रभावशाली है।

नाटो का प्रभाव

नाटो वस्तुत: सोवियत संघ और उसके पूर्वी यूरोपीय साम्यवादी राज्यों के विरुद्ध एक प्रतिरक्षात्मक संगठन है। यह यूरोप में "स्वतन्त्रता और शान्ति बनाए रखने की गारण्टी है।" यह सोवियत रूस तथा उसके समर्थकों को एक चेतावनी है कि यदि उन्होंने किसी नाटो राज्य पर आक्रमण किया तो उसे कनाडा और अमेरिका सहित संयुक्त पश्चिमी यूरोपीय शक्ति का मुकाबला करना पड़ेगा। अपनी यूरोप यात्रा के दौरान 23 जून, 1963 को बॉन के हवाई अड्डे पर अमेरिका के राष्ट्रपति कैनेडी ने कहा था, "आपकी भूमि पर होने वाला आक्रमण हमारी भूमि पर आक्रमण माना जायेगा। बर्लिन से सगान तक फैले हुए अर्द्धवृत में हम स्वतन्त्र लोगों की स्वतन्त्रता की रक्षा उस दिन तक करेंगे जिस दिन तक जैफरसन की भविष्यवाणी के अनुसार छूत की बीमारी की तरह स्वतन्त्रता की बीमारी सारे विश्व में नहीं फैल जाएगी।"

नाटो ने यूरोपीय देशों को सुरक्षा का ऐसा आवरण प्रदान किया है जिससें वे अपने आर्थिक और सैनिक विकास के कार्यक्रमों को निर्भीकतापूर्वक पूरा कर सकते हैं। इसने अमेरिका को साम्यवाद से लड़ने के लिए कृतसंकल्प बना दिया है, लेकिन इससे यह नहीं समझना चाहिए कि यूरोप में पूर्व से आक्रमण होने पर अमेरिका फौरन युद्ध में कूद पड़ेगा। युद्ध की घोषणा करने की शक्ति "सीनेट" के पास है और उस पर "नाटो" की सदस्यता ने किसी प्रकार का प्रभाव नहीं डाला है। स्वेज नहर के मामले में 1956 में रूस ने ब्रिटेन को आक्रमण की धमकी दी थी तो अमेरिका ने साथ नहीं दिया था और फ्रांस व ब्रिटेन को अपमान सहन करना पड़ा था।

इस सन्धि ने शीतयुद्ध को आगे बढ़ाया है और पश्चिमी देशों की नीयत के प्रति शांकलु रूस व इसके मित्र देशों के सन्देह की जड़ें मजबूत की हैं। एक सरकारी सोवियत समाचार-पत्र ने इसके प्रभाव की समीक्षा करते हुए लिखा था, "अन्तर्राष्ट्रीय सम्बन्धों के क्षेत्र में निष्कपट सहयोग के विश्वास और प्रयास की स्थापना के मार्ग में नाटो एक तोड़-फोड़ करने वाला रोड़ा प्रमाणित हुआ है।" परन्तु यहाँ यह ध्यान रखने की आवश्यकता है कि रूस और उसके समर्थक देश नाटो के कारण ही पश्चिमी यूरोप के किसी भी देश पर न तो आक्रमण कर सके, न साम्यवाद का प्रसार कर सके और उसके प्रभाव विस्तार की आकांक्षा में नाटो वास्तविक रूप में रोड़ा या बाधक सिद्ध हुआ।

नाटो का विकास और भविष्य

अपने प्रारम्भिक वर्षों में नाटो सफलतापूर्वक कार्य करता रहा है। प्रत्येक वर्ष परिषद् की होने वाली बैठकों में इसे उत्तरोत्तर दृढ़ बनाने पर विचार होता था। 1953 में इस संगठन की अमेरिकी सेनाओं को अणु-आयुधों से लैस किया गया। लेकिन 1956 के स्वेज नहर के संकट ने इस संगठन में दरार डाल दी। फ्रांस व ब्रिटेन को विश्वास था कि नाटो शक्तियां, विशेषकर अमेरिका, स्वेज नहर पर उनके आक्रमण का समर्थन करेगी। अमेरिका के बिल्कुल विपरीत रुख को देखकर सदस्यों में मतभेद हो गए, लेकिन किसी प्रकार बाद में उन्हें दूर कर लिया गया। इसके उपरान्त 1957 में रूस द्वारा हंगरी में साम्यवादी शासन की स्थापना के समय नाटो की चुप्पी को देखकर नाटो के सदस्यों में इसकी सफलता व उपयोगिता के विषय में शंका होने लगी। नाटो की नीतियों से असन्तुष्ट राष्ट्रों में फ्रांस सबसे अधिक मुखर रहा है। 21 मई, 1966 को फ्रांस के राष्ट्रपति जनरल देगाल ने घोषणा की कि नाटो के सम्बन्धों में संशोधन की आवश्यकता है। फ्रांस ने यह निश्चय किया कि वह अपनी भूमि पर राष्ट्रीय प्रभुसत्ता का प्रयोग करेगा और नाटो की विदेशी सेनाओं को अपनी भूमि का प्रयोग नहीं करने देगा। उसने माँग की कि उस की भूमि से नाटो सभी सैनिक अड्डे उठा ले, क्योंकि 1 जुलाई, 1966 की फ्रांस ने नाटो की सदस्यता छोड़ने का प्रयास किया था पर बाद में सदस्य बना रहा।

1 जुलाई, 1966 को जब फ्रांसी अधिकारी नाटो पर कार्यालयों में नहीं पहुँचे और फ्रांसीसी अड्डों से अमेरिकी विमानों का हटना शुरू हो गया तो संगठन के शेष 14 सदस्य चिन्तित हो उठे। उन्होंने बेल्जियम में एक सभा करके संगठन की उपलब्धियों की समीक्षा की और निश्चय किया कि संगठन को पूर्ववत् बनाए रखना चाहिए तथा उसका हैडक्वार्टर पेरिस से उठाकर बेल्जियम ले जाना चाहिए। फ्रांस ने इस संगठन से सैनिक सम्बन्ध तोड़ लिये, लेकिन वित्त आवागमन, नियोजन आदि से उसने अपना सम्बन्ध यथावत् बनाए रखा। एक ओर फ्रांस 1966 में इससे अलग हो रहा था और दूसरी ओर एक संयुक्त अणु-शक्ति भण्डार नाटो के प्रबन्ध में रखा जा रहा था। अनुमान है कि इस भण्डार में लगभग 7,000 से अधिक आणविक हथियार थे।

अगस्त, 1968 तक यह समझा जाने लगा कि फ्रांस के नाटो से अलग हो जाने और ब्रिटेन, अमेरिका आदि देशों द्वारा बड़ी संख्या में अपने सैनिक वापस बुला लिये जाने के बाद नाटो केवल एक औपचारिक संगठन मात्र रह गया है। लेकिन 20 अगस्त, 1968 को चैकोस्लोवाकिया पर किये गये रूसी आक्रमण ने नाटो शक्तियों को अपनी स्थिति पर पुनर्विचार करने के लिए विवश कर दिया। चैकोस्लोवाकिया पर अधिकार करने के बाद जब रूसी नेताओं ने पश्चिमी जर्मनी में संयुक्त घोषणा-पत्र के अन्तर्गत सैनिक हस्तक्षेप करने का अधिकार जताया तो स्थिति एकदम बदल गई। नाटो शक्तियों ने पश्चिम जर्मनी को सुरक्षा का पूर्ण आश्वासन दिया। फ्रांस और जनरल दगाल ने घोषणा की कि फ्रांस नाटो में बना रहेगा। ब्रिटेन के अमेरिका ने अपनी उन सैनिक टुकड़ियों को पुनः पश्चिम जर्मनी में तैनात करने की घोषणा की जिन्हें वे समय पूर्व वापस बुला चुके थे। 14 अक्तूबर, 1968 को लिस्बन में होने वाली नाटो की बैठक में पुर्तगाल ने मांग की कि नाटो का विस्तार दक्षिण अटलांटिक तक किया जाना चाहिए। पश्चिमी जर्मनी ने मांग की कि यूरोप में अमेरिका को बने रहना चाहिए। इस प्रकार नाटों 1968 के उत्तरार्द्ध से पुनः अपनी शक्ति संगठित करने के लिए प्रयत्नशील हो गया। और यह अधिकाधिक शक्तिशाली होता चला जा रहा है तथा इसकी सदस्यता और शक्ति में निरन्तर वृद्धि हो रही है।

इसका मूल कारण यह है कि नाटो शक्तियाँ रूस को विस्तारवादी मानती हैं। रूस की आक्रमण शक्ति में उन दिनों काफी वृद्धि हुई और वह आक्रमण की पहल करके नाटो शक्तियों को विषम स्थिति में डाल सकता था। नाटो की तुलना वारसा सन्धि संगठन की परम्परागत सेना तीन गुनी है। भूमध्यसागर में पड़ा रूसी नौसैनिक बेड़ा इतना शक्तिशाली हो गया है कि वह अमेरिका के छठे बेड़े (जो भूमध्यसागर में है) का किसी भी समय चुनौती दे सकता है, ऐसी हालत में नाटो सेनाओं की क्षमता को बढ़ाने के लिए सदस्य राष्ट्रों का प्रयत्न करना स्वाभाविक है। वर्तमान समय में नाटो सफल और शक्तिशाली संगठन माना जाता है। इसमें अब केवल 2.25 लाख अमेरिकी सैनिक हैं पर अब रूस के विघटन के बाद इस पर अमेरिका का प्रभाव कम हो गया है।

पूर्वी यूरोप में प्रादेशिक व्यवस्थाओं या वारसा पैक्ट (Warsaw Pact)

नाटो के निर्माण के कारण पूर्वी और दक्षिण-पूर्वी यूरोप में भी महायुद्ध के बाद प्रदेशवाद की प्रवृत्तियाँ पैदा हो गई हैं। पूर्वी यूरोप के देश–सोवियत संघ, पोलैंड, रूमानिया, बुल्गारिया, हंगरी, चैकोस्लावाकिया, अल्बानिया और कुछ सीमा तक फिनलैंड–पारस्परिक सहयोग की लगभग 20 व्यवस्थाओं के अन्तर्गत बंधे हुए हैं। लेकिन ये सारी व्यवस्थाएँ "प्रादेशिक व्यवस्था" के अन्तर्गत नहीं आती हैं, क्योंकि न तो ये व्यवस्थाएँ इस बात का कोई दावा करती हैं कि वे संयुक्त राष्ट्र चार्टर के अनुच्छेद 51 के अन्तर्गत स्थापित हुई हैं और न ही वे सदस्यों के स्वैच्छिक सहयोग का परिणाम हैं। "प्रादेशिक व्यवस्था" के सिद्धान्त के निकट आने वाले पूर्वी-यूरोपीय राज्यों की दो व्यवस्थाएँ हैं। इनमें से एक "वारसा सन्धि संगठन" है और दूसरी "पारस्परिक आर्थिक सहायता की परिषद्" (कोमिकोन) है।

अन्य संगठन

1. **फ्रांस की कम्यूनिटी**–यह स्वतन्त्रता, समानता व भ्रातृत्व के आधार पर सहयोग करने वाले देशों का संघ है। इसके सदस्य फ्रांस, केन्द्रीय अफ्रीकन गणतंत्र–कांगो गणतंत्र, गेबन, सेनीगाल, चाड, मेडागास्कर व डिजबूटी आदि हैं।

2. **स्वतन्त्र राज्यों का राष्ट्रसंघ**–यह संयुक्त राष्ट्र संघ के विघटन पर 1991 में बना इसमें 15 में से 12 राज्य जो विघटन के बाद बने सम्मिलित हैं। इसमें अर्मीनिया, अजरबेजान, बेलारूस, जार्जिया, कजाकिस्तान, क्रिगिजस्तान, मोलडेबिया, रूस, ताजिकिस्तान, तुर्कमिनस्तान, उक्रेन व उज्वेकिस्तान सम्मिलित हैं इसका नेतृत्व रूस के हाथ में है तथा मुख्यालय मिस्रक बेला रूस में है तथा 2001 में कार्यवाहक सचिव बोरिस एवेजनोस्की हैं।

3. **G-7 सदस्यों का समुदाय**–इसमें सात मुख्य औद्योगिक देश कनाडा, फ्रांस, जर्मनी, इटली, जापान, इंग्लैंड व अमेरिका सम्मिलित हैं जो विश्व की आर्थिक व अन्य कार्यों पर विचार करते हैं तथा विकसित देशों को सहायता देते हैं।

4. **आर्थिक सहकारिता व विकास संगठन**–इसका निर्माण द्वितीय महायुद्ध में यूरोपीय देशों के युद्ध से विनाश की प्रतिपूर्ति करना तथा नवनिर्माण करना है। इसमें यूरोपीय देश तथा आस्ट्रेलिया, कनाडा और अमेरिका हैं। मुख्यालय पेरिस, फ्रांस में है।

वारसा सन्धि संगठन (Warsaw Pact)

औपचारिक रूप से 14 मई, 1955 में निर्मित वारसा सन्धि संगठन एक राजनीतिक और सैनिक संगठन है जिसका उद्देश्य पूर्वी यूरोप में शान्ति और सुरक्षा बनाए रखना तथा नाटो का विरोध, प्रतिरोध और मुकाबला करना है। पूर्वी यूरोप के आठ

राज्य–सोवियत संघ, पोलैंड, हंगरी, रूमानिया, बुल्गारिया, अल्बानिया; चैकोस्लोवाकिया और फिनलैंड–इसके सदस्य हैं। चीन इसका सहायक सदस्य था। इस प्रकार यह एक विशुद्ध यूरोपीय संगठन है जिसका गठन नाटो की स्थापना की प्रति क्रियास्वरूप हुआ इसका उद्देश्य नाटो का विरोध करना है।

वारसा सन्धि की धारा 4 में व्यवस्था है कि यदि "सन्धि करने वाले एक अथवा अनेक राज्यों के विरुद्ध कोई सैनिक आक्रमण एक या अनेक राज्यों द्वारा हो तो सन्धि करने वाला प्रत्येक राज्य आक्रमणकारी राज्य अथवा राज्यों के लिए शीघ्र ही स्वयं सहायता करेगा अथवा सदस्य राज्यों के समझौते से उन सभी प्रकार के साधनों का, जो आवश्यक हों और आवश्यकता के समय वह सैनिक शक्ति को प्रयोग करने के लिए तैयार करेगा।"

इस सन्धि की धारा 5 के अन्तर्गत सदस्य देशों की सेना की एक संयुक्त कमान बनाई गई है। "जिसके अधीन सब देशों की सेनाएँ होंगी और जिसका एक सर्वोच्च सेनापति होगा जो महामंत्री तथा सोवियत जनरल स्टाफ के साथ परामर्श करके सेनाओं का संगठन और उसका विभिन्न प्रदेशों में वितरण करेगा। यूरोप में इसकी तीन कमानें उत्तरी, मध्य व दक्षिणी हैं और सुदूर पूर्व में एक कमान रखी गई है। सेना के संयुक्त कमान का प्रधान कार्यालय मास्को में है। इसकी संयुक्त सेना का प्रयोग सन् 1956 में हंगरी की स्वाधीनता को दबाने के लिये किया गया था (रूस का यह तर्क था कि विद्रोह पश्चिम की सुनियोजित योजना का परिणाम था) और 1968 में चैकोस्लोवाकिया की सरकार को सोवियत समर्थक रुख अपनाने के लिए बाध्य करने के उद्देश्य से किया जा चुका है। रूस का दृष्टिकोण यह है कि साम्यवाद को निर्बल बनाने के लिए जो भी विद्रोह होंगे उन्हें बाहरी आक्रमण के समान माना जाएगा। मार्च, 1969 में होने वाले रूस–चीन सीमा संघर्ष के दौरान रूमानिया ने यह तर्क दिया कि वारसा सेनाओं का साम्यवादी राष्ट्रों के विरुद्ध प्रयोग अनुचित है। रूस–चीन सीमा संघर्ष में वारसा सेनाओं के रूस द्वारा प्रयोग को (यदि उनका प्रयोग किया गया) तो रूमानिया अनुचित मानेगा। परन्तु 1990 में रूमानिया में साम्यवादी तानाशाही के स्थान पर नई गैर साम्यवादी सरकार की स्थापना हो गई है।

वारसा सन्धि में सामान्य प्रश्नों पर विचार करने के लिए एक राजनीतिक परामर्शदात्री समिति की भी व्यवस्था है। यह समिति सहायक संस्थाएँ भी स्थापित करती है और वर्ष में दो बार अपनी बैठक करती है। इस समिति के महामंत्री का कार्यालय मास्को में है। अन्तर्राष्ट्रीय परिस्थितियों का अध्ययन करने और विदेश नीति के विषय में आवश्यक सुझाव देने के उद्देश्य से 1956 में एक स्थायी आयोग भी स्थापित किया गया है।

वारसा सन्धि संगठन का राजनीतिक और सैनिक महत्व बहुत अधिक है–

(1) यह पूर्वी यूरोप के राज्यों को एकता के सूत्र में पिरोने वाला एक (औपचारिक) संगठन है।

(2) सदस्य राज्यों का गैर-साम्यवादी संगठन में बंधना निषेध घोषित करके यह उनकी सम्प्रभुता सीमित करता है।

(3) इसके माध्यम से सोवियत संघ अपनी विदेश नीति के पक्ष में अधिकांश साम्यवादी राष्ट्रों का समर्थन प्राप्त कर लेता है, जिसकी आधुनिक युग में (रूस, चीन विवाद के संदर्भ में) उसे आवश्यकता है।

रूस ने इसकी सेनाओं को अन्तर्राष्ट्रीय कमान का रूप नहीं लेने दिया (जैसी संधि में व्यवस्था है) क्योंकि रूस न तो नई सोवियत विरोधी भावनाओं को जन्म देना चाहता है और न साथी राष्ट्रों को अपनी सेना के भेद बताना चाहता है। 1981 में इसके पास लगभग 48 लाख सैनिक थे जिसमें 3.41 लाख रूस के थे। इसके सदस्यों में 1990 में मतभेद खुलकर सामने आए व रूमानिया में सत्ता बदल गई है तथा पोलैंड में नई सरकार की स्थापना व अन्य पूर्वी यूरोपीय देशों में रूसी प्रभाव व साम्यवादी व्यवस्था के दुर्बल पड़ जाने के कारण वारसा सन्धि संगठन दुर्बल हो गया है व पूर्वी और पश्चिमी जर्मनी के एकीकरण के प्रयासों के कारण वारसा संगठन अत्यन्त दुर्बल हो गया है।

पारस्परिक आर्थिक सहयोग की परिषद् (कोमिकान)

वारसा संधि संगठन की भांति ही यह भी एक सक्रिय संस्था है और साम्यवादी जगत में महत्वपूर्ण भूमिका निभाती थी। "पारस्परिक आर्थिक सहायता की परिषद्" जिसे संक्षेप में 'सीमा' या 'कोमिकान' कहते हैं सोवियत संघ, पोलैंड, चैकोस्लोवाकिया, हंगरी, रूमानिया और बुल्गारिया के आपसी समझौते (1949) का परिणाम है। बाद में पूर्वी जर्मनी और अल्बानिया भी इसमें शामिल हो गये। सदस्य राष्ट्रों की 30 करोड़ से भी अधिक जनसंख्या जो सम्पूर्ण विश्व का 10 प्रतिशत है, पृथ्वी के 17 प्रतिशत भाग पर रहती है तथा विश्व का करीब 30 प्रतिशत औद्योगिक उत्पादन करती है (परन्तु अब उत्पादन घट रहा है) इस व्यवस्था से लाभान्वित होती है। अन्य साम्यवादी राष्ट्र भी इसके अधिवेशनों में अपने प्रेक्षक भेजते हैं। मंगोलिया, क्यूबा और वियतनाम ने इसके साथ समझौता किया था तथा अफगानिस्तान, अंगोला, इथियोपिया, लाओस, मैक्सिको, यमन आदि ने प्रेक्षक भेजे थे।

अपने प्रारम्भिक काल में, उद्देश्य की दृष्टि से यह "वारसा सन्धि" से मिलती-जुलती ही दिखाई देती थी। इसका मूल उद्देश्य पूर्वी यूरोपीय राज्यों को मार्शल योजना से दूर रखना था। पहले पाँच वर्षों में इसके सदस्यों ने पारस्परिक व्यापार को खूब बढ़ाया। 1953 में स्तालिन की मृत्यु के बाद इसने साम्यवादी राष्ट्रों में आर्थिक एकता लाने का कार्य किया है। इसके उपरान्त यह "विश्व समाजवादी बाजार" की स्थापना के स्वप्न बनाने में लगी हुई है, ताकि सम्पूर्ण साम्यवादी गुट में राजनीतिक और सैद्धान्तिक एकता लाई जा सके परन्तु इसमें इसे सफलता नहीं प्राप्त हुई। 1989-90 में इनकी स्थिति बिगड़ गई और अशान्ति फैली तथा आर्थिक क्षति हुई। पूर्वी यूरोपीय

वारसा पैक्ट के देशों की आर्थिक दशा के कारण वहाँ उपद्रव हुए तथा साम्यवादी व्यवस्था और संगठन दोनों दुर्बल हो गये हैं तथा 1991 में यह संगठन उसके विघटन से महत्वहीन हो गया। अब इसका विघटन हो गया है केवल इसका ऐतिहासिक महत्व है।

दक्षिण-पूर्वी यूरोप की सन्धि व्यवस्था

द्वितीय महायुद्ध की समाप्ति के बाद यूनान (इटली के विरुद्ध) बाल्कन राज्यों का एक संघ बनाने का इच्छुक था, लेकिन उसे सफलता नहीं मिल सकी। जून, 1948 में "कोमिनफार्म" से यूगोस्लाविया के निकाल दिए लाने के बाद उसके नेता मार्शल टीटो ने यूनान के साथ सन्धि करने की इच्छा प्रकट की। फलतः 1953 में यूनान दो अन्य बाल्कन राज्यों, यूगोस्लाविया और तुर्की के साथ "मैत्री व पारस्परिक सहायता सधि" सम्पन्न करने में सफल हुआ। यह सन्धि आगे चलकर उपर्युक्त तीनों राज्यों के मध्य एक अधिक दृढ़ सन्धि व्यवस्था का आधार बनी। नई व्यवस्था को बाल्कन संधि का नाम दिया गया (5 अगस्त, 1954)। वारसा, नाटो और ब्रूसेल्स सन्धि की भांति 'बाल्कन मैत्री सन्धि' में भी व्यवस्था है कि "यदि तीनों में से किसी भी राज्य पर बाह्य आक्रमण होगा तो शेष दोनों राज्य उसे अपने ऊपर आक्रमण समझेंगे और तुरन्त उसका सामना करेंगे।" सन्धि के अन्तर्गत फरवरी, 1955 में अंकारा में, सदस्य राष्ट्रों की पहली बैठक में, एक स्थायी परिषद् की स्थापना हुई। बैठक ने प्रत्येक राज्य के 20 संसदीय प्रतिनिधियों से निर्मित परिषद् की एक "परामर्श सभा" की स्थापना का सुझाव दिया। उसने इस बात पर भी जोर दिया कि राज्यों के बीच आर्थिक सहयोग बढ़ाने के उद्देश्य से "अर्थ सम्मेलन" किए जाने चाहिएं। आजकल यूगोस्लाविया इस सन्धि को दृढ़ बनाने का इच्छुक नहीं दिखाई देता है तथा तुर्की और यूनान के नाटो में सम्मिलित हो जाने से इसका प्रभाव समाप्त हो गया है और इसका विघटन हो गया है।

एशियाई प्रदेशवाद

भाषा, धर्म, संस्कृति, रक्त व नस्ल की भिन्नता के कारण सम्पूर्ण एशिया को संगठित करने के लिए जितने भी प्रयास किए गए वे सब पहले असफल ही रहे थे। द्वितीय महायुद्ध के बाद इस महाद्वीप के राष्ट्रों में भी प्रदेशवाद की भावना जाग्रत हुई लेकिन यहाँ कठोर प्रादेशिक व्यवस्थाओं का पनपना मुश्किल है। इसका मूल कारण यह है कि एशिया में राष्ट्रवाद का जोर है और एशिया के राष्ट्र प्रदेशवाद को राष्ट्रवाद का विरोधी तथा विश्व समुदाय के हित में घातक मानते हैं। प्रदेशवाद को वे पुराने उपनिवेशवाद का आधुनिक या परिवर्तित संस्करण समझते हैं। चैस्टर बोल्स ने लिखा है, "पीढ़ियों से एशिया के लोगों ने पश्चिम के रहने वालों की उबा देने वाली श्रेष्ठता को भुगता है। उनसे यह कहा जाता था कि वे मूलतः व्यक्तिगत मुनाफे के लिए एशिया में नहीं आए थे, अपितु उनके आने का उद्देश्य, विकास व यहाँ के निवासियों को ऊपर उठाना और उन्हें पश्चिमी सभ्यता के वरदानों से

परिचित कराना था। अब जब पश्चिम के लोग यह कहते हैं कि साम्यवाद से एशिया की रक्षा करने के लिए आये हैं तो स्वेज नहर से जापान सागर तक सभी जगह कड़वी याद की एक लहर दौड़ जाती है।" प्रदेशवाद एशिया के अधिकांश वे राष्ट्रों की दृष्टि में साम्यवाद से भी बुरा है। प्रादेशिक सन्धियों का मार्ग एशिया के उन्हीं राष्ट्रों को पसन्द आया है जो या तो युद्धप्रिय चरित्र के हैं अथवा इसके माध्यम ये सरलतापूर्वक अपने स्वार्थों की पूर्ति होने की आशा रखते हैं। एशिया के निम्न चार प्रादेशिक संगठन उल्लेखनीय हैं–

1. अरब लीग
2. बगदाद पैक्ट या केन्द्रीय सन्धि संगठन
3. मनीला पैक्ट या दक्षिण पूर्व एशिया सन्धि संगठन (आसियान), एशियाई दक्षिण पूर्वी संघ
4. सार्क

प्रत्येक का संक्षेप में उल्लेख इस प्रकार है–

अरब लीग (10 मई, 1945)

इनमें अरब राष्ट्र इजराइल के उदय और अपनी सुरक्षा के कारण सम्मिलित हुए थे। यह अरब राष्ट्रों का एक लचीला संघ है जिसकी स्थापना 1944 में अरब एकता के लिए "सिकन्दिरिया" में आयोजित सम्मेलन के परिणामस्वरूप हुई। मिस्त्र, ईराक, जोर्डन, लेबनान, सऊदी अरब, सीरिया और यमन इसके प्रारम्भिक सदस्य हैं। लीबिया, सूडान, ट्यूनीशिया, मोरक्को, कुवैत और अल्जीरिया ने भी अब इसकी सदस्यता ग्रहण कर ली है। इस प्रकार आधुनिक अरब लीग पश्चिम एशिया के 13 राज्यों का एक प्रादेशिक संगठन है।

अरब लीग के संगठन में एक परिषद् जिसे "मजलिस" कहा गया है, कुछ विशेष समितियाँ और मिस्र की राजधानी में काहिरा स्थित एक सचिवालय था। मजलिस की बैठक वर्ष में दो बार होती है जिसमें सर्वसम्मति से निर्णय लेने का प्रयास किया जाता है। किसी भी सदस्य को बहुमत का निर्णय मानने के लिए विवश नहीं किया जाता है। मजलिस की "राजनीतिक समिति" में सभी राज्यों के विदेश मंत्री होते हैं।

अरब लीग वस्तुत: अरब राष्ट्रीयता की अभिव्यक्ति करती है। लीग के प्रतिज्ञा पत्र के अनुसार "अरब राज्यों में पारस्परिक घनिष्ठ सम्बन्ध बनाना, राजनीतिक कार्यवाहियों में सामंजस्य स्थापित करना, अरब राज्यों की स्वतन्त्रता और प्रभुसत्ता की रक्षा करना, पराधीन अरबों को स्वतन्त्र कराना, फिलिस्तीन पर अरबों के दावों को मनवाते हुए उसे यहूदियों से मुक्त कराना, पारस्परिक विवादों को शान्तिपूर्ण ढंग से सुलझाना आदि इसके प्रमुख लक्ष्य हैं तथा इसका लक्ष्य इजराइल का विरोध व अरब मुस्लिम राष्ट्रों का समर्थन भी है।

अरब लीग की स्थापना में सर्वाधिक महत्वपूर्ण तत्व यह रहा है कि फिलीस्तीन की भूमि को यहूदियों से खाली करा लिया जाए। लेकिन लीग न तो इजराइल के निर्माण को रोक सकी और न मध्य पूर्व को ही यह यहूदियों से खाली करा सकी। विदेशी मामलों के सम्बन्ध में लीग के सदस्यों ने प्राय: एकता का परिचय दिया है। इसके सदस्यों ने सामूहिक रूप से 1956 में स्वेज पर ब्रिटेन के आक्रमण का विरोध किया था और मिस्र की इस मांग का समर्थन किया था कि स्वेज के क्षेत्र से ब्रिटेन और फ्रांस अपनी सेनाएँ हटा लें। संयुक्त राष्ट्रसंघ में अरब लीग के सदस्य एक गुट के रूप में निर्बल हैं। सदस्यों में आन्तरिक मनमुटाव पाया जाता है। मुस्लिम सम्प्रदाय की फूट का अरब लीग शिकार है और सदस्य मिस्र के नेतृत्व को शंका की दृष्टि से देखते हैं। 1967 में हुए अरब-इजराइल संघर्ष में इजराइल की श्रेष्ठता ने अरब राष्ट्रों की प्रतिष्ठा को ग्रहण लगा दिया था, जिससे अरब लीग भी ग्रस्त है। ऐसी संभावना है कि आने वाले समय में लीग आंतरिक मतभेदों से प्रभावित होगी और इसका इतिहास उलट-फेर व परिवर्तन का इतिहास होगा। सन् 1973 में इजराइल ने फिर अरब देशों को पराजित किया था। उसके बाद मिस्र ने इजराइल से समझौता कर लिया, तब उसे अरब लीग से निकाल दिया गया था पर अब फिर मिस्र को अरब लीग का सदस्य बना लिया गया है। परन्तु अरब लीग का प्रभाव कम हो गया है क्योंकि ईराक ने कुवैत पर आक्रमण करके हड़पने का प्रयास किया, जो संयुक्त राष्ट्रसंघ द्वारा ही विफल किया जा सका।

बगदाद पैक्ट

मध्य पूर्व में तेल के हितों और साम्यवादी संकट को देखते हुए अमेरिका ब्रिटेन की सहायता से तुर्की, ईरान आदि राष्ट्रों का एक प्रादेशिक संगठन बनाना चाहता था। उसने पाकिस्तान को अपनी चाल का मोहरा बनाया था। पाकिस्तान को यह लालच दिया गया था कि यदि वह तुर्की और ईरान से सन्धि कर ले तो उसे विशाल आर्थिक व सैनिक सहायता दी जा सकती है। फलत: 22 अप्रैल, 1954 को तुर्की और पाकिस्तान के बीच एक सन्धि पर हस्ताक्षर हुए। अमेरिका ने यह प्रचार किया कि पश्चिम एशियाई देशों को इस सन्धि में सम्मिलित हो जाना चाहिए। ईराक ने इस विषय में मिस्र से बातचीत की, लेकिन मिस्र तैयार नहीं हुआ। अत: ईराक ने स्वयं तुर्की के साथ अपनी राजधानी बगदाद में एक सन्धि पर हस्ताक्षर किए। यह तुर्की-ईराक सन्धि (24 फरवरी, 1955) बगदाद पैक्ट का आधार बनी। बगदाद पैक्ट एक प्रकार से अरब एकता पर कुठाराघात था। इसमें फारस की खाड़ी की सुरक्षा को विशेष महत्व दिया गया था। 4 अप्रैल, 1955 को ब्रिटेन ने तुर्की के साथ 1932 की सन्धि के स्थान पर एक नई सन्धि की जिसमें तुर्की-ईराक सन्धि को जोड़ दिया गया। बाद में पाकिस्तान और ईरान भी इसमें शरीक हो गए और यह पूर्ण बगदाद सन्धि बन गई। परन्तु ईराक में सत्ता पलटने पर इस सन्धि को आघात पहुंचा।

इस सन्धि की प्रथम धारा में कहा गया था कि सदस्य अपनी सुरक्षा और प्रतिरक्षा के लिए पारस्परिक सहयोग करेंगे। "धारा 2, 3 और 4 के अन्तर्गत कहा गया है कि सन्धिकर्ता राज्य न तो एक-दूसरे के आन्तरिक मामलों में हस्तक्षेप करेंगे और न ही ऐसे अन्तर्राष्ट्रीय दायित्वों को स्वीकार करेंगे जो इस सन्धि के अनुकूल नहीं होंगे। अरब लीग का कोई सदस्य अथवा मध्य पूर्व की सुरक्षा से सक्रिय रूप से सम्बन्धित किसी भी राज्य पर होने वाला आक्रमण दूसरे राज्य पर आक्रमण माना जाएगा या किसी राज्य पर आक्रमण होने पर सन्धि के सभी सदस्य उसकी मदद को दौड़े चले आएँगे।"

सन्धि के अनुच्छेद 6 के अन्तर्गत सदस्य राज्यों के मंत्रियों की एक स्थायी परिषद् की स्थापना की गई जिसकी प्रथम बैठक नवम्बर, 1955 में बगदाद में हुई जिसमें यह घोषणा की गई कि बगदाद संधि संयुक्त राष्ट्रसंघ की धारा 51 के अन्तर्गत पश्चिम एशिया में शान्ति बनाए रखने के उद्देश्य से की गई है। 1956 में तेहरान में इसकी दूसरी बैठक हुई जिसमें अमेरिकी प्रतिनिधि हैण्डरसन ने कहा था कि इस सन्धि के देश साम्यवादी आक्रमण का मुकाबला करेंगे, परन्तु यह सब निष्फल सिद्ध हुआ।

जुलाई, 1958 में ईराक में राज्य-क्रान्ति हो गई जिसमें ईराक के राजा, उसके परिवार तथा प्रधानमंत्री नूरी अस्सयद की हत्या कर दी गई। जनरल अब्दुल करीम कासिम ने ईराक में गणराज्य की स्थापना करके प्रधानमंत्री के रूप में ईराक के बगदाद सन्धि से अलग होने की घोषणा की (24 मार्च, 1959)। ईराक के अलग हो जाने से बगदाद सन्धि संगठन के अन्य सदस्यों के सामने यह समस्या उत्पन्न हो गई कि संगठन को किस प्रकार जीवित रखा जाए। 21 अगस्त, 1959 को उन्होंने पारस्परिक विचार-विमर्श द्वारा इसे एक नया नाम 'केन्द्रीय सन्धि संगठन' (सैण्टो) दिया और इसका प्रधान कार्यालय बगदाद से हटाकर तुर्की की राजधानी अंकारा में स्थापित कर दिया। परन्तु इसका प्रभाव अब समाप्त प्रायः है तथा यह महत्वहीन हो कर समाप्त हो गया है।

सैण्टो

"सैण्टो" बगदाद सन्धि संगठन का ही परिवर्तित नाम है। ईराक को छोड़कर बगदाद पैक्ट के शेष सभी सदस्य–तुर्की, ईरान, पाकिस्तान और ब्रिटेन इसके अधिकारिक सदस्य थे। अमेरिका इसका अनिधकारिक सदस्य (अर्द्धसदस्य) था।

"सैण्टो", "नाटो" राष्ट्रों की रणनीति का पूरक माना जाता था। यह अमेरिका की उत्तरी पंक्ति में कुछ मात्रा तक समान योजना को सम्भव बनाता है। इसके सभी सदस्य अपनी सैन्य शक्ति में वृद्धि के इच्छुक हैं और संयुक्त राज्य अमेरिका उनको पर्याप्त सैनिक सहायता देता है। लेकिन सोवियत आक्रमण से मध्य पूर्व की रक्षा कर सकने की सैण्टो में क्षमता नहीं है, क्योंकि न तो इसके सदस्य शक्तिशाली हैं और न ही उन्हें अन्य अरब राष्ट्रों का समर्थन प्राप्त है।

पिछले कुछ वर्षों से "सैण्टो" आर्थिक विकास पर बल देता रहा है। इस उद्देश्य से 1968 में पाकिस्तान, ईरान और तुर्की ने यूरोपीय साझा बाजार के ढंग से बाजार के विकास के लिए क्षेत्रीय सहयोग संगठन की स्थापना की थी। सन्धि के अनुसार युद्ध के अवसरों पर पारस्परिक सहयोग होना चाहिए था। 1965 में भारत-पाक युद्ध के समय ईरान और तुर्की ने पाकिस्तान को केवल नाममात्र की सैनिक सहायता दी थी।

पाकिस्तान अभी तक सैण्टो के साथ सहयोग करता रहा है, तथापि इस बात की कोई गारण्टी नहीं है कि वह भविष्य में भी सैण्टो के साथ सहयोग करेगा। पाकिस्तान का निर्णय बहुत कुछ उसके प्रति आंग्ल-अमेरिकी रुख पर निर्भर करता है। मध्य पूर्व के एक विख्यात इतिहासकार फिरोज काजेमजावेह (येल विश्वविद्यालय) का मत है कि "सैण्टो ब्रिटेन, तुर्की, पाकिस्तान और ईरान के उन मुट्ठी भर राजनीतिज्ञों का संगठन है जो अपने व्यक्तिगत लाभ के लिए मुख्य रूप से ब्रिटेन के समर्थन पर निर्भर रहते हैं। फिर भी इस संगठन को मध्य पूर्व में आंग्ल-अमेरिकी प्रतिरक्षा का आधार कहा जा सकता था। पश्चिम ने अपनी इस नासमझी के परिणामों को स्वयं भुगता है।" सैण्टो के सम्बन्ध में अमेरिका की हालत अब साँप-छछूंदर की सी है। वह न तो इसे दृढ़ बनाने का इच्छुक है, न वर्तमान परिस्थितियों में इससे हाथ खींच लेने की स्थिति में है। परन्तु ईरान में खुमैनी क्रांति के कारण इसका महत्व समाप्त हो गया है और अब यह केवल ऐतिहासिक वस्तु हो गई है।

दक्षिण पूर्व एशिया सन्धि संगठन (आसियान)

यह इण्डोनेशिया, फिलीपीन, सिंगापुर और थाईलैंड का प्रादेशिक संगठन है। अमेरिका के भूतपूर्व राष्ट्रपति आइजनहावर ने एक बार कहा था, दक्षिण-पूर्व एशिया में राज्यों की एक ऐसी कतार है जिसमें यदि एक राज्य का पतन हुआ तो तमाम राज्यों का सम्पूर्ण ढाँचा ही गिर कर नष्ट हो जाएगा। कोरिया में चीन के हस्तक्षेप और हिन्द चीन में फ्रांस की पराजय को देखकर आइजनहावर ने चर्चिल द्वारा 1953 में रखे गए उस विचार को मूर्त रूप देने का निश्चय किया जिसमें दक्षिण पूर्व एशिया के लिए "नाटो" जैसे एक संगठन की स्थापना पर बल दिया गया था। राष्ट्रपति आइजनहावर दक्षिण-पूर्व एशिया में साम्यवाद के विस्तार को रोकने के लिए दृढ़ प्रतिज्ञ थे। अतः हिन्द चीन के जेनेवा समझौते (1954) को उन्होंने मान्यता नहीं दी, वियतनाम के प्रश्न को उलझा दिया। सितम्बर 1954 में दक्षिण पूर्व एशियाई राष्ट्रों का एक सम्मेलन फिलीपीन द्वीपसमूह के "मनीला" में बुलाया गया। इसका उद्देश्य दक्षिण एशिया में आर्थिक प्रगति को त्वरित करना और आर्थिक स्थायित्व को बनाए रखना था।

इस सम्मेलन में भाग लेने वाले देशों–अमेरिका, ब्रिटेन, फ्रांस, आस्ट्रेलिया, न्यूजीलैंड, थाईलैंड, फिलीपीन–के मध्य 8 सितम्बर, 1954 को एक सन्धि पर हस्ताक्षर हुए जिसे "मनीला पैक्ट" या "दक्षिण पूर्व एशिया सामूहिक सुरक्षा सन्धि" कहते

हैं। इस सन्धि ने "सीटो" (दक्षिण पूर्व एशिया सन्धि संगठन) की स्थापना की जिसका मुख्य कार्यालय बैंकाक (थाईलैंड) में रखा गया। संगठन ने एक परिषद्, एक सचिवालय और एक स्थायी सैनिक नियोजन कार्यालय की स्थापना भी की थी। सन्धिकर्ता राष्ट्र अन्तर्राष्ट्रीय विवादों को शान्तिपूर्ण ढंग से निपटाने, शक्ति प्रयोग का मार्ग न अपनाने, स्वतंत्र संस्थाओं को सुदृढ़ बनाने, आर्थिक उन्नति और सामाजिक कल्याण को बढ़ावा देने वाले अन्तर्राष्ट्रीय सहयोग और प्राविधिक सहायता देने की प्रतिज्ञा करते हैं। किसी भी सदस्य राष्ट्र के विरुद्ध सशस्त्र आक्रमण होने या शांति भंग होने पर सभी सदस्य अपनी वैधानिक प्रक्रियाओं के अनुसार सामूहिक कार्यवाही करेंगे और उसकी सूचना संयुक्त राष्ट्रसंघ को दे देंगे। सन्धि में "आक्रमण" शब्द के प्रयोग के विषय में संयुक्त राज्य अमेरिका का एक स्पष्टीकरण है। आक्रमण का अभिप्राय केवल "साम्यवादी आक्रमण" से है। इसका अर्थ यह है कि साम्यवादी देशों द्वारा आक्रमण होने की दशा में ही अमेरिका सदस्य राज्यों की सहायता करेगा अन्यथा राज्यों के आपसी विवादों में वह कोई हस्तक्षेप नहीं करेगा। कम्पूचिया में वियतनाम के हस्तक्षेप का उसने विरोध किया और कम्पूचिया की समस्या के समाधान में सक्रिय भाग लिया है।

इस सन्धि में आर्थिक सहयोग की चर्चा भी की गई है, लेकिन साम्यवाद विरोधी सैनिक सहयोग पर विशेष जोर दिया गया है। यह सन्धि अनिश्चित अवधि के लिए है लेकिन एक वर्ष का नोटिस देकर कोई भी सदस्य इससे अलग हो सकता है। प्रत्येक आसियान देश की राजधानी में इसका एक सचिव रहता है। डोक बार्नेट ने लिखा है, "एशियाई राष्ट्रों के बीच "सीटो" प्रादेशिक सन्धि की मात्र कोशिश है एवं यह गम्भीर कमजोरियों का शिकार है।" चीन ने इसे एशिया में अमेरिकी "सैनिकवाद और हस्तक्षेप" का प्रतीक बताया है। इसमें फ्रांस के होने तथा हिन्द चीन में उसके कुख्यात कारनामों का प्रामाणिक वर्णन उपलब्ध होने के कारण एशिया के अधिसंख्य निवासियों की नजर में "सीटो" दक्षिण पूर्व एशिया में अतीतकालीन यूरोपीय साम्राज्यवाद की पुनरावृत्ति है। इसमें गैर-एशियाई पाँच राष्ट्र हैं। वे इसके माध्यम से अपने व्यक्तिगत स्वार्थों की पूर्ति के इच्छुक हैं। उनमें साम्यवाद के विरोध की भावना अमेरिका की भांति प्रबल नहीं है। "सीटो" के अन्तर्गत न तो अमेरिका को इस क्षेत्र में अपनी शक्ति बढ़ाने का अवसर मिला है और न वह नए अड्डे ही स्थापित कर सका है। जो गारंटी वह सदस्य एशियाई राष्ट्रों से चाहता है वह प्रादेशिक संगठन बनाने की अपेक्षा उसे उन राष्ट्रों के साथ अलग-अलग सन्धि करके अच्छे ढंग से मिल सकती थी। इस संगठन में अब इण्डोनेशिया मुख्य भूमिका निभाता है।

प्रो॰ मैकमैहॉन (मेलबोर्न विश्वविद्यालय) ने लिखा है, "अमेरिका के नेतृत्व में सीटो की नीति पूर्व एशिया के साम्यवादी और गैर-साम्यवादी देशों के बीच तनाव घटाने में बाधक है। यह पूर्व-पश्चिमी शत्रुता को बढ़ाती है और राष्ट्रमण्डल के एशियाई राष्ट्रों से आस्ट्रेलिया और न्यूजीलैंड को दूर रखती है। ऐसी अधिक सम्भावना है कि

दक्षिण पूर्व एशिया के भविष्य का निर्णय युद्ध के मैदान की अपेक्षा अर्थ और राजनीति के मैदान में होगा। सीटो उन (अर्थ और राजनीति) समस्याओं का सामना करने के लिए उचित प्रकार से नहीं बनाया गया है। यह पश्चिम द्वारा नियोजित, पश्चिम द्वारा नियंत्रित और एशिया की अपेक्षा पश्चिम के आधारभूत मूल्यों से प्रेरित है। आर्थिक और प्राविधिक सहायता का यह उचित माध्यम नहीं।" रूस और अमेरिका तथा चीन में मतभेदों के कम होने से इसका महत्व कम हो गया। परन्तु कम्पूचिया पर वियतनामी सेनाओं का इसने विरोध किया। इसके प्रयासों से वियतनाम को कम्पूचिया से सेनाएँ वापस बुलानी पड़ीं। अब इसमें ब्रूनेई, कम्बोडिया, लाओस, बर्मा (म्यांमार) व वियतनाम भी सम्मिलित हो गये हैं। यह निरन्तर प्रगति कर रहा है।

प्रशांत क्षेत्र में प्रदेशवाद

द्वितीय महायुद्ध के बाद जापान के पुनर्जागरण, चीन में साम्यवादी शासन की स्थापना और कोरिया पर साम्यवादी प्रसार ने आस्ट्रेलिया और न्यूजीलैंड के कान खड़े कर दिए। गोरी जाति के इन उपनिवेशों की सुरक्षा का आश्वासन देने के लिए अमेरिका के भूतपूर्व राष्ट्रपति ट्रूमैन ने, एक रक्षा समझौते पर बल दिया। यह रक्षा समझौता "एन्जुस संधि" के नाम से प्रसिद्ध है।

एन्जुस सन्धि

1 सितम्बर, 1951 को सानफ्रांसिस्को में एक त्रि-दलीय सन्धि हुई। इसमें भाग लेने वाले देश आस्ट्रेलिया, न्यूजीलैंड और संयुक्त राज्य अमेरिका थे। अंग्रेजी भाषा में इनके नाम के प्रारम्भिक शब्दों को लेकर इस संधि का नाम "एन्जुस पैक्ट" रखा गया। यह पैक्ट या सन्धि अनिश्चित अवधि के लिए है। सन्धि की धारा 2 में व्यवस्था है कि "सन्धि के उद्देश्यों को अधिक प्रभावपूर्ण रूप से प्राप्त करने के लिए, हस्ताक्षरकर्त्ता पक्ष, निरन्तर आत्मनिर्भरता एवं पारस्परिक सहायता द्वारा अलग-अलग व मिलकर, सशस्त्र आक्रमण का विरोध करने के लिए अपनी व्यक्तिगत और सामूहिक योग्यता का विकास करेंगे। जब कभी किसी पक्ष की राय में प्रशान्त महासागरीय क्षेत्र में उसके किसी भी सदस्य की प्रादेशिक एकता, राजनीतिक स्वतंत्रता अथवा सुरक्षा के लिए संकट उत्पन्न हुआ तो वे पारस्परिक रूप से विचार-विमर्श करेंगे।" (धारा 3)

"एन्जुस संधि" को व्यवहार में लाने के लिए "विदेश मंत्रियों की परिषद्" की भी स्थापना की गई जो बारी-बारी से प्रत्येक देश में वार्षिक बैठकें करती है। परिषद् की सहायता के लिए अनेक आर्थिक व सैनिक समितियाँ भी बनाई गई हैं।

अप्रैल 1951 में, ब्रिटिश संसद में, विदेश सचिव हर्बेर्ट मोरिसन द्वारा दिए गए एक वक्तव्य के अनुसार, 'ब्रिटेन भी एन्जुस सन्धि में सम्मिलित होने का इच्छुक था।' लेकिन उसे इस सन्धि में शामिल नहीं किया गया। संभवत: इसका कारण यह हो कि संयुक्त राज्य अमेरिका, मलाया, सिंगापुर और हांगकांग की रक्षा का भार नहीं

उठाना चाहता था, साथ ही उसे भय था कि ब्रिटेन अपनी साम्राज्यवादी नीतियों के कारण एशिया में बदनाम हो चुका है अतः उसे प्रशान्त महासागर की सुरक्षा के लिये किसी प्रबन्ध में शामिल करने से संभव है कि एशिया के देशों में इस सन्धि-व्यवस्था के प्रति रोष उत्पन्न हो जाए। इस सन्धि का महत्व व प्रयास भी चीन-अमेरिका व रूस में मतभेदों के कम होने के कारण कम हो गया है और यह महत्वहीन हो गया है।

संक्षिप्त टिप्पणियां

(1) सार्क (SAARC) (2) एमनेस्टी इण्टरनेशनल (Amnesty International) (3) रेडक्रास (Red Cross) (4) इण्टरपोल (Interpol) (5) वर्ल्ड काउन्सिल ऑफ चर्चेज (World Council of Churches)

सार्क (SAARC)–यह दक्षिण एशियाई देशों का संगठन है। इसके सदस्यों में भारत व उसके निकटवर्ती देश पाकिस्तान, बंग्लादेश, मालदीव, श्रीलंका, भूटान तथा नेपाल हैं। इसकी नींव दिसम्बर, 1985 के ढाका सम्मेलन द्वारा रखी गई थी। दूसरा शिखर सम्मेलन 1986 में बंगलौर में, तीसरा 1987 में काठमांडू (नेपाल) में और चौथा 1988 में इस्लामाबाद में हुआ। जिस देश में यह सम्मेलन होता है वहीं का प्रधानमंत्री या शासनाध्यक्ष इस शिखर सम्मेलन का अध्यक्ष होता है। अत: पाकिस्तान की प्रधानमंत्री श्रीमती बेनजीर भुट्टो इसकी सभापति बनाई गई थीं। 1989 में इसका कोई शिखर सम्मेलन श्रीलंका में भारतीय शान्ति सेना के विवाद के कारण नहीं किया जा सका। इसके सदस्यों के आपसी मतभेदों के कारण यह वांछनीय सहयोग व सफलता नहीं प्राप्त कर सका। परन्तु अब मतभेद कम होते जा रहे हैं और निकट भविष्य में इसके सफल होने की आशा बलवती होती जा रही है। भारत इसमें म्यामार (बर्मा) तथा अफगानिस्तान को भी शामिल करने के पक्ष में है। इसका मुख्यालया काठमांडू नेपाल में है।

मानवीय संगठन

एमनेस्टी इन्टरनेशनल (Amnesty International)–यह प्रादेशिक संगठन न होकर मानवीय आधार व मानव अधिकारों की रक्षा हेतु निर्मित विश्वव्यापी संगठन है। इसका मुख्यालय लन्दन में है और 150 देशों में इसके 11 लाख सदस्य हैं। इसे 1977 में नोबल पुरस्कार प्राप्त हुआ था। इसका मुख्य कार्य संसार में जहाँ भी मानव के साथ अमानवीय तथा अमानुषिक अत्याचार किए जाएँ उन पर रोक लगाना व उसको प्रकाश में लाना और अहिंसात्मक विरोध करना है। अत: इसके द्वारा अमानुषिक अत्याचारों पर कुछ रोक लगी है। यह 1961 में विश्व जनमत को अमानवीय अत्याचारों के विरोध में जागरूक करने के उद्देश्य से आरम्भ किया गया था। इसने मानवता की और मानव अधिकारों की रक्षा के लिए प्रशंसनीय कार्य किया है। इसके महासचिव 2001 में पेयरीसाने हैं जो सेनीगाल के हैं।

2. **रेडक्रास** (Red Cross)–यह समिति 1863 में स्थापित हुई तथा 1864 में इस समिति को जेनेवा समझौते द्वारा मान्यता दे दी गई जिसके अनुसार घायलों का उपचार आदि करने वाले क्रमिक तटस्थता अपनायेंगे। इसका उद्देश्य युद्ध या विपदा के अवसर पर दुःखी, पीड़ितों व घायलों की सहायता करना है। इसकी सौ से अधिक रेडक्रास समितियाँ हैं जो फर्स्ट एड (प्रथम उपचार) का शिक्षण भी देती हैं। इसका मुख्यालय जेनेवा है, इसे 1913 में, 1944 व 1963 में नोबल पुरस्कार मिल चुका है। इसके 115 देशों में लगभग 1½ करोड़ सदस्य हैं।

3. **वर्ल्ड काउन्सिल ऑफ चर्चेज** (World Council of Churches)–इसमें 100 से अधिक देशों के ईसाई प्रतिनिधि सम्मिलित होते हैं। 1948 में एम्सटर्डम में 44 देशों के 147 चर्चों द्वारा इसका गठन किया गया था। इसका मुख्यालय जेनेवा में है। 2001 में इसमें लगभग 100 देशों से 330 चर्च सदस्य हैं।

4. **इण्टरपोल** (Interpol)–यह 177 राष्ट्रों का पुलिस आयोग है। सदस्य देशों के समन्वय कार्य के लिए इसकी स्थापना की गई थी। इसका मुख्य कार्य मादक द्रव्यों की तस्करी रोकना व अपराधियों को पकड़ने में एक दूसरे को सहयोग देना है।

आर्थिक तथा यातायात के संगठन

एशियाई विकास बैंक (ADB); पेट्रोलियम निर्यातकारी देशों का संगठन (OPEC); यूरोपीय अन्तरिक्ष अनुसंस्थान संगठन (ESRO); अन्तर्राष्ट्रीय हवाई यातायात संघ (IATA)

एशियाई विकास बैंक (ADB)–इसका उद्देश्य जरूरतमंद देशों को रियायती दरों पर कर्जा देना है। इसका कार्य 1966 में आरम्भ हुआ था। 1974 में इसने एशियन विकास निधि जारी की थी। 1975 में इसके 27 प्रादेशिक सदस्य व 14 प्रादेशिकेतर सदस्य थे। यह एश्यिाई देशों के विकास तथा उन्हें पूँजी उपलब्ध कराने के लिए कार्यरत है।

पेट्रोलियम निर्यातकारी देशों का संगठन (OAPEC)–इस संगठन की स्थापना तेल कम्पनियों द्वारा मध्यपूर्व देशों के अशोधित तेल के मूल्यों को निश्चित करने के लिए की गई थी। 1962 के बगदाद सम्मेलन में OPEC के निर्माण का निर्णय लिया गया था। इसमें ईराक, कुवैत, सऊदी अरब, ईरान और वेनजुएला सम्मिलित हुए थे। अब अल्जीरिया, इक्वाडोर, गैबोन, इण्डोनेशिया, लीबिया, नाइजीरिया, कतार, संयुक्त अरब अमीरात आदि भी इसके सदस्य बन गए हैं। ईराक-ईरान युद्ध से इसे क्षति पहुंची पर संगठन कार्यरत है। इसका मुख्यालय वियना (ऑस्ट्रिया) में था।

यूरोपीय अन्तरिक अनुसंधान संगठन (E.S.R.O.)–इसका उद्देश्य केवल शांतिपूर्ण प्रयोजनों के लिए यूरोपीय देशों के मध्य अंतरिक्ष अनुसंधान और प्रौद्योगिकी

के क्षेत्र में सहयोग को बढ़ावा देता है। इसकी स्थापना 1964 में हुई थी। इसका मुख्यालय पेरिस (फ्रांस) में है।

अन्तर्राष्ट्रीय हवाई यातायात संघ (I.A.T.A.)–सुरक्षित, नियमित और सस्ते हवाई यातायात से संवर्द्धन और सहयोग के लिये 1945 में इसकी स्थापना की गई थी। आजकल 40 अन्तर्राष्ट्रीय हवाई सेनाएँ इसकी सक्रिय सदस्य हैं और 19 आंतरिक सेवाएं इसकी सहयोगी सदस्य हैं।

संघ की साधारण सभा की वार्षिक बैठक होती है जो सर्वोपरि संस्था है। कार्यकारिणी में 18 निर्वाचित सदस्य होते हैं। इसके मुख्यालय माण्ट्रियल (कनाडा) व जेनेवा में हैं।

इसके अतिरिक्त अन्य संगठन जैसे राष्ट्रमंडल (Commonwealth) व गुट-निरपेक्ष आन्दोलन आदि हैं जो न तो प्रादेशिक संगठनों में आते हैं, न आर्थिक संगठन में। अत: उनका उल्लेख महत्वपूर्ण होने के कारण अलग किया जाएगा।

विश्व के विभिन्न संगठन

1. अफ्रीकी एकता संगठन
2. राष्ट्रमंडल
3. मुस्लिम देशों का संगठन
4. निर्गुट देशों का सम्मेलन

(1) **अफ्रीकी एकता संगठन** (O.A.U)–1 मई, 1963 में स्थापित हुआ था। इसके संस्थापक 30 अफ्रीकी राष्ट्राध्यक्ष हैं। इसका मुख्य लक्ष्य अफ्रीकी राष्ट्रों के बीच एकता और सहयोग को बढ़ावा देना, रंगभेद व नस्लवाद का विरोध करना और अफ्रीका में श्वेत लोगों की प्रमुखता को समाप्त करना है। इसमें लगभग 50 देश शामिल हैं तथा निर्गुट और एशियाई देशों का इसे समर्थन प्राप्त है। अत: यह नामीबिया को स्वतन्त्र कराने व दक्षिण अफ्रीकी नेता नेल्सन मण्डेला को स्वतन्त्र कराने में सफल हुआ। इसका मुख्यालय इथोपिया की राजधानी अदीस अबाबा में है। 2001 में इसके महासचिव डॉ. सलीम अहमद सलीम तंजानिया के हैं।

(2) **राष्ट्रमंडल** (Commonwealth) को प्रादेशिक संगठन की श्रेणी में नहीं रखा जा सकता। परन्तु यह विश्व के लगभग 1/3 यानि 49 देशों का अत्यन्त महत्वपूर्ण संगठन है। चोगम इसके राष्ट्रमंडलीय, राष्ट्राध्यक्षों का सम्मेलन है। 1983 में इसका सम्मेलन भारत, 1986-87 में कनाडा और 1989 में मलेशिया की राजधानी कुआलालम्पुर में हुआ था, परन्तु स्थायी मुख्यालय लन्दन में है।

राष्ट्रमंडल देशों में आपसी सहयोग और विचार-विनिमय द्वारा समस्याओं का समाधान और नीति-निर्धारण का प्रयास किया जाता है तथा राष्ट्रमण्डलीय देश आपस में सहयोग करते हैं। आवागमन, व्यापार व शैक्षणिक व आर्थिक सुविधाएँ आदि प्रदान करते हैं और आपसी सहयोग व सौहार्द्र का प्रयास करते हैं।

(3) **इस्लामी या मुस्लिम संगठन** (O.I.C.)–यह ऐसे देशों का संगठन है जिसमें इस्लाम धर्म के अनुयायी देश भाग लेते हैं। इसका उद्देश्य मुस्लिम देशों की सुरक्षा करना, पारस्परिक सहयोग करना और इस्लाम को बढ़ावा देना है। वर्तमान समय में इस्लामी कट्टरवाद का विकास हुआ है। ईरान में खुमैनी के नेतृत्व में कट्टर शियावाद के उदय तथा धार्मिक कट्टर इस्लामी राज्यों के उदय से इसे प्रोत्साहन मिला है। यह सम्मेलन यहूदी या इजराइल विरोधी, रूस के अफगानिस्तान पर प्रभाव का विरोधी है। पाकिस्तान, भारत के विरोध में इससे सहायता पाने का प्रयास कर रहा है। इसके PLO सहित 51 सदस्य हैं तथा मक्का रोड़ पर सऊदी अरब में इसका मुख्यालाय है।

(4) **गुटनिरपेक्ष आन्दोलन** (Organisation of Non-aligned Countries)–इसकी स्थापना पं॰ जवाहरलाल नेहरू व मिस्र के राष्ट्रपति गामल अब्दुल नासिर तथा यूगोस्लाविया के राष्ट्रपति मार्शल टीटो ने की थी। इसका उद्देश्य विश्व शान्ति व निर्गुट देशों में सहयोग, नस्लवाद व उपनिवेश का विरोध व विश्व में आर्थिक विषमता दूर करना है। इसमें लगभग 101 पूर्ण व 20 सहयोगी सदस्य हैं।

निर्गुट देश प्रादेशिक संगठनों के विरोधी तथा न्याय और समानता पर आधारित अर्थव्यवस्था के समर्थक हैं। प्रो॰ हरिदत्त वेदालंकार ने लिखा है, "जब लक्ष्मण, सीता जी की प्रेरणा पर अपने बड़े भाई की रक्षा के लिए पंचवटी की कुटिया से बाहर निकले थे तब उन्होंने भाभी की रक्षा के लिए कुटिया के द्वार पर एक रेखा खींचते हुए उन्हें उससे बाहर न आने को कहा था। इस समय उपर्युक्त प्रादेशिक संगठनों और सन्धियों द्वारा पश्चिमी राष्ट्रों ने सोवियत रूस का प्रसार रोकने के लिए ऐसी ही लक्ष्मण रेखा खींची है।" ब्रिटेन के भूतपूर्व प्रधानमंत्री विंस्टन चर्चिल की निरोध नीति के अनुसार साम्यवादी शक्तियों को इस रेखा के भीतर रखने का प्रयत्न किया था। कोरिया में यह 38 डिग्री उत्तरी अक्षांश रेखा है, रीयो सन्धि ने पश्चिमी गोलार्द्ध के चारों ओर ऐसी रेखा खींची है, यूरोप व जर्मनी को इस रेखा ने दो भागों में बाँट दिया है। किन्तु स्पूतनिकों और प्रक्षेपणास्त्रों के इस युग में इन रेखाओं पर पूर्ण भरोसा रखना सम्भव नहीं है। ये सब रक्षात्मक संधियां और संगठन, शांति और सुरक्षा के नाम पर किए जाते हैं, किन्तु इन का मुख्य परिणाम प्रतिपक्ष के दिलों में अशांति और असुरक्षा उत्पन्न करना होता है। इससे एक-दूसरे के प्रति सन्देह, आशंका और भय के भाव बढ़ते हैं। नाटो, वारसा पैक्ट, बगदाद पैक्ट और सीटो शांति के अग्रदूत नहीं, वरन् युद्ध का बीजारोपण करने वाले तथा संयुक्त राष्ट्रसंघ को दुर्बल करने वाले संगठन हैं। अतएव निर्गुट देश इस मान्यता के गुटों के विरोधी हैं क्योंकि अमेरिका ने पाकिस्तान को प्रादेशिक व्यवस्था के अंतर्गत जो हथियार दिए उनके बल पर ही उसने सितम्बर, 1965 में भारत पर सैनिक आक्रमण किया था। 10 वर्ष पहले रूस और अमेरिका एक-दूसरे के शत्रु थे, लेकिन आज इन संगठनों के होते हुए वे भी एक-दूसरे के निकट आ रहे हैं। "सीटो" और "सेण्टो" के सदस्य तथा चीन

आदि भी पाकिस्तान को हथियार दे रहे हैं जिनसे लड़ने के लिए कभी उसने प्रतिज्ञा की थी। तारीफ की बात यह है कि इससे न तो पाकिस्तान को इन संगठनों से निकालने की नौबत आई और न ही उस पर संगठन के साथियों ने अविश्वास प्रकट किया है। प्रदेशवाद इस प्रकार अनेक लोगों को युद्ध में प्रश्रय देने वाला, असामयिक, अव्यावहारिक और महत्वहीन लगता है। अत: निर्गुट देश संगठनों का विरोध करते हैं। इसका सम्मेलन 1983 व 1989 में भारत में हुआ था तथा जुलाई, 1998 में इसका 10वां सम्मेलन हुआ और वहीं के निहाट रेडरिगो महासचिव बने थे। यूगोस्लोविया के विघटन व मिस्त्र के अरब लीग में सम्मिलित हो जाने से इसे क्षति पहुंची। परन्तु सबसे अधिक सदस्यों का संगठन होने के कारण इसका अब भी महत्व तथा प्रभाव है।

मूल्यांकन–प्रादेशिक संगठनों के विरोध व प्रभाव के कम होते हुए भी किसी भी अंतर्राष्ट्रीय राजनीति के सिद्धांत को सर्वथा निष्फल और अव्यावहारिक नहीं कहा जा सकता। यह अर्द्धसत्य है कि प्रदेशवाद का अब कोई महत्व नहीं रह गया है और यह युद्ध को बढ़ावा देता है। शेष अर्द्धसत्य यह है कि प्रदेशवाद ने अनेक निर्बल और विकासशील राष्ट्रों को अपना आर्थिक और सैनिक विकास करने का उचित अवसर दिया है। यदि प्रदेशवाद भारत पर पाकिस्तान के आक्रमण के लिए उत्तरदायी है तो हम यह भी कह सकते हैं कि भारत द्वारा प्रदेशवाद को ठुकरा देना भारत पर चीनी आक्रमण और तिब्बत की हत्या के लिए भी उत्तरदायी है। यदि तिब्बत और भारत अमेरिका द्वारा बनाई गई किसी प्रादेशिक व्यवस्था में सम्मिलित होते तो अन्तर्राष्ट्रीय इतिहास शायद कुछ और ही होता। परन्तु अब सार्क द्वारा प्रादेशिक विकास व सहयोग का वातावरण बनने की सम्भावना है। अफगानिस्तान इसीलिए रूसी प्रसार का शिकार बना क्योंकि वह किसी प्रादेशिक संगठन का सदस्य नहीं था। वियतनाम भी कम्पूचिया में इसीलिए सेनाएँ भेज सका क्योंकि वह किसी प्रादेशिक संगठन का सदस्य नहीं था। अब भी कम्पूचिया व अफगानिस्तान की समस्या उलझी हुई है। भारत ने तत्काल मालदीव के आक्रमणकारियों पर रोक लगाई।

इसका अर्थ यह नहीं है कि प्रादेशिक व्यवस्था निश्चित रूप से अच्छी ही है। किसी भी विषय के सम्बन्ध में निर्णय करने से पूर्व हमें व्यक्तिगत भावनाओं को यथाशक्ति दूर रखना चाहिए। युद्धोत्तरकालीन इतिहास को यदि हम देखें तो हमें इस काल में सैनिक उद्देश्य के लिए बनाए गए प्रादेशिक संगठनों की अपेक्षा आर्थिक और प्राविधिक सहायता के लिए बनाई गई प्रादेशिक व्यवस्थाएँ अधिक संख्या में मिलेंगी। जैसे सार्क (SAARC), यूरोपीय आर्थिक समुदाय (EEC), परस्पर आर्थिक सहायता परिषद् कोमिकान (Comicon) आदि। इन प्रादेशिक व्यवस्थाओं ने राष्ट्रों का रूप ही बदल दिया है। उदाहरण के लिए यूरोपीय साझा बाजार ने सदस्य राष्ट्रों को जो आर्थिक विकास और सामर्थ्य प्रदान की है वह किसी से छुपी नहीं है तथा प्रशंसनीय है। विश्व के अनेक राष्ट्र इस प्रकार की व्यवस्था को अपनाने के इच्छुक

हैं, क्योंकि आधुनिक युग में पूर्व और पश्चिम के झगड़े का विचार इतना महत्व नहीं रखता जितना गरीब और धनवान राष्ट्रों में समानता लाने का। अतः अन्तर्राष्ट्रीय प्रदेशवाद को मिटाने की अपेक्षा संयुक्त राष्ट्रसंघ के चार्टर के अन्तर्गत उचित प्रकार से उसके विकास की आवश्यकता है। प्रदेशवाद का गलत प्रयोग विश्व को दुर्गति और विनाश के कगार पर लाकर खड़ा कर सकता है तो उसका उचित प्रयोग अन्तर्राष्ट्रीय सम्बन्धों में वह माधुर्य और एकता ला सकता है जिसकी आधुनिक विश्व को आवश्यकता है। इसी कारण सहयोगात्मक प्रादेशिक संगठनों का उदय हो रहा है। जैसे सार्क (SAARC) का उदय 1985 में आपसी सहयोग बढ़ाने के लिए हुआ है।

विश्व में रूस, चीन और संयुक्त राज्य अमेरिका के मतभेदों में कमी आने के कारण, रक्षात्मक प्रादेशिक संगठनों का महत्व कम हो रहा है। यहाँ तक कि रूस और उसके प्रभावित देशों–रूमानिया, हंगरी, पोलैंड, चैकोस्लोवाकिया आदि में क्रांति व परिवर्तन की हवा चल पड़ी है। सबसे शक्तिशाली नाटो व वारसा पैक्ट में भी शिथिलता आई है और पूर्वी जर्मनी, जो वारसा पैक्ट का देश है तथा पश्चिमी जर्मनी जो नाटो का सदस्य है, एकीकृत हो गये हैं। अरब लीग का प्रमुख सदस्य मिस्र और इजराइल निकट आ रहे हैं और दोनों संयुक्त राज्य अमेरिका पर निर्भर हैं। अतः प्रादेशिक संगठनों का प्रभाव कम हो गया है। परन्तु आर्थिक क्षेत्र में यूरोपीय आर्थिक समुदाय (E.E.C.) तथा यूरोपीय साझा बाजार (E.C.M.) ने अभूतपूर्व आर्थिक उन्नति व प्रगति की है। अतः यह माना जाने लगा है कि रक्षात्मक प्रादेशिक संगठनों की अपेक्षा आर्थिक विकास समुदायों जैसे–एशियन विकास बैंक (A.D.B.), यूरोपीय आर्थिक समुदाय (E.E.C.) व यूरोपीय साझा बाजार (E.C.M.), परस्पर आर्थिक सहायता परिषद् (Comicon) व पेट्रोलियम निर्यातकारी देशों का संगठन (O.P.E.C.) व मानवीय संगठनों जैसे–रेड क्रास, एमनेस्टी इण्टरनेशनल आदि अधिक लाभकारी सिद्ध हुए हैं।

निःशस्त्रीकरण और विश्व शान्ति

"वह धन्य हैं जो शान्ति का प्रयास करते हैं।" *–ईसामसीह*

"शान्ति की विजय युद्ध की विजय से कम महत्वपूर्ण नहीं।" *–मिल्टन*

"हमारे युग में वह अत्यन्त आवश्यक है कि हम शान्ति के लिए अधिक दृढ़ संकल्प से प्रयास करें।" *–ऊ थांट*

युद्ध रोकने के लिए सैनिकों की संख्या व विध्वसंक अस्त्रों की कमी आवश्यक है। निःशस्त्रीकरण, आधुनिक युग की मुख्य समस्या है–और अणुबम व अन्य घातक अस्त्रों के निर्माण के कारण 20वीं शताब्दी में अन्तर्राष्ट्रीय सम्बन्धों की सर्वाधिक महत्वपूर्ण व जटिल समस्या हो गई है। पिछली शताब्दी में दो विश्व युद्ध हो चुके हैं। इन दोनों विश्वयुद्धों में जन-धन की जो अपार हानि हुई उसका सही अनुमान

नहीं लगाया जा सकता। आज के युद्ध प्राचीनकाल के युद्धों से भिन्न होते हैं। प्राचीनकाल में युद्धों में धनुष बाण और तलवार जैसे शस्त्रों का प्रयोग होता था। इनसे मानवता को अधिक क्षति नहीं पहुंचती थी। लेकिन वर्तमान युद्धों में अणुशस्त्रों का प्रयोग होता है जिनके द्वारा सैनिकों का तो विनाश होता है, निरीह जनता का भी व्यर्थ में संहार हो जाता है। अणुशस्त्रों से हरी-भरी खेती वाली भूमि मरुस्थल में परिवर्तित हो जाती है। जापान के नगरों–हिरोशिमा और नागासाकी पर डाले गए अणुबमों ने जो तांडव का दृश्य उपस्थित किया, मानवता उसको कदापि अपनी निगाह से ओझल नहीं कर सकती।

महायुद्धों की इस विभीषिका से मुक्ति पाने के लिए ही दार्शनिकों, वैज्ञानिकों और राजनीति विशारदों का ध्यान इस ओर आकर्षित हुआ है कि इस संसार में निःशस्त्रीकरण होना चाहिए, अर्थात् संसार के देशों के पास मौजूद शस्त्रों को समाप्त कर देना चाहिए, जिनसे वे युद्ध न कर सकें और यदि करें भी तो वह अधिक भयानक न हो। इसीलिए समय-समय पर विद्वानों में यह विचार-विमर्श होता रहा कि संसार के सब देशों को निःशस्त्रीकरण पर सहमत होना चाहिए, जिससे विश्व शांति और सुरक्षा कायम रह सके तथा युद्ध की विभीषिका कम की जा सके।

निःशस्त्रीकरण का यह अर्थ नहीं है कि संसार के सब देश प्रत्येक प्रकार के शस्त्रों का परित्याग कर दें, वे अपने पास किसी प्रकार का कोई अस्त्र-शस्त्र न रखें। वस्तुतः निःशस्त्रीकरण का सही अर्थ तो यह है कि सभी राष्ट्र अपने आप को अधिकाधिक शस्त्रों से सुसज्जित करने की प्रतिद्वन्द्विता को कम कर दें। वे अपने पास केवल उन्हीं शस्त्रों को रखें जो देश में शांति तथा सुरक्षा कायम रखने के लिए आवश्यक हों। दूसरे देशों पर आक्रमण करने के लिए उनको नरसंहारक शस्त्रों के निर्माण में नहीं लगे रहना चाहिए। आज के युग में संसार के विभिन्न देशों में शस्त्रीकरण की जो होड़ लगी हुई है, निःशस्त्रीकरण का आंदोलन उस होड़ को समाप्त कर देना चाहता है। यह निःशस्त्रीकरण आन्दोलन आज के युग में संसार के विभिन्न शक्तिशाली राष्ट्रों द्वारा अणुशस्त्रों के परीक्षण का भी विरोधी है, क्योंकि इससे मानवता को कई तरह से नुकसान पहुंचता है।

निःशस्त्रीकरण का विश्वशांति से घनिष्ठ सम्बन्ध है। निःशस्त्रीकरण, विश्वशांति की स्थापना की एक आवश्यक दशा है। यदि संसार के विभिन्न राष्ट्रों में शस्त्र निर्माण की होड़ समाप्त हो जाए तो विश्वशांति की स्थापना महज हो जायेगी। क्योंकि एक राष्ट्र को दूसरे राष्ट्र का भय नहीं रहेगा। विध्वंसक अस्त्रों के प्रभावस्वरूप ही एक राष्ट्र अन्य राष्ट्रों पर अपना भय जमाने में सफल हो जाता है। शस्त्रों के निर्माण की प्रतिद्वन्द्विता के समाप्त हो जाने पर मनुष्य अपनी शक्ति को अन्य आवश्यक उत्पादनों में लगा सकेगा। इस प्रकार निःशस्त्रीकरण से देशों के आर्थिक विकास में सहायता मिलेगी क्योंकि जो धन शस्त्रों के निर्माण में व्यर्थ ही बर्बाद हो जाता है, उसका मानव समाज की आर्थिक स्थिति के सुधार में सदुपयोग हो सकेगा, अमेरिका

की संस्था Institute of Defence Analysis ने नि:शस्त्रीकरण की परिभाषा इस प्रकार दी है–"कोई भी ऐसी योजना को प्रत्यक्ष या परोक्ष रूप से नि:शस्त्रीकरण के किसी एक पहलू–जैसे संख्या, प्रकार, शस्त्रों की प्रयोजन प्रणाली, उसका नियंत्रण, उसकी सहायता के पूरक यन्त्रों का निर्माण, प्रयोग व वितरण, गुप्त सूचनाओं की संयंत्र सेना का संख्यात्मक स्वरूप आदि को नियंत्रित करने से सम्बद्ध हो नि:शस्त्रीकरण की श्रेणी में आता है पर साधारण रूप में अस्त्र-शस्त्रों के कम करने को नि:शस्त्रीकरण माना जाता है।"

नि:शस्त्रीकरण के प्रयास

नि:शस्त्रीकरण के प्रयास 20वीं शताब्दी की ही विशेषता नहीं है, प्रत्युत नि:शस्त्रीकरण की ओर हर समय कुछ न कुछ प्रयत्न होते आए हैं। 16वीं शताब्दी में बैस्टफेलिया की सन्धि में नि:शस्त्रीकरण की बात की गई थी। इसमें यह व्यवस्था की गई थी कि सम्पूर्ण किलेबंदियों को समाप्त कर दिया जाए और नवीन किलों का निर्माण न किया जाए। इसी प्रकार बाद में नेपोलियन तथा रूस के जार अलैक्जेण्डर प्रथम ने भी समय-समय पर शस्त्रों को सीमित रखने के प्रयास किए थे। 1889 व 1907 के सम्मेलन में भी नि:शस्त्रीकरण के प्रयास किए गए थे। प्रथम विश्वयुद्ध से पूर्व के प्रयासों का उल्लेख किया जा चुका है।

प्रथम विश्वयुद्ध के पश्चात् किए गए प्रयत्न–प्रथम विश्वयुद्ध से पहले नि:शस्त्रीकरण की दिशा में जो प्रयास किए गए थे उनका अब कोई विशेष महत्व नहीं है। लेकिन जब विश्व ने प्रथम विश्वयुद्ध के दौरान आधुनिक शस्त्रास्त्रों का भयानक ताण्डव देखा तो उसका ध्यान नि:शस्त्रीकरण की ओर अधिक गया। उसने सोचा जैसे भी हो शस्त्रों के निर्माण को अत्यन्त सीमित कर देना चाहिए। अमेरिका के राष्ट्रपति विल्सन ने नि:शस्त्रीकरण की आवश्यकता को अनुभव किया। उन्होंने अपने 18 सूत्री सिद्धान्तों में कहा, "सब राष्ट्र इस बात का आश्वासन दें कि वे अपने शस्त्रास्त्रों की इस सीमा को घटाने का प्रयत्न करेंगे जिससे उनकी केवल घरेलू आवश्यकताएँ ही पूरी हो सकें। परन्तु विध्वंसक अस्त्र-शस्त्रों का निर्माण रुक जाए।"

पेरिस के शांति सम्मेलन में भी नि:शस्त्रीकरण की आवश्यकता पर बहुत जोर दिया गया था। राष्ट्रसंघ के कानजैन्ट में नि:शस्त्रीकरण की योजना को भी स्थान दिया गया था और यह व्यवस्था की गई थी कि राष्ट्रसंघ की कौंसिल नि:शस्त्रीकरण की योजना बनाए। इसके लिए एक स्थायी परामर्शदाता आयोग की भी स्थापना की गई थी, जिसको यह कार्य सौंपा गया कि वह विभिन्न उपायों द्वारा नि:शस्त्रीकरण की दिशा में प्रयास करे। इस आयोग में राष्ट्रसंघ कौंसिल के सदस्य राष्ट्रों की जल, थल और वायु सेनाओं के विशेषज्ञ तथा 6 अन्य असैनिक सदस्य होते थे।

नि:शस्त्रीकरण सम्बन्धी इस आयोग ने 4 सिफारिशें कीं। इन सिफारिशों को संघ की असेम्बली ने मान लिया था। आयोग की मुख्य सिफारिशें इस प्रकार थीं–

(1) निःशस्त्रीकरण की योजना तभी सफल हो सकती है, जब वह समस्त राष्ट्रों पर समानरूप से लागू होती हो।

(2) अधिकांश राज्य शस्त्रों को सीमित करने के लिए तभी तैयार हो सकते हैं, जब उनकी सुरक्षा की गारण्टी दी जाए।

(3) राज्यों की सुरक्षा की गारण्टी पारस्परिक सुरक्षा की संन्धियों के द्वारा दी जा सकती है।

(4) सुरक्षा सम्बन्धी गारण्टी तभी दी जा सकती है जब एक सामान्य सीमा तक विभिन्न राष्ट्र निःशस्त्रीकरण कर दें।

हार्वर्ड विश्वविद्यालय के प्रोफेसर राबर्ट वानी का मत कि कोई भी निःशस्त्रीकरण योजना उस समय तक सफल नहीं हो सकती है जब तक कि राष्ट्रों को यह विश्वास न हो जाए कि उनके राष्ट्रीय हित को कोई खतरा नहीं है।

राष्ट्रसंघ के अन्तर्गत निःशस्त्रीकरण के लिए किए गए प्रयत्न

प्रथम विश्वयुद्ध के पश्चात् निःशस्त्रीकरण के लिए जो प्रयत्न किये गये, उनको सामान्य रूप से दो भागों में बांटा जा सकता है। पहले भाग में वे प्रयत्न आते हैं जो विभिन्न राष्ट्रों ने राष्ट्रसंघ का सदस्य रहते हुए उनके अन्दर किए। इनमें राष्ट्रसंघ ने एक विश्व संस्था के रूप में निःशस्त्रीकरण के लिए प्रयत्न किए। दूसरे भाग में वे प्रयत्न आते हैं, जो विभिन्न राष्ट्रों ने राष्ट्रसंघ से बाहर होकर आपसी समझौतों में किए। पहले हम उन प्रयत्नों पर विचार करेंगे जो राष्ट्रसंघ के अन्दर किए गए थे क्योंकि हमारा मुख्य उद्देश्य अन्तर्राष्ट्रीय संगठनों द्वारा निःशस्त्रीकरण के प्रयत्नों पर प्रकाश डालना है।

पारस्परिक सहायता की सन्धि—पारस्परिक सहायता की सन्धि द्वारा राष्ट्रसंघ ने निःशस्त्रीकरण की ओर पहला कदम उठाया। इस सन्धि द्वारा यह व्यवस्था की गई थी कि प्रत्येक राष्ट्र की, आक्रमण की दशा में अन्य सदस्य राष्ट्र सहायता प्रदान करें। इस प्रकार इस सन्धि द्वारा निःशस्त्रीकरण की ओर अप्रत्यक्ष रूप से कदम उठाया गया था। किन्तु इस सन्धि पर सब राष्ट्रों ने हस्ताक्षर नहीं किए, अतः यह प्रथम प्रयास विफल हो गया।

पारस्परिक सहायता की संधि के प्रारूप की विफलता के पश्चात् जेनेवा उपसंधि की व्यवस्था की गई। असेम्बली (राष्ट्रसंघ सभा) ने उपसंधि को 2 अक्तूबर, 1924 में स्वीकार किया था। इस उपसंधि के क्रियान्वित होने में पहले यह आवश्यक था कि समस्त राष्ट्र शस्त्र घटाने की सामान्य योजना पर एकमत हो जाएँ। निःशस्त्रीकरण की योजना पर सम्मेलन 15 जून, 1926 को बुलाया जाने वाला था, लेकिन जेनेवा उपसंधि को केवल 15 राष्ट्रों ने ही स्वीकार किया। अतः इस योजना के अन्तर्गत निःशस्त्रीकरण सम्मेलन बुलाने की योजना ठप्प हो गई। परन्तु 1921-22 में वाशिंगटन सम्मेलन में प्रमुख जलसेना शक्तियों (अमेरिका, ब्रिटेन, जापान, फ्रांस व इटली) के

देश क्रमशः युद्ध के जलयानों तथा नाविक शक्ति में कमी करने पर सहमत हो गए थे।

निःशस्त्रीकरण सम्मेलन का सज्जीकरण आयोग–1935 में जेनेवा में उपसंधि की निःशस्त्रीकरण सम्बन्धी योजना के विफल हो जाने पर निःशस्त्रीकरण आयोग, जो राष्ट्रसंघ की असेम्बली ने स्थापित किया था, समाप्त हो गया। इस आयोग के समाप्त हो जाने पर राष्ट्रसंघ को निःशस्त्रीकरण पर परामर्श और सिफारिशें देने वाली कोई संस्था नहीं रही। इस कमी को दूर करने के लिए 1925 में ही निःशस्त्रीकरण सम्मेलन के सज्जीकरण आयोग की स्थापना की गई। इस आयोग का काम यह था कि वह शस्त्रास्त्र सम्बन्धी स्थिति का अध्ययन करे और उनको सीमित करने के लिए अपने सुझाव राष्ट्रसंघ की असेम्बली और कौंसिल के सामने रखे।

इस आयोग का कार्यकाल लगभग 5 वर्ष रहा। 1930 के बाद आयोग ने कार्य बन्द कर दिया। इस दौरान आयोग ने शस्त्रास्त्रों की स्थिति का विस्तृत अध्ययन किया और निःशस्त्रीकरण योजना को सफलता के लिए उसने अपने सुझाव भी दिए। इसके मुख्य सुझाव निम्नलिखित हैं–

(1) सैनिकों की संख्या को कम किया जाए और आवश्यकता से अधिक सैनिक न रखे जाएँ।

(2) अनिवार्य सैनिक सेवा की अवधि घटा दी जाए।

(3) नियन्त्रित बजट द्वारा स्थल-युद्ध की सामग्री को नियन्त्रित किया जाए।

(4) हवाई अस्त्रों को अश्वशक्ति सन्धि के आधार पर नियन्त्रित किया जाए।

(5) एक स्थायी निःशस्त्रीकरण आयोग राष्ट्रसंघ द्वारा स्थापित किया जाए।

(6) युद्ध में जीवाणु तथा घातक और विषैली गैसों के प्रयोग को रोका जाए।

(7) 1922 के वांशिगटन सम्मेलन तथा 1930 के लन्दन सम्मेलन के उपबंधों को नौसैनिक जहाजों पर लागू किया जाए।

राष्ट्रसंघ ने आयोग की इन सिफारिशों पर विचार किया और इनके आधार पर निःशस्त्रीकरण की योजना बनाने पर विचार किया। इन्हीं सिद्धान्तों को क्रियान्वित करने के लिए 1932 में जेनेवा में निःशस्त्रीकरण सम्मेलन आहूत किया गया। निःशस्त्रीकरण के इतिहास में इस सम्मेलन का अत्याधिक महत्व है। अतः इस बात पर हम विस्तार से विचार करेंगे।

संयुक्त राष्ट्र के अन्तर्गत समस्यायें व तनाव

शरणार्थी समस्या (Refugee Problems)

द्वितीय विश्व युद्ध के बाद (After Second World War)–संयुक्त राष्ट्र में द्वितीय विश्वयुद्ध तथा उसके बाद की घटनाओं के कारण लाखों लोग अपना

देश छोड़कर कहीं और शरणार्थी के रूप में जीवन बिता रहे थे। उनकी सहायता करने के लिए कार्यक्रम बनाये गये। महायुद्ध के बाद एक अन्तर्राष्ट्रीय शरणार्थी संगठन की स्थापना की गयी जिससे उन शरणार्थियों को जो राजनैतिक अथवा अन्य कारणों से अपने देश नहीं लौट सकते थे उनके पुनर्वास की दिशा में सहायता दे। इसने करीब दस लाख शरणार्थियों को विभिन्न सरकारों से उन्हें अपनाने का निवेदन करके तथा उन्हें अस्थायी आवास तथा यातायात की सुविधाएं प्रदान करके अभूतपूर्व सफलता प्राप्त की। 1961 में इस संगठन का स्थान शरणार्थियों के लिए संयुक्त राष्ट्र महायुक्त ने ले लिया जिनका मुख्यालय जेनेवा में स्थापित किया गया। इस कार्यालय में कर्मचारियों की संख्या तथा उनका बजट पहले से कहीं अधिक सीमित कर दिया। इनका प्रशासनिक बजट संयुक्त राष्ट्र द्वारा किया जाता था। लेकिन, सहायता कोष के लिए धन विभिन्न देशों की सरकारों के ऐच्छिक अनुदान से प्राप्त होता था।

अपर्याप्त अनुदान (Inadequate Grants)–इन अनुदानों की राशि बढ़ती रही है लेकिन फिर भी वह इसकी गतिविधियों को सम्पन्न करने के लिये कभी भी उपयुक्त नहीं रही। इस महायुक्त ने विभिन्न सरकारों से विचार-विमर्श करके शरणार्थियों के पुनर्वास तथा संकट की स्थिति में अस्थायी प्रबंध करने का कार्य किया। उदाहरण के तौर पर, इसने 1971 में पूर्वी पाकिस्तान से भारत आने वाले 60-70 लाख शरणार्थियों के पुनर्वास तथा स्थायी प्रबंध करने के कार्य में महत्वपूर्ण भूमिका अदा की। इसने राज्य-विहीन लोगों की यात्रा सुलभ करने के लिए आवश्यकता पड़ने पर आवश्यक दस्तावेज भी जारी किये। इसने द्वितीय महायुद्ध के बाद यूरोप में जा बसने वाले लाखों शरणार्थियों की देखरेख करने तथा उनके पुनर्वास के कार्य में महत्वपूर्ण भूमिका निबाही। इसने वियतनाम, सूडान, कांगो, अंगोला, तथा अन्य कई क्षेत्रों में विनाश से पीड़ित लोगों की सहायता का महत्वपूर्ण कार्य भी किया। इस सबके अलावा संयुक्त राष्ट्र ने इजराइल के अरबी शरणार्थियों तथा उनके वारिसों की सहायता करने के लिए अलग संगठन भी बनाया है। दि यूनाइटेड नेशन्स रिलीफ एंड वर्क ऐजेन्सी जोर्डन, सीरिया तथा अन्य देशों में बसे लगभग 15 लाख शरणार्थियों की देखरेख का भी कार्य करती है तथा हर प्रकार की सहायता उपलब्ध कराती है।

संयुक्त राष्ट्रसंघ का योगदान (Contribution by UN)–शरणार्थियों को उपयुक्त रोजगार दिलाने की समस्या का समाधान खोजने के निमित्त विश्व संस्था के तत्ववाधान में सतत् प्रयत्न किया जा रहा है। इस मानवीय कल्याण कार्य में विश्व की अनेक सेवा-संस्थाएं योगदान करती हैं। इनमें अन्तर्राष्ट्रीय संगठन की दृष्टि से, अन्तर्राष्ट्रीय रेडक्रॉस संगठन का कार्य उल्लेखनीय एवं प्रशंसनीय है। 1971-72 में भूतपूर्व पूर्वी पाकिस्तान के शरणार्थियों की सहायता में इस संस्था ने बहुमूल्य हाथ बंटाया था तथा अफगान, तमिल व कम्पूचिया के शरणार्थियों को भी संयुक्त राष्ट्रसंघ द्वारा सहायता प्रदान की गई है तथा विभिन्न देशों में भी सहायता शरणार्थियों को

प्रदान की गई है तथा संयुक्त राष्ट्रसंघ निरन्तर समस्या के समाधान का प्रयास करता रहता है।

विश्व के क्षेत्रों में जातिगत तनाव की समस्या तथा संयुक्त राष्ट्रसंघ का उसके समाधान में योगदान (The Problem of ethnic tension in the regions of the World, the UN contribution in resolving them)

विकासशील देशों में जातिगत तनाव (Ethnic Tensions in Developing Countries)–विकासशील देश विभिन्न प्रकार के जातिगत तनावों से जूझ रहे हैं। इन देशों के अध्ययन का पूरा चित्र वहां चलने वाले जातिगत तनावों का अध्ययन किए बिना सामने नहीं आ सकता। प्रमुख जातिगत तनावों का वर्णन निम्नलिखित है–

1. **ईसाइयों का स्थानीय लोगों से संघर्ष**–यूरोप में बसे ईसाई व्यापारी वर्तमान काल के विकासशील देशों में व्यापार करने के लिए आए थे। यहां व्यापार की सुविधा प्राप्त करके उन्होंने न केवल धन कमाया बल्कि यहां की राजनीति में भी हस्तक्षेप प्रारम्भ कर दिया। कालान्तर में अनुकूल परिस्थितियां देखकर अपने देश की सरकारों की सहायता से इन देशों में अपना साम्राज्य तक स्थापित कर लिया। ईसाई मिशनरियों ने परिस्थिति का लाभ उठा कर यहां की जनता को ईसाई धर्म में बलात् अथवा धन का लालच देकर धर्मान्तरित करने का कार्य प्रारम्भ किया। धीरे-धीरे विकासशील देशों में एक बड़ा वर्ग ईसाई बन गया जो पश्चिमी ईसाई देशों के हितों का अपने देश में रक्षकर बन गया। विदेशी ईसाई मिशनरी अपने स्थानीय ईसाई समर्थक समाज की सहायता से एक ओर विकासशील देशों को दुर्बल व विगठित करने लगे हैं तथा दूसरी ओर स्थानीय जनता का अधिकाधिक धर्मान्तरण करके उनके देश से उनकी जड़े काट रहे हैं। यह परिस्थिति विकासशील देश में जातिगत संघर्ष का कारण है। यूरोपीय देशों के शासनकाल में ईसाइयों को सुविधाएं व उच्च पद प्राप्त थे अब स्थानीय आधर्म परिवर्तित लोग यह स्थान प्राप्त कर रहे हैं यह संघर्ष का महत्वपूर्ण कारण है। हम भारत के लोग पूर्वांचल के छोटे-छोटे राज्यों की पिछड़ी जनता को ईसाई बनाकर वहां अलगाव की भावना को भड़कता हुआ देख रहे हैं। वहां ईसाइयों का स्थानीय लोगों से सतत् संघर्ष चल रहा है। इतना ही नहीं देश के विभिन्न क्षेत्रों में धर्मान्तरण के कारण निरंतर तनाव बना रहता है और समय-समय पर वह विस्फोटक रूप भी धारण कर लेता है। भारत में भी अब ईसाइयों द्वारा जबरदस्ती धर्म परिवर्तित कराने का विरोध किया जा रहा है।

मुस्लिम देशों में जातिगत तनाव (Ethnic Tensions in Muslim Countries) –विकासशील देशों में एक महत्वपूर्ण मुस्लिम देशों का पक्ष है। इन देशों में निरंतर जातिगत व धार्मिक मतभेद से तनाव बने रहते हैं और कई बार ये तनाव भीषण संघर्ष का रूप ले लेते हैं। मुस्लिम देशों में जातिगत तनावों के सामान्यत: तीन रूप

हैं। पहला प्रकार मुस्लिम समाज में विद्यमान विभिन्न समूहों व पक्षों में निरंतर चलने वाला तनाव है। शिया, सुन्नी, अहमदिया आदि समूह यद्यपि इस्लाम के अनुयाई हैं किंतु इस्लाम में विभिन्न पक्षों के संबंध में इन में मतभेद हैं। मुस्लिम समाज की असहिष्णु प्रवृत्ति इस्लाम धर्मावलम्बियों में मतभिन्नता को सहन नहीं कर पाती और इस कारण उनमें निरंतर तनाव संघर्ष चलता रहता है। पाकिस्तान, ईरान, अफगानिस्तान, ईराक, सऊदी अरेबिया आदि इसके उदाहरण हैं। दूसरा प्रकार दो मुस्लिम देशों के मध्य तनावों का है। ईरान व ईराक दो भिन्न इस्लामी मतों, शिया व सुन्नी को मानने वाले देशों के मध्य निरंतर चलने वाला तनाव इसका उदाहरण है। इस प्रकार मुस्लिम देश अपने मत के विरोधी मत मानने वाले देश को सहन नहीं कर पाते। तीसरे प्रकार का तनाव मुस्लिम देशों में मुस्लिम व गैर मुस्लिम समाज के लोगों के बीच का तनाव है। मुस्लिम समाज और गैर मुस्लिम लोगों के साथ सहअस्तित्व का व्यवहार नहीं कर पाता अत: अपने यहां बसे, हिन्दू, बौद्ध तथा ईसाई लोगों से निरंतर संघर्ष की स्थिति बनी रहती है। मुस्लिम समाज अपने देश से गैर मुस्लिमों को बाहर निकाल कर अथवा उनका धर्मान्तरण करके ही समस्या का समाधान चाहता है। अत: वहां निरंतर तनाव बना रहता है तथा अल्पसंख्यकों का जीवन, सम्मान और धन आदि असुरक्षित है।

मुस्लिमेतर देशों में तनाव (Racial Tensions in Non-Muslim Countries) –विकासशील अन्य देशों में भी जातिगत तनाव सामान्य स्थिति है। इन देशों में एक ओर मुस्लिम व ईसाई समाज विभिन्न उपायों में वहां के पिछड़े लोगों को अपने मतों में दीक्षित करने का प्रयास करते रहते हैं जिसके कारण वहां निरंतर तनाव बना रहता है। दूसरी ओर इन देशों के अपने समाजों में भी जातिगत तनाव व संघर्ष की स्थिति रहती है। भारत, श्रीलंका, म्यामार, नेपाल तथा अन्य ऐसे देशों में विभिन्न जातियां व सम्प्रदाय होने के कारण इनके बीच कई बार तनावों की स्थिति बनती है और संघर्ष होने की नौबत आ जाती है।

तिब्बत की जातीय समस्या (Ethnic Problem of Tibet)–1993 में तिब्बत की कुल जनसंख्या 22 लाख 90 हजार थी। लाखों तिब्बती आज भी अपने देश से निर्वासित हैं और इस भय से तिब्बत नहीं लौट रहे हैं कि वहां उनका सम्मान, परंपरागत रीति-रिवाज और धार्मिक विश्वास सुरक्षित नहीं है। अमेरिका के सुप्रसिद्ध रिपब्लिकन नेता फैंक वूल्फ (Frank Wolf) ने अगस्त 1997 में कुछ ऐसे तथ्य प्रस्तुत किए जिससे लगता है कि चीन 'सांस्कृतिक संहार' (Cultural genocide) और 'अनैतिक दमन' (vicious repression) द्वारा तिब्बत को पूरी तरह से निगल लेना चाहता है। तिब्बत की आजादी का कोई भी समर्थक आज चीन में सुरक्षित नहीं है। आर्थिक दृष्टि से भी तिब्बत की जनता अपेक्षाकृत ज्यादा गरीब है तथा कट्टर धार्मिक होने के कारण धर्म में हस्तक्षेप से तनाव है पर चोन द्वारा घरेलू मामला माना जाने के कारण समाधान सम्भव नहीं हो सका है।

चीन में राष्ट्रीय अल्पसंख्यक (National Minorities)–सम्पूर्ण चीनी जनसंख्या का छः प्रतिशत भाग वहां का राष्ट्रीय अल्पसंख्यक, अर्थात् गैर-हान चीनी (Non-Han Chinese) है, किंतु यह आधे चीन में फैला हुआ है। अल्पसंख्यक जातियां यद्यपि चीन की उपजाऊ भूमि पर बसी हुई नहीं हैं किंतु ये क्षेत्र खनिज पदार्थों के लिए प्रसिद्ध हैं। अल्पसंख्यक जातियां अधिकतर चरवाहों के रूप में रहकर अपना जीवन व्यतीत करती हैं। यद्यपि सरकारी रूप में अल्पसंख्यकों में पचपन जातियां सम्मिलित हैं। किंतु इनमें मुख्य जुआंग (Zhuang) जो तेरह वर्गों पर आधारित है और जिसकी एक करोड़ बीस लाख जनसंख्या है। अन्य जातियां जिनकी संख्या दस लाख से अधिक है, यूगूर (Uygur), मंगोल (Mongols), तिब्बती (Tibetans), हुई मुस्लिम (Hui Moslems) तथा कोरियन (Koreans) हैं। हान जाति की तुलना में सामाजिक व आर्थिक दृष्टि से ये पिछड़ी जातियां है तथा आपस में वे हान जाति से भाषा व धर्म के मामले में भिन्न हैं। इस्लाम धर्म के अनुयाइयों की संख्या सर्वाधिक है और उसके बाद तिब्बत का बौद्ध धर्म है अतः विभिन्नता के कारण वैमनस्य है।

साम्यवादी शासन से पूर्व (Pre-Communist Period)–साम्यवादी शासन से पूर्व सभी अल्पसंख्यकों के लिए आत्मनिर्णय के सिद्धान्त पर बल दिया जाता था। 1931 के चीनी सोवियत रिपब्लिक (Chinese Soviet Republic) में उन्हें चीन से पृथक होने का अधिकार प्रदान किया गया था और वे स्वतंत्र राज्य बना सकते थे किंतु 1949 में सत्तारूढ़ होने पर साम्यवादियों ने जनवादी चीनी गणराज्य को एकात्मक, बहुराष्ट्रीय राज्य (Unitary Multi-National State) घोषित किया। 1954 के संविधान ने इन अल्पसंख्यक क्षेत्रों को चीन का अविभाज्य अंग घोषित किया और उन्हें कुछ आंतरिक प्रशासनिक स्वतंत्रता प्रदान की जिससे वे अपनी भाषा व संस्कृति को सुरक्षित रख सकें। राष्ट्रीय अल्पसंख्यकों के लिए विशिष्ट प्रशासनिक क्षेत्र जिन्हें स्वायत्तशासी क्षेत्र (Autonomous Regions) कहते हैं, बनाए गए हैं ताकि वह सुरक्षित रहकर अपनी संस्कृति बनाये रख सकें।

साम्यवादी शासन में (In Communist Rule)–साम्यवादी शासन स्थापित होने के बाद कई वर्षों तक अल्पसंख्यकों की दशा में सुधार की कोई विशेष योजना नहीं बनी। दूसरी ओर साम्यवादी दल ने हान जाति के लोगों को बड़ी संख्या में वहां बसाना प्रारंभ किया जिससे वहां का जातीय स्वरूप बदल जाए। 1957 में दक्षिणपन्थी विरोधी युद्ध प्रारंभ किया गया जिसका उद्देश्य स्थानीय राष्ट्रीयता की भावना को कुचलना तथा स्थानीय भाषा के स्थान पर चीनी भाषा को लादना था। 1960 के बाद अल्पसंख्यकों के विरुद्ध नीति में ढील तथा स्थानीय भिन्नताओं के प्रति उदारता दिखाई गई। सांस्कृतिक क्रांति के पश्चात् इन्हें पुनः आत्मसात करने के प्रयास हुए और अंततः स्थानीय विरोध को दबा दिया गया और चीनी हान प्रभुत्व स्थापित हो गया यद्यपि समय-समय पर अल्पसंख्यक जातियां अपनी स्वायत्तता के लिए संघर्ष

करती रहती हैं तथा वैमनस्य बना रहता है पर घरेलू मामला माने जाने के कारण संयुक्त राष्ट्रसंघ में समाधान नहीं हो पाया।

ब्रिटेन में प्रवासियों की समस्या तथा जातिगत तनाव (The Problem of Immigrants and Racial Tension in Britain)–वर्तमान काल में ब्रिटिश राजनीति को वहां के जातिगत तनावों ने भी प्रभावित किया है। यद्यपि ब्रिटिश श्वेत लोगों में आंतरिक जातिगत तनावों का सामान्यत: अभाव दिखाई देता है किंतु आधुनिक काल में ब्रिटिश श्वेतों तथा अन्य प्रवासी अश्वेतों के मध्य संघर्ष ने जातिगत तनावों को बढ़ाया है। यद्यपि ब्रिटेन विदेशी नागरिकों के लिए आकर्षण का केन्द्र रहा है किंतु गत कुछ शताब्दियों से विदेशों से आने वाले प्रवासियों की समस्या ने ब्रिटिश जनमानस को आंदोलित कर दिया है और यह ब्रिटिश राजनीति की प्रमुख समस्या बन गई है। यद्यपि ब्रिटेन में अनेक यूरोपीय देशों से लोग भी आकर बसे हैं किंतु वहां प्रवासियों की समस्या अफ्रीका व एशिया से आकर बसे लोगों की प्रमुख समस्या है। यद्यपि ये लोग ब्रिटिश जनसंख्या का दो प्रतिशत भी नहीं हैं किंतु इनके प्रति ब्रिटिश जनता का आक्रोश इनमें जातीय स्वाभिमान जागृत करता है। कुछ नगरों में अश्वेत लोगों की संख्या अधिक है, अत: जातिगत तनाव भी इन्हीं स्थानों पर अधिक दिखाई देते हैं क्योंकि यहां उनका प्रवेश उद्योग व राजनीति में भी हो गया है। जिसे वहाँ के श्वेतवासी सहन नहीं कर पाते हैं।

ईनाक पावेल का आंदोलन (Enoch Powell's Movement)–ईनाक पावेल (Enoch Powell) तथा उसके अनुयायी विदेशियों के ब्रिटिश आगमन का विरोध करते हैं। पॉवेल के नेतृत्व में संगठित होकर उग्रवादियों ने इस प्रश्न को वर्तमान ब्रिटिश राजनीति का प्रमुख प्रश्न बना दिया है और इस प्रश्न पर ब्रिटिश जनता ने विभिन्न माध्यमों से अपनी प्रतिक्रिया व्यक्त की है। ब्रिटेन में प्रवासियों की समस्या मुख्यत: 1905 से सामने आई, यद्यपि इससे पूर्व भी यह समस्या वहां विद्यमान थी और ब्रिटिश राजनीति को प्रभावित करती रही थी। जब इसने विकट रूप धारण कर लिया तब 1962 ई० में प्रवासियों के ब्रिटिश आगमन को रोकने के लिए एक अधिनियम बनाया गया और बाद में अनेक पग भी उठाए गए। जब कि 1970 में पॉवेल ने आम चुनावों में सफलता प्राप्त की तब 1971 में भी संसद ने इस संबंध में प्रयास किए। पॉवेल की विजय ने यह सिद्ध कर दिया कि उसके विचार, ब्रिटिश जनता के विचार हैं और इस आधार पर बड़ी संख्या में विदेशी प्रवासियों को ब्रिटेन से यथाशीघ्र निकाल दिए जाने की व्यवस्था की जाए। इसी प्रश्न को लेकर 1979 तथा 1981 में अधिनियम बनाए गये किंतु आज भी यह समस्या ब्रिटिश राजनीति की ज्वलंत समस्या है।

राजनीतिक दल तथा जनता का रवैया (Attitude of Political Parties and People)–जहां तक ब्रिटिश राजनीतिक दलों का तथा वहां की जनता का प्रश्न है इनमें भी विदेशी प्रवासियों की समस्या पर सहमति दिखाई नहीं देती। यद्यपि यह सर्वत्र स्वीकार किया जा रहा है कि विदेशी लोगों के ब्रिटिश प्रवेश पर प्रतिबंध

लगना चाहिए किंतु सभी विदेशियों को ब्रिटेन से निकाल देने को वहां कोई भी राजनीति दल तैयार नहीं है। उनकी दृष्टि से यह समस्या राजनीतिक न होकर आर्थिक है और इस कारण सरकार को जन सुविधाओं की आवश्यकताओं की पूर्ति के लिए अधिक प्रयास करना चाहिए। इस आर्थिक समस्या का एक पक्ष यह भी है कि प्रवासी विदेशी लोगों ने ब्रिटिश अर्थव्यवस्था को सुदृढ़ आधार प्रदान किया है तथा इन लोगों ने सदा ब्रिटिश हितों को वरीयता प्रदान की है। यदि हन लोगों को ब्रिटेन से निकाल बाहर कर दिया गया तो ब्रिटिश अर्थव्यवस्था को आघात पहुंचेगा। इतना ही नहीं प्रवासी विदेशियों के संबंध में ब्रिटिश नीति का राष्ट्रकुल (Commonwealth of Nations) के देशों की सरकारों पर तुरंत प्रभाव पड़ता है और अधिकांश अश्वेत इन्हीं देशों से ब्रिटेन पहुंचते हैं। तीसरे, ब्रिटेन में अनेक ऐसे संसदीय क्षेत्र हैं जहां प्रवासियों के मत विजय के लिए महत्वपूर्ण है अतः चुनाव के समय तथा उसके पश्चात् भी उन क्षेत्रों के प्रतिनिधि प्रवासियों को परेशान करने व निकालने या प्रभाव कम करने या इनके अधिकार कम करने वाले पगों का समर्थन नहीं करते। ब्रिटेन में भारतीय प्रवासी तथा राष्ट्र परिवार के प्रवासी पर्याप्त संख्या में हैं।

अमेरिका में जातीय संबंध (Race Relations in U.S.A)–सत्रहवीं शताब्दी में ही अफ्रीका से वहां के लोगों को गुलामों के रूप में लाना प्रारंभ हो गया था। इन गुलामों से कृषि कार्यों तथा अन्य निम्न प्रकार के काम लिए जाते थे। उनसे पशुओं जैसा व्यवहार किया जाता था। उन्हें असभ्य व असंस्कृत समझकर उनसे गंदे व घृणित कार्य कराए जाते थे। समाज उनको स्वभाविक रूप में घृणा व हेय दृष्टि से देखने लगा। इन अश्वेत लोगों को अलग बस्तियां बसाकर रहने के लिए बाध्य कर दिया गया जिससे श्वेत सभ्य समाज का उनसे सामाजिक सम्पर्क न बढ़े। सार्वजनिक स्थलों, भोजनालयों, मनोरंजन केन्द्रों वे श्वेत लोगों के अन्य सार्वजनिक स्थानों के प्रयोग की उन्हें मनाही थी। इस प्रकार वह अमेरिकी समाज जो मूलतः स्वतंत्रता व समानता में विश्वास करता है तथा जिसने "सभी मनुष्य समान पैदा हुए है" जैसे वाक्यों को अपनी स्वाधीनता की घोषणा में सम्मिलित किया है, वही, समाज श्वेत व अश्वेतों की असमानता से आज भी ग्रसित है।

श्वेत-अश्वेत भेदभाव (White Black Discrimination)–वर्तमान परिस्थितियों में भी अमेरिका के अश्वेत नागरिक श्वेत नागरिकों की तुलना में न केवल द्वितीय श्रेणी के नागरिक हैं बल्कि उनके साथ अनेक प्रकार के भेद-भाव का व्यवहार होता है। राजनीतिक क्षेत्र में यद्यपि उन्हें समान अधिकार प्राप्त है किंतु व्यवहार में वे अपने मत का भी स्वतंत्रतापूर्वक इस्तेमाल नहीं कर सकते। न वे राजनीति में सक्रिय रूप से भाग ले पाते हैं और न उनका राजनीतिक शक्ति के रूप में कोई प्रभाव है। यह सर्वविदित है कि अमेरिका में कोई नीग्रो (अश्वेत) राष्ट्रपति पद को सुशोभित नहीं कर सका। आर्थिक क्षेत्र में भी अश्वेत व श्वेतों में असमानता विद्यमान है। अधिकांश नीग्रो श्रमिकों का काम करते हैं या अन्य छोटे काम या नौकरियां

करते हैं। उनसे शारीरिक श्रम के काम अधिक लिए जाते हैं तथा अन्यों की तुलना में उन्हें कम पारिश्रमिक दिया जाता है। सामाजिक क्षेत्र में श्वेत उच्च-वर्ग व अश्वेत निम्न-वर्ग में विभाजित हैं। दोनों की बस्तियां अलग-अलग बसी हुई हैं। नीग्रो लोगों की बस्तियां गंदी व आवश्यक सुविधाओं से विहीन होती हैं। सामान्यत: वे श्वेतों के साथ उनकी बस्तियों में रहने की हिम्मत नहीं कर सकते थे पर अब सुधार हुआ है।

जातीय असमानता के कारण अमेरिकी समाज में तनाव की स्थिति बनी रहती है। नीग्रो लोग अपनी स्थिति को सुधारने के प्रयत्नों में लगे हैं। अनेक सामाजिक संगठन उनकी दशा सुधारने में लगे हुए हैं। 'दि नेशनल एसोसिएशन फॉर दि एडवान्समेन्ट ऑफ कलर्ड पीपुल' (The National Association for the Advancement of Coloured People) ने अश्वेतों की समानता के लिए लम्बा संघर्ष किया। 'दि नेशनल अरबन लीग' (The National Urban League) ने भी नीग्रो लोगों के विकास का महत्वपूर्ण कार्य किया है। मार्टिन लूथर किंग के नेतृत्व में भी अश्वेतों ने अपने हितों की रक्षार्थ तथा स्वाभिमान पूर्वक जीवन व्यतीत करने के लिए संघर्ष छेड़ दिया था। इतना ही नहीं नीग्रो लोगों का एक पक्ष हिसां के मार्ग को अपनाने से भी नहीं हिचकता पर संयुक्त राष्ट्रसंघ ने सहिष्णुता की नीति को माना है।

संयुक्त राष्ट्रसंघ का योगदान (Contribution by the UN)–विश्व में सदैव से भिन्न-भिन्न सम्प्रदायों, नस्ल-जाति और विभिन्न समुदायों व कबीलों के लोग रहते चले आये हैं। सभी धर्मों और महान् पुरुषों ने मानवीय कल्याण का सन्देश दिया है तथा राष्ट्रसंघ (League of Nations) ने भी अपने समय में शरणार्थियों व विस्थापितों और मुसीबत में व्यक्तियों व समूहों को सहायता उपलब्ध कराकर उनकी दशा में सुधार किया था। संयुक्त राष्ट्रसंघ ने उससे अधिक कल्याणकारी कार्य किये हैं तथा मानव अधिकारों की घोषणा से समस्त विश्व में आशा का संचार हुआ है। फिलिस्तीनियों, यहूदियों, पाकिस्तान के अहमदियों, तिब्बत के शरणार्थियों, श्रीलंका के तमिलों व ईरान-ईराक के कुर्दों आदि की समस्याएं ऐसी हैं जिनका उल्लेख मानव अधिकारों में आवश्यक है। यहाँ उन पर भी कुछ प्रकाश डाला जाएगा।

फिलिस्तानी व यहूदी–यूरोप में, विशेषकर रूस तथा जर्मनी में, यहूदियों पर अत्यन्त भीषण अत्याचार किए जाते थे जो हिटलर के शासन में जर्मनी में पराकाष्ठा पर पहुंच गये। रूस में भी जार के शासन में उन पर भीषण अत्याचार किए जाते थे। अतएव रूसी क्रान्ति के नेता ट्राटस्की, जिनोनीन व कायनेव आदि यहूदी थे। परन्तु रूसी क्रान्ति के बाद भी, जो यहूदी विचारक कार्लमार्क्स के विचारों पर आधारित है पर वहां आज भी यहूदियों पर अत्याचार किए जाते हैं तथा उन्हें इजराइल जाने की आज्ञा भी प्रदान नहीं की जाती है। संयुक्त राष्ट्रसंघ ने यहूदियों को एक अत्यन्त छोटा प्रदेश, जो भारत के कुछ जिलों से भी छोटा है, उनको बसने के लिये प्रदान किया था। उसे इजराइल कहा जाता है। उसके अस्तित्व को मिटाने के लिए अरबों

और मुस्लिम राष्ट्रों ने इजराइल पर निरन्तर आक्रमण किए तथा इजराइल ने भी अरबों व मुस्लिम देशों को पराजित करके उनके बहुत से भू-भाग पर अधिकार कर लिया और हजारों फिलीस्तीनी अरब बेघरबार हो गये तथा आतंकवाद का सहारा ले रहे हैं। परन्तु यहूदी फिलीस्तीनी समस्या का समाधान संयुक्त राष्ट्रसंघ ने निकाल लिया है और फिलिस्तीनों को प्रदेश व प्रदेशिक शासन प्राप्त हो गया है तथा अन्य समस्याओं के समाधान के प्रयास किये जा रहे हैं।

कुर्द (Kurd)–कुर्द लोग इस्लाम धर्म के मानने वाले हैं और तुर्की, ईरान व ईराक में बसे हुए हैं। परन्तु उनके साथ जो अमानवीय व्यवहार किया जा रहा है उसका कोई समाधान नहीं निकाला जा सका है। पाकिस्तान में अहमदियों के साथ अत्याचार किये जा रहे हैं। इसमें कठिनाई यह है कि यह एक धर्म के आन्तरिक मतभेद हैं।

तिब्बत (Tibet)–तिब्बत पर साम्यवादी चीन का अधिकार होने के बाद हजारों तिब्बती शरणार्थी भारत आ गए हैं, पर इन निष्कासित तिब्बतियों की समस्या का कोई समाधान संयुक्त राष्ट्रसंघ द्वारा नहीं निकाला जा सका है अत: दलाई लामा के नेतृत्व में वह भारत में रह रहे हैं।

धार्मिक समस्या (Religions Problem)–ईरान में कट्टरपंथी शिया नेता अयातुल्ला खुमैनी के सत्ता में आने के बाद विश्व में धार्मिक कट्टरता बढ़ी है। ब्रिटेन के नागरिक तथा भारतीय मूल के मुसलमान सुलेमान रुश्दी का एक पुस्तक लिखने के कारण उसका वध करने तक की धमकी दी गई। परन्तु ईराक-ईरान युद्ध के कारण, जो मुख्य रूप से मुस्लिम धर्म के ही दो सम्प्रदायों–शिया और सुन्नियों के मध्य था, धमकी को कार्यान्वित नहीं किया जा सका। परन्तु इससे ब्रिटेन जैसे देश में भी धार्मिक कट्टरता को बल मिला है। परन्तु सबसे आश्चर्यजनक परिवर्तन रूस में हुआ है। वह साम्यवादी देश है परन्तु वहाँ भी जातिगत व धार्मिक संघर्षों का उदय हुआ है, और नस्लवाद के आधार पर लिथुआनिया, लिटेविया व एस्थोनिया के बाल्टिक प्रदेश व जार्जिया आदि पृथक हो गये हैं और आर्मेनिया वासियों व मुस्लिम अजरबेजान वासियों में भी संघर्ष व्याप्त है पर शांति व समाधान के प्रयास किये जा रहे हैं।

श्रीलंका में तमिलों की समस्या एवं साइप्रस में तुर्की की समस्या भी चल रही है। परन्तु साइप्रस में तुर्की को अलग अपना शासन स्थापित करने से समस्या का समाधान हो गया है।

अत: यह कहना उपयुक्त होगा कि अल्पसंख्यकों व धार्मिक कट्टरतावाद व इथनिक संघर्षों (Ethnic Conflict) के निदान में संयुक्त राष्ट्रसंघ की मानव अधिकारों की घोषणा का बहुत कम प्रभाव पड़ा है। अत: संयुक्त राष्ट्रसंघ को इन समस्याओं को सुलझाने का भी प्रयास करना चाहिए क्योंकि युद्ध केवल घरेलू अधिकारों

(Domestic Jurisdiction) के ही नहीं, मानव अधिकारों से सम्बन्धित मामले हैं। अत: अब मानव अधिकारों के अन्तर्गत इस ओर भी ध्यान दिया जा रहा है।

विश्व जनमत से प्रभावित होकर दक्षिण अफ्रीका ने 1971 में 'बन्तू होमलैण्ड्स संविधान के संकट' के अधीन ट्रांसकोई, वेण्डा और किस्कोई को स्वशासन प्रदान कर दिया गया जिससे समस्या का समाधान कुछ सीमा तक हो गया। भारत दक्षिण अफ्रीका की रंगभेद का निरन्तर विरोध करता रहा और अन्त में अश्वेतों को शासन प्राप्त हुआ।

जिम्बाब्वे (Jimbabwe)–जिम्बाब्वे, जिसे पहले दक्षिणी रोडेशिया कहा जाता था और जहाँ पर दक्षिण अफ्रीका की भाँति अश्वेतों की जनसंख्या श्वेतों से अधिक थी, में श्वेतों की प्रमुखता को समाप्त करके मुगाबे के नेतृत्व में अश्वेत सरकार की स्थापना की गई तथा वहाँ श्वेतों पर अश्वेतों का शासन स्थापित हो गया। 2490272 वर्ग किलोमीटर क्षेत्रफल और लगभग 1 करोड़ की जनसंख्या वाले जिम्बाब्वे में अश्वेतों का श्वेतों पर शासन स्थापित हो जाने से दक्षिण अफ्रीका के संघर्ष को और प्रोत्साहन मिला तथा 1986 में जिम्बाब्वे के राष्ट्रपति को गुटनिरपेक्ष आन्दोलन का सभापति बनाया और जिम्बाब्वे की राजधानी हरारे में गुटनिरपेक्ष आन्दोलन ने दक्षिण अफ्रीका के विरुद्ध कठोर आर्थिक उपायों का सिलसिला अपनाया। अतंत: रंगभेद अब समाप्त है और अश्वेतों का शासन स्थापित हो गया है।

निरन्तर विरोध के कारण दक्षिण अफ्रीका को नामीबिया के 824292 किमी. क्षेत्र में बसी 2 लाख की जनसंख्या को स्वतन्त्र करना पड़ा। वहाँ 1989 में संयुक्त राष्ट्रसंघ के तत्वावधान में निष्पक्ष चुनाव कराए गए और यहाँ अश्वेतों का श्वेतों पर शासन स्थापित हो गया। इस प्रकार संयुक्त राष्ट्रसंघ को गोरों द्वारा कालों के प्रति भेदभाव समाप्त करवाने में ही नहीं बल्कि कालों का गोरों पर शासन स्थापित करवाने में भी सफलता मिली है।

अल्पसंख्यक समस्या (Minorities Problem)–एक समय था कि गोरों का कालों या श्वेतों का अश्वेतों पर शासन था। ब्रिटिश, फ्रेंच, रूसी और जर्मन साम्राज्यों में श्वेत-अश्वेतों पर शासन करते थे। अमेरिका में काले लोगों (नीग्रो) को दास बनाकर रखा जाता था। परन्तु गृहयुद्ध के बाद 1765 में दासता की प्रथा की समाप्ति हो गई और काले लोगों के अधिकार बढ़ते ही चले गए। वह उच्च तथा महत्वपूर्ण पदों पर पहुंच गए। स्त्रियों की अभूतपूर्व उन्नति हुई। श्रीमती गोल्डा मायर, श्रीमती भण्डारनायके प्रधानमंत्री बनीं, श्रीमती मारग्रेट थैचर ब्रिटेन की प्रधानमंत्री और श्रीमती एक्विनों फिलीपीन की राष्ट्रपति बनीं। श्रीमती इन्दिरा गांधी को आपातकाल में इतने अधिकार प्राप्त हो गये थे जितने शायद हिटलर को भी प्राप्त नहीं थे। श्रीमती विजयलक्ष्मी पंडित, संयुक्त राष्ट्रसंघ की सभापति बनीं। अत: यह कहा जा सकता है कि अश्वेतों को व महिलाओं को अधिकार दिलाने में संयुक्त राष्ट्रसंघ को अभूतपूर्व सफलता मिली है। परन्तु अल्पसंख्यकों के प्रति अत्याचार, जातिवाद और नस्लवाद तथा धार्मिक

भेदभाव तथा एक ही धर्म के मानने वाले सम्प्रदायों व जातियों का भेदभाव अभी दूर नहीं हो सका है। आशा की जाती है कि मानव अधिकारों के अन्तर्गत इनका कष्ट निवारण किया जा सकेगा। इस ओर संयुक्त राष्ट्रसंघ का ध्यान देना आवश्यक है।

संयुक्त राष्ट्रसंघ का मुख्य उद्देश्य विश्व शांति, महायुद्धों का रोकना व विश्व कल्याण है तथा उपेक्षित लोगों को अधिकार दिलाना है। अतः विश्व में अब तक 2001 तक कोई महायुद्ध नहीं हुआ तथा संयुक्त राष्ट्रसंघ ने स्थानीय युद्धों का भी समाधान किया, ईराक-कुवैत प्रकरण के बाद यह सम्भव नहीं कि कोई सबल राष्ट्र-निर्बल राष्ट्र पर अधिकार कर ले परन्तु जातिगत, धार्मिक व नस्ल व प्रवासी और अप्रवासी व श्वेत और अश्वेत तनावों को इसलिये रोकना सम्भव नहीं कि जिन राष्ट्रों में यह दबाव है वह इसे घरेलू मामला (Domestic jurisdiction) मानते हैं और संयुक्त राष्ट्रसंघ के हस्तक्षेप को सप्रंभुता का हनन समझते हैं। पाकिस्तान अहमदियों व शिया सुन्नियों के मतभेद को, चीन तिब्बत को, अफगानिस्तान अपने यहां के संघर्ष को, यहां तक कि ब्रिटेन उत्तरी आयरलैंड Ulster के संघर्ष को अपना घरेलू झगड़ा मानता है अतः संयुक्त राष्ट्रसंघ का हस्तक्षेप सम्भव नहीं हो सका पर जहां समस्या ने विकराल रूप धारण किया वहां संयुक्त राष्ट्रसंघ ने समाधान किया है। इजराइल से फिलिस्तीनियों को प्रदेश व शासन दिलाना, ईराक को कुवैत वापिस करने को विवश करना, कम्बोडिया में शांति स्थापित करना व यूगोस्लाविया के विभाजन की समस्या को सुलझाना व कालों का गोरों पर शासन स्थापित करा सकना इसकी अभूतपूर्व सफलता है। अतः विश्व के आकार, जनसंख्या व समस्याओं को देखते हुये इनका स्थान नगण्य है। सयुंक्त राष्ट्रसंघ अन्य समस्यायें जो विश्व में हो रही हैं उनके समाधान करने का प्रयास कर रहा है।

जेनेवा निःशस्त्रीकरण सम्मेलन

जेनेवा के निःशस्त्रीकरण सम्मेलन (3 फरवरी, 1932) में संयुक्त राष्ट्रसंघ, अमेरिका तथा चार अन्य राष्ट्र ऐसे भी थे जो राष्ट्रसंघ के सदस्य नहीं थे। कुल मिला कर इसमें 61 राष्ट्रों में भाग लिया। इस सम्मेलन में विचार-विमर्श के उपरान्त निम्न सिद्धान्त प्रस्तावित किए गए–

(1) जब शस्त्रों पर नियन्त्रण लगाया जाए तो केवल उनकी संख्या ही नहीं वरन् गुणों पर भी विचार किया जाए अर्थात् अधिक विध्वंसकारी अस्त्र-शस्त्रों को अधिक सीमित किया जाए।

(2) युद्ध में प्रयोग किए जाने वाले कुछ क्रूर और अमानुषिक कृत्य बन्द हों।

(3) हवाई जहाजों से बम न फैंका जाए तथा विषैली गैसों का प्रयोग न किया जाए।

(3) राष्ट्रीय प्रतिरक्षा पर जो भी धन व्यय हो, उसे गुप्त न रखा जाए।

इस सम्मेलन के उपरोक्त सिद्धान्त निश्चय ही उपयोगी थे, लेकिन वे व्यवहार में नहीं लाए जा सके। इसके कारण थे–

(अ) सबसे पहला कारण यह था कि जिस समय इन सिद्धान्तों पर विचार हो रहा था उसी समय जापान ने चीन के प्रदेश मंचूरिया पर आक्रमण कर दिया। जापान के आक्रमण से संसार का ध्यान उस ओर आकर्षित हो गया और निःशस्त्रीकरण का विषय पृष्ठभूमि में चला गया। सभी शक्तियाँ इस विषय पर विचार करने लगीं कि जापान के आक्रमण का प्रतिकार किस प्रकार किया जाए।

(ब) 1930-31 का काल आर्थिक मन्दी का काल था। प्रत्येक देश की अर्थ-व्यवस्था अस्त-व्यस्त हो चुकी थी, इसलिए प्रत्येक देश अपनी-अपनी आर्थिक समस्याओं को सुलझाने में लगा हुआ था। अतः निःशस्त्रीकरण की योजनाओं पर गम्भीरतापूर्वक विचार करने का किसी को अवकाश नहीं था।

(स) स्वयं सम्मेलन के सिद्धांत में भी यह नहीं बताया गया था कि इन सिद्धांतों को क्रियान्वित किस प्रकार किया जाएगा।

(द) इस सम्मेलन की सिफारिशों के विफल हो जाने का सबसे बड़ा कारण फ्रांस और जर्मनी का निःशस्त्रीकरण पर मतभेद था। सम्मेलन में जर्मनी ने यह मांग की कि या तो सभी राष्ट्रों पर निःशस्त्रीकरण योजना अनिवार्य रूप से लागू कर दी जाए अर्थात् सभी राष्ट्र अपने शस्त्रार्थ को सीमित कर दें या फिर उनको भी शस्त्रीकरण की आज्ञा प्रदान की जाए, निःशस्त्रीकरण अकेले जर्मनी पर न लादा जाए। जर्मनी ने केवल अपने ही ऊपर निःशस्त्रीकरण थोपने को अन्यायमूलक कहा।

फ्रांस, जर्मनी की इस मांग का उग्र विरोधी था। वह जर्मनी के विरुद्ध अपनी सुरक्षा की गारण्टी प्राप्त करने के लिए अत्यन्त आतुर था। वह इस बात को कभी भी सहन नहीं कर सकता था कि जर्मनी को शस्त्रीकरण का अधिकार दे दिया जाए। फ्रांस की इस विरोधपूर्ण हठ को देखकर जर्मनी ने भी यह धमकी दी कि यदि उसकी शस्त्रीकरण की मांग को स्वीकार न किया गया तो वह सम्मेलन की सदस्यता ही छोड़ देगा। जर्मनी, फ्रांस, ग्रेट ब्रिटेन, इटली, अमेरिका के सम्मिलित समझौते के द्वारा जर्मनी को सम्मेलन में बना रहने के लिए तो राजी कर लिया गया, लेकिन इससे समस्या का कोई स्थायी हल नहीं निकाल सका।

इस सम्मेलन की दूसरी बैठक के प्रारम्भ होने से पहले ही जर्मनी में 1933 में हिटलर के अधिनायकवाद का उदय हो गया और हिटलर के शक्ति प्राप्त करने के पश्चात् जर्मनी द्वारा निःशस्त्रीकरण के सिद्धान्तों को स्वीकार करने की रही-सही आशा भी समाप्त हो गई। 19 अक्तूबर, 1933 को जर्मनी निःशस्त्रीकरण सम्मेलन से अलग हो गया। जर्मनी के अलग हो जाने पर इस सम्मेलन ने कोई उल्लेखनीय कार्य नहीं किया, क्योंकि इस समय तक अस्त्र-शस्त्रों की होड़ फिर प्रारम्भ हो गई थी।

जर्मनी का शस्त्रीकरण

निःशस्त्रीकरण सम्मेलन से पृथक होकर जर्मनी ने अपने आपको शस्त्रों से सुसज्जित करने में कोई कसर नहीं छोड़ी। उसने वर्साय संधि की अवहेलना करके अपने यहाँ विस्तृत पैमाने पर शस्त्रों का निर्माण करना आरम्भ कर दिया, और सेना को भी बढ़ाना प्रारम्भ कर दिया। मित्रराष्ट्र जर्मनी को ऐसा करने से रोक नहीं सके। मार्च, 1935 में हिटलर ने जर्मनी में अनिवार्य सैनिक सेवा का कानून पास कर दिया। केवल इतना ही नहीं वरन् 1936 में उसने राइन प्रदेश में अपनी सेनाएँ भी भेज दीं। हिटलर का ऐसा करना वर्साय और लोकार्नो संधि के विरुद्ध था, लेकिन उसने इन संधियों के बंधनों की चिन्ता नहीं की और अपने आपको सैनिक दृष्टिकोण से शक्तिशाली बनाता ही गया। राइन क्षेत्र पर बिना युद्ध अधिकार कर लेने से उसका साहस बढ़ गया।

इस प्रकार जर्मनी के शस्त्रीकरण ने राष्ट्रसंघ द्वारा निःशस्त्रीकरण सम्बन्धी किए गए सभी प्रयत्नों को निष्फल कर दिया। इसका वर्णन प्रो॰ शूमां ने निम्न शब्दों में किया है–

"सोलह वर्षों के पश्चात् पराजय का घेरा बंद कर दिया गया। राष्ट्रसंघ द्वारा निःशस्त्रीकरण के प्रयासों का आरम्भ जर्मनी के एकपक्षीय निःशस्त्रीकरण से आरम्भ हुआ था और जर्मनी के एकपक्षीय पुनःशस्त्रीकरण से ही इन प्रयासों का अन्त भी हो गया। यूरोप की सामूहिक बुद्धि सुरक्षा की प्राप्ति में असफल हो जाने के पश्चात् आत्मघात की तैयारी में लग गई.....। निःशस्त्रीकरण केवल एक भाव रह गया था। वार्साय के बाद दो दशाब्दियों में परम्परागत निःशस्त्रीकरण सम्मेलनों के द्वारों के ऊपर बड़े अंकों में अंकित "असफलता" के अक्षर पश्चिमी संसार के आगामी विनाश के अक्षर हो गए।"

राष्ट्रसंघ के बाहर निःशस्त्रीकरण के प्रयत्न

ऊपर हमने पढ़ा राष्ट्रसंघ द्वारा निःशस्त्रीकरण के अनेक प्रयत्न किए गए, किन्तु उसको इस कार्य में सफलता प्राप्त नहीं हुई। राष्ट्रसंघ द्वारा इस दिशा में जो कुछ भी किया गया उसका कोई विशेष प्रभाव नहीं पड़ा। राष्ट्रसंघ के बाहर भी देशों ने पारस्परिक समझौतों द्वारा निःशस्त्रीकरण के लिए जो अनेक प्रयास किए, हम उन पर भी संक्षेप में विचार करेंगे–

वाशिंगटन सम्मेलन–वाशिंगटन सम्मेलन (1921-22) अमेरिका में सुदूरपूर्ण की स्थिति को निश्चित करने के लिए बुलाया गया था। पेरिस के शांति सम्मेलन ने सुदूरपूर्व का प्रश्न अनिर्णीत छोड़ दिया था। इस प्रश्न का निर्णय वाशिंगटन सम्मेलन में ही किया गया। इसीलिए वाशिंगटन सम्मेलन को पेरिस के शांति समझौते की भांति महत्वपूर्ण माना जा रहा है। इसका सूक्ष्म उल्लेख किया जा चुका है। यहां हम विस्तृत उल्लेख करेंगें।

वाशिंगटन सम्मेलन में भाग लेने वाले देश अमेरिका, ब्रिटेन, जापान, फ्रांस, इटली, चीन, बेल्जियम, पुर्तगाल और हालैंड थे। इस सम्मेलन का महत्व केवल इसी कारण नहीं है कि इसने सुदूरपूर्व की समस्याओं को हल किया वरन् इसलिए भी है कि इसने निःशस्त्रीकरण की दिशा में महत्वपूर्ण कार्य किया। इस सम्मेलन में भाग लेने वाले देशों ने संधियां की थीं। इन संधियों में शस्त्रास्त्र सीमित करने की बात पर भी समझौते हुए तथा सेना की संख्या निश्चित कर दी गई।

इस सम्मेलन में हुई पहली सन्धि के अनुसार अमेरिका, ब्रिटेन और जापान में यह समझौता हुआ कि वे अपने विशाल सैनिक जहाजों की संख्या में 80 प्रतिशत कमी कर देंगे। संयुक्त राज्य अमेरिका, ब्रिटेन, जापान, फ्रांस और इटली के बीच जहाजों और टनेज का अनुपात 5 : 5, 3 : 1, 6 : 1, 6 : 1, 6 : 1 निर्धारित किया गया। फ्रांस और इटली का एक अनुपात निर्धारित किए जाने से फ्रांस व जापान को कुछ असन्तुष्टि हुई। इस सन्धि को कोई देश दो वर्ष का नोटिस देकर छोड़ सकता था। सन्धि में पनडुब्बियों की विषैली गैसों के प्रयोग को निषिद्ध किया गया था। 1936 तक सन्धि की मान्यताओं को मानना आवश्यक था। सन्धि के बन्धनों से मुक्त होने का नोटिस 1936 के बाद ही दिया जा सकता था।

वाशिंगटन सम्मेलन में की गई एक दूसरी सन्धि ने किलेबन्दियों के विरुद्ध व्यवस्थाएँ कीं। यह सन्धि केवल ब्रिटेन, जापान और अमेरिका के बीच ही की गई थी। इसमें यह समझौता हुआ कि ये सुदूरपूर्व में न तो कोई अड्डा बनाएँगे और न किलेबन्दी ही करेंगे।

मूल्यांकन–वाशिंगटन सम्मेलन, वास्तविक अर्थों में पूर्ण निःशस्त्रीकरण सम्मेलन नहीं था। इसमें केवल जलसेना को ही सीमित करने की योजना बनाई गई थी। विभिन्न देशों की जल सेना तथा युद्धपोतों का अनुपात निश्चित किया गया था। संयुक्त राज्य अमेरिका और इंग्लैंड का अनुपात समान रखा गया लेकिन जापान इन दोनों की अपेक्षा कम शक्ति का विकास कर सकता था।

इस व्यवस्था से जापान अधिक असन्तुष्ट नहीं था क्योंकि अपने उपलब्ध साधनों तथा क्षमता के अनुसार जितनी जल सेना और युद्धपोतों का विकास वह करना चाहता था, इस सन्धि के अनुसार वह कर सकता था।

दोनों विश्वयुद्धों के बीच के समय में जितने भी निःशस्त्रीकरण सम्मेलन बुलाए गए उन सभी में वाशिंगटन सम्मेलन महत्वपूर्ण माना गया है, क्योंकि इसकी व्यवस्थाओं को पूर्णरूप से क्रियान्वित किया गया था।

जेनेवा सम्मेलन–जेनेवा सम्मेलन अमेरिका के तत्कालीन राष्ट्रपति कुलीज द्वारा 20 जून, 1927 को बुलाया गया था। इस सम्मेलन में भाग लेने वाले मुख्य देश संयुक्त राज्य अमेरिका, इंग्लैंड और जापान थे। सम्मेलन में सम्मिलित होने के लिए फ्रांस और इटली से भी अनुरोध किया गया लेकिन वे दोनों इसमें सम्मिलित नहीं

हुए। जेनेवा सम्मेलन का लक्ष्य क्रूजरों के निर्माण पर रोक लगाना था, जो वाशिंगटन सम्मेलन के बाद बड़ी मात्रा में निर्मित किए जाने लगे थे। इस सम्मेलन ने 4 अगस्त, 1927 तक कार्य किया। लेकिन इसको कोई उल्लेखनीय सफलता नहीं मिली क्योंकि इस सम्मेलन के दौरान संयुक्त राज्य अमेरिका यह चाहता था कि उसके और इंग्लैंड के लिए क्रूजरों के टनों की समान मात्रा निर्धारित हो जाये, लेकिन इंग्लैंड इस बात से सहमत नहीं था। उसका कहना था कि उसके विश्वव्यापी साम्राज्य के लिए प्रस्तावित क्रूजरों से अधिक क्रूजरों की आवश्यकता है। अतः सम्मेलन असफल रहा।

प्रथम लन्दन सम्मेलन–21 फरवरी, 1930 को लन्दन में ब्रिटेन, संयुक्त राज्य अमेरिका, जापान, फ्रांस और इटली का सम्मेलन आमन्त्रित किया गया। इस सम्मेलन में भी युद्धपोतों को नियन्त्रित करने की बात कही गई थी। इस सम्मेलन को आमन्त्रित करने का कारण यह था कि इससे पहले जेनेवा सम्मेलन विफल हो चुका था। इस सम्मेलन में संयुक्त राज्य अमेरिका ने यह मांग रखी थी कि युद्धपोतों की उसको इंग्लैंड के समान शक्ति प्राप्त होनी चाहिए अर्थात् जितने युद्धपोत इंग्लैंड के पास हों, संयुक्त राज्य अमेरिका के पास भी उतने ही हों। जापान इन दोनों देशों के 60 प्रतिशत युद्धपोतों पर ही संतुष्ट हो गया, लेकिन फ्रांस और इटली में इस बात पर बहुत संघर्ष हुआ। इटली, फ्रांस के साथ समानता चाहता था, लेकिन फ्रांस इस बात पर सहमत नहीं था। फ्रांस और इटली में तीन माह तक वाद-विवाद होने पर भी समझौता नहीं हो सका। इसलिए इस सम्मेलन के अन्त में जो समझौता हुआ उस पर फ्रांस और इटली ने हस्ताक्षर नहीं किए। इस सन्धि की अवधि दिसम्बर, 1936 तक रखी गई।

द्वितीय लन्दन सम्मेलन–द्वितीय लन्दन सम्मेलन पहले सम्मेलन की व्यवस्थाओं के अनुसार 1935 में बुलाया गया। यह सम्मेलन जलसेना को सीमित करने वाला अन्तिम प्रयास था। इस सम्मेलन की सफलता की कोई आशा नहीं थी क्योंकि सन् 1930 से विश्व में आर्थिक मन्दी व्याप्त हो गई जिससे प्रत्येक राष्ट्र प्रभावित था।

जर्मनी में हिटलर का उत्कर्ष हो चुका था जो जर्मनी के शस्त्रीकरण का पूरा समर्थक था। जापान ने मंचूरिया पर आक्रमण कर दिया था। उसकी इन हरकतों से यह आशा नहीं थी कि वह जनशक्ति को सीमित करने की किन्हीं भी शर्तों पर तैयार हो सकेगा। यह सम्मेलन 9 दिसम्बर, 1935 को बुलाया गया। यहाँ जापान ने यह मांग पेश की कि उसको संयुक्त राज्य अमेरिका और ब्रिटेन के समान ही नौसेना रखने का अधिकार दिया जाए। लेकिन जापान की इस माँग को इन देशों ने स्वीकार नहीं किया। अत: 15 फरवरी, 1936 को वह इस सम्मेलन से निकल गया। जापान के निकल जाने के बाद भी इस सम्मेलन में कोई उल्लेखनीय काम नहीं हुआ। नि:शस्त्रीकरण की कोई मान्य वार्ता नहीं हुई और अन्त में यह सम्मेलन भी विफल हो गया। इस प्रकार द्वितीय लन्दन सम्मेलन के साथ नि:शस्त्रीकरण के सभी प्रयास विफल हो गए।

अत: हम यह देखते हैं कि प्रथम विश्वयुद्ध के पश्चात् नि:शस्त्रीकरण के लिए राष्ट्रसंघ के अन्दर और बाहर जो भी प्रयास किए गए, प्राय: सभी विफल हो गए। संसार के विभिन्न राष्ट्रों में अस्त्र-शस्त्रों के निर्माण की होड़ समाप्त नहीं हुई और प्रत्येक देश इस होड़ में सबसे आगे निकल जाने की कोशिश करता रहा। प्रत्येक राष्ट्र द्वारा अधिकाधिक शस्त्र बनाने का परिणाम यह निकला कि सभी राष्ट्रों के बीच तनावपूर्ण स्थिति पैदा हो गई। जर्मनी के शस्त्रीकरण ने संसार की दूसरी शक्तियों को भी अपनी सैन्यशक्ति बढ़ाने के लिए विवश किया। इसके फलस्वरूप द्वितीय विश्वयुद्ध का जन्म हुआ। इस युद्ध में जन-धन की जितनी क्षति हुई वह पहले युद्ध से कहीं अधिक थी।

द्वितीय विश्वयुद्ध के बाद प्रयास

द्वितीय विश्वयुद्ध की समाप्ति के बाद पुन: नि:शस्त्रकरण की आवश्यकता को अनुभव किया गया और इसके लिए नए सिरे से प्रयास किए गए। पहले राष्ट्रसंघ को इस कार्यक्रम का दायित्व सौंपा गया था कि वह नि:शस्त्रीकरण की योजना बनाये और उसको क्रियान्वित करे। द्वितीय विश्वयुद्ध के पश्चात् राष्ट्रसंघ की तरह संयुक्त राष्ट्रसंघ का भी यह पहला महत्वपूर्ण कदम हो गया है। आज नि:शस्त्रीकरण की आवश्यकता पहले से अधिक हो गई है। इसलिए विश्व का प्रत्येक शान्तिप्रिय राष्ट्र चाहता है कि विभिन्न राष्ट्रों में अणुशस्त्रों के निर्माण की जो होड़ लगी हुई है वह जितनी शीघ्र समाप्त हो जाए उतना ही अच्छा होगा।

अणुशस्त्रों पर नियन्त्रण रखने और नि:शस्त्रीकरण को एक वास्तविक तथ्य बनाने के संयुक्त राष्ट्रसंघ ने आरम्भ से ही प्रयत्न किए हैं। 1946 में भी संयुक्त राष्ट्रसंघ ने एक संयुक्त राष्ट्रसंघीय शक्ति आयोग की स्थापना की।

इस आयोग का कार्य यह था कि विभिन्न राष्ट्रों की अणुशक्ति को विध्वंसक शस्त्रों के निर्माण में व्यर्थ होने से रोके और उसको औद्योगिक विकास में लगाए। अणुशक्ति आयोग के अतिरिक्त, संयुक्त राष्ट्रसंघ ने 1947 में एक दूसरे आयोग की नियुक्ति की। इसको पारस्परिक शस्त्र आयोग (Commission for Conventional Armament) कहा गया। इस आयोग का काम यह था कि वह अस्त्र-शस्त्रों को कम करने की योजनाएं बनाएं।

किन्तु दुर्भाग्य से इन दोनों ही आयोगों को नि:शस्त्रीकरण के प्रयत्नों में कोई सफलता प्राप्त नहीं हुई। इसका कारण विभिन्न गुटों में मतभेदों का होना था। संसार दो गुटों में विभक्त था और साम्यवादी तथा प्रजातान्त्रिक गुटों में मतभेद था तथा शीतयुद्ध प्रारम्भ हो गया था। इसलिए किसी भी देश को अपनी सुरक्षा का आश्वासन नहीं था। सुरक्षा के आश्वासन के अभाव में कोई भी राष्ट्र नि:शस्त्रीकरण के लिए तैयार नहीं हो सकता था। प्रोफेसर बाली के अनुसार "कोई भी नि:शस्त्रीकरण योजना तब तक सफल नहीं हो सकती थी जब तक सभी राष्ट्रों को यह विश्वास न हो जाए कि उनके राष्ट्रीय हितों और सुरक्षा को कोई खतरा नहीं है।"

सोवियत संघ ने नवम्बर, 1948 में नि:शस्त्रीकरण के विषय में संयुक्त राष्ट्रसंघ की महासभा के सामने यह प्रस्ताव रखा कि महाशक्तियां अपने शस्त्रों को वर्तमान मात्रा के 1/3 तक कम कर दें। 1/3 कमी के बाद भविष्य में शस्त्रों की मात्रा में और भी अधिक कमी की जा सकेगी। इस प्रकार शनै:शनै: पूर्ण नि:शस्त्रीकरण हो जाएगा। सोवियत संघ का नि:शस्त्रीकरण सम्बन्धी यह प्रस्ताव महासभा में पास नहीं हो सका क्योंकि ऐंग्लो-अमेरिकी गुट ने इसका कड़ा विरोध किया।

नि:शस्त्रीकरण आयोग की स्थापना

1952 में महासभा ने संयुक्त राज्य अमेरिका के प्रस्ताव पर अणुशक्ति सम्बन्धी दोनों आयोगों को संयुक्त कर दिया और उन्हें मिलाकर एक आयोग की स्थापना की जिसको नि:शस्त्रीकरण आयोग (Disarmament Commission) कहा गया। नि:शस्त्रीकरण आयोग की सदस्यता संयुक्त राज्य अमेरिका, सोवियत संघ, ब्रिटेन, फ्रांस और चीन को प्रदान की गई। इनके अतिरिक्त कनाडा को भी इस आयोग में शामिल कर लिया गया।

नि:शस्त्रीकरण आयोग की स्थापना हो जाने पर भी नि:शस्त्रीकरण आन्दोलन को आगे नहीं बढ़ाया जा सका। यह आयोग शस्त्रास्त्रों की कमी करने में अधिक सफल नहीं हो सका। नि:शस्त्रीकरण पर विभिन्न शक्तियों में जो गतिरोध चल रहा था, वह पहले की ही भाँति चलता रहा। इस समस्या को हल करने के लिए 1953 में नि:शस्त्रीकरण आयोग ने साधारण सभा के अनुरोध पर एक उपसमिति को नियुक्त किया जिसमें ब्रिटेन, फ्रांस, संयुक्त राज्य अमेरिका, कनाडा और सोवियत संघ को सम्मिलित किया गया। इस उपसमिति ने भी कई बैठकों में नि:शस्त्रीकरण पर विचार किया, किन्तु अन्त में यह भी कोई सन्तोषप्रद समाधान प्रस्तुत नहीं कर सकी।

29 जुलाई, 1954 को भारत ने एक प्रस्ताव इस आयोग के समक्ष रखा। इस प्रस्ताव में कहा गया था कि अणुबमों का परीक्षण राष्ट्रों के अस्थायी समझौते के पश्चात् ही हो और परीक्षण के फलस्वरूप होने वाली विनाशकारी क्षमता का ज्ञान विश्व के तमाम राष्ट्रों को करा दिया जाए। भारत के इस प्रस्ताव को आयोग ने स्वीकार तो कर लिया, लेकिन उसने इसके क्रियान्वयन के लिए कोई योजना नहीं बनाई।

नि:शस्त्रीकरण के सम्बन्ध में 1954 में सोवियत संघ की तरफ से भी एक महत्वपूर्ण प्रस्ताव आया। इस प्रस्ताव में कहा गया था कि पांचों, महाशक्तियाँ, जो सुरक्षा परिषद् की स्थायी सदस्य थीं, आपसी समझौते द्वारा इस समस्या को हल करें। सोवियत संघ ने यह भी कहा कि संयुक्त राज्य अमेरिका, सोवियत संघ और चीन 10 लाख से लेकर 15 लाख तक, ब्रिटेन और फ्रांस 6.50 लाख तक और अन्य देश 1.50 तथा 2 लाख के बीच अपनी सेनाएं रखें परन्तु सोवियत संघ के इस प्रस्ताव का भी कोई व्यावहारिक परिणाम नहीं निकला।

1955 का शिखर सम्मेलन

जुलाई, 1955 में जेनेवा नगर में संयुक्त राज्य अमेरिका, ब्रिटेन, सोवियत संघ और फ्रांस के प्रधान मन्त्रियों का एक सम्मेलन नि:शस्त्रीकरण की समस्या को हल करने के लिए बुलाया गया। इस सम्मेलन में अमेरिका के राष्ट्रपति आइजनहॉवर ने यह प्रस्ताव रखा कि अमेरिका और सोवियत संघ एक दूसरे को अपने यहाँ की सैनिक सूचनाओं की जानकारी देते रहें, जिससे प्रत्येक के शस्त्रीकरण पर एक दूसरा निरीक्षण करता रहे। किन्तु सोवियत संघ के प्रधानमन्त्री बुल्गानिन ने राष्ट्रपति आइजनहॉवर के इस प्रस्ताव की आलोचना की और उसके स्थान पर अपनी यह योजना प्रस्तावित की कि नि:शस्त्रीकरण के लिए एक अन्तर्राष्ट्रीय नियन्त्रण एजेन्सी (International Control Agency) की स्थापना की जानी चाहिए। इस एजेंसी का काम विभिन्न देशों में विदेशी सैनिक अड्डों को समाप्त करना, अणुशस्त्रों के परीक्षण पर रोक लगाना और परम्परागत अस्त्रों की मात्रा कम करना हो। अत: सोवियत संघ और अमेरिका के विचारों में समझौता न हो पाने के कारण यह सम्मेलन भी सफल नहीं हो सका। इसने कोई सर्वमान्य योजना पेश नहीं की।

1955 का भारत का प्रस्ताव

जुलाई, 1955 के शिखर सम्मेलन के असफल हो जाने के पश्चात् 1 दिसम्बर, 1955 को भारत ने नि:शस्त्रीकरण के सम्बन्ध में एक अन्य प्रस्ताव आयोग के समक्ष रखा। प्रस्ताव में यह कहा गया था कि परमाणु शस्त्रों को नष्ट कर दिया जाना चाहिए। परमाणु शस्त्रों के परीक्षण पर रोक लगाना अत्यन्त आवश्यक है। इसी समय रूस ने भारत समेत एक शिखर सम्मेलन बुलाने का भी प्रस्ताव रखा, लेकिन अमेरिकी राष्ट्रपति आइजनहॉवर के विरोध के कारण रूस का यह प्रस्ताव भी पास नहीं हो सका।

नि:शस्त्रीकरण आयोग की उपसमिति की बैठक

जून, 1957 में नि:शस्त्रीकरण की समस्या पर विचार करने के लिए नि:शस्त्रीकरण आयोग की उपसमिति की बैठक बुलाई गई। इस बैठक में सोवियत संघ ने तीन प्रस्ताव रखे–

(1) अणु बमों का परीक्षण दो वर्ष के लिए रोक दिया जाए।

(2) परीक्षण को रोकने का कार्य एक अन्तर्राष्ट्रीय आयोग को सौंपा जाए।

(3) इस समझौते के क्रियान्वयन की जांच की समुचित व्यवस्था की जाए।

अमेरिका ने सोवियत संघ के इस प्रस्ताव को स्वीकार नहीं किया। इसके स्थान पर जुलाई, 1955 वाले शिखर सम्मेलन के अपने प्रस्तावों को ही दोहराया। किन्तु इन प्रस्तावों से सोवियत संघ सहमत नहीं हुआ। उसका इस प्रस्ताव के विरोध में यह कहना था कि परस्पर सूचना प्राप्त करने की योजना द्वारा संयुक्त राज्य अमेरिका,

सोवियत संघ के गुप्त सैनिक सहस्यों का भेद लेकर उस पर आक्रमण करना चाहता है।

निःशस्त्रीकरण आयोग उपसमिति की इस बैठक में सोवियत संघ के प्रतिनिधि जोरिन ने कहा कि अमेरिका और सोवियत संघ के निःशस्त्रीकरण सम्बन्धी विचारों में मतभेद है। उसने यह भी कहा कि संयुक्त राज्य अमेरिका निःशस्त्रीकरण की समस्या को हल करने के लिए सच्चे हृदय और लगन से काम नहीं कर रहा है।

इन दोनों महाशक्तियों–रूस और अमेरिका के विचार-वैभिन्न के कारण निःशस्त्रीकरण उपसमिति कोई सर्वमान्य योजना पेश नहीं कर सकी। वह 3 दिसम्बर, 1957 को निःशस्त्रीकरण की समस्या का कोई समाधान किये बिना ही विफल हो गई।

भारत का प्रस्ताव

23 सितम्बर, 1957 को भारत ने निःशस्त्रीकरण के विषय में संयुक्त राष्ट्रसंघ की महासभा के सामने निम्न प्रस्ताव पेश किये–

(1) परमाणु शस्त्रों का प्रयोग प्रतिबन्धित कर दिया जाए।

(2) परमाणु शस्त्रों का उत्पादन प्रतिबन्धित कर दिया जाए।

(3) परमाणु सामग्री का उत्पादन प्रतिबन्धित कर दिया जाए।

(4) परमाणु शस्त्रों को धीरे-धीरे नष्ट कर दिया जाए।

(5) परमाणु शस्त्रों तथा अन्य विनाशकारी शस्त्रों का निर्यात निषिद्ध कर दिया जाए।

(6) निःशस्त्रीकरण के समझौते की योजना तैयार की जाए।

(7) संयुक्त राष्ट्रसंघ के सभी सदस्य अपने सैनिक बजटों की सूचना संयुक्त राष्ट्रसंघ के महासचिव के सामने रखें।

(8) सभी राष्ट्रों में विश्वास और सुरक्षा की भावना बढ़ाई जाए।

सोवियत प्रस्ताव, अक्तूबर, 1957

27 अक्तूबर, 1957 को सोवियत संघ के विदेशमन्त्री श्री ग्रोमिको ने संयुक्त राष्ट्रसंघ के महासचिव हैमरशोल्ड को लिखा कि निःशस्त्रीकरण की समस्या का सम्बन्ध केवल महाशक्तियों से ही न होकर सम्पूर्ण संसार से है अतः इसके लिए सभी राष्ट्रों को अपने विचार प्रकट करने का अवसर प्रदान किया जाना चाहिए। निःशस्त्रीकरण सम्बन्धी विचार केवल महाशक्तियों तक ही सीमित नहीं रहने चाहिएं। इसके लिए पाँच सदस्यों की निःशस्त्रीकरण उपसमिति को भंग करके उसके स्थान पर संयुक्त राष्ट्रसंघ के सभी सदस्यों वाले एक स्थायी आयोग की स्थापना की जानी चाहिए।

संयुक्त राष्ट्रसंघ की महासभा ने रूस के प्रस्ताव पर विचार करके निःशस्त्रीकरण आयोग की सदस्य संख्या 12 से बढ़ाकर 25 कर दी। लेकिन उसने निःशस्त्रीकरण

आयोग और उसकी उपसमिति की समाप्ति की माँग करने वाले रूस के प्रभाव को अस्वीकार कर दिया। अपने प्रस्ताव के अस्वीकृत कर दिए जाने के कारण सोवियत संघ ने आयोग की कार्यवाहियों में भाग नहीं लिया। अत: यह भी असफल रही।

ख्रुश्चेव की नि:शस्त्रीकरण योजना

संयुक्त राष्ट्रसंघ की जनरल असेम्बली (महासभा) में 23 सितम्बर, 1960 को ख्रुश्चेव ने नि:शस्त्रीकरण की एक विशद योजना पेश की। इससे पहले सोवियत संघ ने अपने सैन्य बल में 12 लाख सैनिकों की कमी कर दी थी। सोवियत संघ के इस कार्य को शांतिप्रिय जगत ने बड़े आदर के साथ देखा। खुश्चेव की नि:शस्त्रीकरण की योजना का भी शांतिप्रिय जगत ने स्वागत किया था।

इस योजना में नि:शस्त्रीकरण तीन स्तरों पर होना था। पहले स्तर पर निम्न बातें होनी थीं–

(1) परमाणु शस्त्रों को प्रेषित करने वाले साधनों को राष्ट्रीय सेनाओं से हटाना और उनके जखीरों को नष्ट करना।

(2) सभी राज्यों की सेनाओं को एक सीमा तक घटाया जाए और उसी के अनुसार सैनिक बजट में भी कमी कर दी जाए। अमेरिका और सोवियत संघ 17 लाख से अधिक सेना न रखें।

(3) सभी देशों से विदेशी सेनाएं हटा ली जाएँ और सैनिक अड्डों को समाप्त कर दिया जाए।

(4) परमाणु शस्त्रों को प्रेषित करने वाले साधनों की छोड़े जाने के पहले वैज्ञानिक जाँच-पड़ताल पूरी तरह से हो जिससे किसी को आपत्ति करने की कोई गुंजाइश न रहे।

(5) जिन देशों के पास परमाणु शस्त्र हैं, वे इनकी और इनके निर्माण की सूचना दूसरे राष्ट्रों को न दें जिससे कि वे इनका अपने यहां निर्माण न कर सकें। इसके साथ परमाणु अस्त्रों वाले देश उनका स्वयं भी आगे उत्पादन न करें।

(6) नि:शस्त्रीकरण सम्बन्धी इस पहले स्तर की पूर्ति एक या डेढ़ वर्ष में की जाए और इसकी जाँच करने के लिए, कि इस ओर प्रयास किया जा रहा है अथवा नहीं, एक अन्तर्राष्ट्रीय नियंत्रण संगठन की भी स्थापना की जाए।

प्रथम स्तर में वर्णित शर्तों के पूरा होने पर नि:शस्त्रीकरण की दूसरी अवस्था शुरू होती थी। दूसरी अवस्था में खुश्चेव ने निम्न व्यवस्थाओं को प्रस्तावित किया था–

(1) परमाणु शस्त्रों और जन-धन की क्षति करने वाले अन्य भयंकर शस्त्रों पर रोक लगा दी जाए। इनके उत्पादन को बन्द कर दिया जाए।

(2) पहली अवस्था में सेनाओं की मात्रा और शस्त्रों की संख्या तथा बजट में जो कमी हो दूसरी अवस्था में उसमें और भी अधिक कमी की जाए।

(3) दूसरी अवस्था में नि:शस्त्रीकरण के ऊपर व्यापक नियन्त्रण की व्यवस्था की जाए। इस सम्बन्ध में जिस नियन्त्रण संगठन की स्थापना की जाए, वह परमाणविक, रासायनिक और भौतिक शस्त्रों के सभी जखीरों की समाप्ति की देखरेख करे। उसको परमाणु शस्त्रों के निर्माण के कच्चे माल आदि के निरीक्षण का भी पूरा अधिकार हो। वह सेनाओं के विघटन को भी अपनी देखरेख में कराए।

(4) तीसरी अवस्था में नि:शस्त्रीकरण के सम्बन्ध में जो भी प्रगति की जाए उसका लेखा-जोखा अन्तर्राष्ट्रीय नियन्त्रण संगठन के पास रहे और संगठन का यह भी कर्त्तव्य हो कि वह इस प्रगति की समस्त सूचना नि:शस्त्रीकरण संधि पर हस्ताक्षर करने वाले सभी देशों को और संयुक्त राष्ट्रसंघ के सदस्यों को दे।

नि:शस्त्रीकरण की योजना की दो अवस्थाओं की पूर्ति हो जाने पर तीसरी अवस्था में निम्न बातें की जानी थीं–

(1) सभी राष्ट्र सेनाओं को पूरी तरह से समाप्त कर दें और अपने यहाँ शांति तथा व्यवस्था स्थापित करने के लिए सीमित मिलीशिया का गठन करें। मिलीशिया के दस्तों की संख्या प्रत्येक देश के लिए अलग-अलग बातों के आधार पर निधारित की जाए। यह उतनी ही हो जो शांति-व्यवस्था स्थापित करने में सक्षम हो।

(2) हानिकारक शस्त्रों और विस्फोटक पदार्थों को नष्ट कर दिया जाए। सेना को शस्त्रों से सुसज्जित करने की पद्धति भी समाप्त कर दी जाए। मिलीशिया के दस्तों को शांति और व्यवस्था स्थापित करने के लिए जो भी साधारण शस्त्र प्रदान किए जाएँ, उनका प्रयोग केवल शांति व्यवस्था की स्थापना के लिए ही हो।

(3) विनाशकारी शस्त्रों के उत्पादन को समाप्त कर दिया जाए और इस प्रकार के शस्त्रों का निर्माण करने वाले कारखानों को बन्द कर दिया जाए अथवा उनमें केवल उन साधारण शस्त्रों का ही उत्पादन हो जो पुलिस के शांति स्थापना कार्य के लिए सहायक हों।

(4) युद्ध मंत्रालय, सर्वोच्च सेना संगठन आदि तथा अन्य सेना सम्बन्धी संस्थाओं को समाप्त कर दिया जाये।

(5) सैनिक उद्देश्यों के लिए राज्य कोई धन व्यय न करे। इस प्रकार से राष्ट्रीय आय में जो वृद्धि हो, उसके आधार पर जनता पर कर भार कम कर दिया जाए अथवा इस प्रकार से बनी आय को राष्ट्र के औद्योगिक विकास में लगाया जाए अथवा उससे पिछड़े हुए राष्ट्रों को आर्थिक सहायता प्रदान की जाए।

(6) नि:शस्त्रीकरण की इस तीसरी अवस्था में अन्तर्राष्ट्रीय नियन्त्रण संगठन इस बात को देखें कि युद्ध मन्त्रालय और अन्य युद्ध सम्बन्धी संगठनों और संस्थाओं

को तोड़ दिया गया है अथवा नहीं। सेना तथा युद्ध सामग्री पर किया जाने वाला व्यय समाप्त हो गया है अथवा नहीं।

(7) इस प्रकार पूर्ण नि:शस्त्रीकरण हो जाने के बाद भी अन्तर्राष्ट्रीय नियन्त्रण संगठन को स्थापित रहना चाहिए जिससे कि वह प्रत्येक राज्य पर यह देख-रेख कर सके कि वह अपने उत्तरदायित्वों को पूरा कर रहा है या नहीं।

(8) शांति और सुरक्षा की स्थापना संयुक्त राष्ट्रसंघ के चार्टर में उपबन्धित की गई व्यवस्थाओं के अनुसार हो।

ख्रुश्चेव की नि:शस्त्रीकरण सम्बन्धी उपरोक्त योजना का संसार के सभी शांतिप्रिय राष्ट्रों ने स्वागत किया, किन्तु संयुक्त राज्य अमेरिका तथा अन्य पश्चिमी राष्ट्रों के विरोध के कारण इसको व्यावहारिक रूप प्रदान नहीं किया जा सका।

जेनेवा का 17वां नि:शस्त्रीकरण सम्मेलन

नि:शस्त्रीकरण के इतिहास में 17वें राष्ट्रीय नि:शस्त्रकरण सम्मेलन (17 नेशन डिसआरमामेंट कांफ्रेंस) का अत्यन्त महत्वपूर्ण स्थान है। इस सम्मेलन को जेनेवा नगर में 12 मार्च, 1962 को बुलाया गया था। इस सम्मेलन का विश्व के देशों ने स्वागत किया और इसको नि:शस्त्रीकरण की उच्चतम अभिव्यक्ति का साधन कहा। जेनेवा के ऐतिहासिक महत्व वाले भवन में इस सम्मेलन का प्रारम्भ हुआ था। इस सम्मेलन की अभूतपूर्व विशेषता, जो पहले नि:शस्त्रीकरण सम्मेलन में नहीं थी, यह थी, कि इसमें तटस्थ राष्ट्रों को भी आमन्त्रित किया गया था।

इस सम्मेलन में निम्न विषयों पर विचार किया गया–

(1) संसार के राष्ट्रों के सम्मिलित प्रयत्नों द्वारा परम्परागत और आणविक शस्त्रों की समाप्ति।

(2) नि:शस्त्रीकरण के पश्चात् इस बात की गारण्टी की कोई राष्ट्र शस्त्रनिर्माण की होड़ नहीं लगाएगा।

(3) नि:शस्त्रीकरण से बचे हुए धन का अविकसित राष्ट्रों के विकास के लिए प्रयोग।

(4) शीत युद्ध की समाप्ति।

(5) पूर्व-पश्चिम के भेदभाव को दूर करके एकता की स्थापना करना।

परन्तु इस सम्मेलन द्वारा भी नि:शस्त्रीकरण की दिशा में कोई ठोस कदम नहीं उठाया जा सका। लेकिन तटस्थ देशों की उपस्थिति के कारण नि:शस्त्रीकरण के प्रति महाशक्तियों के दृष्टिकोण में परिवर्तन अवश्य आया। अब तटस्थ राष्ट्रों के भी सम्बद्ध हो जाने से नि:शस्त्रीकरण सम्मेलन को सार्वभौम स्वरूप प्राप्त हो गया।

नि:शस्त्रीकरण के इतने प्रयत्नों के बावजूद विभिन्न शक्तियाँ आणविक शस्त्रों का निरन्तर परीक्षण करती रही हैं और उन पर रोक नहीं लग सकी है। हाँ 1963

में इस दिशा में कुछ रोक अवश्य लगी है। यह रोक नि:शस्त्रीकरण का यथार्थ आरम्भ कही जा सकती है।

आणविक परीक्षण निषेध सन्धि

5 अगस्त, 1963 को आणविक परीक्षण निषेध सन्धि पर हस्ताक्षर हुए। प्रारम्भ में तो इस पर केवल डीन रस्क (अमेरिका), ग्रोमिको (सोवियत संघ) और लार्ड होम (ब्रिटेन) ने ही हस्ताक्षर किए किन्तु अब तक लगभग 100 राष्ट्र इस संधि पर अपने हस्ताक्षर कर चुके हैं। भारत ने इस संधि पर हस्ताक्षर नहीं किये हैं, चीन और फ्रांस ने भी इस संधि पर हस्ताक्षर नहीं किए हैं।

आणविक परीक्षण निषेध संधि द्वारा भूमि पर, वायुमण्डल में तथा जल के नीचे किए जाने वाले आणविक परीक्षणों को निषिद्ध कर दिया गया है। अत: यह संधि अपूर्ण है क्योंकि महाशक्तियों को भूमि के अन्दर आणविक परीक्षण करने की अब भी गुंजाइश है।

नि:शस्त्रीकरण के निरन्तर प्रयासों के कारण 25 जुलाई, 1964 को रूस, संयुक्त राज्य अमेरिका और ब्रिटेन ने आणविक परीक्षण निषेध संधि पर हस्ताक्षर कर दिए हैं। इसके अनुसार आणविक शस्त्रों का वायु, गगन मण्डल तथा जल के नीचे परीक्षण निषेध कर दिया गया है।

इसके अतिरिक्त रूस के आग्रह पर 23 अप्रैल, 1965 को नि:शस्त्रीकरण आयोग की बैठक हुई तथा 28 मई को 114 देशों के प्रतिनिधियों की बैठक हुई। भारत ने आणविक शस्त्रों के भूमिगत परीक्षण के निषेध तथा 17 देशों की जेनेवा नि:शस्त्रीकरण कांफ्रेंस का प्रस्ताव किया। अफ्रीकी-एशियाई देशों का चीन को सम्मिलित करने का प्रस्ताव स्वीकार कर लिया गया। 13 जुलाई को अमेरिका के राष्ट्रपति ने यह घोषित किया कि वह नि:शस्त्रीकरण कांफ्रेंस के लिए सहमत हो गए हैं। अतएव एक ओर संयुक्त राज्य अमेरिका, सोवियत रूस तथा फ्रांस नि:शस्त्रीकरण की ओर अग्रसर हो रहे हैं, दूसरी ओर फ्रांस ने जेनेवा नि:शस्त्रीकरण कांफ्रेंस का बायकाट कर दिया है। परन्तु चीन अणविक-परीक्षण में वृद्धि कर रहा है। ऐसा कहा जाता है कि पाकिस्तान, भारत, इजराइल, दक्षिणी अफ्रीका आदि देशों ने भी अणुबम आदि बनाने की क्षमता प्राप्त कर ली है और अन्य देश भी अणुबम बनाने में सक्षम हैं। भारत ने 1989 में आग्नेयास्त्र मिसाइल का भी निर्माण कर लिया है। भारत, पाकिस्तान व अन्य बहुत से देशों ने अणुबम निषेधात्मक संधि पर हस्ताक्षर नहीं किए हैं। अत: यह कहना कठिन है कि नि:शस्त्रीकरण योजना कहाँ तक सफल हो सकेगी परन्तु यह निर्विवाद है कि विश्वशांति के लिए नि:शस्त्रीकरण आवश्यक है।

नि:शस्त्रीकरण के लिए एक संयुक्त राष्ट्र केन्द्र की भी स्थापना की गई है। परन्तु नि:शस्त्रीकरण सम्बन्धी प्रयासों को ठोस बनाने और तेज करने की आवश्यकता

है क्योंकि आज भी निःशस्त्रीकरण की समस्या विश्व शांति के लिए अत्यन्त महत्वपूर्ण है। लियोनार्ड फ्रीडमेन के अनुसार, "आज सम्पूर्ण विश्व जनमत निःशस्त्रीकरण के पक्ष में है...परन्तु उन्हें (राष्ट्रों) को भय है कि कहीं एक पक्ष के निःशस्त्रीकरण का दूसरा पक्ष लाभ न उठा ले।" भारत ने भी इस दिशा में अन्य देशों से मिलकर प्रयास किए हैं। पाकिस्तान, दक्षिण-पूर्वी एशिया, नेपाल अपने देश को तटस्थ देश और भारत हिन्द महासागर को शांति क्षेत्र बनाने का प्रयास कर रहा है। यहाँ तक कि पश्चिमी यूरोपीय नाटो और पूर्वी यूरोपीय वारसा संधि के देश जिनके पास विश्व के सबसे अधिक संहारक अणु-पदार्थ हैं। अणु रहित व शांति प्रयासों में लगे हुये हैं। रूस और अमेरिका सेनाएँ कम करने पर राजी भी हो गए हैं। अतः आशा है कि शांति प्रयास सफल हो सकते हैं।

संयुक्त राष्ट्रसंघ द्वारा निःशस्त्रीकरण प्रयास

संयुक्त राष्ट्रसंघ ने निःशस्त्रीकरण की दिशा में निरन्तर प्रयास किए हैं। संयुक्त राष्ट्रसंघ की धारा 26 में कहा गया है–

"अन्तर्राष्ट्रीय सुरक्षा एवं शांति स्थापना व उसको प्रोत्साहित करने के लिए सैनिक समिति की सहायता से संयुक्त राष्ट्रसंघ के समक्ष ऐसी योजना प्रस्तुत करेगी जिससे शस्त्रीकरण में वृद्धि को रोका जा सके और राज्यों की आणविक क्षमता को सैनिक उन्नति के स्थान पर आर्थिक विकास में प्रयुक्त किया जा सके।"

इन उद्देश्यों को ध्यान में रखते हुए 1946 में ही संयुक्त राष्ट्रसंघ द्वारा एक अणुशक्ति आयोग की स्थापना की गई थी तथा निःशस्त्रीकरण के निरन्तर प्रयास किए गए। 1963 तक जो प्रयास किए गए उन पर विस्तृत रूप से पहले निबन्ध में प्रकाश डाला जा चुका है। अतः हम 1963 से आगे किए गए इन प्रयासों पर विचार करेंगे।

अणु-परीक्षण प्रतिबन्ध सन्धि 1963

25 जुलाई, 1963 को अमेरिका, रूस व ब्रिटेन ने सीमित परमाणु परीक्षण संधि पर हस्ताक्षर किए तथा 10 अक्तूबर, 1963 की पुष्टि के बाद यह लागू हो गई। बाद में इस संधि को अनेक राज्यों ने स्वीकार कर लिया जिनकी संख्या 2 वर्षों में ही 108 तक पहुंच गई।

इस संधि के अन्तर्गत तीनों देशों ने यह स्वीकार किया कि वे अपने क्षेत्र व नियन्त्रण के अन्तर्गत बाह्य, अन्तरिक्ष, प्रादेशिक तथा महासमुद्र में या वायुमण्डल में किसी प्रकार का परमाणु परीक्षण नहीं करेगे। परन्तु इसमें भूमिगत परीक्षणों पर प्रतिबन्ध नहीं लगाया गया। इसका कारण यह बतलाया गया कि भूमिगत परीक्षणों की जांच के लिए घटनास्थल पर जाना अनिवार्य होता और ऐसा करना प्रादेशिक सार्वभौमिकता का उल्लंघन होता। दूसरे भूमिगत परीक्षणों का वैज्ञानिक उपकरणों द्वारा ही पता लगाया जा सकता है।

उपरोक्त संधि के बारे में पं० नेहरू ने कहा था, "यह संधि विश्व इतिहास के लिए एक नया मोड़ है। इसने नि:शस्त्रीकरण तथा विश्वशांति के लिए मार्ग प्रशस्त कर दिया है।" परन्तु फ्रांस व चीन ने इस संधि का विरोध किया तथा चीन ने कुछ समय बाद ही अणुबम का प्रथम परीक्षण किया। उसके बाद 1964 व 1965 के सम्मेलनों में कोई उल्लेखनीय प्रगति नहीं हुई।

19 दिसम्बर, 1966 को संयुक्त राष्ट्रसंघ महासभा ने सर्वसम्मति से स्वीकार किया कि ऐसी वस्तु को, जिसमें परमाणु अस्त्र हों, या आणविक प्रहार के किसी भी प्रकार के अस्त्र हों अन्तरिक्ष में नहीं छोड़ा जा सकता। इस पर रूस, ब्रिटेन व अमेरिका ने 17 जनवरी, 1967 को हस्ताक्षर कर दिए।

परमाणु शस्त्र प्रसार निरोध सन्धि 1968

12 जून, 1968 को संयुक्त राष्ट्रसंघ महासभा ने 4 के विरोध में 95 मतों से, जिनमें 21 देशों ने मतदान में भाग नहीं लिया, परमाणु शस्त्रों के उत्पादन व फैलाव को रोकने (Non-poliferation) का प्रस्ताव पारित किया। इस संधि (Non-poliferation treaty) में परमाणु शक्ति से युक्त और परमाणु शक्ति से रहित देशों की ओर से वचनबद्धता की व्यवस्था है। इसमें कहा गया है कि परमाणु शक्ति से युक्त राष्ट्र परमाणु अस्त्रविहीन राष्ट्रों को परमाणु अस्त्र प्राप्त करने में कोई सहायता नहीं करेंगे। यह भी कहा गया कि इस संधि पर हस्ताक्षर करने वाले परमाणुविहीन राष्ट्र; परमाणु अस्त्र बनाने का प्रयास नहीं करेंगे। इसका तात्पर्य यह हुआ कि जिन शक्तियों के पास परमाणु बम क्षमता नहीं है वे परमाणु अस्त्र बनाने से वंचित रह जाएँगी और जिनके पास यह क्षमता है उन पर कोई रोक लागू नहीं होगी। यह संधि चीन पर भी लागू नहीं हुई क्योंकि वह संयुक्त राष्ट्रसंघ का सदस्य न नहीं है। फ्रांस ने इस संधि पर हस्ताक्षर करने से इन्कार कर दिया। अल्बानिया, क्यूबा, तंजानिया व जाम्बिया इन 4 देशों ने संधि के विरुद्ध मतदान किया। परन्तु यह अत्यन्त दुबले व छोटे राष्ट्र हैं। आस्ट्रेलिया, इजराइल, दक्षिण अफ्रीका और पाकिस्तान ने जिन्होंने प्रस्ताव के पक्ष में मतदान किया था, संधि पर हस्ताक्षर करने में अपनी स्थिति आरक्षित रखी और अपने को हस्ताक्षर करने से रोक लिया। परमाणु क्षमता से युक्त भारत, स्पेन, अर्जेन्टीना और ब्राजील ने मतदान में भाग नहीं लिया।

1974 में भारत ने अणुबम का विस्फोट राजस्थान में पोखरन क्षेत्र में किया। अत: पाकिस्तान ने वह तर्क देकर कि उसे भारत की अणुशक्ति से खतरा है अणुशक्ति का विकास करना आरम्भ कर दिया और तब तक संधि पर हस्ताक्षर करने से इन्कार कर दिया जब तक भारत हस्ताक्षर न करे। इजराइल ने यह ज्ञात करके कि ईराक अणु भट्टियाँ बना रहा है उस पर आक्रमण करके अणु संस्थानों को नष्ट कर दिया और संधि पर हस्ताक्षर न करके अपने को अणुशक्तियुक्त बनाने में लग गया। दक्षिण अफ्रीका ने भी अपने को विरोधी देशों से घिरा हुआ प्रतीत करके अणुशक्ति युक्त बनने का प्रयास आरम्भ कर दिया। अत: इस संधि पर अधिकांश देशों ने तो हस्ताक्षर

कर दिये परन्तु अणुशक्ति क्षमतायुक्त भारत, पाकिस्तान, इजराइल व दक्षिण अफ्रीका आदि में अणुशक्ति बढ़ाने की होड़ लग गई। अत: संयुक्त राष्ट्रसंघ द्वारा स्वीकृत उपरोक्त संधि को सफल कहना कठिन है। किन्तु नि:शस्त्रीकरण की दिशा में यह एक ऐतिहासिक प्रयास था और विश्व के अधिकांश राष्ट्रों ने इसे स्वीकार कर लिया है।

1968 की संधि के बाद नि:शस्त्रीकरण के प्रयास–1978 के बाद फिनलैंड की राजधानी हेलसिंकी में अमेरिका, रूस और अन्य राष्ट्रों के मध्य 1969 व वियना में 1971 में सम्मेलन हुआ। 1972 में सोवियत-अमेरिकन शस्त्रास्त्र परिसीमन सन्धि (Strategic Arms Limitation Talks — SALT) हुई जिसमें यह स्वीकार किया गया कि इसी वर्ष जुलाई के बाद अन्तरद्वीपीय प्रक्षेपास्त्रों (Inter-continental Ballistic Missiles) का आगे निर्माण नहीं किया जायेगा और न कोई पक्ष हल्के अथवा पुराने किस्म के भू-प्रक्षेपास्त्रों के स्थलों को सुधार कर भारी अन्तरमहाद्विपीय प्रक्षेपास्त्रों के लिए प्रयोज्य ही बनायेगा। इसमें और भी कई व्यवस्थाएँ हैं।

परमाणु आयुध परिसीमन समझौता 1973–इसके अन्तर्गत दोनों देशों ने यह संकल्प किया कि उनमें से कोई भी परमाणु युद्ध नहीं करेगा। दूसरा समझौता परमाणु आयुधों के सीमाबन्धन तथा परमाणु शक्ति के शान्तिपूर्ण उपयोग से सम्बन्धित था। इस समझौते के द्वारा दोनों ने 1974 तक स्वीकार किया कि वे परमाणु अस्त्रों पर रोक लगा देंगे और परमाणु शक्ति के शान्तिपूर्ण उपयोग में सहयोग करेंगे। पर 27 जून, 1973 को चीन ने तथा 1 जुलाई, 1973 को फ्रांस और 1974 में भारत ने आणविक विस्फोटक कर दिए।

6 दिसम्बर, 1973 को संयुक्त राष्ट्रसंघ की महासभा ने प्रस्ताव पारित करके सभी प्रकार के परमाणु परीक्षणों की निन्दा की। अत: मई 1975 में पुनर्विलोकन सम्मेलन (Review Conference of May 1975) हुआ। इसमें संधि पर हस्ताक्षर करने वाले 58 राज्यों ने भाग लिया और एक घोषणा प्रसारित करके यह राय प्रगट की गई कि परमाणु शस्त्रास्त्रों की होड़ को रोकने का उपाय यह है कि सन्धि करके सभी तरह के आणविक परीक्षणों पर रोक लगा दी जाए तथा रूस और अमेरिका से अनुरोध किया गया कि वे भूमिगत आणविक परीक्षण को बंद कर दें।

1979 में रूस द्वारा अफगानिस्तान में सेनाएँ भेजकर अपनी समर्थित सरकार स्थापित कर देने से अमेरिका के राष्ट्रपति कार्टर ने संधि का अनुमोदन स्थगित कर दिया तथा आरम्भ में नए राष्ट्रपति रीगन ने भी यही नीति अपनाई। 7 व 8 अप्रैल, 1983 के वारसा सम्मेलन में यूरोप को प्रक्षेपास्त्रमुक्त क्षेत्र बनाने की माँग गई। 7 मार्च से 12 मार्च, 1983 को भारत में आयोजित गुटनिरपेक्ष सम्मेलन, जिसमें 100 से अधिक देशों ने भाग लिया, में भी नि:शस्त्रीकरण पर विशेष जोर दिया गया। 28 सितम्बर, 1983 को श्रीमती इन्दिरा गांधी ने भी संयुक्त राष्ट्र महासभा के 38वें अधिवेशन में समस्त आणविक अस्त्र-शस्त्रों के उत्पादन पर प्रतिबन्ध लगाने की मांग

की और अन्तर्राष्ट्रीय शान्ति व सहयोग पर बल दिया परन्तु 31 अक्तूबर, 1984 को श्रीमती इन्दिरा गांधी की उन्हीं के सुरक्षा गार्डों द्वारा हत्या कर दी गई तथा 15 मार्च, 1985 को मिखाइल गोर्बाचोव रूस में सत्ता में आ गये और उन्होंने उदार व खुलेपन की नीति अपनाई ज़िससे शान्ति प्रयासों को बल मिला। अत: 1987 में रूस और अमेरिका मध्यवर्ती श्रेणी के परमाणु प्रक्षेपास्त्रों पर सन्धि करने को राजी हो गए तथा 20 अगस्त, 1988 को संयुक्त राष्ट्रसंघ की मध्यस्था में ईरान-ईराक में युद्ध बन्द करने का समझौता हो गया। 9 नवम्बर, 1988 को रीगन के स्थान पर जार्ज बुश अमेरिका के राष्ट्रपति बने तथा जिया-उल-हक के हवाई विस्फोट में मारे जाने के बाद 1 दिसम्बर, 1988 को श्रीमती बेनजीर भुट्टो पाकिस्तान की प्रधानमन्त्री बनीं तथा फरवरी 1989 में रूस ने अफगानिस्तान से सेनाएँ वापिस बुला लीं जिससे रूस और अमेरिका के मध्य तनाव कम हो गया। 15 मई, 1989 को श्री गोर्बाचोव और चीन के श्री डेंग (Deng) फिर से दोनों देशों के साम्यवादी दलों में सम्बन्ध स्थापित करने पर सहमत हो गये। इन सब बातों से तनाव कम हुआ और शान्ति प्रयासों व नि:शस्त्रीकरण को बल मिला।

श्री गोर्बाचोव ने पेरिस्त्रोइका (पुन:संरचना) और ग्लास्तोनास्त (खुलेपन) की नीति अपनाई जिसके कारण समस्त पूर्वी यूरोप के देशों–पौलैंड, हंगरी, चैकोस्लोवाकिया और बुल्गारिया आदि में उदार प्रजातन्त्रवादी सरकारों की स्थापना होने लगी। रूमानिया में सुधारों का वहाँ के शासकों ने विरोध किया परंतु वहाँ भी खूनी संघर्ष के बाद संवैधानिक सरकार की स्थापना हो गई। बर्लिन की दीवार तोड़ दी गई तथा पूर्वी और पश्चिमी जर्मनी के एकीकरण की मांग जोर पकड़ने लगी और यदि संयुक्त जर्मनी नाटो त्याग कर तटस्थ राष्ट्र बन जाए तो एकीकरण का विरोध न करने की राय गोर्बाचोव ने प्रगट की। अत: अमेरिका और रूस के मध्य मतभेद व शीत युद्ध के आधार समाप्त होने लगे और दोनों देश एक-दूसरे के निकट आ गए। अन्तत: 10 फरवरी, 1990 को सोवियत संघ और अमेरिका में रासायनिक हथियारों को नष्ट कर देने का समझौता हो गया तथा दोनों देशों के सैनिक विशेषज्ञों को एक-दूसरे के यहाँ राडार केन्द्रों को देखने की इजाजत दे दी गई। दोनों देशों द्वारा अपनी सेना की संख्या कम करके यूरोप में 1,95,000 सैनिक ही रखने की वार्ता चली।

श्री गोर्बाचोव ने कहा, "यह अच्छा है कि 1974 व 1976 की परमाणु संधियों की जाँच प्रक्रिया को लेकर हम आगे बढ़ रहे हैं, लेकिन हमारा मुख्य लक्ष्य आणविक हथियारों पर पूर्ण प्रतिबन्ध लगाना है।

मूल्यांकन–सारांश में यह कहा जा सकता है कि संयुक्त राष्ट्रसंघ ने नि:शस्त्रीकरण की दिशा में निरन्तर प्रयास किए हैं और उसे काफी हद तक सफलता भी मिली है तथा विश्व की दो सबसे शक्तिशाली आणविक शक्तियों में शीतयुद्ध समाप्त होकर निकटता व हथियारों में कमी करने की सन्धियाँ हुई हैं व शान्ति के निरन्तर प्रयास चल रहे हैं। इसके साथ-साथ दोनों के चीन से भी मतभेद कम हुए हैं तथा ब्रिटेन

और फ्रांस भी शान्ति प्रयासों के समर्थक हैं। परन्तु नवोदित राष्ट्र जिनको एक-दूसरे से खतरा है जैसे भारत और पाकिस्तान, ईरान व ईराक, इजराइल व अरब एवं दक्षिण अफ्रीका आदि में तनाव व्याप्त होने के कारण नि:शस्त्रीकरण को पूर्ण सफलता नहीं मिल रही है। इनमें भारत, पाकिस्तान, इजराइल और दक्षिण अफ्रीका ऐसे प्रदेश हैं जिनके पास आणविक क्षमता है, अत: इन सबका भी नि:शस्त्रीकरण में सहयोग आवश्यक है। आशा है कि विश्व जनमत और संयुक्त राष्ट्रसंघ सभी का सहयोग लेकर नि:शस्त्रीकरण की ओर निरन्तर अग्रसर होता गया। रूस और अमेरिका ने वारसा सन्धि देशों में केवल 1.95 लाख सैनिक और अमेरिका ने भी उतने ही तथा 30 हजार अतिरिक्त सैनिक रखने का निर्णय किया है। रूस, चीन, अमेरिका, जर्मनी व पूर्वी यूरोप यानि वारसा और नाटो सन्धि के देश एक-दूसरे के निकट आये। अत: यह कहा जा सकता है कि नि:शस्त्रीकरण के प्रयास सफलता की ओर प्रगति कर रहे थे तथा इस ओर प्रगति भी हो रही थी तथा रूस के विघटन के बाद शीतयुद्ध समाप्त हो गया था। ईराक के तानाशाह सद्दाम हुसैन को संयुक्त राष्ट्रसंघ ने कुवैत वापिस करने को विवश किया और इजराइल को भी फिलीस्तीनियों को प्रदेश देने को विवश किया तथा यूगोस्लोविया के विघटन पर उचित कार्यवाही की परन्तु कश्मीर समस्या उलझी रही तथा कारगिल पर आरोपित युद्ध हुआ भारत तथा पाकिस्तान दोनों ही अपनी अणुशक्ति व अस्त्र-शस्त्रों में वृद्धि कर रहे हैं तथा संधि पर हस्ताक्षर करने से इन्कार कर दिया है। अन्य देश भी अणुशक्ति सम्पन्न होते जा रहे हैं ऐसी विस्फोटक स्थिति में शक्ति प्रयासों का भविष्य नवोदित शक्तिशाली राष्ट्रों के शासकों पर निर्भर हो गया है परंतु आशा की जाती है कि शांति प्रयास सफल होगें।

□□□

संयुक्त राष्ट्रसंघ और शांतिपूर्ण समाधान की प्रक्रियाएं (U.N.O. and Procedure for Peaceful Settlement)

संयुक्त राष्ट्रसंघ द्वारा अन्तर्राष्ट्रीय विवादों को सुलझाने के लिए किए गए उपाय

संयुक्त राष्ट्रसंघ के चार्टर की धारा 33 से 39 तक शान्तिपूर्ण ढंग से अन्तर्राष्ट्रीय विवादों के समाधान की व्यवस्था की गई है। अनुच्छेद 33 में कहा गया है कि इनका समाधान वार्ता, जाँच, मध्यस्थता, सौम्यीकरण, पंच निर्णय, न्यायिक समाधान, क्षेत्रीय अभिकरणों या व्यवस्थाओं का प्रयोग अन्य शान्तिपूर्ण उपायों से करने की व्यवस्था है। राष्ट्रसंघ की धारा 12 के अन्तर्गत जाँच, पंचायत और न्यायिक समाधानों द्वारा विवादों के समाधान की व्यवस्था थी।

1. **वार्ता** (Negotiations)–यह सबसे ज्यादा प्रचलित कूटनीतिक पद्धति है। इसके द्वारा सम्बन्धित पक्ष अपनी विवादों का समाधान आपसी वार्तालाप द्वारा करने का प्रयास करते हैं। इन वार्तालापों द्वारा कभी-कभी संशयों और मतभेदों का समाधान भी हो जाता है। वार्तालाप द्वारा ही भारत और पाकिस्तान के मध्य शिमला समझौता हुआ था। भारत व चीन के मध्य सम्बन्ध सुधारने के लिए भारत के भूतपूर्व प्रधानमंत्री श्री राजीव गांधी चीन गए थे। जिससे सम्बन्धों में सुधार आया। अमेरिका और रूस के मध्य निरन्तर वार्तालाप द्वारा ही सम्बन्धों में सुधार होकर शीतयुद्ध समाप्त होकर दोनों के बीच मधुर सम्बन्ध स्थापित हुए।

2. **मध्यस्थता** (Mediation)–यह आवश्यक नहीं कि वार्तालाप द्वारा ही सदैव समस्या का समाधान हो जाए, अतएव मध्यस्थता की भी आवश्यकता पड़ती है। जब किसी समस्या का आपसी वार्तालाप द्वारा समाधान न हो तो मध्यस्थता आवश्यक हो जाती है। 1905 के रूस-जापान युद्ध का समापन अमेरिका के राष्ट्रपति थियोडोर रूजवेल्ट की मध्यस्थता से हुआ था। 1965 के भारत-पाक युद्ध के बाद ताशकन्द

समझौता रूस की मध्यस्थता से ही हुआ था। इसी प्रकार मिस्र और इजराइल में समझौता अमेरिका की मध्यस्थता से ही सम्पन्न हुआ था।

वर्तमान समय में मध्यस्थता के क्षेत्र में संयुक्त राष्ट्रसंघ और उसके महासचिव का प्रभाव बढ़ रहा है। ईराक-ईरान के लम्बे संघर्ष का अन्त संयुक्त राष्ट्रसंघ की मध्यस्थता द्वारा ही हुआ है। इसी प्रकार रूस की सेनाओं की अफगानिस्तान से वापसी रूस और अमेरिका के बीच वार्तालाप व संयुक्त राष्ट्रसंघ की मध्यस्थता से ही सम्भव हुई है। प्रथम और द्वितीय हेग सम्मेलन के समय से ही मध्यस्थता को एक महत्वपूर्ण उपाय माना जाता रहा है। अन्तर्राष्ट्रीय तनाव को कम करने व विवादों को सुलझाने में यह अधिकांश सफल रहा है।

3. **अन्तर्राष्ट्रीय जाँच द्वारा समाधान** (International Enquiry)–अन्तर्राष्ट्रीय संस्थाओं द्वारा इस उपाय को युद्ध स्थगित करने तथा विवाद की तीव्रता कम करने के लिए अपनाया जाता है। 1899 के हेग अभिसमय के अनुसार यह जाँच निष्पक्ष होनी चाहिए।

1924 में राष्ट्रसंघ में पाँच सदस्यों के एक स्थायी जाँच आयोग का प्रस्ताव रखा गया था। विभिन्न विवादों का समाधान राष्ट्रसंघ ने जाँच आयोग नियुक्त करके किया था। परन्तु यह उपाय कभी-कभी उचित फल नहीं देता है जैसे जापान द्वारा चीन के भाग मंचूरिया पर आक्रमण के समय 1931 में राष्ट्रसंघ द्वारा लिटन आयोग नियुक्त किया गया था। परन्तु इससे चीन-जापान युद्ध समाप्त करने या कम करने में कोई सहायता प्राप्त नहीं हुई। परन्तु संयुक्त राष्ट्रसंघ के जाँच आयोग सफल सिद्ध हुए हैं। जब यूनान में साम्यवादी गुरिल्लों या छापामारों की घुसपैठ हो रही थी तब जाँच आयोग के प्रभाव से ही साम्यवादी छापामारों की गतिविधियाँ समाप्त हुईं।

4. **पंच निर्णय** (Arbitration)–यह प्रणाली बहुत पुरानी है। ब्रिटेन और अमेरिका के मध्य अल्बामा (Albama) जहाज के प्रश्न पर कुटुता बढ़ गई थी। यह झगड़ा हालैंड के राजा के पंच निर्णय द्वारा, ब्रिटेन ने अमेरिका को क्षतिपूर्ति देकर सुलझाया। 1899 और 1907 के हेग सम्मेलनों में पंच निर्णय द्वारा अन्तर्राष्ट्रीय विवादों को सुलझाने का विस्तृत विवेचन किया गया था। अन्तर्राष्ट्रीय विवादों के समाधान की 57 धाराओं में से 54 यानि 34 से 90 तक, पंच निर्णय के बारे में हैं। भारत-पाकिस्तान के मध्य उत्पन्न होने वाला विवाद भी पंच-निर्णय द्वारा ही सुलझाया गया था।

5. **सरांधन** (Conciliation)–सरांधन का अर्थ है मध्यस्थता द्वारा सद्भावना उत्पन्न करना एवं कुछ आदान-प्रदान कराकर कटुता कम करना तथा समझौते के लिए प्रयास करना। 1962 में भारत-चीन के मध्य युद्ध के समय कोलम्बो प्रस्ताव द्वारा कटुता कम करने का प्रयास किया गया था। परन्तु यह प्रयास सफल नहीं हुआ। अरब-इजराइल विवाद को निपटाने के लिए विलियम रोजर्स का प्रस्ताव भी इसी श्रेणी के अन्तर्गत आता है। परन्तु इसका सबसे महत्वपूर्ण उदाहरण अमेरिका द्वारा इजराइल व मिस्र के विवाद को निपटाना है। अमेरिका ने बिना युद्ध के इजराइल

से उसके द्वारा मिस्र के जीते हुए प्रदेश मिस्र को वापिस दिलवा दिये और मिस्र इजराइल सम्बन्धों में कटुता दूर कर दी। स्वयं अमेरिका ने ईरान द्वारा बन्दी बनाए हुए राजनयिकों को अतुल धनराशि देकर छुड़ाया और कटुता कम की। सारांश यह कि यह एक ऐसा उपाय है जिसके द्वारा एक पक्ष को कुछ सुविधाएं देकर शान्त करने का प्रयास किया जाता है। संयुक्त राष्ट्रसंघ भी समय-समय पर सरांधन उपाय अपनाने के लिए सरांधन आयोग स्थापित करता है और विवादग्रस्त समस्या को सुलझाने का प्रयास करता है। कुछ लेखकों के अनुसार कश्मीर समस्या के बारे में जार्रिंग प्रयास इसी के अन्तर्गत आता है।

6. **न्यायिक निर्णय** (Judicial Settlement)–पंच-निर्णय के स्थान पर राष्ट्रसंघ ने स्थायी अन्तर्राष्ट्रीय न्यायालय की स्थापना की ताकि विधि सम्बन्धी, तथ्य सम्बन्धी तथा अन्य विवाद अन्तर्राष्ट्रीय न्यायालय द्वारा निबटाए जा सकें। राष्ट्रसंघ के अन्तर्राष्ट्रीय न्यायालय ने बहुत से विवाद न्यायिक निर्णयों द्वारा निबटाए जिनका उल्लेख किया जा चुका है।

संयुक्त राष्ट्रसंघ ने अन्तर्राष्ट्रीय न्यायालय की स्थापना संयुक्त राष्ट्रसंघ के एक अंग की भांति की और इसके द्वारा भी विभिन्न अन्तर्राष्ट्रीय विवादों को अपने न्यायिक निर्णयों द्वारा सुलझाने का प्रयास किया जिनका उल्लेख अन्तर्राष्ट्रीय न्यायालय के वर्णन के साथ किया गया है। परन्तु यह पद्धति भी अधिक सफल नहीं हुई है। इसका उपयोग केवल छोटे और महत्वहीन मामलों में ही किया जा सका है क्योंकि गुडरिच के अनुसार सामान्यत: बड़ी शक्तियां अपने निहित स्वार्थों या राष्ट्रहित के मामले को संयुक्त राष्ट्रसंघ के समक्ष प्रस्तुत करने को तैयार नहीं होती हैं और छोटी शक्तियां भी न्यायिक निर्णय को, यदि वह उनके निहित स्वार्थी के विरुद्ध होता है, तो नहीं मानती हैं जैसे अल्बानिया ने कर्फू चैनल के फैसले को नहीं माना और न न्यायिक निर्णयानुसार क्षतिपूर्ति की।

7. **राष्ट्रों का सम्मेलन** (Conference)–अन्तर्राष्ट्रीय झगड़ों का समाधान करने के लिए सम्मेलन किए जाते रहे हैं। यूरोपीय झगड़े इन सम्मेलनों द्वारा ही निपटाए जाते थे। 1878 में बर्लिन कान्फ्रेंस द्वारा रूस, ऑस्ट्रिया, ब्रिटेन और टर्की के मध्य झगड़े निपटाए गए थे। मोरक्को समस्या का समाधान भी सम्मेलन द्वारा ही किया गया था। जर्मनी और बर्लिन के घेरे की समस्या का समाधान भी ब्रिटेन, फ्रांस, अमेरिका व रूस की कांफ्रेंसों द्वारा होता रहा है। नाटो शक्तियों और वारसी शक्तियों के मध्य भी इनका उपयोग किया जाता है। यह सम्मेलन राष्ट्रों के मध्य या संयुक्त राष्ट्रसंघ के तत्वावधान में हो सकते हैं। अफगानिस्तान की समस्या का समाधान संयुक्त राष्ट्रसंघ के अन्तर्गत सम्मेलनों द्वारा हुआ था। कम्पूचिया की समस्या के निदान के लिए भी संयुक्त राष्ट्रसंघ के तत्वावधान में निरन्तर सम्मेलन हो रहे हैं। इन सभी उपायों के असफल होने पर–सामूहिक सुरक्षा का उपयोग किया जाता है, जिसका आगे उल्लेख किया जायेगा।

निष्कर्ष—अन्तर्राष्ट्रीय विवादों का समाधान उपरोक्त उपायों में से किसी एक उपाय का आलम्बन करके संयुक्त राष्ट्रसंघ द्वारा कर दिया जाता है। अन्तर्राष्ट्रीय समस्याओं व विवादों के समाधान का प्रयास संयुक्त राष्ट्रसंघ के सभी अंग करते हैं। सुरक्षा परिषद् का विश्व में शान्ति बनाए रखने का मुख्य दायित्व है, वही अपना दायित्व निभाती है परन्तु स्थायी सदस्यों द्वारा निषेधाधिकार का प्रयोग किए जाने पर महासभा यह कार्य करती है। महासभा ने शान्ति के लिए एकता प्रस्ताव पास करके पहले कोरिया में तथा बाद में स्वेज नहर के संघर्ष में अपना दायित्व निभाया था। विधि के मामले में अन्तर्राष्ट्रीय न्यायालय अपना दायित्व निभाता है और महासचिव डाग हैमरशोल्ड ने तो कांगो में शान्ति स्थापना के लिए अपने प्राणों की आहुति तक दे दी। महासचिव पेरेज दकुईयार के प्रयत्नों से ही ईराक-ईरान युद्ध-विराम हुआ व अफगानिस्तान तथा कम्बोडिया से विदेशी सेनाएं हटीं। सबसे बड़ी सफलता यह है कि संयुक्त राष्ट्रसंघ महायुद्ध को रोककर विश्व शान्ति बनाए रखने में सफल हुआ।

संयुक्त राष्ट्रसंघ और विश्व शान्ति

"वह धन्य हैं जो शान्ति के लिए प्रयास करते हैं।" *—ईसा*

"शान्ति की विजय, युद्ध की विजय से कम शानदार नहीं होती।" *—मिल्टन*

"......शांति घोषणाओं और प्रतिज्ञाओं में नहीं रहती, वह तो सभी व्यक्तियों के दिलों और दिमागों में रहती है। आज के विश्व में कोई भी अधिनियम, कोई करार, कोई संधि तथा कोई संगठन शांति को तब तक स्थायी नहीं बना सकता जब तक उसके सभी देशों के लोगों का पूर्ण समर्थन नहीं मिलता एवं वे उसके प्रति अपने को पूर्णत: अर्पित नहीं करते। इसके लिए हम अपनी आशाएँ करार-पत्रों व कागजों पर केन्द्रित न रखें, वरन् हमें शांति की स्थापना के लिए प्रयास करना चाहिए। सभी लोगों में शांति की इच्छा हो, शांति स्थापनार्थ काम करने की भावना दिल और दिमाग में होनी चाहिए। मुझे विश्वास है कि हम ऐसा कर सकते हैं। इस पृथ्वीग्रह के निवासी मेरे बन्धुओ आओ, हम संयुक्त राष्ट्रसंघ की इस महासभा में अपना स्पष्ट शांति-मंतव्य प्रकट करें और यह देखें कि क्या हम अपने ही युग में विश्व को न्यायपूर्ण व स्थायी शांति प्रदान करने की दिशा में अग्रसर कर सकते हैं।"

—राष्ट्रपति जॉन एफ० केनेडी

(20 सितम्बर, 1963 को महासभा में दिया गया भाषण)

संयुक्त राष्ट्रसंघ का उद्देश्य अन्तर्राष्ट्रीय शांति और सुरक्षा को बनाए रखना है। इस उद्देश्य की पूर्ति के लिए जहां कहीं भी सशस्त्र आक्रमण हो वहाँ सुरक्षा के लिए सामूहिक और प्रभावपूर्ण कार्यवाही करना है। संयुक्त राष्ट्रसंघ के चार्टर द्वारा अन्तर्राष्ट्रीय शान्ति व सुरक्षा को बनाए रखने का दायित्व सुरक्षा परिषद् को सौंपा गया है। विशेष परिस्थितियों में महासभा भी इस कार्य में योगदान कर सकती है।

एकता प्रस्ताव के बाद इसका महत्व बहुत बढ़ गया है। कोरिया तथा स्वेज नहर के बारे में इसी प्रस्ताव के अन्तर्गत कार्यवाही की गई। अन्तर्राष्ट्रीय संघर्ष व विवाद उत्पन्न करने वाली किसी भी परिस्थिति या झगड़े की जाँच करने का पूरा अधिकार सुरक्षा परिषद् को है। चार्टर की धारा 2 के अनुसार संयुक्त राष्ट्रसंघ के सदस्य इस बात के लिए वचनबद्ध हैं कि वे "वर्तमान चार्टर" के अनुसार "सुरक्षा परिषद् के सभी निर्णयों को स्वीकार करेंगे तथा उनका पालन करेंगे।" चार्टर के छठें और सातवें अध्यायों में उन रीतियों का उल्लेख किया गया है जिनके द्वारा अन्तर्राष्ट्रीय विवादों को सुलझाने की चेष्टा की जाएगी। ये रीतियाँ लगभग वे ही हैं जो पुराने राष्ट्रसंघ के सम्मति पत्र में निहित की गई थीं। संयुक्त राष्ट्रसंघ के चार्टर के अन्तर्गत कुछ व्यावहारिक तथा प्रभावशाली कदम उठाकर उन्हें प्रभावशाली बनाने की चेष्टा की गई है।

अन्तर्राष्ट्रीय विवादों को हल करने के लिए मुख्य रूप से दो रीतियाँ व्यवहार में लाई जाती हैं–(1) मैत्रीपूर्ण या शान्तिपूर्ण कार्यवाही, और (2) बलप्रयोगकारी या बाध्यकारी कार्यवाही।

मैत्रीपूर्ण या शान्तिपूर्ण कार्यवाही

संयुक्त राष्ट्रसंघ के चार्टर के अनुच्छेद 33 से 38 तक अंतर्राष्ट्रीय विवादों के शान्तिपूर्ण समझौते की व्यवस्था की गई है। अनुच्छेद 33 के अनुसार जब किसी विवाद से सम्बन्धित पक्ष अपना झगड़ा स्वयं निपटाने में असफल रहें और झगड़े के बने रहने से अन्तर्राष्ट्रीय शान्ति व सुरक्षा के लिए संकट उत्पन्न हो तो सुरक्षा परिषद् उनसे वार्ता, जाँच, मध्यस्थता, सौमनस्य, पंच-निर्णय, न्यायिक फैसले, प्रादेशिक एजेंसियों अथवा व्यवस्थाओं या अपनी इच्छानुसार शान्तिपूर्ण उपायों द्वारा झगड़ों तथा विवादों को निपटाने के लिए कह सकती है।

झगड़ों तथा विवादों को सुलझाने के ये विभिन्न तरीके इस बात की ओर संकेत करते हैं कि सभी विवादों की प्रकृति एक-सी नहीं हो सकती और न ही किसी एक उपाय द्वारा ही सभी विवादों को सुलझाया जा सकता है। विगत वर्षों के अनुभव से यह बात सिद्ध हो गई है कि एक विवाद दूसरे विवाद से पूर्णतः भिन्न होता है और कभी-कभी अपवादस्वरूप ही किन्हीं दो विवादों में समानता पाई जाती है।

संयुक्त राष्ट्रसंघ के समक्ष लाए गए विवादों के मुख्यतः तीन रूप रहे हैं–

1. **तथ्य मूलक विवाद**–जिनमें विवादग्रस्त पक्ष एक-दूसरे पर अनुचित तथा गैरकानूनी कार्यवाही करने का आरोप लगाते हैं।

2. **न्याय सम्बन्धी विवाद**–जिनमें वैधानिक अधिकारों और कर्त्तव्यों का प्रश्न तथा कानून निहित होता है।

3. **नीति सम्बन्धी विवाद**–जिनमें विवादग्रस्त राष्ट्रों की नीतियों का टकराव होता है।

सन् 1960 ई॰ में रूस द्वारा अमेरिका का आर-बी-47 यान मारकर गिराना एक तथ्यमूलक विवाद था। आइसलैंड और ब्रिटेन के मध्य विवाद न्याय-सम्बन्धी विवादों की श्रेणी में आता है। "बर्लिन की स्थिति" का प्रश्न एक नीति सम्बन्धी विवाद था। बर्लिन की दीवारें तोड़ दिए जाने से यह पूर्वी व पश्चिमी जर्मनी के एकीकरण का प्रश्न हो गया था, जिसमें सोवियत संघ और पश्चिमी राष्ट्रों की नीतियों के मध्य संघर्ष पाया जाता था।

उपर्युक्त सभी विवादों में नीति-सम्बन्धी विवादों को सुलझाना शायद सबसे कठिन होता है। कभी-कभी ऐसे जटिल विवाद आते हैं जिनमें दोनों या तीनों प्रकार के प्रश्न एक साथ उलझे होते हैं और इनको सुलझाना अत्यन्त कठिन हो जाता है।

वार्ता (Negotiations)–झगड़ों तथा विवादों के निपटारे के लिए सबसे अधिक जिस समाधान का प्रयोग होता है वह है वार्ता तथा कूटनीति–जिसे चार्टर के अनुच्छेद 33 में वार्ता की संज्ञा दी गई है। "अन्तर्राष्ट्रीय कानून के अर्थ में वार्ता एक विधिक व्यवस्थित और प्रशंसनात्मक प्रक्रिया है। इसकी सहायता से राज्य सरकारें अपनी असंदिग्ध शक्तियों का प्रयोग करते हुए एक-दूसरे के साथ अपने सम्बन्धों का संचालन करती हैं और मतभेदों पर विचार-विमर्श, उनका व्यवस्थापन और समाधान करती हैं। ऐसी वार्ता या तो राज्यों के अध्यक्षों द्वारा की जाती है अथवा उनके प्रमाण-पत्र प्राप्त अभिकर्ताओं द्वारा किसी विवाद के समाधान के लिए दो देशों के बीच जो पत्र-व्यवहार होता है उसे भी वार्ता का ही अंग माना जाता है। 'नहर-पानी विवाद' और 'अल्पसंख्यकों की समस्या' को भारत व पाकिस्तान ने वार्ता द्वारा ही सुलझाया था। बांग्लादेश और भारत के मध्य नदियों के पानी का विवाद भी वार्ता द्वारा ही सुलझाया गया है। भारत व पाकिस्तान के मध्य शिमला समझौता इसका ज्वलन्त उदाहरण है। मिस्र व इजराइल के मध्य समझौता इसी के अन्तर्गत आता है।

लेकिन यह आवश्यक नहीं है कि वार्ता सदैव ही दोनों पक्षों के बीच व्याप्त मतभेदों को दूर कर दे, जैसे शिमला समझौते के बाद भी भारत व पाकिस्तान में मतभेद व्याप्त हैं। कई बार अनेक राज्य वार्ता का ढोंग रचकर विश्व जनमत को अपने अनुकूल बनाने की चेष्टा करते हैं। वार्ता द्वारा वे विश्व के समक्ष यह तथ्य प्रस्तुत करते हैं कि वे तो समझौते के लिए तैयार थे, लेकिन दूसरे पक्ष की हठ के कारण समस्या का समाधान नहीं हो सका और उन्हें विवश होकर युद्ध करना पड़ा। ऐसा अरब-इजराइल संघर्ष में निरन्तर होता चला आ रहा है।

सत्सेवा और मध्यस्थता (Good Office and Mediation)–वार्ता के विफल हो जाने पर मध्यस्थता का मार्ग अपनाया जाता है, जिसमें एक तीसरा पक्ष विवादग्रस्त विषय के सम्बन्ध में ऐसे सुझाव प्रस्तुत करने की चेष्टा करता है ताकि दोनों पक्षों में समझौता हो सके। उत्तम उद्देश्य से किया गया तीसरे पक्ष का यह कार्य "सत्सेवा" (Good Office) कहलाता है और विवाद को सुलझाने के लिए दोनों पक्षों के बीच में पड़ना मध्यस्थता कहा जाता है। विवाद से सम्बन्धित किसी पक्ष द्वारा तीसरे पक्ष

की सलाह या उसके सुझाव को ठुकराया भी जा सकता है। इसमें कानून के उल्लंघन का कोई प्रश्न नहीं उठता। 1951 में आस्ट्रेलिया सरकार ने भारत-पाक विवाद के समाधान के लिए अपनी सत्सेवाएँ देने को कहा था लेकिन प्रधानमंत्री नेहरू ने यह कहकर उन्हें अस्वीकार कर दिया कि "भारत और पाकिस्तान के बीच आस्ट्रेलिया के इस सत्सेवा प्रयत्न से कोई लाभ सम्भव नहीं है।" 1947 में हालैंड व इण्डोनेशिया में संघर्ष होने पर संयुक्त राष्ट्रसंघ की सुरक्षा परिषद् द्वारा नियुक्त "सत्सेवा समिति" ने दोनों पक्षों के समझौतों में उत्पन्न गतिरोध को दूर किया था। अमेरिका के हबर्ट हूबर जूनियर ने मध्यस्थता करके ही 1954 में आंग्ल-ईरानी तेल विवाद सुलझाया था। संयुक्त राष्ट्रसंघ के चार्टर के अनुच्छेद 34 व 35 में यह अनुबन्धित है कि जब कभी ऐसी परिस्थिति पैदा हो जिसमें अन्तर्राष्ट्रीय झगड़े की सम्भावना हो तो संयुक्त राष्ट्र संघ सामूहिक मध्यस्थता करे। रूस ने भारत और पाकिस्तान के मध्य अपनी मध्यस्थता से ताशकन्द समझौता कराया था और संयुक्त राज्य अमेरिका ने मिस्र तथा इजराइल के मध्य कैम्प डेविड समझौता करवाया था। यह रीति अत्यन्त प्राचीन है। अमेरिका ने 1901-5 के रूस-जापान युद्ध में समझौता कराया था।

सौमनस्य (Conciliation)–मध्यस्थता की भाँति एक उपाय सौमनस्य या सरांधन (Conciliation) भी है। लेखक ओपेनहाइस के विचार से "यह संघर्ष को निपटाने की ऐसी प्रक्रिया है जिसमें झगड़ा निपटाने का काम कुछ व्यक्तियों के आयोग को सौंप दिया जाता है। यह आयोग दोनों के विवाद सम्बन्धी तथ्यों को स्पष्ट करते हुए रिपोर्ट देता है। इसमें विवाद के समाधान के लिए कुछ प्रस्ताव होते हैं, परन्तु इनका रूप पंच-निर्णय अथवा न्यायिक फैसले की भांति अनिवार्य रूप से मान्य नहीं होता।" दूसरे शब्दों में मध्यस्थता और सौमनस्य में अन्तर केवल इतना है कि जहाँ मध्यस्थ का कार्य किसी ऐसे व्यक्ति द्वारा किया जाता है जो किसी राष्ट्र या अन्तर्राष्ट्रीय संगठन का प्रतिनिधित्व करता है वहाँ सौमनस्य का कार्य एक आयोग द्वारा होता है। परन्तु दोनों कर मूल उद्देश्य एक ऐसा समाधान खोज निकालना होता है जो विवाद से सम्बन्धित सभी पक्षों को मान्य हो। प्रसिद्ध लेखक हडसन के शब्दों में "सौमनस्य की प्रक्रिया में तथ्यों के अन्वेषण तथा विरोधी दावों के समन्वय से प्रयत्न के वाद-विवाद के समाधान के लिए प्रस्ताव बनाए जाते हैं। इन्हें स्वीकार या अस्वीकार करने की स्वतंत्रता दोनों पक्षों को होती है।" इस प्रकार सौमनस्य में तीन तत्वों–जाँच, मध्यस्थता और विवाद निपटाने के प्रस्तावों का सम्मिश्रण होता है। संयुक्त राष्ट्रसंघ द्वारा इसका प्रयोग सफलापूर्वक किया गया है।

जाँच (Investigation)–सौमनस्य की प्रक्रिया हेग अभिसमय द्वारा विकसित हुई है जिसकी धारा 9 में वह व्यवस्था की गई थी कि तथ्यमूलक विवाद होने पर उसकी जाँच के लिए दोनों पक्षों द्वारा चुने गए व्यक्तियों का एक अन्तर्राष्ट्रीय आयोग बनाया जायेगा। लेकिन किसी भी राज्य की प्रतिष्ठा और महत्वपूर्ण स्वार्थ से सम्बन्धित प्रश्न ऐसी जाँच का विषय नहीं बन सकते। जाँच का प्रमुख उद्देश्य

उन तथ्यों को ढूँढ़ निकालना होता है जिनसे विवादग्रस्त पक्षों के बीच भ्रांति और अज्ञान दूर होकर शांति स्थापित हो सके। 1924 में वाशिंगटन में हुए समझौते के अनुसार जाँच के एक स्थायी आयोग को स्थापित करने का निश्चय किया गया था।

राष्ट्रसंघ और संयुक्त राष्ट्रसंघ दोनों ने सौमनस्य व जाँच आयोग के माध्यम से अनेक समस्याओं को सुलझाने की चेष्टा की है। 1919 में राष्ट्रसंघ में मंचूरिया की घटनाओं की जांच के लिए लार्ड लिटन के सभापतित्व में कमीशन नियुक्त किया था। फिलिस्तीन में अरब राज्यों और इजराइल के बीच स्थायी शांति स्थापित करने के उद्देश्य से एक सौमनस्य आयोग बनाया गया था। दोनों महायुद्धों के बीच के काल में विभिन्न देशों में सौमनस्य की रीति अपनाने के लिए सैकड़ों समझौते किए गए और अनेक आयोग बनाए गए थे। लेकिन इस रीति से बहुत कम लाभ उठाया गया है। ब्रूसेल्स सन्धि द्वारा इंग्लैंड, फ्रांस, बेल्जियम, नीदरलैंड और लक्जमबर्ग ने आपसी विवादों को सुलझाने के लिए सौमनस्य के उपायों को अपनाने का निश्चय किया है।

उपर्युक्त सभी उपायों–वार्ता, मध्यस्थता, सौमनस्य, जांच आदि को निर्णयेतर उपाय कहा जाता है, क्योंकि इनमें दोनों पक्षों को सुझाव न मानने की स्वतंत्रता होती है। इन्हें प्रभावशाली बनाने के लिए कुछ अन्य उपायों का विकास किया गया है, जिनमें दोनों पक्षों को, दिए गए निर्णयों को मानना आवश्यक होता है। ये निर्णयात्मक उपाय दो प्रकार के होते हैं–पंचनिर्णय और न्यायिक फैसले या अधिनिर्णय।

पंचनिर्णय (Arbitration)–अन्तर्राष्ट्रीय विवादों को शांतिपूर्ण ढंग से हल करने के लिए पंचनिर्णय की रीति का सबसे अधिक प्रयोग होता है। अन्तर्राष्ट्रीय कानून के विकास के आरम्भ से ही पंचनिर्णय के लिए इस उपाय की शरण ली जाती रही है। 19वीं शताब्दी के अन्त तक यह रिवाज था कि जब दो या दो से अधिक राष्ट्रों के बीच कोई झगड़ा खड़ा हो जाता था तो उसका निर्णय करने के लिए पंच नियुक्त किए जाते थे। पंचनिर्णय का अर्थ "राज्यों के मतभेद का समाधान कानूनी निर्णय द्वारा किया जाना है, यह निर्णय अधिकांश दोनों पक्षों द्वारा चुने हुए एक अथवा अनेक पंचों के न्यायाधिकरण द्वारा होता है और यह अधिकरण न्याय के अन्तर्राष्ट्रीय न्यायालय से पृथक् होता है।" जब संयुक्त राज्य अमेरिका और इंग्लैंड के मध्य अल्बामा के प्रश्न पर विवाद था तो हालैंड के राजा के पंचनिर्णय द्वारा यह मामला सुलझाया गया था।

पंचनिर्णय में अन्तर्राष्ट्रीय कानून के मौलिक सिद्धांत लागू किए जाते हैं। लेकिन यदि विवाद से सम्बन्धित पक्ष चाहें तो इसमें समन्याय के सिद्धान्त भी लागू किए जा सकते हैं। पंचनिर्णय के लिए दिए गए विवाद में न्यायाधीश विवादग्रस्त पक्षों द्वारा चुने जाते हैं। सामान्य नियम यह है कि पहले तो दोनों पक्ष अपना-अपना एक-एक न्यायाधीश मनोनीत कर देते हैं और बाद में एक न्यायाधीश दोनों की सहमति से नियुक्त होता है जैसा कि ब्रिटेन और अमेरिका के विवाद में हुआ था।

राज्यों के लिए यह आवश्यक नहीं है कि वे अपना कोई विवाद पंचनिर्णय के लिए सौंपे। लेकिन एक बार विवाद सौंपने के उपरांत 'पंचों के निर्णय' या 'पंचात' को स्वीकार करना उनके लिए आवश्यक हो जाता है। विधि शास्त्री लारेंस ने लिखा है "पंचनिर्णय का महत्व इनके न्यायिक अथवा न्यायिक-कल्प स्वरूप में रहता है। यह झगड़े का एक व्यक्ति को अपना व्यक्तियों के एक छोटे समूह को निर्दिष्ट करना प्रकट करता है, जिससे पक्षकार अपने-अपने पक्षों को व्यक्त करते हैं और जिनके निर्णय को वे प्रतिष्ठावश मानने के लिए बाध्य होते हैं तथा वस्तुतः उन्हें अधिकार माना गया है। इसके विपरीत उदाहरण केवल उसी दशा में मिलता है जब पंच अपनी शक्ति के बाहर गया हो। जब कोई झगड़ा किसी पंच को सौंप दिया जाता है तो मामला एक न्यायालय के समक्ष परीक्षण का रूप धारण कर लेता है।

1899 में प्रथम हेग सम्मेलन में पंच-निर्णय का एक स्थायी न्यायालय एक अन्तर्राष्ट्रीय ब्यूरो सहित हेग (हालैंड) में स्थापित किया गया था। प्रत्येक हस्ताक्षरकर्ता राष्ट्र अन्तर्राष्ट्रीय कानून में दक्षता रखने वाले और सर्वोच्च नैतिक चरित्र रखने वाले व्यक्तियों को पंचनिर्णय के स्थायी न्यायालय में न्यायाधीश के पद पर कार्य करने के लिए चुनता था। संभावित न्यायाधीश की सूची में से पंचनिर्णय के लिए किसी भी न्यायाधीश को चुनने की विवादग्रस्त राष्ट्रों को स्वतंत्रता थी। 1907 के हेग सम्मेलन में इस योजना में कुछ सुधार किए गए, लेकिन यह सच्चे अर्थों में न्यायालय नहीं था और न ही शायद इसमें कोई स्थिरता थी, यद्यपि इसने स्थायी अन्तर्राष्ट्रीय न्यायालय के लिए मार्ग-दर्शन किया।

1920 से 1932 तक पंचनिर्णय के न्यायालय द्वारा 20 निर्णय दिए गए, जिनमें उत्तर अटलांटिक मत्स्यालयों का मामला (1910), भारत के वीर सावरकर का मामला (1911), रूस की क्षतिपूर्ति का मामला (1912), आदि उल्लेखनीय हैं। भारत और पाकिस्तान के बीच 'कच्छ के रण' का मामला भी पंचनिर्णय द्वारा ही सुलझाया गया था।

न्यायिक फैसले या अधिनिर्णय (Judicial Decisions)–हेग पंचनिर्णय के स्थायी न्यायालय ने यद्यपि महत्वपूर्ण कार्य किया, तथापि संगठन की दृष्टि से उसमें अनेक दोष थे। वह सच्चे अर्थों में न्यायालय न होकर इसमें केवल पंचों के नामों की सूची थी। जब विवादग्रस्त पक्ष इसकी सूची में दिए गए किसी व्यक्ति को अपना पंच मान लेते थे तभी वह न्यायालय का रूप धारण करता था। इसका दूसरा दोष यह था कि प्रत्येक विवाद में पंच अलग-अलग होते थे। इसके लिए न्यायिक कार्य में अन्तर्राष्ट्रीय एकरूपता नहीं आने पाती थी। इन त्रुटियों को दूर करने के लिए प्रथम महायुद्ध के बाद राष्ट्रसंघ ने अन्तर्राष्ट्रीय न्याय का स्थायी न्यायालय स्थापित किया जो द्वितीय विश्व युद्ध के बाद संयुक्त राष्ट्रसंघ के अन्तर्गत 'न्याय का अन्तर्राष्ट्रीय न्यायालय' के नाम से कार्य कर रहा है। न्याय के अन्तर्राष्ट्रीय न्यायालय द्वारा दिए गए निर्णय न्यायाधिक फैसले या अधिनिर्णय कहलाते हैं।

पंचनिर्णय तथा अधिनिर्णय में अन्तर

पंचनिर्णय और अधिनिर्णय दोनों में समस्या का समाधान अन्तर्राष्ट्रीय कानून के आधार पर एक तीसरे पक्ष द्वारा किया जाता है। विवादग्रस्त पक्षों के लिए अपने झगड़े को पंचनिर्णय या अधिनिर्णय के लिए सौंपना ऐच्छिक होता है। लेकिन एक बार मामला सौंपने के बाद दिए गए निर्णय को मानने के लिए दोनों पक्ष बाध्य होते हैं। इन समानताओं के होते हुए भी दोनों में मौलिक भेद है। जहाँ पंचनिर्णय में न्यायाधीशों को सदस्य राष्ट्र चुनते हैं वहां अन्तर्राष्ट्रीय न्यायालय के न्यायाधीशों को चुनने में सम्बद्ध पक्ष कोई भाग नहीं लेते हैं। स्थायी न्यायालय का सबसे बड़ा लाभ इसका अविच्छिन्न रूप से उसका निरन्तर बने रहना है। इससे जहां एक ओर वाद-विधि का विकास होता है वहाँ दूसरी ओर प्रत्येक विवाद के विचार के लिए हर विम्बेल्डन (1923), एम॰ एस॰ लोटस (1927), एम्बेटेलियो का मामला, संयुक्त राष्ट्रसंघ की सदस्यता के लिए किसी राज्य का प्रवेश (1948) आदि मामले न्यायिक फैसले के आधार पर ही सुलझाए गए थे। अतः राष्ट्रसंघ व संयुक्त राष्ट्रसंघ के अन्तर्गत यह लाभकारी सिद्ध हुआ है।

निवादों का शान्तिपूर्ण निपटारा उपर्युक्त रीतियों द्वारा होता है। कभी-कभी इन रीतियों का मिश्रित रूप से भी प्रयोग होता है और यह उपयोगी सिद्ध हुआ है।

संयुक्त राष्ट्रसंघ और विवादों का शान्तिपूर्ण निपटारा

विवादों के शान्तिपूर्ण निपटारे के सम्बन्ध में संयुक्त राष्ट्रसंघ का सिद्धान्त यह है कि राष्ट्रों को चाहिए कि वे अपने सभी विवाद ऊपर बताए गए उपायों द्वारा सुलझा लें। यदि कोई मतभेद फिर भी शेष रहे तो उसे सुरक्षा परिषद् या महासभा के सम्मुख लाया जा सकता है। सुरक्षा परिषद् या महासभा में आने के उपरान्त विवाद को उस संस्था की कार्यसूची में सम्मिलित कर लिया जाता है, तदुपरांत विवाद के सभी पहलुओं पर विचार-विमर्श होता है। विवाद से सम्बन्धित दोनों पक्षों को अपने विचार व्यक्त करने की स्वतन्त्रता होती है, परन्तु वे सुरक्षा परिषद् द्वारा विवाद के सम्बन्ध में लिए जा रहे किसी निर्णय के समय मतदान में भाग नहीं ले सकते। यदि परिषद् निषेधात्मक या आदेशात्मक कार्यवाही करने जा रही हो तो दोनों पक्षों के लिए मत देने की भी मनाही है। संयुक्त राष्ट्रसंघ के सदस्य 24वीं धारा के अनुसार पहले से ही प्रतिज्ञाबद्ध हैं कि वे सुरक्षा परिषद् के निर्णयों का पालन करेंगे, उसके प्रतिनिधित्व को मानेंगे, भले ही परिषद् में उनका कोई प्रतिनिधि न हो। लेकिन यदि कोई राष्ट्र परिषद् के निर्णय के विरुद्ध आचरण करता है तो उसके विरुद्ध तुरन्त कोई कार्यवाही किए जाने की सम्भावना नहीं रहती क्योंकि कार्यवाही किए जाने के प्रश्न पर अनेक बाह्य समस्याएँ उठ खड़ी होती हैं और कार्यान्वित करने में कठिनाई होती है।

विवाद के सम्बन्ध में सुरक्षा परिषद् और महासभा को अन्तर्राष्ट्रीय न्यायालय की भांति, निर्णय देने का अधिकार नहीं है। वे केवल प्रस्ताव पास करके सम्बन्धित राष्ट्रों से यह सिफारिश कर सकती है कि उन प्रस्तावों को आधार मानकर बातचीत द्वारा समस्या को सुलझा दिया जाए। उन्हें मौके की जाँच के लिए एक आयोग नियुक्त करने का या महासचिव को भेजने का अधिकार है ताकि विवाद के सम्बन्ध में संयुक्त राष्ट्रसंघ को सही जानकारी मिल सके और यदि युद्ध शुरू हो तो "युद्ध विराम" हो सके।

अपने सीमित साधनों और परिस्थितियों के अन्तर्गत संयुक्त राष्ट्रसंघ ने विवादों के शान्तिपूर्ण निपटारे के लिए उल्लेखनीय प्रयास किए हैं। अनेक बार उसके प्रयत्न सफल हुए, लेकिन राष्ट्रों के व्यक्तिगत स्वार्थों, राजनीतिक अडंगेबाजी और असहिष्णु रवैये के कारण उसे अनेक बार विफलता का मुँह देखना पड़ता है, फिर भी संयुक्त राष्ट्रसंघ ने रूस की सेनाओं को अफगानिस्तान से लौटने को विवश करके, ईराक-ईरान युद्ध बन्द करवाकर तथा नामीबिया में स्वतन्त्र चुनाव कराकर उल्लेखनीय कार्य किए हैं।

बल प्रयोग या प्रतिरोधात्मक कार्यवाही

विश्व शान्ति व सुरक्षा के लिए संकट उत्पन्न होने, शान्ति भंग होने अथवा विश्व के किसी भी क्षेत्र में सशस्त्र आक्रमण होने की दशा में संयुक्त राष्ट्रसंघ शान्ति व व्यवस्था की पुनर्स्थापना के लिए यदि आवश्यक समझे तो बल प्रयोग कर सकता है या प्रतिरोधात्मक उपाय व्यवहार में ला सकता है। बल प्रयोग द्वारा दो प्रकार से संयुक्त राष्ट्रसंघ अन्तर्राष्ट्रीय विवादों के निपटारे की चेष्टा करता है-(1) जिसमें संयुक्त राष्ट्रसंघ को सशस्त्र सेना के प्रयोग की आवश्यकता नहीं होती, और (2) जिसमें ऐसी आवश्यकता होती है। ये दोनों उपाय सुरक्षा परिषद् की आज्ञानुसार संयुक्त राष्ट्रसंघ के सदस्यों को मान्य होते हैं और सुरक्षा परिषद् ही इनका संचालन भी करती है, सुरक्षा परिषद् ही निर्णय करती है कि शान्ति के लिए संकट है अथवा नहीं, शान्ति भंग हुई है या नहीं और आक्रामक कार्य किया गया है या नहीं। एक बार यह निर्णय कर लेने पर कि शान्ति के लिए संकट है, शान्ति भंग हुई या आक्रामक कार्य किया गया-सुरक्षा परिषद् तुरन्त कार्यवाही कर सकती है (धारा 48)। इस कार्यवाही में सैनिक तथा असैनिक दोनों प्रकार की अनुशक्तियाँ सम्मिलित हैं। संयुक्त राष्ट्रसंघ के सभी सदस्य परिषद् के निर्णयों पर अमल करने के लिए बाध्य हैं।

धारा 41 के अनुसार सुरक्षा परिषद् इस बात का निर्णय कर सकती है कि सशस्त्र शक्ति का प्रयोग न करते हुए, उसे अपने निर्णयों को लागू करने के लिए कौन-सी कार्यवाही करनी चाहिए, तथा वह संयुक्त राष्ट्रसंघ के सदस्यों से इस प्रकार के विधेयकों के प्रयोग के लिए कह सकती है। इनमें पूर्ण अथवा आंशिक आर्थिक सम्बन्धों तथा रेल, समुद्र, डाक-तार, रेडियो तथा आदान-प्रदान के अन्य साधनों का गतिरोध और कूटनीतिक सम्बन्धों का विच्छेद आदि भी हो सकता है।

यदि उपर्युक्त उपाय अपर्याप्त सिद्ध हों या परिषद् उन्हें अपर्याप्त समझे तो परिषद् को यह भी अधिकार है कि वह जल, थल और वायु सेनाओं के द्वारा ऐसी कारवाही कर सकती है जोकि अन्तर्राष्ट्रीय शान्ति व सुरक्षा की पुनर्स्थापना के लिए उसकी दृष्टि में आवश्यक हो। इस तरह की कार्रवाई के अन्तर्गत विरोध प्रदर्शन, नाकेबन्दी और संयुक्त राष्ट्रसंघ के सदस्यों की जल, थल और वायु सेनाओं द्वारा की जाने वाली कोई भी कार्यवाही आ सकती है।

सुरक्षा परिषद् ही यह निश्चय करती है कि उपर्युक्त कार्रवाही संयुक्त राष्ट्रसंघ के कुछ सदस्यों द्वारा की जानी चाहिए अथवा सभी सदस्यों द्वारा, तथा जो कार्यवाही की जाए वह स्वतन्त्र रूप से हो या अप्रत्यक्ष हो अथवा उसे अन्तर्राष्ट्रीय संस्थाओं के माध्यम से किया जाए। शान्ति व सुरक्षा बनाए रखने में सहयोग देने के लिए संयुक्त राष्ट्रसंघ के सभी सदस्य सुरक्षा परिषद् के मांगने पर और विशेष समझौते या समझौतों के अनुसार अपनी सशस्त्र सेनाएं और दूसरी सुविधाएँ (जिनमें देश में होकर जाने का अधिकार भी शामिल होगा) प्रस्तुत करने के लिए वचनबद्ध हैं। यह समझौते "सुरक्षा परिषद्" द्वारा आरम्भ किए जाने पर यथाशीघ्र कर लिए जाते थे। इन समझौतों द्वारा यह तय किया जाता था कि संयुक्त राष्ट्रसंघ का प्रत्येक सदस्य कितनी-कितनी शक्ति जुटाएगा, सेनाएं कहाँ उपलब्ध होंगी, वे तुरन्त कार्यवाही के समय कैसे तैयार होगीं और प्रत्येक सदस्य किस प्रकार दूसरी सुविधाएँ देगा। लेकिन ऐसा कोई समझौता अभी तक (1990) नहीं किया जा सका है।

संयुक्त राष्ट्रसंघ के चार्टर की धारा 44 के अन्तर्गत यह व्यवस्था भी की गई है "जब सुरक्षा परिषद् बल प्रयोग का निश्चय कर ले तो किसी ऐसे सदस्य से, जिसे इसमें प्रतिनिधित्व प्राप्त नहीं है, सशस्त्र सेनाएँ जुटाने को कहने से पहले यह उस देश को, यदि वह चाहे तो, उस देश की सशस्त्र सेनाओं के प्रयोग से सम्बन्धित निर्णयों में भाग लेने को आमंत्रित करेगी।"

विश्वशान्ति के लिए संकट उपस्थित हो जाने पर तुरन्त प्रभावपूर्ण सैनिक कार्रवाही करने के उद्देश्य से संयुक्त राष्ट्रसंघ के चार्टर में एक सैनिक स्टाफ समिति की स्थापना का भी उल्लेख है, जिसका कार्य सशस्त्र सेनाओं को काम में लाने की योजनाओं को तैयार करने में सुरक्षा परिषद् की सहायता करना है (धारा 46)।

सुरक्षा परिषद् निम्न विषयों पर इस समिति का परामर्श व सहयोग प्राप्त करती है–

(1) अन्तर्राष्ट्रीय शान्ति और सुरक्षा परिषद् की सैनिक आवश्यकताएँ।

(2) उसके अधीन सेनाओं का प्रयोग और उनकी कमान।

(3) शस्त्रों का नियन्त्रण, और

(4) सम्भावित निरस्त्रीकरण।

सैनिक विशेषज्ञों की समिति में स्थायी सदस्यों के मुख्य सेनाधिकारी अथवा उनके प्रतिनिधि होते हैं। अपने कार्य को सफलतापूर्वक पूरा करने के लिए इस समिति को यदि किसी ऐसे सदस्य देश की आवश्यकता होती है जिसे इस समिति में स्थायी प्रतिनिधित्व प्राप्त नहीं होता है, तो यह उस सदस्य को भी अपने बीच आमंत्रित करने का अधिकार रखती है। यदि आवश्यकता हो तो सुरक्षा परिषद् से अनुमति प्राप्त करके, प्रादेशिक संस्थाओं से सलाह लेने के लिए, प्रादेशिक उपसमितियाँ भी बना सकती है। यह समिति सुरक्षा परिषद् के अधीन रखी गई सशस्त्र सेनाओं के सामरिक दृष्टिकोण से संचालन के लिए भी उत्तरदायी है।

विश्वशान्ति की स्थापना के लिए संवैधानिक दृष्टि से बहुत शक्तिशाली होते हुए भी सुरक्षा परिषद् व्यवहार में एक साधारण निकाय सिद्ध हुई है। इसका मुख्य कारण कुछ संवैधानिक जटिलताएँ हैं। उदाहरण के लिए क्रियाविधि सम्बन्धी मामलों को छोड़कर अन्य सभी मामलों में निर्णय के लिए पांच स्थायी सदस्यों की सहमति की आवश्यकता होती है। स्थिति को यथावत् रखने के उपायों पर भी स्थायी सदस्यों की सहमति अनिवार्य है। इसका परिणाम यह होता है कि चाहे उनमें से कोई एक सदस्य स्वयं ही शांति भंग करने या आक्रामक कार्रवाही करने का दोषी हो, तो भी बल प्रयोग या प्रतिरोधात्मक उपाय स्थायी सदस्यों की सहमति के बिना व्यवहार में नहीं लाए जा सकते। अनुभव यह बताता है कि बड़े राष्ट्र सुरक्षा परिषद् के स्थायी सदस्य हैं, प्रत्यक्ष या अप्रत्यक्ष रूप से सदैव बड़े झगड़ों के पीछे होते हैं। अरब-इजराइल संघर्ष, कश्मीर व कम्पूचिया आदि कुछ प्रमुख अन्तर्राष्ट्रीय विवादों के अध्ययन से यह बात भलीभाँति स्पष्ट हो जाती है।

सामूहिक सुरक्षा की प्रकृति और कार्यानिधि

मनुष्य एक सामाजिक प्राणी है अतः उसने आरम्भ से समूह में रहने और सामूहिक रक्षा प्रणाली को अपनाया। परन्तु पृथक् राष्ट्रों के विकास के बाद सामूहिक सुरक्षा विशेष अर्थ रखती है।

"सुरक्षा" शब्द एक साध्य की ओर इंगित करता है जबकि "सामूहिक" शब्द उस साधन का बोध कराता है जिसे साध्य की प्राप्ति के लिए प्रयोग किया जाता है। शब्दों की इस व्याख्या से स्वाभाविक अर्थ यह निकलता है कि चूंकि साधन अधिकांश सामूहिक हैं अतः साध्य भी सामूहिक होगा।

सामूहिक सुरक्षा का अर्थ

"सामूहिक सुरक्षा" शब्द के अनेक अर्थ निकलते हैं, किन्तु मूल बात यह है कि संबद्ध देश इस व्यवस्था को करने के लिए कृतसंकल्प होते हैं। आधार रूप में यह मान्यता कार्य करती है कि उनमें से किसी राष्ट्र पर किया गया आक्रमण सभी राष्ट्रों पर किया गया आक्रमण समझा जाएगा और सामूहिक रूप से सभी राष्ट्र संगठित होकर उस आक्रमण का मुकाबला करेंगे। सामूहिक सुरक्षा की इस व्यवस्था

को सुरक्षा एवं शांति का सूचक और अभिवर्द्धक माना जाता है। शक्ति-संतुलन की व्यवस्था में जो गुट बनाए जाते हैं अथवा सैनिक संधियाँ की जाती हैं, उनका लक्ष्य दूसरे गुट अथवा दूसरे गुट के देशों का विरोध करना, उन पर आक्रमण करना अथवा उनके आक्रमण से अपनी रक्षा करना होता है। परन्तु सामूहिक सुरक्षा व्यवस्था में वह विरोध अस्पष्ट और संभावित होता है। प्रत्येक राष्ट्र अपनी सुरक्षा के कार्य में रत रहता है और यदि उनमें से किसी एक राष्ट्र पर संकट आता है तो इस व्यवस्था के अन्तर्गत बंधे सभी राष्ट्र सामूहिक रूप से उसकी रक्षा करने का प्रयास करते हैं।

मार्गण्टेय (Morganteau) ने इसकी व्याख्या करते हुए लिखा है, 'सामूहिक सुरक्षा की कार्यकारी व्यवस्था में सुरक्षा की समस्या अकेले किसी एक राष्ट्र की समस्या नहीं होती वरन् उन सभी राष्ट्रों की समस्या होती है जो इस व्यवस्था के अन्तर्गत आपस में बंधे होते हैं।' 'एक सबको' और 'सब एक को' सामूहिक सुरक्षा का सांकेतिक शब्द है। इस परिभाषा में कहा जाता है कि जहाँ किसी एक पर आक्रमण सभी पर आक्रमण माना जाता है वहाँ एक दूसरे की रक्षा करना प्रत्येक राष्ट्र का उत्तरदायित्व होता है। इस प्रकार इस व्यवस्था में शक्ति-संतुलन की मूल भावना भी विद्यमान कही जा सकती है। किन्तु जहां शक्ति-संतुलन में अस्थायी सैनिक गठबंधन की व्यवस्था की जाती है वहाँ सामूहिक सुरक्षा की व्यवस्था स्थायी होती है। कुछ अंशों में इसे शक्ति संतुलन (balance of power) का विस्तृत रूप भी कहा जा सकता है। परन्तु शक्तिसंतुलन और सामूहिक सुरक्षा की अवधारणा के इस भेद की चर्चा हम बाद में करेंगे। यहाँ सामूहिक सुरक्षा की अवधारणा के स्पष्टीकरण के लिए कुछ अन्य बातों का उल्लेख करना आवश्यक है। अतः आधारभूत मान्यताओं का उल्लेख आवश्यक है।

थामसन के अनुसार, "सामूहिक सुरक्षा की व्यवस्था अन्तर्राष्ट्रीय समाज के लिए वही कार्य करती है जो राष्ट्रीय समुदाय में पुलिस करती है।"

आधारभूत मान्यताएँ

युद्ध रोकने के साधन के रूप में सामूहिक सुरक्षा का विचार मुख्य रूप से तीन मान्यताओं पर आधारित है–

(अ) सामूहिक सुरक्षा व्यवस्था प्रत्येक अवसर पर इतनी जबरदस्त शक्ति संचय करने की स्थिति में होनी चाहिए ताकि आक्रामक राष्ट्र अथवा राष्ट्रों को आक्रमण करने का साहस तक न हो,

(ब) उन राष्ट्रों की सुरक्षा सम्बन्धी धारणाएँ, मान्यताएँ व नीतियाँ समान होनी चाहिएँ, जिन्हें सामूहिक रूप से आक्रमण का मुकाबला करना हो,

(स) ऐसे सभी राष्ट्रों को अपने परस्पर-विरोधी राजनीतिक हितों का, सामूहिक सुरक्षात्मक कार्रवाही के हितों के लिए, बलिदान करने को तत्पर रहना चाहिए।

सामूहिक सुरक्षा की सफलता के लिए उपर्युक्त तीनों अवस्थाओं का विद्यमान होना अत्यावश्यक है। इतना ही नहीं दो अन्य बातें भी बहुत कुछ सीमा तक इसकी सफलता का कारण बनती हैं–

(क) सभी सम्बन्धित राष्ट्र यथास्थिति बनाए रखना अपने राष्ट्रीय हित में समझते हों, और

(ख) यथास्थिति को समाप्त करने को उद्यत राष्ट्रों को सामूहिक शक्ति का मुकाबला करने की क्षमता इस सामूहिक सुरक्षा व्यवस्था में हो।

सामूहिक सुरक्षा का विचार

सामूहिक सुरक्षा का विचार अत्यन्त प्राचीन है। प्राचीन समय में निर्बल और छोटे-छोटे राज्य सबल और बड़े-बड़े राज्यों का मिलकर मुकाबला करते थे। यूनान के नगर राज्यों ने ईरान के विरुद्ध ऐसा ही किया था। परन्तु सामूहिक सुरक्षा के विचार का आरम्भ सत्रहवीं शताब्दी की आस्नब्रक संधि से माना जाता है, जिसकी सत्रहवीं धारा में सामूहिक सुरक्षा की व्यवस्था थी। इसके बाद विलियम पेन ने यूरोप में शांति व सुव्यवस्था बनाए रखने के लिए इस प्रकार की व्यवस्था का सुझाव दिया था। 1805 में विलियम पिट ने यूरोपीय महाशक्तियों के समक्ष यह प्रस्ताव रखा कि वे भविष्य में शांति की योजना बना लें। नेपोलियन के विरुद्ध यूरोपीय राज्यों ने संघ बनाया था तथा बाद में चतुर्थ संघ की स्थापना की थी। किन्तु सामूहिक सुरक्षा पद्धति का वास्तविक रूप 20वीं शताब्दी में हमारे सामने आया था जब सन् 1910 में अमेरिकी राष्ट्रपति थियोडोर रूजवेल्ट ने अपने एक भाषण में कहा था, "यह एक महत्वपूर्ण बात होगी, यदि महाशक्तियाँ, जो शांति में विश्वास करती हैं, एक शांति संगठन बना लें, जिससे न केवल उनके मध्य ही शांति रहे, वरन् किसी दूसरे राष्ट्र द्वारा उसके भंग किए जाने पर, यदि आवश्यक हो, तो वे सामूहिक रूप से बल प्रयोग कर सकें।" प्रथम महायुद्ध के दौरान इस बात पर विशेष बल दिया गया और राष्ट्रों से अपील की गई कि वे ऐसी व्यवस्था का निर्माण करें जिससे सब राष्ट्र संगठित होकर आक्रमण का मुकाबला कर सकें। जेकब तथा अथर्टन ने सामूहिक सुरक्षा को राज्यों का पारस्परिक रक्षात्मक समझौता (Mutual insurance contract among states) कहा है। परन्तु क्लाड ने इसे शक्ति प्रबन्ध (Management of power) का एक रूप माना है।

एक विचारक बॉन वोल्लन होवेन ने भी सन् 1910 में इस प्रकार की एक अन्तर्राष्ट्रीय व्यवस्था का सुझाव रखा था जिसका अमेरिकी कांग्रेस ने समर्थन किया। सामूहिक सुरक्षा के विचार के विकास में प्रथम महायुद्ध के दौरान हेग में कार्य कर रहे अन्तर्राष्ट्रीय न्यायालय ने महत्वपूर्ण योग दिया। इसने अनेक अमेरिकी राजनीतिज्ञों और बुद्धिजीवियों को आकर्षित किया और उन्होंने जोरदार शब्दों में माँग की कि शांति स्थापित करने की दिशा में कार्य करने के लिए संयुक्त राज्य अमेरिका को

इस संगठन में सम्मिलित हो जाना चाहिए। अंग्रेज विचारकों ने इस पर विशेष बल दिया।

सामूहिक सुरक्षा के इस अभियान के पीछे तत्कालीन अमेरिकी राष्ट्रपति वुडरो विल्सन का प्रमुख हाथ था। किन्तु इसके पूर्व कि वे सामूहिक सुरक्षा को साकार बनाने के लिए कुछ निर्णय ले पाते, सामूहिक सुरक्षा का विचार अन्तर्राष्ट्रीय जगत का एक प्रमुख सिद्धांत बन गया। यहाँ तक कि राष्ट्रसंघ के निर्माण के लिए पेरिस में जो शांति समझौता किया गया उसमें इसको मान्यता दी गई और सामूहिक सुरक्षा को आधार मान लिया गया। राष्ट्रसंघ आयोग की 5वीं बैठक में राष्ट्रसंघ के विधान के 16वें अनुच्छेद को, जो सामूहिक सुरक्षा से सम्बन्धित था, बिना किसी वाद-विवाद के स्वीकार कर लिया गया। मिलर ने इस सम्बन्ध में लिखा है, "संघ समझौते ने स्पष्ट रूप से यह मत व्यक्त किया कि ऐसी अन्तर्राष्ट्रीय पद्धति की आवश्यकता है, जिसमें सामूहिक रूप से राष्ट्र संगठित होकर शांति बनाए रखने के लिए चेष्टा करें।" संक्षेप में सामूहिक सुरक्षा से अभिप्राय है–(1) किसी एक राज्य पर आक्रमण सब राज्यों पर आक्रमण माना जाए। (2) यह अन्तर्राष्ट्रीय समाज की चिन्ता का विषय है। (3) एक राष्ट्र पर खतरा होने पर सब आक्रमणकारी का विरोध करें और कोई राष्ट्र आक्रमणकारी से सहयोग न करें ताकि आक्रमणकारी आक्रमण का विवाद त्याग दें।

व्यावहारिक रूप में सामूहिक सुरक्षा पद्धति हमारे सामने राष्ट्रसंघ की स्थापना के बाद आई है। राष्ट्रसंघ की स्थापना के रूप में पहली बार सामूहिक सुरक्षा पद्धति ने संगठनात्मक रूप धारण किया। यही कारण है कि कभी-कभी राष्ट्रसंघ का यह सामूहिक सुरक्षा का सिद्धांत "संस्थात्मक अभिव्यक्तिकरण" कहा जाता है। राष्ट्रसंघ ने सामूहिक सुरक्षा के सिद्धांत पर विश्वशांति का प्रयास किया। परन्तु सफलता नहीं प्राप्त हुई।

संयुक्त राष्ट्रसंघ भी सामूहिक सुरक्षा के सिद्धांत पर आधारित है तथा संयुक्त राष्ट्रसंघ के तत्वावधान में राष्ट्रसंघ की अपेक्षा सामूहिक सुरक्षा को प्रभावशाली बनाने की उत्तम व्यवस्था है। किन्तु आधुनिक शताब्दी में राष्ट्रसंघ को ही सामूहिक सुरक्षा का विकास उद्गम माना जाता है। "राष्ट्रसंघ के अन्तर्गत सामूहिक सुरक्षा अन्तर्राष्ट्रीय राजनीति में एक नया युग प्रारम्भ करती है तथा राष्ट्र के अन्तर्गत उस चेष्टा को व्यक्त करती है जिसका उद्देश्य क्रांति के गुणों का संचय करना है।" संयुक्त राष्ट्रसंघ के अन्तर्गत सामूहिक सुरक्षा पद्धति राष्ट्रसंघ की तुलना में श्रेष्ठतर व्यवस्था है। इसका मुख्य कारण केवल यह है कि संगठन के रूप में संयुक्त राष्ट्रसंघ की तुलना में कहीं उत्तम तथा शक्तिशाली है और विश्व के लगभग सभी देश इसके सदस्य हैं।

आधुनिक युग में सामूहिक सुरक्षा पद्धति अन्तर्राष्ट्रीय राजनीति की एक आवश्यकता बन गई है। कुछ लोगों का मत है कि अपने अस्तित्व को सुरक्षित रखने के लिए राष्ट्रों के पास सामूहिक सुरक्षा के अतिरिक्त कोई विकल्प नहीं है, किन्तु

यह पूर्ण सत्य नहीं है। निःशस्त्रीकरण, पंचनिर्णय, अन्तर्राष्ट्रीय सन्धियाँ, शांतिपूर्ण ढंग से विवादों का निपटारा आदि कुछ और भी ऐसे उपाय हैं जिनसे अन्तर्राष्ट्रीय सुरक्षा स्थापित करने की चेष्टा की जा सकती है। सामूहिक सुरक्षा की व्यवस्था व्यवहार में सफल हो सके इसके लिए आवश्यक है कि इसके अन्तर्गत समझौता करने वाले सभी राष्ट्र आवश्यकतानुसार आक्रांता को प्रतिबन्धों की धमकी देने तथा उसका बहिष्कार करने तथा लड़ने के लिए एक साथ तैयार हो जाएँ। सामूहिक सुरक्षा पद्धति में भाग लेने वाले सभी देशों को आंशिक रूप से अपनी सम्प्रभुता को मर्यादित करना पड़ता है। व्यक्तिगत निर्णय की वेदी पर बलिदान कर दिया जाता है। इस प्रकार यह व्यवस्था केवल समझौता मात्र नहीं है और न ही इसका लक्ष्य केवल सम्भावित आक्रमणकारी का विरोध करना ही है, वरन् इससे भी अधिक यह सदस्य राज्यों के विकास तथा राजनीति आदि को भी प्रभावित करती है। प्रोफेसर एम० बी० नायडू के अनुसार "सुरक्षा को अन्तर्राष्ट्रीय व्यवस्था 'एक सबके लिये और सब एक के लिये' सिद्धान्त पर आधारित है तथा यह इंगित करती है किसी भी राज्यों की अन्तर्राष्ट्रीय सेना आक्रमणकारी का विरोध करेगी।"

इस प्रकार सामूहिक सुरक्षा के विचार का जन्म राष्ट्रीय और अन्तर्राष्ट्रीय अनुभवों के आधार पर हुआ है। इसके मूल में कुछ कल्पनाएँ हैं। प्रथम तो यह है कि युद्ध अनिवार्य वस्तु है और उसे रोका जाना चाहिए। दूसरा यह कि युद्ध को रोका जा सकता है बशर्ते ऐसी परिस्थिति तैयार की जाए, जिसमें आक्रमण की इच्छा करने वाले राष्ट्र को ऐसा लगने लगे कि यदि उसने आक्रमण किया तो उसकी पराजय होगी। अतः सामूहिक सुरक्षा का सिद्धांत युद्ध के सत्य को स्वीकार करता है और युद्ध को रोकने के लिए सामूहिक सुरक्षा को ही सर्वाधिक प्रभावशाली साधन मानता है। क्लाड के मतानुसार "सामूहिक सुरक्षा, शक्ति के प्रबन्ध की व्यवस्था है न कि शक्ति के विनाश की। शक्ति प्रबन्ध की, कुछ और भी व्यवस्थाएँ हैं जिनमें विश्व सरकार और शक्ति संतुलन इत्यादि मुख्य हैं।"

सामूहिक सुरक्षा, विश्व सरकार और शक्ति संतुलन

क्लाड ने सामूहिक सुरक्षा को शक्ति प्रबन्ध का एक रूप माना है परन्तु यह सामूहिक सुरक्षा पद्धति, विश्व सरकार के प्रश्न से भिन्न है, क्योंकि इसका उद्देश्य राष्ट्रीय सुरक्षा की व्यवस्था करना होता है तथा यह राष्ट्रीय सुरक्षा की व्यवस्था कर अन्तर्राष्ट्रीय शांति स्थापित करने की भी चेष्टा करती है। क्लाड का विचार है कि केन्द्रीयकरण के स्तर की दृष्टि से सामूहिक सुरक्षा एक अन्तरिम स्थिति में है। यह शक्तिसंतुलन की तुलना में एक अधिक केन्द्रीकृत प्रबन्ध है। किन्तु विश्व सरकार के विचार से कम है। सामूहिक सुरक्षा वास्तव में विश्व सरकार और शक्ति संतुलन के मध्य की स्थिति कही जा सकती है।

शूमाँ (Schuman) ने शक्ति संतुलन को राज्यों को स्वतन्त्रता की गारंटी माना है परन्तु शक्ति की तुलना में इसमें शक्ति का नियन्त्रण अधिक होता है, किन्तु विश्व

सरकार के विचार की तुलना में यह नियन्त्रण साबित होगा। चूंकि विश्व सरकार की संभावना अभी नहीं दिखाई देती है, अतः यह कहा जा सकता है कि सामूहिक सुरक्षा ही शक्ति नियंत्रण का एकमात्र विकल्प शेष रहता है। शक्ति संतुलन से सामूहिक सुरक्षा की तुलना करते हुए क्लाड ने निम्न भेद बताए हैं–

(1) सामूहिक सुरक्षा एक सार्वभौमिक सन्धि है जो प्रतियोगी संधियों से भिन्न है।

(2) शक्ति संतुलन की धारणा दो या दो से अधिक विरोधी गुटों के अस्तित्व को मानकर चलती है, जो परस्पर संघर्षशील स्वभाव के हैं। किन्तु सामूहिक सुरक्षा की धारणा में गुटबन्दी की पूर्ण कल्पना नहीं की गई है, वह एक विश्व के सिद्धान्त को मानकर चलती है।

(3) यद्यपि दोनों विचारधाराएँ सहयोग और संघर्ष को अन्तर्राष्ट्रीय जीवन का शाश्वत् नियम मानती हैं और संघर्ष का मुकाबला करने के लिए सहयोग पर बल देती हैं, किन्तु शक्ति संतुलन जहाँ शान्ति व व्यवस्था के निर्माण के लिए संघर्षशील सहयोग का इच्छुक है वहीं सामूहिक सुरक्षा का सिद्धांत संघर्ष को प्रतिबन्धित करने के लिए सामान्य और आपसी सहयोग पर बल देता है।

(4) जहाँ शक्ति संतुलन गुटबन्दी के आधार पर आक्रमणकारी का विरोध करता है, वहाँ सामूहिक सुरक्षा सामान्य सहयोग के आधार पर आक्रमणकारी का विरोध करती है।

(5) सामूहिक सुरक्षा का सिद्धान्त यह मानता है कि किसी एक राष्ट्र पर किया गया आक्रमण विश्व शांति के लिए संकट है किन्तु शक्ति संतुलन की मान्यता इससे भिन्न है। शक्ति संतुलन के अन्तर्गत बंधे राज्य आक्रमणकारी का विरोध करने के लिए केवल उस समय ही एक साथ उठ खड़े होंगे जबकि उन सबके हितों को आक्रमणकारी से हानि पहुंचने की संभावना होगी। शक्ति संतुलन की व्यवस्था के अन्तर्गत बहुधा ऐसा होता है कि जिस राज्य का राष्ट्रीय हित आक्रमण से प्रभावित नहीं होता वह युद्ध के झंझटों तथा युद्ध के पचड़े से दूर रहता है।

(6) शक्ति संतुलन व्यवस्था ढीली-ढाली होती है, जबकि सामूहिक सुरक्षा की व्यवस्था शक्तिशाली और संगठनबद्ध होती है।

(7) सामूहिक सुरक्षा की व्यवस्था नकारात्मक है, क्योंकि इस व्यवस्था के अन्तर्गत राष्ट्र आक्रमण का विरोध करने की भावना से एकत्र होते हैं, जबकि शक्ति संतुलन की व्यवस्था सकारात्मक है। इस व्यवस्था में राष्ट्र विचार, सिद्धांत, मान्यताओं और समान हितों की अभिवृद्धि की दृष्टि से मिलकर एक होते हैं।

प्रसिद्ध लेखक क्विन्सी राइट ने इस अन्तर को निष्कर्ष के रूप में व्यक्त करते हुए लिखा है, "सामूहिक सुरक्षा व शक्ति संतुलन के बीच वही अन्तर है जो कला और प्रकृति के अन्तर्गत होता है।"

सामूहिक सुरक्षा और प्रादेशिक संगठन

वर्तमान समय में प्रादेशिक संगठन अत्यन्त लोकप्रिय माने जाते हैं। इन प्रादेशिक संगठनों व संधियों को सुरक्षा के उद्देश्य से किया जाता है। अनेक विद्वानों का मत है कि प्रादेशिक संगठन बनाकर सामूहिक सुरक्षा पद्धति को लोकप्रिय व दृढ़ बनाया जा सकता है। किन्तु शायद वस्तुस्थिति इससे भिन्न है। प्रादेशिक संगठन अधिकांश गुटबन्दी के आधार पर बनाए गए हैं। इनकी स्थापना का कारण केवल किसी संभावित आक्रमण से रक्षा करना ही नहीं, वरन् द्वेष, ईर्ष्या, प्रतिस्पर्द्धा और गुटबन्दी आदि भी है। सोवियत रूस के प्रभाव को न बढ़ने देने के और साम्यवादी राष्ट्रों के संभावित आक्रमण से रक्षा करने के लिए यदि "उत्तर अटलांटिक संधि संगठन" की स्थापना हुई तो उसके प्रतिक्रियास्वरूप साम्यवादी राष्ट्रों ने मिलकर "वारसा" पैक्ट की रचना कर डाली। प्रादेशिक संगठनों ने शीतयुद्ध और गुटबन्दी को बढ़ावा दिया है। प्रादेशिक संगठन की व्यवस्था सामूहिक सुरक्षा की अपेक्षा शक्ति संतुलन के अधिक निकट है। परन्तु कुछ संगठन भौगोलिक आधार पर भी होते हैं जैसे दक्षिणी अमेरिका के देशों का संगठन तथा सन्धि जिसमें भारत, पाकिस्तान, श्रीलंका, बांगला देश, नेपाल और मालदीव सम्मिलित हैं।

सामूहिक सुरक्षा और निःशस्त्रीकरण

युद्ध को रोकने के लिए निःशस्त्रीकरण पर बल दिया जाता है परन्तु युद्ध की समस्या सुलझाने के लिए सामूहिक सुरक्षा और निरस्त्रीकरण दो पृथक् मार्ग हैं। किन्तु सैद्धान्तिक रूप में इनमें काफी सम्बन्ध है। शांति स्थापित करने की दिशा में दोनों साथ-साथ चल सकते हैं। संयुक्त राष्ट्रसंघ महासभा के जनवरी, 1952 के अधिवेशन में संयुक्त राज्य अमेरिका के प्रतिनिधि में बेंजामिन काहन ने इनके सम्बन्धों की चर्चा करते हुए कहा था, "मैं इस तथ्य पर जोर डालना चाहूंगा कि सामूहिक सुरक्षा के कार्यक्रम तथा निःशस्त्रीकरण में घनिष्ठ सम्बन्ध है, दोनों प्रकृतिवश साथ-साथ चलते हैं। निःशस्त्रीकरण के क्षेत्र में हम उस दिन की प्रतीक्षा में हैं जब किसी राष्ट्र के पास शस्त्रधारी सेना अथवा ऐसे हथियार नहीं होंगे जो उसके पड़ोसी के लिए भय (या आक्रमण) का कारण बन सकें। सामूहिक सुरक्षा के क्षेत्र में हम उस दिन की प्रतीक्षा में हैं जब राष्ट्र अपनी सुरक्षा के लिए अपनी सेनाओं पर इतने निर्भर नहीं रहेंगे जितने संयुक्त राष्ट्रसंघ पर। यदि राष्ट्रों को यह विश्वास दिलाया जा सके कि आक्रमण होने पर वे अकेले नहीं होंगे तो उन्हें प्रतिरक्षा के लिए कम हथियारों की आवश्यकता होगी। जैसे-जैसे निरस्त्रीकरण के क्षेत्र में प्रगति की जाती है, वैसे-वैसे सामूहिक सुरक्षा की स्थापना का कार्य सरल हो जाता है। दोनों साथ-साथ चलते

हैं......निरस्त्रीकरण और सामूहिक सुरक्षा शांति के लिए दो महान साहस हैं, जिन पर विश्व शान्ति निर्भर करती है।"

सामूहिक सुरक्षा एवं राष्ट्रसंघ

राष्ट्रसंघ के निर्माण में अमेरिकी राष्ट्रपति विल्सन ने सामूहिक सुरक्षा पर बहुत जोर दिया था तथा फ्रांस ने तो इसे आधारशिला माना था।

राष्ट्रसंघ के निर्माण का मुख्य उद्देश्य अन्तर्राष्ट्रीय शांति और सुरक्षा की स्थापना करना था। इस उद्देश्य की प्राप्ति के लिए राष्ट्रसंघ के संविधान में 6 प्रकार की व्यवस्थाएँ थीं, जिनमें सामूहिक सुरक्षा प्रमुख थी। राष्ट्रसंघ के विधान की धारा 10 में यह व्यवस्था थी कि "संघ के सदस्य उसके सभी सदस्यों की प्रादेशिक एकता एवं राजनीतिक स्वतन्त्रता का सम्मान करने तथा उन्हें बाह्य आक्रमण के विरुद्ध सुरक्षित रखने का वचन देते हैं। इस प्रकार के किसी आक्रमण के होने अथवा इस प्रकार के आक्रमण की धमकी अथवा भय उत्पन्न होने की अवस्था में राष्ट्रसंघ की परिषद् उन साधनों के विषय में परामर्श देगी जिनसे इस उत्तरदायित्व को पूरा किया जा सके।" परन्तु अनेक संगठनात्मक और व्यावाहरिक कारणों से राष्ट्रसंघ के अन्तर्गत सामूहिक सुरक्षा पद्धति सफलतापूर्वक कार्य नहीं कर सकी थी। राष्ट्रसंघ के निर्माताओं की यह धारणा थी कि वे राष्ट्रों के आक्रमण के विरुद्ध कुछ राष्ट्रों का एक संगठन नहीं बनाने जा रहे हैं, वरन् सामान्य हित के लिए यथासंभव दुनिया के सभी राष्ट्रों का एक संघ बनाने जा रहे हैं। संयुक्त राज्य अमेरिका ने इसकी सदस्यता ही स्वीकार नहीं की थी। सोवियत रूस इसके बाहर शक्तिशाली रहा और इंग्लैंड तथा फ्रांस ने इसका उचित सम्मान नहीं किया। बाद में जापान, इटली और जर्मनी ने खुलेआम इसकी अवहेलना की। इन सब बातों ने मिलकर उन आशाओं को धूमिल कर दिया कि राष्ट्रसंघ अन्तर्राष्ट्रीय समस्याओं का समाधान सफलतापूर्वक कर सकता है। प्रारम्भ से ही कई महाशक्तियाँ इसकी सदस्य नहीं बनीं और जिन्होंने इसकी सदस्यता स्वीकार की वे भी सामूहिक सुरक्षा पद्धति की विशेष समर्थक नहीं थीं। वे अपने राष्ट्र की सुरक्षा हितों के लिए ही चिन्तित थीं, न कि सामूहिक सुरक्षा के लिए। उदाहरण के लिए फ्रांस, जर्मनी के विरुद्ध सुरक्षा चाहता था और सोवियत संघ, जो बाद में इसका सदस्य बना, नाजी व फासीवाद के प्रसार के विरुद्ध सुरक्षा के लिए चिन्तित था। संघ के अनुच्छेद 16 के अन्तर्गत सदस्य राष्ट्र आवश्यकता पड़ने पर सामूहिक सुरक्षा के लिए कदम उठाने को वचनबद्ध थे। किन्तु यथार्थ में यह अनुच्छेद कभी क्रियान्वित नहीं किया गया। राष्ट्रसंघ के अनेक सदस्य प्रारम्भ से ही सामूहिक सुरक्षा के सिद्धान्त के विषय में भ्रान्तियाँ रखते थे और सामूहिक सुरक्षा सम्बन्धी प्रस्तावों को केवल मौखिक स्वीकृति व सम्मान प्रदान किया करते थे। अपने प्रारम्भिक वर्षों में राष्ट्रसंघ को कुछ अन्तर्राष्ट्रीय समस्याओं को सुलझाने में सफलता मिली। किन्तु महत्वपूर्ण समस्याओं पर विचार करते समय महाशक्तियों ने इस पर प्रहार किए और राष्ट्रसंघ की सुरक्षा पद्धति इन प्रहारों का मुकाबला करने में असमर्थ रही। सन् 1923

में जब इटली ने यूनान के कोर्फू टापू पर बमबारी करके उस पर अधिकार कर लिया तब यूनान ने संघ के अनुच्छेद 16 के अन्तर्गत इटली के विरुद्ध राष्ट्रसंघ में अपील की। इटली ने प्रत्युत्तर में यह तर्क दिया कि उसने कोई आक्रमणकारी कार्य नहीं किया है, अतः अनुच्छेद 16 उस पर लागू नहीं होता। राष्ट्रसंघ की परिषद् ने इस समस्या को सुलझाने के लिए राजदूतों की एक सभा को बुलाने का आदेश दिया। जिन शर्तों पर इस समस्या का समाधान हुआ वे इटली के ही पक्ष में थीं। राष्ट्रसंघ इस प्रकार आक्रान्त की रक्षा करने और नियम तोड़ने वाले को मर्यादित करने में असफल रहा परन्तु आगे चलकर अन्य समस्याओं को सुलझाने में भी राष्ट्रसंघ असफल रहा क्योंकि सदस्य राज्य न तो अपने निहित स्वार्थों से ऊपर उठ सके और न पूर्ण सर्वसम्मति प्राप्त कर सके जो राष्ट्रसंघ के विधान के अन्तर्गत आवश्यक थी।

जापान द्वारा राष्ट्रसंघ की सामूहिक सुरक्षा व्यवस्था का उल्लंघन

राष्ट्रसंघ की सामूहिक सुरक्षा व्यवस्था को सबसे गम्भीर आघात जापान ने पहुंचाया। 18 सितम्बर, 1931 को जापान ने मध्य मंचूरिया पर आक्रमण करके उसे अपने अधिकार में ले लिया। चीन ने राष्ट्रसंघ के विधान की धारा 10, 11, 15 व 16 के अन्तर्गत 21 सितम्बर को जापानी आक्रमण से रक्षा के लिए राष्ट्रसंघ से प्रार्थना की। 30 सितम्बर को राष्ट्रसंघ की परिषद् ने सर्वसम्मति से यह प्रस्ताव पारित कर दिया कि जापान मंचूरिया से अपनी सेनाएं वापस बुला ले। किन्तु जापान ने राष्ट्रसंघ के प्रस्ताव की उपेक्षा की। 9 अक्तूबर को चीन ने पुनः राष्ट्रसंघ से सुरक्षा प्रदान करने की प्रार्थना की। मंचूरिया को सुरक्षा प्रदान करने की समस्या पर राष्ट्रसंघ की परिषद् ने एक आवश्यक असाधारण बैठक बुलाई जिसमें संयुक्त राज्य अमेरिका के प्रतिनिधि को भी आमंत्रित किया गया, क्योंकि पेरिस के शान्ति समझौते पर अमेरिका ने भी हस्ताक्षर किए थे। जापान ने अमेरिका को इस बैठक में बुलाये जाने का इस आधार पर विरोध किया कि संयुक्तराज्य अमेरिका राष्ट्रसंघ का सदस्य नहीं था। किन्तु राष्ट्रसंघ परिषद् ने बहुमत से जापान के इस तर्क को अस्वीकार कर दिया और जापान से आग्रह किया कि वह मंचूरिया से अपनी सेनाएं हटा ले। परन्तु जापान ने अपने निषेधाधिकार से इसे रद्द कर दिया। 19 नवम्बर, 1931 को जापान ने परिषद् के इस प्रस्ताव को स्वीकार कर लिया कि राष्ट्रसंघ का एक जाँच कमीशन सुदूर पूर्व भेजा जाए जिसमें ब्रिटेन, अमेरिका, फ्रांस तथा जर्मनी के प्रतिनिधि हों। बाद में 8 जनवरी, 1932 को जापान ने शंघाई पर अधिकार कर लिया। अतएव चीन ने पुनः राष्ट्रसंघ का दरवाजा खटखटाया। 4 मार्च, 1932 को राष्ट्रसंघ महासभा ने जापान को शंघाई को खाली करने का आदेश दिया। किन्तु इसी बीच 18 फरवरी, 1932 को जापान ने मंचूरिया में मंचुकुआ नाम से एक कठपुतली सरकार स्थापित कर दी। राष्ट्रसंघ के इस प्रस्ताव के पास होने के बाद जापान ने शंघाई तो खाली कर दिया, किन्तु मंचूरिया पर अपना नियंत्रण बनाए रखा। राष्ट्रसंघ द्वारा सुदूर पूर्व में भेजे

गए लिटन कमीशन ने मंचूरिया पर चीन की प्रभुसत्ता स्वीकार की और राष्ट्रसंघ की सभा ने जापान के कार्य की निन्दा करते हुए उससे लिटन कमीशन की सिफारिशें मानने का अनुरोध किया। राष्ट्रसंघ की सभा के 44 सदस्यों में से 42 ने लिटन कमीशन की सिफारिशों का समर्थन किया, स्याम तटस्थ रहा और जापान ने विरोध में मत दिया। इसके उपरान्त जापान ने 27 मार्च, 1933 को राष्ट्रसंघ की सदस्यता से त्यागपत्र दे दिया। इस घटना ने राष्ट्रसंघ के अन्तर्गत सामूहिक सुरक्षा पद्धति की दुर्बलता को स्पष्ट कर दिया। राष्ट्रसंघ जापानी आक्रमण से चीन की रक्षा करने में असमर्थ रहा जिससे अन्य आक्रांताओं को बल मिला और राष्ट्रसंघ की सामूहिक सुरक्षा व्यवस्था प्रभावहीन हो गई।

इटली-अबीसीनिया युद्ध का प्रभाव

सामूहिक सुरक्षा सिद्धान्त की सबसे कठोर परीक्षा इटली-अबीसीनिया युद्ध के दौरान हुई। सन् 1935 में इटली के तानाशाह मुसोलिनी ने अबीसीनिया (इथियोपिया) पर आक्रमण कर दिया। बहाने के लिए उसने 5 दिसम्बर, 1934 को इटली सोमालीलैंड की अनिश्चित सीमा पर हुए सैनिक झगड़े का सहारा लिया। इस झगड़े में 3 इतालवी सैनिक मारे गए थे। उसने अबीसीनिया से क्षमा याचना व हर्जाने की मांग की। अबीसीनिया ने राष्ट्रसंघ से इटली की शिकायत की। राष्ट्रसंघ की परिषद् में इटली के प्रतिनिधि ने अबीसीनिया पर विश्वासघात, बर्बरता और संधि भंग का आरोप लगाते हुए कहा कि इटली को पूरा अधिकार है कि उस क्षेत्र में सम्मान और अपने गौरव की रक्षा करे। इस कार्य के लिए जब इटली ने अबीसीनिया में अपनी सेनाएँ भेजीं तो अबीसीनिया ने पुनः राष्ट्रसंघ में अनुच्छेद 16 के अनुसार इटली के आक्रमण की शिकायत की। राष्ट्रसंघ परिषद् ने इस विवाद को सुलझाने के लिए पाँच देशों–इंग्लैंड, फ्रांस, पौलैंड, स्पेन और तुर्की की एक समिति नियुक्त की, जिसने इटली को खुश करने के लिए अबीसीनिया के कुछ प्रदेश भी इटली को देने का प्रस्ताव रखा। परन्तु मुसोलिनी ने यह प्रस्ताव अस्वीकार कर दिया। 29 सितम्बर को जब अबीसीनिया नेत्सामबन्दी (आवश्यक सैनिक भर्ती) का आदेश जारी किया तो 7 अक्तूबर, 1935 को राष्ट्रसंघ ने इटली को युद्ध छेड़ने के लिए उत्तरदायी ठहराया। 11 अक्तूबर, 1935 को सभी सदस्य राष्ट्रों ने इटली के विरुद्ध आर्थिक प्रतिबन्ध लगाने को कहा। परिणामस्वरूप 18 नवम्बर, 1935 को राष्ट्रसंघ के इतिहास में पहली बार इटली के विरुद्ध आर्थिक प्रतिबन्ध लगाये गए। परन्तु ये प्रतिबन्ध सफल नहीं हो सके, क्योंकि सदस्य राष्ट्रों ने मिलकर सिद्धांततः इन प्रतिबन्धों का समर्थन किया परन्तु व्यावहारिक रूप से ऐसी कोई कार्यवाही नहीं की गई जिससे इटली को युद्ध रोकने के लिए विवश होना पड़े। अतः 1 मई, 1936 को अबीसीनिया की राजधानी अदीसअबाबा पर इटली का अधिकार हो गया। 30 जून, 1936 को अबीसीनिया के सम्राट हेलीसिलासी ने राष्ट्रसंघ की महासभा में स्वयं उपस्थित होकर इटली के अमानुषिक और अमानवीय आक्रमण का वर्णन करते हुए राष्ट्रसंघ से सहायता की

प्रार्थना की। परन्तु राष्ट्रसंघ पर इसका कोई प्रभाव नहीं पड़ा। उलटे 15 जुलाई, 1936 को उसने इटली के विरुद्ध लगाया गया आर्थिक प्रतिबन्ध भी हटा लिया। सन् 1938 में फ्रांस और इंग्लैंड ने अबीसीनिया पर इटली के अधिकार को स्वीकार कर राष्ट्रसंघ के मूलसिद्धान्तों को तिलांजलि दे दी। अतः राष्ट्रसंघ पतन की ओर अग्रसर हुआ और सामूहिक सुरक्षा व्यवस्था समाप्त हो गई।

यह पहला अवसर था जब युद्ध रोकने के लिए राष्ट्रसंघ ने अपने संविधान की धारा 16 के अन्तर्गत किसी राष्ट्र पर प्रतिबन्ध लगाए थे। परन्तु फिर भी राष्ट्रसंघ अबीसीनिया की रक्षा करने में सफल नहीं हो सका क्योंकि वह इन प्रतिबन्धों को पूर्ण रूप से लागू नहीं करा सका था। फ्रांस, जर्मनी व रूस आदि बड़े-बड़े राष्ट्र इटली को जर्मनी के विरुद्ध अपने पक्ष में मिलाने के लिए उत्सुक थे, इसलिए उन्होंने स्वेज का मार्ग बन्द कर अथवा तेल की सप्लाई पर प्रतिबन्ध लगाकर उसे अप्रसन्न नहीं किया। महाशक्तियों के इस रवैये ने राष्ट्रसंघ के अन्तर्गत सामूहिक सुरक्षा सिद्धान्त की अंत्येष्टि कर दी। क्योंकि अब कोई भी राष्ट्र अपनी रक्षा के लिए इस पर भरोसा नहीं कर सकता था। 1 मार्च, 1939 को रूस के प्रधानमन्त्री स्टालिन ने कटु शब्दों में कहा था कि "आक्रमणकारी राज्यों में मुख्यतः इंग्लैंड, फ्रांस व अमेरिका ने सामूहिक सुरक्षा की नीति, आक्रमणकारी का सामूहिक विरोध करने की नीति को त्याग दिया है और अहस्तक्षेप व तटस्थता की स्थिति अपना ली है, इस नीति का अर्थ आक्रमणकारी को प्रोत्साहन देना, उसे स्वतन्त्रता देना और इस प्रकार के युद्ध को विश्वयुद्ध बना देना है।" छः महीने के भीतर ही स्टालिन की भविष्यवाणी सही सिद्ध हुई और सामूहिक सुरक्षा की नीति का परित्याग करने पर विश्व को द्वितीय विश्वयुद्ध का मुंह देखना पड़ा। क्योंकि जर्मनी के तानाशाह हिटलर ने ऑस्ट्रिया व चैकोस्लोवाकिया को हड़प लिया और पौलैंड पर आक्रमण कर दिया। इस प्रकार राष्ट्रसंघ को सामूहिक सुरक्षा के वे लाभ प्राप्त नहीं हो सके जिनकी आशा की गई थी। इस प्रकार राष्ट्रसंघ के अन्तर्गत सामूहिक सुरक्षा पद्धति असफल रही। पामर व पार्किन्स ने ठीक ही लिखा है "सामूहिक सुरक्षा के विकास और लागू करने के साधन के रूप में राष्ट्रसंघ बुरी तरह द्विविधाग्रस्त था तथा, वास्तव में प्रारम्भ से ही शक्तिहीन था।" अतः जापान, इटली और जर्मनी के आक्रमणों को रोकने में असफल रहा और उसका अन्त हो गया।

सामूहिक सुरक्षा व संयुक्त राष्ट्रसंघ

राष्ट्रसंघ महायुद्ध रोकने में असफल रहा और सितम्बर 1939 में द्वितीय महायुद्ध आरम्भ हो गया। जिन दिनों द्वितीय महायुद्ध चल रहा था सभी राष्ट्र यह अनुभव कर रहे थे यदि सामूहिक सुरक्षा पद्धति को सच्चे अर्थ में अपनाया गया होता तो मानवता को महायुद्ध देखने का अवसर न मिला होता। द्वितीय महायुद्ध के अन्तिम चरण में अणुबम जैसे महाविध्वंसकारी अस्त्र-शस्त्रों के आविष्कार ने युद्ध की भयानकता को और भी प्रचंड बना दिया। परिणामस्वरूप सभी राष्ट्र सोचने लगे कि यदि तृतीय

महायुद्ध का अवसर आया तो इस पृथ्वी से मानवजाति का नामोनिशान मिट जाएगा। अतः मानवजाति और सभ्यता की रक्षा के लिए द्वितीय महायुद्ध समाप्त होते ही उन्होंने ने एक और प्रभावशाली संगठन–संयुक्त राष्ट्रसंघ की रचना कर डाली। संयुक्त राष्ट्रसंघ का प्रमुख उद्देश्य अन्तर्राष्ट्रीय शान्ति और सुरक्षा की रक्षा करना है।

राष्ट्रसंघ की भाँति संयुक्त राष्ट्रसंघ के संविधान में भी सामूहिक सुरक्षा की व्यवस्था की गई है। परन्तु इस स्थापना की व्यवस्था करते समय इस बात को ध्यान में रखा गया कि संयुक्त राष्ट्रसंघ के अन्तर्गत सामूहिक सुरक्षा की व्यवस्था, राष्ट्रसंघ के अन्तर्गत स्थापित व्यवस्था से अधिक प्रभावशाली हो। अतः संयुक्त राष्ट्रसंघ के संविधान के अनुच्छेद 43 के अन्तर्गत यह व्यवस्था की गई है कि शान्ति स्थापना के लिए जब जैसी आवश्यकता हो तब संयुक्त राष्ट्रसंघ के सदस्य राष्ट्र, सुरक्षा परिषद् की सहायता के लिए अपने सशस्त्र सैनिक तथा अन्य सुविधायें परिषद् के सुपुर्द करेंगे। (परन्तु महाशक्तियों के बीच पारस्परिक मतभेद होने के कारण इस विषय पर अभी तक कोई समझौता नहीं हो सका है।)

शान्ति के लिए एकता प्रस्ताव

विश्व में शान्ति बनाए रखना संयुक्त राष्ट्रसंघ की सुरक्षा परिषद् का प्राथमिक उत्तरदायित्व है। फिर भी महासभा के "शान्ति के लिए एकता प्रस्ताव, ने यह व्यवस्था कर दी है कि यदि कभी शान्ति के लिए संकट पैदा हो, अथवा शान्ति भंग हो, अथवा आक्रमण हो जाए और सुरक्षा परिषद् अपने स्थायी सदस्यों द्वारा निषेधाधिकार प्रयोग करने के कारण कोई कार्यवाही न कर सके तो महासभा उस विवाद को संकटकालीन अधिवेशन बुलाकर तुरन्त अपने हाथ में ले सकती है और स्थिति का मुकाबला करने के लिए सामूहिक कार्यवाही का सुझाव दे सकती है, जिसमें शान्ति भंग होने या आक्रमण की स्थिति में सशस्त्र सेना के उपयोग का सुझाव दे सकना भी शामिल है। अतः फ्रांस के पाल बकुअर ने कहा था "अब अन्तर्राष्ट्रीय संगठन आक्रमण के विरुद्ध अपने आपको शक्तिहीन और निरस्त्र नहीं पाएगा।"

राष्ट्रसंघ और संयुक्त राष्ट्रसंघ के अन्तर्गत सामूहिक सुरक्षा व्यवस्था (Collective Security under League of Nations and U.N.O.)

गुडरिच और हैम्ब्रो के अनुसार, 'चार्टर के अन्तर्गत सामूहिक कार्यवाही की व्यवस्था राष्ट्रसंघ के विधान से अधिक प्रगतिशील है। इस प्रकार संयुक्त राष्ट्रसंघ के अन्तर्गत स्थापित सामूहिक सुरक्षा व्यवस्था में पर्याप्त अन्तर है–(1) संयुक्त राष्ट्रसंघ को आवश्यकता पड़ने पर सशस्त्र बल प्रयोग का अधिकार है जो राष्ट्रसंघ को प्राप्त नहीं था। (2) सामूहिक सुरक्षा की कार्यवाही को सफल बनाने के लिए संयुक्त राष्ट्रसंघ के अन्तर्गत महाशक्तियों को निषेधाधिकार प्रदान करके विशेष रूप से बड़ी शक्तियों को उत्तरदायी बना दिया गया है। महाशक्तियों को निषेधाधिकार की शक्ति राष्ट्रसंघ के अन्तर्गत प्राप्त नहीं थी। (3) संयुक्त राष्ट्रसंघ की सुरक्षा परिषद् की

सिफारिशों को अनिवार्य व प्रभावशाली बना दिया गया है। (4) संयुक्त राष्ट्रसंघ के संविधान के 51वें अनुच्छेद द्वारा सदस्यों को स्पष्ट रूप से अपनी रक्षा करने का अधिकार प्रदान किया गया है। राष्ट्रसंघ के विधान में ऐसी कोई व्यवस्था नहीं थी। (5) सामूहिक सुरक्षा व्यवस्था को दृढ़ बनाने के लिए संयुक्त राष्ट्रसंघ के विधान में प्रादेशिक संगठनों की स्थापना को उचित बताया गया है और सदस्य राष्ट्रों को ऐसे संगठन बनाने की अनुमति दी गई है, परन्तु राष्ट्रसंघ के अन्तर्गत ऐसी कोई व्यवस्था नहीं थी।

सामूहिक सुरक्षा व्यवस्था व कोरिया विवाद

संयुक्त राष्ट्रसंघ के अन्तर्गत सामूहिक सुरक्षा की परीक्षा का अवसर पहली बार 1950 में आया जब संयुक्त राष्ट्रसंघ ने दक्षिणी कोरिया पर उत्तर कोरिया द्वारा किए गए आक्रमण के मामले को अपने हाथ में लिया। 38 अक्षाँश की सीमान्त रेखा पर 25 जून, 1950 से दोनों पक्षों में युद्ध प्रारम्भ हो गया। उत्तर कोरिया के आक्रमण की सूचना संयुक्त राष्ट्रसंघ के आयोग द्वारा प्राप्त हुई। आयोग द्वारा भेजी गई सूचना इतनी व्यापक थी कि अब 25 जून, 1950 को सुरक्षा परिषद् की बैठक कोरिया के आक्रमण पर विचार करने के लिए बैठी तब किसी राष्ट्र ने इस आधार पर बैठक स्थगित करने की मांग नहीं की कि उसे वास्तविक स्थिति का ज्ञान नहीं था। यह स्थिति सन् 1932 की स्थिति से बिल्कुल भिन्न थी जब राष्ट्रसंघ ने मंचूरिया पर किए गए आक्रमण की जांच करने के लिए "लिटन आयोग" भेजा था। जब तक यह आयोग प्रशांत क्षेत्र से यात्रा कर सही जानकारी प्राप्त करे और आक्रमण के लिए जापान को दोषी ठहराए तब तक जापान मंचूरिया पर पूरी तरह अपना अधिकार जमा चुका था और राष्ट्रसंघ कुछ भी नहीं कर सका जिससे उसकी सामूहिक सुरक्षा अव्यवस्था को आघात पहुंचा।

सुरक्षा परिषद् ने कोरिया विवाद में संलग्न दोनों पक्षों को फौरन युद्ध बन्द करने का आदेश दिया और 38 अक्षांश रेखा पर लौट जाने को कहा। उत्तर कोरिया ने जब सुरक्षा परिषद् के इस आदेश की अवहेलना की तब संयुक्त राज्य अमेरिका ने, सुरक्षा परिषद् में, कोरिया में सैनिक कार्यवाही का प्रस्ताव रखा जो उसी दिन पारित हो गया। सुरक्षा परिषद् के 11 सदस्यों में से 9 ने प्रस्ताव के पक्ष में बोट दिया, यूगोस्लाविया ने वोट नहीं दिया और रूस जो कम्युनिस्ट चीन की मान्यता न दिए जाने के कारण संयुक्त राष्ट्रसंघ की सभी बैठकों का बहिष्कार कर रहा था, अनुपस्थित रहा। अतः प्रस्ताव स्वीकार कर लिया गया।

7 जुलाई, 1950 को सुरक्षा परिषद् ने एक दूसरे प्रस्ताव द्वारा इस युद्ध की संयुक्त कमान बनाते हुए संयुक्त राज्य अमेरिका को इसका सेनापति नियुक्त करने का आदेश दिया। कोरिया के इस युद्ध को संयुक्त राष्ट्रसंघ का युद्ध कहा जाता है। वस्तुतः यह संयुक्त राष्ट्रसंघ के संरक्षण में लड़ा जाने वाला प्रमुख रूप से संयुक्त राज्य अमेरिका का युद्ध था। इस सेना में अधिकांश सैनिक अमेरिकी थे। यद्यपि 16

अन्य राष्ट्रों ने भी अपने सैनिक भेजकर इस सेरा के गठन में योग दिया था, तथापि इस संयुक्त राष्ट्रसंघ की सेना का भार संयुक्त राज्य अमेरिका ने ही उठाया था और अमेरिका के जनरल मैकार्थर इसके प्रधान सेनापति थे। शान्ति के लिए एकता की योजना पर बोलते हुए कनाडा के प्रतिनिधि ने कहा था, "हम सामूहिक सुरक्षा को संगठित करने की दिशा में एक नया कदम उठा रहे हैं, जो हमारा लक्ष्य है।"

इतिहास में सामूहिक कार्यवाही के ऐसे कुछ अन्य उदाहरण भी मिलते हैं जब कुछ राष्ट्रों ने ऐसे सर्वोच्च सेनापति के नेतृत्व में सम्मिलित होकर आक्रमण का विरोध किया हो, किन्तु आक्रमण के ऐसे सैनिक विरोध को विश्व समुदाय की किसी संस्था ने शायद कभी पहले मान्यता नहीं दी थी। यदि राष्ट्रसंघ ने मंचूरिया या अबीसीनिया के आक्रमण के समय आक्रमण का शक्तिपूर्वक विरोध करने की आज्ञा दे दी होती या जब जर्मनी की फौजों ने पोलैंड पर आक्रमण किया था तब ऐसा किया होता तो शायद द्वितीय महायुद्ध का अवसर ही न आता। राष्ट्रसंघ का तब शायद एक नया स्तर होता और संयुक्त राष्ट्रसंघ की शायद आवश्यकता नहीं पड़ती। कोरिया का यह आक्रमण, आक्रमणों की शृंखला की शुरूआत हो सकता था जो तृतीय महायुद्ध का कारण बन जाता परन्तु संयुक्त राष्ट्रसंघ के अन्तर्गत सामूहिक सुरक्षा की व्यवस्था ने संभावित तृतीय महायुद्ध को टाल दिया। पश्चिमी यूरोप में इसमें रुचि ली, क्योंकि सुरक्षा की इस व्यवस्था द्वारा आक्रमण का सफलतापूर्वक विरोध किया जा सका था और आक्रमणकारी अपने उद्देश्य में असफल हुआ था। नाटो शक्तियों का विकास हुआ तथा आक्रांताओं का साहस कम हो गया और विश्व शान्ति को बल मिला। अतः शूमाँ (Schuman) ने कोरिया युद्ध को सामूहिक सुरक्षा व सिद्धान्तों का सफल प्रयोग माना है।

दोष–सामूहिक सुरक्षा व्यवस्था के कोरिया में प्रयोग किए जाने के फलस्वरूप इसकी कुछ त्रुटियाँ व व्यावहारिक दोष भी प्रकाश में आए। अनेक सदस्य राष्ट्रों ने अनुच्छेद 43 के अन्तर्गत अपनी सेनाओं को सुरक्षा परिषद् के आदेश पर प्रस्तुत करने की आज्ञा का पूरी तरह पालन नहीं किया। इसमें एशिया और अफ्रीका के असंलग्न राष्ट्र अधिक थे : जो अपनी सेनाएँ भेजकर शीतयुद्ध के पचड़े में नहीं पड़ना चाहते थे क्योंकि संयुक्त राष्ट्रसंघ की सेनाओं में अमेरिका का प्रभुत्व था और उत्तर कोरिया की तरफ से साम्यवादी चीन तथा अन्य शक्तियाँ अप्रत्यक्ष रूप से लड़ रही थीं। परिणामस्वरूप संयुक्त राष्ट्रसंघ की सेनाओं में सर्वाधिक योगदान संयुक्त राज्य अमेरिका का रहा, क्योंकि संयुक्त राष्ट्रसंघ के कार्यालय के निकट ही अमेरिका की ही सेना और उसके साधन थे। दूसरे, संयुक्त राष्ट्रसंघ के पास कोई सामान्य सैनिक स्टाफ भी नहीं था जो सर्वोच्च सेनापति की नियुक्ति करता और युद्ध क्षेत्र में राजनीतिक परिणामों का ठीक मूल्यांकन करता। संयुक्त राष्ट्रसंघ के संविधान के अन्तर्गत "सैनिक स्टाफ समिति" की व्यवस्था अव्यावहारिक सिद्ध हुई। सोवियत रूस उसका उद्देश्य था और साम्यवादी चीन का वह घनिष्ठ मित्र था। सुरक्षा परिषद् के

सभी राष्ट्र (यूगोस्लाविया को छोड़कर) आपस में सहयोग कर रहे थे। उनके राजनीतिक प्रतिनिधि अक्सर संयुक्त राज्य अमेरिका के प्रतिरक्षा विभाग में मिलते थे। यथार्थ में, सामूहिक सुरक्षा की कार्यवाही संयुक्त राष्ट्रसंघ मुख्यालय की अपेक्षा वाशिंगटन में संचालित होती थी तथा संयुक्त राष्ट्रसंघ की सेना में भाग लेने वाले सदस्य राष्ट्रों के सैनिक रणक्षेत्र की भलाई और बुराई अमेरिका के माथे पर ही थोपना चाहते थे।

इसके अलावा 38 अक्षांश रेखा से उत्तर में युद्ध को बढ़ा ले जाना शायद एक भूल थी। संयुक्त राष्ट्रसंघ ने उस समय हस्तक्षेप किया था जबकि साम्यवादी फौजों ने उत्तर से 38 अक्षांश रेखा को पार किया था। जब आक्रमणकारी इस रेखा से पीछे हट चुका था तब संयुक्त राष्ट्रसंघ को युद्ध रोकने को आदेश दे देना चाहिए था। क्योंकि उत्तर में बढ़ते-बढ़ते जब संयुक्त राष्ट्रसंघ की सेना युलू नदी तक पहुंच गई तब चीन को युद्ध में हस्तक्षेप करने का उचित मौका मिल गया जिसके कारण हजारों की संख्या में संयुक्त राष्ट्रसंघ की सेना के सैनिक मारे गए और 38 अक्षांश के लगभग पुनः युद्ध विराम स्थापित करने में कई महीने लग गए।

कोरिया में शान्ति स्थापित करने की दिशा में भी संयुक्त राष्ट्रसंघ ने देरी की। शान्ति वार्ता में भारत को शामिल किया जाए या नहीं इस विषय पर भी संयुक्त राष्ट्रसंघ के सदस्यों में काफी मतभेद था। अन्त में भारत के प्रयासों से ही कोरिया विवाद सुलझ सका। इन सब कमजोरियों के बावजूद 38 अक्षांश पर संयुक्त राष्ट्रसंघ द्वारा किए गए प्रयासों ने उसे राष्ट्रसंघ की भांति प्रभावहीन होने से बचा लिया।

कोरिया के बाद सामूहिक सुरक्षा पद्धति को कार्यान्वित करने में संयुक्त राष्ट्रसंघ शायद पीछे ही हटा है, क्योंकि कोरिया की समस्या का पूर्ण रूप से आज तक अन्तिम समाधान न हो सकने के कारण लोगों की निराशा ही हुई है। अभी तक संयुक्त राष्ट्रसंघ की सेनाएँ 38 अक्षांश रेखा पर युद्ध सन्धि की रक्षा कर रही हैं। अतः ए० ई० स्टीवेन्सन ने कहा है कि इससे सामूहिक सुरक्षा की एक मध्यस्थता की स्थापना हुई।

स्वेज नहर की समस्या

संयुक्त राष्ट्रसंघ द्वारा सामूहिक सुरक्षा के प्रयोग के दो और उदाहरण भी दिये जा सकते हैं। सन् 1956 में मिस्त्र द्वारा स्वेज नहर का राष्ट्रीयकरण कर दिये जाने पर इजराइल, फ्रांस और ग्रेट ब्रिटेन ने सामूहिक रूप से उस पर आक्रमण कर दिया। इस विवाद पर विचार करने के लिए संयुक्त राष्ट्रसंघ महासभा की एक आपातकालीन बैठक बुलाई गई। अन्त में आक्रमणकारियों ने महासभा के आदेशों को मानकर युद्ध बन्द कर दिया और सेनाएँ वापस बुला लीं। कुछ लेखक कहते हैं कि यह शायद सामूहिक सुरक्षा की सफलता नहीं थी, वरन् कुछ अन्य कारणों से आक्रमणकारियों ने महासभा के आदेशों को माना था। इंग्लैंड और फ्रांस इसलिए पीछे हट गए थे

क्योंकि उनके देशों में और मित्रदेश में मतभेद था तथा विश्व में जनमत उनके विपरीत था और संयुक्त राज्य अमेरिका ने युद्ध में सोवियत यूनियन के हस्तक्षेप की सम्भावना के कारण इन आक्रमणकारियों का समर्थन नहीं किया था। इसके अलावा, इजराइल, अमेरिका की सहायता पर जीवित था और वह जानता था कि संयुक्त राष्ट्रसंघ के अन्तर्गत स्वेज की रक्षा के लिए यदि कार्यवाही की गई तो उसमें प्रमुख योगदान संयुक्त राज्य अमेरिका का ही होगा।

लेबनान की समस्या

दो वर्ष बाद संयुक्त राष्ट्रसंध के समक्ष एक और गम्भीर समस्या आई जब लेबनान ने यह शिकायत पेश की कि सीरिया ने भारी संख्या में लेबनान की सीमा में छापामार सैनिक भेजकर राष्ट्रपति चमाऊ की प्रार्थना पर सुरक्षा के लिए संयुक्त राज्य अमेरिका को उखाड़ने की चेष्टा की है। राष्ट्रपति चमाऊ की प्रार्थना पर सुरक्षा के लिए अमेरिका की सेनाएँ भेज दी गईं तथा दो दिन बाद जोर्डन की प्रार्थना पर वहाँ ब्रिटेन ने भी अपनी सेनाएँ भेज दीं। इस परिस्थिति ने रूस और अमेरिका दोनों को एक दूसरे के विरुद्ध आमने-सामने खड़ा कर दिया। संयुक्त राज्य अमेरिका का तर्क यह था कि उसने लेबनान की सरकार की प्रार्थना पर लेबनान की रक्षा के लिए अपनी सेनाएँ भेजी हैं, परन्तु रूस लेबनान में अमेरिकी सेनाओं की उपस्थिति शांति के लिए घातक मानता था। अन्ततः सुरक्षा परिषद् के महासचिव के सामयिक हस्तक्षेप के कारण स्थिति नियन्त्रण में आ गई और धीरे-धीरे अमेरिका व ब्रिटेन ने अपनी सेनाएँ उपरोक्त देशों से वापस बुला लीं। इस प्रकार सामूहिक सुरक्षा की परीक्षा का अवसर ही न आ सका तथा उस समय अस्थाई रूप से समस्या सुलझ गई परन्तु लेबनान आज भी अशांत है और विभिन्न शक्तियों का केन्द्रस्थल हो गया है। युद्ध चल रहा है तथा अशांति पाई जाती है तथा ईसाई गुटों व शिया और सुन्नियों में युद्ध चलते रहते हैं।

जुलाई 1965 में सोवियत रूस द्वारा प्रस्तुत किए गए एक स्मरण लेख के बाद से पुनः संयुक्त राष्ट्रसंघ के अन्तर्गत सामूहिक सुरक्षा को प्रभावशाली बनाने की चर्चा होने लगी। इस सन्दर्भ में 24 अक्तूबर, 1964 को महासचिव ऊ थांट का वह कथन उल्लेखनीय है जिसमें उन्होंने संयुक्त राष्ट्रसंघ के अन्तर्गत सामूहिक सुरक्षा का महत्व बताते हुए कहा था "सैनिक प्रतिस्पर्द्धा रोकने के लिए निश्चित रूप से केवल यही एक आशा है कि संयुक्त राष्ट्रसंघ के संविधान व उसके ढाँचे के अन्तर्गत लोगों में आत्मविश्वास की वृद्धि हो तथा सामूहिक सुरक्षा पद्धति के अन्तर्गत कार्य करने के लिए उनमें सहयोग की भावना विकसित हो।" 1965 के भारत-पाकिस्तान युद्ध में सामूहिक सुरक्षा व्यवस्था सफल नहीं हो सकी और रूस के हस्तक्षेप करने पर ही दोनों में ताशकन्द समझौता किया जा सका। इसके बाद 1971 के भारत-पाकिस्तान युद्ध, ईरान-ईराक युद्ध, कम्पूचिया व अफगानिस्तान आदि में संयुक्त राष्ट्रसंघ के अन्तर्गत सामूहिक सुरक्षा पद्धति अपने उत्तरदायित्व को सच्चे अर्थों में नहीं निभा सकी है।

लेखक पामर व पार्किन्स ने तो यहाँ तक कहा है कि "अनुभव के आधार पर कहा जा सकता है कि संयुक्त राष्ट्रसंघ अपनी प्रकृति के कारण वास्तविक सामूहिक सुरक्षा का न तो कभी प्रभावशाली साधन था और न भविष्य में ही कभी हो सकता है।" संयुक्त राष्ट्रसंघ की सुरक्षा परिषद् में महाशक्तियों को मिली निषेधाधिकार की शक्ति, संयुक्त राष्ट्रसंघ द्वारा की जाने वाली सुरक्षा की कार्यवाही के मार्ग में शायद सबसे बड़ी रुकावट कही जा सकती है। क्योंकि यदि कभी कोई महाशक्ति या उसका समर्थक देश जिसे संयुक्त राष्ट्रसंघ में निषेधाधिकार मिला हुआ है या निषेधाधिकार वाले देशों का समर्थन प्राप्त है किसी देश पर आक्रमण कर दे तो सुरक्षा परिषद् में वह अपने ऊपर या समर्थक पर निषेधाधिकारात्मक कार्यवाही रोक सकता है। यद्यपि "शान्ति के लिए एकता प्रस्ताव" पास हो जाने से संयुक्त राष्ट्रसंघ की महासभा को निषेधाधिकार को अड़ंगेबाजी से उत्पन्न गतिरोध की स्थिति में आवश्यक कार्यवाही करने का अवसर मिल गया है। (क्योंकि संयुक्त राष्ट्रसंघ की महासभा में किसी राष्ट्र की निषेधाधिकार प्राप्त नहीं है), तथापि यह निश्चित है कि संयुक्त राष्ट्रसंघ किसी भी महाशक्ति के विरुद्ध शक्तिशाली कदम उठाने की स्थिति में नहीं है। यह केवल छोटे-मोटे राष्ट्रों के विरुद्ध कार्यवाही कर सकता है। अनुभव यह बताता है कि अधिकांश महाशक्तियाँ ही आक्रमणकारी होती हैं और वही अन्तर्राष्ट्रीय शांति को भंग कर महायुद्ध का कारण बनती हैं। उनके आक्रमण के विरुद्ध सामूहिक रूप से कदम उठाने की शक्ति संयुक्त राष्ट्रसंघ में पाई जाती है। बेंटविच मार्टिन ने लिखा है "संयुक्त राष्ट्रसंघ चार्टर ने सामूहिक सुरक्षा की अवास्तविक पद्धति स्थापित की है।" परन्तु यह मानना पड़ेगा कि संयुक्त राष्ट्रसंघ की सामूहिक सुरक्षा व्यवस्था बहुत लाभदायक और उपयोगी सिद्ध हुई तथा इसके द्वारा विश्व में शान्ति बनाए रखने में सहायता मिली है।

सामूहिक सुरक्षा व्यवस्था और विश्व शान्ति

सामूहिक सुरक्षा व्यवस्था विश्व शान्ति बनाए रखने के लिए अत्यन्त आवश्यक है। तार्किक रूप से सामूहिक सुरक्षा पद्धति में कोई दोष भी नहीं है, परन्तु व्यावहारिक रूप से सामूहिक सुरक्षा पद्धति के प्रयोग और उसकी सफलता के लिए कुछ बातों का होना आवश्यक है। यदि किसी आक्रमण का विरोध करने के लिए राष्ट्र सामूहिक रूप से निर्णय करें तो उनके सुरक्षा सम्बन्धी आदर्श समान होने चाहिए तथा ऐसे राष्ट्रों को सामूहिक कार्यवाही के समय आपसी राजनीतिक मतभेदों को भुला देना चाहिए, परन्तु किसी विशेष समय और विशेष समस्या के प्रश्न पर ही ऐसा होना सम्भव है। अन्तर्राष्ट्रीय राजनीति की प्रकृति भविष्य में सदैव ऐसी सम्भावना बने रहने का आश्वासन नहीं देती। यदि इटली के विरुद्ध राष्ट्रसंघ द्वारा की गई कार्यवाही का ब्रिटेन, फ्रांस, अमेरिका आदि राष्ट्रों ने समर्थन किया तो शायद राष्ट्रसंघ का पतन इतना शीघ्र न होता। कोरिया में भी संयुक्त राष्ट्रसंघ द्वारा की गई कार्यवाही में अनेक राष्ट्रों ने सक्रिय योगदान नहीं दिया क्योंकि वे युद्ध में पड़कर शीतयुद्ध के चक्कर में नहीं आना चाहते हैं।

इसके अलावा यह भी जरूरी नहीं है कि आक्रमणकारी सदैव केवल एक राष्ट्र ही हो। वास्तविकता यह है कि यदि प्रत्यक्ष रूप से नहीं तो अप्रत्यक्ष रूप से आक्रमणकारी राष्ट्र के पीछे किसी महाशक्ति अथवा एक से अधिक राष्ट्रों का हाथ होता है। फिर सामूहिक सुरक्षा के अन्तर्गत सभी राष्ट्रों से यह आशा की जाती है कि वे अपनी सम्पूर्ण शक्ति भर आक्रमण का मुकाबला करेंगे। लेकिन यथार्थ में कोई भी राष्ट्र दूसरे के लिए युद्ध में केवल उसी समय तक रत रहता है जब तक युद्ध द्वारा उसके राष्ट्रीय हितों को हानि नहीं पहुंच रही हो। राष्ट्र सुरक्षा सम्बन्धी समझौते करके उसको तोड़ भी सकते हैं। फ्रांस का "नाटो" से अलग होने का प्रयास इसका ज्वलंत उदाहरण है।

यह भी आवश्यक नहीं है कि सभी राष्ट्र आक्रमणकारी का मुकाबला करने के लिये समान उत्साह दिखाएँ। आधुनिक युग में सामूहिक सुरक्षा के साधन को अपनाकर राष्ट्रीय हित की रक्षा नहीं की जा सकती, 'क्योंकि सामूहिक सुरक्षा पद्धति' राष्ट्रों से अवसर पड़ने पर अपना हित व अहं त्यागने की माँग करती है जो बहुत कम पाई जाती है।

सामूहिक सुरक्षा का युद्ध यथास्थिति की स्थापना के लिए होता है, इसलिए सुरक्षा को लिपमैन ने यथास्थिति का संरक्षक कहा है। राष्ट्रसंघ का उद्देश्य वार्साय की संधि द्वारा स्थापित क्षेत्रीय यथास्थिति की रक्षा करना था, जबकि प्रथम महायुद्ध के बाद जिस क्षेत्रीय यथास्थिति का निर्माण किया गया था उससे अनेक राष्ट्र अप्रसन्न थे। फ्रांस, जिसे सबसे अधिक लाभ हुआ था, वह भी अप्रसन्न था तथा रूस व अमेरिका भी अपने-अपने व्यक्तिगत कारणों से अप्रसन्न थे तथा इटली, जापान व जर्मनी इसके घोर विरोधी थे। इस प्रकार किसी भी स्थिति के पक्ष व विपक्ष में राष्ट्रों का होना सामूहिक सुरक्षा पद्धति की सफलता में सबसे बड़ी बाधा है।

कोई आक्रमणकारी जब आक्रमण करता है तो यह सोच कर ही पूरी तैयारी के साथ आक्रमण करता है कि जिस राष्ट्र पर वह आक्रमण कर रहा है, उसके समर्थन के लिए कौन-कौन से राष्ट्र आएँगे, वह किस प्रकार की सैनिक कार्यवाही करेगा तथा किन उपायों द्वारा आक्रमण को विफल बनाने की चेष्टा करेगा। इसलिए आक्रमणकारी राष्ट्र रहती सामूहिक सुरक्षा समुदाय की सम्भावित सैनिक शक्ति की कल्पना करके उससे अधिक मात्रा में सैनिक तैयारी करके बड़ी तेजी से आक्रमण करते हैं। सुरक्षा परिषद् विचार ही करती रहती है और आक्रमणकारी का अधिकार हो जाता है।

आधुनिक युग में कुछ लोग सामूहिक सुरक्षा पद्धति को अव्यावहारिक, असम्भव और निष्फल सिद्धान्त मानते हैं। हंस मॉगेन्था इसे एक "अव्यावहारिक, विवेकहीन और भयानक सिद्धान्त कहते हैं, क्योंकि इसके द्वारा युद्ध के सीमित होने की सम्भावना नहीं वरन् प्रत्येक युद्ध, महायुद्ध बन सकता है।" उसके अनुसार 'सामूहिक सुरक्षा पद्धति से विश्व शान्ति की आशा करना व्यर्थ है।' आधुनिक युग में युद्ध की भयानकता

व संहारात्मक शक्ति विश्व के दो गुटों में विभाजित होने तथा आक्रमण की परिभाषा, नीतियों व पद्धतियों में भिन्नता होने के कारण सामूहिक सुरक्षा से अन्तर्राष्ट्रीय शान्ति और व्यवस्था की स्थापना की आशा करना व्यर्थ है। सामूहिक सुरक्षा पद्धति चाहे सर्वथा दोषमुक्त ही क्यों न हो, आधुनिक परिस्थितियों में इसे भलीभांति अपनाया जाना कठिन है, क्योंकि आधुनिक युग में युद्ध की तकनीक में महान परिवर्तन हो चुका है। वैज्ञानिक विकास के कारण आज स्थिति ऐसी बन चुकी है कि जब तक आक्रमणकारी राष्ट्र के विरुद्ध कदम उठाने के लिए सामूहिक सुरक्षा का प्रबन्ध हो पाएगा, तब तक तो आक्रमणकारी देश को नष्ट या पराजित भी किया जा सकता है। महाशक्तियाँ अपने सैनिक ठिकानों से स्वचालित यन्त्रों की सहायता से कुछ ही घण्टों में न केवल एक देश, वरन् सम्पूर्ण मानव जाति के भविष्य का फैसला कर सकती हैं। यदि तृतीय महायुद्ध हुआ तो वह प्रथम व द्वितीय महायुद्ध की भांति वर्षों तक नहीं लड़ा जायेगा, शायद कुछ ही घण्टों में निर्णायक स्थिति में पहुंच जायेगा जिसमें घातक अणु अस्त्रों के कारण विजेता व विजित दोनों ही नष्ट हो जाएँगे। अत: कोई भी राष्ट्र अपने जीवन व मरण के प्रश्न को सामूहिक सुरक्षा पद्धति के आसरे नहीं छोड़ सकता है। अत: उसे अपनी सुरक्षा का प्रबन्ध स्वयं ही करना पड़ेगा। इसी कारण विश्व में अस्त्र शस्त्रों की वृद्धि होती चली जा रही है।

विश्व का दो गुटों में विभाजित हो जाना भी सामूहिक सुरक्षा पद्धति के विरुद्ध गया। सामूहिक सुरक्षा यह मानती है कि उसके प्रतिबन्धों का प्रभाव आक्रमणकारी राष्ट्र पर पड़ेगा तथा वह आक्रमण करने का साहस नहीं करेगा। किन्तु द्वितीय महायुद्ध के बाद महाशक्तियों के रूप में अवतरित हुए राष्ट्रों–रूस और अमेरिका पर सामूहिक सुरक्षा के प्रतिबन्धों का कोई प्रभाव पड़ने वाला नहीं है। फिर आक्रमण के ढंग और आक्रमण की पद्धतियों में भी अब महान् अन्तर आ चुका है। जब सामूहिक सुरक्षा पद्धति को अन्तर्राष्ट्रीय राजनीति ने एक सिद्धान्त के रूप में अपनाया था। तब आक्रमण का तरीका सीधा-सादा और प्रत्यक्ष था। आक्रमणकारी राष्ट्र अपनी सेनाओं को एक-दूसरे देश पर आक्रमण के लिए भेज देते थे। किन्तु जब आक्रमणकारी प्रत्यक्ष की अपेक्षा अप्रत्यक्ष होते हैं और इनके अनेक रूप हैं कि संयुक्त राष्ट्रसंघ गत 25 वर्षों में भी आक्रमण की परिभाषा निश्चित नहीं कर पाया है, आक्रमण शब्द का अर्थ अलग-अलग देश अपनी सुविधा को देखकर निश्चित करते हैं। कुछ देश अपने विरोधी देशों में विघटनकारी और उपद्रवी तत्वों व संगठनों को सहायता पहुंचाकर उस देश की सरकार का तख्ता पलटना चाहते हैं और अपनी विचारधारा वाली सरकार स्थापित करना चाहते हैं। छापामार सैनिक भेजकर अथवा गृहयुद्ध कराकर किसी राज्य की सुरक्षा व क्षेत्रीय अखण्डता के लिए संकट खड़ा कर देते हैं। आक्रमण का ढंग व आक्रमण की पद्धति इतनी बदल गई है कि आक्रमण की सही व्याख्या ही नहीं की जा सकती है। सामूहिक सुरक्षा इस अप्रत्यक्ष आक्रमणों का विरोध करने में सफल नहीं हो सकेगी, इसमें सन्देह है। इतिहास साक्षी है कि अन्तर्राष्ट्रीय क्षेत्र

में आक्रमण की सुरक्षा के लिए जितनी भी सन्धियाँ की गई हैं–चाहे वे लिखित हों अथवा अलिखित, उनका पालन नहीं हुआ है, अथवा नहीं हो सका है, कारण चाहे जो भी रहे हों। आज दोनों महान शक्तियों–रूस या अमेरिका के विरुद्ध कोई सामूहिक सुरक्षा सफल नहीं हो सकती। अफगानिस्तान के मामले में रूस, कम्पूचिया के मामले में वियतनाम तथा 1990 में पनामा के मामले में अमेरिका को किसी ने नहीं रोका। परन्तु ईराक के विरुद्ध सामूहिक सुरक्षा व्यवस्था सफल रही।

आधुनिक युग में किसी आक्रमण को महायुद्ध न बनने देने में ही सभी राष्ट्रों का हित है और सभी राष्ट्र इसी दृष्टिकोण से प्रभावित हैं। आज राष्ट्रीय हित और अन्तर्राष्ट्रीय हित में अधिक अन्तर नहीं। अतः सामूहिक सुरक्षा पद्धति पुरानी और पिछड़ी हुई व्यवस्था बनकर रह गई है और इसी कारण वियतनाम द्वारा कम्पूचिया में हस्तक्षेप व अंगोला में क्यूबा के हस्तक्षेप पर संयुक्त राष्ट्रसंघ ने उचित कार्यवाही की तथा ईराक का कुवैत वापिस करने, इजराइल को फिलिस्तीनियों को प्रदेश देने तथा सुन्नियों को भी विवश किया।

सामूहिक सुरक्षा जिस स्थायी अन्तर्राष्ट्रीय शान्ति एवं व्यवस्था की कामना करती है, वह निःसन्देह वर्तमान जगत की सबसे बड़ी आवश्यकता है। आज की दुनियाँ को अन्तर्राष्ट्रीय शान्ति को जितनी अधिक जरूरत है, उतनी सम्भवतः किसी युग में नहीं थी। सामूहिक सुरक्षा पद्धति, बल प्रयोग द्वारा शान्ति स्थापित करना चाहती है। सामूहिक सुरक्षा पद्धति यह मानती है कि युद्ध अनिवार्य है और युद्ध न होने देने अथवा युद्ध होने पर सामूहिक रूप से बल प्रयोग द्वारा शान्ति स्थापित की जानी चाहिए। ऐसी शान्ति शायद स्थायी नहीं हो सकती। युद्ध द्वारा स्थापित शान्ति अन्ततः एक और युद्ध को जन्म देती है। अतः सामूहिक सुरक्षा पद्धति द्वारा विश्व शान्ति की कल्पना को व्यवहार में लेना कठिन है क्योंकि युद्ध रणक्षेत्र में नहीं, वरन् मनुष्यों के मस्तिष्क में पैदा होते हैं। विश्व शान्ति की स्थापना के लिए आवश्यक है कि लोगों में ऐसा दृष्टिकोण विकसित किया जाए जो अन्तर्राष्ट्रीय सहयोग, भातृत्व व सहिष्णुता की भावना से परिपूर्ण हो। सामूहिक सुरक्षा पद्धति से वियना कान्फ्रेंस द्वारा शान्ति बनाए रखी गई थी। 1815 से 1914 तक महायुद्ध नहीं हुआ। संयुक्त राष्ट्रसंघ भी अब तक विश्व को महायुद्ध या बड़े युद्धों से बचाए रखने व अरब-इजराइल युद्ध अथवा ईराक-ईरान युद्ध जैसे युद्धों को सीमित रखने में सफल हुआ है। अतः यह कहा जा सकता है कि त्रुटियों के होते हुए भी सामूहिक सुरक्षा व्यवस्था अत्यन्त आवश्यक और उपयोगी है। इससे विश्व में शान्ति बनाए रखने में सहायता मिली है और गुटनिरपेक्ष देशों के उदय तथा नाटो व वारसा पैक्ट देशों व रूस-चीन व अमेरिका के निकट आने से विश्व शान्ति बनी रहने की सम्भावनाएँ बढ़ गई हैं तथा शीतयुद्ध की समाप्ति और संयुक्त राष्ट्रसंघ के द्वारा उत्तरदायी राष्ट्रों को विवश करने की नीति से शांति प्रयास सफल हुये हैं।

गुटनिरपेक्ष आन्दोलन
(Non-Alignment Movement)

द्वितीय महायुद्ध के पश्चात् विश्व में शान्ति व्यवस्था बनाए रखने के लिए संयुक्त राष्ट्रसंघ का निर्माण किया गया परन्तु शीघ्र ही पश्चिमी राष्ट्रों यानि संयुक्त राज्य अमेरिका तथा ब्रिटेन और उसके समर्थकों तथा साम्यवादी राष्ट्रों यानि रूस और उसके समर्थकों के मध्य शीतयुद्ध आरम्भ हो गया। 1949 में साम्यवादी चीन को संयुक्त राष्ट्रसंघ का सदस्य तक नहीं बनाया गया। कोरिया युद्ध में संयुक्त राज्य अमेरिका तथा चीन के मध्य अप्रत्यक्ष युद्ध ने विश्व युद्ध का भय उपस्थित कर दिया। कोरिया का युद्ध समाप्त हो जाने पर रूस और संयुक्त राज्य अमेरिका के मध्य युद्ध का भय और अधिक बढ़ गया। स्वेज नहर के संकट के अवसर पर रूस ने ब्रिटेन व फ्रांस पर आक्रमण की धमकी दे दी। ब्रिटेन और फ्रांस की सहायता संयुक्त राज्य अमेरिका द्वारा न किए जाने के कारण ब्रिटेन और फ्रांस को विवश होकर मिस्र से सेनाएँ वापिस बुलानी पड़ीं, पर दोनों पक्षों में मनमुटाव बढ़ गया। एक पक्ष नाटो संगठन को दृढ़ करने लगा तो दूसरा पक्ष वारसा पैक्ट को। अतः यह संकट विश्वयुद्ध में परिवर्तित हो सकता है, इसकी सम्भावनाएँ बढ़ गईं। 1962 में चीन द्वारा भारत पर आक्रमण व क्यूबा के संबंध में रूस-अमरीकी मतभेदों पर विश्वयुद्ध होते-होते बचा। चीन को भारत से अपनी सेनाएँ और रूस को क्यूबा से मिसाइल हटानी पड़ीं। अतः मतभेदों ने उग्र रूप ले लिया।

जब साम्यवादी और पश्चिमी राष्ट्रों में मतभेद बढ़ रहे थे तब भारत के स्व० प्रधानमंत्री पं० जवाहरलाल नेहरू, यूगोस्लाविया के राष्ट्रपति मार्शल टीटो तथा मिस्र के राष्ट्रपति नासिर ने एक गुटनिरपेक्ष आन्दोलन को जन्म दिया जिसका उद्देश्य दोनों पक्षों से अलग रहकर शान्ति के लिए प्रयास करना था। धीरे-धीरे इसमें 101 देश सम्मिलित हो गए और इसने संयुक्त राष्ट्रसंघ की महासभा में बहुमत का समर्थन प्राप्त कर लिया। अब संयुक्त राष्ट्रसंघ की सभी गतिविधियों पर इसका नियंत्रण स्थापित हो गया है।

गुटनिरपेक्ष देशों को लाभ ही लाभ था। इन देशों के दोनों हाथों में लड्डू थे। संयुक्त राज्य अमेरिका से आर्थिक सहायता मिलती थी तो रूस से सैनिक सहायता व अस्त्र-शस्त्र तथा संयुक्त राष्ट्रसंघ में भी यह बहुमत के बल पर जो चाहे करवा लेते थे। यहाँ तक कि इनको अफ्रीका के सभी पराधीन राष्ट्रों को स्वतन्त्र कराने में सफलता भी मिली।

गुटनिरपेक्ष राष्ट्रों में अधिकांश रूस के पक्ष में झुके हुए थे जैसे क्यूबा और वियतनाम। 1971 में रूस से सन्धि के बाद भारत यद्यपि अपने को गुटनिरपेक्ष राष्ट्र कहता है परन्तु पश्चिमी राष्ट्र उसे रूस का समर्थक राष्ट्र मानते हैं। जिस प्रकार भारत, रूस समर्थित राष्ट्र माना जाता है। उसी प्रकार कोई स्पष्ट सन्धि में न बंधे होते हुए भी पाकिस्तान अमेरिका समर्थित राष्ट्र माना जाता है। मिस्र भी इजराइल

से समझौते के बाद अमेरिका समर्थित राष्ट्र माना जाने लगा है। यहाँ तक कि अरब लीग ने उसे अलग तक कर दिया था परन्तु अब फिर वह अरब लीग का सदस्य बना लिया गया है। अतः गुटनिरपेक्ष आन्दोलन, जो साम्यवादी राष्ट्रों और पश्चिमी राष्ट्रों के मध्य निर्गुट रहने के लिए बनाया गया था, उसमें स्वयं मतभेद उत्पन्न हो गए। परन्तु गुटनिरपेक्ष आन्दोलन ने 1986 में रंगभेद की नीति पर धावा बोल दिया था। इन्दिरा गांधी, जो इस सम्मेलन की अध्यक्षा थीं, की मृत्यु के बाद श्री राजीव गांधी ने अध्यक्ष पद जिम्बाब्वे के राष्ट्रपति राबर्ट मुगाबे को सौंप दिया तथा हरारे में यह सम्मेलन 4 दिन चला। इसमें दक्षिणी अफ्रीका की रंगभेद नीति का विरोध किया गया तथा साम्राज्यवाद, उपनिवेशवाद, नव-उपनिवेशवाद, रंगभेद की नीति, नस्लवाद, स्येनवाद, विदेशी हस्तक्षेप, आधिपत्य और आतंकवाद आदि का विरोध किया गया। आर्थिक पक्ष पर बढ़ते हुये संरक्षकवाद तथा विदेशी ऋण को रोक देने का आह्वान किया।

न्याय और समानता पर आधारित अर्थव्यवस्था स्थापित करने की एक कार्य-पद्धति तैयार करने के उद्देश्य से 25 विदेश मंत्रियों की एक समिति गठित की गई तथा अफ्रीका निधि की स्थापना भारत की अध्यक्षता में की गई।

इतिहास–गुटनिरपेक्ष आन्दोलन की स्थापना 1961 में की गई थी। इसके 6 सितम्बर, 1961 के बेल्ग्रेड सम्मेलन में 25 सदस्य थे और यूगोस्लाविया के राष्ट्रपति मार्शल टीटो इसके अध्यक्ष थे। उसके बाद 1964 में इसका सम्मेलन काहिरा (मिस्र) में, 1970 में लुसाका (जाम्बिया) में, 1973 में अल्जीरिया में, 1976 में श्रीलंका में, 1979 में हवाना (क्यूबा) में, श्री कास्त्रो की अध्यक्षता में हुए। 1 से 11 मार्च, 1983 को इसका सम्मेलन नई दिल्ली में श्रीमती इन्दिरा गांधी की अध्यक्षता में हुआ। उसके बाद श्री राजीव गांधी इसके अध्यक्ष बने। 1986 में जिम्बाब्वे के राष्ट्रपति राबर्ट मुगाबे अध्यक्ष बने तथा उसके बाद 1989 में इसका सम्मेलन हुआ इसमें 121 राष्ट्रों ने भाग लिया।

मूल्यांकन–गुटनिरपेक्ष आन्दोलन में 121 राष्ट्र हैं जबकि संयुक्त राष्ट्रसंघ में केवल 160 राष्ट्र हैं। अतः संयुक्त राष्ट्रसंघ में गुटनिरपेक्ष देशों का 3/4 से अधिक बहुमत है। जहाँ एक ओर रूस और उसके समर्थित राष्ट्र तथा अमेरिका और चीन आदि के मतभेद कम हो गए हैं वहाँ गुटनिरपेक्ष राष्ट्रों के बीच मतभेद बढ़े हैं। लेबनान, अफगानिस्तान, निकारागुआ, लीबिया, श्रीलंका, मोरक्को, वियतनाम, कम्पूचिया, ईरान-ईराक आदि युद्ध की विभीषिका या अशान्तिमय वातावरण से ग्रस्त हैं। 1 अगस्त, 1990 में ईराक द्वारा कुवैत पर आक्रमण कर उसे ईराक का एक प्रांत बना लेने से इसे जबर्दस्त धक्का लगा। लेकिन गुटनिरपेक्ष आन्दोलन कुछ भी करने में असमर्थ रहा।

अफगानिस्तान पर रूस के आक्रमण पर गुटनिरपेक्ष देश कुछ नहीं कर सके। संयुक्त राष्ट्रसंघ द्वारा ही रूस की सेनाओं की वापसी का प्रयास सफल हुआ। दो

निर्गुट देशों ईरान-ईराक के मध्य युद्ध चलता रहा, पर निर्गुट देश कुछ नहीं कर सके। अन्त में संयुक्त राष्ट्रसंघ के प्रयासों से ही युद्ध-विराम हुआ। कम्पूचिया समस्या गुटनिरपेक्ष आन्दोलन की असफलता का बुलन्द उदाहरण है। 1990 में संयुक्त राज्य अमेरिका ने पनामा में अपनी सेनाएँ भेजीं परन्तु गुटनिरपेक्ष आन्दोलन मूकदर्शक बना रहा। अतः कुछ विचारक इसके भविष्य को शंका की दृष्टि से देखते हैं, लेकिन गुटनिरपेक्ष आन्दोलन की सफलताएँ अत्यन्त प्रशंसनीय हैं और इसका भविष्य उज्ज्वल है।

उपलब्धि–गुटनिरपेक्ष आन्दोलन के कारण ही शीतयुद्ध में कमी आई है और रूस, अमेरिका तथा चीन में मतभेद कम हुये हैं। अफ्रीका व एशिया के बहुत से देशों को स्वाधीनता प्राप्त हुई है। रंगभेद की नीति, नस्लवाद आदि सब स्थानों से समाप्त हो गया है, गुटनिरपेक्ष देशों के आपसी सहयोग से विकास तथा आपसी सहयोग में सहायता मिली। नामीबिया की स्वाधीनता गुटनिरपेक्ष आन्दोलन के कारण ही सम्भव हुई। सबसे महत्वपूर्ण बात यह हुई कि संयुक्त राष्ट्रसंघ में रूस या अमेरिका का वर्चस्व समाप्त होकर गुटनिरपेक्ष आन्दोलन, जिसमें संयुक्त राष्ट्रसंघ के 189 में से 121 सदस्य हैं, का वर्चस्व स्थापित हो गया है। अब संयुक्त राष्ट्रसंघ के कार्यों, गतिविधियों और विभिन्न अवयवों (agencies) पर गुटनिरपेक्ष देशों का अधिकार व नियंत्रण है। इन देशों के उदय से सामूहिक सुरक्षा के प्रयासों से विश्व शांति बनाए रखने को बल मिला है। बहुमत के कारण गुटनिरपेक्ष देशों का संयुक्त राष्ट्रसंघ में व्यापक प्रभाव है।

संयुक्त राष्ट्रसंघ के राजनीतिक कार्य

अन्तर्राष्ट्रीय संगठनों की स्थापना का मुख्य उद्देश्य विश्व शान्ति को बनाए रखना तथा मानवता को प्रगति के पथ पर अग्रसर करना और विश्व का कष्ट निवारण तथा मानव कल्याण है। दो विश्व युद्धों तथा अणु-युग के उदय की भूमिका पर स्थापित संयुक्त राष्ट्रसंघ का सर्वाधिक महत्वपूर्ण कार्य संसार में शान्ति बनाए रखना है। अतः संयुक्त राष्ट्रसंघ घोषणा-पत्र का आरम्भ आने वाली पीढ़ियों को युद्ध के अभिशाप से मुक्ति दिलाने के पवित्र संकल्प से किया गया और राष्ट्रों के बीच उत्पन्न राजनीतिक और राजनयिक विवादों को शांतिपूर्ण तरीकों से सुलझाना संयुक्त राष्ट्रसंघ का सबसे महत्वपूर्ण कार्य निर्धारित किया गया है। इस प्रकार संयुक्त राष्ट्रसंघ का प्रमुख कार्य राजनीतिक समस्याओं पर विचार करना तथा विश्व-शान्ति बनाए रखना है। लेकिन इसके अतिरिक्त संयुक्त राष्ट्रसंघ के कुछ गैर राजनीतिक कार्य भी हैं जिनका उद्देश्य मानव के भौतिक, आर्थिक और सांस्कृतिक विकास में सहयोग देना व मानव कल्याण है। इस प्रकार संयुक्त राष्ट्रसंघ एक ऐसा अन्तर्राष्ट्रीय संगठन है जिसके कार्यों का स्वरूप राजनीतिक और गैर-राजनीतिक दोनों है। अतः संयुक्त राष्ट्र संघ के कार्यों का अध्ययन निम्न दो श्रेणियों के अन्तर्गत किया जा सकता है–

1. राजनीतिक कार्य, तथा
2. गैर राजनीतिक कार्य

परन्तु राजनीतिक कार्यों को विशेष महत्व प्रदान किया गया है। अतः हम उसके द्वारा हर समस्या के समाधान के प्रयासों पर अलग-अलग विचार करेंगे।

राजनीतिक कार्य

संयुक्त राष्ट्रसंघ का मुख्य कार्य राजनीतिक समस्याओं पर विचार करना तथा विश्व शान्ति बनाए रखना है। अतः उसकी सफलताओं और विफलताओं का मूल्यांकन उसके राजनीतिक कार्यों के आधार पर करेंगे। चूंकि राजनीतिक समस्याओं का संसार के समाचार-पत्रों में अधिक प्रचार होता है, इसलिए यदि राजनीतिक क्षेत्र में संयुक्त राष्ट्रसंघ को सफलता प्राप्त हो जाती है तो विश्व में उसका प्रचार हो जाता है और उसकी कीर्ति बढ़ जाती है।

संयुक्त राष्ट्रसंघ के चार्टर के अन्तर्गत राजनीतिक समस्याओं को सुलझाने का महत्वपूर्ण कार्य मुख्य रूप से सुरक्षा परिषद् को सौंपा गया है। परन्तु कुछ विशेष परिस्थितियों में महासभा भी इसमें योगदान कर सकती है। महासभा की शक्तियों पर केवल एक प्रतिबन्ध है कि वह उन राजनीतिक समस्याओं पर विचार नहीं कर सकती जो सुरक्षा परिषद् के विचाराधीन हों, जब तक कि सुरक्षा परिषद् उसे ऐसा करने की अनुमति न दे दे। विवादों को तय करने का सुरक्षा परिषद् के पास कोई विशेष तरीका नहीं है। वह अनेक तरीकों में से समयानुसार किसी को भी अपना बना सकती है। सुरक्षा परिषद् द्वारा राजनीतिक विवादों पर ही विचार किया जा सकता है, वैधानिक विवादों पर अन्तर्राष्ट्रीय न्यायालय विचार करता है। अपने जीवन के अल्पकाल में संयुक्त राष्ट्रसंघ के समक्ष कई अन्तर्राष्ट्रीय विवाद आए हैं जिनको उसने सुलझाने का प्रयत्न किया है। उनका समाधान करने में जहाँ इसे उल्लेखनीय सफलता मिली है वहाँ महाशक्तियों की अड़ंगेबाजियों के फलस्वरूप कभी-कभी गम्भीर असफलताओं का मुख भी देखना पड़ा है। संयुक्त राष्ट्रसंघ के समक्ष लाए गए महत्वपूर्ण विवादों तथा उनको सुलझाने के लिए उसके द्वारा किए गए प्रयासों का विवरण संक्षेप में हम अलग से प्रस्तुत करने का प्रयास करेंगे।

निम्नलिखित विवादों का विवरण

(1) रूस-ईरान विवाद, (2) यूनान विवाद,
(3) सीरिया लेबनान विवाद, (4) बर्लिन का प्रश्न।

(1) **रूस-ईरान विवाद**—पहला अन्तर्राष्ट्रीय विवाद जो संयुक्त राष्ट्रसंघ के विचारार्थ प्रस्तुत किया गया वह रूस व ईरान से सम्बन्धित था। जनवरी, 1947 में ईरान ने सुरक्षा परिषद् से यह शिकायत की कि रूसी सेनाएँ उसके अजरबैजान प्रांत में घुसी हुई हैं और उसे खाली नहीं कर रही हैं। उसने यह आरोप भी लगाया कि रूस उसके घरेलू मामलों में हस्तक्षेप कर रहा है, जिसके कारण अन्तर्राष्ट्रीय संघर्ष

के उत्पन्न होने की संभावना है। सुरक्षा परिषद् ने दोनों पक्षों को परस्पर सीधी वार्ता करने और वार्ता की प्रगति से उसे सूचित करने का सुझाव दिया। जब वार्ता से कोई परिणाम नहीं निकला तो सुरक्षा परिषद् ने सोवियत संघ से प्रार्थना की कि वह 6 मई, 1947 तक ईरान से अपनी सेनाएँ वापस बुला ले। इस बीच ईरान और रूस के बीच समझौता हो गया। महासचिव ट्रिग्वे ली ने यह मत व्यक्त किया कि सुरक्षा परिषद् को उस प्रश्न पर विचार करने का अधिकार नहीं रहा। अन्त में 21 मई को अमेरिका स्थित ईरानी राजदूत ने सूचित किया कि रूसी सेनाएं ईरान के सब भागों से हटा ली गई हैं। इस पर सुरक्षा परिषद् ने इस झगड़े पर वाद-विवाद स्थगित कर दिया। इस प्रकार एक संकटकालीन अवस्था दूर हो गई और उस क्षेत्र में शांति स्थापना हो गई। अतः इस विवाद का समाधान करने में संयुक्त राष्ट्रसंघ सफल रहा।

(2) **यूनान विवाद**–द्वितीय विश्वयुद्ध ने यूनान को बहुत बुरी अवस्था में छोड़ा था। उसकी सेना तितर-बितर हो गई थी और उधर साम्यवादी गुरिल्लों के छापे पड़ रहे थे। उन छापामारों को अल्बानिया, यूगोस्लाविया और बुल्गारिया तथा अन्य साम्यवादी देशों का समर्थन प्राप्त था। ब्रिटिश सेना ने यूनान को उसकी आत्मरक्षा में सहायता की। 3 जनवरी, 1946 को रूस ने सुरक्षा परिषद् से शिकायत की कि द्वितीय महायुद्ध समाप्त हो जाने के बाद भी ब्रिटिश सेनाएँ यूनानी भू-भाग पर बनी रहकर उस देश के आन्तरिक मामलों में हस्तक्षेप तथा अन्तर्राष्ट्रीय तनाव पैदा कर रही हैं। परन्तु यूनान ने इस तरह के हस्तक्षेप के होने से इन्कार कर दिया। अस्तु, इस ओर सुरक्षा परिषद् ने कोई ध्यान नहीं दिया। इसके बाद 1947 में यूनान की सरकार ने यह शिकायत की कि उसके पड़ोसी साम्यवादी देश–अल्बानिया, बुल्गारिया और यूगोस्लाविया आदि यूनान में विद्रोही छापामारों की सहायता कर रहे हैं। सुरक्षा परिषद् द्वारा नियुक्त एक आयोग ने भी इस शिकायत की पुष्टि की। परन्तु रूस द्वारा निषेधाधिकार का प्रयोग कर दिए जाने के कारण सुरक्षा परिषद् आगे कुछ करने में असमर्थ हो गई। इसके बाद महासभा ने जाँच-पड़ताल के लिए एक अलग आयोग नियुक्त किया जिसे अल्बानिया, बुल्गारिया व यूगोस्लाविया ने अपनी सीमाओं में प्रवेश करने की अनुमति नहीं दी। अन्त में संयुक्त राष्ट्रसंघ के प्रयासों से इस समस्या का समाधान हो गया। प्रथम, महासभा द्वारा नियुक्त आयोग की परिस्थिति में साम्यवादी देशों द्वारा पूर्व मात्रा में छापामारों को सहायता नहीं दी जा सकी। दूसरे, टीटो-स्टालिन विवाद के कारण यूनानी छापामारों को यूगोस्लाविया की सहायता बन्द हो गई। तीसरे, संयुक्त राष्ट्रसंघ के निरीक्षण में अमेरिका द्वारा यूनान को पूरी-पूरी आर्थिक व सैनिक सहायता मिली। इस प्रकार संयुक्त राष्ट्रसंघ के सामयिक हस्तक्षेप से दक्षिणी यूरोप का एक महत्वपूर्ण देश साम्यवादी नियंत्रण में जाते-जाते बच गया। संयुक्त राष्ट्रसंघ के प्रयासों से यूनान की स्वतन्त्रता की रक्षा हो जाना संयुक्त राष्ट्रसंघ की महान उपलब्धि थी।

(3) **सीरिया-लेबनान का मामला**–सानफ्रांसिस्कों सम्मेलन में ही सीरिया तथा लेबनान के प्रतिनिधियों ने अपने देश से फ्रांसीसी सेनाएं हटा लेने की माँग की थी। 4 फरवरी, 1947 को उन्होंने सुरक्षा परिषद् में यह शिकायत रखी। उन्होंने कहा कि विदेशी सेनाओं की उपस्थिति संयुक्त राष्ट्रसंघ के सिद्धान्तों की अवहेलना करती थी, अतः इन सेनाओं को शीघ्रतिशीघ्र हटवाने की व्यवस्था की जाए। संयुक्त राज्य अमेरिका ने इस पर यह प्रस्ताव रखा कि सुरक्षा परिषद् को विश्वास है कि ये सेनाएँ यथासम्भव शीघ्र ही हटा ली जाएँगी। सोवियत संघ ने इसका विरोध करते हुए यह प्रस्ताव रखा कि ये सेनाएँ तत्काल हटा ली जाएँ। पहला प्रस्ताव रूस ने निषेधाधिकार के प्रयोग के कारण गिर गया। फिर भी ब्रिटिश और फ्रांसीसी सरकारों ने प्रस्ताव की भावना को स्वीकार करते हुए यह घोषणा की कि वे अपनी सेनाएँ हटा लेंगे और बाद में उन्होंने यह वचन पूरा भी किया। इस प्रकार इस मामले में भी संयुक्त राष्ट्रसंघ को सफलता मिली। क्योंकि सीरिया और लेबनान से फ्रांस की सेनाएँ हट जाने के बाद दोनों स्वतन्त्र देश बन गए।

(4) **बर्लिन का प्रश्न**–बर्लिन जर्मनी की राजधानी और यूरोप का एक प्रसिद्ध विशाल नगर है। उसे 1945 के पोट्सडम समझौते के अनुसार रूस, फ्रांस, ब्रिटेन और अमेरिका के नियन्त्रण में बाँट दिया गया था। इसका पूर्वी भाग सोवियत रूस के तथा पश्चिमी बर्लिन के तीन भाग फ्रांस, अमेरिका और ग्रेट ब्रिटेन के नियन्त्रण में थे। यह भी तय हुआ था कि दोनों जर्मनी की आर्थिक एकता कायम रखी जाएगी। परन्तु पश्चिमी राष्ट्रों द्वारा नई मुद्रा प्रचलित करने से क्षुब्ध होकर रूस ने 1 मार्च, 1948 को पश्चिमी बर्लिन को घेराबन्दी करके जल व थल मार्ग बन्द कर दिया। इस पर फ्रांस, ब्रिटेन तथा अमेरिका ने परिषद् से यह शिकायत की कि रूस द्वारा जर्मनी के पश्चिमी क्षेत्रों और बर्लिन के मध्य यातायात तथा संचार के साधनों पर प्रतिबंध लगा देने से एक गंभीर स्थिति उत्पन्न हो गई, जिससे शान्ति को खतरा है। रूस ने पश्चिमी देशों की शिकायत का विरोध करते हुए यह मत व्यक्त किया कि सुरक्षा परिषद् को बर्लिन के सम्बन्ध में विचार करने का अधिकार प्राप्त नहीं है। अन्ततः चारों देशों के विदेश मंत्रियों की परिषद् ने समझौता किया और रूस ने बर्लिन का घेरा उठा लिया। इस प्रकार समस्या का समाधान संयुक्त राष्ट्रसंघ के बाहर हुआ, परन्तु सुरक्षा परिषद् ने भी इसमें योग दिया था। बाद में बर्लिन में दीवार बना दी गई थी जो 1990 में जनता ने तोड़ दी। उसके बाद पूर्वी व पश्चिमी जर्मनी एक हो गये तथा बर्लिन समस्या पूर्णता समाप्त हो गई।

इण्डोनेशिया विवाद

द्वितीय विश्वयुद्ध के पूर्व इण्डोनेशिया पर हालैंड का अधिकार था। द्वितीय विश्वयुद्ध में जापानियों ने डच लोगों को वहाँ से भगा दिया और इण्डोनेशिया पर अपना अधिकार जमा लिया। जापान की पराजय के बाद इण्डोनेशिया के राष्ट्रवादियों ने एक गणतंत्र की स्थापना कर ली और स्वतन्त्रता की घोषणा कर दी। फलस्वरूप

हालैंड और इण्डोनेशिया में युद्ध छिड़ गया। जुलाई, 1947 में आस्ट्रेलिया तथा भारत ने इस मामले को सुरक्षा परिषद् के समक्ष रखा, जिसने अपनी सेवाएँ इस झगड़े को निपटाने के लिए प्रस्तुत कीं। सुरक्षा परिषद् द्वारा मध्यस्थता के लिए नियुक्त समिति के प्रयत्नों से अगस्त 1947 में दोनों पक्षों में युद्ध बन्द हो गया और स्थायी सन्धि की वार्ता चलने लगी। लेकिन दिसम्बर, 1948 में हालैंड ने इण्डोनेशिया गणराज्य के विरुद्ध पुनः युद्ध छेड़ दिया। सुरक्षा परिषद् ने एक प्रस्ताव पारित करके दोनों पक्षों को युद्ध बन्द करने और राजनीतिक बन्दियों को रिहा करने का आदेश दिया। प्रस्ताव में यह भी कहा गया कि 1 जुलाई, 1949 तक इण्डोनेशिया में एक सर्वोच्च सत्ता सम्पन्न संघात्मक गणराज्य की स्थापना की जाए और हालैंड की सरकार इस सरकार को सत्ता हस्तांतरित कर दे।

हालैंड की सरकार ने शुरू में तो इस प्रस्ताव का विरोध किया परन्तु बाद में संयुक्त राष्ट्रसंघ के दबाव से बाध्य होकर उसे वार्ता शुरू करनी पड़ी। 23 अगस्त से 2 नवम्बर, 1949 तक हेग में एक गोलमेज सम्मेलन हुआ जिसमें हालैंड, इण्डोनेशिया तथा संयुक्त राष्ट्रसंघ के इण्डोनेशिया आयोग के प्रतिनिधियों ने भाग लिया। इस सम्मेलन में हालैंड ने पूर्वी द्वीप समूह को स्वतन्त्रता देने की बात मान ली और 27 दिसम्बर, 1949 को इण्डोनेशिया के स्वतन्त्र राज्य की स्थापना हो गई। 28 सितम्बर, 1950 को इण्डोनेशिय। को संयुक्त राष्ट्रसंघ का सदस्य भी बना लिया गया। इस प्रकार इण्डोनेशिया विवाद को हल करने और उसको स्वाधीन बनाने में संयुक्त राष्ट्रसंघ को उल्लेखनीय सफलता मिली।

कोर्फू चैनल विवाद

1947 में ग्रेट ब्रिटेन ने सुरक्षा परिषद् में यह शिकायत की कि कोर्फू चैनल में अल्बानिया द्वारा बिछाई गई सुरंगों से ब्रिटिश युद्धपोतों को हानि पहुंची है और अल्बानिया को इसकी क्षतिपूर्ति करनी चाहिए। जब इस आशय का प्रस्ताव पास होने लगा तो सोवियत संघ ने वीटो का प्रयोग करके इस प्रस्ताव को रद्द करा दिया। अन्त में सुरक्षा परिषद् के एक प्रस्ताव पर ब्रिटेन इस मामले को अन्तर्राष्ट्रीय न्यायालय में ले गया। अन्तर्राष्ट्रीय न्यायालय ने ब्रिटेन की शिकायत को स्वीकार करते हुए अल्बानिया से क्षतिर्पूति के रूप में 21 लाख डालर देने को कहा। परन्तु यह हर्जाना देने से अल्बानिया से साफ इन्कार कर दिया। परन्तु समस्या का शान्तिपूर्वक समाधान हो गया, क्योंकि सुरंगें हटा ली गईं।

ट्रीस्टे की समस्या

सन् 1947 की इटली की शांति संधि के अनुसार ट्रीस्टे को एक अन्तर्राष्ट्रीय बन्दरगाह बनाने की योजना निश्चित की गई थी। यह व्यवस्था भी की गई थी कि इसके शासन का संचालन सुरक्षा परिषद् द्वारा नियुक्त एक गवर्नर करेगा। गवर्नर की नियुक्ति के पूर्व ट्रीस्टे दो भागों में बांटा गया था–भाग 'अ' तथा भाग 'ब'। भाग

'अ' पर ब्रिटेन, अमेरिका तथा फ्रांस का नियंत्रण था और भाग 'ब' पर यूगोस्लाविया का। 1948 में पश्चिमी राष्ट्रों ने ट्रीस्टे को इटली को देने की योजना बनाई। यूगोस्लाविया ने इसका विरोध किया तथा सुरक्षा परिषद् से तुरन्त गवर्नर नियुक्त करने की माँग की। सुरक्षा परिषद् में इस प्रस्ताव के पक्ष में निर्धारित सात वोट नहीं आ सके, अतः इस पर विचार नहीं हो सका और गवर्नर की नियुक्ति नहीं हो सकी।

अक्तूबर, 1953 में पश्चिमी देशों ने यह प्रदेश इटली को देने की फिर योजना बनाई। इस पर यूगोस्लाविया के मार्शल टीटो ने यह धमकी दी कि यदि इतालवी सेनाओं ने क्षेत्र 'अ' पर अधिकार किया तो उनकी सेनाएँ भी इस प्रदेश में चली जाएँगी। इससे स्थिति काफी गम्भीर हो गई। सुरक्षा परिषद् में इस प्रश्न पर बहुत दिन तक वाद-विवाद होता रहा लेकिन कोई निष्कर्ष नहीं निकला। अन्ततः दोनों पक्षों में समझौता हो गया, जिसके अनुसार क्षेत्र 'अ' पर इटली का और क्षेत्र 'ब' पर यूगोस्लाविया का आधिपत्य माना गया तथा समस्या का शान्तिपूर्वक समाधान हो गया।

दक्षिण अफ्रीका की समस्या

दक्षिण अफ्रीका की गोरी सरकार लम्बे समय से भारतीयों, नीग्रो तथा अन्य लोगों के साथ अमानवीय व्यवहार करती आ रही थी। 1946 में संयुक्त राष्ट्रसंघ की महासभा के पहले अधिवेशन में ही भारतीय प्रतिनिधि ने संयुक्त राष्ट्रसंघ के मानवीय समानता और गरिमा के आदर्श की अवहेलना करने वाली इस नीति की ओर संयुक्त राष्ट्रसंघ का ध्यान आकृष्ट किया। भारत ने यह भी बतलाया कि इस प्रकार की नीति से विश्व शांति और सौहार्द्र को खतरा है। दक्षिण अफ्रीका ने भारत का विरोध किया तथा इसे अपना आन्तरिक मामला (matter of domestic jurisdiction) बताया।

राष्ट्रसंघ महासभा ने यह निर्णय दिया कि यह घरेलू मामला नहीं है और दक्षिणी अफ्रीका को अपनी जातिभेद की नीति को छोड़ देना चाहिए। अनेक बार महासभा द्वारा रंग भेद समाप्ति का प्रस्ताव पारित किया जाता रहा लेकिन दक्षिण अफ्रीका की सरकार निरन्तर उसकी अवहेलना करती रही।

दक्षिण अफ्रीका की रंगभेद की नीति के कारण ही तीसरी दुनियाँ के देशों ने दक्षिण अफ्रीका को 1974 में संयुक्त राष्ट्रसंघ से निकालने का प्रस्ताव किया। यह प्रस्ताव तीन अफ्रीकी देशों कीनिया, कैमरून और मारितानिया ने विचारार्थ प्रस्तुत करते हुए कहा कि दक्षिण अफ्रीका की रंगभेद नीति, नामीबिया पर उसका अधिकार और रोडेशिया सरकार को उसका समर्थन, संयुक्त राष्ट्रसंघ के चार्टर के उद्देश्यों तथा मानवीय अधिकार और घोषणा पत्र की व्यवस्थाओं के विरुद्ध है। सुरक्षा परिषद् ने एक सप्ताह की बहस के पश्चात् 30 अक्तूबर, 1974 को 3 के मुकाबले 10 मतों से दक्षिण अफ्रीका को संयुक्त राष्ट्रसंघ से निष्काषित करने का प्रस्ताव पारित कर दिया, परन्तु अमेरिका, फ्रांस तथा ब्रिटेन द्वारा निषेधाधिकार का प्रयोग करने के कारण

यह प्रस्ताव निरस्त हो गया। संयुक्त राष्ट्रसंघ के इतिहास में यह पहला अवसर था जब तीन स्थायी सदस्यों ने सुरक्षा परिषद् के प्रस्ताव को निरस्त करने के लिए एक साथ निषेधाधिकार का प्रयोग किया था। दिसम्बर, 1977 में पहली बार सुरक्षा परिषद् ने दक्षिण अफ्रीका के विरुद्ध आर्थिक अनुशस्तियाँ लगाईं। परन्तु अप्रत्यक्ष रूप से पश्चिमी शक्तियों का समर्थन प्राप्त होने के कारण इसका कोई विशेष प्रभाव नहीं पड़ा। परन्तु प्रबल विश्व जनमत तथा संयुक्त राष्ट्रसंघ के अनथक प्रयासों के कारण दक्षिण अफ्रीका को नामीबिया को 1989 में स्वतन्त्र करना पड़ा। तथा काले लोगों को सुविधाएँ देनी पड़ीं तथा अश्वेत नेता डॉ॰ नेल्सन मंडेला को मुक्त करना पड़ा तथा उनके शासनकाल में रंगभेद समाप्त हो गया।

हंगरी की समस्या

द्वितीय विश्वयुद्ध की समाप्ति के बाद हंगरी सोवियत रूस के अधिकार तथा प्रभाव क्षेत्र के अन्तर्गत आ गया था। 18 अगस्त, 1949 को वहाँ सोवियत पक्षपाती जनता का गणराज्य स्थापित हुआ। 23 अक्तूबर, 1956 को वहाँ रूस विरोधी क्रान्ति हुई जिसके परिणामस्वरूप इमरेनेगी के प्रधानमन्त्रित्व में हंगरी में एक संयुक्त सरकार का गठन हुआ। इस सरकार ने वारसा पैक्ट का परित्याग और संयुक्त राष्ट्रसंघ से अपनी तटस्थता की रक्षा करने की प्रार्थना की। परन्तु शीघ्र ही रूस समर्थक जानोस काडार ने एक समानान्तर सरकार की स्थापना कर रूस की सहायता माँगी। 4 नवम्बर को रूसी सेनाएँ जानोस काडार सरकार की सहायता के लिए हंगरी में घुस आईं। इमरे नेगी ने सुरक्षा परिषद् से अपने देश की रक्षा के लिए प्रार्थना की। 4 नवम्बर, 1956 को सुरक्षा परिषद् में संयुक्त राज्य अमेरिका ने यह प्रस्ताव रखा कि सुरक्षा परिषद् रूस को हंगरी में सशस्त्र हस्तक्षेप रोकने तथा अपनी सेनाएँ हंगरी से जल्दी से जल्दी वापस बुला लेने को कहे। रूसी निषेधाधिकार के कारण यह प्रस्ताव रद्द हो गया। सुरक्षा परिषद् कोई कार्रवाई नहीं कर सकी। इस पर संयुक्त राज्य अमेरिका ने महासभा का विशेष अधिवेशन बुलवाया। सोवियत रूस के विरोध के बावजूद दो-तिहाई बहुमत वाले नियम के अनुसार संयुक्त राष्ट्र महासभा ने हंगरी के सम्बन्ध में रूसी सेनाओं की वापिसी का प्रस्ताव पास किया। 10 जनवरी, 1957 को संयुक्त राष्ट्र महासभा ने हंगरी की स्थिति की जाँच के लिए पाँच सदस्यों की एक विशेष समिति भी बनाई। किन्तु इसे रूस समर्थित सरकार ने हंगरी में प्रवेश करने की आज्ञा नहीं दी। हंगरी से भाग कर आए व्यक्तियों से भेंट कर आयोग ने अपनी रिपोर्ट दी जिसमें रूस को हंगरी में सेनाएँ भेजकर हस्तक्षेप करने का दोषी ठहराया। हंगरी की सरकार ने इस रिपोर्ट को 'झूठों का पुलिन्दा' बतलाया। इसके बाद कई बार महासभा ने हंगरी में रूस के हस्तक्षेप की निन्दा की, परन्तु रूस बराबर इन प्रस्तावों की उपेक्षा करता रहा और हंगरी को उससे कोई क्रियात्मक लाभ नहीं हुआ। परन्तु क्रान्ति के प्रवाह को रोकना कठिन होता है। अत: 1990 में वहाँ स्वतन्त्र सरकार बन गई और अब हंगरी की जनसंख्या 1 करोड़ से अधिक है।

अल्जीरिया की समस्या

अल्जीरिया उत्तरी अफ्रीका में स्थित फ्रांस का एक समृद्धशाली उपनिवेश था जहाँ काफी संख्या में फ्रांस मूल के नागरिक थे। द्वितीय महायुद्ध के बाद वहाँ राष्ट्रीय आन्दोलन जोर पकड़ने लगा। नवम्बर, 1954 में अल्जीरियनों ने फ्रांसीसी साम्राज्यवाद के विरुद्ध जेहाद छेड़ दिया। फ्रांस ने आन्दोलन का दमन करने का निश्चय किया। परिणामस्वरूप राष्ट्रवादी अल्जीरियाई प्रतिदिन सैकड़ों की संख्या में मरने लगे। अल्जीरिया के स्वतन्त्रता आन्दोलन से सहानुभूति रखने वाले एशिया-अफ्रीका के देशों ने इस प्रश्न को संयुक्त राष्ट्रसंघ में उठाने का निश्चय किया। 1956 में संयुक्त राष्ट्रसंघ की महासभा के वार्षिक अधिवेशन के अवसर पर अल्जीरिया की स्वाधीनता का प्रश्न उठाया गया। फ्रांस ने अल्जीरिया की समस्या को अपना घरेलू मामला बताकर महासभा के प्रस्ताव का विरोध किया। फ्रांसीसी प्रतिनिधि ने इसके विरोध में महासभा का बहिष्कार तक किया। किन्तु एशिया-अफ्रीका के देश अल्जीरिया की समस्या को हल करने के लिए संयुक्त राष्ट्रसंघ में निरन्तर प्रस्ताव लाते रहे। 8 दिसम्बर, 1959 को संयुक्त राष्ट्रसंघ की राजनीतिक समिति ने ट्यूनीशिया का एक प्रस्ताव स्वीकार कर लिया। इसमें फ्रांस से अल्जीरिया को स्वतन्त्रता देने की बात कही गई थी। परन्तु दो-तिहाई बहुमत के अभाव के कारण यह प्रस्ताव स्वीकार नहीं हो सका। 1960 में एशिया अफ्रीका के 21 देशों ने राजनीति समिति में एक प्रस्ताव रखा कि संयुक्त राष्ट्रसंघ की अध्यक्षता में जनमत संग्रह कराकर अल्जीरिया के प्रश्न का समाधान कर दिया जाए। 1 जुलाई, 1962 को अल्जीरिया में जनमत संग्रह हुआ और उसने स्वतन्त्र होने का निर्णय लिया। अत: 3 जुलाई, 1962 को 114 वर्ष पराधीन रहने के बाद फ्रांस ने इसे स्वतन्त्रता प्रदान की और संयुक्त राष्ट्रसंघ के प्रयासों से अल्जीरिया स्वतन्त्र हो गया और अब अल्जीरिया की जनसंख्या 2001 में 3 करोड़ से अधिक है।

कांगो समस्या

कांगो की समस्या–मध्य अफ्रीका में स्थित कांगो बेल्जियम का एक उपनिवेश था, जिसे 30 जून, 1960 को बेल्जियम से स्वतन्त्रता प्राप्त हुई। इस नवीन गणराज्य के पेट्रिस लुमुम्बा प्रधानमन्त्री और कासाबुबू राष्ट्रपति नियुक्त किए गए। परन्तु कांगो के लिए यह राष्ट्रीय स्वतंत्रता मंहगी सिद्ध हुई क्योंकि स्वतन्त्रता के शीघ्र ही बाद वहाँ अराजकता और गृहयुद्ध की स्थिति उत्पन्न हो गई तथा कांगो के छ: प्रांत स्वतन्त्र होने का प्रयत्न करने लगे। 6 जुलाई, 1960 को लियोपोल्डविले नामक प्रान्त में सैनिक विद्रोह हो गया। बेल्जियम तो पुन: हस्तक्षेप की ताक में था ही। अत: बेल्जियम नागरिकों की सुरक्षा के बहाने 9 जुलाई, 1960 को उसने कांगो में अपनी सेनाएँ भेज दीं। 11 जुलाई को कांगो के दक्षिणी प्रान्त कटंगा ने भी एक पृथक स्वतन्त्र राज्य बनाने की घोषणा की। 12 जुलाई को कांगो के प्रधानमन्त्री लुमुम्बा ने बेल्जियम पर आक्रमण करने तथा कटंगा को पृथक राज्य बनाने के लिए भड़काने का आरोप

लगाया और यह कहा कि इन साम्राज्यवादी देशों का मुख्य उद्देश्य कांगो प्रदेश पर अपना प्रभुत्व बनाए रखना है। उन्होंने संयुक्त राष्ट्रसंघ से प्रार्थना की कि कांगो को बेल्जियम की सेनाओं के आक्रमण से रक्षा के लिए फौरन सैनिक सहायता दी जाए। संयुक्त राष्ट्रसंघ की सुरक्षा परिषद् ने ट्यूनीशिया का एक प्रस्ताव पास किया जिसमें बेल्यिजम को कांगो से सेना हटाने के लिए आदेश दिया गया था और महासचिव को यह भी अधिकार दिया गया कि वह कांगो को आवश्यक सैनिक सहायता प्रदान करने की व्यवस्था करें। सुरक्षा परिषद् के प्रस्ताव के अनुसार 8 जुलाई को संयुक्त राष्ट्रसंघ की सेना कांगो पहुँच गई। इसने बेल्जियम और कांगोली सैनिकों का संघर्ष बन्द कराया। शीघ्र ही संयुक्त राष्ट्रसंघ की सेनाएँ विद्रोही कटंगा को छोड़कर पूरी कांगो में फैल गईं, परन्तु अशान्ति बनी रही।

कांगो का मामला अधिक उलझने लगा। उसके अन्य प्रान्त भी स्वतन्त्रता की घोषणा करने लगे। बेल्जियम ने विद्रोहियों की मदद करनी शुरू की। विद्रोहियों को दबाने के लिए प्रधानमन्त्री पेट्रिस लुमुम्बा ने सैनिक शक्ति व दमन का सहारा लिया। इस कार्य के लिए उसने सोवियत रूस से सहायता लेनी शुरू की। विदेशी हस्तक्षेप से कांगो की रक्षा करने के लिए संयुक्त राष्ट्रसंघ की सेना ने कांगो के सभी हवाई अड्डों पर अपना अधिकार कर लिया। एक दृष्टिकोण से संयुक्त राष्ट्रसंघ का यह कार्य पक्षपातपूर्ण था। पृथकतावादियों को कांगो में पहुंची हुई बेल्जियम सेनाओं से तो पूरी मदद मिल रही थी लेकिन हवाई अड्डों पर संघीय सेना का अधिकार हो जाने के कारण केन्द्रीय कांगोली सरकार को सोवियत सहायता मिलनी बन्द हो गई। अतः कांगो में गृहयुद्ध चलता रहा।

कांगो की स्थिति तब और डावांडोल हो गई जब सितम्बर में प्रधानमन्त्री लुमुम्बा और राष्ट्रपति कासाबुबू में सत्ता के लिए संघर्ष छिड़ गया। कासाबुबू-लुमुम्बा संघर्ष से कांगोली सेना बहुत परेशान हो गई। अतएव दोनों पक्षों को तटस्थ बनाए रखने के लिए 1 सितम्बर को कर्नल मोबूतू ने कांगो की सत्ता अपने हाथों में ले ली और कांगो में सैनिक शासन की घोषणा कर दी। परन्तु कांगो की स्थिति और खराब होती चली गई। 1 जनवरी, 1961 को लुमुम्बा की हत्या कर दी गई। उधर कटंगा के शोम्बे ने संयुक्त राष्ट्रसंघ को यह धमकी दी कि यदि संयुक्त राष्ट्रसंघ की सेनायें कटंगा भेंजी गईं तो उनके विरुद्ध घोर आक्रामक कार्रवाही की जाएगी।

कांगो की स्थिति पर विचार करने के लिए 21 फरवरी, 1961 को सुरक्षा परिषद् की बैठक हुई। इसमें एक प्रस्ताव पारित किया गया जिसमें कहा गया कि कांगो में गृहयुद्ध रोकने के लिए सब सम्भव उपाय बरते जाएँ। इस उद्देश्य हेतु संयुक्त राष्ट्रसंघ की एक सैनिक कमान की नियुक्ति की गई। सुरक्षा परिषद् ने एक प्रस्ताव में यह आदेश दिया कि कांगो से कटंगा के पृथक होने के कार्य को रोका जाए। इसके बाद 13 दिसम्बर को कटंगा प्रदेश पर नियन्त्रण रखने तथा केन्द्रीय सरकार के अधिकार में उसे लाने के लिए संयुक्त राष्ट्रसंघ ने सामरिक दृष्टि से महत्वपूर्ण

स्थानों पर कब्जा कर लिया। संयुक्त राष्ट्रसंघ के इस कार्य की ब्रिटिश सरकार ने कड़ी निन्दा की। उधर महासचिव डाग हैमरशोल्ड कटंगा को कांगोली शासन के अन्दर लाना चाहते थे। सितम्बर, 1962 में स्वयं महासचिव कांगो की स्थिति का अध्ययन करने के लिए कांगो गए। उनके विमान को षड्यन्त्रकारियों ने मार गिराया तथा महासचिव डाग हैमरशोल्ड शहीद हो गए। नए महासचिव ऊ थांट ने भी कटंगा और कांगो के एकीकरण की योजना प्रस्तुत की, परन्तु दुर्भाग्यवश शॉम्बे से किसी प्रकार की सहायता उन्हें नहीं मिली। उसने संयुक्त राष्ट्रसंघ के प्रयासों की उपेक्षा करना शुरू किया। यहाँ तक कि उसकी सेनाएँ संयुक्त राष्ट्रसंघ की सेनाओं पर आक्रमण करने लगीं। शॉम्बे के शत्रुता पूर्ण रुख से महासचिव ऊ थांट को विवश होकर सैनिक कार्रवाई करनी पड़ी। इस बार संयुक्त राष्ट्रसंघ की सेना पूरी तरह से तैयार थीं और बहुत बड़े पैमाने पर सैनिक कार्रवाही की गई। संयुक्त राष्ट्रसंघ की सेना ने तेजी से बढ़ते हुए कई स्थानों पर कब्जा कर लिया। विवश होकर शॉम्बे को घुटने टेकने पड़े। उसने फरवरी, 1963 में महासचिव ऊ थांट के छः सूत्री प्रस्ताव के आधार पर कटंगा के एकीकरण की योजना को स्वीकार कर लिया। इस प्रकार कांगो की समस्या का समाधान हो गया।

इस दृष्टि से संयुक्त राष्ट्रसंघ को कांगो में शान्ति स्थापना के कार्य में महासचिव के बलिदान के बाद पर्याप्त सफलता प्राप्त हुईं।

क्यूबा समस्या

क्यूबा स्पेन के अधीन एक छोटा-सा देश था, जिस पर अमेरिका ने अधिकार कर लिया था और बाद में यह स्वतन्त्र कर दिया गया तथा वहाँ साम्यवादी फिदाल कास्त्रो का शासन हो गया। अक्तूबर, 1962 में क्यूबा के प्रश्न पर अमेरिका और रूस के मध्य एक भयंकर आणविक युद्ध छिड़ जाने की संभावना उत्पन्न हो गई। क्योंकि रूस ने क्यूबा में मिसाइलें लगा रखी थीं जिन्हें अमेरिका हटवाना चाहता था। अन्त में रूस ने मिसाइलें हटा लीं और दोनों पक्षों में समझौता हो गया जिसका बहुत कुछ श्रेय संयुक्त राष्ट्रसंघ के महासचिव ऊ थांट को दिया जा सकता है। संयुक्त राष्ट्रसंघ के प्रयासों से रूस और अमेरिका के मध्य युद्ध, जो विश्व युद्ध का रूप धारण कर सकता था, रुक गया। यह संयुक्त राष्ट्रसंघ की महान उपलब्धि है।

साइप्रस (Cyprus) की समस्या

साइप्रस की समस्या—भूमध्य सागर में यूनान के समीप स्थित साइप्रस द्वीप में, जिसे 16 अगस्त, 1960 को स्वतन्त्रता प्राप्त हुई थी, यूनानी और तुर्की जातियों के लोग निवास करते थे। दिसम्बर, 1963 में इन जातियों के बीच भयंकर साम्प्रदायिक दंगे हुए। अतः इस समस्या पर विचार करने के लिए इंग्लैंड, यूनान, तुर्की और साइप्रस के बीच शान्ति सम्मेलन शुरू हुआ। ब्रिटेन ने साइप्रस में नाटो फौजों को भेजने का

प्रस्ताव रखा। राष्ट्रपति कमारियोग ने जनवरी, 1964 में यह मामला सुरक्षा परिषद् के समक्ष रखा, जिसमें उन्होंने संयुक्त राष्ट्र पर्यवेक्षक भेजने और स्थिति संभालने के लिए संयुक्त राष्ट्रसंघ के हस्तक्षेप की मांग की। लम्बे विचार-विमर्श के बाद मार्च, 1964 में साइप्रस में शान्ति स्थापना हेतु संयुक्त राष्ट्र सेना भेजने का निर्णय लिया गया। तदनुसार अन्तर्राष्ट्रीय सेना साइप्रस पहुँची जिसने वहाँ कानून और व्यवस्था बनाए रखने में उल्लेखनीय सफलता हासिल की। इसके बाद इस आपातकालीन सेना की अवधि बढ़ाई जाती रही। परन्तु समस्या का समाधान नहीं किया जा सका। निरन्तर युद्धों से छुटकारें हेतु तुर्की ने अपनी सैनिक सहायता द्वारा साइप्रस के कुछ भाग पर तुर्की का अधिकार करा दिया। इसका नाम 1983 में उत्तरी साइप्रस का टर्किश गणराज्य रखा गया। इसमें जुलाई, 1985 में प्रधानमन्त्री डेविस इराग्लू के नेतृत्व में दक्षिणपंथी और वामपंथी मिली-जुली सरकार सत्ता में आई तथा 50 सदस्यों वाली संसद की स्थापना की गई। रऊफ डंकदेश को राष्ट्रपति बनाया गया। इस टर्किश साइप्रस में इस्लाम धर्म के अनुयायी तुर्क, जिनकी कुल जनसंख्या 1.50 लाख के लगभग है, का पृथक राज्य है। शेष साइप्रस, जिसका क्षेत्रफल कुल 925 वर्ग किलोमीटर है और जनसंख्या 6.60 लाख थी, तथा राजधानी निकोसिया थी तथा जिसमें 80% यूनानी ईसाई व 20% तुर्क आदि थे, दो भागों में दो सरकारें स्थापित हो गईं। साइप्रस का इतिहास 4000 ई० पू० तक का मिलता है। यहां यूरोप, अफ्रीका व एशिया तीन महाद्वीप मिलते हैं। 1960 में यह ब्रिटेन की अधीनता से स्वतन्त्र होकर गुटनिरपेक्ष देश बन गया परन्तु यूनान व तुर्की का समीपवर्ती देश होने तथा यूनानी ईसाइयों व तुर्क मुसलमानों का निवास स्थान होने के कारण दो समानान्तर सरकारें स्थापित हो गईं। परन्तु अब संयुक्त राष्ट्रसंघ के प्रयासों से वहाँ शान्ति है। दो समानान्तर सरकारों के होते हुए भी शान्ति बनाए रखना संयुक्त राष्ट्रसंघ की बहुत बड़ी उपलब्धि है।

दक्षिण रोडेशिया की समस्या

दक्षिणी रोडेशिया अफ्रीका में प्रजातिवाद का अखाड़ा बना हुआ था। यहाँ अल्पसंख्यक गोरे लोग बहुसंख्यक अफ्रीकी निवासियों पर शासन कर रहे थे तथा उन पर अत्याचार हो रहा था। 19वीं शताब्दी से रोडेशिया ब्रिटिश उपनिवेश का एक अंग था। अफ्रीकी राष्ट्रवादी दक्षिणी रोडेशिया में बहुमत का शासन स्थापित करने के लिए दबाव डाल रहे थे। ब्रिटेन को भी उनकी माँग के प्रति सहानुभूति थी। अत: 11 नवम्बर, 1965 को इयान स्मिथ की अल्पसंख्यक गोरी सरकार ने एकपक्षीय स्वतन्त्रता की घोषणा कर दी। इसका मतलब यह था कि इस देश की बहुसंख्यक जनता अल्पसंख्यक गोरी सरकार की अधीनता को सहन करती रहे। चूँकि पड़ोस के अफ्रीकी राज्यों की सहानुभूति अपने नीग्रो रोडेशियाई बन्धुओं के साथ थी, अत: ऐसा प्रतीत होता था कि दक्षिणी रोडेशिया सरकार और अफ्रीकी देशों के बीच युद्ध शुरू हो जायेगा। परन्तु संयुक्त राष्ट्रसंघ के प्रयासों से शान्ति बनी रही।

1966 से 1977 तक संयुक्त राष्ट्रसंघ के माध्यम से दक्षिणी रोडेशिया की समस्या को सुलझाने के अनेक प्रयास किए गए, किन्तु इसमें किसी भी प्रयास को पूर्ण सफलता नहीं मिली। सुरक्षा परिषद् ने इयान स्मिथ सरकार के विरुद्ध कार्रवाई करने, आर्थिक प्रतिबन्ध लगाने, तेल का निर्यात बन्द करने आदि प्रस्तावों पर विचार किया और इन प्रस्तावों का असर भी हुआ। परन्तु इस समस्या का समाधान संयुक्त राष्ट्रसंघ के बाहर ही हुआ। रोडेशिया के तत्कालीन प्रधानमन्त्री इयान स्मिथ की गोरी अल्पमत सरकार तथा राष्ट्रवादी नेताओं के बीच रोडेशिया में बहुसंख्यक लोगों की सरकार की स्थापना हेतु एक समझौता हुआ। 1971 के लुसाका राष्ट्रमंडलीय सम्मेलन में इस दिशा की ओर आगे प्रगति हुई। इयान स्मिथ को राष्ट्रवादी समूह की माँगों के सामने झुकना पड़ा। अन्त में 17-18 अप्रैल, 1980 की मध्य रात्रि को दक्षिणी रोडेशिया (जिम्बाब्वे) ने वास्तविक रूप में एक स्वतन्त्र राज्य का रूप धारण किया। इस प्रकार दक्षिणी रोडेशिया की समस्या का समाधान हो गया। अन्तर्राष्ट्रीय जनमत तैयार करने में संयुक्त राष्ट्रसंघ ने प्रमुख भूमिका निभाई।

अब रोडेशिया का नाम जिम्बाब्वे हो गया है। इसकी राजधानी हरारे है जहाँ गुटनिरपेक्ष सम्मेलन राष्ट्रपति राबर्ट मुगाबे के सभापतित्व में हुआ था। यह दक्षिण मध्य अफ्रीका में स्थित है। यहाँ का क्षेत्रफल 390272 वर्ग मील और जनसंख्या लगभग 85 लाख है तथा ईसाई धर्म प्रचलित है। जिम्बाब्वे को स्वाधीन कराकर उसे प्रगति के पथ पर अग्रसर करके गुटनिरपेक्ष देशों के नेतृत्व योग्य बनाना संयुक्त राष्ट्रसंघ की महान उपलब्धि है।

कोरिया संकट

कोरिया अत्यन्त प्राचीन प्रदेश है। यह शताब्दियों तक चीन के साम्राज्य के अन्तर्गत स्वतन्त्र राज्य के रूप में रहा परन्तु बाद में चीन को पराजित करके वहाँ जापान ने अधिकार कर लिया। द्वितीय विश्वयुद्ध में इस पर उत्तर से रूस की सेनाओं ने आक्रमण किया और दक्षिण में अमेरिका की सेनाओं ने। रूस की सेनाओं ने जितने भाग पर अधिकार कर लिया वह उत्तरी कोरिया कहलाया तथा वहाँ साम्यवादी शासन स्थापित हो गया। अमेरिका अधिकृत क्षेत्र दक्षिण कोरिया कहलाया तथा वहाँ संवैधानिक साम्यवाद विरोधी शासन स्थापित हो गया तथा दोनों के मध्य 38 डिग्री सीमा रेखा मानी गई। उत्तरी कोरिया का क्षेत्रफल 120508 किलोमीटर, जनसंख्या लगभग 2 करोड़ और राजधानी प्योंगयाँग है। दक्षिण कोरिया का क्षेत्रफल 98859 किलोमीटर और जनसंख्या लगभग चार करोड़ से अधिक है। संयुक्त राष्ट्रसंघ दोनों देशों में शान्ति बनाए रखने में तो सफल हुआ परन्तु एकीकरण के प्रयास पूर्णत: विफल रहे, अत: दोनों में तनाव चलता रहा। कोरिया युद्ध को शूमाँ ने "सामूहिक सुरक्षा का परीक्षण" की संज्ञा दी है। संयुक्त राष्ट्रसंघ के इतिहास के सर्वाधिक महत्वपूर्ण अन्तर्राष्ट्रीय विवादों में इसे गिना जाता है। इस मामले में पहली बार संयुक्त राष्ट्रसंघ के तत्वावधान

में सैन्य बल का प्रयोग किया गया तथा इसी विवाद के संदर्भ में "शांति के लिए एकता" प्रस्ताव भी पारित किया गया।

द्वितीय विश्वयुद्ध के बाद विभाजित उत्तरी कोरिया और दक्षिणी कोरिया में विरोध बढ़ता गया। 25 जून, 1950 को उत्तरी कोरिया ने दक्षिणी कोरिया पर आक्रमण कर दिया। संयुक्त राष्ट्रसंघ के आयोग ने तुरन्त ही संयुक्त राष्ट्रसंघ के कार्यालय को इसकी सूचना दे दी। आयोग के विचार में यह स्पष्ट रूप से उत्तरी कोरिया का दक्षिणी कोरिया पर आक्रमण था और यह पूर्णरूप से युद्ध था। स्थिति की गम्भीरता को देखते हुए सुरक्षा परिषद् शीघ्र से शीघ्र कोई पग उठा सकती थी किन्तु महाशक्तियों ने सर्वसम्मति के अभाव के कारण तथा रूस के वीटो के कारण सुरक्षा परिषद् कुछ भी नहीं कर सकती थी। परन्तु सौभाग्यवश सोवियत रूस ने उस समय सुरक्षा परिषद् की कार्यवाही का बहिष्कार कर रखा था। अमेरिका और दूसरे राष्ट्रों ने इस अवसर का लाभ उठाया। अमेरिका के सुझाव पर दक्षिण कोरिया पर आक्रमण होने के 17 घंटे के भीतर ही सुरक्षा परिषद् की एक बैठक हुई और सुरक्षा परिषद् ने उत्तरी कोरिया को आक्रमणकारी घोषित करते हुए यह सिफारिश की कि संयुक्त राष्ट्रसंघ के सदस्य कोरिया गणराज्य को ऐसी आवश्यक सहायता दें जिससे वह सशस्त्र आक्रमण का प्रतिरोध कर सके तथा उस क्षेत्र में अन्तर्राष्ट्रीय शांति और सुरक्षा बनाए रख सके। जुलाई, 1950 में संयुक्त राष्ट्रसंघ के झंडे के अधीन लगभग 16 राष्ट्रों की एक संयुक्त कमान की रचना हुई जिसका सेनापति अमेरिका के जनरल मैकार्थर को बनाया गया। पहले भी संयुक्त राष्ट्रसंघ की सेना को सफलता मिली लेकिन जब संयुक्त राष्ट्र की सेनाओं ने 38 अक्षांश पार करके उत्तरी कोरिया क्षेत्र में लड़ना शुरू किया तो साम्यवादी चीन के सैनिक व स्वयंसेवक उत्तरी कोरिया की ओर से लड़ाई में कूद पड़े। समस्या गम्भीर हो गई। यह मामला तुरन्त सुरक्षा परिषद् में लाया गया। वहाँ एक प्रस्ताव रखा गया कि चीन की सरकार उत्तर कोरिया को मदद देना बन्द कर दे। परन्तु सोवियत वीटो के कारण यह प्रस्ताव रद्द कर दिया गया। संयुक्त राष्ट्र महासभा ने चीन और उत्तरी कोरिया को युद्ध सामग्री भेजने पर प्रतिबंध लगा दिया पर इसका कोई परिणाम नहों निकला। युद्ध की भीषणता से दोनों पक्ष अब परेशान हो चुके थे। अतः युद्ध-विराम की बातें चलने लगीं। 10 जुलाई, 1951 को यह वार्ता शुरू हुई और लगभग डेढ़ वर्ष तक चलती रही। 8 जुलाई को दोनों पक्षों में एक समझौता हो गया। पाँच तटस्थ राष्ट्रों का एक आयोग बना जिसके जिम्मे युद्धबन्दियों की अदला-बदली का कार्य सौंपा गया। 27 जून, 1953 को युद्ध-विराम संधि पर हस्ताक्षर हो गए और कोरिया का युद्ध बन्द हो गया। कोरिया के शान्ति प्रस्तावों में बन्दियों के आदान-प्रदान में भारत ने मुख्य भूमिका निभाई।

प्रसिद्ध लेखक एफ॰ एल॰ शूमाँ कोरिया युद्ध को संयुक्त राष्ट्रसंघ की सामूहिक सुरक्षा के सिद्धान्तों का एक सफल परीक्षण मानते हैं। ए॰ ई॰ स्टिवेंसन के अनुसार "संयुक्त राष्ट्रसंघ की इस प्रथम महान सामूहिक सैनिक कार्रवाही ने यह सिद्ध कर

दिया कि यह संगठन शक्ति और शांति दोनों से काम लेने को ग्रहण करने योग्य है।" अमेरिका के भूतपूर्व विदेश सचिव जॉन फास्टर डलेस ने भी ऐसा ही दावा किया परन्तु आलोच्कों का कहना है कि यह एक सफल सामूहिक सुरक्षा का प्रयास तो था परन्तु एकीकरण में यह प्रयास सफल नहीं रहा परन्तु संयुक्त राष्ट्र संघ शान्ति बनाये रखने में सफल हुआ। अब उत्तरी व दक्षिणी कोरिया दोनों संयुक्त राष्ट्रसंघ के सदस्य हैं।

संयुक्त राष्ट्रसंघ के समक्ष लाए गए प्रमुख अन्तर्राष्ट्रीय विवाद

संयुक्त राष्ट्रसंघ का प्रमुख उद्देश्य विश्व में शान्ति बनाए रखना है। अतः जब से संयुक्त राष्ट्रसंघ की स्थापना हुई है तब से आज तक, अन्तर्राष्ट्रीय शांति व सुरक्षा सम्बन्धी अनेक विवाद इसके समक्ष लाए गए हैं। इन विवादों को सुलझाने में यद्यपि संयुक्त राष्ट्रसंघ सदा सफल नहीं हुआ है, तथापि अनेक बार युद्ध की संभावनाओं को टालकर विश्व शांति की दिशा में उसने अत्यन्त उल्लेखनीय व प्रशंसनीय भूमिका निभाई है। अन्तर्राष्ट्रीय शांति व सुरक्षा के क्षेत्र में संयुक्त राष्ट्रसंघ द्वारा किए गए कार्यों का मूल्यांकन करते समय हमें उसकी सीमित शक्तियों और अभाव के साथ-साथ कुछ अन्य बातें भी ध्यान में रखनी चाहिएं।

(1) यह कि अन्तर्राष्ट्रीय शांति और सुरक्षा की जिम्मेदारी चार्टर द्वारा सुरक्षा परिषद् को सौंपी गई थी परन्तु अब शांति एकता प्रस्ताव के बाद विशेष अवसरों पर महासभा भी इस कार्य को अपने हाथ में ले सकती है।

(2) सुरक्षा परिषद् किसी विशेष प्रक्रिया को अपनाने के लिए बाध्य नहीं है। शांति स्थापना के उसके तरीके बदलते रहते हैं और उन्हें समय व समस्याओं के अनुकूल बनाया व व्यवहार में लाया जाता है।

(3) राजनीतिक या वैधानिक आधार पर विवादों का वर्गीकरण करना उलझन खड़ी कर सकता है क्योंकि अन्तर्राष्ट्रीय न्यायालय किसी भी विवाद को कानूनी रूप में सुलझाने में निष्फल सिद्ध हुआ है। अतएव सुरक्षा परिषद् व महासभा को ही सब विवाद सुलझाने पड़ते हैं।

विगत 25 वर्षों में जो राजनीतिक विवाद इसके समक्ष लाए गए हैं वे रूप, आकार और चरित्र की दृष्टि से एक-दूसरे से बिल्कुल भिन्न रहे हैं। किसी भी विवाद के विशद विवेचन के लिए कुछ पंक्तियाँ या पृष्ठ पर्याप्त नहीं होते। उनमें से प्रत्येक पर विस्तीर्ण ग्रन्थ लिखे जा सकते हैं और विभिन्न दृष्टिकोणों से लिख गए हैं। अतः यहाँ कुछ महत्वपूर्ण विवादों का संक्षिप्त परिचय और उनके समाधान के लिए संयुक्त राष्ट्रसंघ द्वारा किए गए प्रयत्नों का संक्षिप्त विवरण दिया जा रहा है।

(1) ईरान

सुरक्षा परिषद् के प्रथम अधिवेशन के दो दिन उपरान्त ही 19 जनवरी, 1946 को ईरान ने सोवियत संघ के विरुद्ध यह शिकायत पेश की कि वह अपने अधिकारियों,

एजेण्टों और सैनिकों द्वारा ईरान के आन्तरिक मामलों में हस्तक्षेप कर रहा है। 19 मार्च को उसने सोवियत संघ के विरुद्ध यह अभियोग भी लगाया कि रूसी सेनाएँ उसके 'अजरबेजान प्रान्त' में जमी हुई हैं तथा वहाँ विद्रोही तत्वों को उभारने की चेष्टा कर रही हैं। ईरान का यह विवाद, वास्तव में, वाशिंगटन, लन्दन और मास्को के बीच था क्योंकि अमेरिकी विदेश मंत्री बर्नेस, ब्रिटेन के विदेश मंत्री बेबिन और रूस के विदेश मंत्री मोलोटोव द्वितीय महायुद्ध के उपरान्त मास्को की विदेश मंत्री परिषद् (1945) में ईरान की समस्या को नहीं सुलझा सके थे। सोवियत संघ ईरान के उत्तरी प्रदेश में वैसी ही तेल सम्बन्धी सुविधाएँ चाहता था जैसी दक्षिण में ब्रिटेन व अमेरिका को प्राप्त थीं।

27 मार्च, 1946 को जब सुरक्षा परिषद् ने इस समस्या को विचारार्थ उठाया तब सोवियत संघ के विदेशमंत्री आंद्रे ग्रोमिको ने यह माँग की कि सुरक्षा परिषद् इस समस्या पर विचार-विमर्श 10 अप्रैल तक के लिए स्थगित कर दे। सुरक्षा परिषद् द्वारा माँग को ठुकरा दिए जाने पर ग्रोमिको सदन छोड़कर बाहर चले गए। सुरक्षा परिषद् ने समस्या से सम्बन्धित पक्षों के वक्तव्यों के अध्ययन के उपरांत 4 अप्रैल, 1946 को यह निर्णय लिया कि इस विषय पर 6 मई तक मौन रखा जाए। इस बीच उत्तरी ईरान में तेल के साधनों की खोज एवं विकास के सम्बन्ध में ईरान और सोवियत संघ के बीच एक समझौता हो गया और ईरान के प्रधानमंत्री ने सुरक्षा परिषद् को सूचित किया कि ईरान, रूस के विरुद्ध अपनी शिकायत को वापस लेता है।

6 मई को सोवियत संघ ने अपनी सेनाओं को अजरबेजान खाली करने का आदेश दिया और 23 मई तक यह कार्य पूरा हो गया। लेकिन सुरक्षा परिषद् ने इस विवाद को अपनी कार्यसूची में बनाए रखा। 5 दिसम्बर को ईरान ने सुरक्षा परिषद् को सूचित किया कि अजरबेजान में वह अपनी प्रभुता पूरी तरह नहीं जमा पाया है, अतः मजलिस (ईरान की संसद) का निष्पक्ष निर्वाचन कराने के लिए वह अपनी सेनाएँ उस प्रदेश में भेज रहा है। इस प्रकार ईरान ने अपने समस्त विवादास्पद प्रदेश पर पूरा अधिकार जमा लिया।

यद्यपि ईरान विवाद को सुलझाने के लिए सुरक्षा परिषद् ने कोई प्रत्यक्ष प्रभावशाली कदम नहीं उठाया, तथापि इसका श्रेय उसे ही दिया जाता है। अमेरिका के विदेश मंत्री श्री डलेस का मत था कि "सुरक्षा परिषद् में होने वाले वाद-विवाद तथा उससे बनने वाले रूस विरोधी जनमत के कारण रूस को अपनी सेनाएँ हटाने के लिए विवश होना पड़ा। इस घटना द्वारा यह स्पष्ट हो गया कि जैसे चोर को चाँदनी से डर लगता है वैसे ही आक्रमणकारी राज्य को संयुक्त राष्ट्रसंघ में उसके विरुद्ध होने वाली बहसों और बदनामियों से डर लगता है।"

(2) इण्डोनेशिया

द्वितीय विश्व युद्ध के पूर्व इण्डोनेशिया पर हालैंड का अधिकार था। युद्ध के दौरान जापान ने उस पर अपना अधिकार जमा लिया था। महायुद्ध की समाप्ति पर जापान के आत्मसमर्पण को स्वीकार करने वाले मित्रराष्ट्रों ने इण्डोनेशिया पर डच (हालैंड के लोगों) की प्रभुसत्ता को मान्यता प्रदान कर दी। लेकिन इसी बीच 17 अगस्त, 1945 को (जापान द्वारा आत्मसमर्पण के दो दिन बाद) इण्डोनेशिया के लोकप्रिय नेता अहमद सुकर्ण ने इण्डोनेशिया की स्वतन्त्रता की घोषणा करके वहाँ एक "स्वतन्त्र इण्डोनेशियाई गणराज्य" की स्थापना कर दी। साम्राज्यवादी शक्तियों ने "इण्डोनेशियाई गणराज्य" को मान्यता नहीं दी और ब्रिटिश व डच सेनाओं ने इण्डोनेशिया पर पुनः "डच साम्राज्यवाद" लादने के उद्देश्य से आक्रमण कर दिया। इस संघर्ष में हजारों एशियाई और सैंकड़ों डच सैनिक (जिसमें उनका कमाण्डर भी शामिल था) मारे गए।

21 जनवरी, 1946 को यूक्रेन ने सुरक्षा परिषद् का ध्यान इस ओर आकृष्ट करते हुए मांग की कि चार्टर की धारा 34 के अन्तर्गत इण्डोनेशियाई मामले की जाँच की जाए तथा कहा कि उसके जारी रहने से अन्तर्राष्ट्रीय शान्ति और सुरक्षा को खतरा पहुंच सकता है। लेकिन आवश्यक बहुमत न मिलने के कारण यूक्रेन का प्रस्ताव गिर गया।

जनवरी, 1947 में आर्चीवाल्डकर नामक एक अंग्रेज कूटनीतिज्ञ को दोनों पक्षों के बीच समझौता कराने का कार्य सौंपा गया। 25 मार्च, 1947 को नीदरलैंड और इण्डोनेशिया के नेताओं के बीच एक समझौते पर हस्ताक्षर हुए। इस समझौते (लिंग जाति समझौता) द्वारा यह तय हुआ कि डच साम्राज्य के अन्तर्गत एक संयुक्त राज्य इण्डोनेशिया की स्थापना की जाएगी। 20 जुलाई, 1947 को यह समझौता भंग हो गया, क्योंकि डच सेनाओं ने इण्डोनेशिया की जनता के विरुद्ध पुनः सैनिक कार्रवाई शुरू कर दी। भारत और आस्ट्रेलिया ने इस मामले को फिर सुरक्षा परिषद् में उठाया। 1 अगस्त, 1947 को सुरक्षा परिषद् ने दोनों पक्षों को युद्ध-विराम का आदेश दिया और विवाद के शांतिपूर्ण समाधान के लिए आस्ट्रेलिया, अमेरिका व बेल्जियम के प्रतिनिधियों की एक "सत्कार्य समिति" बनाई। समिति के प्रयत्नों के फलस्वरूप 17 जनवरी, 1948 को इण्डोनेशिया व हालैंड के बीच रेनविले समझौते पर हस्ताक्षर हुए।

18 दिसम्बर, 1948 को हालैंड ने समझौते का उल्लंघन किया और इण्डोनेशिया गणराज्य के विरुद्ध युद्ध छेड़ दिया। इस पर संयुक्त राज्य अमेरिका ने सुरक्षा परिषद् के विशेष अधिवेशन की मांग की। 28 जनवरी, 1949 को सुरक्षा परिषद् ने एक प्रस्ताव पास करके हालैंड की लड़ाई बन्द करने और राजनीतिक कैदियों को रिहा करने का आदेश दिया। प्रस्ताव में 1 जुलाई, 1949 तक 'संघीय संयुक्त इण्डोनेशिया

गणराज्य' की स्थापना की सिफारिश की गई और इस कार्य के लिए "सत्कार्य समिति" को इण्डोनेशियाई आयोग में परिवर्तित कर दिया गया।

हालैंड की सरकार ने शुरू में तो इसका विरोध किया, परन्तु कुछ विशेष परिस्थितियों के कारण बाद में वह उसे मानने के लिए विवश हो गई और आयोग के प्रयत्नों के फलस्वरूप डच सेनाओं ने जावा और सुमात्रा खाली कर दिया, तथा सभी राजनीतिक बन्दी रिहा कर दिये। 23 अगस्त, 1947 को हेग में एक गोलमेज सम्मेलन का आयोजन हुआ जिसमें डच सरकार, इण्डोनेशिया के नेताओं, संयुक्त राष्ट्रसंघ के आयोग के सदस्यों ने मिलकर सत्ता के हस्तांतरण की विधि निश्चित कर ली। 27 दिसम्बर, 1949 को इण्डोनेशिया ने विधिवत् प्रभुता प्राप्त की और वह एक स्वतन्त्र गणराज्य बन गया। यह कहा जा सकता है कि इण्डोनेशिया को स्वाधीनता दिलवाना संयुक्त राष्ट्रसंघ की एक महान उपलब्धि है।

(3) यूनान

3 दिसम्बर, 1946 को यूनान ने सुरक्षा परिषद् में यह शिकायत प्रस्तुत की उसके उत्तरी सीमांत पर स्थित साम्यवादी राज्य विद्रोही छापामारों को सहयोग दे रहे हैं और यूनान में गृहयुद्ध करवाना चाहते हैं। इस पर सुरक्षा परिषद् ने जाँच आयोग नियुक्त किया, जिसमें सुरक्षा परिषद् के समस्त (11) राज्यों के प्रतिनिधि थे। आयोग ने अपनी 91 बैठकों, 33 सर्वेक्षण, 238 गवाहियों और यूनान व उसकी उत्तरी सीमा पर स्थित राष्ट्रों के नागरिकों के लिखित वक्यव्यों के आधार पर बहुमत (11 में से 8) से यह रिपोर्ट दी कि अल्बानिया, बुल्गारिया और यूगोस्लाविया, यूनान में छापामार दस्तों की मदद कर रहे हैं। परन्तु जब सुरक्षा परिषद् ने रिपोर्ट को आधार बना कर आगे कार्रवाही करने का निश्चय किया तो रूस ने निषेधाधिकार का प्रयोग करके इस विषय को सुरक्षा परिषद् की कार्य-सूची से निकलवा दिया था।

15 सितम्बर, 1947 को यह प्रश्न महासभा में ले जाया गया। महासभा ने अक्तूबर, 1947 में एक समिति (बाल्कन देशों के सम्बन्ध में संयुक्त राष्ट्रसंघ की एक विशेष समिति) की स्थापना की और उसे मौके पर जाकर मामले की जांच करके अपनी रिपोर्ट प्रस्तुत करने का आदेश दिया। समिति में पोलैंड और रूस सहित 11 सदस्य थे, लेकिन सोवियत गुट ने इस समिति में शामिल होने से इन्कार कर दिया। समिति के सदस्यों को अल्बानिया, बुल्गारिया और यूगोस्लाविया में प्रवेश करने की अनुमति भी नहीं मिली, परन्तु यूनान की उत्तरी सीमा के निरीक्षण से ही उसे यह विश्वास हो गया कि साम्यवादी राष्ट्र यूनानी छापामारों की सहायता कर रहे हैं। इस जाँच के आधार पर महासभा ने यूनान को सहायता देने का निश्चय किया और यूनान व उसके पड़ोसी राज्यों को आपस में समझौता कर लेने का सुझाव दिया। टीटो और स्टालिन के बीच सैद्धान्तिक मतभेद उठ खड़े हुए जिसके कारण यूगोस्लाविया की नीति में परिवर्तन आया। उसने यूनानी छापामारों को सहायता देना बन्द कर दिया और यूनान के साथ कूटनीतिक सम्बन्ध स्थापित कर लिए। उधर मार्च, 1947 में

राष्ट्रपति ट्रूमैन संयुक्त राष्ट्रसंघ के माध्यम से यूनान और तुर्की को सहायता देने की घोषणा कर चुके थे। इस सहायता के बल पर यूनान की सरकार छापामारों को दबाने और साम्यवादी दबाब को रोकने में सफल हुई तथा संयुक्त राष्ट्रसंघ के प्रयासों से यूनान की स्वाधीनता कायम रही क्योंकि संयुक्त राष्ट्रसंघ के दबाव के कारण रूस तथा उसके समर्थकों ने यूनान में हस्तक्षेप समाप्त कर दिया अब यूनान पूर्णतया स्वतन्त्र है व प्रगति की ओर अग्रसर है।

अन्य समस्याओं के जटिल व विस्तृत होने के कारण उनका पृथक् उल्लेख किया जायेगा।

(4) वियतनाम समस्या तथा संयुक्त राष्ट्रसंघ के कार्य

वियतनाम को पहले अनाम या इण्डोचायना का भाग माना जाता था। इसमें लाओस, कम्बोडिया और अनाम सम्मिलित थे। अब अनाम को वियतनाम कहा जाता है। यहाँ मध्यकाल में शक्तिशाली राज्य स्थापित हुये।

ऐतिहासिक पृष्ठभूमि–वियतनाम का शाब्दिक अर्थ होता है "संयुक्त दक्षिण" यह नाम चीन के विरुद्ध लड़ने वाले राष्ट्रवादियों का रखा हुआ है। द्वितीय महायुद्ध से पहले वियतनाम हिन्द चीन में फ्रांस के अधीन था और उसके साम्राज्य का अंग था। 1942 में यह जापान के आधिपत्य में चला गया। इसे आधार बनाकर जापान ने द्वितीय महायुद्ध में मलाया और बर्मा पर आक्रमण कर दिया था। अगस्त, 1945 में जापान के आत्मसमर्पण के बाद फ्रांस ने यहाँ पुनः अपना पुराना साम्राज्यवाद और नियंत्रण स्थापित करने का प्रयत्न किया। लेकिन जापान के शासनकाल में राष्ट्रीय आन्दोलन जोर पकड़ने लगा था तथा जापान के हटते समय इन राष्ट्रवादियों को हथियार और अन्य युद्ध सामग्री इतनी अधिक मात्रा में प्राप्त हो गई थी कि वे किसी भी साम्राज्यवादी शक्ति के विरुद्ध दीर्घकाल तक युद्ध चला सकते थे। जापान के हटते ही राष्ट्रवादियों ने वियतमिन्ह लीग नामक एक क्रान्तिकारी संगठन बना लिया। अतः फ्रांस के पुनः प्रभुता प्राप्त करने का प्रयास करने पर, उससे मुक्ति पाने के लिए, राष्ट्रवादियों ने हो ची मिन्ह के नेतृत्व में फ्रांसीसी सैनिकों के विरुद्ध संघर्ष छेड़ दिया। फ्रांसीसी इस प्रदेश की स्वतन्त्रता के लिए होने वाले आन्दोलन का दमन नहीं कर सके और उन्हें मई, 1954 में दियेन वियेन फू नामक स्थान पर पराजय का मुँह देखना पड़ा। इस प्रदेश में शांति स्थापित करने के लिए जेनेवा में 21 जुलाई, 1954 को एक युद्ध-विराम समझौते पर दोनों ने हस्ताक्षर किए। इस समझौते में निम्न व्यवस्थाएँ थीं–

(अ) 17वीं अक्षांश रेखा पर वियतनाम को दो भागों में बाँट दिया जाए–उत्तरी वियतनाम और दक्षिणी वियतनाम। (17वीं अक्षांश रेखा के उत्तर में हनोई नदी से लगता हुआ सारा उत्तरी वियतनाम साम्यवादियों को मिला और उसके दक्षिण में दक्षिणी वियतनाम गणराज्य की स्थापना हुई।)

(ब) दोनों भागों के बीच एक बफर क्षेत्र (मध्यस्थ क्षेत्र) की भी स्थापना की गई।

(स) फ्रेंच सेना द्वारा सारा वियतनाम खाली करने का निर्णय हुआ।

(द) समस्त देश के भविष्य का निर्णय करने के लिए यह व्यवस्था की गई कि जुलाई, 1956 में निष्पक्ष रीति से नए चुनाव द्वारा दोनों भागों का एकीकरण किया जाएगा।

(इ) दोनों पक्षों द्वारा संधि की शर्तों का पालन करने के लिए त्रि-सदस्यीय अन्तर्राष्ट्रीय नियंत्रण आयोग की स्थापना की गई। इसके सदस्य–संयुक्त राष्ट्रसंघ की ओर से भारत, कनाडा और पोलैंड बनाए गए।

इस युद्ध-विराम समझौते पर केवल फ्रांस और वियतमिन्ह (उत्तरी वियतनाम) के प्रतिनिधियों ने ही हस्ताक्षर किए थे। दक्षिण वियतनाम और संयुक्त राज्य अमेरिका ने इस संधि पर हस्ताक्षर करने से इन्कार कर दिया। किन्तु अमेरिका ने इसे सैद्धान्तिक रूप में स्वीकार करते हुए इस क्षेत्र को अस्थिर होने से बचाने के लिए सैनिक कार्यवाही न करने का वचन दिया।

संघर्ष क्यों ?–यह विभाजन, जैसा कोरिया में भी किया गया था, सैनिक समस्या के केवल एक अस्थायी समाधान के रूप में था। समझौते के फलस्वरूप उत्तर वियतनाम में हो ची मिन्ह के नेतृत्व में साम्यवादी सरकार बनी और दक्षिणी वियतनाम में नागो-डिम-डिम ने शासन संभाला। डिम-डिम के प्रधानमंत्री का पद संभालते ही दक्षिण वियतनाम को गंभीर सशस्त्र विरोध का सामना करना पड़ा। क्योंकि जेनेवा समझौते के अन्तर्गत 17वीं अक्षांश रेखा के दक्षिण का प्रदेश खाली करते समय वियतमिन्ह काफी मात्रा में गोला बारूद छिपाकर छोड़ आए थे। यही नहीं, उन्होंने वहां कुछ अपने छापामार भी छोड़ दिए थे, जो जंगलों और पर्वतों में छिपे हुए उत्तरी वियतनाम से आदेशों का इन्तजार कर रहे थे। इसके बाद हनोई स्थित साम्यवादी सरकार ने चीन और सोवियत संघ की मदद से अपनी सैनिक शक्ति बढ़ानी आरम्भ कर दी। सैनिक दृष्टि से शक्तिशाली होने के बाद उसने दक्षिण वियतनाम में तोड़-फोड़ घुसपैठ और छापामार लड़ाई शुरू कर दी। अतः वियतनाम में संघर्ष तेजी से चलने लगा।

जुलाई, 1956 में स्थिति यह थी कि दक्षिणी वियतनाम के राजनीतिक दल 17वें समानान्तर के दक्षिण में निर्वाचन का सामना करने के लिए तैयार नहीं थे, जबकि साम्यवादी दल अच्छी तरह दक्षिण में भी निर्वाचन का सामना करने में सक्षम था। अतः संभावना की जाती थी कि निर्वाचन के फलस्वरूप पूरे देश में वियतमिन्ह यानि साम्यवादियों का अधिकार हो जाएगा। शायद इसीलिए दक्षिणी वियतनाम के प्रधानमन्त्री नागो डिम-डिम ने जब तक संभव हो, जेनेवा सम्मेलन की उन शर्तों के अनुसार निर्वाचन स्थगित करना चाहा जिन्हें पूरी करने में उनकी सरकार ने अपने

को किसी प्रकार भी बाध्य नहीं समझा था। जुलाई, 1957 में जब उत्तरी वियतनाम के राष्ट्रपति हो ची मिन्ह ने स्वतंत्र निर्वाचन द्वारा वियतनाम के एकीकरण के लिए उत्तरी और दक्षिणी वियतनाम के बीच विचार-विमर्श का प्रस्ताव रखा तब डिम-डिम सरकार ने अपने को इस प्रस्ताव को मानने में असमर्थ पाया। एकीकरण की शर्तों पर समझौता इस प्रकार 1958 के अन्त तक, कोरिया की भांति वियतनाम में भी, शीघ्र सम्भव नहीं हो सका।

संघर्ष में महाशक्तियों का प्रवेश–दक्षिणी वियतनाम, चीन सागर के एक तट और इंडोनेशिया में मलाया के मुखद्वार पर है। अतः संयुक्त राज्य अमेरिका व चीन दोनों ही इसे अपने-अपने प्रभाव में रखना चाहते थे। सन् 1960 में उन्हें शक्ति-परीक्षण का अवसर मिल गया। 1960 में दक्षिण वियतनाम में छिपे "वियतकांग छापामारों" ने डिम-डिम की सेनाओं के विरुद्ध हमले प्रारंभ कर दिए। इन हमलों ने शीघ्र ही एक नियमित युद्ध का रूप धारण कर लिया। स्थिति नियंत्रण से बाहर हो गई। अतः डिम ने अमेरिका से अविलम्ब आवश्यक सैनिक सहायता प्रदान करने की अपील की। अमेरिका ने दक्षिण वियतनाम के अस्तित्व की रक्षा के लिए एक नई सैनिक कमान का निर्माण किया और उसे वियतकांग छापामारों व उत्तर की ओर से होने वाले सैनिक आक्रमण का मुकाबला करने के लिए दक्षिण वियतनाम में भेजा।

सोवियत संघ ने अमेरिका के इस कदम की आलोचना की तथा उत्तरी वियतनाम को सहायता भेजी। महाशक्तियों के विपरीत दृष्टिकोणों के कारण वियतनाम समस्या दोनों पक्षों के लिए प्रतिष्ठा का कारण बन गई। अन्तर्राष्ट्रीय नियंत्रण आयोग के प्रयत्नों के फलस्वरूप किसी प्रकार विराम संधि की व्यवस्था हुई। जून, 1962 में वियतनाम समस्या के सम्बन्ध में आयोग ने एक रिपोर्ट प्रकाशित की जिसमें कहा गया था कि वियतनाम में ऐसा आन्दोलन चल रहा है जिसका लक्ष्य दक्षिण वियतनाम को नष्ट करना है। (लेकिन आयोग का एक सदस्य पोलैंड इससे सहमत नहीं था)। इसमें दक्षिण वियतनाम पर भी आरोप लगाया गया कि उसने जेनेवा समझौते की धारा 16 और 17 का उल्लंघन करके अमेरिका के साथ सैनिक संधि कर ली है जो संयुक्त राष्ट्रसंघ के अनुसार नहीं करनी चाहिए थी।

इन्हीं दिनों डिम सरकार की धार्मिक सहिष्णुता की नीति के कारण दक्षिण वियतनाम में एक और गम्भीर संकट उत्पन्न हो गया। वहाँ बौद्ध जनता ने सरकार के रवैये से चिढ़कर सार्वजनिक रूप से खुली सड़कों पर अपने बदन पर पेट्रोल छिड़कर आग लगाकर जान देने का सिलसिला शुरू कर दिया। बौद्ध भिक्षुओं के इस कदम का दक्षिण और उत्तर वियतनाम के संघर्ष पर व्यापक प्रभाव पड़ा और ऐसा लगने लगा कि स्थिति और बिगड़ेगी। यकायक 1 नवम्बर, 1963 को डिम की सेना ने उसके विरुद्ध विद्रोह कर दिया। डिम और उसका भाई गोली से उड़ा

दिए गए और सत्ता मेजर जनरल ऑग्वान मिन्ह के हाथों में आई जो डिम की भांति साम्यवाद विरोधी था और अमेरिकी सहायता व समर्थन का इच्छुक था।

नई दक्षिण वियतनामी सरकार को अमेरिकी सहायता का आश्वासन देने के उद्देश्य से संयुक्त राज्य अमेरिका के प्रतिरक्षा सचिव रॉबर्ट मैकनमारा दिसम्बर, 1963 में मैगौन की यात्रा पर आए और 8 मार्च, 1964 को कुछ राजनीतिक व सैनिक अधिकारियों सहित उन्होंने पुनः सैगोन का दौरा किया। लेकिन इससे वियतनाम संघर्ष पर कोई प्रभाव नहीं पड़ा। इसके उपरांत धीरे-धीरे संयुक्त राज्य अमेरिका प्रत्यक्ष रूप से इस संघर्ष में भाग लेने लगा। 23 जून, 1964 को संयुक्त राज्य अमेरिका के राष्ट्रपति जॉनसन ने संयुक्त सेनाध्यक्षों के प्रधान और अमेरिका के वरिष्ठ सेना अधिकारी जनरल मैक्सवेल टेलर को दक्षिण वियतनाम में अमेरिका का राजदूत नियुक्त किया।

संघर्ष में उग्रता—अगस्त, 1964 से वियतनाम संघर्ष में उग्रता आने लगी। इसका कारण दक्षिणी वियतनाम द्वारा टोंकन की खाड़ी के निकट उत्तरी वियतनाम के पनडुब्बियों के अड्डे और तेल भंडारों पर भीषण बमबारी थी। संयुक्त राज्य अमेरिका की इस कार्यवाही से वियतनामी कम्युनिस्ट उत्तेजित हो उठे और उन्होंने बड़े पैमाने पर छापामार युद्ध प्रारंभ कर दिया। 6 अगस्त, 1964 को दक्षिण वियतनाम में संकटकालीन स्थिति की घोषणा की गई। उधर सोवियत संघ और चीन ने अमेरिका को यह चेतावनी दी कि यदि भविष्य में फिर उसकी ओर से इस प्रकार का आक्रमण हुआ तो वे उत्तरी वियतनाम को पूरी सैनिक सहायता देंगे। इसके उपरांत 1 नवम्बर, 1964 को वियतकांग छापामारों ने बिहनहोआ के हवाई अड्डे पर आक्रमण करके 27 विमान नष्ट कर दिये। इस आक्रमण में चार अमेरिकी मारे गए और 72 घायल हुए। वियत-कांगो छापामारों के आक्रामक रवैये को देखकर अमेरिकी राष्ट्रपति जॉनसन ने इसके तत्काल बाद यह घोषणा की कि अमेरिका वियतकांग छापामारों को उत्तरी वियतनाम से मिलने वाली सहायता के उद्देश्य से उत्तरी वियतनाम के विरुद्ध शक्ति का प्रयोग करेगा। यह बात जेनेवा समझौते के प्रतिकूल थी परन्तु संयुक्त राज्य अमेरिका ने हस्तक्षेप कर दिया।

फरवरी, 1965 में अमेरिका के वायुयान वियतकांग छापामारों को सहायता पहुंचाने वाले उत्तर वियतनामी सैनिक अड्डों, पुलों, तेल के भंडारों और सैनिक महत्व के प्रतिष्ठानों पर भीषण बमबारी करने लगे। अपनी नीति को विश्व जनमत की निगाहों में उचित सिद्ध करने के लिए 27 फरवरी, 1965 को अमेरिका ने एक श्वेत-पत्र जारी किया जिसमें यह दिखाने का प्रयास किया गया था कि वियतकांग आंदोलन दक्षिण वियतनाम के लोगों का आंदोलन नहीं वरन् उत्तरी वियतनाम से प्रेरित आंदोलन है। वियतनाम की स्थिति के उत्तरोत्तर बिगड़ने से कुछ समय के लिए विश्वयुद्ध की संभावनाएँ बढ़ गईं। सभी देशों की शांतिप्रिय जनता ने यह मांग की कि संयुक्त राज्य अमेरिका हवाई हमले बन्द करके शांतिपूर्वक बातचीत के द्वारा इस समस्या को सुलझाने का प्रयास करें। फ्रांस और भारत की सरकारों ने दूसरे जेनेवा सम्मेलन

के बुलाए जाने की मांग की। सुरक्षा परिषद् के महासचिव ऊ थांट ने भी अनुरोध किया कि वियतनाम समस्या को सुलझाने के लिए अविलम्ब वार्ता शुरू की जाए तथा उचित उपाय अपनाए जाएँ।

7 अप्रैल, 1962 को अमेरिका के राष्ट्रपति जॉनसन ने घोषणा की कि यदि दक्षिण वियतनाम की स्वतंत्रता मान ली जाए और अमेरिकी सेना को वहाँ रहने की अनुमति मिले तो वे उत्तरी वियतनाम के साथ वार्ता को तैयार हैं। उत्तरी वियतनाम ने इस प्रस्ताव को नामंजूर करते हुए 12 अप्रैल को एक चार सूत्री समझौता प्रस्ताव रखा जिसमें कहा गया था वियतनाम से सभी विदेशी सेनाएँ हटा ली जाएँ, जेनेवा समझौते को पूरी तरह से लागू किया जाए, दक्षिण वियतनाम की सरकार में वियतकांग को जगह मिले और 1954 के जेनेवा समझौते के अनुसार वियतनाम के एकीकरण के लिए मतदान हो। लेकिन अमेरिका को यह प्रस्ताव मंजूर नहीं था। फलतः कोई समझौता नहीं हो सका।

जून, 1965 में राष्ट्रमण्डलीय प्रधानमंत्रियों का चौदहवाँ अधिवेशन लन्दन में हुआ। वियतनाम समस्या भी इसकी कार्यसूची में शामिल थी। इस सम्मेलन में यह निश्चय हुआ कि वियतनाम समस्या को सुलझाने के लिए राष्ट्रमण्डलीय शांति मिशन हनोई, सैगोन, वाशिंगटन, मास्को और पीकिंग आदि स्थानों में भेजा जाए। लेकिन मिशन अपने उद्देश्य में असफल रहा, क्योंकि रूस, चीन और उत्तर वियतनाम की सरकारों ने मिशन से वार्ता करने से इंकार कर दिया।

8 जुलाई, 1965 को तत्कालीन ब्रिटिश प्रधानमंत्री विल्सन ने अपने मंत्रिमंडल के एक सदस्य हैरोल्ड डेविस को उत्तर वियतनाम की यात्रा पर भेजा। डेविस राष्ट्रपति हो ची मिन्ह का मित्र था। जिससे लोगों को आशा थी कि वह अपने प्रभाव से उत्तर वियतनाम को समझौता वार्ता के लिए राजी कर लेगा परन्तु ऐसा सम्भव नहीं हो सका।

1965 के क्रिसमस के अवसर पर संयुक्त राज्य अमेरिका ने अपनी सेनाओं को इस उम्मीद पर उत्तर वियतनाम पर बमबारी बन्द करने का आदेश दिया कि शायद बिना शर्त बमबारी बन्द करने से उत्तर वियतनाम की सरकार समझौता वार्ता करने के लिए तैयार हो जाए। 37 दिन तक वियतनाम युद्ध बन्द रहा, लेकिन समझौता वार्ता के कोई आसार नजर नहीं आए अतः 31 जनवरी, 1966 से वियतनाम में पुनः युद्ध आरम्भ हो गया।

नवम्बर, 1966 में हुए मनीला सम्मेलन में भी इस समस्या पर विचार किया गया। इसके बाद मई, 1967 में लार्ड रसल की गैर सरकारी अदालत में अन्तर्राष्ट्रीय कानून के अन्तर्गत वियतनाम में अमेरिकी कार्यवाही की निन्दा की गई और वियतनाम समस्या को सुलझाने का दायित्व उस पर डाला गया। 1968 के आते-आते वियतनाम युद्ध ने भयंकर रूप धारण कर लिया। अनुमान है कि लगभग 2 महीने के अन्दर

दो सौ बमवर्षक विमान ने प्रत्येक रात को एक टन से अधिक भार के बम गिराये थे। द्वितीय महायुद्ध में जितनी बमवर्षा हुई थी शायद उससे भी अधिक वियतनाम में हुई। इतना होने के बाद भी अमेरिका अब तक वियतकांग छापामारों और उत्तर वियतनामी सैनिकों को आत्मसमर्पण के लिए विवश नहीं कर सका। वियतनाम युद्ध में अमेरिका पराजित हुआ।

फरवरी-मार्च, 1968 में दोनों पक्षों में भयंकर संघर्ष हुआ जिसमें लगभग 35 हजार व्यक्ति मारे गये। इन दिनों दक्षिण वियतनाम में अमेरिका के लगभग 5 लाख सैनिक थे और लगभग 1240 लाख डालर प्रतिवर्ष अमेरिका इस युद्ध पर खर्च कर रहा था। 10 मार्च, 1968 को दक्षिण वियतनाम में नियुक्त अमेरिकी सेनापति वैस्टमोरलैण्ड ने राष्ट्रपति जॉनमन से दो लाख सैनिक और मांगे। इससे स्पष्ट हो गया था कि वियतनाम युद्ध का विस्तार होने जा रहा है। राष्ट्रपति जॉनसन ने 45 हजार सैनिक भेजने का निर्णय किया क्योंकि वियतनाम युद्ध के कारण एक ओर तो अमेरिका की आर्थिक स्थिति दिनों-दिन बिगड़ती जा रही थी और दूसरी ओर देश के अन्दर राष्ट्रपति जॉनसन की नीति का विरोध बढ़ता जा रहा था।

ऐसी ही आक्रमण-प्रत्याक्रमण की स्थिति में अपने विरुद्ध बढ़ते हुए अमेरिकी जनमत व चुनाव वर्ष के कारण राष्ट्रपति जॉनसन ने 31 मार्च, 1968 को एकाएक वियतनाम के 90 प्रतिशत क्षेत्र में बिना शर्त बमवर्षा रोकने की घोषणा की। इससे वियतनाम में शान्ति की सम्भावनाएँ बढ़ गईं क्योंकि इससे पूर्व समझौता वार्ता में इसीलिए गतिरोध था। क्योंकि संयुक्त राज्य अमेरिका उस समय तक बमबारी बन्द करने के लिए तैयार नहीं था जब तक हनोई भी वार्ता के लिए तैयार नहीं हो जाए। दूसरी ओर हनोई की साम्यवादी सरकार उस समय तक वार्ता के लिए तैयार नहीं थी जब तक अमेरिकी बमबारी बन्द न हो जाए। राष्ट्रपति जॉनसन के इस प्रस्ताव द्वारा हो ची मिन्ह के पास सन्धिवार्ता में अपना प्रतिनिधि भेजने के अतिरिक्त कोई विकल्प नहीं रह गया। 3 अप्रैल, 1968 को हनोई रेडियो ने घोषणा की कि उत्तर वियतनाम सरकार ने बिना शर्त बमबारी बन्द करने और युद्ध की दूसरी कार्यवाइयाँ बन्द करने के विषय में अमेरिकी प्रतिनिधि से सम्पर्क करने का फैसला किया है, जिससे वार्ता शुरू की जा सके।

13 मई, 1968 को वियतनाम समस्या को हल करने के लिए अमेरिकी और उत्तर वियतनामी प्रतिनिधियों के बीच पेरिस में वार्ता शुरू हुई। वार्ता का मुख्य विषय था कि इसमें कौन-कौन से पक्ष भाग लें। वियतनाम राष्ट्रीय मोर्चे को वार्ता में सम्मिलित करने के लिए उत्तरी वियतनाम दक्षिणी वियतनाम पर विशेष दबाव डाल रहा था जबकि अमेरिका इसके लिए तैयार नहीं था। थोड़े ही दिनों बाद राष्ट्रीय मुक्ति मोर्चे को इसमें सम्मिलित कर लिए जाने से यह समस्या तो सुलझ गई परन्तु इस बात पर गतिरोध उत्पन्न हो गया कि कौन पक्ष कहाँ बैठे। काफी वाद-विवाद के बाद जब इस बात पर गतिरोध की समस्या का समाधान निकला तो अमेरिका में राष्ट्रपति

बदल गया। नए राष्ट्रपति निक्सन, जॉनसन प्रशासन द्वारा पेरिस वार्ता में भेजे गए प्रतिनिधि एवरेल हैरीमैन को पसन्द नहीं करते थे। उनका विचार था कि हैरीमैन ने 1962 की वार्ता में भाग लेकर लाओस को साम्यवादियों के हाथ बेच दिया था। अत: हैरीमैन के स्थान पर निक्सन ने हेनरी कॉबेट लॉज को अमेरिका के पक्ष का प्रतिनिधित्व करने के लिए भेजा। 6 फरवरी, 1961 को पेरिस वार्ता का तीसरा दौर शुरू हुआ। 8 मई को राष्ट्रीय मुक्ति मोर्चे के प्रतिनिधि ने वियतनाम की समस्या को सुलझाने के लिए एक 10 सूत्री योजना प्रस्तुत की जिसमें दक्षिण वियतनाम से विदेशी सेनाओं की वापसी और वहाँ एक संयुक्त सरकार की स्थापना की बात कही गई थी। संयुक्त सरकार की बात दक्षिण वियतनाम को मान्य नहीं थी। राष्ट्रीय मांर्चे के प्रस्ताव के उत्तर में संयुक्त राज्य अमेरिका ने एक आठ सूत्री प्रस्ताव रखा और राष्ट्रपति निक्सन ने इन्हीं दिनों वियतनाम से अगस्त के अन्त तक 26 हजार अमेरिकी सैनिकों को वापस बुलाने की घोषणा की। इसके ठीक दो दिन बाद 10 जून, 1961 को वियतकांग के राजनीतिक पक्ष राष्ट्रीय मुक्ति मोर्चे ने दक्षिण वियतनाम में "अस्थायी क्रांतिकारी सरकार" के विधिवत् गठन की घोषणा की, जिसे लगभग एक दर्जन देशों ने झटपट मान्यता दे डाली। इस सरकार में सम्मिलित व्यक्तियों के नाम प्रकाशित नहीं किए गए। राष्ट्रपति निक्सन और अमेरिका की जनता वियतनाम में युद्ध जारी रहने देने के पक्ष में नहीं थे तथा वियतनाम के युद्ध से संयुक्त राज्य अमेरिका की अपार हानि हो रही थी। अत: संयुक्त राज्य अमेरिका ने अपनी सेनाओं को वापिस बुला लिया और वियतनाम स्वतन्त्र हो गया।

संयुक्त राष्ट्रसंघ द्वारा वियतनाम समस्या को सुलझाने के प्रयास

अगस्त, 1964 में जब उत्तर वियतनाम की विध्वंसक नौकाओं ने टोंकन की खाड़ी में अमेरिकी विध्वंसक मैडाक्स पर हमला किया तब पहली बार संयुक्त राज्य अमेरिका ने इस प्रश्न को सुरक्षा परिषद् में उठाया था। अमेरिकी प्रतिनिधि ने 5 अगस्त, 1964 को सुरक्षा परिषद् की विशेष बैठक बुलाने की मांग की थी। रूस ने अमेरिकी कार्रवाई की निन्दा करते हुए कहा कि उत्तर वियतनाम घटना का पूरा विवरण सुरक्षा परिषद् को शीघ्र भेजे। अमेरिकी प्रतिनिधि ने इससे सहमति व्यक्त करते हुए माँग की कि दक्षिण वियतनाम को भी बातचीत में शामिल किया जाए। किन्तु उत्तर वियतनाम ने यह कहते हुए कि संयुक्त राष्ट्रसंघ अमेरिकी साम्राज्यवादियों के हाथ का खिलौना है, सुरक्षा परिषद् के आमन्त्रण को ठुकरा दिया। चीन ने भी वियतनाम में संयुक्त राष्ट्रसंघ के हस्तक्षेप को चुनौती दी।

नवम्बर 1965 में जार्जियों लापिरा नामक एक इटालियन प्रोफेसर ने हनोई में हो ची मिन्ह से बातचीत करके संयुक्त राष्ट्रसंघ के अध्यक्ष एमिण्टोर फनफानी को गुप्त रूप से यह सूचना भेजी कि राष्ट्रपति हो ची मिन्ह बिना शर्त सन्धि वार्ता करने के लिए तैयार हैं। इस सूचना के आधार पर फनफनी ने अमेरिकी राष्ट्रपति जॉनसन को बताया कि वियतनाम में शांति स्थापना के लिए हो ची मिन्ह किसी भी व्यक्ति

से किसी भी जगह मिलने के लिए तैयार हैं और पहले की तरह दक्षिण वियतनाम से अमेरिकी सेनायें हटा लेने की कोई पूर्व शर्त नहीं है। लेकिन जब तक इस विषय में कोई निर्णय न हो जाए तब तक इसे गुप्त रखा जाए। 11 दिसम्बर, 1965 को ह्वाइट हाउस से दो पत्र प्रकाशित हुए। एक फनफनी के 20 नवम्बर के पत्र के उत्तर के रूप में था और दूसरा अमेरिका के विदेश सचिव डीन रस्क के लिए। पत्रों के प्रकाशन ने हनोई सरकार को द्विविधापूर्ण स्थिति में डाल दिया। दूसरे ही दिन वियतनाम सरकार ने इस बात से इन्कार कर दिया कि उसने जार्जियों लापिरा या अन्य किसी व्यक्ति के समक्ष इस प्रकार की सन्धि वार्ता का कोई प्रस्ताव रखा था। उसने सन्धि वार्ता के लिए 13 अप्रैल, 1965 के चार-सूत्र वाले प्रस्ताव को पुनः दोहराया। इस प्रकार संयुक्त राष्ट्रसंघ के अध्यक्ष फनफनी अपने उद्देश्य में सफल नहीं हो सके।

दूसरी बार 1 फरवरी, 1966 को अमेरिकी प्रतिनिधि गोल्डबर्ग ने एक अमेरिकी प्रस्ताव पर विचार करने के लिए सुरक्षा परिषद् की बैठक बुलाने का अनुरोध किया। उस समय भी वियतनाम युद्ध की ठीक वही स्थिति थी जो इस समय है और अमेरिकी सरकार पर उस समय भी यह दबाव डाला गया था कि वह वियतनाम समस्या को संयुक्त राष्ट्रसंघ में उठाए। लेकिन उत्तर वियतनाम के अस्वीकार करने के कारण उस पर कोई विचार नहीं हो सका। इस प्रस्ताव में अमेरिका ने बिना शर्त बातचीत और 1954 के जेनेवा सम्मेलन के निर्णयों को लागू करने की इच्छा प्रकट की थी।

अमेरिका के राष्ट्रपति जॉनसन के काल में उत्तरी वियतनाम पर अमेरिकी सेना द्वारा पुनः अन्धाधुन्ध बम वर्षा के विरोध में प्रबल जनमत तैयार हो जाने तथा दो वर्षों की अनवरत बमबारी के बाद अमेरिकी सरकार को यह अहसास हो जाने से कि सैनिक दबाव डालकर उत्तरी वियतनाम को बातचीत के लिए राजी नहीं कर सकती, अमेरिका ने एक बार फिर वियतनाम मसले को संयुक्त राष्ट्रसंघ को सौंपने का निश्चय किया। इस प्रकार वह तीसरी बार (1967) वियतनाम समस्या को लेकर संयुक्त राष्ट्रसंघ का दरवाजा खटखटाने को तैयार हुआ। इस बार अमेरिका "राष्ट्रीय मुक्ति मोर्चा" के प्रतिनिधियों को भी बातचीत में शामिल करने के लिए तैयार हो गया।

मई, 1968 में वियतनाम समस्या हल करने के लिए पेरिस वार्ता शुरू हुई जिसका उल्लेख पहले किया जा चुका है। इस वार्ता का कोई परिणाम नहीं निकला। श्री रिचर्ड निक्सन द्वारा अमेरिका के राष्ट्रपति का पद संभालते ही वियतनाम युद्ध की भीषणता में कमी आई। उन्होंने वियतनाम से अमेरिकी सेनाएँ हटाने का कार्य शुरू कर दिया। निक्सन ने 1972 में थोड़े से सैनिकों को छोड़कर सभी सैनिकों को वापस बुला लिया। लेकिन इस बीच वह दक्षिण वियतनाम की सेना को इतना मजबूत कर देना चाहते थे कि अमेरिकी सैनिकों के लौट जाने के बाद वह स्वयं वियतकांग व उत्तर वियतनाम के सैनिकों से लोहा ले सके। राष्ट्रपति निक्सन की

इस नीति से वियतनाम युद्ध ठंडा पड़ गया और अन्त में संयुक्त राज्य अमेरिका को वियतनाम छोड़ना पड़ा तथा साम्यवादी सरकार का वर्चस्व हो गया।

उत्तरी वियतनाम के राष्ट्रपति हो-ची-मिन्ह की मृत्यु (3 सितम्बर, 1969) तथा अमेरिका को अपनी गिरती हुई आर्थिक स्थिति व विश्व में उसके विरुद्ध उठती हुई आवाज ने अमेरिका को वियतनाम छोड़ने के लिए विवश कर दिया। राष्ट्रपति निक्सन द्वारा की गई घोषणा के अनुसार 1972 में अमेरिका ने वियतनाम स्थित अमेरिकी सैनिकों को वापस बुला लिया और एक शक्तिशाली संयुक्त वियतनाम की स्थापना हो गई।

वियतनाम समस्या को सुलझाने के लिए प्रयत्न तथा संयुक्त राष्ट्रसंघ की असफलता के कारण

वियतनाम की समस्या एक ऐसी समस्या थी जिसका समाधान करने में संयुक्त राष्ट्रसंघ असफल रहा, क्योंकि यहाँ महाशक्तियों में संघर्ष था। दक्षिण-पूर्व एशिया में सबसे अधिक उलझन भरी समस्या शायद वियतनाम की थी। द्वितीय विश्वयुद्ध से पूर्व वियतनाम सहित हिन्द-चीन फ्रांस के अधिकार में था। मार्च, 1942 में उस पर जापान का अधिकार हो गया। अगस्त, 1945 में जापान के आत्मसमर्पण के पश्चात् फ्रांस ने हिन्द-चीन पर पुनः अपना आधिपत्य स्थापित करना चाहा। परन्तु सन् 1945 तक 9 वर्ष के अनवरत युद्ध के बाद भी जब हिन्द-चीन के विद्रोही राष्ट्रवादियों का दमन करने में यह असमर्थ रहा तब उसने 21 जुलाई, 1954 के जेनेवा समझौते के द्वारा हिन्द चीन से हटना स्वीकार कर लिया। इस समझौते में हिन्द-चीन के सबसे बड़े देश वियतनाम के सम्बन्ध में निम्नलिखित उल्लेखनीय व्यवस्थाएँ की गई थीं–

(1) वियतनाम को 17वीं समानान्तर पर अस्थायी रूप से दो भागों में विभाजित कर दिया जाएगा–1.40 करोड़ जनसंख्या वाला उत्तरी भाग (वियतमिन्ह या उत्तरी वियतनाम) तथा 1.20 करोड़ जनसंख्या का दक्षिण भाग (दक्षिण वियतनाम या वियतनाम गणराज्य)।

(2) देश के दोनों भागों में से किसी भाग में सैनिक शक्ति को नहीं बढ़ाया जाएगा।

(3) दोनों भागों में से कोई भी अन्तर्राष्ट्रीय सैनिक सन्धियों में सम्मिलित नहीं होगा।

(4) युद्ध-विराम व सन्धि के पालन की देख-रेख एक अन्तर्राष्ट्रीय नियन्त्रण आयोग करेगा, जिसमें तीन सदस्य नियुक्त किए गए थे–भारत, पौलैंड और कनाडा।

(5) उत्तरी और दक्षिणी वियतनाम के एकीकरण के लिए 20 जुलाई, 1966 से पहले निर्वाचन कराए जाएँगे।

जेनेवा समझौते के बाद दोनों वियतनामों के एकीकरण की माँग वियतनामियों द्वारा बराबर होती रही और उत्तर के कम्युनिस्टों के इस माँग को पूरा समर्थन दिया। लेकिन अमेरिकी दबाव से प्रभावित होकर दक्षिण वियतनाम की सरकार हमेशा इस मांग को ठुकराती रही। जब शान्तिपूर्ण तरीकों से एकीकरण की मांग की एकदम उपेक्षा कर दी गई तो दक्षिण वियतनाम की जनता ने इसके लिए सशस्त्र विद्रोह आरम्भ किया और वियतकांग के नाम पर एक संगठन कायम करके सरकार के विरुद्ध हिंसात्मक कार्यवाही शुरू कर दी। वियतकांग आन्दोलन को उत्तरी वियतनाम का भी पूरा समर्थन मिल गया। वियतकांग समर्थको ने बाद में छापामार युद्ध शुरू कर दिया, जिसने आगे चलकर वियतनाम में गृहयुद्ध का रूप धारण कर लिया।

वियतनाम में गृहयुद्ध का आरम्भ

1954 में युद्ध-विराम के बाद जैसे ही साम्यवादी वियतमिन्ह ने हनोई में अपने पैर जमाए, उसने जेनेवा समझौते के उपरान्त 17वीं अक्षांश रेखा के दक्षिण का प्रदेश खाली करते समय विशाल संख्या में अस्त्र-शस्त्र छिपाकर छोड़ दिए। इसके अतिरिक्त कुछ छापामार दस्तों को भी वे पीछे छोड़ते गए। विभाजन के बाद हनोई स्थित साम्यवादी सरकार ने तेजी के साथ अस्त्र-शस्त्र और अपनी सैनिक शक्ति बढ़ानी आरम्भ कर दी और चीन तथा सोवियत संघ से काफी अस्त्र-शस्त्र तथा सैनिक सहायता प्राप्त की। सैनिक शक्ति बढ़ा लेने के बाद हनोई सरकार ने नागो-डिम-डिम की आक्रामक कार्यवाहियों से तंग आकर वियतनाम के साम्यवादियों को मदद देना आरम्भ कर दिया। सितम्बर, 1960 में लाओ डांग पार्टी का हनोई में तीसरा सम्मेलन हुआ, इसमें दक्षिण वियतनाम को मुक्त कराने का निर्णय लिया गया। दक्षिण वियतनाम में साम्यवादियों की गतिविधियाँ प्रारम्भ में केवल छुटपुट गुरिल्ला कार्यवाहियों तक सीमित थीं, परन्तु दिसम्बर, 1960 में उन्होंने राष्ट्रीय मुक्ति मोर्चे या वियतकांग की स्थापना की। इसके विरुद्ध नागोडिम सरकार ने अमेरिका से अधिकाधिक सहायता लेनी प्रारम्भ कर दी। प्रारम्भ में अमेरिका ने युद्ध में केवल सैनिक परामर्शदाताओं के रूप में भाग लेना प्रारम्भ किया, परन्तु जब सन् 1960 में युद्ध ने गम्भीर रूप धारण करना प्रारम्भ किया तब राष्ट्रपति कैनेडी ने दक्षिण वियतनाम की सैनिक आवश्यकताओं की जांच के लिए तीन मिशन भेजे तथा उनकी रिपोर्टों के आधार पर वे इस निष्कर्ष पर पहुंचे कि वियतनाम में अब प्रत्यक्ष सैनिक कार्यवाही का समय आ गया है। फिर भी 1963 तक दक्षिण वियतनाम में अमेरिकी सैनिकों की संख्या सिर्फ 15,000 थी। परन्तु इसके बाद वह तेजी से बढ़ी और सन् 1968 तक उनकी संख्या लगभग 6 लाख हो गई। दूसरी ओर चीन व रूस उत्तरी वियतनाम के माध्यम से वियतकांग को अधिकाधिक सहायता देने लगे। परिणामस्वरूप दक्षिण वियतनाम में सैगोन सरकार और विद्रोही वियतकांग में हो रहा संघर्ष वास्तव में सीधा-साधा गृहयुद्ध नहीं रह गया, वरन् जैसा कि बौद्ध नेता थिजिच कुआंग का मत है–"असली युद्ध तो चीन और अमेरिका के मध्य है।" दक्षिण वियतनाम के दो पक्ष हैं–राजनीतिक और सैनिक।

राजनीतिक दृष्टिकोण से अमेरिका समर्थित दक्षिण वियतनाम की सरकार अधिक सफलता प्राप्त नहीं कर सकी। संयुक्त राज्य अमेरिका भी वियतनाम में विजय प्राप्त करने में असफल रहा। दोनों ही पक्ष युद्ध से थक गए थे और स्वयं संयुक्त राज्य अमेरिका में उसके हस्तक्षेप का विरोध वहाँ की जनता करने लगी। अतः मई, 1968 में समझौता वार्ता आरम्भ हो गई तथा लम्बे वार्तालाप के बाद 21 जनवरी, 1973 को पेरिस समझौता हो गया तथा 30 अप्रैल, 1975 को दक्षिण वियतनाम के पराजित हो जाने से 2 जुलाई, 1976 को वियतनाम का एकीकरण हो गया और सोशलिस्ट रिपब्लिक आफ वियतनाम के नाम से एक नए राज्य की स्थापना हो गई। रूस और चीन की सहायता से एक शक्तिशाली रूस समर्थक राष्ट्र का उदय हुआ था परन्तु वियतनाम अब एक पूर्णताः स्वतंत्र शक्तिशाली राष्ट्र है इसकी जनसंख्या 2001 में लगभग 8 करोड़ है।

मूल्यांकन–वियतनाम की समस्या एक ऐसी समस्या है जिसमें संयुक्त राष्ट्रसंघ पूर्णतया विफल रहा और समस्या का समाधान शस्त्र बल से हुआ। अतः वियतनाम का साहस बढ़ गया और यह निरन्तर संयुक्त राष्ट्रसंघ की अवहेलना कर रहा है। वियतनाम ने कम्पूचिया के गृहयुद्ध में सैनिक हस्तक्षेप करके अपनी कठपुतली सरकार स्थापित करने में सफलता प्राप्त की। जहाँ रूस का हस्तक्षेप अफगानिस्तान में असफल रहा और स्वयं वियतनाम में संयुक्तराज्य अमेरिका का हस्तक्षेप विफल हुआ, वहाँ वियतनाम का कम्पूचिया में हस्तक्षेप सफल हुआ। चीन ने वियतनाम द्वारा कम्पूचिया में हस्तक्षेप का उग्र विरोध करते हुए आक्रमण कर किया, परन्तु रूस की सहायता के कारण वियतनामी चीन का प्रतिरोध करने में भी सफल हुआ। चीन ने कम्पूचिया में वियतनाम द्वारा स्थापित की गई सरकार के विरोधियों को सहायता देना आरम्भ कर दिया। अतः कम्पूचिया में गृहयुद्ध फिर जारी हो गया। संयुक्त राष्ट्रसंघ द्वारा निरन्तर प्रयास करने पर वियतनाम को अपने सैनिक क़म्पूचिया से बुलाने की घोषणा करनी पड़ी। संयुक्त राष्ट्रसंघ कम्पूचिया समस्या का समाधान करने में पूर्णतया असफल रहा। वहाँ गृहयुद्ध चल रहा है, परन्तु वियतनाम समर्पित सरकार सत्तारूढ़ है। यद्यपि संयुक्त राष्ट्रसंघ द्वारा सर्वमान्य या प्रजातन्त्रात्मक ढंग से चुनी हुई सरकार स्थापित करने के निरन्तर प्रयास किए जा रहे हैं तथापि वियतनाम संयुक्त राष्ट्रसंघ का वाटरगेट सिद्ध हुआ है और जिस काम से वियतनाम सम्बन्धित हो, संयुक्त राष्ट्रसंघ की सफलता की आशा कम रहती है। परन्तु अब कम्बोडिया में संयुक्तराष्ट्र संघ को सफलता प्राप्त हो रही है अब यह पूर्ण स्वतंत्र 1½ करोड़ की जनसंख्या वाला देश है।

इण्डोनेशिया के पश्चिमी इरियन क्षेत्र पर संयुक्त राष्ट्रसंघ के कार्य

27 दिसम्बर, 1949 को यद्यपि इण्डोनेशिया, नीदरलैंड के शासन से मुक्त हो गया था, तथापित पश्चिमी ईरियन का प्रश्न अभी बाकी था, जिसे इण्डोनेशिया और नीदरलैंड के बीच आपसी समझौते के लिए छोड़ दिया गया था। पश्चिमी ईरियन, प्रशान्त महासागर में स्थित न्यूगिनी टापू के पश्चिमी भाग का नाम है। इस टापू के

निवासी "पापुअन" लोग इण्डोनेशिया के लोगों से सर्वथा भिन्न हैं, इसी आधार पर डच सरकार पश्चिमी ईरियन पर इण्डोनेशिया के दावे को स्वीकार नहीं करती थी। 15 वर्ष तक जब इस विषय में दोनों सरकारों में कोई समझौता नहीं हो सका तब इण्डोनेशिया के राष्ट्रपति डॉ॰ सुकर्ण ने महासभा के सामने यह मामला प्रस्तुत किया। महासभा ने इस समस्या पर विचार करके किसी निर्णय पर पहुंचने की बहुत कोशिश की, परन्तु कोई सफलता नहीं मिल सकी। 1956 में इण्डोनेशिया की सरकार ने पश्चिमी ईरियल के विषय में सैनिक कार्यवाही की धमकी देना शुरू कर दिया। उसने नीदरलैण्ड को यह चुनौती दी कि यदि 21 दिसम्बर, 1962 तक पश्चिम ईरियन उसे नहीं सौंपा गया तो वह उसे शक्ति द्वारा प्राप्त करने की चेष्टा करेगा। इससे संयुक्त राष्ट्रसंघ का चिन्तित होना स्वाभाविक था। स्थिति को नियंत्रण से बाहर जाने से रोकने के लिए भारत स्थित तत्कालीन अमेरिकी राजदूत एल्सबर्थ बंकर ने समस्या के समाधानार्थ एक त्रि-सूत्री योजना प्रस्तुत की, जो "बंकर योजना" के नाम से विख्यात है। इस योजना में कहा गया था कि–

1. पश्चिमी ईरियन को अंतरिम काल में एक अन्तर्राष्ट्रीय अभिकरण को सौंपना होगा।
2. पश्चिमी ईरियन के हस्तांतरण के प्रथम वर्ष में डच अधिकारियों की योजना बनाकर कार्य मुक्त कर दिया जायेगा और उनके स्थान पर इण्डोनेशियाई अधिकारियों को उनकी योग्यतानुसार नियुक्त किया जायेगा, तथा
3. अन्तर्राष्ट्रीय अभिकरण उचित समय पर जनमत संग्रह द्वारा स्वतंत्रता अथवा इण्डोनेशिया के साथ उसके विलयन पर निर्णय प्राप्त करेगा।

यह सम्पूर्ण कार्य तीन वर्ष के पर्यवेक्षण काल में सम्पन्न हो जायेगा।

बंकर योजना नीदरलैंड को स्वीकार थी। अत: महासचिव ऊ थांट ने दोनों सरकारों से अपील की कि वे इसे आधार बनाकर समस्या का शान्तिपूर्ण हल ढूंढने की चेष्टा करें। संयुक्त राष्ट्रसंघ की सहायता से दोनों पक्षों के मध्य बातचीत चलती रही और 15 अगस्त, 1962 को संयुक्त राष्ट्रसंघ प्रधान कार्यालय में इस लम्बे विवाद को समाप्त करते हुए एक समझौते पर हस्ताक्षर हुए।

इस समझौते के अन्तर्गत यह तय हुआ कि 1 मई, 1963 को पश्चिमी ईरियन का प्रशासन इण्डोनेशिया के अधिकार में आ जायेगा। तब तक संयुक्त राष्ट्रसंघ का यहाँ प्रशासन रहेगा और इस उपनिवेश में रहने वाले 1961 के अन्त तक अपने सम्बन्ध के बारे में स्वयं निर्णय करेंगे।

सितम्बर, 1962 में संयुक्त राष्ट्रसंघ महासभा ने इस समझौते को स्वीकार किया तथा 1 अक्तूबर, 1962 को संयुक्त राष्ट्रसंघ ने पश्चिमी ईरियन का प्रशासन नीदरलैंड से ले लिया। संघ द्वारा एक अस्थायी कार्यकारी अधिकारी की यहाँ नियुक्ति की गई। ईरान के जलाल अब्दां प्रशासक के रूप में नियुक्त हुए। वह 700,000 पापुअन

लोगों के लिए आवश्यक सरकारी कार्य संचालित करते रहे। 1 मई, 1963 को इसका प्रशासन इण्डोनेशिया को दे दिया गया और यह इण्डोनेशिया का भाग बन गया।

अगस्त, 1962 के समझौते के अन्तर्गत पश्चिमी ईरियन के निवासियों (पापुओं) को आत्मनिर्णय का अधिकार देने के लिए इण्डोनेशिया बाध्य है। जैसा कि ऊपर लिखा जा चुका है, इसके लिए 1961 के अन्त तक की अवधि रखी गई थी। 27 अप्रैल, 1961 को पापुओं ने स्वतंत्र पापुआ आन्दोलन के नेतृत्व में सारे द्वीप में विद्रोह कर दिया और पाँच हवाई अड्डों पर भी अधिकार जमा लिया। उन्होंने इण्डोनेशियाई अधिकारियों को द्वीप छोड़ने के लिए विवश कर दिया। विद्रोह की सूचना मिलते ही इण्डोनेशियाई सैनिक विमानों द्वारा पश्चिमी ईरियन प्रदेश में भेजे गए जहाँ उन्होंने आदिवासी विद्रोहियों के ठिकानों पर बम गिराकर इस विद्रोह को कुचल दिया और हवाई अड्डों को भी विद्रोहियों के अधिकार से मुक्त करा लिया। पापुआ आन्दोलन फिलहाल दब गया है लेकिन भविष्य का निर्णय करने से पूर्व यहाँ और भी उत्पात होने की सम्भावना है। मई, 1969 में इण्डोनेशिया के प्रधानमंत्री आदम मलिक ने यह घोषणा की कि अगले तीन महीने के भीतर पश्चिमी ईरियन की जनता को आत्म-निर्णय करने का अवसर प्रदान किया जायेगा और इसके बाद यह इण्डोनेशिया का भाग था पर जनमत संग्रह द्वारा संयुक्त राष्ट्रसंघ के नेतृत्व में समाधान हुआ।

कांगो समस्या और संयुक्त राष्ट्रसंघ द्वारा वहां किए गए कार्य

अफ्रीका महाद्वीप के बीचों-बीच पश्चिम की ओर फैले हुए इस अफ्रीकी देश में छः प्रान्त हैं–कटंगा, लियोपोल्डविले, कीबू, कसाई, ओरियण्टल और इक्वेटर। इसका क्षेत्रफल 9 लाख 43 हजार वर्गमील और जनसंख्या डेढ़ करोड़ के लगभग थी। इनमें कई प्रकार की आदिम जातियाँ और भाषाएँ पाई जाती हैं। खनिज पदार्थों की दृष्टि से यह देश अत्यन्त भाग्यशाली है। संसार का लगभग 72 प्रतिशत कोबाल्ट यहां होता है। लगभग 80 प्रतिशत औद्योगिक हीरे यहाँ पाये जाते हैं तथा बोलीविया और मलाया को छोड़कर संसार में शायद सबसे अधिक रांगा यहाँ मिलता है। इतना ही नहीं, तांबा और यूरेनियम के भी यहां विपुल भंडार हैं। अतः खनिज उत्पादन की दृष्टि से इसका विशेष महत्व था। इसका 'कांगो' नाम कांगो नदी के कारण पड़ा है।

प्राकृतिक साधनों से सम्पन्न यह देश बेल्जियम का एक उपनिवेश था। द्वितीय महायुद्ध के बाद इस क्षेत्र में राष्ट्रीय आन्दोलन ने जोर पकड़ा। विवश होकर 30 जून, 1960 को 'बेल्जियम ने इसे स्वतंत्रता प्रदान कर दी। जोसेफ कासाबुबू स्वतंत्र कांगो प्रजातंत्रीय गणराज्य के राष्ट्रपति नियुक्त हुए और प्रमुख राष्ट्रीय नेता पेट्रिस लुमुम्बा को, जिसने अपना जीवन एक डाकिये के रूप में शुरू किया था, प्रधानमंत्री बनाया गया।

स्वतंत्र कांगो का जन्म शायद बड़े ही अशुभ नक्षत्र में हुआ था। बेल्जियम तकनीशियनों, अधिकारियों और सेना अधिकारियों के स्वदेश लौट जाने के कारण राष्ट्र की सम्पूर्ण आर्थिक और राजनीतिक व्यवस्था छिन्न-भिन्न हो गई और छः प्रांतों में बसी हुई विभिन्न जातियाँ भी स्वार्थी और महत्वाकांक्षी नेताओं के बहकावे में आकर अलग होकर स्वतंत्र होने का प्रयत्न करने लगीं।

देश में शासन-व्यवस्था बनाये रखने के लिए यद्यपि 25 हजार सैनिकों की एक कांगोली सेना विद्यमान थी, तथापि उसमें अनुशासन नाम की कोई चीज नहीं थी। 6 जुलाई, 1960 को लियोपोल्डविले के अनियंत्रित सैनिकों ने विद्रोह कर दिया। वे यूरोपियनों को लूटने और उनकी हत्या करने लगे। सरकार के आदेशों की अवज्ञा तथा पद व वेतन वृद्धि आदि की मांग करने लगे। यूरोपियनों में सबसे अधिक संख्या बेल्जियनों की थी। अतः उनकी सुरक्षा के लिए बेल्जियम सरकार ने 9 जुलाई को कटंगा में शौम्बे के नेतृत्व में लियोपोल्डविले के विरुद्ध विद्रोह करवा दिया। प्रधानमंत्री लुमुम्बा ने बेल्जियम के इस हस्तक्षेप का उग्र विरोध किया लेकिन उसकी परवाह किए बगैर शोम्बे की सहायता के लिए बेल्जियम ने कटंगा में अपने सैनिक भेजने शुरू कर दिये जो शायद उचित नहीं था।

इस पर 12 जुलाई, 1960 को कांगो की सरकार ने संयुक्त राष्ट्रसंघ से यह प्रार्थना की कि बेल्जियम के आक्रमण से कांगो की रक्षा के लिए तुरन्त सैनिक सहायता दी जाए। सोवियत संघ ने बड़ी तत्परता से लुमुम्बा के पक्ष का समर्थन किया। 14 जुलाई को सुरक्षा परिषद् ने यह निश्चय किया कि वह बेल्जियम से अपनी सेना कांगो से वापस बुला लेने के लिए कहे और महासचिव को यह अधिकार दे कि जब तक कांगो की रक्षा करने वाली सेना अपने कार्य में समर्थ न हो जाए तब तक आवश्यक समझी जाने वाली सैनिक सहायता कांगो को दी जाए। 48 घण्टों से भी कम समय में संयुक्त राष्ट्रसंघ सेनाएं, जिन्हें प्रमुख रूप से तटस्थ शक्तियों ने (जिनमें एशियाई और अफ्रीकी राज्य भी सम्मिलित थे) प्रदान किया था, कांगो में पहुंचने लगीं।

जुलाई, 1970 के अन्त तक संयुक्त राष्ट्रसंघ की सेना के 10 हजार से कुछ अधिक सैनिक कटंगा को छोड़कर कांगो के सभी प्रांतों में पहुंच गये। ये घाना, गिनी, आयरलैंड, लाइबेरिया, इथोपिया, टयूनीशिया और मोरक्को आदि के थे। इन्होंने बेल्जियम और कांगोली सैनिकों का संघर्ष बन्द कराया और हवाई अड्डों पर भी अधिकार कर लिया ताकि विदेशी सेनाएँ उनका उपयोग करके कांगो में हस्तक्षेप न कर सकें। संयुक्त राष्ट्रसंघ की सेनाओं ने कांगोली सैनिकों को प्रशिक्षण देना भी प्रारम्भ कर दिया ताकि वे स्वयं अपने शत्रुओं से मोर्चा ले सकें। कांगो विवाद में बेल्जियम का व्यवहार छल-कपट व धूर्तता से परिपूर्ण कहा जाता है। उसने यह वचन दिया कि संधि द्वारा निश्चित दो सैनिक अड्डों को छोड़कर वह सभी स्थानों से अपने सैनिक हटा लेगा। लेकिन 10 हजार में से उसने केवल 1500 सैनिक

ही बुलाए। इस बीच कटंगा की विद्रोही सरकार के प्रधानमंत्री शोम्बे ने कटंगा को पूर्ण स्वतंत्र घोषित करते हुए 3 अगस्त के अपने वक्तव्य में कहा कि वह अपने प्रदेश में संयुक्त राष्ट्रसंघ की सेनाओं को प्रवेश करने की अनुमति नहीं देंगे। इससे स्पष्ट था कि रक्तपात के बिना संयुक्त राष्ट्रसंघ की सेनाएँ कटंगा में प्रवेश नहीं कर सकेंगी। 5 अगस्त, 1960 को सुरक्षा परिषद् ने इस विषय पर बातचीत करने के लिए संघ के उपसचिव डा॰ राल्फ बुच को कटंगा की राजधानी एलिजाबेथविले भेजा। लेकिन शोम्बे ने उनके जहाज को कटंगा में उतरने की अनुमति नहीं दी अतः उन्हें निराश होकर लियोपोल्डविले वापस आना पड़ा। यह संयुक्त राष्ट्रसंघ की खुली अवहेलना थी।

महासचिव डाग हैमरशोल्ड ने स्थिति को गम्भीर देखकर बेल्जियम से अपील की वह कटंगा से अपनी सेनाएँ बुला ले। सुरक्षा परिषद् ने श्रीलंका और ट्यूनीशिया के एक प्रस्ताव के अन्तर्गत उसकी इस माँग का समर्थन किया और कटंगा में संयुक्त राष्ट्रसंघ की सेना के प्रवेश को आवश्यक बताया। सुरक्षा परिषद् के इस प्रस्ताव को लागू करने के लिए हैमरशोल्ड स्वयं 240 सैनिकों की स्वीडिश सेना को लेकर कटंगा के लिए रवाना हुए और 16 अगस्त, 1960 को उन्हें कटंगा में प्रवेश मिल गया। लुमुम्बा हैमरशोल्ड की कार्यवाहियों को कांगो के लिए घातक समझ रहा था। उसने महासचिव हैमरशोल्ड पर अविश्वास प्रकट करते हुए मांग की कि कटंगा में स्वीडिश सेना के बदले तटस्थ एशियाई अफ्रीकी देशों की सेनाएँ भेजे, क्योंकि स्वीडिश सेना के कटंगा पहुँचने से बेल्जियम की सत्ता सुदृढ़ और शोम्बे की स्थिति सुरक्षित हो गई थी। लुमुम्बा ने सुरक्षा परिषद् को यह अल्टीमेटम भेजा कि यदि 23 अगस्त तक कटंगा के प्रश्न का सन्तोषजनक समाधान नहीं हुआ तो वह कटंगा में एक मित्र अफ्रीकी राज्य की सहायता से स्वतन्त्र सेनाएं भेज देगा।

इसके बाद कांगो की स्थिति तेजी से बिगड़ने लगी। कटंगा की देखा-देखी कसाई और कीबू प्रांत ने भी लुमुम्बा सरकार के विरुद्ध विद्रोह कर दिया। सोवियत संघ की सहायता से लुमुम्बा ने जब इसे दबाने का प्रयत्न किया तो बेल्जियम विद्रोहियों की मदद करने लगा। अगस्त के अन्तिम दिनों में कसाई प्रान्त में दोनों पक्ष बड़ी नृशंसतापूर्वक लड़ने लगे। "शत्रुओं के हाथ काटकर उन्हें विजय चिन्हों के रूप में धारण किया जाने लगा।" हैमरशोल्ड ने ऐसे अवसर पर तटस्थ नीति अपनाई और संघ की सेनाओं ने कांगो में सभी हवाई अड्डों पर अधिकार कर लिया। इससे विद्रोहियों को ही लाभ हुआ, क्योंकि उनकी सहायता करने वाली बेल्जियम सेना तो वहाँ पहले से ही उपस्थित थी। लेकिन हवाई अड्डों पर संयुक्त राष्ट्रसंघ का आधिपत्य हो जाने के कांगो के लिए रूसी सहायता मिलना मुश्किल हो गया।

सितम्बर, 1960 के प्रथम सप्ताह में लुमुम्बा और राष्ट्रपति कासाबुबू के बीच सेना के नियन्त्रण और शासनसत्ता के हस्तगत करने का संघर्ष छिड़ गया। 4 सितम्बर को कासाबुबू ने लुमुम्बा को उसके पद से पदच्युत कर दिया। लेकिन कांगोली पार्लियामेंट

की बैठक बुलाकर लुमुम्बा ने अपने पक्ष में विश्वास प्रस्ताव को पास करा लिया और कासाबुबू को राष्ट्रपति पद से हटाकर उसने राज्य के अध्यक्ष तथा प्रधान सेनापति का कार्य संभाल लिया। सुरक्षा परिषद् ने कासाबुबू के पदच्युत होने के बाद भी व्यावहारिक प्रयोजन के लिए उसे ही राष्ट्रपति माना। 8 सितम्बर, 1960 को उसने दोनों पक्षों द्वारा ली जाने वाली विदेशी सहायता की निन्दा करते हुए बाह्य सहायता व हस्तक्षेप रोकने और कांगोली सेना के निरस्त्र बनाने के सुझाव पर बल दिया। 11 सितम्बर को जब उसने इस प्रश्न पर पुनः विचार करना शुरू किया तो सुरक्षा परिषद् के लिए यह समस्या हो गई कि किस प्रतिनिधिमंडल को वैधानिक समझा जाये? अतः अपनी बैठक को स्थगित करते हुए सुरक्षा परिषद् ने यह निर्णय लिया कि कांगो की समस्या पर विचार करने के लिए 17 सितम्बर को महासभा का एक विशेष अधिवेशन बुलाया जाये।

इसी बीच वहां घटनाओं ने एक नया मोड़ लिया। 13 सितम्बर को कासाबुबू ने लुमुम्बा को गिरफ्तार करके एक सैनिक कैम्प में भेज दिया। लेकिन लुमुम्बा कैद से निकल भागा। उसी रात कांगोली संसद की बैठक बुलाकर कासाबुबू पुनः वैधानिक रूप से प्रधानमन्त्री और अध्यक्ष बन गए और लुमुम्बा कुछ नहीं कर सका।

कासाबुबू लुमुम्बा संघर्ष से कांगोली सेना परेशान हो चुकी थी। अतएव 14 सितम्बर को सेना के कर्नल मोबुतू ने शासन की बागडोर अपने हाथ में ले ली और यह आदेश निकाल दिया कि 31 दिसम्बर, 1960 तक कांगो में सैनिक शासन रहेगा। कासाबुबू और लुमुम्बा दोनों को निलम्बित करके मोबुतू ने सोवियत नागरिकों और राजदूत को काँगो से निकल जाने का भी आदेश दिया। लुमुम्बा संयुक्त राष्ट्रसंघ की सेना के संरक्षण में चला गया। उसने मोबुतू के विरुद्ध लोगों को उकसाना शुरू किया और 9 अक्तूबर को अपने संरक्षित स्थान से बाहर निकल कर उसने मांग की कि घाना और गिनी की सेनाओं के अलावा संयुक्त राष्ट्रसंघ की अन्य सेनाओं को निकाल दिया जाये। संयुक्त राष्ट्रसंघ ने ऐसा करने से इंकार कर दिया, जिससे चिढ़कर कांगोली सेनाओं ने अक्तूबर के अन्तिम सप्ताह में देश में बड़ा उत्पात मचाया।

महासचिव हैमरशोल्ड कांगो की राजनीति में संयुक्त राष्ट्रसंघ को तटस्थ रखना चाहते थे। उन्होंने 18 सदस्यों की एक कांगो परामर्शदात्री समिति बनाई, जिसका कार्य कांगो समस्या पर महासचिव को परामर्श प्रदान करना था। भारत के राजेश्वर दयाल को महासचिव ने अपना विशेष प्रतिनिधि नियुक्त किया। कुछ दिनों के बाद राजेश्वर दयाल ने कांगो पर लगभग 16 हजार शब्दों की एक विस्तृत रिपोर्ट महासचिव हैमरशोल्ड को प्रस्तुत की। इसमें कहा गया था कि कांगो में सारे उपद्रव का मूल कारण बेल्लियम लोगों की उपस्थिति है। स्वयं कांगो के सैनिक भी अनुशासनहीन हैं और वे कांगो में अराजकता पैदा कर रहे हैं।

नवम्बर 1960 में संयुक्त राष्ट्रसंघ की महासभा में कांगो का प्रश्न पुनः उठाया गया। इस समय यह उलझन खड़ी हो गई कि लुमुम्बा और कासाबुबू के प्रतिनिधि मंडलों में से संघ में किसे स्थान दिया जाये। 23 नवम्बर को मतदान द्वारा यह निर्णय हुआ कि कासाबुबू के प्रतिनिधिमंडल को ही वैधानिक समझा जाए। चार दिन बाद कांगो की राजनीति ने एक नया मोड़ लिया। 27 तारीख को संयुक्त राष्ट्रसंघ के संरक्षण से लुमुम्बा चुपचाप भाग खड़ा हुआ। वह स्टेनलेविले पहुंचकर अपना संघर्ष जारी रखना चाहता था। लेकिन रास्ते में ही कर्नल मोबुतू के सैनिकों ने उसे पकड़ लिया। इस घटना से कांगो की स्थिति और खतरनाक हो गई। 8 दिसम्बर, 1960 को सुरक्षा परिषद् ने जब इस विषय पर विचार करना प्रारम्भ किया तो उसके समक्ष दो प्रस्ताव आए। सोवियत संघ का प्रस्ताव था कि "लुमुम्बा को फौरन मुक्त कर दिया जाये। कर्नल मोबुतू की सेनाओं का निरस्त्रीकरण किया जाए। कर्नल मोबुतू को हथियार और पैसा किन स्रोतों से मिल रहा है, इसकी जांच के लिए इण्डो-एशियन राज्यों का आयोग बनाया जाए तथा बेल्जियनों को कांगो से हटा दिया जाए और कांगोली संसद की बैठक बुलाई जाए।" परन्तु पश्चिमी राष्ट्रों ने बहुमत से इस न्यायोचित प्रस्ताव को रद्द कर दिया और इसके स्थान पर एक दूसरा प्रस्ताव पेश किया, जिसमें कहा गया कि "कांगो में बंदी व्यक्तियों से मिलकर उनकी जांच करने के लिए अन्तर्राष्ट्रीय रेडक्रास के व्यक्तियों को वहा भेजा जाए।" निषेधाधिकार का प्रयोग करके रूस ने इस प्रस्ताव को सुरक्षा परिषद् में पास नहीं होने दिया। पूर्व-पश्चिम मतभेद के कारण इस समस्या को हल करने का इसके अलावा कोई मार्ग नहीं था कि कांगो विवाद को महासभा में उठाया जाए। 17 दिसम्बर, 1960 को जब यह विवाद महासभा में उठाया गया तब भारत सहित कुछ तटस्थ राष्ट्रों ने कांगो की समस्या को सुलझाने के लिए एक प्रस्ताव रखा जिसमें कहा गया था कि सभी राजनीतिक बन्दियों को रिहा कर दिया जाए और कांगोली संसद का अधिवेशन बुलाया जाए तथा विदेशी शक्तियाँ कांगो में हस्तक्षेप न करें, बेल्जियम अपनी सशस्त्र सेनाएँ वहाँ से हटा ले और संयुक्त राष्ट्रसंघ कांगो में शान्ति व्यवस्था बनाये रखने की जिम्मेदारी ले।

इसी दौरान कर्नल मोबुतू ने लुमुम्बा को कटंगा के विद्रोही राष्ट्रपति शोम्बे के हाथों में सौंप दिया। कांगो इस समय पाँच महत्वाकांक्षी नेताओं–मोबुतू, शोम्बे, लुमुम्बा, कासाबुबू और कलोंजी के बीच बंटा हुआ था। इनमें वर्तमान कांगो का निर्माता लुमुम्बा ही ऐसा व्यक्ति था जो कांगो की अखंडता और स्वतन्त्रता का समर्थक था। 11 जनवरी, 1961 को सारा विश्व यह सुनकर स्तब्ध रह गया कि लुमुम्बा एक दिन पहले जेल से निकल भागे थे और एक छोटे से गाँव के निवासियों ने उनकी हत्या कर डाली। इस समाचार पर किसी ने विश्वास नहीं किया। पर अब इस बात की पुष्टि हो चुकी है कि लुमुम्बा की हत्या के शोम्बे के ऐजेन्टों, कासाबुबू और बेल्जियम आदि का पूरा हाथ था।

सोवियत संघ ने लुमुम्बा की हत्या का उत्तरदायित्व महासचिव हैमरशोल्ड पर डाला और उनके त्याग-पत्र की मांग की। लुमुम्बा की मृत्यु के बाद शोम्बे का हौसला इतना बढ़ गया कि उसने संयुक्त राष्ट्रसंघ के साथ सहयोग करने से भी इन्कार कर दिया। महासचिव हैमरशोल्ड ने कटंगा के इस रुख को देखते हुए संयुक्त राष्ट्रसंघ व कटंगा सरकार के सम्बन्धों को तोड़ दिया। और कटंगा प्रदेश पर आधिपत्य रखने तथा उसे केन्द्रीय कांगोली सरकार के अधिकार में लाने की दृष्टि से भी महत्वपूर्ण सामरिक प्रतिष्ठानों पर कब्जा कर लेने के लिए सैनिकों को आदेश दे दिया। ब्रिटेन ने महासचिव हैमरशोल्ड के इस कार्य की तीव्र निन्दा की और जब कटंगा में अवस्थित भारतीय दल ने सभी महत्वपूर्ण ठिकानों पर कब्जा कर लिया तो उसके तथाकथित अत्याचारों की मनगढ़ंत कहानियाँ प्रचारित कीं। महासचिव हैमरशोल्ड इस समय साम्राज्यवादी शक्तियों की आँख का काँटा बन गये थे। अतः उन्हें रास्ते से हटाने के लिए षड्यंत्र चलने लगे। इसमें बेल्जियन सेना के उच्च अधिकारी, शोम्बे और उत्तरी रोडेशिया के प्रधान मन्त्री सर राव वेलंस्की आदि भी शामिल बताए जाते हैं। सितम्बर 1961 में कांगो की स्थिति का अध्ययन करने और वहाँ के नेताओं से प्रत्यक्ष बातचीत करने के उद्देश्य से जब महासचिव हैमरशोल्ड कांगो गये तो उनका वायुयान रहस्यपूर्ण ढंग से दुर्घटनाग्रस्त हो गया, जिसमें महासचिव हैमरशोल्ड सहित सभी यात्री जलकर नष्ट हो गए। संयुक्त राष्ट्रसंघ के महासचिव हैमरशोल्ड (Dag Hammarskjold) की हत्या अत्यन्त निन्दनीय कार्य था।

परन्तु महासचिव हैमरशोल्ड का बलिदान व्यर्थ नहीं गया। विश्व जनमत साम्राज्यवादी शक्तियों और शोम्बे के खिलाफ हो गया। अतः शोम्बे ने संयुक्त राष्ट्रसंघ के साथ समझौता करने में ही अपना हित देखा। 13 अक्तूबर को कटंगा और संयुक्त राष्ट्रसंघ के बीच युद्धविराम के समझौते पर हस्ताक्षर हुए जिसे कांगोली सरकार ने मानने से इन्कार कर दिया। इससे कांगोली सरकार और कटंगा के बीच युद्ध की आग फिर भड़क उठी। ब्रिटेन की सरकार शोम्बे का खुल्लमखुल्ला पक्ष ले रही थी। जिससे क्षुब्ध होकर कटंगा में संयुक्त राष्ट्रसंघ के विशेष प्रतिनिधि डा० ओब्राइन ने इस्तीफा दे दिया।

नए महासचिव ऊ थांट, हैमरशोल्ड की नीतियों से सबक उठा चुके थे, अतः उन्होंने पूरी तैयारी के साथ शोम्बे की सेनाओं से निपटने का निश्चय किया। उन्होंने संयुक्त राष्ट्रसंघ की सेनाओं को शोम्बे के खिलाफ व्यापक पैमाने पर कार्यवाही करने का आदेश दिया जिसमें वायुयानों या बमवर्षकों का प्रयोग भी शामिल था। महासचिव ऊ थांट के इस निर्णय का अमेरिका और सोवियत रूस दोनों ने समर्थन किया। संयुक्त राष्ट्रसंघ की सेना ने तेजी से बढ़ते हुए कटंगा के बहुत बड़े क्षेत्र पर अधिकार कर लिया, शोम्बे को भागकर दक्षिणी रोडेशिया में शरण लेनी पड़ी। 25 जनवरी, 1963 को महासचिव ऊ थांट ने एक छःसूत्री योजना प्रस्तुत की, जिसके आधार पर कटंगा कांगो में शामिल हो गया।

इस योजना की शर्तें निम्नलिखित थीं–

1. केन्द्रीय प्रशासक आयोग द्वारा कटंगा प्रान्त प्रशासन का अस्थायी रूप से संचालन। इस संक्रान्ति काल में कटंगा सरकार के सभी अधिकारी अपने-अपने पदों पर काम करते रहेंगे।
2. केन्द्रीय सेना में कटंगा की सेना और सैन्य अधिकारियों का विलय हो।
3. केन्द्रीय सरकार के विदेशी व्यापार एवं विदेशी विनियम सम्बन्धी नियमों को कटंगा पर भी लागू किया जायेगा।
4. केन्द्रीय सरकार द्वारा कटंगा में बैंक का नियन्त्रण होगा।
5. कांगो की सरकार की मुद्रा का चलन होगा।
6. केन्द्रीय सरकार के आर्थिक विशेषज्ञों की कटंगा में नियुक्ति, ताकि वे सम्पूर्ण देश की आर्थिक प्रगति में योग दे सकें।

इस प्रकार कांगो में अन्ततः शान्ति स्थापित हो गई। शोम्बे को भाग कर पेरिस जाना पड़ा। बाद में कांगो की सरकार ने उन्हें मृत्युदण्ड की सजा सुनाई। जून 1961 में जब शोम्बे भूमध्यसागरीय द्वीप ईवीजा से विमान द्वारा अल्जीरिया के किसी गुप्त स्थान पर जा रहे थे, तब उनके विमान का कुछ सशस्त्र व्यक्तियों द्वारा अपहरण करके अल्जीयर्स ले जाया गया। तब से शोम्बे वहीं नजरबन्द रहे। 21 जून, 1969 को उनकी मृत्यु से कांगो की कुत्सित राजनीति का मुख्य अध्याय समाप्त हो गया और कांगो की समस्या का समाधान हो गया।

यद्यपि कांगो में संयुक्त राष्ट्रसंघ कार्य चालन का सैनिक पक्ष समाप्त हो चुका था, फिर भी नागरिक सहायता एक महान सहायता कार्यक्रम के रूप में बहुत समय तक चलती रही। इतना महान सहायता कार्यक्रम संयुक्त राष्ट्रसंघ अथवा अभिकरणों के द्वारा पहले कभी नहीं किया गया। इसमें उस राष्ट्र के दो हजार विशेषज्ञों ने कार्य किया। 1965 के आरम्भिक भाग में देश के जीवन के अनेक खंडों में 700 अन्तर्राष्ट्रीय विशेषज्ञ, सार्वजनिक स्वास्थ्य कार्यकर्ता, शिक्षक, डाक्टर और कृषि विशेषज्ञ तथा सामाजिक कल्याण से बैंकिंग तक के क्षेत्रों में सरकार को परामर्श देने वाले व्यक्ति कर रहे थे। कार्यक्रम 1970 में समाप्त हो गया।

1965 में इस सहायता कार्यक्रम में 16,500,000 डालर खर्च हुए थे, जिसमें से संयुक्त राज्य अमेरिका ने संयुक्त राष्ट्रसंघ के तत्वावधान में बहुमुखी सहायता प्रायोजनाओं के द्वारा काफी अंश दिया था। धन का दूसरा स्रोत संयुक्त राष्ट्रसंघ की विशेष कांगो निधि थी जो सदस्य सरकारों के स्वैच्छिक योगदान और संयुक्त राष्ट्रसंघ की तकनीकी सहायता तथा विशेष निधि कार्यक्रम द्वारा निर्मित हुई थी। इसके साथ कांगो सरकार ने कई संचालनात्मक प्रयोजनाओं के लिए और कार्यक्रम के समूचे स्थानीय खर्चे का दायित्व लिया और इनसे कांगो का उत्थान व वहाँ की समस्या का संयुक्त राष्ट्रसंघ के प्रभाव से समाधान हुआ तथा संयुक्त राष्ट्रसंघ इसमें सफल रहा।

साइप्रस समस्या और संयुक्त राष्ट्रसंघ के प्रयास

भूमध्यसागर में स्थित इस द्वीप को 1878 में ब्रिटेन ने तुर्क साम्राज्य से बर्लिन संधि द्वारा प्राप्त कर लिया था और इसे अपना एक बहुत बड़ा सैनिक अड्डा बना लिया था। 16 अगस्त, 1960 को यह ब्रिटिश आधिपत्य से मुक्त हुआ। दिसम्बर, 1963 से यहाँ घोर अशांति है। इसका कारण स्वतंत्रता प्राप्ति के समय इस टापू की सुरक्षा के लिए ग्रेट ब्रिटेन द्वारा बनाया गया संविधान है। साइप्रस के निवासियों में लगभग 77 प्रतिशत यूनानी और लगभग 17 प्रतिशत तुर्क जाति के लोग हैं। संविधान इस द्वीप में रहने वाले यूनानी निवासियों के बहुमत और तुर्की निवासियों की अल्पसंख्या के हितों में सन्तुलन करने की दृष्टि से बनाया गया था। संविधान के अनुसार राष्ट्रपति व प्रतिनिधि सदन का अध्यक्ष यूनानी और उसका उपराष्ट्रपति तुर्क होना चाहिए। सेना में तुर्कों और यूनानियों की संख्या लगभग 40 प्रतिशत और 60 प्रतिशत तथा सरकारी नौकरियों में 30 प्रतिशत व 60 प्रतिशत रखी गई। राष्ट्रपति और उपराष्ट्रपति को सम्मिलित व पृथक् रूप से महत्वपूर्ण मामलों में निषेधाधिकार की शक्ति प्रदान की गई थी।

इस पेचीदे संविधान के अनुसार साइप्रस का पहला राष्ट्रपति एक यूनानी सन्त मकारिओस और उपराष्ट्रपति एक तुर्क फाजिलकुचूक निर्वाचित हुए। राष्ट्रपति मकारिओस ने इस जटिल संविधान को लागू करने में अनेक व्यावहारिक कठिनाइयों को देखते हुए इस संविधान में संशोधन के कुछ प्रस्ताव रखे। इन संशोधनों से दोनों जातियों के मध्य स्थापित किया हुआ सन्तुलन और सामंजस्य समाप्त होता था। तर्क नेताओं ने इन संशोधनों का घोर विरोध किया और आरोप लगाया कि "यूनानी लोग संविधान में दिए गए पवित्र वचनों और आश्वासनों को भंग करके राज्य के कार्यों के समुचित रूप से चलाये जाने में अड़ंगे डाल रहे हैं।" इस पर दोनों जातियों में द्वेष और वैमनस्य की भावना फूट पड़ी और साइप्रस में साम्प्रदायिक संघर्ष शुरू हो गया। यूनान और तुर्की अपनी-अपनी जातियों का पक्ष लेकर इन साम्प्रदायिक संघर्षों को प्रोत्साहित करने लगे। दिसम्बर, 1963 में साम्प्रदायिकता का जहर साइप्रस की सेना में भी प्रवेश कर गया और सेना के तुर्क व यूनानी दस्ते एक दूसरे के विरुद्ध संघर्ष करने लगे। इस स्थिति का सामना करने के लिए साइप्रस के राष्ट्रपति ने ब्रिटिश सेनाओं को आमंत्रित किया। 27 दिसम्बर, 1963 को साइप्रस ने सुरक्षा परिषद् से शिकायत की कि तुर्की उसके घरेलू मामलों में हस्तक्षेप और आक्रामक कार्यवाही कर रहा है। उन्होंने सुरक्षा परिषद् से प्रार्थना की कि साइप्रस का प्रशासन थोड़े समय के लिए संयुक्त राष्ट्रसंघ अपने हाथ में ले ले। तुर्की सरकार ने साइप्रस के आरोपों को मिथ्या बताते हुए यह मांग की कि साइप्रस का विभाजन कर दिया जाये। साइप्रस के उपराष्ट्रपति फाजिलकुचूक भी यही चाहते थे, लेकिन राष्ट्रपति मकारिओस को यह मंजूर नहीं था।

जनवरी, 1964 के आरंभ में सुरक्षा परिषद् ने यह निर्णय लिया कि वह साइप्रस की स्थिति का अनुमान लगाने के लिए अपना एक प्रेक्षक भेजेगी। 17 जनवरी, 1964 को भारत के जनरल प्रेमसिंह ज्ञानी स्थिति का मूल्यांकन करने के लिए निकोसिया आये। उनकी रिपोर्ट और ब्रिटिश सरकार की तुर्की व यूनान से बातचीत द्वारा यह तय हुआ कि साइप्रस में शांति स्थापना के लिए संयुक्त राष्ट्रसंघ की सेनायें भेजी जाएं। साइप्रस की सरकार को भी यह स्वीकार था। 4 मार्च, 1964 को सुरक्षा परिषद् ने सर्वसम्मति से यह निर्णय लिया कि महासचिव ऊ थांट साइप्रस में शांति स्थापना के लिए प्रयत्न करें, दोनों पक्षों के बीच समझौता कराने के लिए एक मध्यस्थ की नियुक्ति की जाये और साम्प्रदायिक दंगों को दबाने व देश में शांति स्थापित करने के लिए संयुक्त राष्ट्र शांति सैनिक भेजे। महासचिव ऊ थांट ने भारत के लेफ्टिनेंट जनरल प्रेमसिंह ज्ञानी को इसका सेनापति नियुक्त किया (प्रेमसिंह ज्ञानी के बाद भारत के जनरल थिमैया अपनी मृत्युपर्यन्त दिसम्बर, 1965 तक इस सेना का नेतृत्व करते रहे)।

सुरक्षा परिषद् ने साइप्रस में संयुक्त राष्ट्र शांति सेना सर्वसम्मति से तीन महीने की अवधि के लिए रखी थी। इसको साइप्रस में संयुक्त राष्ट्रसंघ सेना का नाम दिया गया। संयुक्त राष्ट्रसंघ ने इस सेना को निर्देश दिया कि युद्ध को फिर से न होने दे, कानून को बनाए रखने और शांतिपूर्ण स्थिति के वापस लौटाने के बारे में अपने प्रयत्न करे।

साइप्रस में संयुक्त राष्ट्रसंघ की सेना 27 मार्च से कार्य करने लगी। इसमें ऑस्ट्रिया, कनाडा, डेनमार्क, फिनलैंड, आयरलैंड, स्वीडन और इंग्लैंड के सात हजार अधिकारी और सैनिक थे। 21 जून को सुरक्षा परिषद् ने इसको तीन महीने की अवधि के लिए और बढ़ा दिया।

अगस्त, 1964 में अन्तर्जातीय युद्ध और कार्रवाही की एक गंभीर घटना के सम्बन्ध में सुरक्षा परिषद् का एक आपात अधिवेशन हुआ और 9 अगस्त को तात्कालिक युद्धविराम के लिए मांग की गई। साइप्रस और तुर्किस्तान दोनों ने 10 अगस्त को युद्ध विराम स्वीकार किया। यह सन्धि कई अवसरों पर तोड़ी जा चुकी है और दोनों सरकारों की शिकायतों पर अनेक बैठकों में परिषद् ने सभी राज्यों से यह अपील की है कि ऐसी कोई कार्रवाही न की जाए जिससे स्थिति और बिगड़ जाये तथा भयंकर हो जाये।

1964 से 1966 के बीच सुरक्षा परिषद् तीन-तीन महीने की अवधि के लिए संयुक्त राष्ट्रसंघ की सेना का समय बढ़ाती रही, क्योंकि महासचिव ऊ थांट ने यह परामर्श दिया था कि संयुक्त राष्ट्रसंघ सेना को वापस लेने से युद्ध बढ़ेगा और नागरिक कार्यवाहियाँ रुकेंगी।

जून, 1966 में महासचिव ऊ थांट ने सुरक्षा परिषद् को यह सूचना दी कि साइप्रस में सेना की उपस्थिति की आवश्यकता शांति बनाये रखने के लिए अभी

तक थी। सुरक्षा परिषद् ने 16 जून को इस सेना की अवधि 6 महीने के लिए बढ़ा दी (अर्थात् 26 दिसम्बर, 1966 तक) और यह आशा प्रकट की कि इस अवधि के अन्त तक साइप्रस की समस्याओं के समाधान के सम्बन्ध में पर्याप्त प्रगति की जा सकेगी। इसके बाद भी इसे कई बार बढ़ाया जा चुका है। सेना की उपस्थिति में साइप्रस में शांति तो बनी हुई है, लेकिन अब तक समस्या के स्थायी समाधान का कोई प्रभावशाली कदम नहीं उठाया गया। तुर्की ने साइप्रस में विद्रोह कराकर एक भाग पर तुर्की का शासन स्थापित करा दिया। अत: विभाजित साइप्रस वर्तमान है और गुटनिरपेक्ष आन्दोलन का सदस्य है।

बर्लिन समस्या

द्वितीय विश्व युद्ध में हार के बाद मित्रराष्ट्रों ने जर्मनी को पश्चिमी व पूर्वी जर्मनी में विभाजित कर बांट लिया। रूस ने बर्लिन में घेराबन्दी कर दी अत: 29 सितम्बर, 1948 को ब्रिटेन, फ्रांस और संयुक्त राज्य अमेरिका ने सोवियत संघ द्वारा की गई बर्लिन की घेराबन्दी के प्रश्न को सुरक्षा परिषद् में उठाया। बर्लिन का मामला युद्धोत्तरकालीन शांति समझौते से सम्बन्धित था, जिसमें संयुक्त राष्ट्रसंघ के हस्तक्षेप की अपेक्षा नहीं की जाती थी। लेकिन चार्टर के सातवें अध्याय के अन्तर्गत इस मामले को अन्तर्राष्ट्रीय शांति के लिए संकट मानकर सुरक्षा परिषद् की कार्यसूची में सम्मिलित कर लिया गया।

1945 के पोट्सडम समझौते के अनुसार सोवियत संघ और पोलैंड को जर्मन साम्राज्य के कुछ अंग दिए गए थे, परन्तु ऑस्ट्रिया को उससे अलग कर दिया गया और जो प्रदेश शेष बचा उसे चार भागों में विभाजित कर दिया गया, पूर्वी क्षेत्र पर सोवियत संघ का नियंत्रण माना गया और शेष जर्मनी, इंग्लैंड, अमेरिका, फ्रांस देशों में विभाजित कर दिया गया। बर्लिन का जर्मनी से पृथक स्वतंत्र अस्तित्व माना गया तथा जर्मनी के उस नगर को भी जर्मन राज्य की भांति चार भागों में विभाजित कर दिया। बर्लिन के पश्चिमी भागों में जाने के लिए सड़क व रेलमार्ग पूर्वी भाग से होकर था। समझौते के अन्तर्गत यह भी तय किया जा चुका था कि बर्लिन पर अस्थायी रूप से अधिकार करने वाली शक्तियों को सभी मार्गों के प्रयोग का पूरा अधिकार होगा। किन्तु मुद्रा विषयक विवाद को लेकर इस व्यवस्था का उल्लंघन कर दिया गया था।

24 जून, 1948 को सोवियत संघ ने पश्चिम बर्लिन के जल और स्थल के सभी मार्ग बन्द कर दिए। अब केवल वायु मार्ग से ही पश्चिम बर्लिन में आया-जाया जा सकता था। बर्लिन की यह घेराबन्दी प्रसिद्ध लेखक शूमां के विचार से "इस बात की परीक्षा थी कि पश्चिमी देश बर्लिन से धकेल कर बाहर निकाले जा सकते हैं अथवा कम से कम उन्हें एक पश्चिमी जर्मनी बनाने की योजना त्यागने को विवश किया जा सकता है या नहीं।"

जर्मनी में स्थित अमेरिकी सैनिक राज्यपाल ल्यूशियस क्ले ने अपनी सरकार के समक्ष सैन्य बल के प्रयोग द्वारा मार्ग खुलवाने का प्रस्ताव रखा। लेकिन लन्दन और वाशिंगटन ने वायुमार्ग के अधिकाधिक प्रयोग को ही अधिक उचित समझा, क्योंकि इससे रूस से टकराव से बचा जा सकता था।

जुलाई–अगस्त, 1948 में पश्चिमी राष्ट्रों ने सोवियत संघ से बर्लिन के लिए रास्ता मांगा। सोवियत संघ मार्ग खोलने के लिए सहमत तो हो गया, लेकिन उसने यह समझौता क्रियान्वित नहीं किया। इस पर पश्चिमी राष्ट्रों ने बर्लिन का मामला सुरक्षा परिषद् में उठाया। सोवियत संघ ने पश्चिमी राष्ट्रों द्वारा की गई शिकायत के प्रत्युत्तर में यह तर्क दिया कि सुरक्षा परिषद् को बर्लिन विवाद को सुनने का अधिकार ही नहीं है, क्योंकि पश्चिमी क्षेत्रों के मुद्रा सुधारों के कारण सोवियत संघ का क्षेत्र आर्थिक विध्वंस रोकने के लिए ऐसा किया गया है। बर्लिन का प्रश्न जर्मनी के साथ संधि की समूची समस्या से जुड़ा हुआ है, और उस पर पृथक रूप से विचार करने से भ्रांतिपूर्ण निर्णयों का जन्म होगा। संयुक्त राज्य अमेरिका के प्रतिनिधि ने इस मामले को शांति के लिए संकट उत्पन्न करने वाला तथा गम्भीर बताया। फलतः सुरक्षा परिषद् ने सोवियत संघ और यूक्रेन के विरोध के बावजूद बर्लिन की समस्या पर विधिवत् विचार करने का निश्चय किया। सुरक्षा परिषद् के छः सदस्यों ने बर्लिन के घेरे से संबन्धित प्रश्न पर एक प्रस्ताव तैयार किया, जिसे सुरक्षा परिषद् के 11 सदस्यों में से 9 सदस्यों का समर्थन प्राप्त था, लेकिन सोवियत संघ द्वारा "वीटो" का प्रयोग किए जाने के कारण यह प्रस्ताव रद्द हो गया।

अर्जेन्टीना के विदेशमंत्री युवान ब्रामुगलिया, जो उस समय सुरक्षा परिषद् के अध्यक्ष थे, महासचिव ट्रिग्बे ली और महासभा के अध्यक्ष हरबर्ट ईवाट ने 13 नवम्बर, 1948 को संयुक्त रूप से बर्लिन घेरे से संबन्धित पक्षों के नाम समझौते की एक अपील निकली, जिसकी अनुकूल प्रतिक्रिया हुई। 21 नवम्बर, 1948 को सुरक्षा परिषद् ने छः तटस्थ देशों द्वारा मनोनीत विशेषज्ञों को लेकर बर्लिन की मुद्रा और उसके व्यापार की समस्या को हल करने के लिए एक विशेष समिति बनाई। समिति की सिफारिशों को तो स्वीकार नहीं किया जा सका, लेकिन समिति की इस अपील पर कि बर्लिन विवाद को संबन्धित पक्ष अपने आप सुलझाएँ, सोवियत संघ व पश्चिमी राष्ट्र आपस में बातचीत करने के लिए सहमत हो गये। परिणामस्वरूप अभी सम्बन्धित पक्षों के विदेश मंत्रियों की एक बैठक बुलाई गई जिसने 4 मई, 1949 को सुरक्षा परिषद् को यह सूचना दी कि "रूस घेरा उठाने के लिए और अन्य तीनों राष्ट्र इसके प्रतिवाद में लगाई पाबंदियाँ उठाने के लिए तैयार हो गए हैं और बर्लिन का प्रश्न सुलझा लिया गया है।" 12 मई, 1949 को रूस ने बर्लिन का घेरा उठा लिया, पर बर्लिन की दीवार बनी रही जो 1990 में गिरा दी गई। पूर्वी तथा पश्चिमी जर्मनी की जनता दोनों देशों के एकीकरण की मांग कर रही थी। अतः पूर्वी जर्मनी की संसद ने प्रस्ताव पास कर 4 अक्तूबर को पूर्वी जर्मनी के पश्चिमी जर्मनी के साथ

विलय की स्वीकृति देकर एक संयुक्त जर्मन गणराज्य की स्थापना का मार्ग प्रशस्त किया है जिसके चुनाव दिसम्बर, 1990 में कराए जाने की सम्भावना है। 31 अगस्त, 1990 को पश्चिमी और पूर्वी जर्मनी के प्रधानमंत्रियों के बीच इस प्रस्ताव से सम्बन्धित कार्यवाही पर हस्ताक्षर कर दिए जाने से उस फैसले को मूर्तरूप दे दिया गया। उसके पश्चात् पूर्वी व पश्चिमी जर्मनी का एकीकरण हो गया।

कोरिया के सम्बन्ध में संयुक्त राष्ट्रसंघ के प्रयास

कोरिया पर जापान का अधिकार था। उसके आत्मसमर्पण के समय कोरिया के उत्तरी भाग पर सोवियत संघ और दक्षिणी भाग पर संयुक्तराज्य अमेरिका की सेनाओं का अधिकार हो गया। इन दोनों क्षेत्रों की विभाजक सीमा रेखा 38 अक्षांश थी। काहिरा और पोट्सडम सम्मेलन में यह घोषणा की गई थी कि कोरिया एक स्वतंत्र राष्ट्र होगा। लेकिन शीतयुद्ध के प्रारम्भ हो जाने के कारण यह असम्भव हो गया। दोनों ही पक्ष कोरिया में अपनी स्थिति मजबूत बनाना चाहते थे। ऐसी दशा में कोरिया के एकीकरण के प्रश्न पर समझौता नहीं हो सका और संयुक्तराज्य अमेरिका ने सितम्बर, 1947 में कोरिया का मामला संयुक्त राष्ट्रसंघ की साधारण सभा में उठाया। नवम्बर में साधारण सभा ने एक प्रस्ताव पारित करके कोरिया के दोनों क्षेत्रों में चुनाव का आदेश दिया और चुनाव कराने के लिए एक अस्थायी आयोग की स्थापना की। सोवियत संघ ने इस आयोग को उत्तर कोरिया में प्रवेश करने की अनुमति ही नहीं दी। अतः आयोग ने केवल दक्षिण कोरिया में चुनाव का प्रबन्ध किया, जिसके फलस्वरूप डॉ० सिगमैन री की अध्यक्षता में दक्षिण कोरिया में लोकतन्त्रात्मक सरकार की स्थापना हुई। 12 दिसम्बर, 1947 को संयुक्त राष्ट्रसंघ महासभा ने सिगमैन री की सरकार को मान्यता प्रदान कर दी। इसी बीच सोवियत रूस ने उत्तरी कोरिया में जनरल किम इल सुंग की अध्यक्षता में कोरियाई जनवादी गणराज्य की स्थापना करा दी।

1948 में संयुक्त राष्ट्रसंघ महासभा ने एक प्रस्ताव पास करके सोवियत संघ और संयुक्त राज्य अमेरिका से यह अनुरोध किया कि वे कोरिया से अपनी-अपनी सेनाओं को हटा लें। इस प्रस्ताव के आधार पर 1944 के अन्त में सोवियत संघ की सेना उत्तर कोरिया से तथा जून, 1948 में अमेरिकी सेना दक्षिण कोरिया से हटा ली गईं। कोरिया के एकीकरण के लिए संयुक्त राष्ट्रसंघ ने सात सदस्यों का एक आयोग बनाया, लेकिन एकीकरण का प्रश्न बहुत जटिल था और आयोग इस दिशा में कोई प्रगति नहीं कर सका।

25 जून, 1950 को इस आयोग ने संयुक्त राष्ट्रसंघ को सूचना दी कि उस दिन सवेरे उत्तर कोरिया की सेनाओं ने कोरियाई गणराज्य पर आक्रमण किया है। उसी दिन सुरक्षा परिषद् की बैठक हुई और उसमें घोषणा की गई कि इस सशस्त्र आक्रमण से शांति भंग हुई है। सुरक्षा परिषद् ने मांग की कि तुरन्त युद्ध-विराम किया

जाए। उत्तर कोरियाई सेना को 38 अक्षांश तक वापस ले जाया जाए और इस कार्य को पूरा करने में सदस्य राज्यों की सहायता ली जाए।

परन्तु इसके दो दिन बाद तक युद्ध चलते रहने पर सुरक्षा परिषद् ने सिफारिश की कि संयुक्त राष्ट्रसंघ के सदस्यगण कोरियाई गणराज्य को सशस्त्र आक्रमण का मुकाबला करने तथा उस क्षेत्र में अन्तर्राष्ट्रीय शांति व सुरक्षा की स्थापना करने में सहायता दें। 27 जून, 1950 को संयुक्त राष्ट्रसंघ ने यह घोषणा की कि उसने अपनी वायु तथा जल सेनाओं को और बाद में स्थल सेनाओं को भी दक्षिण कोरिया की सहायता के लिए आज्ञा दे दी है। अनेक निष्पक्ष देशों ने परिषद् के इस निर्णय की आलोचना की और समस्या का शांतिपूर्ण ढंग से समाधान करने का सुझाव दिया। सोवियत संघ ने इस प्रस्ताव की कटु आलोचना करते हुए इसे "एक स्थायी सदस्य की अनुपस्थिति में लिया गया अवैध निर्णय" बताया (ध्यान रहे कि साम्यवादी चीन की सदस्यता के प्रश्न को लेकर सोवियत संघ उन दिनों सुरक्षा परिषद् की बैठकों का बहिष्कार कर रहा था)। परन्तु इस तथ्य पर कोई ध्यान नहीं दिया गया।

7 जुलाई, 1950 को संयुक्त राष्ट्रसंघ ने एक संयुक्त सैनिक कमान की स्थापना की और संयुक्त राज्य अमेरिका को उसका सेनापति नियुक्त करने का आदेश दिया। इस संयुक्त कमान के लिए 16 देशों–आस्ट्रेलिया, बेल्जियम, कनाडा, कोलम्बिया, ईथोपिया, फ्रांस, यूनान, लक्जमबर्ग, नीदरलैंड, फिलीपीन, थाइलैंड, तुर्की, दक्षिण अफ्रीका, ब्रिटेन, न्यूजीलैंड और संयुक्त राज्य अमेरिका ने स्वेच्छा से अपनी सेनाएँ भेजीं। लेकिन इस संयुक्त कमान में मुख्य योगदान संयुक्त राज्य अमेरिका का था। अमेरिकी सेनापति मैकार्थर इस संयुक्त कमान के अध्यक्ष थे। यही कारण है कि संयुक्त राष्ट्रसंघ की सेनाओं के नाम पर लड़ा जाने वाला यह युद्ध उत्तर कोरिया के विरुद्ध अमेरिका का युद्ध कहलाता है। सुरक्षा परिषद् के उपर्युक्त निर्णय सोवियत संघ के हितों के विरुद्ध थे। अतः सोवियत संघ के लिए परिषद् में पुनः लौट आना आवश्यक हो गया। यहाँ यह बात ध्यान देने योग्य है कि यदि सोवियत संघ सुरक्षा परिषद् की बैठकों का बहिष्कार न कर रहा होता तो वह सुरक्षा परिषद् के प्रस्ताव पर निषेधाधिकार का प्रयोग अवश्य करता। सोवियत संघ की अनुपस्थिति के कारण ही सुरक्षा परिषद् यह महत्वपूर्ण निर्णय लेने में सफल हुई। अगस्त, 1950 में सोवियत प्रतिनिधि जैकब मल्लिक के परिषद् में स्थान ग्रहण कर लेने के उपरान्त सुरक्षा परिषद् के लिए कोरिया के मामले में प्रभावपूर्ण कार्यवाही करना मुश्किल हो गया।

उधर कोरिया युद्ध तेजी के साथ बढ़ने लगा। आरम्भ में उत्तर कोरिया का पलड़ा भारी रहा और उसकी सेनाओं ने थोड़े ही दिनों में दक्षिणी कोरिया की राजधानी सियोल पर अधिकार कर किया। लेकिन बाद में युद्ध की स्थिति में परिवर्तन आया और जनरल मैकार्थर की सेनाओं ने उत्तर कोरियाई सैनिकों से कीटाणु युद्ध शुरू करके, उनको सीमाओं के भीतर खदेड़ दिया। 38 अक्षांश की सीमा पर पहुंचकर जनरल मैकार्थर ने संयुक्त राष्ट्रसंघ से उत्तर कोरिया की सीमारेखा में घुसने की अनुमति

मांगी। संयुक्त राज्य अमेरिका इसके पक्ष में था और उसके प्रभाव के फलस्वरूप महासभा ने संयुक्त राष्ट्रसंघ सेना को उत्तर कोरिया में प्रवेश की अनुमति दे दी। भारतीय प्रधानमंत्री स्व० पं० जवाहरलाल नेहरू ने इस प्रस्ताव का विरोध किया। उनका कहना था कि 38 अक्षांश रेखा पार करने से युद्ध का क्षेत्र बढ़ जाएगा। परन्तु संयुक्त राज्य अमेरिका पर इस विरोध का कोई असर नहीं पड़ा क्योंकि वह मंचूरिया तक अपना अधिकार जमाने का इच्छुक प्रतीत होता था। जनरल मैकार्थर कहा भी करता था कि उत्तर कोरिया को युद्ध सामग्री मंचूरिया से मिलती है और आक्रमण को रोकने के लिए मंचूरिया में हस्तक्षेप जरूरी है।

भारत के प्रधानमंत्री स्व० पं० जवाहरलाल नेहरू की चेतावनी को अनसुनी कर देने के व्यापक परिणाम हुए। जब नवम्बर, 1951 में जनरल मैकार्थर की सेनाएँ उत्तर में यूलू नदी के निकट पहुंच गईं तो साम्यवादी चीन को अपने अस्तित्व के लिए संकट दिखाई देने लगा। 5 नवम्बर, 1951 को उसने अपने प्रशिक्षित स्वयं सेवक युद्ध में उतार दिए। जनरल मैकार्थर के शब्दों में 'यह नए युद्ध का सूत्रपात था।' 11 नवम्बर, 1951 को सुरक्षा परिषद् में कई राष्ट्रों ने यह प्रस्ताव रखा कि कोई भी देश उत्तर कोरिया की सेनाओं की सहायता न करे। लेकिन चूँकि साम्यवादी चीन संयुक्त राष्ट्र संघ का सदस्य नहीं था, अत: वह खुलकर कोरिया में युद्ध करता रहा। चीनी सेनाएँ संयुक्त राष्ट्रसंघ की सेनाओं को बराबर पीछे खदेड़ती चली गईं। इस पर भारत के नेतृत्व में 12 अरब व एशियाई देशों ने युद्धविराम के लिए कुछ प्रस्ताव रखे, परन्तु वे साम्यवादियों द्वारा स्वीकार नहीं किए गए।

साम्यवादी चीन ने विराम-संधि के लिए तीन मांगें पेश कीं–

1. कोरिया से सब विदेशी सेनाओं की वापसी,
2. फारमूसा से संयुक्त राज्य अमेरिका की सेनाओं की वापसी, और
3. संयुक्त राष्ट्रसंघ में कम्युनिस्ट चीन को प्रतिनिधित्व दिया जाए।

संयुक्त राज्य अमेरिका इन मांगों को मानने के लिए तैयार नहीं था। 1 फरवरी, 1951 को संयुक्त राष्ट्रसंघ महासभा ने अमेरिका के प्रभाव में आकर एक प्रस्ताव पास करके चीन को कोरिया में आक्रमणकारी घोषित कर दिया। इससे चीन का विरोध उग्र हो गया और दोनों पक्षों में घमासान युद्ध शुरू हो गया। कहते हैं कि राष्ट्रपति ट्रूमैन इस समय कोरिया युद्ध में अणुबम का प्रयोग करने का विचार कर रहे थे, परन्तु ब्रिटिश राजनीतिज्ञों के कहने पर उन्होनें अपना इरादा बदल दिया था। लेकिन जनरल मैकार्थर अपनी उग्र नीति को कार्यान्वित करने पर तुले हुए थे, इसलिए उन्हें 13 अप्रैल, 1951 को वापस बुला लिया गया और उनके स्थान पर जनरल रिजवी की नियुक्ति हुई। 2 मई, 1951 को संयुक्त राष्ट्रसंघ की महासभा ने एक अन्य प्रस्ताव पास करके चीन और उत्तर कोरिया को युद्ध सामग्री भेजने पर प्रतिबन्ध लगा दिया। इस समय तक दोनों पक्ष युद्ध से तंग आ चुके थे। अकेले संयुक्त राज्य

अमेरिका के ही 1.42 लाख सैनिक मारे जा चुके थे। अतः दोनों पक्षों में विराम संधि की चर्चा चलने लगी। 19 जुलाई, 1951 को प्रारम्भ होने वाली बातचीत लगभग डेढ़ साल तक चली। युद्ध विराम रेखा तय हो गई, लेकिन युद्धबन्दियों के लौटाने का प्रश्न नहीं सुलझ सका। 8 जुलाई, 1952 को दोनों पक्षों में एक समझौता हो गया, जिसमें उत्तर व दक्षिणी कोरिया के बीच पुरानी सीमारेखा को ही युद्ध विराम रेखा मान लिया गया। भारत की अध्यक्षता में पांच तटस्थ राष्ट्रों का एक युद्धबन्दी रिहाई आयोग बनाया गया। भारत के जनरल थिमैया इसके अध्यक्ष थे।

5 मार्च, 1953 को स्टालिन की मृत्यु के उपरांत मेलन्कोव सोवियत संघ के प्रधानमंत्री बने और उन्होंने कोरिया युद्ध समाप्त करने की इच्छा व्यक्त की। अतः अप्रैल, 1953 में घायल तथा रोगी युद्धबन्दियों की अदला-बदली का काम शुरू हुआ। 27 जून, 1953 को युद्ध-विराम संधि पर हस्ताक्षर हुए और 21 जनवरी, 1954 तक दोनों पक्षों के युद्धबन्दियों को छोड़ दिया गया। जो युद्ध विराम हुआ वह अब तक कायम है। कोरिया युद्ध से संयुक्त राष्ट्रसंघ की प्रतिष्ठा बढ़ी। साम्यवादियों की शक्ति द्वारा प्रसार का मार्ग अवरुद्ध हो गया और शान्ति के लिए एकता प्रस्ताव से महासभा की शक्ति बढ़ी तथा सुरक्षा परिषद् में वीटो का प्रयोग होने पर उसे कारवाई करने का अवसर मिल गया।

कोरिया विवाद ने संयुक्त राष्ट्रसंघ के संगठन पर व्यापक प्रभाव डाला। इसने सैनिक कार्यवाही के सम्बन्ध में संघ की चार्टर की व्यवस्था में संशोधन करके उसे ऐच्छिक बना दिया। चार्टर के अनुसार सुरक्षा परिषद् के निर्णयों को मानना सदस्यों के लिए आवश्यक था। किन्तु कोरिया विवाद ने उन्हें महासभा के निर्णयों की भांति ऐच्छिक बना दिया। 'शांति के लिए एकता' प्रस्ताव ने महासभा को शांति की रक्षा का नया अधिकार देकर उसकी प्रतिष्ठा और गौरव को बढ़ाया। इसने यह भी स्पष्ट कर दिया कि सुरक्षा परिषद् में किसी स्थायी सदस्य की अनुपस्थिति का अर्थ वीटो नहीं है। इसके अतिरिक्त कोरिया विवाद ने संयुक्त राष्ट्रसंघ के विषय में इस धारणा को भ्रांत सिद्ध किया कि सैनिक कार्यवाही के प्रभावशाली सिद्ध होने के लिए पांच स्थायी सदस्यों का सहयोग आवश्यक है। कोरिया के मामले में संयुक्त राष्ट्रसंघ एक सिहं सिद्ध हुआ। वह अभी तक कोरिया के विभाजन को समाप्त नहीं कर पाया है। संयुक्त राष्ट्रसंघ का एक आयोग कोरिया में है और प्रतिवर्ष महासभा के अधिवेशनों में उपस्थित होता है। लेकिन कोरिया में शांतिपूर्ण उपायों द्वारा एकीकृत स्वतंत्र और प्रजातांत्रिक राज्य की स्थापना कराने में उसे सफलता नहीं मिल सकी है। परन्तु वहाँ शांति व संपन्नता व्याप्त है। प्रो॰ शूमां (Schuman) ने कोरिया युद्ध को सामूहिक सुरक्षा का सफल परीक्षण माना है। पूर्वी यूरोप के देशों में परिवर्तन का प्रभाव कोरिया पर भी पड़ा है। 5 सितम्बर, 1990 को उत्तर व दक्षिण कोरिया के प्रधानमन्त्री दोनों देशों के एकीकरण के विषय में बातचीत करने के लिए मिले।

फिलिस्तीन व अरब इजराइल समस्या

अरब-इजराइल समस्या अत्यन्त जटिल समस्या है क्योंकि अरब देशों का लक्ष्य यहूदियों के देश इजराइल को समाप्त करना था। भू॰ पूर्व॰ प्रधानमंत्री गोल्डमेयर के अनुसार "संयुक्त राष्ट्रसंघ का उद्देश्य आक्रमण को रोकना व विश्व शान्ति बनाए रखना है। परन्तु अपने उद्देश्य के विपरीत संयुक्त राष्ट्रसंघ ने सदैव आक्रमणकारी अरबों का साथ दिया है।"-गोल्डमेयर का संयुक्त राष्ट्रसंघ में भाषण। "हमारा उद्देश्य इजराइल के अस्तित्व को समाप्त करना है।" अरब राष्ट्रों का 1967 व 1973 में कथन। इन कथनों को ध्यान में रखते हुए अरब-इजराइल संघर्ष में संयुक्त राष्ट्रसंघ के प्रयासों की आलोचनात्मक समीक्षा निम्न है।

वह प्रदेश जिसे आज फिलिस्तीन या इजराइल कहा जाता है, अत्यन्त प्राचीन राज्य है। यहाँ प्राचीनकाल में हजरत मूसा के नेतृत्व में मिस्र वालों से छुटकारा पाने के बाद यहूदियों ने अपने राज्य की स्थापना की थी तथा सुलेमान के समय में यह अत्यन्त वैभवशाली राज्य बन गया था। बाद में इस पर रोमनों, अरबों और तुर्की का शासन रहा। परन्तु प्रथम विश्व युद्ध में तुर्की पराजित हो गया और यह प्रदेश अंग्रेजों के मैण्डेट (संरक्षण) में आ गया। अंग्रेजों ने वहाँ यहूदियों को बसाने की नीति अपनाई जिसका अरबों ने विरोध किया। अत: ब्रिटिश मैण्डेट काल में फिलिस्तीन में अरब-यहूदी झगड़ों के कारण अर्द्ध-अराजकता और गृहयुद्ध की स्थिति उत्पन्न हो गई। ब्रिटेन की प्रार्थना पर फिलिस्तीन की स्थिति पर विचार करने के लिए अप्रैल-मई, 1947 में संयुक्त राष्ट्रसंघ महासभा का एक विशेष अधिवेशन आमंत्रित किया गया। महासभा ने इस विषय पर विचार के लिए 11 राष्ट्रों की एक समिति गठित की। 31 अगस्त, 1947 को प्रकाशित समिति की रिपोर्ट में फिलिस्तीन को अरब और यहूदी राज्यों में बांटने की तथा यरुशलम को अन्तर्राष्ट्रीय संरक्षण में रखने की योजना प्रस्तुत की गई। इसे महासभा ने स्वीकार कर लिया और इसे कार्यान्वित करने के लिए एक फिलिस्तीन आयोग नियुक्त किया। लेकिन फिलिस्तीन विभाजन के प्रश्न पर अरबों और यहूदियों में संघर्ष बढ़ता ही गया। दोनों पक्षों में प्रभावी युद्ध विराम के सभी संयुक्त राष्ट्रसंघीय प्रयास विफल हो गए। 14 मई, 1948 को ब्रिटेन ने फिलिस्तीन पर अपना शासन हटा लिया और यहूदियों ने फिलिस्तीन में इजराइल राज्य की घोषणा कर दी। बदले में ईराक, लेबनान, ट्रांसजोर्डन आदि अरब राज्यों ने फिलिस्तीन पर आक्रमण कर दिया। 1 जून, 1948 को संयुक्त राष्ट्रसंघ के प्रतिनिधि बर्नाडोट के प्रयत्नों से दोनों पक्षों में चार सप्ताह के लिए युद्ध-विराम हो गया, किन्तु छिट-पुट संघर्ष चलता रहा। 1 सितम्बर को बर्नाडोट भी गोली के शिकार हुए, परन्तु उसकी चिन्ता न करते हुए सुरक्षा परिषद् ने दोनों पक्षों में समझौता कराने के लिए एक नया मध्यस्थ नियुक्त किया। 29 दिसम्बर को फिर युद्ध विराम स्थापित हुआ। इसके बाद महासभा ने एक समझौता आयोग नियुक्त किया जिसने अनेक विकट प्रश्नों को सुलझाया। इसके प्रयासों से इजराइल और पड़ोसी राज्यों में सीमा सम्बन्धी सन्धियां

हुईं और शांति कायम हुई तथा 1949 में इजराइल विधिवत रूप से संयुक्त राष्ट्रसंघ का सदस्य बना लिया गया। दोनों पक्षों के बीच 7 वर्ष तक युद्ध विराम कायम रहा। अक्तूबर, 1956 में स्वेज नहर के मिस्र द्वारा स्पष्टीकरण के प्रश्न को लेकर फ्रांस और ब्रिटेन के साथ मिलकर इजराइल ने मिस्र पर आक्रमण कर दिया। इस समय संयुक्त राष्ट्रसंघ ने आपात सेनाओं का प्रयोग किया। संयुक्त राष्ट्रसंघ के हस्तक्षेप से इजराइल, ब्रिटेन और फ्रांस को पीछे हटना पड़ा। इस बार भी संयुक्त राष्ट्रसंघ युद्ध विराम कराने में सफल हो सका।

स्वेज नहर की समस्या

29 अक्तूबर, 1988 को कुस्तुन्तुनियाँ में स्वेज नहर की स्थिति के विषय में ब्रिटेन, फ्रांस, इटली, ऑस्ट्रिया, हंगरी, रूस, स्पेन, हालैंड और तुर्की में एक समझौता हुआ था कि स्वेज नहर शांति एवं युद्ध दोनों कालों में व्यापारिक तथा जँगी जहाजों के लिए खुली रहेगी और इसमें कोई स्थायी किलेबन्दी नहीं की जाएगी। प्रथम विश्वयुद्ध में स्वेज नहर इसी प्रकार खुली रही। परन्तु 26 जुलाई, 1956 को मिस्र के राष्ट्रपति जनरल गमाल अब्दुल नासिर ने स्वेज नहर कंपनी की सम्पत्ति को जब्त कर लिया और उस पर अपना अधिकार कर लिया। ब्रिटेन और फ्रांस ने इसका विरोध किया और वे इस मामले को सुरक्षा परिषद् में ले गए। परन्तु सोवियत निषेधाधिकार के कारण सुरक्षा परिषद् कोई कार्यवाही नहीं कर सकी। 31 अक्तूबर, 1956 को ब्रिटेन और फ्रांस न इजराइल के साथ मिलकर स्वेज नहर की सुरक्षा के बहाने स्वेज स्थित पोर्ट सईद पर आक्रमण कर दिया। 21 अक्तूबर को इजराइल ने भी अपने शत्रु मिस्र पर आक्रमण कर दिया। ब्रिटेन और फ्रांस के निषेधाधिकार के कारण सुरक्षा परिषद् कोई प्रभावशाली कदम न उठा सकी। 1 नवम्बर, 1956 को संयुक्त राष्ट्रसंघ महासभा ने, संयुक्त राज्य अमेरिका द्वारा प्रस्तुत एक प्रस्ताव, जिसमें ब्रिटिश, फ्रांसीसी तथा इजराइली सैनिक कार्वाही पर चिन्ता व्यक्त करते हुए अविलम्ब युद्ध-विराम की मांग की गई, भारी बहुमत के पास कर दिया। 4 नवम्बर को महासभा ने संघ के महासचिव डाग हैमरशोल्ड से युद्धविराम की देखभाल के लिए एक संयुक्त राष्ट्रसंघीय आपातकालीन सेना की योजना प्रस्तुत करने को कहा। प्रारम्भ में ब्रिटेन और फ्रांस ने इन प्रस्ताव को मानने में आनाकानी की, अत: 5 नवम्बर, 1956 को सोवियत संघ ने धमकी दी कि यदि एक निश्चित समय में युद्ध बन्द नहीं किया तो सोवियत संघ नवीनतम शस्त्रों के साथ इस संकट में हस्तक्षेप करेगा और ब्रिटेन तथा फ्रांस पर आक्रमण कर देगा। इससे विश्व पर तृतीय विश्वयुद्ध का खतरा मंडराता दिखाई देने लगा। ब्रिटेन और फ्रांस डर गए और उन्होंने युद्ध बन्द कर दिया। 22 दिसम्बर, 1956 तक ब्रिटिश और फ्रांसीसी सेनाएँ मिस्र से हट गईं। मिस्र में युद्ध बन्द करने तथा विदेशी सेनाएँ हटाने में संयुक्त राष्ट्रसंघ को पूरी सफलता मिली। इसका कारण यह था कि विश्व की दो महान शक्तियाँ रूस और अमेरिका–इस

युद्ध को बन्द करना चाहती थीं। इस घटना ने यह सिद्ध कर दिया कि महाशक्तियों के सहयोग से संयुक्त राष्ट्रसंघ अपनी कार्यवाहियों को सफल बना सकता है।

अरब-इजराइल संघर्ष

संयुक्त राष्ट्रसंघ द्वारा निर्मित इजराइल एक छोटा-सा राज्य है। इसका क्षेत्रफल 20325 वर्ग किलोमीटर व जनसंख्या लगभग 62 लाख है, जिसमें लगभग 19 प्रतिशत अरब है। परन्तु अरब राष्ट्र इसे नष्ट करने को दृढ़प्रतिज्ञ हैं अत: अरब-इजराइल संघर्ष होते हैं। द्वितीय विश्वयुद्ध के बाद विश्वशान्ति के लिए अरब-इजराइल संघर्ष एक महान संकट बना हुआ है। 1948 में इजराइल की स्थापना से लेकर अभी तक अरबों और इजराइलियों के बीच 1948, 1956, 1967 और 1972 में युद्ध हुए हैं। इन चारों युद्धों में संयुक्त राष्ट्रसंघ के प्रयास से युद्ध विराम हो सका। इस प्रकार युद्ध-विराम कराने में संयुक्त राष्ट्रसंघ को अवश्य सफलता मिली, लेकिन इसमें समस्या का स्थायी समाधान नहीं निकल सका। महाशक्तियों द्वारा इस मामले में विशिष्ट रुचि लिए जाने तथा अरबों द्वारा इजराइल को समाप्त या विभाजित करने के प्रयत्नों के कारण ही संयुक्त राष्ट्रसंघ को इसमें विशेष सफलता मिल सकी है। इस संघर्ष में अरब देशों को सोवियत संघ का और इजराइल को अमेरिका का समर्थन प्राप्त है। दोनों ही पक्षों द्वारा इस क्षेत्र के विभिन्न देशों को आधुनिकतम अस्त्र-शस्त्रों से सुसज्जित किया जाता रहा है। यद्यपि मिस्त्र और इजराइल के बीच 11 नवम्बर, 1973 को एक 6 सूत्री समझौते पर हस्ताक्षर हुए हैं तथा कैम्प डेविड सन्धि हो गई है जिसके द्वारा मिस्त्र को अपने प्रदेश वापिस मिल गये हैं, परन्तु इसके बावजूद दोनों पक्षों के बीच तनाव का वातावरण विद्यमान है। संयुक्त राष्ट्रसंघ के प्रयत्नों के बावजूद आज भी समस्या ज्यों-की-त्यों बनी हुई है।

16 दिसम्बर, 1989 को संयुक्त राष्ट्रसंघ महासभा ने एक प्रस्ताव पारित कर माँग की कि इजराइल उन समस्त अरब क्षेत्रों को खाली कर दे जिन पर उसने 1967 के युद्ध में कब्जा कर लिया था। इस प्रस्ताव में इस बात पर चिन्ता प्रकट की गई थी कि अभी तक फिलिस्तीन समस्या का समाधान नहीं हो सका है। प्रस्ताव में यह भी कहा गया है कि सुरक्षा परिषद् इस मामले पर विचार करके कारगर कदम उठाए। शान्ति स्थापना की दिशा में इजराइल ने एक महत्वपूर्ण कदम उठाया। सन् 1979 में मिस्त्र के साथ की गई सन्धि के अनुसार इजराइल ने 25 अप्रैल, 1982 को सिनाई क्षेत्र (1967 के युद्ध में सिनाई क्षेत्र पर इजराइल का कब्जा हो गया था) मिस्त्र को लौटा दिया। परन्तु फिलिस्तीन समस्या ज्यों-की-त्यों बनी रही। इस समस्या के किसी राजनीतिक हल तक पहुँचने में इसलिए सफलता नहीं मिली क्योंकि अरब तथा अन्य शक्तियाँ इसके विरुद्ध थीं। सन् 1989 में महासभा के विशेष अधिवेशन में प्रस्ताव पारित करके यह मांग की गई थी कि वह अधिकृत फिलिस्तीनी भू-भाग से पीछे हट जाए। परन्तु इसका इजराइल पर कोई प्रभाव नहीं पड़ा है। क्योंकि अत्यन्त छोटे देश द्वारा यह भू-भाग दे देने पर वह भारत के एक जिले से भी छोटा रह

जाएगा और इतने छोटे राज्य को अपना अस्तित्व बनाए रखना कठिन होगा। इजराइल के गोलन पहाड़ी क्षेत्र को अपने देश में शामिल करने का निर्णय किया है। 1967 के युद्ध में इजराइल ने सीरिया को पराजित कर इस क्षेत्र पर कब्जा कर लिया था। इस सम्बन्ध में इजराइल ने सुरक्षा परिषद् के उस प्रस्ताव को मानने से इन्कार कर दिया, जिसमें गोलन पहाड़ी क्षेत्र को अपने देश में शामिल करने के लिए इजराइल से कहा गया था। इसी समय गुट-निरपेक्ष देशों ने महासभा में एक प्रस्ताव रखा जिसमें गोलन पहाड़ी क्षेत्र को अपने देश का अंग बनाने के इजराइल के निर्णय की भर्त्सना की गई थी, और उसका बहिष्कार करने के लिए कहा गया था। प्रस्ताव में अमेरिका की भी इस कारण निन्दा की गई क्योंकि उसने अपने निषेधाधिकार का प्रयोग करके इजराइल के विरुद्ध आर्थिक प्रतिबन्ध लगाने के प्रस्ताव को रद्द करके उसे ऐसा करने के लिए प्रोत्साहित किया था। इसकी प्रतिक्रिया में संयुक्त राज्य अमेरिका ने यह धमकी दी कि भविष्य में वह संयुक्त राष्ट्रसंघ के साथ सहयोग करने तथा उसकी सहायता करने के प्रश्न पर पुनर्विचार करने के लिए बाध्य हो सकता है। विश्व के गैर-मुस्लिम देशों की सहानुभूति इजराइल के साथ है तथा भारत और रूस, अरब तथा मुस्लिम देश, इजराइल के अस्तित्व को समाप्त करने के पक्ष में हैं।

उपर्युक्त विवरण से यह स्पष्ट है कि अरब-इजराइल विवाद को लेकर संयुक्त राष्ट्रसंघ दो खेमों में विभाजित हो गया है। एक ओर अमेरिका एवं उसके मिलते-जुलते विचार वाले तथा गैर मुस्लिम देश हैं और दूसरी ओर सोवियत व साम्यवादी देश, भारत एवं अरब देश और उनके समर्थक हैं। इस तरह की स्थिति में यह असम्भव है कि संयुक्त राष्ट्रसंघ कोई कारगर कदम उठा सकेगा। उसके प्रस्तावों का जिस ढंग से अनादर हो रहा है उससे इस बात की पुष्टि हो जाती है। इस सन्दर्भ में यह उल्लेखनीय है कि अरब देश शान्ति से इस समस्या का समाधान नहीं करना चाहते। इस दिशा में प्रयास भी जारी हैं। 1982 में अमेरिकी विदेशमंत्री श्री हेग ने दो माह में दो बार पश्चिमी एशिया की यात्रा करके फिलिस्तीनी समस्या को हल करने की आवश्यकता पर जोर दिया है, किन्तु फिलिस्तीनियों द्वारा 13 नवम्बर, 1988 को स्वतन्त्र फिलिस्तीनी राज्य के निर्माण की घोषणा के कारण, दोनों पक्षों में तनाव का वातावरण विद्यमान है। इस समस्या के समाधान में संयुक्त राष्ट्रसंघ की भूमिका महत्वपूर्ण रही है। परन्तु अरब देशों की इजराइलियों को समाप्त कर देने की नीति तथा स्वतन्त्र फिलिस्तीनी राज्य की घोषणा के कारण इसका समाधान कठिन हो गया है। इसका समाधान अरब देशों द्वारा इजराइल राज्य को मान्यता देने पर ही सम्भव होगा। शायद इसका सर्वोत्तम हल यथास्थिति बनाये रखकर शान्ति बनाये रखना ही है। अब इजराइल द्वारा फिलिस्तीनियों को प्रदेश व प्रादेशिक शासन देकर समस्या का समाधान कर दिया है।

इजराइल व फिलिस्तीन समस्या

फिलिस्तीन एक प्राचीन ऐतिहासिक प्रदेश है। इस प्रदेश में ईसाइयों व यहूदियों के पवित्र धार्मिक स्थल व नगर यरुशलम विद्यमान हैं। प्रथम महायुद्ध के पूर्व यहूदियों का यह पवित्र प्रदेश तुर्की साम्राज्य का एक भाग था। महायुद्ध के उपरान्त "संरक्षण प्रदेश" के रूप में यह ब्रिटेन को राष्ट्रसंघ द्वारा प्राप्त हुआ। फिलिस्तीन को यहूदी अपनी राष्ट्रीय भूमि मानते हैं और वहाँ के रहने वाले अरब उसे अपनी पवित्र भूमि मानते हैं। क्योंकि यहूदियों को पराजित करके इस्लाम के खलीफाओं ने धार्मिक स्थल बनवाए थे तथा ईसाइयों और इस्लाम धर्म के अनुयायियों के क्रूसेड या धार्मिक युद्ध यहीं लड़े गए थे। अतः यह प्रदेश यहूदियों के पैगम्बर मूसा व शासक सुलेमान के कारण उनके लिए पवित्र था तो ईसा का जन्मस्थल और कार्यस्थल होने के कारण ईसाइयों के लिए पवित्र था। परन्तु इस पर पहले यहूदियों को पराजित करके रोम वालों ने और बाद में अरब-मुस्लिम शासकों ने अधिकार कर लिया था। यहूदी विश्व भर में फैले थे। यहूदियों का कोई अपना देश व राज्य नहीं था। 19वीं शताब्दी के उत्तरार्द्ध में विभिन्न देशों के अत्याचारों से पीड़ित होकर यहूदी अपने राज्य की स्थापना के लिए आन्दोलन करने लगे। यह आन्दोलन यहूदीवाद या जायनवाद (zionism) कहलाता है। इस आन्दोलन के फलस्वरूप 1914 तक 1 लाख यहूदी यहाँ आकर बस गए थे। ब्रिटेन के प्रसिद्ध रसायनशास्त्री डॉ॰ वाइत्समान इस आन्दोलन के प्रबल पक्षपाती व मार्गदर्शक थे। प्रथम महायुद्ध के दौरान उन्होंने टी॰ एन॰ टी॰ के प्रसिद्ध विस्फोटक के निर्माण की प्रक्रिया के अविष्कार से ब्रिटिश सरकार को बहुमूल्य सहायता पहुंचाई थी। इसके बदले में जब ब्रिटिश सरकार ने उनसे मनोवांछित पुरस्कार माँगने को कहा तो उन्होंने ब्रिटिश सरकार से फिलिस्तीन में यहूदियों का राज्य स्थापित करने की माँग की। ब्रिटिश प्रधानमन्त्री लॉयड जार्ज ने इसे स्वीकार कर लिया और नवम्बर, 1917 की बाल्फोर घोषणा द्वारा ब्रिटेन ने अपने इस ऐतिहासिक निर्णय की पुष्टि कर दी। लेकिन इससे पहले अंग्रेज अक्तूबर, 1895 में तुर्क साम्राज्य के विरुद्ध अरबों का समर्थन पाने के लिए इस प्रदेश को स्वतन्त्र राज्य का अंग बनाने का आश्वासन दे चुके थे। अतः इन विरोधी प्रलोभनों के कारण फिलिस्तीन में यहूदियों और अरबों के मध्य रक्तपात और दंगे होने लगे जो द्वितीय महायुद्ध के अन्त तक चलते रहे। ब्रिटेन तथा राष्ट्रसंघ ने अरबों व यहूदियों के समाधान के जो भी प्रयास किए वह असफल रहे। यहूदी आते गये और रक्तपात बढ़ता गया।

द्वितीय महायुद्ध के बाद फिलीस्तीन का प्रश्न अन्तर्राष्ट्रीय शान्ति व सुरक्षा के लिए एक भयंकर संकट बन गया क्योंकि हिटलर द्वारा यहूदियों पर अत्याचार से यहूदी पीड़ित होकर यहाँ रहने का निश्चय कर चुके थे और उस समय इसमें न केवल विश्व के तीन एकेश्वरवादी धर्म-यहूदी, इस्लाम और ईसाई ही फँसे हुए थे, बल्कि इसमें पाँच बड़े राष्ट्रों में से तीन-संयुक्त राज्य अमेरिका, ब्रिटेन और रूस तथा अरब लीग के सदस्यों के स्वार्थ भी निहित थे। अतः स्थिति इतनी बिगड़ गई

कि 2 अप्रैल, 1947 को ब्रिटिश विदेश मन्त्री अर्नेस्ट बेविन ने संयुक्त राष्ट्रसंघ के महासचिव से प्रार्थना की कि वे महासभा का एक विशेष अधिवेशन बुलाएँ, जिसमें फिलिस्तीन के भविष्य पर विचार किया जाए, क्योंकि ब्रिटेन के लिए अब इस प्रदेश को अपने संरक्षण में रखना सम्भव नहीं है। 28 अप्रैल को महासभा का विशेष अधिवेशन बुलाया गया जिसमें 11 मई, 1947 को सुरक्षा परिषद् के 11 सदस्यों की एक विशेष समिति बनाई गई और उसे फिलिस्तीन समस्या के सभी पहलुओं पर विचार करने और जाँच करने का काम सौंपा।

इस समिति ने 31 अगस्त, 1947 को अपनी रिपोर्ट प्रस्तुत की जिसमें फिलिस्तीन के विभाजन की सिफारिश की गई थी। इसमें कहा गया था कि फिलिस्तीन के एक भाग को एक विशेष क्षेत्र बनाकर वहाँ अन्तर्राष्ट्रीय शासन की व्यवस्था की जाए। 29 नवम्बर को दो-तिहाई बहुमत से प्रस्तावित योजना को स्वीकार कर लिया गया और उसे क्रियान्वित करने के लिए 1 अगस्त, 1948 को एक आयोग की नियुक्ति की गई। फिलिस्तीन के विभाजन की योजना दोनों में से किसी भी पक्ष को उस रूप में स्वीकार नहीं थी। अरब इस बात पर तुले हुए थे कि उनकी मातृभूमि में कोई विदेशी राज्य स्थापित न हो और यहूदी यरुशलम को अपने नए राज्य में शामिल करना चाहते थे। अरबों ने विभाजन से अपनी मातृभूमि की रक्षा के लिए यहूदियों के विरुद्ध सीधी कार्यवाही शुरू कर दी और यहूदियों ने भी अपने उद्देश्य को सफल बनाने के लिए हिंसात्मक जवाबी कार्य प्रारम्भ कर दिये। फिलिस्तीन की बिगड़ती हुई स्थिति को देखकर आयोग ने संयुक्त राष्ट्रसंघ को सूचित किया कि ब्रिटिश मैण्डेट समाप्त होने के बाद यदि उसे सेना न दी गई तो वह अपना कार्य पूरा नहीं कर सकेगा। मार्च, 1948 में संयुक्त राज्य अमेरिका ने सुरक्षा परिषद् में यह प्रस्ताव रखा कि फिलिस्तीन को अस्थाई रूप से न्यास परिषद् के अधीन कर दिया जाए, जिसका यहूदियों ने विरोध किया। इसके बाद सुरक्षा परिषद् ने अरबों और यहूदियों के सशस्त्र दलों के हिंसा के कार्य को तुरन्त बन्द कराने के लिए सात प्रस्ताव पास किये तथा शान्ति स्थापना के कार्य को पूर्ण करने हेतु विराम संधि आयोग भी नियुक्त किया। परन्तु रक्तपात तथा अरबों और यहूदियों का संघर्ष चलता रहा।

14 मई, 1948 को ब्रिटिश मैण्डेट समाप्त होने से एक दिन पूर्व महासभा ने फिलिस्तीन की शान्तिपूर्ण व्यवस्था के लिए एक मध्यस्थ को नियुक्त करने का फैसला किया (बाद में यह पद स्वीडन के फोंक बर्नडाट को मिला)। दूसरे दिन ब्रिटिश मैण्डेट समाप्त होने पर फिलिस्तीन में यहूदियों ने संयुक्त राष्ट्रसंघ द्वारा प्रदत्त प्रदेश पर इजराइल के नए राज्य के निर्माण की घोषणा की। संयुक्त राज्य अमेरिका ने इतनी जल्दी इजराइल को मान्यता प्रदान की कि संयुक्त राष्ट्रसंघ में उसके प्रतिनिधि को इसका ज्ञान समाचार पत्रों से हुआ। सोवियत संघ ने भी इजराइल को मान्यता प्रदान कर दी। बाद में अन्य देशों ने इजराइल को मान्यता प्रदान कर दी तथा राजनीतिक

और व्यापारिक सम्बन्ध स्थापित कर लिए। परन्तु भारत तथा अरब देशों ने इजराइल को मान्यता नहीं दी।

इस घटनाचक्र से फिलिस्तीन की स्थिति बिल्कुल बदल गई। इजराइल पर चारों ओर से अरब राज्यों ने, संयुक्त राष्ट्रसंघ की अवहेलना करते हुए, हमला कर दिया। यह आक्रमण इतना भीषण था कि लोग नवोदित इजराइल के अस्तित्व की समाप्ति की आशंका करने लगे। अमेरिका व रूस ने सुरक्षा परिषद् में इजराइल को सहायता देने का प्रस्ताव रखा। किन्तु ब्रिटेन, सीरिया, अर्जेन्टीना, कनाडा, चीन और बेल्जियम द्वारा इस प्रस्ताव पर मतदान में अनुपस्थित रहने के कारण यह पास नहीं हो सका। जब 11 जून को इजराइल की सेनाओं ने अरब सेनाओं को अपने क्षेत्र से मारकर भगा दिया तो संयुक्त राष्ट्र प्रेक्षक बर्नडॉट चार सप्ताह के लिए दोनों पक्षों में समझौता कराने में सफल हुए। 17 जुलाई को सुरक्षा परिषद् ने फिलिस्तीन में युद्ध बन्द करने का प्रस्ताव पास किया। 18 जुलाई से युद्ध बन्द हो गया, लेकिन उपद्रव चलते रहे। 18 सितम्बर, 1948 को बर्नडॉट की हत्या कर दी गई। उनकी मृत्यु के उपरान्त उनके प्रमुख सहायक डॉ० राल्फ बुंच को कार्यकारी अध्यक्ष नियुक्त किया गया। 1949 के पूर्वार्द्ध में डॉ० बुंच इस क्षेत्र में युद्ध विराम स्थापित कराने में सफल हुए। इजराइल की अपने पड़ोसी राज्य मिस्र के साथ रोडस (24 फरवरी 1949), लेबनान के साथ रामअब मदौर (30 जुलाई), जोर्डन के साथ रोडम (3 अप्रैल) की तथा सीरिया के साथ मन हनयीम (20 जुलाई) को सीमा सम्बन्धी संधियां सम्पन्न हुईं। मई, 1948 में उसे संयुक्त राष्ट्रसंघ का 59वां सदस्य विधिवत् रूप से बना लिया गया। परन्तु अरब राष्ट्र विरोध करते रहे और युद्ध लड़ने का बहाना ढूंढते रहे।

यद्यपि उपर्युक्त सन्धियों और समझौतों के फलस्वरूप फिलिस्तीन प्रदेश में कुछ समय के लिए शान्ति स्थापित हो गई, तथापि वह चिरस्थायी नहीं थी। सन् 1956 में इजराइल ने ब्रिटेन और फ्रांस के साथ मिलकर स्वेज नहर के मामले में मिस्र पर आक्रमण किया।

स्वेज नहर के प्रश्न पर ब्रिटेन, फ्रांस, इजराइल और मिस्र के संघर्ष तथा संयुक्त राष्ट्रसंघ के प्रयास

स्वेज नहर का निर्माण फ्रांस ने किया था तथा यह ब्रिटेन के लिए अत्यन्त उपयोगी थी। क्योंकि स्वेज नहर भूमध्य सागर को लाल सागर से जोड़ती है और यूरोप से पूर्व की ओर जाने वाली मार्ग को चार हजार मील छोटा बनाती है। स्वेज नहर का निर्माण 1869 में हुआ था और इसका संचालन "यूनिवर्सल कम्पनी ऑफ दी मेरीटाइम कनाल ऑफ स्वेज" करती थी, जिसमें अधिकांश शेयर ब्रिटेन और फ्रांस के थे। इस नहर से प्राप्त आय का 21 प्रतिशत मिस्र को और 79 प्रतिशत हिस्सेदारों को मिलता था। सन् 1882 में ब्रिटिश सरकार ने मिस्र पर अधिकार कर लिया और इस प्रकार की व्यवस्था कर ली कि स्वेज नहर उसके अधिकार में बनी रहे। 1888

में कुस्तुन्तुनिया में इस नहर की स्थिति के बारे में ब्रिटेन, फ्रांस, स्पेन, इटली, जर्मनी, ऑस्ट्रिया, हंगरी, हालैंड, तुर्की और रूस के बीच यह समझौता हुआ कि स्वेज नहर का प्रयोग युद्ध व शान्ति दोनों काल में सब राष्ट्रों द्वारा स्वतन्त्र रूप से किया जा सकेगा और व्यापारिक तथा जंगी जहाजों के लिए यह खुली रहेगी एवं इसमें कोई स्थायी किलेबन्दी नहीं की जायेगी।

प्रथम महायुद्ध में इन शर्तों का पूरी तरह पालन किया गया। अबीसीनिया पर इटली के आक्रमण के समय 26 अगस्त, 1936 को ब्रिटेन व मिस्त्र के मध्य 20 वर्षों के लिए एक संधि हुई, जिसके अनुसार ग्रेट ब्रिटेन के स्वेज नहर के क्षेत्र में सेना रखने के अधिकार को मिस्र ने स्वयं स्वीकार किया था। द्वितीय विश्वयुद्ध में ब्रिटिश सेनाएँ इस संधि के अन्तर्गत इस नहर की रक्षा करती रहीं। परन्तु द्वितीय महायुद्ध के बाद मिस्र में सेना द्वारा शाह फारुख को हटाकर कर्नल नजीब मिस्र के शासक बन गए।

कर्नल नजीब के प्रभाव से सन् 1951 में मिस्र की संसद ने ब्रिटेन से संधि की अवधि समाप्ति से पूर्व भंग कर दी और घोषणा की कि स्वेज नहर में ब्रिटेन को अभी तक जितनी सुविधाएँ प्राप्त थीं, उन्हें अब समाप्त किया जाता है। ब्रिटेन ने इस एकतरफा घोषणा को अवैधानिक बताया और कहा कि जब तक 1936 की आंग्ल मिस्त्र संधि का स्थान कोई अन्य समझौता नहीं ले लेता, तब तक ब्रिटिश सेनाओं के हटने का प्रश्न ही नहीं उठता। सुरक्षा परिषद् ने भी इसकी पुष्टि करते हुए घोषित किया कि मिस्र को ऐसी आज्ञा देने का कोई अधिकार नहीं है और उसे अपना आदेश समाप्त कर देना चाहिए। अन्त में काफी वाद-विवाद के उपरान्त 27 जुलाई, 1954 को दोनों पक्षों के मध्य एक नई सन्धि हुई, जिसकी मुख्य शर्तें इस प्रकार थीं–

1. 20 जून, 1956 तक ब्रिटेन 8000 सैनिकों को स्वेज नहर क्षेत्र से हटा लेगी।
2. मिस्त्र पर तुर्की अथवा अन्य किसी राज्य का आक्रमण होने पर ब्रिटिश सेना नहरी क्षेत्र में पुनः आ सकती है।
3. स्वेज नहर मिस्र का अभिन्न अंग एवं अन्तर्राष्ट्रीय महत्व का मार्ग है।
4. 1888 के समझौते के अनुसार सब राष्ट्रों द्वारा नहर के स्वतन्त्रतापूर्वक प्रयोग की स्थिति कायम रखने के लिए दोनों पक्ष दृढ़प्रतिज्ञ हैं।

अक्तूबर, 1954 में कर्नल नासिर के नेतृत्व में मिस्र में एक सैनिक क्रांति हुई। कर्नल नासिर पश्चिमी साम्राज्यवाद के कट्टर विरोधी थे और मिस्र की दरिद्रता को दूर करने के लिए नील नदी पर आस्वान में एक बड़ा बाँध बनवाना चाहते थे। उस समय यह पश्चिमी राष्ट्रों की सहायता से ही सम्भव था। लेकिन पश्चिमी राष्ट्र उनके रूस पक्षपाती रुख के कारण उन्हें भारी मात्रा में आर्थिक सहायता देने के

लिए तैयार नहीं थे। अत: विशाल धनराशि प्राप्त करने के लिए कर्नल नासिर के सामने एक ही रास्ता था कि स्वेज नहर का राष्ट्रीयकरण कर लिया जाए और उसके फलस्वरूप एक अरब डालर वार्षिक की उस राशि को बचा लिया जाए जो विदेशी कम्पनी स्वेज नहर से कमाती थी। 16 जुलाई, 1956 को जनरल नासिर ने स्वेज नहर के राष्ट्रीयकरण की एकतरफा घोषणा करके स्वेज नहर कम्पनी की सम्पत्ति को जब्त कर लिया।

स्वेज नहर के बिना मुआवजा एकतरफा राष्ट्रीयकरण से ब्रिटेन और फ्रांस बौखला गए। ब्रिटेन की सरकार ने दूसरे दिन विरोध-पत्र भेजकर कर्नल अब राष्ट्रपति नासिर के इस कदम का स्वेच्छाचारितापूर्ण बताया। ब्रिटेन के विरोध-पत्र को नामजूंर करते हुए राष्ट्रपति ने कहा कि स्वेज नहर का राष्ट्रीयकरण मिस्र ने अपनी संप्रभुता के आधार पर किया है और साथ ही स्वेज नहर में जहाजों के आवागमन में किसी प्रकार की कठिनाई उपस्थित नहीं की गई है। इससे चिढ़कर ब्रिटेन ने मिस्र के सभी स्टर्लिंग जब्त कर लिये और उसके विरुद्ध आर्थिक प्रतिबंध भी लगाये। फ्रांस ने भी ब्रिटेन का अनुसरण किया परन्तु कर्नल नासिर पर इसका कोई प्रभाव नहीं पड़ा क्योंकि स्वेज नहर का राष्ट्रीयकरण अधिक लाभदायक था।

स्वेज नहर के राष्ट्रीयकरण के प्रश्न पर विचार करने के लिए 2 अगस्त, 1956 को ब्रिटेन, फ्रांस और अमेरिका के विदेशमंत्रियों का एक सम्मेलन हुआ, जिसके निर्णय के अनुसार 16 अगस्त को लन्दन में 24 राष्ट्रों का एक सम्मेलन बुलाया गया। सम्मेलन में तीन योजनाएँ प्रस्तुत की गईं। ये हैं–डलेस योजना, शिपोलोव योजना व मेनन योजना के नाम से विख्यात हैं। डलेस योजना में 1888 के कुस्तुनतुनिया समझौते की प्रस्तावना की भाँति यह कहा गया था कि नहर सब देशों के लिए युद्ध व शांतिकाल में समान रूप से खुली रहनी चाहिए तथा एक बोर्ड की स्थापना का प्रस्ताव रखा गया था, जिसे अपने कार्यों की रिपोर्ट समय-समय पर संयुक्त राष्ट्रसंघ को देनी थी।

रूस की शिपोलोव योजना में स्वेज नहर पर मिस्र के संप्रभु अधिकारों को मान्यता देते हुए सभी देशों के लिए नहर हमेशा खुली रखने और मिस्र द्वारा उसकी सुरक्षा, मरम्मत आदि की व्यवस्था की मांग की गई थी।

भारतीय प्रतिनिधि श्री कृष्णमेनन के कहने पर शिपोलोव ने अपनी योजना वापस ले ली। शिपोलोव योजना के स्थान पर श्री कृष्णा मेनन ने जो योजना प्रस्तुत की उसमें स्वेज पर मिस्र की सर्वोच्च सत्ता तथा उसे हमेशा खुला रखने के सिद्धान्त को स्वीकार करते हुए भौगोलिक प्रतिनिधित्व के आधार पर स्वेज नहर का उपयोग करने वाले देशों की एक परामर्शदात्री संस्था की बात कही गई थी।

इस सम्मेलन में भाग लेने वाले 17 देशों ने डलेस योजना का ही समर्थन किया। जब यह योजना राष्ट्रपति नासिर के पास भेजी गई तो उन्होंने इसे ठुकरा दिया। इस

पर 12 सितम्बर, 1956 को ब्रिटिश सरकार ने यह घोषणा की कि वह फ्रांस व अमेरिका के साथ मिलकर स्वेज होकर गुजरने वाले जहाजों का उत्तरदायित्व लेने के लिए उपयोग करने वाले देशों का संघ स्थापित कर रही है। लेकिन शीघ्र ही उसे इस बात का आभास हो गया कि ऐसे संघ द्वारा भी स्वेज नहर पर पुनः अपना अधिकार स्थापित करने में वह सफल नहीं हो सकेगा। अत: 26 सितम्बर, 1956 को ब्रिटेन और फ्रांस स्वेज नहर की समस्या को सुरक्षा परिषद् में ले गए। 13 अक्तूबर, 1956 को सुरक्षा परिषद् ने स्वेज नहर विवाद पर चर्चा के लिए छः सिद्धांतों की घोषणा की। ये छः सिद्धांत थे–

(1) स्वेज नहर बिना किसी भेदभाव के सबके लिए समान रूप से खुली रहेगी।

(2) इसमें मिस्त्र की सर्वोच्च सत्ता स्वीकार की जायेगी।

(3) नहर में जहाजों से ली जाने वाली चुंगी और अन्य कर मिस्त्र तथा इसके उपयोगकर्ताओं के बीच होने वाले समझौते से निश्चित किए जाएंगे।

(4) स्वेज नहर से होने वाली आमदनी का काफी हिस्सा इसके विकास में व्यय किया जायेगा।

(5) स्वेज कम्पनी तथा मिस्त्र सरकार के बीच होने वाले विवादों का निर्णय मध्यस्थता द्वारा किया जाएगा।

(6) नहर के संचालन और प्रबन्ध व्यवस्था को सभी प्रकार की राजनीति से पृथक रखा जायेगा।

सोवियत रूस ने परिषद् में अपने निषेधाधिकार का प्रयोग करके सुरक्षा परिषद् के बहाने नहर पर अधिकार प्राप्त करने की इस एंग्लो-फ्रेंच योजना को विफल कर दिया जिससे उनमें रोष उत्पन्न हो गया।

अब फ्रांस और ब्रिटेन मिस्त्र में हस्तक्षेप करने का अवसर ढूंढने लगे ताकि स्वेज नहर पर पुनः अधिकार स्थापित कर सकें। इजराइल और मिस्त्र के बीच पुरानी शत्रुता चली आ रही थी। 29 अक्तूबर, 1956 को इजराइल ने बिना किसी उत्तेजना के, संभवतः लन्दन व पेरिस की सलाह और प्रेरणा से मिस्त्र पर अचानक हमला कर दिया। यह आक्रमण इतना आकस्मिक था कि इजराइली सेनाएँ मिस्त्र के क्षेत्र में सहसा 50 मील अंदर तक घुस गईं और इस प्रकार उन्होंने स्वेज नहर तक की आधी दूरी तय कर ली। इसके दूसरे दिन ब्रिटेन के तत्कालीन प्रधानमंत्री एन्थोनी ईडन ने मिस्त्र को 12 घंटे का एक अल्टीमेटम देते हुए कहा कि वह अपनी सेनाएँ स्वेज से 19 मील पश्चिम में हटा ले। लेकिन मिस्त्र ने इस ओर ध्यान ही नहीं दिया। फलस्वरूप 31 अक्तूबर को ब्रिटेन और फ्रांस की सेनाओं ने स्वेज नहर पर अधिकार करने के उद्देश्य से पोर्ट सईद पर आक्रमण कर दिया। इसी दिन सुरक्षा परिषद् में अमेरिका द्वारा प्रस्तुत किया गया प्रस्ताव ब्रिटेन और फ्रांस के वीटो के कारण पास नहीं हो सका जिसमें सभी राष्ट्रों से मिस्त्र में सेना का प्रयोग न करने की प्रार्थना की गई थी।

उपर्युक्त प्रस्ताव के रद्द हो जाने पर 'शांति के लिए एकता प्रस्ताव' के अन्तर्गत 1 नवम्बर, 1956 को महासभा का संकटकालीन अधिवेशन बुलाया गया, जिसमें ब्रिटिश प्रतिनिधि ने मिस्र में ब्रिटेन द्वारा की गई कार्यवाही की तुलना कोरिया में अमेरिका द्वारा की गई कार्यवाही से की। 2 नवम्बर, 1956 को महासभा ने महासचिव को संयुक्त राष्ट्रसंघ आपात सेना का निर्माण करने और युद्ध विराम कराने की शक्ति प्रदान कर दी।

ब्रिटेन और फ्रांस ने संयुक्त राष्ट्र आपात सेना के प्रस्ताव को मानने में आनाकानी की, जिससे स्पष्ट था कि वे संयुक्त राष्ट्रसंघ को सहयोग देने के पक्ष में नहीं थे। ऐसी स्थिति में अचानक 5 नवम्बर, 1956 को सोवियत संघ के प्रधानमंत्री ने ब्रिटेन व फ्रांस की सरकारों को अलग-अलग पत्र भेजकर चेतावनी दी कि यदि निश्चित समय पर हमला बंद नहीं किया गया तो सोवियत संघ आधुनिकतम शस्त्रों के साथ स्वेज नहर के इस झगड़े में हस्तक्षेप करेगा और फ्रांस व ब्रिटेन पर अणुबमों से आक्रमण कर देगा।

इसका तत्काल प्रभाव पड़ा। फ्रांस और ब्रिटेन अमेरिका के सहयोग के बिना रूस से लड़ाई नहीं लड़ सकते थे और अमेरिका ने फ्रांस तथा ब्रिटेन को रूस के विरुद्ध सहायता देने से इन्कार कर दिया। भारत ने भी मिस्र का साथ दिया। ब्रिटेन में सत्तारूढ़ मजदूर दल ने भी इस आक्रमण का विरोध किया। अतः 6-7 नवम्बर की मध्यरात्रि से युद्ध-विराम हो गया और ब्रिटिश प्रधानमंत्री एन्थोनी ईडन को त्याग-पत्र देना पड़ा।

7 नवम्बर को महासभा ने एफ्रो-एशियाई देशों द्वारा प्रस्तुत वह प्रस्ताव पास कर दिया जिसमें कहा गया था कि ब्रिटिश, फ्रांसीसी और इजराइली सेनाएँ मिस्र से हटा ली जाएँ और स्वेज नहर के क्षेत्र में अन्तर्राष्ट्रीय पुलिस की व्यवस्था की जाए। मेजर जनरल ई० एन० बर्न्स की अध्यक्षता में अन्तर्राष्ट्रीय पुलिस का पहला दस्ता यूनेफ का बिल्ला लगाकर मिस्र पहुंच गया। इसमें कनाडा, कोलम्बिया, श्रीलंका, भारत, पाकिस्तान, नार्वे और ब्राजील आदि के सैनिक थे। इस प्रकार संयुक्त राष्ट्रसंघ ने सामूहिक सुरक्षा पद्धति का सफल प्रयोग किया।

चूँकि अभी तक आक्रमणकारी फौजों ने मिस्र खाली नहीं किया था, अतः 24 नवम्बर को महासभा ने फिर एक प्रस्ताव पास करके आक्रमणकारियों को अपनी सेनाएँ हटाने का आदेश दिया। 22 दिसम्बर को अंतिम रूप से आक्रमणकारी सेनाएँ पीछे हट गईं। केवल इजराइल ने गाजा और शर्मल शेख से अपनी सेनाएं हटाने में आनाकानी दिखाई। लेकिन संयुक्त राष्ट्रसंघ के दबाव पर 7 मार्च को उसे भी अपनी सेनाएँ हटाने के लिए विवश होना पड़ा।

स्वेज नहर विवाद को कई दृष्टिकोण से महत्वपूर्ण माना जा सकता है। इससे साम्राज्यवादी ब्रिटेन व फ्रांस महाशक्तियों की प्रतिष्ठा को गहरा धक्का लगा। मिस्र के राष्ट्रपति नासिर की प्रतिष्ठा में चार चांद लग गए और सोवियत संघ की शक्ति

का खूब प्रचार हुआ। इससे यह स्पष्ट हो गया कि महाशक्तियाँ सहयोग पर उत्तर आएँ तो संयुक्त राष्ट्रसंघ के प्रभाव से उसकी कार्यवाहियाँ सफल हो सकती हैं। नवोदित एफ्रो-एशियाई राष्ट्रों का विश्व में प्रभाव अनुभव किया जाने लगा, संयुक्त राष्ट्रसंघ में ब्रिटेन व फ्रांस का प्रभाव समाप्त हो गया और रूस से उनकी कटुता बढ़ गई। साथ ही अमेरिका पर फ्रांस का विश्वास कम हो गया तथा ब्रिटिश प्रधानमंत्री एन्थोनी ईडन का राजनीतिक जीवन समाप्त हो गया। ब्रिटेन की जनता ने अपने देश के इस अपमान के लिए उन्हें उत्तरदायी ठहराया। स्वयं ईडन ने "एक्सप्रेस" नामक ब्रिटिश समाचार-पत्र के नाम 14 अप्रैल, 1963 को लिखे गये अपने एक पत्र में इस उत्तरदायित्व को स्वीकार करते हुए लिखा–"यह पत्र लिखने का मेरा उद्देश्य यह बताना है कि स्वेज पर आक्रमण करने का निर्णय विदेशमंत्री या किसी सेनापति द्वारा नहीं लिया गया था। वह निर्णय मेरा था और केवल मैं ही उसके लिए उत्तरदायी हूं।" लेकिन मिस्त्र ने स्वेज नहर इजराइल के लिए फिर भी नहीं खोली। इजराइल और मिस्त्र के मध्य तनाव की यह मूल समस्या यथावत बनी रही जो 11 वर्षों के बाद, 1967 में एक बार फिर इजराइल और मिस्त्र के बीच सैनिक संघर्ष का कारण बनी। परंतु स्वेज नहर पर अब मिस्त्र का वर्चस्व है तथा इजराइल ने जीते हुए प्रदेश भी वापिस कर दिये।

स्वेज प्रकरण के बाद अरब-इजराइल संघर्ष और संयुक्त राष्ट्रसंघ

1956 के स्वेज विवाद में युद्ध होने पर संयुक्त राष्ट्रसंघ की शांति सेना गाजा और मिस्त्र की अन्तर्राष्ट्रीय सीमा पर भी तैनात हो गई थी ताकि इजराइल और अरब राष्ट्रों में पुनः किसी संघर्ष का अवसर न आए। 18 मई, 1967 को मिस्त्र के विदेशमंत्री डॉ० महमूद रियाज ने महासचिव ऊ थांट से इस सेना को गाजा पट्टी से शीघ्र हटा लेने को कहा। ऊ थांट ने इसके उत्तर में यह मत व्यक्त किया कि शांति सेना हटाने का परिणाम अच्छा नहीं होगा, क्योंकि अरबों और इजराइल के मध्य तनाव के कारण विद्यमान हैं। लेकिन चूँकि संयुक्त राष्ट्रसंघ की सेना मिस्त्र सरकार की सहमति से ही वहाँ रह सकती थी, अतः संयुक्त राष्ट्रसंघ की सेना को वहाँ से हट जाने के आदेश जारी कर दिए गए। संयुक्त राष्ट्रसंघ शांति सेना के हट जाने का परिणाम यह हुआ कि अरब और इजराइल की सेनाएँ फिर आमने-सामने आ गईं।

23 मई, 1967 को मिस्त्र के राष्ट्रपति नासिर ने इजराइल के जहाजों के अकाबा की खाड़ी में प्रवेश पर रोक लगा दी और तीनान के जलडमरूमध्य को भी इजराइल के लिए बंद कर दिया। इतना ही नहीं, अरब राष्ट्रों के इजराइल के विरुद्ध घुसपैठिये भेजे, चारों ओर से हथियारों का संग्रह किया और पारस्परिक समझौते करके मुस्लिम अरब राष्ट्रों ने इजराइल को चारों ओर से घेरकर उसे नष्ट करने की योजना बनाई जो संयुक्त राष्ट्रसंघ की स्पष्ट अवहेलना और विश्व शांति भंग कर संयुक्त राष्ट्रसंघ को चुनौती देने का प्रयास था।

24 मई को मध्य पूर्व की इस विस्फोटक स्थिति पर विचार-विमर्श करने के लिए सुरक्षा परिषद् की बैठक हुई। प्रारंभिक विचार-विमर्श के उपरांत सुरक्षा परिषद् ने दूसरे दिन इस समस्या पर विचार स्थगित कर दिया, ताकि संबंधित पक्ष संकट पर खुले मस्तिष्क से विचार कर सकें और उनमें सद्बुद्धि आ जाए। विश्व के सभी राष्ट्रों को नए युद्ध के श्रीगणेश की आशंका होने लगी। 26 मई को संयुक्त राज्य अमेरिका की सरकार ने इजराइल और अरब गणराज्यों में रहने वाले अमेरिकी नागरिकों को तुरन्त स्वदेश लौटने का आदेश जारी किया।

4 जून, 1967 को जब सोवियत संघ और अमेरिका इस तनाव को शांतिपूर्वक हल करने के लिए प्रयत्न ही कर रहे थे कि राष्ट्रपति नासिर ने इजराइल को चुनौती देते हुए कहा "हम लड़ाई में तुम्हारे सामने खड़े हैं, बदला लेने के लिए लड़ाई को छेड़ने के लिए उतावले हैं। इससे दुनियां को यह पता लगेगा कि अरब क्या हैं और इजराइल क्या है?" उन्होंने व उनके साथियों ने कहा कि उनका उद्देश्य इजराइल को समाप्त करना है। इस उद्देश्य की प्राप्ति के लिए संयुक्त अरब गणराज्य की सेना के 7 डिवीजन इस समय तक सिनाई में इजराइल पर दक्षिण-पश्चिम के आक्रमण करने के लिए पहुँच चुके थे। उत्तर में सीरिया के 40 हजार सैनिक ऊँची पहाड़ियों पर बैठे थे और पूर्व की दिशा में जोर्डन की सेनाएँ इजराइल पर आक्रमण करने के आदेश की प्रतीक्षा कर रही थीं। ऐसी स्थिति में युद्ध में विजयश्री प्राप्त करने के उद्देश्य से इजराइल ने पहल करके 5 जून, 1967 को अचानक अरब राज्यों पर आक्रमण कर दिया। 130 घंटों तक चलने वाला यह युद्ध "आधुनिक युद्ध में सैनिक आयोजन और इच्छाशक्ति की दृढ़ता के लिए महत्व रखता है।"

26 लाख की आबादी वाले छोटे से राष्ट्र इजराइल ने साढ़े पांच करोड़ धर्मान्ध व्यक्तियों के अकूत साधनों, सामग्री, प्रदेश और सेनाओं को पूरी तरह रौंद डाला। मिस्त्र यानि संयुक्त अरब गणराज्य, जोर्डन और सीरिया आदि की वायु शक्ति को लगभग समाप्त कर डाला। छः दिनों के बाद सुरक्षा परिषद् के प्रयत्नों से जिस समय युद्धविराम हुआ, उस समय तक इजराइल की सेना अपने देश के क्षेत्रफल से लगभग चार गुने प्रदेश पर अधिकार कर चुकी थीं उसने गाजा पट्टी, यरुशलम, सिनाई प्रदेश, सीरिया के पहाड़ी इलाकों और जोर्डन के पश्चिमी तट आदि पर अधिकार कर लिया था। युद्ध छेड़ने का उत्तरदायित्व दोनों पक्षों ने एक दूसरे पर डाला। इजराइल का कहना था कि अरब राष्ट्रों ने उसका गला घोंटने व अस्तित्व समाप्त करने की चेष्टा की थी, अतः आत्मरक्षा के लिए उसे युद्ध में कूदना पड़ा जिसे संयुक्त राष्ट्रसंघ ने प्रायोचित माना है। दूसरी ओर मिस्त्र का कहना था कि इजराइल ने उसके प्रदेश पर आक्रमण करके युद्ध की शुरूआत की है, अतः युद्ध के लिए उसे दोषी ठहराया जाना चाहिए।

युद्ध आरम्भ होने के समय जब विवाद के सम्बन्ध में सुरक्षा परिषद् में दो प्रस्ताव रखे गए थे—एक अमेरिका की ओर से और दूसरा संयुक्त अरब गणराज्य

की ओर से। अमेरिकी प्रस्ताव में कहा गया था कि पश्चिमी एशिया में तनाव नहीं बढ़ने देना चाहिए और राजनीतिक उपायों द्वारा किसी समाधान तक पहुँचने की चेष्टा करनी चाहिए। दूसरी ओर संयुक्त अरब गणराज्य के प्रस्ताव में इजराइल पर युद्ध का दोष मढ़ा गया था और संयुक्त युद्ध विराम आयोग की पुनः स्थापना पर जोर दिया गया था। अरब देशों से इजराइल के संघर्ष में युद्ध विराम कराने के उपरांत संयुक्त राष्ट्रसंघ 170 दिन की बहस के उपरांत 22 नवम्बर, 1967 को यह प्रस्ताव पास कर सका कि इजराइल इस युद्ध में हथियाये हुए क्षेत्र खाली करे और साथ ही यह भी व्यवस्था की जाए कि इजराइल को स्वेज और अकाबा में जहाजरानी की छूट मिले ताकि फिलिस्तीन के शरणर्थियों की समस्या सुलझाई जा सके। इजराइल ने इस प्रस्ताव को ठुकरा दिया। इतना ही नहीं, संयुक्त राष्ट्रसंघ के प्रस्ताव की उपेक्षा करते हुए उसने यरुशलम को सदा के लिए इजराइल का भाग बनाने और अधिकृत अरब क्षेत्रों में यहूदियों को दुनिया के अन्य भागों में लाकर बसाने की योजना भी घोषित कर दी। क्योंकि जो भाग अरबों को संयुक्त राष्ट्रसंघ ने फिलिस्तीनियों के लिए दिया था, उस पर जोर्डन ने अधिकार कर लिया तथा अरब राष्ट्र इजराइल के अस्तित्व को ही मान्यता नहीं देते हैं और उसको समाप्त करना चाहते हैं।

संयुक्त राष्ट्रसंघ के प्रस्तावों को ठुकराते हुए इजराइली नेताओं ने कहा कि समझौता केवल अरब इजराइल पक्ष की सीधी वार्ता से ही संभव है। दूसरे शब्दों में, अरब राष्ट्रों का एक पराजित पक्ष उसके सामने बैठे और समझौता करे। अरब राष्ट्रों ने इसको स्वीकार नहीं किया। वे जून, 1967 का युद्ध हार भले ही गए थे, लेकिन वे जानते थे कि सोवियत संघ तथा अन्य देशों की सहायता से वे अपनी फौजी शक्ति पुनः सुदृढ़ कर सकते हैं, अतः इजराइली शर्तें मानने की कोई विवशता नहीं थी।

यद्यपि इजराइल और अरब राष्ट्रों के बीच निकट भविष्य में किसी बड़े युद्ध की शायद संभावना नहीं थी, तथापि अधिक दिनों तक वर्तमान स्थिति बनी रह सकेगी इसमें संदेह था। इजराइल जानता था कि वह विजित क्षेत्रों को अधिक समय तक अपने अधिकार में नहीं रख सकता, लेकिन वह चाहता था कि–

1. अरब राष्ट्र उसे राजनयिक मान्यता दें।
2. स्वेज नहर और अकाबा की खाड़ी में उसे उसी तरह जहाजरानी के अधिकार मिलें जैसे दूसरे देशों को प्राप्त हैं।
3. यरुशलम इजराइल के अधिकार में ही रहे।
4. जोर्डन नदी के पश्चिम की तरफ का क्षेत्र फिलिस्तीनी विस्थापितों के लिए अलग कर दिया जाए।
5. सीरियाई सीमान्त का वह पहाड़ी इलाका (गोलन पहाड़ियाँ) जहाँ से सीरियाई सैनिक उत्पात मचाते रहते हैं, इजराइल के ही कब्जे में रहे।

किन्तु राष्ट्रपति नासिर इन शर्तों को मानने के लिए तैयार नहीं थे। अरब राष्ट्रों के नेता तटस्थ अफ्रेशियाई देशों तथा रूस की सहायता से राजनयिक मोर्चा जीतने के लिए हर संभव प्रयत्न में लगे रहे।

अपने-अपने दावों को न्यायोचित ठहराने के साथ-साथ जून, 1967 के अरब इजराइल युद्ध की समाप्ति के बाद दोनों पक्षों के बीच आरोपों-प्रत्यारोपों का क्रम निरन्तर चल रहा है। पहले इजराइल ने आरोप लगाया कि 20 अगस्त, 1967 को मिस्त्री सेना ने नहर पार करके पूर्वी तट पर इजराइली सैनिकों पर आक्रमण किया था। सितम्बर, 1968 में नहर के आर-पार कोई चार घंटे तक दोनों पक्षों की सेनाओं के बीच युद्ध हुआ। अक्तूबर माह के आते-आते जोर्डन इजराइली सेनाओं के बीच मुठभेड़ों में निरन्तर वृद्धि होने लगी। अतः सोवियत संघ ने अमेरिका के समक्ष पश्चिमी एशिया में शांति स्थापना के लिए एक योजना प्रस्तुत की–

1. इजराइली सेनाओं द्वारा जून, 1967 से पहले की सीमाओं पर वापसी,
2. शांति बनाए रखने के लिए सीमाओं पर सुदृढ़ संयुक्त राष्ट्रसंघ की निगरानी व्यवस्था,
3. चार बड़े देश अमेरिका, ब्रिटेन, फ्रांस और सोवियत संघ दोनों पक्षों के बीच फिर से युद्ध नहीं छिड़ने दें,
4. अरब राष्ट्रों द्वारा इजराइल के विरुद्ध युद्ध की स्थिति की समाप्ति।

साथ ही इसमें पश्चिमी एशिया को दिए जाने वाले हथियारों पर प्रतिबंध लगाने का भी उल्लेख था। पर यह प्रस्ताव विफल रहा।

इजराइली विदेशमंत्री एवान ने इस योजना को अस्वीकार कर दिया। उनका कहना था कि इसमें रूस चूंकि बिना निश्चित और स्पष्ट सीमा रेखा की मान्यता के इजराइली सेनाओं की वापसी चाहता है तथा इसमें अन्तर्राष्ट्रीय जलमार्ग में स्वतंत्र जहाजरानी के कानूनी अधिकार को भी नहीं माना गया है, अतः इसके द्वारा स्थायी शांति स्थापित नहीं की जा सकती। स्वयं इजराइल के विदेशमंत्री ने संयुक्त राष्ट्रसंघ महासभा में 8 अक्तूबर, 1968 को एक 9 सूत्री योजना रखी। उसका मुख्य व महत्वपूर्ण भाग यह था कि इजराइल अधिकृत अरब क्षेत्रों से पीछे हटाने के लिए सहमत है बशर्ते कि अरब देशों और इजराइल के बीच स्थायी और सुरक्षित व मान्य सीमाएँ स्थापित की जाएँ। इजराइल ने कहा कि वही सीमाएँ संरक्षित समझी जाएँगी जो स्थायी शांति परिधि में आती हैं। इजराइल के विदेशमंत्री एवान ने यह मांग भी की कि इसके साथ ही संयुक्त अरब गणराज्य के विदेशमंत्री उनके साथ एक संयुक्त विज्ञप्ति जारी करें कि स्वेज नहर और अकाबा की खाड़ी अन्तर्राष्ट्रीय जल मार्ग हैं, जिस पर दोनों पक्षों का समान अधिकार है। इसके साथ ही एवान के अनुसार अरब शरणार्थियों के संबंध में सभी पश्चिम एशियाई देशों को मिलकर एक पंचवर्षीय योजना बनानी चाहिए जिसमें धीरे-धीरे इन्हें समाज की मुख्य धारा से मिलाने की व्यवस्था हो।

यदि ये शर्तें स्वीकार कर ली जाएँ तो इजराइल शांति-वार्ता में भाग ले सकता है। मगर उनके अनुसार वास्तविक शांति वार्ता अरबों और इजराइलियों के प्रत्यक्ष संवाद से ही हो सकती है।

उपर्युक्त योजना में धार्मिक स्थानों की व्यवस्था के बारे में कहा गया था कि फिलिस्तीन में ईसाइयों और मुसलमानों के धार्मिक स्थलों पर इजराइल अपना एकाधिकार नहीं रखेगा। इन स्थानों के लिए वह एक सर्वसम्मत योजना मानने को तैयार है।

कुछ दिनों की शांति के बाद 26 अक्तूबर को पुनः दोनों देशों के सैनिकों के बीच लड़ाई शुरू हो गई। किंतु संयुक्त राष्ट्रसंघ पर्यवेक्षकों के प्रयत्न से यह अधिक नहीं बढ़ी। पुनः 27 अक्तूबर को दो घण्टे तक गोलाबारी हुई। यह काफी भयानक थी क्योंकि इसमें संयुक्त अरब गणराज्य के तेल शोधक कारखानों पर इजराइल ने गोलाबारी की थी, जिससे अत्यधिक हानि पहुँची। इजराइल और अरब राष्ट्रों की सेनाओं के बीच मुठभेड़ और हवाई हमले अब साधारण-सी बात हो गई थी। महीने में दो चार मुठभेड़ होना अस्वाभाविक नहीं था। दूसरी ओर फिलिस्तीनियों का आतंकवाद बढ़ता चला गया। ओलम्पिक खेलों में जर्मनी में इजराइल के खिलाड़ियों पर आक्रमण किया गया तथा बहुत से देशों के विमानों का अपहरण किया गया।

जहाँ तक इस क्षेत्र में स्थायी शांति स्थापित करने का प्रश्न है, 1948 में इजराइल की स्थापना के बाद से अब तक सुरक्षा परिषद् 8 बार और महासभा 25 बार इजराइल की आक्रमणकारी कार्रवाईयों की निन्दा कर चुकी है। इस तरह का प्रस्ताव किसी अरब गणराज्य के विरुद्ध अभी तक पास नहीं हुआ है क्योंकि अरब राष्ट्रों का बहुमत है। इसके अलावा संयुक्त राष्ट्रसंघ के विशेष दूत डॉ॰ गुन्नार जारिंग पश्चिम एशिया में काम के लिए पिछले अनेक वर्षों से अकथनीय परिश्रम कर रहे हैं, किन्तु उन्हें भी अभी तक सफलता नहीं मिल सकी है। क्योंकि शांति तब तक संभव नहीं जब तक रूस और अमेरिका भी आपस में किसी समझौते तक नहीं पहुँचते और दोनों पक्षों का हथियार भेजने पर कोई प्रतिबंध नहीं लगाते। साथ ही अरब राष्ट्रों व इजराइलियों के दृष्टिकोण भी अलग-अलग हैं। अरबों का कहना है कि जब तक अरबों के अधिकृत प्रदेश को इजराइल खाली नहीं करता तब तक किसी भी प्रकार की वार्ता व्यर्थ है। वे तब तक इजराइल से प्रत्यक्ष वार्ता के लिए तैयार नहीं हैं जब तक वह अरब अधिकृत क्षेत्र को बिना किसी शर्त के छोड़ नहीं देता। किन्तु इजराइली नेता दोनों के बीच ऐसी सीमा रेखा का निर्माण करना चाहते हैं जहाँ से भविष्य में अरब उस पर किसी प्रकार का आक्रमण न कर सकें। इसी मान्यता के आधार पर विदेशमंत्री एवान ने 9 सूत्री योजना में सीमाओं के पुनर्निर्धारण का प्रस्ताव रखा था। साथ ही यह शर्त भी रखी थी कि सिनाई क्षेत्र को बिसैन्यीकृत किया जाए ताकि दोनों क्षेत्रों की सेनाओं के बीच एक मध्यवर्तीय क्षेत्र रह सके। अरब इस प्रस्ताव से सहमत नहीं हुए। संयुक्त अरब गणराज्य के प्रवक्ता रियाद ने कहा–"हमारी सीमाओं पर कोई वार्ता नहीं हो सकती। संयुक्त अरब गणराज्य की सीमाएँ फिलिस्तीन की पुरानी

अन्तर्राष्ट्रीय सीमा रेखा के साथ हैं इसलिए उस क्षेत्र का कोई भी भाग हम इजराइल को देने के लिए तैयार नहीं।" उन्होंने कहा कि दोनों देशों के बीच एक असैन्यीकृत क्षेत्र स्थापित किया जा सकता है यदि इजराइल भी अपने क्षेत्र को सेनारहित करने के लिए तैयार हो जाए।

समय बीतने के साथ-साथ समस्या और भी उलझती जा रही है, संघर्ष बढ़ता ही जा रहा है। क्योंकि सच्चाई तो यह है कि अरब-इजराइल युद्ध अरबों और इजराइलियों के बीच ही युद्ध नहीं था। एक तो इसका संचालन काफी सीमा तक रूस वे अमेरिका के हाथों में है, दूसरे स्वयं अरबों के बीच भी संघर्ष है। इजराइल अपने अस्तित्व के लिए लड़ रहा है, तो मिस्त्र प्रभुता के लिए और अरब राष्ट्र महत्व के लिए। ऐसे कई विषय हैं जिन पर समझौता करने के लिए मिस्त्र तैयार है, लेकिन वह डरता है कि अरब गणराज्य के जन्म से ही इजराइल विरोधी भावना में पले नवयुवक कहीं उसका विरोध न करने लगें। क्योंकि इन नवयुवकों में इजराइल के दमन और फिलिस्तीन की स्वतंत्रता की तीव्र आकांक्षा विद्यमान है जो अरब राष्ट्रों के नम्र रुख अपनाने पर उनके ही विरुद्ध भड़क सकती है। साथ ही अरब लीग का प्रभाव अब 1967 से पहले ही समान, दृढ़ व स्थिर नहीं रहा। अतः एक गलत कदम भी उसे खतरे में डाल सकता है।

ईराक भी फिलिस्तीन के मामले में काफी समय तक मौखिक रूप से ही हिस्सा लेता रहा था, किन्तु इजराइल द्वारा उसके अणु केन्द्रों पर बमबारी करने के बाद से वह भी प्रत्यक्ष रूप से इसमें भाग ले सकता है। साथ ही शाह हुसैन को भी मिस्त्र अपने एकच्छत्र प्रमुख के कारण तिरस्कृत कराना चाह रहा है। यही कारण है कि जोर्डन के शाह ने आतंकवादी छापामारों और आतंकवादियों का पक्ष लिया है। इजराइल से सबसे ज्यादा खतरा जोर्डन को है। जोर्डन भी इस सत्य से सर्वथा अपरिचित हो ऐसी बात नहीं है, लेकिन मिस्त्र के भय के कारण वह भी इजराइल से प्रत्यक्ष वार्ता नहीं कर सकता। ऐसी संघर्षमय स्थिति में अरब राष्ट्र इजराइल के विरुद्ध कोई संयुक्त शक्तिशाली मोर्चा बना सकेंगे इसमें सन्देह है क्योंकि उनमें आपस में फूट है।

पश्चिम एशिया की समस्या का स्थायी हल ढूंढने के उद्देश्य से 3 अप्रैल, 1969 को चार बड़े देशों-अमेरिका, रूस, ब्रिटेन, फ्रांस-का एक सम्मेलन न्यूयार्क में शुरू हुआ। लेकिन 3 माह के लम्बे विचार-विमर्श के उपरांत भी समस्या का कोई स्थायी हल नहीं खोज सका। अन्ततः 1 जुलाई, 1969 को चार बड़े राष्ट्रों ने पश्चिम एशिया के प्रश्न पर किसी निर्णय पर पहुँचे बगैर अपनी बातचीत स्थगित कर दी। चार बड़े राष्ट्रों द्वारा इस समस्या के सम्बन्ध में कोई समाधान न निकाल सकने का एकमात्र कारण यही था कि विश्व की ये महाशक्तियाँ उस सीमा तक ही आपस में सहमत होने के लिए तैयार रहती हैं जहाँ तक उनके राष्ट्रीय हितों को हानि न पहुँचती हो। टैक्नोलाजी और शस्त्र विज्ञान के विकास ने जहाँ एक ओर

राष्ट्रों की भौगोलिक सीमाओं की दूरी को संकुचित कर दिया है। वहाँ साथ ही उसने अदृश्य सीमाओं के विस्तार की आकांक्षा को भी बढ़ावा दिया है। यही कारण है कि पश्चिम एशिया और भूमध्यसागर के क्षेत्रों में साम्यवादी व गैर-साम्यवादी दोनों शक्तियाँ अपना-अपना प्रभाव जमाना चाहती हैं। भूमध्यसागरीय क्षेत्र में ईरान से लेकर पुर्तगाल तक सैनिक अड्डों की एक लम्बी शृंखला विद्यमान है जो बड़े राष्ट्रों की अदृश्य सीमाओं के विस्तार की आकांक्षा की ही प्रतीक है। यद्यपि इनकी उपस्थिति के लिए वे कई दलीलें व तर्क देते हैं। सोवियत संघ के अधिकांश अड्डे अरब देशों में हैं तथा दूसरी ओर नाटो देशों ने भी अपने सैनिक अड्डे स्थापित कर रखे हैं। संयुक्त राज्य अमेरिका का छठा बेड़ा भी इस क्षेत्र में कई टापुओं पर मौजूद है। सैनिक अड्डों की उपस्थिति के बीच शांतिपूर्ण हल को खोजना असंभव सी बात है। किसी भी प्रकार के समाधान से किसी न किसी गुट के स्वार्थों को हानि अवश्य पहुंचेगी। अत: इजराइल समस्या का समाधान नहीं हो सका। स्थायी हल केवल उस अवस्था में ही निकल सकता है जब इजराइल और अरब राष्ट्र एक दूसरे के साथ सामान्य पड़ोसियों की भांति रहने के सिद्धान्त को स्वीकार करें और इस दिशा में महाशक्तियों का मुंह न देखें और उचित कदम उठायें तथा संयुक्त राष्ट्रसंघ प्रायोचित ढंग से समस्या का समाधान करने का प्रयास करें।

चौथा अरब-इजराइल संघर्ष, 1973—1964 के अरब-इजराइल संघर्ष से मिस्र की प्रतिष्ठा को ठेस पहुंची थी और कर्नल नासिर की प्रतिष्ठा को ऐसा धक्का लगा कि उनकी मृत्यु हो गई। अत: 1973 में उनके उत्तराधिकारी राष्ट्रपति सआदत ने युद्ध करने का फैसला किया। अतएव 6 अक्तूबर, 1973 को अरबों व इजराइल में चौथी लड़ाई आरम्भ हो गई और अरब सुरक्षा सन्धि के 19 देशों ने युद्ध के लिए अपनी-अपनी टुकड़ियाँ भेजीं। 1973 के अरब-इजराइल युद्ध में आक्रमण की शुरूआत मिस्र और सीरिया ने की। ईराक भी युद्ध में कूद पड़ा। उसने बताया कि उसके दो-सौ विमान और 96 हजार सैनिक सीरियाई सेना के साथ हैं। कुवैत, मोरक्को, अल्जीरिया, लीबिया, यमन और सूडान ने भी इस युद्ध में भाग लिया। बाद में जोर्डन भी इसमें सम्मिलित हो गया। अत: आरम्भ में आक्रमणकारियों को कुछ सफलता मिली। परन्तु युद्ध के तीसरे दिन इजराइल ने अरब देशों की सेनाओं को बढ़ने से रोक दिया। अब युद्ध का सारा जोर इजराइल ने सीरिया की ओर लगाकर उसकी सेनाओं को खदेड़ दिया तथा युद्ध के दसवें दिन इजराइली सेनाएँ स्वेज नहर पार करके पश्चिमी तट पर पहुंच गई और काहिरा-स्वेज मार्ग पर अधिकार कर लिया तथा काहिरा-इस्माइलिया मार्ग को अपनी हद में ले लिया और मिस्र की रक्षा पंक्ति को नष्ट कर दिया। इसके बाद सुरक्षा परिषद् ने हस्तक्षेप किया।

इस युद्ध में रूस ने अरब देशों का व संयुक्त राज्य अमेरिका ने इजराइल का पक्ष लिया। दोनों ने अस्त्र-शस्त्र भेजे तथा सैनिक और जहाजी बेड़े की तैयारियाँ आरम्भ कर दीं। इससे विश्वव्यापी युद्ध का भय प्रस्तुत हो गया। परन्तु अमेरिका के

राष्ट्रपति रिचर्ड निक्सन ने किसिंजर और रूस के राष्ट्रपति ब्रेजनेव ने कोसीजिन द्वारा वार्तालाप किया। अतएव 22 अक्तूबर, 1973 को रूस और संयुक्त राज्य अमेरिका ने सुरक्षा परिषद् में निम्न प्रस्ताव पास करवाया–

1. वर्तमान लड़ाई में सभी पक्ष युद्ध बन्द कर दें और जो जहाँ पर है वहीं 12 घंटे के अन्दर युद्ध रोक दे।
2. युद्धबन्दी के बाद सुरक्षा परिषद् के 1967 के 242वें प्रस्ताव को लागू किया जाए।
3. युद्ध विराम के बाद संयुक्त राष्ट्रसंघ के तत्वावधान में स्थायी शान्ति की स्थापना के लिए वार्तालाप शुरू कर दें।

मिस्त्र और सीरिया ने युद्ध विराम स्वीकार कर लिया पर बाद में सीरिया ने ईराक से सहायता आ जाने के कारण युद्धविराम नहीं माना। इसी बीच रूस के ब्रेजनेव ने इजराइल को नेस्तनाबूद करने की धमकी दी। इस पर अमेरिका ने भी सैनिक तैयारियाँ आरम्भ कर दीं, परन्तु अमेरिकी विदेश सचिव किसिंजर के प्रयासों से 11 नवम्बर, 1973 को 6 सूत्री समझौता हो गया।

महत्व–मिस्त्र-इजराइल समझौते का महत्व इसलिए है कि इस युद्ध के बाद मिस्त्र और इजराइल में निकट-सम्बन्ध स्थापित करने का श्रीगणेश हुआ तथा जेनेवा सम्मेलन में शांति वार्ता का प्रयास किया गया। सीरिया ने समझौता नहीं किया परन्तु 29 मई, 1971 को अमेरिका के विदेश सचिव किसिंजर के प्रयासों से इजराइल व सीरिया के मध्य भी समझौता हो गया तथा दोनों पक्ष अपनी सेनाओं को आमने-सामने से हटाने और कैदियों की अदली-बदली पर सहमत हो गए। 1975 में मिस्त्र और इजराइल के मध्य सिनाई समझौता हो गया।

कैम्प डेविड समझौता–रिचर्ड निक्सन के बाद जिमी कार्टर अमेरिका के राष्ट्रपति बने। उन्होंने मिस्त्र व इजराइल के मध्य समझौते के निरन्तर प्रयास किए और अन्त में मिस्त्र तथा इजराइल के मध्य केम्प डेविड समझौता 1978 में हो गया, जिसके अनुसार इजराइल ने सिनाई क्षेत्र तथा मिस्त्र से जीते हुए सभी प्रदेश मिस्त्र को वापिस कर दिए। अत: बिना युद्ध ही मिस्त्र को सारा प्रदेश वापिस मिल गया तथा इजराइल से मधुर सम्बन्ध भी स्थापित हो गए। 26 मार्च, 1979 को वाशिंगटन में दोनों देशों ने अपने मंत्रिमंडलों की स्वीकृति के बाद कैम्प डेविड समझौते पर हस्ताक्षर कर दिये।

समझौते की मुख्य बातें–कैम्प डेविड समझौते से मिस्त्र और इजराइल के मध्य स्थायी सीमा वही रखी गई जो मिस्त्र और फिलिस्तीन में पहले विद्यमान थी। दोनों ने एक दूसरे की क्षेत्रीय अखण्डता, क्षेत्रीय जल और हवाई क्षेत्र का सम्मान करने का संकल्प किया तथा सामान्य सम्बन्ध स्थापित करने का वचन दिया तथा सीमारेखा पर संयुक्त राष्ट्रसंघ पर्यवेक्षक नियुक्त करना और स्वेज नहर में इजराइल के जहाजों

व सामान का आना-जाना व तीरात जलडमरूमध्य और अकाबा की खाड़ी को अन्तर्राष्ट्रीय जल मार्ग स्वीकार करने पर सहमत हो गए।

मूल्यांकन–कैम्प डेविड समझौते को संयुक्त राष्ट्रसंघ की बहुत बड़ी उपलब्धि और संयुक्त राज्य अमेरिका की राजनय की सफलता माना जाता है। परन्तु अरब लीग ने इसका विरोध किया और मिस्र को अरब लीग से निष्कासित कर दिया। सोवियत संघ ने समझौते को एक जबर्दस्त षड्यंत्र की संज्ञा दी। यही नहीं अरब उग्रवादियों ने 6 अक्तूबर, 1981 को मिस्र के राष्ट्रपति अनवर सआदत की हत्या कर दी। इसके बाद हुस्ने मुबारक मिस्र के राष्ट्रपति बने। 26 अप्रैल, 1982 को इजराइल ने मिस्र को वह सारा क्षेत्र, जिसको लौटाने का वादा किया था, लौटा दिया तथा मिस्र-इजराइल सम्बन्ध सामान्य हो गये। परन्तु अन्य अरब देश इजराइल का विरोध करते हैं।

नई समस्याएँ–7 जून, 1981 को इरायली बमवर्षकों ने बगदाद के निकट एक ईराकी आणविक प्रतिष्ठान को नष्ट कर दिया क्योंकि इजराइल को ईराक अणु आक्रमण का खतरा था। इस पर संयुक्त राज्य अमेरिका को छोड़कर बहुत से देशों ने इजराइल की निंदा की।

फिलिस्तीनी अरब लेबनान में बस गए थे और वे वहाँ से इजराइल पर आक्रमण करते थे, छापामार युद्ध करते थे तथा आतंकवादी कार्यवाहियाँ करते थे। अतः 21 अप्रैल, 1982 को इजराइल ने लेबनान के फिलिस्तीनी अरबों के ठिकानों पर बमबारी करके फिलिस्तीनी लोगों से निबटने का प्रयास किया। संयुक्त राष्ट्रसंघ ने हस्तक्षेप किया। परन्तु इजराइल आक्रमण करता रहा। अतः फिलिस्तीनी लोगों को लेबनान छोड़ने को बाध्य होना पड़ा। 1987 में फिलिस्तीनी यासर अराफात के नेतृत्व में संगठित हो गए और नवम्बर, 1988 में फिलिस्तीन राष्ट्रीय परिषद् के अल्जीयर्स अधिवेशन में एक स्वतन्त्र फिलिस्तीनी राष्ट्र की घोषणा कर दी गई। परन्तु संयुक्त राज्य अमेरिका ने संयुक्त राष्ट्रसंघ में अपना पक्ष प्रस्तुत करने के लिए यासर अराफात को अमेरिका आने की अनुमति यानि वीसा देने से इन्कार कर दिया। परन्तु यासर अराफात के आग्रह पर संयुक्त राष्ट्रसंघ की महासभा की बैठक मुख्यालय न्यूयार्क में न होकर जेनेवा में हुई। यह इस बात का प्रतीक था कि फिलिस्तीनियों तथा अरब मुस्लिम राष्ट्रों का संयुक्त राष्ट्रसंघ में भारत जैसे निर्गुट देशों के समर्थन के कारण वर्चस्व है।

संयुक्त राष्ट्रसंघ के 1988 के जेनेवा सम्मेलन में फिलिस्तीनी नेता यासर अराफात को संयुक्त राष्ट्रसंघ के अधिकांश सदस्यों को अपने पक्ष में करने का मौका मिला। एक अंग्रेज लेखक के अनुसार "संयुक्त राष्ट्रसंघ केवल एक प्रचार संस्थान हो गया है जहां हर राष्ट्र संयुक्त राष्ट्रसंघ के उद्देश्यों व आदेशों का उल्लंघन करता है। परन्तु प्रयोगान्तर तथा मनगढ़ंत तथ्यों द्वारा विश्व जनमत यानि बहुमत रखने वाले छोटे राष्ट्रों को अपने पक्ष में करके अपने प्रस्ताव को कार्यान्वित करने का प्रयास करता है।"

अराफात ने फिलिस्तीनियों के आतंकवादी कार्यों पर पर्दा डालते हुए संयुक्त राष्ट्रसंघ के जनमत को अपने पक्ष में करने का प्रयास किया। परन्तु संयुक्त राज्य अमेरिका ने जो समझौते के प्रयास किए वे ठुकरा दिए।

बिना अस्तित्व तथा किसी भी भू-भाग पर अधिकार न होते हुए भी फिलिस्तीन के काल्पानिक राष्ट्र को बहुत से देशों ने मान्यता दे दी जिनमें भारत भी सम्मिलित है। भारत ने 1990 में श्री सूद को अराफात ने यहाँ राजदूत बनाकर भेजा।

फिलिस्तीन के स्वतन्त्र राष्ट्र की घोषणा के परिणामस्वरूप इजराइल के अधिकृत क्षेत्र में आतंकवादी गतिविधियों, प्रदर्शनियों व इजराइलियों पर हमले को प्रोत्साहन मिला। इजराइल में आन्तरिक अशन्ति उत्पन्न हो गई। परन्तु मुस्लिम राष्ट्र ईरान-ईराक युद्ध तथा अफगानिस्तान के गृहयुद्ध में उलझे रहने के कारण इजराइल के विरुद्ध युद्ध न कर सके।

इजराइल जिसको जन्म देने का श्रेय संयुक्त राष्ट्रसंघ को है, उसको नष्ट करने के लिए संयुक्त राष्ट्रसंघ के ही बहुसंख्यक सदस्य कृतसंकल्प हैं और उस पर निरन्तर आक्रमण होते रहे हैं। परन्तु इजराइली अपनी बुद्धि और कौशल से अपनी रक्षा करने में सफल हुए हैं। इन आक्रमणों का संयुक्त राष्ट्रसंघ के सदस्यों द्वारा ही प्रोत्साहन व समर्थन, निहित स्वार्थों की प्रवृत्ति का द्योतक है न कि विश्व शान्ति के समर्थन का। जो राष्ट्र फिलिस्तीनी राष्ट्र का समर्थन करते हैं वे जोर्डन द्वारा हड़पा हुआ प्रदेश उन्हें दिला सकते हैं। पर किसी ने कुछ नहीं किया। मार्च, 1990 से इजराइल रूस से आए हुए यहूदी शरणार्थियों को इजराइल द्वारा जीते हुए प्रदेशों में बसाना चाहता है जिसका मिस्त्र तथा अरब राष्ट्र विरोध कर रहे हैं। अतः अरब-इजराइल समस्या का समाधान फिलिस्तीनियों को प्रदेश देकर हो पाया है।

फिलिस्तीन के स्वतन्त्र राष्ट्र के निर्माण के प्रयास तथा इजराइल विरोधी भारत अभियान

"मैं यहां शान्ति के प्रतीक और स्वतन्त्रता सेनानी की बन्दूक लेकर आया हूँ। मेरे हाथ से शान्ति के प्रतीक को मत गिरने दीजिए।"

—*यासर अराफात*, 1979

"निर्बल और भारत के जिले से भी छोटे इजराइल को विभाजित करके अल्पसंख्यक फिलिस्तीनियों के हित में एक स्वतन्त्र फिलिस्तीनी राज्य का निर्माण आवश्यक है।" भारत के इस दृष्टिकोण को स्वीकार करने से ही संयुक्त राष्ट्रसंघ द्वारा इजराइल फिलिस्तीनी समस्या का समाधान हो सका।

इजराइल का निर्माण संयुक्त राष्ट्रसंघ द्वारा 1947 में किया गया था। परन्तु संयुक्त राष्ट्रसंघ द्वारा निर्मित इजराइल के अस्तित्व को न मानकर अरब राष्ट्रों ने उस पर निरन्तर आक्रमण किए। अतः 1956, 1967 तथा 1973 में युद्ध हुए जिनमें इजराइल विजयी रहा। परन्तु विजयी होते हुए भी कैम्प डेविड समझौते द्वारा मिस्त्र के सारे

विजयी प्रदेश उसने मिस्र को लौटा दिए ताकि स्थायी शान्ति हो सके। परन्तु अभी भी वहाँ निरन्तर उपद्रव होते रहते हैं।

इजराइल के निर्माण के समय वहां अरब और यहूदी दोनों रहते थे, परन्तु अरब इजराइल के 1948 के संघर्ष में जो क्षेत्र अरबों को दिया गया था उस पर जोर्डन ने अधिकार कर लिया। शेष पर यहूदियों के इजराइल राज्य का अधिकार हो गया। अत: लगभग 10 लाख अरब शरणार्थी बन गए और कुछ ने इजराइल में ही यहूदियों के राज्य में रहना स्वीकार कर लिया। लगभग दस लाख अरब, जिन्होंने इजराइल त्याग दिया था, लेबनान तथा अन्य अरब देशों में रहने लगे। समस्त अरब देश यहूदियों और उनके समर्थकों के प्रति आतंकवादी गतिविधियाँ अपनाने लगे। यहाँ तक कि जर्मनी में भी क्रीड़ास्थल पर यहूदी खिलाड़ियों का वध किया गया और हवाई जहाजों में भी यहूदी यात्रियों पर आक्रमण किए गए। लेबनान से अरब शरणार्थी निरन्तर इजराइल पर आक्रमण करके यहूदी जनता का वध करते रहे तथा क्षति पहुँचाते रहे। अत: इजराइल ने अरबों की आतंकवादी गतिविधियों को समाप्त करने के लिए लेबनान पर आक्रमण करके उन्हें लेबनान छोड़ने को विवश किया।

इजराइल ने मिस्र से कैम्प डेविड समझौता करके बहुत बड़ा भाग मिस्र को दे दिया है। परन्तु मिस्र न तो फिलिस्तीनियों का राज्य बनाने के लिए प्राप्त किए हुए प्रदेश का कोई भाग ही फिलिस्तीनियों को देना चाहता है और न रहने को स्थान देना चाहता है। जोर्डन भी फिलिस्तीनियों को कोई क्षेत्र नहीं देना चाहता है यद्यपि इसने ही संयुक्त राष्ट्रसंघ द्वारा दिए गए फिलिस्तीनियों के प्रदेश पर अधिकार कर लिया था। अन्य अरब राष्ट्रों में से कोई न तो फिलिस्तीनियों को कोई प्रदेश देना चाहता है और न रहने का स्थान। परन्तु रूस और भारत के समर्थन से अरब देश इजराइल को समाप्त करके इजराइल के स्थान पर या तो फिलिस्तीनी राज्य स्थापित कर देना चाहते हैं या इजराइल के छोटे से राज्य को (जो भारत के एक जिले से भी छोटा है) विभाजित करके एक स्वतन्त्र फिलिस्तीनी राज्य कायम कर देना चाहते हैं।

नवम्बर, 1974 में फिलिस्तीनियों के नेता यासर अराफात ने एक स्वतन्त्र फिलिस्तीनी राज्य के निर्माण का संकेत संयुक्त राष्ट्रसंघ की महासभा में दिया। 59 वर्षीय यासर अराफात, ने जो युवा अवस्था से यहूदियों के विरुद्ध संघर्ष कर रहे हैं, 15 नवम्बर, 1988 को जोर्डन नदी के पश्चिमी किनारे और गाजा पट्टी के स्थान को स्वतन्त्र फिलिस्तीनी राष्ट्र घोषित किया जिसका समर्थन सभी अरब मुस्लिम राष्ट्रों तथा भारत ने किया। परन्तु अमेरिका ने अराफात को संयुक्त राष्ट्रसंघ में भाषण देने के लिए अमेरिका आने की अनुमति नहीं दी। अत: संयुक्त राष्ट्रसंघ का अधिवेशन जेनेवा में हुआ जिसमें अराफात ने कहा कि हमने शान्ति के पौधे को रक्त और आंसुओं से सींचा है और स्वतंत्र फिलिस्तीनी राष्ट्र की माँग की, परन्तु संयुक्त राष्ट्रसंघ की महासभा या सुरक्षा परिषद् ने स्वतंत्र फिलिस्तीनी राष्ट्र की मांग पर कोई ध्यान

नहीं दिया। परन्तु भारत सहित लगभग 80 यानि संयुक्त राष्ट्रसंघ के लगभग आधे सदस्यों ने फिलिस्तीनी राज्य, जिसका कोई अस्तित्व नहीं है, को मान्यता प्रदान कर दी। इनमें से अधिकांश राज्य ऐसे हैं जिन्होंने इजराइल को भी मान्यता दे रखी है। केवल भारत और कुछ अरब राष्ट्र ही ऐसे हैं जिन्होंने फिलिस्तीनी स्वतन्त्र राष्ट्र को मान्यता दी है परन्तु स्वतन्त्र अस्तित्व वाले इजराइल राज्य को मान्यता नहीं दी है।

इजराइली क्षेत्र में अल्पसंख्यक फिलिस्तीनियों व इजराइल सैनिकों में निरन्तर संघर्ष चल रहा है क्योंकि इज्राइल में रहने वाले फिलिस्तीनी तथा इजराइल से विस्थापित फिलिस्तीनी दोनों ही स्वतन्त्र फिलिस्तीनी राज्य चाहते हैं। इजराइल में लगभग 40 लाख यहूदी और 5 लाख फिलिस्तीनी हैं। अगर इसमें विस्थापित फिलिस्तीनी भी मिला लिए जाएँ तो उनकी संख्या 14 या 15 लाख ही होती है। जबकि पूरे विश्व में यहूदियों की जनसंख्या 2 करोड़ है जिनमें लगभग 40 लाख इजराइल में हैं। सभी यहूदी इजराइल को अपना राज्य मानते हैं। अतः इजराइल के यहूदी राज्य को समाप्त या नष्ट करना न तो न्यायोचित माना जा सकता है और न व्यावहारिक ही। भारत या कुछ अरब राष्ट्रों द्वारा इजराइल को मान्यता न देने से इसके अस्तित्व को झुठलाया नहीं जा सकता। अतः आवश्यकता इस बात की है कि इजराइल को मान्यता प्रदान की जाए तथा उसके अस्तित्व को स्वीकार किया जाए और फिलिस्तीनी स्वतन्त्र राज्य का निर्माण कुछ इजराइली विजित प्रदेशों और कुछ अरब प्रदेशों को लेकर किया जाए। किन्तु वर्तमान स्थिति को देखते हुए ऐसा सम्भव प्रतीत नहीं होता, विशेषकर जब दोनों पक्ष एक दूसरे के प्रति द्वेष तथा प्रतिशोध की भावना से पीड़ित हैं। परन्तु विश्वशान्ति के लिए अरब-इजराइल समस्या का समाधान अत्यन्त आवश्यक है।

भारत की राजीव गाँधी सरकार ने 1989 का अन्तर्राष्ट्रीय समझदारी (International understanding) का जवाहरलाल नेहरू पुरस्कार भी यासर अराफात को प्रदान किया। विश्व की समस्याओं के समाधान के लिए वास्तविक सद्भावना की आवश्यकता होती है। यह इस बात पर निर्भर करेगा कि फिलिस्तीनी और इजराइली कहां तथा एक दूसरे के लिए सहिष्णुता (Spirit of Tolerance and Spirit of Accommodation) प्रदर्शित करेंगे। ऐसा प्रतीत होता है कि समस्या का समाधान कठिन है क्योंकि इजराइल फिलिस्तीनी भाग और जीते हुए क्षेत्र में रूस से आए हुए यहूदियों को बसाना चाहता है जिसका मिस्र व अरब राष्ट्र विरोध कर रहे हैं। सर्वोत्तम समाधान यह प्रतीत होता है कि फिलिस्तीनियों को प्रदेश में स्थान देकर बसाया जाए तथा स्वायत Autonomous शासन प्रदान किया जाये ऐसा ही किया गया है और अब फिलिस्तीनियों का प्रदेशिक शासन प्राप्त हो गया है।

कश्मीर समस्या तथा संयुक्त राष्ट्रसंघ

जम्मू और कश्मीर, ब्रिटेन शासित भारत में हिन्दू राजा हरी सिंह की रियासत थी, जो भारत के विभाजन के समय, 1947 के "भारतीय स्वाधीनता अधिनियम"

के अन्तर्गत इस बात के लिए स्वतन्त्र हो गया कि वह भारत या पाकिस्तान जिसमें भी चाहे शामिल हो जाये अथवा जब तक वह इस विषय पर अन्तिम निर्णय न कर ले तब तक सम्बन्धित देशों की सरकारों के साथ "स्थिति को यथापूर्व बनाए रखने का समझौता" कर ले। इस प्रकार कश्मीर सरकार पर निर्णय करने का अधिकार सौंप दिया।

12 अगस्त, 1947 को जम्मू व कश्मीर के तत्कालीन महाराजा हरीसिंह ने भारत व पाकिस्तान की अन्तरिम सरकारों को लिखा कि "जम्मू व कश्मीर की सरकार आपकी सरकार के साथ यथास्थिति समझौता (Standstill Agreement) का स्वागत करेगी। इसका प्रस्ताव है कि जब तक वस्तुस्थिति को अधिक विस्तार से निश्चित करने के लिए समझौता न हो जाए तब तक मौजूदा स्थिति और प्रबन्धों को चालू रखा जाए।" सारांश में कश्मीर के महाराजा कश्मीर में यथास्थिति रखना चाहते थे।

15 अगस्त, 1947 को पाकिस्तान ने कश्मीर के साथ "यथास्थिति समझौते" को स्वीकार कर लिया और यातायात, पूर्ति, डाक व तार व्यवस्था आदि चालू रखने का वचन दिया। भारत ने कश्मीर सरकार के पत्र के उत्तर में लिखा कि "यथास्थिति समझौते" पर विचार करने के लिए वह अपनी प्रतिनिधि दिल्ली भेजे। लेकिन भारत के साथ किसी प्रकार का समझौता होने से पहले ही कश्मीर की स्थिति बिगड़ने लगी। पाकिस्तान के गवर्नर जनरल श्री मुहम्मद अली जिन्ना ने सोचा कि इसके पूर्व कि कश्मीर भारत या पाकिस्तान में विलय होने का अन्तिम निर्णय करे क्यों न उसे चतुराई से पाकिस्तान का अंग बना लिया जाए। अस्तु, पहले तो उनकी सरकार ने पाकिस्तान होकर जाने वाले मार्गों से कश्मीर को अनाज, नमक, तेल आदि भेजना बन्द करके कश्मीर पर पाकिस्तान में सम्मिलित होने के लिए आर्थिक दबाव डाला और उसके निष्फल हो जाने पर उत्तर-पश्चिमी सीमाप्रान्त के कबाइली लोगों को हथियार देकर 22 अक्तूबर, 1947 को उस पर आक्रमण करा दिया।

पाकिस्तानी हथियारों से लैस और पाकिस्तानी सेना की सहायता से युक्त यह कबाइली तेजी से आगे बढ़ने लगे तथा 26 अक्तूबर, 1947 को जब वे श्रीनगर से केवल 35 मील दूर थे और श्रीनगर का पतन अवश्यम्भावी लगता था तब महाराजा हरी सिंह ने भारत के साथ कश्मीर के विलय का निर्णय किया और अपने प्रधानमन्त्री मेहरचन्द महाजन को निम्न सन्देश सहित भारत के प्रधानमन्त्री पं० जवाहरलाल नेहरू के पास भेजा–

"....(रक्षा कीजिये) सेना भेजिये, विलय स्वीकार कीजिए और जो कुछ अधिकार आप लोकप्रिय राजनीतिक दल को देना चाहें दीजिये, परन्तु हर कीमत पर आज शाम तक सेना वायुयानों द्वारा श्रीनगर पहुंचनी चाहिए।"

तत्कालीन प्रधानमन्त्री श्री मेहरचन्द महाजन ने लिखा है कि "भारत ने बड़ी हिचकिचाहट, उपेक्षा एवं संकोच के साथ रियासत का विलय स्वीकार किया।"

भारतीय सेनाएं तत्काल कश्मीर की ओर दौड़ गईं और जब उन्होंने पाकिस्तानी आक्रांताओं को खदेड़ना प्रारम्भ किया तो आक्रमण का कुछ-न-कुछ लाभ उठाने की दृष्टि से पाकिस्तान ने युद्ध-विराम संधि के लिए बड़ी उत्सुकता प्रकट की, क्योंकि भारतीय सहायता आ जाने से आक्रमण विफल हो गया था।

1 जनवरी, 1948 को भारत ने संयुक्त राष्ट्रसंघ के चार्टर की धारा 34 व 35 के अन्तर्गत सुरक्षा परिषद् से अपील की कि वह पाकिस्तान को आक्रांता घोषित करे और उसके आक्रमण को समाप्त कराकर बलात् अधिगृहीत भूमि पर भारत को अधिकार दिलाए। यह एक अत्यन्त सीमित प्रश्न था जो भारत ने सुरक्षा परिषद् के समक्ष प्रस्तुत किया था। राज्य के विलय का प्रश्न तो सुरक्षा परिषद् के कार्य और अधिकार दोनों ही क्षेत्रों के बाहर की बात थी। क्योंकि कश्मीर भारत में विलय पहले ही स्वीकार कर चुका था। भारत ने अपनी ओर से सुरक्षा परिषद् के सदस्यों को यह आश्वासन दिलाया कि "ज्योंही कश्मीर में शान्ति स्थापित हो जाएगी और सारा आक्रान्त प्रदेश खाली कर दिया जाएगा त्योंही सम्पूर्ण कश्मीर राज्य में जनमत संग्रह करा लिया जायेगा तथा कश्मीर की जनता को यह स्वतंत्रता होगी कि वह अपने राजनीतिक भविष्य के विषय में आत्मनिर्णय कर सके।" इस प्रकार कश्मीर का मामला संयुक्त राष्ट्रसंघ में पहुँच गया। सुरक्षा परिषद् को आक्रान्ता के विरुद्ध तुरन्त कार्यवाही करनी चाहिए थी, परन्तु उसने पाकिस्तान को अवसर दिया। अतः इसका परिणाम यह हुआ कि सुरक्षा परिषद् में भारत व पाकिस्तान का दर्जा एक समान हो गया। पाकिस्तान के उस समय के संयुक्त राष्ट्रसंघ में प्रतिनिधि जफरुल्ला खाँ ने भारत के आरोपों को अस्वीकार करते हुए भारत पर अनेक प्रत्यारोप लगाये। उन्होंने कहा कि भारत ने कानून के विरुद्ध जूनागढ़, मनावर और काठियावाड़ की अन्य देशी रियासतों पर सैनिक बल द्वारा अधिकार कर लिया है और कहा कि भारत के साथ कश्मीर की सम्बद्धता गैरकानूनी है। उसने यह भी कहा कि "कश्मीर का प्रश्न अकेले भारत ने नहीं, वरन् भारत और पाकिस्तान दोनों ने पेश किया है।" सुरक्षा परिषद् ने जाँच के लिए भारत के लिए संयुक्त राष्ट्रसंघ आयोग (United Nations Commission for India and Pakistan — U.N.C.I.P.) की स्थापना की।

संयुक्त राष्ट्र आयोग के कार्य

17 जनवरी, 1948 को सुरक्षा परिषद् ने दोनों पक्षों से कहा कि वे ऐसा कोई कार्य न करें जिससे स्थिति और बिगड़े। बेल्जियम के प्रस्ताव पर संघ के घोषणा-पत्र के अनुच्छेद 34 के अन्तर्गत 20 जनवरी, 1949 को तीन सदस्यों का एक आयोग तथ्यों की खोज के लिए नियुक्त किया। इसमें पहले चैकोस्लोवाकिया, अर्जेन्टीना व अमेरिका सदस्य थे। 11 अप्रैल को दो अन्य सदस्यों–बेल्जियम और कोलम्बिया को भी आयोग में शामिल कर लिया गया। इस आयोग का नाम "भारत व पाकिस्तान के लिए संयुक्त राष्ट्र आयोग" (U.N.C.I.P) रखा गया। युद्ध बन्द कराने व जनमत संग्रह कराने का कठिन कार्य इस आयोग को सौंपा गया। सुरक्षा परिषद् ने एडमिरल

निमित्ज हो जनमत अधिकारी बनाया और उसे आदेश दिया कि वह राज्य की पुलिस और सेना का निर्देशन करे। भारत ने इसका विरोध किया अतएव एडमिरल निमित्ज को पदत्याग करना पड़ा।

जुलाई, 1948 में यह आयोग इस भारतीय उपमहाद्वीप में आया। इस आयोग को भारत में विरोध का सामना करना पड़ा। शेख अब्दुल्ला ने तो यहाँ तक कहा कि उसको कश्मीर में पैर तक नहीं रखने दिया जायेगा। परन्तु चौ॰ जफरुल्ला ने मई के प्रारम्भ में यह कहकर कि पाकिस्तान ने सेना की तीन टुकड़ियां कश्मीर क्षेत्र में भेजी हैं उसका कार्य ही कठिन बना दिया। इससे पाकिस्तान के समर्थक देश भी भारी असमंजस में पड़ गये। यह बात सारी दुनिया को मालूम हो गई कि पाकिस्तान हमलावर है। 13 अगस्त, 1948 को दोनों पक्षों से मिलने के उपरान्त इस आयोग ने निम्न प्रस्ताव रखे–

1. कश्मीर से पाक सेना, कबायली और पाकिस्तानी नागरिक हट जाएँ तथा भारतीय सेना का बड़ा भाग भी वहाँ से हटे।

2. यह आयोग जब यह सूचित करे कि प्रथम प्रस्ताव में कही हुई बात पूरी हो गई है, तब भारत भी अपनी सेना हटाना आरम्भ करे और आयोग के परामर्श से क्रमशः भारतीय सेना हटाई जाएगी।

3. इस आयोग के परामर्श से भारत स्थानीय अधिकारियों की सहायतार्थ कानून व शान्ति व्यवस्था की रक्षा के लिये सेना रख सकेगा।

पाकिस्तान ने इन शर्तों को मानने में आनाकानी की। उसका आग्रह था कि आजाद कश्मीर की अधिसत्ता को मान्यता प्रदान की जाए और उसकी सेना को कश्मीर में सुसज्जित ही रहने दिया जाए, उसे भंग न किया जाए तथा भारत व पाकिस्तान की सेना समान रूप से हटे। लम्बे विचार-विमर्श के उपरान्त आयोग दोनों पक्षों को 1 जनवरी, 1949 से युद्ध-विराम लागू करने के लिए मना सका और युद्धविराम हो गया तथा कश्मीर के जिस भाग पर पाकिस्तान ने अधिकार कर लिया था उसे भारत को नहीं दिलाया गया।

मैकनाटन योजना–11 दिसम्बर, 1949 को आयोग ने दोनों सरकारों के समक्ष यह प्रस्ताव रखा कि "अब राज्य के भारत अथवा पाकिस्तान से सम्बद्ध होने के प्रश्न पर कश्मीर में आम चुनाव करवा लिया जाए।" परन्तु यह आयोग दोनों देशों के मध्य कश्मीर से सेनाएँ हटाने के सम्बन्ध में कोई समझौता नहीं करा सका– जिसके बाद ही चुनाव हो सकता था। हार कर एडमिरल निमित्ज ने जनमत अधिकारी के पद से इस्तीफा दे दिया। इसके उपरांत सुरक्षा परिषद् के कनाडियन सभापति मैकनाटन ने इस समस्या को सुलझाने का विफल प्रयास किया। मकनाटन योजना को भारत ने अस्वीकार कर दिया क्योंकि उसमें आक्रान्त और आक्रान्ता को एक ही स्तर पर रखा गया था।

डिक्सन मिशन–मैकनाटन योजना के विफल हो जाने पर सुरक्षा परिषद् ने 24 फरवरी, 1950 को एक प्रस्ताव पास करके भारत व पाकिस्तान से अपील की कि वे 5 महीने के भीतर कश्मीर से अपनी सेनाएँ हटा लें। इस कार्य का उत्तरदायित्व आस्ट्रेलिया के न्यायाधीश सर ओवन डिक्सन पर डाल दिया गया। मई, 1950 में सर ओवन डिक्सन ने अपना कार्य प्रारम्भ किया, किन्तु थोड़े ही समय बाद उसे विश्वास हो गया कि इस समस्या को सुलझाना उसके वश की बात नहीं है। डिक्सन ने माना कि "कश्मीर में विरोधी कबायलियों का तथा मई, 1948 में पाकिस्तान की नियमित सेनाओं का प्रवेश अन्तर्राष्ट्रीय कानून के विरुद्ध था"। परन्तु पाकिस्तान को आक्रान्ता मानते हुए भी उसने दोनों पक्षों से सेनाएं हटाने को कहा जो भारत को मंजूर नहीं हो सकता था।

15 सितम्बर, 1950 को सुरक्षा परिषद् में अपनी रिपोर्ट प्रस्तुत करते हुए डिक्सन ने सुझाव दिया कि "जनमत संग्रह की अपेक्षा कश्मीर का बंटवारा अधिक उचित होगा, क्योंकि आत्मनिर्णय के बाद राज्य चाहे किसी देश में क्यों न शामिल हो, शरणार्थियों की एक नई समस्या पैदा होगी जो अवांछनीय है।" उनका विचार था कि पाक अधिकृत भाग पाकिस्तान के पास रहे और जो भाग भारत के अधीन है वह भारत में रहे तथा केवल कश्मीर घाटी का निर्णय जनमत संग्रह द्वारा करा लिया जाए। यह योजना दोनों देशों ने ठुकरा दी। अतः विवश होकर डिक्सन ने भी अपने पद से त्यागपत्र दे दिया।

ग्राहम मिशन–सर ओवन डिक्सन के बाद सुरक्षा परिषद् ने डॉ॰ फ्रैंक ग्राहम को भेजा। डॉ॰ फ्रैंक ग्राहम ने भी अनेक प्रस्ताव रखे, परन्तु जनमत संग्रह के अनुकूल स्थिति उत्पन्न करने के लिए आवश्यक शर्त सेना को हटाना, वे भी पूरी नहीं करा सकें। उनका अन्तिम प्रस्ताव था कि कश्मीर के दोनों पक्ष अपनी सेनाएँ हटाएँ और जनमत संग्रह के कार्य-संचालन हेतु पाकिस्तान और भारत क्रमशः 6000 व 18000 सैनिक रखें। पाकिस्तान को वे इस बात के लिए तैयार नहीं कर सके कि वह अपनी सेना हटा ले और आजाद कश्मीर की सेना का विसर्जन कर दे। अन्त में निरुपाय होकर उन्होंने कहा कि पाकिस्तान और भारत दोनों परस्पर मिलकर इस मामले का कोई हल ढूंढें। 1953 के मध्य में दोनों देशों के प्रधानमंत्रियों ने प्रत्यक्ष वार्तालाप द्वारा यह चेष्टा की, परन्तु वे सफल न हो सके।

कश्मीर समस्या के स्वरूप में परिवर्तन–1953 के बाद संयुक्त राष्ट्रसंघ ने इस प्रश्न पर गम्भीरतापूर्वक फिर कभी विचार नहीं किया (यद्यपि संयुक्त राष्ट्र सैनिक प्रेक्षक दल जो कश्मीर में 1949 में स्थापित किया गया था अब भी कार्य कर रहा है और युद्धबन्दी समझौते की शर्तों का परिपालन करा रहा है) शनैःशनैः कश्मीर की समस्या शीतयुद्ध का एक भाग बन गई क्योंकि पाकिस्तान अमेरिकन गुट में शामिल हो गया और इस कारण सेना के हटाने के प्रश्न पर ही विवाद बना रहा जो आज भी बना हुआ है। 1954 में पाकिस्तान ने सैनिक गुटों की नीति पर चलने का निश्चय

कर लिया और सीटो और सेण्टों संगठनों की सदस्यता ग्रहण कर ली। उसी वर्ष संयुक्त राज्य अमेरिका ने पाकिस्तान को बड़ी मात्रा में सैनिक सहायता देने का निश्चय किया। भारत ने अमेरिका के इस कार्य की निन्दा की और कहा कि "उसे आशंका है कि अमेरिका द्वारा दी जाने वाली यह सैनिक सहायता भारत के विरुद्ध ही प्रयोग में लाई जायेगी।" अमेरिकी राष्ट्रपति ने भारत को यह आश्वासन दिया (जो 1965 में झूठा निकला) कि यदि पाकिस्तान सैनिक सामग्री का प्रयोग भारत के विरुद्ध करेगा तो अमेरिका भारत का पक्ष लेगा। ऐसी परिस्थितियों में कश्मीर समस्या के शांतिपूर्ण ढंग से हल होने की सम्भावनाएँ कम हो गईं और दोनों देशों के मध्य मतभेद और तनाव बढ़ने लगे क्योंकि रूस ने भारत का व अमेरिका और पश्चिमी देशों ने पाकिस्तान का पक्ष लिया।

दिसम्बर, 1955 में सोवियत प्रधानमंत्री बुल्गानिन और साम्यवादी दल के महामंत्री खुश्चेव भारत आए। अपनी भारत यात्रा में उन्होंने घोषणा की कि रूस कश्मीर और गोआ को भारत का अभिन्न अंग मानता है। इससे अन्तर्राष्ट्रीय स्थिति बदल गई। भारत सरकार ने कश्मीर की जनता को एक विधान निर्मात्री परिषद् बनाने को कहा। भारत अधीन समस्त जम्मू और कश्मीर राज्य में हुए आम चुनाव द्वारा इस परिषद् का निर्माण हुआ और परिषद् ने सर्वसम्मति से कश्मीर के भारत में विलय की पुष्टि कर दी। निश्चय किया गया भारतीय संविधान का प्रमुख अंश कश्मीर पर लागू होगा। 1956 में भारतीय प्रधानमंत्री स्व० जवाहरलाल नेहरू ने कश्मीर में जनमत संग्रह के अपने प्रस्ताव को वापस ले लिया और 31 अप्रैल, 1956 के एक भाषण में उन्होंने कहा "जनमत संग्रह कराने का प्रश्न स्पष्ट रूप से इस शर्त के साथ जुड़ा हुआ था कि पाकिस्तान कश्मीर से अपनी सेनाएँ हटा लेगा। पिछले 9 वर्षों में पाकिस्तान यह शर्त पूरी करने में असमर्थ रहा है। इस बीच कश्मीर का स्वरूप बिल्कुल बदल गया है और नई-नई घटनाएँ हुई हैं। पाकिस्तान को दी जाने वाली अमेरिकी सैनिक सहायता ने इसका स्वरूप बिल्कुल बदल दिया है। क्योंकि अब यदि पाकिस्तानी सेनाएँ कश्मीर की भूमि से निकलकर सीमा से 20-30 मील के अन्दर अपनी नई किलेबन्दी करती हैं तो भी नई सहायता से उनकी संहारक और मारक शक्ति पहले से बहुत अधिक हो गई हैं। अतः पाकिस्तान ने कश्मीर में जनमत संग्रह कराने के प्रस्ताव के मूल आधार को ही नष्ट कर दिया है।"

10 जनवरी, 1957 को पाकिस्तान ने कश्मीर का प्रश्न फिर सुरक्षा परिषद् में उठाया। पाकिस्तानी विदेशमंत्री फीरोज खाँ नून ने कहा कि कश्मीर का सवाल सीधी वार्ता या मध्यस्थता द्वारा नहीं सुलझाया जा सकता, अतः सुरक्षा परिषद् को राज्य के विसैन्यीकरण व जनमत संग्रह के लिए ठोस कदम उठाने चाहिएँ। भारतीय प्रतिनिधि कृष्णा मेनन ने अपने विस्तृत (7 घंटे 48 मिनट) प्रभावशाली भाषण द्वारा यह सिद्ध कर दिया कि फिरोज खाँ नून का भाषण झूठा और भारत सरकार को बदनाम करने की शरारत से पूर्ण है। परन्तु एंग्लो-अमेरिकन गुट सुरक्षा परिषद् में

पाकिस्तान का समर्थन करता रहा और उसने गुन्नार जारिंग को कश्मीर भेजने व जनमत संग्रह तक कश्मीर में संयुक्त राष्ट्रसंघ की आपातकालीन सेना रखने का प्रस्ताव किया। भारतीय प्रतिनिधि ने कश्मीर में संयुक्त राष्ट्रसंघ की सेना भेजने का विरोध किया। जब इस प्रश्न पर उसकी एक नहीं चली तब सोवियत संघ ने अपने निषेधाधिकार का प्रयोग करके इस प्रस्ताव को रद्द कर दिया। रूस के वीटो द्वारा कश्मीर में सेना भेजने का प्रस्ताव रद्द होने पर सुरक्षा परिषद् में दूसरे दिन (21 फरवरी) एक नया प्रस्ताव आया। इसमें केवल जारिंग के भारत व पाकिस्तान जाने तथा कश्मीर समस्या को सुलझाने और रिपोर्ट देने की बात थी। जारिंग तीन सप्ताह तक इस उप-महाद्वीप में रहे, लेकिन वे कोई ऐसा प्रस्ताव नहीं रख सके जिससे कश्मीर समस्या का समाधान हो सके। अपनी रिपोर्ट में जारिंग ने स्वीकार किया कि "पिछले नौ वर्षों (1948-57) में कश्मीर की स्थिति में परिवर्तन हो चुका है।" उन्होंने समस्या सुलझाने में असमर्थता प्रकट की।

पुनः ग्राहम मिशन–इसके उपरान्त पाकिस्तान ने 5 अगस्त, 1957 से सुरक्षा परिषद् में भारत के विरुद्ध पुनः जहर उगलना शुरू किया। उसने भारत सरकार पर कश्मीर में हिन्दुओं को बसा कर हिन्दू बहुमत बढ़ाने, जनमत संग्रह को प्रभावित करने, मुसलमानों पर अत्याचार करके उन्हें कश्मीर से भगाने, उनकी सम्पत्ति जब्त करने आदि के मिथ्या आरोप लगाए। इन झूठे आरोपों और सुरक्षा परिषद् के पक्षपातपूर्ण रवैये से क्षुब्ध होकर पं० जवाहरलाल नेहरू ने 7 अक्तूबर, 1957 को टोकियों के पत्रकार सम्मेलन में कहा कि "कश्मीर के सम्बन्ध में अन्तर्राष्ट्रीय गुंडों का एक गुट कार्य कर रहा है। कुछ महान शक्तियाँ उनकी सहायता कर रही हैं।" उन्होंने आगे कहा कि "व्यक्तिगत रूप में हमसे कुछ कहा जाता है और सार्वजनिक रूप से कुछ और कहा जाता है। कश्मीर के सम्बन्ध में कुछ महाशक्तियाँ दुहरे-व्यवहार का प्रयोग करती हैं।"

सितम्बर, 1957 से दिसम्बर, 1957 तक कश्मीर के प्रश्न पर विचार-विमर्श करने के उपरान्त सुरक्षा परिषद् ने 2 दिसम्बर, 1957 को दोनों पक्षों में समझौता कराने के लिए फ्रैंक ग्राहम को संयुक्त राष्ट्रसंघ का पुनः प्रतिनिधि चुना। एक प्रस्ताव द्वारा सुरक्षा परिषद् ने डॉ० ग्राहम को यह अधिकार दिया कि वे भारत व पाकिस्तान जाकर वहाँ की सरकारों से बातचीत करें और दोनों के बीच समझौता कराने के लिए अपनी सिफारिशें पेश करें। डॉ० ग्राहम की सिफारिशों को पाकिस्तान ने सैद्धान्तिक रूप से स्वीकार कर लिया परन्तु भारत ने उन्हें स्वीकार नहीं किया, क्योंकि उनमें न केवल आक्रमणकारी पाकिस्तान को भारत के समान दर्जा दिया गया था वरन् सेनाओं को कश्मीर में हटाने की व्यवस्था के पाकिस्तान द्वारा पालन न किए जाने के तथ्य की भी उपेक्षा की गई थी। इसके उपरांत चार वर्ष तक सुरक्षा परिषद् कश्मीर के प्रश्न पर मौन रही।

भारत-चीन युद्ध व कश्मीर–जनवरी, 1962 में पाकिस्तान ने कश्मीर समस्या को पुनः सुरक्षा परिषद् में उठाने की चेष्टा की। उसके प्रतिनिधि जफरुल्ला खाँ ने अपने 29 जनवरी के पत्र में सुरक्षा परिषद् के अध्यक्ष को लिखा कि भारतीय सेना पिछले कुछ सप्ताहों में पाकिस्तान की सीमाओं के निकट एकत्रित हो गई है जिसके कारण गम्भीर वातावरण बना हुआ है। इसी बीच संयुक्त राज्य अमेरिका के राष्ट्रपति केनेडी ने यह सुझाव रखा कि विश्व बैंक के अध्यक्ष यूजीन ब्लैक भारत और पाकिस्तान जाकर मध्यस्थता करके इस झगड़े को निपटा दें, जिसे भारत ने स्वीकार नहीं किया। अतः प्रस्ताव रद्द हो गया।

29 जून, 1962 को संयुक्त राज्य अमेरिका के दबाव में आकर आयरलैंड ने परिषद् में यह सुझाव रखा कि दोनों पक्ष 17 जनवरी, 1948; 13 अगस्त, 1948 और 5 जनवरी, 1949 के प्रस्तावों के अन्तर्गत जनमत-संग्रह को ध्यान में रखें। सोवियत संघ ने अपने निषेधाधिकार द्वारा इस प्रस्ताव को रद्द कर दिया।

20 अक्तूबर, 1962 को चीन ने भारत पर आक्रमण किया। पश्चिमी राष्ट्रों ने चीन के विरुद्ध भारत की सहायता की। ऐसी परिस्थिति में तथा ब्रिटेन व अमेरिका के आग्रह पर पं॰ जवाहरलाल नेहरू ने पाकिस्तानी राष्ट्रपति अयूब के साथ कश्मीर विवाद पर वार्तालाप की स्वीकृति दे दी। 27 दिसम्बर, 1962 से 16 मई, 1963 तक यह वार्तालाप चलता रहा। जिसमें भारत की ओर से सरदार स्वर्णसिंह और पाकिस्तान की ओर से जुल्फिकार अली भुट्टों ने भाग लिया, लेकिन परिणाम कुछ नहीं निकला।

कश्मीर की समस्या पर भुट्टों का दृष्टिकोण–1964 के प्रारम्भ में श्री भुट्टों ने कश्मीर समस्या को फिर सुरक्षा परिषद् में प्रस्तुत किया तथा जनमत-संग्रह की मांग को दोहराते हुए भारत पर यह आरोप लगाया कि वह जबरदस्ती कश्मीर का भारत में एकीकरण कर रहा है। भारतीय प्रतिनिधि मुहम्मद करीम छागला ने सुरक्षा परिषद् में भुट्टों पर व्यंग्य करते हुए कहा कि कश्मीर में जनमत-संग्रह की मांग करने वाले सदस्य राष्ट्र ने अपने जन्म से लेकर अभी तक अपनी जनता को सीधे चुनाव में भाग लेने का अवसर नहीं दिया है। उन्होंने आगे कहा कि पाकिस्तान जम्मू-कश्मीर में जनमत संग्रह की मांग इसलिए नहीं करता कि लोकतंत्र में उसका विश्वास है, वरन् उसकी वास्तविक मंशा यह है कि वह कश्मीर में साम्प्रदायिक भावनाएँ उभाड़ना चाहता है। श्री छागला ने यह भी कहा कि कश्मीर की कोई समस्या नहीं है, अतः जनमत संग्रह का प्रश्न ही नहीं उठता। कश्मीर तो भारत का अविभाज्य अंग है। 17 फरवरी, 1964 को कश्मीर के विषय में बिना कोई निर्णय लिए सुरक्षा परिषद् की बैठक अनिश्चित काल के लिए स्थगित हो गई।

1965 का भारत-पाक युद्ध–कूटनीतिक रूप से पराजित होकर पाकिस्तान ने 1965 में बलपूर्वक कश्मीर को हड़पने की चेष्टा की। उसने अपने अपराधियों और छापामार सैनिकों को, सादे वेश में हथियार देकर कश्मीर भेजना शुरू कर दिया है ताकि वे कश्मीर में विद्रोह भड़काएँ, सामरिक महत्व के प्रतिष्ठानों को नष्ट करें

और पाकिस्तानी सेना के भावी आक्रमण को सफल बनाने के लिए मार्ग प्रशस्त करें। लेकिन भारतीय जनता एवं सेना की सतर्कता के कारण अधिकांश छापामार पकड़े गए। इस प्रयास के निष्फल होने पर 1 सितम्बर, 1965 को पाकिस्तान ने जम्मू के छम्ब व अख्नूर क्षेत्र में अजेय समझे जाने वाले अमेरिकी पैटन टैंकों और सैबरजैट विमानों के साथ आक्रमण कर दिया। भारत ने भी इस आक्रमण के विरुद्ध जवाबी कार्रवाई की और दोनों देशों के मध्य भीषण संग्राम छिड़ गया।

युद्ध के बढ़ने की रिपोर्ट के बाद सुरक्षा परिषद् ने सितम्बर के पहले सप्ताह में दो बार तात्कालिक युद्ध विराम और युद्ध विराम रेखा के दोनों ओर सेनाओं के वापस किए जाने के लिए कहा। 20 सितम्बर को महासचिव ऊ थांट की इस रिपोर्ट के बाद कि युद्ध चल रहा है और भारत और पाकिस्तान की अन्तर्राष्ट्रीय सीमा पर फैल गया है, सुरक्षा परिषद् ने मांग की कि दोनों पक्ष 22 सितम्बर तक युद्ध विराम लागू करें और अपने सशस्त्र सैनिकों को 5 अगस्त से पहले के स्थानों पर जाने के लिए कहें। सुरक्षा परिषद् ने यह भी निश्चय किया कि जैसे ही युद्ध विराम और सेना के वापस लौटने के कार्य पूरे होंगे वैसे ही आधारभूत राजनीतिक समस्या को सुलझाने के लिए संभव कार्यवाही करने पर विचार किया जायेगा। अतः युद्ध बन्द हो गया।

यद्यपि भारत और पाकिस्तान दोनों ने ही सुरक्षा परिषद् की माँग के उत्तर में युद्ध-विराम स्वीकार कर लिया, तथापि सैनिक स्थिति वैसी ही अनिश्चित बनी रही और दोनों पक्षों से युद्ध विराम के उल्लंघन की शिकायतें निरंतर सुरक्षा परिषद् में आती रहीं।

सुरक्षा परिषद् की प्रार्थना पर युद्ध विराम और सेनाओं के वापस लौटने का निरीक्षण करने के लिए आवश्यक सहायता प्रस्तुत करने की दृष्टि से महासचिव ऊ थांट ने कश्मीर में संयुक्त राष्ट्र सैनिक प्रेक्षक दल का आकार बढ़ा दिया और भारत तथा पूर्वी पाकिस्तान की अंतर्राष्ट्रीय सीमा के निरीक्षण के लिए अलग से एक प्रेक्षक दल स्थापित किया।

सुरक्षा परिषद् की बैठक इसके उपरान्त 5 नवम्बर, 1965 को हुई। तब तक सेनाएँ पूरी तरह वापस नहीं आ सकी थीं। इस बैठक में कहा गया कि जितनी जल्दी हो सके दोनों देशों के बीच बैठकें हों और सेनाओं के वापस लौटने की याजना के लिए एक समय निश्चित कर दिया जाए। भारत और पाकिस्तान से परामर्श करके महासचिव ऊ थांट ने दोनों देशों के अधिकारियों से इस प्रश्न के सम्बन्ध में मिलने के लिए एक प्रतिनिधि नियुक्त किया। 17 फरवरी, 1966 को महासचिव ने सुरक्षा परिषद् को सूचना दी कि भारत और पाकिस्तान के प्रतिनिधियों की संयुक्त बैठक में, जिसका संयोजन उनके प्रतिनिधि द्वारा 3 जनवरी से 29 जनवरी के बीच किया गया था, सेनाओं के वापस लौटने के लिए एक आयोजन और आधार भूत नियम तैयार कर लिए गए हैं। उन्होंने यह भी कहा कि 10 जनवरी को भारत के प्रधानमंत्री

और पाकिस्तान के राष्ट्रपति ने ताशंकद में एक घोषणा-पत्र में कहा कि उनके सभी हथियारबंद सैनिक 25 फरवरी तक 5 अगस्त, 1965 से पहले की स्थिति में वापस कर लिए जाएँगे। 22 सितम्बर, 1965 को भारत-पाकिस्तान युद्ध बन्द हो गया तथा बाद में रूस के राष्ट्रपति श्री ब्रेजनेव के प्रयत्नों से भारत तथा पाकिस्तान के मध्य समझौता हो गया।

कश्मीर का मामला काफी पेचीदा है। पश्चिमी देशों की पक्षपातपूर्ण नीति और पाकिस्तान का दुराग्रह इसके समाधान में बाधक हैं। अपने आपको न्याय, विश्व शांति व मानव अधिकारों का संरक्षक कहने वाला संयुक्त राष्ट्रसंघ कश्मीर विवाद के सम्बन्ध में पश्चिमी शक्तियों के हाथों की कठपुतली बनकर अपने महान उद्देश्यों का स्वयं ही उपहास कर रहा है तथा आक्रान्त और आक्रमणकारी दोनों को एक स्तर पर रखकर सच्चाई पर राजनीतिक प्रपंचों की ओट में झूठ का पर्दा डालने का असफल प्रयास कर रहा है।

सुरक्षा परिषद् के प्रस्तावों को देखकर उसकी नीयत पर संदेह होता है। यह स्मरणीय है कि केवल पाकिस्तान के कश्मीर पर आक्रमण का प्रश्न ही सुरक्षा परिषद् के अधिकार क्षेत्र में आता है। शेष सभी समस्याएँ उनके अधिकार क्षेत्र से बाहर हैं। जहाँ तक जनमत संग्रह का प्रश्न है, यह कहा जा सकता है कि जम्मू कश्मीर में जनमत संग्रह की मांग करने वालों ने देश विभाजन के प्रश्न पर अथवा बांगला देश पर जनमत संग्रह क्यों नहीं कराया? यदि जनता के आत्मनिर्णय को ही आधार माना जाए तो पाकिस्तान की मान्यता समाप्त करके पुनः नए सिरे से इस उपमहाद्वीप की जनता का निर्णय लिया जाना चाहिए। देश विभाजन व सिन्धियों, विलोचियों, पख्तूनों, अहमदियों व शिया-सुन्नी और मुजाहिदों के प्रश्न पर जनता के मौलिक अधिकारों और भावनाओं की उपेक्षा करने वालों को भारत के किसी भी हिस्सों में जनमत संग्रह की माँग करने का अधिकार नहीं हो सकता।

अब समय आ गया है कि भारत सुरक्षा परिषद् से कहे कि कश्मीर के मूल प्रश्न पर और अधिक लीपा-पोती न की जाए। संयुक्त राष्ट्रसंघ से जिस न्याय की याचना हमने की थी यदि वह न्याय हमें न मिल सके तो भारत को कश्मीर का प्रश्न संयुक्त राष्ट्रसंघ से उठा लेना चाहिए। 1965 में युद्ध विराम को संयुक्त राष्ट्रसंघ की सफलता व महासचिव ऊ थांट की उपलब्धि माना जाता था। परन्तु यह प्रश्न उलझा ही रहा और ताशकन्द या शिमला समझौते से इसका समाधान नहीं किया जा सका है। 1990 में पाकिस्तान में श्रीमती बेनजीर भुट्टों व भारत में विश्वनाथ प्रताप सिंह की सरकार बनने के बाद यह प्रश्न अत्यन्त गम्भीर हो गया है।

कश्मीर समस्या अब तक उलझी हुई है क्योंकि पाकिस्तान बार-बार सुरक्षा परिषद् में इस प्रश्न को उठाता रहता है। इस बीच कश्मीर में कई मंत्रिमंडल बने तथा शेख अब्दुल्ला की मृत्यु हो जाने पर उनके पुत्र फारुख अब्दुल्ला मुख्यमंत्री बने लेकिन

जनवरी, 1990 में भारत की नई सरकार द्वारा श्री जगमोहन को जम्मू-कश्मीर राज्यपाल नियुक्त किए जाने पर उन्होंने त्याग-पत्र दे दिया।

पाकिस्तान की प्रधानमंत्री श्रीमती बेनजीर भुट्टों ने कहा कि वह कश्मीर पर कोई समझौता नहीं करेंगी। अतः यह समस्या ऐसी है जिसका समाधान करने में संयुक्त राष्ट्रसंघ असफल रहा है और कश्मीर समस्या भारत व पाकिस्तान के मध्य अत्यन्त मुखाणिमत मनिनाये (apple of discord) हो गई है। जब कश्मीर की जनता ने विलय को स्वीकार कर लिया है तो संयुक्त राष्ट्रसंघ को तुरन्त समाधान कर देना चाहिए। कश्मीर का प्रश्न एक ऐसा प्रश्न है जो लगभग 43 वर्ष से संयुक्त राष्ट्रसंघ में पड़ा है तथा इस प्रश्न पर भारत व पाकिस्तान के मध्य संघर्ष होते रहे हैं। परन्तु संयुक्त राष्ट्रसंघ इस समस्या का कोई स्थायी समाधान नहीं निकाल सका है।

पाकिस्तान फिर कश्मीर के प्रश्न पर भारत से युद्ध की तैयारी कर रहा है। वह पाकिस्तानी नागरिकों व कश्मीरी युवकों को आतंकवाद का प्रशिक्षण देकर कश्मीर भेज रहा है जिससे वहाँ की स्थिति चिन्ताजनक बनी हुई है। पाकिस्तानी सेना भी समय-समय पर भड़काने वाली कार्यवाहियाँ करती है। अगस्त, 1990 में बेनजीर भुट्टों की सरकार के बर्खास्त कर दिए जाने से युद्ध का खतरा और बढ़ गया था परंतु 1999 तक युद्ध नहीं हुआ।

भारत का दृष्टिकोण यह है कि, "कश्मीर भारत का अभिन्न अंग है। अतः भारत किसी ऐसे प्रस्ताव को स्वीकार नहीं करेगा जिनमें पाकिस्तान को उसके द्वारा हथियाए हुए कश्मीर के भाग से हटाने का आदेश न दिया जाए।"

भारत व पाकिस्तान दो भागों में विभाजित होकर 15 अगस्त, 1947 को स्वतन्त्र हो गया। स्वतन्त्रता के समय अंग्रेजों ने अपनी शक्ति व सत्ता (Paramountcy) को समाप्त करके प्रत्येक रियासत को किसी भी देश में सम्मिलित होने का अधिकार दे दिया। अतः ग्वालियर, जयपुर, जोधपुर आदि की भांति कश्मीर भी भारत में सम्मिलित हो गया, परन्तु पाकिस्तान ने कश्मीर पर आक्रमण कर दिया। भारत ने इस समस्या को संयुक्त राष्ट्रसंघ में उठाया। कश्मीर का प्रश्न सुरक्षा परिषद् के समक्ष आरम्भ से ही एक उलझन के रूप में रहा है। 15 अगस्त, 1947 को ब्रिटिश सरकार ने अपना अधिकार समाप्त कर दिया था और जैसा कि पहले कहा गया है भारत के देशी राज्यों को यह स्वतन्त्रता प्रदान कर दी कि वे या तो भारत के साथ मिल जाएँ या पाकिस्तान के साथ। कश्मीर भी इसी तरह एक देशी राज्य था। इस राज्य ने पहले स्वतंत्र रहने का निर्णय लिया। किन्तु पाकिस्तान इस निर्णय से नाराज हुआ। उसने जबर्दस्ती कश्मीर को अपने साथ मिला लेने की ठान ली। 22 अक्तूबर, 1947 को पाकिस्तान के अधिकारियों के बहकाने से उत्तर पश्चिमी सीमाप्रांत के कबाइलियों ने कश्मीर पर हमला कर दिया। पाकिस्तान की नियमित सेना के एक बड़े भाग ने भी इस आक्रमण में हिस्सा लिया। कश्मीर के तत्कालीन महाराजा हरी सिंह ने भारत सरकार से सहायता की अपील की और कश्मीर राज्य को भारत में अन्य राज्यों

की भांति विलय करने को कहा। अतः भारत सरकार ने महाराज के आग्रह पर तुरन्त कश्मीर की सहायता के लिए सेना भेजी और कश्मीर को भारत में मिलाने के सुझाव को तुरन्त स्वीकार कर लिया। महाराजा हरी सिंह ने विधिवत् विलय पत्र पर हस्ताक्षर कर दिए। भारत के तत्कालीन प्रधानमंत्री पंडित जवाहरलाल नेहरू ने घोषणा की कि कश्मीर का स्थायी विलय भारत में यहाँ की जनता की मत-गणना पर होगा। इसके पश्चात् 1 जनवरी, 1948 को भारत सरकार ने सुरक्षा परिषद् से शिकायत की कि पाकिस्तान कश्मीर पर आक्रमण करने वाले कबीलों की सहायता कर रहा है। भारत ने यह भी स्पष्ट कर दिया कि इस आक्रमण से अन्तर्राष्ट्रीय शांति को गम्भीर खतरा है और इस तरह का आक्रमण स्वयं भारत पर किया गया आक्रमण है। अतः सुरक्षा परिषद् इस आक्रमण को बन्द करने के लिए तुरन्त प्रभावी कदम उठाए।

सुरक्षा परिषद् में भारत और पाकिस्तान की ओर से एक-दूसरे पर आरोप और प्रत्यारोप लगाए गए। 17 जनवरी, 1948 को सुरक्षा परिषद् ने दोनों पक्षों से स्थिति को सुधारने के लिए आवश्यक कदम उठाने को कहा तथा 20 जनवरी को समस्या की जांच और दोनों पक्षों में मेल कराने के उद्देश्य से सुरक्षा परिषद् ने तीन सदस्यों का एक आयोग स्थापित किया। इस आयोग को युद्ध बन्द कराने तथा जनमत-संग्रह कराने का कार्य भी सौंपा गया। आयोग के प्रयास से युद्ध विराम और कश्मीर का लगभग 2/3 भाग पाकिस्तान के अधिकार में रह गया। एक युद्ध विराम रेखा निश्चित की गई और इसकी देखभाल के लिए संयुक्त राष्ट्रसंघ आयोग ने विभिन्न राष्ट्रों के निरीक्षक संयुक्त राष्ट्रसंघ की ओर से नियुक्त किए। कश्मीर विलय का अन्तिम फैसला जनमत-संग्रह से कराने के लिए दोनों देशों पर कुछ प्रतिबंध लगाए गए। पाकिस्तान ने उन प्रतिबंधों को भंग कर दिया। कश्मीर में परिस्थितियाँ तेजी से बदलती गईं। भारत और पाकिस्तान में समझौता कराने के संयुक्त राष्ट्रसंघ के प्रयासों को सफलता नहीं मिली। पाकिस्तान को पश्चिमी राष्ट्रों से खुला समर्थन मिल रहा था। चूंकि सुरक्षा परिषद् में पश्चिमी राष्ट्रों का बहुमत था और भारत शीतयुद्ध के क्षेत्र में असंलग्नता की नीति का अवलम्बन कर रहा था, जो इन राष्ट्रों को फूटी आँखों नहीं सुहाता था, अतः पश्चिमी राष्ट्रों ने टालमटोल कर मूल प्रश्न को ओझल करने का प्रयास किया। परिणामस्वरूप सुरक्षा परिषद् से किसी प्रकार का न्याय करने की आशा करना व्यर्थ था। परन्तु कश्मीर समस्या पर वाद-विवाद चलता रहा।

इस बीच कश्मीर की संविधान सभा ने 1954 में कश्मीर के भारत में विलय का अनुमोदन कर दिया तथा 1956 में कश्मीर राज्य के लिए एक नया संविधान स्वीकार किया गया। इसके अनुसार कश्मीर प्रत्येक दृष्टि से भारत का अंग बन गया। इस प्रकार कश्मीर समस्या का स्वरूप ही बदल गया है और संविधान सभा द्वारा महाराज द्वारा विलय की स्वीकृत के कारण जनमत संग्रह की बात भी मूल्यहीन हो गई। इस पर कश्मीर की समस्या का समाधान करने की पाकिस्तान ने सुरक्षा परिषद्

में पुनः अपील की। 1 जनवरी, 1957 को सुरक्षा परिषद् ने कश्मीर पर पुनः विचार किया। 25 जनवरी, 1957 को संयुक्त राज्य अमेरिका, ब्रिटेन, आस्ट्रेलिया, कोलम्बिया तथा क्यूबा द्वारा एक प्रस्ताव प्रस्तुत किया गया जिसमें कहा गया कि कश्मीर की यथापूर्व स्थिति बनाई रखी जाए। भारतीय प्रतिनिधि ने इस प्रस्ताव को संयुक्त राष्ट्रसंघ के चार्टर के विरुद्ध बतलाया क्योंकि इसके द्वारा एक निश्चित तथ्य को अनिश्चित होने का रूप दिया जा रहा था। सुरक्षा परिषद् ने कश्मीर के प्रश्न पर 1957 में फिर विवेचना आरम्भ की। ब्रिटेन, आस्ट्रेलिया, क्यूबा तथा संयुक्त राज्य अमेरिका की ओर से एक प्रस्ताव प्रस्तुत किया गया जिसमें स्वीडन के प्रतिनिधि गुन्नार जारिंग को पाकिस्तान तथा भारत की सरकारों के साथ कश्मीर के प्रश्न पर विचार-विमर्श करने को कहा गया। यह कल्पना भी की गई थी कि निरस्त्रीकरण संबंधी जटिल कठिनाई को दूर करने के लिए कश्मीर में संयुक्त राष्ट्रसंघ की सेना अस्थायी रूप से रखी जाए। भारतीय प्रतिनिधि ने इसका घोर विरोध किया तथा सोवियत रूस ने 18 फरवरी, 1957 को यह घोषणा की कि कश्मीर में जनमत-संग्रह का कोई प्रश्न ही नहीं उठता क्योंकि कश्मीर का प्रश्न वास्तव में रियासत की जनता द्वारा निर्णीत कर दिया गया था जिसके अनुसार उसका क्षेत्र भारत का अभिन्न अंग है। कश्मीर में संयुक्त राष्ट्रसंघ की सेना को अस्थायी रूप से रखने के प्रस्ताव को सोवियत संघ द्वारा निषेधाधिकार का प्रयोग कर रद्द कर दिया गया। सीमा रेखा पर संयुक्त राष्ट्रसंघ के पर्यवेक्षक कायम रहे, परन्तु 1965 ई० में भारत-पाक संघर्ष हो गया। 1965 में पाकिस्तान ने कश्मीर के प्रश्न को सैनिक बल के प्रयोग के आधार पर अपने पक्ष में निर्णय करा लेने के उतावलेपन में सहस्त्रों घुसपैठियों को कश्मीर में भेज दिया। इन घुसपैठियों का उद्देश्य कश्मीर में तोड़फोड़ करना और अव्यवस्था उत्पन्न करके पाकिस्तान का पक्ष लेना था। पाकिस्तान की इस कार्रवाई के परिणामस्वरूप शीघ्र ही भारत और पाकिस्तान के बीच युद्ध छिड़ गया। सुरक्षा परिषद् ने प्रस्ताव पास करके दोनों युद्धरत देशों से युद्ध बन्द करने का अनुरोध किया। महासचिव ऊ थांट शांति के प्रयासों की सफलता के लिए स्वयं भारतीय उपमहाद्वीप में आए, लेकिन दोनों देशों में युद्ध बन्द नहीं हुआ। इस संकट के समाधान में संयुक्त राष्ट्रसंघ की आरम्भिक असफलता ने इसके भविष्य को और अनिश्चित बना दिया था। लेकिन बाद में सुरक्षा परिषद् के आदेशों को मानकर भारत और पाकिस्तान दोनों ने युद्ध बन्द कर दिया। इस संकट के समय महाशक्तियों में पूरा मतैक्य रहा और उनके आपसी सहयोग व रूस के हस्तक्षेप से ताशकन्द समझौते के परिणामस्वरूप ही यह युद्ध बन्द हो गया। कारण चाहे जो भी रहे हों पर यह तो मानना ही पड़ेगा कि इस युद्ध को बन्द करने में संयुक्त राष्ट्रसंघ को सफलता मिली और संयुक्त राष्ट्रसंघ के प्रयासों से ही युद्ध विराम हुआ।

1971 का भारत-पाक संघर्ष–4 दिसम्बर, 1971 को बांगला देश में अत्याचारों व शरणार्थियों के प्रश्न को लेकर भारत और पाकिस्तान के बीच वृहत् पैमाने पर

युद्ध छिड़ गया। इस युद्ध में पाकिस्तान के हार जाने पर सुरक्षा परिषद् में यह प्रस्ताव रखा कि भारत और पाकिस्तान में युद्ध विराम हो और दोनों देश अपनी सेनाएँ तुरन्त पीछे हटा लें। युद्ध विराम के लिए कुछ अन्य प्रस्ताव भी आए। एक प्रस्ताव रूस की ओर से संघर्ष को समाप्त करने के लिए पेश किया गया, जिसमें कहा गया कि पूर्वी पाकिस्तान का राजनीतिक हल निकाला जाए तो स्वाभाविक रूप से संघर्ष समाप्त हो जाएगा। अमेरिका के प्रस्ताव पर सोवियत वीटो के प्रयोग के कारण भारत के समक्ष उपस्थित संयुक्त राष्ट्रसंघ के हस्तक्षेप का संकट टल गया। अमेरिकी पिछलग्गू राष्ट्रों के प्रयास को रोकने के लिए सोवियत रूस को दो बार फिर निषेधाधिकार का प्रयोग करना पड़ा। सुरक्षा परिषद् में असफल होने के बाद यह विवाद महासभा में प्रस्तुत किया गया। यहाँ भारी बहुमत से यह प्रस्ताव पारित हुआ कि भारत और पाकिस्तान अविलम्ब युद्ध विराम करें और सेनाओं को अपने-अपने क्षेत्र में वापस कर लें। भारत ने इस प्रस्ताव को मानने से इंकार कर दिया क्योंकि इस प्रस्ताव में मूल समस्या को नहीं समझा गया था तथा उसमें वास्तविकता की उपेक्षा की गई थी। अन्त में बांगला देश को मुक्त कराने का भारत का उद्देश्य पूर्ण हो जाने के पश्चात् भारत द्वारा एक-पक्षीय युद्ध विराम की घोषणा कर दी गई। इस प्रकार भारत-पाक युद्ध के मामले में पाकिस्तान को पूर्ण विफलता ही हाथ लगी और बांगला देश पाकिस्तान से पृथक होकर 1971 में स्वतंत्र बांगला देश बन गया। अमेरिका और उसके पिछलग्गू राष्ट्रों के प्रभाव में आकर संयुक्त राष्ट्रसंघ ने काफी पक्षपात किया। सुरक्षा परिषद् के स्थायी सदस्य इस अवसर पर अपने हितों और स्वार्थों से ऊपर नहीं उठ सके। इससे संयुक्त राष्ट्रसंघ की प्रतिष्ठा को काफी गहरा धक्का लगा है तथा कश्मीर समस्या का कोई समाधान नहीं सोचा जा सका है।

बांगला देश का मामला—पाकिस्तान ने अपने ही एक भाग पूर्वी बंगाल की स्वायत्तता की मांग को कुचलने के लिए 1970-71 में सामूहिक हत्या, बलात्कार तथा अन्य अमानवीय अपराध शुरू किए। इसके कारण लगभग एक करोड़ लोग भागकर शरणर्थियों के रूप में भारत आ गए थे। भारत ने तथा अन्य देशों के साथ स्वयं बांगला देश के प्रतिनिधियों ने इस समस्या की गम्भीरता की ओर संयुक्त राष्ट्रसंघ का ध्यान आकर्षित किया, परन्तु संयुक्त राज्य अमेरिका तथा चीन के पाक समर्थक तथा भारत विरोधी रुख के कारण संयुक्त राष्ट्रसंघ इस समस्या को सुलझाने और बांगला देश में पाकिस्तान द्वारा मानवीय अधिकारों के हनन को रुकवाने में कोई विशेष सहायता न कर सका। पाकिस्तान द्वारा भीषण नरसंहार तथा अनाचार जारी रहा, परन्तु विश्व संस्था उसके विरुद्ध कोई कदम नहीं उठा सकी। अत: 1971 में भारत-पाक युद्ध हुआ, जिसका उल्लेख किया जा चुका है। इसके प्रभाव से व भारत के सहयोग से बांगला देश अपने मुक्ति-संग्राम में सफल हो सका और स्वतन्त्र देश बन गया।

बांगला देश के अलग हो जाने पर भी पश्चिमी राष्ट्रों के समर्थन के बल पर पाकिस्तान रह-रह कर कश्मीर के प्रश्न को सुरक्षा परिषद् में उठाता रहा है। परन्तु भारत के दृढ़ रुख तथा सोवियत निषेधाधिकार के कारण उसके सारे प्रयास विफल रहे। कश्मीर का मामला आज भी सुरक्षा परिषद् की विषय सूची में है परन्तु गुटबन्दी के कारण सुरक्षा परिषद् इस विवाद का समाधान नहीं ढूंढ सकी है। फिर भी पाकिस्तान सुरक्षा परिषद् के फैसले को अपने पक्ष में कराने का कोई मौका चूकना नहीं चाहता। 1965 व 1971 के भारत-पाक युद्ध के बाद स्थिति इतनी बदल गई है कि अब पाकिस्तान को भी यह मालूम हो गया है कि सुरक्षा परिषद् द्वारा भारत पर कोई निर्णय थोपने की बात सोचना ही व्यर्थ है। वास्तव में भारत में कश्मीर के सम्मिलन की विधि इतनी दृढ़ और न्यायोचित है कि पाकिस्तान के सभी प्रयास विफल सिद्ध होते रहे हैं। कश्मीर का प्रश्न अब समाप्त इसलिए माना जाना चाहिए क्योंकि कश्मीर की जनता भारत के साथ अपनी अखण्डनीयता और वैधता का अन्तिम निर्णय कर चुकी है। इसलिए भारत अब कश्मीर जैसी किसी समस्या का अस्तित्व ही नहीं स्वीकार करता है। 1971 में भारत-पाकिस्तान युद्ध की समाप्ति में भारत कश्मीर की पुरानी युद्ध विराम रेखा को नहीं मानता है। उसके स्थान पर 17 दिसम्बर, 1971 ई० को दोनों देशो के बीच युद्ध खत्म होने की वास्तविक नियंत्रण रेखा को मान्यता देता है। जुलाई, 1972 की शिमला वार्ता में भारत ने अपने इसी रवैये पर बल दिया। शिमला समझौते की भारत द्वारा की गई व्याख्या के अनुसार कश्मीर के संदर्भ में अब संयुक्त राष्ट्रसंघ का कोई स्थान नहीं है, पर पाकिस्तानी पक्ष अब शिमला समझौते को ही स्वीकार नहीं करता है। श्रीमती बेनजीर भुट्टो ने, जो पाकिस्तान की प्रधानमंत्री थीं, कश्मीर की समस्या को फिर जीवित करने का प्रयास किया।

शिमला समझौते के बाद भी कश्मीर समस्या पर पाकिस्तानी नेताओं को रुख पूर्ववत् ही बना रहा। जुलाई, 1977 में पाकिस्तान में रक्तहीन सैनिक क्राान्ति हुई जिसमें प्रधानमंत्री भुट्टों को अपदस्थ कर जनरल जिया-उल-हक मुख्य मार्शल ला प्रशासक बन गए तथा बाद में राष्ट्रपति बने। उनकी इस नई सरकार ने यह आश्वासन दिया कि भुट्टो सरकार ने भारत के साथ जो शिमला समझौता किया था, उसका सम्मान किया जाएगा। भारत की उस समय की जनता सरकार ने भी पाकिस्तान के साथ शांति और मैत्रीपूर्ण संबंध बनाए रखने पर जोर दिया।

1980 में श्रीमती इन्दिरा गांधी के नेतृत्व में जो नई सरकार बनी, उसने भी पाकिस्तान के साथ भारत के अच्छे संबंध बनाए रखने पर जोर दिय। पाकिस्तान कुछ दिनों से भारत के साथ युद्ध वर्जन संधि करने का प्रस्ताव करता आ रहा है। दोनों देशों के बीच शांति, मैत्री व सहयोग संधि के भारतीय मसौदे तथा युद्ध वर्जन संधि के पाकिस्तानी मसौदे का 1982 में आदान-प्रदान भी हुआ था, लेकिन जेनेवा में आयोजित मानवाधिकार सम्मेलन में पाकिस्तानी प्रतिनिधि ने शिमला समझौते का उल्लंघन करके कश्मीर का मुद्दा फिर उठाया तो भारत के विदेश सचिव ने इस्लामाबाद

की यात्रा स्थगित कर दी। पुनः यह तय हुआ कि मई, 1984 में दोनों देशों के बीच वार्ता होगी। कश्मीर की समस्या भारत-पाकिस्तान सीमा-विवाद का ही एक अंश है। जिस दिन सीमा-विवाद का हल निकल आयेगा, उसी दिन इस समस्या का भी समाधान हो जायेगा। लेकिन इस समस्या के समाधान में संयुक्त राष्ट्रसंघ की भूमिका एक मूक दर्शक की रही है और वह अपने प्रभाव का उपयोग कर समस्या के समाधान में सफल नहीं हो सका है। 1989 में पाकिस्तान की प्रतिनिधि बेगम नसरत भुट्टों ने सुरक्षा परिषद् में फिर इस प्रश्न को उठाया, परन्तु उसका भारत ने घोर विरोध किया।

पाकिस्तान में राष्ट्रपति जिया-उल-हक की सरकार के बाद श्रीमती बेनजीर भुट्टो की सरकार बनी और भारत में दिसम्बर, 1989 में श्री वी॰ पी॰ सिंह के प्रधानमंत्रित्व में राष्ट्रीय मोर्चे की सरकार बनी। ऐसे अवसर पर पाकिस्तान द्वारा कश्मीर समस्या को फिर संयुक्त राष्ट्रसंघ की विभिन्न संस्थाओं में उठाया गया। परन्तु उसका कोई प्रभाव नहीं पड़ा। अतएव पाकिस्तान के प्रशिक्षित आतंकवादियों ने कश्मीर में उपद्रव आरम्भ कर दिए। शेख फारुख अब्दुल्ला की सरकार मूक दर्शक बनी रही। कश्मीर की बिगड़ती स्थिति देखकर केन्द्र सरकार ने श्री जगमोहन को राज्यपाल बनाकर भेजा। इस पर मुख्य मंत्री फारुख अब्दुल्ला ने त्याग-पत्र दे दिया। राज्यपाल जगमोहन ने दृढ़ता से काम लिया। पाकिस्तान सरकार ने भारत विरोधी गतिविधियों को प्रोत्साहन दिया तथा फरवरी, 1990 में घुसपैठिए भेजने का प्रयास किया, जो भारत के सीमा सुरक्षा बल की चौकसी के कारण भारत में प्रवेश करने में असफल रहे। अत: पाकिस्तानी नेताओं ने भारत के विरुद्ध प्रदर्शन कराने आरम्भ कर दिये और कश्मीर समस्या पर मुसलमान देशों से सहयोग प्राप्त करके आक्रमण करने व कश्मीर समस्या को संयुक्त राष्ट्रसंघ में उठाने का प्रयास किया। पर पाकिस्तानी राजनीतिज्ञ अपने सभी प्रयासों में असफल रहे। 1990 में कश्मीर के प्रश्न पर भारत व पाकिस्तान के बीच पुनः युद्ध की स्थिति आई। लेकिन दोनों देशों द्वारा युद्ध को टालने की नीति के कारण भारत-पाक युद्ध तो टल गया परन्तु भारत व पाकिस्तान के सम्बन्धों में तनाव उत्पन्न हो गया। अत: यह कहा जा सकता है कि कश्मीर समस्या का समाधान करने में संयुक्त राष्ट्रसंघ असफल रहा है। परन्तु यथास्थिति संयुक्त राष्ट्रसंघ के प्रयासों के कारण ही कायम रही। सन् 2000 में कारगिल युद्ध हुआ तथा दोनों देशों में अणुशस्त्रों की होड़ व पाकिस्तान में सैनिक तानाशाही से स्थिति बिगड़ गई पर संयुक्त राष्ट्रसंघ के कारण शांति है।

अन्तर्राष्ट्रीय समस्याएँ

ईरान द्वारा अमेरिकी बन्धक

ईरान में पहलवी शाह का शासन था। वहाँ पर इस्लामी क्रान्ति द्वारा धार्मिक नेता अयातुल्ला खुमैनी के समर्थक सत्ता में आ गए। वह अमेरिका विरोधी थे। उन्होंने ईरान की राजधानी तेहरान में अमेरिकी बंधकों की समस्या उत्पन्न की।

अगस्त, 1978 में ईरान के शाह के विरुद्ध वहाँ की जनता ने विद्रोह कर दिया। विद्रोह का नेतृत्व आत्म-निर्वासित धार्मिक नेता अयातुल्ला खुमैनी कर रहे थे। स्थिति को खराब होते देखकर शाह देश छोड़कर भाग गए और अयातुल्ला खुमैनी ने शासन पर अधिकार कर लिया। शाह मिस्र, मोरक्को, मैक्सिको होते हुए इलाज के लिए न्यूयार्क पहुंचे। अपने शासनकाल में अनेक लोगों की हत्या तथा यातना देने के आरोप में शाह पर ईरान में मुकदमा चलाया जाना था। अतः ईरान के विरोधी नेताओं ने अमेरिका सरकार से अनुरोध किया कि वह शाह को उनके हवाले कर दे ताकि सुविधानुसार उन पर मुकदमा चलाया जा सके, परन्तु अमेरिकी सरकार ने ऐसा करने से इन्कार कर दिया। इससे ईरान के विद्रोही नेता काफी नाराज हुए और उन्होंने 4 नवम्बर, 1979 को तेहरान स्थित अमेरिकी दूतावास को छात्रों द्वारा घिरवाकर दूतावास के सभी 52 अमेरिकी राजनयिक प्रतिनिधियों को बन्दी बना लिया। विद्रोही छात्रों की यह कार्यवाही अन्तर्राष्ट्रीय शिष्टाचार के विरुद्ध थी। अतः सभी देशों द्वारा बन्धकों की रिहाई के लिए मांग की गई। किन्तु सभी देशों व संयुक्त राष्ट्रसंघ के सभी राजनयिक प्रयास विफल रहे। अन्त में मामले को संयुक्त राष्ट्रसंघ के सामने लाया गया। संयुक्त राष्ट्रसंघ द्वारा भी अमेरिकी बन्धकों को छुड़ाने के काफी प्रयास किए गए। महासचिव ने सुरक्षा परिषद् की बैठक भी बुलाई ताकि अमेरिकी बन्धकों की रिहाई पर विचार किया जा सके और इस हेतु कोई उचित निर्णय लिया जा सके। सुरक्षा परिषद् ने बन्धकों की रिहाई के लिए आदेश भी दिया। परन्तु ईरान ने उस पर ध्यान नहीं दिया। इसके बाद संयुक्त राष्ट्रसंघ ने एक पाँच सदस्यीय अन्तर्राष्ट्रीय जाँच आयोग की नियुक्ति की, परन्तु इसे बन्धकों से मिलने तक नहीं दिया गया। इस बीच अमेरिका इस मामले को अन्तर्राष्ट्रीय न्यायालय के समक्ष ले गया। दिसम्बर, 1979 में न्यायालय ने अपने सर्वसम्मत निर्णय द्वारा अमेरिकी बन्धकों की तुरन्त रिहाई का आदेश दिया किन्तु ईरान ने अन्तर्राष्ट्रीय न्यायालय के आदेश को मानने से इन्कार कर दिया। संयुक्त राष्ट्रसंघ, ईरान के विरुद्ध कोई प्रभावशाली कदम उठाने में असफल रहा। अल्जीरिया की मध्यस्थता के चलते ईरान और अमेरिका के बीच समझौता हुआ जिसके अनुसार 20 जनवरी, 1981 को अमेरिकी बन्धकों को रिहा कर दिया गया, क्योंकि ईरान को बहुत बड़ी धनराशि मिली। अतः अमेरिकी बन्धकों की रिहाई संयुक्त राष्ट्रसंघ के प्रयासों या जनमत के प्रभाव से नहीं बल्कि धनराशि देने के कारण मिली। ईरान ने विश्व जनमत, राजनयिक परम्परा और सुरक्षा परिषद् के अन्तर्राष्ट्रीय निर्णयों को खुलेआम अवहेलना की। यही नहीं खुमैनी सरकार ने विश्व में कहीं भी इस्लाम के विरुद्ध लिखने पर मृत्युदण्ड घोषित किया। इंग्लैंड में भारतीय मूल के मुसलमानी लेखक सुलेमान रुश्दी ने अपने उपन्यास में इस्लाम के विषय में कुछ टिप्पणियाँ कीं। अतः खुमैनी सरकार ने उनकी हत्या कराने की घोषणा कर दी। ब्रिटेन ने इसे भाषण की स्वतन्त्रता व मानवीय अधिकारों का विरोध तथा ब्रिटिश नागरिक की हत्या की चुनौती मानकर श्री सुलेमान रुश्दी की सुरक्षा की कड़ी व्यवस्था की। अतएव ईरान की सरकार का हत्या करने का प्रयास विफल रहा। परन्तु ऐसा प्रतीत

होने लगा कि ईरान का खुमैनी शासन पूरे विश्व पर छा जाना चाहता है तथा संयुक्त राष्ट्रसंघ की तो उसे कोई चिन्ता ही नहीं है। परन्तु शीघ्र ही उसे ईराक-ईरान युद्ध में उलझना पड़ा और संयुक्त राष्ट्रसंघ की मध्यस्थता का सहारा लेना पड़ा।

सुलेमान रुश्दी की यद्यपि हत्या करवाने में ईरान सफल नहीं हो सका, लेकिन ब्रिटेन की पुलिस की सुरक्षा में वह अज्ञातवास करने को बाध्य है। अतः यह कहा जा सकता है कि आज किसी का भी जीवन आतंकवादियों की हत्या पर या इस बात पर, कि सम्बन्धित सरकार कहाँ तक सुरक्षा प्रदान करती है, निर्भर हो गया है। इसे संयुक्त राष्ट्रसंघ और मानव अधिकारों की क्षति ही माना जा सकता है।

ईरान-ईराक युद्ध

खाड़ी की राजनीति और ईरान-ईराक युद्ध का ज्ञान प्राप्त करने के लिए अन्तर्राष्ट्रीय क्षितिज पर इसका संक्षिप्त ज्ञान आवश्यक है।

1950 के दशक से ही 'कच्चा तेल' कुछ लोग इसे 'काला सोना' भी कहते हैं ऊर्जा का वैकल्पिक स्रोत बन गया था। 1970-71 में इसके मूल्यों में काफी वृद्धि हुई, क्योंकि विकसित राष्ट्र कच्चे तेल के आयात पर निर्भर हो गए थे और उनकी अर्थव्यवस्था के लिए यह आवश्यक हो गया था। अक्तूबर, 1973 में ईरान को छोड़कर खाड़ी के सभी देशों ने अरब इजराइल युद्ध में पश्चिमी राष्ट्रों द्वारा इजराइल को समर्थन देने पर उसे कच्चे तेल का निर्यात करना बन्द कर दिया था, अतएव यूरोपीय तथा अन्य विकसित देशों, जापान आदि ने इजराइल को समर्थन देना बन्द कर दिया। अरबों को अब तेल के राजनीतिक उपयोग की आवश्यकता का ज्ञान हो गया और वे उसे आर्थिक व राजनीतिक अस्त्र के रूप में प्रयोग करने लगे। अतएव तेल के मूल्यों में अभूतपूर्व वृद्धि हुई।

फरवरी, 1978 में ईरान में शिया इस्लामी क्रान्ति की सफलता और अयातुल्ला खुमैनी के सत्ता में आने से कुछ समय तक ईरान का तेल उत्पादन बन्द रहा। खुमैनी शासन ने इस्लामी कट्टरवाद के प्रसार का प्रयास किया। अतएव अरब देशों में यह धारणा फैल गई कि अरब शासकों से धार्मिक प्रमुख खुमैनी जवाबदेही कर सकता है। जब नवम्बर, 1979 में सऊदी अरब में काबा की पवित्र मस्जिद पर कट्टरवादियों ने कब्जा कर लिया तो खाड़ी के देश और सभी अरब देश खतरा महसूस करने लगे।

खाड़ी के देशों में ईराक को छोड़कर कोई देश ईरान के करीब नहीं है। ईरान की जनसंख्या लगभग 5 करोड़ 70 लाख, ईराक की लगभग 1 करोड़ 50 लाख और सऊदी अरब की लगभग 1 करोड़ 40 लाख है। बाकी देश बहुत छोटे हैं। अतः ईरान व ईराक एक दूसरे के प्रतिद्वन्द्वी के रूप में आमने सामने आए।

ईरान, ईराक वैमनस्य का दूसरा कारण ईरान के खुमैनी और ईराक के राष्ट्रपति सद्दाम हुसैन की व्यक्तिगत शत्रुता थी। खुमैनी 1974 में ईराक में शरण लेने आए

थे। 1968 में पहले उन्हें ईरान में नजरबन्द कर दिया गया था और बाद में ईरान के शाह का विरोध करने पर उन्हें निष्कासित कर दिया गया था।

तीसरा कारण ईरान द्वारा 1960 में निरन्तर अस्त्र, शस्त्र में बढ़ोत्तरी करना था। 1970 के दशक में ईरान बहुत अधिक शक्तिशाली हो गया था। अत: ईराक को कुर्दिश विद्रोह समाप्त करने के लिए ईरान के शाह से सहायता लेनी पड़ी तथा 4 मार्च, 1975 को अल्जीरिया की मध्यस्थता से ईराक व ईरान में सन्धि की गई। परन्तु 1978-79 की क्रान्ति के बाद खुमैनी को पुराने सैनिक अधिकारियों पर एतबार नहीं था। अत: सेना की संख्या 40 हजार से घटाकर 20 हजार कर दी गई और सेना तथा अस्त्र-शस्त्रों पर खर्च घटाकर 9 अरब डालर के स्थान पर 5 अरब डालर कर दिया गया। ईरान की जनता में खुमैनी क्रान्ति के पक्ष और विपक्ष में दो मत थे, अत: फूट और असन्तोष व्याप्त था। इस परिप्रेक्ष्य में ईराक अब ईरान को दुर्बल समझने लगा।

ईरान-ईराक युद्ध का चौथा कारण जल-विवाद था। ईराक की दो नदियाँ टिग्रेस और ड्यूकेटस ईरान की कारुन नदी में मिल जाती हैं। ये नदियाँ संयुक्त रूप से दक्षिणपूर्वी ईरान होती हुई फारस की खाड़ी में गिरती हैं। ईरान का दावा है कि शत-अल-अरब में बह रहा 60 प्रतिशत पानी ईरान की नदी का आता है। अत: पानी के बंटवारे पर दोनों में विवाद था।

अमेरिका ईरान का मित्र था परन्तु खुमैनी ने अमेरिकन राजदूतावास के अधिकारियों को बन्दी बनाकर और संयुक्त राष्ट्रसंघ सुरक्षा परिषद् व न्यायालय का स्पष्ट उल्लंघन कर विश्व जनमत को अपने विरुद्ध कर लिया तथा मानव अधिकारों के उल्लंघन की घोषणा व कट्टर शिया मत के प्रचार ने सुन्नी मुसलमान राष्ट्रों को भी ईरान के विरुद्ध कर दिया।

ईरान में खुमैनी के कठोर दमनचक्र से ईरान की जनता में घोर असन्तोष व्याप्त था। अतएव ईराक ने शत-अल-अरब पर अपना अधिकार स्थापित करने का अच्छा अवसर समझकर युद्ध आरम्भ कर दिया और 14 सितम्बर, 1980 को अल्जीरिया द्वारा कराया गया समझौता समाप्त होकर युद्ध आरम्भ हो गया।

घटनाएँ–22 सितम्बर, 1980 को ईरान और ईराक की सीमा पर हो रही छिटपुट झड़पों ने भयंकर युद्ध का रूप धारण कर लिया। दोनों ने एक दूसरे के क्षेत्रों पर हवाई हमले किए और युद्ध आरम्भ हो गया। दोनों ही की ओर से एक दूसरे के महत्वपूर्ण नगरों तथा तेल प्रतिष्ठानों पर कब्जा कर लेने का दावा किया गया। ईराक की स्थल सेना ईरान में घुस गई। दोनों ओर से भारी अस्त्रों, विमानों तथा प्रक्षेपणास्त्रों का प्रयोग हुआ है जिसके चलते दोनों ही पक्षों की भयानक क्षति हुई।

संयुक्त राष्ट्रसंघ, भारत, सोवियत संघ तथा विश्व के अन्य कई गुटनिरपेक्ष देश, इस्लामिक सम्मेलन आदि ने ईरान-ईराक युद्ध को बन्द करवाने का प्रयास किया।

किन्तु उन्हें आरम्भ में सफलता नहीं मिली। 1983 के सितम्बर-अक्तूबर में इस युद्ध ने और गम्भीर रूप धारण कर लिया और दोनों ओर से तीव्र आक्रमण शुरू कर दिए गए। इस युद्ध से अन्तर्राष्ट्रीय शान्ति को गम्भीर खतरा उत्पन्न हो गया था। संयुक्त राष्ट्रसंघ इसे रोकने के लिए जो भी प्रयास करता, दोनों पक्ष अस्वीकार कर देते थे क्योंकि ईराक व कुवैत का समर्थक रूस था।

1984 में कुवैत, जिसे तेल टैंकरों पर आक्रमण के कारण नुकसान हो रहा था, ने रूस और अमेरिका से सहायता मांगी। रूस ने तत्काल सहायता दी। परन्तु अमेरिका ने शान्ति स्थापित करने व समझौते का प्रयास किया, जिसे ईरान ने मानने से इन्कार कर दिया। अतएव अमेरिका ने भी 1988 के प्रारम्भ में ईराक को गुप्त सहायता देनी आरम्भ कर दी जिससे ईराक को फिर विजय प्राप्त होने लगी।

निरन्तर युद्ध और पराजय से दु:खी होकर अन्त में खुमैनी शासन को भी जुलाई, 1988 में संयुक्त राष्ट्रसंघ के 20 जुलाई, 1987 की 2750वीं बैठक में पारित प्रस्ताव नं॰ 598 को स्वीकार करना पड़ा और आठ वर्षों से चल रहा ईरान-ईराक युद्ध समाप्त हो गया। इस युद्ध में लगभग 10 से 15 लाख लोग मारे गए तथा खरबों रुपये की सम्पत्ति का विनाश हुआ।

प्रस्ताव 598 इस प्रकार है–

मांग की जाती है कि ईरान-ईराक युद्ध-विराम की घोषणा करके बातचीत से समाधान ढूंढने का प्रयास करें।

संयुक्त राष्ट्रसंघ के महासचिव से प्रार्थना की जाती है कि वे संयुक्त राष्ट्र पर्यवेक्षक दल को युद्ध विराम की पुष्टि और देखरेख के लिए भेजें।

महासचिव अन्य देशों से सम्पर्क कर इस क्षेत्र में सुरक्षा और शान्ति बनाए रखने का प्रयास करें।

इस युद्ध के इतना लम्बा चलने का कारण यह था कि दोनों देश अस्त्र-शस्त्रों के लिए विकसित देशों पर निर्भर करते थे और विकसित देश हथियारों की पूर्ति इस प्रकार से करते थे कि युद्ध चलता रहे और कोई निर्णायक विजय न हासिल कर सके। ईराक ने इस युद्ध में रासायनिक हथियारों का प्रयोग किया जो 1925 में जेनेवा संलेख के विपरीत था। परन्तु इन हथियारों ने, ईरान को, जो संयुक्त राष्ट्रसंघ और विश्व जनमत की कोई चिन्ता नहीं करता था, युद्ध समाप्त करने व संयुक्त राष्ट्र पर्यवेक्षकों की नियुक्ति स्वीकार करने को विवश किया।

ईरान-ईराक युद्ध की संयुक्त राष्ट्रसंघ के प्रयासों द्वारा समाप्ति और संयुक्त राष्ट्रसंघ के पर्यवेक्षकों का शान्ति बनाए रखने के लिए नियुक्त होना, संयुक्त राष्ट्रसंघ की बहुत बड़ी उपलब्धि है।

ईरान-ईराक युद्ध की समाप्ति के बाद कट्टर ईरानी शिया धार्मिक नेता अयातुल्ला रुहेला खुमैनी (Ayotullah Ruhollah Khumeine) की 4 जून, 1989 को मृत्यु

हो गई तथा 29 जुलाई, 1989 को श्री रफसंजानी राष्ट्रपति निर्वाचित हुये। वह उतने प्रभावशाली शिया धार्मिक कट्टर नेता कम राजनीतिज्ञ अधिक थे। अब ईरान-ईराक क्षेत्र में शान्ति है। परन्तु रूस के अजरबेजान क्षेत्र में शिया समर्थकों व ईसाइयों, आर्मेनिया में उपद्रव आरम्भ हो गये, जिसमें ईरान की सहानुभूति अजरबेजानी लोगों के साथ थी। परन्तु रूस ने उपद्रवों को निर्ममता से कुचल दिया। वहाँ अब शान्ति है।

अगस्त, 1990 में जब ईराक ने कुवैत पर आक्रमण कर उस पर अधिकार कर लिया और सऊदी अरब पर आक्रमण करने की योजना बनाई तब अपनी पूरी सैन्य शक्ति को एकत्रित करने के लिए उसने ईरान का वह सभी भू-भाग स्वयं ही खाली कर दिया, जिस पर उसने 1980 के युद्ध के बाद अधिकार कर लिया था तथा शत-अल-अरब पर भी अपना रुख नर्म किया। यह सम्बन्ध सुधारने के लिए नहीं किया गया बल्कि अपनी सारी सैन्य शक्ति को सऊदी अरब तथा अन्य देशों के विरुद्ध इस्तेमाल करने की इच्छा से किया गया।

श्री रफसंजानी (Rafsanjani) ने ईरान का राष्ट्रपति बनने के बाद देश की आर्थिक दशा सुधारने व दूसरे देशों से अच्छे सम्बन्ध बनाने के प्रयास आरम्भ कर दिये। श्री अयातुल्ला खुमैनी के स्थान पर श्री अली खुमैनी धार्मिक गुरु बन गए तथा धार्मिक उन्माद कम हो गया है। परन्तु ईरान-ईराक सीमा पर संयुक्त राष्ट्र पर्यवेक्षक मौजूद हैं। महासचिव जेवियर पेरेज द कुइयार (Javier Parez de-cuiiar) दोनों पक्षों में स्थायी समझौता कराने के प्रयास में कार्यरत हैं।

ईरान के विरोध में यह कहा जाता था कि वहाँ मानव अधिकारों का उल्लंघन किया जाता है। अतएव शिकायत प्राप्त होने पर संयुक्त राष्ट्रसंघ ने अपना एक आयोग जाँच के लिए भेजा, जिसे ईरान ने मानव अधिकारों की जाँच करने की स्वीकृति दे दी। मानव अधिकार आयोग द्वारा जाँच करने के अधिकार को स्वीकार करा लेना संयुक्त राष्ट्रसंघ की बहुत बड़ी उपलब्धि थी। अगर इसी प्रकार के जाँच आयोग संयुक्त राष्ट्रसंघ भेजने में सफल हो गया, तो वह दिन दूर नहीं जब खुलेआम मानव अधिकारों का उल्लंघन कठिन हो जायेगा।

कम्पूचिया की समस्या पर संयुक्त राष्ट्रसंघ के प्रयास

वियतनाम की भाँति कम्पूचिया या कम्बोडिया (Cambodia) इण्डोचीन प्रायद्वीप का ही एक भाग है। यह प्राचीन समय में अत्यन्त शक्तिशाली हिन्दू साम्राज्य था जिसने विश्व का सबसे बड़ा और भव्य मन्दिर अंगकोरवाट बनवाया था। बाद में यहाँ बौद्धधर्म प्रचलित हो गया तथा चीन का प्रभाव बढ़ गया। इसके बाद यहाँ फ्रांस का साम्राज्य स्थापित हो गया। परन्तु द्वितीय महायुद्ध में यहाँ जापान का अधिकार हो गया। जापान की पराजय के बाद यहाँ गृहयुद्ध आरम्भ हो गया और नरोत्तम सिंहानुक यहां के शासक बन गए। परन्तु गृह युद्ध चलता रहा। कम्पूचिया का क्षेत्रफल 181035 किलोमीटर व जनसंख्या 72 लाख है।

स्वतन्त्रता प्राप्ति के बाद वियतनाम ने यहाँ सेना भेजकर हस्तक्षेप किया और अपनी समर्थित सरकार स्थापित कर दी। इसका चीन ने विरोध किया तथा दूसरे पक्ष का समर्थन किया। अतः गृहयुद्ध अत्यन्त भीषण हो गया तथा भीषण नरसंहार भी होता गया है। 1970-75 के मध्य इसका नाम खमेर गणराज्य था।

कम्पूचिया के गृहयुद्ध को समाप्त करने के लिए संयुक्त राष्ट्रसंघ निरन्तर प्रयत्नशील रहा। परन्तु फ्रांस, रूस, चीन, वियतनाम और अमेरिका सभी के इसमें दिलचस्पी लेने के कारण संयुक्त राष्ट्रसंघ के प्रयास केवल इतने सफल हुए कि वियतनाम को संयुक्त राष्ट्रसंघ का दबाव होने के कारण 1989 में कम्पूचिया से अपनी सेनाएँ वापस बुलानी पड़ीं। शान्ति के लिए पेरिस में निरन्तर सम्मेलन हुए और जनवरी, 1990 में सुरक्षा परिषद् के पांचों स्थायी सदस्यों–ब्रिटेन, फ्रांस, चीन, रूस व अमेरिका ने संयुक्त राष्ट्रसंघ के तत्वावधान में निर्वाचन कराने और निर्वाचित सरकार को सत्ता सौंपना स्वीकार किया। परन्तु वहाँ गृहयुद्ध चलता रहा और अब तक इसका कोई स्थायी समाधान नहीं निकल सका है। लेकिन आशा है कि वहाँ शीघ्र ही संयुक्त राष्ट्रसंघ के तत्वावधान में नामीबिया की तरह निष्पक्ष चुनाव कराए जाएँगे और जनता की चुनी हुई सरकार द्वारा शान्ति स्थापित हो जाएगी। वियतनाम की सेनाओं को कम्पूचिया छोड़ने को विवश करना संयुक्त राष्ट्रसंघ की महान उपलब्धि है और उसकी सफलता का प्रतीक है। कम्पूचिया समस्या के समाधान के प्रयास निरन्तर चल रहे हैं। संयुक्त राष्ट्रसंघ के तत्वावधान में निष्पक्ष चुनाव कराने व युद्ध समाप्त कराने के प्रयास चले जिनके सफल होने के बाद कम्बोडिया में संयुक्त राष्ट्र की देख-रेख में चुनाव होकर सरकार का निर्माण हुआ तथा समस्या का समाधान संयुक्त राष्ट्र की महान उपलब्धि है।

पनामा में अमेरिकी हस्तक्षेप

पनामा, संयुक्त राज्य अमेरिका के समीप एक छोटा-सा राज्य है। इसका क्षेत्रफल 77082 वर्ग किलोमीटर व जनसंख्या लगभग 22 लाख है। पनामा नहर के सम्बन्ध में इसका संयुक्त राज्य अमेरिका से विवाद था। 1978 में इस समझौते से कि अमेरिका शताब्दि के अन्त तक पनामा नहर पर अपने दावे समाप्त कर देगा, पनामा और अमेरिका के मध्य समझौता हो गया। परन्तु 20 दिसम्बर, 1989 को पनामा के राष्ट्रपति जनरल नोरिएगा (Noreiga) को मादक द्रव्यों का व्यापारी और अपराधी घोषित करके अमेरिका की सेनाओं ने पनामा पर आक्रमण किया। तत्काल सुरक्षा परिषद् की बैठक बुलाई गई। परन्तु अमेरिका के निषेधाधिकार के प्रयोग के कारण कुछ नहीं किया जा सका। इसके बाद संयुक्त राष्ट्रसंघ महासभा की मीटिंग बुलाई गई। 29 दिसम्बर, 1989 के संयुक्त राष्ट्र महासभा ने संयुक्त राज्य अमेरिका को अपनी सेनाएँ पनामा से हटाने को कहा। परन्तु अमेरिका ने संयुक्त राष्ट्रसंघ के प्रस्ताव की चिन्ता न करके अन्त में जनरल नोरिएगा को पकड़कर उन पर मुकदमा चलाकर उन्हें अपराधी घोषित कर दिया। पनामा में नई सरकार की स्थापना हो गई। इस पर महासभा ने अमेरिका के

विरुद्ध निन्दा प्रस्ताव पारित करके अपना रोष व्यक्त किया। इस प्रकार संयुक्त राष्ट्रसंघ ने प्रदर्शित कर दिया कि वह बड़े से बड़े राष्ट्र का विरोध करने में सक्षम है।

पनामा राज्य का निर्माण संयुक्त राज्य अमेरिका के प्रयत्नों के कारण ही कोलम्बिया राज्य के विभाजन से हुआ था। पनामा नहर पर प्रभाव बनाए रखने हेतु अमेरिकी सरकार पनामा राज्य पर भी अपना प्रभाव बनाए रखने का प्रयास कर रही है। वास्तव में अमेरिकी सरकार की नीति निकटवर्ती राज्यों पर प्रभाव बनाए रखने की रही है। इसलिये दो वर्ष पूर्व अमेरिका ने ग्रेनाडा पर आक्रमण किया था। जनरल नोरिएगा (Noreiga) पहले अमेरिकी गुप्तचर सेवा (C.I.A.) को सूचना देने वाले या मुखबिर (Informer) रहे हैं और 13 वर्ष तक पनामा के गुप्तचर विभाग के सर्वोच्च अधिकारी और बाद में सेनापति और उसके बाद राष्ट्रपति बने। परन्तु मादक द्रव्यों की बिक्री से उन्होंने बहुत धन कमाया। राष्ट्रपति पद के पुनः चुनाव में वह गुलीरमो इण्डारा (Gullirmo Endara) से हार गए। परन्तु उन्होंने राष्ट्रपति पद नहीं छोड़ा और नागरिकों पर अत्याचार आरम्भ कर दिए। अतः 20 दिसम्बर, 1989 को अमेरिका ने पनामा पर आक्रमण कर दिया। उसने कहा कि वह अमेरिकी नागरिकों व जनता के प्रजातांत्रिक अधिकारों की रक्षा के लिए पनामा पर आक्रमण कर रहा है। जनरल नोरिएगा ने वेटिकन राजदूतावास में शरण ली, परन्तु अमेरिकी सेनाओं ने दूतावास को घेर लिया। श्री नोरिएगा व उनकी पत्नी ने अमेरिकी सेनाओं के सामने आत्मसमर्पण कर दिया। अमेरिका ने जनरल नोरिएगा पर मुकदमा चलाकर उन्हें दण्डित किया। श्री गुलीरमो इण्डारा (Gullirmo Endara) जो मई, 1989 में राष्ट्रपति पद के चुनाव में जीते थे, पनामा के राष्ट्रपति बन गए। अतः लोगों का कहना है कि पनामा पर हस्तक्षेप करके अमेरिका ने अपनी पसन्द का राष्ट्रपति पनामा में पदासीन करा दिया, जो अनुचित था। अतएव संयुक्त राज्य अमेरिका को पनामा पर आक्रमण के कारण संयुक्त राष्ट्रसंघ में कड़े विरोध का सामना करना पड़ा। रूस ने विरोध करते हुए कहा कि एक दुर्बल राष्ट्र पर सबल राष्ट्र ने आक्रमण करके पनामा में मानव अधिकारों तथा राजनीतिक परम्पराओं का उल्लंघन किया है। परन्तु अमेरिका ने इसे रक्षात्मक कार्यवाही (right of self-defence) बताया। इससे पूर्व अमेरिका ने ग्रेनेडा (Grenada) के विरुद्ध इसी प्रकार की कार्यवाही की थी। भूतपूर्व राष्ट्रपति रीगन और वर्तमान राष्ट्रपति बुश की गनबोट राजनीति (Gunboat diplomacy) की निन्दा की गई। संयुक्त राष्ट्रसंघ के प्रभाव से अमेरिका को पनामा से अपनी सेनाओं को वापस बुला लेने को विवश होना पड़ा। संयुक्त राष्ट्रसंघ द्वारा अमेरिका की निन्दा करना और उसको पनामा से अपनी सेनाएँ बुला लेने के लिए बाध्य करना, इसकी बहुत बड़ी उपलब्धि मानी जा सकती है। अब पनामा में निर्वाचित सरकार शासन कर रही है और शान्ति है।

अफगानिस्तान की समस्या

अफगानिस्तान सदैव से भारत का अभिन्न अंग रहा है। परन्तु मुगल सम्राट मुहम्मदशाह रंगीला की दुर्बलता से लाभ उठाकर 1739 में नादिरशाह ने इसे जीत

लिया और उसके सेनापति अहमदशाह अब्दाली ने स्वतन्त्र अफगान राज्य का निर्माण किया। परन्तु अंग्रेजी शासनकाल में भारत सरकार का इस पर नियन्त्रण रहा जो 1947 में भारत विभाजन के कारण शिथिल पड़ गया। अन्तिम शासक राजा जहीरशाह को षड्यन्त्र करके पदच्युत कर भागने को विवश किया गया।

आपसी झगड़ों से लाभ उठाकर 27 दिसम्बर, 1979 को सोवियत संघ ने अफगानिस्तान में सैनिक हस्तक्षेप करके बबरक करमाल को काबुल की गद्दी पर बैठा दिया और 28 दिसम्बर, 1979 को हफीजउल्लाह अमीन, जो पहले सत्तारूढ़ थे, उनकी हत्या कर दी गई। इस समय से लेकर फरवरी, 1989 तक अफगानिस्तान में सोवियत सेना निरन्तर बनी रही। यह संकट इसलिए गम्भीर मालूम पड़ता है क्योंकि सोवियत संघ ने साम्यवादी घेरे से बाहर निकलकर एक गुटनिरपेक्ष देश पर आक्रमण करके उसकी अखण्डता और स्वतंत्रता को संकट में डाल दिया। इस संकट के कारण दक्षिणी एशिया के अन्य देशों को भी खतरा उत्पन्न हो गया। उन्हें इस बात का भय उत्पन्न हो गया कि किसी भी समय रूस द्वारा उनकी स्वतंत्रता का भी अपहरण किया जा सकता है। अफगानिस्तान में सोवियत संघ की इस कार्यवाही ने इस क्षेत्र में शक्ति-सन्तुलन बिगाड़ दिया और हिन्द महासागर में महाशक्तियों की प्रतिस्पर्द्धा बहुत बढ़ गई। इससे शीतयुद्ध का एक नया दौर शुरू हुआ तथा रूस और पश्चिमी देशों, मुस्लिम देशों व चीन से प्रतिस्पर्द्धा बढ़ गई।

अफगानिस्तान से सोवियत सैनिकों को हटाने की लगातार माँग होती रही परन्तु आरम्भ में संयुक्त राष्ट्रसंघ इस दिशा में कोई ठोस कार्यवाही नहीं कर पाया। जनवरी, 1980 में सुरक्षा परिषद् ने एक प्रस्ताव पारित करके सोवियत संघ से अफगानिस्तान में अपनी गतिविधियों को समाप्त करके अपने सैनिकों को वापस बुलाने की माँग करनी चाही थी, परन्तु सोवियत संघ ने निषेधाधिकार का प्रयोग करके इस प्रस्ताव को निरस्त कर दिया। इसी समय संयुक्त राष्ट्र महासभा की आपातकालीन बैठक हुई। इस बैठक में प्रस्ताव पारित करके यह माँग की गई कि सोवियत संघ अफगानिस्तान से तत्काल अपनी सेनाएँ वापस बुला ले। परन्तु सोवियत संघ की ओर से इस प्रस्ताव पर कोई ध्यान नहीं दिया गया। अतएव वहाँ रूस समर्थित नजीबुल्ला सरकार व मुजाहिदीन के मध्य युद्ध चलने लगा। मुजाहिदीन को ईरान, ईराक व अमेरिका का समर्थन मिल रहा है।

चीन ने भी अफगानिस्तान में रूसी हस्तक्षेप का विरोध किया। रूसी सेनाएँ मुजाहिदीन सेनाओं को पराजित करने में सफल नहीं हुईं तथा निरन्तर युद्ध से रूस की उसी प्रकार की जन और धन की हानि हो रही थी जैसी कि अमेरिका की वियतनाम में हुई थी। अतएव संयुक्त राष्ट्रसंघ के महासचिव पेरेज द कुइयार के प्रयासों से समझौता हो गया, जिसका उल्लेख पीछे किया जा चुका है। फरवरी, 1989 में रूसी सेनाएँ अफगानिस्तान छोड़कर वापस चली गईं, परन्तु रूस समर्थित नजीबउल्ला की सरकार का शासन बना रहा। अतः पाकिस्तान समर्थित शिया मुजाहिदीन ने युद्ध

जारी रखा। मुजाहिदीन को अस्त्र-शस्त्रों आदि की सहायता अमेरिका द्वारा दी जाती रही। इन्हें ब्रिटेन, चीन व अन्य मुस्लिम राष्ट्रों का भी समर्थन प्राप्त था।

अफगानिस्तान के गृहयुद्ध की समाप्ति के लिए संयुक्त राष्ट्रसंघ निरन्तर प्रयास कर रहा है। ब्रिटेन की प्रधानमंत्री श्रीमती मार्ग्रेट थैचर ने नजीबउल्ला सरकार को हटा कर एक सर्वसम्मत सरकार के गठन व आमचुनाव का प्रस्ताव रखा, जिसे नजीबउल्ला सरकार ने ठुकरा दिया। अतः नजीबउल्ला सरकार और मुजाहिदीन के मध्य युद्ध चलता रहा। क्योंकि रूस नजीबउल्ला सरकार को और अमेरिका व मुस्लिम राष्ट्र मुजाहिदीन की सहायता निरन्तर करते रहे।

रूस और अमेरिका अफगानिस्तान में चलने वाले निरन्तर युद्ध से तंग आ गए। अतः दोनों के प्रतिनिधियों ने पाकिस्तान के मुजाहिदीन नेताओं से वार्तालाप करके यह निश्चय किया कि 1990 में युद्ध समाप्त करा दिया जाये तथा अफगानिस्तान में एक सर्वसम्मत सरकार की स्थापना की जाए, जिसे अफगानिस्तान के साम्यवादी दल (PDPA) व मुजाहिदीन दोनों का सहयोग प्राप्त हो और समस्या के समाधान में भूतपूर्व शाह जहीरशाह का भी सहयोग प्राप्त हो। पाकिस्तान की जिया-उल-हल सरकार व ईरान के कट्टर शिया धार्मिक नेता अयातुल्ला खुमैनी का रुख कट्टर इस्लामी था, परन्तु श्रीमती बेनजीर भुट्टो व रफसंजानी से ऐसी आशा की जाती थी कि वह अमेरिका, रूस, व संयुक्त राष्ट्रसंघ के प्रयासों का सम्मान करते हुए अफगानिस्तान की समस्या के समाधान में सहायक सिद्ध होंगे। फरवरी, 1990 में रूस और अमेरिका ने अफगानिस्तान में सबकी मिलीजुली (broad-based) सरकार बनाने का निर्णय लिया।

डॉ॰ नजीब की सरकार व मुजाहिदीन के निरन्तर युद्ध से अफगानिस्तान में अपार जन और धन की हानि हो रही थी और दोनों ही पक्ष निरन्तर युद्ध से तंग आ चुके थे। अतः अब गृहयुद्ध धीमी गति से चल रहा था। दूसरी ओर दोनों ही पक्ष जनता द्वारा समर्थित विस्तृत सरकार के गठन के पक्ष में थे। अतः आशा थी कि संयुक्त राष्ट्रसंघ के प्रयासों से एक सर्वसम्मत स्थायी सरकार की स्थापना हो जायेगी तथा बाद में चुनाव द्वारा स्थायी सरकार का निर्माण होगा।

अफगानिस्तान से रूसी सैनिकों को वापस कराना तथा वहाँ प्रजातांत्रिक सरकार की व्यवस्था करना संयुक्त राष्ट्रसंघ की महान सफलता है और आशा है कि वहाँ शीघ्र ही युद्ध समाप्त होकर संयुक्त राष्ट्रसंघ के प्रयासों से सर्वसम्मत सरकार की स्थापना हो जाएगी। इस पर हम आगे विचार करेंगे।

अफगानिस्तान में संयुक्त राष्ट्रसंघ द्वारा शान्ति स्थापना के प्रयास

अफगानिस्तान का क्षेत्रफल 647497 वर्ग किलोमीटर व जनसंख्या 2 करोड़ 67 लाख के लगभग 2001 में है। यह आदिकाल से भारत का भाग था। वैदिक काल से लेकर मुगल काल तक यहाँ भारत का आधिपत्य रहा। परन्तु 1739 में मुगल बादशाह मुहम्मद शाह को पराजित करके नादिरशाह ने इसे अपने साम्राज्य

में मिला लिया। 1747 में उसके सेनापति अहमदशाह अब्दाली ने यहाँ अपना पृथक् राज्य स्थापित कर लिया। तबसे प्रथक अफगानिस्तान राज्य चला आ रहा है। आरम्भ में इसका नाम एरियाना था, उसके बाद खुरासान 'उगते सूर्य का देश' और बाद में अफगानों के कारण अफगानिस्तान पड़ा।

अंग्रेजी शासनकाल में 1946 तक अफगानिस्तान पर भारत सरकार का नियंत्रण रहा। परन्तु 1947 में अंग्रेजों द्वारा भारत से अपना शासन समाप्त कर देने के बाद यहाँ रूस का प्रभाव बढ़ने लगा और शासक वर्ग में फूट पड़ गई। इस फूट का लाभ उठाकर 27 दिसम्बर, 1979 को सोवियत संघ ने अफगानिस्तान में सैनिक हस्तक्षेप करके बबरक करमाल को काबुल का शासन बना दिया। 28 दिसम्बर, 1979 को हफीजुल्लाह अमीन की हत्या कर दी गई। उस समय से लेकर फरवरी, 1989 तक अफगानिस्तान में सोवियत सेना निरन्तर बनी रही। यह संकट इसलिए गम्भीर मालूम पड़ता है कि पहली बार सोवियत संघ ने साम्यवादी घेरे से बाहर निकलकर एक गुट-निरपेक्ष देश के आन्तरिक मामलों में हस्तक्षेप करके उसकी अखण्डता और स्वतन्त्रता को संकट में डाल दिया है। इस संकट के कारण दक्षिणी एशिया के अन्य देशों को भी खतरा उत्पन्न हो गया। उन्हें इस बात का भय उत्पन्न हो गया था कि किसी भी समय उनकी स्वतंत्रता का भी अपहरण हो सकता है। अफगानिस्तान में सोवियत संघ की इस कार्यवाही ने शक्ति संतुलन बिगाड़ दिया और हिन्द महासागर में महाशक्तियों की प्रतिस्पर्द्धा बहुत अधिक बढ़ गई। इससे शीतयुद्ध का एक नया दौर शुरू हो गया है। अफगानिस्तान से सोवियत सैनिकों को हटाने की लगातार माँग संयुक्त राष्ट्रसंघ करता रहा है। संयुक्त राष्ट्रसंघ ने इस दिशा में ठोस कार्यवाही भी की है। जनवरी, 1980 में सुरक्षा परिषद् ने एक प्रस्ताव पारित करके सोवियत संघ से अफगानिस्तान में अपनी गतिविधियों को समाप्त करके अपने सैनिकों को वापस बुलाने की मांग की थी। परन्तु सोवियत संघ ने निषेधाधिकार का प्रयोग करके उसे निरस्त कर दिया। अतएव इसी समय महासभा की आपातकालीन बैठक हुई। इस बैठक में प्रस्ताव पारित करके यह माँग की गई कि सोवियत संघ अफगानिस्तान से तत्काल अपनी सेनाएँ वापस बुला ले। परन्तु सोवियत संघ द्वारा आरम्भ में इस ओर ध्यान नहीं दिया गया।

संयुक्त राष्ट्रसंघ ने अफगान समस्या के समाधान के निरन्तर प्रयास किये। परन्तु रूस की हठधर्मी व उसके पिछलग्गू देशों के समर्थन के कारण यह प्रयास आरम्भ में सफल नहीं हुये। अफगानिस्तान की लगभग 1/3 जनसंख्या (यानि 50 लाख से अधिक अफगानिस्तान के लोगों) को पाकिस्तान व ईरान आदि देशों में शरण लेने को विवश होना पड़ा। इन अफगान शरणर्थियों की, पाकिस्तान, ईरान, अमेरिका, सऊदी अरब व पाश्चात्य देश जिनमें ब्रिटेन प्रमुख है, सहायता करते रहे। अतः इन लोगों ने मुजाहिदीन नाम का संगठन बनाकर रूस समर्थित कठपुतली नजीबउल्ला सरकार से युद्ध करना आरम्भ कर दिया, जिसके कारण रूसी सैनिकों को व रूसी सरकार

से अत्यन्त हानि पहुंची। अन्त में संयुक्त राष्ट्रसंघ के प्रयासों से 14 अप्रैल, 1988 को रूस और अमेरिका के हस्तक्षेप से समझौता हो गया।

अफगान समझौते की मुख्य बातें–

1. पारस्परिक सम्बन्ध, विशेषकर एक दूसरे के मामले में हस्तक्षेप और अतिक्रमण न करने के सम्बन्ध में द्वि-पक्षीय अनुबंध।
2. अफगान शरणर्थियों की वापसी के लिए पाकिस्तान सरकार व अफगान सरकार में समझौता।
3. अफगानिस्तान व पाकिस्तान के आन्तरिक मामलों में हस्तक्षेप न करने का समझौता तथा रूस और अमेरिका की हस्तक्षेप न होने देने की गारण्टी।
4. रूसी सैनिकों की अफगानिस्तान से धीरे-धीरे वापसी।

इस समझौते के अनुसार रूसी सेनाएँ फरवरी, 1989 तक अफगानिस्तान से चली गईं परन्तु रूस समर्थित नजीबउल्ला सरकार सत्तारूढ़ रही। इसने ब्रिटेन, अमेरिका, पाकिस्तान व ईरान की सत्ता छोड़ने की मांग ठुकरा दी। अतः पाकिस्तान, ईरान, ब्रिटेन व अमेरिका आदि ने मुजाहिदीन की तथा रूस ने अपनी कठपुतली नजीवउल्ला सरकार की सहायता जारी रखी। निरन्तर रूसी सहायता के कारण नजीबउल्ला सरकार को पराजित करने में मुजाहिदीन असफल रहे। इस समय तक बड़े-बड़े नगरों पर सरकार और देहाती क्षेत्र में मुजाहिदीन का प्रभाव कायम रहा और युद्ध निरन्तर चलता रहा। संयुक्त राष्ट्रसंघ वहां निरन्तर शान्ति स्थापना के लिए प्रयत्नशील है और आशा है कि संयुक्त राष्ट्रसंघ के प्रयास सफल होंगे। रूस जैसे देश को अफगानिस्तान से सेनाएँ हटाने के लिए विवश कर देना संयुक्त राष्ट्रसंघ की महान सफलता है तथा यह भी आशा थी कि इसके प्रयत्नों से वहाँ शीघ्र ही शान्ति स्थापित हो जाएगी। परन्तु गृहयुद्ध चलता रहा जिसमें तालिबान ने 2/3 प्रदेश पर अधिकार कर लिया पर 2000 में संयुक्त राष्ट्रसंघ को आंशिक सफलता मिली।

नामीबिया की समस्या

नामीबिया का क्षेत्रफल 824292 वर्ग किलोमीटर तथा जनसंख्या लगभग 516 लाख है। यह अटलांटिक महासागर के तल पर स्थिति है। यहाँ की जनसंख्या में अधिकांश अफ्रीकी जाति के बोबू हैं पर दक्षिण अफ्रीका के गोरों ने यहाँ अपनी सरकार स्थापित करके अश्वेत लोगों के साथ रंगभेद के आधार पर भेदभाव आरम्भ कर दिया था। यह देश हीरों के लिए प्रसिद्ध है। अतः गुटनिरपेक्ष देश इसको दक्षिण अफ्रीका के आधिपत्य से मुक्ति दिलाने को कृतसंकल्प थे।

नामीबिया 1885 में जर्मनी का एक संरक्षित क्षेत्र था। बाद में ब्रिटेन ने जर्मनी से जीतकर इसे अपनी अधीन कर लिया और 1920 में यह दक्षिणी अफ्रीका को राष्ट्रसंघ से मैण्डेट के रूप में प्राप्त हुआ। द्वितीय विश्वयुद्ध के बाद 1946 में दक्षिण अफ्रीका ने इसे संयुक्त राष्ट्रसंघ के अन्तर्गत रखने से इन्कार कर दिया। नामीबिया

में दक्षिणी अफ्रीका के गोरे शासन से मुक्ति पाने के लिए जनता का आंदोलन प्रबल हुआ। संयुक्त राष्ट्रसंघ ने इस विषय में अनेक प्रस्ताव पारित किए। 17 दिसम्बर, 1974 को सुरक्षा परिषद् ने एक प्रस्ताव पास करके दक्षिणी अफ्रीका को 30 मई, 1975 तक इस प्रदेश से अपना शासन हटा लेने की चेतावनी (ultimatum) दी, किन्तु दक्षिण अफ्रीका सरकार द्वारा संयुक्त राष्ट्रसंघ की चेतावनी की उपेक्षा कर दी गई। 30 मई, 1975 को जब सुरक्षा परिषद् ने अपने पुराने प्रस्ताव पर फिर से विचार करना शुरू किया तो भारत सहित अफ्रीका के बहुत से देशों ने उसके विरुद्ध आर्थिक प्रतिबन्ध, शस्त्र बेचने पर पाबन्दी जैसे प्रतिबन्ध और कूटनीतिक संबंध विच्छेद करने आदि की मांग की। जब सुरक्षा परिषद् ने इस तरह के प्रतिबन्ध लगाने का प्रस्ताव पारित करना चाहा तो अमेरिका, ब्रिटेन और फ्रांस ने तिहरे वीटो का प्रयोग करते हुए इसे रद्द करवा दिया। इसी तरह इन राष्ट्रों ने वीटो के प्रयोग द्वारा संयुक्त राष्ट्रसंघ से दक्षिण अफ्रीका को निकालने के प्रस्ताव को भी रद्द करवा दिया। 24 अप्रैल, 1977 को नामीबिया के प्रश्न पर विचार करने के लिए संयुक्त राष्ट्रसंघ महासभा का विशेष अधिवेशन बुलाया गया। 28 जुलाई, 1978 को सुरक्षा परिषद् ने दो प्रस्ताव पारित किए। पहला प्रस्ताव नामीबिया को स्वतंत्र करने से संबंधित था और दूसरा प्रस्ताव बाल्विक खाड़ी को नामीबिया से पुनः मिलाने का था। दक्षिणी अफ्रीका ने पहले प्रस्ताव को तो स्वीकार कर लिया, लेकिन दूसरे प्रस्ताव को स्वीकार नहीं किया। नामीबिया को स्वाधीन करने के लिए संघर्ष करने वाला संगठन "स्वापो" बाल्विक खाड़ी को नामीबिया का अंग मानता है। इस प्रकार नामीबिया की स्वतन्त्रता के प्रश्न पर वाद-विवाद चलता रहा। 13 अगस्त, 1983 को रंगभेद व जातीय भेदभाव के विरुद्ध सम्पन्न हुए सम्मेलन में नामीबिया के लोगों की स्वतंत्रता की माँग का समर्थन किया गया तथा संयुक्त राष्ट्रसंघ के नेतृत्व में मतदान संग्रह हुआ और स्वतंत्र सरकार की स्थापना हुई। इसका विस्तृत वर्णन निम्न है।

अफ्रीका महाद्वीप के एक भाग पर जर्मनी का अधिकार था, जिसे दक्षिण पश्चिमी अफ्रीका कहा जाता था। प्रथम महायुद्ध में उस पर अंग्रेजों का अधिकार हो गया, बाद में उसे दक्षिणी अफ्रीका के संरक्षण में दे दिया गया। दक्षिण अफ्रीका ने वहाँ भी रंगभेद की नीति अपनाई, जिसका संयुक्त राष्ट्रसंघ में भारत सहित अनेक अफ्रीकी देशों ने घोर विरोध किया। उसकी स्वतन्त्रता की माँग के सम्बन्ध में निरन्तर प्रस्ताव भी पारित किए गए, परन्तु दक्षिणी अफ्रीका ने इन पर कोई ध्यान नहीं दिया।

1971 में अन्तर्राष्ट्रीय न्यायालय ने निर्णय दिया कि नामीबिया में दक्षिण अफ्रीका की उपस्थिति अवैध है। परन्तु दक्षिण अफ्रीका पर इसका कोई प्रभाव नहीं पड़ा। अतः वहाँ पर स्वापो (Swapo) नाम के संगठन ने सशस्त्र आन्दोलन व विद्रोह आरम्भ कर दिया। उसको दक्षिण अफ्रीका ने कुचलने का प्रयास किया। 1977 में सुरक्षा परिषद् ने दक्षिण अफ्रीका को शस्त्र व्यापार का आदेश अधिदेशात्मक कर दिय। 1978 में सुरक्षा परिषद् ने पश्चिमी देशों द्वारा नामीबिया को आजाद करने के लिए तैयार

किए गए कार्यक्रम को मन्जूरी दी तथा 1983 में नामीबिया की स्वतन्त्रता पर परामर्श करने के लिए संयुक्त राष्ट्रसंघ के महासचिव ने दक्षिण अफ्रीका का दौरा किया और नामीबिया की स्वतन्त्रता के पक्ष में रिपोर्ट दी।

दक्षिण अफ्रीका में अश्वेतों का आन्दोलन डा॰ नेल्सन मण्डेला के नेतृत्व में चल रहा था। स्वापो (Swapo) के नेता श्री सैम नजूमा (Sam Najuma) सशस्त्र विरोध द्वारा निरन्तर दक्षिण अफ्रीका की सरकार को परेशान कर रहे थे और संयुक्त राष्ट्रसंघ तथा विश्व जनमत द्वारा दक्षिण अफ्रीका सरकार की निरन्तर आलोचना की जा रही थी। अत: दक्षिण अफ्रीका को नामीबिया में, संयुक्त राष्ट्रसंघ के तत्वावधान में निर्वाचन कराना पड़ा। 1989 में संयुक्त राष्ट्रसंघ के तत्वावधान में 72 सदस्यों वाली विधान सभा के लिए स्वतन्त्र और निष्पक्ष चुनाव शान्तिपूर्वक सम्पन्न कराए गए, जिसमें स्वापो को बहुमत मिला। इस प्रकार नामीबिया संयुक्त राष्ट्रसंघ के प्रयासों से तथा उसके नियन्त्रण से स्वतन्त्र राज्य बनने में समर्थ हुआ।

नामीबिया को स्वाधीनता दिलवाना और वहाँ निष्पक्ष चुनाव शान्तिपूर्वक सम्पन्न करवाना, संयुक्त राष्ट्रसंघ की एक बड़ी उपलब्धि है। ऐसी आशा है कि रंगभेद के अन्तिम दीप दक्षिणी अफ्रीका में रंग-भेद की नीति समाप्त होकर जल्द ही अश्वेत सरकार की स्थापना हो गई।

संयुक्त राष्टसंघ की महान सफलताएं

वर्तमान समय में संयुक्त राष्ट्रसंघ ने महान सफलताएँ प्राप्त की हैं और उसकी कीर्ति में वृद्धि हुई है और 2001 तक महायुद्ध नहीं हो सका यह उसकी महान उपलब्धि है।

संयुक्त राष्ट्रसंघ के आलोचकों का कथन था कि संयुक्त राष्ट्रसंघ, राष्ट्रसंघ का ही परिवर्तित व विकसित रूप है और राष्ट्रसंघ की भांति इसकी सफलता में सन्देह व्यक्त किया था। परन्तु निराशावादियों की भविष्यवाणियां असत्य सिद्ध हुईं।

संयुक्त राष्ट्रसंघ ने अपने 55 वर्ष के कार्यकाल में विश्व के अनेक देशों को स्वाधीनता प्रदान कराई, विश्व में सर्वत्र शान्ति बनाए रखी, श्वेतों द्वारा अश्वेतों के प्रति अपनाई जाने वाली नीति का उन्मूलन कर दिया। अफ्रीका के सभी अश्वेत देश स्वतन्त्र हो गए। 1989 में नामीबिया को स्वतन्त्र करवाकर वहाँ शान्तिपूर्वक चुनाव सम्पन्न कराना संयुक्त राष्ट्रसंघ की बहुत बड़ी उपलब्धि है। रंगभेद के अन्तिम टापू दक्षिण अफ्रीका में भी रंगभेद समाप्त हो गया है। अभी हाल में अफगानिस्तान में समझौता कराने तथा ईरान-ईराक युद्ध बन्द कराने व वियतनाम की सेनाओं को कम्पूचिया से हटवाने सम्बन्धी जो कार्य संयुक्त राष्ट्रसंघ ने किए उससे उसकी कीर्ति में चार चाँद लग गए हैं और संयुक्त राष्ट्रसंघ के कार्यों की सर्वत्र प्रशंसा की जाने लगी है। रूस और अमेरिका ही नहीं बल्कि पाँचों स्थायी सदस्य ब्रिटेन, फ्रांस, रूस, अमेरिका व चीन आदि भी एक-दूसरे के निकट आ गए हैं। अत: आशा है कि

सभी समस्याओं का निकट भविष्य में समाधान हो जायेगा। परन्तु फिर भी कश्मीर, फिलिस्तीन, लेबनान, अफगानिस्तान, कम्पूचिया, ईरान-ईराक आदि समस्यायों का स्थायी हल निकालना अभी बाकी है।

इसी प्रकार अणुबम प्रसार को रोकने की सन्धि पर भी संयुक्त राष्ट्रसंघ अभी सभी देशों से हस्ताक्षर नहीं करवा पाया है और पारम्परिक अस्त्र-शस्त्र की मात्रा में वृद्धि भी अविकसित देश करते चले जा रहे हैं। यह वृद्धि संयुक्त राष्ट्रसंघ के नियमों के विरुद्ध और विश्व शान्ति के लिए घातक है। अत: अस्त्र-शस्त्रों की वृद्धि पर रोक लगनी चाहिए।

संयुक्त राष्ट्रसंघ को सबसे उल्लेखनीय सफलता आर्थिक, सामाजिक व कल्याणकारी कार्यों द्वारा प्राप्त हुई है। विश्व स्वास्थ्य संगठन ने बीमारियों की रोकथाम व रोगों के उन्मूलन में अभूतपूर्व सफलता प्राप्त की है। खाद्य एवं कृषि संगठन (F.A.O.) ने कृषि उत्पादन में वृद्धि और बढ़ती हुई जनसंख्या को भोजन उपलब्ध कराने में अभूतपूर्व सहायता की है। विश्व बैंक तथा अन्तर्राष्ट्रीय मुद्रा कोष आदि वित्तीय संस्थाओं ने अविकसित देशों के विकास में अद्वितीय सहायता की है। संयुक्त राष्ट्रसंघ की विभिन्न एजेन्सियों ने क्षुधा से पीड़ित और अभाव से त्रस्त मानव की समस्त विश्व में सहायता की है जिसके कारण करोड़ों मनुष्य लाभान्वित हुए हैं। दास-प्रथा तथा मानव-मानव में समस्त भेदभाव को समाप्त करने का प्रयास किया है तथा महिलाओं के अधिकारों में वृद्धि की है। छोटे राष्ट्रों को प्रोत्साहन दिया है। संयुक्त राष्ट्रसंघ तथा उसकी अधिकांश संस्थाओं व प्राधिकरणों व एजेन्सियों के पदाधिकारी छोटे-देशों के ही होते हैं।

परन्तु सबसे अधिक कठिनाई तब होती है जब सदस्य देशों की कथनी और करनी में अन्तर होता है। जैसे सभी देशों ने शिक्षा को प्रोत्साहन देना स्वीकार किया है और भारत साक्षरता दिवस भी मना रहा है। परन्तु यहाँ विश्व के सबसे अधिक यानि 54 करोड़ व्यक्ति अशिक्षित है। इसी प्रकार सभी देश मानव अधिकारों के पालन का दम भरते हैं परन्तु एमनेस्टी इण्टरनेशनल के अनुसार विश्व के बहुत से देशों में मानव अधिकारों का उल्लंघन करके विरोधियों, अल्पसंख्यकों व दुर्बल जातियों पर अत्यन्त निर्मम अत्याचार किए जाते हैं। परन्तु 1990 में ईरान के विरुद्ध मानव अधिकारों के उल्लंघन करने की शिकायत आने पर संयुक्त राष्ट्रसंघ ने जाँच आयोग नियुक्त किया, जिसके, ईरान की सरकार ने, जाँच के अधिकार को स्वीकार कर लिया। अगर मानव अधिकारों के उल्लंघन करने की शिकायत आने पर संयुक्त राष्ट्रसंघ ने जाँच आयोग नियुक्त करने की नीति अपनाई तो वह दिन दूर नहीं जब निर्मम अत्याचार और मानव अधिकारों का अकारण खुलेआम उल्लंघन समाप्त हो जाएगा।

सारांश में यह कहा जा सकता है कि विश्व शान्ति बनाए रखने में सफलता संयुक्त राष्ट्रसंघ की बहुत बड़ी उपलब्धि है और उससे अधिक कीर्तिमान बनाने वाले

उसके लोकहितकारी कार्य हैं। सीमित अधिकारों और क्षमता को ध्यान में रखते हुए संयुक्त राष्ट्रसंघ की उपलब्धियां अत्यन्त गौरवपूर्ण और महान हैं। अत: अगले पृष्ठों में उसके शान्ति स्थापना के कार्यों का विवरण प्रस्तुत करेंगे।

संयुक्त राष्ट्रसंघ के शान्ति सम्बन्धी कार्य

संयुक्त राष्ट्रसंघ का प्रमुख उद्देश्य विश्व शान्ति बनाए रखना है। अत: संयुक्त राष्ट्रसंघ शान्ति सारिणी के मील-पत्थरों का परिचय आवश्यक है।

1945 : 24 अक्तूबर को संयुक्त राष्ट्रसंघ की स्थापना हुई।

1947 : संयुक्त राष्ट्रसंघ की महासभा द्वारा फिलिस्तीन के लिए एक योजना का अनुमोदन हुआ। इसके अनुसार 1948 में ब्रिटिश मैण्डेट (Mandate) की समाप्ति पर फिलिस्तीन अरब और यहूदी राज्यों में बंट जाएगा और यरुशलम संयुक्त राष्ट्रसंघ के प्रशासन के अधीन रहेगा। फिलिस्तीनी शरणार्थियों के कल्याण की देखभाल करने के लिए संयुक्त राष्ट्रसंघ का एक अभिकरण स्थापित हुआ।

1949 : विभाजित बर्लिन नगर में पश्चिमी देशों की पहुंच के सम्बन्ध में उत्पन्न संकट का समाधान हुआ।

1950 : कोरिया के दक्षिणी भाग पर उत्तरी भाग द्वारा हुए आक्रमण को रोकने में सहायता पहुंचाने का आह्वान सुरक्षा परिषद् ने सदस्य देशों से किया।

1951 : शरणार्थियों से सम्बन्धित समझौते का अनुमोदन हुआ जिसमें उनके अधिकारों का और उसके प्रति व्यवहार के अन्तर्राष्ट्रीय मानकों का स्पष्ट उल्लेख किया गया।

1952 : महासभा ने रंगभेद नीति की सम्पूर्ण समस्या पर विचार करने का निर्णय किया।

1953 : संयुक्त राष्ट्रसंघ की पहल से कोरिया में युद्ध-विराम लागू हुआ तथा भारत को सैनिकों की अदला-बदली आयोग का अध्यक्ष बनाया गया।

1954 : चीन में युद्ध-बन्दी बनाए गए अमेरिकी वायु सैनिकों की रिहायी के लिए की गई गुप्त वार्ता सफल।

आर्थिक तथा सामाजिक परिषद् के यूरोप के प्रादेशिक आयोग ने विभिन्न अर्थ-व्यवस्थाओं के बीच व्यापार सम्बन्ध का मामला उठाया।

शरणार्थियों के उच्चायुक्त नोबिल शान्ति पुरस्कार से अलंकृत किए गए।

1955 : परमाणु ऊर्जा के शान्तिपूर्ण उपयोग के लिए प्रथम अन्तर्राष्ट्रीय सम्मेलन जेनेवा में बुलाया गया। इस क्षेत्र में सहयोग के अनेक क्षेत्रों पर सहमति हुई तथा आयोग की नियुक्ति पर विचार हुआ।

1956 : स्वेज नहर के मामले पर मध्य पूर्व में चल रहा युद्ध समाप्त हुआ और सिनाई में संयुक्त राष्ट्रसंघ शांति सेना तैनात की गई जिसने ब्रिटेन, फ्रांस और इजराइल को जीते हुए प्रदेश खाली करने को विवश किया तथा हंगरी में रूसी आक्रमण का विरोध किया।

1958 : संयुक्त राष्ट्रसंघ के एक प्रेक्षक दल ने लबनान संकट का समाधान ढूंढ़ने में सहायता की। सदस्य सरकारों की एक अन्य उपसमिति ने समुद्री जहाजों की सुरक्षा के लिए मानक निर्धारित किए। संयुक्त राष्ट्रसंघ के पर्यवेक्षण में जनमत-संग्रह करने के बाद टोगोलैंड को स्वतन्त्र किया गया।

1959 : संयुक्त राष्ट्रसंघ के पर्यवेक्षण में लिए गए जनमत-संग्रह के फलस्वरूप ब्रिटिश कैमरून का एक हिस्सा नाईजीरिया में शामिल हुआ और दूसरा स्वतन्त्र कैमरून बना। यह संयुक्त राष्ट्रसंघ की महान उपलब्धि थी।

1960 : नव स्वतन्त्रता प्राप्त कांगो के अनुरोध पर संयुक्त राष्ट्रसंघ की शान्ति सेना वहाँ भेजी गई। महासचिव डाग हैमरशोल्ड के बलिदान तथा ऊ थांट के प्रयासों से वहाँ सफलता मिली।

1962 : क्यूबा में नाभिकीय प्रक्षेपास्त्रों के सम्बन्ध में अमेरिका और रूस के बीच उठे विवाद को हल करने में संयुक्त राष्ट्रसंघ ने मुख्य भूमिका अदा की।

इण्डोनेशिया में पश्चिमी न्यूगिनी को शामिल करने से पहले संयुक्त राष्ट्रसंघ ने उस प्रदेश का शासन अपने अधीन कर लिया। यमन में शान्ति प्रयासों में सहायता देने के लिए संयुक्त राष्ट्रसंघ का प्रेक्षक दल भेजा गया।

1963 : संयुक्त राष्ट्रसंघ तथा खाद्य एवं कृषि संगठन ने अभावग्रस्त राष्ट्रों के लिए एक विश्व खाद्य कार्यक्रम आरम्भ किया। सुरक्षा परिषद् ने दक्षिण अफ्रीका के विरुद्ध स्वैच्छिक शस्त्र व्यापार के विरोध का आह्वान किया।

1964 : साइप्रस में एक संयुक्त राष्ट्रसंघ शान्ति सेना भेजी गई जिसने साइप्रस की समस्या का समाधान किया।

1965 : भारत और पाकिस्तान के बीच युद्ध के उपरान्त सेना की वापसी में सहायता पहुंचाने के लिए संयुक्त राष्ट्रसंघ का प्रेक्षक दल भेजा गया। उसने युद्ध बन्द करवाया।

संयुक्त राष्ट्र शिशु कल्याण निधि को नोबिल शान्ति पुरस्कार प्राप्त।

1966 : सुरक्षा परिषद् ने दक्षिणी रोडेशिया के विरुद्ध आदेशात्मक शक्ति लागू कर दी, जहाँ एक नस्लवादी श्वेत अल्पसंख्यक सरकार ने 1965 में ब्रिटेन से एकपक्षीय स्वतन्त्रता घोषित कर दी थी। परन्तु संयुक्त राष्ट्रसंघ ने ऐसे

उपाय अपनाए कि रोडेशिया में जिम्बाब्वे के नाम से आगे चलकर अश्वेत सरकार की स्थापना हुई।

1967 : मध्य पूर्व एशिया में अरब-इजराइल युद्ध आरम्भ होने पर सुरक्षा परिषद् ने अधिगृहीत प्रदेशों से सेना वापस लौटाने का आह्वान किया और इस क्षेत्र के प्रत्येक राष्ट्र के अपनी सुरक्षा की व्यवस्था करने के अधिकार को मान्यता दी।

1970 : महासभा में अन्तर्राष्ट्रीय तौर पर इस बात की सहमति हुई कि राष्ट्रीय अधिकार क्षेत्र के बाहर समुद्र की तलहटी और महासमुद्र के तल पर अन्य राष्ट्रों का अधिकार किन सिद्धान्तों के आधार पर होगा।

1971 : अन्तर्राष्ट्रीय न्यायालय ने ऐलान किया कि नामीबिया में दक्षिण अफ्रीका की उपस्थिति अवैध है। साम्यवादी चीन संयुक्त राष्ट्रसंघ का वैध सदस्य बना। बहरीन की हैसियत के सम्बन्ध में ईरान और ब्रिटेन के बीच में विवाद को दूर करने में संयुक्त राष्ट्रसंघ द्वारा दी गई सहायता के फलस्वरूप यह देश स्वतन्त्र हुआ।

पाकिस्तान के साथ हुए संघर्ष में संयुक्त राष्ट्रसंघ ने बांगलादेशियों के लिए बड़े पैमाने पर राहत कार्य संगठित किए।

1973 : सिनाई के मैदान एवं गोलन पहाड़ियों में एक नई शान्ति सेना ने पड़ाव डाला जिससे अरब-इजराइल युद्ध समाप्त होकर वहाँ शान्ति स्थापित हुई।

1977 : सुरक्षा परिषद् ने दक्षिण अफ्रीका को शस्त्र व्यापार का निषेध अधिदेशात्मक कर दिया।

1978 : सुरक्षा परिषद् ने पश्चिमी देशों द्वारा नामीबिया को आजाद करने के लिए तैयार किए गए कार्यक्रम को मंजूरी दी।

लेबनान में संयुक्त राष्ट्रसंघ शान्ति सेना की एक टुकड़ी तैनात हुई।

1980 : विश्व स्वास्थ्य संगठन द्वारा आयोजित एक अभियान के परिणामस्वरूप समस्त विश्व में चेचक का उन्मूलन हुआ तथा मलेरिया की रोकथाम की गई।

1982 : समुद्र सम्बन्धी नियमों पर एक समझौता हुआ।

1983 : नामीबिया की स्वतन्त्रता पर परामर्श करने के लिए संयुक्त राष्ट्र महासचिव ने दक्षिण अफ्रीका का दौरा किया तथा नामीबिया की स्वतन्त्रता का मार्ग प्रशस्त किया।

1984 : महासभा ने अफ्रीका की संकटग्रस्त अर्थ-व्यवस्था और अकाल की स्थिति पर एक प्रस्ताव स्वीकृत किया।

1985 : अफ्रीका के लोगों के लिए विशाल अकाल राहत उपायों पर अमल किया गया।

1986 : शान्ति के लिए विश्व के 110 देशों से होकर 'पृथ्वी धावन' का आयोजन किया गया तथा शान्ति की भावना को प्रोत्साहन दिया।

1988 : संयुक्त राष्ट्रसंघ के महासचिव के प्रयत्नों से ईरान-ईराक में 8 वर्षों से चल रहे युद्ध की समाप्ति हुई तथा वहाँ संयुक्त राष्ट्रसंघ के पर्यवेक्षक नियुक्त किए गए।

1989 : नामीबिया की स्वतन्त्रता व संयुक्त राष्ट्रसंघ के अन्तर्गत निर्वाचन व अफ्रीकनों के दल स्वापो की सरकार की स्थापना।

1990 : कम्पूचिया के सम्बन्ध में पाँच स्थायी सदस्यों–ब्रिटेन, फ्रांस, चीन, रूस व अमेरिका द्वारा संयुक्त राष्ट्रसंघ के तत्वावधान में निर्वाचन कराने पर सहमति।

साधारण शिकायत पर संयुक्त राष्ट्रसंघ द्वारा ईरान में मानव अधिकारों के उल्लंघन के आरोप की जाँच के लिए आयोग का भेजा जाना। ईरान द्वारा मानव अधिकारों की जाँच के लिए संयुक्त राष्ट्रसंघ के आयोग को मान्यता देना एक महान उपलब्धि है। अगर संयुक्त राष्ट्रसंघ ने इसी प्रकार अन्य देशों के प्रति मानव अधिकारों की रक्षा के लिए कदम उठाए तो समस्त विश्व में मानव अधिकारों की रक्षा में सहायता मिलेगी।

स्वतन्त्रता और समानता की भावना का प्रसार, विश्व शान्ति की रक्षा और पराधीन देशों को स्वतन्त्रता दिलाना तथा मानवता के लिए कल्याणकारी कार्य संयुक्त राष्ट्रसंघ की ऐसी उपलब्धियाँ हैं जिनकी जितनी प्रशंसा की जाये उतना ही कम है।

अफगानिस्तान व कम्पूचिया में सर्वसम्मत सरकार की स्थापना की स्वीकृति।

दक्षिणी अफ्रीका के अश्वेत नेता डॉ॰ नेल्सन मण्डेला की रिहाई तथा उनका शासक बनना। रंगभेद नीति की समाप्ति।

2 अगस्त, 1990 को ईराक द्वारा कुवैत पर अधिकार करना तथा 17 जनवरी, 1991 को अमेरिका व ब्रिटेन के नेतृत्व में ईराक पर आक्रमण करना व कुवैत को मुक्त कराना।

13 सितम्बर, 1993 को फिलिस्तीनियों व इजराइलियों में समझौता।

20 जनवरी, 1995 को विश्व व्यापार संगठन का आरम्भ।

5 मई, 1997 को कनाडा के ओटावा नगर में 21 देशों द्वारा पृथ्वी पर जाल न बिछाने का समझौता।

11/28, मई 1998 को भारत तथा पाकिस्तान द्वारा अणु अस्त्रों का परीक्षण तथा 2000 में कारगिल युद्ध भारत व पाकिस्तान के मध्य परन्तु संयुक्त राष्ट्रसंघ के प्रयासों से शान्ति रहना।

संयुक्त राष्ट्रसंघ तथा तृतीय विश्व के देश (U.N.O. and Third World Countries)

द्वित्तीय महायुद्ध 1939 से 45 तक चला इसमें संयुक्त राज्य अमेरिका (U.S.A.) तथा रूस (U.S.S.R.) और U.K. अब ब्रिटेन विजयी हुये तथा जापान, जर्मनी व इटली पराजित हुये अत: संयुक्त राष्ट्रसंघ के निर्माण में संयुक्त राज्य अमेरिका व ब्रिटेन और रूस ने मुख्य भूमिका निभाई परन्तु बाद में चीन और फ्रांस को भी सुरक्षा परिषद् का स्थाई सदस्य बना कर वीटो (Veto) का अधिकार प्रदान किया गया।

ब्रिटेन, फ्रांस व यूरोपीय देशों का शासन विश्व के अधिकांश भागों में था परन्तु द्वित्तीय महायुद्ध के बाद शासन समाप्त होता चला गया और नवोदित्त स्वतन्त्र राष्ट्रों से तृतीय विश्व के देशों का निर्माण हुआ तथा संख्या में अधिक होने के कारण इनका बहुमत है अत: उनकी स्वतंत्रता प्राप्ति कार्यों का ज्ञान यहां कराया जा रहा है।

पश्चिमी एशिया में उपनिवेशीकरण का उन्मूलन (Decolonization in West Asia)–भारत को अगस्त, 1947 में दो भागों पाकिस्तान तथा भारत में विभक्त कर स्वतंत्र कर दिया गया तथा धीरे-धीरे बर्मा, लंका, वियतनाम, कम्बोडिया, लाओस, फिलीपाईन, मलेशिया, सिंगापुर, ईराक, सीरिया, पैलेस्टाइन, इजराइल व फिलीस्तीन आदि सभी देश स्वतन्त्र हो गये।

अफ्रीकी प्रायद्वीप से उपनिवेशवाद की समाप्ति (Decolonization in African Continent)–उन्नीसवीं शताब्दी के अन्तिम चरण में सम्पूर्ण अफ्रीका महादेश यूरोपीय शक्तियों का उपनिवेश बन गया। जिस समय द्वितीय विश्व युद्ध खत्म हुआ उस समय सम्पूर्ण अफ्रीका में अबीसीनिया, दक्षिण अफ्रीका तथा मिस्त्र ही अर्द्ध-स्वतंत्र राज्य थे, शेष अफ्रीका यूरोपीय साम्राज्यवाद के चंगुल में फंसा रहा। अधिकांश अफ्रीका महादेश विभिन्न यूरोपीय शक्तियों के मध्य बंटा हुआ था।

द्वितीय विश्वयुद्ध के बाद अफ्रीका के देशों में एक नयी जागृति आयी और वहां स्वतंत्रता की भावना अंगड़ाई लेने लगी। सम्पूर्ण अफ्रीका में स्वतंत्रता के लिए व्यापक संघर्ष हुआ जिसके फलस्वरूप अफ्रीकी देश एक-एक करके स्वतंत्र होने लगे। इस काल में अफ्रीकी देशों को इस क्रम में स्वतत्रंता की प्राप्ति हुई। इनका उल्लेख निम्न प्रकार है–

क्र.सं.	प्रदेश का नाम	स्वतंत्रता पूर्व प्रशासकीय देश	क्षेत्रफल (वर्गमील)	1961 के अनुसार जनसंख्या	स्वतंत्र होने की तिथि
1.	लीबिया	इटली	6,79,358	12 करोड़	नवम्बर, 1951
2.	इरिट्रिया	"	"	—	सितम्बर, 1952
3.	सूडान	ब्रिटेन	9,67,500	10 करोड़	जनवरी, 1954
4.	मारक्को	फ्रांस	—	—	मार्च 1956
5.	टयूनिशिया	फ्रांस	48,413	39,25,000	मार्च, 1956
6.	घाना	ब्रिटेन	91,843	48 लाख	मार्च, 1957
7.	गिनी	फ्रांस	1,05,200	3,00,000	अक्तूबर, 1958
8.	कैमरून	फ्रांस	1,66,369	32,65,000	जनवरी, 1960
9.	मास्को (कुछ अंश)	स्पेन	—	—	मार्च, 1960
10.	टोगा	फ्रांस	4,21,893	12 लाख	अप्रैल, 1960
11.	मालीसंघ	फ्रांस	—	—	जुलाई, 1960
12.	कांगोली गणराज्य	बेल्जियम	9,43,300	1.30 करोड़	जुलाई, 1960
13.	सोमालिया	ब्रिटेन व इटली	—	—	1960
14.	मालगासा	फ्रांस गणराज्य	2,28,000	51,74,523	जुलाई, 1960
15.	छाद	फ्रांस	496,000	25,80,000	अगस्त, 1960
16.	नाइजर	फ्रांस	49,45,000	24 लाख	अगस्त, 1960
17.	आइवरी कोस्ट	फ्रांस	—	—	अगस्त, 1960
18.	वोल्टाई गणराज्य	फ्रांस	—	—	अगस्त, 1960
19.	गेबेन	फ्रांस	1,03,000	41,12,800	अगस्त, 1960
20.	होमी	फ्रांस	45,900	17,11,000	अगस्त, 1960
21.	कांगो गणराज्य	फ्रांस	—	—	अगस्त, 1960
22.	मध्यवर्ती अफ्रीका	फ्रांस	—	—	अगस्त, 1960
23.	नाइजीरिया	ब्रिटेन	3,73,250	3.5 करोड़	अक्तूबर 1960
24.	मारितोनया	फ्रांस	4,15,900	5 लाख	नवम्बर, 1960
25.	सियशलियोव	फ्रांस	—	—	अप्रैल, 1961
26.	रुआंडा-उरांडी	बेल्जियम	30,540	46,30,000	जुलाई, 1962
27.	अल्जीरिया	फ्रांस	58,26,000	17,02,65,000	सितम्बर, 1962
28.	युगांडा	ब्रिटेन	93,981	75,17,000	अक्तूबर, 1962
29.	तंगानिका	ब्रिटेन	3,62,688	90 लाख	दिसम्बर, 1962
30.	केनिया	ब्रिटेन	—	—	दिसम्बर, 1963
31.	जंजीबार	ब्रिटेन	—	—	दिसम्बर, 1963
32.	मालावी	ब्रिटेन	—	—	दिसम्बर, 1964

क्र.सं.	प्रदेश का नाम	स्वतंत्रता पूर्व प्रशासकीय देश	क्षेत्रफल (वर्गमील)	1961 के अनुसार जनसंख्या	स्वतंत्र होने की तिथि
33.	जाम्बिया	ब्रिटेन	—	—	दिसम्बर, 1964
34.	गेम्बिया	ब्रिटेन	—	—	दिसम्बर, 1965
35.	गुआवा	ब्रिटेन	—	—	मई, 1966
36.	वोन्सवाना	ब्रिटेन	—	—	सितम्बर, 1965
37.	लेसोपो	ब्रिटेन	—	—	अक्तूबर, 1965
38.	बाखाडोस	ब्रिटेन	—	—	नवम्बर, 1966
39.	मारिशस	ब्रिटेन	—	—	नवम्बर, 1966
40.	नामीबिया	द॰ अफ्रीका	—	—	21 मार्च, 1990

निष्कर्ष (Conclusion)–उपर्युक्त विश्लेषण से यह स्पष्ट है कि द्वितीय विश्व युद्ध के पश्चात् एशिया तथा अफ्रीका से यूरोपियन उपनिवेशवाद का जुआ उतर गया। परिणामतः अन्तर्राष्ट्रीय जगत में यूरोपियन देशों का प्रभुत्व क्षीण हो गया। संयुक्त राष्ट्र की महासभा में भी इन्हीं तृतीय विश्व के देशों का बहुमत स्थापित हो गया। इसलिये उनका संयुक्त राष्ट्रसंघ पर प्रभाव है अतः उनके कार्यों का उल्लेख संक्षेप में आवश्यक है।

तृतीय विश्व की अवधारणा तथा तृतीय विश्व की सामान्य विशेषताएं (Concept of Third World and Its General Characteristics)

तृतीय विश्व की अवधारणा, अर्थ व विशेषतायें (The Concept of Third World — Meaning and Characteristics)–हमारे विश्व पटल पर तीन प्रकार की दुनिया (World) का वर्णन किया। (1) पहली दुनिया, जिसमें पश्चिम के सम्पन्न विकसित देश आते हैं। (2) दूसरी दुनिया, जिसमें विश्व के साम्यवादी देश आते हैं। (3) तीसरी दुनिया, जिसमें विश्व के विकासशील देश से लेकर गरीब, अल्पविकसित देश आते हैं (Underdeveloped countries)।

तृतीय विश्व की अवधारणा (Concept of the 'Third World')–'तृतीय विश्व' या 'तीसरी दुनिया' अन्तर्राष्ट्रीय राजनीति का एक परिभाषित शब्द है। इस शब्द का अर्थ भी समय-समय पर परिवर्तित होता रहा है। 'तृतीय विश्व' की अवधारणा का उद्‌गम फ्रांस है। 1950 ई॰ में इसका आशय शीतयुद्ध के सन्दर्भ में निरपेक्ष राष्ट्रों के ऐसे समूह से था, जो न तो पश्चिमी शक्तियों (प्रथम विश्व-जिसका नेतृत्व अमेरिका करता है) से सम्बद्ध थे और न ही साम्यवादी गुट (द्वितीय विश्व-जिसका नेतृत्व सोवियत संघ करता है) से सम्बद्ध थे। 1960 के दशक में इस अवधारणा का उपयोग दक्षिण अमेरिका, एशिया और अफ्रीका के देशों के लिए किया गया। इन्हें 'अविकसित' भी कहा गया और 'पूर्व औद्योगिक' भी। आज बीसवीं शाताब्दी के नौवें दशक में

जिन देशों को इस तृतीय विश्व में सम्मिलित किया गया है उनमें कोई भी वैचारिक एकरूपता नहीं है जिसमें किसी सामूहिक अवधारणा से उन्हें सम्बोधित किया जा सके। पर ये सभी गुट निरपेक्ष राष्ट्र हैं और गरीबी और पिछड़ेपन के विधिवत् प्रतीक हैं व अविकसित Undeveloped हैं।

परिभाषायें (Definitions)–'तृतीय विश्व' की अवधारणा को अनेक पाश्चात्य विद्वानों ने परिभाषित किया है। कतिपय परिभाषायें निम्न प्रकार हैं–इरविंग होरोविज ने अपनी पुस्तक 'विकास की तीन दुनियायें' शीर्षक में तृतीय विश्व की अवधारणा की व्याख्या की है। उन्होंने पहली दुनिया में यूरोप और संयुक्त राज्य अमेरिका को रखा है। इस दुनिया की विशेषता यह है कि यहाँ प्रतियोगी पूँजीवाद है। दूसरी दुनिया में सोवियत संघ और उनके गुट के साम्यवादी राष्ट्रों को रखा है जहाँ समाजवादी आर्थिक विकास मॉडल के आधार पर आर्थिक विकास किया गया है। तीसरी दुनिया में वे राष्ट्र रखे गये हैं जो विकास के लिए या तो पहली दुनिया का रास्ता अपना रहे हैं या जिन्होंने दूसरी दुनिया के मॉडल को अपना लिया है अथवा अपनी स्थानीय परिस्थितियों के अनुरूप कोई तीसरा मिला-जुला समाजवादी तरीका (जैसे मिश्रित अर्थव्यवस्था का मार्ग भारत ने अपने विकास के लिए चुना है) अपना लिया है। मिश्रित अर्थ-व्यवस्था (Mixed economy) उसके अनुकूल है।

'द न्यू आक्सफोर्ड इलस्ट्रेटेड डिक्शनरी' (The New Oxford Illustrated Dictionary) में तीसरी दुनिया को निम्न प्रकार परिभाषित किया गया है-

"**तीसरी दुनिया**–एशिया, अफ्रीका और लैटिन अमेरिका के अविकसित देश जो सामान्यतः न तो साम्यवादियों और न ही पश्चिमी देशों के साथ सम्बद्ध हैं।" इन्हें निर्गुट (Nonaligned) देश भी कहा जाता है।

उपर्युक्त परिभाषा के अनुसार तीसरी दुनिया में निम्न देश आते हैं-(अ) एशिया, अफ्रीका और लैटिन अमेरिका के देश, (ब) अविकसित देश, (स) वे देश जो न तो साम्यवादी और न ही पश्चिमी राष्ट्रों से सम्बद्ध हैं।

डॉ. विबासि के शब्दों में 'तृतीय विश्व' शब्द की परिभाषा निम्न प्रकार है–"तृतीय विश्व अर्थात् तीसरी दुनिया का अर्थ उन देशों के समूह से है जो अविकसित या अर्द्धविकसित हैं और बहुत धीरे-धीरे अपने आर्थिक विकास हेतु प्रतिबद्ध हैं। अन्य शब्दों में, दुनिया के विकासशील देशों के समूह को तीसरी दुनिया के नाम से सम्बोधित कर सकते हैं।

तृतीय विश्व के देश एवं उनकी सामान्य विशेषताएं (The Countries of the Third World and Their General Features)–आज विश्व के 189 देशों में से तीसरी दुनिया के देशों की संख्या 133 है। ये 744 लाख वर्ग किलोमीटर भू-क्षेत्र से अधिक में फैले हुए हैं और इनकी कुल जनसंख्या 3½ अरब से भी अधिक है जो सम्पूर्ण विश्व को जनसंख्या का लगभग 75 प्रतिशत है। संयुक्त राष्ट्रसंघ ने

'विकासशील देशों' अर्थात् तीसरी दुनिया के देशों की एक सूची प्रकाशित की है। इस सूची में निम्नलिखित देशों को तीसरी दुनिया में सम्मिलित किया गया है-

1. दक्षिण अफ्रीका को छोड़कर, अफ्रीका के शेष सभी देश।
2. संयुक्त राज्य अमेरिका व कनाडा को छोड़कर उत्तर व दक्षिण अमेरिका के सभी देश।
3. जापान और तुर्की को छोड़कर, एशिया के सभी देश।
4. आस्ट्रेलिया व न्यूजीलैंड को छोड़कर समस्त समुद्री द्वीप देश।

एक अन्य अन्तर्राष्ट्रीय संगठन "ऑर्गेनाइजेशन फॉर इकनॉमिक को-ऑपरेशन एण्ड डेवलपमेन्ट"(Organisation for Economic Co-operation and Development) ने भी विकासशील देशों की एक सूची प्रकाशित की। इस सूची में यूनान, स्पेन, यूगोस्लाविया, माल्टा, जिब्राल्टर व तुर्की जैसे देशों को भी तीसरी दुनिया के देशों में सम्मिलित किया गया है जबकि चीन, उत्तरी, कोरिया तथा वियतनाम व मंगोलिया आदि को छोड़ दिया गया था।

विकासशील देशों की एक अन्य सूची लन्दन के ओवरसीज डेवलपमेन्ट इन्स्टीट्यूट (Overseas Development Institute) द्वारा प्रसारित की गई है। इस सूची मे उपरोक्त OECD सूची में चीन, तिब्बत, उत्तरी कोरिया, उत्तरी वियतनाम और मंगोलिया को भी सम्मिलित कर लिया गया है।

परन्तु पूर्णरूप से तृतीय विश्व के देशों की कोई अधिकृत एवं सर्वमान्य सूची तो नहीं है फिर भी एशिया, अफ्रीका व लैटिन अमेरिका के सभी विकासशील देशों को इस सूची में सम्मिलित माना जा सकता है। ये सभी देश गुट निरपेक्ष देशों की श्रेणी में भी आते हैं। अत: तृतीय विश्व के अतीत माने जा सकते हैं।

तृतीय विश्व की सामान्य विशेषतायें (General Features of Third World)–तृतीय विश्व के देशों की अपनी अलग-अलग विकास की विभिन्नतायें होने के बावजूद इन सभी देशों की समस्यायें लगभग एक समान है। तीसरी दुनिया के देशों की सामान्य विशेषतायें निम्नलिखित हैं। सभी बातें इन सभी पर एक सी लागू नहीं होती हैं।

1. **प्रति व्यक्ति आय कम होना** (Low Per Capita Income)–तृतीय विश्व के लगभग सभी देश निर्धन हैं। सभी में प्रति व्यक्ति आय बहुत कम है। विश्व की जनसंख्या की लगभग दो-तिहाई जनसंख्या की प्रति व्यक्ति राष्ट्रीय आय 400 डालर वार्षिक से भी कम है। तृतीय विश्व के सभी देशों की प्रति व्यक्ति आय विश्व के अन्य विकसित देशों जैसे संयुक्त राज्य अमेरिका, जापान, ब्रिटेन, जर्मनी व फ्रांस आदि से बहुत कम है।

प्रति व्यक्ति आय कम होने के कारण तृतीय विश्व के देशों में रहन-सहन का स्तर निम्न है, भोजन, अपौष्टिक व अपर्याप्त है, शिक्षा, चिकित्सा, व आवास

सुविधाओं का अभाव पाया गया है तथा उत्पादकता का स्तर निम्न रहता है। इसीलिये केयरनक्रांस ने इन्हें 'विश्व की गन्दी बस्ती' कहा है तथा निर्धन माना है।

2. **कृषि की प्रधानता** (Agriculture Oriented)–तृतीय विश्व के देशों में लोगों का प्रमुख व्यवसाय कृषि होती है। भारत में कार्यशील जनसंख्या का 70 प्रतिशत कृषि में लगा हुआ है जबकि ब्रिटेन में यह प्रतिशत 4, अमेरिका में 9 तथा आस्ट्रेलिया में 16 है। तृतीय विश्व के कृषि प्रधान देशों में न्यून उत्पादकता होती है, प्रति श्रमिक भी उत्पादकता कम होती है। अधिकांश जनसंख्या कृषि पर आधारित है।

3. **औद्योगिक पिछड़ापन** (Industrial Backwardness)–तृतीय विश्व के देश औद्योगिक दृष्टि से पिछड़े हुए हैं। केवल उपभोग संबंधी उद्योगों का विकास होता है। आधारभूत तथा पूँजीगत वस्तुओं के उद्योग अत्यन्त पिछड़ी हुई अवस्था में हैं तथा विकास की आवश्यकता है।

4. **पूँजी निर्माण की निम्न दर** (Low Rate of Capital Formation)–तृतीय विश्व के देशों में प्रति व्यक्ति राष्ट्रीय आय कम होती है और वह भी उपभोग पर व्यय कर दी जाती है। इस कारण बचत व विनियोग की दर निम्न है। पूंजी निर्माण की दर कम होने के कारण इन देशों का विकास तीव्र गति से नहीं किया जा सकता है। अत: पूंजी की आवश्यकता है।

5. **बेरोजगारी** (Unemployment)–भूमि पर जनसंख्या का अधिक भार, औद्योगीकरण का अभाव तथा पूंजी निर्माण के अभाव के कारण तृतीय विश्व के देशों में बेरोजगारी एवं अर्द्ध बेरोजगारी व्यापक रूप से पाई जाती है। इन देशों में अदृश्य बेरोजगारी भी पायी जाती है। अनुमान लगाया गया है कि भारत, पाकिस्तान आदि में लगभग 25 प्रतिशत श्रम शक्ति को कृषि का कुल उत्पादन कम किये बिना अन्य व्यवसायों में लगाया जा सकता है। ऐसा भी अनुमान है कि तीसरी दुनिया के लगभग पचास करोड़ से अधिक लोग बेरोजगार हैं तथा निर्धन हैं।

6. **प्राकृतिक साधनों के विदोहन का अभाव** (Absence of the Exploitation of Natural Resources)–यद्यपि तृतीय विश्व के देशों में प्राकृतिक साधन, जैसे–जल, खनिज, वन, चालक, शक्ति आदि प्रचुर मात्रा में पाये जाते हैं परन्तु ये साधन अप्रयुक्त अथवा दुष्प्रयुक्त रहते हैं अत: धनी सम्पदा वाले देशों में भी यह विधित है।

7. **खनिजों का निर्यात एवं निर्मित वस्तुओं का आयात** (Export of Minerals and Import of Manufactured Goods)–तृतीय विश्व के अधिकांश देशों की अर्थव्यवस्था खनिजों के निर्यात और तैयार उपभोक्ता वस्तुओं तथा मशीनरी आदि के आयात पर आधारित है। इस प्रकार विदेशी व्यापार की शर्तें प्राय: प्रतिकूल होती हैं जो देश के आर्थिक विकास में बाधक बनती हैं।

8. **आर्थिक स्थिति और आय के वितरण में असमानतायें** (Disparities in the Economic Condition and Income Distribution)–तृतीय विश्व के देशों में आर्थिक स्थिति तथा आय के वितरण में विषमता है। कुछ मुट्ठीभर पूंजीपतियों द्वारा राष्ट्रीय आय का एक बड़ा भाग हड़प लिया जाता है और बहुत कम भाग अधिकांश लोगों को मिलता है। इससे वितरण की असमानता बढ़ती चली जाती है (On one side there is plenty and on the other side there is honesty)।

9. **जनाधिक्य** (Overpopulation)–तृतीय विश्व के लगभग सभी देशों में जनसंख्या बहुत अधिक है। जनसंख्या विस्फोट का दानव तृतीय विश्व का सबसे सर्वाधिक भयावह शत्रु है। तीसरी दुनिया के देशों में जन्म दर बहुत अधिक है। विज्ञान की प्रगति से मृत्यु दर में कमी आई है परन्तु जन्म दर का आधिक्य बना हुआ है। 11 जुलाई, 1987 को विश्व की जनसंख्या 500 करोड़ हो गई। विश्व की जनसंख्या दुगुनी होने के लिए पहले 1650 वर्ष लगे थे। फिर केवल 200 वर्ष में ही जनसंख्या दुगुनी हो गई और जनसंख्या वृद्धि इतनी तेज गति से हो रही है कि विश्व की जनसंख्या को दुगुना होने के लिए 25 से 35 वर्ष ही लगे हैं। इन देशों में जनसंख्या वृद्धि के कारण खाद्यान्न पूर्ति समस्या है।

यूनाइटेड नेशन्स फॉर पॉपुलेशन एक्टीविटीज (UNFPA) के एक प्रतिवेदन के अनुसार जनसंख्या वृद्धि को लेकर हाल ही में (अक्तूबर 1996) अनुमान यह है कि ई० सन् 2022 में विश्व की जनसंख्या 800 करोड़ होगी और लगभग 2085 में वह 1000 करोड़ हो जायेगी। आज विश्व जनसंख्या का 72 प्रतिशत भाग विकासशील देशों में है। विश्व जनसंख्या में प्रतिवर्ष की वृद्धि का 65 प्रतिशत भाग विश्व में गरीब देशों में मिलता है अत: यहां बेकारी व निर्धनता है।

संयुक्त राष्ट्रसंघ और तृतीय विश्व
(U.N. and the Third World)

तृतीय विश्व और संयुक्त राष्ट्रसंघ (Third World and UN)–राष्ट्रसंघ की भांति संयुक्त राष्ट्रसंघ रचनात्मक कार्यों में अत्यन्त उपयोगी और सफल रहा है। यह कहा गया है कि "विश्वभर में भूख और गरीबी से पीड़ित विशाल मानवता को संयुक्त राष्ट्रसंघ ही नवीन और श्रेष्ठ जीवन का सन्देश देता है। यह अधिक अन्न प्राप्त करने, तपेदिक, मलेरिया और अंधेपन को दूर करने, कुएँ बनवाने, नहरें, खुदवाने, सीमेंट इत्यादि के कारखाने स्थापित करने आदि में सहायता प्रदान करता है। लेकिन यह देखकर कि संयुक्त राष्ट्रसंघ के विश्व-कल्याण के कार्यों में धीमापन आ गया है, बहुत खेद होता है। यदि यह प्रवृत्ति बराबर बनी रही और पिछड़े देशों के निवासियों की संयुक्त राष्ट्रसंघ से आस्था उठ गई तो करोड़ो व्यक्ति, जो आज साम्यवादियों की ओर नहीं है, रोटी के लिए साम्यवाद का सहारा लेंगे। यह एक भयानक सत्य है।" परंतु ऐसा नहीं हुआ क्योंकि साम्यवाद सहारा नहीं दे सका।

राष्ट्रपति कारलॉस रोमुलो भूतपूर्व सभापति संयुक्त राष्ट्रसंघ, के इस कथन को संयुक्त राष्ट्रसंघ ने अपने रचनात्मक कार्यों द्वारा असत्य सिद्ध कर दिया है और यह दिखा दिया है कि अन्तर्राष्ट्रीय विवादों का निपटारा करना और युद्ध को रोकना ही संयुक्त राष्ट्रसंघ का कार्य नहीं है। यह उन समस्याओं का निराकरण करने की भी चेष्टा करता है जो सामान्यतः युद्ध का कारण बन जाती हैं। यह एक सर्वमान्य सत्य है कि पिछड़े देश आसानी से आराजकता, अशांति और आतंकवाद (terrorism) आदि का और उपनिवेशवाद और साम्राज्यवाद के शिकार बन जाते हैं तथा कालान्तर में विश्व शान्ति के लिये खतरनाक सिद्ध होते हैं। विश्व की आधी से अधिक जनसंख्या इन पिछड़े देशों में रहती है, जिन्हें अब तीसरी दुनिया या विकासशील राष्ट्र कहा जाता है तथा जहाँ निर्धनता और बेकारी का बोलबाला है।

हॉफमैन का मत (Hoffman's View)–प्रो॰ हॉफमैन ने अपनी पुस्तक "हण्ड्रेड कण्ट्रीज-वन एण्ड वन क्वार्टर विलियन पीपुल" में विकासशील राष्ट्रों की स्थिति का चित्रण करते हुए लिखा था कि "प्रत्येक व्यक्ति विकासशील राष्ट्र को तब जान पाता है जब वह उसे देखता है। ऐसे देश की मुख्य विशेषताएं हैं–निर्धनता, नगरों में भिखारी और गांवों में पेट भरने के लिये आवश्यक भोजन जुटाने में लगे ग्रामीण। ऐसे देश में शक्ति और बिजली की कमी के कारण कारखानों का अभाव होता है। सामान्यतः यहां सड़कें और रेलमार्ग अपर्याप्त, शासकीय सेवाएं अपूर्ण और संचार के साधन कम होते हैं। जनता में व्याप्त गरीबी के बावजूद सम्पत्ति के थोड़े से भंडार होते हैं, मुट्ठी भर लोग ऐश्वर्यपूर्ण जीवन बिताते हैं और बैंक व्यवस्था दयनीय होती है। छोटे-छोटे ऋण ब्याज पर रुपया उठाने वाले उन लोगों से प्राप्त होते हैं, जो लुटेरों से शायद कम नहीं होते। एक विकासशील राष्ट्र की दूसरी महत्वपूर्ण विशेषता यह होती है कि यह कच्चा माल, लोहा, फल, सूत या हाथ की बनी हुए सामग्री का निर्यात करता है। अक्सर पैदावार के निष्कर्षण और कच्चे माल के निर्यात का कार्य विदेशी कम्पनियों के हाथों में होता है तथा बहुराष्ट्रीय कम्पनियों का प्रभाव होता है।

आवश्यक साधानों के अभाव में एक ओर तो विकासशील राष्ट्र अपना उत्थान करने में असमर्थ होते हैं और दूसरी ओर विदेशी, विशेष रूप से विकसित राष्ट्र, उनका शोषण करते हैं। ऐसी स्थिति में एक समय ऐसा आ सकता है जब संसार में युद्ध को रोकने वाली संस्थाएं निष्प्रयोजन सिद्ध हो जाएं। अतः विश्व शांति को स्थायी बनाने के लिये यह आवश्यक है कि संसार के विकासशील राष्ट्रों की आर्थिक और सामाजिक उन्नति की और विशेष ध्यान दिया जाए तथा निर्धनता व बेकारी दूर की जाये।

संयुक्त राष्ट्रसंघ की चार्टर व्यवस्थाएँ (Charter Provisions)–संयुक्त राष्ट्रसंघ के संविधान निर्माता इस तथ्य से भलीभांति परिचित थे। राष्ट्रों में व्याप्त आर्थिक व सामाजिक असमानताओं को दूर करने के लिए उन्होंने संयुक्त राष्ट्रसंघ

के चार्टर में अनेक व्यवस्थाएँ की हैं। अनुच्छेद 55 के अन्तर्गत उन्होंने स्वीकार किया कि "स्थायित्व एवं कल्याण की स्थितियों के निर्माण की दृष्टि से जो लोगों के समान अधिकारों एवं आत्मनिर्णय के सिद्धातों पर आधारित राष्ट्रों के मध्य शांतिपूर्ण एवं मैत्रीपूर्ण सम्बन्धों के लिये आवश्यक है, संयुक्त राष्ट्रसंघ निम्न बातों को प्रोत्साहित करेगा–

(अ) जीवन के उच्च स्तरों, पूर्ण कार्य तथा आर्थिक एवं सामाजिक उन्नति व विकास की स्थितियाँ,

(ब) अन्तर्राष्ट्रीय आर्थिक, सामाजिक, स्वास्थ्य तथा सम्बन्धित समस्याओं के समाधान और अन्तर्राष्ट्रीय सांस्कृतिक एवं शिक्षा सम्बन्धी सहयोग, तथा

(स) बिना जाति, लिंग, भाषा अथवा धर्म आदि के भेदभाव के, मानव अधिकारों और मौलिक अधिकारों के लिए सार्वदेशिक सम्मान तथा पालन की व्यवस्था।

इन उद्देश्यों की पूर्ति के लिए संयुक्त राष्ट्रसंघ के अन्तर्गत कुछ विशेष अभिकरणों की स्थापना की गई जिनके संगठन के विषय में विस्तारपूर्वक पहले लिखा जा चुका है। यहां इन अभिकरणों के माध्यम से संयुक्त राष्ट्रसंघ द्वारा विभिन्न क्षेत्रों में किए गए रचनात्मक कार्यों को बताया गया है।

आर्थिक व सामाजिक प्रगति सम्बन्धी कार्य (Work for Economic and Social Progress)–आर्थिक और सामाजिक प्रगति को प्रोत्साहित करने का दायित्व संयुक्त राष्ट्रसंघ की आर्थिक व सामाजिक परिषद् पर है जिसने निष्काम भाव से पिछड़े देशों को आर्थिक व तकनीकी सहायता प्रदान की है। इस सामाजिक और आर्थिक परिषद् के अन्तर्गत अनेक आयोग व संगठन आते हैं, जैसे खाद्य एवं कृषि संगठन, यातायात एवं संवाद परिवाहन आयोग, अन्तर्राष्ट्रीय श्रम संगठन, यूरोप के लिए आर्थिक आयोग आदि। 'खाद्य और कृषि संगठन' ने खाद्य और कृषि की प्रत्येक समस्या पर विभिन्न देशों को परामर्श व प्राविधिक सहायता प्रदान की है। अन्तर्राष्ट्रीय श्रम संगठन ने श्रमिकों की दशा सुधारने, उनके जीवन-स्तर को ऊँचा उठाने, उत्पादन में वृद्धि और श्रमिकों की क्षमता बढ़ाने तथा सुविधाएँ दिलाने की दिशा में उल्लेखनीय कार्य किया है। इसने कारखानों में काम करने वालों के लिये अनेक नियमावलियाँ और संहिताएँ तैयार की हैं जैसे–कोयले की खानों में काम करने वालों की संहिता या कारखानों के कार्यकर्त्ताओं का विधि का कोड आदि तथा अन्य श्रमिकों के लिये विधि विधान।

विश्व बैंक तथा अन्य कल्याणकारी कार्य (World Bank and Other Welfare Works)–विश्व बैंक ने विकासशील देशों को कारखाने लगाने, प्रसार और संचार के साधनों में उन्नति तथा बिजली घर आदि बनाने के लिए ऋण दिए हैं। विश्व स्वास्थ्य संगठन जनस्वास्थ्य के स्तर को ऊंचा उठाने के लिए निरन्तर प्रयत्नशील है। अन्तर्राष्ट्रीय मुद्रा कोष ने विनिमय सम्बन्धी व्यवसाय में आने वाली कठिनाइयों

को दूर किया है और व्यापार तथा परिवहन के तथा पर्यटन के विकास में सहयोग दिया है तथा उन्नति में सहायता दी है।

19 जनवरी, 1984 को संघ ने "विश्व आर्थिक स्थिति के मूल तत्व" नामक एक रिपोर्ट प्रकाशित की थी। उसके बाद यूरोप, एशिया और लैटिन अमेरिका की आर्थिक दशाओं का सर्वेक्षण किया था और इन सर्वेक्षणों की रिपोर्टों को प्रकाशित किया। इसने वित्तीय आंकड़ों तथा जनसंख्या सम्बन्धी मामलों पर अनेक अधिकारपूर्ण प्रकाशन प्रसारित किए। इसने यूरोप के लिए आर्थिक आयोग, लैटिन अमेरिका के लिए आर्थिक आयोग तथा एशिया और सुदूर पूर्व के लिए आर्थिक आयोग आदि की नियुक्ति की। इन आयोगों ने अपने क्षेत्रों की आर्थिक स्थिति का अध्ययन करके इनके विकास के लिए उत्तम सुझाव दिये तथा सहायता की।

सामाजिक क्षेत्र में भी संयुक्त राष्ट्रसंघ ने उल्लेखनीय कार्य किये हैं। यह सदस्य राष्ट्रों को विशेषज्ञों को सहायता व परामर्श प्रदान करता है। विशेषज्ञों को अध्ययन और शोध कार्य के लिए छात्रवृत्तियाँ व आर्थिक सहायता भी प्रदान करता है। अपंगों के पुनर्स्थापन के लिए उपयुक्त प्रकार की शिक्षा और प्रचार के लिए सामग्री व अन्य वस्तुएँ देता है। कुल मिलाकर संयुक्त राष्ट्रसंघ के आर्थिक व सामाजिक कार्यों को मानव जीवन की दशाओं में क्रान्तिकारी सुधार करने वाला कार्यक्रम माना जाता है जिसने समस्त विश्व को लाभान्वित किया है तथा निर्धनों व बधिरों की दशा में सुधार का प्रयास किया है।

संयुक्त राष्ट्रसंघ विकास दशक (UN Development Decade)–19 दिसम्बर, 1961 को संयुक्त राष्ट्रसंघ महासभा ने 1960–70 की दशाब्दी को संयुक्त राष्ट्रसंघ की विकास दशाब्दी घोषित किया और सभी सदस्य राष्ट्रों से प्रार्थना की कि वे निर्धनता, भूख, अज्ञान और बीमारी के चक्र को तोड़ने के लिए प्रयत्न करें। एक प्रस्ताव में कहा गया है कि "संयुक्त राष्ट्रसंघ के सभी सदस्य राष्ट्र और उनकी जनता मिलकर उन प्रयत्नों को और भी जोरदार ढंग क्रियान्वित करेगी जो प्रत्येक राष्ट्र की आर्थिक स्थिति के विकास और सामाजिक प्रगति को आत्मनिर्भर बनाने के लिए, विकसित तथा विकासशील देशों द्वारा अपनाए जाने चाहिए। इसका उद्देश्य यह था कि इस दशाब्दी के अन्त तक विकासशील देशों की राष्ट्रीय आय में कम से कम 5 प्रतिशत वृद्धि हो ऐसा प्रयास किया जाना चाहिये।

इस दशक के बीच अर्थात् 1965 में जो मूल्यांकन किए गए उनसे पता चला कि औद्योगिक और विकासशील देशों के बीच बहुत बड़ा अन्तर है। अतः संयुक्त राष्ट्रसंघ महासभा ने फिर से इस बात पर जोर दिया कि लक्ष्य तक पहुंचने का जल्दी से जल्दी प्रयत्न किया जाए ताकि समस्या का शीघ्र समाधान हो सकें।

विकास योजनाएँ (Development Plans)–इन उद्देश्यों की ओर आर्थिक और सामाजिक क्षेत्रों में संयुक्त राष्ट्रसंघ का कार्य निरन्तर बढ़ाया जा रहा है। इसके साथ ही संयुक्त राष्ट्रसंघ और उससे सम्बन्धित अभिकरणों द्वारा किये जाने वाले इस प्रकार

के प्रयत्न भी निरन्तर बढ़ाए जा रहे हैं। संयुक्त राष्ट्रसंघ के विकास कार्यक्रम की बढ़ती हुई गति का पता प्रत्यक्ष संचालन क्षेत्र में कार्रवाईयों के ऊपर दिये जाने वाले बल से भी चलता है। सरकारों को प्रगति की नींव रखने में सहायता देने के लिए संयुक्त राष्ट्रसंघ विस्तृत विकास योजनाओं की तैयारी में भी सहायक होता है जिससे कि संतुलित आर्थिक विकास और सामाजिक तथा सांस्कृतिक प्रगति हो सके और आर्थिक, भौतिक तथा मानवीय संसाधनों का अच्छा से अच्छा उपयोग किया जा सके जिससे उन्नति व प्रगति हो।

औद्योगिक विकास (Industrial Development)–विकासशील देशों को विकास कार्यक्रमों का खर्च उठाने के लिए धन देने का भी प्रयत्न किया जा रहा है। अभी हाल में, विकास की दृष्टि से व्यापार की समस्याओं को देखने के लिए एक नया तंत्र स्थापित किया गया जिसका कार्य अत्यन्त सराहनीय है।

सर्वोपरि प्रगति के एक पक्ष की दृष्टि से औद्योगिक विकास को अत्यधिक प्राथमिकता दी जा रही है। 1965 में महासभा ने एक नए संयुक्त राष्ट्र औद्योगिक विकास संगठन की स्थापना करने का निश्चय किया था।

विकास के आधारभूत दूसरे कार्यक्रमों में संयुक्त राष्ट्रसंघ विभिन्न सदस्य देशों की सरकारों के प्राकृतिक संसाधनों के अधिक से अधिक उपयोग करने और राष्ट्रीय अंकशास्त्रीय बजट सम्बन्धी और प्रशासकीय व्यवस्थाओं में सुधार करने तथा परिवहन सुविधाओं को आधुनिक बनाने और उनका विस्तार करने के लिए निरन्तर सहायता दे रहा है।

विकास दशक के एक प्रमुख प्रयत्न के रूप में संयुक्त राष्ट्रसंघ मानवीय संसाधनों का भी सर्वाधिक उपयोग करना चाहता है। वह अनेक विकासशील देशों में दो समस्याओं पर विशेष ध्यान दे रहा है– (1) बढ़ती हुई जनसंख्या, और (2) गाँवों से अधिक से अधिक परिवारों का शहरों में आना। इसलिए ऐसे उपाय किए जा रहे हैं कि जनसंख्या वृद्धि दर कुछ कम हो और ग्रामों की उन्नति की जाए परन्तु जनसंख्या में तीव्रगति से वृद्धि हो रही है।

इसके साथ ही सामुदायिक विकास के लिए ग्रामीण और नागरिक क्षेत्रों में रहन–सहन की स्थितियों में सुधार करने के लिए, भूमि सुधार कार्यक्रमों के लिए, युवकों की समस्याओं, बाल अपराधों आदि के सम्बन्ध में भी सहायता दी जाती है तथा सफल बनाने के प्रयास किये जाते हैं।

सम्मेलन (Conferences)–इन समस्याओं के विचार करने के लिये अन्तर्राष्ट्रीय सम्मेलन किये जाते हैं तथा अन्तर्राष्ट्रीय सम्मेलन समय-समय पर बुलाए गए। विश्व जनसंख्या सम्मेलन (बेलग्रेड 1965), अपराध निरोध और अपराधियों के प्रति व्यवहार सम्बन्धी संयुक्त राष्ट्रसम्मेलन (स्टाकहोम, 1965), और विश्व भूमि सुधार सम्मेलन (रोम 1966), तथा और भी निरन्तर सम्मेलन होते रहते हैं।

अध्ययन (Studies)–आथिक और सामाजिक प्रगति के संयुक्त राष्ट्रसंघ के प्रयत्न कई रूपों में होते हैं। अन्तराष्ट्रोय सूचना प्राप्त करने की आवश्यकता का निश्चय करने के लिए अध्ययन करवाए जाते हैं। औपचारिक तथा अन्तर्राष्ट्रीय संस्थाएं समस्याओं पर ध्यान आकृर्षित करवाती हैं और कार्य सम्बन्धी सिफारिश करती हैं। सम्मेलनों में अनुभव एकत्र किए जाते हैं और अन्तर्राष्ट्रीय समझौते होते हैं। अफ्रीका, एशिया और लैटिन अमेरिका के प्रादेशिक आर्थिक आयोग विशेष क्षेत्रों की आवश्यकताओं की उपयुक्त कार्यवाहियाँ करवाते हैं तथा उनका प्रचार व प्रसार करते हैं।

विज्ञान (Science)–विकास के विभिन्न क्षेत्रों में आधुनिक विज्ञान और शिल्प विज्ञान को अधिक उपयोगी बनाने के लिए 18 सदस्यों की संयुक्त राष्ट्रसंघ समिति दूसरे अभिकरणों के सहयोग से उपयोगी कार्य कर रही है।

विशिष्ट वैज्ञानिक समस्याओं के सम्बन्ध में संयुक्त राष्ट्रसंघ अन्तर्राष्ट्रीय सम्मेलन बुलाता है, जिससे वर्तमान परमाणु ऊर्जा के शांतिपूर्ण उपयोगों और दूसरे नए ऊर्जा साधनों की सम्भावनाओं का पता लगाने का प्रयत्न किया जाता है। प्रतिवर्ष छोटी गोष्ठियों की एक शृंखला में आर्थिक और सामाजिक क्षेत्रों के नए तरीकों और प्रक्रियाओं के बारे में सबकी जानकारी दी जाती है। अतः सभी उपायों द्वारा संयुक्त राष्ट्रसंघ समस्याओं का समाधान करने में योगदान दे रहा है तथा सहायता कर रहा है। इससे वैज्ञानिक उन्नति हुई है।

व्यापार और विकास सम्बन्धी संयुक्त राष्ट्रसंघ सम्मेलन (UN Conference for Industry and Development)–जेनेवा में 1964 में यह सम्मेलन हुआ। इसमें 120 सरकारों के प्रतिनिधियों ने भाग लिया। इसमें विकासशील देशों ने अपनी बनाई हुई वस्तुओं से आमदनी को बढ़ाने और स्थायी करने तथा विकसित देशों द्वारा अपने आयात को बढ़ाने और पूँजी जुटाने में सहायक कार्रवाई की सिफारिश की गई थी। इसमें यह भी सिफारिश की गई थी कि अन्तर्राष्ट्रीय व्यापार को प्रोत्साहन देने और आर्थिक प्रगति को बढ़ाने में सहायता करने के लिए संयुक्त राष्ट्रसंघ का एक नया तन्त्र बनाने की सिफारिश की जाए।

इसका एक परिणाम यह हुआ कि वह नया तन्त्र स्थापित किया गया और उसने दूसरी सिफारिशों को व्यावहारिक रूप देने के लिए एक विस्तृत कार्यक्रम प्रारम्भ कर दिया। व्यापार और विकास सम्बन्धी संयुक्त राष्ट्रसंघ सम्मेलन महासभा के स्थायी अंग के रूप में स्थापित कर दिया गया था। इसकी सम्पूर्ण सदस्यता संयुक्त राष्ट्रसंघ और सम्बन्धित अभिकरणों के सभी सदस्यों से निर्मित होगी। इसकी बैठक हर तीसरे वर्ष हुआ करेगी और सम्मेलनों के अधिवेशनों के बीच में 55 सदस्यों का एक मण्डल भी अपना कार्य करेगा जिससे विकास हो सके।

विशिष्ट व्यापार समस्याएँ (Specific Trade Problems)–विशेष व्यापार समस्याओं के समाधान की खोज में सहायता देने के लिए संयुक्त राष्ट्रसंघ मण्डल

ने चार आनुषंगिक समितियाँ बनाई हैं। प्रत्येक ने अब एक कार्यक्रम निश्चित कर लिया है।

अपने पहले वर्ष में इस सम्मेलन ने व्यापार सम्बन्धी विशेष समस्याओं के सम्बन्ध में कार्य किया। इसके तत्वावधान में एक बैठक हुई जिसके अनुसार एक अन्तर्राष्ट्रीय संगम द्वारा यह निश्चय किया गया कि समुद्र से दूर देशों पर भी समुद्र में आने जाने के लिए कोई प्रतिबन्ध अनुचित रूप से न हो। कुछ दूसरी अन्तर्राष्ट्रीय बैठकों में विश्व के कोको और चीनी के बाजारों की कठिनाइयों की भी चर्चा की गई। सामान्यस्तर पर संयुक्त राष्ट्रसंघ सम्मेलन की विभिन्न संस्थाओं ने विकासशील देशों की बढ़ती हुई आवश्यकताओं पर जोर दिया और प्रगति को बनाए रखने के लिए अनिवार्य व अधिक संसाधनों को प्राप्त करने का निरन्तर प्रयास किया गया है।

संयुक्त राष्ट्रसंघ के महासचिव द्वारा नियुक्त एक अन्तर्राष्ट्रीय सचिवालय वर्ष भर इसकी देखभाल करता है। इसका प्रधान कार्यालय जेनेवा में है और एक सम्पर्क कार्यालय न्यूयार्क में है। यह सराहनीय कार्य कर रहे हैं।

संयुक्त राष्ट्रसंघ का विकास कार्यक्रम (Development Programme of UN)–विकास कार्यक्रमों में संयुक्त राष्ट्रसंघ ने प्रशंसनीय योगदान दिया है।

संयुक्त राष्ट्र महासभा ने नवम्बर, 1965 में संयुक्त राष्ट्र विकास कार्यक्रम की स्थापना, तकनीकी सहायता के विस्तारित कार्यक्रम और संयुक्त राष्ट्रसंघ विशेष निधि को एक में मिलाकर की। नए कार्यक्रम का उद्देश्य यह है कि पुरानी विशेषताओं को बनाये रखते हुए भी कार्रवाइयों की प्रगतिशीलता व प्रभावशीलता को बढ़ावा दिया जाए तथा उपयोगी कार्यवाही की जाये।

परियोजनाएं (Projects)–संयुक्त राष्ट्र विकास कार्यक्रम का खर्च सरकारों के स्वैच्छिक अनुदान द्वारा पूरा किया जाता है। इस कार्यक्रम की कुछ महत्वपूर्ण परियोजनाएँ निम्नलिखित हैं–इनका अधिकांश खर्चा धनी राष्ट्रों द्वारा दिया जाता है।

संयुक्त अरब गणराज्य में इस कार्यक्रम की एक परियोजना के अंग के रूप में समुचित कर्मचारी भेजे गए हैं और जानकारी प्रदान की गई है जिससे वहाँ पर उपचारिका संस्थान (नर्सिंग इन्स्टीट्यूट) खोला गया। अब यह मध्यपूर्व के देशों को इस प्रकार का श्रम उपलब्ध कराने वाला प्रमुख स्रोत है जिसके कारणा वहां उन्नति हुई है।

नाइजीरिया में इसी कार्यक्रम की सहायता से लोगों को बड़ा बाँध बनाने में पैसा लगाने की ओर आकर्षित किया गया था तथा हर प्रकार की सहायता उपलब्ध कराई गई थी।

संयुक्त राष्ट्रसंघ विकास कार्यक्रम की सहायता से रुआण्डा में एक पिरेश्रम बनाने का संयंत्र लगाया जा रहा है। पिरेश्रम एक मूल्यवान कीटनाशक है।

पाकिस्तान में इस कार्यक्रम के अन्तर्गत खनिज सर्वेक्षकों ने कोयला और कच्चे लोहे के विशाल भण्डारों का पता लगाया है, जिससे इस देश का फौलाद उद्योग विकसित हुआ है। इससे वहां विकास व प्रगति हुई है निर्धनता व बेकारी कम हुई।

इसकी सहायता से लेबनान में एक समीप पूर्व पशु संस्थान (नीयर ईस्ट एनीमल इंस्टीट्यूट) की स्थापना हुई है। यह इस क्षेत्र में अपने ढंग का पहला संस्थान था।

चिली में विद्यमान वन सम्पदा का अध्ययन किया गया। इसके परिणामस्वरूप लुगदी और कागज मिलों की स्थापना में 1050 लाख डालर की घरेलू और विदेशी पूंजी लगाई गयी।

दक्षिण-पूर्व एशिया में इस कार्यक्रम द्वारा निचली मीकांग विकास परियोजना में मदद की गई है। यह परियोजना कम्पूचिया, लाओस, थाईलैंड और वियतनाम गणराज्यों की सरकारों द्वारा पूरी की जा रही है। इसमें 21 देश और कई संयुक्त राष्ट्र विशिष्ट एजेसियां सहायता दे रही हैं। इस योजना का उद्देश्य मीकांग नदी को इस प्रकार नियन्त्रित करना है, जिससे मीकांग नदी की तलहटी की, सिंचाई, बाढ़ नियन्त्रण, पन-बिजली उत्पादन, नौका परिवहन तथा अन्य उपयोगों के योग्य बनाया गया है।

1967 के अंत तक 176 बड़ी पूर्व विनियोजन परियोजनाएँ और कई हजार तकनीकी सहायता के कार्यक्रम पूरे किये जा चुके हैं।

संयुक्त राष्ट्रसंघ विकास कार्यक्रम द्वारा अनुमोदित मुख्य परियोजनाएँ निम्न हैं–

बोलीबिया में एम्बेस्टास (एक न जलने वाला खनिज) और इससे सम्बद्ध उद्योगों के विकास में मदद करने के उद्देश्य से एक प्रयोगात्मक संयंत्र लगाया गया है।

बोत्स्वाना में बड़े पैमानें पर ताँबा और निकिल स्रोतों का उपयोग करने के लिए बिजली, पानी और सड़कों का पूर्व-विनियोजन सर्वेक्षण किया गया है तथा पूर्ति का प्रयास किया गया है।

बुल्गारिया में डाक्टर, सफाई और इसी प्रकार के अन्य लोगों को प्रशिक्षण देने के लिए व्यवस्था की गई है। इसमें डॉक्टरों के समान ही अन्य कर्मचारी प्रशिक्षित किए जाएंगे जो निरोधात्मक दवाओं, महामारियों और सार्वजनिक स्वच्छता जैसे विषयों के विशेषज्ञ होंगे।

कैमरून में देहाती क्षेत्रों में काम करने वाले प्राथमिक अध्यापकों की समस्याओं को ध्यान में रखकर प्रशिक्षण कार्यक्रम का विकास किया गया है जिससे वहां शिक्षा का प्रसार हो सके।

इथियोपिया में आर्थिक विकास से संलग्न अग्रगामी कार्योन्मुख प्रौढ़ साक्षरता परियोजनाओं की स्थापना की गई है ताकि विकास हो सके।

भारत में खेती में काम आने वाली परमाणु शक्ति के विकास के लिए प्रयोगशालाओं और प्रशिक्षण सुविधाओं की व्यवस्था दी गई थी तथा अनेक योजनाओं के लिए सहायता दे दी गई है और दी जा रही है जिससे विकास में सहायता मिली है।

ईराक में भवन निर्माण और निर्माण के काम आने वाले पदार्थों का विकास करने के लिए शीघ्र सुविधाएं प्रदान की गई हैं।

पेरू में काफी ऊँचाई पर और विशेष क्षेत्रों में रहने वाले पशुधन की सम्भावनाओं पर विचार किया गया और पशुधन के प्रजनन और इसके स्वस्थ रखने की प्रविधियों का प्रशिक्षण भी दिया गया है।

सिंगापुर में धातु विज्ञान और औजार व ठप्पे बनाने की विधियों का प्रदर्शन किया गया और प्रशिक्षण व सलाहकारी सुविधाएं दी गईं। तथा अन्य देशों में प्रयास हो रहे हैं।

संयुक्त राष्ट्रसंघ में तृतीय विश्व के देशों की सहभागिता एवं भूमिका (The Role and Participation of the Third World Countries in the UN)

संयुक्त राष्ट्रसंघ का बढ़ता आकार (Growing Size of UN)–द्वितीय विश्व युद्ध के बाद साम्राज्यवाद और उपनिवेशवाद के पतन की जो प्रक्रिया प्रारम्भ हुई, उससे अन्तर्राष्ट्रीय क्षितिज पर अनेक नवोदित राष्ट्र उभर कर सामने आये हैं। ये राष्ट्र लम्बे समय तक शोषण और अन्याय के शिकार रहे। अब साम्राज्यवाद और उपनिवेशवाद से मुक्त होकर ये देश संयुक्त राष्ट्रसंघ के सदस्य बने हैं। पहले संयुक्त राष्ट्रसंघ में यूरोपीय राष्ट्रों का प्रभुत्व था, जो अब समाप्त हो गया और तृतीय विश्व के देशों का प्रभुत्व बढ़ गया। 189 सदस्य राष्ट्रों में अब उनका बहुमत है तथा महासभा व अन्य संस्थाओं के निर्वाचन में प्रभाव है।

अन्तर्राष्ट्रीय राजनीति का लोकतन्त्रीकरण (Democratisation of International Politics)–तृतीय विश्व के देशों के संयुक्त राष्ट्रसंघ का सदस्य बनने का एक परिणाम यह हुआ कि इससे अन्तर्राष्ट्रीय राजनीति का लोकतन्त्रीकरण हो गया। अब कोई भी शक्तिशाली देश या महाशक्ति तृतीय विश्व के देशों की उपेक्षा करने की स्थिति में नहीं रही है। उन्हें अन्तर्राष्ट्रीय समर्थन जुटाने के लिए इन तृतीय विश्व के देशों का जन-समर्थन बहुत आवश्यक है क्योंकि इनकी जनसंख्या अधिक है तथा तेजी से बढ़ रही है।

साम्राज्यवाद और उपनिवेशवाद का विरोध (Protest Against Imperialism)–साम्राज्यवाद और उपनिवेशवाद के विरुद्ध आवाज बुलन्द करने में तृतीय विश्व के देशों की महत्वपूर्ण भूमिका रही है। इसका परिणाम यह हुआ कि देखते-देखते ही

सभी देश स्वतन्त्र हो गये। अब न्यास-परिषद् के पास कोई कार्य ही नहीं रह गया है। फलतः इस परिषद् को समाप्त करने की बात हो रही है।

रंगभेद की समाप्ति (End of Apartheid)–दक्षिणी अफ्रीका एवं उत्तरी रोडेशिया (वर्तमान में जिम्बाब्वे) लम्बे समय तक रंगभेदी नीति अपनाते रहे हैं। तृतीय विश्व के देशों में दक्षिणी अफ्रीका की रंगभेद नीति के विरुद्ध गहरा आक्रोश था। फलतः दक्षिण अफ्रीका की रंगभेद सरकार के विरुद्ध तृतीय विश्व के देशों में आर्थिक प्रतिबन्ध आरोपित किये। दक्षिणी अफ्रीका की रंगभेदी सरकार ने अपनी नीतियों में परिवर्तन किया। दक्षिणी अफ्रीकी राष्ट्रपति डब्ल्यू डी. क्लार्क ने अश्वेत नेता नेल्सन मण्डेला को रिहा किया। नये संविधान के अन्तर्गत देश में निर्वाचन कराये गये। इन चुनावों में अफ्रीकी नेशनल कांग्रेस को चुनावों में स्पष्ट बहुमत प्राप्त हुआ। दक्षिण अफ्रीका में रंगभेद पर आधारित सरकार की समाप्ति हुई। नेल्सन मण्डेला के नेतृत्व में बहुसंख्यक अश्वेत सरकार सत्तारूढ़ हुई। दक्षिण अफ्रीका में नवीन सरकार की स्थापना तृतीय विश्व के देशों की एक महान विजय थी। अब अश्वेतों का राज हो गया है।

अफ्रो-एशियाई एकता की अवधारणा (Concept of Afro-Asian Unity)–तृतीय विश्व के देश संयुक्त राष्ट्रसंघ में अफ्रो-एशियाई एकता को प्रदर्शित करते रहे हैं। ये देश आपस में सहयोग करते हैं। अन्तर्राष्ट्रीय समस्याओं पर समान दृष्टिकोण अपनाते हैं और इसे एकता का आधार मानकर यूरोपीय दबाव का सफलापूर्वक सामना करते हैं। लैटिन अमेरिकी देशों के साथ सहयोग करना भी इन देशों की नीति है क्योंकि यह भी अविकसित हैं।

नई अन्तर्राष्ट्रीय अर्थ-व्यवस्था का स्वर (Voice of New Economic Order) –तृतीय विश्व के देश नीवन अन्तर्राष्ट्रीय अर्थ-व्यवस्था की स्थापना करने की माँग करते हैं। ये देश सभी अन्तर्राष्ट्रीय मंचों से और स्वयं संयुक्त राष्ट्रसंघ के मंचों से नवीन अन्तर्राष्ट्रीय अर्थ-व्यवस्था की स्थापना की मांग करते रहे हैं।

निःशस्त्रीकरण की आवाज (Voice of Disarmament)–तृतीय विश्व के देश शस्त्रीकरण को मानवता के लिए अभिशाप मानते हैं। ये देश भी निःशस्त्रीकरण के पक्ष में आवाज उठाते रहे हैं। इन देशों ने व्यापक परमाणु परीक्षण सन्धि (सी.टी.बी.टी.) पर भी हस्ताक्षर किये हैं। केवल भारत, पाकिस्तान इत्यादि देशों ने अभी तक इस सन्धि पर हस्ताक्षर नहीं किये हैं। भारत इस सन्धि को अन्यायपूर्ण मानता है पर सभी के लिये एक सी निःशस्त्रीकरण व विश्वशांति का समर्थक है।

गुटनिरपेक्षता का सिद्धान्त (Doctrine of Non-Alignment)–तृतीय विश्व के ये देश गुटनिरपेक्ष देश हैं। गुट-निरपेक्षता की जिस अवधारणा का नेहरू, नासिर और टीटो ने प्रमुख रूप से अन्य देशों के सहयोग से प्रतिपादन किया था, उस अवधारणा में व्यापक अन्तर आया है। आज अनेक ऐसे देश भी गुट-निरपेक्ष देश के रूप में शामिल हो गये हैं, जिनका सामान्यतः इसमें विश्वास नहीं है। वर्तमान में गुट-निरपेक्ष

आन्दोलन के देशों की संख्या 110 हो गई है। संख्या बढ़ रही है पर प्रभाव में कमी आई है।

विश्व शान्ति का लक्ष्य (Aim of World Peace)–तृतीय विश्व के देशों का एकमात्र लक्ष्य विश्व-शान्ति है। ये देश संयुक्त राष्ट्रसंघ के घोषणा-पत्र, उसके लक्ष्यों, सिद्धान्तों और उद्देश्यों के प्रति पूर्ण निष्ठा व्यक्त करते हैं और संयुक्त राष्ट्रसंघ को विश्व-शान्ति की एकमात्र आशा मानते हैं। ये अन्तर्राष्ट्रीय विवादों को शान्तिपूर्ण ढंग से निपटाने में विश्वास करते हैं। इसके लिए ये राष्ट्र संयुक्त राष्ट्रसंघ को सशक्त बनाना चाहते हैं ताकि संयुक्त राष्ट्रसंघ विश्व शांति बनाये रखे।

मानवाधिकारों पर बल (Stress on Human Rights)–तृतीय विश्व के देश मानवाधिकारों पर बल देते हैं। मानवाधिकारों के हनन करने में तृतीय विश्व के देशों की भी महत्वपूर्ण भूमिका रही है। मानवाधिकारों के सरंक्षण की ये राष्ट्र जोर-शोर से वकालत करते हैं। भारत ने मानव अधिकार आयोग Human Rights Commission की स्थापना की है जो मानव अधिकारों की रक्षा करने का प्रयास करता है।

भारत की सुरक्षा परिषद् की दावेदारी का समर्थन (Support of India's Claim)–तृतीय विश्व के देश भारत जैसे देश की सुरक्षा परिषद् की उम्मीदवारी का समर्थन करते हैं। उनका मत है कि अब समय आ गया है कि भारत जैसे सशक्त देश सुरक्षा परिषद् की सदस्यता के लिए अपनी आवाज बुलन्द करें। ये देश संयुक्त राष्ट्रसंघ की महासभा में भारत की सुरक्षा परिषद् की उम्मीदवारी का समर्थन करते हैं क्योंकि उन्हें आशा है कि भारत उनके हितों की रक्षा करेगा।

इसके अतिरिक्त तृतीय विश्व के देश चाहते है कि मानव कल्याण के लिये अधिक धन दिया जाये तथा सुरक्षा परिषद् के सदस्यों में वृद्धि करके उनको स्थाई सदस्याओं में भी प्रतिनिधित्व दिया जाये ताकि वीटो शक्ति प्राप्त स्थाई सदस्य मनमानी न कर सकें तथा सभी संस्थाओं में संख्या बढ़ाई जाये ताकि उन्हें अधिक प्रतिनिधित्व प्राप्त हो सके। लोकतांत्रिक व्यवस्था में जनसंख्या का विशेष महत्व होता है, अतः संयुक्त राष्ट्संघ में भी इस बात का ध्यान रखा जाये कि बहुसंख्यक देश अपनी बात कह सकें व कार्यान्वित करा सकें।

☐☐☐

13

संयुक्त राष्ट्रसंघ के राजनीतिक कार्य
(Political Activities of U.N.O.)

संयुक्त राष्ट्रसंघ के राजनीतिक कार्यों का मूल्यांकन

गत 45 वर्षों में संयुक्त राष्ट्रसंघ के समक्ष अनेक अन्तर्राज्यीय विवाद प्रस्तुत किए गए। संयुक्त राष्ट्रसंघ उनमें से अनेक समस्याओं का समाधान करने और अनेक बार युद्ध रोकने में सफलता प्राप्त कर सका है। इसने महाशक्तियों के शीतयुद्ध को रोकने में अभूतपूर्व सफलता प्राप्त की है और साधारण युद्धों को विश्वयुद्ध में परिणित होने से बचा लिया है। इसने यूनान, कश्मीर, फिलिस्तीन, इण्डोनेशिया, कोरिया, मिस्र, कांगो, क्यूबा, लाओस, साइप्रस, पश्चिमी न्यूगिनी, अरब इजराइल युद्ध, बर्लिन, ईरान, आदि से संबंधित विवादों को निपटाने में महत्वपूर्ण भूमिका निभाई है तथा अफगानिस्तान से रूसी सेनाओं की वापसी व ईराक-ईरान में शान्ति व नामीबिया की स्वतन्त्रता इसकी महान उपलब्धियाँ हैं। अनेक अवसरों पर इसके सामयिक हस्तक्षेप के कारण ही स्थिति अधिक विस्फोटक बनने से रुकी है। इसने अन्तर्राष्ट्रीय विवादों को उग्र रूप धारण करने से रोकने के लिए "सेफ्टी बाल्व" का काम किया है। यहाँ विभिन्न देशों को महासभा तथा अन्य सभाओं में विचार-विनिमय तथा अपना रोष व्यक्त करने और अपने मन की भड़ास निकालने का अवसर प्राप्त होता है। उदाहरणार्थ "यू-2" और "आर-बी 47" विमान कांड में अमेरिका और रूस दोनों संयुक्त राष्ट्रसंघ में अपना-अपना रोष प्रकट कर शांत हो गये। राफ बुंच के अनुसार, "संयुक्त राष्ट्रसंघ की मुख्य विशेषता यह है कि यह राष्ट्रों को बातचीत में व्यस्त रखता है। वे जितनी अधिक देर तक बातचीत करते रहें उतना ही अधिक अच्छा रहता है क्योंकि उतने समय तक युद्ध टल जाता है। इस दृष्टिकोण से राजनीतिक और कूटनीतिक विवादों को सुलझाने में संयुक्त राष्ट्रसंघ की भूमिका अत्यन्त महत्वपूर्ण रही है।"

इसमें संदेह नहीं कि संयुक्त राष्ट्रसंघ की स्थापना के बाद मानवता को अब तक तृतीय महायुद्ध का भीषण रूप या भीषण युद्ध का रूप देखने को नहीं मिला है। इसका पूर्ण श्रेय संयुक्त राष्ट्रसंघ को ही दिया जा सकता है। कश्मीर का प्रश्न रहा हो या अरब इजराइल का, लेबनान का रहा हो या कम्पूचिया का अथवा कोरिया

के विभाजन का, इनको विगत वर्षों में संयुक्त राष्ट्रसंघ स्थायी रूप से हल करने में सफल नहीं हो सका है। इसके समक्ष कश्मीर का प्रश्न सन् 1947 से ही पड़ा हुआ है, लेकिन संयुक्त राष्ट्रसंघ इस समस्या को सुलझा नहीं पाया है। यदि इस समस्या का स्थायी समाधान ढूंढ लिया गया होता तो 1965 तथा 1971 में भारत और पाकिस्तान के बीच भयंकर युद्ध नहीं होते। कोरिया, कम्पूचिया एवं लेबनान जैसे संकट पैदा करने वाले स्थलों की समस्याओं को सुलझाने का संयुक्त राष्ट्रसंघ में प्रयास नहीं हुआ है। प्रत्येक छोटे-बड़े संघर्ष के बाद इसने केवल युद्ध-विराम कराने की ही भूमिका निभाई है। इसके रहते हुए अनेक अवसरों पर दुर्बल पक्ष को न्याय नहीं मिल सका है। बांगला देश का उदाहरण इसका ज्वलन्त प्रकरण है। दक्षिणी अफ्रीका की श्वेत सरकार भारतीय व अफ्रीकी अश्वेत जातियों के साथ प्रजातीय दुर्व्यवहार करके इसके उद्घोषित मौलिक मानवीय अधिकारों का उल्लंघन करती रही है और संयुक्त राष्ट्रसंघ ठोस रूप से कुछ उपाय नहीं कर पाया है। उसके विरुद्ध आर्थिक प्रतिबन्धों के कारण उसके व्यवहार में नरमी आई है। नामीबिया को स्वतन्त्रता संयुक्त राष्ट्रसंघ के प्रयत्न से प्राप्त हो गई है। फिलिस्तीन के सवाल पर अरब देश बार-बार संयुक्त राष्ट्रसंघ के प्रस्तावों की अवहेलना करते रहे हैं। ईरान-ईराक संघर्ष संयुक्त राष्ट्रसंघ के प्रयत्न से ही समाप्त हुआ है। किन्तु अभी तक दोनों देशों में स्थायी समाधान की वार्ता चल रही है। अफगानिस्तान से सोवियत सैनिक वापिस चले गये हैं, परन्तु अफगानिस्तान की समस्या का स्थायी रूप से अभी कोई समाधान नहीं हो सका है। निरस्त्रीकरण के स्थान पर शस्त्रीकरण की होड़ जारी है। यद्यपि बड़ी शक्तियों में अस्त्र-शस्त्रों की कमी पर समझौता हो गया है, परन्तु छोटे-छोटे देशों–ईराक, इजराइल, दक्षिणी अफ्रीका, पाकिस्तान आदि द्वारा अणुशक्ति के विनाशकारी उपयोग के प्रयासों को वह रोक नहीं पाया है।

अन्तर्राष्ट्रीय आचरण के मूलभूत मानदण्डों एवं परम्परागत, आशंकाओं, घृणा, द्वेष एवं निहित स्वार्थों के होते हुए भी संयुक्त राष्ट्रसंघ ने अभूतपूर्व सफलता प्राप्त की है। दूसरे महायुद्ध के बाद मध्य तथा मध्य-पूर्व यूरोप, मध्य-पूर्व एशिया, दक्षिणी एशिया एवं अफ्रीका में नवोदित राष्ट्रों के मध्य युद्ध का अभिनय हुआ है। ईरान, कोरिया, लेबनान, वियतनाम, कश्मीर, इजराइल, अफगानिस्तान आदि में यह नाटक खेला जा रहा है। सम्भवतः इस क्षेत्र में जो प्रयास किए गए हैं उन पर नवोदित राष्ट्रों की युद्ध प्रवृत्ति की छाया रही है। अतः संयुक्त राष्ट्रसंघ के राजनीतिक कार्यों की असफलता का मुख्य कारण शक्ति की राजनीति और नए सदस्य राज्यों की अपने कर्त्तव्य पालन से विमुखता तथा संयुक्त राष्ट्रसंघ के सिद्धान्तों का उल्लंघन है। नए राष्ट्र संयुक्त राष्ट्रसंघ के सिद्धान्तों में आस्था न रखकर कथनी और करनी में भेद करते हैं। इन सब बाधाओं के होते हुए भी संयुक्त राष्ट्रसंघ विश्व शान्ति बनाए रखने में सफल हुआ है।

संयुक्त राष्ट्रसंघ के गैर-राजनीतिक कार्य

संयुक्त राष्ट्रसंघ न केवल शांति स्थापना के रूप में राष्ट्रसंघ से अधिक सफल हुआ है वरन् वह आर्थिक, सामाजिक तथा सांस्कृतिक क्षेत्र में भी राष्ट्रसंघ से अधिक विस्तृत और सराहनीय कार्य करता है। परन्तु आम जनता उसके आर्थिक और सामाजिक कार्यों से भलीभाँति अवगत नहीं है। संयुक्त राष्ट्रसंघ के महासचिव ऊ थांट ने कहा था कि इस अन्तर्राष्ट्रीय संगठन के आर्थिक और सामाजिक कार्य उपयोगी हैं लेकिन इन कार्यों का अधिक प्रचार नहीं हुआ है। उनका कहना था कि संयुक्त राष्ट्रसंघ और उसकी एजेंसियों में लगभग 18,000 अधिकारी और कर्मचारी कार्य कर रहे हैं जिनमें से लगभग 16,000 आर्थिक एवं सामाजिक क्षेत्र के कार्यों में लगे हुए हैं। उनका यह भी मत था कि सामान्य समय में जब संसार में कोई आपातकाल न हो तब संयुक्त राष्ट्रसंघ के कोष का 85 प्रतिशत धन आर्थिक एवं सामाजिक कार्यों पर व्यय होता था, अब यह व्यय पहले से कहीं अधिक हो गया है। इससे स्पष्ट है कि संयुक्त राष्ट्रसंघ आर्थिक और सामाजिक कार्यों पर बहुत अधिक बल देता है। अपने इन कार्यों का सम्पादन संयुक्त राष्ट्रसंघ आर्थिक-सामाजिक परिषद् तथा कई विशेष एजेंसियों एवं आयोगों के माध्यम से करता है। संयुक्त राष्ट्रसंघ के चार्टर के 62वें अनुच्छेद में आर्थिक-सामाजिक परिषद् को यह अधिकार दिया गया है कि वह अन्तर्राष्ट्रीय आर्थिक, सामाजिक, शिक्षा व स्वास्थ्य संबंधी व अन्य सम्बन्धित क्षेत्र का अध्ययन करे और रिपोर्ट तैयार करे। इन सब क्षेत्रों के संबंध में महासभा तथा संयुक्त राष्ट्रसंघ के सदस्यों और विशेष एजेन्सियों को अपनी सिफारिशों को भेजना आर्थिक व सामाजिक परिषद् का कार्य है। यह परिषद् आर्थिक और सामाजिक प्रश्नों पर विचार करती है। यह प्रतिवर्ष विश्व की आर्थिक अवस्था का भी गहन रूप से अवलोकन करती है। संयुक्त राष्ट्रसंघ के सचिवालय से इस सम्बन्ध में उसे आवश्यक सूचनाएं प्राप्त होती हैं। संयुक्त राष्ट्रसंघ ने ऐसी बहुत-सी उपयोगी रिपोर्टें प्रकाशित की हैं। संयुक्त राष्ट्रसंघ के गैर राजनीतिक कार्यों का अध्ययन मुख्य शीर्षकों के अन्तर्गत आगे करेंगे।

संयुक्त राष्ट्रसंघ के आर्थिक विकास सम्बन्धी कार्य

आर्थिक और सामाजिक प्रगति को प्रोत्साहन देने के लिए संयुक्त राष्ट्रसंघ की आर्थिक व सामाजिक परिषद् ने निष्काम भाव से पिछड़े देशों को आर्थिक व तकनीकी सहायता प्रदान की है। इस परिषद् के अन्तर्गत अनेक महत्वपूर्ण आयोग व संगठन कार्य करते हैं, जैसे अन्तर्राष्ट्रीय श्रम संगठन, विश्व बैंक, अन्तर्राष्ट्रीय मुद्रा कोष आदि। इन संगठनों अथवा अभिकरणों का मुख्य उद्देश्यों विश्व में हर सम्भव तरीके से आर्थिक व सामाजिक कल्याण को प्रोत्साहित करना है। अन्तर्राष्ट्रीय श्रम संगठन ने श्रमिकों की दशा सुधारने, उनके ज़ीवन-स्तर को ऊँचा उठाने, उत्पादन में वृद्धि करने व श्रमिकों की क्षमता को बढ़ाने व सुविधाएँ दिलाने में उल्लेखनीय कार्य किया है। विकासशील देशों को कारखाने स्थापित करने, प्रसार और संचार के साधनों में उन्नति

करने तथा बिजलीघर बनाने के लिए विश्व बैंक द्वारा कम ब्याज पर दिया गया है। इसी तरह अन्तर्राष्ट्रीय मुद्रा कोष ने विनिमय सम्बन्धी व्यवहार में आने वाली कठिनाइयों को दूर किया है। बीसवीं सदी के मध्य तक दुनिया की आर्थिक प्रगति तथा आंकड़ों के लिए कोई विश्वसनीय सूचना स्रोत उपलब्ध नहीं था। आंकड़ों एवं जानकारी के अभाव में इन क्षेत्रों में अन्तर्राष्ट्रीय स्तर पर कोई योजना या कार्यक्रम बनाना बहुत ही कठिन होता था। संयुक्त राष्ट्रसंघ ने अपने स्थापना काल से ही यह काम शुरू किया है। 19 जनवरी, 1948 को संयुक्त राष्ट्रसंघ ने विश्व की आर्थिक स्थिति के मूलतत्त्व नामक एक रिपोर्ट प्रकाशित की। उसके बाद इसने यूरोप, एशिया और लैटिन अमरीका की आर्थिक स्थिति का सर्वेक्षण कराया और इन सर्वेक्षण रिपोर्टों को प्रकाशित किया। इसने वित्तीय आंकड़ों एवं जनसंख्या सम्बन्धी मामलों पर अनेक अधिकारपूर्ण प्रकाशन प्रकाशित किए। इनके अन्तर्गत दुनिया के आर्थिक साधनों एवं आर्थिक अवस्था पर प्रचुर सामग्री उपलब्ध कराई है जो अत्यन्त उपयोगी है।

संयुक्त राष्ट्रसंघ द्वारा विकासशील देशों को सहायता

विकासशील देशों के लिए संयुक्त राष्ट्रसंघ का आर्थिक विकास सम्बन्धी कार्य अत्यन्त महत्वपूर्ण है। ज्योंही कोई देश स्वतन्त्रता प्राप्त करता है वैसे ही संयुक्त राष्ट्रसंघ अपने ढंग से उसमें रुचि लेने लगता है। वह उसके आर्थिक व सामाजिक ढांचे में सुधार व उन्नति करने का प्रयास करता है। स्वतंत्रता प्राप्त करने के समय बहुत से राज्यों के पास शासनकार्य के लिए न तो प्रशिक्षित कर्मचारी होते हैं और न उनकी आर्थिक और वित्तीय स्थिति ही संतोषजनक होती है। संयुक्त राष्ट्रसंघ का यह कर्त्तव्य है कि नवस्वतन्त्र राष्ट्र की इन कमियों को दूर करे और उसे सहयोग व सहायता दे।

विश्व की लगभग दो-तिहाई जनसंख्या अल्पविकसित देशों में निवास करती है जिसका जीवन-स्तर अत्यन्त निम्न है। ऐसे देशों की संयुक्त राष्ट्रसंघ द्वारा अन्तर्राष्ट्रीय स्तर पर सहायता की जाती है। इस आवश्यकता को ध्यान में रखकर 1948 में महासभा ने आर्थिक और सामाजिक परिषद् तथा विशिष्ट समितियों से अल्पविकसित देशों के आर्थिक विकास की समस्याओं पर ध्यान देने की प्रार्थना की थी। तब से आर्थिक व सामाजिक परिषद् तथा विशिष्ट समितियाँ इन समस्याओं पर अधिकाधिक ध्यान दे रही हैं तथा अविकसित देशों की हर प्रकार से सहायता कर रही है।

इस कार्य पर बल देने के लिए संयुक्त राष्ट्रसंघ महासभा ने दिसम्बर, 1961 में यह निश्चय किया कि 1960 से 1970 तक के समय को संयुक्त राष्ट्रसंघ विकास दशक का नाम दिया जाए और इस काल में अन्तर्राष्ट्रीय स्तर पर पिछड़े हुए देशों की आर्थिक और सामाजिक दशा को सुधारने का प्रयास किया जाए। संयुक्त राष्ट्रसंघ महासभा के निश्चय के अनुसार महासचिव ने 14 जून, 1962 को अल्पविकसित देशों का आर्थिक विकास करने तथा उनका जीवन-स्तर ऊँचा उठाने के लिए एक दस-वर्षीय योजना प्रस्तुत की। इस योजना का उद्देश्य ऐसी परिस्थितियाँ

उत्पन्न करना था जिनमें अल्पविकसित देशों की राष्ट्रीय आय में 1970 तक और उसके पश्चात् प्रतिवर्ष पाँच प्रतिशत वृद्धि हो सके और इन देशों का जीवन-स्तर 25 से 30 वर्षों के अन्दर दुगुना ऊँचा उठ जाए। प्रत्येक सदस्य राज्य से यह प्रार्थना की गई कि वह इस कार्य में सहयोग दे। संयुक्त राष्ट्रसंघ की रिपोर्ट से पता चलता है कि विकास दशक में निर्दिष्ट लक्ष्यों की दिशा में प्रगति अवश्य हुई है। पिछड़े देशों की आर्थिक क्षेत्र में पर्याप्त वृद्धि हुई है और निरन्तर हो रही है। विकासशील देशों ने तकनीकी सहायता से विकसित कार्यक्रम संयुक्त राष्ट्रसंघ विशेष कोष, विश्व खाद्य कार्यक्रम आदि का अच्छी तरह उपयोग किया है। विकास दशक में निम्न बातों पर अधिक जोर दिया गया था—व्यापार का विस्तार, औद्योगीकरण, विज्ञान व तकनीक का विकास एवं उपयोग, विकास की वित्त व्यवस्था, प्राकृतिक स्रोतों का शोषण, आर्थिक व सामाजिक विकास के लिए आयोजन, जनसंख्या सम्बन्धी समस्याओं का हल इत्यादि। संयुक्त राष्ट्रसंघ के प्रयासों से विकासशील देशों ने काफी उन्नति की है। आज कोरिया व फारमूसा आदि उन्नतिशील देशों का मुकाबला करने लगे हैं।

संयुक्त राष्ट्रसंघ ने विकासशील देशों के आर्थिक विकास को प्रोत्साहन देने और अन्तर्राष्ट्रीय वाणिज्य को बढ़ाने के लिए नई व्यापार एवं विकास मशीनरी का गठन अत्यन्त उत्तमता से किया है। सन् 1964 से ही संयुक्त राष्ट्रसंघ इसी दिशा में कार्यरत है। इस क्षेत्र में जो पद्धति स्वीकार की गई है। उनके तीन भाग हैं—पहला भाग, व्यापार एवं विकास सम्बन्धी संयुक्त राष्ट्रसंघ सम्मेलन है। इसका पहला अधिवेशन 1964 ई॰ में हुआ जिसमें 12 देशों के प्रतिनिधियों ने भाग लिया था। सम्मेलन की सबसे महत्वपूर्ण उपलब्धि थी अन्तर्राष्ट्रीय आर्थिक सम्बन्धों का एक नवीन घोषणा-पत्र स्वीकार करना। सम्मेलन के निश्चयों को लागू करने तथा अन्य उपायों के लिए एक व्यापारिक विकास बोर्ड तथा स्थायी सचिवालय की व्यवस्था की गई है। अंकटाड का दूसरा अधिवेशन 1968 में नई दिल्ली में तथा तीसरा अधिवेशन 1972 में दक्षिण अमेरिका के सांटियागो नगर में हुआ, तब से निरन्तर सम्मेलन होते रहे हैं, जिससे विकास में सहायता मिली है।

संयुक्त राष्ट्रसंघ के वैज्ञानिक व तकनीकी सहायता कार्यक्रम

विज्ञान व टैक्नालॉजी के इस युग में दुनिया के विकासशील देशों में सर्वाधिक सहायता तथा निर्देशन की आवश्यकता होती है क्योंकि विकासशील देश उनका उपयोग बिना उचित मार्गदर्शन के ठीक से नहीं कर पाते हैं। अतः 1948 में संयुक्त राष्ट्रसंघ महासभा ने आर्थिक व सामाजिक परिषद् को अल्पविकसित देशों के लिए तकनीकी सहायता तथा आर्थिक-सामाजिक विकास की समस्याओं पर ध्यान देने को कहा। संयुक्त राष्ट्रसंघ ने प्राविधिक सहायता का कार्य करने के लिए अट्ठारह सदस्यों की एक परामर्श समिति भी स्थापित की। इस समिति ने आर्थिक विकास के अनेक कार्यों का सम्पादन किया है। इसके खाद्य, जल और शिक्षा सम्बन्धी समस्याओं पर विचार किया। इस समिति ने इस बात पर भी बल दिया है कि खनिज पदार्थों, भूमि, वन

और जल संसाधनों का अधिकतम उपयोग करने के लिए विज्ञान और टैक्नालॉजी को कहाँ तक प्रयोग में लाया जा सकता है। अनेक विकासशील देश अणुशक्ति की सहायता अपने आर्थिक विकास के लिए ले रहे हैं। संयुक्त राष्ट्रसंघ और उसकी अन्तर्राष्ट्रीय अणुशक्ति एजेंसी विभिन्न सरकारों को सहायता के रूप में विशेषज्ञ व सामग्री भेज रही है। सूचना और प्रसार को प्रोत्साहन देने के लिए संयुक्त राष्ट्रसंघ ने कई ऐसे सम्मेलन बुलाए हैं जिनमें अणुशक्ति के शांतिपूर्ण उपयोग पर विचार किया गया है। कई देशों में बिजली उत्पन्न करने के लिए अणुशक्ति का उपयोग हो रहा है। रोगों की चिकित्सा करने, उपज बढ़ाने, नए संसाधनों की खोज करने और औद्योगिक कार्यक्रम के विकास के लिए कई विकासशील देशों में रेडियोऐक्टिव आइसोटोप्स का भी प्रयोग हो रहा है। संयुक्त राष्ट्रसंघ ने सरकारों को सहायता देते समय प्राथमिकता इस बात को दी है कि विभिन्न देशों में ऐसे उद्योगों की स्थापना हो जिनसे स्थानीय आवश्कताओं की पूर्ति हो सके तथा नए कार्यों में श्रमिकों को प्रशिक्षण व प्रोत्साहन मिल सके और कच्चे सामान का अच्छी तरह उपयोग हो सके। औद्योगीकरण को प्रोत्साहन देने की दृष्टि से स्थापित औद्योगिक विकास केन्द्र अनेक ऐसी संयुक्त एजेंसियों के साथ मिलकर कार्य करते हैं जो औद्योगिक विकास के विशेष पहलुओं से सम्बन्धित हैं। इन कार्यों के कारण निरन्तर प्रगति हुई है व विकास में सहायता मिली है तथा जनकल्याण हुआ है।

संयुक्त राष्ट्रसंघ के खाद्य एवं कृषि संगठन (F.A.O.)

विश्व खाद्य कार्यक्रम संयुक्त राष्ट्रसंघ और इसके खाद्य तथा कृषि संगठन द्वारा संयुक्त रूप से संचालित है। वह आर्थिक और सामाजिक विकास में खाद्य के रूप में सहायता देकर अत्यन्त उपयोगी सहयोग देता है। उदाहरण के लिए कम आमदनी वाले देशों में विकास आयोजनाओं में काम करने वाले परिवारों के लिए नकद वेतन के साथ खाद्यान्न दिया जा सकता है अथवा उन परिवारों को, जिनका पुनर्वास हुआ है, जब तक उनकी पहली फसल नहीं होती है, तब तक भरण-पोषण के लिए दिया जाता है। इसके साथ ही इस कार्यक्रम में भूकम्प, बाढ़ या अन्य प्राकृतिक विपत्तियों द्वारा उत्पन्न आपातकालीन खाद्य आवश्यकताओं को पूरा करने का भी आयोजन किया गया है। 1963 से 1965 की तीन-वर्षीय अवधि में विश्व खाद्य कार्यक्रम द्वारा 55 देशों में 117 विकास आयोजनाओं की स्वीकृति, और 25 देशों में 33 आपातकालीन खाद्य सहयोग से, एक ऐसा आंदोलन चलाया गया था जिसका उद्देश्य संसार के मनुष्यों को भूख और अपोषण की समस्याओं से अवगत कराना था। इस आंदोलन को प्रोत्साहन देने के लिए 80 से अधिक देशों में राष्ट्रीय समितियाँ भी स्थापित की गई हैं जो अत्यन्त सराहनीय कार्य कर रही हैं।

तकनीकी सहायता–नवम्बर, 1965 में महासभा ने संयुक्त राष्ट्रसंघ विकास कार्यक्रम की स्थापना, तकनीकी सहायता से विस्तारित कार्यक्रम और संयुक्त राष्ट्र विशेष निधि को एक में मिलाकर की। संयुक्त राष्ट्र विकास कार्यक्रम कम आय

वाले देशों को विकास करने के लिए सहायता देता है। इस उल्लेख से वह सम्बन्धित देश का सर्वेक्षण करता है तथा संभावनाओं का अध्ययन करवाता है और प्राकृतिक संसाधनों के उपयोग की आयोजना बनाता है। संयुक्त राष्ट्रसंघ विकास कार्यक्रम के अन्तर्गत मत्स्य पालन और पशु पालन, खनन और निर्माण, विद्युत और परिवहन व संचरण, भवन निर्माण, व्यापार और अर्थव्यवस्था, सामुदायिक विकास, आर्थिक आयोजन एवं जन-प्रशासन आदि पर जोर दिया जाता है। विकास कार्यक्रम के लिए सहायता संयुक्त राष्ट्र संघ और 11 भाग लेने वाले अभिकरणों द्वारा दी जाती है जैसे अन्तर्राष्ट्रीय परमाणु ऊर्जा, अन्तर्राष्ट्रीय श्रम संगठन, विश्व स्वास्थ्य संगठन, पुनर्निर्माण और विकास का अन्तर्राष्ट्रीय बैंक, अन्तर्राष्ट्रीय नागरिक विमानन विकास संगठन, विश्व डाक संघ, अन्तर्राष्ट्रीय दूर-संचार संघ, विज्ञान संगठन आदि। यह सहायता अन्तर्राष्ट्रीय स्तर पर नियुक्त विशेषज्ञों द्वारा, जो उन क्षेत्रों में कार्य करते हैं, प्रशिक्षण, प्रदर्शन और उत्पादन के लिए उपस्करों का प्रबन्ध, विदेशों में अध्ययन के लिए शिक्षावृत्तियों और विचार, सूचना तथा आयोजनाओं के विनिमय आदि के रूप में दी जाती है। इन उपायों से अत्यन्त प्रगति हुई है व लाभ पहुंचा है।

आर्थिक आयोग व उनके कार्य–संयुक्त राष्ट्रसंघ ने चार क्षेत्रीय आर्थिक आयोग भी स्थापित किए हैं। वे इस प्रकार हैं–यूरोपीय आर्थिक आयोग, एशिया व सुदूर पूर्व आर्थिक आयोग, लैटिन अमेरिका आर्थिक आयोग और अफ्रीका आर्थिक आयोग। ये आयोग विश्व के आर्थिक एवं सामाजिक विकास के कार्य में उल्लेखनीय और उपयोगी भूमिका अदा करते हैं। आर्थिक सहयोग में इन्होंने महत्वपूर्ण नेतृत्व प्रदान किया है। इनके प्रयत्नों के फलस्वरूप क्षेत्रीय संगठनों के निर्माण में शीघ्रता आई है। वे आयोग भरसक प्रयत्न कर रहे हैं कि धनी व निर्धन देशों का अन्तर समाप्त हो। उदाहरणार्थ एशिया एवं सुदूरपूर्व आयोग अपने उपायों द्वारा एशिया निवासियों के आर्थिक जीवन से सम्बन्धित सभी महत्वपूर्ण बातों को निपटाने में निरन्तर प्रयत्नशील है। इस आयोग ने अपने क्षेत्र के सदस्य देशों में प्रशिक्षण केन्द्रों की स्थापना की है, अणुशक्ति का प्रयोग शांतिपूर्ण कार्यों के लिए करने के उपाय सुझाए और मकान बनाने की समस्या पर भी विचार किया है। इस आयोग ने एशिया के लोहे और इस्पात उद्योग के विकास में बहुत रुचि दिखलाई है। खनिज पदार्थों के विकास पर भी इसने बल दिया है, जिससे विकास को बल मिला है और उन्नति हुई है।

संयुक्त राष्ट्रसंघ के सामाजिक विकास सम्बन्धी कार्य

संयुक्त राष्ट्रसंघ के चार्टर का मुख्य उद्देश्य सामाजिक विकास और सामाजिक न्याय तथा उच्चतर जीवन स्तर को प्रोत्साहन देना भी है। आर्थिक और सामाजिक परिषद् तथा संयुक्त राष्ट्रसंघ की अनेक संस्थाएं, संगठन एवं समितियाँ सदस्य राज्यों को सहायता प्रदान करके उक्त लक्ष्यों को प्राप्त करने के लिए निरन्तर प्रयत्नशील और कार्यरत हैं। इन संस्थाओं में से कुछ के नाम इस प्रकार हैं–आर्थिक व सामाजिक परिषद् का सामाजिक आयोग, सचिवालय का सामाजिक कार्य विभाग तथा अनेक

विशेष एजेंसियाँ एवं आयोग। इन संस्थाओं के तत्वावधान में सामाजिक विषमता दूर करने, जीवन का उन्नयन, मादक द्रव्य निषेध, शिशु कल्याण, सामाजिक न्याय तथा सुरक्षा आदि प्रश्नों पर अध्ययन, शोध, प्रचार, लोकमत निर्माण एवं सीमित सहायता आदि के कार्य सम्पन्न होते हैं। तकनीकी सहयोग कार्यक्रम के अन्तर्गत संयुक्त राष्ट्रसंघ द्वारा जो विभिन्न प्रकार की सहायता प्रदान की जाती है उसका उल्लेख किया जा चुका है। यह सहायता निम्न प्रकार से की जाती है—परामर्श, छात्रवृत्ति, समान सामाजिक सेवाएँ, सामुदायिक विकास, सामाजिक कार्यों के लिए प्रशिक्षण, अपराध-निरोध, नगरीकरण, प्रवास एवं योजना तथा जनसंख्या के सम्बन्ध में भी गोष्ठियों का गठन किया जाता है।

संयुक्त राष्ट्रसंघ के तत्वावधान में होने वाले सामाजिक विकास के अनेक कार्यों में से कुछ इस प्रकार हैं–

सन् 1950 में महासचिव ट्रिग्वे ली ने नगर तथा ग्राम योजनाकरण एवं गृहनिर्माण पर एक विस्तृत रिपोर्ट प्रस्तुत की। संयुक्त राष्ट्रसंघ सचिवालय के समाज-कल्याण विभाग की ओर से इन विषयों पर नियमित रूप से पुस्तिका प्रकाशित की जाती है। गर्म मुल्कों में निम्न वर्ग के लिए गृह निर्माण दल भेजने की व्यवस्था की। नारियों तथा बच्चों का क्रय-विक्रय रोकने के लिए 1949 में संयुक्त राष्ट्रसंघ महासभा ने एक समझौता-पत्र तैयार किया जिसे स्वीकृति प्रदान करने एवं अपने-अपने क्षेत्रों में लागू करने के लिए सदस्य राज्यों से अपील की गई। संयुक्त राष्ट्रसंघ ने शरणार्थियों की समस्या की ओर अधिक ध्यान दिया है। संयुक्त राष्ट्रसंघ द्वारा नियुक्त "यूनाइटेड नेशन्स हाइ कमिश्नर फार रिफ्यूजी" शरणार्थियों की उचित देख-रेख करते रहे हैं। संयुक्त राष्ट्रसंघ के ये अधिकारी शरणार्थी समस्या का स्थायी हल निकालने के लिए भी प्रयत्नशील हैं। इस सम्बन्ध में अनेक योजनाएँ भी बनाई गई हैं। शरणार्थियों के पुनर्वास की समस्या, उन्हें अपने देश में भेजने की अथवा किसी अन्य देश में बसाने की समस्या, उन्हें उपयुक्त रोजगार दिलाने की समस्या का समाधान खोजने के निमित्त विश्व संस्था के तत्वावधान में सतत प्रयत्न किया जा रहा है। इस मानवीय कल्याण कार्य में विश्व की अनेक सेवा-संस्थाएं योगदान करती हैं। इनमें अन्तर्राष्ट्रीय संगठन की दृष्टि से, अन्तर्राष्ट्रीय रेडक्रास संगठन का कार्य उल्लेखनीय एवं प्रशंसनीय है। 1971-72 में भूतपूर्व पूर्वी पाकिस्तान के शरणार्थियों की सहायता में इस संस्था ने बहुमूल्य हाथ बंटाया था तथा अफगान, तमिल व कम्पूचिया के शरणार्थियों को भी संयुक्त राष्ट्रसंघ द्वारा सहायता प्रदान की गई थी। संयुक्त राष्ट्रसंघ ने दुनिया से कतिपय बीमारियों के उन्मूलन के लिए भी कार्य कियां है। मलेरिया, यक्ष्मा, फाइलेरिया, चेचक आदि का उन्मूलन संयुक्त राष्ट्रसंघ की अत्यन्त महत्वपूर्ण उपलब्धियाँ हैं। विश्व स्वास्थ्य संगठन ने इस क्षेत्र में सम्बद्ध देशों को अत्यन्त बहुमूल्य सहायता प्रदान की है। विभिन्न क्षेत्रों में महामारियों को रोकने के इसके कार्य भी अत्यन्त प्रशंसनीय व सराहनीय हैं। उदाहरणार्थ, 1949 में मिस्र में विशूचिका तथा अफगानिस्तान में टायफॉयड में

असंख्य लोगों की रक्षा करने में इसे सफलता मिली है। विश्व स्वास्थ्य संगठन जनस्वास्थ्य सम्बन्धी अन्य कार्यों में भी उपयोगी सहायता प्रदान करता है जैसे मातृ तथा शिशु कल्याण, जनस्वास्थ्य प्रशिक्षण, पौष्टिक भोजन, पेय जल की आपूर्ति, औषधि विज्ञान सम्बन्धी शोध आदि।

संयुक्त राष्ट्रसंघ की विभिन्न संस्थाओं द्वारा शिशु कल्याण के कार्य चलाए जाते हैं। इन संस्थाओं में यूनिसेफ का महत्वपूर्ण योगदान है। यूनिसेफ की ओर से अविकसित व विकासशील देशों को सर्वाधिक सहायता दी जा रही है। समस्त संसार में 500 से अधिक कार्यक्रमों के द्वारा बच्चों की बीमारियों और भूख तथा आहार में पौष्टिकता की कमी व अन्य कमियों को दूर करने, अज्ञान दूर करने और पारिवारिक जीवन टूटने से रोकने आदि के लिए प्रयत्न किए जा रहे हैं। इसके कार्यक्रमों के फलस्वरूप संसार के लाखों बच्चों को मलेरिया, क्षय, कोढ़, ट्रेकोमा और अन्य रोगों से बचाया जा रहा है और इसी प्रकार लाखों लोगों को रोगमुक्त कर दिया गया है। डाक्टर, नर्स व स्वास्थ्य सम्बन्धी कार्यकर्त्ता यूनिसेफ द्वारा प्रशिक्षित होकर स्थानीय स्वास्थ्य केन्द्रों में कार्य कर रहे हैं। इसने स्कूल के बच्चों को पौष्टिक आहार व दूध के वितरण की भी व्यवस्था की है। डेरियाँ स्थापित करने के लिए सामान की सहायता आदि भी दी हैं। प्राथमिक स्कूल के अध्यापकों की कमी को दूर करने के लिए भी व्यवस्था की गई है। नशे की औषधियों का दुरुपयोग रोकने के लिए भी संयुक्त राष्ट्रसंघ प्रयत्नशील है। मादक द्रव्यों के नियन्त्रण का उद्देश्य यह है कि इस प्रकार के पदार्थों का उपयोग केवल चिकित्सा संबंधी और वैज्ञानिक उद्देश्यों के लिए ही किया जाए। संयुक्त राष्ट्रसंघ के अधीन ही एक संस्था इस सम्बन्ध में नीति निर्धारित करती है, जिसका पालन करना सभी सरकारों को स्वीकार करना होता है। यद्यपि कुछ सरकारें धन के लालच में मादक द्रव्यों के व्यापार की अवहेलना करती हैं, परन्तु, इण्टरपोल इन पर कड़ी निगरानी रखता है तथा इससे उल्लेखनीय सफलता मिली है।

संयुक्त राष्ट्रसंघ के शैक्षणिक कार्य

संयुक्त राष्ट्रसंघ अनेक वैज्ञानिक, शैक्षणिक व सांस्कृतिक कार्यक्रम भी चलाता है। इन कार्यों के लिए यूनेस्को (United Nations Educational, Scientific and Cultural Organisation — UNESCO) नामक संगठन बनाया गया है। यूनेस्को का मूल उद्देश्य शिक्षा, विज्ञान तथा संस्कृति के माध्यम से दुनिया में अन्तर्राष्ट्रीय सद्भाव को प्रश्रय देना तथा इन माध्यमों से अन्तरराज्यीय एवं अन्तर-जातीय विद्वेष फैलाए जाने को रोकना व विश्व बन्धुत्व और विश्व कल्याण आदि की भावना को प्रोत्साहित करना है। अपनी स्थापना के समय से ही यह संस्था अपने उद्देश्यों की प्राप्ति के लिए प्रयत्नशील है। सांस्कृतिक क्षेत्र में इसने संगीत, नाटक, साहित्य, चित्रकला, वास्तुकला, स्थापत्य तथा अन्य कलारूपों के संरक्षण, उन्मेष एवं समन्वय आदि के कार्यों में विशेष दिलचस्पी बनाए रखी है। अनेक प्राचीन कलात्मक तथा

ऐतिहासिक अवशेषों का संरक्षण इसके निरन्तर प्रयासों से ही संभव हो सका है। इसने दार्शनिक तथा रचनात्मक चिंतन को प्रोत्साहन देने के कई कार्यक्रमों को उर्वर बनाने में उल्लेखनीय योगदान दिया है। विश्व के विभिन्न क्षेत्रों में पीने के पानी के अभाव की समस्या को दूर करने के उद्देश्य से इस विषय पर शोध कार्यों को भी प्रोत्साहित किया है। इस संगठन ने जनवरी 1963 में अन्तर्राष्ट्रीय हाइड्रोलाजिकल दशक मनाने का ऐलान किया था। यूनेस्को ने निरक्षरता उन्मूलन, नवीन ज्ञान के विश्वव्यापी प्रसार तथा सांस्कृतिक कार्यक्रमों आदि में भरपूर योगदान दिया है। सभी को समान कार्य, मानव अधिकार दिलाने के लिए संघर्ष अपने ढंग से जारी रखा है तथा निरक्षरता दूर करने के निरन्तर प्रयास किए हैं। भारत को छोड़कर जहाँ 54 करोड़ निरक्षर हैं इसके प्रयास निरन्तर व सर्वत्र सफल हुए हैं। दबाव के कारण भारत भी निरक्षरता दूर करने का निरन्तर प्रयास कर रहा है क्योंकि सर्वाधिक निरक्षरों की जनसंख्या यहीं है।

संयुक्त राष्ट्रसंघ के गैर-राजनीतिक कार्यों का मूल्यांकन कर, ऊपर के विवरण से यह स्पष्ट हो जाता है कि संयुक्त राष्ट्रसंघ के गैर राजनीतिक कार्यों का क्षेत्र राजनीतिक कार्यों से बहुत विस्तृत है तथा संयुक्त राष्ट्रसंघ ने शिक्षा के प्रसार में उल्लेखनीय कार्य किया है।

संयुक्त राष्ट्रसंघ के गैर-राजनीतिक कार्य

संयुक्त राष्ट्रसंघ के कार्यों की सफलता का अनुमान इस बात से लगाया जा सकता है कि स्वास्थ्य और पोषाहार के स्तर को बढ़ाने, समुद्र यात्रा सुरक्षित बनाने, मनुष्यों को हानिप्रद औषधियों के सेवन से बचाने, अनुभवी सहायता और सूचना देने और एक स्वतन्त्र, सम्पन्न, शिक्षित और अधिक एकीकृत विश्व के निर्माण के लिए योजना आदि बनाने में संयुक्त राष्ट्रसंघ अत्यन्त सफल हुआ है।

अपनी स्थापना के बाद से ही संयुक्त राष्ट्रसंघ ने अपने कार्यों से यह सिद्ध कर गया है कि आर्थिक, सामाजिक, सांस्कृतिक तथा मानवीय समस्याओं के समाधान में उसने उल्लेखनीय व प्रशंसनीय सफलता प्राप्त की है। इसने एशिया, अफ्रीका और लैटिन अमरीका के विकासशील देशों की स्थिति सुधारने में महत्वपूर्ण भूमिका निभाई है। संयुक्त राष्ट्रसंघ से सम्बद्ध कार्यरत गैर-राजनीतिक संगठन और विशिष्ट अभिकरण बड़ी मुस्तैदी से विश्व में व्याप्त निरक्षरता, बेरोजगारी, भुखमरी और दरिद्रता के विरुद्ध निरन्तर संघर्ष में जुटे हुए हैं। संयुक्त राष्ट्रसंघ की सहायता से विश्व के कई देशों में न केवल छोटे उद्योग-धन्धों का विस्तार हुआ है वरन् बड़े-बड़े औद्योगिक प्रतिष्ठानों को भी सहायता मिली है तथा उनका विकास हुआ है।

सारांश यह है कि संयुक्त राष्ट्रसंघ राजनीतिक दृष्टि से चाहे अपेक्षित सफलता प्राप्त न कर सका हो लेकिन अपने सीमित साधनों तथा राष्ट्रों की कथनी व करनी में अन्तर के बावजूद उसका मानवीय-पक्ष काफी सफल रहा है। कहा भी गया है

कि "निरस्त्रीकरण और राजनीतिक कार्यों का खरगोश तो अभी झपकी ले रहा है लेकिन संयुक्त राष्ट्रसंघ की विशेष संस्थाओं की प्राविधिक सहायता और सहयोग का कछुआ बहुत आगे बढ़ गया है।" संयुक्त राष्ट्रसंघ के गैर-राजनीतिक कार्यों पर प्रकाश डालते हुए भारत के पी॰ वी॰ नरसिम्हाराव ने कहा था कि सन् 1945 से लेकर अब तक संयुक्त राष्ट्रसंघ की उपलब्धियाँ काफी महत्वपूर्ण एवं अदभुत रही हैं। इतिहासकारों व पत्रकारों को स्वीकार करना पड़ेगा कि संयुक्त राष्ट्रसंघ का यह गैर-राजनीतिक कार्य विश्व शान्ति के लिए सर्वाधिक स्थायी देन है जबकि इसका प्रचार सबसे कम होता है। संयुक्त राष्ट्रसंघ ने जो मानवीय कार्य आर्थिक व सामाजिक क्षेत्र में जनकल्याण के लिए किए हैं वे अत्यन्त, अनुपम, अभूतपूर्व, सराहनीय तथा प्रशंसनीय हैं। इससे समस्त विश्व की, विशेषकर अविकसित और विकासशील देशों की जनता को अत्यधिक लाभ पहुँचा है तथा समस्त विश्व में उन्नति व प्रगति का विकास हुआ है।

संयुक्त राष्ट्रसंघ की गतिविधियों की समीक्षा

अभी तक हमने संयुक्त राष्ट्रसंघ के विभिन्न अवयवों के संगठन और कार्यों का विवेचन किया है। संयुक्त राष्ट्रसंघ के बारे में सामान्य जानकारी प्राप्त करने के पश्चात् हमारे लिए यह आवश्यक हो जाता है कि हम यह देखें कि संयुक्त राष्ट्रसंघ अपने उद्देश्यों में किस सीमा तक सफल हुआ है और अपने उत्तरदायित्वों का उसने कहाँ तक निर्वाह किया है। अब तक संयुक्त राष्ट्रसंघ ने विश्व शान्ति के लिए जो कुछ किया है उसका मूल्यांकन करके यह निष्कर्ष निकालना आवश्यक हो जाता है कि क्या संयुक्त राष्ट्रसंघ विश्व में युद्ध की संभावनाओं को समाप्त करने में सफल हो सकेगा। संयुक्त राष्ट्रसंघ के भविष्य के विषय में कुछ कहने से पहले हम उनकी उपलब्धियों के विषय में विचार करेंगे।

1. **ईरान**–संयुक्त राष्ट्रसंघ की सबसे पहली महत्वपूर्ण सफलता ईरान के विषय में हुई थी। द्वितीय विश्वयुद्ध के पश्चात् सोवियत संघ की सेनाएँ ईरान में डटी रही थीं। सुरक्षा परिषद् के सद्प्रयत्नों से सोवियत संघ को 21 मई, 1946 को ईरान से अपनी सेनाएँ वापस बुलानी पड़ीं। इसी प्रकार ब्रिटेन ने भी यूनान में अपनी सेनाएँ रोक रखी थीं। इस पर भी वाद-विवाद हुआ और अन्त में संयुक्त राष्ट्रसंघ इस समस्या को हल करने में समर्थ हो गया।

2. **सीरिया व लेबनान**–30 अप्रैल, 1946 को संयुक्त राष्ट्रसंघ सीरिया लेबनान की समस्या का हल करने में भी सफल हुआ। इस प्रदेश में फ्रांस ने अपनी सेनाएँ रोक रखी थीं। संयुक्त राष्ट्रसंघ के माध्यम से इंग्लैंड और फ्रांस पर लोकमत का इतना अधिक प्रभाव पड़ा कि उनको वहाँ से अपनी सेनाएँ हटानी पड़ीं।

3. **बर्लिन समस्या**–मार्च, 1948 में सोवियत संघ द्वारा बर्लिन का घेरा डाल देने के कारण विश्व शांति खतरे में पड़ गई थी। बर्लिन के घेरे की समस्या पर

सुरक्षा परिषद् में विचार किया गया लेकिन वह समस्या को सुलझाने में आरम्भ में सफल नहीं हो सकी। अन्त में इस समस्या का अन्त सम्बद्ध राष्ट्रों के परस्पर समझौते द्वारा हो गया। बर्लिन की दीवार ध्वस्त कर दी गई और पूर्वी तथा पश्चिमी जर्मनी के एकीकरण पर दोनों देशों में सहमति हो गई। एकीकरण के लिए 4 अक्तूबर, 1990 की तिथि निश्चित की गई तथा दिसम्बर 1990 में संयुक्त जर्मन संसद के चुनावों की व्यवस्था की गई।

4. **फिलिस्तीन समस्या**–फिलिस्तीन की समस्या के विषय में भी संघ ने महत्वपूर्ण भूमिका अदा की है। फिलिस्तीन इंग्लैंड का संरक्षित क्षेत्र था। बाद में वहाँ यहूदियों का राज्य स्थापित हुआ। अब वहाँ पर यहूदियों का राज्य इजराइल के नाम से स्थापित हो गया है! लेकिन इजराइल के अपने पड़ोसी देशों, अरब राष्ट्रों के साथ सम्बन्ध सुखद नहीं हैं और अरबों व इजराइल के मध्य निरन्तर युद्ध होते रहते हैं। यह अत्यन्त जटिल समस्या है। अतः उस पर बाद में विस्तृत विचार करेंगे।

5. **कोरिया**–कोरिया की समस्या के समाधान के लिए संयुक्त राष्ट्रसंघ ने जो कार्य किया वह अत्यन्त महत्वपूर्ण है। अतः उस पर तनिक विस्तार से विचार करना आवश्यक है।

जब द्वितीय विश्वयुद्ध का अन्त हुआ और जापान ने मित्रराष्ट्रों के समक्ष आत्म-समर्पण किया तो कोरिया दो भागों में बंट गया था। 38 डिग्री अक्षाँश के उत्तर में सोवियत संघ का और इसके दक्षिण में अमेरिका का प्रभाव था। फलतः उत्तरी कोरिया में साम्यवाद का प्रभाव प्रबल हो गया और दक्षिण कोरिया अमेरिकी प्रभाव के कारण साम्यवाद का विरोधी बन गया। दोनों देशों में अलग-अलग सरकारें स्थापित हो गईं। दक्षिण क्षेत्र में अमेरिका समर्थक पूंजीवादी सरकार थी। किन्तु उत्तरी कोरिया में साम्यवादी समर्थित सरकार होने के कारण कोरिया को संयुक्त करने का काम बड़ा कठिन था क्योंकि दोनों ही भाग एक-दूसरे के कट्टर विरोधी थे। फिर भी संयुक्त राष्ट्रसंघ ने इस कार्य को करने का निश्चय किया। नवम्बर 1947 में यह निश्चय किया गया कि कोरिया में आम चुनाव कराए जाएँ और चुनावों के परिणाम के अनुसार वहां सरकारों की स्थापना हो। लेकिन सोवियत संघ ने संयुक्त राष्ट्रसंघ के इस कार्य में सहयोग नहीं दिया। इसलिए चुनाव केवल दक्षिणी कोरिया में ही हुए और वहां राष्ट्रपति सिंग मैनरी के नेतृत्व में अमेरिका पक्षपाती दक्षिणपंथी सरकार की स्थापना हो गई। इन्हीं दिनों उत्तरी कोरिया में भी सोवियत संघ ने जनरल किम इल सुंग के नेतृत्व में साम्यवाद पक्षपाती सरकार की स्थापना की। अमेरिकन गुट के देशों ने उत्तरी कोरियाई सरकार को मान्यता प्रदान कर दी। कोरिया की इन दोनों सरकारों में आपसी सम्बन्ध वैमनस्यपूर्ण ही रहे और वे रहने भी चाहिए थे क्योंकि ये दोनों परस्पर प्रतिकूल आदर्शों का व ग्रुपों का प्रतिनिधित्व करती थीं।

जून, 1950 में उत्तरी और दक्षिणी कोरिया के बीच युद्ध छिड़ गया। संयुक्त राष्ट्रसंघ ने अमेरिका के प्रभाव से उत्तरी कोरिया को आक्रमणकारी घोषित कर दिया

और सदस्यों से इस बात का अनुरोध किया कि वे दक्षिणी कोरिया की सहायता करें। इन दिनों सोवियत संघ संयुक्त राष्ट्रसंघ की बैठकों में साम्यवादी चीन के प्रतिनिधित्व के प्रश्न को लेकर उपस्थित नहीं हो रहा था, इसलिए अमेरिका ने संयुक्त राष्ट्रसंघ में उत्तरी कोरिया के विरुद्ध सैनिक कार्यवाही का प्रस्ताव पास करवा लिया। इस प्रकार संयुक्त राष्ट्रसंघ की सैनिक कार्यवाही का इतिहास में पहली बार कोरिया के मामले में प्रयोग किया गया। संयुक्त राष्ट्रसंघ की सैनिक कार्यवाही के परिणामस्वरूप युद्ध का अन्त हुआ और कोरिया में शान्ति की स्थापना की गई। लेकिन कोरिया के दोनों भागों का एकीकरण अभी तक सम्भव नहीं हो सका है। किन्तु सोवियत संघ के नए राष्ट्रपति गोर्बाचोव द्वारा पुनर्निर्माण की योजना के तहत पूर्वी यूरोप के देशों से साम्यवादी सेनाओं को वापस बुला लिया गया। पूर्वी यूरोप के सभी देशों ने साम्यवादी दल को अमान्य कर प्रजातन्त्र शासन प्रणाली के अन्तर्गत नई सरकारों का गठन किया। इसी प्रभाव के कारण कोरिया के भी एकीकरण की आवाज़ उठने लगी। फलत: 4 सितम्बर, 1990 को उत्तरी और दक्षिणी कोरिया के प्रधानमन्त्रियों की 1945 में देश विभाजन के 45 वर्ष बाद दक्षिण कोरिया की राजधानी सिओल में एक बैठक हुई। यद्यपि इसमें कोई समझौता नहीं हो सका लेकिन एकीकरण की दिशा में यह एक महत्वपूर्ण कदम है। दोनों देशों की जनता के दबाव के कारण अन्तत: देर-सवेर दोनों देशों के राजनीतिज्ञों को झुकना पड़ेगा और कोरिया एक हो जाएगा जैसा कि पूर्वी और पश्चिमी जर्मनी के मामले में हुआ।

इस प्रकार हम देखते हैं कि कोरिया के मामले में संयुक्त राष्ट्रसंघ उत्तरी कोरिया के विरुद्ध सैनिक कार्यवाही करने में सफल इस कारण हो गया कि उन दिनों सोवियत संघ संयुक्त राष्ट्रसंघ की बैठकों से अनुपस्थित था। परन्तु प्रसिद्ध शूमां के अनुसार यह सामुहिक सुरक्षा का सफल प्रयोग था। यह भी कहा जाता है कि इससे आक्रांताओं के साहस में कमी आई।

इसमें कोई संदेह नहीं कि संयुक्त राष्ट्रसंघ को कई अन्तर्राष्ट्रीय समस्याओं का समाधान करने में सफलता प्राप्त हुई। किन्तु यह नहीं कहा जा सकता कि यह अत्यन्त सफल संगठन रहा है। वस्तुत: संघ को अनेक महत्वपूर्ण अन्तर्राष्ट्रीय समस्याओं के समक्ष मुँह की खानी पड़ी है। राष्ट्रसंघ की भाँति संयुक्त राष्ट्रसंघ भी आज के दो शक्तिशाली राष्ट्रों—अमेरिका और सोवियत संघ के हाथों का खिलौना बन गया है, और वे इसका प्रयोग अपने-अपने स्वार्थों को सिद्ध करने के लिए करते हैं। कोरिया के प्रश्न पर संयुक्त राष्ट्रसंघ अमेरिका के इशारों पर नाचता रहा। काँगो के मामले में संयुक्त राष्ट्रसंघ पर अमेरिका का अत्यन्त अनुचित प्रभाव रहा। पनामा में संयुक्त राज्य अमेरिका द्वारा सेना भेजकर 1990 में संयुक्त राष्ट्रसंघ चार्टर का उल्लंघन किया जाना संयुक्त राष्ट्रसंघ की निर्बलता का द्योतक है।

अनेक महत्वपूर्ण अन्तर्राष्ट्रीय समस्याओं का समाधान निकालने में संयुक्त राष्ट्रसंघ पूर्ण रूप से सफल नहीं हो सका है। यह केवल उन्हीं समस्याओं को हल कर

सका है। जिनमें इसको महाशक्तियों का सहयोग प्राप्त हो गया है। महाशक्तियों के हितों के विरुद्ध यह एक भी समस्या हल नहीं कर सका है। उदाहरण के लिए कश्मीर समस्या, जर्मनी के एकीकरण और कोरिया के एकीकरण का प्रश्न कहा जा सकता है। संयुक्त राष्ट्रसंघ इन प्रश्नों को हल करने में सफल नहीं हो सका। इसका कारण यह है कि संयुक्त राज्य अमेरिका और सोवियत संघ इन प्रश्नों पर किसी समझौते के लिए तैयार नहीं हो सके हैं। परन्तु संयुक्त राष्ट्रसंघ वहाँ भी शान्ति बनाए रखने में सफल हुआ है।

नि:शस्त्रीकरण–संयुक्त राष्ट्रसंघ नि:शस्त्रीकरण करने में भी सफल नहीं हो सका है। इसमें कोई संदेह नहीं है कि विश्व में शान्ति उस समय तक स्थापित नहीं हो सकती जब तक शस्त्रों की वर्तमान दौड़ को समाप्त न कर दिया जाए। दिसम्बर, 1963 में अमेरिका, सोवियत संघ और इंग्लैंड के बीच जो आंशिक शस्त्र परीक्षण विरोधी संधि हुई है उससे इस ओर कुछ प्रगति दिखायी पड़ती है। अब सोवियत संघ और संयुक्त राज्य अमेरिका के निरन्तर शिखर वार्ताओं से यह आशा बलवती होती जा रही है कि निकट भविष्य में संयुक्त राष्ट्रसंघ इस दिशा में सफल हो सकेगा जैसाकि अफगानिस्तान में रूसी सैनिकों की वापसी, ईरान-ईराक युद्ध की समाप्ति, नामीबिया में संयुक्त राष्ट्रसंघ के तत्वावधान में निर्वाचन और कम्पूचिया में संयुक्त राष्ट्रसंघ के तत्वावधान में निर्वाचन के निर्णय से स्पष्ट है। अब रूस, अमेरिका और पश्चिमी राष्ट्र नि:शस्त्रीकरण की ओर अग्रसर हैं।

संयुक्त राष्ट्रसंघ कुछ महत्वपूर्ण विषयों में असफल इसलिए रहा है कि इसके पास अपने निर्णयों को क्रियान्वित कराने के लिए पर्याप्त शक्ति नहीं है। राष्ट्रों की संप्रभुता का सिद्धांत संयुक्त राष्ट्रसंघ को किसी प्रकार की पुलिस शक्ति देने का विरोधी है। यदि संयुक्त राष्ट्रसंघ को सफल बनाना है तो यह आवश्यक है कि इसको अधिक शक्तिशाली बनाया जाये और इसमें अन्तर्राष्ट्रीयता तथा विश्व-बन्धुत्व की भावना का विकास किया जाए तथा संहार करने वाले भयानक अस्त्र-शस्त्रों पर रोक लगाई जाये।

गैर-राजनीतिक क्षेत्र

राजनीतिक क्षेत्र के अतिरिक्त आर्थिक, सामाजिक, सांस्कृतिक, शैक्षणिक, स्वास्थ्य खाद्य एवं कृषि एवं आवास आदि के क्षेत्र में संयुक्त राष्ट्रसंघ की सफलताएं सराहनीय रही हैं। कृषि को अधिक वैज्ञानिक बना दिया गया है। इसी प्रकार अन्तर्राष्ट्रीय मुद्रा कोष द्वारा पिछड़े राष्ट्रों को विकास करने के अनेक अवसर प्राप्त हुए हैं और उनमें औद्योगिक विकास हुआ। इस पर विस्तृत प्रकाश आगे डाला जायेगा।

संयुक्त राष्ट्रसंघ की वर्तमान स्थिति–कश्मीर की समस्या का समाधान करने में संयुक्त राष्ट्रसंघ असफल रहा है। लेबनान व फिलीस्तीन व कम्पूचिया आदि की समस्या संयुक्त राष्ट्रसंघ में आज भी विद्यमान हैं। स्वयं संयुक्त राष्ट्रसंघ आर्थिक संकट

की अवस्था से गुजर रहा है। कांगो के युद्ध में भेजे गये सैनिकों का भार वहन करने से रूस तथा फ्रांस और उनके समर्थक देशों ने सबसे पहले इंकार कर दिया था। ऐसी दशा में धारा 19 के अन्तर्गत अपने भाग की धनराशि न देने की समस्या के कारण उनको वोट के अधिकार से वंचित करने का संयुक्त राज्य अमेरिका द्वारा प्रयत्न किया गया था। स्थिति को गम्भीर होने से बचाने के लिए संयुक्त राष्ट्रसंघ महासभा की बैठक में बिना वोट लिए हुए ही कार्य संचालन किया गया था और अब स्वयं संयुक्त राज्य अमेरिका उन संस्थाओं को धन नहीं देना चाहता जिनके कार्यकलाप से वह सहमत नहीं है। अतः अभी तक आर्थिक संकट का उचित समाधान नहीं निकल सका है। ऐसी दशा में स्वयं संयुक्त राष्ट्रसंघ एक आर्थिक संकट के भंवर में है, परन्तु ऐसी आशा की जाती है कि यह साधारण संकट शीघ्र ही दूर हो जाएगा। वर्तमान समय में रूस और संयुक्त राज्य अमेरिका के निकट आ जाने और निर्गुट राष्ट्रों का बहुमत हो जाने से समस्याओं के समाधान की आशा बलवती हो गई है। 1990 में संयुक्त राष्ट्रसंघ को अभूतपूर्व सफलता मिली है। रूस ने अफगानिस्तान तथा वियतनाम ने कम्पूचिया से सेनाएँ हटा लीं। ईरान-ईराक युद्ध बन्द हो गया। संयुक्त राष्ट्रसंघ द्वारा नामीबिया को स्वतन्त्र कराकर वहाँ चुनाव कराने में सफलता मिली है।

इन सब बातों के होते हुए भी यह कहना पड़ता है कि संयुक्त राष्ट्रसंघ का होना अत्यन्त आवश्यक है। मानवता की यही एक आशा और सर्वोच्च संस्था है जिसके द्वारा राष्ट्रों के विवादग्रस्त प्रश्नों का समाधान किया जा सकता है। संगठन की दृष्टि से भी सार रूप में यह कहना उपयुक्त होगा कि संयुक्त राष्ट्रसंघ कुछ कमियों के होते हुए भी न केवल एक श्रेष्ठ बल्कि आदर्श संगठन है जिसने विश्व में शान्ति बनाए रखने में और विश्व कल्याण की दिशा में प्रशंसनीय कार्य किए हैं तथा सर्वांगीण विकास व जनकल्याण के लिये कार्य किया है।

सारे रूप में यह कहना बिल्कुल निरापद होगा कि कुछ कमियों के होते हुए भी संयुक्त राष्ट्रसंघ, राष्ट्रसंघ की अपेक्षा कहीं अधिक श्रेष्ठ और सफल संगठन है तथा यह न केवल तृतीय विश्वयुद्ध रोकने व विश्व शान्ति बनाए रखने में सफल हुआ है, बल्कि इसने अपने रचनात्मक कार्यों से मानवता की अत्यन्त प्रशंसनीय और सराहनीय सेवा की है। इसके रचनात्मक कार्यों द्वारा विश्व की सर्वांगीण उन्नति व विकास हुआ है तथा विश्व बन्धुत्व की भावना को बल तथा जनसाधारण का कष्ट निवारण हुआ है।

□□□

14

संयुक्त राष्ट्रसंघ के रचनात्मक कार्य
(Welfare Functions of U.N.O.)

संयुक्त राष्ट्रसंघ के लोकहितकारी कार्य

राष्ट्रसंघ की भाँति संयुक्त राष्ट्रसंघ रचनात्मक कार्यों में अत्यन्त उपयोगी और सफल रहा है। यह कहा गया है कि "विश्व भर की भूख और गरीबी से पीड़ित विशाल मानवता को संयुक्त राष्ट्रसंघ ही नवीन और श्रेष्ठ जीवन का सन्देश देता है। यह अधिक अन्न प्राप्त करने, तपेदिक, मलेरिया और अंधेपन को दूर करने, कुएँ बनवाने, नहरें खुदवाने, सीमेंट इत्यादि के कारखाने स्थापित करने आदि में सहायता प्रदान करता है। लेकिन यह देखकर कि संयुक्त राष्ट्रसंघ के विश्व-कल्याण के कार्यों में धीमापन आ गया है, बहुत खेद होता है। यदि यह प्रवृत्ति बराबर बनी रही और पिछड़े देशों के निवासियों की संयुक्त राष्ट्रसंघ से आस्था उठ गई तो करोड़ों व्यक्ति, जो आज साम्यवादियों की ओर नहीं हैं, रोटी के लिए साम्यवाद का सहारा लेंगे। यह एक भयानक सत्य है।"

राष्ट्रपति कारलॉस रोमुलो भूतपूर्व सभापति संयुक्त राष्ट्रसंघ, के इस कथन को संयुक्त राष्ट्रसंघ ने अपने रचनात्मक कार्यों द्वारा असत्य सिद्ध कर दिया है और यह दिखा दिया है कि अन्तर्राष्ट्रीय विवादों का निपटारा करना और युद्ध को रोकना ही संयुक्त राष्ट्रसंघ का कार्य नहीं है। यह उन समस्याओं का निराकरण करने की भी चेष्टा करता है जो सामान्यतः युद्ध का कारण बन जाती हैं। यह एक सर्वमान्य सत्य है कि पिछड़े देश आसानी से उपनिवेशवाद और साम्राज्यवाद के शिकार बन जाते हैं तथा कालान्तर में विश्व शान्ति के लिए खतरनाक सिद्ध होते हैं। विश्व की आधी से अधिक जनसंख्या इन पिछड़े देशों में रहती है, जिन्हें अब विकासशील राष्ट्र कहा जाता है तथा जहाँ निर्धनता और बेकारी का बोलबाला है।

प्रो॰ हॉफमैन ने अपनी पुस्तक "हण्ड्रेड कण्ट्रीज–वन एण्ड वन क्वार्टर विलियन पीपुल" में विकासशील राष्ट्रों की स्थिति का चित्रण करते हुए लिखा था कि "प्रत्येक व्यक्ति विकासशील राष्ट्र को तब जान पाता है जब वह उसे देखता है। ऐसे देश की मुख्य विशेषताएँ हैं–निर्धनता, नगरों में भिखारी और गाँवों में पेट भरने के लिए आवश्यक भोजन जुटाने में लगे ग्रामीण। ऐसे देश में शक्ति और बिजली की कमी

के कारण कारखानों का अभाव होता है। सामान्यतः यहाँ लड़कें और रेलमार्ग अपर्याप्त, शासकीय सेवाएँ अपूर्ण और संचार के साधन कम होते हैं। जनता में व्याप्त गरीबी के बावजूद सम्पत्ति के थोड़े से भंडार होते हैं, मुट्ठी भर लोग ऐश्वर्यपूर्ण जीवन बिताते हैं और बैंक व्यवस्था दयनीय होती है। छोटे-छोटे ऋण ब्याज पर रुपया उठाने वाले उन लोगों से प्राप्त होते हैं, जो लुटेरों से शायद कम नहीं होते। एक विकासशील राष्ट्र की दूसरी महत्वपूर्ण विशेषता यह होती है कि यह कच्चा माल, लोहा, फल, सूत या हाथ की बनी हुई सामग्री का निर्यात करता है। अक्सर पैदावार के निष्कर्षण और कच्चे माल के निर्यात का कार्य विदेशी कम्पनियों के हाथों में होता है।

आवश्यक साधनों के अभाव में एक ओर तो विकासशील राष्ट्र अपना उत्थान करने में असमर्थ होते हैं और दूसरी ओर विदेशी, विशेष रूप से विकसित राष्ट्र उनका शोषण करते हैं। ऐसी स्थिति में एक समय ऐसा आ सकता है जब संसार में युद्ध को रोकने वाली संस्थाएँ निष्प्रयोजन सिद्ध हो जाएं। अतः विश्व शांति को स्थायी बनाने के लिए यह आवश्यक है कि संसार के विकासशील राष्ट्रों की आर्थिक और सामाजिक उन्नति की ओर विशेष ध्यान दिया जाए।"

संयुक्त राष्ट्रसंघ के संविधान निर्माता इस तथ्य से भलीभाँति परिचित थे। राष्ट्रों में व्याप्त आर्थिक व सामाजिक असमानताओं को दूर करने के लिए उन्होंने संयुक्त राष्ट्रसंघ के चार्टर में अनेक व्यवस्थाएँ की हैं। अनुच्छेद 55 के अन्तर्गत उन्होंने स्वीकार किया कि "स्थायित्व एवं कल्याण की स्थितियों के निर्माण की दृष्टि से जो लोगों के समान अधिकारों एवं आत्मनिर्णय के सिद्धान्तों पर आधारित राष्ट्रों के मध्य शांतिपूर्ण एवं मैत्रीपूर्ण सम्बन्धों के लिए आवश्यक हैं, संयुक्त राष्ट्रसंघ निम्न बातों को प्रोत्साहन देगा–

(अ) जीवन के उच्च स्तरों, पूर्ण कार्य तथा आर्थिक एवं सामाजिक उन्नति व विकास की स्थितियाँ,

(ब) अन्तर्राष्ट्रीय आर्थिक, सामाजिक, स्वास्थ्य तथा सम्बन्धित समस्याओं के समाधान और अन्तर्राष्ट्रीय सांस्कृतिक एवं शिक्षा सम्बन्धी सहयोग, तथा

(स) बिना जाति, लिंग, भाषा अथवा धर्म आदि के भेदभाव के, मानव अधिकारों और मौलिक अधिकारों के लिए सार्वदेशिक सम्मान तथा पालन की व्यवस्था।"

इन उद्देश्यों की पूर्ति के लिए संयुक्त राष्ट्रसंघ के अन्तर्गत कुछ विशेष अभिकरणों की स्थापना की गई जिनके संगठन के विषय में विस्तारपूर्वक पहले लिखा जा चुका है। यहाँ उन अभिकरणों के माध्यम से संयुक्त राष्ट्रसंघ द्वारा विभिन्न क्षेत्रों में किए गए रचनात्मक कार्यों का वर्णन किया गया है।

आर्थिक व सामाजिक प्रगति सम्बन्धी कार्य

आर्थिक और सामाजिक प्रगति को प्रोत्साहित करने का दायित्व संयुक्त राष्ट्रसंघ की आर्थिक व सामाजिक परिषद् पर है जिसने निष्काम भाव से पिछड़े देशों को

आर्थिक व तकनीकी सहायता प्रदान की है। इस सामाजिक और आर्थिक परिषद् के अन्तर्गत अनेक आयोग व संगठन आते हैं, जो खाद्य एवं कृषि संगठन, यातायात एवं संवाद परिवहन आयोग, अन्तर्राष्ट्रीय श्रम संगठन, यूरोप के लिए आर्थिक आयोग आदि। 'खाद्य और कृषि संगठन' ने खाद्य और कृषि की प्रत्येक समस्या पर विभिन्न देशों को परामर्श व प्राविधिक सहायता प्रदान की है। अन्तर्राष्ट्रीय श्रम संगठन ने श्रमिकों की दशा सुधारने, उनके जीवन-स्तर को ऊँचा उठाने, उत्पादन में वृद्धि और श्रमिकों की क्षमता बढ़ाने तथा सुविधाएँ दिलाने की दिशा में उल्लेखनीय कार्य किया है। इसने कारखानों में काम करने वालों के लिए अनेक नियमावलियाँ और संहिताएँ तैयार की है जैसे–कोयले की खानों में काम करने वालों की संहिता या कारखानों के कार्यकर्त्ताओं का विधि का कोड आदि।

विश्व बैंक तथा अन्य कल्याणकारी कार्य

विश्व बैंक ने विकासशील देशों को कारखाने लगाने, प्रसार और संचार के साधनों में उन्नति तथा बिजलीघर आदि बनाने के लिए ऋण दिए हैं। विश्व स्वास्थ्य संगठन जनस्वास्थ्य के स्तर को ऊंचा उठाने के लिए निरन्तर प्रयत्नशील है। अन्तर्राष्ट्रीय मुद्राकोष ने विनिमय सम्बन्धी व्यवसाय में आने वाली कठिनाइयों को दूर किया है और व्यापार तथा परिवहन के तथा पर्यटन के विकास में सहयोग दिया है।

19 जनवरी, 1984 को संघ ने "विश्व आर्थिक स्थिति के मूल तत्व" नामक एक रिपोर्ट प्रकाशित की थी। उसके बाद इसने यूरोप, एशिया और लैटिन अमेरिका ही आर्थिक दशाओं का सर्वेक्षण किया था और इन सर्वेक्षणों की रिपोर्टों को प्रकाशित किया। इसने वित्तीय आंकड़ों तथा जनसंख्या सम्बन्धी मामलों पर अनेक अधिकारपूर्ण प्रकाशन प्रसारित किए। इसने यूरोप के लिए आर्थिक आयोग, लैटिन अमेरिका के लिए आर्थिक आयोग तथा एशिया और सुदूर पूर्व के लिए आर्थिक आयोग आदि की नियुक्ति की। इन आयोगों ने अपने क्षेत्रों की आर्थिक स्थिति का अध्ययन करके इनके विकास के लिए उत्तम सुझाव दिए।

सामाजिक क्षेत्र में भी संयुक्त राष्ट्रसंघ ने उल्लेखनीय कार्य किए हैं। यह सदस्य राष्ट्रों के विशेषज्ञों को सहायता व परामर्श प्रदान करता है। विशेषज्ञों को अध्ययन और शोध कार्य के लिए छात्रवृत्तियाँ व आर्थिक सहायता भी प्रदान करता है। अपंगों के पुनर्स्थापन के लिए उपयुक्त प्रकार की शिक्षा और प्रचार के लिए सामग्री व अन्य वस्तुएँ देता है। कुल मिलाकर संयुक्त राष्ट्रसंघ के आर्थिक व सामाजिक कार्यों को मानव-जीवन की दशाओं में क्रान्तिकारी सुधार करने वाला कार्यक्रम माना जाता है जिसने समस्त विश्व को लाभान्वित किया है।

संयुक्त राष्ट्रसंघ विकास दशक

19 दिसम्बर, 1961 को संयुक्त राष्ट्रसंघ महासभा ने 1960-70 की दशाब्दी को संयुक्त राष्ट्रसंघ की विकास दशाब्दी घोषित किया और सभी सदस्य राष्ट्रों से

प्रार्थना की कि वे निर्धनता, भूख, अज्ञान और बीमारी के चक्र को तोड़ने के लिए प्रयत्न करें। एक प्रस्ताव में कहा गया है कि "संयुक्त राष्ट्रसंघ के सभी सदस्य राष्ट्र और उनकी जनता मिलकर उन प्रयत्नों को और भी जोरदार ढंग से क्रियान्वित करेगी जो प्रत्येक राष्ट्र की आर्थिक स्थिति के विकास और सामाजिक प्रगति को आत्मनिर्भर बनाने के लिए, विकसित तथा विकासशील देशों द्वारा अपनाए जाने चाहिएँ। इसका उद्देश्य यह था कि इस दशाब्दी के अन्त तक विकासशील देशों की राष्ट्रीय आय में कम से कम 5 प्रतिशत वृद्धि हो।

इस दशक के बीच अर्थात् 1965 में जो मूल्यांकन किए गए उनसे पता चला कि औद्योगिक और विकासशील देशों के बीच बहुत बड़ा अन्तर है। अतः संयुक्त राष्ट्रसंघ महासभा ने फिर से इस बात पर जोर दिया कि लक्ष्य तक पहुंचने का जल्दी से जल्दी प्रयत्न किया जाए।

इन उद्देश्यों की ओर आर्थिक और सामाजिक क्षेत्रों में संयुक्त राष्ट्रसंघ का कार्य निरन्तर बढ़ाया जा रहा है। इसके साथ ही संयुक्त राष्ट्रसंघ और उससे संबन्धित अभिकरणों द्वारा किए जाने वाले इस प्रकार के प्रयत्न भी निरन्तर बढ़ाए जा रहे हैं। संयुक्त राष्ट्रसंघ के विकास कार्यक्रम की बढ़ती हुई गति का पता प्रत्यक्ष संचालन क्षेत्र में कार्रवाइयों के ऊपर दिए जाने वाले बल से भी चलता है। सरकारों को प्रगति की नींव रखने में सहायता देने के लिए संयुक्त राष्ट्रसंघ विस्तृत विकास योजनाओं की तैयारी में भी सहायक होता है जिससे कि संतुलित आर्थिक विकास और सामाजिक तथा सांस्कृतिक प्रगति हो सके और आर्थिक, भौतिक तथा मानवीय संसाधनों का अच्छा से अच्छा उपयोग किया जा सके।

विकासशील देशों को विकास कार्यक्रमों का खर्च उठाने के लिए धन देने का भी प्रयत्न किया जा रहा है। अभी हाल में, विकास की दृष्टि से व्यापार की समस्याओं को देखने के लिए एक नया तन्त्र स्थापित किया गया है।

सर्वोपरि प्रगति के एक पक्ष की दृष्टि से औद्योगिक विकास को अत्यधिक प्राथमिकता दी जा रही है। 1965 में महासभा ने एक नए संयुक्त राष्ट्र औद्योगिक विकास संगठन की स्थापना करने का निश्चय किया था।

विकास के आधारभूत दूसरे कार्यक्रमों में संयुक्त राष्ट्रसंघ विभिन्न सदस्य देशों की सरकारों के प्राकृतिक संसाधनों के अधिक से अधिक उपयोग करने और राष्ट्रीय अंकशास्त्रीय बजट सम्बन्धी और प्रशासकीय व्यवस्थाओं में सुधार करने तथा परिवहन सुविधाओं को आधुनिक बनाने और उनका विस्तार करने के लिए निरन्तर सहायता दे रहा है।

विकास दशक के एक प्रमुख प्रयत्न के रूप में संयुक्त राष्ट्रसंघ मानवीय संसाधनों का भी सर्वाधिक उपयोग करना चाहता है। वह अनेक विकासशील देशों में दो समस्याओं पर विशेष ध्यान दे रहा है–(1) बढ़ती हुई जनसंख्या, और (2) गाँवों से अधिक

से अधिक परिवारों का शहरों में आना। इसलिए ऐसे उपाय किए जा रहे हैं कि जनसंख्या वृद्धि कुछ कम दर से हो और ग्रामों की उन्नति की जाए।

इसके साथ ही सामुदायिक विकास के लिए ग्रामीण और नागरिक क्षेत्रों में रहन-सहन की स्थितियों में सुधार करने के लिए, भूमि सुधार कार्यक्रमों के लिए, युवकों की समस्याओं, बाल अपराधों आदि के सम्बन्ध में भी सहायता दी जाती है।

इन समस्याओं पर विचार करने के लिए अन्तर्राष्ट्रीय सम्मेलन बुलाए गए। विश्व जनसंख्या सम्मेलन (बेलग्रेड, 1965); अपराध निरोध और अपराधियों के प्रति व्यवहार सम्बन्धी संयुक्त राष्ट्र सम्मेलन (स्टाकहोम, 1965), और विश्व भूमि सुधार सम्मेलन (रोम 1966); और भी निरन्तर सम्मेलन होते रहते हैं।"

आर्थिक और सामाजिक प्रगति के संयुक्त राष्ट्रसंघ के प्रयत्न कई रूपों में होते हैं। अन्तर्राष्ट्रीय सूचना प्राप्त करने की आवश्यकता का निश्चय करने के लिए अध्ययन करवाए जाते हैं। औपचारिक तथा अन्तर्राष्ट्रीय संस्थाएँ समस्याओं पर ध्यान आकर्षित करवाती हैं और कार्य सम्बन्धी सिफारिश करती हैं। सम्मेलनों में अनुभव एकत्र किए जाते हैं और अन्तर्राष्ट्रीय समझौते होते हैं। अफ्रीका, एशिया, यूरोप और लैटिन अमरीका, के प्रादेशिक आर्थिक आयोग विशेष क्षेत्रों की आवश्यकताओं की उपयुक्त कार्यवाहियाँ करवाते हैं।

विकास के विभिन्न क्षेत्रों में आधुनिक विज्ञान और शिल्प विज्ञान को अधिक उपयोगी बनाने के लिए 18 सदस्यों की संयुक्त राष्ट्रसंघ समिति दूसरे अभिकरणों के सहयोग से उपयोगी कार्य कर रही है।

विशिष्ट वैज्ञानिक समस्याओं के सम्बन्ध में संयुक्त राष्ट्रसंघ अन्तर्राष्ट्रीय सम्मेलन बुलाता है, जिससे वर्तमान परमाणु ऊर्जा के शांतिपूर्ण उपयोगों और दूसरे नए ऊर्जा साधनों की सम्भावनाओं का पता लगाने का प्रयत्न किया जाता है। प्रतिवर्ष छोटी गोष्ठियों की एक शृंखला में आर्थिक और सामाजिक क्षेत्रों के नए तरीकों और प्रक्रियाओं के बारे में सबको जानकारी दी जाती है। अतः सभी उपायों द्वारा संयुक्त राष्ट्रसंघ समस्याओं का समाधान करने में योगदान दे रहा है।

व्यापार और विकास सम्बन्धी संयुक्त राष्ट्रसंघ सम्मेलन

जेनेवा में 1964 में यह सम्मेलन हुआ। इसमें 120 सरकारों के प्रतिनिधियों ने भाग लिया। इसमें विकासशील देशों ने अपनी बनाई हुई वस्तुओं से आमदनी को बढ़ाने और स्थायी करने तथा विकसित देशों द्वारा अपने आयात को बढ़ाने और पूँजी जुटाने में सहायक कार्रवाई की सिफारिश की गई थीं। इसमें यह भी सिफारिश की गई थी कि अन्तर्राष्ट्रीय व्यापार को प्रोत्साहन देने और आर्थिक प्रगति को बढ़ाने में सहायता करने के लिए संयुक्त राष्ट्रसंघ का एक नया तन्त्र बनाने की सिफारिश की जाए।

इसका एक परिणाम यह हुआ कि वह नया तन्त्र स्थापित किया गया और उसने दूसरी सिफारिशों को व्यावहारिक रूप देने के लिए एक विस्तृत कार्यक्रम प्रारम्भ कर दिया। व्यापार और विकास सम्बन्धी संयुक्त राष्ट्रसंघ सम्मेलन महासभा के स्थायी अंग के रूप में स्थापित कर दिया गया। इसकी सम्पूर्ण सदस्यता संयुक्त राष्ट्रसंघ और संबंधित अभिकरणों के सभी सदस्यों से निर्मित होगी। इसकी बैठक हर तीसरे वर्ष हुआ करेगी और सम्मेलनों के अधिवेशनों के बीच में 55 सदस्यों का एक मण्डल भी अपना कार्य करेगा।

विशेष व्यापार समस्याओं के समाधान की खोज में सहायता देने के लिए संयुक्त राष्ट्रसंघ मण्डल ने चार आनुषंगिक समितियाँ बनाई हैं। प्रत्येक ने अब एक कार्यक्रम निश्चित कर लिया है।

अपने पहले वर्ष में इस सम्मेलन ने व्यापार सम्बन्धी विशेष समस्याओं के सम्बन्ध में कार्य किया। इसके तत्वावधान में एक बैठक हुई जिसके अनुसार एक अन्तर्राष्ट्रीय संगम द्वारा यह निश्चय किया गया कि समुद्र से दूर देशों पर भी समुद्र में आने जाने के लिए कोई प्रतिबंध न हो। कुछ दूसरी अन्तर्राष्ट्रीय बैठकों में विश्व के कोको और चीनी के बाजारों की कठिनाइयों की भी चर्चा की गई। सामान्यस्तर पर संयुक्त राष्ट्रसंघ सम्मेलन की विभिन्न संस्थाओं ने विकासशील देशों की बढ़ती हुई आवश्कताओं पर जोर दिया और प्रगति को बनाए रखने के लिए अनिवार्य व अधिक संसाधनों को प्राप्त करने का निरन्तर प्रयास किया है।

संयुक्त राष्ट्रसंघ के महासचिव द्वारा नियुक्त एक अन्तर्राष्ट्रीय सचिवालय वर्ष भर इसकी देखभाल करता है। इसका प्रधान कार्यालय जेनेवा में है और एक सम्पर्क कार्यालय न्यूयार्क में।

संयुक्त राष्ट्रसंघ विकास कार्यक्रम

विकास कार्यक्रमों में संयुक्त राष्ट्रसंघ ने प्रशंसनीय योगदान दिया है। नवम्बर, 1965 में महासभा ने संयुक्त राष्ट्र विकास कार्यक्रम की स्थापना, तकनीकी सहायता के विस्तारित कार्यक्रम और संयुक्त राष्ट्रसंघ विशेष निधि को एक में मिलाकर की। नए कार्यक्रम का उद्देश्य यह है कि पुरानी विशेषताओं को बनाये रखते हुए भी कार्रवाइयों की प्रगतिशीतलता व प्रभावशीलता को बढ़ावा दिया जाए।

1500 मिलियन डॉलर देने का निश्चय लगभग 150 देशों और उपनिवेशों में पूँजी निवेश पूर्व सहायता प्रायोजनाओं के कार्यक्रम के लिए किया जा चुका है। संयुक्त राष्ट्र विकास कार्यक्रम कम आमदनी वाले देशों को विकास कराने के लिए सहायता देता है। इस उद्देश्य से वह सर्वेक्षण करवाता है, सम्भावनाओं का अध्ययन करवाता है तथा प्राकृतिक संसाधनों के उपयोग की आयोजना भी बनाता है। इसी सहायता से स्थायी शिक्षा संस्थाएँ बनाई जा सकती हैं तथा नई तकनीकों के लिए व्यावहारिक शोध का प्रोत्साहन दिया जा सकता है, नए उत्पादनों का विकास हो सकता है और

कृषि व उद्योग में उत्पादशीलता का सुधार किया जा सकता है। इसके साथ ही सरकारों को विकास कार्यक्रमों की योजना और संचालन में परामर्श भी दिया जा सकता है।

संयुक्त राष्ट्रसंघ विकास कार्यक्रम द्वारा सहायता प्राप्त प्रायोजनाएं, कार्रवाहियों के विस्तृत क्षेत्र में दी जाती हैं। उनमें सिंचाई और फसल बोना, वन विकास, मत्स्य पालन और पशुपालन, खनन और निर्माण, विद्युत और परिवहन व संचार, भवन निर्माण, व्यापार और अर्थव्यवस्था, सामुदायिक विकास तथा भौगोलिक सम्बन्ध, आर्थिक आयोजन एवं जनप्रशासन हैं।

निवेश पूर्व सर्वेक्षणों और सम्भावनाओं के अध्ययनों में से 25 देशों द्वारा प्रत्यक्ष या अप्रत्यक्ष रूप से 1000 मिलियन डॉलर की प्राप्ति हो सकी है। दूसरी प्रायोजनाओं के फलस्वरूप, 2,50,000 नागरिकों को उच्चतर शिक्षा और तकनीकी प्रशिक्षण भी मिल चुका है। तीस हजार से अधिक विद्यार्थियों को विदेशों में जाकर अध्ययन करने और कार्य करने से नई कुशलता प्राप्त हो चुकी है।

संयुक्त राष्ट्र विकास कार्यक्रम की सहायता सरकारों की प्रार्थना पर और उनकी आवश्यकताओं की प्रमुखता के अनुसार दी जाती है। यह संयुक्त राष्ट्रसंघ और 11 भाग लेने वाले अभिकरणों द्वारा दी जाती है। ये हैं–अन्तर्राष्ट्रीय परमाणु ऊर्जा अभिकरण, अन्तर्राष्ट्रीय श्रम संगठन, खाद्य और कृषि संगठन, पुनः निर्माण और विकास का अन्तर्राष्ट्रीय बैंक, अन्तर्राष्ट्रीय नागरिक विमानन संगठन, अन्तर्राष्ट्रीय डाक संघ, अन्तर्राष्ट्रीय दूर संचार संघ, विश्व मौसम विज्ञान संगठन और अन्तरसरकारी समुद्री परामर्श संगठन।

यह सहायता अन्तर्राष्ट्रीय स्तर पर नियुक्त विशेषज्ञों के द्वारा, जो उन क्षेत्रों में कार्य करते हैं, प्रशिक्षण, प्रदर्शन और उत्पादन के लिए उपस्करों का प्रबन्ध, विदेशों में अध्ययन के लिए शिक्षावृत्तियों और विचार सूचना तथा आयोजनाओं के विनिमय के संगठन आदि के रूप में दी जाती है।

प्रायोजनाएँ कुछ हजार डॉलर से लेकर कई मिलियन डॉलर तक की होती हैं। इनकी अवधि कुछ हफ्तों से लेकर कई वर्ष तक होती है। लम्बी प्रायोजनाओं से लगभग 1400 मिलियन डॉलर मिलते हैं यह राशि बढ़ती चली जा रही है। प्राप्तकर्त्ता देश अपने आप व्यय का 57 प्रतिशत देते हैं।

संयुक्त राष्ट्र विकास कार्यक्रम का खर्च सरकारों के स्वैच्छिक अनुदान द्वारा पूरा किया जाता है। इस कार्यक्रम की कुछ महत्वपूर्ण परियोजनाएँ निम्नलिखित हैं–

संयुक्त अरब गणराज्य में इस कार्यक्रम की एक परियोजना के अंग के रूप में समुचित कर्मचारी भेजे गए हैं और जानकारी प्रदान की गई है जिससे वहाँ पर उपचारिका संस्थान (नर्सिंग इन्स्टीट्यूट) खोला गया। अब यह मध्यपूर्व के देशों को इस प्रकार का श्रम उपलब्ध कराने वाला प्रमुख स्त्रोत है।

नाइजीरिया में इसी कार्यक्रम की सहायता से लोगों को बड़ा बाँध बनाने में पैसा लगाने की ओर आकर्षित किया गया था। हर प्रकार की सहायता उपलब्ध कराई गई है।

संयुक्त राष्ट्रसंघ विकास कार्यक्रम की सहायता से रुआण्डा में एक पिरेश्रम बनाने का संयंत्र लगाया जा रहा है। पिरेश्रम एक मूल्यवान कीटनाशक है।

पाकिस्तान में इस कार्यक्रम के अन्तर्गत खनिज सर्वेक्षकों ने कोयला और कच्चे लोहे के विशाल भण्डारों का पता लगाया है, जिससे इस देश का फौलाद उद्योग विकसित हुआ है। इससे वहाँ विकास व प्रगति हुई है।

इसकी सहायता से लेबनान में एक समीप पूर्व पशु संस्थान (नीयर ईस्ट एनीमल इन्स्टीट्यूट) की स्थापना हुई है। यह इस क्षेत्र में अपने ढंग का पहला संस्थान है।

चिली में विद्यमान वन सम्पदा का अध्ययन किया गया। इसके परिणामस्वरूप लुगदी और कागज मिलों की स्थापना म 1050 लाख डॉलर की घरेलू और विदेशी पूंजी लगाई गई।

दक्षिण-पूर्व एशिया में इस कार्यक्रम द्वारा निचली मीकांग विकास परियोजना में मदद की गई । यह परियोजना कम्पूचिया, लाओस, थाईलैंड और वियतनाम गणराज्यों की सरकारों द्वारा पूरी की गई है। इसमें 21 देश और कई संयुक्त राष्ट्र विशिष्ट एजेंसियों ने सहायता दी है। इस योजना का उद्देश्य मीकांग नदी को इस प्रकार नियंत्रित करना था, जिससे मीकांग नदी की तलहटी को सिंचाई, बाढ़ नियन्त्रण, पन-बिजली उत्पादन, नौका परिवहन तथा अन्य उपयोगों के योग्य बनाया जा सके।

1967 के अंत तक 176 बड़ी पूर्व विनियोजन परियोजनाएँ और कई हजार तकनीकी सहायता के कार्यक्रम पूरे किए जा चुके हैं।

संयुक्त राष्ट्र विकास कार्यक्रम द्वारा अनुमोदित मुख्य परियोजनाएँ निम्नलिखित हैं–

बोलीविया में एम्बेस्टास (एक न जलने वाला खनिज) और इससे सम्बद्ध उद्योगों के विकास में मदद करने के उद्देश्य से एक प्रयोगात्मक संयंत्र लगाया गया है।

बोत्स्वाना में बड़े पमाने पर ताँबा और निकिल स्त्रोतों का उपयोग करने के लिए बिजली, पानी और सड़कों का पूर्व-विनियोजन सर्वेक्षण किया गया है।

बुल्गारिया में डॉक्टर, सफाई और इसी प्रकार के अन्य लोगों को प्रशिक्षण देने के लिए व्यवस्था की गई। इसमें डॉक्टरों के समान ही अन्य कर्मचारी प्रशिक्षित किए जाएँगे जो निरोधात्मक दवाओं, महामारियों और सार्वजनिक स्वच्छता जैसे विषयों के विशेषज्ञ थे।

कैमरून में देहाती क्षेत्रों में काम करने वाले प्राथमिक अध्यापकों की समस्याओं को ध्यान में रखकर प्रशिक्षण कार्यक्रम का विकास किया गया है।

इथियोपिया में आर्थिक विकास से संलग्न अग्रगामी कार्योन्मुख प्रौढ़ साक्षरता परियोजनाओं की स्थापना की गई है।

भारत में खेती में काम आने वाली परमाणु शक्ति के विकास के लिए प्रयोगशालाओं और प्रशिक्षण सुविधाओं की व्यवस्था दी गई थी तथा अनेक योजनाओं के लिए सहायता दे दी गई है और दी जा रही है।

ईराक में भवन निर्माण और निर्माण में काम आने वाले पदार्थों का विकास करने के लिए शीघ्र सुविधाएँ प्रदान की गई हैं।

पेरू में काफी ऊँचाई पर और विशेष क्षेत्रों में रहने वाले पशुधन की सम्भावनाओं पर विचार किया गया और पशुधन के प्रजनन और इनके स्वस्थ रखने की प्रविधियों का प्रशिक्षण दिया गया।

सिंगापुर में धातु विज्ञान और औजार व ठप्पे बनाने की विधियों का प्रदर्शन किया गया और प्रशिक्षण व सलाहकारी सुविधाएँ दी गईं।

संयुक्त राष्ट्रसंघ के खाद्य एवं कृषि संगठन के विश्व खाद्य कार्यक्रम

बढ़ती हुई जनसंख्या की आवश्यकता पूर्ति हेतु विश्व खाद्य कार्यक्रम संयुक्त राष्ट्रसंघ और खाद्य तथा कृषि संगठन द्वारा संयुक्त रूप से संचालित है। वह आर्थिक और सामाजिक विकास में खाद्य के रूप में सहायता देकर योग देता है। उदाहरण के लिए कम आमदनी वाले देशों में खाद्य को, विकास आयोजनाओं में काम करने के लिए नगद वेतन के साथ भी दिया जा सकता है अथवा उन परिवारों को जिनका पुनर्वास हुआ है, जब तक उनकी पहली फसल नहीं उपजती तब तक निर्वाह के लिए दिया जाता है। इसके साथ ही इस कार्यक्रम में भूकम्प, बाढ़ या अन्य प्राकृतिक विपत्तियों द्वारा उत्पन्न, आपातकालीन खाद्य आवश्यकताओं को पूरा करने का भी आयोजन किया गया है।

1963 और 1965 की तीन वर्षीय प्रयोगात्मक अवधि में विश्व खाद्य कार्यक्रम ने 117 विकास प्रायोजनाओं की स्वीकृति 55 देशों में और 26 देशों में 33 आपातकालीन खाद्य संचालनों की स्वीकृति दी। यह सहायता 79 सरकारों द्वारा 14.6 मिलियन डॉलर के योगदान द्वारा ही सम्भव हो सकी थी। बढ़ती जनसंख्या के लिए खाद्य पदार्थों के उत्पादन में वृद्धि के लिए यह निरन्तर प्रयत्नशील है। इसके प्रयासों के फलस्वरूप विश्व अपनी बढ़ती हुई जनसंख्या के लिए भोजन उपलब्ध कराने में सफल हुआ है। इसी कारण 2001 में विश्व जनसंख्या 600 करोड़ से अधिक होते हुये भी खाद्यान्न की पूर्ति सम्भव हो सकी है।

संयुक्त राष्ट्रसंघ के औद्योगिक विकास संगठन

20 दिसम्बर, 1965 को महासभा ने संयुक्त राष्ट्र औद्योगिक विकास संगठन की स्थापना की जिसका उद्देश्य औद्योगिक विकास को प्रोत्साहन देना और विकासशील

देशों में औद्योगीकरण की प्रगति को द्रुतगति प्रदान करना है। यह संगठन महासभा के एक अंग के रूप में स्थापित किया गया है और यह संयुक्त राष्ट्रसंघ के अन्तर्गत स्वायत्त संगठन के रूप में कार्य करेगा तथा औद्योगीकरण के क्षेत्र में संयुक्त राष्ट्र परिवार में जो भी कार्रवाइयाँ होंगी उनका समायोजन भी करेगा। इसमें 45 सदस्यों वाला औद्योगिक विकास मण्डल है। इसके स्थायी सचिवालय की अध्यक्षता एक कार्यकारी निदेशक करते हैं। सचिवालय ही प्रशासकीय और शोध दायित्वों को संभालता है। इसने प्रशंसनीय कार्य किया है तथा समस्त विश्व के औद्योगिक विकास में सहयोग किया व सहायता दी।

संयुक्त राष्ट्र बाल निधि

बच्चों की दशा सुधारने व उनके व सर्वांगीण विकास में योगदान के लिए संयुक्त राष्ट्र बाल निधि की स्थापना महासभा ने 11 दिसम्बर, 1940 को की थी। इसका प्रयोजन यह है कि विकासशील देशों को अपने बच्चों और तरुणों की स्थिति में सुधार करने का अवसर मिले। बाल निधि, ग्रामांचल की प्रायोजनाओं को भी सहायता देती है। इसकी सहायता सरकारों की प्रार्थना पर दी जाती है। इस समय बाल निधि सहायता अफ्रीका, एशिया, यूरोप, दोनों अमेरिकियों और पूर्व भूमध्यसागर क्षेत्रों के 115 देशों में दी जा रही है। संयुक्त राष्ट्रसंघ बाल निधि स्वास्थ्य, पोषण, सामाजिक कल्याण, शिक्षा और व्यावसायिक प्रशिक्षण आदि के क्षेत्रों में सहायता दे रही है। वह सरकारों को अपने बच्चों की प्रमुख आवश्यकताओं का निश्चय करने और विस्तृत कार्यक्रमों की योजना बनाने में भी सहायता देती है। बालनिधि का एक बड़ा हिस्सा उपस्कर और संभरण जुटाने के लिए भी प्रयुक्त किया जाता है। यह सभी स्तरों पर प्रशिक्षण कार्यक्रमों को सहायता देता है। इसके कार्यों से निरन्तर विकास हो रहा है।

बाल निधि अर्द्धस्वायत्त संस्था है और संयुक्त राष्ट्रसंघ का अंग है। इसका प्रशासन तीन राष्ट्रों का एक कार्यकारी मण्डल करता है, जिसका चुनाव संयुक्त राष्ट्र आर्थिक और सामाजिक परिषद् करती है। रोजमर्रा का काम एक कार्यकारी निदेशक द्वारा संयुक्त राष्ट्रसंघ प्रधान कार्यालय में कुछ कर्मचारी वर्ग की सहायता से और लगभग तीस क्षेत्रीय कार्यालयों द्वारा संचालित होता है। इसके कार्यों से पीड़ित और अपंग बालकों को अत्यन्त लाभ पहुंचा है।

इसी आय का मुख्य स्रोत सरकारों का स्वैच्छिक अनुदान है। दूसरे स्रोत समूहों या व्यक्तियों के अनुदान और बालनिधि अभिनन्दन पत्रों का विक्रय आदि हैं। 1965 में कुल आय 33 मिलियन डॉलर हुई थी, जिसमें निरन्तर वृद्धि हो रही है। 1965 में बालनिधि को शान्ति का नोबल पुरस्कार भी दिया गया। बालनिधि ने निरन्तर उन्नति की है तथा करोड़ों बच्चों के भविष्य को उज्जवल बनाया है।

शरणार्थियों के लिए संयुक्त राष्ट्रसंघ के उच्च आयुक्त के कार्य

शरणार्थियों के लिए संयुक्त राष्ट्रसंघ के उच्च आयुक्त का कार्यालय उन लोगों को अन्तर्राष्ट्रीय संरक्षण प्रदान करता है, जो राजनीतिक कठिनाईयों के कारण अपने मूल देशों को छोड़ आए हैं। पाँच लाख व्यक्तियों के सेनेगल, टोगो, कांगो, मध्य अफ्रीकी गणराज्य, यूगाण्डा, रुआण्डा, बुरुण्डी, तन्जानिया और जाम्बिया में आश्रय लिया है। इसकी सहायता में इन सरकारों को दी गई आर्थिक सहायता, स्वैच्छिक अभिकरणों के साथ संयुक्त सहायता कार्यक्रम और वायुयानों तथा दूसरे परिवहनों के द्वारा शरणार्थियों को पुनर्वासन क्षेत्रों में पहुंचाने आदि के रूप में प्रयुक्त होती है। कार्यालय में विशेषरूप से इन शरणार्थियों को कृषि में पुनः लगाने के उपायों को प्रोत्साहन दिया जाता है। इन कार्यक्रमों को संयुक्त राष्ट्रसंघ के विकास कार्यक्रमों के अन्तर्गत रखा जाता है। इन कार्यों से विश्व कल्याण को बल मिला है।

इन शरणार्थियों में हांगकांग और मकाओ के चीनी शरणार्थी, नेपाल और भारत के तिब्बती शरणार्थी, लैटिन अमरीका के यूरोपीय शरणार्थी और लैटिन अमरीका तथा स्पेन के क्यूबन शरणार्थी हैं। बाद में श्रीलंका के तमिल शरणार्थियों ने भी इसकी मांग की।

यूरोप में कार्यालय ने युद्ध के बाद वृद्ध शरणार्थियों की समस्या के समाधान की ओर काफी प्रगति की है। आस्ट्रेलिया, फ्रांस, जर्मनी और इटली आदि देशों में नए शरणार्थियों की समस्या बराबर बनी हुई है और इसका समाधान नए स्थानों में इनका पुनर्वास ही है। इस कार्यालय को 1954 में शांति का नोबल पुरस्कार दिया गया था। इसने प्रशंसनीय कार्य किया है परन्तु फिलिस्तीन के शरणार्थियों की समस्या का समाधान सम्भव हो सका है तथा अब फिलिस्तीनियों के लिये प्रादेशिक शासन देकर समस्या का समाधान किया।

नशीली औषधियों के नियन्त्रण पर संयुक्त राष्ट्रसंघ के कार्य

संयुक्त राष्ट्रसंघ के माध्यम से नशीली तथा हानिकारक औषधियों के दुरुपयोग को रोकने का प्रयत्न भी संसार के सभी देशों में किया गया है। नशीले पदार्थों के उत्पादन और व्यापार पर अन्तर्राष्ट्रीय नियन्त्रण की एक पद्धति संयुक्त राष्ट्रसंघ ने प्रस्तुत की है। इस नियन्त्रण का उद्देश्य यह है कि इस प्रकार के पदार्थों का उपयोग केवल चिकित्सा सम्बन्धी और वैज्ञानिक उद्देश्यों के लिए ही किया जाए। संयुक्त राष्ट्रसंघ के अधीन ही एक अन्तर्राष्ट्रीय संस्था इस सम्बन्ध में नीति निर्धारित करती है, जिसका पालन सभी सरकारों को करना होता है। राष्ट्रीय सीमाओं के बाहर नशीली औषधि के वैधानिक आवागमन पर यह संस्था निगरानी व नियंत्रण रखती है और इस बात का प्रबन्ध भी करती है कि इन वस्तुओं के अवैधानिक आवागमन के विरुद्ध सभी देश प्रभावपूर्ण कदम उठाएँ। कुछ विशिष्ट एजेंसियों के सहयोग से संयुक्त राष्ट्रसंघ इस क्षेत्र में तकनीकी सहायता भी देता है। इस सहायता में प्रशासनिक, तकनीकी

और कानून लागू करने वाले कर्मचारियों के प्रशिक्षण के सम्बन्ध में, नशीले पौधों की खेती बन्द कर देने से होने वाली खेती की हानि के सम्बन्ध में, और पुनर्वास के सम्बन्ध में सहायता व परामर्शमूलक सेवाएँ आदि भी सम्मिलित हैं। 1990 में महासभा ने इन देशों को, जिन्हें नशीले और हानिकारक पदार्थों के निषेध में हानि होगी, क्षतिपूर्ति देना स्वीकार कर लिया है।

नशीले पदार्थों के सम्बन्ध में अन्तर्राष्ट्रीय कानून को सन् 1962 में संयुक्त राष्ट्रसंघ द्वारा संहिताबद्ध किया गया और उसे आधुनिक रूप दिया गया था। यह काम उस संधि द्वारा पूरा हुआ जिसे नशीली दवाइयों का एकल समझौता कहते हैं। परन्तु हानिकारक नशीले पदार्थों की रोकथाम में बड़ी कठिनाई आ रही है और उनकी रोकथाम पूरी तरह से नहीं की जा सकी है, पर शिक्षा, विज्ञान व संस्कृति के क्षेत्र में किए गये कार्यों में यह सफल हुआ है।

संयुक्त राष्ट्रसंघ के रचनात्मक और विश्व कल्याण की भावना के कार्यों के लिए एक उदाहरण पर्याप्त होगा। संयुक्त राष्ट्रसंघ का कर्त्तव्य मादक द्रव्यों का निषेध और हानिकारक पदार्थों, अफीम, हेरोईन, कोकीन आदि पदार्थों को रोकना है। अतः इस सम्बन्ध में प्रस्ताव पास करने को 24 फरवरी, 1990 को महासभा की असाधारण बैठक बुलाई गई और 25 फरवरी, 1990 के हिन्दुस्तान टाइम्स के अनुसार उसमें भारतीय निदेशक (मादक द्रव्य) श्री मदनमोहन भटनागर ने मादक द्रव्य रोकने, नष्ट करने व उत्पादन समाप्त करने हेतु क्षतिपूर्ति की माँग की और संयुक्त राष्ट्रसंघ महासभा ने इस गैरकानूनी और हानिकारक व्यापार को रोकने हेतु, क्षतिपूर्ति करना भारत और तुर्की के लिए स्वीकार कर लिया और 159 देशों की महासभा ने निर्धन देशों के किसानों को मादक द्रव्यों के स्थान पर उपयोगी उत्पादन करने के लिए आर्थिक सहायता देना, हर्जाना व सहायता देना स्वीकार किया। यह छोटा-सा उदाहरण यह बताता है कि संयुक्त राष्ट्रसंघ विश्व कल्याण के लिये कितना सजग, चिन्तित और जागरुक है। अतः सारांश में यह कहा जा सकता है कि कल्याणकारी कार्यों में रुचि के लिये इसकी जितनी प्रशंसा की जाए कम है और इसके प्रयास अति उत्तम और सराहनीय हैं। सारांश में यह कहा जा सकता है कि संयुक्त राष्ट्र के द्वारा विश्व कल्याणकारी व रचनात्मक कार्यों से विश्व सम्पन्नता प्राप्त हुई है और अरबों मनुष्य का जीवन सुखमय हो गया है।

महिलाओं के विकास तथा अधिकारों में संयुक्त राष्ट्रसंघ का योगदान (Contribution of UNO in the Development of Rights of Women)

महिला दशक (Decade of Women)–महिला अधिकारों के लिए संयुक्त राष्ट्रसंघ महासभा ने पहला प्रस्ताव सन् 1952 में स्वीकृत किया था, जिसमें महिलाओं को चुनाव में खड़ा होने, मत देने, सार्वजनिक पद ग्रहण करने तथा अन्य मानव

अधिकारों को प्राप्त करने का पात्र घोषित किया गया। इस प्रस्ताव को, अब तक 45 राज्यों ने स्वीकार कर लिया है। घोषणा में यह कहा गया है कि मनुष्य जाति के कोमल भाग अर्थात् स्त्रियों व बच्चों के प्रति उत्पीड़न व यातनापूर्ण तथा अमानवीय या निम्न-स्तरीय व्यवहार किया जाना तथा उनसे उनकी क्षमता से अधिक कठोर कार्य लिया जाना, मानव-गौरव के विपरीत तथा मानवता के विरुद्ध अपराध होने के कारण भर्त्सनीय माना जाएगा। समय-समय पर किसी वर्ष विशेष को अंतर्राष्ट्रीय बाल वर्ष, अंतर्राष्ट्रीय महिला वर्ष या अंतर्राष्ट्रीय युवा वर्ष के रूप में मनाए जाने का आह्वान भी संयुक्त राष्ट्रसंघ इसी उद्देश्य से करता रहा है कि विश्व बालकों, महिलाओं व युवकों को मानव अधिकार प्राप्त कराने पर अपना ध्यान केन्द्रित कर सके तथा उत्थान के लिये प्रयास किये जा सकें ताकि महिलाओं की उन्नति हो।

इसी उद्देश्य से 1970 से 1980 तक महिला दशक मनाने के लिए संयुक्त राष्ट्रसंघ ने अंतर्राष्ट्रीय सम्मेलन का आयोजन किया था इससे जन जाग्रति हुई तथा महिलाओं में चेतना का विकास हुआ।

महिलाओं की स्थिति व लिंगभेद (Condition of Women and Gender Disparity)–लिंगभेद के माने हैं वह चौखट जिसके रूप में समाज के नर एवं नारी को रखता व देखता है। यह एक प्राचीन परम्परा रही है कि जीवशास्त्रीय भेदों के कारण पुरुषों को स्त्रियों से श्रेष्ठ माना जाये। नारी को पत्नी तथा माता के रूप में स्वाभाविक भूमिका साथ ही उसकी निष्क्रियता (Passivity) को इन भेदों की अभिव्यक्ति के रूप में देखा गया। लैंगिक, असमानता, सामाजिक जीवन के कई क्षेत्रों में अभिव्यक्त होती है–जैसे घर में, मजदूरी या वेतन में, राज्य के संगठन में, यौन-व्यवहार में, आदि। दरअसल सामाजिक जीवन तथा राजनीतिक संगठन के कई क्षेत्र इस लिंग भेद को तथा नर-नारियों के बीच गैर-बराबरी के संबंधों को प्रश्रय देते तथा जारी रखते हैं। यद्यपि विभिन्न समाजों तथा इतिहास के विभिन्न कालों में ये लिंग-संबंध विभिन्न रूप लेते आये हैं, किंतु उनमें एक चीज सामान्य रही है–लैंगिक संबंधों की असमानता तथा नारी की तुलना में पुरुष का श्रेष्ठत्व की मान्यता। विद्वानों का तो यहां तक कहना है कि आरम्भ में मातृसत्तात्मक परिवार थे। मिस्त्र में प्राचीन काल में महिलाओं को प्राथमिकता दी जाती थी परंतु धीरे-धीरे पितृसत्तात्मक परिवारों का वर्चस्व हो गया और समाज पुरुष प्रधान हो गया।

लिंग शक्ति तथा नारीवादी लेखक (Power of thr Gender and the Feminist Writers)–जब नारीवादी लेखकों ने हमारा ध्यान समाज में निहित इस प्रकार की शक्ति या सत्ता की ओर आकर्षित किया है। इस कथित लिंग सत्ता का अर्थ है, एक समूह के रूप में पुरुषों का एक समूह के रूप में ही स्त्रियों पर वर्चस्व। इन नारीवादी लेखकों ने समाज में स्त्रियों की अधीनस्थ स्थिति (मातहत की हैसियत) का विश्लेषण किया। वे इस विषम व्यवस्था का अंत चाहते हैं। उनके लिए, राजनीति शक्ति की एक ढांचागत संबंध व्यवस्था है। इनमें व्यक्तियों का एक

समूह (अर्थात् नारी) अन्य समूह (अर्थात् पुरुष) द्वारा नियंत्रित तथा दमित किया जाता है। ध्यान में रखने की अहम् बात यह है कि यह वर्चस्व नारियों द्वारा निष्क्रियता से स्वीकार किया जाता है। कभी-कभी ऐसा होता है कि इस दमन में उनकी अपनी सहमति है। यह एक खतरनाक स्थिति है। यदि इस या उस आधार पर इस वर्चस्व का समर्थन किया जाए। नारीवादी लेखकों की चिंता यही नहीं है कि कैसे इस वर्चस्व का विश्लेषण किया जाये, बल्कि यह भी कि कैसे इसका अंत हो। कैसे मानवता के आधे हिस्से को शक्ति और स्वतंत्रता दी जाए, जिसका अब तक दमन एवं शोषण ही होता आया है तथा इनको समानाधिकार दिया जायें।

नारीवादी आलोचना (Feminist Criticism)–नारीवादी लेखक जीवशास्त्रीय भेद पुरुष के श्रेष्ठत्व का आधार मानने के सिद्धांत की आलोचना करते हैं। उनका कहना है कि यह लिंग-प्रधान जीवनशास्त्रीय साक्ष्य मिथ्या है। पुरुष श्रेष्ठत्व की जीवशास्त्रीय दलील मात्र इसलिए दी जाती है ताकि पुरुषों की सत्ता कायम रहे और नारियों पर उनका शासन जारी रहे। उनकी दलील है कि समाज जिन लक्षणों को नारी सुलभ दुर्बलताएं मानता है, वे सामाजिक दबावों से उत्पन्न हुए हैं। लिंग अवधारणा समाज में यौन-संबंधों की उपज है, क्योंकि रक्त संबंध विवाह संस्था के साथ जुड़े हुए हैं। विश्व में मातृसत्तात्मक परिवार भी हैं और रहे हैं।

उदारवादी तथा अन्य दृष्टिकोण (Liberal and Other Views)–उदारवादी चिंतकों ने अनुभव किया कि पुरुष, स्त्रियों को उनके वैध, सामाजिक, आर्थिक तथा राजनीतिक अधिकारों से वंचित रखकर पुरुष वर्चस्व को समाज में बनाये रखते हैं। मार्क्सवादी लेखकों ने, इसके विपरीत पितृसत्ता तथा पुरुष-वर्चस्व की भौतिकवादी संदर्भों में पहचान की है। उदाहरणार्थ, एंगेल्स ने स्त्रियों की अधीनता को निजी संपति के उद्‌गम से तथा व्यक्तिगत परिवार के उदय से जोड़ा, जिसके कारण नारी की हैसियत समाज के एक स्वतंत्र और समान उत्पादक सदस्य से बदल कर एक अधीनस्थ तथा निर्भर पत्नी की रह गई। बहुसंख्यक 'नारियाँ' प्रेम के वश पुरुषों के साथ नहीं रहतीं बल्कि आर्थिक आश्रय के लिए रहती हैं। इस प्रकार मार्क्सवाद ने पितृसत्ता की शक्ति को पहचाना, तथा नारियों के दमन में भौतिकवादी आधार का विश्लेषण किया। मार्क्सवाद के अनुसार नारियों की दमन एवं शोषण से मुक्ति समूचे मानव समाज की मुक्ति में ही निहित है। यह तभी संभव है जब, समाजवादी क्रांति हो तथा पूँजीवादी व्यवस्था समाजवादी व्यवस्था में बदले परंतु अन्य व्यवस्थाओं में भी यह सम्भव है।

समाजवादी-नारीवादी दृष्टिकोण (Socialist Feminist Approach)–दूसरा दृष्टिकोण समाजवादी नारीवादियों द्वारा प्रस्तुत किया जाता है। वे नर तथा नारी की शक्ति का विश्लेषण वर्गीय उद्‌गम तथा यौन उच्चनीचता क्रम (Class Origin and Sexual Hierarchy) के संदर्भ में करते हैं। उदारणार्थ, आधुनिक पूंजीवादी समाजों में, नर-नारी श्रमिक-शक्ति के कारकों के रूप में शोषित किये जाते हैं, जबकि

स्त्रियों का दमन एक वेतनभोगी मजदूर के रूप में न होकर बिना वेतन वाली गृहणी व खाना पकाने वाली व बच्चों की देखरेख करने वाली पत्नी के रूप में किया जाता है और वेतनभोगी न मानकर सहधर्मिणी माना जाता है अत: उनका दमन एक वेतनभोगी श्रमिक के रूप में होने वाले उनके शोषण से उद्भूत होता है; साथ ही समाज तथा परिवार में यौन उच्च नीच भेदभाव से भी यह शोषण उत्पन्न होता है। इस प्रकार, पितृसत्ता की शक्ति, आर्थिक तथा यौन संबंधी कारकों का मेल है। अत: यह एक प्रकार से दोहरा शोषण है।

उदग्र नारीवादी दृष्टिकोण (Radical Feminist View)–अन्य एक नारीवादी गुट 'उदग्र नारीवादी' (Radical Feminist) कहलाता है। उसके अनुसार पितृसत्तात्मक व्यवस्था शक्ति की यौन व्यवस्था (Sexual System) है। उसका उद्गम जीवविज्ञान (Biology) में है। अर्थात्, वह स्त्री की प्रजननात्मक भूमिका में है, न कि अर्थशास्त्र या इतिहास में पितृसत्तात्मक व्यवस्था, विवाह तथा परिवार की संस्थाओं के जरिए अपने आपको बनाये रखती है। अत: पुरुष वर्चस्व से नारी-मुक्ति तभी संभव है जब आधारभूत सामाजिक संगठन के रूप में जीववैज्ञानिक परिवार का ही अंत कर दिया जाये अत: इस समय केवल एकात्मक नारी परिवारों का भी प्रचलन बढ़ रहा है।

निष्कर्ष (Conclusion)–इस प्रकार पितृसत्ता सिद्धांत मानता है कि समाज में पुरुष-वर्चस्व के रूप में शक्ति का प्रयोग होता है। फिर भी, नारी अधिकारों, तथा नारी मुक्ति के लिए हुए हाल के संघर्षों से पितृसत्ता की संस्था पर दबाव बढ़ा है। मौलिक अधिकार, समान नागरिकता, दर्जा, राज्य द्वारा नारियों के हक में हुए कई विशेष प्रावधानों तथा सकारात्मक पक्षपात के कारण नारियों की हैसियत में महान परिवर्तन आये हैं। उनके साथ अब पुरुषों के बराबर का बर्ताव होने लगा है। जीवन के सभी क्षेत्रों में अब उनके द्वारा समाज शक्ति की पितृसत्तात्मक व्यवस्था के आदेशों की चुनौती दी जा रही है। फिर भी यह संघर्ष तभी सफल हो सकता है, जब सामाजिक, राजनीतिक, आर्थिक तथा कानूनी अधिकारों के अलावा नारी के प्रति पुरुषों तथा सम्पूर्ण समाज के रुख में परिवर्तन आए तथा नारियों में जागरुकता व चेतना आये।

नागरिकता के नारीवादी आलोचक (Feminist Critiques of Citizenship)–नारी मुक्ति आंदेलन, स्त्रियों की कानूनी, राजनीतिक, आर्थिक तथा सांस्कृतिक हीनता को बढ़ावा देने वाली लैंगिक भेदभाव की धारणा के विरुद्ध संघर्ष है। नारीवाद के अनुसार स्त्रियाँ एक अलग सामाजिक वर्ग हैं। उन्हें पिताओं तथा पतियों के वर्ग से अलग वर्ग का सदस्य परिभाषित किया गया है। दूसरे शब्दों में नारीवादियों का प्रतिपादन है कि स्त्रियों से दूसरे दर्जे के नागरिकों जैसा आचरण किया जाता है। सार्वजनिक मामलों पर उनके मत पिता तथा पति से उधार लिए होते हैं। उनका मताधिकार, उनके अपने मत-विचार की अपेक्षा उनके मुख्य परिवार के पुरुष सदस्यों से अधिक प्रभावित रहते हैं क्योंकि समाज में पुरुषों का वर्चस्व है।

नारी की अधीनता (Women as Subjects)–एक नागरिक के रूप में नारियाँ, पुरुष राजनेताओं के निर्णयों के अधीन होती हैं। ऐतिहासिक काल में अधिकांशतया, वे नागरिकता के अधिकारों से वंचित रही हैं। पुरुष-वर्चस्व का इस्तेमाल नारियों को राजनीतिक व आर्थिक निर्णय लेने से वंचित रखने के लिए किया गया। विधायिकाओं, कार्यपालिकाओं, न्यायपालिकाओं, तथा नौकरशाही में उनका प्रतिनिधित्व कम है। इंग्लैंड, फ्रांस, अमेरिका, स्विट्जरलैंड जैसे उदारवादी लोकतंत्रीय देशों में भी उन्हें मताधिकार किश्तों में उपलब्ध हुआ। कुछ देशों में तो अब भी यह अधिकार प्राप्त नहीं है और अपने अधिकारों तथा कर्त्तव्य पर उनका कोई नियंत्रण नहीं है। कई देशों में विवाह के कानून, संपत्ति में अधिकार तथा वैवाहिक दर्जे को लेकर उन्हें अलाभकर स्थिति में रखते हैं। स्त्रियों के विषय में सार्वजनिक कानून पुरुषों द्वारा ही बनाये तथा लागू किये जाते हैं, चाहे वे संपत्ति के अधिकार हो चाहे आर्थिक अधिकार हों, चाहे शासन या नौकरियों या निर्वाचन के अधिकार हों, चाहे सामाजिक या धार्मिक या सांस्कृतिक या विरासत के अधिकार, चाहे बच्चों के प्रति उनके कर्त्तव्य हों, चाहे उनकी शिक्षा, पालन-पोषण, सुरक्षा, रोजगार का चुनाव, कार्य दशाएं आदि हों, सभी पर पुरुषों का वर्चस्व पाया जाता है।

नारीवादियों के तर्क (Feminist Arguments)–नारीवादियों का एक महत्वपूर्ण तर्क, स्त्रियों को निजी अस्तित्व पर नियंत्रण तथा भागीदारी से वंचित कर देने के बारे में है। जनता के बीच उनके भेदभाव बरता जाता है, जैसे, राजनीतिक मामलों में हिस्सेदारी। निजी, जैसे घरेलू जीवन में भी उनसे भेदभाव किया जाता है तथा पुरुष को परिवार का मुखिया माना जाता है।

यहां महत्वपूर्ण प्रश्न यह है कि नारियों के लिए पूर्ण नागरिकता कैसे सुनिश्चित की जाये? स्वयं नारीवादी आंदोलन में इस बारे में ढेर सारे भिन्न-भिन्न मत प्रचलित हैं तथा मतभेद हैं। उदारवादी नारीवादियों का प्राथमिक उद्देश्य स्त्रियों को लोकतांत्रिक नागरिकता के पूर्ण अधिकारों के दायरे में लाना रहा है। उदारवादी नारीवादी एक ऐसे भविष्य की कल्पना करते हैं, जब नागरिकों के समस्त कानूनी, राजनीतिक, सामाजिक, तथा आर्थिक अधिकार उपलब्ध किए जा चुके होंगे और वे सभी क्षेत्रों में पुरुषों की बराबरी के धरातल पर खड़ी होंगी। मताधिकार, हाल ही में हुए सुधार, जैसे, पंचमंडल में नारियों की भागीदारी, समान वेतन, भेदभाव-विरोधी कानून, वैवाहिक कानूनों में सुधार, वेश्यावृति का विअपराधीकरण, आदि स्त्रियों को पूर्ण नागरिकता के लिए सक्षम बनाते हैं। समान धरातल बुद्धिसंमत मनः परिवर्तन तथा संवैधानिक सुधारों द्वारा लाया जायेगा तथा सर्वोच्य पदों की प्राप्ति आरक्षण द्वारा सम्भव है।

परिवार में नारी (Women in Family)–परिवार तो बना रहेगा, किंतु घरेलू कर्त्तव्यों में पुरुष की समान भूमिका होगी। महिलाओं की कैरियर (जीविका) केवल बच्चों के लालन-पालन तक सीमित तथा कुंठित नहीं रहेगी। इसे वे 'नागरिक नारीवाद'

(Civil feminism) कहते हैं। समाजवादी, नारीवादी, इस उद्देश्य को मुक्त संवविनियमन, गर्भपात, महिलाओं की स्वास्थ्य रक्षा, शिशु संगोपन केंद्र, घरेलू काम को राज्य द्वारा आर्थिक मान्यता, आदि के द्वारा प्राप्त करना चाहते हैं। उदग्र (Radical) नारीवादी एक कदम आगे बढ़ कर एकल विवाह (Monogamy) को कम महत्व देते हैं। ताकि नारियों को सार्वजनिक जगत् में पुरुषों के साथ प्रवेश की सुविधा प्राप्त हो। अमेरिका व यूरोपीय देशों में एकल परिवारों का प्रचलन हो गया है।

संयुक्त राष्ट्रसंघ और महिलाओं के अधिकार (Women's Rights and the UN)–संयुक्त राष्ट्रसंघ मानव अधिकार संबंधी अन्य विभिन्न समस्याओं पर भी विशिष्ट रूप से ध्यान दे रहा है, जैसे कि महिलाओं तथा बच्चों की स्थिति में सुधार करने की समस्या। अप्रैल, 1954 में महिलाओं को राजनीतिक अधिकारों के संबंध में एक अंतर्राष्ट्रीय समझौता लागू हुआ और जनवरी 1964 तक 39 राज्यों ने इस समझौते को स्वीकार भी कर लिया था। विवाहित महिलाओं की राष्ट्रीयता (नागरिकता) के संबंध में संयुक्त राष्ट्रसंघ का एक दूसरा समझौता अगस्त, 1958 में लागू हुआ और जनवरी, 1964 तक 28 राष्ट्र इसमें सम्मिलित हो गए थे। 1962 में महासभा ने एक दूसरा समझौता पास किया और सभी देशों द्वारा स्वीकार किए जाने के लिए पेश किया गया। यह समझौता विवाह के लिए स्वीकृति में विवाह के लिए न्यूनतम अवस्था और विवाह के पंजीकरण के संबंध में था। इसे स्वीकार कर लिया गया है और इससे महिलाओं के अधिकारों में वृद्धि हुई है तथा नारियों ने सर्वोच्च शासकीय पद प्राप्त किये। सुश्री भंडारनायके लंका, गोल्डा मेयर इजराइल, श्रीमती इन्दिरा गांधी भारत, मारग्रेट थैचर इंग्लैंड, बेनजीर भुट्टो पाकिस्तान, व जिया बंगला देश की प्रधानमन्त्री बनीं। आयरलैंड की श्रीमती मेरी मेकालीव (Mrs. Mery Macleve), लंका की सुश्री भंडारनायके राष्ट्रपति बनीं तथा बंगला देश की शेख हसीना वाजिद प्रधानमन्त्री हैं।

भारत में आदिकाल से महिलाओं का सम्मान किया जाता रहा है। मनु जी ने लिखा है *यत्रि नर्यस्ते पूजते तंत्रे नमन्ते देवता* (जहां नारियों की पूजा होती है वहीं देवता निवास करते हैं)। सिन्धुवादी घाटी के युग में आदि शक्ति की पूजा की जाती थी। अब भी भगवती जागरण किये जाते हैं। रेलों व बसों आदि में उनके स्थान आरक्षित हैं तथा स्थानीय संस्थाओं यानि पंचायतों, नगरपालिकाओं आदि में स्थान आरक्षित कर दिये गये हैं तथा विधान सभाओं व संसद में स्थान आरक्षित करने का प्रयास किया जा रहा है। विदेशों में पाश्चात्य देशों में बिना विवाह परिवार बसाना आरम्भ कर दिया है ऐसे परिवार में केवल मां पवित्रता होती है पुरुष का वर्चस्व नहीं होता है। अतः नारी अधिकार बढ़ रहे हैं। महिलाओं के अधिकारों के विकास में संयुक्त राष्ट्रसंघ का विशेष योगदान है। संयुक्त राष्ट्रसंघ ने श्रीमती विजयलक्ष्मी पंडित को सभापति बनाया था तथा महिलाओं की दशा सुधारने व कष्ट निवारण के लिये निरन्तर प्रयास किये व वित्तीय सहायता दी, सम्मेलन किये, जाग्रति उत्पन्न की तथा मित्रता पर आधारित सम्बन्धों व एकात्मक परिवारों को मान्यता दी तथा

महिलाओं को अधिकार दिलाने में हर प्रकार का सहयोग व सहायता दी। अब अधिकांश देशों में महिलाओं की सामाजिक दशा में सुधार हुआ है और अधिकारों में वृद्धि हुई है। अतः यह कहा जा सकता है कि संयुक्त राष्ट्रसंघ के प्रयास से महिलाओं की दशा में सुधार हो रहा है तथा उनके अधिकारों में निरन्तर वृद्धि हो रही है।

❑❑❑

15

संयुक्त राष्ट्रसंघ और मानव अधिकार
(U.N.O. and Human Rights)

मानव अधिकारों के रक्षा के लिए संयुक्त राष्ट्रसंघ के प्रयास तथा इनमें संयुक्त राष्ट्रसंघ की सफलता

शताब्दियों से मानव जाति अपने अधिकारों के लिए संघर्ष करती चली आ रही है। ब्रिटेन का 1215 का मैग्नाकार्टा (Magna Carta), 1628 का अधिकारों का प्रार्थना-पत्र (Petition of Rights), 1676 का बन्दी प्रत्यक्षीकरण नियम (Habeus Corpus Act), 1688 का अधिकारों का घोषणा-पत्र (Bill of Rights), 1776 में अमेरिका के स्वाधीनता संग्राम की घोषणा, 1789 की फ्रांस की राज्यक्रान्ति में स्वतन्त्रता, समानता और भ्रातृत्व की घोषणा आदि ने मानव अधिकारों के विकास में महत्वपूर्ण भूमिका निभाई है, इनका विकास किया है तथा इन्हें प्रभावशाली बनाया है। परन्तु इसमें संयुक्त राष्ट्रसंघ का विशेष योगदान है जिसका उल्लेख यहां किया जायेगा।

संयुक्त राष्ट्रसंघ ने अपने चार्टर की प्रस्तावना में "मानव के मूल अधिकारों में मानव की गरिमा और महत्व में और छोटे-बड़े सभी राष्ट्रों के नर-नारियों के समान अधिकारों में आस्था" का मुख्य रूप से उल्लेख किया। वास्तव में संयुक्त राष्ट्रसंघ की स्थापना जिन उद्देश्यों के लिए की गई थी उनमें से एक उद्देश्य है "जाति, लिंग, भाषा अथवा धर्म के आधार पर बिना भेदभाव किए समस्त लोगों के लिए मानव अधिकारों एवं मूलभूत स्वतन्त्रताओं के प्रति सम्मान को बढ़ावा देने व उन्नत करने में अन्तर्राष्ट्रीय सहयोग प्राप्त करना।" संयुक्त राष्ट्रसंघ के समस्त सदस्यों ने इस उद्देश्य की प्राप्ति के लिए संयुक्त रूप से तथा अलग-अलग कार्यवाही करने की प्रतिज्ञा स्पष्ट रूप से की थी। एटलांटिक चार्टर की रूजवेल्ट और चर्चिल की घोषणा, भाषण व अभिव्यक्ति की स्वतन्त्रता, भय तथा क्षुधा से मुक्ति (Freedom From, Want, Fear and Hunger) की घोषणा की गई थी।

1945 में, जब सानफ्रांसिस्को चार्टर तैयार किया गया था, उस समय भी यह प्रस्ताव सामने रखे जा रहे थे कि मानव अधिकारों का एक अन्तर्राष्ट्रीय बिल तैयार किया जाए। बाद में जब संयुक्त राष्ट्रसंघ की स्थापना हो गई तब उसने मानव अधिकार आयोग की स्थापना श्रीमती रूजवेल्ट के नेतृत्व में की, जिसका पहला काम इस

प्रकार का बिल तैयार करना था। मानव अधिकारों के आयोग ने यह तय किया कि इस बिल में तीन भाग होने चाहिए–(1) मानव अधिकारों की घोषणा, (2) मानव अधिकारों की कवेनेन्ट, व (3) उसे लागू करने के तरीके।

घोषणा में मानव अधिकारों के स्तरों अथवा सामान्य सिद्धान्तों को दिया जाना था। कवेनेन्ट में ठोस अधिकारों की परिभाषा व उनको काम में लाने की सीमाओं का उल्लिखित किया जाना था व लागू करने के तरीकों में मानव अधिकारों की मान्यता के लिए एक अन्तर्राष्ट्रीय ढांचा भी शामिल किया जाना था।

मानव अधिकारों की घोषणा–

(1) साधारण मनुष्यों की सर्वोत्तम आकांक्षाओं को दर्शाती है।

(2) यह सर्वव्यापी है और मानव तथा मानव में कोई भेदभाव स्वीकार नहीं करती।

(3) यह ऐसे मानव अधिकार हैं जिन्हें सर्वव्यापी मान्यता प्रदान की गई है।

मानव अधिकारों के घोषणा-पत्र का प्रथम मसविदा आयोग ने 1947 व 1948 में तैयार किया था। अन्तिम मसविदा संयुक्त राष्ट्रसंघ महासभा ने 10 दिसम्बर, 1948 को स्वीकार किया।

इस घोषणा-पत्र में 30 धारायें हैं, जिनके अन्तर्गत नागरिक और राजनीतिक अधिकार तथा आर्थिक, सामाजिक और सांस्कृतिक आदि अधिकार आ जाते हैं।

पहली और दूसरी धाराओं में कहा गया है कि सभी मानव स्वतन्त्र जन्म लेते हैं और गरिमा तथा विचारों में समान होते हैं। उन्हें इस घोषणापत्र में बतलाए गए सभी अधिकारों और स्वतन्त्रताओं का किसी भेदभाव के बिना कोई भी राष्ट्रीय और सामाजिक पृष्ठभूमि होने पर भी समस्त विश्व के लिए समान अधिकार है।

घोषणा-पत्र की धारा 3 से लेकर 21वीं धारा तक नागरिक और राजनीतिक अधिकार हैं। उनके अन्तर्गत मानव के जीवन की स्वतन्त्रता और सुरक्षा का अधिकार, दासता और पराधीनता से स्वतन्त्रता, अत्यन्त कठोर अमानवीय और अपमानजनक व्यवहार तथा दण्ड, मुक्ति, कानून के सामने एक व्यक्ति के रूप में स्वीकृति का अधिकार, कानून का समान संरक्षण एवं कारगर न्यायपरक उपाय का अधिकार, मनमानी गिरफ्तारी, बन्दी बनाने या निर्वासन से मुक्ति, स्वतन्त्र और निष्पक्ष न्यायाधिकरण के सामने एक निष्पक्ष मुकदमें का अधिकार, अपराधी प्रमाणित न होने तक निर्दोष समझे जाने का अधिकार, परिवार, घर या पत्र व्यवहार में मनमाने हस्तक्षेप से मुक्ति, आने-जाने की स्वतंत्रता, संरक्षण का अधिकार, विचार की अभिव्यक्ति का अधिकार, सरकार में भाग लेने का अधिकार, और लोकसेवा में समान सुलभता का अधिकार आदि है।

22वीं से 27वीं धारा के अन्तर्गत आर्थिक, सामाजिक और सांस्कृतिक अधिकार आते हैं। इनमें सामाजिक सुरक्षा का अधिकार, काम करने का अधिकार, अंवकाश

और विश्राम का अधिकार, स्वास्थ्य और आराम से रहने के लिए उपयुक्त जीवनस्तर का अधिकार, शिक्षा का अधिकार और सामुदायिक जीवन में भाग लेने का अधिकार आदि हैं। यह अधिकार अत्यन्त महत्वपूर्ण हैं।

अन्त की 28 से 30वीं धाराओं के अन्तर्गत यह स्वीकार किया गया है कि प्रत्येक मानव को एक ऐसी सामाजिक और अन्तर्राष्ट्रीय व्यवस्था मिलनी ही चाहिए जिसमें ये अधिकार और स्वतंत्रताएं पूर्ण हो सकें और वे समुदाय के प्रति व्यक्ति के कर्त्तव्यों और दायित्वों आदि पर भी जोर देती हैं।

नैतिक व कानूनी अधिकार सत्ता–इस घोषणा पर पी० रोम्यूलो का मत था कि यह सबसे व्यापक आलेख है। इस घोषणा को एक अन्तर्राष्ट्रीय मैग्नाकार्टा अथवा मानव अधिकारों का एक अन्तर्राष्ट्रीय घोषणापत्र या चार्टर श्रीमती फेंकलिन रूजवेल्ट द्वारा कहा गया था। प्रथम महासचिव ट्रिग्वे ली ने कहा था कि यह अवश्य ही इतिहास का महत्वपूर्ण अभिलेख बन जायेगा।

मानव अधिकारों की विभिन्न घोषणाओं में मानव अधिकारों की सार्वभौमिक घोषणा निश्चित रूप से अत्यन्त व्यापक है और मानव इतिहास में प्रथम है, जो उन अधिकारों व स्वतंत्रताओं को सामने रखती है और जो समस्त नर-नारियों का हक है। जब पेरिस में यह मानव अधिकार घोषणा स्वीकार की गई थी तब संयुक्त राष्ट्रसंघ की महासभा के अध्यक्ष हरबर्ट लेरे इवाट ने कहा था–

"यह पहला अवसर है जब राष्ट्रों के संगठित समुदाय ने मानव अधिकारों व आधारभूत स्वतंत्रताओं की घोषणा की है, व उसके पीछे पूरे संयुक्त राष्ट्रसंघ की परामर्श व अधिकार सत्ता है। पेरिस व न्यूयार्क से बहुत दूर संसार भर में करोड़ों नर-नारी, बालक व वृद्ध इस दस्तावेज से निर्देश, सहायता व प्रोत्साहन प्राप्त करने के लिए उसकी ओर देखेंगे।

प्राय: यह प्रश्न पूछा जाता है कि यह सार्वलौकिक घोषणा-पत्र नैतिक मानकों का कथन है अथवा कानून का वक्तव्य। इसका 'हाँ' या 'ना' में उत्तर नहीं दिया जा सकता।

साधारण रूप से इस बारे में सहमति है कि यह घोषणा-पत्र सामान्य सिद्धान्तों का लेखा है व सर्वाधिक सैनिक अधिकार व सत्ता से परिपूर्ण है। संयुक्त राष्ट्रसंघ की महासभा ने उसे बिना किसी असहमति के प्रस्ताव के रूप में स्वीकार किया था। किन्तु उसका मसविदा किसी संधि के रूप में नहीं तैयार किया गया, इसलिए इस पर किसी राज्य के हस्ताक्षर अथवा स्वीकृति की आवश्यकता नहीं समझी गई। अतएव यद्यपि घोषणा को निर्धारित तौर से अन्तर्राष्ट्रीय कानून अथवा किसी भी म्युनिसिपल कानून के भाग स्वरूप मानने में कानूनी अड़चनें हैं, परन्तु फिर भी, चूँकि घोषणा को राष्ट्रों के समुदाय में सर्वोपरि अधिकार सत्ता द्वारा स्वीकार किया गया है इसलिए उसके पीछे वह विश्व जनमत और नैतिक बल है जिनकी उपेक्षा सफलता से नहीं की जा सकती।

कुछ विचारकों, विधि विशेषज्ञों व न्यायिक लोगों का मत है कि मानव अधिकारों की घोषणा में कानूनी अधिकार सत्ता है या कम से कम कानूनी शक्ति का उसमें पूर्णरूप से अभाव नहीं है। उनके अनुसार संयुक्त राष्ट्रसंघ का चार्टर वह सन्धि है जो कानूनी रूप से मान्य है। अत: संयुक्त राष्ट्रसंघ के चार्टर के अन्तर्गत समस्त सदस्य राज्य "जाति, लिंग, भाषा अथवा धर्म के आधार पर बिना भेदभाव के" सबके लिए मानव अधिकारों व आधारभूत स्वतंत्रताओं के लिए मान्यता देने व सार्वलौकिक सम्मान को प्रोत्साहित करने के लिए मिलकर अथवा अलग-अलग कार्यवाही करने को वचनबद्ध हैं। अनुच्छेद 55 व 56 पर संयुक्त राष्ट्रसंघ चार्टर में मानव अधिकारों की व्याख्या नहीं की गई है। सार्वभौमिक घोषणा ही अधिकृत अर्थ प्रदान करती है। संयुक्त राष्ट्रसंघ चार्टर के मानव अधिकार अनुबन्ध द्वारा, जिस हद तक सदस्य राज्य प्रतिश्रुत हैं, उसी हद तक वह इस सार्वभौम घोषणा को मानने के लिए भी बाध्य हैं।

इसके अतिरिक्त यह भी तर्क दिया जाता है कि इस सार्वभौम घोषणा के अनेक अनुबन्ध राष्ट्रीय संविधानों व "बिल ऑफ राइट्स" पर आधारित हैं। अतएव यह कहा जा सकता है कि घोषणा पत्र में "सुसंस्कृत राष्ट्रों द्वारा मान्य कानून के सामान्य सिद्धान्तों" में से अनेक हैं।

मानव अधिकारों की घोषणा व मानव अधिकार कार्यक्रम

संयुक्त राष्ट्रसंघ में मानव अधिकार सम्बन्धी जो भी कार्यक्रम विकसित हुआ है वह अधिकार इसी सार्वलौकिक घोषणा के ढांचे के भीतर ही बनाया गया है। वास्तव में यह कहा जा सकता है कि सम्पूर्ण रूप से कार्यक्रम का उद्देश्य घोषणा में निर्दिष्ट अधिकारों व स्वतंत्रताओं को मानने व लागू करने को बढ़ावा देना आदि है।

उदाहरणार्थ मानव अधिकारों का मसविदा कन्वेशन सीधे रूप से सार्वलौकिक घोषणा द्वारा ही प्रेरित है। नागरिक व राजनीतिक मसविदा कवेनेन्ट की प्रस्तावना में निम्नलिखित वाक्य हैं–

"यह मानते हुए कि मानव अधिकारों की सार्वलौकिक घोषणा के अनुसार नागरिक व राजनीतिक स्वतन्त्रताओं एवं भय तथा अभाव से मुक्त मानवमात्र का आदर्श तभी प्राप्त हो सकता है, जब ऐसी परिस्थितियां पैदा कर दी जाएँ जिनमें हरेक अपने नागरिक व राजनीतिक अधिकारों और आर्थिक, सामाजिक तथा सांस्कृतिक अधिकारों का उपभोग कर सके।"

निकटवर्ती वर्षों में संयुक्त राष्ट्रसंघ ने घोषणा में निहित सामान्य स्वरों को लागू करने की दिशा में अपना ध्यान लगाया है और संयुक्तराज्य अमेरिका के राष्ट्रपति कार्टर ने इसको प्रभावशाली बनाने के लिए 70 के दशक में प्रमुख जोर दिंया था।

1956 में आर्थिक व सामाजिक परिषद् ने समय-समय पर मानव अधिकारों सम्बन्धी प्रतिवेदन की पद्धति का विकास किया। इस पद्धति के अनुसार प्रत्येक सदस्य राज्य से यह कहा जाता है कि वह मानव अधिकारों के क्षेत्र में, उसके अस्वशासित प्रदेश को अथवा मानवीय स्वतन्त्रता को सुरक्षित करने के अपने क्षेत्र, उसके अस्वशासित प्रदेश व संरक्षित प्रदेश में जो भी कदम उठाए गए हों उनके बारे में हर तीसरे साल एक रिपोर्ट भेजे। अस्वशासित व संरक्षित प्रदेशों के बारे में यह भी उल्लेख करना होगा कि उन लोगों के स्वनिर्णय के अधिकार की दशा में क्या-क्या किया गया है। मानव अधिकार आयोग इन प्रतिवेदनों पर विचार करता है ताकि वह परिषद् को उनके बारे में ठोस व सामान्य टिप्पणियाँ, निष्कर्ष व सिफारिशें प्रेषित कर सके।

संयुक्त राष्ट्रसंघ के उपाय जिनके द्वारा मानव अधिकारों की भावना को प्रोत्साहित किया

चार्टर व मानव अधिकारों की सार्वलौकिक घोषणा में लिखित संयुक्त राष्ट्र के अधिकारों के उद्देश्यों को बढ़ाने के लिए संयुक्त राष्ट्रसंघ की महासभा ने 1955 में मानव अधिकार क्षेत्र में एक सलाहकार सेवा कार्यक्रमों की स्थापना की। इस कार्यक्रम के अन्तर्गत मानव अधिकार विषय पर गोष्ठियों का आयोजन किया जाता है और मानव अधिकारों के ज्ञान व गतिविधियों पर प्रकाश डाला जाता है।

मानव अधिकार दिवस–मानव अधिकारों की सार्वलौकिक घोषणा के बाद यूनेस्को के महानिदेशक ने प्रस्ताव रखा था कि 10 दिसम्बर को मानव अधिकार दिवस घोषित किया जाए। यूनेस्को के महानिदेशक ने अपने 4 फरवरी, 1949 के पत्र में यूनेस्को के सदस्य राज्यों को सुझाव दिया था कि "स्वतन्त्रता व मानव गरिमा के सिद्धान्तों के प्रति सम्मान अर्पण करने के लिए 10 दिसम्बर को समस्त स्कूलों में कार्यक्रम का एक अलग भाग रखें।"

4 दिसम्बर, 1950 को संयुक्त राष्ट्रसंघ की महासभा ने प्रस्ताव 423(V) को स्वीकार किया जिसमें उसने समस्त राज्यों, अभिरुचि रखने वाली संस्थाओं से हर साल 10 दिसम्बर मानव अधिकार दिवस के रूप में मनाने का अनुरोध किया। प्रस्ताव में कहा गया है कि "महासभा द्वारा 10 दिसम्बर, 1948 को की गई मानव अधिकारों की सार्वभौम घोषणा को इस दिन मनाया जाए व मानव प्रगति के क्षेत्र में अधिक प्रयास करने की कोशिश की जाए।" तभी से संसार के अनेक देशों में 10 दिसम्बर "मानव अधिकार दिवस" के रूप में मनाया जाता है तथा मानव अधिकारों की प्रतिष्ठा व गौरव का स्मरण किया जाता है।

मानव अधिकारों की सार्वदेशिक घोषणा
(Universal Declaration of Human Rights)

मानव अधिकारों की सार्वदेशिक घोषणा को संयुक्त राष्ट्रसंघ की महासभा ने 10 दिसम्बर, 1948 को पारित किया था। यहाँ इसका हिन्दी अनुवाद दिया जा रहा है।

उद्देशिका

मानव कुटुम्ब के सभी सदस्यों की अन्तर्निहित प्रतिष्ठा की तथा उसके समान एवं अन्य असंक्राम्य अधिकारों की मान्यता विश्व में स्वतन्त्रता, न्याय एवं शान्ति का आधार है।

अत: मानवीय अधिकारों की सार्वदेशिक घोषणा की अवज्ञा एवं अवमानना के परिणामस्वरूप नृशंस घटनाएँ घटित हुई हैं, जिनसे मानव जाति की अन्तरात्मा को अत्यन्त आघात पहुंचा है और ऐसे विश्व का उदय हुआ जिसमें मानव जाति वाक्स्वतांत्र्य, विश्वास स्वातंत्र्य तथा भय तथा अभाव से मुक्ति का उपभोग करेगी, सामान्य जनता की उच्चतम अभिलाषा घोषित किया गया है।

अत: यह आवश्यक है कि मानवीय अधिकार, विधि शासन द्वारा संरक्षित होने चाहिएँ, अन्यथा मानव अत्याचार तथा उत्पीड़न के विरुद्ध अन्तिम मार्ग के रूप में विद्रोह करने के लिए विवश हो जाएगा।

अत: संयुक्त राष्ट्रसंघ की जनता ने संयुक्त राष्ट्र चार्टर द्वारा मूल मानवीय अधिकारों में, मानवीय व्यक्तित्व की प्रतिष्ठा तथा उनके मूलरूप में तथा पुरुषों एवं स्त्रियों के समान अधिकारों में अपने विश्वास की घोषणा की है और व्यापक स्वतन्त्रता के वातावरण में सामाजिक प्रगति तथा अधिक उत्तम जीवन स्तर को प्रोत्साहित करने का संकल्प किया है।

अत: सदस्य राज्यों ने मानवीय अधिकारों तथा मूल स्वतन्त्रताओं के सार्वदेशिक समादर तथा उपभोग की, संयुक्त राष्ट्रसंघ के सहयोग से अभिवृद्धि करने का प्रण किया है।

अत: इन मानव अधिकारों तथा स्वाधीनताओं का सामान्य अवबोध इस प्रण की पूर्ति के लिए सर्वाधिक महत्वपूर्ण है।

अत: अब

संयुक्त राष्ट्रसंघ महासभा

संपूर्ण जनता तथा सभी राष्ट्रों के लिए उपलब्धि के सामान्य मानक के रूप में मानवीय अधिकारों की इस सार्वदेशिक घोषणा को उद्घोषित करती है, जिसका लक्ष्य है कि प्रत्येक व्यक्ति तथा समाज का प्रत्येक अंग, इस घोषणा को सतत् रूप से ध्यान में रखते हुए, इन अधिकारों तथा स्वतन्त्रताओं के प्रति समादर की अभिवृद्धि करने का उपदेश तथा शिक्षण द्वारा प्रयास करेगा तथा सदस्य राज्यों की जनता के मध्य तथा उनके अधिकारितागत राज्य क्षेत्रों की जनता के बीच उक्त अधिकारों तथा स्वतन्त्रताओं की सार्वदेशिक एवं प्रभावी मान्यता स्थापित करने के लिए राष्ट्रीय एवं अन्तर्राष्ट्रीय प्रगतिशील उपायों द्वारा प्रयास करेगा।

अनुच्छेद 1

सभी मनुष्य प्रतिष्ठा एवं अधिकारों की दृष्टि से स्वतन्त्र तथा समान पैदा हुए हैं। उन्हें विवेक तथा अन्तरात्मा प्राप्त है और उन्हें परस्पर बन्धुत्व की भावना से

प्रेरित होकर कार्य करना चाहिए। (इसमें संयुक्त राज्य अमेरिका की स्वतन्त्र्य घोषणा का प्रभाव है)।

अनुच्छेद 2

प्रत्येक व्यक्ति इस घोषणा में उपवर्णित सभी अधिकारों तथा स्वतन्त्रताओं का–जाति, वर्ण, पुरुषत्व या नारीत्व, भाषा, धर्म, राजनीति या अन्य मत, राष्ट्रीय या सामाजिक उद्‌गम, सम्पत्ति, जन्मों या अन्य प्रास्थिति जैसे किसी आधार पर किसी भी प्रकार के भेदभाव के बिना अधिकारी होगा। अपरंच, देश या राज्य क्षेत्र की, जिसका कोई व्यक्ति है, राजनीतिक अधिकारिता सम्बन्धी या अन्तर्राष्ट्रीय प्रास्थिति के आधार पर कोई भेदभाव नहीं किया जाएगा, चाहे ऐसा देश या राज्य क्षेत्र स्वतन्त्र हो या न्यास हो या अस्वशासी हो अथवा सम्प्रभुता की दृष्टि से किसी अन्य निर्बन्धन के अधीन हो।

अनुच्छेद 3

प्रत्येक व्यक्ति को जीवन, स्वाधीनता तथा दैहिक सुरक्षा का अधिकार प्राप्त है। (इस पर अमेरिकी घोषणा व फ्रांसीसी मानव अधिकारों की घोषणा का प्रभाव है।)

अनुच्छेद 4

किसी भी व्यक्ति को दासता या अधिसेविता में नहीं रखा जाएगा; दासता तथा दास व्यापार सभी रूपों में प्रतिषिद्ध होगा। (इन पर ब्रिटिश उदारवादी व अमेरिकी प्रभाव है।)

अनुच्छेद 5

प्रत्येक व्यक्ति को यह अधिकार है कि विधि के समक्ष सर्वत्र व्यक्ति के रूप में मान्यता दी जाए। (यह सर्वमान्य सिद्धान्त है।)

अनुच्छेद 6

सभी व्यक्ति विधि के समक्ष समान हैं और उन्हें विधि के समान संरक्षण का, बिना किसी भेदभाव के अधिकार है। सभी व्यक्ति इस घोषणा के अतिक्रमण में किसी भेदभाव के विरुद्ध या ऐसे भेदभाव के लिए किसी दुष्प्रेरणा के विरुद्ध समान संरक्षण के अधिकारी हैं। (न्याय व विधि का मान्यता प्राप्त सिद्धान्त।)

अनुच्छेद 7

प्रत्येक व्यक्ति को संविधान या विधि द्वारा प्रदत्त अपने मूल अधिकारों का अतिक्रमण करने वाले कार्यों के सम्बन्ध में सक्षम राष्ट्रीय अधिकरणों (न्यायालयों) द्वारा प्रभावी उपचार का अधिकार प्राप्त।

अनुच्छेद 8

किसी भी व्यक्ति को मनमाने तौर पर गिरफ्तार (Detention), निरुद्ध या देश से निष्कासित नहीं किया जाएगा।

अनुच्छेद 9

प्रत्येक व्यक्ति अपने अधिकारों तथा बाध्यताओं के अवधारण तथा अपने विरुद्ध किसी आपराधिक आरोप के सम्बन्ध में निर्णय हेतु किसी स्वतन्त्र तथा निष्पक्ष अधिकरण द्वारा ऋण एवं सार्वजनिक सुनवाई का पूर्णरूप से समानतापूर्वक हकदार है।

अनुच्छेद 10

1. दण्डनीय अपराध से आरोपित प्रत्येक व्यक्ति को यह अधिकार है कि वह तब तक निर्दोष माना जाए जब तक उसे किसी सार्वजनिक विचारण में, जिसमें उसे अपनी प्रतिरक्षा के लिए आवश्यक सभी प्रत्याभूतियाँ प्राप्त हो गई हों, विधि के अनुसार दोषी न साबित कर दिया गया हो।

2. किसी भी व्यक्ति को ऐसे कार्य या कार्यलोप के आधार पर दोषी अभिनिर्धारित नहीं किया जाएगा जो उस समय राष्ट्रीय या अन्तर्राष्ट्रीय विधि के अधीन दण्डनीय अपराध नहीं था, जब वह कारित किया गया था तथा न तो उस शक्ति से बड़ी शस्ति अधिरोपित की जाएगी, जो दण्डनीय अपराध के कारित किए जाने के समय लागू थी।

अनुच्छेद 11

किसी भी व्यक्ति की एकान्तता (प्राइवेसी), उसके कुटुम्ब, गृह या पत्राचार में मनमाना हस्तक्षेप नहीं किया जाएगा और न ही उसकी मान-मर्यादा तथा प्रतिष्ठा पर मनमाने तौर पर आघात किया जाएगा। प्रत्येक व्यक्ति को ऐसे हस्तक्षेप या आघात के विरुद्ध विधि के संरक्षण का अधिकार प्राप्त है।

अनुच्छेद 12

1. प्रत्येक व्यक्ति को सम्बद्ध राज्य की सीमाओं के भीतर संचरण तथा निवास की स्वतन्त्रता का अधिकार प्राप्त है।

2. प्रत्येक व्यक्ति को किसी भी देश को, जिसमें उसका अपना देश भी सम्मिलित है, छोड़ने का तथा अपने देश में वापस आने का अधिकार है।

अनुच्छेद 13

1. प्रत्येक व्यक्ति को उत्पीड़न से दूसरे देशों में शरण माँगने तथा ऐसी शरण का उपभोग करने का भी अधिकार है।

2. इस अधिकार का आश्रय गैर-राजनैतिक अपराधों से या संयुक्त राष्ट्रसंघ के प्रयोजनों तथा सिद्धान्तों के प्रतिकूल कार्यों से वस्तुतः उद्भूत होने वाले अभियोजनों की दशा में नहीं किया जा सकेगा।

अनुच्छेद 14

1. प्रत्येक व्यक्ति को राष्ट्रीयता का अधिकार प्राप्त है।

2. किसी भी व्यक्ति को उसकी राष्ट्रीयता से मनमाने तौर पर वंचित नहीं किया जाएगा और न ही उसे अपनी राष्ट्रीयता बदलने के अधिकार से वंचित किया जाएगा।

अनुच्छेद 15

1. वयस्क नर तथा नारियों को, जाति, राष्ट्रीयता या धर्म के कारण किसी निर्बन्धन के बिना, विवाह करने तथा कुटुम्ब संस्थापित करने का अधिकार प्राप्त है। उन्हें विवाह के सम्बन्ध में, विवाह के दौरान तथा विवाह विघटन पर सामान्य अधिकारों का अधिकार प्राप्त है।

2. विवाह पति तथा पत्नी की स्वतन्त्र तथा पूर्ण सम्मति से ही सम्पन्न होगा।

3. कुटुम्ब, समाज का स्वाभाविक तथा मूल समूह एकक है और समाज तथा राज्य द्वारा संरक्षण का अधिकार प्राप्त है।

अनुच्छेद 16

1. प्रत्येक व्यक्ति को अकेले एवं अन्य व्यक्तियों के साथ सम्पत्ति के स्वामित्व का अधिकार प्राप्त है। (सम्पत्ति का अधिकार भारत को छोड़कर सभी देशों में है।)

2. किसी भी व्यक्ति को उसकी सम्पत्ति से मनमाने तौर पर वंचित नहीं किया जाएगा। (इस अधिकार को भारत में संविधान में संशोधन करके समाप्त कर दिया गया है परन्तु रूस सहित विश्व के सभी देशों में विद्यमान है।)

अनुच्छेद 17

प्रत्येक व्यक्ति को विचार, अन्तरात्मा तथा धर्म की स्वतन्त्रता का अधिकार प्राप्त है। इस अधिकार के अन्तर्गत अपने धर्म या विश्वास को बदलने की स्वतन्त्रता तथा अकेले या अन्य व्यक्तियों के साथ एवं खुले रूप से या एकान्त में अपने धर्म या विश्वास को उपदेश, आचरण, पूजा या कर्मकाण्ड द्वारा अभिव्यक्त करने की स्वतन्त्रता भी है।

अनुच्छेद 18

प्रत्येक व्यक्ति को मत तथा अभिव्यक्ति की स्वतन्त्रता का अधिकार प्राप्त है; इस अधिकार के अन्तर्गत हस्तक्षेप के बिना मत धारणा करने की स्वतन्त्रता तथा किसी भी माध्यम से और सीमाओं का ध्यान किए बिना जानकारी तथा विचारों की माँग करना तथा उन्हें प्राप्त करना तथा उन्हें देना है।

अनुच्छेद 19

1. प्रत्येक व्यक्ति को शान्तिपूर्ण सम्मेलन तथा आपसी मेल-मिलाप की स्वतन्त्रता का अधिकार प्राप्त है।

2. किसी भी व्यक्ति को किसी भी संस्था (association) से सम्बद्ध होने के लिए विवश नहीं किया जा सकेगा।

अनुच्छेद 20

1. प्रत्येक व्यक्ति को यह अधिकार प्राप्त है कि वह अपने देश के शासन में सीधे या निष्पक्ष रूप से चुने गए प्रतिनिधियों के माध्यम से भाग ले।

2. प्रत्येक व्यक्ति को अपने देश की लोकसेवा को समान रूप से प्राप्त करने का अधिकार प्राप्त है।

3. जनता की इच्छा सरकार के अधिकार का आधार होगी; यह इच्छा समय-समय पर निष्पक्ष निर्वाचनों द्वारा प्राप्त की जाएगी, जो समान तथा सर्वमताधिकार के आधार पर होंगे तथा गुप्त मतदान द्वारा या समतुल्य अबाध मतदान प्रक्रियाओं के अनुसार कराए जाएँगे।

अनुच्छेद 21

प्रत्येक व्यक्ति को, समाज के सदस्य के रूप में सामाजिक सुरक्षा का अधिकार प्राप्त है और वह अपनी प्रतिष्ठा तथा अपने व्यक्तित्व के अबाध विकास के लिए आवश्यक आर्थिक, सामाजिक तथा सांस्कृतिक अधिकारों के राष्ट्रीय प्रयास तथा अन्तर्राष्ट्रीय सहकारिता के माध्यम से तथा सम्बद्ध राज्य के संगठन तथा साधनों के अनुसार, उपभोग का हकदार है।

अनुच्छेद 22

1. प्रत्येक व्यक्ति को कार्य करने का, स्वतन्त्र रूप से नौकरी प्राप्त करने का, न्यायोचित एवं अनुकूल परिस्थितियों का कार्य करने तथा मनमाने ढंग से नौकरी से हटाए जाने के विरुद्ध संरक्षण का अधिकार प्राप्त है।

2. प्रत्येक व्यक्ति को समान कार्य के लिए समान वेतन का, बिना किसी भेदभाव के अधिकार प्राप्त है।

3. कार्य करने वाले प्रत्येक व्यक्ति को ऐसे न्यायोचित एवं अनुकूल पारिश्रमिक का अधिकार प्राप्त है, जो उसके लिए तथा उसके कुटुम्ब के लिए मानवीय प्रतिष्ठा से संगत जीवन सुनिश्चित कर सके और जिसे आवश्यकतानुसार सामाजिक संरक्षण के अन्य साधनों द्वारा अनुपूरित किया जाए।

4. प्रत्येक व्यक्ति को यह अधिकार प्राप्त है कि वह अपने हितों के संरक्षण के लिए व्यवसाय संघ बनाए और उनका सदस्य बने।

अनुच्छेद 23

1. प्रत्येक व्यक्ति को विश्राम तथा आराम का अधिकार प्राप्त है, जिसके अन्तर्गत कार्य समय की युक्तियुक्त सीमा तथा सवेतन आवधिक छुट्टियां भी शामिल हैं।

अनुच्छेद 24

1. प्रत्येक व्यक्ति को यह अधिकार प्राप्त है कि उसे उसके तथा उसके कुटुम्ब के स्वास्थ्य तथा कल्याण के लिए यथायोग्य जीवनस्तर प्रदान किया जाए, जिसके अन्तर्गत भोजन, वस्त्र, आवास तथा चिकित्सीय देखभाल एवं आवश्यक सामाजिक सेवाएँ हैं। प्रत्येक व्यक्ति को उसके नियन्त्रण से परे परिस्थितियों के कारण घटित अनियोजन, रुग्णता, असमर्थता, वैधव्य, वृद्धावस्था या आजीविका के अन्य अभाव की दशा में सुरक्षा आदि का अधिकार प्राप्त है।

2. माताएँ तथा बालक विशेष देखभाल तथा सहायता के अधिकारी हैं। सभी बालकों को, चाहे वे वैध विवाहित सम्बन्ध से पैदा हुए हों या अन्यथा, सभी को समान सामाजिक संरक्षण प्राप्त होगा। (इस धारा द्वारा अवैध सन्तानों को भी समान अधिकार प्रदान किया गया है।)

अनुच्छेद 25

1. प्रत्येक व्यक्ति को शिक्षा का अधिकार प्राप्त है। शिक्षा कम-से-कम प्रारम्भिक तथा मौलिक प्रक्रमों पर निःशुल्क होगी। प्रारम्भिक शिक्षा अनिवार्य होगी। तकनीकी तथा व्यावसायिक शिक्षा सभी को उपलब्ध कराई जाएगी तथा उच्चतर शिक्षा गुणागुण के आधार पर सभी को समानरूप से सुगम होगी।

2. शिक्षा का उद्देश्य मानवीय व्यक्तित्व का पूर्ण विकास तथा मानवीय अधिकारों एवं मूल स्वतन्त्रताओं के प्रति समादर बढ़ाना होगा। शिक्षा सभी राष्ट्रों, जातीय या धार्मिक समूहों के बीच अबोध, सहिष्णुता तथा मैत्री सम्प्रवर्तित करेगी तथा शांति बनाए रखने के लिए संयुक्त राष्ट्रसंघ के कार्यकलाप को बढ़ावा देगी।

3. माता-पिता को अपने बालकों को दी जाने वाली शिक्षा की किस्म का चुनाव करने का पूर्वक अधिकार प्राप्त होगा।

अनुच्छेद 26

1. प्रत्येक व्यक्ति को यह अधिकार प्राप्त है कि वह समुदाय के सांस्कृतिक जीवन में अबाध रूप से भाग ले सके तथा कलाओं का उपयोग करें एवं वैज्ञानिक प्रगति तथा उसकी प्रसुविधाओं में हिस्सा बटाए।

2. प्रत्येक व्यक्ति को यह अधिकार प्राप्त है कि किसी ऐसी वैज्ञानिक, साहित्यिक या कलात्मक सृष्टि के, जिसका वह सृष्टा है, परिणामस्वरूप नैतिक तथा भौतिक हितों के सम्बन्ध में उसे संरक्षण दिया जाए।

अनुच्छेद 27

प्रत्येक व्यक्ति को सामाजिक तथा अन्तर्राष्ट्रीय व्यवस्था का अधिकार है, जिसमें इस घोषणा में उपवर्णित अधिकार तथा स्वतन्त्रताएँ पूर्णतः प्राप्त हो सकें।

अनुच्छेद 28

1. प्रत्येक व्यक्ति के समुदाय के प्रति कर्त्तव्य हैं, जिनके पालन से ही उसके व्यक्तित्व का अबाध एवं पूर्णरूप से विकास सम्भव है।

2. प्रत्येक व्यक्ति पर उसके अधिकारों तथा स्वतन्त्रताओं के प्रयोग के सम्बन्ध में केवल ऐसे ही निर्बन्धन लगाए जाएँगे, जो विधि द्वारा अन्य व्यक्तियों के अधिकारों तथा स्वतन्त्रताओं की सम्यक् मान्यता तथा उनके प्रति समादर सुनिश्चित करने के लिए प्रयोजन के लिए और लोकतांत्रिक समाज में नैतिकता, सार्वजनिक व्यवस्था तथा सर्वसाधारण के कल्याण की न्यायोचित अपेक्षाओं को पूरा करने के प्रयोजन के लिए अवधारित किए जाएँ।

3. इन अधिकारों तथा स्वतन्त्रताओं का प्रयोग किसी भी दिशा में संयुक्त राष्ट्रसंघ के प्रयोजनों तथा सिद्धान्तों के प्रतिकूल नहीं किया जाएगा।

अनुच्छेद 29

इस घोषणा में अधिकथित किसी भी बात का यह निर्वचन नहीं किया जा सकेगा कि उसमें किसी राज्य, समूह या व्यक्ति का कोई ऐसा अधिकार विवक्षित है, जिसके आधार पर वह इसमें उपवर्णित अधिकारों तथा स्वतन्त्रताओं में से किसी को नष्ट करने के उद्देश्य से किसी कार्यकलाप में लग सकता है या कोई ऐसा कार्य कर सकता है।

उपरोक्त सर्वदेशीय मानव अधिकारों की घोषणा को दो भागों में विभाजित किया गया है–(1) अन्तर्राष्ट्रीय नागरिक (Civil) और राजनीतिक अधिकार तथा (2) आर्थिक, सामाजिक और सांस्कृतिक अधिकार जिन्हें संयुक्त राष्ट्रसंघ महासभा द्वारा 16 दिसम्बर, 1966 को पारित किया गया।

इस घोषणा पर ब्रिटेन के उदारवादी व अमेरिका के स्वाधीनता संग्राम की घोषणा व फ्रांस की राज्यक्रान्ति की मानव अधिकारों की घोषणा जिसमें स्वतन्त्रता, समानता व बन्धुत्व का नारा बुलन्द किया गया व भारत के वसुधैव कुटुम्बकम के सिद्धान्त का प्रभाव है तथा काम व विश्राम पाने का अधिकर साम्यवादी व समाजवादी प्रभाव से प्रेरित है।

इन सब बातों के होते हुए यह घोषणा पूर्णरूप से अधिकांश देशों द्वारा स्वीकार नहीं की गई है। यहाँ तक कि भारत, जिसमें सम्पत्ति का मौलिक अधिकार संविधान में दिया गया था; संशोधन करके समाप्त कर दिया गया है और काम पाने व विश्राम प्राप्त करके का अधिकार तो दिया ही नहीं गया है। कुछ देशों द्वारा मानव अधिकारों

की घोषणा का पूर्णतया उल्लंघन करने पर भी विश्व के लगभग सभी देश इसको सम्मान देते हैं। अतः इनके महत्व का वर्णन किया जाएगा।

मानव अधिकारों की विश्व घोषणा का प्रभाव

"मानव अधिकारों की विश्व घोषणा" की अपील इतनी प्रबल सिद्ध हुई कि कई देशों के संविधान में इस घोषणा को पूर्ण अथवा आंशिक रूप में मूल अधिकारों के रूप में अपना लिया गया है। उदाहरण के लिए, जापान के साथ शान्ति सन्धि में इस इच्छा की अभिव्यक्ति की गई है कि मानव अधिकारों की घोषणा में कहे गए लक्ष्यों की पूर्ति के लिए प्रयत्न किया जाएगा।

फ्रांस और ट्यूनीशिया में हुए समझौतों में भी कहा गया है कि ट्यूनीशिया अपने क्षेत्र में रहने वाले सब लोगों को इस "सार्वभौम घोषणा" के अधिकार और स्वतन्त्रताएँ प्रदान करेगा।

यूरोपीय कन्वेनशन, कमीशन और मानव अधिकारों की अदालत–यह सब संयुक्त राष्ट्रसंघ की घोषणा पर निर्भर करता है। शायद भारत को छोड़कर रूस सहित सभी देशों ने सम्पत्ति के अधिकार को मान्यता दी है तथा काम व विश्राम के अधिकार को भी महत्व प्रदान किया है।

मानव अधिकार सम्बन्धी विशिष्ट बातों का उल्लेख

महिलाओं के अधिकार–संयुक्त राष्ट्रसंघ मानव अधिकार सम्बन्धी अन्य विभिन्न समस्याओं पर भी विशिष्ट रूप से ध्यान दे रहा है, जैसे कि महिलाओं तथा बच्चों की स्थिति में सुधार करने की समस्या। 1 अप्रैल, 1954 में महिलाओं के राजनीतिक अधिकारों के सम्बन्ध में एक अन्तर्राष्ट्रीय समझौता लागू हुआ और जनवरी 1964 तक 39 राज्यों ने इस समझौते को स्वीकार भी कर लिया था। विवाहित महिलाओं की राष्ट्रीयता (नागरिकता) के सम्बन्ध में संयुक्त राष्ट्रसंघ का एक दूसरा समझौता अगस्त, 1958 में लागू हुआ और जनवरी, 1964 तक 28 राष्ट्र इसमें सम्मिलित हो गए थे। 1962 में महासभा ने एक दूसरा समझौता पास किया और सभी देशों द्वारा स्वीकार किए जाने के लिए पेश किया गया। यह समझौता विवाह के लिए स्वीकृति देने, विवाह के लिए न्यूनतम अवस्था और विवाह के पंजीकरण के सम्बन्ध में था। इसे स्वीकार कर लिया गया है और इससे महिलाओं के अधिकारों में वृद्धि हुई है तथा महिलाओं ने समस्त विश्व में उन्नति की है और सर्वोच्च पद प्राप्त किये हैं।

अल्पसंख्यक–अल्पसंख्यकों की सुरक्षा के लिए और उनके विरुद्ध किए जाने वाले अन्याय को रोकने के लिए संयुक्त राष्ट्रसंघ इस प्रकार के अन्याय को रोकने के तरीकों के सम्बन्ध में, अध्ययन कर रहा है। यह अध्ययन शिक्षा, रोजगार और व्यवसाय, धार्मिक अधिकारों और धार्मिक कृत्यों के क्षेत्र में किए जाने वाले अन्यायों के सम्बन्ध में किया जा रहा है। परन्तु अल्पसंख्यकों पर अब भी अत्याचार होते

रहते हैं तथा प्रत्येक राष्ट्र उसे अपना घरेलू मामला बताता है। सन् 1963 में महासभा ने जातीय विभेद के सभी रूपों को समाप्त करने के लिए कहा। गुलामी और बेगार अन्य दो ऐसे मसले हैं जिनका उन्मूलन करने के लिए संयुक्त राष्ट्रसंघ निरन्तर प्रयत्न कर रहा है। इसके लिए वह वर्तमान समझौतों को भी मजबूत बना रहा है और इन विषयों पर तदर्थ अध्ययन भी कर रहा है तथा समस्त विश्व में अल्पसंख्यकों के अधिकार की रक्षा की है।

सूचना सम्बन्धी अधिकार–सूचना प्राप्ति की स्वाधीनता के विषय में सूचना सुधार के अन्तर्राष्ट्रीय अधिकार पर एक समझौता सम्पन्न हुआ था। इस सूचना सुधार का उद्देश्य यह है कि ऐसी झूठी और विकृत सूचनाओं या समाचारों के प्रसार को रोका जाए जिनके कारण राष्ट्रों के बीच पारस्परिक मैत्रीपूर्ण समझौते या सम्बन्ध खतरे में पड़ सकते हैं। यह समझौता 24 अगस्त, 1962 को लागू हुआ था। इस क्षेत्र में की जाने वाली अन्य कार्रवाहियों का एक पहलू यह भी है कि विशिष्ट एजेंसियों के सहयोग से तकनीकी सहायता का क्षेत्र अब इतना व्यापक बना दिया गया है कि सम्पूर्ण मानव अधिकारों को उसमें समेट लिया गया है। मानव अधिकारों के प्रति सम्मान की भावना विकसित करने के लिए, संयुक्त राष्ट्रसंघ के सभी सदस्य राष्ट्रों को तथा अन्त:सरकारी एजेंसियों को, परामर्श मूलक सेवाएँ भी उपलब्ध हैं जिनके अन्तर्गत विशेष दल, छात्रवृत्तियाँ और सेमिनार आदि की सुविधायें प्राप्त होती हैं तथा विभिन्न उपायों द्वारा मानव अधिकारों को प्रोत्साहित किया जाता है।

दक्षिणी अफ्रीका की रंगभेद नीति के सम्बन्ध में संयुक्त राष्ट्रसंघ के कार्य

मानव अधिकारों के प्रश्न का एक महत्वपूर्ण पक्ष जातीय भेदभाव को रोकना है। संयुक्त राष्ट्रसंघ के जीवन में जातीय भेदभाव के मामले को जितनी बार उठाया गया है उतना शायद ही अन्य कोई मामला उठाया गया हो। जातीय भेदभाव (Apartheid) का प्रश्न संयुक्त राष्ट्रसंघ के लिए निरन्तर चिन्ता का विषय बना हुआ है। दक्षिणी अफ्रीका को छोड़कर अन्य स्थानों पर संयुक्त राष्ट्रसंघ को सफलता भी मिली है। दक्षिण अफ्रीका सरकार की जातीय भेदभाव की यह नीति संयुक्त राष्ट्रसंघ के चार्टर के अन्तर्गत निर्दिष्ट मानव अधिकारों के मूलभूत सिद्धान्तों और बुनियादी स्वतन्त्रताओं के बिल्कुल विरुद्ध है। संयुक्त राष्ट्रसंघ ने इस समस्या के समाधान के लिए कई तरीके आजमाए हैं। जैसे महासभा के प्रस्ताव, सुरक्षा परिषद् के निर्णय, महासचिव द्वारां "मौन कूटनीति" और विशेषकर इस उद्देश्य के लिए निश्चित किए गए दल। संयुक्त राष्ट्रसंघ द्वारा जातीय भेदभाव या रंगभेद को मिटाने के लिए किए गए प्रयासों का हवाला देने के पूर्व दक्षिण अफ्रीका में पाये जाने वाले रंगभेद का संक्षिप्त परिचय देना उचित होगा।

दक्षिण अफ्रीका की सरकार ने वहाँ की जनसंख्या को परम्परागत रूप से चार नस्ली समूहों में बाँटा है। वे हैं–यूरोपीय, आदिवासी या बन्तू, एशियाई तथा अश्वेत।

यूरोपीय शब्द 'यूरोपीय वंश' श्रेणी के लोगों की ओर इंगित करता है। "आदिवासी" शब्द "वन्तूवंश" के शुद्ध रक्त वाले लोगों की ओर संकेत करता है। एशियाई शब्द का तात्पर्य है एशिया के व मुख्य रूप से भारतीय तथा भारत-पाक वंशों से सम्बन्धित लोग और अन्त में अश्वेत जो मिले-जुले वंशों की उत्पत्ति, मलयी तथा वे अन्य लोग हैं जिन्हें भिन्न कानूनी व सामाजिक स्तर उपभोग करने के कारण आदिवासियों और एशियाई लोगों से अलग रूप से पहचाना जा सकता है। दक्षिण अफ्रीका की रंगभेद नीति के विरुद्ध सर्वप्रथम महात्मा गांधी ने आन्दोलन आरम्भ करके कुछ सुविधायें प्राप्त की थीं परन्तु फिर भी दक्षिण अफ्रीका सरकार की रंगभेद नीति कायम रही।

दक्षिण अफ्रीका के अफ्रीकी, यूरोपीय लोगों ने 4 : 1 के अनुपात से अधिक हैं। दक्षिण अफ्रीका की जनसंख्या का 1967 के मध्य में लगाए अनुमान से जातीय गठन निम्न प्रकार था–

बन्तू	12,750,000
श्वेत	3,563,000
अश्वेत	1,859,000
एशियाई	561,000
	18,733,000

(अब दक्षिण अफ्रीका की जनसंख्या 31,586,000 है जिसमें श्वेत केवल 20% है क्योंकि अश्वेतों का जनसंख्या प्रतिशत बढ़ रहा है।)

संयुक्त राष्ट्रसंघ के अनेक संगठनों के पास दक्षिण अफ्रीका के बारे में जो दस्तावेज हैं उनसे पता चलता है कि सन् 1910 में जब दक्षिण अफ्रीकी संघ का जन्म हुआ, तब से ही उस भू-खण्ड की सभी सरकारों ने वहाँ जाति, भेदभाव व पृथक्करण की नीति को लगातार लागू कर रखा है। सन् 1909 के अधिनियम ने इस दक्षिण अफ्रीका के संघ का गठन किया था। इस अधिनियम को लागू किया कि केवल श्वेत लोग ही संसद के लिए चुने जा सकते हैं और संसदीय चुनावों में भी केवल श्वेत लोग ही मतदान कर सकते हैं। बस, केप और नाटाल में रहने वाले अश्वेतों तथा केप के अफ्रीकियों को ही मतदान करने के लिए बहुत ही सीमित रूप से अधिकार दिए गए थे। अफ्रीकियों को, जो यह दिखलावे मात्र का प्रतिनिधित्व दिया गया था, वह भी 1960 में समाप्त कर दिया गया। फिर वहाँ सरकार अश्वेतों के प्रतिनिधित्व को भी समाप्त करने का विचार कर रही थी, पर कर नहीं सकी।

अश्वेत समुदाय भी ऐसी संस्था में बराबर भाग लें जहाँ राजनीतिक शक्ति का केन्द्र स्थित हो–इस विषय पर सरकार के रवैये पर मई, 1965 में उस समय के न्यायमंत्री ने वक्तव्य दिया–"हमने तो अश्वेतों को संसद में प्रतिनिधित्व एक ऐतिहासिक तथ्य के रूप में दिया जो हम पर थोपा गया था। दक्षिण अफ्रीका गणतन्त्र के भाग्य

का निर्णय करना इस संसद का कर्त्तव्य है, इसलिए इसमें श्वेत और केवल श्वेत व्यक्ति को ही बैठने का अधिकार प्राप्त है।"

रंगभेद, दक्षिण अफ्रीका की गोरी सरकार पर काला कलंक है। यह जीवशास्त्र के विज्ञान को पूर्णरूप से असत्य सिद्ध करता है। यह "उन लोगों के विकास को निरर्थक बनाता है जो इसे सहन करते हैं, उन्हें चरित्रहीन बनाता है जो इसे लागू करता है तथा राष्ट्रों में उनके अपने अन्दर फूट डालता है, अन्तर्राष्ट्रीय झगड़ों को और भी गम्भीर बनाता है और विश्वशांति के लिए भी खतरा पैदा करता है।"

सन् 1946 में संयुक्त राष्ट्रसंघ महासभा के पहले अधिवेशन में ही भारतीय प्रतिनिधि ने दक्षिण अफ्रीका में रंगभेद की नीति के अन्तर्गत भारतीयों पर होने वाले अत्याचारों का मामला उठाया था। दक्षिण अफ्रीका की सरकार ने यह मत व्यक्त किया कि रंगभेद उसका घरेलू मामला है और चार्टर की धारा 2(7) के अनुसार संयुक्त राष्ट्रसंघ को इस विषय पर विचार करने का अधिकार नहीं हो सकता। उसने यह भी मांग की कि इस सम्बन्ध में अन्तर्राष्ट्रीय न्यायालय की परामर्श मूलक सम्पत्ति माँगी जाए। इस तर्क को अस्वीकार करते हुए संयुक्त राष्ट्रसंघ की महासभा ने यह निर्णय दिया कि चूंकि इस प्रश्न से दो सदस्य राष्ट्रों के मैत्रीपूर्ण सम्बन्ध खराब होने की आशंका है, इसलिए संयुक्त राष्ट्रसंघ को इस पर विचार करने का अधिकार है। दक्षिण अफ्रीका ने इस प्रस्ताव को मानने से इंकार कर दिया। मामला फिर संयुक्त राष्ट्रसंघ महासभा में लाया गया, जिसने सन् 1949 में यह निर्णय दिया कि भारत-पाकिस्तान और दक्षिण अफ्रीका एक गोलमेज सम्मेलन करके चार्टर के उद्देश्यों और सिद्धान्तों तथा मानव अधिकारों की विश्वव्यापी घोषणा को ध्यान में रखते हुए आपस में विचार-विमर्श करके इस मसले को हल करने का प्रयत्न करें। दक्षिण अफ्रीका ने इस प्रस्ताव को भी यह कहकर अस्वीकार कर दिया कि इससे उसके आंतरिक मामलों में हस्तक्षेप होता है।

इसके उपरान्त विशेषतः शीतयुद्ध के कारण पश्चिमी देशों ने इस मामले में अधिक रुचि लेना बन्द कर दिया, क्योंकि साम्यवाद के विरुद्ध संघर्ष में उन्हें दक्षिण अफ्रीका के सहयोग और उसके भौतिक साधनों की आवश्यकता थी। स्थिति यहाँ तक बदली कि सन् 1955 के अन्त में संयुक्त राष्ट्रसंघ महासभा ने अपने उस प्रस्ताव को भी रद्द कर दिया जिसमें दक्षिण अफ्रीका की रंगभेद नीति की निन्दा की गई थी।

इसके उपरान्त हर साल रंगभेद का मामला महासभा की कार्यसूची में रखा गया, लेकिन परिणाम कुछ नहीं निकला। सन् 1962 में अपनी 17वीं बैठक में महासभा ने "दक्षिण अफ्रीकी गणराज्य सरकार की रंगभेद नीतियां" नामक प्रस्ताव पास करके सदस्य देशों से प्रार्थना की कि वे सामूहिक रूप से निम्नलिखित कदम उठायें–

(अ) दक्षिण अफ्रीकी गणतंत्र की सरकार के साथ राजनीतिक सम्बन्ध तोड़ दें।

(ब) दक्षिण अफ्रीका के झंडे वाले सभी जलपोतों के लिए बन्दरगाह बन्द कर दें।

(स) अपने सामुद्रिक जहाजों को दक्षिणी अफ्रीकी बन्दरगाहों में प्रवेश करने का निषेध कर दें।

(द) दक्षिण अफ्रीका की सभी वस्तुओं का बहिष्कार करें तथा दक्षिण अफ्रीका को शस्त्रास्त्र सहित सभी वस्तुओं का निर्यात बन्द कर दें।

(ड़) दक्षिण अफ्रीका की सरकार या दक्षिण अफ्रीकी नियमों के अन्तर्गत पंजीकृत कम्पनियों के सभी हवाई जहाजों को अपनी भूमि पर उतरने या उस पर से गुजरने की बिल्कुल अनुमति न दें।

दक्षिण अफ्रीका की जातीय नीतियों को निरन्तर समालोचना के अन्तर्गत रखने के लिए महासभा ने एक विशेष समिति की स्थापना की और उसे आज्ञा दी कि वह समय-समय पर संयुक्त राष्ट्रसंघ महासभा तथा सुरक्षा परिषद् को अपनी रिपोर्ट भेजे।

दक्षिण अफ्रीका का वास्तविक प्रभावशाली व कारगार बहिष्कार करने के अपने आह्वान के अतिरिक्त संयुक्त राष्ट्रसंघ ने दक्षिण अफ्रीका में रंगभेद तथा उपनिवेशवाद पर ब्राजील तथा जाम्बिया में अन्तर्राष्ट्रीय गोष्ठियों का आयोजन किया। इन गोष्ठियों ने संयुक्त राष्ट्रसंघ से प्रार्थना की कि वह दक्षिण अफ्रीका में पृथक्करण के विरुद्ध अपने संघर्ष को और भी अधिक तीव्र कर दें।

सन् 1964 में संयुक्त राष्ट्रसंघ के महासचिव ऊ थांट ने इस समस्या को सुलझाने के लिए एक विशेष दल की नियुक्ति की जिसने सुझाव दिया कि "दक्षिण अफ्रीका के सब लोगों का पूर्ण प्रतिनिधित्व करने वाला एक राष्ट्रीय सम्मेलन किया जाए जिसमें भाग लेने वालों के विचारों पर गौर करके भविष्य के लिए एक नया मार्ग निश्चित किया जाए।"

रंगभेद के विरोध में किए गए कार्यों के लिए, जिन अफ्रीकियों पर दक्षिण अफ्रीका की सरकार द्वारा न्यायालयों में मुकदमा चलाया जाता है उनको कानूनी सहायता प्रदान करने तथा इस प्रकार के अभियोगी व्यक्तियों पर निर्भर लोगों की मदद करने, बंदियों की शिक्षा तथा दक्षिण अफ्रीका से आए शरणार्थियों को राहत देने के लिए 1965 में "दक्षिण अफ्रीका के लिए संयुक्त राष्ट्र निधि" की स्थापना की गई।

सितम्बर 1966 ई० में ब्राजील में हुई रंगभेद पर एक अन्तर्राष्ट्रीय गोष्ठी में निर्णय किया गया कि "शार्यवीय हत्याकांड" की एक वर्षीय यादगार होनी चाहिए। 26 अक्तूबर, 1966 को महासभा ने एक निर्णय द्वारा 21 मार्च को जातीय भेदभाव के उन्मूलन के लिए एक अन्तर्राष्ट्रीय दिवस के रूप में मनाने की घोषणा की और ऐसा ही किया गया।

अगस्त, 1967 में कित्वे (जाम्बिया) में हुई अन्तर्राष्ट्रीय गोष्ठी ने रंगभेद की नीति की निंदा करते हुए कहा कि "दक्षिण अफ्रीका में रंगभेद, जातीय भेदभाव और उपनिवेशवाद का निरन्तर अस्तित्व मानवता के विरुद्ध एक अपराध है और न केवल अफ्रीका महाद्वीप बल्कि इससे बाहर संसार के दूसरे देशों में भी शांति व सुरक्षा के लिए गंभीर संकट उपस्थित करता है।"

दक्षिणी अफ्रीका की सरकार पर इसका प्रभाव पड़ा है। उसका दृष्टिकोण अब बदल गया है। उसने नामीबिया को स्वतन्त्र को दिया है। डा० नेल्सन मण्डेला को रिहा कर दिया है और अश्वेतों को अधिकार प्रदान कर दिए गये तथा अश्वेतों का शासन भी स्थापित हो गया है।

मानव अधिकारों की घोषणा को ध्यान में रखते हुए फिलिस्तीनियों व यहूदियों, तिब्बत के शरणार्थियों, श्रीलंका के तमिलों व कुर्द आदि की स्थिति

विश्व में सदैव से भिन्न-भिन्न सम्प्रदायों, नस्ल-जाति और विभिन्न समुदायों व कबीलों के लोग रहते चले आए हैं। सभी धर्मों और महान पुरुषों ने मानवीय कल्याण का सन्देश दिया है तथा राष्ट्रसंघ ने शरणार्थियों व विस्थापितों और मुसीबत जदा व्यक्तियों व समूहों को सहायता उपलब्ध कराकर उनकी दशा में सुधार किया था। संयुक्त राष्ट्रसंघ ने उससे अधिक कल्याणकारी कार्य किए हैं तथा मानव अधिकारों की घोषणा से समस्त विश्व में आशा का संचार हुआ है। फिलिस्तीनियों, यहूदियों, पाकिस्तान के अहमदियों, तिब्बत के शरणार्थियों, श्रीलंका के तमिलों व ईरान-ईराक के कुर्दों आदि की समस्याएँ ऐसी हैं जिनका संक्षिप्त उल्लेख मानव अधिकारों में आवश्यक है। यहाँ उन पर अति सूक्ष्म प्रकाश डाला जाएगा।

फिलिस्तीनी व यहूदी—यूरोप में, विशेषकर रूस तथा जर्मनी में, यहूदियों पर अत्यन्त भीषण अत्याचार किए जाते थे जो हिटलर के शासन में जर्मनी में पराकाष्ठा पर पहुंच गये। रूस में भी जार के शासन में उन पर भीषण अत्याचार किए जाते थे। अतएव रूसी क्रांति के नेता ट्राट्स्की, जिनोनीन व कायनेव आदि यहूदी थे। परन्तु रूसी क्रांति के बाद भी, जो यहूदी विचारक कार्लमार्क्स के विचारों पर आधारित हैं, वहां आज भी यहूदियों पर अत्याचार किए जाते हैं तथा उन्हें इजराइल जाने की आज्ञा भी प्रदान नहीं की जाती है। संयुक्त राष्ट्रसंघ ने यहूदियों को एक अत्यन्त छोटा प्रदेश, जो भारत के कुछ जिलों से भी छोटा है, उनको बसने के लिये प्रदान किया था। उसे इजराइल कहा जाता है। उसके अस्तित्व को मिटाने के लिए अरबों और मुस्लिम राष्ट्रों ने इजराइल पर निरन्तर आक्रमण किए तथा इजराइल ने भी अरबों व मुस्लिम देशों को पराजित करके उनके बहुत से भू-भाग पर अधिकार कर लिया और हजारों फिलिस्तीनी अरब बेघरबार हो गये तथा आतंकवाद का सहारा ले रहे हैं। परन्तु यहूदी फिलिस्तीनी समस्या का भी समाधान संयुक्त राष्ट्रसंघ निकाल पाया है तथा फिलिस्तीनियों को प्रदेश प्राप्त हो गया है।

कुर्द–कुर्द लोग इस्लाम धर्म के मानने वाले हैं और तुर्की, ईरान व ईराक में बसे हुए हैं। परन्तु उनके साथ जो अमानवीय व्यवहार किया जा रहा है उसका कोई समाधान नहीं निकाला जा सका है। पाकिस्तान में अहमदियों के साथ अत्याचार किये जा रहे हैं पर समाधान नहीं निकल पाया है। ईसाइयों व हिन्दुओं की दशा भी शोचनीय है।

तिब्बत–तिब्बत पर साम्यवादी चीन का अधिकार होने के बाद हजारों तिब्बती शरणार्थी भारत आ गए हैं, पर इन निष्कासित तिब्बतियों की समस्या का कोई समाधान संयुक्त राष्ट्रसंघ द्वारा नहीं निकाला जा सका पर संयुक्त राष्ट्र का प्रभाव पड़ा है तथा दलाई लामा को अन्य देशों ने सम्मान दिया है।

धार्मिक समस्या–ईरान में कट्टरपंथी शिया नेता अयातुल्ला खुमैनी के सत्ता में आने के बाद विश्व में धार्मिक कट्टरता बढ़ी है। ब्रिटेन के नागरिक तथा भारतीय मूल के मुसलमान सुलेमान रुश्दी को एक पुस्तक लिखने के कारण उनका वध करने तक की धमकी दी गई। परन्तु ईराक-ईरान युद्ध के कारण, जो मुख्य रूप से मुस्लिम धर्म के ही दो सम्प्रदायों–शिया और सुन्नियों के मध्य था, धमकी को कार्यान्वित नहीं किया जा सका। परन्तु इससे ब्रिटेन जैसे देश में भी धार्मिक कट्टरता को बल मिला है। परन्तु सबसे आश्चर्यजनक परिवर्तन रूस में हुआ है। वह साम्यवादी देश है परन्तु वहाँ भी जातिगत व धार्मिक संघर्षों का उदय हुआ है और नस्लवाद के आधार पर लिथुआनिया, लिटेविया व एस्थोनिया के बाल्टिक प्रदेश व जार्जिया आदि ने पृथकता की माँग की और आर्मेनिया वासियों व मुस्लिम अजरबेजान वासियों में भी संघर्ष हुआ परन्तु रूस के विघटन के बाद नये राज्यों के उदय से समस्या का समाधान हो गया।

श्रीलंका में तमिलों की समस्या एवं साइप्रस में तुर्की की समस्या के समाधान के प्रयास चल रहे हैं। अत: यह कहना उपयुक्त होगा कि अल्पसंख्यकों व धार्मिक कटट्रतावाद व इथनिक संघर्षों (Ethnic Conflict) के निदान में संयुक्त राष्ट्रसंघ की मानव अधिकारों की घोषणा का बहुत कम प्रभाव पड़ा है। अत: संयुक्त राष्ट्रसंघ को इन समस्याओं को सुलझाने का भी प्रयास करना चाहिए क्योंकि युद्ध केवल घरेलू अधिकारों (Domestic Jurisdiction) के ही नहीं, मानव अधिकारों से सम्बन्धित मामले हैं। अत: साइप्रस के विभाजन से यूनानी तुर्कों को पृथक शासन मिला तथा यूगोस्लाविया के विभाजन से अल्पसंख्यकों के अधिकारों की रक्षा की गई पर लंका में तमिलों का संघर्ष चल रहा है पर समाधान के प्रयास किये जा रहे हैं।

विश्व जनमत से प्रभावित होकर दक्षिण अफ्रीका के 1971 में 'बन्तू होमलैण्ड्स संविधान संकट' के अधीन ट्रांसकोई, वेण्डा ओर किस्कोई को स्वशासन प्रदान कर दिया परन्तु इसे किसी भी देश ने स्वतन्त्र इकाई के रूप में मान्यता नहीं दी और भारत दक्षिण अफ्रीका की रंगभेद नीति का निरन्तर विरोध करता रहा अत: अब वहां रंगभेद समाप्त हो गया है।

जिम्बाब्वे, जिसे पहले दक्षिणी रोडेशिया कहा जाता था और जहाँ पर दक्षिण अफ्रीका की भाँति अश्वेतों की जनसंख्या श्वेतों से अधिक थी, में श्वेतों की प्रमुखता को समाप्त करके मुगाबे के नेतृत्व में अश्वेत सरकार की स्थापना की गई तथा वहाँ श्वेतों पर अश्वेतों का शासन स्थापित हो गया। 2490272 वर्ग किलोमीटर क्षेत्रफल और लगभग 1 करोड़ की जनसंख्या वाले जिम्बाब्वे में अश्वेतों का श्वेतों पर शासन स्थापित हो जाने से दक्षिण अफ्रीका के संघर्ष को और प्रोत्साहन मिला तथा 1986 में जिम्बाब्वे के राष्ट्रपति को गुटनिरपेक्ष आन्दोलन का सभापति बनाया और जिम्बाब्वे की राजधानी हरारे में गुटनिरपेक्ष आन्दोलन के दक्षिण अफ्रीका के विरुद्ध कठोर आर्थिक उपायों का सिलसिला अपनाया तथा रंगभेद समाप्त कर आश्वेतों का शासन स्थापित किया।

निरन्तर विरोध के कारण दक्षिण अफ्रीका को नामीबिया के 824292 किमी० क्षेत्र में बसी 20 लाख की जनसंख्या को स्वतन्त्र करना पड़ा, वहाँ 1989 में संयुक्त राष्ट्रसंघ के तत्वावधान में निष्पक्ष चुनाव कराए गए और वहाँ अश्वेतों का श्वेतों पर शासन स्थापित हो गया। इस प्रकार संयुक्त राष्ट्रसंघ को गोरों द्वारा कालों के प्रति भेदभाव समाप्त करवाने में ही नहीं बल्कि कालों का गोरों पर शासन स्थापित करवाने में भी सफलता मिली है।

श्वेत-अश्वेतों की समस्या तो समाप्तप्राय: है परन्तु उसका स्थान अल्पसंख्यकों की समस्या, जातिगत समस्या, धार्मिक तथा नस्लवाद ने ले लिया है और संयुक्त राष्ट्रसंघ इसका समाधान करने में पूर्णतया असहाय है।

एक समय था कि गोरों का कालों या श्वेतों का अश्वेतों पर शासन था। ब्रिटिश, फ्रेंच, रूसी और जर्मन साम्राज्यों में श्वेत-अश्वेतों पर शासन करते थे। अमेरिका में काले लोगों (नीग्रो) को दास बनाकर रखा जाता था। परन्तु गृहयुद्ध के बाद 1765 में दासता की प्रथा की समाप्ति हो गई और काले लोगों के अधिकार बढ़ते ही चले गए। वह उच्च तथा महत्वपूर्ण पदों पर पहुंच गए। स्त्रियों की अभूतपूर्व उन्नति हुई। श्रीमती गोल्डा मायर, श्रीमती भण्डारनायके प्रधानमंत्री बनीं, श्रीमती मारग्रेट थैचर ब्रिटेन की प्रधानमन्त्री और श्रीमती एक्विनो फिलीपीन की राष्ट्रपति हैं। श्रीमती इन्दिरा गांधी को आपातकाल में इतने अधिकार प्राप्त हो गये थे जितने शायद हिटलर को भी प्राप्त नहीं थे। श्रीमती विजयलक्ष्मी पंडित, संयुक्त राष्ट्रसंघ की सभापति बनीं। अत: यह कहा जा सकता है कि अश्वेतों को व महिलाओं को अधिकार दिलाने में संयुक्त राष्ट्रसंघ को अभूतपूर्व सफलता मिली है परन्तु अल्पसंख्यकों के प्रति अत्याचार, जातिवाद और नस्लवाद तथा धार्मिक भेदभाव में वृद्धि हुई है। संयुक्त राष्ट्रसंघ ने साइप्रस के विभाजन द्वारा तुर्कों की, इजराइल में फिलिस्तीनियों को प्रदेशिक शासन दिलाकर तथा युगोस्लोविया के विभाजन द्वारा अल्पसंख्यक मुसलमानों की रक्षा की पर पाकिस्तान में हिन्दुओं, ईसाइयों व अहमदियों व शिया समस्या व तालिबान शासन

से अफगानिस्तान में महिलाओं के अधिकारों व अल्पसंख्यकों की समस्या का समाधान अभी सम्भव नहीं हो सका है पर प्रयास जारी हैं।

मानव अधिकारों का संक्षिप्त विवरण

मानव अधिकार, विश्व शान्ति तथा मानव कल्याण सदैव से मनुष्य के आदर्श रहे हैं। विश्व की सबसे प्राचीन पुस्तक में "वसुधैव कुटुम्बकम् व आत्मवत सर्वभूतेषु" सिद्धांत को माना गया है। इस प्रकार कहा गया था कि समस्त जीवधारियों या प्राणियों का कल्याण हो। महात्मा बुद्ध, ईसा, महावीर आदि ने जीवधारियों तथा मानव कल्याण के सन्देश दिये हैं।

राजनीतिक क्षेत्र में 1215 की ब्रिटेन का मैग्नाकार्टा, 1628 का पेटीशन ऑफ राइट्स, 1676 का बन्दी प्रत्यक्षीकरण कानून, 1689 का बिल ऑफ राइटस, 1776 की अमेरिकी स्वतन्त्रता की घोषणा, 1789 की फ्रांस की राज्यक्रान्ति की घोषणा में मानव अधिकारों की आधारशिला रखी गई थी। बर्लिन कांग्रेस, ब्रूसेल्स सम्मेलन और 1899 व 1907 के हेग सम्मेलन में मानव, व्यक्ति व उसके अधिकारों को विशेष व्यक्तित्व प्रदान किया गया। उसके बाद दास प्रथा के उन्मूलन व अल्पसंख्यकों के नरसंहार का विरोध किया गया। महात्मा गांधी ने दक्षिण अफ्रीका में श्वेतों द्वारा अश्वेतों पर अत्याचार का विरोध किया। संयुक्त राष्ट्रसंघ ने मानव अधिकारों की घोषणा तो नहीं की परन्तु ऐसी गतिविधियों को निरन्तर प्रोत्साहन दिया जिससे मानव के अधिकारों के महत्व व सम्मान में वृद्धि हो तथा नाजी जर्मनी द्वारा यहूदियों व अन्य देशों द्वारा अल्पसंख्यकों पर अत्याचारों का विरोध किया गया।

संयुक्त राष्ट्रसंघ की मानव अधिकारों की आधारशिला

1942 में अधिकारों के संरक्षरण का प्रयास किया गया और डम्बर्टनओक्स के प्रस्तावों में यह प्रावधान किया गया कि प्रस्तावित अन्तर्राष्ट्रीय संगठन की आर्थिक, सामाजिक और अन्य मानवीय समस्याओं का उदारता से समाधान किया जाना चाहिये तथा मानवीय अधिकारों व सारभूत स्वतन्त्रताओं को बढ़ावा देना चाहिये। 1945 के मैक्सिको सम्मेलन में अमरीकी गणराज्यों द्वारा इन मानवीय अधिकारों का समर्थन किया गया।

संयुक्त राष्ट्रसंघ और मानवीय अधिकार

1945 के सानफ्रांसिस्को सम्मेलन में ही मानव अधिकारों का समर्थन किया गया। दक्षिण अफ्रीका के जनरल स्मट्स ने संयुक्त राष्ट्रसंघ के चार्टर की प्रस्तावना में मानव अधिकारों को रखने का सुझाव दिया था। हैन्स केल्सन के अनुसार "संयुक्त राष्ट्रसंघ के चार्टर में शायद किसी भी विषय का उतना अधिक उल्लेख नहीं हुआ है जितना मानव अधिकार तथा स्वतन्त्रताओं का।" इन अधिकारों को अधिक कल्याणकारी बनाने के लिए समाजवादी और साम्यवादी देशों के सबसे महत्वपूर्ण काम के अधिकार व विश्राम के अधिकार व मजदूर आदि के जीवन-स्तर के योग्य

वेतन व सुविधाओं को भी सम्मिलित कर लिया गया है। इन्हें बिना किसी भेदभाव के सभी देशों के लिए सार्वभौमिक बना दिया गया है और समस्त मानव-जाति के लिए उपयोगी व आवश्यक बनाने का प्रयास किया गया है।

संयुक्त राष्ट्रसंघ द्वारा घोषणा

मानव अधिकारों के लिए एक आयोग नियुक्त किया गया है और उसके अथक परिश्रम के परिणामस्वरूप 1948 में महासभा द्वारा इन्हें पारित करके आदेश पत्र के रूप में घोषणा की गई। समय-समय पर अधिकारों की संख्या में वृद्धि करते हुए 1966 में इन्हें वर्तमान रूप प्रदान किया गया। जार्ज स्वर्जनबर्जर के अनुसार– "सम्भवत: किसी भी आधुनिक संविधान में मानव अधिकारों का इतना उत्तम प्रलेख हो, जैसा इसमें किया गया है। यह घोषणा बतलाती है कि मानव के क्या अधिकार हैं और एक कल्याणकारी राज्य के क्या आदर्श होने चाहिएँ।"

मानव अधिकारों की घोषणा की विशेषताएँ

1. सबसे बड़ी विशेषता यह है कि यह सर्वोत्तम आदर्शों व साधारण मनुष्य की आकांक्षाओं को दर्शाती है।
2. यह बिना किसी भेदभाव के समस्त मानव जाति, नर-नारी, वृद्ध, बालक सबके और सब देशों के लिए है यानि सर्वव्यापी व सार्वभौमिक है।
3. इसे सर्वोपरि अन्तर्राष्ट्रीय संगठन, संयुक्त राष्ट्रसंघ द्वारा मान्यता प्रदान की गई है।
4. हस्ताक्षरकर्त्ता और इसे स्वीकार करने वाले देशों का यह एक अंग व जीवनदर्शन बन गई है।
5. यह मानव अधिकारों के आदर्शों का मापदण्ड बन गई है। कौन देश कितना सुसंस्कृत, सभ्य व मानव हितैषी है इसका ज्ञान हम इन मानव अधिकारों की घोषणा के मापदण्ड से कर सकते हैं। जैसे जिस देश में सम्पत्ति का अधिकार, शिक्षा का अधिकार व काम पाने और विश्राम पाने का अधिकार न हो उस देश की सरकार को कल्याणकारी, सभ्य या सुसंस्कृत नहीं कहा जा सकता। जहाँ मानव-मानव में व्यवहार में जाति, रंग या धर्म के आधार पर भेदभाव किया जाता हो उसे असभ्य और जहाँ अमानवीय अत्याचार, बर्बर यातनाएँ, दुर्बलों का शोषण तथा जनसमूह को निरन्तर गोली चला कर दबाया जाता हो और अल्पसंख्यकों के धन और प्राण सुरक्षित न हों उसे बर्बर राज्य की कोटि में रखा जा सकता है। यही कारण है कि संयुक्त राष्ट्रसंघ ने दक्षिणी अफ्रीका में अश्वेतों, फिलिस्तीनियों पर इजराइल में, जर्मनी और रूस में यहूदियों व ईराक-ईरान में कुर्दों व पाकिस्तान में अहमदियों पर अत्याचार की भर्त्सना की है।

महत्व–विश्व इतिहास में ऐसी सार्वभौमिक और इतने अधिक अधिकारों की भेदरहित घोषणा उपलब्ध नहीं है। महासभा के भूतपूर्व सभापति कार्ल्स पी॰ रोम्यलो के अनुसार, "यह सबसे व्यापक लेख है। यह इतिहास का प्रथम लेख है जिसमें समस्त विश्व के दृष्टिकोण से विश्व के सभी व्यक्तियों के मौलिक अधिकारों व स्वतन्त्रताओं की निष्पक्ष रूप से परिभाषा की गई है।"

श्रीमती फ्रेंकलिन रूजवेल्ट के अनुसार, "यह मानव अधिकारों की सार्वभौमिक घोषणा, विश्व का अन्तर्राष्ट्रीय मेग्नाकार्टा (अधिकारों का घोषणापत्र या लेख) है।"

महासचिव ट्रिग्वे ली ने कहा था कि "यह अवश्य ही इतिहास का एक महत्वपूर्ण अभिलेख बन जायेगी।" चार्ल्स मलिक के अनुसार, "यह घोषणा संयुक्त राष्ट्रसंघ चार्टर का एक अंग है।" कुछ लेखकों और राजनीतिज्ञों ने इसे युग प्रवर्तक कार्य बताया है।

संयुक्त राष्ट्रसंघ व इसकी एजेंसियों ने इनको महत्व प्रदान किया तथा अन्तर्राष्ट्रीय सन्धियों और समझौते में इनका उल्लेख किया गया है। क्षेत्रीय संगठनों ने इन्हें स्वीकार किया है। कुछ राष्ट्रीय संविधानों ने इन मानवीय घोषणाओं को अपने मूल अधिकारों में स्थान देने का प्रयास किया है और उसके न्यायिक निर्णय इन घोषणाओं से प्रभावित हैं। इण्डोनेशिया, सीरिया, अलसल्वाडोर, हायती, लीबिया, जोर्डन आदि के संविधानों में इनको माना गया है।

संयुक्त राष्ट्रसंघ द्वारा प्रयास

संयुक्त राष्ट्रसंघ द्वारा निरन्तर मानव अधिकारों को प्रोत्साहित करने, अभिवृद्धि करने तथा इन्हें लागू करने का प्रयास किया गया है। रोडेशिया यानि जिम्बाब्वे में श्वेतों का शासन समाप्त किया गया। नामीबिया को स्वतन्त्र कराकर वहाँ अश्वेतों का शासन स्थापित किया गया, नेल्सन मंडेला को रिहा करने व अश्वेतों को अधिकार देने के लिए दक्षिणी अफ्रीका को विवश किया गया है। अन्तर्राष्ट्रीय न्यायालय ने रंगभेद को घरेलू मामला नहीं माना है। अतः संयुक्त राष्ट्रसंघ ने दक्षिण अफ्रीका व अन्य देशों की रंगभेद नीति त्यागने को विवश किया है। अमेरिकी राष्ट्रपति जिमी कार्टर ने समस्त विश्व में मानव अधिकारों को प्रभावशाली बनाने का प्रयास किया था। अब दास-प्रथा का उन्मूलन कर दिया गया है। सभी नर-नारियों के समान अधिकारों को स्वीकार कर लिया गया है। मादक द्रव्यों का निषेध किया गया है, हानिकारक पदार्थों पर रोंक लगाई गई है तथा विश्व के किसी भी देश की अमानुषिक यातनाओं अथवा बर्बर अत्याचारों का एमनेस्टी इण्टरनेशनल की सूचना पर संयुक्त राष्ट्रसंघ द्वारा विरोध किया जाता है और बर्बरता को रोकने का विश्व जनमत द्वारा प्रयास किया जाता है। विभिन्न अन्तर्राष्ट्रीय संस्थाओं द्वारा शरणार्थियों व पीड़ितों की सहायता की जाती है और स्वास्थ्य संगठनों व रेडक्रास द्वारा घायलों व दुखित लोगों का उपचार व सेवा व सहायता की जाती है।

जैसा कि ऊपर बताया जा चुका है कि बहुत से देशों ने मानव अधिकारों की घोषणा को अपने संविधान में स्वीकार किया है। यही नहीं यूरोपीय देशों के संगठन ने मानव अधिकारों (human rights) को मूल अधिकारों के रूप में माना है और इनका उल्लंघन करने पर पश्चिमी देशों के यूरोपीय संगठनों का नागरिक न्यायालय से मानव अधिकारों की रक्षा व क्षतिपूर्ति की माँग कर सकता है। यूरोपीय न्यायालय ने मानव अधिकारों की रक्षा की है तथा क्षतिपूर्ति भी दिलवाई है। सबसे महत्वपूर्ण बात यह है कि मानव अधिकारों की घोषणा ने शोषित, उत्पीड़ित और दुखित मानवों में भी जन-जागृति व चेतना उत्पन्न की है। इससे नरसंहार (genocide), बर्बरता (torture), क्रूरता (cruelty) में कमी आई है। नर-नारी व श्वेत और अश्वेतों के मध्य भेदभाव कम हुआ है।

मानव अधिकारों की घोषणा की त्रुटियाँ

1. घोषणाएँ तो की गई हैं पर सभी राष्ट्रों को मानने के लिए बाध्य करने का कोई प्रावधान नहीं किया गया है।

2. घोषणाओं के सम्बन्ध में ऐसी कोई व्यवस्था नहीं की गई है कि यह समस्त देशों द्वारा स्वीकार कराई जा सके।

3. इन घोषणाओं का उल्लंघन करने वाले देशों के लिए न ही कोई दंड निर्धारित किया गया है और न ही किसी भर्त्सना आदि की व्यवस्था की गई है। इनका उल्लंघन करने वाले के लिए कम से कम विश्व समुदाय द्वारा आर्थिक वायकाट या भर्त्सना की व्यवस्था की जानी चाहिए थी।

4. यदि किसी देश में अल्पसंख्यकों या किसी विशेष जाति या सम्प्रदाय के विरुद्ध अत्याचार होता हो तो उसे रोकने या उनकी रक्षा करने का कोई प्रावधान नहीं है। अतः ईराक व ईरान में व तुर्की में कुर्दों, पाकिस्तान में अहमदियों, तिब्बत में बौद्ध लामाओं, अफ्रीका में विभिन्न अश्वेत कबीलों, श्रीलंका में तमिलों व रूस में यहूदियों, आर्मेनियाइयों, कजाकों, शिया-सुन्नी लोगों व अजरबेजानियों के मध्य संघर्ष चल रहे हैं तथा अफगानिस्तान में तालिबान शासन में महिलाओं के अधिकारों का हनन किया जा रहा है।

मानव अधिकारों की घोषणा में अभिव्यक्ति की स्वतन्त्रता को प्रमुख स्थान दिया गया है परन्तु सुलेमान रुश्दी के स्वतन्त्र लेखन पर उनकी हत्या कर देने की धमकी को रोकने का कोई प्रावधान नहीं है। इसी प्रकार यदि किसी देश में अल्पसंख्यकों पर अत्याचार होते हैं या उन्हें देश छोड़ने के लिए विवश किया जाता है तो उसे रोकने का या उनको बसाने का कोई प्रावधान नहीं है। कभी-कभी यह समस्या अत्यन्त जटिल हो जाती है। फिलिस्तीनी इजराइल से विस्थापित में वे स्थान चाहते थे। रूस के यहूदी भी स्थान चाहते हैं। इजराइल रूस के यहूदियों को अपने यहाँ स्थान देना चाहता है उसने फिलिस्तीनियों के अधिकारों को मान्यता दी और फिलिस्तीनियों का प्रदेशिक शासन स्थापित कर दिया।

सबसे बड़ी समस्या यह है कि यदि कोई देश मानव अधिकारों को पहले मूल अधिकारों में मान ले बाद में संशोधन करके उनका उल्लंघन करें तो उसे रोकने का कोई उपाय नहीं है जैसे भारत के संविधान में सम्पत्ति को मूल अधिकार माना गया था परन्तु संविधान में संशोधन करके यह अधिकार समाप्त कर दिया गया। मानव अधिकारों की घोषणा में ऐसा कोई प्रावधान नहीं है कि एक बार अधिकार में सम्मिलित अधिकार को भी समाप्त किए जाने से रोका जा सके। अतः कोई भी अधिकार कोई भी देश स्वीकार करके कभी भी समाप्त कर सकता है जैसे भारत ने सम्पत्ति का अधिकार संविधान में संशोधन करके समाप्त कर दिया तथा तालिबान शासन ने महिलाओं के अधिकार रोक दिये।

मानव अधिकारों को प्रभावी बनाने के लिए सुझाव

(1) मानव अधिकारों को प्रभावी बनाने के लिए कोई आयोग या न्यायालय नियुक्त किया जाना चाहिए, जो यह देखें कि कौन-सा देश उनका उल्लंघन कर रहा है। उसकी सूचना वह संयुक्त राष्ट्रसंघ को करे और संयुक्त राष्ट्रसंघ उचित कदम उठाये। उदाहरण के लिए दक्षिण अफ्रीका के रंगभेद के विरोध में अन्तर्राष्ट्रीय न्यायालय ने निर्णय दिया था कि यह उसका घरेलू मामला (matter of domestic jurisdiction) नहीं है।

संयुक्त राष्ट्रसंघ के दबाव के कारण दक्षिण अफ्रीका को झुकना पड़ा। उसे नामीबिया को स्वतन्त्र करना पड़ा। डा॰ नेल्सन मंडेला को रिहा करना पड़ा व अश्वेतों को अधिकार देने पड़े। परन्तु ऐसा कोई कदम श्रीलंका के तामिलों, तुर्की व ईराक-ईरान में कुर्दों, पाकिस्तान में अहमदियों पर अत्याचार होने पर नहीं उठाया गया है। अतः अल्पसंख्यकों या किसी जाति पर अत्याचार या अनुचित व्यवहार होता हो तो उसे भी सुरक्षा दी जानी चाहिए। इससे अल्पसंख्यकों या सम्प्रदाय या जाति को मानव अधिकार व सुरक्षा भी प्राप्त होगी। संघर्ष भी कम होंगे और अशांति कम होगी।

(2) जो मूल अधिकार भी हों और मानव अधिकार भी हों उन्हें प्रदान करके बिना असाधारण स्थिति उत्पन्न हुए छीनने पर रोक लगा देनी चाहिए। इससे संविधान व मूल अधिकारों दोनों के प्रति विश्वास उत्पन्न होगा व असंतोष की समाप्ति होगी।

(3) समस्त राज्यों को काम के अधिकार व विश्राम के अधिकार को देने के लिए प्रोत्साहित किया जाना चाहिए। महिलाओं के अधिकारों व बच्चों व अपंगों की रक्षा के लिये उचित कदम उठाये जाने चाहिए।

(4) शिक्षा को भी मानव अधिकार में माना गया है अतः अशिक्षितों की संख्या बढ़ाने वाले देशों की भर्त्सना की जानी चाहिए तथा शिक्षा के विकास के लिये सहायता दी जानी चाहिये।

(5) जो देश बर्बर या अमानुषिक अत्याचार करें उनका आर्थिक बहिष्कार किया जाना चाहिए तथा प्रतिबन्ध लगाये जाना चाहिये।

(6) सभी जाति, रंग, लिंग व सम्प्रदाय सम्बन्धी भेदभाव दूर किए जाने के लिए कारगार कदम उठाए जाने चाहिएँ।

(7) सबसे महत्वपूर्ण मत यह है कि मानव अधिकारों के उल्लंघन की दिशा में व्यक्तिगत रूप से कम पीड़ित जाति या सम्प्रदाय या समूह को संयुक्त राष्ट्रसंघ में प्रतिवेदन करने का अधिकार होना चाहिए जैसा न्यास शासित देशों में है। संयुक्त राष्ट्रसंघ विश्व सरकार तो नहीं हैं परन्तु विश्व जनमत का प्रतिनिधि तो है। अतः ऐसे देश की, जो मानव अधिकारों का उल्लंघन करता हो, विश्व जनमत द्वारा भर्त्सना ही पर्याप्त दंड का कार्य करेगी। इसके अतिरिक्त यदि मानव अधिकारों का उल्लंघन करने वाले देशों को विश्व बैंक से आर्थिक सहायता व कर्जा आदि बन्द करवा दिया जाए अथवा उनका आर्थिक बहिष्कार करके तथा आवागमन आदि के अधिकार पर रोक लगा दी जाए तो किसी देश को मानव अधिकारों का पालन करने के लिए विवश किया जा सकता है जैसा कि ईरान के उदाहरण से स्पष्ट है कि उसने मानव अधिकारों के आयोग को निरीक्षण की सुविधा प्रदान कर दी है। अतः यह आवश्यक है कि पीड़ित जाति या समुदाय को संयुक्त राष्ट्रसंघ के समक्ष प्रतिवेदन करने का प्रावधान किया जाए और मानव अधिकारों का उल्लंघन करने वाले देशों पर नैतिक व आर्थिक दबाव डालकर उन्हें मनवाने की व्यवस्था की जाए। मानव अधिकारों की घोषणा अति उत्तम है। अब आवश्यकता इस बात की है कि उन्हें लागू करने के उपाय अपनाए जाने चाहिएँ। इनका प्रभाव दिनोंदिन बढ़ रहा है। भारत ने भी मानव अधिकार की स्थापना की है।

यूरोपीय और पश्चिमी देशों, एशियाई व अफ्रीकी देशों में नहीं, बल्कि लौह आवरण माने जाने वाले पूर्वी यूरोप के देशों जैसे रूमानिया तथा रूस के ही भाग माने जाने वाले प्रदेशों लिथुआनिया, लटेविया आदि में भी इसका प्रसार हो रहा है। मानव अधिकारों की घोषणा ने समस्त विश्व को नई दिशा दी है और वहाँ के निवासियों में आशा का संचार किया है। आवश्यकता इस बात की है कि संयुक्त राष्ट्रसंघ विश्व जनमत के दबाव का लाभ उठाकर इन्हें दृढ़ता से अपने नैतिक, सामाजिक व आर्थिक दबाव से लागू करने का प्रयास करे। इसी में मानव कल्याण निहित है तथा मानवता का भविष्य उज्जवल है। अत्यन्त जटिल फिलिस्तीनी समस्या का समाधान फिलिस्तीनियों को इजराइल में प्रदेशिक शासन देकर व यूगोस्लाविया में मुस्लिम अल्पसंख्यकों को विभाजन द्वारा पृथक स्वतन्त्र राज्यों की स्थापना करके किया गया है। छोटे से साइप्रस का विभाजन करके तुर्कों को अधिकार दिये गये पर पाकिस्तान में अहमदियों व अन्य अल्पसंख्यकों, अफगानिस्तान में तालिबान द्वारा महिलाओं के अधिकारों के हनन पर, तिब्बत में लामाओं और श्रीलंका में तमिलों व तुर्की-ईरान-ईराक में कुर्दों की समस्या का समाधान नहीं हो सका है पर मानव अधिकारों ने विश्व जनमत को एक नई दिशा प्रदान की है और इसके द्वारा उत्थान का मार्ग प्रशस्त हुआ है। वह दिन दूर नहीं जब मानव अधिकारों द्वारा समस्त विश्व का कल्याण हो सकेगा।

गैर-सरकारी संगठन तथा संयुक्त राष्ट्रसंघ
(Non-Government Organisations and the U.N.O.)

गैर-सरकारी संगठन (Non-Government Organisation)–इन दिनों संयुक्त राष्ट्रसंघ में हित-समूहों अथवा गैर-सरकारी संगठनों ने भी महत्वपूर्ण भूमिका निभानी शुरू कर दी है। यह संगठन मुख्य रूप से विशेष कार्यक्रमों के लिए सदस्य राष्ट्रों को विभिन्न तरीकों से प्रभावित करते हैं, जिससे संयुक्त राष्ट्रसंघ तथा उसके अंग तथा विशिष्ट अभिकरण ऐसे कार्यक्रमों में अधिक दिलचस्पी दिखाएं जिनसे इन हित-समूहों का उद्देश्य सिद्ध होता है। संयुक्त राज्य अमेरिका में ऐसे गैर-सरकारी संगठन बहुत समय से कार्यरत हैं।

संयुक्त राष्ट्र घोषणा-पत्र की धारा-71 के अंतर्गत, संयुक्त राष्ट्र आर्थिक तथा सामाजिक परिषद् को ऐसे गैर-सरकारी संगठनों के साथ विचार-विमर्श करने का अधिकार प्रदान किया गया है। इस परिषद् ने लगभग 750 राष्ट्रीय तथा अंतर्राष्ट्रीय निजी संगठनों से संपर्क स्थापित किया है। इसने तो इन संगठनों को तीन प्रमुख श्रेणियों में शृंखलाबद्ध तक किया हुआ है। पहली श्रेणी में वह 30 संगठन आते हैं जिनकी सदस्यता विस्तृत है तथा जो इस परिषद् की अधिकतर कार्यवाहियों में विशेष रुचि रखते हैं। दूसरी श्रेणी में 200 से अधिक संगठन आते हैं जिनको अपने-अपने क्षेत्र में विशेषज्ञता प्राप्त है, लेकिन जो इसकी गतिविधियों में से कुछ ही में रुचि रखते हैं। तीसरी श्रेणी में बाकी के वे सब संगठन आते हैं जिनकी भूमिका किसी-न-किसी प्रकार से उपयोगी होती है तथा जिन्हें अलग से परिषद् की नामावली में शामिल किया जाता है।

लॉबीइंग (Lobying)–महासभा का आर्थिक तथा सामाजिक परिषद् से परामर्श लेने का कोई अलग से प्रबंध नहीं है, लेकिन फिर भी गैर-सरकारी संगठन महासभा के गलियारों, विश्राम-कक्षों तथा सम्मेलन स्थलों पर अपने-अपने हितों की वकालत करते तथा सदस्य राष्ट्रों को अपनी ओर प्रभावित करते रहते हैं क्योंकि कुछ गैर-सरकारी संगठन विशेष हितों की रक्षा के लिए समस्त संसार में हैं।

निजी संगठनों को छूट (Permission to Private Organisations)–अंतर्राष्ट्रीय श्रम संगठन ही संयुक्त राष्ट्र का एक ऐसा विशिष्ट अभिकरण है जिसने निजी संगठनों तथा संस्थाओं को पूर्ण मताधिकार सहित, अपनी कार्यवाहियों में भाग लेने की छूट दी हुई है। अंतर्राष्ट्रीय श्रम संगठन हर सदस्य राष्ट्र से चार-चार प्रतिनिधि मंडल भेजने की मांग कर रहा है, जिनमें से दो सरकार का प्रतिनिधित्व करते हों, एक मालिकों का प्रतिनिधित्व करता हो तथा एक श्रमिकों के निजी हितों का। इससे कुछ कम महत्व, संयुक्त राष्ट्र शिक्षा विद्वान तथा सांस्कृतिक संगठन (यूनेस्को) इन निजी संगठनों की गतिविधियों को प्रदान करता है तथा अनेक शैक्षणिक, वैज्ञानिक संगठनों का सहयोग प्राप्त करता है। इस संगठन के अनेक शैक्षणिक, वैज्ञानिक तथा सांस्कृतिक आदान-प्रदान

के कार्यक्रमों में प्रत्यक्ष अथवा परोक्ष रूप से इन निजी संगठनों का विशेष योगदान रहता है, ये यूनेस्को के लिए शोध कार्य करते हैं, पुस्तकें लिखते हैं तथा उनका प्रकाशन करवाते हैं व प्रचार करते हैं।

सम्मेलनों में (In Conferences)–संयुक्त राष्ट्र के तत्वावधान में आयोजित होने वाले विशेष विश्वव्यापी सम्मेलनों में भी गैर-सरकारी संगठनों की गतिविधियां बढ़ती जा रही हैं। 1972 के वातावरण संबंधी स्टाकहोम सम्मेलन से लेकर आज तक विशेष विषयों पर अंतर्राष्ट्रीय सम्मेलन बुलाये गये हैं, जिनमें न केवल संबंधित सदस्य राष्ट्रों के सरकारी प्रतिनिधि ही भाग लेते हैं बल्कि गैर-सरकारी संगठनों के प्रतिनिधि भी औपचारिक तथा समानान्तर रूप से भाग लेते हैं। गैर-सरकारी संगठनों की भागीदारी विभिन्न प्रकार की होती है, जैसे बैठकों में अपने निजी हितों की वकालत करना, सचिवालय के कर्मचारियों तथा राष्ट्रीय सरकारों के प्रतिनिधियों के साथ मिलकर सम्मेलनों का कार्यक्रम तैयार कराना, विभिन्न प्रकार से अपनी बात मनवाने के लिए जनता से अपील करना तथा इस सबके लिए संचार माध्यमों का प्रयोग करना। गैर-सरकारी संगठनों की ऐसी कार्यवाही विशेषकर महासभा के आर्थिक विकास तथा निरस्त्रीकरण से संबंधित विशेष अधिवेशनों में अधिक देखने में आयी है तथा महिला संगठन महिलाओं के अधिकारों का समर्थन करते हैं।

निर्णय प्रक्रिया पर प्रभाव (Influence on Decision Making)–गैर-सरकारी संगठन संयुक्त राष्ट्र की निर्णय-प्रक्रिया को कितना प्रभावित कर पाते हैं, यह निश्चित कर पाना कठिन है। इसके कई कारण हैं, एक तो विभिन्न गैर-सरकारी संगठनों का कार्यक्षेत्र तथा प्रभाव एक-दूसरे से अनेक संदर्भों में भिन्न है। लेकिन, फिर भी इस बात से इंकार नहीं किया जा सकता है कि स्वयं संयुक्त राष्ट्र के अधिकारियों को इन गैर-सरकारी संगठनों के सम्मेलनों के आयोजन के लिए अनिवार्य शोध कार्य तथा दस्तावेज तैयार करवाने के लिए जरूरत पड़ती है। यदि किसी निजी संगठन का अपना महत्वपूर्ण राष्ट्रीय प्रभाव है तो वह संबंधित राष्ट्रों से संबंधित मुद्दों की सक्रिय रूप से वकालत करता है। इसके अलावा, एक बार संयुक्त राष्ट्र किसी प्रस्ताव को पारित कर दें तो, उसके बाद विभिन्न राष्ट्रों द्वारा उनके पालन की देखरेख करने का उत्तरदायित्व भी यह संगठन अपने ऊपर ले लेते हैं। कुछ निजी संगठन तो मानवाधिकार उल्लंघन जैसे विशेष मुद्दों के संबंध में तथ्य इकट्ठे करने का कार्य भी करते हैं। इस प्रकार, गैर-सरकारी संगठनों का योगदान कुल मिलाकर अत्यंत महत्वपूर्ण रहा है। यह और बात है कि इस योगदान का रूप कभी औपचारिक रहता है तो कभी अनौपचारिक। विभिन्न देशों में बंधुआ मजदूरी निवारण संगठन व बालकों के हितों की रक्षा के संगठन कार्यरत हैं परंतु वर्तमान समय में विभिन्न देशों में मानव अधिकार संगठन (Human Rights Association) कार्य करके संयुक्त राष्ट्रसंघ को प्रभावित करते हैं। इनमें (Amnesty International) प्रमुख है। रेडक्रास (Red

Cross) ने भी उल्लेखनीय कार्य किये हैं। भारत का रामकृष्ण मिशन भी कार्यरत है इसके अतिरिक्त विभिन्न न्यायपालिक संगठन व धार्मिक संगठन भी संयुक्त राष्ट्रसंघ को प्रभावित करने का प्रयास करते हैं।

□□□

16

राष्ट्रसंघ और संयुक्त राष्ट्रसंघ की तुलना
(Comparison Between N.O. & U.N.O.)

राष्ट्रसंघ और संयुक्त राष्ट्रसंघ की तुलनात्मक समीक्षा

"यद्यपि राष्ट्रसंघ और संयुक्त राष्ट्रसंघ दोनों के संगठन और देखने में समानता है परन्तु उद्देश्य और प्रकृति की दृष्टि से संयुक्त राष्ट्रसंघ और राष्ट्रसंघ में भिन्नता है।"

—*ईगलटन*

राष्ट्रसंघ और संयुक्त राष्ट्रसंघ दोनों में कुछ आधारभूत समानताएँ पाई जाती हैं। अत: प्रसिद्ध लेखक शूमां (Schuman) ने भी इसे नवीन वेश में राष्ट्रसंघ माना है। उद्देश्य, भावना और प्रकृति की दृष्टि से संयुक्त राष्ट्रसंघ, राष्ट्रसंघ की अनुकृति ही लगता है। अत: पहले हम समानता का उल्लेख करेंगे।

ऐतिहासिक समानता—यह एक विचित्र संयोग है कि दोनों संस्थाओं के मुख्य प्रणेता अमेरिकी राष्ट्रपति ही थे। राष्ट्रसंघ के मुख्य प्रणेता राष्ट्रपति विल्सन और संयुक्त राष्ट्रसंघ के मुख्य प्रणेता राष्ट्रपति फ्रेंकलिन रूजवेल्ट थे। राष्ट्रसंघ की स्थापना में ब्रिटिश प्रधानमन्त्री लायड जार्ज और संयुक्त राष्ट्रसंघ की स्थापना में ब्रिटिश प्रधानमन्त्री सर विंस्टन चर्चिल का सहयोग था। दोनों का जन्म महायुद्ध से हुआ और दोनों को विरासत में युद्धध्वस्त विश्व की जटिल आर्थिक, सामाजिक और राजनीतिक समस्याएँ मिलीं।

ऐतिहासिक असमानता—राष्ट्रसंघ के निर्माण में अमेरिका, ब्रिटेन और फ्रांस मुख्य देश थे जबकि संयुक्त राष्ट्रसंघ के निर्माण में फ्रांस के स्थान पर रूस ने भाग लिया था जिसकी साम्यवादी विचारधारा ब्रिटेन और अमेरिका से भिन्न थी। अत: राष्ट्रसंघ और संयुक्त राष्ट्रसंघ में भिन्नता पाई जाती है। अमेरिका राष्ट्रसंघ का सदस्य नहीं था पर संयुक्त राष्ट्रसंघ का है।

उद्देश्यों की आधारभूत समानता—दोनों के उद्देश्यों में आधारभूत समानता है। दोनों की रचना अन्तर्राष्ट्रीय सहयोग के विकास और अन्तर्राष्ट्रीय शान्ति व सुरक्षा की स्थापना के लिए की गई है। राष्ट्रसंघ के प्रमुख अंग केवल नाम बदलकर संयुक्त राष्ट्रसंघ के अंग बन गए हैं। सभा (Assembly) को महासभा (General Assembly),

परिषद् (Council) को सुरक्षा परिषद् (Security Council) और आदेश व्यवस्था (Mandate) को न्यास परिषद् (Trusteeship Council) का नाम दे दिया गया है। दोनों ही संगठनों में परिषद् के अध्यक्ष पद को क्रमानुसार रखने की व्यवस्था की गई है और दोनों में ही विचार-विमर्श और वार्तालाप को सभी अन्तर्राष्ट्रीय विवादों का सर्वोत्तम उपाय माना गया है।

भावना की दृष्टि से भी दोनों संस्थानों में समानता है। संयुक्त राष्ट्रसंघ, राष्ट्रसंघ की भांति ही संसार को भुखमरी, दरिद्रता, बीमारी, निरक्षरता आदि से छुटकारा दिलाना चाहता है और विश्व की सामाजिक, सांस्कृतिक व वैज्ञानिक प्रगति में सहयोग देने को इच्छुक है।

सम्प्रभुता–दोनों ही संगठनों ने सदस्य राज्यों की सम्प्रभुता का सम्मान करना और उनके आन्तरिक मामलों में हस्तक्षेप न करना स्वीकार किया है, छोटे-बड़े देशों को बराबरी का दर्जा दिया है और मुख्य विधायी अंगों, पदों व निर्वाचन आदि में प्रत्येक देश को बराबर मत तथा अधिकार प्रदान किया है।

अन्तर–इन सब बातों के होते हुए भी दोनों में अन्तर पाया जाता है–

1. **संयुक्त राष्ट्रसंघ के चार्टर का अधिक विस्तृत होना**–संयुक्त राष्ट्रसंघ का चार्टर अधिक बड़ा है। राष्ट्रसंघ की अपेक्षा संयुक्त राष्ट्रसंघ की प्रस्तावना (Preamble) अधिक विस्तृत है। संयुक्त राष्ट्रसंघ के चार्टर में 111 धाराएँ (Articles) हैं जबकि राष्ट्रसंघ के चार्टर में केवल 26 धाराएँ थीं। इसके अतिरिक्त संयुक्त राष्ट्रसंघ की धाराएँ राष्ट्रसंघ की अपेक्षा अधिक विस्तृत हैं।

2. **महाशक्तियों** (Super powers) **का सदस्य होना**–राष्ट्रसंघ में केवल ब्रिटेन और फ्रांस ही प्रमुख थे, संयुक्त राज्य अमेरिका उसका सदस्य ही नहीं बना, रूस केवल कुछ समय के लिए सदस्य रहा। परन्तु संयुक्त राष्ट्रसंघ में सभी शक्तिशाली देश रूस, अमेरिका, ब्रिटेन, फ्रांस और चीन इसके स्थायी सदस्य हैं। इन्हें निषेधाधिकार (Veto) का अधिकार प्राप्त है जिसके कारण संयुक्त राष्ट्रसंघ अत्यन्त महत्वपूर्ण बनाया गया है।

3. **संयुक्त राष्ट्रसंघ में अधिक अवयव या अंग होना**–राष्ट्रसंघ में सभा, परिषद् और सचिवालय केवल तीन अंग थे जबकि संयुक्त राष्ट्रसंघ में महासभा, सुरक्षा परिषद्, सचिवालय, आर्थिक व सामाजिक परिषद्, न्यास परिषद् और अन्तर्राष्ट्रीय न्यायालय अंग हैं। पहले स्थायी अन्तर्राष्ट्रीय न्यायालय (Permanent Court of Justice) राष्ट्रसंघ का भाग नहीं था पर अन्तर्राष्ट्रीय न्यायालय संयुक्त राष्ट्रसंघ का अंग है। संयुक्त राष्ट्रसंघ की न्यास परिषद् राष्ट्रसंघ की आदेश परिषद् से भिन्न है।

4. **संयुक्त राष्ट्रसंघ के अधिक सदस्य होना**–राष्ट्रसंघ में सदस्यों की संख्या नगण्य यानि 62 थी जबकि संयुक्त राष्ट्रसंघ में 189 सदस्य 2001 में हैं। इस प्रकार विश्व के लगभग सभी देश इसके सदस्य हैं।

5. **सुरक्षा परिषद् और महासभा की शक्तियों में अन्तर**–राष्ट्रसंघ में परिषद् और सभा की शक्तियों में कोई अन्तर नहीं था परन्तु संयुक्त राष्ट्रसंघ में अन्तर्राष्ट्रीय शान्ति व्यवस्था का उत्तरदायित्व सुरक्षा परिषद् को प्रमुख रूप से दिया गया है। शेष अधिकार महासभा को प्राप्त हैं। जैसे सुरक्षा परिषद् के अस्थायी सदस्यों का निर्वाचन, बजट स्वीकार करना तथा विभिन्न एजेंसियों की देखरेख करना, सदस्यों को निर्वाचित करना, प्रवेश देना आदि बहुत से अधिकार हैं तथा महासभा के अधिकारों में वृद्धि हुई है।

6. **मतदान व्यवस्था**–राष्ट्रसंघ में किसी भी प्रस्ताव के लिए सर्वसम्मति (unanimity) आवश्यक थी परन्तु संयुक्त राष्ट्रसंघ में साधारण प्रस्ताव बहुमत और आवश्यक प्रस्ताव दो-तिहाई बहुमत से पारित किए जा सकते हैं। इसी प्रकार सुरक्षा परिषद् में प्रस्ताव 9 मतों व स्थायी सदस्यों की सहमति से पारित किए जा सकते हैं।

7. **निषेधाधिकार** (Veto)–राष्ट्रसंघ में किसी राष्ट्र को निषेधाधिकार प्राप्त नहीं था, अत: मतभेद होने पर जापान, जर्मनी व इटली को राष्ट्रसंघ छोड़ना पड़ा। परन्तु संयुक्त राष्ट्रसंघ में सुरक्षा परिषद् के स्थायी सदस्यों को निषेधाधिकार (वीटो, Veto) प्राप्त है। अत: मतभेद होते हुए भी सभी महान शक्तियाँ संयुक्त राष्ट्रसंघ की सदस्य हैं।

8. **संशोधन पद्धति में भिन्नता**–राष्ट्रसंघ के चार्टर में संशोधन, परिषद् व सभा के सदस्यों की सर्वसम्मति से किया जा सकता था। और जो राष्ट्र संशोधन पर आपत्ति करता था उस पर वह लागू नहीं होता था परन्तु संयुक्त राष्ट्रसंघ की धारा 108 के अनुसार चार्टर में संशोधन सुरक्षा परिषद् व महासभा के 2/3 सदस्यों की सहमति जिसमें सुरक्षा परिषद् के 2/3 सदस्य भी सहमत हों, द्वारा किया जा सकता है। अत: दोनों की संशोधन विधि में समानता है।

9. **सदस्यता त्यागना**–राष्ट्रसंघ की सदस्यता कोई भी राष्ट्र 2 वर्ष का नोटिस देकर या संशोधन से असहमति पर त्याग सकता था परन्तु संयुक्त राष्ट्रसंघ में सदस्यता छोड़ने का कोई विधान नहीं है और संशोधन होने पर सभी सदस्य उसे स्वीकार करने को बाध्य हैं।

10. **व्यक्तिगत और सामूहिक सुरक्षा**–राष्ट्रसंघ में व्यक्तिगत या सामूहिक सुरक्षा के अधिकार की व्याख्या नहीं थी परन्तु संयुक्त राष्ट्रसंघ की धारा 51 में व्यक्तिगत और सामूहिक सुरक्षा की व्याख्या की गई है और इसे स्वीकार किया गया है। परन्तु सुरक्षा परिषद् के अधिकार को सुरक्षित रखा गया है।

11. **आक्रमण के निर्णय में अन्तर**–राष्ट्रसंघ के सदस्यों पर आक्रमण के निर्णय को छोड़ दिया गया था परन्तु संयुक्त राष्ट्रसंघ में आक्रमण (Aggression) व शान्ति भंग के सम्बन्ध में निर्णय का अधिकार सुरक्षा परिषद् को दिया गया है।

12. **संयुक्त राष्ट्रसंघ का अधिक शक्तिशाली होना**–आक्रमण की दशा में राष्ट्रसंघ कम शक्तिशाली था परन्तु अब सुरक्षा परिषद् तुरन्त कार्यवाही कर सकती है। और निरन्तर कार्यवाही की गई है।

13. **संयुक्त राष्ट्रसंघ का कार्यक्षेत्र अधिक विस्तृत होना**–संयुक्त राष्ट्रसंघ की आर्थिक, सामाजिक व मानव कल्याण सम्बन्धी गतिविधियाँ राष्ट्रसंघ की अपेक्षा अधिक विस्तृत हैं। इसकी बहुत अधिक एजेन्सियाँ हैं और समन्वय के लिए आर्थिक व सामाजिक परिषद् है जो राष्ट्रसंघ में नहीं थी।

14. **मानव अधिकार**–संयुक्त राष्ट्रसंघ में मानव अधिकारों की घोषणा की गई है जो राष्ट्रसंघ में नहीं थी। मानव अधिकार की घोषणा ने संयुक्त राष्ट्रसंघ के अधिकारों में वृद्धि की है।

15. **अधीन देश**–अधीन देशों के उत्थान की संयुक्त राष्ट्रसंघ में प्रशंसनीय व्यवस्था है और संयुक्त राष्ट्रसंघ के प्रयासों से अनेक पराधीन देश और अभी हाल में नामीबिया स्वतन्त्र हुआ है। इसकी न्यास परिषद्, राष्ट्रसंघ की आदेश परिषद् से भिन्न है।

16. **प्रादेशिक व्यवस्था**–संयुक्त राष्ट्रसंघ में प्रादेशिक व्यवस्थाओं व संगठनों को भी मान्यता दी गई है जो राष्ट्रसंघ में नहीं थी। इनका उल्लेख किया जा चुका है।

संयुक्त राष्ट्रसंघ ने घरेलू क्षेत्राधिकार को माना है जबकि राष्ट्रसंघ में इसका उल्लेख नहीं था।

17. राष्ट्रसंघ की सदस्य संख्या बहुत कम थी परन्तु संयुक्त राष्ट्रसंघ के लगभग सभी देश यानि 189 सदस्य हैं। यह सार्वभौमिक और विश्वव्यापी बन गया है।

18. संयुक्त राष्ट्रसंघ रंगभेद को समाप्त करने व पराधीन देशों को स्वतन्त्र कराने में सफल रहा है।

19. संयुक्त राष्ट्रसंघ विश्व युद्ध को रोकने में सफल रहा है जबकि राष्ट्रसंघ 20 साल तक भी युद्ध नहीं रोक पाया था।

अन्त में हम प्रो॰ ईगलटन के अनुसार कह सकते हैं कि "यद्यपि दोनों व्यवस्थाओं (राष्ट्रसंघ और संयुक्त राष्ट्रसंघ) के संगठन और ऊपरी आवरण में एकरूपता प्रतीत होती है परन्तु संयुक्त राष्ट्रसंघ की मान्यता और प्रकृति राष्ट्रसंघ से भिन्न है तथा राष्ट्रसंघ की अपेक्षा संयुक्त राष्ट्रसंघ अधिक विस्तृत प्रभाव वाला, लगभग 189 सदस्य देशों वाला, सर्वव्यापी, अधिक शक्तिशाली और राष्ट्रसंघ की अपेक्षा अधिक सफल है। इसी के कारण गत 56 वर्षों से विश्वव्यापी शान्ति है और छुटपुट युद्धों के अतिरिक्त कोई विश्व युद्ध नही हुआ है अतः संयुक्त राष्ट्रसंघ विश्व शांति व विश्व कल्याण में सफल हुआ है।

राष्ट्रसंघ की अपेक्षा संयुक्त राष्ट्रसंघ की अधिक सफलता के कारण

मानव ने अपनी उत्पत्ति से ही विश्व शान्ति, प्रगति, पीड़ितों की सहायता व जीवधारियों के कल्याण की कामना की है। परन्तु यह स्वप्न ही रहा है। अन्तर्राष्ट्रीय संगठन का पहला प्रयास नेपोलियन के युद्ध के बाद वियना सम्मेलन में पवित्र संघ व चतुर्थ संघ का निर्माण करके किया गया था। परन्तु यह प्रयास असफल रहा। उसके बाद राष्ट्रसंघ का निर्माण प्रथम विश्वयुद्ध के बाद किया गया परन्तु राष्ट्रसंघ 1934 में असफल हो गया। द्वितीय महायुद्ध 1939 में आरम्भ हो गया और 1940 में राष्ट्रसंघ प्राय: समाप्त हो गया। इसके विपरीत संयुक्त राष्ट्रसंघ 45 वर्ष तक न केवल विश्व शान्ति बनाए रखने में सफल रहा बल्कि इसके द्वारा पराधीन देशों को स्वाधीनता मिली है, रंगभेद समाप्त होकर श्वेतों पर अश्वेतों का अधिकार व शासन स्थापित हुआ है। लेखकों ने इस तथ्य की ओर बहुत कम ध्यान दिया है कि अल्जीरिया में फ्रांसीसियों पर अफ्रीकनों व (रोडेशिया) जिम्बाब्वे में श्वेतों पर अश्वेतों का और अब नामीबिया में भी अश्वेतों का श्वेतों पर शासन स्थापित हो गया है। नामीबिया को स्वतन्त्र कराना और वहाँ श्वेतों पर अश्वेतों का शासन स्थापित करा देना संयुक्त राष्ट्रसंघ का ही कार्य है। दक्षिणी अफ्रीका में डॉ॰ नेल्सन मंडेला को रिहा किया जा चुका है और अश्वेतों को सुविधाएँ तथा कुछ अधिकार भी प्रदान किए जा चुके हैं। इस देश में रंगभेद की नीति की समाप्ति करके अश्वेतों का शासन स्थापित करना इसकी महान उपलब्धि है।

विश्व में जहाँ भी शान्ति भंग हुई है संयुक्त राष्ट्रसंघ ने युद्ध समाप्त कराने और शान्ति बनाए रखने में सफलता प्राप्त की है। यह सत्य है कि अरब-इजराइल संघर्ष, कश्मीर समस्या, कम्पूचिया समस्या आदि को स्थायी रूप से हल नहीं किया जा सका है परन्तु किसी भी समस्या का समाधान या तो संघर्ष करने वाले सदस्यों की सहमति से हो सकता है या जबरदस्ती शक्ति द्वारा निर्णय थोपा जा सकता है। परन्तु संयुक्त राष्ट्रसंघ न तो विश्व सरकार है और न इसका उद्देश्य किसी पर जबरदस्ती निर्णय थोपना है बल्कि सुरक्षा परिषद् के स्थायी सदस्यों को निषेधाधिकार (Veto) का अधिकार इसीलिए दिया गया है कि कोई बड़ी शक्ति किसी पर जबरदस्ती निर्णय न थोप सके। जबरदस्ती निर्णय न केवल बड़ी शक्ति बल्कि उसकी पिछलग्गू शक्ति पर भी थोपना संयुक्त राष्ट्रसंघ के लिए न तो सम्भव है और न जबरदस्ती निर्णय थोपना इसका उद्देश्य है। संयुक्त राष्ट्रसंघ का उद्देश्य सीमित है और वह है विश्व शान्ति बनाए रखना और इसमें संयुक्त राष्ट्रसंघ पूर्णत: सफल हुआ है। इसने अमेरिका को वियतनाम से, रूस को अफगानिस्तान से, ब्रिटेन तथा फ्रांस को स्वेज नहर से तथा वियतनाम को कम्पूचिया से सेनाएँ हटाने के लिए विवश किया तथा हालैंड से इण्डोनेशिया व बेल्जियम से कांगो को स्वतन्त्र करने व दक्षिण अफ्रीका से नामीबिया को स्वतन्त्र कराने में महत्वपूर्ण योगदान दिया है। 9 वर्ष तक चलने वाला ईराक-ईरान युद्ध भी इसी के प्रयासों से समाप्त हुआ है। अत: यह कहा जा सकता है कि

संयुक्त राष्ट्रसंघ अपने 56 वर्ष के कार्यकाल में न केवल तृतीय महायुद्ध को रोकने में बल्कि जहाँ भी युद्ध हुए उनको समाप्त कराकर शान्ति स्थापित करने में सफल रहा है। इसने ईराक से कुवैत को तथा इजराइल से फिलिस्तीनियों को प्रदेश दिलाकर सराहनीय कार्य किया है।

राष्ट्रसंघ की स्थापना के समय उसकी स्थापित करने वाली शक्तियों में मतभेद नहीं था जबकि संयुक्त राष्ट्रसंघ को स्थापित करने वाली शक्तियों में मतभेद था और शीघ्र ही इसने शीतयुद्ध का रूप ले लिया। लेकिन राष्ट्रसंघ ने ऐसी नीति अपनाई कि मतभेद बहुत बढ़ गए, अमेरिका सदस्य ही नहीं बना, जापान, जर्मनी व इटली को राष्ट्रसंघ छोड़ना पड़ा, रूस को 1940 में निष्कासित कर दिया गया और ब्रिटेन तथा फ्रांस जो इसके कर्णधार थे उनमें भी सदैव मतभेद रहा। अतः राष्ट्रसंघ असफल हो गया। इसके विपरीत संयुक्त राष्ट्रसंघ द्वारा ऐसी नीति अपनाई गई कि मतभेद कम होते चले गए और सदस्य संख्या बढ़ती चली गई। रूस, चीन, अमेरिका, ब्रिटेन और फ्रांस के सम्बन्ध पहले की अपेक्षा अधिक अच्छे हैं या कम से कम उनमें उतनी तीव्र कटुता नहीं है जितनी पहले थी। राष्ट्रसंघ ने सम्बन्धों को कटु बनाया था जबकि संयुक्त राष्ट्रसंघ ने राष्ट्रों के मध्य सम्बन्धों को मधुर बनाया है।

राष्ट्रसंघ ने ऐसी नीति अपनाई थी कि यह छोटे या बड़े सभी देशों का विश्वास प्राप्त नहीं कर सका था परन्तु संयुक्त राष्ट्रसंघ ने ऐसी नीति अपनाई कि उसे विश्व के लगभग सभी देशों का विश्वास प्राप्त हो गया और सदस्य संख्या 2001 में 189 हो गई। राष्ट्रसंघ की असफलता का कारण यह था कि ब्रिटेन और फ्रांस अपनी-अपनी नीति राष्ट्रसंघ में मनवाना चाहते थे और छोटे राष्ट्रों की तो बात ही क्या, शक्तिशाली राष्ट्र अमेरिका, जापान, जर्मनी, इटली तथा रूस की बात को भी सुनना तक नहीं चाहते थे। ब्रिटेन के प्रधानमन्त्री वाहिवन चेम्बरलेन ने सदैव रूस व अमेरिका की उपेक्षा की और लायड जार्ज, व मेकडनह्न व चर्चिल ने जर्मनी, जापान व इटली की और सभी ने फ्रांस की उपेक्षा की, जबकि संयुक्त राष्ट्रसंघ ने छोटे राज्यों की सर्वोच्चता स्थापित कर दी है। लगभग सभी महासचिव छोटे राष्ट्रों के रहे हैं। अधिकांश अभिकरणों के अध्यक्ष तथा सचिव और अन्तर्राष्ट्रीय न्यायालय के न्यायाधीश व आर्थिक व सामाजिक परिषद् के सदस्य छोटे राष्ट्रों के ही हैं। यही नहीं छोटे राष्ट्रों की वर्चस्वता के कारण ब्रिटेन और फ्रांस को स्वेज से, अमेरिका को वियतनाम से, रूस को अफगानिस्तान से तथा वियतनाम को कम्पूचिया से हटना पड़ा। परन्तु छोटे से राष्ट्र लीबिया और लेबनान, छोटे राष्ट्रों के समर्थन के कारण लगातार मनमानी करते रहते हैं। यहीं नहीं छोटे से फिलिस्तीन राष्ट्र, जिसके पास राज्य के आवश्यक तत्व–भू-भाग, सरकार या प्रभुसत्ता कुछ भी नहीं है, के प्रभाव के कारण संयुक्त राष्ट्रसंघ का सम्मेलन जेनेवा में किया गया। अतः संयुक्त राष्ट्रसंघ में छोटे राज्यों के वर्चस्व के कारण छोटे राष्ट्रों का विश्वास उस पर हो गया है और ब्रिटेन तथा अमेरिका जैसे राष्ट्र

यूनेस्को (U.N.E.S.C.O.) को त्यागने या चन्दा समाप्त करने की बात करने लगे हैं।

संयुक्त राष्ट्रसंघ की सफलता का एक कारण यह भी है कि उसने स्वेज नहर, कांगो व साइप्रस आदि की समस्या के लिए आवश्यक कदम उठाए और संयुक्त राष्ट्रसंघ प्रेक्षक दल भी कश्मीर, अफगानिस्तान व ईराक-ईरान आदि देशों में मौजूद हैं। जबकि राष्ट्रसंघ ने शान्ति प्रयासों में मौखिक सहानुभूति के अतिरिक्त कोई कारगर कदम नहीं उठाया। अतः यह असफल रहा।

संयुक्त राष्ट्रसंघ की न्यास परिषद् ने राष्ट्रसंघ की आदेश व्यवस्था (Mandate) से कहीं अधिक सफलता प्राप्त की है जिसका उल्लेख किया जा चुका है।

संयुक्त राष्ट्रसंघ ने अपनी आर्थिक व सामाजिक परिषद् द्वारा तथा उसके अभिकरणों द्वारा छोटे राष्ट्रों को हर प्रकार की सहायता व सहयोग दिया है और यह सहायता विकासशील तथा अविकसित देशों के लिए अत्यन्त उपयोगी और आवश्यक सिद्ध हुई है अतः सभी राष्ट्र संयुक्त राष्ट्रसंघ की सदस्यता से लाभान्वित होने के कारण उसकी सदस्यता को उपयोगी और आवश्यक समझने लगे हैं।

संयुक्त राष्ट्रसंघ ने मानव अधिकारों के उत्पीड़न को रोकने, काम कम करने का अधिकार व सम्पत्ति व शिक्षा आदि के अधिकार को प्रदान कर समस्त विश्व में आशा का संचार किया है। अतः उन देशों के चमचा लेखकों की, जहाँ काम का अधिकार नहीं है, सम्पत्ति का अधिकार देकर छीन लिया गया और जहाँ बेकारों और अशिक्षितों की संख्या सबसे अधिक है, की ओर ध्यान न देकर इस तथ्य पर विचार करना चाहिए कि मानव अधिकार की घोषणा से विश्व में उत्पीड़न कम हुआ है व शिक्षा को प्रोत्साहन मिला है और रूस तथा उसके समर्थित देश भी सम्पत्ति, स्वतन्त्र निर्वाचन व अभिव्यक्ति की स्वतन्त्रता देने को विवश हुए हैं और अब सभी देश विश्व शान्ति व विश्व कल्याण के विचार से सहानुभूति रखने लगे हैं।

अन्तिम बात यह है कि संयुक्त राष्ट्रसंघ ने अपने सफल और लोकप्रिय तथा कल्याणकारी कार्यों से विश्व के जनमत का हृदय जीत लिया है और विश्व शान्ति व विश्व कल्याण का प्रतीत बन गया है। अतः कुछ त्रुटियों के होते हुए भी संयुक्त राष्ट्रसंघ सबसे सफल, प्रभावशाली व कल्याणकारी संगठन माना जा सकता है जिसके प्रयासों द्वारा विश्व शांति व विश्व कल्याण हुआ है तथा अश्वेतों, महिलाओं, अल्पसंख्यकों को अधिकार मिला है। खद्यान्न के उत्पादन का विकास उद्योगों का विकास व रोग निवारण हुआ है तथा बच्चों का कल्याण हुआ है। संयुक्त राष्ट्रसंघ 21वीं शताब्दी में मानव अधिकारों का रक्षक और मानव कल्याण का प्रतीक हो गया है तथा इसके प्रयासों से मानवता का भविष्य उज्जवल है।

❑❑❑

17

संयुक्त राष्ट्रसंघ के चार्टर के संशोधन की समस्या

(Problem of Amendment of U.N. Charter)

संयुक्त राष्ट्रसंघ की स्थापना के समय उसके केवल 51 सदस्य थे। 2001 में यह संस्था 189 हो गई। इस बदली हुई परिस्थिति में सुरक्षा परिषद् व संयुक्त राष्ट्रसंघ के विभिन्न अभिकरणों का आकार बढ़ाने की आवश्यकता महसूस हुई। 1945 में 51 संस्थापक सदस्यों में अधिकतर यूरोपीय देश थे। लेकिन बाद में एशिया व अफ्रीका के नवोदित राष्ट्रों के सदस्य बन जाने से उनके आनुपातिक प्रतिनिधित्व की आवश्यकता महसूस की गई। साथ ही नए सदस्य यह माँग करने लगे कि उनका भी प्रतिनिधित्व होना चाहिए। इन्हीं परिस्थितियों में संयुक्त राष्ट्रसंघ चार्टर में कुछ संशोधन किए गए।

सर्वप्रथम, 1963 में महासभा ने सुरक्षा परिषद् और सामाजिक व आर्थिक परिषद् के सदस्यों की संख्या क्रमश: 11 से 15 तथा 18 से 54 कर दी। यह भी निश्चय किया गया कि 10 अस्थायी सीटों में से 5 एशियाई अफ्रीकी देशों को प्राप्त होगी।

दूसरा अनौपचारिक परिवर्तन कोरिया के मामले में 'शान्ति के लिए एकता' प्रस्ताव पर हुआ जिसमें सुरक्षा परिषद् में रूस द्वारा कोरिया के मामले में वीटो करने पर महासभा द्वारा 'शान्ति के लिए एकता' प्रस्ताव पारित करके सेनाएँ भेजी गईं। इससे महासभा के अधिकारों में वृद्धि हुई।

तीसरा अनौपचारिक परिवर्तन 1967 में अरब-इजराइल विवाद में सुरक्षा परिषद् में वीटो का प्रयोग न होते हुए भी 18 जून, 1967 को महासभा का विशेष अधिवेशन बुलाकर एक नई परम्परा कायम की गई। इस परम्परा के आधार पर ऐसी परिस्थिति में साधारणसभा की बैठक भविष्य में भी बुलाई जा सकती है। अत: यह कहा जा सकता है कि अनौपचारिक संशोधन हो गया है।

किसी भी संस्था को बदलती हुई परिस्थितियों के अनुकूल और प्रभावशाली बनाने के लिए ऐसे संशोधनों की आवश्कता पड़ती है जिससे वह समयानुकूल परिस्थितियों में सफल और प्रभावशाली बन सके। अत: हम इस अध्याय में संयुक्त

राष्ट्रसंघ के चार्टर में संशोधनों सम्बन्धी तथा विभिन्न अनुच्छेदों का उल्लेख करते हुए उन पर विचार करेंगे।

संयुक्त राष्ट्रसंघ चार्टर में संशोधन से सम्बन्धित अनुच्छेद

हमने संयुक्त राष्ट्र चार्टर कि विभिन्न अनुच्छेदों का वर्णन उसके विभिन्न अंगों के साथ किया है। अत: हम उसके संशोधन सम्बन्धी तथा अन्य अनुच्छेदों को हिन्दी में देते हुए संशोधन प्रक्रिया पर विचार करेंगे।

प्रकीर्ण प्रावधान

संयुक्त राष्ट्रसंघ चार्टर के अनुच्छेद 102 से 111 तक का उल्लेख इस प्रकार है–

अनुच्छेद 102

(i) संयुक्त राष्ट्रसंघ के घोषणा पत्र के लागू होते ही इसके द्वारा सम्पन्न प्रत्येक संधि और प्रत्येक अन्तर्राष्ट्रीय समझौते का सचिवालय द्वारा शीघ्रातिशीघ्र पंजीकरण और प्रकाशन किया जाएगा।

(ii) इस अनुच्छेद की धारा 1 के अनुसार कोई पक्षकार बिना पंजीकृत किसी संधि या अन्तर्राष्ट्रीय समझौते को संयुक्त राष्ट्रसंघ के किसी अंग के सामने पेश नहीं कर सकता।

अनुच्छेद 103

संयुक्त राष्ट्रसंघ के सदस्यों के दायित्वों में संघर्ष की स्थिति में केवल इसके दायित्व, न कि इसके सदस्यों द्वारा किए गए किसी अन्य अन्तर्राष्ट्रीय समझौते के दायित्व, मान्य होंगे।

अनुच्छेद 104

संयुक्त राष्ट्रसंघ अपने सदस्य के प्रदेश में अपने कार्यों तथा उद्देश्यों के सम्पादन का विधिक अधिकार रखेगा।

अनुच्छेद 105

(i) संयुक्त राष्ट्रसंघ को अपने सदस्य के प्रदेश में अपने कार्य-निष्पादन में सारे आवश्यक विशेषाधिकार और उन्मुक्तियाँ प्राप्त होंगी।

(ii) संयुक्त राष्ट्रसंघ के प्रतिनिधियों तथा इसके अधिकारियों को, सदस्य देश के प्रदेश में, अपने कार्य सम्पादन में इस तरह के विशेषाधिकार तथा उन्मुक्तियाँ तथा सुविधाएँ आदि प्राप्त होंगी।

(iii) इस अनुच्छेद की कंडिका 1 और 2 के प्रयोग के बारे में महासभा अनुशंसाएँ कर सकती है व इस उद्देश्य के लिए संयुक्त राष्ट्रसंघ के सदस्यों के सम्मेलन का प्रस्ताव कर सकती है।

सांक्रान्तिक सुरक्षा-व्यवस्था

अनुच्छेद 106

अनुच्छेद 43 में उल्लिखित विशेष समझौतें के लागू होने के पूर्व सुरक्षा परिषद् के विचार में अनुच्छेद 42 के अन्तर्गत अपने दायित्वों को पूरा करने के लिए 30 अक्तूबर, 1943 को मास्को में राष्ट्रीय उद्घोषणा पर हस्ताक्षर करने वाले पक्षकार और फ्रांस उद्घोष की कंडिका 5 के अनुसार अन्तर्राष्ट्रीय शान्ति-व्यवस्था बनाये रखने के लिए एक दूसरे से सम्पर्क स्थापित करेंगे।

अनुच्छेद 107

उद्घोषणा-पत्र पर हस्ताक्षर करने वाले देश को उस देश के विरुद्ध कार्रवाई करने का अधिकार होगा जो द्वितीय विश्वयुद्ध काल में इसका शत्रु रह चुका है।

अनुच्छेद 108

संयुक्त राष्ट्रसंघ के चार्टर में संशोधन की विधि–

संयुक्त राष्ट्र महासभा के दो-तिहाई बहुमत तथा सुरक्षा परिषद् के सभी स्थायी सदस्यों सहित संयुक्त राष्ट्रसंघ के दो-तिहाई सदस्यों द्वारा सम्पुष्टि होते ही संयुक्त राष्ट्रसंघ के वर्तमान घोषणा-पत्र में संशोधन लाया जायेगा। इसकी पुष्टि सभी स्थायी सदस्यों द्वारा अपनी प्रक्रियाओं के अनुसार होना आवश्यक है।

अनुच्छेद 109

(i) सुरक्षा परिषद् के किन्हीं 9 सदस्यों के मतदान तथा महासभा के दो-तिहाई सदस्यों के बहुमत से संयुक्त राष्ट्रसंघ के सदस्यों का वर्तमान घोषणा-पत्र के पुनरीक्षण के लिये महासम्मेलन बुलाने के स्थान और तिथि का निर्धारण किया जायेगा। ऐसे सम्मेलन में संयुक्त राष्ट्रसंघ के प्रत्येक सदस्य को केवल एक मत प्राप्त होगा।

(ii) वर्तमान घोषणा-पत्र में किसी भी तरह का परिवर्तन सुरक्षा परिषद् के सभी स्थायी सदस्यों तथा संयुक्त राष्ट्रसंघ के दो-तिहाई सदस्यों के अनुसमर्थन से ही लागू होगा जिसकी पुष्टि और संस्तुति सदस्यों द्वारा अपनी-अपनी संवैधानिक प्रक्रिया द्वारा कर दी जाए।

(iii) संयुक्त राष्ट्रसंघ महासभा के 10वें वार्षिक सम्मेलन तक यदि इस तरह का कोई सम्मेलन न हुआ हो तो उस सम्मेलन के कार्यक्रम में इस तरह का सम्मेलन बुलाने के लिए प्रस्ताव रखा जाएगा। इस तरह का सम्मेलन सुरक्षा परिषद् के 9 सदस्यों तथा महासभा के बहुमत से ही बुलाया जाएगा।

संपुष्टि और हस्ताक्षर

अनुच्छेद 110

(i) हस्ताक्षरकर्ता राज्यों द्वारा संवैधानिक प्रक्रियाओं के अनुसार वर्तमान घोषणा-पत्र की सम्पुष्टि होगी।

(ii) घोषणा-पत्र की सम्पुष्टि संयुक्त राज्य अमेरिका सरकार के सामने पेश की जायेगी जो इसकी सूचना सभी हस्ताक्षरकर्ता देशों तथा महासचिव को देगी।

(iii) वर्तमान घोषणा-पत्र चीनी गणतन्त्र, फ्रांस, सोवियत संघ, ब्रिटेन और अमेरिका तथा हस्ताक्षरकर्ता देशों की बहुमत सम्पुष्टि द्वारा लागू होगा। संयुक्त राज्य अमेरिका की सरकार द्वारा सम्पुष्टि का प्रपत्र तैयार किया जायेगा और इसकी प्रतियाँ हस्ताक्षरकर्ता देशों को भेज दी जाएंगी।

(iv) वर्तमान घोषणा-पत्र पर हस्ताक्षरकर्ता देश इसकी सम्पुष्टि करेंगे और वे संयुक्त राष्ट्रसंघ के मूल सदस्य सम्पुष्टि करते ही हो जाएँगे।

अनुच्छेद 111

वर्तमान घोषणा-पत्र जिसके चीनी, फ्रेंच, रूसी, अंग्रेजी और स्पेनी मूल पाठ जो समान रूप से विश्वसनीय हैं, संयुक्त राज्य अमेरिका के अभिलेखागार में रखे जाएँगे। इनकी सत्यापित प्रतिलिपियाँ हस्ताक्षरकर्ता देशों को भेज दी जाएँगी।

संयुक्त राष्ट्रसंघ की सरकारों के प्रतिनिधियों ने सानफ्रांसिस्को नगर में 26 जून, 1945 को विश्वास में वर्तमान घोषणा-पत्र पर हस्ताक्षर कर दिए हैं।

यहाँ नीचे प्रतिनिधियों के हस्ताक्षर दिए गए हैं।

संयुक्त राष्ट्रसंघ चार्टर में संशोधन द्वारा सुरक्षा परिषद् में 11 से बढ़ाकर 15 सदस्य और आर्थिक व सामाजिक परिषद् में 18 से बढ़ाकर 54 सदस्य कर दिए गए हैं।

उपरोक्त विवरण से स्पष्ट है कि संयुक्त राष्ट्रसंघ चार्टर में संशोधन सभी स्थायी सदस्यों व सुरक्षा परिषद् के 15 में सें 9 यानि जो भी संख्या सुरक्षा परिषद् के सदस्यों की हो, उसके 2/3 तथा महासभा के सदस्यों की जो संख्या हो उसके 2/3 सदस्यों की सहमति और संवैधानिक पुष्टि द्वारा ही किया जा सकेगा।

वर्तमान समय में सुरक्षा परिषद् के सदस्यों की संख्या 15 है। अतः संशोधन सभी स्थायी सदस्यों सहित 9 और महासभा के 160 में 107 सदस्यों की सहमति से किया जा सकेगा। जैसा बताया जा चुका है कि संयुक्त राष्ट्रसंघ ने केवल संशोधन द्वारा सुरक्षा परिषद् के सदस्यों की संख्या 11 से बढ़ाकर 15 और आर्थिक व सामाजिक परिषद् के सदस्यों की संख्या 18 से बढ़ाकर 54 कर दी है जो सदस्यों की संख्या बढ़ जाने के कारण आवश्यक था। इसके अतिरिक्त अन्य कोई महत्वपूर्ण संशोधन नहीं किया गया है।

परन्तु औपचारिक संशोधन महासभा के 'शान्ति के लिए एकता' प्रस्ताव के पारित होने के बाद जब सुरक्षा परिषद् में सदस्यों में मतभेद हो तथा वीटो का प्रयोग किया जाए तो महासभा स्वयं, विश्व शान्ति को खतरे में डालने वाले कारण या युद्ध रोकने के लिए विचार तथा कार्यवाही कर सकती है। इसी के आधार पर कोरिया और स्वेज नहर के मामले में कार्यवाही की गई थी। इसे औपचारिक परिवर्तन माना जा सकता है। परन्तु संयुक्त राष्ट्रसंघ के चार्टर में संशोधन की आवश्यकता है। इस पर हम आगे विचार करेंगे।

संयुक्त राष्ट्रसंघ के घोषणा-पत्र में परिवर्तन की प्रक्रिया

कोई भी संविधान एक परिवर्तनशील वस्तु होता है। उसका समय तथा परिस्थितियों के साथ-साथ परिवर्तन होना अत्यन्त आवश्यक है अन्यथा वह अपने उद्देश्यों की पूर्ति करने में असफल हो जाता है। संयुक्त राष्ट्रसंघ का आज्ञा-पत्र या चार्टर द्वितीय विश्वयुद्ध में निर्मित किया गया था। उसको पर्याप्त समय हो गया तथा आज की परिस्थितियों में और उस समय की परिस्थितियों में बहुत अधिक अन्तर हो गया है। अतः अब यह आवश्यक प्रतीत होने लगा है कि संयुक्त राष्ट्रसंघ चार्टर में आवश्यक परिवर्तन किया जाना चाहिए। संयुक्त राष्ट्रसंघ के आज्ञा-पत्र की धारा 108 व 109 में आज्ञा-पत्र में संशोधन करने की पद्धति का स्पष्ट रूप से वर्णन किया गया है। इस आज्ञा-पत्र की ये धाराएँ निम्न प्रकार हैं तथा इनके अनुसार परिवर्तन करके सुरक्षा परिषद् में 15 व आर्थिक और सामाजिक परिषद् में 54 सदस्य कर दिए हैं।

धारा 108–"वर्तमान आज्ञा-पत्र के संशोधन, संयुक्त राष्ट्रसंघ के समस्त सदस्यों पर उस समय से लागू हो जाएँगे जिस समय संयुक्त राष्ट्रसंघ की महासभा दो-तिहाई मत से उनके सम्बन्ध में अपनी स्वीकृति प्रदान कर देगी तथा संवैधानिक प्रक्रियाओं के अनुसार संयुक्त राष्ट्रसंघ के दो तिहाई उनका अनुसमर्थन कर देंगे जिसमें सुरक्षा परिषद् के समस्त स्थायी सदस्य होंगे।"

धारा 109–(1) "संयुक्त राष्ट्रसंघ के सदस्यों का एक साधारण सम्मेलन वर्तमान आज्ञा-पत्र पर विचार करने के उद्देश्य के लिए साधारण सदस्यों के दो-तिहाई मतों तथा सुरक्षा परिषद् के सात मतों द्वारा निश्चित तिथि एवं स्थान पर बुलाया जाएगा। सम्मेलन में संयुक्त राष्ट्रसंघ के प्रत्येक सदस्य का एक मत होगा।

(2) "वर्तमान आज्ञा-पत्र में कोई भी परिवर्तन, जिसके लिए सम्मेलन के दो-तिहाई मतों द्वारा सिफारिश की गई हो, उसी समय से कार्यान्वित किया जा सकेगा, जिस समय संयुक्त राष्ट्रसंघ के सदस्यों में से दो-तिहाई सदस्य अपनी-अपनी वैधानिक प्रक्रियाओं के अनुसार उसका अनुसमर्थन करेंगे, जिसमें सुरक्षा परिषद् के सभी स्थायी सदस्य भी सम्मिलित होंगे।

(3) "यदि इस प्रकार का सम्मेलन, वर्तमान आज्ञा-पत्र के कार्यान्वित होने के उपरान्त महासभा के दसवें वार्षिक, अधिवेशन में नहीं हो पाया है, तो इस प्रकार

के सम्मेलन को आमन्त्रित करने के प्रस्ताव को महासभा के उस अधिवेशन में प्रस्तावित किया जायेगा तथा यह सम्मेलन उसी अवस्था में होगा जब महासभा के सदस्यों का बहुमत तथा सुरक्षा परिषद् के किन्हीं 9 सदस्यों का मत उसके पक्ष में है।"

उपरोक्त दोनों धाराओं से यह स्पष्ट हो जाता है कि जब कभी संयुक्त राष्ट्रसंघ के आज्ञा-पत्र (Charter) में संशोधन की आवश्यकता अनुभव की जाए तो इसके लिए आवश्यक है कि संयुक्त राष्ट्रसंघ के सदस्यों का एक सम्मेलन आमन्त्रित किया जाए। आज्ञा-पत्र के कार्यान्वित होने के दसवें वर्ष में इस प्रकार का सम्मेलन करने का प्रस्ताव महासभा में प्रस्तावित किया जाए और इस प्रकार के समस्त संशोधनों के स्वीकृत होने के लिए महासभा का दो-तिहाई बहुमत होना तथा सुरक्षा परिषद् के नौ सदस्यों का बहुमत होना आवश्यक है।

4 जून, 1957 को संयुक्त राष्ट्रसंघ महासभा ने संयुक्त राष्ट्र आज्ञा-पत्र (Charter) में संशोधन करने के लिए विश्व सम्मेलन आमन्त्रित करने की योजना को स्वीकृति दी। सितम्बर, 1959 में आमन्त्रित किए जाने वाले 14वें अधिवेशन को स्थगित करने का प्रस्ताव इस कारण से पास किया कि उस समय तक अन्तर्राष्ट्रीय स्थिति में सुधार हो जाएगा। परन्तु ऐसा नहीं हो पाया। विभिन्न राष्ट्र अपने स्वार्थों की पूर्ति में रत रहे। शीतयुद्ध निरन्तर चलता रहा। जिस समय तक समस्त राष्ट्रों में सद्भावना का उदय नहीं होगा उस समय तक राष्ट्रसंघ आज्ञा-पत्र (Charter) में संशोधन सम्भव नहीं है क्योंकि वीटो शक्ति द्वारा यह संशोधन समाप्त किया जा सकता है। वर्तमान परिस्थिति और आज्ञा-पत्र की धाराओं का गहन अध्ययन करने पर यह अवश्य स्वीकार करना होगा कि आज्ञा-पत्र की धाराओं में परिवर्तन करना आवश्यक है अन्यथा संयुक्त राष्ट्रसंघ अपने उद्देश्यों की पूर्ति करने में असफल रहेगा। इसके लिए यह आवश्यक है कि निम्न व्यवस्थाओं में संशोधन किया जाए।

(1) **वीटो के अधिकार में संशोधन**—संयुक्त राष्ट्रसंघ में नए राज्यों के प्रवेश से स्थायी सदस्यों को जो वीटो शक्ति प्राप्त है उसको समाप्त कर देना चाहिए, क्योंकि इसके प्रयोग ने महाशक्तियों में मित्रता के स्थान पर कटुता को जन्म दिया है और वे एक-दूसरे को सदा नीचा दिखाने का प्रयत्न करती हैं। इस प्रसंग में एलवेरेज का मत है कि 'वीटो शक्ति' का स्वतन्त्रतापूर्वक प्रयोग करने के अधिकार को स्वीकार करना यह सिद्ध कर सकता है कि प्रत्येक बात में इसका प्रयोग सुरक्षा परिषद् और महासभा के अन्य सभी सदस्यों की इच्छाओं पर एक महान शक्ति की इच्छा का थोपा जाना होगा और इसका प्रयोग शान्ति एवं सुरक्षा-सम्बन्धी विषयों के अतिरिक्त अन्य विषयों पर होना संयुक्त राष्ट्रसंघ को पूर्णतः नपुंसक बना देगा।

"निषेधाधिकार" की कुछ लेखकों ने, जैसा कि ऊपर बताया गया है तथा जिसका सुरक्षा परिषद् के प्रसंग में उल्लेख भी किया जा चुका है, कटु आलोचना की है। परन्तु संयुक्त राष्ट्रसंघ का निर्माण ही इस आधार पर हुआ है कि बड़े राष्ट्रों की

सहमति से ही शान्ति हो सकती है और अन्तर्राष्ट्रीय संगठन कायम रह सकता है। अतः निषेधाधिकार आवश्यक माना गया है।

वियना सम्मेलन की चतुर्थसंघ व पवित्रसंघ व्यवस्था इसीलिए असफल हुई क्योंकि ब्रिटेन की बात नहीं मानी गई। राष्ट्रसंघ में उस समय के शक्तिशाली राष्ट्र जापान, इटली व जर्मनी एक के बाद एक राष्ट्रसंघ से इसलिए अलग होते चले गए क्योंकि राष्ट्रसंघ में ब्रिटेन का और कुछ अंशों में फ्रांस का वर्चस्व था। बाकी राष्ट्र मूकदर्शक रहने को विवश थे। यहाँ तक कि जब ब्रिटेन और फ्रांस ने रूस को 1940 में राष्ट्रसंघ से निष्कासित कर दिया तो राष्ट्रसंघ के उस समय उपस्थित सभी सदस्यों ने उनका समर्थन किया, किसी भी राजनीतिज्ञ ने यह ध्यान नहीं दिया कि राष्ट्रसंघ, जो विश्व संस्था है, केवल दो राष्ट्रों–फ्रांस और ब्रिटेन के वर्चस्व द्वारा ही नहीं चलाई जा सकतीं। इसी प्रकार मंचूरिया पर जापान के आक्रमण व अबीसीनिया पर इटली के आक्रमण के समय, ब्रिटेन और फ्रांस मौन रहे तो राष्ट्रसंघ या अन्य राष्ट्र कुछ नहीं कर सके क्योंकि बहुमत ब्रिटेन और फ्रांस के समर्थक राष्ट्रों का था। यह शायद निषेधाधिकार या वीटो की ही शक्ति है जिसके कारण संयुक्त राष्ट्रसंघ के किसी भी सदस्य ने न तो अपनी सदस्यता छोड़ी है और न कोई पृथक् ही किया गया है क्योंकि बड़े राष्ट्र तो निषेधाधिकार के कारण प्रसन्न हैं और छोटे राष्ट्र भी किसी न किसी स्थायी बड़े राष्ट्र का समर्थन प्राप्त कर, ऐसा कार्य नहीं होने देते हैं जो उनके लिए इतना घातक हो कि संयुक्त राष्ट्रसंघ को छोड़ना पड़े या संयुक्त राष्ट्रसंघ की अवहेलना करनी पड़े जैसे कश्मीर के प्रश्न पर रूस के निषेधाधिकार के कारण और इजराइल की अमेरिका के समर्थन के कारण रक्षा हुई है।

निषेधाधिकार अब रूस और अमेरिका को छोड़कर बाकी सबके लिए महत्वहीन हो गया है। ब्रिटेन व फ्रांस ने स्वेज नहर के मामले में निषेधाधिकार यानि वीटो का 1956 में प्रयोग किया था परन्तु वह बिल्कुल व्यर्थ गया। उन्हें अपमान भी सहना पड़ा, सेना भी हटानी पड़ी और प्रतिष्ठा भी खोई। अब अक्सर रूस या अमेरिका के विरुद्ध भी वही कार्यवाही की जाए यानि उनके निषेधाधिकार को नजरअन्दाज कर दिया जाए तो विश्वयुद्ध हो सकता है। अतः उनके पास निषेधाधिकार हो या न हो उन्हें युद्ध द्वारा विवश करना संयुक्त राष्ट्रसंघ के लिए कठिन है। लेकिन निषेधाधिकार के होते हुए भी संयुक्त राज्य अमेरिका को वियतनाम से सेनाएँ हटानी पड़ीं और पनामा में हस्तक्षेप के अवसर पर उसकी भर्त्सना की गई तथा रूस को अफगानिस्तान से सेनाएँ हटानी पड़ीं। संयुक्त राष्ट्रसंघ के सदस्यों की संख्या बढ़ जाने से वीटो (Veto) या निषेधाधिकार का महत्व पहले से कम हो गया है। फिर भी इसमें संशोधन की आवश्यकता है।

1. निषेधाधिकार को केवल अत्यन्त महत्वपूर्ण मामलों तक ही सीमित कर दिया जाना चाहिए। यह निश्चित कर दिया जाना चाहिए कि स्थायी राष्ट्र अपने से सम्बन्धित या अत्यन्त महत्वपूर्ण मामले में ही वीटो यानि निषेधाधिकार का प्रयोग कर सकेगा।

2. निषेधाधिकार या वीटो की संख्या और सीमा निर्धारित कर दी जाए ताकि एक राष्ट्र एक वर्ष में 4 या 5 बार ही वीटो का प्रयोग कर सकता है।

3. निषेधाधिकार या वीटो का अधिकार या तो केवल रूस और अमेरिका तक सीमित कर दिया जाए, अथवा स्थायी सदस्यों की संख्या बढ़ा दी जाए और भारत व जापान आदि को भी स्थायी सदस्यता देकर वीटो का अधिकार दिया जाए। रूस और अमेरिका के बाद सबसे शक्तिशाली राष्ट्र भारत और आर्थिक क्षमता सम्पन्न राष्ट्र जापान व जर्मनी को इससे वंचित रखना उपयुक्त नहीं।

4. राष्ट्रसंघ में समय-समय पर स्थायी सदस्यों की संख्या बढ़ाई जाती रही है। अतः संयुक्त राष्ट्रसंघ का सन्तुलन बनाए रखने के लिए भारत व जापान और एकीकृत जर्मनी को भी स्थायी सदस्यता और एकाधिकार का हक देना चाहिये ताकि बदलती हुई परिस्थिति के अनुसार सही प्रतिनिधित्व हो सके।

5. संयुक्तराज्य अमेरिका के संविधान में राष्ट्रपति के वीटो को काग्रेस 2/3 के बहुमत से रद्द कर सकती है। संयुक्तराज्य महासभा को भी यह अधिकार दिया जाना चाहिए कि वह 2/3 के बहुमत से वीटो को रद्द कर सके।

(2) **वित्तीय समस्या के सम्बन्ध में**–संयुक्त राष्ट्रसंघ के बजट में दिन-प्रतिदिन वृद्धि होती जा रही है क्योंकि इसकी गतिविधियों और कार्यकलापों में वृद्धि हो रही है जैसे इसे युद्धरत देशों में शान्ति सेना को भेजना पड़ता है। स्वेज नहर, कांगो आदि देशों में जो सेना भेजी गईं उसका भार वहन की समस्या पर बहुत विवाद हुआ। उसके अतिरिक्त जहाँ युद्ध-विराम है जैसे साइप्रस, कश्मीर, लेबनान, कोरिया तथा ईराक-ईरान इत्यादि वहाँ प्रेक्षक भी रखने पड़ते हैं तथा अब निष्पक्ष चुनावों के लिए संयुक्तराष्ट्र प्रेक्षकों की माँग भी की जाने लगी। क्योंकि सभी नए स्वतन्त्रता प्राप्त देशों में सत्ताधारी दल अधिकांश अपने पक्ष में बेईमानी, धमकी तथा भ्रष्ट उपायों से चुनाव करवा लेता है। अतः नामीबिया में संयुक्त राष्ट्रसंघ के तत्वावधान में चुनाव कराये गये तथा निकारागुआ में भी संयुक्त राष्ट्र प्रेक्षक थे इसीलिये सत्ताधारी दल मनमानी कराने में असफल रहा और फरवरी 1990 में सरकार बदल गई। परन्तु इन सब कार्यों से खर्चा बढ़ता चला जा रहा है। घोषणा-पत्र की धारा 17 के अनुसार संयुक्त राष्ट्र संगठन का व्यय महासभा द्वारा निर्धारित अनुपात में उसके सदस्य राज्यों द्वारा वहन किया जायेगा। यह अनुपात सदस्य राज्यों की देय क्षमता पर निर्भर करता है। अकेला अमेरिका सम्पूर्ण बजट का 60 प्रतिशत और ऐच्छिक कार्यक्रमों का 60 प्रतिशत से 70 प्रतिशत तक खर्च करता था। 20 सम्पन्न राष्ट्र, रूस, ब्रिटेन, जापान, फ्रांस आदि बजट का लगभग 90 प्रतिशत भार वहन करते हैं और लगभग 140 देश व्यय का केवल 10 प्रतिशत ही देते हैं। परन्तु उन्हीं का बहुमत व वर्चस्व है व वही उससे लाभ उठाते हैं तथा उन्हीं को विकसित करने व उन्हीं की समस्याओं का समाधान करने में अधिकांश खर्च किया जाता है। अतः बड़े और सम्पन्न राष्ट्र अब अधिक खर्चा देने से हाथ खींचने लगे हैं, इसीलिये संयुक्त राष्ट्रसंघ के समक्ष

आर्थिक सकट उत्पन्न हो गया है। अतः इसके लिए निम्नलिखित सुझाव दिये जा रहे हैं–

1. महासभा के बजट को फिर से वितरित करके सभी राष्ट्रों पर सामर्थ्यानुसार बोझ डाला जाये। ऐसा संशोधन किया जाये कि प्रत्येक राष्ट्र को उसकी आर्थिक क्षमता, क्षेत्र व जनसंख्या के अनुपात में संयुक्त राष्ट्रसंघ के व्यय का भार वहन करना पड़े।

2. दूसरा उपाय यह है कि बजट की अधिकतम सीमा निर्धारित कर दी जाये। उसी सीमा के अनुसार व्यय किया जाये और असाधारण स्थिति में बजट के लिये दुबारा चन्दा लिया जाये।

3. तीसरा, सुझाव यह दिया जाता है कि अन्तर्राष्ट्रीय बैंकों, अन्तर्राष्ट्रीय व्यापार, अन्तर्राष्ट्रीय नहरों, जलमार्गों, अन्तर्राष्ट्रीय विकास आयोगों तथा बहुराष्ट्रीय कम्पनियों (Multi-National Corporations) आदि द्वारा लाभ का कुछ अंश संयुक्त राष्ट्रसंघ को प्रदान किया जाये। कुछ बहुराष्ट्रीय निगम या कम्पनियों के स्वामी जैसे फोर्ड फाउण्डेशन, राकफेलर फाउण्डेशन आदि स्वेच्छा से सहायता देते भी हैं। परन्तु आवश्यकता इस बात की है कि ऐसा सभी बहुराष्ट्रीय निगमों, कम्पनियों, अन्तर्राष्ट्रीय बैंकों, व्यापारिक संस्थानों तथा जलमार्ग आदि के लिये कुछ अंश अनिवार्य कर दिया जाये। तभी समस्या का समाधान हो सकता है।

4. चौथा सुझाव यह दिया गया है कि संयुक्त राष्ट्रसंघ को स्वयं विलासिता की वस्तुओं जैसे कार, शराब व तम्बाकू आदि पर कर लगाने और निर्धनों के लिये व्यय करने का अधिकार दिया जाये परन्तु संप्रभु राष्ट्रों ने इसका विरोध किया है।

5. अन्तिम सुझाव यह है कि स्वतन्त्र देशों की अपनी सकल आय का 1 प्रतिशत भाग संयुक्त राष्ट्रसंघ को देने का प्रावधान चार्टर में संशोधन करके किया जाये।

सारांश में यह कहा जा सकता है कि संयुक्त राष्ट्रसंघ के चार्टर में ऐसा संशोधन किया जाना चाहिये ताकि उसकी वित्तीय स्थिति में सुधार हो।

(3) **सदस्यों के सम्बन्ध में**–आज्ञा-पत्र की चौथी धारा में संयुक्त राष्ट्रसंघ का सदस्य होने के लिए दो शर्तें रखी गई हैं–पहली शर्त यह है कि जो संयुक्त राष्ट्रसंघ का सदस्य होना चाहे वह शान्ति का प्रेमी हो तथा उसमें आज्ञा-पत्र में दिए गए दायित्वों को स्वीकार करने और उनको पालन करने की इच्छा तथा योग्यता हो। दूसरी शर्त यह है कि इसकी सिफारिश सुरक्षा परिषद् द्वारा की जाये और महासभा उस पर अपना निर्णय दे।

प्रथम शर्त तो उचित प्रतीत होती है, परन्तु द्वितीय शर्त उचित नहीं है। क्योंकि इसके कारण संयुक्त राष्ट्रसंघ में बड़े विवाद उत्पन्न हुए हैं। इसका कारण यह है कि सोवियत रूस और संयुक्त राज्य अमेरिका दोनों ही उन राज्यों को संयुक्त राष्ट्रसंघ

का सदस्य बनाना चाहते थे जो उनके पक्ष में थे और उनको बनाना नहीं चाहते थे जो उनके विपक्षी या विरोधी थे। सोवियत रूस व पश्चिमी राष्ट्रों में इस विषय पर बड़ा मतभेद था। आयरलैंड, फिनलैंड, इटली, पुर्तगाल, ऑस्ट्रिया, जोर्डन, श्रीलंका और जापान के संयुक्त राष्ट्रसंघ में प्रवेश का रूस द्वारा अत्यधिक विरोध किया गया था और संयुक्तराज्य अमेरिका व पश्चिमी देशों ने अल्बानिया, बुल्गारिया, हंगरी, रूमानिया और मंगोलियन जनगणराज्य व चीन के प्रवेश के सम्बन्ध में अत्यधिक विरोध किया था। इसका परिणाम यह हुआ कि दोनों के मध्य वैमनस्य व कटुता बढ़ी जिसका परिणाम यह हुआ कि विश्व के समस्त देशों का प्रतिनिधित्व संयुक्त राष्ट्रसंघ में उस समय नहीं हो पाया था। साम्यवादी चीन पर्याप्त समय तक संयुक्त राष्ट्रसंघ का सदस्य नहीं बन पाया था और राष्ट्रवादी फारमोसा उसका सदस्य रहा। विश्व के समस्त देशों का प्रतिनिधित्व संयुक्त राष्ट्रसंघ में होना आवश्यक है। अतः इस शर्त में आवश्यक संशोधन किया जाना चाहिये ताकि सभी देश इसके सदस्य बन सकें।

(4) **न्यास पद्धति के सम्बन्ध में**–संयुक्त राष्ट्रसंघ के आज्ञापत्र में 76(ख) धारा बड़ी अस्पष्ट है। इसमें न्यास पद्धति की व्याख्या की गई है। यह धारा इस प्रकार है–"संरक्षित प्रदेशों की राजनीतिक, आर्थिक, सामाजिक एवं शिक्षा सम्बन्धी उन्नति तथा स्वशासन अथवा स्वतन्त्रता की ओर जैसा प्रत्येक प्रदेश एवं उसकी जनता की विशेष परिस्थितियों तथा तत्सम्बन्धित लोगों की स्वतन्त्रतापूर्वक अभिव्यक्त इच्छाओं तथा जैसा कि प्रत्येक संरक्षण समझौते के अनुसार निश्चित किया गया हो, प्रोत्साहन प्रदान करना।"

इसके अन्तर्गत यह तो कहा गया है कि संरक्षित प्रदेशों की उचित व्यवस्था की ओर ध्यान दिया जाये और उनको स्वतन्त्रता के मार्ग की ओर ले जाया जाये और जब वे इस योग्य हो जाएँ तो उनको स्वतन्त्रता प्रदान की जाये, किन्तु इसके अन्तर्गत उस समय का निर्धारण नहीं किया गया जिसमें उनको स्वतन्त्रता प्रदान की जायेगी। इसका उल्लेख किया जाना आवश्यक है। इसके अभाव में यह निर्धारण करने का कार्य बड़े राष्ट्रों के अधिकार में आ जाता है और वे अपने स्वार्थ के वशीभूत होकर उस समय तक उनको अपने अधिकार में रखेंगे जिस समय तक उनकी अपने स्वार्थों की पूर्ति हो रही है और संरक्षित प्रदेशों के लोगों की इच्छा की अवहेलना होती रहेगी।

(5) न्यास सम्बन्धी धारा 66(स) में संशोधन इस प्रकार किया जाना चाहिये कि संयुक्त राष्ट्रसंघ के समस्त मैण्डेट आवश्यक रूप से न्यास परिषद् के अंग माने जाएँ तथा जो राष्ट्र इसका पालन नहीं करते इसके विरुद्ध अन्तर्राष्ट्रीय कार्यवाही की जाने की व्यवस्था की जाये। दक्षिण अफ्रीका ने अपने अधीन मैण्डेट को न्यास पद्धति के अन्तर्गत लाने से इन्कार कर दिया था और संयुक्त राष्ट्रसंघ को इस सम्बन्ध में

कोई अन्तर्राष्ट्रीय कार्यवाही करने में कठिनाई हुई। अतः इस कारण इस प्रकार का संशोधन होना आवश्यक है।

(6) न्यास पद्धति से सम्बन्धित धारा 66(स) में भी परिवर्तन किया जाना आवश्यक है। यह इस प्रकार है–"ऐसे प्रदेश जिनको उनके शासन के लिए उत्तरदायी राज्यों द्वारा स्वतः इन प्रदेशों को सौंप दिया गया हो।" यह कल्पना करना कि साम्राज्यवादी भावनाओं से प्रेरित राज्य अपने उपनिवेशों को अपनी इच्छा से न्यास पद्धति के अधीन कर देंगे, उचित नहीं है। आधुनिक युग में यह सम्भव नहीं है, क्योंकि इनके द्वारा इनको अपनी स्वार्थ पूर्ति का पूर्ण अवसर प्राप्त होता है। इसके स्थान पर यह व्यवस्था अधिक उपयुक्त होती कि जब पराधीन देशों के नागरिक अपने स्पष्ट बहुमत द्वारा संयुक्त राष्ट्रसंघ से यह प्रार्थना करें कि उनको न्यास पद्धति के अधीन कर दिया जाये तो वह उसके द्वारा स्वीकृत हो जाना चाहिये और उनको न्यास पद्धति के अधीन कर देना चाहिये।

(7) **प्रादेशिक संगठनों के सम्बन्ध में**–आज्ञा-पत्र की धारा 51-52 में सामूहिक सुरक्षा की स्थापना करने के उद्देश्य से प्रादेशिक संगठनों के निर्माण करने की व्यवस्था है। इसमें भी आवश्यक परिवर्तन होना चाहिए, क्योंकि इनकी आड़ में आक्रामक सैनिक संगठनों का निर्माण किया गया है। अतः यह आवश्यक है कि इसमें ऐसा संशोधन किया जाये कि संगठन सहयोग व सौहार्द्र के लिये स्थापित हों, क्योंकि ये सामूहिक सुरक्षा के स्थान पर अन्तर्राष्ट्रीय तनाव में वृद्धि करते हैं। इसके अन्तर्गत दक्षिणी-पूर्वी एशिया सन्धि संगठन और उत्तरी एटलांटिक सन्धि संगठन का निर्माण किया गया था।

(8) **सुरक्षा परिषद् में मतदान के सम्बन्ध में**–धारा 26 में सुरक्षा परिषद् में मतदान की व्यवस्था में प्रक्रिया सम्बन्धी तथा 'अन्य समस्त विषय' शब्दों का प्रयोग किया गया है। इन शब्दों का प्रयोग उचित नहीं है, क्योंकि इनके कारण ही वीटो का प्रयोग अत्यधिक रूप से किया गया है। इसका स्पष्ट उल्लेख किया जाना अत्यन्त आवश्यक है कि वीटो का प्रयोग किन-किन महत्वपूर्ण मामलों में किया जा सकता है।

(9) **सुरक्षा परिषद् में प्रतिनिधित्व**–एशिया तथा अफ्रीका के अनेक राज्य स्वतन्त्र हो गये हैं और वे संयुक्त राष्ट्रसंघ के सदस्य नहीं हैं, न ही सुरक्षा परिषद् में इनका कोई प्रतिनिधित्व है। चीन सुरक्षा परिषद् में अवश्य एशिया का एक सदस्य है, परन्तु यह आवश्यक है कि इन राज्यों में से एक और देश को सुरक्षा परिषद् का स्थायी सदस्य बनाया जाये और अन्य का समितियों में पर्याप्त प्रतिनिधित्व होना चाहिए। अब राष्ट्रवादी चीन के स्थान पर साम्यवादी चीन सुरक्षा परिषद् का सदस्य हो गया है, किन्तु एशिया व अफ्रीका का अन्य कोई देश इस परिषद् का स्थायी सदस्य नहीं है। अतः एशिया व अफ्रीका आदि के देशों को भी उचित प्रतिनिधित्व दिया जाना चाहिये।

(10) **विनाशकारी अस्त्र-शस्त्रों के सम्बन्ध में**–विनाशकारी अस्त्र-शस्त्रों (अणु बम एवं परमाणु बम) के निर्माण तथा परीक्षण पर प्रतिबन्ध लगाया जाना चाहिए। मानव अधिकारों की घोषणा को साकार रूप प्रदान किया जाये, क्योंकि केवल घोषणा से काम नहीं चल सकता। इन्हें न्यायिक उसी प्रकार बनाना चाहिये जैसे कि मूल अधिकारों को बनाया जाता है। अत्यन्त भयंकर विनाशकारी अस्त्र-शस्त्रों के प्रयोग पर रोक लगानी चाहिये।

(11) **अन्तर्राष्ट्रीय न्यायालय के अधिकार के सम्बन्ध में**–इसके अधिकार क्षेत्र में विस्तार किया जाना बहुत आवश्यक है जिससे यह राष्ट्रों के विधि सम्बन्धी झगड़ों का न्यायिक निर्णय करने व अन्तर्राष्ट्रीय विधि के विकास में सहायक हो। नवोदित राष्ट्रों को अधिक प्रतिनिधित्व दिया जाना चाहिये। यह अनिवार्य कर दिया जाना चाहिये कि विधि सम्बन्धी सभी मामलों का निर्णय अन्तर्राष्ट्रीय न्यायालय द्वारा किया जायेगा। संयुक्त राष्ट्रसंघ में सबसे बड़ा वादविवाद यह है कि कौन-सा कार्य किसी भी राष्ट्र के घरेलू क्षेत्र (Domestic Jurisdiction) के अन्तर्गत आता है या नहीं, संयुक्त राष्ट्रसंघ के चार्टर में संशोधन करके घरेलू क्षेत्र (Domestic Jurisdiction) के सम्बन्ध में निर्णय करने का अधिकार अन्तर्राष्ट्रीय न्यायालय को होगा और उसका निर्णय अन्तिम होगा। संयुक्त राष्ट्रसंघ में सबसे अधिक विवादास्पद विषय घरेलू क्षेत्र है।

राष्ट्रों का घरेलू क्षेत्र (Domestic Jurisdiction)–संयुक्त राष्ट्रसंघ के समक्ष जब भी कोई विवाद आता है तो सभी राष्ट्र उसको अपना घरेलू मामला कहकर टालने का प्रयास करते हैं क्योंकि संयुक्त राष्ट्रसंघ की धारा 2 की सातवीं उपधारा में कहा गया है कि चार्टर संयुक्त राष्ट्रसंघ को ऐसे विषयों में, जो निश्चित रूप से किसी राज्य के आन्तरिक क्षेत्र (Domestic Jurisdiction — घरेलू मामलों) के अन्तर्गत आते हैं, हस्तक्षेप करने का अथवा सदस्य राज्यों को वर्तमान घोषणा-पत्र के अन्तर्गत समाधान हेतु प्रस्तुत करने का अधिकार नहीं प्रदान करता है। किन्तु यह सिद्धान्त अध्याय 7 के अन्तर्गत दण्डात्मक कार्यवाहियों के सम्बन्ध में लागू नहीं होगा। इस धारा की सम्बन्धित राष्ट्रों ने ऐसी व्यवस्था की है कि सभी बातों को वह अपने घरेलू क्षेत्र के अन्तर्गत बताते हैं और इस धारा का लाभ उठाकर निरन्तर यह प्रयास करते हैं कि वह मनमानी करें। यहाँ तक कि दूसरे राष्ट्रों के सम्बन्ध में भी हस्तक्षेप करें और घरेलू झगड़ा बताकर मुक्त हो जायें। ऐसी परिभाषा से संयुक्त राष्ट्रसंघ का कार्यक्षेत्र बहुत सीमित हो गया है। अन्तर्राष्ट्रीय स्वेज नहर के राष्ट्रीयकरण को मिस्र ने अपना घरेलू क्षेत्र माना था। अल्जीरिया की स्वाधीनता की मांग को फ्रांस ने अपना घरेलू क्षेत्र का मामला बताया था। नामीबिया की स्वतन्त्रता के प्रश्न को भी दक्षिणी अफ्रीका ने घरेलू क्षेत्र का मामला बनाने का प्रयास किया था। इजराइल, फिलिस्तीनियों की समस्या को अपने घरेलू क्षेत्र का मामला बताता है। यहाँ तक कि रूस की सेना का 1956 में हंगरी में और 1968 में चैकोस्लोवाकिया में हस्तक्षेप वारसा सन्धि

देशों का घरेलू मामला बताकर संयुक्त राष्ट्रसंघ की अवहेलना की गई थी तथा फ्रांस ने वियतनाम में फिर अपना शासन स्थापित करने की चेष्टा की व हालैंड ने इण्डोनेशिया विवाद को घरेलू क्षेत्र बताया था। परन्तु संयुक्त राष्ट्रसंघ ने सबमें हस्तक्षेप करके स्वाधीनता दिलायी तथा विवादों का निराकरण किया।

अब एक नई हवा चली है कि बड़े राष्ट्र छोटे राष्ट्रों के मामले में अपनी समर्थित सरकार स्थापित कराकर वहाँ सेनायें भेजकर अपना प्रभाव स्थापित कर लेते हैं। रूस ने अफगानिस्तान में और वियतनाम ने कम्पूचिया में सेनायें भेजकर हस्तक्षेप किया। सीरिया ने लेबनान में व तुर्की ने साइप्रस में ऐसा ही किया। इससे उन देशों में तो प्रभाव क्षेत्र भी बंटे, अशान्ति भी उत्पन्न हुई और विश्वयुद्ध की सम्भावना भी उत्पन्न हुई जैसे अफगानिस्तान में रूस द्वारा सेना भेजने से अमेरिका, पाकिस्तान व ईरान ने मुजाहिदों को सहायता देकर युद्ध करा दिया और स्थिति विस्फोटक हो गई। इसी प्रकार वियतनाम द्वारा कम्पूचिया में सेना भेजने के विरोध में चीन ने गृहयुद्ध की स्थिति उत्पन्न कर दी। लेबनान निरन्तर अशान्ति क्षेत्र बना हुआ है। अतः संयुक्त राष्ट्र चार्टर में संशोधन करके यह निश्चित कर देना चाहिये कि किसी भी राष्ट्र द्वारा दूसरे देश में सेना भेजना घरेलू क्षेत्र के अन्तर्गत नहीं आता और यह भी संशोधन द्वारा निश्चित कर देना चाहिये कि कौन से क्षेत्र घरेलू मामले में आते हैं और कौन से नहीं। इससे अनिश्चितता दूर होगी, अशान्तिमय लेबनान जैसे देशों में शान्ति भी हो जायेगी, छोटे राष्ट्रों की सुरक्षा होगी, संयुक्त राष्ट्रसंघ का कार्य सुनिश्चित हो जायेगा और बड़े राष्ट्रों की आक्रान्ता प्रवृत्तियों पर रोक लगेगी।

(12) वर्तमान समय में वायुयानों के अपहरण (Hijacking) व मादक द्रव्यों (Drugs) और हेरोइन (Heroine) आदि का व्यापार बहुत बढ़ गया है। इनको रोकने का अधिकार भी चार्टर में संशोधन करके संयुक्त राष्ट्रसंघ को दिया जाना चाहिए और इसके प्रोत्साहित करने वाले देशों पर जुर्माना और इस धंधे में लगे व्यक्तियों को दंडित करने का अधिकार भी संयुक्त राष्ट्रसंघ को दिया जाना चाहिये। विशेष पुलिस व विशेष न्यायालय संयुक्त राष्ट्रसंघ के अन्तर्गत स्थापित किया जाना चाहिये। इसके खर्चे की पूर्ति मादक पदार्थों को जब्त करके और मादक वस्तुओं के व्यापार करने वाले व्यक्तियों व सम्बन्धित देशों पर जुर्माना करके की जानी चाहिए। इससे मादक द्रव्यों का व्यापार पूरे विश्व में समाप्त करने में सहायता मिलेगी। आतंकवाद को रोकने के लिये साकार कदम उठाये जाने चाहिये।

(13) संयुक्त राष्ट्रसंघ ने सार्वभौमिक मानव अधिकारों की घोषणा करके अति उत्तम कार्य किया है परन्तु उनके कार्यान्वित करने की उचित व्यवस्था नहीं है। चार्टर में संशोधन करके यह व्यवस्था कर देनी चाहिए कि मानव अधिकारों की रक्षा उसी प्रकार की जा सके जैसे यूरोपीय समुदाय में की जाती है तथा जिन राष्ट्रों द्वारा अधिकार देकर छीन लेने का प्रावधान किया जाये अथवा काम के अधिकार को स्वीकार न करके बेकारों और अशिक्षितों की संख्या निरन्तर बढ़ाई जाये उनसे प्रश्न पूछने,

चेतावनी देने और भर्त्सना करने का अधिकार संयुक्त राष्ट्रसंघ को दिया जाना चाहिये।

उत्तम तो यह होगा कि मानव अधिकारों के उल्लंघन पर स्वयं व्यक्ति संयुक्त राष्ट्रसंघ में प्रतिवेदन कर सके और उसे उचित न्याय मिले परन्तु यदि अरबों मनुष्यों के लिए व्यवस्था करना सम्भव न हो सके तो अल्पसंख्यक वर्ग या जाति या सम्प्रदाय के लिए ऐसी व्यवस्था की जाये कि उसके साथ उचित न्याय हो सके। ईराक-तुर्की व ईरान के कुर्द, फिजी के भारतीय, पाकिस्तान के अल्पसंख्यक, तिब्बत के शरणार्थी व अफगानिस्तान की महिलायें व्यथित हैं। अत: ऐसी व्यवस्था की जानी चाहिये कि कोई भी सम्प्रदाय, जाति या अल्पसंख्यक वर्ग, जो यह समझता है कि उसके साथ उचित व्यवहार या प्रतिनिधित्व या न्याय नहीं मिल रहा है, संयुक्त राष्ट्रसंघ में प्रतिवेदन कर सकता है और संयुक्त राष्ट्रसंघ को जांच करके सम्बन्धित देश को उचित व्यवहार व व्यवस्था करने का आदेश देने का अधिकार होना चाहिये।

कुवैत समस्या

मध्य-पूर्व एशिया में कुवैत प्रमुख तेल उत्पादक देशों में से एक है। कहा जाता है कि सऊदी अरब के बाद मध्यपूर्व में यही देश सम्पन्न माना जाता है। प्रति व्यक्ति आय बहुत अधिक है। यह देश कभी ईराक का एक भाग था जिसे बाद में उससे अलग कर दिया गया। यहाँ राजशाही है। ईरान के विरुद्ध आठ वर्षीय युद्ध में कुवैत ने ईराक को अरबों डालर की आर्थिक सहायता दी थी। जो अब वह वापस चाहता था।

गत 2 अगस्त को अचानक ईराकी सेनाओं ने कुवैत पर आक्रमण कर दिया और कहा जाता है कि कुछ ही घण्टों में उसने पूरे कुवैत पर अधिकार जमा लिया। कुवैत के शेख ने केवल 20,000 व्यक्तियों की एक सेना बना रखी थी जो नागरिक प्रशासन में सहयोग देती थी, अत: अत्याधुनिक हथियारों से लैंस ईराकी सेना का मुकाबला करने में वह असमर्थ थी। कुवैत का राजपरिवार भागकर सऊदी अरब चला गया। इस पर नाराज होकर सद्दाम हुसैन ने अपनी सेनाओं को सऊदी अरब की सीमाओं तक पहुंचा दिया और धमकी दी कि यदि कुवैत के राजवंश को ईराक के सुपुर्द नहीं किया गया तो ईराक सऊदी अरब पर आक्रमण कर देगा।

इस घटना चक्र के बाद सऊदी अरब ने अमेरिका से सुरक्षा की मांग की और अमेरिका ने अपने 2.50 सैनिक, अनेक विमानवाहक पोत तथा सैंकड़ों बमवर्षक सऊदी अरब तथा निकटवर्ती मित्रदेशों की सुरक्षा के लिए तैनात कर दिए तथा ईराक के तेल की भी नाकेबन्दी कर दी। ईराक ने अकेला पड़ते देख अपने पुराने शत्रु ईरान से दोस्ती कर ली, उसका 1980 में कब्जाया हुआ सारा क्षेत्र खाली कर दिया। इससे उसे ईरान से सऊदी अरब के खिलाफ कार्यवाही में समर्थन तो मिला लेकिन कुवैत पर कब्जे का समर्थन ईरान ने भी नहीं किया।

सुरक्षा परिषद् ने पहले तो ईराक के विरुद्ध अनेक प्रतिबन्ध घोषित किए और जब उनका कोई परिणाम नहीं निकला तो उसने सितम्बर, 1990 में ईराक के खिलाफ सभी तरह की नाकेबन्दी का प्रस्ताव पारित कर दिया। लेकिन ईराक ने कहा कि वह कुवैत पर अपना कब्जा नहीं छोड़ेगा, युद्ध करेगा। 5 अक्तूबर, 1990 को निर्गुट देशों ने एक प्रस्ताव पारित कर ईराक से कुवैत पर कब्जा छोड़ने का आग्रह किया और वर्तमान अध्यक्ष यूगोस्लाविया से मध्यस्थता करने का आग्रह किया।

फ्रांस, जापान, रूस सभी इस दिशा में प्रयासरत हैं कि इस समस्या का कोई उचित समाधान निकल आए लेकिन ईराक के राष्ट्रपति की जिद के आगे ऐसा लगता है कि मध्यपूर्व की यह घटना विश्वयुद्ध का रूप धारणकर मध्य एशिया में तबाही का कारण बनेगी। क्योंकि ईराक का परम हितैषी रूस भी उसके खिलाफ संयुक्त राष्ट्रसंघ की कार्यवाही में अमेरिका तथा पश्चिमी देशों का साथ दिया अतः ईराक को कुवैत मुक्त करना पड़ा।

चार्टर में संशोधन के सुझाव तो बहुत से दिए जा सकते हैं लेकिन उपरोक्त सुझावों के अनुसार भी यदि संशोधन कर लिया जाये तो संयुक्त राष्ट्रसंघ सही अर्थों में अत्यन्त उपयोगी और अधिक कारगर विश्वसंस्था हो जायेगी।

□□□

18

विश्व शांति और विश्व सरकार की धारणा (World Peace & Concept of World Government)

विश्व शान्ति की दिशा में संयुक्त राष्ट्रसंघ द्वारा किए गए कार्य

संयुक्त राष्ट्रसंघ की स्थापना से लेकर अब तक यद्यपि मानवता को तृतीय महायुद्ध का भीषण रूप देखने को नहीं मिला, तथापि इसका पूर्ण श्रेय संयुक्त राष्ट्रसंघ को नहीं दिया जा सकता। कश्मीर का प्रश्न हो या अरब इजराइल का या कोरिया का, विगत 55 वर्षों में संयुक्त राष्ट्रसंघ सभी समस्याओं को स्थायी रूप से हल नहीं कर सका है। प्रत्येक बड़े संघर्ष के बाद उसने युद्ध-विराम कराने की भूमिका निभाई है। कश्मीर में वह यह भूमिका भी अदा नहीं कर सका, क्योंकि समस्या से सम्बन्धित दो राष्ट्र–पाकिस्तान और भारत–संयुक्त राष्ट्रसंघ के ऐसे सदस्य हैं जो उसमें न तो आस्था ही रखते हैं और न उसके निर्णयों को मानने के लिए बाध्य हैं तथा एक अमेरिका द्वारा समर्थित तो दूसरा रूस द्वारा परन्तु अब शीत युद्ध समाप्त हो गया है।

संयुक्त राष्ट्रसंघ की आंशिक राजनीतिक सफलताओं का लम्बा इतिहास है जिस की एक विशेष पृष्ठभूमि है। 1951 तक संयुक्त राष्ट्रसंघ में पश्चिमी देशों का महासभा में बहुमत था और वे मनचाही करने और कराने में सक्षम थे। सुरक्षा परिषद् में भी यद्यपि उनका बहुमत था, तथापि स्थायी सदस्यों को निषेधाधिकार प्राप्त होने के कारण वहाँ उनकी दाल अधिक नहीं गल पाती थी। दूसरी ओर सोवियत संघ के समर्थक थोड़े से ही देश थे और इस कारण सोवियत संघ शीतयुद्ध में संयुक्त राष्ट्रसंघ का उपयोग अपने प्रचारतन्त्र के रूप में नहीं कर पाया। यद्यपि सुरक्षा परिषद् में अपने निषेधाधिकार का अनेक बार प्रयोग करके उसने अपनी महत्ता प्रदर्शित करने की चेष्टा की और पश्चिमी राष्ट्रों के कार्यों व निर्णयों पर रोक लगाई।

1955 के बाद संयुक्त राष्ट्रसंघ की सदस्य संख्या में तेजी से वृद्धि हुई। इस काल में रूस को संयुक्त राष्ट्रसंघ में अपने समर्थकों को बढ़ाने का अवसर मिला, क्योंकि जो राष्ट्र 1955 के बाद संयुक्त राष्ट्रसंघ के सदस्य बने वे सभी पश्चिमी देशों की औपनिवेशिक दासता से स्वतन्त्र हुए देश थे। रूस यद्यपि इनमें से कुछ राष्ट्रों को ही अपनी नीतियों का प्रबल समर्थक बना सका, तथापि विश्व राजनीति

में इन राष्ट्रों की नीति का समर्थन प्राप्त करके उसने इतनी शक्ति प्राप्त कर ली कि इनके बल पर संयुक्त राष्ट्रसंघ में वह पश्चिमी देशों को मनचाही करने से रोकने में सक्षम हो गया। 1990 में संयुक्त राष्ट्रसंघ में गुटनिरपेक्ष देशों का बहुमत हो गया तथा रूस और अमेरिका का वर्चस्व व ब्रिटेन, फ्रांस व चीन का महत्व समाप्त हो गया।

इन नवोदित राष्ट्रों में भारत प्रथम था जिसे 1947 में स्वतन्त्रता प्राप्त हुई थी और जिसने 9 स्वतन्त्र राष्ट्रों के साथ मिलकर एक तीसरी शक्ति–असंलग्न राष्ट्रों का गुट–के संयुक्त राष्ट्रसंघ में पनपने में योग दिया। लगभग सभी नवोदित राष्ट्र पश्चिमी राष्ट्रों के जुल्म के शिकार रह चुके थे, अतः स्वभावतः वे पश्चिमी राष्ट्रों के प्रति शंकालु थे। इन देशों ने संयुक्त राष्ट्रसंघ के घोषणा-पत्र को अपनी सुरक्षा का व मनमानी करने का साधन बनाया। संयुक्त राष्ट्रसंघ का घोषणा-पत्र न केवल शान्तिपूर्ण परिवर्तन का समर्थक है, वरन् महाशक्तियों पर अंकुश लगाने का कार्य भी करता है। इसमें शक्ति के लिए शक्ति का प्रयोग न करने का स्पष्ट निर्देश दिया गया है। इससे महाशक्तियों पर यह उत्तरदायित्व आ जाता है कि वे अपनी शक्ति का दुरुपयोग न करें। नवस्वतन्त्र राष्ट्रों ने इस प्रकार संयुक्त राष्ट्रसंघ को अपना रक्षाकवच, प्रचार तन्त्र व मनमानी करने का स्थान समझकर उसकी सदस्यता स्वीकार की। लेकिन कालान्तर में इन राष्ट्रों ने भी विश्व संस्था का उपयोग अपने स्वार्थों के लिए किया। उनमें से कई राष्ट्रों ने संयुक्त राष्ट्रसंघ में एक ऐसे रक्षक और प्रचारतन्त्र की खोज करनी आरम्भ कर दी जिसकी शक्ति पर भरोसा कर सकें। ऐसे देशों की कार्यवाहियों से असंलग्नता की नीति को ठेस पहुंची। पाकिस्तान का रवैया इसका सबसे बड़ा प्रमाण है। पाकिस्तानी शासकों ने कश्मीर के कारण पश्चिमी गुट में शामिल होने का निर्णय लिया। बाद में जब पश्चिमी राष्ट्र उसे कश्मीर नहीं दिला सके और रूस ने सुरक्षा परिषद् में निषेधाधिकार का प्रयोग करके पाकिस्तान की चालबाजी से कश्मीर नहीं हड़पने दिया तो उस धर्मसापेक्ष राष्ट्र ने अपने सब सिद्धान्तों को त्याग कर चीन से मित्रता का ढोंग रचा। भारत ने 1971 में रूस से रक्षा सन्धि कर ली। अतः इन दोनों के किसी भी मामले को सुलझाने में संयुक्त राष्ट्रसंघ असहाय हो गया।

पाकिस्तान ही एकमात्र ऐसा राष्ट्र नहीं है जिसने संयुक्त राष्ट्रसंघ के घोषणा-पत्र के विरुद्ध कार्य किया है। 1956 में इंग्लैंड और फ्रांस ने मिस्र पर आक्रमण करके संयुक्त राष्ट्र के घोषणा-पत्र की उपेक्षा की थी। 1962 में क्यूबा संकट के समय अमेरिका ने भी अन्तर्राष्ट्रीय कानून और संयुक्त राष्ट्रसंघ के घोषणा-पत्र को ताक पर रखकर सशस्त्र कार्यवाही करने की घोषणा की तथा चीन ने भारत पर आक्रमण करके संयुक्त राष्ट्रसंघ की अवहेलना की।

1956 में हंगरी में सेना भेजकर और 1968 में चैकोस्लोवाकिया के मामले में सैनिक हस्तक्षेप करके रूस ने संयुक्त राष्ट्रसंघ के सिद्धान्तों को तिलांजलि दे दी। जून 1967 में इजराइल तथा 1973 में अरब राष्ट्रों द्वारा अरब इजराइल संघर्ष से भी संयुक्त राष्ट्रसंघ के घोषणा-पत्र का अपमान हुआ। इस अपमान के लिए संयुक्त

राष्ट्रसंघ ने भी अधिक संयुक्त राज्य अमेरिका व रूस उत्तरदायी थे। घोषणा-पत्र के अनुसार एक देश को किसी दूसरे देश की भूमि पर बलपूर्वक अधिकार कर लेने की अनुमति नहीं दी जा सकती। यदि संयुक्त राज्य अमेरिका चाहता तो इजराइल कभी का अरब भूमि से अपनी सेनाएँ हटाकर समस्या के राजनीतिक हल के लिए तैयार हो गया होता। परन्तु अमेरिका ने मिस्र और इजराइल के मतभेदों का तो समाधान करवा दिया तथा अब फिलिस्तीन समस्या का समाधान फिलिस्तीनियों को प्रदेशिक शासन द्वारा कर दिया गया है।

कम्पूचिया की समस्या इससे भी जटिल है। संयुक्त राष्ट्रसंघ कम्पूचिया के मामले में, जो बढ़ते-बढ़ते महायुद्ध का रूप ले सकता है, कोई प्रभावशाली कदम नहीं उठा पा रहा है। इसका कारण सम्भवत: यह है कि कम्पूचिया समस्या में चीन एक महत्वपूर्ण भूमिका निभा रहा है और यह निश्चित है कि जब तक उसे इस विवाद के सम्बन्ध में एक पक्ष के रूप में स्वीकार नहीं किया जायेगा तब तक कम्पूचिया पर कोई सर्वमान्य समझौता नहीं होगा। वियतनाम संयुक्त राष्ट्रसंघ का सदस्य है पर इसने उसका उल्लंघन करके कम्पूचिया में सेना भेज दी और उसके समर्थन में संयुक्त राष्ट्र के किसी निर्णय को मानने के लिए अपने को बाध्य नहीं मानता है। गुटनिरपेक्ष राष्ट्रों के समर्थन के कारण उसने हमेशा यह कहा है कि "संयुक्त राष्ट्रसंघ साम्राज्यवादी शक्तियों के हाथ का खिलौना है" और संयुक्त राष्ट्रसंघ के नियमों का उल्लंघन किया है। लेकिन इसमें भी सन्देह नहीं है कि उसे भी कम्पूचिया से सेना बुलानी पड़ी। लेकिन कम्पूचिया में अपने समर्थकों के बलबूते पर अभी तक संयुक्त राष्ट्रसंघ की नहीं चलने दी है। जनवरी 1990 में पांचों स्थायी सदस्यों द्वारा संयुक्त राष्ट्रसंघ के तत्वावधान में कम्पूचिया में निर्वाचन कराने का प्रस्ताव कार्यान्वित नहीं हो पाया है। सितम्बर, 1990 में हुए सम्मेलन में इस विवाद से सम्बन्धित सभी पक्षों में यद्यपि अन्तरिम सरकार बनाने का समझौता हो गया था, परन्तु सरकार में प्रतिनिधित्व के मामले को लेकर उठे विवाद ने उग्र रूप धारण कर लिया और खुमेर रूज तथा विरोधी दलों में पुन: युद्ध की आशंका पैदा हो गई थी परन्तु संयुक्त राष्ट्रसंघ ने समस्या का समाधान करके वहां निर्वाचित सरकार की स्थापना कर दी।

ऐसी स्थिति में यह कहना कि संयुक्त राष्ट्रसंघ विश्व शान्ति की स्थापना करने में पूर्ण सफल रहा है शायद एक अतिशयोक्ति है। युद्धोत्तर विश्व की वास्तविकताओं ने उपर्युक्त राष्ट्रसंघ के चार्टर की संवैधानिक व्यवस्था को तिरस्कृत कर दिया है। संयुक्त राष्ट्रसंघ की संवैधानिक व्यवस्था वास्तव में तीन राजनीतिक कल्पनाओं के आधार पर अपनाई गई थी। प्रथम यह कि महाशक्तियाँ मिलकर कार्य करेंगी और विश्व शांति और सुरक्षा पर आने वाले संकट का मुकाबला करेंगी। दूसरी यह कि उनकी सम्मिलित शक्ति और विवेक ऐसे सभी संकटों का मुकाबला करने के लिए पर्याप्त होगा। तीसरा यह कि महाशक्तियों तथा इसके सदस्यों में से कोई भी विश्व शान्ति के लिए संकट पैदा नहीं करेगा। लेकिन समय की कसौटी पर ये कल्पनाएँ खरी नहीं उतरीं। जिन विवादों में महाशक्तियों के स्वार्थ उलझने लगे वहां उनके लिए मिलकर कार्य करना मुश्किल हो गया। इसको दूसरे रूप में हम इस तरह कह

सकते हैं कि अपवाद स्वरूप ही कुछ स्थितियों में महाशक्तियों के लिए मिलकर कार्य करना सम्भव हो सका है क्योंकि लगभग सभी अन्तर्राष्ट्रीय विवादों में महाशक्तियों के स्वार्थ निहित रहे हैं। इसके अलावा आधुनिक युग में विश्व शान्ति और सुरक्षा को सबसे बड़ा संकट महाशक्तियों की नीतियों से नहीं बल्कि नवोदित राष्ट्रों की नीतियों से भी उत्पन्न होता दिखाई देता है।

अतः विश्व शान्ति की स्थापना में संयुक्त राष्ट्रसंघ का योगदान उससे बिल्कुल भिन्न है जिसकी संयुक्त राष्ट्रसंघ के चार्टर के निर्माताओं ने कल्पना की थी फिर भी संयुक्त राष्ट्रसंघ ने तृतीय महायुद्ध को ही नहीं बल्कि छोटे युद्धों को रोककर समस्यायों का समाधान किया है।

हाँ यह माना जा सकता है कि संयुक्त राष्ट्रसंघ ने कुछ युद्धों को सीमित करने में उल्लेखनीय भूमिका निभाई है। जैसा कि इण्डोनेशिया, फिलीस्तीन, मिस्त्र और कश्मीर विवाद से स्पष्ट है। लेकिन संयुक्त राष्ट्रसंघ को यह सफलता उसके चार्टर की बदौलत प्राप्त नहीं हुई है। इन युद्धों को सीमित करने में महाशक्तियों का सामान्य हित रहा है या कम से कम उनमें से कोई भी इन प्रश्नों पर महायुद्ध का खतरा मोल लेने को तैयार नहीं थी। इसीलिए संयुक्त राष्ट्रसंघ वर्तमान परिस्थितियों में भी युद्ध को सीमित करने में सफल हुआ है। लेकिन यदि महाशक्तियों में से कोई स्वयं ही व्यापक रूप से एक दूसरे की शक्ति का परीक्षण करने के लिए मैदान में उतर आये तो संयुक्त राष्ट्रसंघ में इतनी क्षमता नहीं है कि वह ऐसे विश्वव्यापी संघर्ष से मानवता की रक्षा कर सके। परन्तु अब महाशक्तियों–रूस और संयुक्त राज्य अमेरिका तथा स्थायी सदस्यों फ्रांस, ब्रिटेन व चीन के निकट आ जाने व उनमें मधुर सम्बन्ध स्थापित हो जाने से महायुद्ध का खतरा नहीं दिखाई देता। दूसरे पूर्वी यूरोप के राष्ट्रों–पोलैंड, रूमानिया, हंगरी, चैकोस्लोवाकिया व बुल्गारिया आदि में रूस का वर्चस्व समाप्त हो जाने तथा पूर्वी और पश्चिमी जर्मनी का एकीकरण हो जाने के कारण रूस के प्रभाव में 1990 में कमी आई है। उसे अफगानिस्तान से सेनाएँ बुला लेनी पड़ीं। यही नहीं लटेविया, लिथुआनिया और एस्थूनिया, जो रूस के ही भाग हैं, स्वतन्त्र अस्तित्व की माँग कर रहे हैं तथा आर्मीनिया व अजरबेजान में संघर्ष उत्पन्न हो गया है। अतएव ऐसा प्रतीत होता है कि रूस अपनी समस्याओं में ही उलझ गया है और अफगानिस्तान से रूस की सेनाओं का बुला लेना यह बताता है कि रूस में अब संयुक्त राष्ट्रसंघ का उल्लंघन करने की क्षमता नहीं रह गई है। ब्रिटेन और फ्रांस ने अपना महत्व खो दिया है। फिर भी ब्रिटेन व अर्जेन्टीना का फाकलैंड युद्ध, ब्रिटेन के रुख का परिचायक है। चीन में विद्यार्थियों के विद्रोह व तिब्बत की समस्या और वियतनाम के आक्रमण में असफलता के कारण संयुक्त राष्ट्रसंघ के उल्लंघन का साहस नहीं रह गया है। यही कारण है कि उसने संयुक्त राष्ट्रसंघ द्वारा वियतनाम की सेनाओं को कम्पूचिया छोड़ने को विवश कराया और कम्पूचिया की समस्या का समाधान संयुक्त राष्ट्रसंघ द्वारा ही कराने को प्रयत्नशील है। अब केवल संयुक्त राज्य अमेरिका ही ऐसा राष्ट्र है जिसने पनामा में अपनी सेनाएँ भेजकर वहाँ के भ्रष्ट राष्ट्रपति को बन्दी बना लिया। नई सरकार स्थापित कर दी। परन्तु संयुक्त राष्ट्रसंघ केवल

निन्दा प्रस्ताव पास करने के अतिरिक्त कुछ नहीं कर सका। फिलिस्तीन के राष्ट्रपति यासर अराफात को वीसा न देने पर महासभा का अधिवेशन जेनेवा में हुआ। यह जेनेवा अधिवेशन यह इंगित करता है कि संयुक्त राष्ट्रसंघ में अमेरिका का महत्व समाप्त प्राय: है क्योंकि कई मामलों पर जैसे इजराइल के मामले पर उसे अपने ही वीटो से काम चलाना पड़ा। अत: यह कहा जा सकता है कि बड़ी शक्तियों व सुरक्षा परिषद् के स्थायी सदस्यों–रूस, अमेरिका, चीन, फ्रांस व ब्रिटेन का महत्व समाप्त हो चुका है और उनका सर्वसम्मत प्रस्ताव कम्पूचिया में संयुक्त राष्ट्रसंघ के तत्वावधान में मतदान कराना भी कठिन हो रहा है। अत: पाँच स्थायी राष्ट्रों की निकटता के कारण विश्वयुद्ध का खतरा फिलहाल नहीं दिखाई देता है। यह संयुक्त राष्ट्रसंघ की सबसे बड़ी उपलब्धि है। यह सत्य है कि ईराक-ईरान युद्ध लगभग 8 वर्ष तक चला, अफगानिस्तान, कम्पूचिया, कश्मीर व फिलिस्तीन समस्या का समाधान पूर्णरूप से नहीं किया जा सका परन्तु अफगानिस्तान से रूस, कम्पूचिया से वियतनाम की सेनाओं को वापिस करा देना; कश्मीर, फिलिस्तीन व ईराक-ईरान युद्ध में युद्धविराम जारी रखना शान्ति बनाए रखना संयुक्त राष्ट्रसंघ की महान उपलब्धि है। श्रीलंका, निकारागुआ, फिलिस्तीन व साइप्रस, तिब्बत आदि के मामले घरेलू झगड़ों के अन्तर्गत आते हैं, अत: चार्टर के अनुसार संयुक्त राष्ट्रसंघ की परिधि में नहीं हैं। नामीबिया में 1990 में संयुक्त राष्ट्रसंघ द्वारा चुनाव कराना उसकी महान सफलता है। अत: यह कहा जा सकता है कि संयुक्त राष्ट्रसंघ न केवल विश्वयुद्ध रोकने बल्कि विश्व शान्ति बनाये रखने में पूर्णतया सफल हुआ है। ईराक से कुवैत को मुक्त कराना, अश्वेतों का शासन स्थापित करना व इजराइल से प्रदेश दिलाना इसकी महान उपलब्धि है।

मूल्यांकन–संयुक्त राष्ट्रसंघ के कार्यों पर दृष्टिपात करने से यह निश्चित रूप से कहा जा सकता है कि संयुक्त राष्ट्रसंघ न केवल तृतीय युद्ध को रोकने और विश्व शान्ति बनाये रखने में सफल हुआ है बल्कि जो भी समस्या उत्पन्न हुई उसका समाधान करने में वह सफल हुआ है या कम से कम युद्धविराम कराने में सफल हुआ है। यही नहीं इसके प्रयासों से पराधीन देशों को स्वतन्त्रता प्राप्त हुई है, नि:शस्त्रीकरण के प्रयासों को बल मिला है और साम्यवादी तथा पश्चिमी राष्ट्रों में मतभेद कम हुए हैं। वारसा पैक्ट व नाटो देशों व रूस और अमेरिका के मध्य मतभेद कम हुए हैं तथा रूस, चीन, अमेरिका, ब्रिटेन, फ्रांस व पश्चिमी व पूर्वी राष्ट्रों के सम्बन्धों में मधुरता आई है। राजनीतिक क्षेत्रों की अपेक्षा संयुक्त राष्ट्रसंघ की कल्याणकारी क्षेत्रों में अधिक उपलब्धियाँ हैं। इससे समस्त मानवता को लाभ पहुंचा है। आलोचकों को यह ध्यान रखना चाहिए कि संयुक्त राष्ट्रसंघ की शक्तियाँ और साधन दोनों ही सीमित हैं और सीमित साधनों के होते हुए भी उपलब्धियाँ प्राप्त करना संयुक्त राष्ट्रसंघ की महान सफलता है।

□□□

19

विश्व सरकार
(World Government)

संयुक्त राष्ट्रसंघ की स्थापना के बाद इसके संस्थापकों द्वारा विश्व कानून द्वारा विश्व शान्ति की कल्पना की गई थी। उनका कहना था कि कानून के बिना शान्ति नहीं हो सकती अतएव ग्रैनविल क्लार्क और लुइससोन ने 'विश्व कानून द्वारा विश्व शान्ति' (*World Peace through World Laws*) नाम की अपनी पुस्तक में इस सम्बन्ध में विस्तृत योजना प्रस्तुत करते हुए यह कल्पना की थी। परन्तु यह योजना अत्यन्त अव्यावहारिक थी क्योंकि कानून तब लागू होता है जब उसका पालन कराने के लिये कोई सम्प्रभु या सर्वमान्य शक्ति या सरकार हो। चूंकि विश्व में कोई सम्प्रभु या सर्वमान्य शक्ति नहीं है अत: यह कल्पना मृगमरीचिका सिद्ध हुई। यह दोनों विधिशास्त्र के ज्ञाता होते हुए भी स्वप्नद्रष्टा और कल्पनाशील व्यक्ति थे। अत: उनके विचारों के विस्तृत उल्लेख की आवश्यकता नहीं है।

इस कल्पना को इसलिए अव्यावहारिक माना जाता है कि न तो विश्व सरकार है और न अभी सर्वमान्य अन्तर्राष्ट्रीय विधि संहिता का ही विकास हुआ है। इससे भी महत्वपूर्ण बात यह है कि अन्तर्राष्ट्रीय न्यायालय को पेश किए जाने वाले वादों में कमी आई है। बहुत से मुकदमों में तो अन्तर्राष्ट्रीय न्यायालय ने निर्णय ही नहीं दिये हैं और जिनमें निर्णय दिये भी हैं उन्हें अव्यावहारिक और अलोकप्रिय होने के कारण बहुत कम स्वीकार किया गया है। संयुक्त राष्ट्रसंघ के न्यायाधीशों का निर्वाचन अधिकांश राजनीतिक आधार पर किया गया है और निर्णय भी न्यायाधीशों ने अपने तथा अपने देश के निहित स्वार्थों और उग्रराष्ट्रवादिता की भावना से प्रेरित होकर दिए हैं। अत: विधि द्वारा शान्ति स्थापना के सभी प्रयास असफल हो गए हैं।

जहाँ तक अन्तर्राष्ट्रीय न्यायालय का प्रश्न है इसके द्वारा ऐसा कोई पग नहीं उठाया गया है कि विधि द्वारा विश्व शान्ति या विश्व सरकार की कल्पना की जा सके। अत: विधिशास्त्र के विद्वान क्विंसी राइट (Quincey Wright) ने *International Law and the United Nations* पुस्तक में विचार प्रगट किया है कि अन्तर्राष्ट्रीय सम्बन्ध मुख्य रूप से राजनीति पर ही आधारित रहेंगे। उनका यह भी कहना है कि संयुक्त राष्ट्रसंघ का कार्य शक्ति द्वारा नहीं बल्कि समझा-बुझाकर काम चलाना है।

(The United Nations functions in the main by persuasion rather than by coercion) चूंकि कानून का पालन संप्रभु की शक्ति द्वारा कराया जाता है अत: विधि द्वारा विश्व सरकार या विश्व शान्ति की कल्पना सारहीन प्रतीत होती है। अत: यह मान लेने पर कि कानून की शक्ति द्वारा वर्तमान समय में विश्व शान्ति या विश्व सरकार नहीं बनाई जा सकती, हम अब विश्व सरकार की धारणा पर विस्तृत विचार करेंगे।

विश्व सरकार की धारणा

विद्वानों और विश्व कल्याण की करने वाले स्वप्नद्रष्टाओं ने सदैव विश्व सरकार की धारणा को बल दिया है। परन्तु 20वीं शताब्दी में राष्ट्रसंघ और संयुक्त राष्ट्रसंघ की स्थापना के बाद विद्वान व राजनीतिक नेता भी इस पर गम्भीरता से विचार करने लगे हैं। सुप्रसिद्ध इतिहासकार टायन्वी के अनुसार, "किसी युग के राजनीतिक समुदाय का आकार यातायात के साधनों की शक्ति के अनुपात से निश्चित होता है। यातायात के साधनों में गति होने के साथ होने वाला विकास राजनीतिक समुदाय के आकार में वृद्धि का कारण बनता है। घोड़ों से यात्रा के समय राजनीतिक समुदाय नगर राज्य के रूप में हमारे सामने आए तथा सिकन्दर महान का साम्राज्य स्थापित हुआ। 15वीं व 16वीं शताब्दी में जलयात्रा में तेजी से चलने वाले जहाजों के साथ पुर्तगाल, हालैंड और स्पेन के साम्राज्य स्थापित हुये तथा समुद्री शक्ति की श्रेष्ठता के कारण ब्रिटेन का महान साम्राज्य स्थापित हुआ जिस पर वह गर्व करता था कि उसके साम्राज्य में सूर्य कभी नहीं डूबता। आज भी स्मृति के रूप में राष्ट्रकुल (Commonwealth) कायम है जिसमें 40 देश हैं और विश्व की 1/4 जनसंख्या और लगभग उतना ही भू-भाग सम्मिलित है। अब द्रुतशक्ति वाले विमानों का युग आ गया है और मनुष्य चन्द्रमा पर पहुंच गया है तथा नक्षत्रों पर पहुँचने का प्रयास कर रहा है। अत: राकेट युग में विश्व सरकार की स्थापना की कल्पना की जा सकती है।

दूसरा तर्क यह है कि आज अणु युग में ऐसे विध्वंसक अस्त्र-शस्त्र बनाए गए हैं जिनसे युद्ध के अवसर पर समस्त मानव जाति का विनाश हो सकता है। अत: विश्व सरकार अत्यन्त आवश्यक है क्योंकि विश्व शान्ति, विश्व सरकार द्वारा ही सम्भव है।

राजनीति शास्त्र के विद्वान हेराल्ड लास्की का यह मत था कि सम्प्रभुता के दिन समाप्त हो गये है और संघवाद का समय आ गया है तथा यह संघवाद और राज्यों की आर्थिक, सामाजिक और राजनीतिक आवश्यकता उन्हें संघवाद से विश्व सरकार की ओर प्रेरित करेगी। क्लेरेंस एस्ट्रीट ने भी अपनी पुस्तक 'संघ अब' (*Union Now*) में जनतान्त्रिक देशों में संघीय एकता की कल्पना की है। महात्मा गांधी मानवता के व डा॰ राधाकृष्णन, रवीन्द्रनाथ टैगोर व पं॰ जवाहरलाल नेहरू ने भी विश्व मैत्री संघ की कल्पना की थी। सितम्बर, 1964 में सोवियत संघ के दौरे पर डॉ॰ राधाकृष्णन ने कहा था "शस्त्रास्त्र की वृद्धि से विश्व शान्ति के लिए खतरा है। सम्पूर्ण विश्व

को संयुक्त होना चाहिए इससे शांति की रक्षा करना सम्भव है।" संयुक्त राष्ट्र महासभा में 20 दिसम्बर, 1965 को पं॰ जवाहरलाल नेहरू ने कहा था–"हम संकुचित दृष्टिकोण नहीं रख सकते। हमें अनागत की ओर देखना चाहिए। इसके लिये एक ही मार्ग है विश्व सरकार या एक विश्व का उद्भव।" भारत के विभिन्न विश्वविद्यालयों के राजनीति शास्त्र के प्रोफेसरों द्वारा *Studies in World Order* नामक पुस्तक में जिसका सम्पादन दिल्ली विश्वविद्यालय के भूतपूर्व प्रोफेसर डॉ॰ हरनामसिंह ने किया था, ऐसी ही कल्पना की गई थी। इस पुस्तक में यह कहा गया था कि वर्तमान समय में शक्ति को सभी वस्तुओं व विवादों का सर्वोपरि निर्णायक माना जाता है परन्तु *Methods of Achieving World Order* के लेखक प्रोफेसर एल॰ आर॰ देशपांडे के अनुसार "ऐसी अन्तर्राष्ट्रीय व्यवस्था होनी चाहिए जिसमें शान्ति, कल्याणकारी कार्यों और मनुष्यता का आदर हो।"

प्रो॰ पी॰ एस॰ मोहर ने *Gandhian Approach to World Order* पुस्तक में विश्व व्यवस्था के बारे में गांधी जी के विचार में कहा है कि गांधीवादी योजना के अनुसार विश्व व्यवस्था सर्वोदय पर आधारित होगी। जिसका अर्थ है प्रत्येक देश के प्रत्येक व्यक्ति को सुख, शान्ति और सम्पन्नता की प्राप्ति यानि सर्वोदय को अन्तर्राष्ट्रीय या सार्वभौमिक बना देना।

विश्व सरकार आज के अणुयुग में युद्ध रोकने, विश्व शान्ति बनाये रखने, राष्ट्रों पर अनुशासन बनाये रखने, विश्व विकास, विश्व कल्याण व विश्व प्रगति के लिए अत्यन्त आवश्यक है। परन्तु आगैस्की का कथन है कि "विश्व सरकार अभी बहुत दूर की बात है। वर्तमान राष्ट्रों के ऐच्छिक सहयोग द्वारा विश्व सरकार का निर्माण इतना दुष्कर है कि स्पष्टत: कहा जा सकता है कि विश्व सरकार कभी स्थापित नहीं होगी। किसी एक राष्ट्र द्वारा विश्व पर सैनिक विजय करके भी विश्व सरकार की स्थापना असम्भव है प्रादेशिक संगठन और समूह इकाइयों के रूप में ही राष्ट्र रहेंगे।"

विश्व सरकार के निर्माण में बाधाएँ

विश्व सरकार के निर्माण में सबसे बड़ा बाधक संप्रभुता का सिद्धान्त है। प्रत्येक राष्ट्र अपनी सर्वोच्चता और संप्रभुता की रक्षा के लिए सदैव सचेत रहता है और विश्व सरकार का विरोध करता है। दूसरी सबसे बड़ी बाधा उग्र राष्ट्रीयता की है। प्रत्येक राष्ट्र का नागरिक अपने राष्ट्र की प्रतिष्ठा के लिये दूसरे राष्ट्र के नागरिक को हर प्रकार की हानि पहुंचाने के लिये तत्पर रहता है। अत: सुप्रसिद्ध लेखक टायन्बी का मत है कि "विश्व एकता के लिये राष्ट्रवाद सबसे बड़ी कठिनाई है। उक्त राष्ट्रीयता के कारण विश्व सरकार की कल्पना नहीं की जा सकती।"

उक्त राष्ट्रवाद के बाद जातिगत अभिभान तथा नस्ल व अन्य अभिमान विश्व सरकार के निर्माण में बाधक हैं। अश्वेतों से श्वेतों और अफ्रो-एशियाई देशों के नागरिकों से यूरोपियन व अमेरिकन अपने को श्रेष्ठ समझते हैं। यह जातिगत या राष्ट्रीय

श्रेष्ठता की भावना विश्व बन्धुत्व की भावना के विपरीत है और विश्व सरकार के गठन में बाधक है।

धार्मिक कट्टरता, सम्प्रदायवाद भी विश्व बन्धुत्व व विश्व सरकार के गठन में बाधक हैं यह आशा की जाती थी कि बौद्धिक जागरण और वैज्ञानिक विकास के साथ धार्मिक संकीर्णता में कमी आएगी, परन्तु परिणाम विपरीत निकला। अरब-इजराइल संघर्ष का मुख्य कारण धार्मिक है। दोनों ही सेमेटिक नस्ल के हैं परन्तु कुछ इस्लाम धर्म के अनुयायी हैं और कुछ यहूदी धर्म के अनुयायी होने के कारण दोनों में निरन्तर संघर्ष होता चला आ रहा है। इस्लाम धर्म में भी शिया और सुन्नी दो सम्प्रदाय होते हैं। ईराक-ईरान युद्ध मुख्यतः शिया-सुन्नी मत भिन्नता का परिणाम था। ब्रिटेन और आयरलैंड अत्यन्त उन्नतिशील, प्रगतिशील व जागरूक देश हैं परन्तु आयरलैंड के निवासी रोमन कैथोलिक व उत्तरी आयरलैंड व ब्रिटेन के निवासी प्रोटेस्टेन्ट होने के कारण आयरलैंड के प्रथक स्वतन्त्र राष्ट्र बन जाने पर भी यह संघर्ष निरन्तर चल रहा है। वर्तमान समय में धर्म पर आधारित कटट्र इस्लामी राष्ट्रों में, विशेषकर ईरान में, खुमैनी के कट्टर शियावाद के कारण कट्टरता में वृद्धि हुई है। यहाँ तक कि ईरानी, ब्रिटिश मुसलमान नागरिक का भी, स्वतन्त्र अभिव्यक्ति करने पर, वध करने को तैयार हैं। ऐसे वातावरण में विश्व सरकार की क़ल्पना करना सारहीन है क्योंकि विश्व सरकार की स्थापना के लिये विचारों की अभिव्यक्ति की स्वतन्त्रता और सहिष्णुता अत्यन्त आवश्यक है।

सभी राष्ट्रों में विश्व बन्धुत्व या विश्व सहयोग के स्थान पर उग्र राष्ट्रीयता, साम्राज्य विस्तार और अपने देश की सरकार के सभी कार्यों को आँख मूँदकर मानने व बाकी सभी देशों के सभी कार्यों को बुरा मानने की शिक्षा दी जाती है। बड़े-बड़े डिग्रीधारियों को यह पता नहीं रहता कि मानव कल्याण, विश्व शान्ति व विश्व बन्धुत्व में निहित है। वह विश्व को ठुकराता हुआ केवल अपनी सरकार के पक्ष की बात कहता है। ऐसे वातावरण में विश्व सरकार की बात करना मृगमरीचिका है।

वर्तमान समय में विश्व-पूँजीवादी, साम्यवादी व निर्गुट देशों में विभाजित है तथा नाटो व वार्सा सन्धि जैसे सशस्त्र गुटों में विभाजित है तथा श्वेतों-अश्वेतों व अरबों व यहूदियों के संघर्ष से पीड़ित है जिनके समाधान के कोई आसार नजर नहीं आ रहे हैं। यही नहीं ईरान-ईराक संघर्ष में एक ही धर्म के शिया-सुन्नी व आयरलैंड और ब्रिटेन तथा उत्तरी आयरलैंड के संघर्ष में ईसाई धर्म के ही रोमन कैथोलिकों व प्रोटेस्टेन्ट धर्म के मध्य सैकड़ों वर्षों का संघर्ष अब भी चल रहा है। चीन में तिब्बतियों, रूस में आर्मीनियनों व अजरबेजानियों का संघर्ष इसका प्रतीक है कि Ethnic or Religious यानि धार्मिक अथवा अन्य प्रकार के मतभेदों के कारण संघर्ष से शायद ही कोई देश मुक्त हो। विभाजन से भारत से पाकिस्तान अलग हुआ, फिर पाकिस्तान से बांगला देश अलग हुआ परन्तु फिर भी विभाजित पाकिस्तान में भी अहमदियों पर क्रूरता का तांडव हो रहा है और सिन्ध में पठानों, सिन्धियों और

मुहाजिदों में संघर्ष चल रहा है। ऐसे वातावरण में विश्व सरकार की कल्पना नितान्त अव्यावहारिक प्रतीत होती है। रूस का यूगोस्लाविया व चैकोस्लोवाकिया का विघटन हुआ है अतः ऐसा प्रतीत होता है कि विघटन बढ़ा है पर जर्मनी का एकीकरण, व क्षेत्रीय संगठन विश्व सरकार की ओर इंगित करते हैं।

निष्कर्ष

निराशाजनक स्थिति में भी आशा की किरण व्याप्त है। रूस, चीन व अमेरिका के सम्बन्धों में कटुता कम हुई है तथा निकटता स्थापित हुई है। रूस और अमेरिका सेना व शस्त्र कम करने पर राजी हो गए हैं। नाटो देशों व पूर्वी यूरोपीय देशों में विरोध कम हो गए हैं तथा पूर्वी यूरोप पर रूसी वर्चस्व समाप्त हो गया है, यहाँ तक कि पूर्वी व पश्चिमी जर्मनी का एकीकरण हो गया है। अतः संघर्षों की बढ़ोतरी के साथ-साथ बहुत से देशों के मध्य सहयोग और सौहार्द्र की वृद्धि भी हुई है। परन्तु फिलहाल विश्व सरकार की कोई भी सम्भावना नहीं है लेकिन यदि प्रयास जारी रखे जाएँ तो इस दिशा में प्रगाति की जा सकती है। वर्तमान परिस्थितियों में इस बात की आवश्यकता है कि विश्व बन्धुत्व, विश्व कल्याण और विश्व सहयोग की भावना को विकसित किया जाए और संयुक्त राष्ट्रसंघ को इतना शक्तिशाली बनाया जाए कि वह विश्व शान्ति व विश्व कल्याण और मानव अधिकारों की रक्षा के समर्थ हो सके तथा विश्व जनमत को जागृत किया जाए जिससे उसमें विश्व बन्धुत्व, विश्व शान्ति व सहयोग व कल्याण की भावना को प्रोत्साहन मिले।

वर्तमान समय में विश्व सरकार स्थापित करना अत्यन्त कठिन है परन्तु राष्ट्रों के मध्य कटुता, द्वेष भावना और संघर्ष को कम करके विश्व शान्ति का मार्ग प्रशस्त किया जा सकता है और मानव तथा मानव के भेद को कम करने तथा विभिन्न देशों में प्रतियोगिता के स्थान पर सहयोग और सौहार्द्र के वातावरण में वृद्धि करके विश्व को सुखशान्ति और समृद्धि की ओर अग्रसर किया जा सकता है तथा कोई ऐसा कारण नहीं है कि जब पूर्वी यूरोप और पश्चिमी यूरोप के देश निकट आ सकते हैं तो विश्व के अन्य संगठनों के देश न आ सकें। अतः वर्तमान समय में विश्व सरकार की स्थापना की सम्भावना तो नहीं है परन्तु यदि प्रयास किए जाएँ तो विश्व शान्ति व राष्ट्रों और राष्ट्रों के संगठनों के मध्य मधुर सम्बन्ध व सहयोग और सहकारिता की भावना का विकास अवश्य किया जा सकता है। संयुक्त राष्ट्रसंघ ने विश्व शान्ति बनाए रखने व विश्व कल्याण के लिए प्रशंसनीय कार्य किए हैं। अतः यदि विश्व सरकार सम्भव नहीं हो तो संयुक्त राष्ट्रसंघ को अधिक प्रभावशाली और उपयोगी बनाकर शान्ति और समृद्धि की वृद्धि अवश्य की जा सकती है क्योंकि यही अन्तर्राष्ट्रीय संगठन मानव आशा का वर्तमान समय में केन्द्रस्थल है। अतः आशा की जा सकती है कि संयुक्त राष्ट्रसंघ का स्थान कोई विश्व संघ या उसकी अन्तर्राष्ट्रीय सरकार ले सकेगी क्योंकि संचार सुविधाओं में वृद्धि व विश्व व्यापार बढ़ रहा है।

□□□